OCÉANO

BÁSICO

Símbolos fonéticos

[ã]	sonido de a nasal breve	balancieren	[balãˈsiːrən]
[ãː]	sonido de a nasal larga	Restaurant	[rɛstoˈrãː]
[aɪ]	sonido como en la palabra aire	eins	[aɪns]
[aʊ]	sonido como en la palabra causa	aus	[aʊs]
[e]	sonido de e breve como en fe	feminin	[femiˈniːn]
[eː]	sonido de e larga	Tee	[teː]
[ɛ]	sonido de e abierta	elf	[ɛlf]
[ɛː]	sonido de e abierta larga	Bär	[bɛːɐ]
[ɛ̃]	sonido de e nasal breve	pointiert	[poɛ̃nˈtiːt]
[ɛ̃ː]	sonido de e nasal larga	Teint	[tɛ̃ː]
[i]	sonido de i breve como en sí	Juni	[ˈjuːni]
[iː]	sonido de i larga	tief	[tiːf]
[ɪ]	sonido de i breve	in	[ɪn]
[ĭ]	sonido de i semivocálica como en la palabra *avión*	Lektion	[lɛkˈtsĭoːn]
[o]	sonido de o breve como en oso	Pokal	[poˈkaːl]
[oː]	sonido de o larga	Boot	[boːt]
[ɔ]	sonido de o abierta	noch	[nɔx]
[õ]	sonido de o nasal breve	Fondue	[fõˈdyː]
[õː]	sonido de o nasal larga	Saison	[zɛˈzõː]
[ɔɪ]	sonido como en la palabra *hoy*	heute	[ˈhɔɪtə]
[ø]		Ökologie	[økoloˈgiː]
[øː]		Öl	[øːl]
[œ]		rösten	[ˈrœstən]
[u]	sonido de u breve como en luz	Musik	[muˈziːk]
[uː]	sonido de u larga	Wut	[vuːt]
[ʊ]	sonido de u breve	null	[nʊl]
[ŭ]	sonido de u semivocálica como en la palabra *suave*	Iguana	[iˈgŭaːna]
[y]		Dynamik	[dyˈnaːmɪk]
[yː]		kühl	[kyːl]
[ʏ]		Sünde	[ˈzʏndə]
[y̆]		Nuance	[ˈny̆ãːsə]

DICCIONARIO

ESPAÑOL-ALEMÁN
DEUTSCH-SPANISCH

OCEANO

Visite nuestra web:
www.oceano.com

Esta obra ha sido realizada
por el departamento de diccionarios
y lexicografía
de Editorial Océano.
Coordinación: Michael Pfeiffer

Milanesat, 21-23
EDIFICIO OCEANO
08017 Barcelona (España)
Teléfono: 932 802 020*
Fax: 932 041 073
www.oceano.com

ISBN 84-494-2109-8
Impreso en España • Printed in Spain
Depósito legal: B-13228-XLV
9001049041103

Guía de consulta

Español-Alemán

Voz de entrada Categoría gramatical Número de acepción Símbolo que sustituye a la entrada Locuciones o frases Traducciones o equivalencias	**correr** *intr* **1** laufen. • *tr* **2** (ver)rücken. ■ **~se una juerga** einen drauf|machen; **a todo ~** in aller Eile; **~ de/por cuenta de alguien** auf js Rechnung gehen (gastos); für etw*(ac)* zuständig sein (asunto).
Acepción de América Latina	**ahorita** *adv Amér.* (fam) jetzt.
Aclaración de la entrada Marcas de materia	**CD-Rom** (*siglas de* **compact disc with read-only memory**) *m* INF, MÚS CD-ROM *f*.
Variantes gráficas	**cartel** o **cártel** *m* Kartell *n*.

Guía de consulta

Deutsch-Spanisch

tragen ['traːgən] *tr* **1** llevar (ropa, gafas, barba, en la mano, a cuestas, etc.). • *intr* **2** resistir, aguantar. • **sich ~** *pron* **3** autofinanciarse (negocio, proyecto). ■ **etw kommt zum Tragen** algo tiene efecto.

Transcripción fonética
Voz de entrada
Cambio de categoría
Número de acepción
Locución o frase
Traducción

außer ['aʊsɐ] *prep* **+dat** **1** fuera de (situación). **2** además de, aparte de (ampliación). **3** excepto, salvo (excepción). • *conj* **4**, salvo. ■ **~ dass** excepto que; **~ wenn** a menos que.

Delimitación semántica
Indicación del caso
Símbolo que sustituye a la entrada

Arm [arm] (**-e**) *m* brazo *m*. ■ **jn auf den ~ nehmen** (*fam*) tomar el pelo a alguien.

Categoría de la traducción
Nivel de uso de la lengua

Fassette [fa'sɛtə] (**-n**) *f* → Facette.

Formas irregulares
Remisión

Símbolos fonéticos

Consonantes

[p]	como la *p* en pan	Post	[pɔst]
[b]	como la *b* en barco	Bein	[baɪn]
[t]	como la *t* en té	Tag	[ta:k]
[d]	como la *d* en diez	Druck	[drʊk]
[k]	como la *k* en kilo	kalt	[kalt]
[g]	como la *g* en gato	Gast	[gast]
[m]	como la *m* en mano	Mund	[mʊnt]
[n]	como la *n* en nariz	nass	[nas]
[ŋ]		eng	[ɛŋ]
[l]	como la *l* en lado	Land	[lant]
[r]		rund	[rʊnt]
[f]	como la *f* en faro	fest	[fɛst]
[v]		Wind	[vɪnt]
[s]	como la *s* en sol	das	[das]
[z]		Saal	[za:l]
[ʃ]		Tisch	[tɪʃ]
[ʒ]		Garage	[ga'ra:ʒə]
[ç]		ich	[ɪç]
[j]	como la *y* en yodo	Jod	[jo:t]
[x]	como la *j* de jamón	auch	[aʊx]
[h]		Haus	[haʊs]
[pf]		Pfand	[pfant]
[ts]	como en pizza	Zahl	[tsa:l]
[tʃ]	como la *ch* en chancla	Klatsch	[klatʃ]
[dʒ]	como la *j* en Jeep	Jeep	[dʒi:p]

Vocales

[p]	como la *p* en pan	Post	[pɔst]
[a]	sonido de a breve como en taza	Ball	[bal]
[a:]	sonido de a larga	Bahn	[ba:n]
[ɐ]	sonido de a (por vocalización de r final)	Tor	[to:ɐ]

Símbolos fonéticos

[ã]	sonido de a nasal breve	balancieren	[balã'si:rən]
[ã:]	sonido de a nasal larga	Restaurant	[rɛsto'rã:]
[aɪ]	sonido como en la palabra aire	eins	[aɪns]
[aʊ]	sonido como en la palabra causa	aus	[aʊs]
[e]	sonido de e breve como en fe	feminin	[femi'ni:n]
[e:]	sonido de e larga	Tee	[te:]
[ɛ]	sonido de e abierta	elf	[ɛlf]
[ɛ:]	sonido de e abierta larga	Bär	[bɛ:ɐ]
[ɛ̃]	sonido de e nasal breve	pointiert	[poɛ̃n'ti:t]
[ɛ̃:]	sonido de e nasal larga	Teint	[tɛ̃:]
[i]	sonido de i breve como en sí	Juni	['ju:ni]
[i:]	sonido de i larga	tief	[ti:f]
[ɪ]	sonido de i breve	in	[ɪn]
[ĭ]	sonido de i semivocálica como en la palabra *avión*	Lektion	[lɛk'tsĭo:n]
[o]	sonido de o breve como en oso	Pokal	[po'ka:l]
[o:]	sonido de o larga	Boot	[bo:t]
[ɔ]	sonido de o abierta	noch	[nɔx]
[õ]	sonido de o nasal breve	Fondue	[fõ'dy:]
[õ:]	sonido de o nasal larga	Saison	[zɛ'zõ:]
[ɔɪ]	sonido como en la palabra *hoy*	heute	['hɔɪtə]
[ø]		Ökologie	[økolo'gi:]
[ø:]		Öl	[ø:l]
[œ]		rösten	['rœstən]
[u]	sonido de u breve como en luz	Musik	[mu'zi:k]
[u:]	sonido de u larga	Wut	[vu:t]
[ʊ]	sonido de u breve	null	[nʊl]
[ŭ]	sonido de u semivocálica como en la palabra *suave*	Iguana	[i'gŭa:na]
[y]		Dynamik	[dy'na:mɪk]
[y:]		kühl	[ky:l]
[ʏ]		Sünde	['zʏndə]
[y̆]		Nuance	['ny̆ã:sə]

Abreviaturas

abrev	abreviatura
ac	acusativo
adj	adjetivo
adv	adverbio
AER	aeronáutica
AGR	agricultura
amb	ambiguo
Amér.	América Latina
Amér. Centr.	América Central
Amér. Merid.	América Meridional
ANAT	anatomía
Ant.	Antillas
arc	arcaísmo
Arg.	Argentina
argot	argot
ARQ	arquitectura
art	artículo
ART	bellas artes
ASTR	astronomía, astrología
AUT	automovilismo
aux	verbo auxiliar
BIOL	biología
BIOQ	bioquímica
Bol.	Bolivia
BOLSA	bolsa
BOT	botánica
C. Rica	Costa Rica
card	numeral cardinal
Chile	Chile
CINE	cinematografía
Col.	Colombia
coloq	coloquial
COM	comercio
comp	comparativo
compl	complemento
conj	conjunción
contr	contracción
copul	verbo copulativo
Cuba	Cuba
dat	dativo
demos	demostrativo
DEP	deportes
DEP	derecho
desp	despectivo
ECOL	ecología
ECON	economía
Ecuad.	Ecuador
EDUC	educación
El Salv.	Salvador
ELEC	electricidad
ELECTR	electrónica
gen	genitivo
etw	etwas
euf	eufemismo
f	sustantivo femenino
fam	familiar
fig	figurado
FIL	filosofía
FILOL	filología
FIN	finanzas
FÍS	física
FON	fonética
form	formal
FOT	fotografía
fr	frase
GAST	gastronomía
gen	genitivo
GEOG	geografía
GEOL	geología
GEOM	geometría
ger	gerundio
gralte.	generalmente
GRAM	gramática

Abreviaturas

Guat.	Guatemala
HIST	historia
Hond.	Honduras
hum	humorístico
impers	verbo impersonal
indef	indefinido
INF	informática/ computación
inf	infinitivo
interj	interjección
interr	interrogativo
intr	verbo intransitivo
inv.	invariable
irón	irónico
jd	alguien (nominativo)
jm	para alguien (dativo)
jn	a alguien (acusativo)
js	de alguien (genitivo)
lit	literario
LIT	literatura
loc	locución
m	sustantivo masculino
m o *f*	sustantivo masculino o femenino
m y *f*	sustantivo masculino y femenino
MAR	marina
MAT	matemáticas
MEC	mecánica
MED	medicina
Méx.	México
MIL	militar
MIN	minería
MÚS	música
NÁUT	náutica
Nic.	Nicaragua
num	numeral
ÓPT	óptica
ord	numeral ordinal
P. Rico	Puerto Rico
Pan.	Panamá
Par.	Paraguay
pers	personal
Perú	Perú
pl	plural
POL	política
poses	posesivo
pref	prefijo
prep	preposición
pron	pronombre/ pronominal
PSIC	psicología
QUÍM	química
R. de la Plata	Río de la Plata
R. Dom.	República Dominicana
RAD	radio
rel	relativo
REL	religión
RET	retórica
suf	sufijo
suj	sujeto
super	superlativo
sust	sustantivo
TAUROM	tauromaquia
TEAT	teatro
TEC	tecnología
TELECOM	telecomunicaciones
tr	verbo transitivo
TV	televisión
Ur.	Uruguay
v	verbo
Venez.	Venezuela
vulg	vulgar
ZOOL	zoología

Español-Alemán

Aa

a, A *f* a, A *n* (letra).

a *prep* **1** (situación) an *(+dat)*; bei; in *(+dat)*. **2** (dirección) nach *(+ac)*; zu *(+dat)*; in *(+ac)*. **3** (tiempo) um; bis (hasta); bei (momento preciso); nach (período). **4** (medida/precio) zu; in. **5** (distancia) von. **6** (modo) mit *(+dat)* nach. **7** (finalidad) zu. **querer ~ alguien 8** (con complemento directo) jn lieben. **dar algo ~ alguien 9** (con complemento indirecto) jm etw geben. ■ **¿~ cuánto está?** was kostet das?; **~ la derecha/izquierda** rechts/links; **ir ~ por algo** etw holen gehen.

ábaco *m* Abakus *m*.

abacorar *tr Amér.* hamstern.

abad *m* Abt *m*.

abadesa *f* Äbtissin *f*.

abadía *f* Abtei *f*.

abajo *adv* **1** (dirección) hinunter, herunter. **2** (situación) unten. ● **¡~!** *interj* **3** nieder mit!

abalanzarse *pron* sich stürzen auf *(+ac)*.

abalorio *m* Glasschmuck *m*.

abanderado, -a *m, f* **1** Fahnenträger(in) *m(f)*. **2** (fig) Vorkämpfer(in) *m(f)*.

abandonado, -a *adj* verlassen (solo); verwahrlost (descuidado).

abandonar *tr* **1** verlassen (persona, lugar); auf|geben (proyecto). ● **~se** *pron* **2** sich vernachlässigen.

abanicar *tr* **1** fächeln. ● **~se** *pron* **2** sich fächeln.

abanico *m* **1** Fächer *m*. **2** (fig) Fülle *f*. ■ **en ~** fächerförmig.

abarajar *tr Amér. Merid.* in der Luft auffangen.

abaratar *tr* **1** verbilligen. ● **~se** *pron* **2** sich verbilligen.

abarcar *tr* **1** umfassen. **2** enthalten (contener). ■ **quien mucho abarca, poco aprieta** wer viel beginnt, zu nichts es bringt.

abarrotado, -a *adj* überfüllt.

abarrotar *tr* **1** voll|stopfen. **2** *Amér.* billiger werden (mercado).

abarrotes *m pl* **1** *Amér.* Lebensmittel *n*. **2** *Amér.* Lebensmittelgeschäft *n*.

abastecer *tr* **~ de 1** versorgen mit *(+dat)*; beliefern mit *(+dat)*. ● **~se de** *pron* **2** sich versorgen mit *(+dat)*.

abatible *adj* klappbar.

abatido, -a *adj* niedergeschlagen.

abatir *tr* **1** nieder|reißen (muro); fällen (árbol). **2** (fig) entmutigen (ánimo); entkräften (fuerza).

abdicación *m* Abdankung *f.*
abdicar *tr* **1** ab|danken. • **~ de algo** *intr* **2** etw*(ac)* auf|geben.
abdomen *m* Unterleib *m.*
abdominal *adj* **1** Unterleibs-. • **abdominales** *m pl* **2** Bauchmuskeln *m pl.*
abecedario *m* Alphabet *n.*
abedul *m* Birke *f.*
abeja *f* Biene *f.*
abejorro *m* Hummel *f.*
aberración *f* **1** Abartigkeit *f.* **2** Verirrung *f.*
abertura *f* **1** Öffnen *n.* **2** Öffnung *f.*
abeto *m* Tanne *f.*
abicharse *pron Arg., Chile, Ur.* wurmstichig werden.
abierto, -a *adj* offen. ◆ **campo ~** freies Feld.
abigarrado, -a *adj* kunterbunt.
abismal *adj* **1** abgrundtief. **2** (fig) gewaltig.
abismo *m* **1** Abgrund *m.* **2** (fig) Kluft *f* (diferencia).
abjurar *tr* **1** ab|schwören. • *intr* **2** widerrufen.
ablandar *tr* **1** weich machen. **2** (fig) erweichen (persona). **3** besänftigen. • **~se** *pron* **4** weich werden.
abnegación *f* Selbstlosigkeit *f.*
abnegado, -a *adj* selbstlos.
abocar *tr* um|gießen (líquido).
abochornar *tr* **1** bedrücken (calor). **2** beschämen. • **~se** *pron* **3** sich schämen.
abofetear *tr* ohrfeigen.
abogacía *f* Anwaltsberuf *m.*
abogaderas *f pl Amér.* Überredungskunst *f.*
abogado, -a *m, f* (Rechts)anwalt, -wältin *m, f.*
abogar *intr* plädieren.
abolición *f* Abschaffung *f.*
abolir *tr* **1** ab|schaffen. **2** auf|heben (leyes).
abolladura *f* Beule *f.*
abollar *tr* verbeulen.
abominable *adj* abscheulich (condenable); scheußlich (desagradable).
abominación *f* Abscheu *m.*
abonado, -a *adj* **1** glaubwürdig. • *m, f* **2** Abonnent(in) *m(f)* (revista); Teilnehmer(in) *m(f)* (a telefónica); Abnehmer(in) *m(f)* (gas, electricidad).
abonar *tr* **1** bezahlen (deudas). **2** düngen (terreno). **3** abonnieren.
abono *m* **1** Abonnement *n* (teatro). **2** Dünger *m* (terreno). **3** Rate *f* (plazo).
abordar *tr* **1** rammen (embarcación). **2** an|sprechen (persona). **3** an|gehen (asunto).
aborigen *adj* **1** einheimisch. • *m, f* **2** (gralte. pl) Eingeborene *m* o *f.*
aborrecer *tr* **1** verabscheuen (aversión). **2** langweilen (aburrir).
aborricarse *pron Amér.* verdummen.
abortar *tr* e *intr* **1** ab|treiben (intencionadamente); eine Fehlgeburt haben (espontánea-

mente). • *intr* **2** (fig) misslingen.
aborto *m* Abtreibung *f* (intencionado); Fehlgeburt *f* (espontáneo).
abotagarse o **abotargarse** *pron* an|schwellen.
abotonar *tr* **1** zu|knöpfen. • **~se** *pron* **2** sich zu|knöpfen.
abra *f* **1** Bucht *f* (bahía). **2** Schlucht *f* (en una montaña). **3** *Amér.* Lichtung *f*.
abracar *tr Amér.* umgreifen.
abrasar *tr* **1** verbrennen. • *intr* **2** brennend heiß sein. • **~se** *pron* **3** verbrennen.
abrazar *tr* **1** umarmen (persona). **2** umfassen (abarcar). • **~se** *pron* **3** sich umarmen.
abrazo *m* Umarmung *f*.
abrecartas *m* Brieföffner *m*.
abrelatas *m* Dosenöffner *m*.
abrevadero *m* Tränke *f*.
abreviar *tr* **1** ab|kürzen. • **~se** *pron* **2** *C. Rica, Nic.* sich beeilen.
abreviatura *f* Abkürzung *f*.
abridor(a) *adj* **1** öffnend. • *m* **2** (Flaschen)öffner *m*.
abrigar *tr* **1** schützen (del frío, viento); zu|decken (cubrir). • **~se** *pron* **2** sich warm an|ziehen.
abrigo *m* **1** Mantel *m* (prenda). **2** Unterstand *m* (lugar).
abril *m* April *m*.
abrillantar *tr* auf Hochglanz bringen.
abrir *tr* **1** öffnen, auf|machen. **2** eröffnen (dar principio). • *intr* **3** öffnen (tiendas). • **~se** *pron* **4** sich öffnen.
abrochar *tr* zu|knöpfen (abotonar).
abrumar *tr* **1** erdrücken. **2** überhäufen (con trabajo, elogios). **3** belästigen (molestar).
abrupto, -a *adj* steil (pendiente).
ABS (*acrónimo de* **Antiblockiersystem**) *m* ABS *n*.
absceso *m* MED Abszess *m*.
ábside *m* Apsis *f*.
absolución *f* DER Freispruch *m*.
absoluto, -a *adj* völlig.
absolver *tr* **1** DER frei|sprechen. **2** REL los|sprechen.
absorbente *adj* saugfähig (esponja).
absorber *tr* **1** auf|saugen. **2** in Anspruch nehmen (ocupar tiempo).
absorción *f* Aufsaugen *n*.
abstemio, -a *adj* abstinent.
abstención *f* Enthaltung *f*.
abstenerse *pron* sich enthalten.
abstinencia *f* Abstienenz *f*.
abstracción *f* Abstraktion *f*.
abstracto, -a *adj* abstrakt.
abstraer *tr* abstrahieren.
abstraído, -a *adj* versunken (in).
absurdo, -a *adj* absurd.
abuchear *tr* aus|pfeifen.
abuela *f* Großmutter *f*.
abuelo *m* Großvater *m*.
abultado, -a *adj* massig.

abultar *tr* **1** vergrößern. • *intr* **2** viel Raum ein|nehmen.
abundancia *f* Fülle *f*; Überfluss *m*.
abundar *intr* im Überfluss vorhanden sein.
aburrido, -a *adj* langweilig.
aburrimiento *m* Langeweile *f*.
aburrir *tr* **1** langweilen. • **~se** *pron* **2** sich langweilen.
abusar *intr* missbrauchen.
abuso *m* Missbrauch *m*.
acá *adv* hier.
acabado, -a *adj* **1** fertig; abgeschlossen. **2** erledigt (destruido).
acabar *tr* **1** beenden (terminar). **2** verbrauchen (consumir). • *intr* **3** enden (concluir). **~ de hacer algo 4** gerade etw getan haben. • **~se** *pron* **5** aus|gehen (agotarse). ■ **¡se acabó!** jetzt ist Schluß!
acacia *f* Akazie *f*.
academia *f* **1** Akademie *f* (colegio). **2** (Privat)schule *f* (escuela).
académico, -a *adj* **1** akademisch. • *m, f* **2** Akademiker(in) *m(f)*.
acaecer *intr* geschehen.
acallar *tr* zum Schweigen bringen.
acalorado, -a *adj* hitzig; gereizt.
acalorar *tr* erhitzen.
acampar *intr* zelten (camping).
acantilado *m* Steilküste *f*.
acaparar *tr* hamstern.
acariciar *tr* streicheln.
acarrear *tr* transportieren.
acaso *adv* vielleicht. ■ **si ~** zufällig, etwa; jedenfalls (en todo caso); **por si ~** falls (conj.); für alle Fälle (adverb.).
acatar *tr* **1** achten (respetar). **2** befolgen (obedecer).
acatarrar *tr* **1** *Amér.* belästigen. • **~se** *pron* **2** sich erkälten.
acaudalado, -a *adj* wohlhabend.
acaudillar *tr* an|führen.
acceder *intr* ein|willigen.
accesible *adj* zugänglich.
acceso *m* **1** Zugang *m*. **2** Anfall *m*.
accesorio, -a *adj* **1** nebensächlich. • *m* **2** (gralte. pl) Zubehör *n*.
accidentado, -a *adj* **1** unruhig. • *m, f* **2** Verunglückte(r) *mf(m)*.
accidental *adj* **1** unwesentlich (no esencial). **2** zufällig (casual).
accidente *m* **1** Unfall *m* (desgracia). **2** Zwischenfall *m* (casualidad).
acción *f* **1** Tat *f*; Handlung *f*. **2** FIN Aktie *f*.
accionar *tr* betätigen.
accionista *m, f* Aktionär(in) *m(f)*.
acebo *m* Stechpalme *f*.
acechar *tr* (be)lauern.
acecho *m* Lauer *f*.
acéfalo, -a *adj* kopflos.

aceite *m* Öl *n*. ◆ ~ **de oliva** Olivenöl *n*.
aceitera *f* **1** Ölkännchen *n*. ● **aceiteras** *f pl* **2** Menage *f*.
aceituna *f* Olive *f*.
aceleración *f* Beschleunigung *f*.
acelerador(a) *adj* **1** beschleunigend. ● *m* **2** Gaspedal *n*.
acelerar *tr* **1** beschleunigen; Gas geben (coche). ● **~se** *pron* **2** sich beschleunigen.
acelga *f* Mangold *m*.
acento *m* **1** Betonung *f* (intensidad). **2** Akzent *m* (tilde, pronunciación).
acentuar *tr* betonen; einen Akzent setzen (letra).
acepción *f* Bedeutung *f*.
aceptación *f* **1** Annahme *f*. **2** Zustimmung *f* (aprobación).
aceptar *tr* an|nehmen; akzeptieren.
acequia *f* Bewässerungsgraben *m*.
acera *f* **1** Bürgersteig *m*; Gehsteig *m*. **2** Häuserreihe *f*.
acerado, -a *adj* stählern.
acerbo, -a *adj* herb.
acerca *prep* **1** ~ **de** (con verbo) über (sobre). ~ **de 2** (con sustantivo) in Bezug auf (respecto a).
acercar *tr* **1** heran|bringen; heran|rücken (silla). ● **~se** *pron* **2** sich nähern.
acerico o **acerillo** *m* Nadelkissen *n*.
acero *m* Stahl *m*.
acérrimo, -a *adj* hartnäckig.
acertado, -a *adj* treffend.
acertar *tr* **1** treffen (dar en). **2** erraten (adivinar). ● ~ **a** *intr* **3** zufällig etw tun; gelingen (+*dat*).
acertijo *m* Rätsel *n*.
acervo *m* Gemeinschaftsvermögen *n*.
acetilsalicílico *adj* Acetylsalicyl-.
achacar *tr* zu|schreiben.
achaque *m* Beschwerde *f*, Kränklichkeit *f*.
achatar *tr* ab|flachen.
achicar *tr* **1** verkleinern. **2** ein|schüchtern (acobardar).
achicharrar *tr* **1** anbrennen lassen. **2** (fig) nerven (molestar). ● **~se** *pron* **3** an|brennen.
achicoria *f* Zichorie *f*.
achimero *m Amér. Centr.* Hausierer *m*.
achiquitar *tr Amér.* verkleinern.
acholado, -a *adj Amér.* dunkelhäutig.
acholar *tr Amér.* ein|schüchtern (amilanar).
achuchar *tr* drängen (apremiar).
achucharrar *tr Méx.* zerquetschen.
achuchón *m* Stoß *m* (empujón).
achucuyar *tr Amér. Merid.* erniedrigen.
achunchar *tr Amér.* beschämen.
achura *f Amér.* Innereien *f pl*.

aciago, -a *adj* unheilvoll.
acicalar *tr* heraus|putzen.
acicate *m* (fig) Ansporn *m.*
acidez *f* **1** Säure *f.* **2** Säuregehalt *m* (cantidad).
ácido, -a *adj* **1** sauer. • *m* **2** Säure *f.* ◆ ~ **clorhídrico** Salzsäure *f*; ~ **sulfúrico** Schwefelsäure *f.*
acierto *m* **1** Treffer *m* (respuesta). **2** Geschick *n* (habilidad).
ácimo *adj* ungesäuert.
aclamar *tr* **1** zu|jubeln. **2** POL akklamieren.
aclaración *f* **1** Aufhellung *f.* **2** Erklärung *f* (explicación). ◆ ~ **de sentencia** DER Urteilsberichtigung.
aclarar *tr* **1** auf|hellen. **2** erklären (explicar). **3** (aus)|spülen (ropa, cabellos). • **~se** *pron* **4** sich auf|klären (tiempo, incógnita).
aclimatación *f* Akklimatisierung *f.*
aclimatar *tr* **1** akklimatisieren. • **~se** *pron* **2** sich akklimatisieren.
acobardar *tr* **1** ein|schüchtern. • **~se por/ ante** *pron* **2** Angst bekommen vor *(+dat).*
acochambrar *tr Amér.* beschmutzen.
acodar *tr* biegen.
acoger *tr* **1** auf|nehmen. • **~se a** *pron* **2** Schutz suchen bei (ampararse); sich berufen auf *(+ac)* (basarse).
acogida *f* Aufnahme *f.*
acojonar *tr* **1** (fam) Angst ein|jagen. • **~se** *pron* **2** (fam) die Hosen voll haben.
acolchar *tr* polstern.
acolchonar *tr Amér.* polstern.
acometer *tr* an|fallen.
acomodador(a) *m(f)* Platzanweiser(in) *m(f).*
acomodar *tr* **1** an|passen (adaptar). **2** unter|bringen (alojar). • **~se** *pron* **3** es sich*(dat)* bequem machen (ponerse cómodo).
acomodo *m* **1** Anpassung *f* (adaptación). **2** Unterkunft *f* (alojamiento).
acompañamiento *m* **1** Begleitung *f.* **2** Beilage *f* (comida).
acompañante *m, f* Begleiter(in) *m(f).*
acompañar *tr* begleiten.
acomplejar *tr* **1** Komplexe verursachen. • **~se** *pron* **2** Komplexe bekommen.
acondicionado, -a *adj* beschaffen. ◆ **aire** ~ Klimaanlage *f.*
acondicionar *tr* **1** aus|statten (equipar). **2** klimatisieren (climatizar).
acongojar *tr* bedrücken.
aconsejar *tr* **1** ~ **a alguien** jm einen Rat geben; jn beraten. ~ **algo a alguien** **2** jm etw raten.
acontecer *intr* sich ereignen.
acontecimiento *m* Ereignis *n.*
acopio *m* Anhäufung *f.*
acoplado *m Amér.* Anhänger *m.*
acoplar *tr* **1** koppeln. **2** an|passen (ajustar).

acordar *tr* **1** vereinbaren. • **~se de** *pron* **2** sich erinnern an *(+ac).*
acorde *adj* **1** übereinstimmend. • *m* **2** MÚS Akkord *m.*
acordeón *m* Akkordeon *n.*
acordonar *tr* **1** schnüren. **2** (fig) ab|sperren (un sitio).
acorralar *tr* ein|kreisen (cercar).
acortar *tr* kürzen.
acosar *tr* (fig) bedrängen.
acoso *m* Verfolgung *f* (persecución).
acostar *tr* **1** ins Bett bringen (en la cama). • **~se** *pron* **2** ins Bett gehen.
acostumbrar *tr* **1** gewöhnen. • **~se a** *pron* **2** sich gewöhnen an *(+ac).*
acotación *f* Randbemerkung *f.*
acotar *tr* ab|grenzen.
ácrata *adj* anarchistisch.
acre *adj* **1** herb. **2** scharf (picante).
acrecentar *tr* vermehren.
acreditar *tr* **1** bestätigen (confirmar). **2** autorisieren (autorizar).
acreedor(a) *adj* **1** würdig. • *m(f)* **2** Gläubiger(in) *m(f).*
acribillar *tr* durchlöchern.
acriollarse *pron Amér.* sich ein|leben.
acritud *f* Schärfe *f.*
acróbata *m, f* Akrobat(in) *m(f).*
acta *f* **1** Protokoll *n* (de una reunión). **2** Urkunde *f.* **3** DER Akte *f.*
actitud *f* **1** Haltung *f.* **2** Verhalten *n* (comportamiento). **3** (fig) Einstellung *f* (disposición).
activar *tr* **1** beleben (avivar). **2** FÍS, QUÍM, TEC aktivieren.
actividad *f* Aktivität *f;* Tätigkeit *f.*
activo, -a *adj* **1** aktiv. **2** geschäftig (diligente).
acto *m* **1** Handlung *f;* Tat *f* (acción). **2** Festakt *m* (ceremonia). **3** TEAT Akt *m.* ■ **en el ~** sofort, auf der Stelle.
actor *m* Schauspieler *m.*
actriz *f* Schauspielerin *f.*
actuación *f* **1** Vorgehen *n* (manera de actuar). **2** Tätigkeit *f* (actividad). **3** TEAT, MÚS Auftritt *m.*
actual *adj* aktuell.
actualidad *f* **1** Aktualität *f.* **2** Gegenwart *f* (presente).
actualizar *tr* aktualisieren.
actuar *intr* **1** handeln (obrar). **2** wirken (tener efecto). **3** TEAT auf|treten.
acuarela *f* Aquarell *n.*
acuario *m* **1** Aquarium *n.* **2** Acuario ASTR Wassermann *m.*
acuartelar *tr* ein|quartieren.
acuático, -a *adj* Wasser-.
acuchillar *tr* nieder|stechen.
acuciar *tr* **1** drängen (dar prisa). **2** anstacheln (incitar).
acudir *intr* gehen (ir); kommen (venir).
acueducto *m* Aquädukt *n.*
acuerdo *m* Vereinbarung *f.* ■ **¡de ~!** einverstanden!; **ponerse de ~** sich einigen.
acuicultura *f* Aquakultur *f.*
acuífero, -a *adj* wasserführend.
acumular *tr* an|häufen.

acunar *tr* wiegen.
acuñar *tr* prägen.
acupuntura *f* Akupunktur *f.*
acurrucarse *pron* sich kauern.
acusación *f* **1** Beschuldigung *f.* **2** DER Anklage *f.*
acusar *tr* beschuldigen (culpar); an|klagen (en juicio).
acuse *m* Empfangsbestätigung *f* (de recibo).
acusete *m Amér.* (fam) Petze *f.*
acústico, -a *adj* akustisch.
adaptación *f* Anpassung *f.*
adaptar *tr* **1** ~ **a** an|passen *(+dat)*/an *(+ac).* • **~se a** *pron* **2** sich an|passen *(+dat)*/an *(+ac).*
adecuado, -a *adj* adäquat.
adecuar *tr* ~ **a** an|passen an *(+ac).*
adefesiero, -a *adj Amér. Merid.* lächerlich.
adelantamiento *m* Überholen *n* (de coches).
adelantar *tr* **1** vor|rücken (avanzar). **2** über|holen (pasar, aventajar). • *intr* **3** Fortschritte machen (progresar). • **~se** *pron* **4** vor|gehen (reloj).
adelante *adv* **1** vorn (situación). **2** vorwärts (dirección). • **¡~!** *interj* **3** herein! (que entre). ■ **más ~** weiter vorn (más allá); später (más tarde).
adelanto *m* Vorauszahlung *f* (pago).
adelgazar *tr* **1** dünner machen. • *intr y pron* **2** ab|nehmen.
ademán *m* **1** Gebärde *f.* • **ademanes** *m pl* **2** Manieren *pl.*
además *adv* außerdem.
adentrarse *pron* ~ **en** eindringen in *(+ac)* (penetrar).
adentro *adv* **1** drinnen (situación). **2** hinein (dirección). • **adentros** *m pl* **3** Innere *n.*
adepto, -a *m, f* Anhänger(in) *m(f).*
aderezar *tr* **1** zu|bereiten (guisar). **2** her|richten (preparar).
aderezo *m* **1** Zubereitung *f* (de un guiso). **2** Dressing *n.*
adherir *tr* **1** ~ **a** an|kleben a *(+ac).* • **~se** *pron* **2** an|kleben (pegarse). **~se a** **3** (fig) sich an|schließen *(+dat)* (mostrarse de acuerdo); bei|treten *(+dat)* (a un partido).
adhesión *f* Haftung *f.*
adhesivo, -a *adj* **1** Klebe-; haftend. • *m* **2** Klebstoff *m.*
adicción *f* Sucht *f.*
adición *f* MAT Addition *f.*
adicionar *tr* hinzu|fügen.
adicto, -a *adj* **1** süchtig. • *m, f* **2** Süchtige(r) *mf(m).*
adiestrar *tr* ab|richten (animales).
adinerado, -a *adj* vermögend.
adiós *interj* auf Wiedersehen!; tschüs(s)!
aditivo, -a *adj* zusätzlich.
adivinanza *f* Rätsel *n.*
adivinar *tr* erraten.
adjetivo, -a *adj* **1** adjektivisch. • *m* **2** Adjektiv *n.*
adjudicar *tr* **1** vergeben. • **~se** *pron* **2** sich an|eignen (apropiarse).

adjuntar *tr* bei|legen.
adjunto, -a *adj* **1** beiliegend. **2** stellvertretend (auxiliar).
administración *f* **1** Verwaltung *f*. **2** Behörde *f* (órgano).
administrar *tr* verwalten.
administrativo, -a *adj* Verwaltungs-.
admirable *adj* bewundernswert.
admiración *f* Bewunderung *f*.
admirar *tr* bewundern.
admisible *adj* zulässig.
admisión *f* Zulassung *f*.
admitir *tr* **1** zu|lassen. **2** an|nehmen (aceptar). **3** zu|geben (reconocer).
adobar *tr* marinieren.
adobe *m* Luftziegel *m*.
adoctrinar *tr* indoktrinieren.
adolecer *intr* **~ de** erkranken an *(+dat)*.
adolescencia *f* Jugend *f*.
adonde *adv rel* wohin.
adónde *adv interr* wohin.
adondequiera *adv* wo auch immer (situación); wohin auch immer (dirección).
adopción *f* **1** Adoption *f*. **2** Ergreifen *n* (de medidas).
adoptar *tr* adoptieren (niño). ■ **~ medidas** Maßnahmen ergreifen.
adorable *adj* bezaubernd.
adorar *tr* an|beten.
adormecer *tr* **1** ein|schläfern. • **~se** *pron* **2** ein|schlafen.
adormilarse o **adormitarse** *pron* ein|nicken.
adornar *tr* schmücken.
adorno *m* Schmuck *m*.
adosar *tr* an|lehnen.
adquirir *tr* **1** erwerben (comprar). **2** erlangen (lograr).
adquisición *f* Erwerb *m*.
adrede *adv* absichtlich.
adrenalina *f* Adrenalin *n*.
adscribir *tr* **1** zu|schreiben (atribuir). **2** zu|teilen (asignar). • **~se** *pron* **3** sich an|schließen (vincularse).
aduana *f* Zoll *m*.
aducir *tr* vor|bringen.
adueñarse *pron* **~ de** Besitz ergreifen von.
adulación *f* Schmeichelei *f*.
adular *tr* schmeicheln.
adulteración *f* Verfälschung *f*.
adulterar *tr* verfälschen.
adulterio *m* Ehebruch *m*.
adúltero, -a *m, f* Ehebrecher(in) *m(f)*.
adulto, -a *adj* **1** erwachsen. • *m, f* **2** Erwachsene(r) *mf(m)*.
adusto, -a *adj* **1** trocken (seco). **2** unfreundlich (desabrido).
advenedizo, -a *adj* fremd.
adverbio *m* Adverb *n*.
adversario, -a *m, f* Gegner(in) *m(f)*.
adversidad *f* Unglück *n*.
adverso, -a *adj* widrig.
advertencia *f* **1** Warnung *f*. **2** Hinweis *m* (indicación).
advertir *tr* **1** ermahnen (amonestar). **~ de 2** warnen vor *(+dat)* (avisar).
adyacente *adj* angrenzend.

aéreo, -a *adj* Luft-. ♦ **compañía aérea** Fluggesellschaft *f*.
aeróbic o **aerobic** *m* Aerobic *n*.
aerodinámico, -a *adj* aerodynamisch.
aeródromo *m* Flugplatz *m*.
aeroespacial *adj* Luft- und Raumfahrt-.
aerolínea *f Amér.* Fluggesellschaft *f*.
aeromozo, -a *m(f) Amér.* Steward(ess) *m, f*, Flugbegleiter(in) *m(f)*.
aeronáutico, -a *adj* Luftfahrt-.
aeronave *f* Luftfahrzeug *n*.
aeroplano *m* Flugzeug *n*.
aeropuerto *m* Flughafen *m*.
aerosol *m* **1** Aerosol *n*. **2** Spray *m, n* (espray).
aerotrén *m* Luftkissenzug *m*.
afable *adj* liebenswürdig.
afamado, -a *adj* berühmt.
afán *m* **1** Eifer *m*. **2** Gier *f* (anhelo).
afanarse *pron* sich ab|mühen (esforzarse); schuften.
afarolarse *pron Amér.* sich auf|regen.
afear *tr* verunstalten.
afección *f* MED Leiden *n* (enfermedad).
afectación *f* Affektiertheit *f*.
afectado, -a *adj* **1** betroffen. **2** affektiert (amanerado).
afectar *tr* betreffen (atañer); beeinträchtigen (alterar).
afecto, -a *adj* **1** zugetan. ● *m* **2** Zuneigung *f* (cariño). **3** Gemütsbewegung *f* (pasión).
afectuoso, -a *adj* liebevoll.
afeitar *tr* **1** rasieren. ● **~se** *pron* **2** sich rasieren.
afelpado, -a *adj* plüschartig.
afeminado, -a *adj* (desp) weibisch.
aferrar *tr* **1** fest halten, sichern. ● **~se a** *pron* **2** sich fest halten an *(+dat)* (agarrarse).
afianzamiento *m* Sicherung *f*.
afianzar *tr* **1** befestigen (sujetar). **2** festigen (dar firmeza). ● **~se** *pron* **3** (fig) bestärkt werden (consolidarse). **~se en** **4** sich stützen auf *(+ac)* (apoyarse).
afiche *m Amér.* Plakat *n*.
afición *f* **1** Neigung *f* (inclinación). **2** Liebhaberei *f*, Hobby *n*. **3** DEP Fans *m pl*.
aficionado, -a *adj* **1** Hobby-. ● *m, f* **2** Liebhaber(in) *m(f)* (amante). ■ **ser ~ a algo** etw gern betreiben.
aficionar *tr* **1** begeistern. **~se a alguien/algo** **2** jn/etw lieb gewinnen.
afiebrarse *pron Amér.* Fieber bekommen.
afilado, -a *adj* **1** scharf. **2** spitz (puntiagudo).
afilar *tr* schleifen (sacar filo); spitzen (sacar punta).
afiliar *tr* **1** auf|nehmen. ● **~se** *pron* **2** bei|treten.
afín *adj* **1** ähnlich (parecido). **2** angrenzend (contiguo).
afinar *tr* **1** verfeinern. **2** MÚS stimmen.

afincar *intr* **1** Grundbesitz erwerben. • **~se en** *pron* **2** sich nieder|lassen in *(+dat).*
afinidad *f* Affinität *f.*
afirmación *f* **1** Bestätigung *f.* **2** Behauptung *f* (aseveración).
afirmar *tr* **1** bestätigen. **2** behaupten (aseverar). • **~se en algo** *pron* **3** etw bekräftigen.
afirmativo, -a *adj* bejahend.
aflicción *f* Kummer *m.*
afligir *tr* **1** quälen (atormentar). **2** betrüben (causar tristeza).
aflojar *tr* **1** lockern. • *intr* **2** nach|lassen (disminuir). • **~se** *pron* **3** locker werden.
aflorar *intr* zutage treten.
afluente *m* Nebenfluss *m.*
afluir *intr* **1** herbei|strömen (gente). **2** (ein)|münden (río).
afonía *f* Stimmlosigkeit *f.*
aforo *m* Fassungsvermögen *n.*
afortunado, -a *adj* glücklich.
afrancesado, -a *adj* frankophil.
afrenta *f* **1** Schmach *f* (vergüenza). **2** Beleidigung *f* (ofensa).
África *f* Afrika *n.*
afrontar *tr* trotzen (hacer frente).
afuera *adv* **1** draußen (situación). **2** hinaus, heraus (dirección).
afuereño, -a *adj Amér.* fremd.
agachar *tr* **1** beugen. • **~se** *pron* **2** (fam) sich bücken.
agalla *f* Kieme *f* (de un pez).
agalludo, -a *adj Amér.* waghalsig (temerario).
agarrado, -a *adj* (fam, fig) geizig.
agarrar *tr* **1** ergreifen; packen (asir). • **~se** *pron* **2** (fam) sich (mit jm) raufen (agredirse). **~se a 3** sich fest halten an *(+dat).*
agarrón *m* Ruck *m.*
agarrotar *tr* **1** (zu)|drücken. • **~se** *pron* **2** steif werden.
agasajar *tr* liebevoll behandeln (tratar con cariño).
ágata *f* Achat *m.*
agazaparse *pron* (fam) sich ducken.
agencia *f* **1** Agentur *f.* **2** Zweigstelle *f* (sucursal).
agenciar *tr* **1** beschaffen. • **~se** *pron* **2** sich*(dat)* beschaffen.
agenda *f* **1** Notizbuch *n* (cuaderno). **2** Terminkalender *m* (calendario).
agente *m, f* Agent(in) *m(f).*
ágil *adj* **1** flink (pronto). **2** geschickt (hábil).
agilizar *tr* beschleunigen.
agitación *f* **1** Aufregung *f* (excitación). **2** POL Unruhe *f.*
agitar *tr* **1** schütteln (mover). **2** beunruhigen (inquietar). • **~se** *pron* **3** sich auf|regen (excitarse).
aglomeración *f* Anhäufung *f.*
aglomerar *tr* an|häufen.
aglutinar *tr* zusammen|kleben (pegar); verknüpfen (unir).
agnóstico, -a *m, f* Agnostiker(in) *m(f).*
agobiar *tr* **1** überlasten (sobrecargar). **2** (fig) bedrücken (de-

primir). • ~se *pron* **3** sich*(dat)* Sorgen machen (preocuparse).

agobio *m* Überlastung *f* (cansancio).

agolparse *pron* zusammen|kommen.

agonía *f* **1** Agonie *f* (del moribundo). **2** Ungestüm *n* (ansia).

agonizante *adj* im Sterben liegend.

agonizar *intr* im Sterben liegen.

agosto *m* August *m*.

agotado, -a *adj* erschöpft.

agotador(a) *adj* anstrengend.

agotamiento *m* Erschöpfung *f*.

agotar *tr* **1** auf|brauchen (terminar). **2** erschöpfen (cansar).

agraciado, -a *adj* **1** anmutig. **2** vom Glück begünstigt (afortunado).

agraciar *tr* gut stehen *(+dat)* (la apariencia).

agradable *adj* angenehm.

agradar *intr* gefallen.

agradecer *tr* danken (dar las gracias); dankbar sein (estar agradecido).

agradecimiento *m* Dankbarkeit *f*.

agrado *m* (Wohl)gefallen *n*.

agrandar *tr* vergrößern.

agravar *tr* verschlimmern.

agraviar *tr* beleidigen (ofender).

agravio *m* Beleidigung *f* (ofensa).

agredir *tr* an|greifen.

agregado, -a *m, f* Attaché *m* (diplomático).

agregar *tr* **1** hinzu|fügen (añadir). ~ **algo a algo 2** etw einer Sache *(dat)* hinzu|fügen (añadir).

agresión *f* Angriff *m*.

agresivo, -a *adj* aggressiv.

agresor(a) *m(f)* Angreifer(in) *m(f)*.

agriar *tr* **1** säuern. • ~**se** *pron* **2** sauer werden.

agricultor(a) *m(f)* Landwirt(in) *m(f)*.

agricultura *f* Landwirtschaft *f*.

agridulce *adj* süßsauer.

agrietar *tr* **1** rissig machen. • ~**se** *pron* **2** rissig werden.

agrio, -a *adj* sauer.

agroalimentario, -a *adj* Nahrungsmittel-.

agropecuario, -a *adj* Agrar-.

agrupación *f* Gruppierung *f*.

agrupar *tr* **1** gruppieren. • ~**se** *pron* **2** zusamme|kommen (reunirse).

agua *f* **1** Wasser *n*. **2** Regen *m* (lluvia). • **aguas** *f pl* **3** Gewässer *n* (río, lago). ◆ ~ **mineral** Mineralwasser *n*.

aguacate *m* Avocado *f*.

aguacero *m* Wolkenbruch *m*.

aguado, -a *adj* **1** wässrig. **2** verdünnt (diluido).

aguafiestas *m, f* Spielverderber(in) *m(f)*.

aguafuerte *m* Radierung *f*.

aguaitar *tr* *Amér.* belauern (acechar).

aguamanil *m* Waschkrug *m* (jarro).

aguantar *tr* **1** halten (sujetar). **2** aus|halten (soportar). • **~se** *pron* **3** sich beherrschen (contenerse).
aguante *m* **1** Geduld *f* (paciencia). **2** Ausdauer *f* (resistencia).
aguar *tr* **1** verwässern; verdünnen (diluir). **2** (fig) verderben.
aguardar *tr* erwarten.
aguardiente *m* Schnaps *m*.
agudeza *f* Schärfe *f*.
agudizar *tr* schärfen.
agudo, -a *adj* **1** spitz. **2** geistreich (perspicaz).
agüero *m* Anzeichen *n*.
aguijón *m* Stachel *m*.
águila *f* Adler *m*.
aguinaldo *m* (Festtags)geschenk *n*.
aguja *f* Nadel *f*.
agujerear *tr* durch|löchern; durch|bohren.
agujero *m* Loch *n*.
agujetas *f pl* Muskelkater *m*.
aguzar *tr* schleifen.
ahí *adv* da; dort. ■ **de ~ que** daher, deshalb (por eso); **por ~** ungefähr dort.
ahijado, -a *m, f* Patenkind *n*.
ahínco *m* Eifer *m*.
ahíto, -a *adj* (über)satt.
ahogado, -a *m* y *f* **1** Ertrunkene(r) *mf(m)*. **2** Erstickte(r) *m*.
ahogar *tr* **1** ertränken (en el agua). **2** ersticken (asfixiar). • **~se** *pron* **3** ertrinken (en el agua). **4** ersticken (asfixiarse).
ahogo *m* Ersticken *n*.
ahondar *tr* vertiefen.
ahora *adv* **1** jetzt. **2** gleich (en seguida). • *conj* **3** aber (pero, sin embargo). ■ **~ que** jedoch.
ahorcar *tr* erhängen.
ahorita *adv Amér.* (fam) jetzt.
ahorrar *tr* **1** sparen. • **~se** *pron* **2** sich*(dat)* ersparen (evitar).
ahorro *m* **1** Sparen *n*. • **ahorros** *m pl* **2** Ersparnisse *f pl*.
ahuecar *tr* aus|höhlen.
ahumar *tr* räuchern.
ahuyentar *tr* vertreiben.
airar *tr y pron* erzürnen.
airbag *m* Airbag *m*.
aire *m* **1** Luft *f*. **2** Wind *m* (viento). **3** Aussehen *n* (aparencia). **4** Anmut *f* (garbo).
airear *tr* belüften.
aislado, -a *adj* **1** isoliert. **2** vereinzelt (individual).
aislar *tr* isolieren.
ajar *tr* ab|nutzen.
ajedrez *m* Schach(spiel) *n*.
ajeno, -a *adj* **1** fremd (de otro). **2** untypisch (impropio).
ajetreo *m* **1** Hetzerei *f* (prisa). **2** Geschäftigkeit *f* (actividad).
ají *m* Cayennepfeffer *m*.
ajiaco *m Amér. Soße oder Eintopfgericht mit Ajipfeffer*.
ajo *m* Knoblauch *m*.
ajuar *m* Hausrat *m*.
ajustado, -a *adj* **1** passend. **2** eng (ropa).
ajustar *tr* an|passen.
ajuste *m* **1** Anpassung *f*. **2** TEC Einstellung *f*.
al *contr* → a + el.
ala *f* **1** Flügel *m*. **2** Seite *f* (lado).

¡ala! *interj* **1** ach! **2** los! (prisa).
alabanza *f* Lob *n.*
alabar *tr* loben.
alabastro *m* Alabaster *m.*
alacena *f* Speiseschrank *m.*
alacrán *m* Skorpion *m.*
alambique *m* Destillierkolben *m.*
alambrada *f* Drahtgitter *n.*
alambrado *m* Drahtzaun *m.*
alambre *m* (Stachel)draht *m.*
alameda *f* Allee *f* (paseo).
álamo *m* Pappel *f.*
alarde *m* Angeberei *f.*
alargado, -a *adj* länglich.
alargar *tr* **1** verlängern. **2** aus|strecken (estirar). • **~se** *pron* **3** länger werden (extensión). **4** (fig) sich in die Länge ziehen (durar más).
alarido *m* Geschrei *n.*
alarma *f* Alarm *m.*
alarmar *tr* alarmieren.
alba *f* Morgendämmerung *f.*
albacea *m, f* Testamentvollstrecker(in) *m(f).*
albahaca o **albaca** *f* Basilikum *n.*
albañil *m, f* Maurer(in) *m(f).*
albarán *m* Empfangsbestätigung *f.*
albaricoque *m* Aprikose *f.*
albedrío *m* Willkür *f.*
alberca *f* Wasserbecken *n.*
albergar *tr* **1** beherbergen. **2** hegen (esperanzas, odio).
albergue *m* Herberge *f.*
albino, -a *adj* **1** albinotisch. • *m, f* **2** Albino *m.*
albóndiga *f* Fleischklößchen *n* (de carne); Fischklößchen *n* (de pescado).
albornoz *m* Bademantel *m.*
alborotar *tr* **1** durcheinander bringen (perturbar). **2** auf|rühren (sublevar). • *intr* **3** randalieren.
alboroto *m* **1** Radau *m* (vocerío). **2** Tumult *m* (tumulto).
alborozar *tr* erfreuen.
alborozo *m* Freude *f.*
albufera *f* Lagune *f.*
álbum *m* Album *n.*
alcachofa *f* Artischocke *f.*
alcahuete, -a *m, f* Kuppler(in) *m(f).*
alcalde(sa) *m(f)* Bürgermeister(in) *m(f).*
alcaldía *f* Bürgermeisteramt *n.*
alcance *m* **1** Reichweite *f.* **2** Tragweite *f* (trascendencia).
alcancía *f* Sparbüchse *f.*
alcanfor *m* Kampfer *m.*
alcantarilla *f* Abwasserkanal *m.*
alcanzar *tr* **1** erreichen (llegar); ein|holen (dar alcance). • *intr* **2** (aus)|reichen (bastar).
alcaparra *f* Kaper *f.*
alcayata *f* Hakennagel *m.*
alcázar *m* Festung *f.*
alce *m* Elch *m.*
alcoba *f* Schlafzimmer *n.*
alcohol *m* Alkohol *m.*
alcohólico, -a *adj* **1** alkoholisch. • *m, f* **2** Alkoholiker(in) *m(f).*
alcornoque *m* Korkeiche *f*
alcuza *f* Ölkanne *f.*
aldaba *f* Türklopfer *m.*

aldea *f* Dorf *n*.
aleación *f* Legierung *f*.
aleatorio, -a *adj* zufällig.
aleccionar *tr* lehren.
alegar *tr* vor|bringen.
alegato *m* Plädoyer *n*.
alegrar *tr* **1** erfreuen; beleben. • **~se** *pron* **2** sich freuen über (*+ac*).
alegre *adj* **1** fröhlich (contento). **2** lustig (divertido). **3** lebhaft (animado).
alegría *f* Freude *f*; Fröhlichkeit *f*.
alejar *tr* **1** entfernen. **2** vertreiben (ahuyentar).
aleluya *m, f* Halleluya *n*.
alemán, -ana *adj* **1** deutsch. • *m, f* **2** Deutsche(r) *mf(m)*. • *m* **3** Deutsch *m* (lengua).
Alemania *f* Deutschland *n*.
alentar *tr* ermutigen.
alergia *f* Allergie *f*.
alero *m* Vordach *n*.
alerta *adj* **1** wachsam, aufmerksam. • **¡~!** *interj* **2** Vorsicht!, Achtung!
aleta *f* Flosse *f*.
aletargar *tr* **1** ein|schläfern. • **~se** *pron* **2** schläfrig werden.
aletear *intr* **1** flattern (ave). **2** zappeln (pez).
alevín *m* Fischbrut *f*.
alevosía *f* Hinterlist *f*.
alfabeto *m* Alphabet *n*.
alfajor *m* GAST Gewürzkuchen *m*.
alfalfa *f* Luzerne *f*.
alfarero, -a *m, f* Töpfer(in) *m(f)*.
alféizar *m* Fensterbrett *n*.
alférez *m* MIL Leutnant *m*.
alfil *m* Läufer *m*.
alfiler *m* **1** Stecknadel *f*. **2** Anstecknadel *f* (broche).
alfombra *f* Teppich *m*.
alfombrilla *f* Fußmatte *f*.
alforja *f* Tasche *f*.
alga *f* Alge *f*.
algarroba *f* **1** Johannisbrot *n* (fruto). **2** BOT Futterwicke *f*.
álgebra *f* Algebra *f*.
álgido, -a *adj* eiskalt. ◆ **punto ~** (fig) Höhepunkt *m*.
algo *pron indef* **1** etwas. • *adv* **2** ein bisschen. ■ **por ~** aus gutem Grund.
algodón *m* **1** Baumwolle *f*. **2** Watte *f* (uso cosmético).
algol *m* INF Algol *n*.
alguacil *m* Gerichtsdiener *m* (del tribunal).
alguien *pron indef* jemand.
algún (*apócope de* **alguno**) *adj* → alguno.
alguno, -a *adj* **1** irgendein(e). **2** einige (unos cuantos). • *pron indef* **3** jemand. ■ **en algún sitio** irgendwo.
alhaja *f* Juwel *n*.
alhelí *m* BOT Levkoje *f*.
aliado, -a *adj* verbündet.
alianza *f* Bündnis *n*.
aliar *tr* **1** verbinden. • **~se** *pron* **2** sich verbünden.
alias *adv* **1** alias. • *m* **2** Spitzname *m*.
alicates *m pl* Zange *f*.
aliciente *m* Anreiz *m*.

alienación *f* Entfremdung *f.*
aliento *m* Atem *m.*
aligerar *tr* erleichtern.
alijo *m* Schmuggelware *f.*
alimaña *f* (fig) Schuft *m* (persona).
alimentación *f* Ernährung *f.*
alimentar *tr* ernähren.
alimento *m* **1** Nahrungsmittel *n.* **2** Ernährung *f* (alimentación).
alinderar *tr Amér.* begrenzen.
alineación *m* Ausrichtung *f.*
alinear *tr* auf|reihen.
aliñar *tr* **1** schmücken. **2** GAST würzen (condimentar); an|machen (ensalada).
aliño *m* GAST Gewürz *n* (condimento); Dressing *n* (de ensalada).
alisar *tr* glätten.
alistar *tr* ein|schreiben (inscribir); auf|listen (enumerar).
aliviar *tr* **1** erleichtern. **2** entlasten (disminuir). **3** mildern (mitigar).
aljibe *m* Zisterne *f.*
allá *adv* **1** da; dort (situación). **2** dorthin (dirección). **3** damals (tiempo).
allanar *tr* **1** (ein)|ebnen (terreno). **2** nieder|reißen (construcción).
allegado, -a *adj* nahe liegend.
allí *adv* **1** da; dort (situación). **2** dorthin (dirección).
alma *f* **1** Seele *f.* **2** Gemüt *n* (ánimo). ■ **no tener ~** kein Mitleid haben
almacén *m* Lager *n.* ◆ **grandes almacenes** Kaufhaus *n* (tienda).
almacenar *tr* lagern.
almanaque *m* Almanach *m.*
almeja *f* Venusmuschel *f.*
almendra *f* Mandel *f.*
almendro *m* Mandelbaum *m.*
almíbar *m* Sirup *m.*
almidonar *tr* stärken.
almirante *m* Admiral *m.*
almirez *m* Mörser *m.*
almizcle *m* Moschus *m.*
almohada *f* Kissen *n.*
almohadilla *f* Kissen *n.*
almorzar *intr y tr* **1** frühstücken (desayunar). **2** zu Mittag essen (a mediodía).
almuerzo *m* **1** Frühstück *n* (desayuno). **2** Mittagessen *n* (a mediodía).
alocado, -a *adj* **1** verrückt (loco). **2** leichtsinnig (imprudente).
alojamiento *m* Unterkunft *f.*
alojar *tr* **1** unter|bringen; ein|quartieren (hospedar). ● **~se** *pron* **2** sich ein|quartieren.
alondra *f* Lerche *f.*
alpargata *f* Leinenschuh *m* mit Hanfsohle.
alpinista *m, f* Bergsteiger(in) *m(f).*
alpino, -a *adj* Alpen-.
alpiste *m* Kanariengras *n.*
alquilar *tr* **1** vermieten (dar). **2** mieten (tomar).
alquimia *f* Alchimie *f.*
alquitrán *m* Teer *m.*

alrededor *adv* **1** ringsherum. ~ **de 2** um… herum. ~ **de 3** ungefähr (aproximadamente). • **alrededores** *m pl* **4** Umgebung *f*.

alta *f* **1** Entlassungsschein *m* (del médico). **2** Anmeldung *f* (inscripción). ▪ **darse de** ~ sich an|melden.

altanería *f* (fig) Stolz *m*.

altar *m* Altar *m*.

altavoz *m* Lautsprecher *m*.

alteración *f* **1** Störung *f* (perturbación). **2** Veränderung *f* (modificación).

alterar *tr* **1** ändern (modificar). **2** stören (perturbar).

altercado *m* Auseinandersetzung *f*.

alternar *tr* **1** ab|wechseln. • *intr y pron* **2** sich ab|wechseln.

alternativo, -a *adj* **1** alternativ. • **alternativa** *f* **2** Alternative *f*.

alterno, -a *adj* wechselnd.

altibajos *m pl* (fig, fam) Auf und Ab *n*.

altillo *m* Zwischengeschoss *n*.

altiplanicie *f* Hochebene *f*.

altisonante *adj* hochtrabend.

altitud *f* Höhe *f*.

altivo, -a *adj* stolz.

alto, -a *adj* **1** hoch. **2** groß (una persona). **3** obere(r, s) (superior). • *adv* **4** laut (en voz alta). • *m* **5** Halt *m* (parada). **6** Höhe *f* (altura). • ¡~! *interj* **7** halt!

altoparlante *m Amér.* Lautsprecher *m*.

altruismo *m* Altruismus *m*.

altura *f* **1** Höhe *f*. **2** Größe *f* (estatura).

alubia *f* Bohne *f*.

alucinación *f* Halluzination *f*.

alucinante *adj* **1** unglaublich (increíble). **2** fantastisch (fantástico).

alucinar *tr* **1** (fam) begeistern (entusiasmar). **2** überraschen (sorprender). • *intr* **3** (fam) baff sein (estar atónito). **4** Halluzinationen haben (tener alucinaciones).

alud *m* Lawine *f*.

aludir *intr* ~ **a** an|spielen auf (*+ac*).

alumbrar *tr* **1** beleuchten. • *intr* **2** leuchten.

aluminio *m* Aluminium *n*.

alumno, -a *m, f* Schüler(in) *m(f)*.

alusión *f* Anspielung *f*.

aluvión *m* **1** Überschwemmung *f*. **2** (fig) Schwall *m*.

alza *f* Steigerung *f*.

alzamiento *m* **1** Erhöhung *f*. **2** Erhebung *f* (rebelión).

alzar *tr* **1** (hoch)|heben. **2** erhöhen (precio). • **~se** *pron* **3** sich erheben (levantarse).

ama *f* Herrin *f*. ♦ ~ **de casa** Hausfrau *f*.

amabilidad *f* Liebenswürdigkeit *f*.

amable *adj* liebenswürdig.

amaestrar *tr* dressieren.

amagar *tr* **1** drohen (amenazar). • *intr* **2** bevorstehen (estar próximo).

amago *m* Drohung *f*.
amainar *tr* **1** beruhigen (calmar). • *intr* **2** nach|lassen (disminuir).
amalgama *f* Amalgam *n*.
amalgamar *tr* **1** vermischen (mezclar). • **~se** *pron* **2** sich vermischen.
amamantar *tr* **1** stillen (bebé). **2** säugen (animal).
amanecer *m* Tagesanbruch *m*. ▪ **al ~** bei Tagesanbruch.
amanecer *intr* tagen.
amanerado, -a *adj* geziert (persona); gekünstelt (estilo).
amansar *tr* zähmen.
amante *adj* **1** liebend. • *m, f* **2** Liebhaber(in) *m(f)*; Geliebte(r) *mf(m)*.
amañar *tr* **1** deichseln. **2** fälschen (falsear).
amapola *f* Klatschmohn *m*.
amar *tr* lieben.
amarar *intr* AER wassern.
amargar *tr y pron* **1** verbittern. • *intr* **2** bitter schmecken.
amargo, -a *adj* bitter.
amargura *f* Bitternis *f*.
amarillo, -a *adj* **1** gelb. • *m* **2** Gelb *n* (color).
amarra *f* MAR Tau *n*.
amarrado, -a *adj* *Amér.* geizig (tacaño).
amarrar *tr* fest|binden.
amasar *tr* kneten.
amasijo *m* **1** Knetteig *m* (de pan). **2** Mörtel *m* (mortero).
amateur *adj* Amateur-.
amatista *f* Amethyst *m*.
amazona *f* Amazone *f*.
ámbar *m* Bernstein *m*.
ambición *f* Ehrgeiz *m*.
ambicioso, -a *adj* ehrgeizig.
ambidextro, -a o **ambidiestro, -a** *adj* beidhändig.
ambientador *m* Raumspray *m* o *n*.
ambiente *m* **1** Luft *f* (aire). **2** Umgebung *f* (entorno). ◆ **medio ~** Umwelt *f*.
ambigüedad *f* Zweideutigkeit *f*.
ambiguo, -a *adj* zweideutig.
ámbito *m* Bereich *m*.
ambos, -as *adj pl* beide.
ambulancia *f* Krankenwagen *m*.
ambulante *adj* umherziehend.
ambulatorio, -a *adj* **1** ambulant. • *m* **2** Ambulanz *f*.
ameba *f* Amöbe *f*.
amedrentar *tr* **1** Angst machen (asustar). • **~se** *pron* **2** sich erschrecken.
amén *m* Amen *n*. ▪ **en un decir ~** im Handmdrehen.
amenaza *f* Drohung *f*.
amenazar *tr* bedrohen (intimidar); drohen (presagiar algo malo).
amenizar *tr* angenehm machen.
ameno, -a *adj* angenehm.
América *f* Amerika *f*.
americano, -a *adj* amerikanisch.
amerindio, -a *adj* indianisch.
amerizar *intr* wassern
ametralladora *f* Maschinengewehr *n*.

amianto *m* Asbest *m*.
amigable *adj* freundschaftlich.
amígdala *f* Mandel *f*.
amigo, -a *adj* **1** befreundet. • *m, f* **2** Freund(in) *m(f)*.
amilanar *tr* **1** ein|schüchtern. • **~se** *pron* **2** verzagen.
aminorar *tr* **1** verringern. • *intr* **2** nach|lassen.
amistad *f* Freundschaft *f*.
amnesia *f* Amnesie *f*.
amnistía *f* Amnestie *f*.
amo *m* **1** Herr *m*. **2** Besitzer *m* (dueño).
amodorrarse *pron* schläfrig werden.
amoldar *tr* an|passen.
amonestación *f* Verwarnung *f*.
amonestar *tr* ermahnen (advertir); verwarnen (reprender).
amoniaco o **amoníaco** *m* Ammoniak *n*.
amontonar *tr y pron* **1** an|häufen; stapeln (apilar). • **~se** *pron* **2** sich häufen.
amor *m* Liebe *f*. ■ **con/de mil amores** mit dem größten Vergnügen; **por ~ al arte** umsonst; **¡por ~ de Dios!** um Gottes willen!
amoratarse *pron* blau werden.
amordazar *tr* knebeln.
amorfo, -a *adj* amorph.
amortajar *tr eine Leiche waschen, an|kleiden und auf|bahren.*
amortiguador(a) *adj* **1** dämpfend. • *m* **2** Stoßdämpfer *m*.
amortiguar *tr* dämpfen.
amortización *f* Amortisierung *f* (de inversión).
amortizar *tr* amortisieren.
amotinar *tr* **1** auf|hetzen. • **~se** *pron* **2** sich auf|lehnen.
amparar *tr* **1** (be)schützen. • **~se** *pron* **2** Schutz suchen (buscar protección).
amparo *m* Schutz *m*.
amperio *m* ELEC Ampere *n*.
ampliación *f* Vergrößerung *f*.
ampliar *tr* vergrößern; erhöhen (capital); ausdehnen (extender); ausbauen (edificio).
amplificar *tr* verstärken.
amplio, -a *adj* **1** geräumig. **2** weit (ropa).
amplitud *f* Ausmaß *n*.
ampolla *f* Blase *f*.
amputar *tr* amputieren.
amueblar *tr* möblieren.
amuleto *m* Amulett *n*.
anaconda *f* Anakonda *f*.
anacronismo *m* Anachronismus *m*.
anagrama *m* Anagramm *n*.
anales *m pl* Annalen *f pl*.
analfabetismo *m* Analphabetismus *m*.
analfabeto, -a *m, f* Analphabet(in) *m(f)*.
analgésico, -a *adj* schmerzstillend.
análisis *m* Analyse *f*.
analizar *tr* analysieren.
analogía *f* Analogie *f*.
análogo, -a *adj* analog.
ananás *m* Ananas *f*.
anaquel *m* Regalbrett *n*.

anarquía *f* Anarchie *f*.
anarquismo *m* Anarchismus *m*.
anatomía *f* Anatomie *f*.
anca *f* Hinterbacke *f*.
ancestral *adj* **1** Ahnen-. **2** uralt (de origen remoto).
ancho, -a *adj* **1** breit. **2** weit (ropa). • *m* **3** Breite *f*.
anchoa *f* Anschovis *f*.
anchura *f* **1** Breite *f* (medida). **2** Weite *f* (holgura).
anciano, -a *adj* **1** bejahrt. • *m, f* **2** Greis(in) *m(f)*.
ancla *f* Anker *m*.
anclar *intr* **1** ankern. • *tr* **2** (fig) verankern.
andador(a) *adj* gut zu Fuß.
¡ándale! *interj Méx.* los!
andaluz(a) *adj* **1** andalusisch. • *m, f* **2** Andalusier(in) *m(f)*.
andamio *m* (Bau)gerüst *m*.
andar *m* **1** Gang *m*. **2** (fig) Vorgehen *n*.
andar *intr* **1** gehen (caminar). **2** laufen (una máquina). • *tr* **3** gehen (recorrer).
andén *m* Bahnsteig *m*.
andino, -a *adj* Anden-.
Andorra *f* Andorra *n*.
andrajo *m* Lumpen *m*.
anécdota *f* Anekdote *f*.
anejo, -a *adj* anliegend.
anestesia *f* MED Narkose *f*; Betäubung *f*.
anexión *f* Annexion *f*.
anexionar *tr* POL annektieren.
anfibio, -a *m* ZOOL Amphibie *f*.
anfiteatro *m* **1** Amphitheater *n* (edificio). **2** TEAT Rang *m*.
anfitrión, -ona *m, f* (fig, fam) Gastgeber(in) *m(f)*.
ánfora *f* Amphore *f*.
ángel *m* Engel *m*.
angina *f* MED Angina *f*.
anglicano, -a *adj* anglikanisch.
angloamericano, -a *adj* angloamerikanisch.
anglosajón, -ona *adj* angelsächsisch.
angosto, -a *adj* eng.
anguila *f* Aal *m*.
angula *f* Glasaal *m*.
ángulo *m* **1** Winkel *m*. **2** Ecke *f* (rincón).
angustia *f* **1** Beklemmung *f*.
angustiar *tr* **1** (ver)ängstigen. • **~se (por)** *pron* **2** sich (vor etw*(dat)*/um jn) ängstigen (atemorizarse).
anhelar *tr* sich sehnen nach *(+dat)*.
anhelo *m* Sehnsucht *f*.
anidar *intr* nisten.
anilla *f* Ring *m* (aro).
anillo *m* Ring *m*.
ánima *f* Seele *f*.
animación *f* Lebhaftigkeit.
animado, -a *adj* belebt.
animadversión *f* Abneigung *f*.
animal *m* Tier *n*.
animar *tr* **1** auf|muntern. • **~se** *pron* **2** sich auf|raffen.
ánimo *m* **1** Seele *f* (alma). **2** Mut *m* (valor).
aniquilar *tr* zerstören.
anís *m* **1** Anis *m*. **2** Anislikör *m* (bebida).

aniversario, -a *m* Jahrestag *m*.
ano *m* After *m*.
anoche *adv* gestern Abend.
anochecer *m* Abenddämmerung *f*. ■ **al ~** bei Einbruch der Dunkelheit.
anochecer *intr* Nacht werden.
anodino, -a *adj* nichtssagend.
anomalía *f* Anomalie *f*.
anonimato *m* Anonymität *f*.
anónimo, -a *adj* anonym.
anorak *m* Anorak *m*.
anorexia *f* MED Magersucht *f*.
anormal *adj* anormal.
anotación *f* Notiz *f*.
anotar *tr* notieren.
ánsar *m* Gans *f*.
ansia *f* Begierde *f*.
ansiar *tr* ersehnen.
ansiedad *f* Unruhe *f*.
antagónico, -a *adj* gegensätzlich.
antagonista *m, f* Gegner(in) *m(f)*.
antaño *adv* einst, früher.
ante *m* Wildleder *n*.
ante *prep* **1** (delante de) vor *(+dat)*. **2** (en presencia de) vor *(+ac)*. ◆ **~ todo** vor allem.
anteanoche *adv* vorgestern Abend.
anteayer *adv* vorgestern.
antebrazo *m* Unterarm *m*.
antecedente *adj* vorhergehend. ◆ **antecedentes penales** DER Vorstrafen *f pl*.
anteceder *tr* voran|gehen.
antecesor(a) *m(f)* Vorgänger(in) *m(f)*.
antedicho, -a *adj* obengenannt.
antelación *f* Vorzeitigkeit *f* (anticipación). ■ **con ~** im Voraus; **con la debida ~** rechtzeitig.
antemano *f* **de ~** im Voraus.
antena *f* **1** Antenne *f*. **2** ZOOL Fühler *m*.
anteojos *m pl* Fernglas *m*.
antepasado, -a *m, f* Vorfahr(e) *m(f)*.
anteponer *tr* voran|stellen.
anterioridad *f* Vorzeitigkeit *f*.
antes *adv* **1** vorher (en un tiempo anterior); früher (antiguamente); zuerst (primero). **2** lieber (preferencia). ■ **~ de** *prep* **3** vor *(+dat)*; **~ de que** *conj* **4** bevor; **poco ~** kurz vorher.
antiaéreo, -a *adj* Flugabwehr-.
antibalas *adj* kugelsicher.
antibiótico *m* Antibiotikum *n*.
antibloqueo *adj* Antiblockier-.
anticiclón *m* Hoch(druckgebiet) *n*.
anticipación *f* Vorwegnahme *f* (suceso); Vorverlegung *f* (fecha).
anticipar *tr* vorweg|nehmen (suceso); vor|strecken (dinero).
anticipo *m* Vorschuss *m*.
anticonceptivo, -a *adj* **1** empfängnisverhütend. ● *m* **2** Empfängnisverhütungsmittel *n*.
anticongelante *m* Frostschutzmittel *n*.
anticonstitucional *adj* verfassungswidrig.

anticuado, -a *adj* veraltet.
anticuario, -a *m, f* Antiquitätenhändler(in) *m(f)*.
anticuerpo *m* BIOL, MED Antikörper *m*.
antidopaje *adj* Doping-.
antídoto *m* MED Gegengift *n*.
antiestético, -a *adj* unästhetisch.
antifaz *m* Augenmaske *f*.
antigüedad *f* Alter(tum) *n*.
antiguo, -a *adj* **1** alt; antik (de la antigüedad). **2** ehemalig (anterior). **3** überholt (ideas); altertümlich (edificio).
antílope *m* Antilope *f*.
antinatural *adj* unnatürlich.
antinuclear *adj* Antiatom-.
antipatía *f* Abneigung *f*.
antirrobo *m* Diebstahlschutz *m*.
antiséptico, -a *adj* MED keimtötend; antiseptisch.
antítesis *f* FIL Antithese *f*.
antivirus *adj* Antivirus-.
antojo *m* Laune *f*. ■ **tener antojos** Gelüste haben.
antología *f* Anthologie *f*.
antorcha *f* Fackel *f*.
antro *m* Höhle *f*.
antropólogo, -a *m, f* Anthropologe, -in *m, f*.
anual *adj* jährlich, Jahres-.
anualidad *f* Jahresrate *f*.
anuario *m* Jahrbuch *n*.
anudar *tr* **1** (ver)knoten. ● **~se** *pron* **2** sich verknoten.
anular *adj* ringförmig.
anular *tr* **1** auf|lösen (matrimonio). **2** ab|sagen (cita). **3** stornieren (pedido). ● **~se** *pron* **4** sich(*ac*) demütigen.
anunciante *m, f* Inserent(in) *m(f)*.
anunciar *tr* bekannt|geben; an|kündigen (dar noticia); inserieren (en el periódico).
anuncio *m* Anzeige *f*, Inserat *n*.
anverso *m* Vorderseite *f*.
anzuelo *m* Angelhaken *m*.
añadir *tr* hinzu|fügen.
añejo, -a *adj* alt (vino).
añicos *m pl* Scherben *f pl*.
añil *m* Indigoblau *n*.
año *m* Jahr *n*. ◆ **~ bisiesto** Schaltjahr *n* **~ nuevo** Neujahr *n*.
añoranza *f* Sehnsucht *f*.
apabullar *tr* verwirren.
apacible *adj* mild.
apaciguar *tr* besänftigen.
apadrinar *tr* Pate stehen; Trauzeuge sein.
apagado, -a *adj* stumpf (color); gedämpft (sonido).
apagar *tr* **1** löschen (fuego); aus|machen (luz). ● **~se** *pron* **2** aus|gehen.
apagón *m* ELEC Stromausfall *m*.
apaisado, -a *adj* in Querformat.
apalabrar *tr* ab|sprechen.
apalancar *tr* mit Hebeln bewegen.
apalear *tr* (ver)prügeln.
apañar *tr* **1** flicken. ● **~se** *pron* **2** (fam) zurech|tkommen.
aparador *m* Anrichte *f*.
aparato *m* Apparat *m*; Gerät *n*.
aparcamiento *m* Parkplatz *m*.

aparcar *tr* parken.
aparear *tr* **1** paaren. ● **~se** *pron* **2** sich paaren.
aparecer *intr* erscheinen.
aparejador(a) *m(f)* Baumeister(in) *m(f)*.
aparejar *tr* vor|bereiten.
aparejo *m* **1** Vorbereitung *f*. ● **aparejos** *m pl* **2** Ausrüstung *f* (utensilios).
aparentar *tr* vor|spiegeln.
aparición *f* Erscheinen *n* (acción); Erscheinung *f* (de ser sobrenatural).
apariencia *f* Aussehen *n*.
apartado, -a *adj* **1** abgelegen (lejano). ● *m* **2** Absatz *m* (libro). ◆ **~ de Correos** Postfach *n*.
apartamento *m* Apartment *n*.
apartar *tr* **1** trennen (separar). **2** entfernen (quitar).
aparte *m* TEAT beiseite Gesprochenes *n*. ■ **~ de** außer *(+dat)*; **~ de que** abgesehen davon, dass.
aparte *adv* beiseite (en otro sitio); von weitem (desde lejos); außerdem (además).
apasionado, -a *adj* leidenschaftlich.
apasionar *tr* **1** begeistern. ● **~se (por)** *pron* **2** sich begeistern (für) *(+ac)*.
apatía *f* Teilnahmslosigkeit *f*.
apático, -a *adj* teilnahmslos.
apátrida *adj* staatenlos, heimatlos.
apeadero *m* Haltepunkt *m*.
apearse *pron* aus|steigen.
apechugar *intr* **~ con 1** (fig, fam) in den sauren Apfel beißen; sich*(dat)* etw auf den Hals laden. ● *tr* **2** *Amér.* jn beuteln, schütteln.
apedrear *tr* mit Steinen bewerfen.
apego *m* Zuneigung *f*.
apelar *intr* **1** sich berufen auf *(+ac)*. **~ a 2** Hilfe suchen bei *(+dat)*.
apellidar *tr* **1** nennen. ● **~se** *pron* **2** (mit Familiennamen) heißen.
apellido *m* Familienname *m*.
apelotonarse *pron* sich zusammen|drängen.
apenar *tr* bekümmern.
apenas *adv* **1** kaum (modo). **2** gerade, noch (tiempo). ● *conj* **3** sobald, kaum.
apéndice *m* Zusatz *m*.
apensionarse *pron Amér. Merid., Méx.* traurig werden.
aperar *tr Amér.* beliefern (tienda).
aperchar *tr Chile, Guat.* auf|häufen.
apercibir *tr* **1** vor|bereiten (preparar). **2** warnen (avisar).
aperitivo, -a *adj* **1** appetitanregend. ● *m* **2** Aperitif *m*.
apertura *f* **1** Öffnung *f*. **2** Eröffnung *f* (de acto).
apesadumbrar *tr y pron* **1** bekümmern. ● **~se con/ de/ por** *pron* **2** sich grämen wegen *(+gen)*/über *(+ac)*/um *(+ac)*.
apestar *intr* stinken.

apetecer *tr* **1** Lust haben auf *(+ac)* (tener ganas de). • *intr* **2** zusagen*(dat)* (agradar).
apetecible *adj* wünschenswert.
apetencia *f* Appetit *m* (auf *(+ac)*) (de comida).
apetito *m* Appetit *m*.
apiadar *tr* **1** Mitleid erregen. • **~se (de)** *pron* **2** Mitleid haben (mit) *(+dat)*.
ápice *m* Spitze *f*.
apilar *tr* auf|häufen (amontonar); auf|stapeln (cajas, periódicos).
apilonar *tr Amér.* auf|häufen.
apiñar *tr y pron* **1** zusammen|drängen (personas); stapeln (cosas). • **~se** *pron* **2** sich drängen.
apio *m* Sellerie *m*.
apisonadora *f* Straßenwalze *f*.
apisonar *tr* walzen.
aplacar *tr* **1** besänftigen (personas). **2** lindern (dolor); stillen (hambre, sed). • **~se** *pron* **3** sich beruhigen (persona); sich legen (temporal).
aplanador(a) *m(f) Amér.* Straßenwalze *f*.
aplanar *tr* ebnen.
aplastar *tr* zerquetschen.
aplatanarse *pron* sich hängen lassen.
aplaudir *tr* applaudieren.
aplauso *m* Applaus *m*.
aplazamiento *m* Aufschub *m*.
aplazar *tr* verschieben.
aplicación *f* Anwendung *f*.
aplicar *tr* **1** an|wenden. **2** auf|tragen (sustancia); auf|legen (venda). • **~se** *pron* **3** (fig) fleißig sein; sich bemühen (esforzarse). **~se a 4** sich widmen *(+dat)*, sich hingeben *(+dat)* (dedicarse intensamente). **~se a 5** Anwendung finden auf *(+ac)*. ■ **~se el cuento** es auf sich beziehen.
aplique *m* Wandleuchte *f*.
aplomo *m* Selbstsicherheit *f*.
apocado, -a *adj* verzagt.
apocar *tr* **1** ein|schüchtern (intimidar). • **~se** *pron* **2** (fig) den Mut verlieren.
apochongarse *pron Arg., Ur.* sich entmutigen lassen.
apodar *tr* einen Beinamen geben.
apoderado, -a *adj* bevollmächtigt.
apoderarse *pron* **~ de** sich bemächtigen *(+gen)*.
apodo *m* Beiname *m*, Spitzname *m*.
apogeo *m* Höhepunkt *m*.
apolillar *tr* zerfressen.
apolítico, -a *adj* unpolitisch, apolitisch.
apología *f* Rechtfertigung *f*.
apoltronarse *pron* faul werden.
apoplejía *f* MED Schlaganfall *m*.
apoquinar *tr* (vulg) blechen.
aporrear *tr* heftig schlagen.
aportación *f* Beitrag *m*.
aporte *m* Beitrag *m*.

aposentar *tr* beherbergen; unter|bringen.
aposento *m* Unterkunft *f.*
apósito *m* Wundverband *m.*
aposta *adv* absichtlich.
apostar *tr* wetten (hacer una apuesta).
a posteriori *adv* nachträglich, a posteriori.
apóstol *m* Apostel *m.*
apóstrofo *m* Apostroph *m.*
apostura *f* stattliches Aussehen *n.*
apoteosis *f* Vergöttlichung *f.*
apoyar *tr* **~ (sobre) 1** stützen (auf *(+ac)*). **~ (contra) 2** lehnen (an/gegen *(+ac)*). **3** (fig) unterstützen (patrocinar, sostener). **~ en 4** (fig) begründen auf *(+ac)* (basar). • **~se en** *pron* **5** sich stützen auf *(+ac)*.
apoyo *m* **1** Stütze *f* (soporte). **2** (fig) Unterstützung *f* (ayuda).
apreciar *tr* schätzen.
aprecio *m* Schätzung *f.*
aprehender *tr* verhaften (persona); beschlagnahmen (cosa).
apremiar *tr* (be)drängen (insistir).
apremio *m* Dringlichkeit *f.*
aprender *tr* (er)lernen. ▪ **~ a escribir/leer** schreiben/lesen lernen; **~ de memoria** auswendig lernen.
aprendiz(a) *m(f)* Lehrling *m*, Auszubildende(r) *mf(m).*
aprendizaje *m* **1** (Er)lernen *n* (acción). **2** Lehre *f* (formación profesional).
aprensión *f* Ergreifung *f.*
apresar *tr* **1** packen, fangen. **2** verhaften (aprisionar).
apresurado, -a *adj* eilig.
apresuramiento *m* Eile *f.*
apresurar *tr* **1** (zur Eile) drängen (apremiar). • **~se** *pron* **2** sich beeilen.
apretar *tr* **1** drücken. **2** eng sitzen (vestidos, zapatos). • **~se** *pron* **3** sich drängen.
apretón *m* heftiger Druck *m.* ◆ **~ de manos** Händedruck *m.*
aprieto *m* Gedränge *n.*
a priori *adv* von vornherein, a priori.
aprisa *adv* schnell.
aprisionar *tr* inhaftieren.
aprobado, -a *adj* **1** bestanden (un examen). • *m* **2** EDUC Befriedigend *n* (nota).
aprobar *tr* **1** genehmigen (proyecto, plan). **2** EDUC bestehen.
apropiación *f* Aneignung *f.*
apropiado, -a *adj* geeignet.
apropiar *m* an|passen *(+dat)* (adaptar).
aprovechado, -a *adj* fleißig.
aprovechamiento *m* Nutzung *f.*
aprovechar *tr* **1** (be)nutzen (ser útil). • *intr* **2** nützlich sein. • **~se (de)** *pron* **3** profitieren von *(+dat)* (sacar provecho). **~se (de) 4** aus|nutzen *(+ac)* (abusar).
aprovisionamiento *f* Versorgung *f.*
aprovisionar *tr* versorgen.

aproximación *f* Annäherung *f.*
aproximado, -a *adj* ungefähr.
aproximar *tr* **1** näher bringen. • **~se** *pron* **2** sich nähern.
aptitud *f* Tauglichkeit *f.*
apto, -a *adj* tauglich.
apuesta *f* Wette *f.*
apuesto, -a *adj* gut aussehend.
apuntador(a) *adj* anzeigend.
apuntalar *tr* (ab)stützen.
apunte *m* Aufzeichnung *f.*
apuñalar *tr* erstechen.
apurado, -a *adj* mittellos.
apurar *tr* **1** auf|brauchen. • **~se** *pron* **2** sich sorgen (preocuparse).
apuro *m* Notlage *f.*
aquel, -lla (*pl* **aquellos, aquellas**) *adj demos* jene(r, s) (nombrado con anterioridad); der/die/das dort (lejano).
aquél, -lla (*pl* **aquéllos, aquéllas**) *pron demos* **1** diese(r, s) dort (nombrado con anterioridad). **2** jene(r, s) (lejano).
aquello *pron demos* jenes, das dort.
aquí *adv* **1** hier (lugar). **2** hierher (movimiento). **3** jetzt (ahora). ■ **~ arriba** hier oben.
aquietar *tr* **1** beruhigen. • **~se** *pron* **2** sich beruhigen.
árabe *adj* **1** arabisch. • *m, f* **2** Araber(in) *m(f).* • *m* **3** Arabisch *n* (lengua).
arábigo, -a *adj* arabisch.
arado *m* Pflug *m.*
aragonés, -esa *adj* **1** aragonisch. • *m, f* **2** Aragonier(in) *m(f).*
arancel *m* Tarif *m.*
arándano *m* Heidelbeere *f.*
arandela *f* Metallring *m.*
araña *f* Spinne *f.*
arañar *tr* e *intr* **1** kratzen; zerkratzen (dañar). • *tr* **2** (fig) zusammen|kratzen. • **~se** *pron* **3** sich kratzen.
arañazo *m* Kratzer *m.*
arar *tr* pflügen.
arbitraje *m* Schiedsspruch *m.*
arbitrar *tr* **1** schlichten (disputa). **2** pfeifen (competición deportiva).
arbitrariedad *f* Willkür *f.*
arbitrario, -a *adj* willkürlich.
arbitrio *m* **1** freier Wille *m.* **2** DER Schiedsspruch *m.*
árbitro, -a *m, f* DEP, DER Schiedsrichter(in) *m(f).*
árbol *m* **1** Baum *m.* **2** MEC Achse *f.*
arboleda *f* Baumpflanzung *f.*
arbusto *m* Strauch *m.*
arca *f* Truhe *f*, Kiste *f.*
arcada *f* Arkade *f.*
arcaico, -a *adj* archaisch.
arcaísmo *m* Archaismus *m.*
arce *m* Ahorn *m.*
arcén *m* Randstreifen *m.*
archipiélago *m* Archipel *m.*
archivador *m* (Akten)ordner *m.*
archivar *tr* ab|legen.
archivo *m* **1** Archiv *n.* **2** INF Datei *f.*
arcilla *f* Ton *m.*
arco *m* Bogen *m.*
arder *intr* **1** brennen. **~ de 2** (fig, lit) entflammen, entbrennen

in/von (+*dat*). ~ **en (deseos) 3** (fig) auf etw(*ac*)brennen.
ardid *m* Kniff *m*.
ardiente *adj* brennend.
ardilla *m* Eichhörnchen *n*.
ardor *m* **1** Hitze *f*. **2** (fig) Eifer *m*.
arduo, -a *adj* mühsam.
área *f* Fläche *f*.
arena *f* **1** Sand *m*. **2** Arena *f* (de la plaza de toros, del circo, etc.).
arenoso, -a *adj* sandig.
arenque *m* Hering *m*.
arepa *f Amér.* Maisfladenbrot *n*.
arequipa *f Amér.* Milchreis *m*.
arete *m* Ohrring *m*.
argamasa *f* Mörtel *m*.
Argentina *f* Argentinien *n*.
argentino, -a *adj* **1** argentinisch. • *m, f* **2** Argentinier(in) *m(f)*.
argolla *f Amér. Merid.* Ehering *m* (alianza).
argot *m* Jargon *m*; Argot *m, n*.
argucia *f* Sophismus *m*.
argüir *tr* **1** folgern (deducir). **2** vor|bringen (alegar). • *intr* **3** argumentieren.
argumentación *f* Argumentation *f*.
argumentar *tr* **1** folgern. • *intr* **2** argumentieren.
argumento *m* **1** Argument *n* (razonamiento). **2** LIT, CINE, TEAT Handlung *f*.
aria *f* MÚS Arie *f*.
aridez *f* Trockenheit *f*.
árido, -a *adj* **1** trocken (tema, clima). **2** dürr (terreno).
Aries *m* ASTR Widder *m*.
ario, -a *adj* **1** arisch. • *m, f* **2** Arier(in) *m(f)*.
arisco, -a *adj* widerspenstig.
arista *f* Kante *f*.
aristocracia *f* Aristokratie *f*.
aritmética *f* Arithmetik *f*.
arito *m Amér.* Ohrring *m*.
arlequín *m* Harlekin *m*.
arma *f* **1** Waffe *f*. • **armas** *f pl* **2** Wappen *n* (blasón). ♦ ~ **blanca** Stichwaffe *f*.
armada *f* MIL Kriegsmarine *f*.
armadillo *m* ZOOL Gürteltier *n*.
armado, -a *adj* bewaffnet.
armadura *f* **1** (Ritter)rüstung *f* (de caballero). **2** Gerüst *n* (de un objeto).
armamento *m* Bewaffnung *f* (de una persona); (Auf)rüsten *n* (de un país).
armar *tr* **1** bewaffnen (facilitar armas). **2** aus|rüsten (una embarcación).
armario *m* Schrank *m*.
armatoste *m* Kram *m*.
armazón *m, f* Gerüst *n*; Gestell *n* (armadura).
armería *f* Waffenmuseum *n* (museo).
armiño *m* Hermelin *n*.
armisticio *m* Waffenstillstand *m*.
armonía *f* Harmonie *f*.
armónico, -a *adj* **1** harmonisch. • **armónica** *f* **2** MÚS Mundharmonika *f*.

armonioso, -a *adj* harmonisch.
armonizar *tr* **1** in Einklang bringen. **2** MÚS harmonisieren. • *intr* **3** zusammen|passen.
arnés *m* MIL Harnisch *m*.
aro *m* Ring *m*; Reifen *m*.
aroma *m* Aroma *n*.
aromático, -a *adj* aromatisch.
arpa *f* MÚS Harfe *f*.
arpía *f* **1** Harpyie *f*. **2** (fig) Drachen *m*.
arpillera *f* Sackleinen *n*.
arpón *m* Harpune *f*.
arquear *tr* wölben.
arqueo *m* Wölbung *f*.
arqueología *f* Archäologie *f*.
arqueólogo, -a *m, f* Archäologe, -in *m, f*.
arquería *f* ARQ Bogengang *m*.
arquetipo *m* Archetyp *m*.
arquitecto, -a *m, f* Architekt(in) *m(f)*.
arquitectura *f* Architektur *f*.
arrabal *m* Vorstadt *f*; Außenbezirk *m* (barrio).
arraigar *tr* **1** verwurzeln. • **~se** *pron* **2** Wurzeln schlagen.
arrancar *tr* **1** aus|reißen (del suelo, de la pared); ab|reißen (una parte de algo). **2** (fig) entreißen (quitar con violencia). • *tr* e *intr* **3** MEC starten.
arranchar *tr Amér.* entreißen.
arranque *m* **1** Ausreißen *n*. **2** Start *m* (vehículo).
arras *f pl* Anzahlung *f*.
arrasar *tr* dem Erdboden gleich|machen.
arrastrar *tr* **1** schleifen (rasando el suelo); schleppen (algo pesado). • **~se** *pron* **2** kriechen.
arrastre *m* **1** Fortschleppen *n*. **2** Trumpfausspielen *n* (cartas).
¡arre! *interj* hü!
arreado, -a *adj Amér.* gerädert (muy cansado).
arrear *tr* **1** an|treiben (ganado). • *intr* **2** schnell gehen.
arrebatar *tr* **1** ent|reißen (arrancar). **2** faszinieren (extasiar). • **~se** *pron* **3** außer sich*(dat)* geraten (enfurecerse).
arrebato *m* Anfall *m*.
arrebujar *tr* **1** zerknittern. • **~se** *pron* **2** sich gut zu|decken.
arreciar *intr y pron* stärker werden.
arrecife *m* Riff *n*.
arreglado, -a *adj* **1** geregelt. **2** ordentlich (ordenado).
arreglar *tr* **1** in Ordnung bringen. **2** reparieren (reparar).
arreglo *m* **1** Regelung *f*. **2** Reparatur *f* (reparación). **3** Übereinkunft *f* (acuerdo).
arrellanarse *pron* es sich*(dat)* bequem machen.
arremangar *tr* **1** hoch|krempeln. • **~se** *pron* **2** (fig) sich auf|rappeln.
arremeter *intr* wettern (despotricar).
arremolinarse *pron* sich zusammen|drängen.
arrendamiento *m* Pacht *f*; Miete *f*.

arrendar *tr* **1** pachten (tomar en arriendo). **2** verpachten (ceder en arriendo).
arrendatario, -a *m, f* Mieter(in) *m(f)*; Pächter(in) *m(f)*.
arrenquín *m Amér.* ständige Begleitung *f* (acompañante).
arreos *m pl* Pferdegeschirr *n*.
arrepentimiento *m* Reue *f*.
arrepentirse *pron* bereuen.
arrestado, -a *adj* **1** verhaftet. **2** verwegen (audaz).
arrestar *tr* **1** fest|nehmen. • **~se a** *pron* **2** sich heran|wagen an *(+ac)*.
arresto *m* Festnahme *f*; Verhaftung *f*.
arretranca *f Amér.* Wagenbremse *f*.
arriar *tr* einholen (un bandera, vela).
arriba *adv* **1** oben (situación). **2** hinauf (dirección). • **¡~!** *interj* **3** hoch!
arribar *intr* an|kommen.
arribista *m, f* Emporkömmling *m*.
arriendo *m* Pacht *f*.
arriero *m* Maultiertreiber *m*.
arriesgado, -a *adj* riskant.
arriesgar *tr* **1** riskieren. • **~se** *pron* **2** sich einer Gefahr aus|setzen.
arrimar *tr* **1** nähern (acercar). **2** an|lehnen (apoyar). • **~se** *pron* **3** sich nähern. **4** sich an|lehnen.
arrinconar *tr* in die Ecke stellen.
arriscarse *pron* ab|stürzen (despeñarse).
arritmia *f* Arrhythmie *f*.
arroba *f* INF Klammeraffe *m*.
arrobo *m* Entzückung *f*.
arrodillarse *pron* sich nieder|knien.
arrogancia *f* Arroganz *f*.
arrogante *adj* arrogant.
arrojar *tr* **1** werfen. **2** aus|stoßen (humo). • **~se (a)** *pron* **3** sich stürzen auf/in *(+ac)* (abalanzarse).
arrojo *m* Verwegenheit *f*.
arrollado *m Chile* GAST Rolibraten *m*.
arrollador(a) *adj* überwältigend.
arrollar *tr* auf|rollen (enrollar).
arropar *tr* **1** zu|decken. • **~se** *pron* **2** sich warm an|ziehen (abrigarse).
arrostrar *tr* die Stirn bieten *(+dat)*.
arroyo *m* Bach *m*.
arroz *m* Reis *m*.
arruga *f* Falte *f*.
arrugar *tr* **1** zerknittern (tela, papel); runzeln (piel). • **~se** *pron* **2** Falten bekommen.
arruinar *tr* **1** ruinieren. **2** (fig) kaputt|machen. • **~se** *pron* **3** sich ruinieren.
arrullar *tr* **1** in den Schlaf wiegen (a un niño). • *intr* **2** gurren (palomo).
arrullo *m* **1** Gurren *n* (del palomo). **2** Wiegenlied *n* (nana).
arrumaco *m* (fam) Geschmuse *n*.
arsenal *m* Arsenal *n*.

arsénico *m* Arsen *n.*
arte *m* **1** Kunst *f.* **2** Kunstfertigkeit *f* (habilidad). ◆ **bellas artes** schöne Künste *f pl*; **obra de ~** Kunstwerk *n.*
artefacto *m* Artefakt *n.* ◆ **~ explosivo** Sprengkörper *m.*
arteria *f* Arterie *f.*
arteriosclerosis *f* Arteriosklerose *f.*
artesanía *f* Kunsthandwerk *n.*
artesano, -a *m, f* Handwerker(in) *m(f).*
ártico, -a *adj* arktisch; nördlich. ◆ **el Ártico** die Arktis *f.*
articulación *f* **1** ANAT Gelenk *n.* **2** FON Artikulation *f.*
articular *tr* artikulieren.
articulista *m, f* Artikelschreiber(in) *m(f).*
artículo *m* Artikel *m.*
artífice *m, f* **1** Künstler(in) *m(f)* (artista). **2** (fig) Urheber(in) *m(f)* (autor).
artificial *adj* künstlich.
artificio *m* Kunstfertigkeit *f.*
artillería *f* Artillerie *f.*
artillero, -a *adj* artilleristisch.
artilugio *m* **1** Ding *n* (objeto). **2** (fam) Trick *m* (artimaña).
artimaña *f* **1** Falle *f* (trampa). **2** (fam) List *f* (astucia).
artista *m, f* Künstler(in) *m(f).*
artístico, -a *adj* künstlerisch.
artritis *f* Arthritis *f.*
artrosis *f* Arthrose *f.*
arveja *f Arg., Chile* Erbse *f.*
arzobispo *m* Erzbischof *m.*
as *m* As *n.*
asa *f* Henkel *m*; Griff *m.*
asado *m* GAST Braten *m.*
asador *m* Grill *m* (parrilla).
asalariado, -a *m, f* Lohnempfänger(in) *m(f).*
asaltante *m, f* Angreifer(in) *m(f).*
asaltar *tr* überfallen.
asalto *m* Überfall *m.*
asamblea *f* Versammlung *f.*
asar *tr* braten.
ascendencia *f* Abstammung *f.*
ascender *intr* **1** (hinauf)|steigen (subir). **2** an|steigen (terreno, temperatura).
ascendiente *adj* aufsteigend.
ascensión *f* Aufstieg *m.* ◆ **la Ascensión** Christi Himmelfahrt *f.*
ascenso *m* Aufstieg *m.*
ascensor *m* Aufzug *m.*
asceta *m, f* Asket(in) *m(f).*
asco *m* Ekel *m.* ■ **dar ~ a alguien** jn an|ekeln.
ascua *f* Glut *f.* ■ **tener a alguien en ascuas** jn auf die Folter spannen.
aseado, -a *adj* sauber, gepflegt.
asear *tr* sauber machen.
asediar *tr* belagern.
asegurado, -a *adj* versichert.
asegurar *tr* **1** versichern. **2** (ab)|sichern (proteger). ● **~se contra** *pron* **3** sich ab|sichern gegen *(+ac)* (prevenirse). **~se de** **4** sich versichern vor *(+dat).*
asemejarse *pron* ähnlich sein.

asentado, -a *adj* **1** vernünftig (juicioso). **2** fest (estable).
asentar *tr* **1** hin|setzen (a alguien). **2** fest|setzen (fijar); legen (cimentos). **3** gründen (fundar). • **~se** *pron* **4** sich nieder|lassen (establecerse).
asentir *intr* zu|stimmen.
aseo *m* **1** Sauberkeit *f*. **2** Badezimmer *n* (cuarto de baño); Toilette *f* (lavabo).
asepsia *f* MED Asepsis *f*.
asequible *adj* erreichbar.
aserradero *m* Sägewerk *n*.
aserrar *tr* sägen.
aserto *m* Bejahung *f*.
asesinar *tr* ermorden.
asesinato *m* Mord *m*.
asesino, -a *m, f* Mörder(in) *m(f)*.
asesor(a) *m(f)* Berater(in) *m(f)* (consejero). ◆ **~ fiscal** Steuerberater *m*.
asesorar *tr* beraten (aconsejar).
asestar *tr* zielen auf *(+ac)* (apuntar).
aseverar *tr* beteuern.
asexual *adj* asexual.
asfaltar *tr* asphaltieren.
asfalto *m* Asphalt *m*.
asfixia *f* Ersticken *n*.
asfixiar *tr y pron* ersticken.
así *adv* **1** so. • *conj* **2** daher (por lo cual). **3** auch wenn (aunque). ■ **~ ~** so so; **~ que/pues** also.
Asia *f* Asien *n*.
asiático, -a *adj* asiatisch.
asiduo, -a *adj* häufig (frecuente).
asiento *m* Sitz *m* (silla, banco); Sitzplatz *m* (localidad). ■ **tomar ~** Platz nehmen.
asignación *f* Zuweisung *f*.
asignar *tr* zu|weisen.
asignatura *f* EDUC Fach *n*.
asilar *tr* Asyl gewähren (dar asilo).
asilo *m* POL Asyl *n*.
asimilación *f* Assimilation *f*.
asimilar *tr* **1** an|gleichen. • **~se** *pron* **2** jm/etw ählich sehen (parecerse).
asimismo *adv* auch; ebenfalls.
asir *tr* ergreifen (coger); packen (con fuerza).
asistencia *f* **1** Anwesenheit *f*. **2** Hilfe *f* (ayuda). ◆ **~ médica** ärztliche Betreuung *f*.
asistenta *f* Haushaltshilfe *f*.
asistente *m, f* Assistent(in) *m(f)*. ◆ **~ social** Sozialarbeiter(in) *m(f)*.
asistir *tr* **1** jm helfen; jn bedienen (ayudar). • **~ a** *intr* **2** teil|nehmen an *(+dat)* (participar).
asma *f* MED Asthma *n*.
asna *f* Eselin *f*.
asno *m* Esel *m*.
asociación *f* Vereinigung *f*.
asociado, -a *m, f* Mitglied *n* (socio).
asociar *tr* **1** vereinen. **2** assoziieren (ideas).
asolar *tr* **1** verwüsten. • **~se** *pron* **2** veröden.

asoleada *f Amér.* Sonnenstich *m*.
asomar *tr* **1** zeigen (mostrar). **2** hinaus|strecken (sacar). • **~se** *pron* **3** sich zeigen.
asombrar *tr* **1** erstaunen (pasmar). • **~se (de)** *pron* **2** sich wundern (über *(+ac)*).
asombro *m* (Er)staunen *n*.
asomo *m* Anzeichen *n*.
asorocharse *pron Amér. Merid.* höhenkrank werden.
aspa *f* Kreuz *n*.
aspaviento *m* Getue *n*.
aspecto *m* **1** Aussehen *n* (apariencia). **2** Gesichtspunkt *m* (punto de vista).
aspereza *f* Rauheit *f*.
áspero, -a *adj* **1** rauh. **2** bitter (sabor).
aspersor *m* (Rasen)sprenger *m* (para el césped).
aspiración *f* **1** Einatmen *n* (inspiración). **2** Streben *n* (pretensión).
aspirador(a) *adj* **1** Saug-. • *m(f)* **2** Staubsauger *m*.
aspirar *tr* **1** ein|atmen. **~ a algo** **2** nach etw*(dat)* streben.
aspirina *f* Aspirin *n*.
asquear *tr* an|ekeln.
asqueroso, -a *adj* ekelhaft.
asta *f* Mast *m* (mástil). ■ **a media ~** auf halbmast.
asterisco *m* Sternchen *n*.
asteroide *m* ASTR Asteroid *m*.
astigmatismo *m* Astigmatismus *m*.
astilla *f* Span *m* (de madera); Splitter *m* (esquirla).
astillar *tr y pron* zersplittern.
astillero *m* Schiffswerft *f*.
astral *adj* Sternen-.
astro *m* Stern *m*.
astrofísica *f* Astrophysik *f*.
astrología *f* Astrologie *f*.
astrólogo, -a *m, f* Astrologe, -in *m, f*.
astronauta *m, f* Astronaut(in) *m(f)*.
astronave *f* Raumschiff *n*.
astronomía *f* Astronomie *f*.
astrónomo, -a *m, f* Astronom(in) *m(f)*.
astucia *f* Schlauheit *f*, Schläue *f*.
asturiano, -a *adj* **1** asturisch. • *m, f* **2** Asturier(in) *m(f)*.
astuto, -a *adj* schlau.
asueto *m* freier Tag *m*.
asumir *tr* übernehmen (hacerse cargo).
asunción *f* Übernahme *f*. ◆ **la Asunción** Mariä Himmelfahrt *f*.
asunto *m* Angelegenheit *f*.
asustar *tr y pron* erschrecken.
atacar *tr* an|greifen.
atado *m* Bündel *n*.
atadura *f* **1** Binden *n*. **2** (fig) Fessel *f* (traba).
atajada *f Amér. Merid.* Abkürzen *n*.
atajar *tr* ab|kürzen.
atajo *m* Abkürzung *f*.
atalaya *f* Aussichtspunkt *m*.
atañer *intr* betreffen.
ataque *m* **1** Angriff *m* (agresión). **2** Anfall *m* (tos, de risa, de furia).

atar *tr* **1** an|binden. **2** zu|binden (cerrar). **3** fest|binden (fijar).
atardecer *m* (Abend)dämmerung *f.*
atardecer *intr* dunkel werden.
atareado, -a *adj* sehr beschäftigt.
atarragarse *pron Amér.* sich überessen.
atascar *tr* **1** verstopfen (conducto). • **~se** *pron* **2** sich verstopfen.
atasco *m* **1** Stau *m* (vehículos). **2** Verstopfung *f* (conducto).
ataúd *m* Sarg *m.*
ataviar *tr* schmücken.
atavío *m* Verzierung *f.*
atemorizar *tr* **1** ein|schüchtern. • **~se** *pron* **2** sich ängstigen.
atenazar *tr* (fig) quälen (atormentar).
atención *f* **1** Aufmerksamkeit *f.* • **¡~!** *interj* **2** Achtung!
atender *tr* **1** sich kümmern um *(+ac)* (cuidar). **2** bedienen (tienda).
ateneo *m* Kulturverein *m.*
atenerse *pron* **~ a algo** sich an etw*(ac)* halten.
atentado *m* Attentat *n.*
atentar *intr* **1 ~ contra alguien** ein Attentat auf jn verüben. **~ contra algo 2** gegen etw verstoßen (infringir).
atento, -a *adj* aufmerksam.
atenuante *adj* mildernd.
atenuar *tr* ab|schwächen.
ateo, -a *adj* **1** atheistisch. • *m, f* **2** Atheist(in) *m(f).*
aterirse *pron* vor Kälte erstarren.
aterrar *tr* **1** erschrecken. • **~se** *pron* **2** sich ängstigen.
aterrizaje *m* Landung *f.*
aterrizar *intr* landen.
aterrorizar *tr* POL terrorisieren.
atesorar *tr* an|sammeln.
atestar *tr* **1** bis oben hin füllen (llenar). **2** DER bezeugen.
atestiguar *tr* bezeugen.
atiborrar *tr* **~ (de)** voll stopfen (mit *(+dat)*) (henchir).
atildar *tr* (fig) zurecht|machen.
atinar *intr* **~ (con) 1** ertasten *(+ac)* (a tiento). • *tr* e *intr* **2** erraten *(+ac)* (acertar).
atingir *tr Amér.* betreffen (atañer).
atisbar *tr* beobachten.
atisbo *m* Anzeichen *n* (indicio).
atizar *tr* schüren (fuego, pasión).
atlántico, -a *adj* atlantisch. ◆ **el Atlántico** der Atlantik *m.*
atlas *m* Atlas *m.*
atleta *m, f* (Leicht)athlet(in) *m(f).*
atlético, -a *adj* athletisch.
atletismo *m* Leichtathletik *f.*
atmósfera o **atmosfera** *f* Atmosphäre *f.*
atolladero *m* Morast *m.*
atolón *m* Atoll *n.*
atolondrado, -a *adj* leichtsinnig (imprudente).
atolondrar *tr* verblüffen.
atómico, -a *adj* atomar, Atom-.

atomizador *m* Zerstäuber *m.*
átomo *m* Atom *n.*
atontar *tr y pron* verblöden.
atorar *tr* verstopfen.
atormentar *tr* foltern; quälen.
atornillador *m* Schraubenzieher *m.*
atornillar *tr* an|schrauben.
atorozarse *pron Amér. Centr.* sich verschlucken.
atorrante *m, f Amér. Merid.* Penner(in) *m(f).*
atortajar *tr y pron Amér.* → atortolar.
atortolar *tr* **1** (fam) verwirren (confundir). • **~se** *pron* **2** sich verlieben (enamorarse).
atorzonarse *pron Col., Méx.* sich voll essen.
atosigar *tr* (fig) drängen (apremiar).
atrabancar *tr* überwinden.
atracador(a) *m(f)* Straßenräuber(in) *m(f).*
atracar *tr* **1** überfallen (asaltar). • *intr* **2** NÁUT an|legen.
atracción *f* **1** Anziehungskraft *f.* **2** Attraktion *f* (circo).
atraco *m* Überfall *m.*
atractivo, -a *adj* **1** anziehend; attraktiv. • *m* **2** Reiz *m.*
atraer *tr* an|ziehen.
atragantarse *pron* sich verschlucken.
atrancar *tr* **1** verriegeln. **2** → atascar.
atrapar *tr* (fam) (ein)|fangen.
atrás *adv* **1** nach hinten (dirección). **2** hinten (situación). **3** früher (tiempo). ■ **dejar ~ algo/a alguien** etw/jn hinter sich *(dat)* lassen.
atrasado, -a *adj* **1** zurückgeblieben. **2** ausstehend (dinero, asuntos no despachados).
atrasar *tr* **1** verzögern (retrasar); auf|schieben (aplazar). • **~se** *pron* **2** sich verspäten (retrasarse).
atraso *m* **1** Verspätung *f* (retraso). **2** Rückständigkeit *f* (en el desarrollo).
atravesado, -a *adj* schielend.
atravesar *tr* **1** überqueren (calle); durchqueren (sala); überschreiten (frontera). **2** durch|bohren; durch|stoßen (perforar).
atrenzo *m Amér.* Klemme *f.*
atreverse *pron* **1** wagen. ~ **a hacer algo 2** sich trauen (zu + inf).
atrevido, -a *adj* **1** verwegen (audaz). **2** dreist (insolente).
atrezo *m* TEAT Requisiten *f pl.*
atribución *f* Zuteilung *f.*
atribuir *tr* **1** zu|schreiben. **2** übertragen (funciones).
atribular *tr* **1** betrüben. • **~se** *pron* **2** sich betrüben.
atributo *m* **1** Attribut *n.* **2** Eigenschaft *f* (propiedad).
atril *m* Notenständer *m.*
atrincar *tr Amér.* an|binden (atar).
atrincherar *tr* verschanzen.
atrio *m* Atrium *n.*
atrocidad *f* **1** Scheußlichkeit *f* (cosa atroz). **2** Gräueltat *f* (crimen).

atrofiar *tr* **1** verkümmern lassen. • **~se** *pron* **2** verkümmern.
atropellar *tr* **1** überfahren (vehículo). **2** um|rennen (derribar). • **~se** *pron* **3** (fig) sich überstürzen (apresurarse).
atropello *m* **1** Überfahren *n*. **2** (fig) Beleidigung *f* (agravio).
atroz *adj* **1** grässlich. **2** grausam (cruel).
ATS (*siglas de* **Ayudante Técnico Sanitario**) *m, f* MTA *m, f*.
atuendo *m* Aufmachung *f*.
atufar *tr* vergiften (intoxicar).
atún *m* Thunfisch *m*.
aturdido, -a *adj* leichtfertig.
aturdimiento *m* **1** Benommenheit *f* (por un golpe). **2** (fig) Bestürzung *f* (consternación).
aturdir *tr* **1** betäuben. **2** (fig) verblüffen (pasmar).
aturullar *tr* verwirren.
atusar *tr* **1** zurecht|schneiden (cortar). **2** kämmen (peinar).
audacia *f* Kühnheit *f*.
audaz *adj* kühn.
audición *f* **1** Hören *n* (acción de oír). **2** Vorsprechen *n* (actor); Vorspielen *n* (instrumentista); Vorsingen *n* (cantante).
audiencia *f* **1** Zuhörer *m pl* (radio); Zuseher *m pl* (televisión). **2** DER Gerichtshof *m* (tribunal). **3** POL Audienz *f*.
audífono *m* Hörgerät *n*.
audiovisual *adj* audiovisuell.
auditivo, -a *adj* Hör-, Gehör-.
auditor(a) *m(f)* FIN Wirtschaftsprüfer(in) *m(f)*.
auditoría *f* Wirtschaftsprüfung *f*.
auditorio *m* Konzertsaal *m* (sala de conciertos).
auge *m* Aufschwung *m*.
augurar *tr* voraus|sagen.
augurio *m* Vorzeichen *n*.
aula *f* Klassenzimmer *n*.
aullar *intr* heulen.
aullido *m* Geheul *n*.
aumentar *tr* **1** vergrößern (en tamaño). **2** vermehren (en número). **3** erhöhen, steigern (temperatura, precio, velocidad). • *intr* **4** stärker werden (en intensidad). **5** steigen (temperatura, precio, velocidad).
aumento *m* **1** Zunahme *f* (incremento). **2** Erhöhung *f*, Steigerung *f* (precio, velocidad); Anstieg *m* (temperatura). **3** Vergrößerung *f* (ampliación).
aun *adv* **1** sogar (incluso). • *conj* **2** selbst wenn; obwohl (aunque). ■ **~ así** trotzdem.
aún *adv* noch. ■ **~ no** noch nicht.
aunar *tr* **1** vereinen (unir). **2** vereinigen (esfuerzos, intereses).
aunque *conj* **1** aber (pero). **2** obwohl (objeción real). **3** selbst wenn, auch wenn (objeción hipopética).
aupar *tr* hoch|heben.
aureola o **auréola** *f* Heiligenschein *m* (santo).
aurícula *f* Herzvorkammer *f* (del corazón).
auricular *m* Kopfhörer *m*; (Telefon)hörer *m* (del teléfono).

aurora *f* Morgenröte *f*.
auscultar *tr* **1** MED ab|horchen. **2** (fig) ab|checken.
ausencia *f* **1** Abwesenheit *f* (no presencia). ~ **de 2** Fehlen *n* (an (*+dat*)) (falta).
ausentarse *pron* sich entfernen.
ausente *adj* abwesend.
auspicio *m* **1** Gunst *f*. • **auspicios** *m pl* **2** Vorzeichen *n* (presagio).
austeridad *f* Strenge *f*.
austero, -a *adj* streng.
austral *adj* Süd-.
Australia *f* Australien *n*.
australiano, -a *adj* **1** australisch. • *m, f* **2** Australier(in) *m(f)*.
Austria *f* Österreich *n*.
autenticidad *f* Authentizität *f*.
auténtico, -a *adj* authentisch.
autentificar *tr* beglaubigen.
autismo *m* Autismus *m*.
auto *m* **1** Auto *n* (automóvil). **2** DER Beschluss *m* (resolución).
autobiografía *f* Autobiografie *f*.
autobús *m* (Auto)bus *m*.
autocar *m* Reisebus *m*.
autocarril *m Amér.* Schnellstraße *f*.
autontrol *m* Selbstkontrolle *f*.
autóctono, -a *adj* einheimisch.
autodefensa *f* Selbstverteidigung *f*.
autodeterminación *f* Selbstbestimmung *f*.
autodidacto, -a *adj* **1** autodidaktisch. • **autodidacta** *m, f* **2** Autodidakt(in) *m(f)*.
autoescuela *f* Fahrschule *f*.
autoestop *m* Trampen *n*.
autogiro *m* AER Drehflügelflugzeug *n*.
autogobierno *m* Selbstverwaltung *f*.
autógrafo, -a *adj* **1** eigenhändig geschrieben. • *m* **2** Autogramm *n* (firma).
autómata *m* Automat *m*.
automático, -a *adj* automatisch.
automatismo *m* Automatismus *m*.
automatizar *tr* automatisieren.
automoción *f* AUT Kraftfahrzeugwesen *n*.
automóvil *adj* **1** mit Selbstantrieb. • *m* **2** Auto *n*.
automovilismo *m* Autosport *m* (deporte).
automovilista *m, f* Autofahrer(in) *m(f)*.
autonomía *f* **1** autonome Region *f* (provincia). **2** POL Autonomie *f*.
autonómico, -a *adj* autonom.
autónomo, -a *adj* **1** autonom. **2** selb(st)ständig (profesionalmente). • *m, f* **3** Selb(st)ständige(r) *mf(m)* (trabajador).
autopista *f* Autobahn *f*.
autopsia *f* Autopsie *f*.
autor(a) *m(f)* LIT Autor(in) *m(f)*.
autoridad *f* **1** Autorität *f*. **2** Behörde *f*; Amt *n* (administración). **3** Ansehen *n* (prestigio).
autoritario, -a *adj* autoritär.
autorización *f* Genehmigung *f*.

autorizar *tr* **1** genehmigen (permitir). **2** bevollmächtigen (facultar).
autorretrato *m* Selbstbildnis *n.*
autoservicio *m* Selbstbedienung *f.*
autostop *m* → autoestop.
autovía *f* Schnellstraße *f.*
auxiliar *adj* **1** Hilfs-. • *m, f* **2** Assistent(in) *m(f).*
auxiliar *tr* bei|stehen *(+dat).*
auxilio *m* **1** Hilfe *f.* • ¡~! *interj* **2** Hilfe! ♦ **primeros auxilios** Erste Hilfe *f.*
aval *m* Bürgschaft *f.*
avalancha *f* Lawine *f.*
avalar *tr* **1** ~ **algo** für etw eine Bürgschaft leisten. ~ **a alguien 2** für jn bürgen.
avance *m* **1** Vorrücken *n* (movimiento). **2** Fortschritt *m* (progreso). ♦ ~ **de programas** Programmvorschau *f.*
avanzar *tr* **1** vor|strecken (dinero). • *intr* **2** weiter|gehen, weiter|fahren (ir hacia adelante). **3** (fig) Fortschritte machen (progresar).
avaricia *f* Habsucht *f.*
avaricioso, -a *adj* habsüchtig.
avaro, -a *adj* geizig.
avasallar *tr* unterwerfen.
ave *f* Vogel *m.*
avecinarse *pron* sich nähern, bevor|stehen (una tormenta, un problema).
avejentar *tr* alt aussehen lassen.
avellana *f* Haselnuss *f.*
avellano *m* Haselnussstrauch *m.*
avemaría *f* Ave-Maria *n.*
avena *f* Hafer *m.*
avenida *f* Boulevard *m.*
avenir *tr* **1** versöhnen. • **~se** *pron* **2** sich einigen (ponerse de acuerdo).
aventajado, -a *adj* vorzüglich.
aventajar *tr* übertreffen (superar).
aventar *tr* **1** belüften (echar aire). **2** (fig, fam) an die Luft setzen (echar).
aventón *m Méx.* Stoß *m.*
aventura *f* Abenteuer *n.*
aventurar *tr* **1** wagen. • **~se** *pron* **2** sich wagen.
aventurero, -a *adj* **1** abenteuerlich. • *m, f* **2** Abenteurer(in) *m(f).*
avergonzar *tr* **1** beschämen. • **~se** *pron* **2** sich schämen.
avería *f* **1** AUT Panne *f.* **2** TEC Störung *f.*
averiado, -a *adj* beschädigt.
averiarse *pron* eine Panne haben (vehículo); gestört sein (máquina).
averiguar *tr* untersuchen (inquirir); heraus|finden (descubrir).
averigüetas *m, f Col., Méx.* Schnüffler(in) *m(f).*
aversión *f* Abneigung *f.*
avestruz *m* Strauß *m.*
aviación *f* **1** Luftfahrt *f.* **2** MIL Luftwaffe *f.*
aviador(a) *m(f)* AER Pilot(in) *m(f)*; Flieger(in) *m(f).*

aviar *tr* **1** her|richten; zu|bereiten (comida). **2** (fam) schnell machen (darse prisa).
avicultor(a) *m(f)* Geflügelzüchter(in) *m(f)*.
avidez *f* Begierde *f*.
ávido, -a *adj* gierig.
avinagrado, -a *adj* (fig, fam) mürrisch.
avinagrar *tr* säuern.
avío *m* Vorbereitung *f*.
avión *m* Flugzeug *n*. ■ **en ~** mit dem Flugzeug.
avioneta *f* kleines Flugzeug *n*.
avisado, -a *adj* behutsam (prudente).
avisar *tr* **1** benachrichtigen. **2** warnen (advertir).
aviso *m* **1** Benachrichtigung *f*. **2** Warnung *f* (advertencia).
avispa *f* Wespe *f*.
avispado, -a *adj* (fig, fam) aufgeweckt.
avispar *tr* (fig, fam) auf|rütteln.
avispero *m* Wespennest *n*.
avistar *tr* sichten.
avituallar *tr* verpflegen.
avivar *tr* beleben.
axila *f* ANAT Achsel(höhle) *f*.
axioma *m* Axiom *n*.
¡ay! *interj* au(tsch)! (dolor).
ayer *adv* gestern.
ayo, -a *m, f* Erzieher(in) *m(f)*.
ayocote *m Méx.* große (Schmink)bohne *f*.
ayote *m Amér. Centr., Méx.* Kürbis *m*.
ayuda *f* Hilfe *f*. ■ **prestar ~** Hilfe leisten.
ayudante *m, f* **1** Hilfskraft *f*. **2** MIL Adjutant(in) *m(f)*. ♦ **~ técnico sanitario** Krankenpfleger(in) *m(f)*.
ayudar *tr* helfen *(+dat)*.
ayunar *intr* fasten.
ayuno *m* Fasten *n*.
ayuntamiento *m* **1** Stadtverwaltung *f* (ciudad); Gemeinderat *m* (municipio). **2** Rathaus *n* (edificio).
ayuntar *tr* vereinigen.
azabache *m* Gagat *m*.
azada *f* Hacke *f*.
azadón *m* große Hacke *f*.
azafata *f* **1** Hostess *f*. **2** AER Stewardess *f*.
azafate *m* **1** *Col.* Holzschüssel *f*. **2** *Chile, Col.* Tablett *n* (bandeja).
azafrán *m* Safran *m*.
azahar *m* Orangenblüte *f*.
azalea *f* Azalee *f*.
azar *m* Zufall *m*. ■ **al ~** zufällig.
azarearse *pron Chile, Perú* zornig werden (enfadarse).
ázimo *adj* ungesäuert (pan).
azogue *m* QUÍM Quecksilber *n*. ■ **tener ~** (fam, fig) keine Minute ruhig sitzen können; ein Quirl sein.
azonzarse *pron Méx.* verblöden.
azoramiento *m* PSIC Ängstlichkeit *f*.
azorar *tr* erschrecken.
azoro *m Amér.* Verwirrung *f*.
azorrillar *tr Méx.* erniedrigen.
azular *tr* (aus)|peitschen.

azote *m* Peitschenhieb *m*.
azotea *f* Dachterrase *f*.
azúcar *m* Zucker *m*.
azucarero, -a *adj* **1** Zucker-. • *m* **2** Zuckerdose *f* (recipiente).
azucena *f* Lilie *f*.
azufre *m* Schwefel *m*.
azul *adj* **1** blau. • *m* **2** Blau *n*.
azulejo *m* Kachel *f*.
azumagarse *pron Chile* verschimmeln.
azuquero *m Amér.* Zuckerdose *f* (recipiente).
azurumbarse *pron Amér.* benommen sein.
azuzar *tr* auf|hetzen.

Bb

b, B *f* b, B *n* (letra).
baba *f* **1** Sabber *m*. **2** Schleim *m* (animal).
babear *intr* geifern (echar baba).
babel *m, f* (fig, fam) Wirrwarr *m* (confusión).
babero *m* Lätzchen *n*.
babor *m* NÁUT Backbord *n*.
babosa *f* Nacktschnecke *f*.
baboso, -a *adj* voller Sabber (lleno de baba).
babucha *f* Pantoffel *m*.
baca *f* Dachgepäckträger *m*.
bacalao *m* Kabeljau *m* (pez, pescado); Stockfisch *m* (salado).
bacán *f Amér.* reicher Mann *m*.
bache *m* **1** Schlagloch *n* (carretera). **2** (fig) Tief *n* (mal momento).
bachiller *m, f* Abiturient(in) *m(f)*.
bachillerato *m* Abitur *n*. ■ **estudiar el ~** aufs Gymnasium gehen.
bacilo *m* MED Bazillus *m*.
bacón *m* geräucherter Speck *m*.
bacteria *f* Bakterie *f*.
báculo *m* **1** Stock (bastón). **2** Bischofsstab *m* (obispo).
bádminton *m* Badminton *n*.
bafle *m* Lautsprecher *m*.
bagaje *m* Gepäck *n*.
bagatela *f* Bagatelle *f*.
bagual *adj Amér.* wild.
¡bah! *interj* ach was!
bahía *f* (Meeres)bucht *f*.
bailar *intr y tr* tanzen.
bailarín, -ina *m, f* Balletttänzer(in) *m(f)* (ballet).
baile *m* **1** Tanz *m*. **2** Tanzveranstaltung *f* (fiesta). ■ **tener el ~ de San Vito** (fam, fig) zappelig sein.
baja *f* **1** Sinken *n* (disminución). **2** Abmeldung *f* (cese). **3** MED Krankmeldung *f*. ■ **estar de ~** krankgeschrieben sein (por enfermedad).
bajada *f* **1** Abstieg *m* (descenso). **2** Sinken *n* (precios, tipos).

bajamar *f* Ebbe *f.*
bajante *m* Abflussrohr *n* (tubería).
bajar *tr* **1** herunter|holen (descender). **2** senken (precios, volumen, ojos). • *intr* **3** hinunter|gehen (ir hacia abajo). **4** sinken (disminuir). • *intr y pron* **5** ab|steigen (moto, bicicleta); aus|steigen (coche, autobús).
bajeza *f* Gemeinheit *f* (acción vil).
bajío *m* Sandbank *f.*
bajo, -a *adj* **1** niedrig (poca altura). **2** tief (en lugar inferior). **3** MÚS tief. • *m* **4** MÚS Bass *m.* • **bajos** *m pl* **5** Saum *m* (de una prenda). ▪ **hablar en voz baja** leise sprechen.
bajo *adv* **1** leise (voz). • *prep* **2** unter *(+ac)* (dirección); unter *(+dat)* (situación).
bala *f* **1** Kugel *f.* **2** Ballen *m* (fardo).
balaca *f Amér.* Prahlerei *f.*
balacear *tr Amér.* auf jn/etw schießen.
balacera *f Amér.* Schießerei *f.*
balada *f* Ballade *f.*
baladí *adj* unwesentlich.
balance *m* Bilanz *f.*
balancear *tr* **1** aus|balancieren (equilibrar). • *intr y pron* **2** schaukeln.
balanceo *m* Schwanken *n.*
balancín *m* Schaukelstuhl *m* (mecedora); Hollywoodschaukel *f* (columpio).
balandra *f* Kutter *m.*
balandro *m* NÁUT Jolle *f.*
balanza *f* **1** Waage *f* (para pesar). **2** COM Bilanz *f.*
balaquear *intr Amér. Merid.* prahlen.
balar *intr* blöken (oveja); meckern (cabra).
balay *m Amér.* (Binsen)korb *m* (cesta).
balazo *m* Einschuss *m.*
balbucear *intr* → balbucir.
balbucir *intr* stottern.
balcón *m* Balkon *m.*
balconada *f* Balkonreihe *f.*
balda *f* Regalbrett *n.*
baldar *tr* lähmen (paralizar). ▪ **~ a alguien** (fig) jm schaden (perjudicar).
balde *m* Eimer *m.* ▪ **en ~** vergeblich.
baldío, -a *adj* **1** unbebaut (terreno). **2** zwecklos (inútil).
baldosa *f* Fliese *f.*
baldosín *m* kleine Fliese *f.*
balear *adj* **1** balearisch. • *m, f* **2** Baleare, -in *m, f.*
baleo *m Amér.* Schießerei *f.*
balido *m* Blöken *n* (oveja); Meckern *n* (cabra).
balín *m* Schrot *m, n* (munición de plomo).
balística *f* Ballistik *f.*
baliza *f* Bake *f*; Boje *f* (boya).
ballena *f* Wal(fisch) *m.*
ballenato *m* Jungwal *m.*
ballenero, -a *adj* **1** Wal(fisch)-. • *m* **2** Walfangschiff *n* (buque).
ballesta *f* Armbrust *f.*
ballet *m* Ballett *n.*

balneario *m* Heilbad *n* (baños); Kurort *m* (estación).
balompié *m* Fußball *m*.
balón *m* Ball *m*.
baloncesto *m* Basketball *m*.
balonmano *m* Handball *m*.
balonvolea *m* Volleyball *m*.
balsa *f* Floß *n* (plataforma flotante).
balsámico, -a *adj* balsamisch.
bálsamo *m* Balsam *m*.
balsero, -a *m, f* Flößer(in) *m(f)* (profesión).
baluarte *m* Schutzwall *m*.
bamba *f* **1** *lateinamerikanischer Tanz* (baile). • **bambas** *f pl* **2** Turnschuhe *m pl* (calzado).
bambolear *intr* **1** schwingen. • **~se** *pron* **2** schaukeln.
bamboleo *m* Schaukeln *n*.
bambú *m* Bambus *m*.
banal *adj* banal.
banana *f Amér.* Banane *f*.
banano *m* Bananenstaude *f*.
banca *f* **1** Schemel *m*. **2** FIN Bankwesen *n*.
bancada *f* NÁUT Ruderbank *f*.
bancal *m* **1** Beet *n*. **2** Terrassenfeld *n* (en terrenos pendientes).
bancario, -a *adj* Bank-.
bancarrota *f* Bankrott *m*.
banco *m* **1** (Sitz)bank *f*. **2** Werkbank *f* (de trabajo). **3** (Fisch)schwarm *m* (peces). **4** FIN Bank *f*. ◆ **~ de datos** Datenbank *f*.
banda *f* **1** Band *n* (cinta). **2** Bande *f* (pandilla). **3** Seite *f* (lado). **4** MÚS (Musik)kapelle *f*.
bandada *f* Schwarm *m*.
bandear *tr* **1** *Amér.* überqueren (cruzar). **2** *Chile* durchbohren (taladrar).
bandeja *f* Tablett *n*.
bandera *f* **1** Fahne *f*. **2** NÁUT Flagge *f*.
banderilla *f* TAUROM Banderilla *f*.
bandido, -a *m, f* Bandit(in) *m(f)*.
bando *m* **1** Erlass *m* (edicto). **2** Partei *f* (partido).
bandolero, -a *m, f* Räuber(in) *m(f)*.
banjo *m* MÚS Banjo *n*.
banquero, -a *m, f* Banker(in) *m(f)*.
banquete *m* Bankett *n*.
banquillo *m* **1** DEP Ersatzbank *f*. **2** DER Anklagebank *f*.
bañador *m* Badeanzug *m* (de mujer); Badehose *f* (de hombre).
bañar *tr* **1** baden. • **~se** *pron* **2** (sich) baden.
bañera *f* Badewanne *f*.
baño *m* **1** Bad *n*. **2** Bad(ezimmer) *n* (cuarto); Toilette *f* (servicios). • **baños** *m pl* **3** Heilbad *n* (balneario).
baptisterio *m* **1** Taufkapelle *f* (sitio). **2** Taufbecken *n* (pila).
bar *m* **1** Kneipe *f*. **2** FÍS Bar *n*.
baraja *f* Kartenspiel *n*.
barajar *tr* **1** mischen (cartas). **2** erwägen (posibilidades).
baranda *f* → barandilla.
barandilla *f* Geländer *n*.

barata *f* Tausch *m* (trueque).
baratijas *f pl* Ramsch *m*.
baratillo *m* Trödelware *f*.
barato, -a *adj* billig.
baratura *f* Billigkeit *f*.
barba *f* **1** Kinn *n* (mentón). **2** Bart *m* (pelos). ■ **por ~** pro Nase.
barbacoa *f* **1** (Garten)grill *m* (parrilla). **2** Barbecue *n* (comida).
barbaridad *f* **1** Grausamkeit *f* (brutalidad). **2** Dummheit *f* (necedad). **3** Ungeheuerlichkeit *f* (demasía).
barbarie *f* Barbarei *f*.
bárbaro, -a *adj* **1** grausam (cruel). **2** HIST barbarisch.
barbería *f* (Herren)friseursalon *m*.
barbero, -a *adj* **1** *Méx.* (fig) schmeichlerisch (adulador). ● *m* **2** Herrenfriseur *m*.
barbilla *f* Kinn *n*.
barbudo, -a *adj* bärtig.
barco *m* Schiff *n*. ◆ **~ de vela** Segelschiff *n*.
barítono *m* MÚS Bariton *m*.
barlovento *m* NÁUT Luv(seite) *f*.
barman *m* Barkeeper *m*.
barniz *m* Lack *m*.
barnizar *tr* lackieren.
barómetro *m* Barometer *n*.
barón, -onesa *m, f* Baron(in) *m(f)*.
barquero, -a *m, f* Fährmann, -frau *m, f*.
barquillo *m* GAST Waffel *f*.
barra *f* **1** Stange *f* (de metal); Stangenbrot (pan). **2** Theke *f* (mostrador).
barraca *f* Barracke *f*.
barranco *m* Schlucht *f*.
barrena *f* Bohrer *m*.
barrenar *tr* durchbohren.
barrendero, -a *m, f* Straßenkehrer(in) *m(f)*.
barreno *m* Bohrloch.
barreño *m* (Wasch)trog *m*.
barrer *tr* kehren; fegen.
barrera *f* **1** Schranke *f*. **2** (fig) Barriere *f*.
barriada *f* (Stadt)viertel *n*.
barricada *f* Barrikade *f*.
barrido *m* Kehren *n*.
barriga *f* Bauch *m*.
barril *m* Fass *n*.
barrio *m* **1** (Stadt)viertel *n* (barrio). **2** Vorstadt *f* (arrabal).
barrizal *m* Sumpf *m*.
barro *m* **1** (Töpfer)ton *m* (arcilla). **2** Schlamm *m* (lodo).
barrote *m* (Eisen)stange *f*.
barruntar *tr* ahnen.
barullo *m* (fam) Tumult *m*; Durcheinander *n*.
basa *f* ARQ Säulenfuß *m*.
basalto *m* Basalt *m*.
basar *tr* **1** stützen auf *(+dat)* (fundamentar). ● **~se sobre/en** *pron* **2** gründen auf *(+dat)* (fundar).
basca *f* Übelkeit *f*.
báscula *f* Waage *f* (para pesar).
base *f* Basis *f*; Grundlage *f*.
basílica *f* Basilika *f*.

básquet *m Arg., Méx., Par.* → basquetbol.
basquetbol *m Arg., Par.* Basketball *m.*
basta *f* Steppnaht *f.*
bastante *adj* **1** genug, genügend. • *adv* **2** genug.
bastar *intr* **1** genügen. • ¡~! *interj* **2** genug!; Schluss!
bastardilla *f* Kursivschrift *f.*
bastardo, -a *adj* **1** gemein (infame). • *m* **2** Bastard *m.*
bastidor *m* **1** Rahmen *m.* **2** TEAT Kulisse *f.*
basto, -a *adj* grob; ungeschliffen.
bastón *m* Stock *m.*
basura *f* Müll *m.*
basurero, -a *m, f* Angestellte(r) *mf(m)* der Müllabfuhr.
bata *f* Morgenrock *m.*
batalla *f* Schlacht *f.*
batata *f* Süßkartoffel *f.*
batería *f* **1** ELEC, MIL Batterie *f.* **2** MÚS Schlagzeug *n.*
batido, -a *adj* **1** schillernd (seda). • *m* **2** Milchshake *m* (bebida).
batir *tr* **1** schlagen (golpear). ~ **(contra) 2** branden (an/gegen *(+ac)*) (las olas).
baúl *m* Truhe *f.*
bautismo *m* REL Taufe *f.*
bautizar *tr* REL taufen.
bautizo *m* Taufe *f.*
bayeta *f* Putzlappen *m.*
bayoneta *f* Bajonett *n.*
bazar *m* Basar *m.*
bazo *m* ANAT Milz *f.*
beatificar *tr* REL selig sprechen.
beato, -a *adj* **1** glücklich (feliz). **2** fromm (piadoso).
bebedor(a) *m(f)* Trinker(in) *m(f).*
beber *tr* e *intr* trinken.
bebida *f* Getränk *n.*
bebido, -a *adj* angetrunken.
beca *f* Stipendium *n.*
becerro *m* (Stier)kalb *n.*
bedel(a) *m(f)* Hausmeister(in) *m(f).*
befa *f* Spott *m.*
bélico, -a *adj* kriegerisch; Kriegs-.
belicoso, -a *adj* kriegerisch.
belleza *f* Schönheit *f.*
bello, -a *adj* schön.
bellota *f* Eichel *f* (fruto).
bemol *m* MÚS Erniedrigungszeichen *n,* B *n.*
bencina *f* Benzin *n.*
bendecir *tr* **1** segnen. **2** weihen (consagrar).
bendición *f* Segen *m.*
bendito, -a *adj* **1** glückselig. • *m, f* **2** gutmütiger Mensch *m.*
beneficencia *f* Wohltätigkeit *f* (virtud).
beneficiar *tr* **1** nützen *(+dat).* • **~se de algo/alguien** *pron* **2** aus etw/jm Nutzen ziehen.
beneficio *m* **1** Nutzen *m.* **2** COM Gewinn *m.*
beneficioso, -a *adj* vorteilhaft (favorable).
benéfico, -a *adj* wohltätig (función, concierto).

benemérito, -a *adj* verdienstvoll.
beneplácito *m* Genehmigung *f* (permiso); Einwilligung *f* (complacencia).
benevolencia *f* Wohlwollen *n.*
benigno, -a *adj* **1** großzügig; gütig (persona). **2** mild (clima).
berberecho *m* Herzmuschel *f.*
berenjena *f* Aubergine *f.*
bergantín *m* NÁUT Brigg *f.*
berilio *m* QUÍM Beryllium *n.*
bermejo, -a *adj* scharlachrot (color); rotblond (pelo).
berrear *intr* blöken.
berrido *m* Blöken *n.*
berrinche *m* (fam) Wutanfall *m.*
berro *m* BOT (Brunnen)kresse *f.*
berza *f* Kohl *m.*
besar *tr* küssen.
beso *m* Kuss *m.*
bestia *f* Tier *n*; Vieh *n.*
bestial *adj* **1** brutal. **2** (fig, fam) wahnsinnig.
bestialidad *f* **1** Bestialität *f.* **2** (fig, fam) Unmenge *f* (cantidad).
besugo *m* Brasse *f* (pez).
besuquear *tr* (fam) ab|küssen.
betún *m* Schuhcreme *f.*
biberón *m* (Saug)flasche *f.*
Biblia *f* Bibel *f.*
bibliófilo, -a *m, f* Bücherliebhaber(in) *m(f).*
bibliografía *f* Bibliografie *f.*
bibliógrafo, -a *m, f* Bibliograf(in) *m(f).*
biblioteca *f* Bibliothek *f.*
bibliotecario, -a *m, f* Bibliothekar(in) *m(f).*
bicarbonato *m* Bikarbonat *n.*
bicho *m* kleines Tier *n.*
bicicleta *f* (Fahr)rad *n.*
bidé o **bidet** *m* Bidet *n.*
bien *m* **1** Wohl *n.* • **bienes** *m pl* **2** Güter *n pl.*
bien *adv* **1** gut. **2** richtig (correctamente). ■ **~... ~...** entweder... oder...; **~ que** obschon; **no ~** kaum; **si ~** obwohl; **y ~** nun.
bienal *adj* zweijährlich (frecuencia); zweijährig (duración).
bienaventurado, -a *adj* **1** glücklich (afortunado). **2** (irón) einfältig (ingenuo).
bienaventuranza *f* **1** Glück *n.* **2** REL Seligkeit *f.*
bienestar *m* Wohlbefinden *n* (estado); Wohlstand *m* (holgura).
bienhechor(a) *m(f)* Wohltäter(in) *m(f).*
bienio *m* Zeitraum *m* von zwei Jahren.
bienvenido, -a *adj* **1** willkommen. • **bienvenida** *f* **2** Willkommen *n* (saludo). • **¡~!** *interj* **3** willkommen!
bifurcación *f* Gabelung *f*; Abzweigung *f.*
bifurcarse *pron* sich gabeln.
bigamia *f* Bigamie *f.*
bígamo, -a *adj* in Doppelehe lebend.
bigote *m* Schnurrbart *m.*
bikini *m* → biquini.

bilingüe *adj* zweisprachig.
bilioso, -a *adj* (fig) reizbar, jähzornig (de mal genio).
bilis *f* ANAT Galle *f.*
billar *m* Billard(spiel) *n.*
billete *m* **1** Eintrittskarte *f* (entrada). **2** Fahrkarte *f* (de transporte).
billetero *m* Brieftasche *f.*
billón *m* Billion *f.*
biografía *f* Biografie *f.*
biográfico, -a *adj* biografisch.
biógrafo, -a *m, f* Biograf, -in *m, f.*
biológo, -a *m, f* Biologe, -in *m, f.*
biombo *m* spanische Wand *f.*
biosfera *f* Biosphäre *f.*
biquini *m* Bikini *m* (prenda).
birlar *tr* (fam) klauen.
bisabuelo, -a *m, f* Urgroßvater, -mutter *m, f.*
bisagra *f* Scharnier *n.*
bisemanal *adj* zweimal wöchentlich.
bisnieto, -a *m, f* Urenkel(in) *m(f).*
bisonte *m* Bison *m.*
bisoño, -a *adj* **1** (fam, fig) unerfahren. • *m, f* **2** (fam, fig) Neuling *m.*
bisturí *m* Skalpell *n.*
bit *m* INF Bit *n.*
bizarría *f* Mut *m* (valor).
bizarro, -a *adj* **1** mutig (valiente). **2** großzügig (generoso).
bizco, -a *adj* schielend.
bizcocho *m* Biskuit *m* o *n* (pastel); Zwieback *m* (pan seco).
biznieto, -a *m, f* → bisnieto.
blanco, -a *adj* weiß (color); hell (tez, cerveza). ■ **dar en el ~** ins Schwarze (acertar).
blando, -a *adj* **1** weich (al tacto). **2** zart (tierno). **3** sanft (suave).
blandura *f* **1** Weichheit *f* (calidad de blando). **2** (fig) Sanftheit *f* (suavidad de carácter).
blanquear *tr* **1** weißen (poner blanco). **2** tünchen (pared). • *intr* **3** weiß werden.
blanqueo *m* Weißen *n.*
blasfemar *intr* REL lästern; blasphemieren.
blasfemia *f* Gotteslästerung *f.*
blindado, -a *adj* gepanzert; Panzer-.
blindar *tr* panzern.
bloc *m* Block *m.*
blonda *f* Seidenspitze *f.*
bloquear *tr* **1** blockieren. • **~se** *pron* **2** (fig) ein Black-out haben.
bloqueo *m* Blockade *f.*
blusa *f* Bluse *f.*
bobada *f* Dummheit *f.*
bobina *f* Spule *f.*
bobo, -a *adj* **1** dumm (tonto). • *m, f* **2** Dummkopf *m.*
boca *f* **1** ANAT Mund *m* (de persona); Maul *n* (de animal). **2** Eingang *m* (entrada).
bocacalle *f* Straßeneinmündung *f* (embocadura).
bocadillo *m* belegtes Brötchen *n*; Sandwich *n.*
bocado *m* **1** Bissen *m* (comida). **2** Biss *m* (mordedura).

bocanada *f* Schluck *m* (de líquido).
boceto *m* Skizze *f*.
bochorno *m* Schwüle *f* (calor).
bocina *f* AUT Hupe *f*.
boda *f* Hochzeit *f*.
bodega *f* Weinkeller *m*.
bofetada *f* Ohrfeige *f*.
bofetón *m* kräftige Ohrfeige *f*.
boicot *m* Boykott *m*.
boicotear *tr* boykottieren.
bolchevique *adj* bolschewistisch.
boleta *f* Eintrittskarte *f* (entrada); Passierschein *m* (pase).
boletín *m* **1** Bulletin *n* (publicación). **2** Bericht *m* (informe). **3** Schein *m* (cédula).
bolígrafo *m* Kugelschreiber *m*.
Bolivia *f* Bolivien *n*.
boliviano, -a *adj* **1** bolivianisch. • *m, f* **2** Bolivianer(in) *m(f)*.
bollo *m* GAST Milchbrötchen *n*.
bolo *m* Kegel *m*.
bolo, -a *adj Guat., Hond., Méx.* betrunken.
bolsa *f* **1** Beutel *m*; Sack *m* (saco). **2** Tüte *f* (de plástico, de papel). **3** FIN Börse *f*.
bolsillo *m* **1** Geldbeutel *m* (monedero). **2** Tasche *f* (en prendas).
bolso *m* (Hand)tasche *f*.
bomba *f* **1** TEC Pumpe *f*. **2** MIL Bombe *f*.
bombardear *tr* bombardieren.
bombardero *m* MIL Bomber *m* (avión).
bombero, -a *m, f* Feuerwehrmann, -frau *m, f*.
bombilla *f* ELEC Glühbirne *f*.
bombo, -a *adj* **1** (fam) bestürzt. • *m* **2** MÚS Pauke *f* (timbal); große Trommel *f* (tambor). **3** (Los)trommel *f* (de lotería).
bombón *m* Praline *f*.
bonachón, -ona *adj* (fam) gutmütig (amable).
bondad *f* Güte *f*.
bondadoso, -a *adj* gütig.
bonete *m* Birett *n* (gorro).
bonito *m* Bonito *m* (pez).
bonito, -a *adj* hübsch.
bono *m* Gutschein *m*.
boquete *m* Loch *n*.
boquiabierto, -a *adj* **1** mit offenem Mund. **2** (fig) sprachlos; baff.
boquilla *f* **1** Zigarettenspitze *f* (de cigarrillos). **2** MÚS Mundstück *n*.
borbotar o **borbotear** *intr* sprudeln.
borbotón *m* Sprudeln *n*.
borda *f* NÁUT Reling *f*.
bordada *f* NÁUT Schlag *m*.
bordado, -a *adj* **1** bestickt. • *m* **2** Stickarbeit *f* (labor).
bordador(a) *m(f)* Sticker(in) *m(f)*.
bordar *tr* (be)sticken.
borde *adj* **1** BOT wild. • *m* **2** Rand *m*. **3** Ufer *n* (orilla).
bordo *m* NÁUT Bord *m*. ■ **a ~** an Bord.
borla *f* Quaste *f*.

borra *f* Scherwolle *f* (de lana).
borrachera *f* Rausch *m*.
borracho, -a *adj* **1** betrunken (ebrio). **2** trunksüchtig (alcohólico). • *m, f* **3** Betrunkene(r) *mf(m)*.
borrador *m* Entwurf *m* (escrito).
borrar *tr* **1** (durch)|streichen (tachar). **2** löschen (pizarra); (aus)|radieren (con goma).
borrasca *f* Unwetter *n*.
borrascoso, -a *adj* stürmisch.
borrego, -a *m, f* Lamm *n*.
borrico, -a *m, f* Esel(in) *m(f)*.
borrón *m* Tintenfleck *m*.
borroso, -a *adj* undeutlich.
bosque *m* Wald *m*.
bosquejar *tr* skizzieren; entwerfen.
bosquejo *m* Skizze *f*; Entwurf *m*.
bostezar *intr* gähnen.
bostezo *m* Gähnen *n*.
bota *f* **1** Stiefel *m* (calzado). **2** Lederflasche *f* (cuero para vino).
botadura *f* NÁUT Stapellauf *m*.
botánica *f* Botanik *f*.
botánico, -a *adj* **1** botanisch. • *m, f* **2** Botaniker(in) *m(f)*.
botar *tr* **1** werfen; schleudern (arrojar). **2** (fam) feuern (despedir). • *intr* **3** (auf)|springen; hüpfen (saltar).
bote *m* **1** Sprung *m* (salto). **2** Dose *f* (recipiente). **3** NÁUT Boot *n*.
botella *f* Flasche *f*.
botica *f* Apotheke *f* (farmacia).
boticario, -a *m, f* Apotheker(in) *m(f)*.
botijo *m* Wasserkrug *m*.
botín *m* **1** Beute *f* (de guerra). **2** Schnürstiefel *m* (zapato).
botiquín *m* Reiseapotheke *f*.
botón *m* **1** Knopf *m*. • **botones** *m* **2** Page *m*; Hotelboy *m*.
bóveda *f* ARQ Gewölbe *n*.
bovino, -a *adj* Rind(er)-.
boxeador(a) *m(f)* Boxer(in) *m(f)*.
boxear *intr* boxen.
boxeo *m* DEP Boxkampf *m*.
boya *f* Boje *f*.
bracear *intr* mit den Armen fuchteln (mover los brazos).
bracero *m* Tagelöhner(in) *m*.
bragas *f pl* Schlüpfer *m* (prenda interior).
braguero *m* MED Bruchband *n*.
bragueta *f* Hosenschlit *m*.
bramido *m* Gebrüll *n*.
brasa *f* (Kohlen)glut *f* (de carbón); (Holz)glut *f* (de madera).
brasero *m* Grillpfanne *f*.
Brasil *m* Brasilien *n*.
brasileño, -a *adj* **1** brasilianisch. • *m, f* **2** Brasilianer(in) *m(f)*.
bravío,-a *adj* wild.
bravo, -a *adj* **1** tapfer (valiente). • **¡~!** *interj* **2** bravo!
braza *f* DEP Brustschwimmen *n*.
brazada *f* Armbewegung *f*.
brazal *m* Armbinde *f*.
brazalete *m* Armband *n*.
brazo *m* **1** Arm *m*. **2** Armlehne *f* (del sillón).
brea *f* Teer *m*.
brebaje *m* (fam) Gesöff *n*.

brecha *f* Lücke *f*; Öffnung *f*.
brega *f* **1** Kampf *m* (lucha); Streit *m* (riña). **2** harte Arbeit *f*.
bregar *intr* streiten (reñir); kämpfen (luchar).
breva *f* BOT Frühfeige *f* (higo). ■ **no caerá esa ~** (fig) daraus wird nichts.
breve *adj* kurz. ■ **en ~** in Kürze, bald.
brevedad *f* Kürze *f*.
breviario *m* REL Brevier *n*.
bribón, -ona *m, f* Taugenichts *m*; Gauner(in) *m(f)*.
brida *f* Zaum *m*.
brigada *f* **1** Brigade *f*. **2** Einheit *f* (de policía).
brillante *adj* **1** glänzend. **2** (fig) brilliant. ● *m* **3** Brilliant *m*.
brillantina *f* (Haar)pomade *f*.
brillar *intr* **1** glänzen (objeto). **~ por algo 2** (fig) glänzen durch *(+ac)* (destacar).
brillo *m* **1** Glanz *m*. **2** (fig) Ruhm *m*.
brincar *intr* hüpfen.
brinco *m* Sprung *m*.
brindar *intr* **1** an|stoßen. ● *tr* **2** an|bieten (ofrecer).
brindis *m* Trinkspruch *m* (palabras).
brío *m* Tatkraft *f*; Energie *f* (energía).
brioso, -a *adj* schwungvoll.
brisa *f* Brise *f*.
británico, -a *adj* **1** britisch. ● *m, f* **2** Brite, -in *m, f*.
brizna *f* Faser *f*.
broca *f* TEC Bohrer *m*.
brocha *f* (Maler)pinsel *m*.
broche *m* **1** Verschluss *m* (cierre). **2** Brosche *f* (joya).
broma *f* Scherz *m*; Spaß *m*.
bromear *intr* scherzen; spaßen.
bromista *adj* **1** witzig. ● *m, f* **2** Spaßvogel *m*.
bronca *f* **1** Streit *m* (disputa). **2** ■ **buscar ~** Streit suchen.
bronce *m* Bronze *f*.
bronceado, -a *adj* bronzefarben (color del bronce); sonnengebräunt (piel).
broncear *tr* **1** bräunen (piel). ● **~se** *pron* **2** sich bräunen.
bronquitis *f* Bronchitis *f*.
brotar *intr* **1** knospen (planta); keimen (semilla). **~ de 2** hervor|quellen aus *(+dat)* (agua).
brote *m* Knospe *f* (botón); Spross *m* (retoño).
broza *f* dürres Laub *n* (hojas); Reisig *n* (ramas).
bruja *f* Hexe *f*.
brujería *f* Hexerei *f*.
brujo, -a *m* Hexenmeister *m*.
brújula *f* Kompass *m*.
bruma *f* (leichter) Nebel *m*.
bruñidor *m* Polierstahl *m*.
bruñir *tr* polieren.
brusco, -a *adj* **1** schroff (áspero). **2** plötzlich (repentino).
brutal *adj* brutal.
brutalidad *f* Brutalität *f*.
bruto, -a *adj* **1** dumm (necio). **2** ECON Brutto-.
bucear *intr* **1** tauchen. **~ en algo 2** (fig) (nach)|forschen in *(+dat)* (investigar).

buche *m* Kropf *m* (de las aves).
bucle *m* Ringellocke *f*.
buen *adj* → bueno.
buenamente *adv* freiwillig.
buenaventura *f* Glück *n*.
bueno, -a *adj* **1** gut. **2** richtig (correcto). **3** gesund (sano). **4** brav (niño). • **¡~!** *interj* **5** na schön! ■ **¡estaría ~!** das wäre ja noch schöner!
buey *m* Ochse *m*.
búfalo, -a *m, f* ZOOL Büffel *m*.
bufanda *f* Schal *m*.
bufé o **bufet** *m* Büffet *n*.
bufete *m* Schreibtisch *m*.
bufón, -ona *m, f* **1** (fig) Spaßmacher(in) *m(f)*. **2** TEAT Hofnarr *m*.
buhardilla *f* Dachboden *m*.
búho *m* Uhu *m* (ave).
buhonero, -a *m, f* Hausierer(in) *m f*.
buitre *m* Geier *m*.
bujía *f* AUT Zündkerze *f*.
bulbo *m* BOT Blumenzwiebel *f*.
bulevar *f* Boulevard *m*.
bulla *f* **1** Lärm *m* (ruido). **2** Menschengedränge *n* (concurrencia).
bullicio *m* Tumult *m*.
bullicioso, -a *adj* unruhig.
bullir *intr* kochen; sieden.
bulto *m* **1** Ausmaß *n* (volumen). **2** Bündel *n* (fardo). **3** Gepäckstück *n* (equipaje). **4** MED Geschwulst *f*.
buñuelo *m* Krapfen *m*.
buque *m* Schiff *n*. ◆ **~- cisterna** Tanker *m*.
burbuja *f* (Luft)blase *f*.
burbujear *intr* sprudeln.
burdel *m* Bordell *n*.
burdo, -a *adj* grob (tosco).
burgués, -esa *adj* **1** bürgerlich. • *m, f* **2** Bürger(in) *m(f)*.
burla *f* Spott *m*.
burlar *tr* **1** verspotten. **2** umgehen (eludir). • **~se (de)** *pron* **3** spotten (über *(+ac)*), sich lustig machen über *(+ac)*.
burlesco, -a *adj* spaßig, humorvoll.
burlón, -ona *adj* **1** spöttisch. • *m, f* **2** Witzbold *m*, Spaßvogel *m* (bromista).
burocracia *f* Bürokratie *f*.
burócrata *m, f* Bürokrat(in) *m(f)*.
burrada *f* (fam, fig) Blödsinn *m*, Unsinn *m* (estupidez).
burro, -a *adj* **1** (fam) dumm (tonto). • *m, f* **2** Esel(in) *m(f)* (animal). **3** (desp) Esel *m*, Trottel *m* (persona).
busca *f* Suche *f*. ■ **~ y captura** Fahndung *f*.
buscar *tr* suchen *(+ac)*/nach *(+dat)*. ■ **ir a ~** abholen; holen(lassen).
búsqueda *f* Suche *f*.
busto *m* ART Büste *f* (escultura); Porträt *n* (cuadro).
butaca *f* Lehnstuhl *m* (sillón).
butano *m* Butan *n*.
butifarra *f* GAST *katalanische Wurstart* (salchicha).
buzo *m* Taucher *m* (buceador).
buzón *m* Briefkasten *m*.

Cc

c, C *f* c, C *n* (letra).
cabal *adj* **1** genau (exacto). **2** angemessen (precio, medida). **3** (fig) vollständig, komplett (completo).
cábala *f* **1** Kabbala *f*. **2** Intrige *f*.
cabalgadura *f* **1** Reittier *n*. **2** Lasttier *n* (de carga).
cabalgar *intr y tr* reiten.
cabalgata *f* (Fest)umzug *m*.
caballa *f* Makrele *f*.
caballeriza *f* **1** Pferdestall *m*. **2** DEP Reitstall *m*.
caballero *m* **1** Herr *m*. **2** Kavalier *m*, Gentleman *m* (galán).
caballete *m* ART Staffelei *f*.
caballo *m* **1** Pferd *n*. **2** Springer *m* (ajedrez). ◆ **~ de vapor** Pferdestärke *f*.
cabaña *f* Hütte *f* (construcción).
cabaré o **cabaret** *m* TEAT Kabarett *n*.
cabecear *intr* **1** mit dem Kopf nicken (mover la cabeza). **2** den Kopf schütteln (negar).
cabecera *f* Kopfende *n*. ◆ **médico de ~** Hausarzt *m*.
cabecilla *m, f* Anführer(in) *m(f)*.
cabellera *f* (Kopf)haar *n*.
cabello *m* Haar(e) *n*.
caber *intr* Platz haben; (hinein)passen in *(+ac)* (tener espacio suficiente).
cabestrillo *m* Schlinge *f*.
cabeza *f* Kopf *m*. ◆ **~ de ajo** Knoblauchknolle *f*. ■ **perder la ~** den Kopf verlieren.
cabezada *f* **1** Schlag *m* auf den Kopf (golpe en la cabeza). **2** DEP Kopfstoß *m*.
cabida *f* Fassungsvermögen *n*.
cabina *f* Kabine *f*. ◆ **~ telefónica** Telefonzelle *f*.
cabizbajo, -a *adj* (fig) niedergeschlagen.
cable *m* **1** Kabel *n*. **2** Drahtseil *n* (funicular).
cabo *m* **1** Ende *n* (extremo). **2** GEOG Kap *n*. ■ **llevar a ~** etw durch|führen.
cabotaje *m* NÁUT Küstenschifffahrt *f*.
cabra *f* Ziege *f*.
cabrear *tr* **1** (fam) jn auf die Palme bringen. ● **~se** *pron* **2** (fam) wütend werden.
cabriola *f* Luftsprung *m*.
cabrito, -a *m, f* Zicklein *n*.
caca *f* **1** (fam) Kacke *f*. **2** (fam) Aa *n* (infantil).
cacahuete *m* Erdnuss *f*.
cacao *m* Kakao *m* (planta y polvo).
cacarear *intr* **1** gackern (gallina). ● *tr* **2** (fam) an|geben (presumir).
cacería *f* Jagd *f*.

cacerola *f* Kasserolle *f*.
cachalote *m* Pottwal *m*.
cacharrero, -a *m, f* Töpferwarenhändler(in) *m(f)*.
cacharro *m* **1** Topf *m* (recipiente). **2** (fam) altes Ding *n* (trasto).
cachete *m* **1** Schlag *m* (golpe). **2** Backe *f*, Wange *f* (carrillo).
cachiporra *f* Knüppel *m*.
cachivaches *m pl* (desp) Plunder *m*, Ramsch *m*.
cacho *m* Stück(chen) *n* (pedazo).
cachondearse *pron* **~ de** (fam) sich lustig machen über *(+ac)*.
cachondeo *m* (fam) (Heiden)spaß *m* (juerga).
cachorro, -a *m, f* Junge(s) *n*.
cacique *m* Kazike *m* (jefe indio).
cada *adj* jede(r, s). ■ **~ día** jeden Tag, täglich; **~ tres días** alle drei Tage.
cadáver *m* Leiche *f* (personas); Kadaver *m* (animales).
cadena *f* **1** Kette *f* (objeto, de tiendas, etc.). **2** Kanal *m* (televisión, radio). **3** Serie *f* (sucesión).
cadencia *f* **1** Rhythmus *m* (ritmo). **2** MÚS Kadenz *f*.
cadera *f* Hüfte *f*.
caducar *intr* **1** ab|laufen (plazo, producto). **2** verfallen, ungültig werden, (pasaporte, etc.).
caducidad *f* Verfall *m*.
caduco, -a *adj* **1** altersschwach (persona). **2** vergänglich (perecedero). **3** altmodisch (anticuado).
caer *intr* **1** fallen (precios). **~ en 2** fallen auf *(+ac)* (fiesta, fecha). ● **~se** *pron* **3** (herunter)-, (hinunter)fallen. ■ **~ bien/mal** sympathisch/unsympatisch sein (persona).
café *m* **1** Kaffee *m* (bebida). **2** Kaffeehaus *n*, Café *n* (local).
cafetero, -a *adj* **1** Kaffee-. ● *f* **2** Kaffeekanne *f* (recipiente).
cafre *m, f* (fig) Barbar(in) *m(f)*.
cagar *intr* **1** (vulg) scheißen. ● *tr* **2** (vulg) etw versauen. ● **~se** *pron* **3** Schiss haben (tener miedo).
caída *f* Fall *m*; Sturz *m* (gobierno). ◆ **~ de pelo** Haarausfall *m*.
caimán *m* **1** Kaiman *m*. **2** *Bol*. Iguana *f*.
caja *f* **1** (Holz)kiste *f* (de madera); Schachtel *f*, Karton *m* (de cartón). **2** COM Kasse *f*. ◆ **~ de ahorros** Sparkasse *f*; **~ fuerte** Tresor *m*.
cajero, -a *m, f* Kassierer(in) *m(f)*. ◆ **~ automático** Geldautomat *m*.
cajón *m* **1** Kiste *f*. **2** Schublade *f* (deslizante).
cal *f* Kalk *m*.
cala *f* kleine Bucht *f* (ensenada).
calabacín *m* Zucchini *f*.
calabaza *f* Kürbis *m* (fruto); Kürbispflanze *f* (planta).

calabozo *m* Kerker *m*.
calamar *m* Tintenfisch *m*.
calambre *m* (Muskel)krampf *m*.
calamidad *f* Unheil *n* (desgracia).
calar *intr* **1** ein|dringen, durchnässen (líquido). • **~se** *pron* **2** nass werden (mojarse); ab|saufen (motor).
calavera *f* Totenkopf *m*.
calaverada *f* (fam) Verrücktheit *f*.
calcar *tr* ab|pausen (dibujar).
calcáreo, -a *adj* kalkig, kalkhaltig.
calceta *f* Strickarbeit *f* (tejido de punto).
calcetín *m* Socke *f*.
calcinar *tr* QUÍM kalzinieren.
calcio *m* Kalzium *n*.
calco *m* **1** Kopie *f*. **2** GRAM Lehnwort *n*.
calculadora *f* Rechenmaschine *f*; Taschenrechner *m* (de bolsillo).
calculador(a) *adj* berechnend.
calcular *tr* **1** (be)rechnen. **2** schätzen, denken (pensar).
cálculo *m* Rechnung *f* (operación aritmética); Berechnung *f* (cómputo).
caldear *tr* **1** (er)wärmen. **2** (fig) an|heizen (ánimo). • **~se (por algo)** *pron* **3** (fig) sich erhitzen (bei/an (*+dat*)).
caldera *f* Kessel *m*.
calderilla *f* Kleingeld *n*.
caldero *m* kleiner Kessel *m*.
caldo *m* Brühe *f*.
calefacción *f* Heizung *f*.
calendario *m* Kalender *m*.
calentador *m* Heizgerät *n*.
calentamiento *m* Erwärmung *f*.
calentar *tr* **1** (er)wärmen, erhitzen (caldear). **2** (fig) auf|regen (provocar).
calentura *f* Fieber *n* (fiebre).
calenturiento, -a *adj* **1** fiebrig (febril). **2** (fig) lebhaft (exaltado).
calibrar *tr* messen (medir).
calibre *m* Kaliber *n*.
calidad *f* **1** Qualität *f* (excelencia). **2** Eigenschaft *f* (característica).
cálido, -a *adj* **1** warm (caliente). **2** herzlich (afectuoso).
caliente *adj* **1** warm; heiß (ardiente). **2** (vulg) aufgegeilt (sexualmente).
calificación *f* **1** Qualifikation *f*. **2** Note *f* (nota).
calificado, -a *adj* qualifiziert.
calificar *tr* **1** beurteilen (evaluar). **~ de 2** bezeichnen als (denominar).
caligrafía *f* Kalligraphie *f*, Schönschrift *f*.
cáliz *m* Kelch *m*.
calizo, -a *adj* kalkhaltig.
callar *intr y pron* **1** schweigen (no hablar). • *tr y pron* **2** verschweigen.
calle *f* Straße *f*. ■ **(ir) ~ arriba/abajo** straßauf/straßab.
calleja *f* Gässchen *n*.
callejear *intr* durch die Straßen bummeln.

callejero, -a *adj* **1** Straßen-. **2** Straßenverzeichnis *n* (guía).
callejón *m* Gasse *f*.
callicida *m* Hühneraugenmittel *f*.
callista *m, f* Fußpfleger(in) *m(f)*.
callo *m* **1** Hornhaut *f* (callosidad). • **callos** *m pl* **2** GAST Kutteln *f*.
calma *f* **1** Ruhe *f* (tranquilidad). **2** Gelassenheit *f* (sosiego).
calmar *tr* y *pron* (sich) beruhigen (tranquilizar).
calor *m* Hitze *f* (clima); Wärme *f* (de un cuerpo).
caloría *f* Kalorie *f*.
calumnia *f* Verleumdung *f*.
calumniar *tr* verleumden.
caluroso, -a *adj* warm; heiß.
calva *f* Glatze *f*.
calvario *m* Qual *f* (sufrimiento).
calvicie *f* Glatze *f*.
calvo, -a *adj* glatzköpfig (en la cabeza).
calza *f* Strumpf *m* (media).
calzada *f* Fahrbahn *f*.
calzado, -a *adj* **1** beschuht. • *m* **2** Schuhwerk *n*.
calzador *m* Schuhlöffel *m*.
calzar *tr* **1** Schuhe an|ziehen (poner zapatos). **2** Schuhe tragen (llevar zapatos).
calzoncillos *m pl* Unterhose *f*.
cama *f* **1** Bett *n*. **2** Lager *n* (de animales).
camada *f* Wurf *m* (crías de animales).
camaleón *m* Chamäleon *n*.
cámara *f* **1** FOT Fotoapparat *m*. **2** CINE (Film)kamera *f*. **3** Kammer *f* (aposento).
camarada *m, f* **1** Kamerad(in) *m(f)*. **2** POL Genosse, -in *m, f*.
camarero, -a *m, f* Kellner(in) *m(f)* (de un establecimiento).
camarilla *f* POL (desp) Kamarilla *f*.
camarín *m* TEAT (Künstler)garderobe *f*.
camarote *m* Kajüte *f*.
camastro *m* (desp) Pritsche *f*.
cambiar *intr* **1** sich (ver)ändern (transformarse). **~ de 2** etw (ver)ändern (modificar, transformar). • *tr* **3** (aus)|wechseln (sustituir); (aus)|tauschen (intercambiar). **4** wechseln (dinero, tema, voz). **5** um|tauschen (algo en una tienda). • **~se** *pron* **6** sich um|ziehen (de ropa).
cambio *m* **1** (Ver)änderung *f* (modificación). **2** Wechsel *m* (sustitución). **3** Austausch *m* (intercambio). **4** Wechselgeld *n* (vuelta); Kleingeld *n* (suelto).
camelia *f* Kamelie *f*.
camello *m* Kamel *n*.
camilla *f* **1** Krankenbahre *f*. **2** Krankenbett *n* (cama de hospital). ♦ **mesa ~** *runder Tisch mit Untersatz für das Kohlenbecken.*
caminante *m, f* Wanderer *m*.
caminar *intr* **1** gehen (ir); zu Fuß gehen (ir a pie). **2** wandern (excursión a pie).

caminata *f* Wanderung *f*.
camino *m* Weg *m* (senda).
camión *m* Last(kraft)wagen *m*, Lkw *m*.
camionero, -a *m, f* Lkw-Fahrer(in) *m(f)*.
camioneta *f* Lieferwagen *m*.
camisa *f* Hemd *n*.
camisería *f* Hemdengeschäft *n* (tienda).
camiseta *f* T-Shirt *n*.
camisón *m* Nachthemd *n*.
camorra *f* (fam) Schlägerei *f*.
camorrista *adj* streitsüchtig.
campamento *m* Lager *n*.
campana *f* Glocke *f*. ■ **a toque de ~** schnell, eilig.
campanada *f* **1** Glockenschlag *m* (de campana) **1** (fig) Aufsehen erregendes Ereignis.
campanario *m* Glockenturm *m*.
campanudo, -a *adj* glockenförmig.
campaña *f* **1** Feld *n*, Flachland *n*. **2** POL Kampagne *f*. ◆ **tienda de ~** Zelt *n*.
campar *intr* lagern (acampar).
campechano, -a *adj* (fam) ungezwungen, jovial (desenvuelto).
campeón, -ona *m, f* DEP Meister(in) *m(f)*; Champion *m*.
campeonato *m* DEP Meisterschaft *f*.
campesino, -a *m, f* **1** Bauer *m*, Bäuerin *f* (agricultor). **2** Landbewohner(in) *m(f)* (habitante del campo).
camping *m* Campingplatz *m*.
campo *m* **1** Land *n* (opuesto a ciudad). **2** Feld *n* (de cultivo). **3** Bereich *m*, Gebiet *n* (área). **4** DEP Platz *m*.
camposanto *m* Friedhof *m*.
can *m* Hund *m* (perro).
cana *f* graues o weißes Haar *n*.
Canadá *m* Kanada *n*.
canal *m* Kanal *m*.
canalizar *tr* kanalisieren.
canalla *m, f* (desp) Kanaille *f*.
canapé *m* Kanapee *n*.
canario, -a *adj* **1** kanarisch. • *m, f* **2** Kanarier(in) *m(f)*. **3** Kanarienvogel *m*.
canasta *f* Korb *m* (cesto).
canastilla *f* Körbchen *n* (cestita).
canasto *m* Korb *m* (cesto).
cancelación *f* Streichung *f* (anulación); Absage *f* (concierto, cita, etc.).
cancela *f* Gittertor *n*.
cancelar *tr* streichen (anular); ab|sagen (concierto, cita, etc.); löschen (una cuenta).
cáncer *m* **1** Krebs *m*. **2 Cáncer** ASTR Krebs.
cancha *f* Sportplatz *m* (terreno de juego).
canciller *m, f* Kanzler(in) *m(f)*.
canción *f* Lied *n*. ■ **siempre la misma ~** (fig) immer dieselbe Leier, immer das gleiche Lied.
cancionero *m* Liedersammlung *f*.
candado *m* Vorhängeschloss *n* (cerradura).
candelabro *m* Kandelaber *m*.
candelaria *f* Mariä Lichtmess *f*.

candelero *m* Kerzenständer *m*.
candidato, -a *m, f* Kandidat(in) *m(f)*; Bewerber(in) *m(f)* (aspirante).
candidatura *f* **1** Kandidatur *f*. **2** Bewerbung *f* (aspiración).
candidez *f* → candor.
cándido, -a *adj* **1** naiv (ingenuo). **2** unschuldig (inocente).
candil *m* Öllampe *f* (lámpara de aceite).
candilejas *f pl* TEAT Rampenlicht *n*.
candor *m* **1** Unschuld *f* (inocencia). **2** Naivität *f* (ingenuidad).
canela *f* Zimt *m*.
canelón *m* **1** Dachrinne *f* (desagüe). • **canelones** *m pl* **2** GAST Canneloni *m pl*.
cangrejo *m* Krebs *m*.
canguro *m* **1** Känguru *n*. • *m, f* **2** (fig) Babysitter(in) *m(f)* (persona).
caníbal *adj* **1** kannibalisch. • *m, f* **2** Kannibale, -in *m, f*.
canícula *f* Hundstage *m pl* (período de calor).
canijo, -a *adj* (fam) schwächlich (débil).
canino, -a *adj* hundeartig, Hunde-.
canje *m* **1** Austausch *m* (intercambio). **2** Eintausch *m* (de un vale).
canjear *tr* **1** ein|lösen (vale). **2** aus|tauschen (intercambiar).
cano, -a *adj* grauhaarig.
canoa *f* Kanu *n*.
canon *m* Kanon *m*.
canónico, -a *adj* kanonisch.
canónigo *m* Domherr *f*.
canonizar *tr* REL heilig sprechen.
cansado, -a *adj* **1** müde (fatigado). **2** anstrengend (pesado). **3** langweilig (aburrido). ■ **estar ~ de una cosa** etwas satt haben.
cansancio *m* **1** Müdigkeit *f* (fatiga). **2** Überdruss *m* (fastidio).
cansar *tr* e *intr* **1** ermüden. • *tr* **2** langweilen (aburrir). • **~se** *pron* **3** müde werden. **~se de algo** **4** einer Sache *(gen)* überdrüssig werden (hartarse).
cantante *m, f* Sänger(in) *m(f)*.
cantar *intr y tr* **1** singen. • *intr* **2** singen (pájaros); krähen (gallo); zirpen (grillo). **3** (fam, fig) singen, gestehen (confesar). **4** (fam) stinken (oler mal). ■ **en menos que canta un gallo** im Handumdrehen.
cántaro *m* (Henkel)krug *m*. ■ **llover a cántaros** in Strömen gießen.
cantero *m* Steinmetz *m* (picapedrero).
cantidad *f* **1** Menge *f* (porción). **2** Betrag *m* (importe).
cantimplora *f* Feldflasche *f*.
canto *m* **1** Gesang *m*, Lied *n* (canción). **2** Kante *f* (arista). ♦ **cantos rodados** Geröll *n*, Kies *m*. ■ **al ~ del gallo** bei Tagesanbruch.

cantón *m* POL Kanton *m.*
canuto *m* Röhre *f* (tubo).
caña *f* **1** Rohr *n.* **2** Glas *n* (vaso). ◆ **~ de pescar** Angel(rute) *f.*
cañamón *m* Hanfsamen *m.*
cañería *f* Rohrleitung *f.*
caño *m* Rohr *n*, Röhre *f.*
cañón *m* **1** Rohr *n* (tubo). **2** Kanone *f*, Geschütz *n.* **3** GEOG Cañon *m*, Schlucht *f.*
cañonazo *m* Kanonenschuss *m* (disparo).
cañonera *f* Schießscharte *f* (tronera).
caoba *f* Mahagoni(holz) *n* (madera).
caos *m* Chaos *n.*
capa *f* **1** Umhang *m* (prenda). **2** Schicht *f.*
capacidad *f* **1** Kapazität *f.* **2** Fähigkeit *f* (aptitud).
capacitar *tr* schulen, aus|bilden (formar).
capataz *adj* Vorarbeiter *m.*
capaz *adj* fähi, begabt (dotado, hábil). ■ **ser ~ de hacer algo** fähig sein, etw zu tun.
capazo *m* Korb *m.*
capcioso, -a *adj* verfänglich, heimtückisch.
capear *tr* (fam) hin|halten (entretener con evasivas).
capellán *m* Kaplan *m.*
caperuza *f* Mütze *f*; Kappe *f.*
capilar *adj* Haar- (del cabello).
capilla *f* Kapelle *f.*
capital *adj* **1** Haupt-. ● *m* **2** Kapital *n.* ● *f* **3** Hauptstadt *f* (ciudad).
capitalismo *m* Kapitalismus *m.*
capitalista *adj* **1** kapitalistisch. ● *m, f* **2** Kapitalist(in) *m(f).*
capitalizar *tr* kapitalisieren.
capitán *m* **1** Kapitän *m.* **2** MIL Hauptmann *m.*
capitel *m* Kapitell *n.*
capitulación *f* MIL Kapitulation *f* (rendición).
capitular *adj* Kapitel-.
capitular *intr* MIL kapitulieren.
capítulo *m* Kapitel *n.*
capó *m* Motorhaube *f.*
capón *adj* kastriert.
capote *m* Umhang *m*, Cape *n.*
capricho *m* Laune *f* (antojo).
caprichoso, -a *adj* launisch, launenhaft.
Capricornio *m* ASTR Steinbock *m.*
cápsula *f* Kapsel *f*, Hülse *f.*
captar *tr* **1** verstehen, begreifen (comprender). **2** gewinnen (obtener).
captura *f* **1** Festnahme *f* (detención). **2** Fang *m.*
capturar *tr* fangen.
capucha *f* Kapuze *f.*
capullo *m* Knospe *f.*
caqui *adj* khakifarben.
cara *f* **1** Gesicht *n* (rostro). **2** Seite *f* (lado). **de ~ a 3** angesichts *(+gen)*, im Hinblick auf *(+ac)*. ■ **de ~** von vorn.
carabela *f* Karavelle *f.*
carabina *f* Karabiner *m.*
carabinero *m* Grenzpolizist *m* (de frontera).
caracol *m* Schnecke *f.*

carácter *m* **1** Charakter *m* (personalidad). **2** Merkmal *n*, Eigenschaft *f* (distintivo).
característico, -a *adj* charakteristisch.
caracterizar *tr* charakterisieren.
¡caramba! *interj* Donnerwetter! (admiración, sorpresa).
carámbano *m* Eiszapfen *m*.
carambola *f* Karambolage *f*.
caramelo *m* **1** Karamell(zucker) *m*. **2** Bonbon *m*, *n* (golosina).
carátula *f* Titelblatt *n;* Cover *n*.
caravana *f* **1** Karawane *f*. **2** Stau *m* (atasco). **3** AUT Wohnwagen *m* (remolque).
carbón *m* Kohle *f*. ◆ **~ vegetal** Holzkohle *f*.
carboncillo *m* Kohlestift *m*.
carbonizar *tr* verkohlen.
carbono *m* QUÍM Kohlenstoff *m*.
carburador *m* AUT Vergaser *m*.
carburante *m* Treibstoff *m*.
carburar *tr* QUÍM karburieren.
carcajada *f* schallendes Gelächter *n*.
cárcel *f* Gefängnis *n*.
carcoma *f* Holzwurm *m*.
cardar *tr* **1** kämmen (lana). **2** toupieren (pelo).
cardenal *m* Kardinal *m*.
cardiaco, -a o **cardíaco, -a** *adj* Herz-.
cardinal *adj* Haupt-, wesentlich. ◆ **números cardinales** Kardinalzahlen; **puntos cardinales** die Himmelsrichtungen.
cardo *m* Distel *f* (planta).
carear *tr* konfrontieren.
carecer *intr* **~ de** nicht haben *(+ac)*, entbehren *(+gen)*.
carenar *tr* NÁUT kielholen.
carencia *f* Fehlen *n* (falta); Mangel *m* (escasez).
carestía *f* **1** Mangel *m* (escasez). **2** (Ver)teuerung *f* (encarecimiento).
careta *f* Maske *f*.
carga *f* **1** Last *f* (peso). **2** Ladung *f* (cargamento). **3** (fig) Belastung *f*. ■ **¡a la ~!** Attacke!
cargadero *m* Ladeplatz *m*.
cargado, -a *adj* **1** beladen. **2** stark (café).
cargador(a) *adj* **1** Lade-. ● *m* **2** Verlader *m* (profesión).
cargamento *m* Ladung *f*, Fracht *f*.
cargar *tr* **1** beladen (un vehículo). **2** *Amér.* tragen, bei sich haben.
cargo *m* Amt *n*, Stelle *f* (puesto); Verantwortung *f* (responsabilidad).
caribeño, -a *adj* **1** karibisch. ● *m*, *f* **2** Einwohner(in) *m(f)* der Karibik.
caricatura *f* Karikatur *f*.
caricaturesco, -a *adj* karikaturistisch.
caricaturizar *tr* karikieren.
caricia *f* Liebkosung *f*, Streicheln *n*.
caridad *f* **1** Wohltätigkeit *f* (beneficiencia). **2** Almosen *n* (limosna).

caries *f* Karies *f.*
cariño *m* **1** Zuneigung *f* (afecto). **2** Zärtlichkeit *f* (ternura). **3** Liebling *m* (apelativo).
cariñoso, -a *adj* liebevoll; zärtlich.
carisma *m* Charisma *n.*
carmen *m* **1** Karmeliterorden *m* (orden). **2** Gedicht *n.*
carmín *m* Lippenstift *m*
carmesí *adj* karmesinrot.
carnada *f* → carnaza.
carnal *adj* fleischlich (de la carne).
carnaval *m* Karneval *m,* Fasching *m.*
carnaza *f* Köder *m* (cebo).
carne *f* Fleisch *n.* ◆ **~ de cerdo** Schweinefleisch *n*; **~ de vacuno** Rindfleisch *n.*
carné *m* → carnet.
carnero *m* Widder *m,* Schafbock *m* (oveja).
carnet *m* Ausweis *m.* ◆ **~ de identidad** Personalausweis *m.*
carnicería *f* Metzgerei *f,* Fleischerei *f.*
carnicero, -a *adj* **1** fleischfressend (carnívoro). ● *m, f* **2** Metzger(in) *m(f);* Fleischer(in) *m(f).*
carnívoro, -a *adj* Fleisch fressend.
caro, -a *adj* teuer.
carpa *f* **1** Zelt *n* (circo). **2** Karpfen *m* (pez).
carpeta *f* (Schreib)mappe *f* (portafolios).
carpintería *f* Tischlerei *f.*
carpintero, -a *m, f* Tischler(in) *m(f),* Schreiner(in) *m(f).*
carraspear *intr* sich räuspern, hüsteln.
carraspeo *m* Hüsteln *n,* Räuspern *n.*
carrera *f* **1** Studium *n* (estudios superiores). **2** Karriere *f* (éxito profesional). **3** DEP (Wett)rennen *n.* ■ **a la ~** in vollem Lauf; **hacer la ~** (fam) auf den Strich gehen.
carrerilla *f* Anlauf *m* ■ **de ~** (fam) in und auswendig.
carreta *f* Karren *m.*
carretada *f* Wagenladung *f* (carga).
carrete *m* Film *m,* Filmrolle *f.*
carretera *f* (Land)straße *f.*
carretilla *f* Schubkarre *f.*
carretón *m* kleiner Wagen *m* (carro pequeño).
carril *m* **1** (Fahr)spur *f* (en la carretera). **2** Schiene *f* (raíl).
carro *m* **1** Fuhrwerk *n* (carruaje). **2** *Amér.* Auto *n* (coche).
carrocería *f* Karosserie *f.*
carromato *m* zweirädiger Karren *m.*
carroña *f* Aas *n.*
carroza *f* Karosse *f.*
carruaje *m* Fuhrwerk *n*; Kutsche *f* (de caballos).
carrusel *m* Karussell *n.*
carta *f* **1** Brief *m.* **2** (Spiel)karte *f* (de naipes). **3** (Speise)karte *f* (restaurante). **3** (Land)karte *f* (mapa).
cartabón *m* Winkelmaß *n.*

cartearse *pron* ~ **con alguien** im Briefwechsel stehen, korrespondieren (mit jm).
cartel *m* Plakat *n* (anuncio); Anschlag *m* (aviso).
cartel o **cártel** *m* Kartell *n*.
cartera *f* **1** Brieftasche *f* (de bolsillo). **2** Aktentasche *f*.
carterista *m, f* Taschendieb(in) *m(f)*.
cartero, -a *m, f* Postbote, -in *m, f*, Briefträger(in) *m(f)*.
cartílago *m* ANAT Knorpel *m*.
cartilla *f* **1** (Schul)fibel *f* (escolar). **2** Krankenschein *m* (médica).
cartón *m* Karton *m*.
cartuchera *f* Patronentasche *f*.
cartucho *m* Patrone *f*.
cartuja *f* Kartause *f*.
cartulina *f* feine Pappe *f*.
casa *f* **1** Haus *n* (edificio). **2** Wohnung *f* (vivienda). **3** Firma *f* (empresa). ◆ ~ **adosada** Reihenhaus *n*; ~ **de campo** Landhaus *n*; ~ **de citas** Bordell *n*; ~ **de socorro** Unfallstation *f*; ~ **propia** Eigenheim *n*; ~ **unifamiliar** Einfamilienhaus *n*. ■ **todo queda en** ~ es bleibt alles in der Familie.
casaca *f* Kasack *m*.
casar *tr* **1** trauen (sacerdote o autoridad civil). ● ~ **se con** *intr y pron* **2** jn heiraten.
cascabel *m* Schelle *f*.
cascada *f* Wasserfall *m*.
cascanueces *m* Nussknacker *m*.
cascar *tr* **1** zerschlagen (romper). ● **~se** *pron* **2** kaputt|gehen (estropearse).
cáscara *f* **1** Schale *f*. **2** Eierschale *f* (de huevo).
cascarón *m* leere Eierschale *f*. ■ **salir del** ~ aus|schlüpfen.
casco *m* **1** Helm *m* (protección). **2** Stadtzentrum *n* (núcleo urbano). ● **cascos** *m pl* **3** Kopfhörer *m* (auriculares). ■ **ligero de cascos** leichtsinnig.
cascote *m* Schutt(brocken) *m*.
casero, -a *adj* **1** Haus-. **2** hausgemacht (hecho en casa). **3** häuslich (hogareño).
casi *adv* fast, beinahe.
casilla *f* **1** Häuschen (caseta). **2** Feld *n* (del tablero). **3** Kästchen *n* (de la cuadrícula).
casino *m* **1** Klub *m*. **2** (Spiel)kasino *n* (de juego).
caso *m* **1** Fall *m* (hecho). **2** Aufmerksamkeit *f* (atención). ■ **dado el** ~ gegebenenfalls; **dado el** ~ **de que** vorausgesetzt, dass...; **en** ~ **contrario** anderenfalls, sonst; **en** ~ **de que** falls, im Fall(e), dass...; **en ningún** ~ auf keinen Fall; **en todo** ~ auf jeden Fall, jedenfalls; **hacer** ~ **a alguien** jm Beachtung schenken.
caspa *f* Schuppen *f pl*.
casquete *m* **1** Helm *m* (casco). **2** Kappe *f*, Mütze *f* (gorra).
casquivano, -a *adj* (fam) leichtfertig.
casta *f* Kaste *f*.

castaña *f* Kastanie *f*; Marone *f*. ◆ **~ pilonga** Dörrkastanie. ■ **a toda ~** mit Vollgas.
castañero, -a *m, f* Maronenverkäufer(in) *m(f)*.
castaño, -a *adj* **1** kastanienbraun. ● *m* **2** Kastanienbaum *m* (árbol).
castañuela *f* Kastagnette *f*.
castellano, -a *adj* **1** kastilisch. ● *m* **2** spanisch(e) *n* (lengua).
castidad *f* Enthaltsamkeit *f*.
castigar *tr* (be)strafen.
castigo *m* Strafe *f*.
castillo *m* Burg *f*; Schloss *n* (palacio).
castizo, -a *adj* **1** rein (puro). **2** authentisch, echt (auténtico).
casto, -a *adj* keusch, enthaltsam.
castor *m* Biber *m*.
castración *f* Kastration *f*.
castrar *tr* kastrieren.
castrense *adj* soldatisch.
casual *adj* zufällig.
casualidad *f* Zufall *m*.
cata *f* Verkostung *f*.
cataclismo *m* Kataklysmus *m*.
catador(a) *m(f)* Weinverkoster(in) *m(f)* (de vinos).
catadura *f* → cata.
catalejo *m* Fernrohr *n*.
catalogar *tr* katalogisieren.
catamarán *m* Katamaran *m*.
cataplasma *f* Kataplasma *n*.
catapultar *tr* katapultieren.
catar *tr* (ver)kosten, probieren.
catarata *f* Wasserfall *m* (cascada).
catarro *m* Erkältung *f*.
catastro *m* Kataster *m*, *n*.
catástrofe *f* Katastrophe *f*.
catear *tr* durch|rasseln lassen.
catecismo *m* Katechismus *m*.
cátedra *f* Lehrstuhl *m*, Professur *f* (ejercicio de catedrático).
catedral *f* Kathedrale.
catedrático, -a *m, f* **1** Professor(in) *m(f)* (de universidad). ● *m* **2** Studienrat *m* (de instituto).
categoría *f* Kategorie *f*.
cateto, -a *m, f* Tölpel *m*.
catolicismo *m* Katholizismus *m*.
católico, -a *adj* **1** katholisch. ● *m, f* **2** Katholik(in) *m(f)*.
catorce *num* vierzehn.
caucásico, -a *adj* kaukasisch.
cauce *m* Flussbett *n*.
caucho *m* Kautschuk *m*.
caudal *m* **1** Wassermenge *f* (agua). **2** Reichtum *m* (riqueza).
caudaloso, -a *adj* wasserreich.
caudillo *m* (An)führer *m*.
causa *f* **1** Ursache *f* (origen). **2** Grund *m* (motivo). **3** DER Prozess *m*. ■ **a ~ de** wegen *(+gen)*/ *(+dat)*.
causante *m, f* Verursacher(in) *m(f)*.
causar *tr* verursachen.
cáustico, -a *adj* ätzend.
cautela *f* Vorsicht *f*.
cauteloso, -a *adj* vorsichtig.
cautivar *tr* **1** (fig) fesseln, packen (fascinar). **2** gefangen nehmen (aprisionar).

cautiverio *m* Gefangenschaft *f.*
cautivo, -a *adj* gefangen.
cauto, -a *adj* vorsichtig.
cava *f* **1** Weinkellerei *f* (bodega). **2** Sekt *m* (bebida).
cavar *tr* e *intr* (um)|graben.
caverna *f* Höhle *f.*
caviar *m* Kaviar *m.*
cavidad *f* Hohlraum *m.*
cavilar *intr e tr* grübeln über *(+ac).*
caza *f* Jagd *f.*
cazador(a) *m(f)* Jäger(in) *m(f).*
cazadora *f* (Wind)jacke *f* (chaqueta).
cazar *tr* jagen.
cazo *m* **1** Schöpflöffel *f* (cucharón). **2** Kopf *m*(vasija).
cazoleta *f* kleiner Topf *m.*
cazuela *f* Kasserolle *f.*
cazurro, -a *adj* **1** schweigsam (taciturno). **2** tölpelhaft (torpe).
CD (*siglas de* **compact disc**) *m* INF, MÚS CD *f*, Compact disc *f.*
CD-Rom (*siglas de* **compact disc with read-only memory**) *m* INF, MÚS CD-ROM *f.*
cebada *f* Gerste *f.*
cebar *tr* **1** mästen (engordar). **2** ködern (atraer).
cebo *m* Köder *m.*
cebolla *f* Zwiebel *f.*
cebra *m* Zebra *n.*
cecear *intr* lispeln.
cedazo *m* Sieb *n.*
ceder *intr* **1** nach|geben (someterse). **2** nach|lassen (disminuir). • *tr* **3** etw an jn ab|treten (traspasar).
cedro *m* Zeder *f.*
cédula *f* Schein *m*, Bescheinigung *f.*
cegar *intr* **1** erblinden. • *tr* **2** blenden (deslumbrar).
ceguera *f* Blindheit *f.*
ceja *f* Augenbraue *f.*
cejar *intr* zurück|weichen.
celador(a) *m(f)* Aufseher(in) *m(f).*
celar *tr* überwachen (vigilar).
celda *f* Zelle *f.*
celebración *f* Feier *f.*
celebrar *tr* **1** feiern. **2** veranstalten (un acto).
célebre *adj* berühmt.
celebridad *f* Berühmtheit *f.*
celeste *adj* Himmels-.
celestial *adj* himmlisch.
celestina *f* Kupplerin *f.*
celibato *m* Zölibat *n.*
celo *m* **1** Eifer *m.* • **celos** *m pl* **2** Eifersucht *f.*
celo® *m* Tesafilm® *m.*
celoso, -a *adj* eifersüchtig.
célula *f* Zelle *f.*
celular *adj* Zell-.
cementar *tr* zementieren.
cementerio *m* Friedhof *m.*
cemento *m* Zement *m.*
cena *f* Abendessen *n.*
cenar *intr y tr* zu Abend essen.
cencerro *m* Viehglocke *f.*
cenefa *f* Borte *f.*
cenicero *m* Aschenbecher *m.*
ceniciento, -a *adj* aschgrau.
ceniza *f* Asche *f.*
cenizo, -a *adj* aschgrau.
censar *tr* zählen.

censo *m* Volkszählung *f*.
censor(a) *m(f)* Zensor(in) *m(f)*.
censura *f* Zensur *f*.
censurar *tr* zensieren.
centavo, -a *adj* hundertstel.
centella *f* Blitz *m*.
centellear *intr* funkeln.
centena *f* Hundert *n*.
centenar *m* Hundert *n* (cien).
centenario, -a *adj* hundertjährig.
centeno *m* Roggen *m*.
centeno, -a *adj* **1** hundertstel (parte). **2** hundertste(r, s) (numeración).
centesimal *adj* hundertteilig.
centímetro *m* Zentimeter *m* o *n*.
céntimo *m* Céntimo *m* (moneda).
centinela *m, f* Wächter(in) *m(f)*.
centrado, -a *adj* zentriert.
central *adj* **1** zentral. • *f* **2** Zentrale *f*. ♦ **~ eléctrica** Elektrizitäswerk *n*.
centralismo *m* Zentralismus *m*.
centrar *tr* **1** zentrieren (colocar). • **~se en** *pron* **2** sich konzentrieren auf *(+ac)*.
céntrico, -a *adj* zentral gelegen.
centro *m* Zentrum *n*. ♦ **~ urbano** Stadtzentrum *n*.
Centroamérica *f* Mittelamerika *n*.
centroamericano, -a *adj* mittelamerikanisch.
centrocampista *m, f* DEP Mittelfeldspieler(in) *m(f)*.
ceñidor *m* Mieder *m* (faja).
ceñir *tr* **1** um|legen (ponerse). • **~se** *pron* **2** eng an|liegen (una prenda).
ceño *m* Stirnrunzeln *n*.
cepa *f* Rebstock *m* (de la vid).
cepillar *tr* **1** bürsten. **2** hobeln (madera). • **~se algo** *pron* **3** (fam, fig) verschlingen (devorar); verschleudern (dinero).
cepillo *m* **1** Bürste *f*. **2** Hobel *m* (carpintería).
cepo *m* **1** Falle *f*. **2** AUT Parkkralle *f*.
cera *f* Wachs *n*.
cerámica *f* Keramik *f*.
cerbatana *f* Blasrohr *n* (para proyectiles).
cerca *adv* nah(e). ■ **~ de** in der Nähe von *(+dat)* (no lejos); ungefähr (aproximadamente).
cercanía *f* **1** Nähe *f*. • **cercanías** *f pl* **2** Umgebung *f* (alrededores).
cercar *tr* umzäunen (vallar).
cercenar *tr* ab|schneiden.
cerciorarse *pron* **~ de** sich von etw*(dat)* vergewissern.
cerco *m* Umzäunung *f* (vallado).
cerda *f* **1** Sau *f* (hembra del cerdo). **2** Borste *f* (de cepillo).
cerdo *m* Schwein *n* (animal).
cereal *adj* **1** Getreide-. • **cereales** *m pl* **2** Getreide *n*.
cerebral *adj* Gehirn-.
cerebro *m* Gehirn *n*.
ceremonia *f* Zeremonie *f*.
ceremonial *adj* feierlich.
cereza *f* Kirsche *f*.

cerezal *m* Kirschgarten *m.*
cerezo *m* Kirschbaum *m.*
cerilla *f* Streichholz *n.*
cerillo *m Amér.* Streichholz *n* (fósforo).
cero *m* Null *f.*
cerrado, -a *adj* **1** geschlossen. **2** verschlossen (carácter).
cerradura *f* Schloss *n.*
cerrajero *m* Schlosser *m.*
cerrar *tr* **1** schließen; zu|machen (un cajón, una puerta). • *intr y pron* **2** zu|gehen (puerta, ventana). • **~se en algo** *pron* **3** sich auf etw*(ac)* versteifen (obstinarse).
cerril *adj* (fig) halsstarrig (terco).
cerrillada *f Col., Perú* Hügelkette *f.*
cerro *m* Hügel *m.*
cerrojo *m* (Tür)riegel *m.*
certamen *m* Wettbewerb *m.*
certero, -a *adj* passend (acertado).
certeza *f* Gewissheit *f.*
certificado, -a *adj* **1** beglaubigt. • *m* **2** Einschreiben *n* (correos).
certificar *tr* **1** bestätigen. **2** einen Brief einschreiben lassen (una carta).
cervecería *f* **1** Brauerei *f* (fábrica). **2** Bierlokal *n* (bar).
cerveza *f* Bier *n.*
cerviz *f* Nacken *m.*
cesación *f* Beendigung *f.*
cesante *adj* aufhörend.
cesar *intr* auf|hören; enden.
cese *m* Beendigung *f.*
cesión *f* Abtretung *f.*
césped *m* Rasen *m.*
cesta *f* Korb *m.*
cestería *f* Korbwarengeschäft *n.*
cesto *m* Korb *m.*
cetro *m* Zepter *n.*
chabacanería *f* Geschmacklosigkeit *f.*
chabola *f* Slumhütte *f.*
chacal *m* Schakal *m.*
chacha *f* (fam) Dienstmädchen *n.*
cháchara *f* (fam) Geschwätz *n.*
chacra *f Amér.* kleine Farm *f.*
chafar *tr* zerquetschen (aplastar).
chaflán *m* Schrägkante *f.*
chal *m* Schultertuch *n.*
chalado, -a *adj* (fam) verrückt.
chalé *m* Landhaus *n.*
chaleco *m* Weste *f.*
chalet *m* → chalé.
chalupa *f* NÁUT Schaluppe *f.*
chamba *f Amér.* Luxus *m.*
chamizo *m* Schilfhütte *f* (choza).
chamorro, -a *adj* kahlgeschoren.
champa *f Amér. Merid.* Luftziegel *m* (adobe).
champiñón *m* Champignon *m.*
chamuchina *f* Trödel *m* (cosa vieja).
chamuscar *tr y pron* an|sengen.
chancho, -a *adj* **1** *Amér.* dreckig. • *m* **2** *Amér.* Schwein *n.*
chanchullo *m* Schwindel *m.*

chancla *f* Latschen *m.*
chándal *m* Trainingsanzug *m.*
chantaje *m* Erpressung *f.*
chanza *f* Scherz *m.*
chapa *f* Blech *n.*
chapar *tr* überziehen.
chaparrón *m* Platzregen *m.*
chapín *adj Amér. Centr.* aus Guatemala.
chapotear *intr* planschen.
chapucero, -a *adj* **1** stümperhaft. • *m, f* **2** Pfuscher(in) *m(f).*
chapurrear *tr* e *intr* radebrechen (un idioma).
chapuza *f* Pfuscharbeit *f.*
chapuzón *m* Kopfsprung *m.*
chaqueta *f* Jacke *f* (cazadora); Jackett *n* (americana).
chaquetón *m* (Wind)jacke *f.*
charca *f* Tümpel *m.*
charco *m* Pfütze *f.*
charla *f* **1** Vortrag *m.* **2** (fam) Unterhaltung *f* (conversación).
charlar *intr* (fam) plaudern.
charlatán, -ana *m, f* Schwätzer(in) *m(f)* (hablador).
charol *m* **1** Lack *m.* **2** Lackleder *n* (piel).
chasco *m* Streich *m* (burla).
chasis *m* Chassis *n.*
chasquear *tr* herein|legen (burlar).
chasquido *m* Knallen *n* (del latigo).
chato, -a *adj* **1** stumpfnasig (persona). • *m, f* **2** (fam) Kleine(r) *mf(m).*
chaval, la *m, f* (fam) Junge *m* (chico); Mädchen *n* (chica).
¡che! *interj Arg., Bol., Ur.* he!
chelín *m* Schilling *m.*
cheque *m* Scheck *m.*
chequera *f Amér.* Scheckheft *n.*
chef *m* Küchenchef *m.*
chévere *adj Amér.* klasse; super.
chícharo *m* Erbse *f.*
chichón *m* Beule *f.*
chico, -a *adj* **1** klein. • *m* **2** Junge *m.* • **chica** *f* **3** Mädchen *n.*
chiflado, -a *adj* (fam) verrückt.
chiflar *tr* (fam) gefallen (gustar).
Chile *m* Chile *n.*
chileno, -a *adj* **1** chilenisch. • *m, f* **2** Chilene, -in *m, f.*
chillar *intr* kreischen.
chillido *m* Kreischen *n.*
chillón, -ona *adj* kreischend.
chimenea *f* Kamin *m.*
chimpancé *m* Schimpanse *m.*
China *f* China *n.*
chinchar *tr* belästigen.
chinche *f* Wanze *f.*
chincheta *f* Reißzwecke *f.*
chinela *f* Hausschuh *m.*
chingar *tr* **1** (fam) saufen (beber). • *intr* **2** (vulg) ficken (joder).
chino, -a *adj* **1** chinesisch. • *m, f* **2** Chinese, -in *m, f.*
chip *m* INF Chip *m.*
chipirón *m* kleiner Tintenfisch *m.*
chiquillo, -a *adj* klein.
chiquito, -a *adj* winzig.
chirimoya *f* Chirimoya *f.*
chiringuito *m* Imbissstand *m.*

chirriar *intr* **1** zischen (con calor). **2** quietschen (puerta).
chisme *m* Klatsch *m.*
chismorrear *intr* (fam) klatschen.
chispa *f* **1** Funke(n) *m* (de luz). **2** Witz *m* (gracia). **3** Geistesblitz *m* (idea).
chispear *intr* funkeln.
chistar *intr* zum Sprechen an|setzen. ■ **sin ~** ohne zu mucksen.
chiste *m* Witz *m.*
chistorra *f Hartwurst aus Navarra.*
chistoso, -a *adj* witzig.
chivatazo *m* Petzerei *f.*
chivato, -a *m, f* Petze *f.*
chivo, -a *m, f* Zicklein *n.* ◆ **~ expiatorio** Sündenbock *m.*
chocar *intr* **~ con/ contra 1** zusammen|stoßen mit *(+dat)*; an|stoßen an *(+ac)*. ● *tr* **2** schockieren.
chochear *intr* senil werden.
chocolate *m* Schokolade *f.*
chocolatería *f* Schokoladenfabrik *f* (fábrica).
chocolatina *f* Schokoladenriegel *m.*
chófer *m* Fahrer *m.*
chollo *m* (fam) Schnäppchen *n.*
choque *m* **1** Zusammenstoß *m.* **2** MED Schock *m.*
chorizo, -a *m, f* **1** (fam) Dieb(in) *m(f)* (ladrón). ● *m* **2** GAST Paprikawurst *f.*
chorrear *intr* rinnen.
chorrera *f* Rinne *f.*
chorro *m* **1** Strahl *m.* **2** (fig) Schwall *m.*
choza *f* Hütte *f.*
chubasco *m* (Regen)schauer *m.*
chubasquero *m* Regenmantel *m.*
chufa *f* Erdmandel *f.*
chulear *intr y pron* an|geben (jactarse).
chulería *f* Angeberei *f.*
chuleta *f* Kotelett *n* (de carne).
chulo, -a *adj* **1** angeberisch (jactancioso). **2** (fam) hübsch (lindo).
chungo, -a *adj* (fam) mies.
chupa-chups® *m* Lutscher® *m.*
chupar *tr* **1** lutschen. **2** auf|saugen (absorber).
chupete *m* Schnuller *m.*
churrería *f Lokal, in dem Churros gemacht und verkauft werden.*
churro *m in Fett gebackene Mehlkringel.*
churruscar *tr y pron* an|brennen.
chut o **chute** *m* Schuss *m.*
chutar *tr* schießen.
cianuro *m* QUÍM Zyanid *n.*
cicatero, -a *adj* geizig.
cicatriz *f* Narbe *f.*
cicatrizar *tr, intr y pron* vernarben.
ciclismo *m* DEP Radsport *m.*
ciclista *adj* **1** Rad-. ● *m, f* **2** DEP Radfahrer(in) *m(f).*
ciclo *m* Zyklus *m.*
ciclón *m* Zyklon *m.*
ciego, -a *adj* blind.

cielo *m* **1** Himmel *m.* **2** Seligkeit *f* (bienaventuranza). ■ **como llovido del ~** wie gerufen; **írsele el santo al ~ a alguien** den Faden verlieren.
ciempiés *m* Tausendfüßler *m.*
cien (*apócope de* **ciento**) *num* hundert.
ciénaga *f* Morast *m.*
ciencia *f* Wissenschaft *f.* ◆ **~ ficción** Science-Fiction *f.*
cieno *m* Schlick *m.*
científico, -a *adj* **1** wissenchaftlich. ● *m, f* **2** Wissenschaftler(in) *m(f).*
ciento *num* **1** hundert. ● *m* **2** Hundert *n.*
cierre *m* **1** Schließung *f* (clausura); Schluss *m* (fin). **2** Verschluss *m* (dispositivo). ◆ **~ patronal** Aussperrung *f.*
cierto, -a *adj* **1** wahr (verdadero). **2** sicher, gewiss (seguro). ■ **por ~** übrigens.
ciervo, -a *m, f* Hirsch *m,* Hirschkuh *f.*
cifra *f* Ziffer *f.*
cifrado, -a *adj* verschlüsselt.
cifrar *tr* verschlüsseln (codificar).
cigala *f* Kronenhummer *m.*
cigarra *f* Zikade *f.*
cigarrillo *m* Zigarette *f.*
cigarro *m* Zigarre *f.*
cigüeña *f* Storch *m.*
cigüeñal *m* MEC Kurbelwelle *f.*
cilindrada *f* AUT Hubraum *m.*
cilíndrico, -a *adj* zylindrisch.
cilindro *m* Zylinder *m.*
cima *f* Spitze *f.*
cimentar *tr* fundamentieren.
cimiento *m* Fundament *n.*
cinabrio *m* Zinnober *n.*
cincha *f* Sattelgurt *m.*
cinco *num* fünf.
cincuenta *num* fünfzig.
cincuentón, -ona *adj* in den Fünfzigern.
cine *m* Kino *n.*
cineasta *m, f* Cineast(in) *m(f).*
cinematografía *f* Filmkunst *f.*
cinematográfico, -a *adj* kinematographisch.
cinematógrafo *m* Kinematograph *m.*
cínico, -a *adj* zynisch.
cinismo *m* Zynismus *m.*
cinta *f* Band *n.* ◆ **~ de vídeo** Videoband *n.*
cintura *f* Taille *f.*
cinturón *m* Gürtel *m.* ◆ **~ de seguridad** Sicherheitsgurt *m.*
ciprés *m* Zypresse *f.*
circe *f* Circe *f.*
circense *adj* Zirkus-.
circo *m* Zirkus *m.*
circuito *m* **1** Umkreis *m.* **2** (Renn)strecke *f* (carrera); Rundreise *f* (viaje).
circulación *f* **1** Kreislauf *m* (ciclo). **2** Verkehr *m* (tránsito).
circular *adj* kreisförmig.
circular *intr* zirkulieren.
círculo *m* Kreis *m.*
circundar *tr* umgeben.
circunferencia *f* Umfang *m.*
circunstancia *f* Umstand *m.*
circunvalación *f* Umgehung *f.*

cirio *m* Wachskerze *f*.
cirrosis *f* MED Zirrhose *f*.
ciruela *f* Pflaume *f*.
ciruelo *m* Pflaumenbaum *m*.
cirugía *f* Chirurgie *f*.
cirujano, -a *m, f* Chirurg(in) *m(f)*.
cisma *m* Schisma *n*.
cisne *m* Schwan *m*.
cisterna *f* Zisterne *f*.
cistitis *f* Blasenentzündung *f*.
cita *f* **1** Verabredung *f*. **2** Zitat *n* (mención).
citación *f* Zitieren *n*.
citar *tr* **1** zitieren. • **~se (con)** *pron* **2** sich verabreden (mit *(+dat)*).
cítrico, -a *adj* **1** Zitrus-. • **cítricos** *m pl* **2** Zitrusfrüchte *f pl*.
ciudad *f* Stadt *f*.
ciudadanía *f* Staatsangehörigkeit *f*.
ciudadano, -a *adj* **1** städtisch. • *m, f* **2** Bürger(in) *m(f)*.
cívico, -a *adj* bürgerlich.
civil *adj* **1** zivil. • *m, f* **2** Zivilist(in) *m(f)*.
civilización *f* Zivilisation *f*.
civilizar *tr* zivilisieren.
civismo *m* Bürgersinn *m* (espíritu cívico).
clamar *intr* flehen.
clamor *m* Geschrei *n*.
clan *m* Clan *m*.
clandestino, -a *adj* heimlich.
clara *f* Eiweiß *n*.
claraboya *f* (Dach)luke *f*.
clarear *tr e intr* **1** aub|hellen. **2** • *intr* **3** hell verdern (amanecer).
claridad *f* **1** Helligkeit *f* (luz). **2** Klarheit *f* (lucidez).
clarificar *tr* **1** erhellen (iluminar). **2** klären (aclarar).
clarinete *m* Klarinette *f*.
clarividente *adj* **1** hellsichtig (perspicaz). **2** hellseherisch (que percibe).
claro, -a *adj* **1** klar. **2** hell (luminoso). • *interj* **3** klar. • *m* **4** Licht *n* (luz). **5** Lichtung *f* (calvero).
claroscuro *m* Helldunkel *n*.
clase *f* **1** Art *f* (tipo). **2** Klasse *f* (categoría). **3** EDUC Unterricht *m*; Vorlesung *f* (en la universidad). **4** SOCIOL Gesellschaftsschicht *f*.
clásico, -a *adj* klassisch.
clasificación *f* Klassifizierung *f*.
clasificar *tr* klassifizieren.
claudicar *intr* nach|geben (ceder).
claustro *m* Kreuzgang *m*.
claustrofobia *f* Klaustrophobie *f*.
clausura *f* Schließung *f* (cierre); Abschluss *m* (fin).
clausurar *tr* schließen.
clavar *tr* **1** ein|schlagen (hincar). **2** an|nageln (fijar con un clavo).
clave *f* **1** Kode *m* (código). **2** Schlüssel *m* (solución). • *m* **3** Cembalo *n* (instrumento). ■ **en ~** verschlüsselt.
clavel *m* Nelke *f*.
clavicordio *m* Klavichord *n*.
clavícula *f* Schlüsselbein *n*.

clavija *f* **1** Stecker *m.* **2** TEC Stift *m.*
clavo *m* **1** Nagel *m.* **2** (Gewürz)nelke *f* (especia).
claxon *m* Hupe *f.*
clemencia *f* Milde *f.*
cleptomanía *f* Kleptomanie *f.*
cleptómano, -a *adj* kleptomanisch.
clérigo *m* Kleriker *m.*
clero *m* Klerus *m.*
cliché *m* **1** Klischee *n* (actuación). **2** Negativ *n* (de foto).
cliente, -a *m, f* Kunde(in) *m(f).*
clientela *f* Kundschaft *f.*
clima *f* Klima *n.*
climatizar *tr* klimatisieren.
climatología *f* Klimatologie *f.*
clímax *m* Klimax *f.*
clínica *f* Klinik *f.*
clínico, -a *adj* klinisch.
clip *m* Büroklammer *f.*
clisé *m* Klischee *n.*
clítoris *m* Klitoris *f.*
cloaca *f* Kloake *f.*
clon *m* Klon *m.*
cloro *m* QUÍM Chlor *n.*
clorofila *f* Chlorophyll *n.*
cloroformo *m* Chloroform *n.*
cloruro *m* QUÍM Chlorid *n.*
club o **clube** *m* Klub *m.*
coacción *f* Zwang *m.*
coactivo, -a *adj* Zwangs-.
coadyuvar *tr* unterstützen.
coagular *tr* gerinnen lassen.
coalición *f* Koalition *f.*
coartada *f* Alibi *n.*
coaxial *adj* koaxial.
coba *f* Schmeichelei *f* (halago).
cobarde *adj* feige.
cobardía *f* Feigheit *f.*
cobertizo *m* Schuppen *m.*
cobertura *f* Abdeckung *f* (cubierta); Decke *f* (manta).
cobijar *tr* Unterschlupf bieten (dar refugio).
cobijo *m* Unterschlupf *m.*
cobra *m* Kobra *f.*
cobrador(a) *m(f)* Kassierer(in) *m(f).*
cobrar *tr* **1** kassieren. **2** verdienen (sueldo). **3** ein|lösen (cheque).
cobre *m* Kupfer *n.*
cobrizo, -a *adj* kupferfarben (color).
cobro *m* Kassieren *n.*
coca *f* **1** Kokastrauch *m* (arbusto). **2** (fam) Kokain *n* (droga).
cocaína *f* Kokain *n.*
cocción *f* Kochen *n.*
cocear *intr* aus|schlagen.
cocer *tr* **1** kochen (cocinar, hervir). **2** backen (al horno). **3** brennen (cerámica). • *intr* **4** kochen.
coche *m* **1** Auto *n.* **2** Wagon *m* (ferrocarril). ■ **ir en ~** mit dem Auto fahren.
cochera *f* Garage *f.*
cochero *m* Kutscher *m.*
cochino, -a *adj* **1** (fig, fam) dreckig (sucio). • *m, f* **2** Schwein *n,* Sau *f.*
cocido *m* GAST Kichererbseneintopf *m.*
cociente *m* MAT Quotient *m.*
cocimiento *m* Abkochen *n.*

cocina *f* **1** Küche *f.* **2** Herd *m* (aparato).
cocinar *tr* e *intr* kochen.
cocinería *f Amér.* Gaststätte *f.*
cocinero, -a *m, f* Koch *m*, Köchin *f.*
coco *m* Kokosnuss *f.*
cocodrilo *m* Krokodil *n.*
cóctel o **coctel** *m* Cocktail *m.*
codear *intr* mit den Ellbogen stoßen.
códice *m* Kodex *m.*
codicia *f* Geiz *m.*
codificar *tr* verschlüsseln (en clave).
código *m* **1** Kode *m.* **2** DER Gesetzbuch *n.* ◆ **~ postal** Postleitzahl *f.*
codo *m* Ellbogen *m.*
codorniz *f* Wachtel *f.*
coeficiente *m* Koeffizient *m.*
coetáneo, -a *adj* **1** gleichaltrig. **2** zeitgenössisch (contemporáneo).
coexistir *intr* koexistieren.
cofre *m* Truhe *m.*
coger *tr* **1** nehmen (tomar). **2** fest halten (agarrar); fassen (asir). **3** auf|sammeln (recoger del suelo); pflücken (flores, frutos). **4** holen (ir a buscar). **5** bekommen (enfermedad). **6** weg|nehmen. • *intr* **7** *Amér.* (vulg) ficken (copular). ■ **~ de golpe/de sorpresa** überraschen; **~ la puerta** (fam) sich davon|machen (largarse).
cogollo *m* Herz *n* (de lechuga).
cogote *m* Nacken *m.*
cohabitación *f* Zusammenleben *n.*
cohabitar *intr* zusammen|leben.
coherencia *f* Kohärenz *f.*
coherente *adj* kohärent.
cohesión *f* Zusammenhalt *m.*
cohete *m* Rakete *f.*
coincidencia *f* Koinzidenz *f*, Übereinstimmung *f.*
coincidir *intr* **1** überein|stimmen. **2** zusammen|treffen (en un lugar).
coito *m* Koitus *m.*
cojear *intr* hinken.
cojín *m* Kissen *n.*
cojo, -a *adj* hinkend.
cojudo, -a *adj Amér.* dumm.
col *f* Kohl *m.*
cola *f* **1** Schwanz *m.* **2** (Warte)schlange *f* (de espera). **3** Leim *m* (pegamento). ■ **hacer ~** Schlange stehen.
colaboración *f* Zusammenarbeit *f.*
colaborador(a) *m(f)* Mitarbeiter(in) *m(f).*
colaborar *intr* **~ con 1** mit jm zusammen|arbeiten (cooperar). **~ en 2** an etw(*dat*) mit|arbeiten. **~ en 3** finanzielle Unterstützung leisten (donativo).
colada *f* Wäschewaschen *n.*
colador *m* Sieb *n.*
colar *tr* **1** (durch)|seihen (líquido). **2** (fam) hinein|schmuggeln (introducir). • *intr* **3** durch|sickern.
colcha *f* (Tages)decke *f.*
colchón *m* Matratze *f.*

colchoneta *f* DEP Matte *f*.
colección *f* Sammlung *f*.
coleccionar *tr* sammeln.
colecta *f* Kollekte *f*.
colectivo, -a *adj* gemeinsam.
colega *m, f* Kollege(in) *m(f)*.
colegial, la *m, f* Schüler(in) *m(f)*.
colegio *m* **1** Schule *f* (escuela). **2** Kammer *f* (corporación).
cólera *m* **1** MED Cholera *f*. • *f* **2** ANAT Galle *f*.
colesterol *m* Cholesterin *n*.
colgado, -a *adj* hängend.
colgante *adj* hängend.
colgar *tr* **1** hängen. • *intr* **2** (herunter)|hängen.
colibrí *m* Kolibri *m*.
cólico *m* Kolik *f*.
coliflor *f* Blumenkohl *m*.
colilla *f* Zigarettenkippe *f*.
colina *f* Hügel *m*.
colirio *m* Augentropfen *m pl*.
colisión *f* Zusammenstoß *m*.
collar *m* **1** Halskette *f*. **2** Halsband *n* (animal).
collarín *m* Halskrause *f*.
collie *m* Collie *m*.
colmado, -a *adj* **1** voll. • *m* **2** Lebensmittelgeschäft *n*.
colmar *tr* bis zum Rand füllen.
colmena *f* Bienenstock *m*.
colmillo *m* Eckzahn *m*.
colmo *m* (fig, fam) Gipfel *m*.
colocar *tr* **1** stellen (vertical); legen (horizontal). • **~se** *pron* **2** sich besaufen (emborracharse); Drogen nehmen (con drogas)
Colombia *f* Kolumbien *n*.
colombiano, -a *adj* **1** kolumbianisch. • *m, f* **2** Kolumbianer(in) *m(f)*.
colonia *f* **1** Kölnischwasser *n* (perfume). **2** Kolonie *f* (niños).
colonizar *tr* kolonisieren.
colono *m* Siedler *m*.
coloquio *m* Kolloquium *n*.
color *m* Farbe *f*.
colorante *m* Farbstoff *f*.
coloración *f* Färbung *f*.
colorear *tr* an|malen.
colorido *m* Färbung *f*.
colosal *adj* kolossal.
coloso *m* Koloss *m*.
columna *f* **1** Säule *f*. **2** Kolumne *f* (impreso).
columpiar *tr* schaukeln.
columpio *m* Schaukel *f*.
coma *f* **1** Komma *n* (signo). • *m* **2** MED Koma *n*.
comadre *f* Patentante *f*.
comadreja *f* Wiesel *n*.
comandancia *f* Kommandantur *f*.
comandante *m, f* Kommandant(in) *m(f)*.
comandar *tr* kommandieren.
comando *m* MIL Kommando *n*.
comarca *f* Region *f*.
combate *m* Kampf *m*.
combatiente *adj* kämpfend.
combatir *tr* **1** bekämpfen. • **~ contra** *intr* **2** kämpfen (el enemigo, una enfermedad, etc.).
combativo, -a *adj* kämpferisch.
combinación *f* Kombination *f*.

combinado, -a *adj* **1** kombiniert. • *m* **2** Kombination *f*.
combinar *tr* kombinieren.
combustible *adj* **1** brennbar. • *m* **2** Brennstoff *m*.
combustión *f* Verbrennung *f*.
comedia *f* Komödie *f*.
comediante, -a *m, f* CINE, TEAT Schauspieler(in) *m(f)*.
comedido, -a *adj* gemäßigt.
comedor *m* **1** Esszimmer *n* (pieza). **2** Speisesaal *m* (sala).
comensal *m, f* (Tisch)gast *m*.
comentar *tr* kommentieren.
comentario *m* Kommentar *m*.
comentarista *m, f* Kommentator(in) *m(f)*.
comenzar *tr* **1** an|fangen. • **~ con/por algo** *intr* **2** mit etw*(dat)* an|fangen.
comer *tr* e *intr* **1** essen (persona); fressen (animal). • *intr* **2** zu Mittag essen (almorzar). • **~se** *pron* **3** (auf)|essen.
comercial *adj* kommerziell.
comercializar *tr* vermarkten.
comerciar *intr* Handel treiben.
comercio *m* **1** Handel *m*. **2** Geschäft *n* (tienda).
comestible *adj* essbar.
cometa *m* Komet *m*.
cometer *tr* begehen.
cómic *m* Comic *m*.
cómico, -a *adj* **1** komisch. • *m, f* **2** Komiker(in) *m(f)*.
comida *f* Essen *n*.
comienzo *m* Anfang *m*.
comilón, -ona *adj* (fam) verfressen.
comino *m* Kümmel *m*.
comisaría *f* Kommissariat *n*.
comisión *f* **1** Kommission *f*. **2** COM Provision *f*.
comisionado, -a *m, f* Beauftragte(r) *mf(m)*.
comisura *f* Mundwinkel *m* (labios).
comité *m* Komitee *n*.
comitiva *f* Blegeitung *f*.
como *adv* **1** als (en calidad de). **(tan)... ~ 2** wie; so... wie (igual que). **3** ungefähr (aproximadamente). • *conj* **4** da (causal). **5** wenn (condicional). ■ **tanto... ~** sowohl ... als auch.
cómo *adv interr* **1** wie (modal). **2** wieso (por qué). ■ **¿~ estás?** wie geht es dir?; **¡~ no!** selbstverständlich.
cómoda *f* Anrichte *f*.
comodidad *f* Bequemlichkeit *f*.
cómodo, -a *adj* bequem.
compact-disc *m* CD *f*.
compacto, -a *adj* kompakt.
compadecer *tr* bemitleiden.
compaginar *tr* vereinbaren.
compañerismo *m* Kollegialität *f*.
compañero, -a *m, f* Kollege(in) *m(f)*.
compañía *f* **1** Begleitung *f*. **2** COM Gesellschaft *f*.
comparación *f* Vergleich *m*.
comparar *tr* vergleichen.
comparecencia *f* Auftreten *n*.
comparecer *intr* auf|treten.
comparsa *m, f* TEAT Statist(in) *m(f)*.

compartimento *m* **1** Abteilung *f*, Fach *n*. **2** Abteil *n* (tren).
compartir *tr* teilen.
compás *m* **1** Zirkel *m*. **2** AER, MAR Kompass *m* (brújula). **3** MÚS Takt *m*.
compasión *f* Mitleid *n*.
compatible *adj* vereinbar.
compatriota *m, f* Landsmann, -männin *m, f*.
compendiar *tr* zusammen|fassen (resumir).
compendio *m* Kurzfassung *f*.
compenetrarse *pron* ineinander auf|gehen.
compensación *f* Kompensation *f*.
compensar *tr* kompensieren.
competencia *f* **1** Wettbewerb *m*. **2** Kompetenz *f* (aptitud).
competente *adj* kompetent.
competición *f* Wettbewerb *m*.
competir *intr* konkurrieren.
compilador(a) *adj* kompilatorisch.
compilar *tr* zusammen|stellen.
complacer *tr* Freude bereiten.
complejo, -a *adj* **1** komplex. • *m* **2** Komplex *m*.
complementario, -a *adj* ergänzend.
complemento *m* Ergänzung *f*.
completar *tr* ergänzen.
completo, -a *adj* **1** vollständig. **2** voll (lleno).
complexión *f* Körperbau *f*.
complicación *f* Komplikation *f*.
complicar *tr* erschweren (dificultar).
cómplice *m, f* Komplize(in) *m(f)*.
complot *m* (fam) Komplott *n*.
componente *m* Bestandteil *m*.
componer *tr* **1** zusammen|setzen. **2** MÚS komponieren.
comportamiento *m* Verhalten *n*.
comportarse *pron* sich verhalten.
composición *f* **1** Komposition *f*. **2** Verdindung *f*.
compositor(a) *m(f)* MÚS Komponist(in) *m(f)*.
compota *f* Kompott *n*.
compra *f* Kauf *m*; Einkauf *m* (comestibles).
comprador(a) *m(f)* Käufer(in) *m(f)*.
comprar *tr* kaufen; ein|kaufen (comestibles).
comprender *tr* **1** verstehen. **2** enthalten (contener).
comprensión *f* Verständnis *n*.
comprensivo, -a *adj* verständnisvoll.
compresa *f* **1** Kompresse *f*. **2** (Damen)binde *f* (higiénica).
compresible *adj* **1** verständlich. **2** FÍS kompressibel.
compresor *m* Kompressor *m*.
comprimido *m* Tablette *f*.
comprimir *tr* **1** komprimieren. **2** unterdrücken (reprimir).
comprobación *f* **1** Überprüfung *f* (control). **2** Nachweis *m* (prueba).
comprobar *tr* überprüfen.
comprometer *tr* **1** verwickeln. • **~se (a)** *pron* **2** sich verpflichten zu (+*dat*). **~se (con algo) 3**

sich für etw(*ac*)/in etw(*dat*) engagieren.
compromiso *m* **1** Verpflichtung *f.* **2** Engagement *n* (social, político). ■ **poner en un ~** in eine schwierige Lage bringen.
compuerta *f* Schutztür *f.*
compuesto, -a *adj* **1** zusammengesetzt. ● *m* **2** Zusammensetzung *f* (sustancia).
compulsa *f* Beglaubigung *f.*
compulsar *tr* DER beglaubigen.
compungido, -a *adj* betrübt.
computación *f* Berechnung *f.*
computador(a) *adj* **1** Computer-. ● *m, f* **2** *Amér.* Computer *m.*
computar *tr* berechnen.
cómputo *m* Berechnung *f.*
comulgar *intr* REL zur Kommunion gehen.
común *adj* **1** gemeinsam. **2** gewöhnlich (normal).
comunicación *f* **1** Kommunikation *f.* **2** Mitteilung *f* (escrito).
comunicado, -a *adj* **1** verbunden. ● *m* **2** Mitteilung *f.*
comunicar *tr* **1** mit|teilen. ● *intr* **2** in Verbindung stehen. ● **~se** *pron* **3** kommunizieren. ■ **está comunicando** es ist besetzt (teléfono).
comunicativo, -a *adj* gesprächig.
comunidad *f* Gemeinschaft *f.*
comunión *f* **1** REL Kommunion *f.* **2** Gemeinschaft *f.*
comunismo *m* Kommunismus *m.*
con *prep* **1** (modo, medio) mit (*+dat*). **2** bei (*+dat*); mit (*+dat*) ... zusammen (en compañía). **3** bei (*+dat*) (circunstancia). **4** obwohl (aunque). ■ **~ que** wenn; **para ~** zu (*+dat*).
conato *m* Versuch *m.*
concatenación *f* Verkettung *f.*
concatenar *tr* verketten.
cóncavo, -a *adj* konkav.
concebir *tr* e *intr* **1** empfangen. ● *tr* **2** entwerfen (diseñar); planen (un plan).
conceder *tr* zu|gestehen.
concejal(a) *m(f)* Stadtrat, -rätin *m, f.*
concentración *f* Konzentration *f.*
concentrado, -a *adj* **1** konzentriert. ● *m* **2** Konzentrat *n.*
concentrar *tr* **1** konzentrieren. ● **~se en algo** *pron* **2** sich auf etw(*ac*) konzentrieren.
concepto *m* Konzept *n* (plan); Begriff *m* (noción).
concernir *intr* betreffen.
concertar *tr* **1** vereinbaren. ● *intr* **2** GRAM überein|stimmen (concordar). ● **~se** *pron* **3** sich einigen.
concesión *f* Bewilligung *f.*
concha *f* Muschel(schale) *f.*
conchabarse *pron* sich verbünder.
conciencia *f* **1** Bewusstsein *n* (conocimiento). **2** Gewissen *n* (noción interior). ■ **a ~** gewissenhaft.

concierto *m* MÚS Konzert *n*.
conciliación *f* Versöhnung *f*.
concilio *m* REL Konzil *n*.
concisión *f* Kürze *f*.
concitar *tr* auf|wiegeln.
concluir *tr* folgern (deducir).
conclusión *f* Schlussfolgerung *f* (deducción).
concomerse *pron* (fig) vergehen.
concomitar *tr* begleiten.
concordancia *f* Übereinstimmung *f*.
concordar *tr* **1** in Einklang bringen. • *intr* **2** überein|stimmen.
concordia *f* Eintracht *f*.
concreción *f* Konkretisierung *f*.
concretar *tr* konkretisieren.
concubina *f* Konkubine *f*.
conculcar *tr* mit Füßen treten.
concupiscencia *f* Begehrlichkeit *f*.
concurrencia *f* Zusammentreffen *n* (de sucesos).
concurrir *intr* zusammen|kommen.
concursar *intr* an einem Wettbewerb teil|nehmen.
concurso *m* Wettbewerb *m*.
concusión *f* Erschütterung *f*.
condado *m* Grafschaft *f*.
conde(sa) *m(f)* Graf *m*, Gräfin *f*.
condecoración *f* Auszeichnung *f*.
condecorar *tr* aus|zeichnen.
condena *f* Verurteilung *f*.
condenar *tr* **1** verurteilen (recriminar, sentenciar). • **a 2** a zu etw*(dat)* verurteilen (predestinar).
condensación *f* Kondensierung *f*.
condensar *tr* kondensieren.
condescendencia *f* Nachgiebigkeit *f*.
condescender *intr* nach|geben.
condición *f* **1** Bedingung *f*. **2** Verfassung *f* (estado).
condicionamiento *m* Konditionierung *f*.
condicionar *tr* **1** ~ **a** abhängig machen von *(+dat)*. **2** konditionieren (acondicionar).
condimentar *tr* würzen.
condimento *m* Gewürz *n*.
condolencia *f* Beileid *n*.
condolerse *pron* Mitleid haben.
condón *m* Kondom *m* o *n*.
condonación *f* DER Erlass *m*.
condonar *tr* erlassen.
cóndor *m* Kondor *m* (ave).
conducción *f* Leitung *f*.
conducir *tr* e *intr* fahren (pilotar).
conducta *f* Benehmen *n*.
conducto *m* **1** Leitung *f*. **2** MED Kanal *m*.
conductor(a) *m(f)* Fahrer(in) *m(f)*.
conectar *tr* verbinden.
conejo, -a *m*, *f* Kaninchen *n*.
conexión *f* Anschluss *m*.
confabulación *f* Verschwörung *f*.
confabularse *pron* sich verschwören.

confección *f* Anfertigung *f.*
confederación *f* Bund *m.*
confederar *tr* zusammen|schließen.
conferencia *f* **1** Vortrag *m.* **2** Konferenz *f* (reunión).
conferenciante *m, f* Redner(in) *m(f).*
conferir *tr* verleihen.
confesar *tr* gestehen.
confesión *f* Geständnis *n.*
confianza *f* Vertrauen *n.*
confiar *intr* **~ en alguien** jm vertrauen.
confidencia *f* vertrauliche Mitteilung *f.*
configuración *f* Gestaltung *f.*
configurar *tr* gestalten.
confín *m* Grenze *f.*
confinar *tr* verbannen.
confirmación *f* Bestätigung *f.*
confirmar *tr* bestätigen.
confiscar *tr* beschlagnahmen.
confitar *tr* kandieren.
confitura *f* Konfitüre *f.*
conflagración *f* Brand *m.*
conflagrar *tr* an|zünden.
conflicto *m* Konflikt *m.*
confluencia *f* Zusammenfluss *m;* Schnittpunkt *m.*
confluir *intr* zusammen|strömen.
conformación *f* Gestaltung *f.*
conformar *tr* **1** gestalten. • **~se** *pron* **2** sich begnügen.
conforme *adj* übereinstimmend.
conformidad *f* Übereinstimmung *f.*
confort *m* Komfort *m.*
confortar *tr* trösten.
confraternidad *f* Brüderlichkeit *f.*
confraternizar *intr* sich verbrüdern.
confrontación *f* Konfrontation *f.*
confrontar *tr* gegenüber|stellen.
confundir *tr* **1** verwechseln. • **~se** *pron* **2** sich irren.
confusión *f* Verwirrung *f.*
congelación *f* Gefrieren *n.*
congelador *m* Gefrierschrank *m.*
congelar *tr* ein|frieren.
congeniar *intr* harmonieren.
congestión *f* Stauung *f.*
congestionar *tr* verstopfen.
conglomerado *m* Konglomerat *n.*
conglomerar *tr* binden.
congoja *f* Kummer *m.*
congraciar *tr* beliebt machen.
congratular *tr* gratulieren.
congregación *f* REL Kongregation *f.*
congregar *tr* versammeln.
congreso *m* Kongress *m.*
congruencia *m* MAT Kongruenz *f.*
conjetura *f* Vermutung *f.* ■ **hacer conjeturas** Mutmaßungen anstellen.
conjugación *f* Konjugation *f.*
conjugar *tr* GRAM konjugieren.
conjunción *f* GRAM Konjunktion *f.*
conjuntar *tr* ab|stimmen.

conjuntivitis *f* Bindehautentzündung *f.*
conjunto *m* Gesamtheit *f* (totalidad); Emsemble *n* (prenda); Menge *f* (en matemáticas).
conjurar *tr* beschwören.
conjuro *m* Beschwörung *f.*
conllevar *tr* mit sich*(dat)* bringen, zur Folge haben.
conmemoración *f* Gedenken *n.*
conmemorar *tr* gedenken *(+gen).*
conmigo *pron* mit mir; bei mir.
conminar *tr* bedrohen.
conmiseración *f* Mitleid *n.*
conmoción *f* Erschütterung *f.*
conmover *tr* berühren.
conmutación *f* Tausch *m.*
conmutador *m* **1** ELEC Schlater *m.* **2** *m Amér.* Telefonzentrale *f* (centralita de teléfono).
conmutar *tr* tauschen.
connatural *adj* angeboren.
connotación *f* Konnotation *f.*
connotar *tr* implizieren.
cono *m* Kegel *m.*
conocer *tr* **1** kennen. **2** kennen lernen (por primera vez). **3** erfahren (experimentar). ■ **~ de vista** (jn) vom Sehen kennen.
conocimiento *m* Kenntniss *f.*
conque *conj* (fam) also.
conquista *f* Eroberung *f.*
conquistar *tr* erobern.
consagrar *tr* **1** REL weihen. **~ como 2** bestätigen als *(+ac).*
consanguinidad *f* Blutsverwandtschaft *f.*
consciente *adj* bewusst.
consecución *f* Erlangung *f.*
consecuencia *f* Konsequenz *f.*
conseguir *tr* erreichen.
consejo *m* Rat(schlag) *m.*
consenso *m* Konsens *m.*
consentimiento *m* Einwilligung *f.*
consentir *tr* zu|lassen (permitir); dulden (tolerar).
conserje *m, f* Hausmeister(in) *m(f).*
conserva *f* Konserve *f.*
conservación *f* Konservierung *f.*
conservante *m* Konservierungsmittel *n.*
conservar *tr* erhalten.
consideración *f* **1** Betrachtung *f.* **2** Erwägung *f* (reflexión).
considerar *tr* **1** überdenken. **2** halten für *(+ac)* (juzgar).
consigna *f* Gepäckaufbewahrung *f.*
consignar *tr* bestimmen (destinar).
consigo *pron* mit sich*(dat)*; bei sich*(dat).*
consistencia *f* Konsistenz *f.*
consistir *intr* **~ en** bestehen aus *(+dat).*
consistorio *m* Gemeinderat *m.*
consola *f* Konsole *f.*
consolar *tr* trösten.
consolidación *f* Festigung *f.*
consolidar *tr* konsolidieren.
consomé *m* Brühe *f.*
consonancia *f* MÚS Konsonanz *f.*
consonante *f* Konsonant *m.*

consorcio *m* Konsortium *n.*
consorte *m, f* Ehegatte(in) *m(f).*
conspiración *f* Verschwörung *f.*
conspirar *intr* ~ **contra** sich verschwören gegen *(+ac).*
constancia *f* Beständigkeit *f.*
constar *intr* fest|stehen.
constatar *tr* fest|stellen; bestätigen.
constelación *f* Konstellation *f.*
consternación *f* Bestürzung *f.*
consternar *tr* bestürzen.
constiparse *pron* sich erkälten.
constitución *f* Konstitution *f.*
constituir *tr* **1** bilden. **2** dar|stellen (ser). • **~se** *pron* **3** sich bilden.
constreñir *tr* zwingen.
constricción *f* Zwang *m.*
construcción *f* **1** Konstruktion *f.* **2** GRAM Satzbau *m*; Konstruktion *f.*
construir *tr* **1** bauen. **2** GRAM errichten.
consuelo *m* Trost *m.*
cónsul *m, f* Konsul(in) *m(f).*
consulta *f* **1** Beratung *f.* **2** Sprechstunde *f* (hora de visita).
consultar *tr* um Rat fragen.
consultorio *m* Arztpraxis *f.*
consumación *f* Vollendung *f.*
consumar *tr* vollenden.
consumición *f* Verzehr *m*; Zeche *f* (en un bar).
consumir *tr* verbrauchen.
consumo *m* Konsum *m.*
consunción *f* Auszehrung *f.*
contabilidad *f* Buchhaltung *f.*
contable *m, f* Buchhalter(in) *m(f).*
contabilizar *tr* verbuchen.
contactar *intr* Kontakt auf|nehmen.
contacto *m* Kontakt *m.*
contador *m* Zähler *m.*
contagiar *tr* an|stecken.
contagio *m* Ansteckung *f.*
contaminación *f* Verseuchung *f.*
contaminar *tr* verseuchen.
contar *tr* **1** erzählen (narrar). • *intr y tr* **2** zählen (numerar). • *intr* **3** gelten (valer).
contemplación *f* Betrachtung *f.*
contemplar *tr* betrachten.
contemporáneo, -a *adj* zeitgenössisch.
contemporizar *intr* ~ **con** sich an|passen *(+dat)*/an *(+ac).*
contención *f* Beherrschung *f.*
contencioso, -a *adj* streitsüchtig.
contender *intr* streiten.
contenedor *m* Container *m.*
contener *tr* beinhalten.
contento, -a *adj* zufrieden.
contestación *f* Antwort *f.*
contestador *m* Anrufbeantworter *m.*
contestar *tr* **1** beantworten. • *intr* **2** antworten.
contexto *m* Kontext *m.*
contienda *f* Streit *m.*
contigo *pron* mit dir; bei dir.
contigüidad *f* Angrenzen *n.*

continencia *f* Mäßigkeit *f* (moderación).
continente *m* Kontinent *m*.
contingencia *f* Möglichkeit *f*.
continuación *f* Fortsetzung *f*.
continuar *tr* **1** fort|setzen. • *intr* **2** an|dauern (perdurar). **3** weiter|machen (seguir).
continuidad *f* Kontinuität *f*.
contonearse *pron* sich in den Hüften wiegen.
contorno *m* Kontur *f*.
contorsión *f* Verdrehung *f*.
contorsionarse *pron* sich verrenken.
contra *prep* gegen *(+ac)*. ■ **estar en ~** dagegen sein
contraataque *m* Gegenangriff *m*.
contrabando *m* Schmuggel *m*.
contracción *f* Kontraktion *f*.
contractura *f* MED Muskelversteifung *f*.
contradecir *tr* widersprechen *(+dat)*.
contradicción *f* Widerspruch *m*. ◆ **espíritu de ~** Widerspruchsgeist *m*.
contraer *tr* **1** zusammen|ziehen. **2** bekommen (enfermedad).
contragolpe *m* Gegenschlag *m*.
contraindicar *tr* ab|raten von *(+dat)*.
contraluz *f* Gegenlicht *n*.
contraorden *f* Gegenbefehl *m*.
contrapartida *f* Gegenleistung *f* (compensación).
contrapelo *m* **a ~** gegen den Strich.
contrapesar *tr* auf|wiegen.
contrapeso *m* Gegengewicht *n*.
contraponer *tr* gegenüber|stellen.
contrapunto *m* MÚS Kontrapunkt *m*.
contrariar *tr* sich entgegen|stellen *(+dat)*.
contrariedad *f* Zwischenfall *m*.
contrarreloj *f* DEP Zeitrennen *n*.
contrarrestar *tr* entgegen|wirken *(+dat)*.
contrasentido *m* Widerspruch *m*.
contraseña *f* INF Passwort *n*.
contrastar *intr* **~ con** kontrastieren mit *(+dat)*; im Gegensatz stehen zu *(+dat)*.
contraste *m* Kontrast *m*.
contrata *f* Vertrag *m*.
contratación *f* Vertragsabschluss *m*.
contratar *tr* **1** vertraglich ab|machen. **2** ein|stellen (emplear).
contratiempo *m* Zwischenfall *m*.
contrato *m* Vertrag *m*.
contravenir *tr* zuwider|handeln *(+dat)*.
contrayente *adj* vertragschließend.
contribución *f* Beitrag *m*.
contribuir *intr* **~ a algo** zu etw*(dat)* bei|tragen.
contrincante *m, f* Gegner(in) *m(f)*

contristar *tr* traurig machen.
control *m* Kontrolle *f*.
controlar *tr* kontrollieren.
controversia *f* Kontroverse *f*.
controvertir *intr* streiten.
contubernio *m* Zusammenwohnen *n*.
contumacia *f* Hartnäckigkeit *f*.
contumaz *adj* hartnäckig.
contundente *adj* schlagkräftig.
conturbar *tr* beunruhigen (inquietar); verwirren (turbar).
contusión *f* Kontusion *f*.
convalecencia *f* Genesung *f*.
convalecer *intr* genesen.
convalidación *f* Anerkennung *f* (estudios).
convalidar *tr* an|erkennen.
convecino, -a *adj* benachbart.
convencer *tr* ~ **(de)** überzeugen (von *(+dat)*) ; überreden (von *(+dat)*) (con palabras). ■ **dejarse** ~ sich überzeugen/überreden lassen.
convencimiento *m* Überzeugung *f*.
convención *f* Konvention *f*.
convencional *adj* konventionell.
conveniencia *f* Zweckmäßigkeit *f*.
convenio *m* Abkommen *n*.
convenir *tr* **1** vereinbaren. • *intr* **2** sich*(dat)* einig sein (estar de acuerdo). **3** angemessen sein (ser oportuno). ~ **en algo (con alguien) 4** sich über etw*(ac)*(mit jm) einigen.
convento *m* Kloster *n*.
convergencia *f* Übereinstimmung *f*.
converger o **convergir** *intr* überein|stimmen.
conversación *f* Gespräch *n*.
conversar *intr* sich unterhalten.
conversión *f* Umwandlung *f*.
convertibilidad *f* Konvertierbarkeit *f*.
convertidor *m* Konverter *m*.
convertir *tr* **1** um|wandeln. • **~se en** *pron* **2** sich verwandeln in *(+ac)* (transformarse).
convexo, -a *adj* konvex.
convicción *f* Überzeugung *f*.
convicto, -a *adj* DER überführt.
convidar *tr* ein|laden.
convincente *adj* überzeugend.
convite *m* Einladung *f*.
convivencia *f* Zusammenleben *n*.
convivir *intr* zusammen|leben.
convocar *tr* ein|berufen.
convocatoria *f* Einberufung *f*.
convoy *m* Konvoi *m*.
convulsionar *tr* erschüttern.
convulso, -a *adj* zuckend.
cónyuge *m, f* Ehemann, -frau *m, f*.
coña *f* (vulg) Verarschung *f* (guasa).
coñá o **coñac** *m* Kognak *m*.
coñazo *m* (coloq) Nervtöter *m* (persona). ■ **es un** ~ das ist ätzend (fastidioso).
coño *m* (vulg) Fotze *f*.
cooperación *f* Zusammenarbeit *f*.

cooperar *intr* kooperieren.
cooperativa *f* Genossenschaft *f.*
coordinación *f* Koordination *f.*
coordinar *tr* koordinieren.
copa *f* **1** Glas *n.* **2** DEP Pokal *n.*
copar *tr* in die Enge treiben (acorralar).
copear *intr* trinken.
copetín *m Amér.* Aperitif *m.*
copia *f* Kopie *f.*
copiar *tr* kopieren.
copiosidad *f* Üppigkeit *f.*
copioso, -a *adj* üppig.
copla *f* MÚS (Volks)lied *n.*
copo *m* Flocke *f.*
copra *f* Kopra *f.*
coproducción *f* Koproduktion *f.*
cópula *f* Kopulation *f* (coito).
coquetear *intr* kokettieren.
coquetería *f* Koketterie *f.*
coqueto, -a *adj* kokett.
coraje *m* Mut *m.*
coral *m* **1** ZOOL Koralle *f.* • *f* **2** MÚS Chor *m.*
Corán *m* REL Koran *m.*
coraza *f* Brustpanzer *m.*
corazón *m* Herz *n.*
corazonada *f* plötzliche Anwandlung *f.*
corbata *f* Krawatte *f.*
corchete *f* eckige Klammer *f* (signo).
corcho *m* Kork *m.*
corcova *f* Buckel *m.*
cordel *m* Kordel *f.*
cordero, -a *m, f* Lamm *n.*
cordial *adj* herzlich.
cordialidad *f* Herzlichkeit *f.*
cordillera *f* Gebirgskette *f.*
cordón *m* Schnur *f.*
cordura *f* Vernunft *f* (sensatez).
corear *tr* ein|stimmen in *(+ac).*
coreografía *f* Choreographie *f.*
corista *m, f* Chorsänger(in) *m(f).*
cornamenta *f* Gehörn *n.*
cornea *f* Hornhaut *f.*
corneja *f* Krähe *f.*
córner *m* DEP Eckball *m.*
corneta *f* Horn *n.*
cornetín *m* Kornett *n.*
cornisa *f* Sims *m.*
cornudo, -a *adj* gehörnt.
coro *m* Chor *m.*
corolario *m* Korollarium *n.*
corona *f* Krone *f.*
coronación *f* Krönung *f.*
coronar *tr* krönen.
coronel *m* MIL Oberst *m.*
coronilla *f* Haarwirbel *m.*
corpiño *m* Mieder *n.*
corporación *f* Körperschaft *f.*
corporeizar o **corporizar** *tr* Gestalt verleihen *(+dat).*
corpulencia *f* Korpulenz *f.*
corpus *m* Korpus *m.*
corral *m* Gehege *n* (cercado).
correa *f* Riemen *m.*
corrección *f* Verbesserung *f.*
correctivo, -a *adj* bessernd.
correcto, -a *adj* korrekt.
corredero, -a *adj* Schiebe-.
corredor(a) *m(f)* Läufer(in), *m(f).*
corregir *tr* **1** korrigieren (error). **2** zurecht|weisen (reprender).

correlación *f* Wechselbeziehung *f*.
correligionario, -a *m, f* POL Gesinnungsgenosse(in) *m(f)*.
correntada *f* *Amér.* starker Strom *m*.
correo *m* Post *f* (correspondencia).
correoso, -a *adj* biegsam.
correr *intr* **1** laufen. • *tr* **2** (ver)rücken. ■ **~se una juerga** einen drauf|machen; **a todo ~** in aller Eile; **~ de/por cuenta de alguien** auf js Rechnung gehen (gastos); für etw*(ac)* zuständig sein (asunto).
correría *f* Streifzug *m*.
correspondencia *f* Korrespondenz *f*.
corresponder *intr* **1** entsprechen *(+dat)* (ser equivalente). **2** zu|stehen *(+dat)* (incumbir). • **~se** *pron* **3** sich entsprechen.
corresponsal *m, f* Korrespondent(in) *m(f)*.
corretaje *m* Maklergebühr *f*.
corretear *intr* (fam) herum|laufen.
correveidile o **correvedile** *m, f* (fig, fam) Klatschmaul *n*.
corrida *f* Stierkampf *m* (toros).
corrido, -a *adj* ununterbrochen (seguido).
corriente *adj* **1** fließend. **2** gewöhnlich (ordinario). • *f* **3** Strom *m* (eléctrica). **4** Zug *m* (de aire).
corrillo *m* Clique *f*.
corrimiento *m* Erdrutsch *m*.
corro *m* Kreis *m*.
corroborar *tr* bestätigen.
corroer *tr* zerfressen.
corromper *tr* **1** verderben. **2** bestechen (sobornar).
corrosión *f* Korrosion *f*.
corrupción *f* (fig) Korruption *f*.
corruptela *f* Missbrauch *m*.
corruptibilidad *f* Bestechlichkeit *f*.
corsé *m* Korsett *n*.
cortacésped *m* Rasenmäher *m*.
cortado, -a *adj* **1** geronnen (líquido). • *m* **2** Kaffee *m* mit wenig Milch.
cortadura *f* Schnitt *m*.
cortafuego *m* Feuerschneise *f*.
cortapisa *f* Vorbehalt *m*.
cortar *tr* **1** schneiden. **2** sperren (calle). • **~se** *pron* **3** (fig) verlegen werden.
cortaúñas *m* Nagelzwicker *m*.
corte *m* **1** Schnitt *m* (herida, tajo). **2** (Haar)schnitt *m* (de pelo). • *f* **3** Hof *m* (residencia). ♦ **las Cortes** spanisches Parlament *n*.
cortejar *tr* den Hof machen.
cortejo *m* Umwerben *n*.
cortés *adj* höflich.
cortesía *f* Höflichkeit *f*.
corteza *f* **1** Rinde *f* (árbol). **2** Schale *f* (fruta).
cortijo *m* Landgut *n*.
cortina *f* Vorhang *m*.
corto, -a *adj* kurz.
cortocircuito *m* Kurzschluss *m*.
cortometraje *m* Kurzfilm *m*.

corvadura *f* Krümmung *f*.
corzo, -a *m, f* Rehbock *m*, Rehgeiß *f*.
cosa *f* **1** Sache *f*, Ding *n* (objeto). **2** Angelegenheit *f* (asunto).
coscorrón *m* Kopfnuss *f*.
cosecha *f* Ernte *f*.
cosechar *intr y tr* ernten.
coser *tr* nähen (una prenda); an|nähen (un botón).
cosiaca *f Amér.* Bagatelle *f*.
cosificar *tr* vergegenständlichen.
cosmético, -a *adj* kosmetisch.
cósmico, -a *adj* kosmisch.
cosmonauta *m, f* Kosmonaut(in) *m(f)*.
cosmopolita *adj* kosmopolitisch.
cosmopolitismo *m* Kosmopolitismus *m*.
cosmos *m* Kosmos *m*.
coso *m* Festplatz *m*.
cosquillas *f pl* Kitzel *m*.
cosquillear *tr* kitzeln.
cosquilleo *m* Kitzeln *n*.
costa *f* **1** Küste *f*. **2** FIN Kosten *pl*.
costado *m* Seite *f*.
costalada *f* **pegarse una ~** der Länge nach hin|fallen.
costar *intr* kosten.
Costa Rica *m* Costa Rica *n*.
costarriqueño, -a *adj* **1** costaricanisch. • *m, f* **2** Costa-Ricaner(in) *m(f)*.
coste *m* Preis *m* (precio); Betrag *m* (importe); Kosten pl (gastos).
costear *tr* die Kosten *(+gen)* tragen.
costilla *f* Rippe *f*.
costillar o **costillaje** *m* Rippen *f pl*.
costo *m* Kosten *pl*.
costoso, -a *adj* kostspielig.
costra *f* Kruste *f*.
costumbre *f* (An)gewohnheit *f*.
costura *f* Naht *f*.
costurera *f* Schneiderin *f*.
costurero *m* Nähkästchen *n*.
cotejar *tr* vergleichen.
cotejo *m* Vergleich *m*.
coterráneo, -a *m, f* Landsmann, -männin *m, f*.
cotidiano, -a *adj* täglich.
cotillear *intr* (fam) klatschen, tratschen.
cotización *f* FIN Kurs *m*.
cotizar *intr* **1** Beiträge zahlen. • **~se** *pron* **2** FIN notiert werden.
coto *m* abgegrenztes Grundstück *n*.
cotorra *f* Sittich *m*.
cotorrear *intr* schwatzen.
cotorreo *m* Geschwätz *n*.
covacha *f* kleine Höhle *f*.
coyote *m* Kojote *m*.
coyuntura *f* Konjunktur *f*.
coz *f* **1** Hufschlag *m*. **2** (fig) Grobheit *f* (grosería).
crack o **crac** *m* ECON Crash *m*.
cráneo *m* Schädel *m*.
crápula *f* Trunkenheit *f*.
crasitud *f* Fettleibigkeit *f*.
craso, -a *adj* fettleibig.
cráter *m* Krater *m*.
creación *f* Schöpfung *f*.

creador(a) *adj* schöpferisch.
crear *tr* **1** kreieren. **2** gründen (fundar).
crecer *intr* wachsen.
creces *f pl* Übermaß *n*.
crecida *f* Hochwasser *n* (riada).
crecimiento *m* Wachstum *n*.
credencial *adj* beglaubigend.
credibilidad *f* Glaubwürdigkeit *f*.
crédito *m* Kredit *m*.
credo *m* Kredo *n*.
credulidad *f* Leichtgläubigkeit *f*.
creencia *f* Glaube *m*.
creer *tr* **1** glauben. • **~ en algo/alguien** *intr* **2** an etw/jn glauben.
creído, -a *adj* eingebildet.
crema *f* Creme *f*.
cremación *f* Verbrennung *f*.
cremallera *f* Reißverschluss *m* (cierre).
crematístico, -a *adj* wirtschaftlich.
crematorio, -a *adj* Verbrennungs-.
crencha *f* Scheitel *m*.
crepitación *f* Knistern *n*.
crepúsculo *m* Dämmerung *f*.
crespo, -a *adj* kraus.
crespón *m* Trauerflor *m*.
cresta *f* Kamm *m*.
cretino, -a *m, f* Kretin *m*.
creyente *m, f* Gläubiger(r) *mf(m)*.
cría *f* Zucht *f*.
criado, -a *m, f* Diener *m*, Dienstmädchen *n*.
criador(a) *m(f)* Züchter(in) *m(f)* (de animales).
criandera *f Amér.* Amme *f*.
crianza *f* Aufzucht *f*.
criar *tr* **1** züchten (animales). **2** ernähren (nutrir).
criatura *f* Kreatur *f*.
criba *f* Sieb *n*.
cribar *tr* sieben.
crimen *m* Verbrechen *n*.
criminal *adj* kriminell.
criminalidad *f* Kriminalität *f*.
crin *f* Rosshaar *n*.
crío, -a *m, f* (fam) Kleinkind *n*.
criollo, -a *adj* kreolisch.
cripta *f* Krypta *f*.
crisis *f* Krise *f*.
crisma *f* (fig, fam) Rübe *f*.
crisol *m* Schmelztiegel *m*.
crispar *tr* **1** verkrampfen. **2** (fig) reizen (irritar).
cristal *m* **1** Kristall *m*. **2** Glas *n* (vidrio).
cristalería *f* Glaswaren *f pl* (objetos).
cristalización *f* Kristallisation *f*.
cristalizar *intr y pron* kristallisieren.
cristianar *tr* (fam) taufen.
cristianismo *m* Christentum *n*.
cristianizar *tr* christianisieren.
cristiano, -a *adj* **1** christlich. • *m, f* **2** Christ(in) *m(f)*.
Cristo *m* Christus *m*.
criterio *m* Kriterium *n*.
crítica *f* Kritik *f*.
criticar *tr* kritisieren.
croar *intr* quaken.

croissant *m* Croissant *n*.
cromo *m* QUÍM Chrom *n*.
cromosoma *m* BIOL Chromosom *n*.
crónica *f* Chronik *f*.
crónico, -a *adj* chronisch.
cronógrafo, -a *m, f* Chronologe(in) *m(f)*.
cronología *f* Chronologie *f*.
cronometrar *tr* DEP stoppen.
cronómetro *m* Chronometer *n*.
croqueta *f* Krokette *f*.
croquis *m* Skizze *f*.
cruce *m* Kreuzung *f*.
crucero *m* Kreuzfahrt *f* (viaje).
crucial *adj* (fig) entscheidend.
crucificar *tr* kreuzigen.
crucifijo *m* Kruzifix *n*.
crucifixión *f* Kreuzigung *f*.
crucigrama *f* Kreuzworträtsel *n*.
crudeza *f* Rohheit *f*.
crudo, -a *adj* **1** roh. • *m* **2** Rohöl *n*.
cruel *adj* grausam.
crueldad *f* Grausamkeit *f*.
cruento, -a *adj* blutig.
crujido *m* Knistern *n*.
crujir *intr* knistern.
cruz *f* **1** Kreuz *n*. **2** (fig) Leid *n*, Kreuz *n* (suplicio).
cruza *f Amér.* ZOOL Kreuzung *f*.
cruzada *f* Kreuzzug *m*.
cruzar *tr* **1** kreuzen. **2** überqueren (la calle). • **~se (con)** *pron* **3** sich begegnen *(+dat)* (encontrarse).
cuaderno *m* Heft *n*.
cuadra *f* Stall *m* (establo); Pferdestall *m* (de caballos).
cuadrado, -a *adj* **1** quadratisch. • *m* **2** Quadrat *n*.
cuadrángulo, -a *adj* **1** viereckig. • *m* **2** Viereck *n*.
cuadrante *m* Quadrant *m*.
cuadrar *intr* **1** überein|stimmen (coincidir). **2** passen (convenir, agradar).
cuadratura *f* Quadratur *f*.
cuadrilla *f* Team *n*.
cuadro *m* **1** Bild *n*, Gemälde *n* (pintura). **2** Darstellung *f*, Grafik *f* (gráfico). **3** TEAT Szene *f*.
cuadruplicar *tr* vervierfachen.
cuajada *f* Quark *m*.
cuajo *m* Lab(ferment) *n* (sustancia).
cual (*pl* **cuales**) *pron rel* **1 el ~, la ~** der welche, die welche. **lo ~ 2** was. **cada ~ 3** jede(r, s). • *adv* **4** wie. ■ **por lo ~** weshalb; **sea ~ sea** wie dem auch sei.
cuál (*pl* **cuáles**) *pron interr* welche(r, s).
cualidad *f* Eigenschaft *f*.
cualificación *f* Qualifizierung *f*.
cualitativo, -a *adj* qualitativ.
cualquiera *adj* **1** irgendein (e, er, s). • *m, f* **2** Niemand *m*.
cuan *adv* so.
cuando *conj* **1** wenn (temporal); wenn, falls (condicional). • *adv* **2** als (momento). ■ **de vez en ~** von Zeit zu Zeit.
cuándo *adv interr* wann.
cuantía *f* Menge *f* (cantidad).
cuanto, -a *adj* **1** ganz (todo). • *pron rel* **2** alle, die (personas); alles, was (todo lo que). ■ **en ~**

sobald (tan pronto como); **en ~** a was *(+ac)* betrifft; **tanto... ~** so viel... wie; **unos cuantos** einige, ein paar.
cuánto, -a *adj* **1** wie viel(e) (exclamación). • *pron interr* **2** wie viele.
cuarenta *num* vierzig.
cuarentena *f* Quarantäne *f.*
cuarta *f* **1** Viertel *n* (cuarta parte). **2** MÚS Quart(e) *f.*
cuartear *tr* vierteln; zerlegen (despedazar).
cuartel *m* MIL Kaserne *f.*
cuarteo *m* Viertelung *f.*
cuarto, -a *num* **1** viertel (parte). • *m, f* **2** Viertel *n* (cuarta parte). • *m* **3** Zimmer *n* (habitación). **4** (fam) Pfennig *m* (dinero).
cuarzo *m* Quarz *m.*
cuatrerear *tr Arg.* jn bestehlen; etw stehlen.
cuatro *num* vier.
cuatrocientos, -as *num* vierhundert.
cuba *f* Eimer *m.*
Cuba *f* Kuba *n.*
cubalibre *m Coca-Cola mit Rum oder Gin.*
cubano, -a *adj* **1** kubanisch. • *m, f* **2** Kubaner(in) *m(f).*
cubertería *f* Besteck *n.*
cúbico, -a *adj* **1** GEOM würfelförmig (forma). **2** MAT Kubik-.
cubierta *f* **1** Abdeckung *f* (cobertura). **2** NÁUT Deck *n.*
cubierto, -a *adj* **1** bedeckt. • *m* **3** Besteck *n* (cubertería).
cubo *m* **1** Eimer *m* (recipiente). **2** GEOM Würfel *m.*
cubrecama *m* Tagesdecke *f.*
cubrir *tr* **1** bedecken, zu|decken (tapar). **2** verdecken (ocultar). • **~se** *pron* **3** (fig) sich ab|sichern gegen *(+ac)* (cautelarse).
cucaracha *f* Kakerlak *m.*
cuchara *f* Löffel *m.*
cucharada *f* Löffel *m* (porción).
cucharón *m* Schöpflöffel *m.*
cuchichear *intr* flüstern, tuscheln.
cuchilla *f* **1** Rasierklinge *f* (hoja de afeitar). **2** großes Messer *n* (cuchillo grande).
cuchillada *f* Messerstich *m* (navajazo).
cuchillo *m* Messer *n.*
cuchufleta *f* (fam) Scherz *m.*
cucurucho *m* spitze Tüte *f.*
cuello *m* Hals *m.*
cuenca *f* GEOG Becken *n.*
cuenco *m* Napf *m.*
cuenta *f* **1** Rechnung *f* (cálculo). **2** Konto *n* (en un banco). ■ **darse ~ de algo** etw bemerken; **tener algo en ~** etw berücksichtigen.
cuentakilómetros *m* Kilometerzähler *m.*
cuento *m* Geschichte *f*; Märchen *n* (de hadas). ■ **tener mucho ~** übertreiben.
cuerda *f* **1** Schnur *f* (cordel); Seil *n* (soga). **2** Saite *f* (de instrumentos). ■ **dar ~ al reloj** die Uhr auf|ziehen.

cuerdo, -a *adj* vernünftig.
cuerno *m* Horn *n.*
cuero *m* Leder *n* (piel curtida).
cuerpo *m* **1** Körper *m.* **2** Körperschaft *f* (corporación).
cuervo *m* Rabe *m.*
cuesta *f* Abhang *m* (declive).
cuestión *f* Frage *f.*
cuestionar *tr* in Frage stellen.
cuestionario *m* Fragebogen *m.*
cueva *f* Höhle *f.*
cuico, -a *adj Amér.* (desp) ausländisch.
cuidado *m* **1** Sorgfalt *f* (esmero). **2** Pflege *f* (asistencia). ■ **¡cuidado!** Achtung!
cuidar *intr* **1** ~ **de** sorgen für *(+ac).* ● *tr* **2** pflegen, betreuen. ● **~se** *pron* **3** auf die Gesundheit achten (por la salud).
cuita *f* Kummer *m.*
culata *f* AUT Zylinderkopf *m.*
culebra *f* Schlange *f.*
culera *f* Hosenboden *m* (del pantalón).
culmen *m* Gipfelpunkt *m.*
culminación *f* Höhepunkt *m.*
culminar *intr* den Höhepunkt erreichen.
culo *m* (fam) Hintern *m*, Po(po) *m.*
culpa *f* Schuld *f.*
culpabilidad *f* Schuld(haftigkeit) *f.*
culpar *tr* beschuldigen.
cultivar *tr* **1** an|bauen (plantas). **2** bestellen (el campo). **3** (fig) kultivieren.
cultivo *m* Anbau *m.*
culto, -a *adj* **1** gebildet. ● *m* **2** Kult *m.*
cultura *f* Kultur *f.*
cumbia *f Amér. Volkstanz afrikanischen Ursprungs.*
cumbre *f* Gipfel *m.*
cumpleaños *m* Geburtstag *m.*
cumplido, -a *adj* vollendet (acabado).
cumplimentar *tr* beglückwünschen (felicitar).
cumplimiento *m* Einhaltung *f.*
cumplir ~ **con algo** *intr* **1** etw erfüllen. ● *tr* **2** aus|führen (una orden). **3** erfüllen (una promesa, un deseo, una condición). ■ ~ **años** alt werden; **por** ~ der Form halber.
cúmulo *m* Haufen *m* (montón).
cuna *f* Wiege *f.*
cundir *intr* ergiebig sein (dar mucho de sí).
cuneta *f* Straßengraben *m.*
cuña *f* Keil *m.*
cuñado, -a *m, f* Schwager *m*, Schwägerin *f.*
cuota *f* Quote *f.*
cupo *m* Kontingent *n* (cuota).
cupón *m* Kupon *m.*
cúpula *f* Kuppel *f.*
cura *m* **1** Priester *m* (sacerdote). ● *f* **2** Kur *f* (tratamiento).
curandero, -a *m, f* Wunderheiler(in) *m(f).*
curar *tr* **1** heilen (sanar). **2** behandeln (tratar). **3** ein|salzen (salar); trocknen (secar). ● **~se** *intr y pron* **4** gesund werden (sanar).

curiosear *intr* herum|schnüffeln.
curiosidad *f* Neugier(de) *f.*
currar *intr* (fig) arbeiten, schaffen.
currículo o **currículum** *m* Lebenslauf *m.*
currículum vitae *m* Lebenslauf *m.*
cursar *tr* studieren (una carrera); belegen (un curso).
cursi *adj* (fam) kitschig.
cursillo *m* Kurs *m.*
curso *m* **1** Verlauf *m* (transcurso). **2** Studienjahr *n* (año universitario). **3** Kurs *m* (cursillo).
cursor *m* INF Cursor *m.*
curtir *tr* **1** gerben. **2** (fig) ab|härten (endurecer).
curva *f* Kurve *f.*
curvar *tr* biegen.
cúspide *f* Spitze *f* (punta); Gipfel *m* (cumbre).
custodia *f* **1** Obhut *f.* **2** Verwahrung *f* (vigilancia).
custodiar *tr* verwahren (una cosa); beaufsichtigen (una persona).
cutis *m* (Gesichts)haut *f.*
cutre *adj* **1** verkommen (descuidado). **2** knausrig (avaro).
cuyo, -a *pron rel* dessen, deren.
cúyo, -a *pron interr* wessen.

Dd

d, D *f* d, D *n* (letra).
dádiva *f* Gabe *f.*
dado *m* Würfel *m.*
dado, -a *adj* **1** gegeben. • *prep* **2** angesichts *(+gen).* ■ **~ que** da (ya que); angenommen (supuesto que).
dalia *f* BOT Dahlie *f.*
dama *f* Dame *f.*
damisela *f* (irón) junge Dame *f.*
damnificar *tr* schädigen.
dandi o **dandy** *m* Dandy *m.*
dantesco, -a *adj* dantesk.
danza *f* Tanz *m.*
danzar *intr y tr* tanzen.
dañado, -a *adj* beschädigt.
dañar *intr* **1** schaden *(+dat)* (perjudicar). • *tr* **2** beschädigen (averiar).
daño *m* Schaden *m.* ■ **hacer ~ a alguien** jm weh|tun.
dar *tr* **1** geben (donar); schenken (regalar). **2** ab|geben (entregar). **3** machen, verursachen (causar). **4** veranstalten (organizar); zeigen (mostrar). **~ algo a alguien 5** jm etw geben o schenken. **~ algo por 6** etw als … betrachten (considerar). • **~ con algo/alguien** *intr* **7** auf etw/jn stoßen. • **~se** *pron* **8**

vor|kommen (suceder). **~se a algo 9** sich einer Sache *(dat)* widmen (consagrarse). ■ **~ a luz** gebären; **¡me da igual!** das ist mir egal!

dardo *m* Speer *m*.

dársena *f* Dock *n*.

data *f* Ort *m* und Datum *n* (lugar y fecha).

datar *tr* datieren.

dátil *m* Dattel *f*.

dato *m* **1** Angabe *f*. ● **datos** *m pl* **2** Daten pl.

de *prep* **1** von *(+dat)* (posesión); von *(+dat)* (valor partitivo). **2** aus *(+dat)*, von *(+dat)* (origen); von *(+dat)* (punto de partida). **3** aus *(+dat)* (material). **4** von *(+dat)* (temporal). **5** als (en calidad de). **6** als (comparación). **7** (contenido): *un vaso de leche = ein Glas Milch.* **8** (fecha): *el 3 de junio = am 3. Juni.*

deambular *intr* wandeln, schlendern.

debajo *adv* **1** unten. ● **~ de** *prep* **2** unter *(+ac)* (dirección); unter *(+dat)* (posición).

debate *m* Debatte *f*.

debatir *tr* debattieren.

debe *m* Soll *n*.

deber *m* **1** Pflicht *f*. ● **deberes** *m pl* **2** Hausaufgaben *f pl*.

deber *aux* **1** müssen (obligación o necesidad); sollen (voluntad ajena). **no ~ 2** nicht dürfen (prohibición); nicht sollen (consejo). **~de 3** müssen (suposición). ● *tr* **4** schulden (tener una deuda). **5** verdanken (agradecer). ● **~se a** *pron* **6** auf etw*(ac)* zurückzuführen sein.

debilidad *f* Schwäche *f*.

debilitar *tr* schwächen.

débito *m* Schuld *f*.

debut *m* Debüt *n*.

debutar *intr* debütieren.

década *f* Jahrzehnt *n* (período de diez años).

decadencia *f* Dekadenz *f*.

decaer *intr* verfallen.

decano, -a *m, f* Dekan(in) *m(f)*.

decantar *tr* **1** ab|gießen. ● **~se por algo** *pron* **2** sich für etw *(dat)* entscheiden (decidirse).

decapitar *tr* enthaupten.

decena *f* zehn Stück *n*.

decencia *f* Anstand *m*.

decenio *m* Jahrzehnt *n*.

decente *adj* anständig.

decepción *f* Enttäuschung *f*.

decepcionar *tr* enttäuschen.

decidir *intr* **1** entscheiden. ● *tr* **2** entscheiden. **3** beschließen (acordar). ● **~se** *pron* **4** sich entscheiden.

decimal *adj* dezimal, Dezimal-.

décimo, -a *num* zehnte(r, s).

decir *m* Redensart *f*.

decir *tr* **1** sagen. **2** mit|teilen (comunicar). **3** besagen (una teoría, una regla). ■ **¡diga!** ja, hallo? (teléfono); **eso quiere ~** das heißt.

decisión *f* Entscheidung *f*. ■ **tomar una ~** eine Entscheidung treffen.

declamación *f* Vortrag *m*, Deklamation *f*.
declamar *intr y tr* deklamieren, vor|tragen.
declaración *f* Erklärung *f*.
declarar *intr y tr* **1** aus|sagen (el testigo). • *tr* **2** erklären (manifestar, la guerra). **3** deklarieren (ingresos). • **~se** *pron* **4** sich erklären.
declinar *intr* **1** sich neigen (inclinarse). **2** verfallen (decaer). • *tr* **3** ab|lehnen (rechazar). **4** GRAM deklinieren.
declive *m* (Ab)hang *m*.
decolorar *tr* entfärben.
decomisar *tr* beschlagnahmen.
decoración *f* Dekoration *f*.
decorado *m* Bühnenbild *n*.
decorar *tr* dekorieren, schmücken.
decoro *m* Anstand *m*.
decrecer *intr* ab|nehmen.
decrépito, -a *adj* altersschwach.
decrepitud *f* Altersschwäche *f*.
decretar *tr* an|ordnen.
decreto *m* Dekret *n*, Verordnung *f*.
decurso *m* Verlauf *m*.
dedicación *f* Widmung *f*.
dedicar *tr* **1** widmen. • **~se a algo** *pron* **2** in etw*(dat)* tätig sein (profesionalmente).
dedicatoria *f* Widmung *f*.
dedo *m* **1** Finger *m* (de la mano). **2** Zeh *m*, Zehe *f* (del pie).
deducción *f* Folgerung *f*.
deducir *tr* **1** schließen, folgern. **2** FIL deduzieren. **3** ECON ab|ziehen (descontar).
defecar *intr* Stuhlgang haben.
defección *f* Abtrünnigkeit *f*.
defecto *m* **1** Mangel *m* (carencia). **2** Fehler *m*, Defekt *m* (falta).
defender *tr* **1** verteidigen. **2** (be)schützen (proteger).
defenestrar *tr* aus dem Fenster werfen.
defensa *f* Verteidigung *f*.
defensor(a) *m(f)* Verteidiger(in) *m(f)*.
deferencia *f* Rücksicht *f*, Entgegenkommen *n*.
deficiencia *f* Mangel *m* (carencia); Fehlerhaftigkeit *f* (imperfección).
déficit *m* Defizit *n*.
definición *f* Definition *f*.
definir *tr* definieren.
definitivo, -a *adj* endgültig, definitiv.
deforestación *f* Abholzung *n*, Rodung *f*.
deformación *f* Verformung *f*.
deformar *tr* verformen.
deformidad *f* Missbildung *f*.
defraudar *tr* **1** veruntreuen (malversar). **2** enttäuschen (decepcionar).
defunción *f* Ableben *n*, Tod *m*.
degeneración *f* Degeneration *f*.
degenerado, -a *adj* degeneriert.
degenerar *intr* degenerieren.

degollar *tr* köpfen, enthaupten.
degradación *f* Degradierung *f.*
degradar *tr* degradieren.
degüello *m* Enthauptung *f.*
degustación *f* Verkostung *f.*
degustar *tr* (ver)kosten, probieren.
deificar *tr* vergöttlichen.
dejadez *f* Nachlässigkeit *f.*
dejar *tr* **1** lassen (permitir). **2** verlassen (abandonar). **3** auf|geben (un projecto, un trabajo). • **~ de** *intr* **4** auf|hören zu. ■ **~ en paz a alguien** jn in Ruhe lassen.
dejo *m* **1** Akzent *m* (en la voz). **2** Nachgeschmack *m* (sabor).
del *contr* → de + el.
delación *f* Anzeige *f.*
delantal *m* Schürze *f.*
delante *adv* **1** vorn(e). **2** gegenüber (enfrente). • **~ de** *prep* **3** vor *(+dat)* (posición); vor *(+ac)* (dirección).
delatar *tr* an|zeigen, denunzieren.
delegación *f* Delegation *f.*
delegar *tr* etw *(ac)* an jn delegieren.
deleitar *tr* e *intr* ergötzen.
deleite *m* Wonne *f*, Vergnügen *n.*
deletrear *tr* buchstabieren.
deleznable *adj* zerbrechlich (frágil).
delfín *m* ZOOL Delfin *m.*
delgadez *f* Schlankheit *f.*
deliberación *f* Beratung *f.*
deliberar *intr* über etw*(ac)* beraten (discutir).
delicadeza *f* **1** Feinheit *f.* **2** Takt *m* (tacto).
delicado, -a *adj* **1** zart, fein. **2** feinfühlig (sensible). **3** zerbrechlich (frágil). **4** heikel (difícil).
delicia *f* **1** Genuss *m.* **2** Köstlichkeit *f* (exquisitez).
delimitar *tr* ab|grenzen.
delincuencia *f* Kriminalität *f.*
delineación *f* **1** Skizzieren *n.* **2** Entwurf *m* (boceto).
delinear *tr* umreißen.
delinquir *intr* ein Verbrechen *n* begehen.
delirar *intr* irres Zeug reden.
delirio *m* Delirium *n.*
delito *m* Delikt *n.*
demacrarse *pron* ab|magern.
demagogia *f* Demagogie *f.*
demanda *f* **1** Forderung *f* (exigencia); Ansuchen *n* (solicitud). **2** DER Klage *f.* **3** ECON Nachfrage *f.*
demandar *tr* **1** fordern (exigir); beantragen (solicitar). **~ (por) 2** DER verklagen (wegen *(+gen)*/ *(+dat)*).
demarcación *f* Abgrenzung *f.*
demarcar *tr* ab|grenzen.
demás *adj* **1** übrige(r, s). **2** andere(r, s) (otro).
demasiado, -a *adj* **1** zu viel(e). • *adv* **2** zu, zu sehr.
demencia *f* MED Demenz *f.*
demérito *m* Unwert *m.*
democracia *f* Demokratie *f.*
democratizar *tr* demokratisieren.

demografía *f* Demographie *f.*
demoler *tr* ab|reißen.
demonio *m* **1** Dämon *m.* **2** Teufel *m* (diablo).
demora *f* **1** Verzögerung *f.* **2** DER Verzug *m.*
demorar *tr* verzögern.
demostración *f* **1** Vorführung *f.* **2** Beweis *m* (prueba).
demostrar *tr* **1** beweisen (probar). **2** demonstrieren. **3** dar|legen (explicar).
denegación *f* Verweigerung *f.*
denegar *tr* verweigern.
dengue *m* Geziertheit *f.*
denguear *intr Amér.* die Hüften wiegen (contonearse).
denigrar *tr* schlecht machen.
denominación *f* Bezeichnung *f*, Name *m.*
denominar *tr* benennen, bezeichnen.
denostar *tr* beschimpfen.
denotación *f* **1** Bezeichnung *f.* **2** Bedeutung *f* (significado).
denotar *tr* an|zeigen.
densidad *f* Dichte *f.*
dentadura *f* Gebiss *n.*
dentellada *f* Biss *m.*
dentellar *intr* mit den Zähnen klappern.
dentellear *tr* beißen.
dentera *f schneidendes Gefühl an den Zähnen.*
dentición *f* Zahnen *n.*
dentífrico, -a *adj* Zahn-. ◆ **pasta dentífrica** Zahnpasta *f.*
dentro *adv* drinnen (espacio); innen (lado). ■ **~ de** in *(+dat)*, innerhalb *(+gen)* (situación, tiempo); in *(+ac)* (dirección).
denuncia *f* **1** Anklage *f.* **2** DER (Straf)anzeige *f.*
denunciar *tr* **1** (fig) denunzieren (delatar). **2** DER an|zeigen.
deparar *tr* bieten (ofrecer).
departamento *m* Abteilung *f* (sección).
depauperar *tr* **1** arm machen. ● **~se** *pron* **2** verarmen.
dependencia *f* Abhängigkeit *f.*
depender *intr* **~ de** abhängig sein von *(+dat)*; ab|hängen von *(+dat)*.
depilación *f* Enthaarung *f.*
depilar *tr* enthaaren.
deplorar *tr* zutiefst bedauern.
deponer *tr* **1** ab|setzen (destituir). **2** ab|legen (depositar).
deportar *tr* deportieren.
deporte *m* Sport *m.*
deportista *adj* **1** sportlich. ● *m, f* **2** Sportler(in) *m(f).*
deposición *f* **1** Absetzung *f* (destitución). **2** Ablegen *n* (acción de dejar).
depositar *tr* **1** ab|geben (entregar). **2** deponieren (colocar). **3** ab|lagern (sedimentar).
depósito *m* **1** Depot *n* (almacén). **2** Lagerung *f* (almacenamiento). **3** Behälter *m* (recipiente); Tank *m* (de gasolina). **4** FIN Einlage *f.*
depravar *tr* verderben.
depreciar *tr* **1** ab|werten (devaluar). ● **~se** *pron* **2** an Wert verlieren.

d

depredación *f* Veruntreuung *f* (malversación).
depresión *f* **1** Depression *f* (enfermedad). **3** Senke *f* (terremo). **2** ECON Konjunkturtief *n*.
deprimir *tr* **1** deprimieren. • **~se** *pron* **2** eine Depression bekommen.
deprisa *adj* schnell.
depurar *tr* reinigen.
derecha *f* **1** rechte Hand *f* (diestra). **2** POL Rechte *f*. ■ **a la ~ de** rechts von *(+dat)*.
derecho, -a *adj* **1** rechte(r, s) (diestro). **2** gerade(aus) (recto). **3** aufrecht, gerade (erguido). • *m* **4** Recht *n*. **5** Rechtswissenschaft *f* (ciencia); Jura, Jus (carrera).
deriva *f* Abdrift *f*.
derivación *f* Ableitung *f*.
derivar *tr* **1** ab|leiten. **2** um|leiten (desviar). • **~se** *pron* **3** sich ab|leiten (proceder).
dermatólogo, -a *m, f* Hautarzt, -ärztin *m, f*, Dermatologe, -in *m, f*.
derogar *tr* außer Kraft setzen.
derramar *tr* **1** aus|schütten. **2** verschütten (involuntario). • **~se** *pron* **3** sich ergießen.
derrame *m* **1** Auslaufen *n*. **2** MED Erguss *m*.
derrapar *intr* schleudern.
derredor *m* Umkreis *m*.
derrengar *tr* verrenken.
derretido, -a *adj* geschmolzen.
derretir *tr* **1** schmelzen. • **~se** *pron* **2** schmelzen.
derribar *tr* **1** ab|reißen (una construcción). **2** POL (fig) stürzen.
derribo *m* **1** Abriss *m* (de un edificio). **2** Abbruchmaterial *n* (material). **3** POL (fig) Sturz *m*.
derrocar *tr* herab|stürzen.
derrochar *tr* verschwenden.
derrota *f* Niederlage *f*.
derrotar *tr* besiegen.
derrotero *m* Kurs *m*.
derruir *tr* ab|reißen (derribar).
derrumbar *tr* **1** ab|reißen (derruir). • **~se** *pron* **2** ein|stürzen (un edificio).
desabastecer *tr* unterversorgen.
desabotonar *tr* auf|knöpfen.
desabrigar *tr* auf|decken (destapar).
desabrochar *tr* auf|knöpfen, auflxchnüren.
desacato *m* Respektlosigkeit *f*.
desacierto *m* Missgriff *m*.
desaconsejar *tr* ab|raten.
desacordar *tr* verstimmen.
desacostumbrar *tr* **1** ab|gewöhnen. • **~se** *pron* **2** sich *(dat)* ab|gewöhnen.
desacreditar *tr* **1** in Verruf bringen. • **~se** *pron* **2** in Verruf kommen/geraten.
desactivar *tr* entschärfen (un explosivo).
desacuerdo *m* Unstimmigkeit *f*.
desafiar *tr* heraus|fordern.
desafinar *tr* e *intr* falsch spielen/singen (tocar/cantar mal).
desafío *m* Herausforderung *f*.

desafuero *m* Verstoß *m.*
desagradar *intr* missfallen.
desagradecer *tr* undankbar sein für *(+ac).*
desagraviar *tr* wieder gut|machen.
desagravio *m* Entschädigung *f,* Wiedergutmachung *f.*
desaguar *tr* (ab)fließen (verterse).
desagüe *m* Abfluss *m.*
desahogar *tr* Erleichterung verschaffen.
desahogo *m* Erleichterung *f.*
desahuciar *tr* zur Räumung zwingen (al inquilino).
desahucio *m* Zwangsräumung *f.*
desairar *tr* **1** kränken. **2** gering schätzen (despreciar).
desaire *m* Unanehmlichkeit *f* (disgusto).
desajustar *tr* verstellen (una máquina); durcheinander|bringen (desordenar).
desajuste *m* Fehleinstellung *f.*
desalar *tr* entsalzen.
desalentar *tr* entmutigen.
desaliento *m* Mutlosigkeit *f.*
desalinización *f* Entsalzung *f.*
desaliñar *tr* vernachlässigen.
desaliño *m* Ungepflegtheit *f.*
desalojar *tr* **1** hinaus|werfen (echar). **2** räumen (vaciar).
desalojo *m* Räumung *f.*
desamarrar *tr* los|machen.
desamor *m* Lieblosigkeit *f.*
desamparar *tr* schutzlos lassen.
desandar *tr* zurück|gehen.
desangrar *tr* **1** (fig) aus|beuten (explotar). • **~se** *pron* **2** verbluten.
desanimado, -a *adj* entmutigt.
desanimar *tr* entmutigen.
desanudar *tr* auf|knoten.
desapacible *adj* unangenehm; unfreundlich (tiempo, trato).
desaparecer *intr* verschwinden.
desapasionar *tr* die Begeisterung nehmen.
desapego *m* Abneigung *f.*
desaplicarse *pron* nachlässig werden.
desaprensivo, -a *adj* rücksichtslos.
desaprobar *tr* missbilligen.
desarmar *tr* **1** zerlegen, demontieren (desmontar). **2** entwaffnen (quitar las armas).
desarme *m* **1** Entwaffnung *f.* **2** Demontage *f* (desmontaje).
desarraigar *tr* entwurzeln.
desarraigo *m* Entwurzelung *f.*
desarreglar *tr* in Unordnung bringen.
desarrollar *tr* **1** entwickeln. • **~se** *pron* **2** sich entwickeln, sich entfalten. **3** sich ab|spielen (suceder).
desarrollo *m* Entwicklung *f.*
desarticular *tr* aus|renken.
desasear *tr* verunreinigen.
desasir *tr* los|lassen.
desasosegar *tr* beunruhigen.
desastre *m* Katastrophe *f.*

desatar *tr* **1** los|binden. **2** (fig) aus|lösen (provocar). • **~se** *pron* **3** sich los|binden. **4** (fig) los|brechen (una tormenta).
desatascar *tr* frei machen.
desatención *f* Unaufmerksamkeit *f.*
desatender *tr* nicht beachten.
desatentar *tr* aus der Fassung bringen.
desatinar *intr* Unsinn treiben/reden (hacer/decir desatinos).
desatornillar *tr* ab|schrauben (desenroscar); lösen (un tornillo).
desautorizar *tr* die Zuständigkeit ab|erkennen.
desavenencia *f* Uneinigkeit *f.*
desavenir *tr* entzweien.
desayunar *intr y tr* frühstücken.
desayuno *m* Frühstück *n.*
desazón *f* **1** (fig) Verdruss *m* (disgusto). **2** (fig) Unwohlsein *n* (malestar).
desazonar *tr* (fig) verstimmen.
desbancar *tr* (fig) verdrängen, ausstechen.
desbandarse *pron* auseinander|stieben.
desbaratar *tr* zunichte machen.
desbarrar *intr* aus|rutschen.
desbastar *tr* grob bearbeiten.
desbloquear *tr* die Blockade auf|heben.
desbordar *tr* **1** überfluten. **2** (fig) übersteigen (exceder). • **~se** *pron* **3** über|strömen.
desbravar *tr* zähmen.
desbravecer *intr y pron* → desbravar.
desbrozar *tr* von Gestrüpp befreien.
descabalgar *intr* ab|sitzen; vom Pferd steigen.
descabezar *tr* enthaupten.
descalabrar *tr* (fig) schädigen.
descalcificar *tr* entkalken.
descalificar *tr* disqualifizieren.
descalzar *tr* die Schuhe aus|ziehen.
descalzo, -a *adj* barfuß.
descambiar *tr* um|tauschen.
descaminar *tr* **1** irre|führen. • **~se** *pron* **2** sich verirren.
descampado *adj* offen, frei. ■ **en un ~** auf freiem Feld.
descansar *intr* **1** sich aus|ruhen, rasten. **2** sich erholen (recuperarse).
descanso *m* **1** Erholung *f.* **2** Pause *f* (pausa).
descantillar *tr* ab|kanten.
descapotable *m* AUT Kabrio(lett) *n.*
descararse *pron* unverschämt werden.
descarga *f* **1** Abladen *n.* **2** ELEC Entladung *f.*
descargar *tr* **1** ab|laden, aus|laden (mercancías). **2** entlasten (exonerar). **3** ELEC entladen.
descargo *m* **1** Entladen *n* (descarga). **2** Entlastung *f* (liberación).
descaro *m* Frechheit *f.*

descarriar *tr* **1** irre|führen. • **~se** *pron* **2** (fig) auf die schiefe Bahn geraten.
descarrilar *intr* entgleisen.
descartar *tr* aus|schließen.
descascarillar *tr* ab|schälen.
descastar *tr* aus|rotten (animales).
descendencia *f* Nachkommenschaft *f*.
descender *tr* **1** herunter|nehmen. • *intr* **2** hinunter|steigen. **3** sinken (temperatura, precio).
descendiente *m* Nachkomme *m*.
descenso *m* **1** Abstieg *m*. **2** Gefälle *n* (pendiente). **3** Rückgang *m* (disminución).
descentralizar *tr* dezentralisieren.
descentrar *tr* dezentrieren.
deschavetarse *pron* *Amér.* den Verstand verlieren.
descifrar *tr* entziffern.
desclavar *tr* einen Nagel heraus|ziehen.
descoco *m* (fam) Frechheit *f*.
descodificar *tr* decodieren.
descolgar *tr* **1** ab|hängen (quitar). **2** herunter|lassen (bajar). **3** ab|nehmen (teléfono).
descollar *intr* hervor|ragen.
descolorido, -a *adj* farblos.
descompasarse *pron* sich ungebührlich verhalten.
descompensar *tr* aus dem Gleichgewicht bringen.
descomponer *tr* **1** zerlegen. **2** zersetzen (corromper). • **~se** *pron* **3** zerfallen (desintegrarse). **4** verfaulen (pudrirse).
descompostura *f* Ungehörigkeit *f* (descaro).
descomunal *adj* außerordentlich.
desconcentrar *tr* entflechten.
desconcertar *tr* **1** verwirren. **2** verblüffen (pasmar).
desconcharse *pron* ab|bröckeln.
desconcierto *m* Verwirrung *f*.
desconectar *tr* e *intr* ab|schalten.
desconexión *f* Abschalten *n*.
desconfiar *intr* **1** jm **~** misstrauen. **~ de 2** zweifeln an *(+dat)* *(dudar)*.
descongelar *tr y pron* auf|tauen.
descongestionar *tr* entlasten.
desconocer *tr* **1** nicht kennen. **2** nicht wissen (ignorar).
desconsiderar *tr* **1** missachten. **2** rücksichtslos behandeln.
desconsolar *tr* betrüben.
descontar *tr* ab|ziehen.
descontrol *m* mangelnde Kontrolle *f*.
descontrolarse *pron* die Beherrschung verlieren.
descorazonar *tr* (fig) entmutigen.
descorchar *tr* entkorken.
descorrer *tr* auf|ziehen.
descortés *adj* unhöflich.
descoser *tr* auf|trennen.
descrédito *m* Verruf *m*.
descremado, -a *adj* entrahmt.

d

describir *tr* beschreiben.
descripción *f* Beschreibung *f.*
descuadrar *intr* nicht übereinstimmen (las cuentas).
descuajaringar o **descuajeringar** *tr* kaputt|machen.
descuartizar *tr* vierteln.
descubrimiento *m* Entdeckung *f.*
descubrir *tr* **1** auf|decken (destapar). **2** entdecken (hallar).
descuento *m* **1** Rabatt *m* (rebaja). **2** Ermäßigung *f* (reducción).
descuidar *tr* **1** unbeachtet lassen. **2** vernachlässigen (desatender).
descuido *m* **1** Nachlässigkeit *f.* **2** Versehen *n* (falta de atención).
desde *prep* **1** (tiempo) seit *(+dat)*; von, an, ab *(+dat)* (a partir de); von *(+dat)* (desde... hasta...). **2** (situación) von *(+dat)*, von *(+dat)* aus. ■ **¿~ cuándo?** seit wann?; **~ luego** selbstverständlich (por supuesto); **~ que** seit(dem).
desdecir *intr* **1** (fig) ab|weichen. ● **~se** *pron* **2** widerrufen.
desdén *m* Verachtung *f.*
desdentado, -a *adj* zahnlos.
desdeñar *tr* gering schätzen.
desdibujarse *pron* verschwimmen.
desdicha *f* Unglück *n.*
desdichado, -a *adj* unglücklich.
desdoblar *tr* aus|breiten.
desear *tr* wünschen.
desecar *tr* (aus)trocknen.
desechar *tr* **1** weg|werfen. **2** verwerfen (un plan).
desecho *m* Abfall *m.*
desembalar *tr* aus|packen.
desembarazar *tr* **1** freimachen. ● **~se de algo** *pron* **2** sich einer Sache *(gen)* entledigen.
desembarcar *tr* **1** aus|laden (descargar). ● *intr* **2** aus|steigen.
desembocadura *f* Mündung *f.*
desembocar *intr* **1 ~ en** münden in *(+ac)* (río). **2** führen (situación).
desembolsar *tr* (fig) zahlen (pagar); aus|geben (gastar).
desembrollar *tr* (fam) entwirren.
desembuchar *tr* (fam) aus|packen (confesar).
desempacar *tr* aus|packen.
desempacharse *pron* (fig) die Scheu verlieren.
desempañar *tr* ab|wischen.
desemparejar *tr* → desparejar.
desempatar *tr* entscheiden.
desempeñar *tr* aus|üben (un cargo); aus|führen (un trabajo).
desempleo *m* Arbeitslosigkeit *f.*
desempolvar *tr* ab|stauben.
desencadenar *tr* **1** los|ketten. **2** (fig) aus|lösen (provocar).
desencajar *tr* **1** aus|renken. ● **~se** *pron* **2** MED sich verrenken.

desencallar *tr* NÁUT flott|machen.
desencaminar *tr* → descaminar.
desencantar *tr* (fig) enttäuschen.
desencanto *m* Enttäuschung *f*.
desenchufar *tr* aus|stecken.
desencuentro *m* Unstimmigkeit *f* (desacuerdo).
desenfado *m* Ungezwungenheit *f*.
desenfocar *tr* FOT unscharf ein|stellen.
desenfrenarse *pron* (fig) sich nicht zügeln (descontrolarse).
desenfreno *m* Zügellosigkeit *f*.
desengañar *tr* (fig) enttäuschen.
desengaño *m* Enttäuschung *f*.
desengrasar *tr* entfetten.
desenlace *m* Ausgang *m*.
desenmascarar *tr* demaskieren.
desenredar *tr* entwirren.
desenrollar *tr* aus|rollen.
desenroscar *tr* ab|schrauben.
desentenderse *pron* nichts wissen wollen (desinteresarse).
desenterrar *tr* aus|graben.
desentonar *intr* (fig) nicht passen.
desentrañar *tr* (fig) ergründen.
desenvainar *tr* aus der Scheide ziehen (la espada).
desenvoltura *f* (fig) Ungezwungenheit *f* (naturalidad).
desenvolver *tr* **1** aus|packen. ● **~se** *pron* **2** (fig) gut zurecht|kommen.
deseo *m* Wunsch *m*.
desequilibrar *tr* aus dem Gleichgewicht bringen.
deserción *f* MIL Desertion *f*.
desertar *intr* MIL desertieren.
desertización *f* GEOG Desertifikation *f*.
desesperación o **desesperanza** *f* Verzweiflung *f*.
desesperar *tr* **1** entmutigen. ● **~se** *intr y pron* **2** verzweifeln.
desestimar *tr* **1** gering schätzen (despreciar). **2** ab|lehnen (denegar).
desfachatez *f* Frechheit *f*.
desfalcar *tr* unterschlagen (dinero).
desfallecer *intr* **1** schwach werden. **2** in Ohnmacht fallen (desmayarse).
desfase *m* (fig) mangelde Übereinstimmung *f*.
desfavorable *adj* ungünstig.
desfigurar *tr* entstellen.
desfiladero *m* Engpass *m*.
desfilar *intr* vorbei|marschieren.
desfogarse *pron* (fig) sich Luft machen.
desgajar *tr* **1** zerschlagen (despedazar). ● **~se** *tr y pron* **2** ab|brechen (romper).
desgalillarse *pron Amér.* → desgañitarse.

desgana *f* Unslust *f*.
desgañitarse *pron* (fam) sich *(dat)* die Lunge aus dem Hals schreien.
desgarbado, -a *adj* plump.
desgarrar *tr y pron* zerreißen.
desgarro *m* Riss *m*.
desgastar *tr* ab|nutzen.
desglosar *tr* unterteilen; auf|schlüsseln.
desgobernar *tr* herunter|wirtschaften (administrar mal).
desgracia *f* Unglück *n*. ■ **por ~** leider.
desgraciar *tr* zunichte machen.
desgranar *tr* entkörnen.
desgravar *tr* von der Steuer befreien (suprimir); steuerlich ab|setzen (deducir).
desguañangar *tr Amér.* auseinander reißen (desvencijar).
desguarnecer *tr* den Schmuck entfernen (quitar los adornos).
desguazar *tr* verschrotten (coches).
deshabitado, -a *adj* unbewohnt.
deshacer *tr* **1** rückgängig machen (anular). **2** kaputt|machen (destruir). **3** auf|lösen (diluir). **4** aus|packen (maleta). ● **~se** *pron* **5** kaputt|gehen (estropearse). **6** sich auf|lösen (disolverse). **~se de 7** sich frei|machen von *(+dat)* (liberarse de).
desharrapado, -a *adj* zerlumpt.
desheredar *tr* enterben.
deshidratar *tr* Wasser entziehen.
deshielo *m* (Auf)tauen *n*.
deshojarse *pron* die Blätter verlieren.
deshonesto, -a *adj* unehrlich.
deshonor *m* Schande *f*.
deshonra *f* Schande *f* (acto); Schmach *f*.
deshora *f* Unzeit *f*. ■ **a ~** ungelegen (en un momento inoportuno).
deshuesar *tr* entkernen (fruta); entbeinen (carne).
desidia *f* Nachlässigkeit *f*.
desierto, -a *adj* **1** öde. ● *m* **2** Wüste *f*.
designar *tr* bezeichnen; ernennen (nombrar).
designio *m* Absicht *f*.
desigualdad *f* Ungleichheit *f*.
desinfectar *tr* desinfizieren.
desintegración *f* Auflösung *f*.
desintegrar *tr* auf|lösen.
desinterés *m* Desinteresse *n*.
desleal *adj* untreu.
desleír *tr* auf|lösen.
desliar *tr* **1** aufbinden. ● **~se** *pron* **2** auf|gehen.
desligar *tr* trennen.
desliz *m* (fig)
deslizar *tr* **1** gleiten lassen. ● *intr* **2** gleiten.
deslucir *tr* den Glanz nehmen.
deslumbrar *tr* **1** (ver)blenden. ● **~se** *pron* **2** geblendet werden.
desmadrarse *pron* (fam) aus|flippen.

desmán *m* Ausschreitung *f.*
desmantelar *tr* demontieren.
desmaquillador *m* Abschminkcreme *f.*
desmarcarse *pron* **1** DEP sich freilaufen. **2** sich distanzieren von *(+dat)* (de una idea).
desmayarse *pron* ohnmächtig werden.
desmayo *m* Ohnmacht *f.*
desmedirse *pron* zu weit gehen.
desmejorar *tr* verschlechtern.
desmelenar *tr* zerzausen.
desmembrar *tr* (zer)teilen.
desmentir *tr* dementieren.
desmenuzar *tr* zerkleinern.
desmerecer *tr* nicht verdienen.
desmesurado, -a *adj* maßlos.
desmonte *m* Abholzen *n* (bosque).
desmoralizar *tr* entmutigen.
desmoronar *tr* **1** ab|reißen. • **~se** *pron* **2** ein|stürzen (edificio).
desnatar *tr* entrahmen.
desnaturalizar *tr* denaturieren.
desnivel *m* Gefälle *n.*
desnucar *tr* das Genick brechen.
desnudar *tr* **1** aus|ziehen. • **~se** *pron* **2** sich aus|ziehen.
desnudo, -a *adj* nackt.
desnutrición *f* Unterernährung *f.*
desobedecer *tr* **~ a alguien** jm nicht gehorchen.
desobediente *adj* ungehorsam.
desocupación *f* Untätigkeit *f.*
desocupar *tr* frei machen.
desodorante *m* Deo(dorant) *n.*
desoír *tr* überhören.
desolar *tr* verwüsten.
desorbitado, -a *adj* maßlos.
desorden *m* Unordnung *f.*
desordenar *tr* in Unordnung bringen.
desorganizar *tr* durcheinander bringen.
desorientar *tr* **1** irre|führen. • **~se** *pron* **2** die Orientierung verlieren.
despabilar *intr y pron* wach werden.
despachar *tr* **1** erledigen (concluir). **2** bedienen (atender).
despacho *m* **1** Büro *n.* **2** Mitteilung *f* (comunicado).
despachurrar *tr* (fam) zerquetschen.
despacio *adv* langsam.
desparpajo *m* Redegewandtheit *f.*
desparramar *tr* **1** aus|streuen. • **~se** *pron* **2** sich verteilen.
despecho *m* Groll *m.*
despedazar *tr* zertrümmern.
despedida *f* Abschied *m.*
despedir *tr* **1** verabschieden. **2** entlassen (del trabajo). • **~se** *pron* **3** sich verabschieden.
despegar *tr* **1** ab|lösen. • *intr* **2** AER ab|heben (avión).
despegue *m* AER Start *m.*
despeinar *tr* zerzausen.

despejar *tr* **1** räumen. • **~se** *pron* **2** auf|klaren (tiempo).
despensa *f* Speisekammer *f*.
desperdiciar *tr* verschwenden (dinero).
desperdicio *m* Verschwendung *f* (derroche).
desperdigar *tr* zerstreuen.
desperezarse *pron* sich recken.
desperfecto *m* Mangel *m*.
despersonalizar *tr* entpersönlichen.
despertador(a) *adj* **1** ermunternd. • *m* **2** Wecker *m*.
despertar *tr* **1** (auf)|wecken. • **~se** *intr y pron* **2** auf|wachen.
despido *m* Entlassung *f*.
despierto, -a *adj* wach.
despilfarrar *tr* verschwenden, vergeuden.
despintar *tr* entfärben.
despistar *tr* (fig) täuschen.
despiste *m* Kopflosigkeit *f*.
desplante *m* (fig) Frechheit *f*.
desplazamiento *m* Verschiebung *f*.
desplazar *tr* verschieben.
desplegar *tr* entfalten.
despliegue *m* Entfaltung *f*.
desplomarse *pron* ein|stürzen.
desplumar *tr* rupfen (ave).
despoblación *f* Entvölkerung *f* (de habitantes).
despoblar *tr* entvölkern.
despojar *tr* berauben.
despojo *m* Raub *m*.
desposeer *tr* enteignen.
déspota *m, f* Despot, -in *m, f*.
despotricar *intr* (fam) **~ contra algo/alguien** gegen etw/jn wettern.
despreciar *tr* verachten.
desprecio *m* Verachtung *f*.
desprender *tr* **1** lösen. • **~se de** *pron* **2** sich ergeben aus *(+dat)*.
desprendimiento *m* Ablösung *f*.
despreocupación *f* Sorglosigkeit *f*.
despreocuparse *pron* **~ de** sich nicht kümmern um *(+ac)*.
desprestigiar *tr* entwürdigen.
desprevenido, -a *adj* unvorbereitet.
despropósito *m* Ungereimtheit *f*.
después *adv* **1** nachher; später (más tarde). **2** danach (a continuación). ■ **~ de** nach; nachdem.
despuntar *tr* stumpfen machen.
desquiciar *tr* (fig) jn aus der Fassung bringen.
desquitar *tr y pron* zurück|gewinnen.
desratizar *tr* von Ratten und Mäusen befreien.
desriñonarse *pron* (fig) sich ab|rackern.
destacamento *m* MIL Kommando *n*, Detachement *n*.
destacar *tr* **1** hervor|heben • *intr* **2** hervor|stechen.
destajo *m* Akkordarbeit *f*.
destapar *tr* auf|machen.

destellar *intr* funkeln.
destello *m* Aufleuchten *n.*
destemplanza *f* MED Unpässlichkeit *f.*
destemplar *tr* **1** stören. **2** MÚS verstimmen.
desteñir *tr* **1** entfärben. • *intr* **2** ab|färben.
desterrar *tr* **~ (de)** verbannen (aus).
destiempo *loc adv* **a ~** ungelegen.
destierro *m* Verbannung *f.*
destilación *f* Destillation *f.*
destilar *tr* destillieren.
destinar *tr* **1 ~ a/para** bestimmen für *(+ac).* **2** versetzen (trasladar).
destino *m* Schicksal *n.*
destitución *f* Amtsenthebung *f.*
destituir *tr* des Amtes entheben.
destornillar *tr* ab|schrauben.
destreza *f* Geschicklichkeit *f*; Fertigkeit *f.*
destripar *tr* **1** aus|nehmen. **2** zerquetschen (despachurrar).
destronar *tr* entthronen.
destrozar *tr* vernichten.
destrozo *m* Vernichtung *f.*
destrucción *f* Zerstörung *f.*
destruir *tr* zerstören; vernichten.
desubicar *tr Amér.* desorientieren.
desunión *f* Trennung *f.*
desunir *tr* trennen.
desusarse *pron* außer Gebrauch kommen.
desuso *m* Nichtanwendung *f.*
desvalijar *tr* aus|rauben.
desvalimiento *m* Schutzlosigkeit *f.*
desván *m* Dachboden *m.*
desvanecer *tr* **1** verwischen (colores). • **~se** *pron* **2** ohnmächtig werden.
desvanecimiento *m* Schwindelanfall *m.*
desvariar *intr* im Fieber fantasieren.
desvarío *m* Fantasieren *n.*
desvelar *tr* **1** wach halten. **2** enthüllen (misterio).
desvelo *m* Schlaflosigkeit *f.*
desventaja *f* Nachteil *m.*
desvergüenza *f* Unverschämtheit *f.*
desviación *f* Abweichung *f.*
desviar *tr* um|leiten (tráfico).
desvincular *tr* **1** trennen. • **~se** *pron* **2** sich lösen.
desvío *m* Abzweigung *f*; Umleitung *f* (temporal).
desvirtuar *tr* entkräften.
desvivirse *pron* **~ por algo** auf etw*(ac)* versessen sein; alle Hebel in Bewegung setzen.
detallar *tr* detaillieren.
detalle *m* Detail *n.*
detectar *tr* entdecken.
detective *m, f* Detektiv(in) *m(f).*
detención *f* Festnahme *f* (arresto).
detener *tr* **1** fest|nehmen (arrestar). **2** auf|halten (parar). • **~se** *pron* **3** stehen bleiben.

detenimiento *m* Ausführlichkeit *f* (minuciosidad).
detergente *m* Waschmittel *n.*
deteriorar *tr* beschädigen.
deterioro *m* Verschlechterung *f.*
determinación *f* **1** Bestimmung *f* (fijación). **2** Entschlossenheit *f* (osadía).
determinar *tr* **1** bestimmen (fijar). **2** entscheiden (decidir).
detestable *adj* abscheulich.
detestar *tr* verabscheuen.
detonar *intr* explodieren.
detrás *adv* hinten. ■ **~ de** hinter *(+dat)* (situación); hinter *(+ac)* (dirección).
detrimento *m* Schaden *m.*
deuda *f* **1** Schuld *f.* **2** Schulden *f pl* (cantidad de dinero).
devaluación *f* Abwertung *f.*
devaluar *tr* ab|werten.
devanear *intr* fantasieren (delirar); faseln (decir disparates).
devastar *tr* verwüsten.
devenir *m* FIL Werden *n.*
devenir *intr* geschehen.
devoción *f* REL Verehrung *f.*
devolución *f* Rückgabe *f.*
devolver *tr* zurück|geben.
devorar *tr* auf|fressen, verschlingen.
día *m* Tag *m.* ◆ **~ festivo** Feiertag *m*; **~ laborable** Werktag *m.* ■ **¡buenos días!** guten Tag!; **de ~** tagsüber; **el otro~** neulich.
diabetes *f* Diabetes *m.*
diablo *m* Teufel *m.*
diadema *f* Diadem *n.*
diafragma *m* ANAT Zwerchfell *n.*
diagnosticar *tr* diagnostizieren.
diagnóstico, -a *adj* **1** diagnostisch. ● *m* **2** Diagnose *f.*
diagonal *adj* diagonal.
diagrama *m* Diagramm *n.*
dial *m* Anzeige *f* (indicador).
dialéctica *f* Dialektik *f.*
dialecto *m* Dialekt *m*, Mundart *f.*
dialogar *intr* miteinander sprechen.
diálogo *m* Gespräch *n*; Dialog *m.*
diamante *m* Diamant *m.*
diámetro *m* Durchmesser *m.*
diana *f* Schwarze *n* einer Zielscheibe (blanco de tiro).
diapositiva *f* Dia *n.*
diario, -a *adj* **1** täglich. ● *m* **2** Tagebuch *n.* **3** Tageszeitung *f* (periódico).
diarrea *f* Durchfall *m.*
dibujar *tr* zeichnen.
dibujo *m* Zeichnung *f.* ◆ **dibujos animados** Zeichentrickfilm *m.*
dicción *f* Aussprache *f.*
diccionario *m* **1** Wörterbuch *n* (de idiomas). **2** Lexikon *n* (de consulta).
dicha *f* Glück *n.*
dicho *m* Sprichwort *n.*
diciembre *m* Dezember *m.*
dictador(a) *m(f)* Diktator(in) *m(f)*
dictadura *f* Diktatur *f.*

dictamen *m* Gutachten *n.*
dictaminar *intr* ein Gutachten ab|geben.
dictar *tr* diktieren.
diecinueve *num* neunzehn.
dieciocho *num* achtzehn.
dieciséis *num* sechzehn.
diecisiete *num* siebzehn.
diente *m* Zahn *m.* ◆ **~ de ajo** Knoblauchzehe *f.*
dieta *f* **1** Ernährungsweise *f.* **2** Diät *f* (régimen).
diez *num* zehn.
diezmar *tr* (fig) dezimieren.
difamación *f* Verleumdung *f.*
difamar *tr* verleumden.
diferencia *f* Unterschied *m.*
diferenciar *tr* unterscheiden.
diferente *adj* **1** unterschiedlich; verschieden. ● *adv* **2** anders.
diferir *tr* verschieben.
difícil *adj* schwierig; schwer.
dificultad *f* Schwierigkeit *f.*
dificultar *tr* erschweren.
difuminar *tr* verlaufen lassen.
difundir *tr* verbreiten.
difunto, -a *m, f* Verstorbene(r) *mf(m).*
difusión *f* Verbreitung *f.*
digerir *tr* verdauen.
digestión *f* Verdauung *f.*
digitalizar *tr* digitalisieren.
dignarse *pron* geruhen.
dignidad *f* Würde *f.*
digno, -a *adj* würdig.
dilación *f* Verzögerung *f.*
dilapidar *tr* verschwenden.
dilatación *f* (Aus)dehnung *f.*
dilatar *tr* (aus)|dehnen.
dilema *m* Dilemma *n.*
diligencia *f* **1** Sorgfalt *f.* **2** Schnelligkeit *f* (prontitud).
diligenciar *tr* erledigen.
dilucidar *tr* erläutern.
diluir *tr* verdünnen.
diluviar *intr* in Strömen regnen.
diluvio *m* Sintflut *f.*
dimensión *f* Dimension *f.*
dimisión *f* Rücktritt *m.*
dimitir *tr* zurück|treten.
Dinamarca *f* Dänemark *n.*
dinamita *f* Dynamit *n.*
dinamitar *tr* sprengen.
dinamizar *tr* dynamisieren.
dinastía *f* Dynastie *f.*
dinero *m* Geld *n.*
dinosaurio *m* Dinosaurier *m.*
diñar *tr* (fam) geben (dar). ■ **~la** (fam) krepieren.
diócesis *f* Diözese *f.*
dios *m* **1** Gottheit *f* (deidad). **Dios 2** Gott *m.* ■ **¡gracias a Dios!** Gott sei Dank!; **¡por Dios!** um Gottes willen!
diosa *f* Göttin *f.*
diploma *f* Diplom *n.*
diplomacia *f* Diplomatie *f.*
diplomarse *pron* einen akademischen Grad erlangen.
diputación *f* Abordnung *f* (conjunto).
diputado, -a *m, f* Abgeordnete(r) *mf(m).*
dique *m* **1** Damm *m.* **2** NÁUT Dock *n.*
dirección *f* **1** Leitung *f* (mando). **2** Richtung *f* (rumbo). **3** Adresse *f* (domicilio).

directo, -a *adj* direkt.
director(a) *m(f)* Direktor(in) *m(f)*; Leiter(in) *m(f)*.
dirigir *tr* **1** leiten. **2** CINE, TEAT Regie führen. **3** MÚS dirigieren.
discapacitado, -a *adj* behindert.
discernimiento *m* Unterscheidung *f*.
discernir *tr* unterscheiden können.
disciplina *f* Disziplin *f*.
disciplinar *tr* disziplinieren.
discípulo, -a *m, f* Schüler(in) *m(f)*.
disco *m* **1** Scheibe *f*. **2** (Schall)platte *f* (de música). ◆ **~ compacto** Compactdisc *f*, CD *f*.
disconformidad *f* Uneinigkeit *f*.
discontinuo, -a *adj* unterbrochen.
discordancia *f* **1** Unstimmigkeit *f*. **2** MÚS Missklang *m*.
discordar *intr* uneinig sein.
discordia *f* Zwietracht *f*.
discoteca *f* Disko(thek) *f*.
discreción *f* Diskretion *f*.
discrepancia *f* Diskrepanz *f*.
discrepar *intr* ab|weichen.
discreto, -a *adj* diskret.
discriminar *tr* diskriminieren.
disculpa *f* Entschuldigung *f*.
disculpar *tr* **1** entschuldigen. ● **~se** *pron* **2** sich entschuldigen.
discurrir *intr* vergehen (tiempo).
discurso *m* Rede *f*.
discusión *f* Diskussion *f*.
discutir *tr* e *intr* **1** diskutieren, besprechen. ● *intr* **2** streiten (reñir).
disecar *tr* aus|stopfen (preparar un animal).
disección *f* Ausstopfen *n* (preparación de un animal).
diseminar *tr* aus|streuen (semillas).
disensión *f* Uneinigkeit *f*.
disentir *intr* **~ de alguien en algo** anderer Meinung sein als jd.
diseñar *tr* **1** zeichnen. **2** entwerfen.
diseño *m* Design *n*.
disertación *f* wissenschaftliche Abhandlung *f*.
disertar *intr* **~ sobre** einen Vortrag halten über *(+ac)*.
disfraz *m* Verkleidung *f*.
disfrazar *tr* verkleiden.
disfrutar *tr* **1** genießen. ● **~ de** *intr* **2** verfügen über *(+ac)*; haben *(+ac)*. **~ de/con** **3** genießen *(+ac)*.
disgregar *tr* zerstreuen.
disgustar *tr* **1** missfallen. ● **~se por algo/con alguien** *pron* **2** sich ärgern über etw/ jn; böse auf jn sein.
disgusto *m* Verdruss *m*.
disidencia *f* Uneinigkeit *f*.
disimular *intr* sich verstellen.
disimulo *m* Verstellung *f*.
disipar *tr* **1** verschwenden (malgastar). ● **~se** *pron* **2** sich auf|lösen (deshacerse).
dislocación *f* Verrenkung *f*.
dislocar *tr* MED aus|renken.

disminuir *tr* **1** vermindern. **2** herab|setzen (precio). • *intr* **3** nach|lassen.
disociar *tr* trennen.
disolución *f* **1** Auflösung *f.* **2** (fig) Ausschweifung *f*, Verfall *m* (de costumbres).
disolvente *m* Lösungsmittel *n.*
disolver *tr* auf|lösen.
disonancia *f* Dissonanz *f.*
disonar *intr* dissonieren.
dispar *adj* ungleich.
disparada *f Amér.* Flucht *f.*
disparadero *m* Abzug *m.*
disparar *tr* **1** (ab)|schießen (proyectil). **2** ab|drücken (un arma).
disparatar *intr* Unsinn reden.
disparate *m* Unsinn *m.*
disparidad *f* Unterschiedlichkeit *f.*
disparo *m* Schuss *m.*
dispensar *tr* **1** spenden (dar). **~ a alguien de algo 2** jn von etw *(dat)* befreien.
dispensario *m* Ambulanz *f*, Poliklinik *f.*
dispersar *tr* **1** zerstreuen. • **~se** *pron* **2** (fig) sich zersplittern.
dispersión *f* **1** Zerstreuung *f.* **2** (fig) Zersplitterung *f.*
displicencia *f* Unfreundlichkeit *f*; Unlust *f.* ■ **con ~** unfreundlich.
disponer *tr* **1** an|ordnen. • **~ de** *intr* **2** über etw*(ac)* verfügen. ■ **~ a su antojo** nach Belieben schalten und walten.
disponibilidad *f* Verfügbarkeit *f.*
disposición *f* **1** Anordnung *f.* **2** Stimmung *f* (de ánimo). ■ **estar a ~ de alguien** jm zur Verfügung stehen; **estar en ~ de** in der Lage sein.
disputa *f* Wortstreit *m.*
disputar *tr* **1** (be)streiten. **2** DEP austragen. • *intr* **3** streiten. • **~se algo** *pron* **4** DEP um etw *(ac)* kämpfen.
disquete *m* Diskette *f.*
disquetera *f* Diskettenlaufwerk *n.*
disquisición *f* Studie *f.*
distancia *f* Distanz *f*; Entfernung *f.*
distanciamiento *m* Distanzierung *f.*
distanciarse *pron* **~ de** sich distanzieren von *(+dat).*
distar *intr* **1 ~ de** entfernt sein von *(+dat).* **~ de 2** (fig) verschieden sein von *(+dat).*
distender *tr* lockern.
distinción *f* Unterscheidung *f.*
distingo *m* Vorbehalt *m.*
distinguir *tr* **1** unterscheiden. **~ a alguien con algo 2** jn mit etw*(dat)* aus|zeichnen. • **~ entre** *intr* **3** unterscheiden zwischen *(+dat).* • **~se por** *pron* **4** sich aus|zeichnen durch *(+ac).*
distinto, -a *adj* unterschiedlich; anders.
distorsión *f* Verzerrung *f.*
distorsionar *tr* verzerren.
distracción *f* Ablenkung *f.*

distraer *tr* **1** ab|lenken. • **~se** *pron* **2** sich unterhalten (divertirse).
distribución *f* Verteilung *f.*
distribuir *tr* verteilen.
distrito *m* Bezirk *m.* ♦ **~ judicial** Gerichtsbezirk *m.*
disturbio *m* Unruhe *f.*
disuadir *tr* **~ a alguien de algo** jm von etw ab|raten.
disyunción *f* Trennung *f.*
disyuntiva *f* Alternative *f.*
diurno, -a *adj* Tag(es)-.
divagación *f* Abschweifung *f.*
divagar *intr* ab|schweifen.
diván *m* Diwan *m.*
diversidad *f* Vielfalt *f.*
diversificar *tr* vielseitig gestalten.
diversión *f* Vergnügen *n.*
divertimiento *m* Vergnügen *n.*
divertir *tr* **1** unterhalten. • **~se** *pron* **2** sich amüsieren. ▪ **¡que te diviertas!** viel Spaß!
dividir *tr* **1** teilen. **2** MAT dividieren.
divinidad *f* Göttlichkeit *f.*
divisa *f* **1** Devise *f.* • **divisas** *f pl* **2** FIN Devisen *f pl.*
divisar *tr* erblicken.
división *f* Division *f.*
divo, -a *adj* (lit) göttlich.
divorciarse *pron* sich scheiden lassen.
divorcio *m* Scheidung *f.*
divulgar *tr* verbreiten.
DNI (*siglas de* **Documento Nacional de Identidad**) *m* Personalausweis *m.*
dobladillo *m* Saum *m.*
doblar *tr* verdoppeln.
doble *adj* doppelt.
doblegar *tr* biegen.
doce *num* zwölf.
docena *f* Dutzend *n.*
docencia *f* Lehrtätigkeit *f.*
dócil *adj* folgsam; zahm (manso).
doctor(a) *m(f)* Doktor(in) *m(f).*
doctorarse *pron* promovieren, seinen Doktor machen.
doctrina *f* Doktrin *f.*
documentación *f* **1** Dokumentation *f.* **2** (Ausweis)papiere *n pl* (identificación).
documentar *tr* belegen (probar).
documento *m* Dokument *n.*
dogma *m* Dogma *n.*
dogmatizar *tr* e *intr* dogmatisieren.
dólar *m* Dollar *m.*
dolencia *f* Leiden *n.*
doler *intr* schmerzen.
dolor *m* Schmerz *m.*
doma *f* Zähmung *f.*
domar *tr* zähmen.
domesticar *tr* zähmen.
domiciliar *tr* FIN einen Dauerauftrag ein|richten.
domicilio *m* Wohnsitz *m.*
dominación *f* Beherrschung *f.*
dominar *tr* **1** beherrschen. • *intr* **2** vor|herrschen.
domingo *m* Sonntag *m.*
Dominicana, República *f* Dominikanische Republik *f.*
dominio *m* Herrschaft *f.*

dominó *m* Domino(spiel) *n.*
don *m* **1** Gabe *f.* **2** Herr *m* (señor).
donación *f* Spende *f.*
donaire *m* Anmut *f.*
donar *tr* spenden.
donativo *m* Spende *f.*
doncella *f* **1** Zofe *f* (criada). **2** (lit) Jungfer *f* (muchacha).
donde *adv* wo. ■ **a** o **hacia ~** wohin; **de ~** woher.
dónde *adv interr* **1** wo. ● *pron rel* **2** wo.
dondequiera *adv* überall.
donjuán *m* Frauenheld *m.*
doña *f* Frau *f.*
dopaje *m* Doping *n.*
dopar *intr* dopen.
doquier o **doquiera** *adv* wo immer.
dorar *tr* vergolden. ■ **~ la píldora** die Pille versüßen.
dormir *intr* **1** schlafen. ● *tr* **2** zum Einschlafen bringen. ● **~se** *pron* **3** ein|schlafen.
dormitar *intr* dösen.
dormitorio *m* Schlafzimmer *n.*
dorso *m* Rückseite *f.*
dos *num* zwei.
doscientos, -as *num* zweihundert.
dosificar *tr* dosieren.
dosis *f* Dosis *f.*
dossier *m* Dossier *n.*
dotación *f* Ausstattung *f* (equipamiento).
dotar *tr* **1** aus|statten mit *(+dat)* (proveer); doptieren.
dote *m, f* Mitgift *f* (ajuar).
dragón *m* Drache *m.*
drama *m* Drama *n.*
dramatizar *tr* dramatisieren.
dramón *m* Schnulze *f.*
drenaje *m* Entwässerung *f.*
drenar *tr* entwässern.
droga *f* Droge *f.*
drogarse *pron* Drogen nehmen.
droguería *f* Drogerie *f.*
dromedario *m* Dromedar *n.*
dual *adj* dual.
ducha *f* Dusche *f.*
ducharse *pron* sich duschen.
duda *f* Zweifel *m.*
dudar *intr* **~ de** zweifeln an *(+dat).*
duelo *m* **1** Duell *n* (combate). **2** Trauer *f* (pena).
duende *m* Kobold *m.*
dueño, -a *m, f* Besitzer(in) *m(f).*
dulce *adj* **1** süß. ● *m* **2** Süßspeise *f.*
dulcificar *tr* süßen.
dulzor *m* → dulzura.
dulzura *f* Süße *f.*
duna *f* Düne *f.*
dúo *m* Duo *n.*
duplicar *tr* verdoppeln.
duque *m* Herzog *m.*
duquesa *f* Herzogin *f.*
duración *f* Dauer *f.*
durante *prep* während *(+gen).*
durar *intr* dauern.
dureza *f* Härte *f.*
duro, -a *adj* **1** hart. ● *m* **2** Fünfpesetenstück *n.* ◆ **~ de oído** schwerhörig.

Ee

e, E *f* e, E *n* (letra).
e *conj* (ante '(h)i') und.
e-mail *m* E-Mail *f.*
¡ea! *interj* los!
ébano *m* Ebenholz *n.*
ebrio, -a *adj* betrunken.
ebullición *f* Aufkochen *n.*
echar *tr* **1** werfen (lanzar). **2** entlassen (despedir). **3** ein|werfen (carta). • **~se** *pron* **4** sich hin|legen (acostarse). **~se sobre 5** sich stürzen auf *(+ac)* (precipitarse). ■ **~ abajo** ab|reißen; **~ de menos** vermissen; **~ en cara** jm etw vorwerfen; **~se a perder** verderben.
eclesiástico, -a *adj* kirchlich.
eclipse *m* ASTR Finsternis *f.*
eco *m* Echo *n.*
ecografía *f* Echografie *f.*
ecología *f* Ökologie *f.*
economía *f* Wirtschaft *f.*
económico, -a *adj* **1** Wirtschafts-. **2** preiswert (barato). **3** sparsam (ahorrativo).
economizar *tr* e *intr* (ein)|sparen.
ecuación *f* MAT Gleichung *f.*
ecuador *m* Äquator *m.*
Ecuador *m* Ecuador *n.*
ecuatoriano, -a *adj* **1** ecuadorianisch. • *m, f* **2** Ecuadorianer(in) *m(f).*
eczema *m* Ekzem *n,*
edad *f* Alter *n.* ◆ **~ media** Mittelalter *n.*
edén *m* Paradies *n.*
edición *f* **1** Ausgabe *f.* **2** Auflage *f* (conjunto de ejemplares).
edificación *f* Bau *m.*
edificar *tr* bauen.
edificio *m* Gebäude *n.*
editar *tr* heraus|geben.
editorial *f* Verlag *m.*
edredón *m* Federbett *n.*
educación *f* **1** Erziehung *f.* **2** (Aus)bildung *f* (formación).
educar *tr* erziehen.
EEUU *(abrev de* **Estados Unidos)** *m pl* USA *pl.*
efectivo, -a *adj* **1** wirklich (real). • *m* **2** Bargeld *n.*
efecto *m* **1** Wirkung *f.* **2** Ergebnis *n* (resultado). ■ **en ~** in der Tat.
efectuar *tr* aus|führen.
efervescencia *f* Brodeln *n.*
eficacia *f* Wirksamkeit *f.*
efigie *f* Bildnis *n.*
efímero, -a *adj* kurzlebig.
efluvio *m* Ausdünstung *f.*
efusión *f* Vergießen *n.*
Egipto *m* Ägypten *n.*
egoísmo *m* Egoismus *m.*
egresar *intr Amér.* die (Hoch) schule absolvieren.
¡eh! *interj* he!
eje *m* Achse *f.*

ejecución *f* **1** Ausführung *f.* **2** Hinrichtung *f* (pena de muerte).
ejecutar *tr* **1** aus|führen (realizar). **2** hin|richten (matar).
ejecutivo, -a *m, f* Führungskraft *f.*
ejemplar *adj* **1** vorbildlich. • *m* **2** Exemplar *n.*
ejemplificar *tr* mit Beispielen erklären.
ejemplo *m* Beispiel *n.* ■ **por ~** zum Beispiel.
ejercer *tr* aus|üben (una profesión).
ejercicio *m* **1** Ausübung *f.* **2** EDUC Übung *f.*
ejercitación *f* → ejercicio.
ejercitar *tr* aus|üben.
ejército *m* Armee *f.*
el *art* der.
él *pron* er. ■ **a ~** ihn; ihm.
elaboración *f* Herstellung *f.*
elaborar *tr* her|stellen.
elasticidad *f* Elastizität *f.*
elección *f* **1** Wahl *f.* • **elecciones** *f pl* **2** Wahlen *f pl.*
electorado *m* Wählerschaft *f.*
electricidad *f* Elektrizität *f.*
electrificar *tr* elektrifizieren.
electrizar *tr* elektrisieren.
electrocutar *tr* durch elektrischen Stromschlag töten.
electrodoméstico *m* Haushaltsgerät *n.*
electromagnético, -a *adj* elektromagnetisch.
electrón *m* Elektron *n.*
electrónica *f* Elektronik *f.*
elefante *m* Elefant *m.*
elegancia *f* Eleganz *f.*
elegir *tr* wählen.
elemento *m* Element *n.*
elenco *m* Verzeichnis *n.*
elepé *m* Langspielplatte *f.*
elevalunas *m* AUT Fensterheber *m.*
elevar *tr* heben (levantar); erhöhen (aumentar).
eliminar *tr* beseitigen.
elite o **élite** *f* Elite *f.*
elixir o **elíxir** *m* Elixier *n.*
ella *pron* sie. ■ **a ~** sie; ihr.
ello *pron* es; das. ■ **por ~** deshalb.
ellos, -as *pron* sie. ■ **a ~** sie; ihnen.
elocuencia *f* Beredsamkeit *f.*
elogiar *tr* loben.
elogio *m* Lob *n.*
El Salvador *m* El Salvador *n.*
elucidar *tr* erläutern.
eludir *tr* aus|weichen *(+dat).*
emanación *f* Ausströmung *f.*
emanar *tr* **~ (de)** aus|strömen von *(+dat).*
emancipación *f* Emanzipation *f*, Emanzipierung *f.*
emancipar *tr* **1** emanzipieren. • **~se** *pron* **2** sich emanzipieren.
embadurnar *tr* beschmieren.
embajada *f* Botschaft *f.*
embajador(a) *m(f)* Botschafter(in) *m(f).*
embalaje *m* Verpackung *f.*
embalar *tr* verpacken.
embalsamar *tr* ein|balsamieren.

embalse *m* Stausee *m.*
embarazar *tr* hindern.
embarazo *m* **1** Schwangerschaft *f.* **2** Verlegenheit *f.*
embarcación *f* Schiff *n*; Boot *n.*
embarcadero *m* Landungsbrücke *f.*
embarcar *tr* **1** ein|schiffen. • *intr y pron* **2** an Bord gehen.
embargar *tr* DER beschlagnahmen.
embargo *m* POL Embargo *n.* ■ **sin ~** trotzdem.
embarrancar *intr* (fig) stecken bleiben.
embarrar *tr* beschmieren.
embarullar *tr* (fam) durcheinander bringen.
embaucar *tr* betrügen.
embeber *tr* auf|saugen.
embelesar *tr* entzücken.
embellecer *tr* verschönern.
embestida *f* Ansturm *m.*
embestir *tr* e *intr* an|greifen.
emblandecer *tr* weich machen.
emblema *m* Emblem *n.*
embobar *tr* erstaunen.
embocadura *f* Mündung *f* (de un canal, río, etc.).
embocar *tr* ein|fahren in *(+ac).*
embolarse *pron* sich betrinken.
embolia *f* Embolie *f.*
embolsar *tr* ein|stecken (guardar).
emborracharse *pron* sich betrinken.
emborrascarse *pron* stürmisch werden.
emborronar *tr* beklecksen.
emboscada *f* Hinterhalt *m.*
emboscarse *pron* im Hinterhalt liegen.
embotar *tr* ab|stumpfen.
embotellamiento *m* (Verkehrs)stau *m.*
embotellar *tr* in Flaschen ab|füllen.
embozar *tr* verhüllen.
embozo *m* (fig) Verhüllung *f.*
embrague *m* MEC Kupplung *f.*
embravecer *tr* **1** wütend machen, reizen. • **~se** *pron* **2** stürmisch werden (mar, viento).
embriagar *tr* **1** berauschen (emborrachar). **2** berauschen (enajenar).
embrión *m* BIOL Embryo *m.*
embrollar *tr* verwirren.
embrollo *m* Durcheinander *n* (enredo, lío).
embromar *tr* verulken.
embroncarse *pron Arg.* → enfadarse.
embrujar *tr* verhexen (hechizar).
embrujo *m* Verhexung *f.*
embrutecerse *pron* verrohen.
embuchar *tr* GAST füllen.
embudo *m* Trichter *m.*
embuste *m* Schwindel *m.*
embutido *m* GAST Wurst *f.*
embutir *tr* stopfen (meter una cosa dentro de otra).
emergencia *f* Notfall *m.*
emerger *intr* auf|tauchen.

emigración *f* Emigration *f.*
emigrar *intr* emigrieren.
eminencia *f* Eminenz *f.*
emisario, -a *m, f* Bote, -in *m, f* (mensajero).
emisión *f* Sendung *f.*
emitir *tr* aus|strahlen.
emoción *f* Emotion *f.*
emocionarse *pron* gerührt sein.
emolumentos *m pl* Einkünfte *f pl* (retribución).
empacar *tr* (ein)|packen (empaquetar); bündeln.
empachar *tr* verderben.
empacho *m* Magenverstimmung *f.*
empadronamiento *m* Eintragung *f* ins Einwohnerverzeichnis; Meldung *f* beim Einwohnermeldeamt.
empadronar *tr* ins Einwohnerverzeichnis eintragen (censar).
empalizada *f* Palisade *f.*
empalmar *tr* verbinden (juntar dos cosas).
empalme *m* Verbindung *f.*
empanadilla *f* Pastetchen *n.*
empanar *tr* panieren.
empantanar *tr* überschwemmen (un terreno).
empañar *tr* beschlagen (un cristal, superficie, etc.).
empapar *tr* durchnässen.
empapelado *m* Tapete *f.*
empapelar *tr* tapezieren.
empapuzar *tr* (fam) mästen.
empaquetar *tr* verpacken.
emparedado *m* Sandwich *n.*
emparedar *tr* ein|mauern.
emparejamiento *m* Paarbildung *f.*
emparejar *tr* paaren (formar una pareja).
emparentar *intr* sich verschwägern (con una famillia).
empastar *tr* füllen.
empaste *m* MEC (Zahn)füllung *f.*
empatar *tr* e *intr* DEP unentschieden spielen.
empatía *f* Empathie *f.*
empecinarse *pron* ~ **en** sich auf etw*(ac)* versteifen.
empedernido, -a *adj* (fig) unverbesserlich (obstinado).
empedrado *m* (Straßen)pflaster *n.*
empedrar *tr* pflastern.
empellón *m* Stoß *m.*
empeñarse *pron* ~ **en** auf etw*(ac)* bestehen.
empeño *m* (fig) Eifer *m.*
empeorar *tr* verschlechtern.
empequeñecer *tr* verkleinern.
emperador *m* Kaiser *m.*
emperatriz *f* Kaiserin *f.*
emperifollar *tr* heraus|putzen.
emperrarse *pron* ~ **en** hartnäckig auf etw*(ac)* bestehen.
empezar *tr* e *intr* beginnen.
empilcharse *pron* *Arg., Ur.* sich an|ziehen (con esmero).
empinar *tr* auf|richten.
empingorotar *tr* obenauf stellen.
empírico, -a *adj* empirisch.

emplastar *tr* bepflastern.
emplasto *m* (Heft)pflaster *n*.
emplazamiento *m* (Stand)ort *m*.
emplazar *tr* platzieren.
empleado, -a *m, f* Angestellte(r) *mf(m)*.
emplear *tr* **1** an|stellen. **2** verwenden (usar).
empleo *m* **1** Stelle *f* (trabajo). **2** Verwendung *f* (uso).
emplumar *tr* mit Federn versehen.
empobrecer *intr y pron* verarmen (el espíritu, una cultura, etc.).
empollar *tr* e *intr* (fam) pauken, büffeln.
empolvar *tr* (ein)|pudern.
emponzoñar *tr* vergiften (dar ponzoña).
emporcar *tr* beschmutzen.
empotrar *tr* ein|bauen (en una pared).
emprender *tr* beginnen, an|fangen (un negocio, trabajo); unternehmen.
empreñar *tr* schwängern.
empresa *f* Unternehmen *n*.
empresariado *m* Unternehmerschaft *f*.
empresario, -a *m, f* Unternehmer(in) *m(f)*.
empréstito *m* Anleihe *f*.
empujar *tr* stoßen.
empuje *m* Stoß *m* (acción).
empujón *m* Stoß *m* (empellón).
empuñadura *f* Griff *m*.
empuñar *tr* ergreifen
emular *tr* nach|eifern (imitar).
emulsión *f* Emulsion *f*.
emulsionar *tr* emulgieren.
en *prep* **1** (situación) in *(+dat)* (dentro de); auf *(+dat)* (encima de); an *(+dat)* (junto a). **2** (dirección) in *(+ac)*; auf *(+ac)*; an *(+ac)*. **3** (tiempo) in *(+dat)*; an *(+dat)*. **4** (modo, estado) in *(+dat)*. **5** (medio de transporte) mit *(+dat)*.
enajenación *f* Veräußerung *f* (de una propiedad).
enajenar *tr* veräußern (traspasar).
enaltecer *tr* loben.
enamorarse *pron* ~ **de alguien** sich in jn verlieben.
enano, -a *m, f* Zwerg(in) *m(f)*.
enarbolar *tr* hoch|halten.
enardecer *tr* entflammen (avivar una pasión).
encabezamiento *m* Einleitungsformel *f*.
encabezar *tr* an|führen (lista).
encabritarse *pron* (fig) wütend werden.
encabronar *tr Arg., Cuba* wütend machen.
encadenamiento *m* Anketten *n*.
encadenar *tr* an|ketten.
encajar *tr* ein|passen.
encaje *m* Einfügen *n*.
encajonar *tr* ein|packen.
encalado *m* Kalken *n*.
encalambrarse *pron Amér.* erstarren.
encalar *tr* kalken.

encallar *intr* stranden (un barco).
encamarse *pron* sich ins Bett legen.
encaminar *tr* lenken.
encamotarse *pron Amér.* (fam) → enamorarse.
encandilar *tr* blenden.
encanecer *intr* ergrauen.
encantar *tr* verzaubern (embrujar).
encanto *m* Zauber *m*.
encañonar *tr* zielen auf *(+ac)*.
encapotarse *pron* sich bedecken (el cielo).
encapricharse *pron* **~ con alguien/algo** auf jn/etw versessen sein.
encapuchar *tr* eine Kapuze auf|setzen.
encaramar *tr* hoch|heben (alzar).
encarar *tr* gegenüber|stellen.
encarcelar *tr* inhaftieren.
encarecer *tr* **1** verteuern (el precio). **2** (fig) eindringlich bitten (recomendar).
encarecimiento *m* Verteuerung *f*.
encargar *tr* **1** an|vertrauen. **2** bestellen (pedir).
encargo *m* Bestellung *f*.
encariñarse *pron* **~ con alguien/algo** jn/etw lieb gewinnen.
encarnación *f* Verkörperung *f* (personificación).
encarnado, -a *adj* fleischfarben.
encarnar *tr* verkörpern.
encarnizamiento *m* (fig) Erbitterung *f*; Blutgier *f*.
encarnizar *intr y tr* auf|hetzen.
encarrilar *tr* **1** auf|gleisen (tren). **2** (fig) ins rechte Gleis bringen.
encartar *tr* den Prozess machen (procesar).
encasillar *tr* ein|ordnen.
encastillarse *pron* **~ en algo** auf etw*(dat)* bestehen.
encauzar *tr* (fig) lenken (asunto, persona).
encelar *tr* eifersüchtig machen (dar celos).
encenagarse *pron* in den Schlamm geraten (con cieno).
encendedor *m* Feuerzeug *n*.
encender *tr* **1** an|zünden (llama). **2** an|machen (luz, radio).
encerar *tr* (ein)|wachsen.
encerrar *tr* ein|sperren (recluir).
encerrona *f* Falle *f*.
encestar *tr* DEP einen Korb schiessen.
encharcar *tr* in einen Sumpf verwandeln.
enchilada *f Amér. Centr.* GAST Enchilada *f*.
enchilar *tr Amér. Centr.* mit Chili würzen.
enchironar *tr* (fam) ein|lochen.
enchufar *tr* ELEC an|schließen (conectar); ein|stecken (en el enchufe).
enchufe *m* **1** Stecker *m*. **2** Steckdose *f* (toma).

encía *f* Zahnfleisch *n.*
enciclopedia *f* Enzyklopädie *f.*
encierro *m* Einschließen *n.*
encima *adv* **1** oben (lugar). **2** obendrein (además). • *prep* **(por) ~ de 3** (situación) auf *(+dat)*; über *(+dat)* (sin contacto). **(por) ~ de 4** (dirección) auf *(+ac)*; über *(+ac)* (sin contacto).
encina *f* BOT Steineiche *f.*
encinta *adj* schwanger.
enclaustrar *tr* in ein Kloster geben.
enclave *m* Enklave *f.*
enclenque *adj* kränklich, schwächlich.
encofrar *tr* verschalen.
encoger *tr* **1** ein|ziehen (contraer). • *intr* **2** ein|gehen (tejido).
encolar *tr* leimen.
encolerizar *tr* erzürnen.
encomendar *tr* **1** an|vertrauen. **2** beauftragen (encargar).
encomiar *tr* loben.
enconar *tr* entzünden (inflamar).
encono *m* Groll *m* (rencor).
encontrar *tr* **1** treffen *(+ac)* (a alguien); begegnen *(+dat)*. **2** finden (hallar). **3** (fig) stoßen auf *(+ac)* (dificultades). **4** finden (considerar). • **~se** *pron* **5** sich befinden (hallarse). **6** sich fühlen (sentirse).
encorvar *tr* krümmen.
encostrar *tr, intr y pron* verkrusten.
encrespar *tr* kräuseln.
encrucijada *f* Kreuzung *f.*
encuadernación *f* Einband *m.*
encuadernar *tr* binden.
encuadrar *tr* ein|rahmen.
encubrimiento *m* Verheimlichen *n.*
encubrir *tr* verbergen.
encuentro *m* Treffen *n.*
encuesta *f* Umfrage *f.*
encuestar *tr* befragen.
encumbramiento *m* Erhöhung *f.*
encumbrar *tr* empor|heben (levantar).
encurrucarse *pron Amér.* sich zusammen|kauern.
endeble *adj* schwach.
enderezar *tr* **1** gerade biegen. **2** (fig) in Ordnung bringen.
endeudarse *pron* sich verschulden.
endibia o **endivia** *f* Chicorée *m.*
endilgar *tr* **~ algo a alguien** auf|halsen.
endiosamiento *m* (fig) Hochmut *m* (altivez).
endiosar *tr* vergöttern.
endogamia *f* Endogamie *f.*
endomingarse *pron* sich festlich kleiden.
endosar *tr* (fig) auf|halsen (endilgar).
endovenoso, -a *adj* intravenös.
endulzar *tr* (ver)süßen.
endurecer *tr* (ver)härten (material).

endurecimiento *m* Verhärtung *f*.
enemigo, -a *adj* **1** feindlich. • *m, f* **2** Feind(in) *m(f)*.
enemistad *f* Feindschaft *f*.
enemistar *tr* verfeinden.
energía *f* Energie *f*.
enérgico, -a *adj* energisch (fuerte).
energúmeno, -a *m, f* Besessene(r) *mf(m)*.
enero *m* Januar *m*.
enervar *tr* schwächen (debilitar).
enésimo, -a *adj* MAT n-te.
enfadar *tr* **1** ärgern. • **~se (con)** *pron* **2** sich ärgern (über *(+ac)*).
enfado *m* Ärger *m*.
enfangar *tr* beschmutzen.
énfasis *m* Emphase *f*.
enfatizar *tr* betonen.
enfermar *intr y pron* erkranken.
enfermedad *f* Krankheit *f*.
enfermería *f* Krankenstation *f*.
enfermero, -a *m, f* Krankenpfleger, -schwester *m, f*.
enfermo, -a *adj* **1** krank. • *m, f* **2** Kranke(r) *mf(m)*.
enfervorizar *tr* begeistern.
enfilar *tr* aneinander reihen.
enflaquecer *tr y pron* abmagern.
enfocar *tr* **1** ein|stellen. **2** (fig) untersuchen, beleuchten.
enfoque *m* Einstellung *f*.
enfrascar *tr* ab|füllen.
enfrentamiento *m* Auseinandersetzung *f*.
enfrentar *tr* **1** gegenüber|stellen (encarar). **2** gegenüber|treten *(+dat)* (afrontar). • **~se** *pron* **3** zusammen|stoßen (afrontarse).
enfrente *adv* **1** gegenüber. **~ de** **2** gegenüber von *(+dat)*.
enfriamiento *m* Abkühlung *f*.
enfriar *tr* **1** (ab)|kühlen. • **~se** *pron* **2** kühler werden.
enfundar *tr* überziehen (mit *(+dat)*) (cubrir).
enfurecer *tr* wütend machen.
enfurruñarse *pron* (fam) mürrisch werden.
engalanar *tr* **1** schmücken. • **~se** *pron* **2** sich heraus|putzen.
enganchar *tr* **1** ein|haken. • **~se** *pron* **2** sich verhaken.
enganche *m* TEC Ankoppeln *n*.
engañabobos *m, f* (fam) Bauernfänger(in) *m(f)* (timador).
engañar *tr* **1** betrügen (mentir). • *intr* **2** täuschen. • **~se** *pron* **3** sich irren.
engañifa *f* (fam) Gaunerei *f*.
engaño *m* **1** Betrug *m*. **2** Täuschung *f* (ilusión).
engarce *m* Fassung *f*.
engarzar *tr* verketten.
engastar *tr* ein|fassen.
engaste *m* → engarce.
engatusar *tr* (fam) ein|wickeln, bezirzen.
engendrar *tr* zeugen (procrear).
engendro *m* Missgeburt *f*.
englobar *tr* umfassen.
engolosinar *tr* locken.

engomar *tr* gummieren.
engordar *tr* **1** dick machen. • *intr y pron* **2** dick werden; zu|nehmen (aumentar peso).
engorde *m* Mast *f*.
engorro *m* Belästigung *f* (molestia).
engranaje *m* TEC Getriebe *n*.
engranar *intr* ineinander|greifen.
engrandecer *tr* vergrößern (hacer más grande).
engrandecimiento *m* Vergrößerung *f*.
engranujarse *pron* zum Gauner werden.
engrasar *tr* ein|fetten.
engrase *m* **1** Einfetten *n*. **2** Schmiermittel *n* (lubricante).
engreír *tr* eingebildet machen (envanecer).
engringarse *pron Amér.* sich amerikanisieren.
engrosar *tr* **1** vergrößern. • *intr y pron* **2** dicker werden.
engrudo *m* Kleister *m*.
engullir *tr* verschlingen.
enhebrar *tr* ein|fädeln.
enhiesto, -a *adj* aufrecht.
enhorabuena *f* **1** Glückwunsch *m*. • **¡~!** *interj* **2** herzlichen Glückwunsch!
enigma *m* Rätsel *n*.
enjabonado *m* Einseifen *n*.
enjabonar *tr* ein|seifen.
enjalbegar *tr* tünchen.
enjambre *m* Bienenschwarm *m*.
enjaular *tr* ein|sperren.
enjoyar *tr* mit Juwelen schmücken.
enjuagar *tr* (aus)|spülen.
enjuague *m* Spülung *f*.
enjugar *tr* ab|wischen.
enjuiciamiento *m* DER Einleitung *f* eines Gerichtsverfahrens.
enjuiciar *tr* **1** (fig) beurteilen (juzgar). **2** DER den Prozess machen (procesar).
enjundia *f* (fig) Substanz *f*.
enlace *m* **1** Verbindung *f*. **2** Anschluss *m* (trenes).
enladrillar *tr* mit Ziegeln belegen.
enlatar *tr* eindosen.
enlazar *tr* **1** verbinden. • *intr* **2** Anschluss *m* haben (trenes).
enloquecer *tr* **1** verrückt machen. • *intr y pron* **2** verrückt werden.
enlosado *m* Fliesenboden *m*.
enlosar *tr* verfliesen.
enlucir *tr* verputzen.
enlutar *tr* **1** (fig) betrüben (entristecer). • **~se** *pron* **2** Trauer anlegen.
enmadrarse *pron* ein Mamakind werden.
enmarañar *tr y pron* zersausen (enredar); verwickeln (complicar).
enmarcar *tr* ein|rahmen.
enmascarar *tr* maskieren.
enmendar *tr* **1** verbessern. **2** ab|ändern (modificar).
enmienda *f* **1** Verbesserung *f*. **2** Änderung *f* (modificación).

enmohecerse *pron* verschimmeln.
enmudecer *tr* zum Schweigen bringen.
ennegrecimiento *m* Schwarzwerden *n*.
ennoblecer *tr* veredeln.
enojarse *pron* ~ **con** sich ärgern über *(+ac)*.
enojo *m* Ärger *m*.
enología *f* Weinkunde *f*.
enorgullecer *tr* stolz machen.
enormidad *f* Ungeheuerlichkeit *f*.
enraizar *intr* Wurzeln schlagen.
enrarecer *tr* QUÍM reduzieren.
enredadera *f* BOT Kletterpflanze *f*.
enredador(a) *adj* **1** klatschsüchtig (chismoso); verlogen (embustero). • *m(f)* **2** Klatschbase *f* (chismoso); Lügner(in) *m(f)* (mentiroso). **3** Intrigant(in) *m(f)*.
enredar *tr* **1** verwickeln. • **~se** *pron* **2** sich verstricken.
enredo *m* Wirrwarr *m*.
enriquecer *tr* **1** bereichern. • **~se** *pron* **2** sich bereichern.
enristrar *tr* zusammen|flechten (ajos, cebollas).
enrojecer *intr y pron* rot werden.
enrolar *tr y pron* NÁUT an|heuern.
enrollar *tr* **1** ein|rollen. • **~se** *pron* **2** aus|schweifen (extenderse).
enronquecerse *pron* heiser werden.
enroscar *tr* ein|schrauben (tornillo).
ensalada *f* Salat *m*.
ensaladilla *f* Gemisch *f*. ♦ **~ rusa** *Kartoffelsalat mit Majonäse, Erbsen, Karotten etc.*
ensalzar *tr* preisen.
ensamblador *m* INF Assembler *m*.
ensamblaje *m* Montage *f*.
ensamblar *tr* zusammen|bauen.
ensanchar *tr* erweitern.
ensanche *m* Erweiterung *f*.
ensangrentar *tr* mit Blut beflecken.
ensañamiento *m* Erbitterung *f*.
ensañar *tr* **1** erbittern. • **~se** *pron* **2** wütend werden.
ensartar *tr* **1** auf|fädeln (perlas). **2** auf|spießen (espetar).
ensayar *tr* **1** (aus)|probieren (probar). **2** MÚS, TEAT proben.
ensayo *m* **1** Versuch *m*. **2** LIT Essay *m*. **3** MÚS, TEAT Probe *f*.
enseguida *adv* sofort.
ensenada *f* Bucht *f*.
enseña *f* Fahne *f*.
enseñanza *f* **1** Unterricht *m*. **2** Bildungswesen *n* (sistema).
enseñar *tr* **1** zeigen. **2** EDUC unterrichten.
enseñorearse *pron* sich einer Sache*(gen)* bemächtigen.
enseres *m pl* **1** Sachen *f pl*. **2** Einrichtung *f* (mobiliario).

enseriarse *pron Amér.* ernst werden.

ensimismarse *pron* seinen Gedanken nach|hängen.

ensoberbecerse *pron* hochmütig werden.

ensombrecer *tr* verdüstern.

ensoñación *f* → ensueño.

ensoñar *intr y tr* träumen.

ensordecer *intr* taub werden.

ensortijar *tr* kräuseln.

ensuciar *tr* beschmutzen.

ensueño *m* Traum *m*.

entablar *tr* **1** mit Holz verkleiden. **2** beginnen (empezar).

entablillar *tr* schienen.

ente *m* POL Körperschaft *f*.

entelequia *f* Illusion *f*.

entendederas *f pl* (fam) → entendimiento.

entender *m* Meinung *f*.

entender *tr* **1** verstehen, begreifen (comprender). **2** meinen (opinar). • **~ de algo** *intr* **3** (etw) von etw*(dat)* verstehen. • **~se** *pron* **4** sich verstehen; sich verständigen (ponerse de acuerdo).

entendimiento *m* Urteilsvermögen *n* (juicio).

entente *f* Einigung *f*.

enterar *tr* **1** jn über etw*(ac)* informieren (informar de). • **~se de** *pron* **2** von etw*(dat)* erfahren.

entereza *f* Charakterfestigkeit *f* (integridad).

enternecer *tr* **1** erweichen **2** (fig) rühren.

enternecimiento *m* Rührung *f*.

entero, -a *adj* ganz, vollständig.

enterramiento *m* Begräbnis *n*.

enterrar *tr* **1** ein|graben. **2** begraben (dar sepultura).

entibiar *tr y pron* ab|kühlen.

entidad *f* **1** COM Firma *f*. **2** POL Körperschaft *f*.

entierro *m* Begräbnis *n*.

entonación *f* Intonation *f*.

entonar *tr* **1** an|stimmen (canción). • *intr* **2** harmonieren.

entonces *adv* **1** damals. **2** dann (modo).

entontecer *tr, intr y pron* verdummen.

entornar *tr* halb schließen.

entorno *m* **1** Umgebung *f*. **2** SOCIOL Milieu *n*.

entorpecer *tr* behindern.

entrada *f* **1** Eingang *m* (puerta); Einfahrt *f* (para un vehículo). **2** Eintrittskarte *f* (billete). **3** GAST Vorspeise *f*.

entramado *m* Verflechtung *f*.

entrampar *tr* überlisten.

entraña *f* **1** Eingeweide *n pl*. **2** Gemüt *n* (ánimo). ■ **no tener entrañas** herzlos sein.

entrañar *tr* mit sich*(dat)* bringen.

entrar *intr* **1** **~ (en)** ein|treten (in *(+ac)*), betreten *(+ac)*; hinein|gehen (in *(+ac)*); hinein|fahren (in *(+ac)*) (un vehículo). **2** (fig) beginnen (empezar). ■ **~ en detalles** auf Einzelheiten ein|gehen.

entre *prep* **1** (situación) zwischen *(+dat)*; unter *(+dat)* (en un grupo). **2** (dirección) zwischen *(+ac); unter (+ac)* (grupo). **3** (tiempo) zwischen *(+dat)*.
entreabrir *tr* halb öffnen.
entrecejo *m* Stirnrunzeln *n* (ceño).
entrecortar *tr* unterbrechen.
entrecot *m* Entrecôte *n*.
entredicho *m* Verbot *n* (prohibición). ▪ **poner algo en ~** etw in Frage stellen.
entrega *f* **1** Übergabe *f* (acción). **2** Ausgabe *f* (libros). **3** (fig) Engagement *n* (dedicación). **4** COM Lieferung *f*.
entregar *tr* **1** übergeben. **2** COM liefern. • **~se** *pron* **3** sich hin|geben (abnegarse). **~se a 4** sich etw*(dat)* widmen (dedicarse).
entrelazar *tr* verflechten.
entremés *m* GAST Vorspeise *f*.
entremeterse *pron* sich ein|mischen.
entremezclar *tr* vermischen.
entrenamiento *m* **1** Übung *f*. **2** DEP Training *n*.
entrenar *tr y pron* trainieren.
entrepierna *f* Zwischenbeingegend *f*.
entresacar *tr* heraus|suchen.
entresuelo *m* Zwischengeschoss *n*.
entretanto *adv* inzwischen.
entretejer *tr* ein|weben.
entretener *tr* **1** auf|halten (detener). **2** unterhalten (divertir). • **~se** *pron* **3** sich*(dat)* die Zeit vertreiben (pasar el rato).
entretenimiento *m* Unterhaltung *f* (diversión).
entretiempo *m* Übergangszeit *f*.
entrever *tr* **1** undentlich sehen. **2** (fig) (er)ahnen (sospechar).
entreverar *tr* durcheinander werfen.
entrevista *f* Interview *n*.
entrevistar *tr* interviewen.
entristecer *tr* traurig machen.
entrometer *tr y pron* → entremeter.
entromparse *pron* (fam) sich betrinken.
entroncar *tr* js Verwandtschaft nach|weisen.
entronización *f* Thronerhebung *f*.
entronizar *tr* auf den Thron erheben.
entuerto *m* Unrecht *n*.
entumecerse *pron* gefühllos werden.
enturbiar *tr* trüben.
entusiasmar *tr* **1** begeistern. • **~se con o por algo** *pron* **2** sich für etw*(ac)* begeistern.
entusiasmo *m* Begeisterung *f*.
enumeración *f* Aufzählung *f*.
enumerar *tr* auf|zählen.
enunciación *f* Äußerung *f*.
enunciado *m* **1** Darstellung *f* (exposición). **2** GRAM Aussage *f*.
enunciar *tr* aus|drücken.
envalentonar *tr* ermutigen.

e

envanecerse *pron* ~ **de** auf etw*(ac)* stolz sein (vanagloriarse); eingebildet werden.
envarar *tr* lähmen.
envasar *tr* verpacken; ab|füllen (líquido).
envase *m* Verpackung *f* (envoltura).
envejecer *intr y pron* alt werden.
envenenamiento *m* Vergiftung *f*.
envenenar *tr* vergiften.
envergadura *f* (Flügel)spannweite *f*.
envés *m* Rückseite *f*.
enviar *tr* schicken (mandar); ab|senden (despachar).
enviciar *tr* verderben.
envidia *f* Neid *m*.
envidiar *tr* ~ **a alguien por algo** jn um etw*(ac)* beneiden.
envilecer *tr* herab|würdigen.
envío *m* **1** Sendung *f*. **2** Versand *m* (expedición).
envite *m* Gebot *n*.
enviudar *intr* verwitwen.
envoltorio *m* **1** Bündel *n*. **2** Verpackung *f* (envoltura).
envoltura *f* Hülle *f*.
envolver *tr* ein|packen (en/con papel, plástico, etc.).
enyesado *m* Eingipsen *n*.
enyesar *tr* ein|gipsen.
enzarzarse *pron* **1** sich in Schwierigkeiten bringen. **2** hängen bleiben (enredarse).
¡epa! *interj Amér.* hallo!
epidemia *f* Epidemie *f*.
epígrafe *m* Inschrift *f*.
epílogo *m* Nachwort *n*, Epilog *m*.
episcopado *m* Episkopat *n*.
episodio *m* Episode *f*.
época *f* **1** Zeit *f*. **2** HIST Epoche *f*.
epopeya *f* LIT Epos *n*.
equidad *f* Gerechtigkeit *f*.
equidistancia *f* Entfernungsgleichheit *f*.
equidistar *intr* gleich weit entfernt sein.
equilibrar *tr* ins Gleichgewicht bringen.
equilibrio *m* Gleichgewicht *n*.
equipaje *m* (Reise)gepäck *n*.
equipamiento *m* Ausstattung *f*, Ausrüstung *f*.
equipar *tr* ~ **con** o **de** aus|rüsten mit *(+dat)*; aus|statten mit *(+dat)*.
equiparar *tr* ~ **con** gleich|setzen mit.
equipo *m* **1** Ausrüstung *f*. **2** DEP Mannschaft *f*. ♦ ~ **estéreo** Stereoanlage *f*.
equitación *f* Reitsport *m*.
equitativo, -a *adj* gerecht.
equivalencia *f* Äquivalenz *f*.
equivaler *intr* ~ **a** gleich(wertig) sein mit *(+dat)*.
equivocación *f* Irrtum *m*.
equivocar *tr* **1** verwechseln. • **~se de** o **en** *pron* **2** sich irren in *(+dat)*. ■ **~se al escribir** sich verschreiben; ~ **al leer** sich verlesen, **~se de camino** sich verlaufen.

equívoco, -a *adj* zweideutig.
era *f* Ära *f.*
erección *f* **1** Errichtung *f* (monumento). **2** Erektion *f* (pene).
erguir *tr* **1** auf|richten. • **~se** *pron* **2** sich auf|richten.
erigir *tr* errichten.
erizar *tr* sträuben.
erizo *m* Igel *m.* ◆ **~ de mar** Seeigel *m.*
ermita *f* Einsiedelei *f.*
erosión *f* Erosion *f.*
erosionar *tr* **1** ab|nutzen. **2** GEOL aus|waschen, erodieren.
erotismo *m* Erotik *f.*
erradicar *tr* aus|rotten.
errar *intr* **~ en** sich irren in *(+dat).*
errata *f* Druckfehler *m.*
error *m* **1** Irrtum *m.* **2** Fehler *m* (falta).
eructar *intr* rülpsen.
eructo *m* Rülpser *m.*
erudición *f* Gelehrtheit *f.*
erupción *f* Eruption *f.*
esbelto, -a *adj* schlank.
esbozar *tr* skizzieren.
esbozo *m* Skizze *f.*
escabechar *tr* GAST marinieren.
escabeche *m* Marinade *f.*
escabroso, -a *adj* unwegsam (terreno).
escabullirse *pron* entgleiten.
escacharrar *tr* **1** kaputt|machen. • **~se** *pron* **2** kaputt|gehen.
escala *f* **1** Skala *f.* **2** Maßstab *m* (proporción). **3** AER Zwischenlandung *f.*
escalada *f* **1** Ersteigen *n.* **2** DEP Klettertour *f.*
escalafón *m* Dienstrangliste *f.*
escaldar *tr* GAST ab|brühen.
escalera *f* Treppe *f.*
escalfar *tr* GAST pochieren.
escalofrío *m* **1** Schauder *m.* **2** MED Schüttelfrost *m.*
escalón *m* Stufe *f.*
escalonamiento *m* Abstufung *f* (graduación).
escalonar *tr* ab|stufen.
escama *f* Schuppe *f.*
escamar *tr* (ab)|schuppen (pescado).
escamotear *tr* weg|zaubern (ilusionista).
escampar *impers* auf|hören zu regnen (cesar de llover).
escanciar *tr* ein|schenken.
escandalizar *tr* schockieren.
escándalo *m* **1** Skandal *m.* **2** Krach *m* (ruido).
escanear *tr* scannen.
escáner *m* Scanner *m.*
escaño *m* POL Sitz *m.*
escapada *f* Flucht *f.*
escapar *intr y pron* **1** fliehen (huir); aus|reißen (de casa). **2** entkommen *(+dat)* (lograr salvarse). • **~se** *pron* **3** aus|strömen (agua, gas).
escaparate *m* Schaufenster *n.*
escapatoria *f* Ausflucht *f*; Ausrede *f* (excusa).
escape *m* **1** Ausströmen *n* (gas, líquido). **2** Entkommen *n* (de un encierro).
escarabajo *m* Käfer *m.*

e

escaramuza *f* Scharmützel *n.*
escarbar *tr* (auf)|wühlen.
escarceo *m* Strudel *m* (oleaje).
escarcha *f* (Rau)reif *m.*
escarlata *adj* scharlachrot.
escarmentar *tr* bestrafen.
escarmiento *m* Lehre *f* (lección).
escarnecer *tr* verspotten.
escarola *f* BOT Endivie *f.*
escarpar *tr* steil ab|flachen.
escasear *intr* knapp sein (faltar).
escasez *f* Knappheit *f.*
escatimar *tr* sparen an *(+dat).*
escayola *f* Gips *m.*
escayolar *tr* ein|gipsen.
escena *f* (Film)szene *f.*
escenario *m* Bühne *f.*
escenificar *tr* inszenieren.
escepticismo *m* Skepsis *f.*
escindir *tr* **1** ab|spalten (separar). **2** FÍS spalten.
escisión *f* Spaltung *f.*
esclarecer *tr* erleuchten.
esclavitud *f* Sklaverei *f.*
esclavizar *tr* versklaven.
esclavo, -a *m, f* Sklave, -in *m, f.*
escoba *f* Besen *m.*
escobillar *tr* bürsten.
escocedura *f* Brennen *n.*
escocer *intr* brennen (picar).
escoger *tr* aus|wählen.
escolaridad *f* Schulzeit *f* (período).
escollera *f* Damm *m.*
escollo *m* Klippe *f.*
escolta *f* **1** Begleitung *f.* **2** MIL Eskorte *f.*
escoltar *tr* **1** begleiten. **2** MIL eskortieren.
escombros *m pl* (Bau)schutt *m.*
esconder *tr* **1** verstecken. • **~se** *pron* **2** sich verstecken.
escondite *m* Versteck *n.*
escondrijo *m* Versteck *n.*
escopeta *f* (Jagd)gewehr *n.*
escopetear *tr* beschießen.
escora *f* MAR Schlagseite *f.*
escorarse *pron Cuba, Hond.* Schutz suchen.
escoria *f* Schlacke *f.*
escorpión *m* **1** Skorpion *m.* **2 Escorpión** ASTR Skorpion *f.*
escotadura *f* (Hals)ausschnitt *m.*
escotar *tr* aus|schneiden.
escote *m* Ausschnitt *m.*
escotilla *f* Luke *f.*
escozor *m* Brennen *n.*
escribir *tr* e *intr* schreiben.
escritura *f* Schrift *f.*
escriturar *tr* notariell beurkunden.
escrúpulo *m* Skrupel *m.*
escrupulosidad *f* Genauigkeit *f.*
escrutinio *m* Stimmenauszählung *f* (recuento).
escuadra *f* **1** Zeichendreieck *n.* **2** MIL Trupp *m.*
escuadrilla *f* Staffel *f* (aérea).
escucha *f* Abhören *n.*
escuchar *tr* **1** an|hören (con atención); zu|hören *(+dat)* (a alguien con atención). • *intr* **2** zu|hören. ■ **¡escucha!** hör mal!; pass mal auf!

escudar *tr* ~ **a alguien de** jn beschützen vor *(+dat)*.
escudo *m* **1** (Schutz)schild *m.* **2** Wappen *n* (emblema).
escudriñar *tr* untersuchen.
escuela *f* Schule *f.*
esculpir *tr* meißeln.
escultura *f* Skulptur *f.*
escupir *tr* **1** aus|spucken. • *intr* **2** spucken.
escurreplatos *m* Geschirrständer *m.*
escurridor *m* Abtropfsieb *n.*
escurrir *tr* abtropfen lassen.
ese, -a (*pl* **esos, esas**) *adj demos* diese(r, s).
ése, -a (*pl* **ésos, ésas**) *pron demos* diese(r, s); der/die/das (da).
esencia *f* Essenz *f.*
esfera *f* Sphäre *f.*
esfinge *f* Sphinx *f.*
esforzar *tr* **1** stärken. • **~se** *pron* **2** sich bemühen.
esfuerzo *m* Anstrengung *f.*
esfumarse *pron* (fig) sich auf|lösen.
esgrimir *tr* schwingen.
esguince *m* MED Verstauchung *f.*
eslabón *m* (Ketten)glied *n.*
eslogan *m* Slogan *m.*
eslora *f* Schiffslänge *f.*
esmaltar *tr* emaillieren.
esmalte *m* Email *n.*
esmeralda *f* Smaragd *m.*
esmerar *tr* **1** polieren. • **~se** *pron* **2** sich*(dat)* Mühe geben.
esmero *m* Sorgfalt *f.*
eso *pron demos* → ése.
esotérico, -a *adj* esoterisch.
espabilar *tr* → despabilar.
espaciar *tr* auseinander rücken.
espacio *m* **1** Raum *m.* **2** Zeitraum *m* (tiempo).
espada *f* Schwert *n.*
espagueti *m* Spaghetti pl.
espalda *f* Rücken *m.*
espaldarazo *m* HIST Ritterschlag *m.* ▪ **dar el ~ a alguien** (fig) jn an|erkennen.
espantada *f* Flucht *f.*
espantar *tr* erschrecken.
espanto *m* Schrecken *m.*
España *f* Spanien *n.*
español(a) *adj* **1** spanisch. • *m(f)* **2** Spanier(in) *m(f).*
españolizar *tr* hispanisieren.
esparadrapo *m* Heftpflaster *n.*
esparcimiento *m* (fig) Zerstreuung *f* (diversión).
esparcir *tr* **1** aus|streuen. • **~se** *pron* **2** sich verbreiten.
espárrago *m* Spargel *m.*
espasmo *m* Krampf *m.*
especia *f* Gewürz *n.*
especial *adj* speziell.
especialidad *f* Spezialität *f.*
especialización *f* Spezialisierung *f.*
especializarse *pron* ~ **en** sich spezialisieren auf *(+ac)*.
especie *f* **1** Art *f*, Sorte *f* (tipo). **2** BIOL Art *f*, Spezies *f* (clase).
especificación *f* Spezifizierung *f.*
especificar *tr* im Einzelnen dar|legen.

e

específico, -a *adj* spezifisch.
espécimen *m* Exemplar *n.*
espectáculo *m* **1** Schauspiel *n* (función). **2** (fam) Spektakel *n* (escándalo).
espectro *m* **1** Gespenst *n* (fantasma). **2** FÍS Spektrum *n.*
especulación *f* Spekulation *f.*
especular *intr* spekulieren.
espejismo *m* Luftspiegelung *f.*
espejo *m* Spiegel *m.*
espeluznar *tr* entsetzen.
espera *f* Warten *n.*
esperanto *m* Esperanto *n.*
esperanza *f* Hoffnung *f.*
esperar *tr* e *intr* **1** warten auf *(+ac).* **2** hoffen auf *(+ac)* (confiar, desear). ■ **~ sentado** vergeblich warten.
esperma *m* Sperma *n.*
esperpento *m* (fam) Vogelscheuche *f.*
espeso, -a *adj* dickflüssig.
espesor *m* **1** Dicke *f* (grueso). **2** Dichte *f* (densidad).
espesura *f* Dichte *f.*
espetar *tr* (fam) aus|stoßen (palabrota).
espía *m, f* Spion(in) *m(f)*; Spitzel *m* (de la policía).
espiar *tr* aus|spionieren; bespitzeln (para la policía).
espichar *intr* (fam) krepieren.
espiga *f* BOT Ähre *f.*
espigar *tr* Ähren lesen.
espina *f* **1** Dorn *m.* **2** (Fisch)gräte *f* (de pescado). **3** (fig) nagender Kummer *m* (pesar).
espinaca *f* Spinat *m.*
espinazo *m* ANAT Rückgrat *n.*
espinilla *f* ANAT Schienbein *n.*
espionaje *m* Spionage *f.*
espiración *f* Ausatmen *n.*
espiral *adj* **1** spiralförmig. ● *f* **2** Spirale *f.*
espirar *tr* e *intr* aus|atmen.
espíritu *m* Geist *m.*
espiritualidad *f* Spiritualität *f.*
espiritualizar *tr* vergeistigen.
esplendidez *f* Pracht *f.*
esplendor *m* Glanz *m.*
espolear *tr* an|spornen.
espolvorear *tr* bestreuen.
esponja *f* Schwamm *m.*
espónsor *m, f* Sponsor(in) *m(f).*
espontaneidad *f* Spontan(e)ität *f.*
esposar *tr* Handschellen an|legen *(+dat).*
esposo, -a *m, f* Ehemann, -frau *m, f.*
esprint *m* Sprint *m.*
esprintar *intr* sprinten.
espuela *f* Sporn *m.*
espuma *f* Schaum *m.*
espumar *tr* den Schaum ab|schöpfen.
esputo *m* Speichel *m.*
esqueje *m* BOT Steckling *m.*
esqueleto *m* ANAT Skelett *n.*
esquema *m* Schema *n.*
esquí *m* Ski *m.*
esquiar *intr* Ski laufen.
esquilar *tr* scheren.
esquilmar *tr* (ab)|ernten (cosechar).

esquina *f* Ecke *f.*
esquinar *tr* rechtwinklig zu|-schneiden.
esquivar *tr* aus|weichen *(+dat).*
esquivo, -a *adj* spröde.
estabilidad *f* Stabilität *f.*
estabilización *f* Stabilisierung *f.*
estabilizar *tr* stabilisieren.
establecer *tr* **1** (be)gründen (fundar). **2** fest|legen (fijar).
establecimiento *m* **1** Errichtung *f* (fundación). **2** Festsetzung *f* (fijación). **3** COM Niederlassung *f.*
establo *m* Stall *m.*
estaca *f* Pfahl *m.*
estacar *tr* ab|grenzen.
estación *f* **1** Station *f.* **2** Jahreszeit *f* (del año). **3** Bahnhof *m* (de trenes).
estacionamiento *m* AUT Parken *n.*
estacionar *tr* **1** auf|stellen (colocar). **2** AUT parken.
estadio *m* DEP Stadion *n.*
estadista *m, f* Staatsmann, -frau *m, f.*
estadística *f* Statistik *f.*
estado *m* **1** Zustand *m.* **2** POL Staat *m.* ◆ **~ civil** Familienstand *m.*
Estados Unidos *m pl* die Vereinigten Staaten *m pl* (von Amerika).
estadounidense *m, f* US-Amerikaner(in) *m(f).*
estafa *f* Betrug *m.*
estafar *tr* betrügen.
estallar *intr* **1** explodieren (explotar). **2** (fig) aus|brechen.
estamento *m* Gesellschaftsschicht *f.*
estampa *f* (Ab)druck *m.*
estampar *tr* bedrucken (papel, tela); auf|drucken (un motivo).
estampida *f* Knall *m.*
estampido *m* Knall *m.*
estampilla *f* Faksimilestempel *m.*
estampillar *tr* (ab)|stempeln.
estancamiento *m* ECON Stagnation *f.*
estancar *tr* **1** stauen. **2** (fig) zum Stocken bringen. ● **~se** *pron* **3** stagnieren (negocio, asunto).
estancia *f* Aufenthalt *m.*
estanco, -a *adj* **1** abgeschlossen. ● *m* **2** Tabak(waren)laden *m.*
estándar *m* Standard *m.*
estandarizar *tr* standardisieren.
estandarte *m* Standarte *f.*
estanque *m* Teich *m.*
estante *m* Regalbrett *n.*
estantería *f* Regal *n.*
estaño *m* Zinn *n.*
estar *intr* **1** sein. **2** sich befinden (hallarse). **3** sich fühlen (sentirse). **~ a 4** kosten (costar). **~ haciendo algo 5** gerade etw tun. **~ por hacer 6** noch zu tun sein. ■ **estamos a 2 de febrero** wir haben den zweiten Februar; **~ con alguien** bei jm sein (en su entorno); mit jm

zusammen sein (en compañía); **estoy bien/mal** es geht mir gut/schlecht.
estático, -a *adj* statisch.
estatua *f* Statue *f*.
estatuir *tr* verordnen.
estatura *f* Statur *f*.
estatuto *m* Statut *n*.
este *m* Osten *m*.
este, -a (*pl* **estos, estas**) *adj demos* diese(r, s); der/die/das (hier). ▪ **esta tarde** heute Nachmittag.
éste, -a (*pl* **éstos, éstas**) *pron demos* diese(r, s); der/die/das (hier).
estepa *f* Steppe *f*.
estera *f* (Fuß)matte *f*.
estereotipar *tr* stereotypisieren.
estereotipo *m* (fig) Stereotyp *n*.
esterilidad *f* Unfruchtbarkeit *f*.
esterilización *f* Sterilisierung *f*.
esterilizar *tr* sterilisieren.
esternón *m* Brustbein *n*.
estiércol *m* Mist *m*.
estigma *m* Stigma *n*.
estilizar *tr* stilisieren.
estilo *m* Stil *m*.
estima *f* (Wert)schätzung *f*.
estimación *f* Schätzung *f*.
estimar *tr* schätzen.
estimular *tr* an|regen.
estímulo *m* **1** Reiz *m*. **2** (fig) Anreiz *m*.
estío *m* Sommer *m*.
estipendio *m* Lohn *m*.
estipulación *f* Abmachung *f*.
estipular *tr* vereinbaren.
estiramiento *m* Streckung *f*.
estirar *tr* strecken.
estirpe *f* Abstammung *f*.
esto *pron demos* dieses, das hier.
estofado *m* GAST Schmorbraten *m*.
estómago *m* Magen *m*.
estorbar *tr* **1** behindern (obstáculo). **2** (fig) stören (molestar).
estorbo *m* Störung *f*.
estornudar *intr* niesen.
estornudo *m* Niesen *n*.
estos, -as *adj demos* → este.
éstos, -as *pron demos* → éste.
estrado *m* Podium *n*.
estrago *m* Verwüstung *f*. ▪ **hacer estragos** großen Schaden an|richten.
estrangulación *f* Erdrosselung *f*.
estrangular *tr* erwürgen.
estratagema *f* (fig) List *f* (astucia).
estrategia *f* Strategie *f*.
estrato *m* Schicht *f*.
estrechar *tr* **1** enger machen (angostar). **2** drücken (la mano).
estrechez *f* Enge *f*.
estregar *tr* (ab)|reiben.
estrella *f* **1** Stern *m*. **2** Star *m* (persona). ♦ **~ fugaz** Sternschnappe *f*.
estrellar *tr* **1** zerschmettern. ● **~se contra** o **en** *pron* **2** zerschellen an (+*dat*).

estremecer *tr* **1** erschüttern. • **~se (de)** *pron* **2** (er)schaudern (vor *(+dat)*) (temblar).
estrenar *tr* CINE, TEAT urauf|führen.
estreno *m* Erstaufführung *f* (de una obra).
estreñimiento *m* MED Verstopfung *f.*
estreñir *tr* MED verstopfen.
estrépito *m* Lärm *m.*
estrés *m* Stress *m.*
estresar *tr* stressen.
estría *f* Rille *f.*
estriar *tr* ARQ riefeln.
estribo *m* Steigbügel *m.*
estribor *m* NÁUT Steuerbord *n.*
estricto, -a *adj* strikt.
estrofa *f* Strophe *f.*
estropajo *m* Topfreiniger *m.*
estropear *tr* kaputt|machen.
estropicio *m* (fam) Schaden *m* (destrozo).
estructura *f* Struktur *f.*
estructurar *tr* strukturieren.
estruendo *m* Getöse *n.*
estrujar *tr* (aus)|pressen (exprimir).
estucar *tr* stuckieren.
estuche *m* Etui *n.*
estudiante *m, f* **1** Schüler(in) *m(f)* (escuela). **2** Student(in) *m(f)* (universidad).
estudiar *tr* e *intr* **1** studieren (estudios universitarios). • *tr* **2** lernen (aprender).
estudio *m* **1** Lernen *n* (trabajo intelectual). **2** Studie *f* (obra). **3** Atelier *n* (de pintor). • **estudios** *m pl* **4** (Hochschul)studium *n* (carrera).
estufa *f* Ofen *m.*
estupefacción *f* **1** Verblüffung *f.* **2** MED Betäubung *f.*
estupefaciente *m* MED Betäubungsmittel *n.*
estupendo, -a *adj* fabelhaft.
estupidez *f* Dummheit *f.*
estupor *m* Verblüffung *f.*
etapa *f* Etappe *f.*
etcétera *m* und so weiter.
éter *m* Äther *m.*
eternidad *f* Ewigkeit *f.*
eternizar *tr* verewigen.
ética *f* Ethik *f.*
etimología *f* Etymologie *f.*
etiqueta *f* Etikett *n.*
etiquetar *tr* etikettieren.
eucalipto *m* Eukalyptus *m.*
eucaristía *f* Eucharistie *f.*
eufemismo *m* Euphemismus *m.*
euforia *f* Euphorie *f.*
euro *m* Euro *m.*
Europa *f* Europa *n.*
europeización *f* Europäisierung *f.*
europeizar *tr* europäisieren.
europeo, -a *adj* **1** europäisch. • *m, f* **2** Europäer(in) *m(f).*
eutanasia *f* Euthanasie *f.*
evacuar *tr* räumen.
evadir *tr* **1** vermeiden (evitar). **2** aus|weichen *(+dat)* (eludir).
evaluación *f* Bewertung *f.*
evaluar *tr* bewerten.
evangelio *m* Evangelium *n.*
evangelización *f* Evangelisierung *f.*

e

evangelizar *tr* evangelisieren.
evaporación *f* Verdunstung *f.*
evaporarse *pron* verdunsten.
evaporizar *tr, intr y pron* → vaporizar.
evasión *f* Flucht *f.*
evento *m* Ereignis *n.*
eventualidad *f* Eventualität *f.*
evidencia *f* Offenkundigkeit *f.*
evidenciar *tr* beweisen.
evitar *tr* **1** vermeiden. **2** verhindern (impedir).
evocar *tr* an|rufen.
evolución *f* **1** Entwicklung *f.* **2** BIOL Evolution *f.*
evolucionar *intr* sich (weiter)|entwickeln.
exabrupto *m* barsche Antwort *f.*
ex profeso *loc* absichtlich.
exacerbar *tr* verschlimmern.
exactitud *f* Exaktheit *f.*
exageración *f* Übertreibung *f.*
exagerar *tr* e *intr* übertreiben.
exaltación *f* Begeisterung *f.*
exaltar *tr* verherrlichen.
examen *m* **1** Prüfung *f.* **2** MED Untersuchung *f.*
examinar *tr* prüfen.
exasperar *tr* **1** zur Verzweiflung bringen. • **~se** *pron* **2** wütend werden.
excarcelar *tr* aus dem Gefängnis entlassen.
excavación *f* Ausgrabung *f.*
excavar *tr* aus|graben.
excedente *adj* **1** überschüssig (sobrante). • *m* **2** Überschuss *m.*
exceder *tr* **1** übertreffen (aventajar). **2** übersteigen (sobrepasar). • **~se (de/en)** *pron* **3** (fig) hinaus|gehen über *(+ac).*
excelencia *f* Vorzüglichkeit *f.*
excelso, -a *adj* erhaben.
excentricidad *f* Exzentrizität *f.*
excepción *f* Ausnahme *f.*
excepto *adv* mit Ausnahme von *(+dat)*; ausgenommen; abgesehen von *(+dat).*
exceptuar *tr* **~ de** aus|nehmen von *(+dat).*
exceso *m* Übermaß *n* an *(+dat).*
excitar *tr* **1** an|regen. **2** auf|stacheln (incitar).
exclamación *f* Ausruf *m.*
exclamar *tr* e *intr* (aus)|rufen.
excluir *tr* **~ (de)** aus|schließen (von *(+dat)*).
exclusiva *f* **1** Exklusivrecht *n.* **2** Exklusivbericht *m* (noticia).
exclusive *adv* ausschließlich.
excomunión *f* Exkommunizierung *f.*
excreción *f* Ausscheidung *f.*
excremento *m* Exkrement *n.*
exculpar *tr* **1** von Schuld entlasten. • **~se** *pron* **2** sich rechtfertigen.
excursión *f* Ausflug *m.*
excusa *f* Entschuldigung *f.*
excusar *tr* **1** entschuldigen (perdonar). **2** rechtfertigen (justificar) • **~se** *pron* **3** sich entschuldigen.
execración *f* Abscheu *f* (aborrecimiento).

execrar *tr* verabscheuen (detestar).
exención *f* Befreiung *f*.
exequias *f pl* Begräbnisfeierlichkeiten *f pl*.
exfoliación *f* Abblättern *n*.
exfoliar *tr* ab|lösen.
exhalación *f* Ausdünstung *f*.
exhalar *tr* aus|dünsten.
exhibición *f* Ausstellung *f*.
exhibir *tr* aus|stellen.
exhortación *f* Ermahnung *f*.
exhortar *tr* ermahnen.
exhumación *f* Exhumierung *f*.
exhumar *tr* exhumieren.
exigencia *f* Forderung *f*.
exigir *tr* verlangen.
exigüidad *f* Winzigkeit *f*.
exiliar *tr* **1** exilieren. • **~se** *pron* **2** ins Exil gehen.
exilio *m* Exil *n*.
eximir *tr* befreien.
existencia *f* Existenz *f*.
existir *intr* existieren.
éxito *m* Erfolg *m*.
éxodo *m* Abwanderung *f*.
exoneración *f* Befreiung *f* (exención).
exonerar *tr* befreien (eximir).
exorcismo *m* Exorzismus *m*.
exorcizar *tr* exorzieren.
exotismo *m* Exotismus *m*.
expandir *tr* aus|dehnen.
expansión *f* Expansion *f*.
expansionarse *pron* sich aus|dehnen.
expatriar *tr* des Landes verweisen.
expectación *f* Erwartung *f*.
expectativa *f* Erwartung *f*.
expectorar *tr* expektorieren.
expedición *f* **1** Expedition *f* (viaje, grupo). **2** Versand *m* (envío).
expedientar *tr* **~ a alguien** gegen jn ein Verfahren ein|leiten.
expediente *m* **1** Unterlagen *f pl* (dossier). **2** Verfahren *n* (procedimiento).
expedir *tr* **1** versenden (enviar). **2** aus|stellen (un documento).
expeler *tr* aus|stoßen (arrojar).
expender *tr* verkaufen (vender).
expensas *f pl* Kosten *pl*.
experiencia *f* Erfahrung *f*.
experimentación *f* Experimentieren *n*.
experimentar *tr* **1** testen (ensayar). **2** erleben (vivir). • *intr* **3** experimentieren.
expiar *tr* **1** sühnen. **2** ab|büßen (una condena).
expiración *f* Erlöschen *n*.
expirar *intr* **1** sterben (morir). **2** enden (acabarse).
explanada *f* Esplanade *f*.
explayar *tr* aus|weiten (ensanchar).
explicación *f* Erklärung *f*.
explicar *tr* **1** erklären. • **~se** *pron* **2** sich aus|drücken (expresarse).
exploración *f* Erforschung *f*.
explorar *tr* erforschen.
explosión *f* Explosion *f*.
explosionar *tr* **1** explodieren lassen. • *intr* **2** explodieren.

e

explosivo, -a *adj* **1** explosiv. • *m* **2** Sprengstoff *m.*
explotación *f* **1** Nutzung *f* (aprovechamiento). **2** Ausbeutung *f* (abuso).
explotar *tr* **1** (aus)|nutzen (aprovechar). **2** aus|beuten (abusar). • *intr* **3** explodieren.
expoliación *f* (Aus)plünderung *f.*
expoliar *tr* aus|plündern.
exponer *tr* **1** dar|legen (explicar). **2** aus|stellen (exhibir). **3** aus|setzen (a un factor externo). • **~se** *pron* **4** etwas riskieren (arriesgarse).
exportación *f* Export *m.*
exportar *tr* exportieren.
exposición *f* **1** Ausstellung *f* (exhibición). **2** Darlegung *f* (explicación).
exprés *m* Schnellzug *m* (tren). ◆ **olla ~** Schnellkochtopf *m.*
expresar *tr* **1** aus|drücken. • **~se** *pron* **2** sich aus|drücken.
expresión *f* Ausdruck *m.*
expresividad *f* Expressivität *f.*
expreso, -a *adj* **1** ausdrücklich (explícito). • *adv* **2** absichtlich. • *m* **3** Schnellzug *m*, D-Zug *m* (tren).
exprimir *tr* aus|pressen.
expropiación *f* Enteignung *f.*
expropiar *tr* enteignen.
expulsar *tr* **1** vertreiben (ahuyentar). **2** aus|stoßen (una cosa).
expulsión *f* **1** Vertreibung *f.* **2** Ausschluss *m* (exclusión).
expurgación *f* Reinigung *f.*
expurgar *tr* reinigen.
exquisitez *f* Vorzüglichkeit *f.*
extasiarse *pron* in Verzückung geraten.
éxtasis *m* Ekstase *f.*
extender *tr* **1** aus|breiten (desdoblar); verteilen (esparcir). **2** verbreiten (propagar). • **~se** *pron* **3** sich aus|breiten (propagarse). **4** sich erstrecken (en espacio).
extensión *f* **1** Ausdehnung *f.* **2** Erweiterung *f* (ampliación).
extenuar *tr* schwächen.
exterior *adj* **1** äußere(r, s); Außen- (de afuera). • *m* **2** Äußere(s) *n.* ■ **en el ~** im Freien (al aire libre).
exteriorizar *tr* äußern.
exterminar *tr* aus|rotten.
exterminio *m* Ausrottung *f.*
externo, -a *adj* **1** äußerlich, Außen-. **2** extern (persona).
extinción *f* **1** Löschung *f.* **2** BIOL Aussterben *n.*
extinguir *tr* (aus)|löschen.
extintor *m* Feuerlöscher *m.*
extirpación *f* MED Exstirpation *f.*
extirpar *tr* MED operativ entfernen.
extorsión *f* Erpressung *f.*
extorsionar *tr* erpressen.
extra *adj* **1** Extra-, Sonder-. • *m, f* **2** Aushilfe *f* (ayudante). **3** Statist(in) *m(f)* (figurante). • *m* **4** Extra *n.*
extracción *f* **1** Herausziehen *n.* **2** MED, QUÍM Extraktion *m.*

extracto *m* Auszug *m*.
extractor *m* MED Extrakteur *m*. ◆ ~ **de humos** Rauchabzug *m*.
extraditar *tr* aus|liefern.
extraer *tr* **1** heraus|ziehen. **2** QUÍM extrahieren.
extralimitarse *pron* (fig) zu weit gehen.
extramuros *adj* außerhalb der Stadtmauern.
extranjero, -a *adj* **1** ausländisch. • *m, f* **2** Ausländer(in) *m(f)*. • *m* **3** Ausland *n*.
extrañar *tr* **1** erstaunen (asombrar). • **~se de** *pron* **2** sich wundern über *(+ac)*.
extraoficial *adj* inoffiziell.
extraordinario, -a *adj* außerordentlich.
extrapolación *f* MAT Extrapolation *f*.
extrapolar *tr* MAT extrapolieren.
extravagancia *f* Extravaganz *f*.
extraviar *tr* **1** verlegen (perder). • **~se** *pron* **2** abhanden kommen (una cosa).
extravío *m* Verlust *m*.
extremar *tr* verschärfen (intensificar).
extremidad *f* **1** Ende *n* (cabo). • **extremidades** *f pl* **2** ANAT Gliedmaßen *f pl*.
extremo, -a *adj* **1** extrem. • *m* **2** Ende *n*.
exuberancia *f* Überfülle *f*.
exudar *intr y tr* aus|schwitzen.
exultación *f* Jubel *m*.
exultar *intr* frohlocken.
eyaculación *f* Ejakulation *f*.
eyacular *tr* ejakulieren.

Ff

f, F *f* f, F *n* (letra).
fa *m* MÚS F, f *n*.
fabada *f* Bohneneint *m*.
fábrica *f* Fabrik *f*.
fabricación *f* Herstellung *f*.
fabricante *m, f* Hersteller(in) *m(f)*.
fabricar *tr* her|stellen.
fábula *f* Fabel *f*.
fabuloso, -a *adj* fabelhaft.
facción *f* Fraktion *f*.
faceta *f* Facette *f*.
facha *f* **1** (fam) Aussehen *n* (aspecto). • *m, f* **2** (fam) Faschist(in) *m(f)*.
fachada *f* Fassade *f*.
facial *adj* Gesichts-.
fácil *adj* leicht.
facilidad *f* Leichtigtkeit *f*.
facilitar *tr* erleichtern.
facsímil o **facsímile** *m* Faksimile *n*.
factible *adj* machbar.
factor *m* Faktor *m*.

factoría *f* COM Niederlassung *f.*
factura *f* Rechnung *f* (cuenta); Quittung *f* (recibo).
facturar *tr* **1** fakturieren. **2** auf|geben (equipaje).
facultad *f* **1** Fakultät *f.* **2** Fähigkeit *f* (aptitud).
facultativo, -a *adj* fakultativ.
faena *f* Arbeit *f.*
faenar *intr* **1** arbeiten. **2** fischen (pescar).
fagot *m* Fagott *n.*
faisán *m* Fasan *m.*
faja *f* **1** Band *n.* **2** Mieder *m* (corsé).
fajar *tr* umwickeln.
fajín *m* Schärpe *f.*
fajo *m* Bündel *n.*
falacia *f* Betrug *m.*
falange *f* ANAT Fingerknochen *m.*
falaz *adj* (be)trügerisch.
falda *f* Rock *m.*
faldeo *m Arg., Chile, Cuba* Bergflanke *f.*
faldón *m* (Rock)schoß *m.*
falencia *f* Irrtum *m* (error). .
falla *f* Fehler *m.*
fallar *intr* versagen (fracasar); misslingen (un intento).
fallecer *intr* sterben.
fallero, -a *m, f Teilnehmer(in) an den Fallas in Valencia.*
fallido, -a *adj* misslungen.
fallo *m* **1** Fehler *m.* **2** DER Urteil *n* (judicial).
falo *m* Phallus *m.*
falsedad *f* Falschheit *f.*
falsificación *f* Fälschung *f.*
falsificador(a) *m(f)* Fälscher(in) *m(f).*
falsificar *tr* fälschen.
falso, -a *adj* falsch.
falta *f* **1** Mangel *m* (carencia). **2** Fehler *m* (error). ■ **hacer ~** nötig sein.
faltar *intr* **1** fehlen *(+dat)*; nicht da sein (estar ausente). **2** knapp sein (ser escaso). • *tr* **3** verletzen (ofender). ■ **¡lo que faltaba!** das hat uns gerade noch gefehlt!
falto, -a *adj* knapp.
fama *f* Ruf *m* (reputación).
famélico, -a *adj* ausgehungert.
familia *f* Familie *f.*
familiar *adj* **1** Familien-. **2** vertraut (conocido).
familiaridad *f* Vertrautheit *f.*
familiarizar *tr* **~ a alguien con algo 1** jn an etw*(ac)* gewöhnen. • **~se con algo** *pron* **2** sich an etw*(ac)* gewöhnen.
famoso, -a *adj* berühmt.
fan *m, f* Fan *m.*
fanático, -a *adj* **1** fanatisch. • *m, f* **2** Fanatiker(in) *m(f).*
fanatismo *m* Fanatismus *m.*
fanfarrón, -ona *adj* **1** angeberisch. • *m, f* **2** Angeber(in) *m(f).*
fanfarronear *intr* an|geben.
fango *m* Schlamm *m.*
fangoso, -a *adj* schlammig.
fantasía *f* Fantasie *f.*
fantasma *m* Gespenst *n* (espectro).
fantástico, -a *adj* fantastisch.

faquir *m* Fakir *m.*
faraón *m* Pharao *m.*
fardo *m* Ballen *m* (bulto).
faringe *f* Rachen *m.*
faringitis *f* MED Rachenentzündung *f.*
fariña *f Amér.* Maniokmehl *n.*
farmacéutico, -a *adj* **1** pharmazeutisch. • *m, f* **2** Apotheker(in) *m(f).*
farmacia *f* Apotheke *f.*
fármaco *m* Medikament *n.*
farmacología *f* Pharmakologie *f.*
faro *m* **1** Leuchtturm *m.* **2** AUT Scheinwerfer *m.*
farol *m* Laterne *f.*
farola *f* Straßenlaterne *f.*
farrear *intr Amér. Merid.* (fam) einen drauf|machen.
farsa *f* **1** Posse *f.* **2** (fig) Farce *f.*
farsante, -a *adj* schwindlerisch.
fascículo *m* Heft *n.*
fascinar *tr* faszinieren.
fascismo *m* Faschismus *m.*
fascista *adj* **1** faschistisch. • *m, f* **2** Faschist(in) *m(f).*
fase *f* Phase *f.*
fastidiar *tr* **1** ärgern (molestar). **2** an|öden (aburrir).
fastidio *m* Verdruss *m.*
fastidioso, -a *adj* ärgerlich.
fatal *adj* fatal.
fatalidad *f* Verhängnis *n.*
fatídico, -a *adj* wahrsagend.
fatiga *f* Ermüdung *f* (cansancio).
fatigar *tr* ermüden.
fauces *f pl* Schlund *m.*
fauna *f* Fauna *f.*
favela *f Amér.* Baracke *f.*
favor *m* Gefallen *m.* ■ **a ~ de** zugunsten von *(+dat)*; **estar a ~ de algo** für etw*(ac)* sein; **por ~** bitte.
favorable *adj* günstig.
favorecer *tr* begünstigen.
favoritismo *m* Vetternwirtschaft *f.*
favorito, -a *adj* **1** Lieblings-. • *m, f* **2** DEP Favorit(in) *m(f).*
faz *f* Gesicht *n.*
fe *f* Glaube *m* (creencia).
fealdad *f* Hässlichkeit *f.*
febrero *m* Februar *m.*
fecha *f* Datum *n.*
fechar *tr* datieren.
fecundación *f* Befruchtung *f.*
fecundar *tr* befruchten.
fecundidad *f* Fruchtbarkeit *f.*
fecundizar *tr* fruchtbar machen.
fecundo, -a *adj* fruchtbar.
federación *f* Verband *m* (asociación); Föderation *f* (de estados).
federal *adj* föderativ. ◆ **república ~** Bundesrepublik *f.*
federar *tr* verbünden.
felicidad *f* Glück *n.*
felicitación *f* Glückwunsch *m.*
felicitar *tr* beglückwünschen.
feligrés, -esa *m, f* Gemeindeglied *n.*
felino, -a *adj* katzenartig.
feliz *adj* glücklich.
felpa *f* Plüsch *m.*

felpear *tr Arg., Ur.* zurecht|weisen (reprender).
felpudo, -a *adj* **1** plüschartig. • *m* **2** Fußabstreifer *m*.
femenino, -a *adj* weiblich.
feminismo *m* Feminismus *m*.
feminista *adj* **1** feministisch. • *m, f* **2** Feminist(in) *m(f)*.
fémur *m* ANAT Oberschenkelknochen *m*.
fenómeno *m* Phänomen *n*.
feo, -a *adj* hässlich.
féretro *m* Sarg *m*.
feria *f* **1** Volksfest *n* (fiesta). **2** COM Messe *f*.
feriar *tr* auf dem Markt handeln.
fermentar *intr* gären.
feroz *adj* wild.
ferretería *f* Eisenwarenhandlung *f*.
ferrocarril *m* Eisenbahn *f*.
ferrocarrilero, -a *adj Amér.* (fam) → ferroviario.
ferroviario, -a *adj* Eisenbahn-.
fértil *adj* fruchtbar.
fertilidad *f* Fruchtbarkeit *f*.
fertilizante *m* Düngemittel *n*.
fertilizar *tr* düngen.
fervor *m* **1** (fig) (Feuer)eifer *m*. **2** Frömmigkeit *f* (religioso).
fervoroso, -a *adj* inbrünstig.
festejar *tr* feiern.
festejo *m* Festlichkeit *f*.
festín *m* Festmahl *n*.
festinar *tr Amér.* drängen (apresurar).
festival *m* Festival *n*.
festividad *f* Festlichkeit *f*.
festivo, -a *adj* festlich.
festonear *tr* mit Girlanden schmücken.
fetiche *m* Fetisch *m*.
fétido, -a *adj* stinkend.
feto *m* Fötus *m*.
feudalismo *m* Feudalismus *m*.
fiable *adj* zuverlässig.
fiador(a) *m(f)* Bürge, -in *m, f*.
fiambre *m* **1** kalte Küche *f* (comida fría); Wurstwaren *f pl* (embutidos).
fiambrera *f* Frischhaltebox *f*.
fiambrería *f Arg., Ur.* Feinkostgeschäft *n*.
fianza *f* Kaution *f*.
fiar *tr* **1** bürgen für *(+ac)* (garantizar). **2** auf Kredit geben (al vender). ~ **algo a alguien 3** jm etw an|vertrauen (confiar). • **~se de alguien** *pron* **4** jm vertrauen.
fibra *f* **1** Faser *f*. • **fibras** *f pl* **2** Ballaststoffe *m pl* (en alimentos).
ficción *f* Fiktion *f*.
ficha *f* **1** Spielmarke *f* (en juegos). **2** Karteikarte *f* (tarjeta).
fichaje *m* DEP Verpflichtung *f*.
fichar *tr* **1** registrieren. • *intr* **2** stechen (en el trabajo).
fichero *m* **1** Kartei *f*. **2** INF Datei *f*.
ficticio, -a *adj* fiktiv.
fidedigno, -a *adj* glaubwürdig.
fidelidad *f* Treue *f* (lealtad).
fideo *m* Fadennudel *f*.
fiduciario, -a *adj* treuhänderisch.

fiebre *f* Fieber *n.*
fiel *adj* treu.
fieltro *m* Filz *m.*
fiera *f* Raubtier *n.*
fiero, -a *adj* wild.
fierro *m* Eisen *n.*
fiesta *f* **1** Fest *n.* **2** Feiertag *m* (día festivo). ■ **no estar para fiestas** schlechter Laune sein; **tener la ~ en paz** immer mit der Ruhe.
figura *f* Figur *f.*
figurado, -a *adj* bildlich (lenguaje).
figurar *tr* **1** dar|stellen. ● *intr* **2** stehen (estar escrito).
fijador(a) *adj* **1** befestigend. ● *m* **2** Fixiermittel *n.*
fijar *tr* **1** befestigen. ● **~se en algo** *pron* **2** etw bemerken (darse cuenta); etw beachten (tener en cuenta).
fijo, -a *adj* **1** fest. **2** sicher (asegurado).
fila *f* Reihe *f.* ■ **en ~ india** im Gänsemarsch; **ponerse en ~** sich in einer Reihe auf|stellen.
filatelia *f* Philatelie *f.*
filete *m* GAST Filet *n.*
filial *f* Filiale *f.*
Filipinas *f pl* Philippinen *f pl.*
film o **filme** *m* Film *m.*
filmar *tr* filmen.
filmina *f* Dia(positiv) *n.*
filmoteca *f* Filmothek *f.*
filo *m* Schneide *f.* ■ **de doble ~** zweischneidig.
filología *f* Philologie *f.*
filón *m* MIN Ader *f.*
filosofía *f* Philosophie *f.*
filósofo, -a *m, f* Philosoph(in) *m(f).*
filtración *f* Filtration *f.*
filtrar *tr* **1** filtern. **2** durchsickern lassen (una información).
filtro *m* Filter *m, n.*
fin *m* **1** Ende *n*, Schluss *m* (término). **2** Zweck *m* (finalidad); Absicht *f* (proposito). ◆ **~ de semana** Wochenende *n.* ■ **a ~ de que** damit.
final *adj* **1** End-. ● *m* **2** Ende *n*, Schluss *m.* ● *f* **3** DEP Finale *n.*
finalidad *f* Ziel *n* (objetivo); Absicht *f* (intención).
finalista *m, f* Finalist(in) *m(f).*
finalizar *tr* **1** beenden. ● *intr* **2** enden.
financiación *f* Finanzierung *f.*
financiar *tr* finanzieren.
finanzas *f pl* Finanzen *f pl.*
finca *f* Grundstück *n* (terreno).
finés, -esa *m, f* Finne, -in *m, f.*
fingir *tr* vor|täuschen.
finiquito *m* Endabrechnung *f.*
finito, -a *adj* begrenzt.
finlandés, -esa *adj* → finés.
Finlandia *f* Finnland *n.*
fino, -a *adj* **1** fein. ● *m* **2** Sherry *m* (vino).
firma *f* **1** Unterschrift *f* (persona). **2** Firma *f* (empresa).
firmamento *m* Firmament *n.*
firmante *m, f* Unterzeichner(in) *m(f).*
firmar *tr* unterschreiben.

firme *adj* **1** fest. **2** sicher (seguro). • *m* **3** Straßenbelag *m* (de carretera).
firmeza *f* Festigkeit *f*.
firulete *m Amér. Merid.* Firlefanz *m*.
fiscal *adj* **1** Steuer-. • *m, f* **2** Staatsanwalt, -wältin *m, f*.
fisco *m* Fiskus *m*.
fisgar *tr* (herum)|schnüffeln in *(+dat)* (indagar).
fisgón, -ona *m, f* Schnüffler(in) *m(f)*.
física *f* Physik *f*.
físico, -a *adj* **1** körperlich. **2** FÍS physikalisch. • *m, f* **3** Physiker(in) *m(f)*. • *m* **4** Aussehen *n* (aspecto).
fisiología *f* Physiologie *f*.
fisonomía *f* Physiognomie *f*.
flaccidez *f* Schlaffheit *f*.
fláccido, -a *adj* schlaff.
flacidez *f* → flaccidez.
flácido *adj* → fláccido.
flaco, -a *adj* dünn.
flagelar *tr* aus|peitschen.
flagrante *adj* offenkundig.
flamante *adj* glänzend (brillante).
flamenco, -a *adj* **1** flämisch (de Flandes). **2** Flamenco- (andaluz). • *m* **3** Flamenco *m* (cante). **4** ZOOL Flamingo *m*.
flan *m* Karamellpudding *m*.
flanquear *tr* flankieren.
flaqueza *f* **1** Magerkeit *f*. **2** (fig) Schwäche *f* (debilidad).
flash-back *m* CINE Rückblende *f*.
flato *m* Blähung *f*.
flatulencia *f* Flatulenz *f*.
flauta *f* Flöte *f*.
flautista *m, f* Flötist(in) *m(f)*.
flecha *f* Pfeil *m*.
flechazo *m* (fig, fam) Liebe *f* auf den ersten Blick (amor).
fleco *m* Franse *f*.
flema *f* Schleim *m*.
flemón *m* Entzündung *f*.
flequillo *m* Pony *m*.
fletar *tr* chartern (avión, barco).
flete *m* Frachtgut *n* (carga).
flexibilidad *f* Flexibilität *f*.
flexible *adj* **1** flexibel (carácter). **2** elastisch (material).
flexión *f* Biegung *f*.
flexo *m* (Schreibtisch)lampe *f* (de mesa).
flirtear *intr* flirten.
flojo, -a *adj* **1** locker (mal atado). **2** schwach (débil, malo).
flor *f* **1** Blume *f* (planta). **2** Blüte *f* (parte de la planta). ▪ **estar en ~** blühen.
flora *f* Flora *f*.
florecer *intr* blühen.
floreciente *adj* blühend.
florero *m* (Blumen)vase *f*.
florín *m* Gulden *m*.
floristería *f* Blumengeschäft *n*.
flota *f* Flotte *f*.
flotador(a) *adj* **1** schwimmend. • *m* **2** Rettungsring *m* (salvavidas).
flotar *intr* **1** schwimmen. **2** schweben (en el aire).
fluctuación *f* Schwankung *f*.
fluctuar *intr* schwanken.

fluidez *f* Flüssigkeit *f*. ■ **hablar con ~** fließend sprechen.
fluido, -a *adj* **1** flüssig. **2** (fig) fließend (estilo, tráfico).
fluir *intr* fließen.
flujo *m* Fluss *m*.
flúor *m* Fluor *n*.
fluorescente *adj* fluoreszierend.
fobia *f* Phobie *f*.
foca *f* Seehund *m*.
foco *m* **1** Scheinwerfer *m* (lámpara). **2** FÍS Brennpunkt *m*.
fofo, -a *adj* schwabbelig.
fogaje *m Amér.* Schwüle *f*.
fogata *f* (Lager)feuer *n* (hoguera).
fogoso, -a *adj* feurig.
foie-gras *m* Gänseleberpastete *f*.
foja *f Amér.* Blatt *n*.
folclor o **folclore** *m* Folklore *f*.
folclórico, -a *adj* folkloristisch.
fólder *m Amér.* Mappe *f*.
folículo *m* ANAT Follikel *m*.
folio *m* Blatt *n* (hoja).
folklor o **folklore** *m* → folclor.
folklórico, -a *adj* → folclórico.
follaje *m* Blätter *n pl*.
folleto *m* Broschüre *f*.
follón *m* **1** Krach *m* (alboroto). **2** Chaos *n* (desorden).
fomentar *tr* fördern.
fomento *m* Förderung *f*.
fonda *f* Gasthof *m*.
fondear *tr* aus|loten (sondear).
fondo *m* **1** Boden *m* (recipiente); Grund *m* (aguas). **2** Tiefe *f* (edificio); Ende *n*. **3** ART, FOT Hintergrund *m*. **4** FIN, POL Fonds *m*. • **fondos** *m pl* **5** (Geld)mittel *n pl* (medios). ■ **a ~** gründlich; **en el ~** im Grunde genommen.
fono *m Arg., Bol., Chile* (Telefon)hörer *m*.
fontanero, -a *m, f* Installateur(in) *m(f)*.
forado *m Amér. Merid.* Loch *n*.
forajido, -a *adj* gesetzesflüchtig.
forastero, -a *adj* **1** fremd. • *m, f* **2** Fremde(r) *mf(m)*.
forcejear *intr* sich anstrengen (esforzarse).
forcejeo *m* Anstrengung *f* (esfuerzo).
forense *m, f* Gerichtsmediziner(in) *m(f)*.
forjar *tr* **1** schmieden (metal). **2** schaffen; auf|bauen. **3** aus|denken (un plan).
forma *f* **1** Form *f*. **2** Art *f*; Weise *f* (modo). ■ **de ~ que** so dass; **de todas formas** auf jeden Fall.
formación *f* **1** Bildung *f* (creación). **2** Ausbildung *f* (educación).
formal *adj* **1** formal. **2** formell (con formalidad).
formalidad *f* **1** Zuverlässigkeit *f* (fiabilidad). **2** Formalität *f* (administración).
formalizar *tr* formalisieren.
formar *tr* **1** formen. **2** (aus)|bilden (enseñar). ■ **~ parte de** gehören zu.

formatear *tr* formatieren.
formato *m* Format *n*.
formidable *adj* (fam) toll; großartig (magnífico).
fórmula *f* Formel *f*.
formular *tr* formulieren.
formulario, -a *adj* **1** formell. • *m* **2** Formular *n*.
fornido, -a *adj* stämmig.
foro *m* Forum *n*.
forraje *m* (Vieh)futter *n*.
forrar *tr* **1** ein|binden (libro). **2** füttern (prenda).
forro *m* **1** Futter *n* (de una prenda). **2** Überzug *m* (funda); Einband *m* (de un libro).
fortalecer *tr* kräftigen.
fortaleza *f* Kraft *f*; Stärke *f*.
fortificar *tr* (ver)stärken.
fortuito, -a *adj* zufällig.
fortuna *f* **1** Glück *n*. **2** Vermögen *n* (capital).
forzar *tr* **1** zwingen (obligar). **2** erzwingen (conseguir por fuerza). **3** auf|brechen (puerta).
forzoso, -a *adj* **1** Zwangs-. **2** notwendig; unvermeidlich.
fosa *f* **1** Grube *f*. **2** Graben *m* (alargado).
fosforescente *adj* phosphoreszierend.
fósforo *m* QUÍM Phosphor *m*.
fósil *m* Fossil *n*.
foso *m* Grube *f*.
foto *f* Foto *n*.
fotocopia *f* (Foto)kopie *f*.
fotocopiadora *f* (Foto)kopiergerät *n*.
fotocopiar *tr* (foto)kopieren.
fotogénico, -a *adj* fotogen.
fotografía *f* Fotografie *f*.
fotografiar *intr y tr* fotografieren.
fotográfico, -a *adj* fotografisch, Foto-.
fotógrafo, -a *m, f* Fotograf(in) *m(f)*.
fotomatón *m* Passbildautomat *m*.
fotonovela *f* Fotoroman *m*.
foxterrier *m* Foxterrier *m*.
frac o **fraque** *m* Frack *m*.
fracasar *intr* scheitern.
fracaso *m* Misserfolg *m*.
fracción *f* **1** Bruchteil *m* (parte). **2** MAT Bruch *m*.
fraccionar *tr* (zer)teilen (dividir); (zer)brechen (romper).
fractura *f* Bruch *m*.
fracturar *tr y pron* (zer)brechen.
fragancia *f* Duft *m*.
fragata *f* Fregatte *f*.
frágil *adj* zerbrechlich.
fragilidad *f* Zerbrechlichkeit *f*.
fragmentar *tr* zerteilen (dividir); zerstückeln (en pedazos).
fragmento *m* Fragment *n*.
fragua *f* Schmiede *f*.
fraguar *tr* schmieden.
fraile *m* Mönch *m*.
frambuesa *f* Himbeere *f*.
frambueso *m* Himbeerstrauch *m*.
francés, -esa *adj* **1** französisch. • *m, f* **2** Franzose, -zösin *m, f*. • *m* **3** Französisch *n* (lengua).

Francia *f* Frankreich *n*.
franco, -a *adj* **1** frei (libre); befreit (exento). **2** aufrichtig (sincero).
francotirador(a) *m(f)* Heckenschütze *m*.
franela *f* Flanell *n*.
frangollón, -ona *m, f Amér.* Pfuscher(in) *m(f)*.
franja *f* Streifen *m*.
franquear *tr* frankieren (carta).
franqueo *m* **1** Porto *n* (sellos). **2** Frankieren *n* (acción).
franqueza *f* Aufrichtigkeit *f* (sinceridad).
franquicia *f* **1** Abgabenbefreiung *f* (exención). **2** ECON Franchising *n*.
frasco *m* Fläschchen *n*.
frase *f* **1** GRAM Satz *m*. **2** MÚS Phrase *f*.
fraseología *f* Phraseologie *f*.
fraternal *adj* brüderlich.
fraternidad *f* Brüderlichkeit *f*.
fraude *m* Betrug *m*.
fraudulento, -a *adj* betrügerisch.
fray (*apócope de* **fraile**) *m* REL Bruder *m*.
frazada *f* Bettdecke *f*.
freático, -a *adj* Grundwasser-. ◆ **aguas freáticas** Grundwasser *n*.
frecuencia *f* **1** Häufigkeit *f*. **2** FÍS Frequenz *f*.
frecuentar *tr* oft besuchen.
frecuente *adj* häufig.
free-lance *adj* freiberuflich tätig.
fregadero *m* Spülbecken *n*.
fregar *tr* **1** auf|wischen (suelo). **2** spülen (platos).
fregona *f* Wischmopp *m* (utensilio).
freidora *f* Fritteuse *f*.
freiduría *f* Fischbraterei *f*.
freír *tr* braten (en la sartén); frittieren (en la freidora).
fréjol *m* → frijol.
frenado *m* Bremsen *n*.
frenar *tr* e *intr* bremsen.
frenazo *m* Vollbremsung *f*.
frenesí *m* (fig) Raserei *f*.
frenético, -a *adj* frenetisch (entusiasta).
freno *m* Bremse *f*.
frente *f* **1** Stirn *f* (de la cara). ● *m* **2** Vorderseite *f* (delantera). **3** Front *f* (meteorología). **4** POL, MIL Front *f*. ■ **de ~** von vorn; **en ~ de** gegenüber von (*+dat*); **hacer ~** die stirn bieten.
fresa *f* BOT Erdbeere *f*.
fresal *m* Erdbeerfeld *n*.
fresco, -a *adj* **1** frisch. **2** kühl (frío). ● *m* **3** Frische *f* (frescor). **4** ART Fresko *n*. ● **fresca** *f* **5** Kühle *f*. ■ **al ~** im Freien (al aire libre); **hace ~** es ist kühl.
fresón *m* Gartenerdbeere *f*.
fresquería *f Amér.* Erfrischungsstand *m*.
frialdad *f* **1** Kälte *f*. **2** (fig) Gleichgültigkeit *f* (indiferencia).
fricción *f* Reibung *f*.
friega *f* Abreiben *n* (en seco); Einreiben *n* (con linimento).

frigidez *f* Frigidität *f* (de la mujer).
frígido, -a *adj* frigid(e) (mujer).
frigorífico, -a *adj* **1** Kühl-. • *m* **2** Kühlschrank *m*.
frijol o **fríjol** *m Amér.* Bohne *f*.
frío, -a *adj* **1** kalt. • *m* **2** Kälte *f*.
friso *m* ARQ Fries *m*.
fritanga *f* Frittierte(s) *n*.
frito, -a *adj* **1** gebraten. • *m* **2** Gebratene(s) *n*.
frivolidad *f* Frivolität *f*.
frívolo, -a *adj* frivol.
frondoso, -a *adj* dicht belaubt.
frontal *adj* **1** Vorder-. **2** Frontal-, (de frente).
frontera *f* Grenze *f*.
fronterizo, -a *adj* Grenz-.
frontón *m* Pelota *f*.
frotar *tr* reiben.
fructífero, -a *adj* fruchtbringend.
fructificar *intr* Früchte tragen.
frugal *adj* **1** einfach, frugal (comida). **2** genügsam (persona).
fruición *f* Genuss *m*, Wonne *f*.
fruncir *tr* runzeln.
friolero, -a *adj* verfroren.
fruslería *f* Lappalie *f*.
frustración *f* **1** Frustration *f*. **2** Scheitern *n* (fracaso).
frustrar *tr* **1** frustrieren. **2** zunichte machen (estropear).
fruta *f* **1** Frucht *f*. **2** Obst *n* (la fruta en general).
frutal *adj* **1** Obst-. • *m* **2** Obstbaum *m* (árbol).
frutería *f* Obstladen *m*.
frutilla *f Amér.* → fresón.
fruto *m* **1** Frucht *f*. **2** Ertrag *m* (rendimiento).
fucsia *adj* **1** pinkfarben. • *f* **2** BOT Fuchsie *f*.
fuego *m* Feuer *n*. ◆ **fuegos artificiales** Feuerwerk *n*.
fuel *m* Heizöl *n*.
fuelle *m* Blasebalg *m*.
fuente *f* **1** Quelle *f* (manantial). **2** Brunnen *m* (construcción). **3** Schüssel *f* (plato grande). **4** Quelle *f* (origen).
fuera *adv* **1** draußen (en el exterior); außen (por fuera). **2** hinaus (hacia fuera). • **¡~!** *interj* **3** raus! ■ ~ **de** außerhalb *(+gen)* (al exterior); außer *(+dat)* (excepto); abgesehen von *(+dat)* (aparte de).
fuero *m* Sonderrecht *n* (privilegio).
fuerte *adj* **1** stark, kräftig. **2** laut (sonido).
fuerza *f* **1** Kraft *f*; Stärke *f*. **2** Gewalt *f* (violencia). **3** Macht *f* (poder). ◆ ~ **mayor** höhere Gewalt *f*.
fuetazo *m Amér.* Peitschenhieb *m*.
fuete *m Amér.* Peitsche *f*.
fuga *f* **1** Flucht *f*. **2** Leck *n* (en conductos). **3** MÚS Fuge *f*.
fugarse *pron* flüchten.
fugaz *adj* flüchtig.
fugitivo, -a *m, f* Flüchtling *m*.
fulano, -a *m, f* Herr/Frau Soundso *m, f*.

fulgor *m* Glanz *m.*
fullero, -a *adj* **1** betrügerisch. • *m, f* **2** Betrüger(in) *m(f).*
fulminante *adj* blitzartig (rápido).
fulminar *tr* **1** ein|schlagen in *(+ac)* (un rayo). **2** vernichten (aniquilar).
fumador(a) *m(f)* Raucher(in) *m(f).* ◆ **no ~** Nichtraucher(in) *m(f).*
fumar *tr* e *intr* rauchen.
fumigación *f* Ausräuchern *n.*
fumigador *m* Desinfektor *m.*
fumigar *tr* aus|räuchern.
funámbulo, -a *m, f* Seiltänzer(in) *m(f).*
función *f* **1** Funktion *f.* **2** TEAT Vorstellung *f.*
funcional *adj* funktionell.
funcionamiento *m* Funktionieren *n.*
funcionar *intr* funktionieren.
funcionario, -a *m, f* Beamte(r) *mf(m).*
funda *f* Hülle *f* (envoltura); Bezug *m* (de una almohada).
fundación *f* **1** Gründung *f.* **2** DER Stiftung *f.*
fundamental *adj* fundamental.
fundamento *m* Fundament *n.*
fundar *tr* gründen.
fundición *f* **1** Schmelzen *n.* **2** Gießerei *f* (fábrica).
fundir *tr, intr y pron* schmelzen.
fúnebre *adj* **1** Toten-. **2** (fig) traurig (triste). ◆ **coche ~** Leichenwagen *m.*
funeral *m* Beerdigung *f.*
funeraria *f* Bestattungsinstitut *n.*
fungible *adj* verbrauchbar.
fungicida o **funguicida** *m* Fungizid *n.*
funicular *m* Bergbahn *f.*
furcia *f* (desp) Nutte *f.*
furgón *m* (Güter)wagen *m.*
furgoneta *f* Kleintransporter *m.*
furia *f* Zorn *m* (ira).
furioso, -a *adj* zornig.
furor *m* **1** Zorn *m* (ira). **2** Begeisterung *f* (entusiasmo).
furtivo, -a *adj* heimlich.
furúnculo *m* Furunkel *n.*
fusible *m* ELEC Sicherung *f.*
fusil *m* Gewehr *n.*
fusilar *tr* erschießen.
fusión *f* **1** Fusion *f.* **2** Schmelzen *n* (fundición).
fusionar *tr* fusionieren.
fuste *m* Holz *n* (madera).
fustigar *tr* aus|peitschen.
fútbol *m* Fußball *m.*
futbolista *m, f* Fußballspieler(in) *m(f).*
fútil *adj* belanglos.
futurista *adj* futuristisch.
futuro, -a *adj* **1** zukünftig. • *m* **2** Zukunft *f.* **3** GRAM Futur *n.*

Gg

g, G *f* g, G *n* (letra).
gabardina *f* Trenchcoat *m.*
gabinete *m* Kabinett *n.*
gacela *f* Gazelle *f.*
gaceta *f* Zeitung *f.*
gacha *f* **1** Brei *m.* • **gachas** *f pl* **2** Mehlbrei *m.*
gadget *m* Gadget *n.*
gafar *tr* (fam) Unglück bringen *(+dat).*
gafas *f pl* Brille *f.*
gafe *adj* unglücksbringend.
gag *m* Gag *m.*
gaita *f* Dudelsack *m.*
gajo *m* **1** Scheibe *f* (de fruta). **2** Traube *f* (racimo).
gala *f* Gala *f.*
galán *m* Galan *m.*
galante *adj* galant.
galanteo *m* Umwerben *n.*
galantería *f* Höflichkeit *f.*
galápago *m* ZOOL Süßwasserschildkröte *f.*
galardón *m* Auszeichnung *f.*
galardonar *tr* aus|zeichnen.
galaxia *f* Galaxie *f.*
galera *f* Galeere *f.*
galería *f* Galerie *f.*
galerista *m, f* Galerist(in) *m(f).*
galés, -esa *m, f* Waliser(in) *m(f).*
galgo, -a *m, f* Windhund, -hündin *m, f.*
galicismo *m* Gallizismus *m.*
galimatías *m* (fam) Kauderwelsch *n* (lenguaje).
gallardía *f* Mut *m* (valor).
gallego, -a *adj* **1** galicisch. • *m, f* **2** Galicier(in) *m(f).*
galleta *f* Keks *m* o *n.*
gallina *f* Huhn *n*; Henne *f.*
gallinero *m* Hühnerstall *m.*
gallo *m* **1** Hahn *m* (ave). **2** Heringskönig *m* (pez).
galón *m* Gallone *f.*
galopar *intr* galoppieren.
galuchar *intr Amér.* galoppieren.
gamba *f* Garnele *f.*
gamberrada *f* Flegelei *f.*
gamberro, -a *m, f* Rowdy *m.*
gamuza *f* ZOOL Gemse *f.*
gana *f* **1** Lust *f* (deseo). **2** Appetit *m* (apetito).
ganadería *f* Viehzucht *f.*
ganadero, -a *m, f* Viehzüchter(in) *m(f).*
ganado *m* Vieh *n.*
ganador(a) *m(f)* Gewinner(in) *m(f).*
ganancia *f* Gewinn *m.*
ganar *intr y tr* **1** gewinnen (obtener). • *tr* e *intr* **2** verdienen (sueldo). • **~ a alguien en** *tr* **3** jn übertreffen in *(+dat)* (aventajar).
ganchillo *m* Häkelnadel *f.*
gancho *m* Haken *m.*

gandul(a) *adj* faul.
gandulear *intr* faulenzen.
ganga *f* (fig) Schnäppchen *n.*
ganglio *m* Ganglion *n.*
gangoso, -a *adj* näselnd.
gangrena *f* MED Brand *m.*
gangrenarse *pron* MED den Brand bekommen.
gángster o **gánster** *m, f* Gangster(in) *m(f).*
ganso, -a *m, f* Gans *f.*
ganzúa *f* Dietrich *m.*
garabatear *tr* e *intr* kritzeln.
garabato *m* **1** Haken *m* (gancho). **2** Gekritzel *n* (al escribir).
garaje *m* Garage *f.*
garandumba *f Amér. Merid.* NÁUT Leichter *m.*
garante *m, f* Garant(in) *m(f).*
garantía *f* Garantie *f.*
garantizar *tr* garantieren.
garbanzo *m* Kichererbse *f.*
garbo *m* Grazie *f.*
gardenia *f* Gardenie *f.*
garfio *m* Haken *m.*
gargajo *m* zäher Schleim *m.*
garganta *f* **1** Kehle *f.* **2** GEOG Schlucht *f.*
gargantilla *f* Halskette *f.*
gárgaras *f pl* Gurgeln *n.*
garita *f* Schilderhaus *n.*
garito *m* Spielhölle *f.*
garra *f* Kralle *f.*
garrafa *f* Karaffe *f.*
garrapata *f* Zecke *f.*
garrota *f* → garrote.
garrote *m* Knüppel *m.*
garrotear *tr Amér.* verprügeln.
garrotero, -a *adj Chile, Cuba* geizig.
garúa *f Amér.* Nieselregen *m.*
garuar *intr Amér.* nieseln.
garza *f* Reiher *m.*
gas *m* **1** Gas *n.* • **gases** *m pl* **2** Blähungen *f pl* (en el estómago).
gasa *f* **1** Gaze *f* (tela). **2** Mullbinde *f* (vendaje).
gaseoso, -a *adj* **1** gashaltig (con gas). • **gaseosa** *f* **2** süßer Sprudel *m.*
gasfitero *m Perú* Klempner *m.*
gasoducto *m* Ferngasleitung *f.*
gasoil o **oil** *m* Diesel *m.*
gasóleo *m* → gasoil.
gasolina *f* Benzin *n.*
gasolinera *f* Tankstelle *f.*
gastador(a) *adj* verschwenderisch.
gastar *tr* **1** verbrauchen (consumir). **2** aus|geben (dinero); investieren.
gasto *m* **1** Ausgabe *f* (de dinero). **2** Verbrauch *m* (consumo).
gastritis *f* Gastritis *f.*
gastroenteritis *f* Gastroenteritis *f.*
gastronomía *f* Gastronomie *f.*
gata *f* Katze *f* (hembra del gato).
gatear *intr* krabbeln.
gatillo *m* Abzug *m.*
gato *m* **1** Katze *f* (félido). **2** Kater *m* (animal macho). **3** AUT Wagenheber *m.*
gauchada *f Amér.* Gefallen *m* (favor).

gaucho, -a *adj* **1** Gaucho-. • *m* **2** Gaucho *m*.
gaveta *f* Schubfach *n*.
gavilán *m* Sperber *m* (ave).
gaviota *f* Möwe *f*.
gaznate *m* Kehle *f* (garganta).
gaznatear *intr Col.* ohrfeigen.
gazpacho *m* GAST Gazpacho *m*.
géiser *m* Geysir *m*.
gel *m* Gel *n*.
gelatina *f* Gelatine *f*.
gélido, -a *adj* eiskalt.
gema *f* Edelstein *m*.
gemelo, -a *adj* **1** Zwillings-. • *m, f* **2** Zwilling *m*.
gemido *m* Stöhnen *n*.
Géminis *m* ASTR Zwillinge *m pl*.
gemir *intr* stöhnen.
gen *m* Gen *n*.
genealógico, -a *adj* genealogisch.
generación *f* Generation *f*.
generador(a) *adj* **1** erzeugend. • *m* **2** TEC Generator *m*.
general *adj* **1** allgemein (común). **2** geläufig (usual). **3** • *m* **4** MIL General *m*. ■ **en/por lo ~** im Allgemeinen.
generalizar *tr* verallgemeinern.
generar *tr* erzeugen.
genérico, -a *adj* generisch.
género *m* **1** Gattung *f* (clase, especie). **2** Ware *f* (mercancía). **3** GRAM Genus *n*.
generosidad *f* Großzügigkeit *f*.
generoso, -a *adj* **1** großzügig. **2** reichlich (abundante).
génesis *f* Entstehung *f*.
genético, -a *adj* genetisch.
genial *adj* genial.
genio *m* **1** Charakter *n* (carácter). **2** Genie *n* (persona). ■ **tener mal ~** jähzornig sein.
genital *adj* genital.
genocidio *m* Völkermord *m*.
gente *f* Leute *pl*.
gentil *adj* nett.
gentileza *f* Liebenswürdigkeit *f* (cortesía).
gentío *m* Menschenmenge *f*.
gentuza *f* (desp) Gesindel *n*.
genuino, -a *adj* echt.
geografía *f* Geografie *f*.
geología *f* Geologie *f*.
geometría *f* Geometrie *f*.
geranio *m* Geranie *f*.
gerencia *f* Geschäftsführung *f*.
gerente *m, f* Geschäftsführer(in) *m(f)*.
geriatría *f* Geriatrie *f*.
germánico, -a *adj* **1** germanisch. **2** deutsch (de Alemania).
germen *m* Keim *m*.
germinar *intr* keimen.
gerundio *m* Gerundium *n*.
gesta *f* Heldentat *f*.
gestación *f* Schwangerschaft *f* (embarazo).
gestar *tr* tragen.
gesticular *intr* gestikulieren.
gestión *f* **1** Geschäftsführung *f* (de una empresa). **2** Bearbeitung *f* (de asuntos).
gestionar *tr* **1** in die Wege leiten (un asunto). **2** betreiben (un negocio).
gesto *m* Geste *f*.

gestor(a) *adj* **1** geschäftsführend. • *m, f* **2** Agent(in) *m(f)* zur Erledigung amtlicher Formalitäten.
gestoría *f* Agentur *f* zur Erledigung amtlicher Formalitäten.
ghetto *m* Getto *n*.
giba *f* Buckel *m*.
gigante *adj* **1** riesig. • *m* **2** Riese *m*.
gigantesco, -a *adj* riesenhaft.
gimnasia *f* Gymnastik *f*.
gimnasio *m* Fitnesscenter *n*.
gimnasta *m, f* Turner(in) *m(f)*.
gimotear *intr* wimmern.
gin *m* Gin *m*.
gin-tonic o **gintonic** *m* Gintonic *n*.
ginecología *f* Gynäkologie *f*.
gingivitis *f* Zahnfleischentzündung *f*.
gira *f* **1** Rundreise *f* (viaje). **2** Tournee *f* (de artista).
girar *tr* **1** (um)|drehen (dar la vuelta). • *intr* **2** sich drehen (dar vueltas). **3** ab|biegen (torcer).
girasol *m* Sonnenblume *f*.
giro *m* **1** Drehung *f* (rotación). **2** Redewendung *f* (expresión).
gitano, -a *m, f* Zigeuner(in) *m(f)*.
glaciación *f* Vereisung *f*.
glacial *adj* **1** eisig. **2** GEOL glazial.
glaciar *m* GEOG Gletscher *m*.
glándula *f* Drüse *f*.
glaucoma *m* MED grüner Star *m*.
global *adj* global.
globo *m* **1** Luftballon *m* (juguete). **2** Globus *m* (planeta).
glóbulo *m* ANAT Blutkörperchen *n*.
gloria *f* **1** Ruhm *m* (fama). **2** Wonne *f* (placer).
glorieta *f* **1** Gartenlaube *f* (cenador). **2** Rondell *n* (plaza).
glosa *f* **1** Kommentar *m* (comentario). **2** LIT Glosse *f*.
glosar *tr* glossieren.
glosario *m* Glossar *n*.
glotón, -ona *m, f* Vielfraß *m*.
glucosa *f* Glukose *f*.
glúteo, -a *adj* Gesäß-.
gnosticismo *m* Gnostizismus *m*.
gobernador(a) *m(f)* Gouverneur(in) *m(f)*.
gobernante *m, f* Regierende(r) *mf(m)*.
gobernar *tr* **1** POL regieren. **2** steuern (vehículo).
gobierno *m* POL Regierung *f*.
goce *m* Genuss *m*.
gofio *m Amér. Mehl von geröstetem Mais, Weizen oder Gerste*.
gol *m* DEP Tor *n*.
golf *m* DEP Golf *n*.
golfo *m* GEOG Golf *m*.
golfo, -a *m, f* Schlitzohr *n* (pilluelo).
golondrina *f* ZOOL Schwalbe *f*.
golosina *f* Süßigkeit *f* (dulce).
goloso, -a *adj* naschhaft.
golpe *m* Schlag *m*. ♦ **~ de Estado** Staatsstreich *m*. ■ **de ~** schlagartig.

g

golpear *tr* e *intr* schlagen.
golpiza *f Amér.* Tracht *f* Prügel.
goma *f* **1** Gummi *m* o *n*. **2** Gummiband *n* (elástico). ♦ ~ **de borrar** Radiergummi *m*.
gomina *f* Haargel *n*.
gónada *f* ANAT Keimdrüse *f*.
gordo, -a *adj* dick.
gordura *f* Fettleibigkeit *f*.
gorila *m* Gorilla *m*.
gorjear *intr* trillern.
gorjeo *m* Zwitschern *n*.
gorra *f* Mütze *f*.
gorrear *intr* (fam) schmarotzen.
gorrino, -a *m, f* Spanferkel *n*.
gorrión *m* Spatz *m*.
gorro *m* Kappe *f*.
gorrón, -ona *m, f* Schmarotzer(in) *m(f)*.
gorronear *intr* → gorrear.
gota *f* **1** Tropfen *m*. **2** MED Gicht *f*.
gotario *m Chile* Pipette *f*.
gotear *intr* tropfen.
goteo *m* Tropfen *n*.
gotera *f* undichte Stelle *f* (grieta).
gotero *m* MED Tropf *m*.
gótico, -a *adj* **1** gotisch. ● *m* **2** Gotik *f*.
gozar *tr* e *intr* genießen.
gozne *m* Türangel *f*.
gozo *m* Genuss *m*.
grabación *f* Aufnahme *f*.
grabador(a) *m(f)* **1** Graveur(in) *m(f)*. ● **grabadora** *f* **2** Tonbandgerät *n*.
grabar *tr* **1** ein|gravieren (en metal). **2** TEC auf|nehmen.
gracia *f* **1** Witz *m* (chiste). **2** Gnade *f* (indulto). ■ **dar las gracias a alguien por algo** sich bei jm für etw*(ac)* bedanken; **gracias por** danke für *(+ac)*; **hacer ~** gefallen; **¡muchas gracias!** vielen Dank!
grácil *adj* grazil.
gracioso, -a *adj* **1** witzig. ● *m, f* **2** Spaßvogel *m*.
grada *f* Stufe *f* (escalón).
gradación *f* Abstufung *f*.
graderío, -a *m, f* Tribüne *f*.
grado *m* Grad *m*.
graduado, -a *adj* **1** graduiert. ● *m, f* **2** Akademiker(in) *m(f)*.
gradual *adj* graduell.
graduar *tr* **1** ab|stufen. **2** EDUC graduieren.
grafía *f* Schreibweise *f*.
gráfico, -a *adj* **1** grafisch. ● *m, f* **2** Grafik *f*.
grafito *m* Graphit *m*.
grafología *f* Graphologie *f*.
gragea *f* Dragee *n*.
gramática *f* Grammatik *f*.
gramo *m* Gramm *n*.
gran *adj* → grande.
granada *f* BOT **1** Granatapfel *m*. **2** Granate *f* (proyectil).
granar *intr* Körner entwickeln.
granate *adj* granatrot.
Gran Bretaña *f* Großbritannien *n*.
grande *adj* **1** groß. **2** bedeutend (importante). ■ **a lo ~** in großem Stil.
grandeza *f* Größe *f*.
grandioso, -a *adj* großartig.

granel *loc adv* **a ~** unverpackt.
granero *m* Scheune *f*.
granito *m* Granit *m*.
granizada *f* Hagelschauer *m*.
granizado *m Erfrischungsgetränk mit zerstoßenem Eis.*
granizar *tr* e *intr* hageln.
granizo *m* Hagel *m*.
granja *f* Bauernhof *m*.
granjear *tr* erwerben.
granjero, -a *m, f* Bauer, Bäuerin *m, f*.
grano *m* Korn *n*.
granuja *m* Gauner *m*.
grapa *f* Heftklammer *f*.
grapadora *f* Hefter *m*.
grapar *tr* zusammen|heften.
grasa *f* Fett *n*.
grasiento, -a *adj* fettig.
graso, -a *adj* fettig.
gratificación *f* Vergütung *f*.
gratificar *tr* vergüten; belohnen (recompensar).
gratis *adv* gratis.
gratitud *f* Dankbarkeit *f*.
grato, -a *adj* angenehm (agradable).
gratuito, -a *adj* **1** gratis. **2** grundlos (infundado).
grava *f* Kies *m*.
gravamen *m* Last *f*.
gravar *tr* belasten.
grave *adj* **1** schwer. **2** ernst (serio).
gravedad *f* FÍS Schwerkraft *f*.
gravitar *intr* FÍS gravitieren.
gravoso, -a *adj* lästig.
greca *f* Mäander *m* (adorno).
Grecia *f* Griechenland *n*.
gremio *m* Körperschaft *f*.
greña *f* (gralte. pl) zerzaustes Haar *n*.
gres *m* Töpferton *m*.
griego, -a *adj* **1** griechisch. • *m, f* **2** grieche -in *m, f*.
grieta *f* Riss *m*.
grifo *m* (Wasser)hahn *m*.
grifo, -a *adj* kraus.
grillarse *pron* aus|keimen (tubérculo).
grillo *m* Grille *f*.
grima *f* Schauder *m*.
gripe *f* Grippe *f*.
gris *adj* grau.
grisma *f Chile, Guat., Hond., Nic.* Prise *f* (pizca).
grisú *m* Grubengas *n*.
gritar *tr* e *intr* schreien.
griterío *m* Geschrei *n*.
grito *m* Schrei *m*.
grosella *f* Johannisbeere *f*.
grosería *f* Unhöflichkeit *f*.
grosero, -a *adj* ordinär.
grosor *m* Dicke *f*.
grotesco, -a *adj* grotesk.
grúa *f* Kran *m*.
grueso, -a *adj* dick.
grulla *f* Kranich *m*.
grumo *m* Klumpen *m*.
gruñir *intr* knurren.
gruñón, -ona *adj* (fam) brummig.
grupa *f* Kruppe *f*.
grupo *m* Gruppe *f*.
gruta *f* Grotte *f*.
¡gua! *interj Amér.* oh!
guaca *f Amér.* indianische Begräbnisstätte *f* (sepulcro).

guacamayo *m* Ara *m*.
guacho, -a *adj Amér.* verwaist.
guadaña *f* Sense *f*.
guanaco, -a *m, f Amér.* (fig) Einfaltspinsel *m* (tonto).
guano *m* Guano *m*.
guantazo *m* Ohrfeige *f*.
guante *m* Handschuh *m*.
guantero, -a *m, f* **1** Handschuhmacher(in) *m(f)*. • **guantera** *f* **2** Handschuhfach *n*.
guantón *m Amér.* → guantazo.
guapo, -a *adj* hübsch.
guaraní *adj* Guarani-.
guarda *m, f* **1** Aufseher(in) *m(f)*. • *f* **2** Wache *f*.
guardabarros *m* AUT Schutzblech *n*.
guardabosque o **guardabosques** *m, f* Förster(in) *m(f)*.
guardacostas *m* Küstenwachschiff *n*.
guardaespaldas *m, f* Leibwächter(in) *m(f)*.
guardapolvo *m* Staubmantel *m* (sobretodo).
guardar *tr* **1** auf|passen auf *(+ac)* (cuidar). **2** behalten (conservar). **3** auf|bewahren (poner en un lugar). • **~se de** *pron* **4** sich hüten vor *(+dat)*.
guardarropa *m* Garderobe *f*.
guardarropía *f* **1** Requisiten *n pl*. **2** Requisitenkammer *f* (cuarto).
guardería *f* Kindergarten *m*.
guardia *f* **1** Wache *f* (vigilancia). **2** MED Bereitschaftsdienst *m*. • *m, f* **3** Polizist(in) *m(f)* (policía). ■ **estar de ~** Bereitschaftsdienst haben.
guardián, -ana *m, f* Aufseher(in) *m(f)*.
guarecer *tr* beherbergen.
guarida *f* Höhle *f*.
guarismo *m* Ziffer *f*.
guarnición *f* **1** Verzierung *f* (adorno). **2** GAST Beilage *f*. **3** MIL Garnison *f*.
guarrada *f* Schweinerei *f*.
guarro, -a *adj* dreckig.
guasa *f* (fam) Spaß *m*.
guasearse *pron* **~ de** sich lustig machen über *(+ac)*.
guasón, -ona *adj* (fam) spaßig.
guata *f* Watte *f*.
Guatemala *f* Guatemala *n*.
guatemalteco, -a *adj* **1** guatemaltekisch. • *m, f* **2** Guatemalteke, -in *m, f*.
guateque *m* Party *f*.
guayaba *f* BOT Guajave *f*.
guayabo *m* BOT Guajavabaum *m*.
guayar *intr* heulen.
gubernamental *adj* Regierungs-.
guerra *f* Krieg *m*. ♦ **~ civil** Bürgerkrieg *m*; **~ mundial** Weltkrieg *m*.
guerrero, -a *adj* kriegerisch.
guerrilla *f* Guerilla *f*.
guerrillero, -a *m, f* Guerillakämpfer(in) *m(f)*.
gueto *m* Getto *n*.
guía *m, f* **1** Führer(in) *m(f)*. • *f* **2** Handbuch *n* (manual). **3** Richt-

schnur *f* (pauta). ♦ ~ **telefónica** Telefonbuch *n*; ~ **turística** Reiseführer *m*.
guiar *tr* **1** leiten (dirigir). **2** lenken (conducir un vehículo).
guijarro *m* Kieselstein *m*.
guillotina *f* Guillotine *f*.
güilón, -ona *adj Amér.* scheu.
güinche *m Amér.* Winde *f*.
guinda *f* Sauerkirsche *f* (fruto).
guindilla *f* Pfefferschote *f*.
guiñar *tr* zwinkern.
guiño *m* Zwinkern *n*.
guiñol *m* Puppentheater *n*.
guión *m* **1** CINE Drehbuch *n*. **2** GRAM Bindestrich *m*.
guionista *m, f* Drehbuchautor(in) *m(f)*.
guirnalda *f* Girlande *f*.
guisado *m* Schmorbreten *m*.
guisante *m* Erbse *f*.
guisar *tr* kochen.
guiso *m* Gericht *n*.
güisqui *m* Whisky *m*.
guitarra *f* Gitarre *f*.
guitarrista *m, f* Gitarrist(in) *m(f)*.
gula *f* Gefräßigkeit *f*.
gurí, -isa *m, f Arg.* Indianerjunge *m* (chico); Indianermädchen *n* (chica).
gusanillo *m* Würmchen *n*.
gusano *m* **1** Wurm *m* (lombriz). **2** Raupe *f* (oruga).
gustar *tr* **1** mögen (algo en general). • *intr* **2** gefallen *(+dat)* (estéticamente); schmecken *(+dat)* (de sabor). ▪ ~ **hacer algo** etw gern tun.
gusto *m* **1** Geschmack *m*. **2** Vergnügen *n* (placer). ▪ **con mucho ~** gern; **de mal ~** geschmacklos.
gustoso, -a *adj* **1** schmackhaft (sabroso). **2** gern (con gusto).
gutural *adj* guttural.

Hh

h, H *f* h, H *n* (letra).
¡ha! *interj* ach!
haba *f* Bohne *f*.
habano, -a *adj* **1** aus Havanna. • *m* **2** Havannazigarre *f*.
haber *m* Haben *n*.
haber *aux* **1** (en tiempos compuestos) haben; sein. • *impers* **2** geschehen (ocurrir). **3** geben (existir). **4** ▪ **(no) hay que** man muss; man darf nicht; **no hay de qué** keine Ursache!
habichuela *f* Bohne *f*.
hábil *adj* geschickt. ♦ **día ~** Werktag *m*.
habilidad *f* Fähigkeit *f* (capacidad); Geschicklichkeit *f* (destreza).
habilitar *tr* berechtigen (autorizar); befähigen (capacitar).

habiloso, -a *adj Chile, Perú* schlau.
habitable *adj* bewohnbar.
habitación *f* Zimmer *n.*
habitáculo *m* AUT Innenraum *m.*
habitante *m, f* Bewohner(in) *m(f).*
habitar *tr* **1** bewohnen. • *intr* **2** wohnen.
hábitat *m* Habitat *n.*
hábito *m* **1** Gewohnheit *f* (costumbre). **2** Ordenstracht *f* (traje).
habitual *adj* Gewohnheits-.
habituar *tr* **1** gewöhnen. • **~se a** *pron* **2** sich gewöhnen an *(+ac).*
habla *f* Sprache *f.*
hablado, -a *adj* gesprochen.
hablador(a) *adj* gesprächig.
habladuría *f* Geschwätz *n.*
hablar *tr* **1** sprechen (un idioma). • **~ de** *intr* **2** sprechen über *(+ac)* o von *(+dat).* ■ **¡ni ~!** kommt nicht in Frage!
habón *m* MED Quaddel *f.*
hacendado, -a *adj* **1** vermögend. • *m, f* **2** Gutsbesitzer(in) *m(f).*
hacendoso, -a *adj* haushälterisch.
hacer *tr* **1** machen; tun (realizar). **2** machen, her|stellen (producir); packen (maleta). **3** machen lassen (mandar). • **~se** *pron* **4** werden (volverse, llegar a ser). **~se a 5** sich gewöhnen an *(+ac)* (habituarse). • *impers* **6** sein (estado atmosférico). ■ **hace mucho tiempo** vor langer Zeit; **hace poco** vor kurzem; **~ falta** brauchen; **~ una pregunta** eine Frage stellen *(+dat).*
hacha *f* Axt *f.*
hachís *m* Haschisch *n.*
hacia *prep* **1** (dirección) nach *(+dat)*; zu *(+dat).* **2** (tiempo) gegen. **3** (respecto a) gegenüber *(+dat).* ■ **~ adelante** vorwärts; **~ aquí** hierher; **~ atrás** nach hinten.
hacienda *f* **1** Landgut *n.* **Hacienda 2** Finanzministerium *n* (ministerio).
hacinar *tr* auf|schichten.
hada *f* Fee *f.*
¡hala! *interj* **1** los! (para meter prisas). **2** ach du meine Güte! (sorpresa).
halagar *tr* schmeicheln *(+dat).*
halago *m* Schmeichelei *f.*
halcón *m* Falke *m.*
¡hale! *interj* → ¡hala!
hálito *m* Atem *m.*
hall *m* Eingangshalle *f.*
hallar *tr* **1** zufällig treffen (dar con alguien). **2** finden (encontrar). • **~se** *pron* **3** sich befinden (estar).
hallazgo *m* Fund *m.*
halo *m* **1** Heiligenschein *m.* **2** ASTR Hof *m.*
halógeno, -a *adj* Halogen-.
halterofilia *f* Gewichtheben *n.*
hamaca *f* Hängematte *f.*
hambre *f* Hunger *m*
hambriento, -a *adj* hungrig.

hamburguesa *f* GAST Hamburger *m.*
hamburguesería *f* Schnellimbiss *m.*
hampa *f* Gesindel *n.*
hamster *m* Hamster *m.*
handicap *m* Handikap *n.*
hangar *m* Hangar *m.*
haragán, -ana *adj* faul.
haraganear *intr* faulenzen.
harapiento, -a *adj* zerlumpt.
harapo *m* Lumpen *m.*
hardware *m* Hardware *f.*
harén o **harem** *m* Harem *m.*
harina *f* Mehl *n.*
harmonía *f* → armonía.
hartar *tr* e *intr* **1** sättigen. • **~se** *pron* **2** sich satt essen. **~se de algo 3** (fig) etw satt haben.
hartazgo *m* Übersättigung *f.*
harto, -a *adj* satt. ■ **estar ~ de algo/alguien** etw/jn satt haben.
hasta *prep* **1** bis (lugar, tiempo). **2** sogar (incluso). ■ **¡~ la vista!** auf Wiedersehen!; **¡~ luego!** bis später!; **~ que** bis; bis dass.
hastiar *tr* **1** langweilen. • **~se de** *pron* **2** überdrüssig werden *(+gen).*
hastío *m* Ekel *m.*
hatillo *m* Bündel *n.* ■ **coger el ~** sein Bündel schnüren.
hato *m* **1** Bündel *n* (de ropa). **2** (desp) Haufen *m* (montón).
haya *f* Buche *f.*
hayal o **hayedo** *m* Buchenwald *m.*
haz *m* Bündel *n.*
hazaña *f* Heldentat *f.*
hebilla *f* Schnalle *f.*
hebra *f* Faden *m.*
hebreo, -a *adj* **1** hebräisch. • *m, f* **2** Hebräer(in) *m(f).* • *m* **3** Hebräisch *n.*
hecatombe *f* Hekatombe *f.*
hechicero, -a *m, f* Zauberer, -in *m, f.*
hechizar *tr* (fig) bezaubern.
hechizo *m* Zauber *m.*
hecho, -a *m* **1** Tat *f* (acción). **2** Tatsache *f* (circunstancia). ■ **el ~ es que** Tatsache ist, dass.
hectárea *f* Hektar *m.*
heder *intr* **~ a** stinken nach *(+dat).*
hediondo, -a *adj* stinkig.
hedor *m* **~ a** Gestank *m* nach *(+dat).*
hegemonía *f* Hegemonie *f.*
hegemónico, -a *adj* hegemonistisch.
hégira o **héjira** *f* Hedschra *f.*
helada *f* Frost *m.*
heladera *f* Kühlschrank *m.*
heladería *f* Eisdiele *f.*
helado, -a *adj* **1** eisig. • *m* **2** (Speise)eis *n.*
helar *tr* **1** gefrieren lassen (congelar). • **~se** *pron* **2** gefrieren (congelarse).
helecho *m* Farn *m.*
hélice *f* **1** Propeller *m.* **2** GEOM Spirale *f.*
helicóptero *m* Hubschrauber *m*; Helikopter *m.*
helipuerto *m* Heliport *m.*
hematíe *m* rotes Blutkörperchen *n.*

hematoma *m* MED Bluterguss *m.*
hembra *f* ZOOL Weibchen *n.*
hemiciclo *m* Halbkreis *m.*
hemiplejía o **hemiplejia** *f* MED halbseitige Lähmung *f.*
hemipléjico, -a *adj* MED halbseitig gelähmt.
hemisferio *m* (Erd)halbkugel *f.*
hemofilia *f* MED Bluterkrankheit *f.*
hemofílico, -a *m, f* MED Bluter(in) *m(f).*
hemorragia *f* MED Blutung *f.*
hemorroide *f* MED (gralte. pl) Hämorrhoiden *f pl.*
henchir *tr* an|füllen.
hender *tr* spalten.
hendidura *f* Spalt *m*, Spalte *f.*
hendir *tr* → hender.
heno *m* Heu *n.*
hepatitis *f* MED Hepatitis *f.*
heráldica *f* Wappenkunde *f.*
heráldico, -a *adj* heraldisch.
herbario, -a *m* Pflanzensammlung *f.*
herbicida *f* Unkrautvernichtungsmittel *n.*
herbívoro, -a *m* Pflanzenfresser *m.*
herbolario *m* Heilkräuterladen *m.*
heredad *f* Grundstück *n.*
heredar *tr* **~ de** erben von *(+dat).*
heredero, -a *m, f* Erbe, -in *m, f.*
hereditario, -a *adj* erblich, Erb .
hereje *m, f* REL Ketzer(in) *m(f).*
herejía *f* REL Ketzerei *f.*
herencia *f* Erbschaft *f*, Erbe *n.*
herida *f* Wunde *f.*
herido, -a *m, f* **1** Verletzte(r) *mf(m).* **2** MIL Verwundete(r) *f(m).*
herir *tr* **~ en** verletzen an *(+dat).*
hermafrodita *m* Zwitter *m.*
hermanastro, -a *m, f* Stiefbruder, -schwester *m, f.*
hermandad *f* Brüderlichkeit *f.*
hermano, -a *m, f* **1** Bruder *m*, Schwester *f.* • **~s** *m pl* **2** Geschwister *pl.*
hermético, -a *adj* hermetisch.
hermoso, -a *adj* schön.
hermosura *f* Schönheit *f.*
hernia *f* (Eingeweide)bruch *m.* ◆ **~ inguinal** Leistenbruch *m.*
héroe *m* Held *m.*
heroico, -a *adj* heldenhaft.
heroína *f* **1** Heldin *f* (de héroe). **2** Heroin *n* (droga).
herpes o **herpe** *m, f* MED Herpes *m.*
herradura *f* Hufeisen *n.*
herramienta *f* Werkzeug *n.*
herrumbre *f* Rost *m.*
hertz *m* FÍS Hertz *n.*
hervir *intr* **1** kochen. • *tr* **2** (auf|)kochen (lassen).
hervor *m* Kochen *n.*
heterodoxo, -a *adj* andersgläubig.
heterogéneo, -a *adj* verschiedenartig.
heterosexual *adj* heterosexuell.

hexágono, -a *m* GEOM Sechseck *n*.
hez *f* (gralte. pl) Bodensatz *m*.
hibernar *intr* Winterschlaf halten.
hidratante *adj* Feuchtigkeit spendend.
hidratar *tr* QUÍM hydr(atis)ieren.
hidráulica *f* Hydraulik *f*.
hidráulico, -a *adj* hydraulisch.
hidroavión *m* AER Wasserflugzeug *n*.
hidrógeno *m* QUÍM Wasserstoff *m*.
hidromasaje *m* MED (Unterwasser)druckstrahlmassage *f*.
hidrosfera *f* GEOG Hydrosphäre *f*.
hidroterapia *f* MED Hydrotherapie *f*.
hiedra *f* Efeu *m*.
hiel *f* Galle *f*.
hielo *m* Eis *n*.
hiena *f* Hyäne *f*.
hierba *f* **1** Gras *n* (planta). **2** Kraut *n* (comestible).
hierbabuena *f* Minze *f*.
hierro *m* Eisen *n*.
hígado *m* ANAT Leber *f*.
higiene *f* Hygiene *f*.
higiénico, -a *adj* hygienisch.
higo *m* Feige *f*.
higuera *f* Feigenbaum *m*.
hijastro, -a *m, f* Stiefsohn, -tochter *m, f*.
hijo, -a *m, f* Sohn *m*, Tochter *f*. ◆ **~ de puta** (vulg) Scheißkerl *m*; **~ único** Einzelkind *n*.
hilada *f* Reihe *f*.
hilar *tr* spinnen.
hilarante *adj* sehr lustig.
hilera *f* Reihe *f*.
hilo *m* Faden *m*. ■ **pender** o **colgar de un ~** (fig) an einem seidenen Faden hängen.
hilvanar *tr* heften.
himen *m* Jungfernhäutchen *n*.
himno *m* Hymne *f*.
hincapié *m* **hacer ~ en** Nachdruck legen auf *(+ac)*.
hincar *tr* **~ en** (hin)ein|schlagen.
hincha *m, f* Fan *m*.
hinchar *tr* **1** auf|blasen (globo). • **~se** *pron* **2** an|schwellen.
hinchazón *f* MED Schwellung *f*.
hindú *m, f* Inder(in) *m(f)*.
hinduismo *m* REL Hinduismus *m*.
hiniesta *f* Ginster *m*.
hinojo *m* Fenchel *m*.
híper *m* großer Supermarkt *m*.
hipermercado *m* (großer) Supermarkt *f*.
hipertexto *m* INF Hypertext *m*.
hípica *f* Reitsport *m*.
hípico, -a *adj* Pferde-, Reit-.
hipnosis *f* Hypnose *f*.
hipnotizador(a) *m(f)* Hypnotiseur(in) *m(f)*.
hipnotizar *tr* hypnotisieren.
hipo *m* Schluckauf *m*.
hipocondría *f* MED Hypochondrie *f*.
hipocresía *f* Heuchelei *f*.
hipócrita *m, f* Heuchler(in) *m(f)*.

hipódromo *m* DEP Pferderennbahn *f*.
hipopótamo *m* Nilpferd *n*.
hipoteca *f* Hypothek *f*.
hipotecar *tr* mit einer Hypothek belasten.
hipótesis *f* Hypothese *f*.
hippy o **hippie** *adj* **1** Hippie-. • *m, f* **2** Hippie *m, f*.
hispánico, -a *adj* spanisch.
hispanista *m, f* Hispanist(in) *m(f)*.
hispano, -a *adj* spanisch.
Hispanoamérica *f* Lateinamerika *n*.
hispanoamericano, -a *adj* **1** hispanoamerikanisch. • *m, f* **2** Hispanoamerikaner(in) *m(f)*.
histeria *f* Hysterie *f*.
historia *f* Geschichte *f*.
historiador(a) *m(f)* Historiker(in) *m(f)*.
historial *m* Werdegang *m*.
histórico, -a *adj* historisch.
historieta *f* Kurzgeschichte *f*.
hobby *m* Hobby *n*.
hockey *m* Hockey *n*. ◆ **~ sobre hielo** Eishockey *n*; **~ sobre hierba** Rasenhockey *n*.
hogar *m* **1** Heim *n*. **2** Herd *m* (cocina).
hogareño, -a *adj* häuslich.
hoguera *f* Scheiterhaufen *m*.
hoja *f* Blatt *n* (de una planta).
hojalata *f* Blech *n*.
hojaldre *m* Blätterteig *m*.
hojarasca *f* dürres Laub *n*.
hojear *tr* durch|blättern.
¡hola! *interj* hallo!
Holanda *f* Holland *n*.
holandés, -esa *adj* **1** holländisch. • *m, f* **2** Holländer(in) *m(f)*.
holgado, -a *adj* weit (vestido).
holgar *intr* **1** (sich aus)ruhen, rasten. **2** müßig sein. • **~se** *pron* **3** sich amüsieren.
holgazán, -ana *adj* **1** faul, träge. • *m, f* **2** Faulenzer(in) *m(f)*.
holgazanear *intr* faulenzen.
holgura *f* Weite *f*.
hollín *m* Ruß *m*.
holocausto *m* Holocaust *m*.
hombre *m* **1** Mann *m* (varón). **2** Mensch *m* (ser humano).
hombrera *f* Schulterpolster *n*.
hombro *m* ANAT Schulter *f*.
homenaje *m* Ehrung *f*.
homenajear *tr* ehren.
homeopatía *f* MED Homöopathie *f*.
homicida *adj* mörderisch; tödlich.
homicidio *m* **1** Tötung *f*. **2** Totschlag *m* (no planeado).
homínido *m* ZOOL Hominide *m*.
homogeneidad *f* Homogenität *f*.
homogeneizar *tr* homogenisieren.
homogéneo, -a *adj* homogen.
homógrafo, -a *adj* homograf.
homologación *f* amtliche Anerkennung *f*.
homologar *tr* **1** amtlich genehmigen. **2** sanktionieren.
homólogo, -a *m, f* Amtskollege, -in *m, f*.

homónimo, -a *adj* **1** gleich lautend. • *m* **2** Namensvetter *m*.
homosexual *adj* **1** homosexuell. • *m, f* **2** Homosexuelle(r) *mf(m)*.
honda *f* Schleuder *f*.
hondear *tr* loten.
hondo, -a *adj* **1** tief (profundo). **2** (fig) tiefschürfend, profund; tiefempfunden, aufrichtig. • *m* **3** Tiefe *f*.
hondura *f* Tiefe *f*.
Honduras *f* Honduras *n*.
hondureño, -a *adj* **1** honduranisch. • *m, f* **2** Honduraner(in) *m(f)*.
honestidad *f* Ehrlichkeit *f*.
honesto, -a *adj* ehrlich.
hongo *m* **1** BOT Pilz *m*. **2** MED Fungus *m*.
honor *m* **1** Ehre *f*. **2** (gralte. pl) Amt *n*.
honorable *adj* ehrenwert.
honorario, -a *m* (gralte. pl) Honorar *n* (sueldo).
honorífico, -a *adj* Ehren-.
honra *f* Ehre *f*.
honradez *f* Ehrenhaftigkeit *f*.
honrado, -a *adj* ehrlich.
honrar *tr* ehren.
hora *f* **1** Stunde *f* (60 minutos). **2** Zeit *f* (tiempo). ■ **¿qué ~ es?** wie viel Uhr (o wie spät) ist es?
horadar *tr* durchbohren.
horario, -a *m* **1** Stundenplan *m* (escolar). **2** Fahrplan *m* (de un medio de transporte).
horca *f* Galgen *m*.
horchata *f* *Erfrischungsgetränk aus Erdmandeln oder Mandeln.*
horda *f* (fig) Horde *f*.
horizontal *adj* horizontal, waagerecht.
horizonte *m* GEOG Horizont *m*.
horma *f* Form *f*.
hormiga *f* Ameise *f*.
hormigón *m* Beton *m*.
hormigonera *f* Betonmischmaschine *f*.
hormigueo *m* Kribbeln *n*.
hormiguero *m* Ameisenhaufen *m*.
hormona *f* BIOL Hormon *n*.
hornacina *f* ARQ Nische *f*.
hornada *f* Schub *m*.
hornear *tr* backen.
hornillo *m* Kocher *m*.
horno *m* (Back-, Brat)ofen *m*.
horóscopo *m* Horoskop *n*.
horquilla *f* **1** Haarnadel *f*. **2** Gabelstütze *f*.
horrendo, -a *adj* grausig.
horrible *adj* schrecklich.
horripilante *adj* haarsträubend.
horror *m* ~ **a 1** Entsetzen *n* vor *(+dat)* (miedo). ~ **a 2** Abscheu *m*, Horror *m* vor *(+dat)* (aversión).
horrorizar *tr* entsetzen; erschrecken.
horroroso, -a *adj* entsetzlich.
hortaliza *f* Gemüse *n*.
hortelano, -a *m, f* Gemüsegärtner(in) *m(f)*.
hortensia *f* Hortensie *f*.
hortera *adj* geschmacklos.

h

horticultor(a) *m(f)* Gartenbauexperte, -in *m, f*; Gärtner(in) *m(f)*; Pflanzenzüchter(in) *m(f)*.
horticultura *f* Gartenbau *m*.
hosco, -a *adj* mürrisch.
hospedaje *m* Beherbergung *f*.
hospedar *tr* **1** beherbergen. • **~se en** *pron* **2** ab|steigen bei/in *(+dat)*.
hospedería *f* Gasthaus *n*.
hospicio *m* Waisenhaus *n*.
hospital *m* Krankenhaus *n*.
hospitalario, -a *adj* gastfreundlich.
hospitalidad *f* Gastfreundschaft *f*.
hospitalización *f* Einweisung *f* in ein Krankenhaus.
hospitalizar *tr* in ein Krankenhaus ein|weisen.
hostal *m* Gasthaus *n*.
hostelería *f* Hotel- und Gaststättengewerbe *n*.
hostelero, -a *m, f* Gastwirt(in) *m(f)*.
hostería *f* Gasthaus *n*.
hostia *f* REL Hostie *f*.
hostigar *tr* **1** aus|peitschen (azotar). **2** (fig) belästigen (molestar).
hostil *adj* feindlich.
hostilidad *f* Feindseligkeit *f*.
hotel *m* Hotel *n*.
hotelero, -a *m, f* Hotelbesitzer(in) *m(f)*.
hoy *adv* heute. ■ **de ~ en adelante** von heute an; **~ (en) día** heutzutage.
hoyo *m* Grube *f*.
hoyuelo *m* Grübchen *n*.
hoz *f* Sichel *f*.
huaico *m Perú* Bergwasserschlucht *f*.
hucha *f* Sparbüchse *f*.
hueco, -a *adj* **1** hohl. • *m* **2** Loch *n*.
huelga *f* Streik *m*.
huelguista *m, f* Streikende(r) *mf(m)*.
huella *f* Spur *f*. ◆ **~ dactilar** (o **digital**) Fingerabdruck *m*.
huérfano, -a *m, f* Waise *f*; Waisenkind *n*.
huero, -a *adj* (fig) leer.
huerta *f* Obst- und Gemüseland *n*.
huerto *m* Gemüsegarten *m*.
hueso *m* **1** ANAT Knochen *m*. **2** (Obst)kern *m* (de la fruta).
huésped(a) *m(f)* Gast *m*.
huesudo, -a *adj* knochig.
huevas *f pl* Fischrogen *m*.
huevera *f* Eierbecher *m*.
huevería *f* Eierhandlung *f*.
huevo *m* **1** Ei *n* (de gallina). **2** BIOL Ei *n*. ◆ **~ duro** hart gekochtes Ei *n*; **~ frito** Spiegelei *n*; **~ revuelto** Rührei *n*.
¡huf! *interj* ach! uff!
huida *f* Flucht *f*.
huir *intr* **1** fliehen, flüchten; eilen. **~ de 2** fliehen vor *(+dat)*.
humanidad *f* **1** Menschheit *f* (género). **2** Humanität *f*; Menschlichkeit *f* (cualidad).
humanitario, -a *adj* menschenfreundlich.
humanizar *tr* humanisieren.

humano, -a *adj* **1** menschlich. • *m, f* **2** Mensch *m*.
humareda *f* Rauchwolke *f*.
humeante *adj* rauchend.
humear *intr y pron* rauchen (salir humo).
humedad *f* (Luft)feuchtigkeit *f*.
humedecer *tr* befeuchten.
húmedo, -a *adj* feucht.
húmero *m* ANAT Oberarmknochen *m*.
humidificador *m* Luftbefeuchter *m*.
humildad *f* Demut *f*.
humilde *adj* bescheiden, demütig, anspruchslos (carácter).
humillación *f* Demütigung *f*.
humillante *adj* demütigend.
humillar *tr* demütigen.
humita *f Amér. Gericht aus Mais, Zwiebeln, Pfefferschoten und Käse*.
humo *m* Rauch *m*.
humor *m* Humor *m*.
humorismo *m* Humor *m*.
humorista *m, f* Humorist(in) *m(f)*; Komiker(in) *m(f)*.
humorístico, -a *adj* humoristisch.
hundimiento *m* **1** (Ver)Sinken *n*. **2** Versenken *n*.
hundir *tr* **1** versenken. • **~se** *pron* **2** versinken.
húngaro, -a *adj* **1** ungarisch. • *m, f* **2** Ungar(in) *m(f)*. • *m* **3** Ungarisch(e) *n* (lengua).
huracán *m* Orkan *m*.
huraño, -a *adj* menschenscheu (insociable).
hurgar *tr* **~ en** herum|stochern in *(+dat)* (con un palo).
hurón *m* ZOOL Frettchen *n*.
hurtadillas *loc adv* **a ~** heimlich.
hurtar *tr* stehlen.
hurto *m* Diebstahl *m*.
husmear *tr* wittern.
¡huy! *interj* au!

Ii

i, I *f* i, I *n* (letra).
ibérico, -a *adj* iberisch.
Iberoamérica *f* Iberoamerika *n*.
iberoamericano, -a *adj* iberoamerikanisch.
ibídem *adv* ebenda.
iceberg *m* Eisberg *m*.
icono o **ícono** *m* REL Ikone *f*.
iconoclasta *m, f* Bilderstürmer(in) *m(f)*.
iconografía *f* Ikonographie *f*.
ida *f* **1** Hinweg *m*. **2** Hinfahrt *f* (en vehículo).
idea *f* Idee *f*. ▪ **ni ~** keine Ahnung.
ideal *adj* **1** ideal. • *m* **2** Ideal *n*.
idealismo *m* Idealismus *m*.

idealista *m, f* Idealist(in) *m(f)*.
idealizar *tr* idealisieren.
idear *tr* sich*(dat)* aus|denken.
ideario *m* Gedankengut *n*.
ídem *pron* idem.
idéntico, -a *adj* identisch.
identidad *f* Identität *f*.
identificación *f* Identifizierung *f*.
identificar *tr* **1** identifizieren. ● **~se con** *pron* **2** sich identifizieren mit *(+dat)*.
ideograma *m* Ideogramm *n*.
ideología *f* Ideologie *f*.
idílico, -a *adj* idyllisch.
idilio *m* Idylle *f*.
idioma *m* Sprache *f*.
idiosincrasia *f* Idiosynkrasie *f*.
idiota *adj* **1** idiotisch. ● *m, f* **2** Idiot(in) *m(f)*.
idiotez *f* Schwachsinn *m*.
ido, ida *adj* (fam) verrückt.
idolatría *f* Vergötterung *f*.
ídolo *m* Idol *n*.
idóneo, -a *adj* geeignet.
iglesia *f* Kirche *f*.
iglú *m* Iglu *m* o *n*.
ignominia *f* Schande *f*.
ignorancia *f* Ignoranz *f*.
ignorar *tr* **1** nicht wissen (desconocer). **2** ignorieren (no hacer caso).
igual *adj* **1** gleich (idéntico). **2** egal (indiferente).
igualar *tr* **1** gleich|machen (hacer igual). **2** gleich|stellen (equiparar).
igualdad *f* Gleichheit *f*.
igualitario, -a *adj* egalitär.
iguana *f* Leguan *m*.
ilegal *adj* illegal.
ilegalidad *f* Illegalität *f*.
ilegible *adj* unleserlich.
ilegítimo, -a *adj* unrechtmäßig.
ileso, -a *adj* unverletzt.
iletrado, -a *adj* ungebildet.
ilícito, -a *adj* unerlaubt.
ilimitado, -a *adj* unbeschränkt.
ilógico, -a *adj* unlogisch.
iluminación *f* Beleuchtung *f*.
iluminar *tr* beleuchten.
ilusión *f* **1** Illusion *f* (falsa percepción). **2** Freude *f* (alegría).
ilusionar *tr* falsche Hoffnungen machen *(+dat)*.
iluso, -a *adj* leichtgläubig.
ilusorio, -a *adj* illusorisch.
ilustración *f* Illustration *f*.
ilustrado, -a *adj* illustriert.
ilustrar *tr* illustrieren.
ilustre *adj* berühmt (famoso).
ilustrísimo, -a *adj* hochverehrt.
imagen *f* Bild *n*.
imaginación *f* Phantasie *f*.
imaginar *tr* **1** aus|denken. ● **~se** *pron* **2** sich*(dat)* vor|stellen.
imaginario, -a *adj* imaginär.
imaginativo, -a *adj* fantasievoll.
imaginería *f* figurative Seidenstickerei *f*.
imán *m* Magnet *m*.
imantar o **imanar** *tr* magnetisieren.
imbatible *adj* unschlagbar.

imbécil *adj* blöd(sinnig).
imbecilidad *f* Blödsinn *m.*
imberbe *adj* bartlos.
imbíbito, -a *adj Guat., Méx.* inbegriffen.
imborrable *adj* unauslöschlich.
imbuir *tr* ein|impfen (inculcar).
imbunchar *tr Chile* verhexen.
imbunche *m Chile* (fig) Hexerei *f.*
imitación *f* Nachahmung *f.*
imitar *tr* imitieren.
impaciencia *f* Ungeduld *f.*
impacientar *tr* ungeduldig machen.
impaciente *adj* ungeduldig.
impactar *tr* **~ en** ein|schlagen in *(+dat).*
impacto *m* Einschlag *m.*
impagable *adj* unbezalilbar.
impago *m* Nichtbezahlung *f.*
impar *adj* ungerade.
imparcial *adj* unparteiisch.
imparcialidad *f* Unparteilichkeit *f.*
impartir *tr* erteilen.
impasible *adj* gefühllos.
impasse *m* Sackgasse *f.*
impávido, -a *adj* unerschrocken.
impecable *adj* makellos.
impedido, -a *adj* behindert.
impedimento *m* Hindernis *n.*
impedir *tr* verhindern.
impeler *tr* (an)|treiben.
impenetrable *adj* undurchdringlich.
impensable *adj* undenkbar.
imperar *intr* **~ sobre** herrschen über *(+ac).*
imperativo, -a *adj* **1** zwingend. • *m* **2** GRAM Imperativ *m.*
imperceptible *adj* unmerklich.
imperdible *m* Sicherheitsnadel *f.*
imperdonable *adj* unverzeihlich.
imperfecto, -a *adj* **1** unvollkommen. • *m* **2** GRAM Imperfekt *n.*
imperial *adj* kaiserlich.
imperialismo *m* Imperialismus *m.*
impericia *f* Unerfahrenheit *f.*
imperio *m* Reich *n* (reino).
impermeabilizar *tr* imprägnieren.
impermeable *m* Regenmantel *m.*
impersonal *adj* unpersönlich.
impertérrito, -a *adj* unerschrocken.
impertinencia *f* Unverschämtheit *f.*
impertinente *adj* unverschämt.
imperturbable *adj* unerschütterlich.
ímpetu *m* Heftigkeit *f.*
impetuoso, -a *adj* heftig.
implantar *tr* ein|führen.
implicar *tr* implizieren.
implícito, -a *adj* implizit.
implorar *tr* an|flehen.
implosión *f* Implosion *f.*
imponente *adj* eindrucksvoll.
imponer *tr* **1** auf|drängen (idea); auf|erlegen (carga). • **~se a**

pron **2** sich durch|setzen gegen (*+ac*) (hacerse obedecer).
importación *f* Import *m*.
importancia *f* Wichtigkeit *f*.
importante *adj* wichtig.
importar *tr* **1** importieren. • *intr* **2** wichtig sein.
importe *m* Betrag *m*.
importunar *tr* stören.
imposibilidad *f* Unmöglichkeit *f*.
imposibilitado, -a *adj* **1** (körper)behindert (impedido). **2** verhindert (de acudir).
imposibilitar *tr* unmöglich machen.
imposible *adj* unmöglich.
imposición *f* Auferlegung *f*.
impostor(a) *m(f)* Betrüger(in) *m(f)*.
impotencia *f* **1** Machtlosigkeit *f*. **2** MED Impotenz *f*.
impotente *adj* **1** machtlos. **2** MED impotent.
impracticable *adj* undurchführbar.
imprecación *f* Verwünschung *f*.
imprecar *tr* verwünschen.
imprecisión *f* Ungenauigkeit *f*.
impreciso, -a *adj* ungenau.
impregnar *tr* imprägnieren.
imprenta *f* Druckerei *f*.
imprentar *tr Chile* → imprimir.
imprescindible *adj* unentbehrlich.
impresentable *adj* nicht präsentabel.
impresión *f* **1** Druck *m*. **2** (fig) Eindruck *m* (sensación).
impresionable *adj* leicht zu beeindrucken.
impresionante *adj* eindrucksvoll.
impresionar *tr* beeindrucken.
impresionismo *m* Impressionismus *m*.
impresionista *m, f* Impressionist(in) *m(f)*.
impreso *m* Formular *n*.
impresor(a) *m(f)* **1** Drucker(in) *m(f)*. • **impresora** *f* **2** INF Drucker *m*.
imprevisible *adj* unvorhersehbar.
imprevisto, -a *adj* unvorhergesehen.
imprimir *tr* **1** drucken. **2** auf|drücken (sello).
improbable *adj* unwahrscheinlich.
improbar *tr Amér.* missbilligen.
improcedente *adj* **1** unangebracht. **2** unzulässig.
improductivo, -a *adj* unproduktiv.
impronta *f* Abdruck *m*.
improperio *m* Beschimpfung *f*.
impropio, -a *adj* unpassend.
improvisación *f* Improvisation *f*.
improvisar *tr* improvisieren.
improviso, -a *adj* unvorhergesehen. ▪ **de ~** unvermutet.
imprudencia *f* Unvorsichtigkeit *f*.
imprudente *adj* unvorsichtig.
impúdico, -a *adj* schamlos.
impudor *m* Schamlosigkeit *f*.

impuesto *m* Steuer *f.*
impugnar *tr* DER an|fechten.
impulsar *tr* an|treiben.
impulsivo, -a *adj* impulsiv.
impulso *m* Impuls *m.*
impune *adj* straflos.
impunidad *f* Straflosigkeit *f.*
impureza *f* Unreinheit *f.*
impuro, -a *adj* unrein.
imputar *tr* **1** ~ **a** zu|schreiben *(+dat)* (atribuir). ~ **a 2** zur Last legen *(+dat)* (cargar).
inaccesible *adj* unzugänglich.
inacción *f* Untätigkeit *f.*
inaceptable *adj* unannehmbar.
inactividad *f* Untätigkeit *f.*
inadaptación *f* Unangepasstheit *f.*
inadvertido, -a *adj* unachtsam (descuidado).
inaguantable *adj* unerträglich.
inalámbrico, -a *adj* drahtlos.
inalienable *adj* unveräußerlich.
inalterable *adj* unveränderlich.
inamovible *adj* **1** unversetzbar (no trasladable). **2** unkündbar (de un trabajo).
inanición *f* Erschöpfung *f.*
inanimado, -a *adj* leblos.
inapelable *adj* (fig) unwiderruflich.
inapetente *adj* appetitlos.
inapreciable *adj* unschätzbar (de gran valor).
inasistencia *f* Nichtanwesenheit *f.*
inaudito, -a *adj* **1** noch nie da gewesen (sin precedente). **2** unerhört (increíble).
inauguración *f* Eröffnung *f.*
inaugurar *tr* eröffnen.
incalculable *adj* unberechenbar.
incandescente *adj* weiß glühend.
incansable *adj* unermüdlich.
incapacidad *f* Unfähigkeit *f.*
incapacitar *tr* unfähig machen.
incautarse *pron* ~ **de** beschlagnahmen (confiscar).
incendiar *tr* an|zünden.
incendiario, -a *adj* **1** Brand-. • *m, f* **2** Brandstifter(in) *m(f).*
incendio *m* Brand *m.*
incentivar *tr* fördern.
incentivo, -a *adj* **1** anspornend. • *m* **2** Anreiz *m.*
incertidumbre *f* Ungewissheit *f.*
incesto *m* Inzest *m.*
incestuoso, -a *adj* inzestuös.
incidencia *f* **1** Auswirkung *f* (efecto). **2** Zwischenfall *m* (suceso).
incidente *m* Zwischenfall *m.*
incidir *intr* ~ **en** verfallen in *(+ac)* (incurrir).
incienso *m* Weihrauch *m.*
incierto, -a *adj* unsicher.
incinerar *tr* **1** verbrennen. **2** ein|äschern (cadáver).
incisión *f* (Ein)schnitt *m.*
incisivo, -a *adj* schneidend.
inciso *m* GRAM Einschub *m.*
incitar *tr* ~ **a** an|spornen zu *(+dat)* (animar).
incivilizado, -a *adj* unzivilisiert.

inclemencia *f* Unbarmherzigkeit *f*.
inclinación *f* ~ **a** (fig) Neigung *f* zu *(+dat)*.
inclinar *tr* **1** neigen (torcer). • **~se a** *pron* **2** neigen zu *(+dat)*.
incluir *tr* ein|schließen.
inclusión *f* Einschließung *f*.
inclusive *adv* einschließlich.
incógnito, -a *adj* unbekannt.
incoherencia *f* Inkohärenz *f*.
incoherente *adj* inkohärent.
incoloro, -a *adj* farblos.
incombustible *adj* unbrennbar.
incomodar *tr* belästigen (molestar).
incomodidad *f* Unbequemlichkeit *f*.
incómodo, -a *adj* unbequem (inconfortable).
incomparable *adj* unvergleichlich.
incompatibilidad *f* Unvereinbarkeit *f*.
incompatible *adj* inkompatibel.
incompetencia *f* Unfähigkeit *f*.
incompetente *adj* unfähig.
incomprendido, -a *adj* unverstanden.
incomunicación *f* Isolation *f*.
incomunicado, -a *adj* von der Außenwelt abgeschnitten.
inconcebible *adj* unbegreiflich.
incondicional *adj* bedingungslos.
inconfundible *adj* unverwechselbar.
incongruencia *f* Inkongruenz *f*.
inconmensurable *adj* unermesslich.
inconsciencia *f* MED Bewusstlosigkeit *f*.
inconsciente *adj* **1** unbewusst. **2** MED bewusstlos.
inconsecuencia *f* Inkonsequenz *f*.
inconsecuente *adj* inkonsequent.
inconsiderado, -a *adj* rücksichtslos.
inconsistencia *f* Inkonsistenz *f*.
inconstancia *f* Unbeständigkeit *f*.
inconstitucional *adj* verfassungswidrig.
incontable *adj* nicht zählbar.
incontestable *adj* unbestreitbar.
incontinencia *f* Hemmungslosigkeit *f*.
inconveniencia *f* **1** Unschicklichkeit *f* (falta). **2** Unannehmlichkeit *f* (incomodidad).
inconveniente *adj* **1** unangebracht. • *m* **2** Nachteil *m*.
incordiar *tr* belästigen.
incordio *m* (fig, fam) Ärgernis *n*.
incorporación *f* Eingliederung *f* (integración).
incorporar *tr* ~ **a 1** (ó en) ein|gliedern in *(+ac)* (inte-

grar). • **~se** *pron* **2** sich auf|richten (enderezarse).
incorrección *f* Unrichtigkeit *f.*
incorrecto, -a *adj* unrichtig.
incorregible *adj* unverbesserlich.
incorruptible *adj* unverderblich.
incredulidad *f* Ungläubigkeit *f.*
incrédulo, -a *adj* **1** misstrauisch (desconfiado). **2** REL ungläubig.
increíble *adj* **1** unglaublich (extraordinario). **2** unglaubwürdig (inverosímil).
incremento *m* **1** Erhöhung *f* (aumento). **2** Zunahme *f* (crecimiento).
increpar *tr* rügen.
incriminar *tr* beschuldigen *(+gen).*
incruento, -a *adj* unblutig.
incrustación *f* Verkrustung *f* (proceso).
incrustar *tr* inkrustieren.
incubadora *f* MED Brutkasten *m.*
incubar *tr* ZOOL (aus)|brüten.
inculpar *tr* **~ de** beschuldigen *(+gen).*
inculto, -a *adj* **1** ungebildet. **2** AGR unbebaut.
incultura *f* Unbildung *f.*
incumbencia *f* Zuständigkeit *f.*
incumplir *tr* nicht ein|halten.
incurable *adj* unheilbar.
incurrir *intr* **~ en** geraten in *(+ac)* (situación).
incursión *f* Einfall *m.*
indagar *tr* ermitteln.
indecencia *f* Unanständigkeit *f.*
indecente *adj* unanständig.
indecible *adj* unsagbar.
indecisión *f* Unentschlossenheit *f.*
indeciso, -a *adj* unentschlossen.
indefenso, -a *adj* wehrlos.
indefinido, -a *adj* unbestimmt (indeterminado).
indeleble *adj* unauslöschlich.
indemnización *f* Entschädigung *f.*
indemnizar *tr* entschädigen.
independencia *f* Unabhängigkeit *f.*
independiente *adj* **1** unabhängig (libre). **2** selb(st)ständig (autónomo).
indeseable *adj* unerwünscht.
indestructible *adj* unzerstörbar.
indeterminado, -a *adj* unbestimmt.
India *f* Indien *n.*
indicación *f* Hinweis *m.*
indicador(a) *adj* **1** Hinweis-. • *m* **2** Anzeiger *m.*
indicar *tr* an|zeigen (denotar).
indicativo, -a *adj* **1** bezeichnend (ilustrativo). • *m* **2** GRAM Indikativ *m.*
índice *m* Verzeichnis *n.*
indicio *m* Anzeichen *n.*
indiferencia *f* Gleichgültigkeit *f.*
indiferente *adj* **~ a** gleichgültig gegenüber *(+dat).*

indígena *m, f* Eingeborene(r) *mf(m)*.
indigencia *f* Bedürftigkeit *f*.
indigente *adj* bedürftig.
indigestarse *pron* sich*(dat)* den Magen verderben (empacharse).
indigestión *f* Verdauungsstörung *f*.
indigesto, -a *adj* unverdaulich.
indignación *f* Empörung *f*.
indignar *tr* empören.
indigno, -a *adj* **~ de** unwürdig *(+gen)*.
índigo *m* Indigo *m* o *n*.
indio, -a *m, f* **1** Inder(in) *m(f)* (de la India). **2** Indianer(in) *m(f)* (de América).
indirecto, -a *adj* **1** indirekt. • **indirecta** *f* **2** Seitenhieb *m*.
indisciplina *f* Disziplinlosigkeit *f*.
indiscreción *f* Indiskretion *f*.
indiscreto, -a *adj* indiskret.
indiscutible *adj* unbestreitbar.
indisoluble *adj* unauflöslich.
indispensable *adj* unentbehrlich.
indisponer *tr* **1** krank machen. • **~se** *pron* **2** krank werden.
indisposición *f* Unwohlsein *n*.
indispuesto, -a *adj* unpässlich.
individual *adj* individuell.
individuo, -a *adj* **1** individuell. • *m* **2** Individuum *n*.
indocumentado, -a *adj* ohne (Ausweis)papiere (sin documentos).
índole *f* **1** (Wesens)art *f* (condición). **2** Naturell *n* (naturaleza).
indolente *adj* träge.
indomable *adj* un(be)zähmbar.
indómito, -a *adj* unbändig.
Indonesia *f* Indonesien *n*.
inducción *f* Anstiftung *f*.
inducir *tr* **~ a** o **en** verleiten zu *(+dat)*.
indudable *adj* unzweifelhaft.
indulgencia *f* Nachsicht *f*.
indulgente *adj* nachsichtig.
indultar *tr* begnadigen.
indulto *m* Begnadigung *f*.
industria *f* Industrie *f*.
industrial *adj* industriell.
industrializar *tr* industrialisieren.
inédito, -a *adj* unveröffentlicht.
inefable *adj* unsäglich.
ineficacia *f* **1** Unwirksamkeit *f* (sin resultado). **2** Inkompetenz *f* (de una persona).
ineludible *adj* unumgänglich.
ineptitud *f* Unfähigkeit *f*.
inepto, -a *adj* unfähig.
inequívoco, -a *adj* eindeutig.
inercia *f* Trägheit *f*.
inerte *adj* **1** schwach. **2** FÍS träge.
inesperado, -a *adj* unerwartet.
inestable *adj* instabil.
inestimable *adj* unschätzbar.
inevitable *adj* unvermeidlich.
inexacto, -a *adj* ungenau.
inexorable *adj* unerbittlich.
inexperiencia *f* Unerfahrenheit *f*.

inexperto, -a *adj* unerfahren.
inexpresivo, -a *adj* ausdruckslos.
inexpugnable *adj* uneinnehmbar.
inextricable *adj* unentwirrbar.
infalible *adj* unfehlbar.
infamar *tr* schänden.
infame *adj* schändlich.
infamia *f* Niedertracht *f* (vileza).
infancia *f* Kindheit *f*.
infante, -a *m, f* Infant(in) *m(f)*.
infantería *f* Infanterie *f*.
infantil *adj* **1** kindlich. **2** (desp) infantil.
infarto *m* Infarkt *m*.
infatigable *adj* unermüdlich.
infección *f* Infektion *f*.
infeccioso, -a *adj* ansteckend.
infectar *tr* an|stecken.
infeliz *adj* unglücklich.
inferior *adj* untere(r, s) (que está debajo).
inferioridad *f* Unterlegenheit *f*. ◆ **complejo de ~** Minderwertigkeitskomplex *m*.
inferir *tr* **1** mit sich *(+dat)* bringen (ocasionar). **~ de** o **por 2** schließen aus *(+dat)* (deducir).
infernal *adj* höllisch.
infestar *tr* **1** befallen (invadir). **~ de 2** verseuchen mit *(+dat)* (contaminar).
infiel *adj* **1** untreu. **2** REL ungläubig.
infierno *m* Hölle *f*.
infiltrar *tr* **1 ~ en** infiltrieren in *(+ac)*. ● **~se en** *pron* **2** POL sich ein|schleusen in *(+ac)*.
ínfimo, -a *adj* **1** unterste(r, s) (más bajo). **2** geringste(r, s) (mínimo).
infinidad *f* Unendlichkeit *f*.
infinitivo *m* Infinitiv *m*.
infinito, -a *adj* unendlich.
inflación *f* ECON Inflation *f*.
inflamable *adj* entzündbar.
inflamación *f* MED Entzündung *f*.
inflamar *tr* **1** entzünden. ● **~se** *pron* **2** sich entzünden.
inflar *tr* auf|blasen.
inflexibilidad *f* Inflexibilität *f*.
inflexible *adj* inflexibel.
inflexión *f* Biegung *f*.
infligir *tr* zu|fügen.
influencia *f* Einfluss *m*.
influir *tr* e *intr* **~ en** o **sobre** beeinflussen *(+ac)*.
influjo *m* Einfluss *m*.
influyente *adj* einflussreich.
información *f* Information *f*.
informal *adj* **1** informell. **2** unzuverlässig (no cumplidor).
informalidad *f* (fig) Unzuverlässigkeit *f* (falta de fiabilidad).
informar *tr* **1 ~ de** o **sobre** informieren über *(+ac)*. ● **~se** *pron* **2** sich informieren.
informática *f* Informatik *f*.
informático, -a *adj* **1** Computer-. ● *m, f* **2** Informatiker(in) *m(f)*.
informativo, -a *adj* informativ.
informe *adj* **1** unförmig. ● *m* **2** Bericht *m*.
infortunio *m* Unglück *n*.
infracción *f* Verstoß *m*.

infranqueable *adj* unüberwindbar.
infravalorar *tr* unterbewerten.
infringir *tr* DER verletzen.
infructuoso, -a *adj* nutzlos.
infundio *m* Gerücht *n.*
infundir *tr* ein|flößen.
infusión *f* (Kräuter)tee *m* (bebida).
ingeniar *tr* erfinden.
ingeniería *f* Technik *f* (técnica).
ingeniero, -a *m, f* Ingenieur(in) *m(f).*
ingenio *m* **1** Erfindergeist *m* (inventiva). **2** Esprit *m* (chispa).
ingenioso, -a *adj* erfinderisch (inventivo).
ingenuidad *f* Naivität *f.*
ingenuo, -a *adj* naiv.
ingerir *tr* ein|nehmen (medicamento).
ingestión *f* Einnahme *f* (medicamento).
Inglaterra *f* England *n.*
ingle *f* Leiste(nbeuge) *f.*
inglés, -esa *adj* **1** englisch. • *m, f* **2** Engländer(in) *m(f).*
ingratitud *f* Undank *m.*
ingrato, -a *adj* undankbar.
ingrávido, -a *adj* schwerelos.
ingrediente *m* Zutat *f.*
ingresar *tr* **1** ein|zahlen (en una cuenta). • *intr* **2** ein|treten (entrar).
ingreso *m* **1** Eintritt *m* (entrada). **2** Einzahlung *f* (en una cuenta). • **ingresos** *m pl* **3** Einkommen *n.*
inhábil *adj* ungeschickt (torpe).
inhabilitar *tr* für unfähig erklären (declarar incapaz).
inhabitable *adj* unbewohnbar.
inhalación *f* Einatmen *n.*
inhalar *tr* ein|atmen.
inherencia *f* Inhärenz *f.*
inherente *adj* ~ **a** inhärent *(+dat).*
inhibición *f* Zurückhaltung *f.*
inhibir *tr* hemmen.
inhospitalario, -a *adj* ungastlich.
inhóspito, -a *adj* ungastlich.
inhumano, -a *adj* **1** unmenschlich (cruel). **2** menschenunwürdig (indigno).
inhumar *tr* beerdigen.
iniciación *f* **1** Beginn *m* (comienzo). **2** Einführung *f* (introducción).
iniciar *tr* **1** beginnen (empezar). **2** ein|führen (introducir).
iniciativa *f* Initiative *f.*
inicio *m* Beginn *m.*
inicuo, -a *adj* ungerecht (injusto).
iniquidad *f* Ungerechtigkeit *f* (injusticia).
injerencia *f* Einmischung *f.*
injuria *f* Beleidigung *f.*
injuriar *tr* beleidigen.
injusticia *f* Ungerechtigkeit *f.*
injustificado, -a *adj* ungerechtfertigt.
injusto, -a *adj* ungerecht.
inmaculado, -a *adj* makellos.
inmediato, -a *adj* **1** unverzüglich (sin demora). **2** unmittelbar (directo).

inmenso, -a *adj* unermesslich.
inmersión *f* Eintauchen *n*.
inmerso, -a *adj* versunken.
inmigración *f* Immigration *f*.
inmigrante *m, f* Immigrant(in) *m(f)*.
inmigrar *intr* immigrieren.
inmobiliario, -a *adj* Immobilien-.
inmoral *adj* unmoralisch.
inmortal *adj* unsterblich.
inmortalizar *tr* verewigen.
inmóvil *adj* reg(ungs)los.
inmovilizar *tr* bewegungsunfähig machen.
inmueble *m* Gebäude *n*.
inmundo, -a *adj* schmutzig.
inmune *adj* ~ **a** immun gegen *(+ac)* (enfermedad).
inmunidad *f* Immunität *f*.
inmutar *tr* verändern.
innato, -a *adj* angeboren.
innovación *f* Innovation *f*.
innovar *tr* innovieren.
innumerable *adj* unzählig.
inocencia *f* Unschuld *f*.
inocente *adj* unschuldig.
inocuo, -a *adj* unschädlich.
inodoro, -a *adj* geruchslos.
inofensivo, -a *adj* harmlos.
inolvidable *adj* unvergesslich.
inoportuno, -a *adj* ungünstig.
inorgánico, -a *adj* anorganisch.
inoxidable *adj* rostfrei.
inquebrantable *adj* (fig) unerschütterlich.
inquietar *tr* beunruhigen.
inquieto, -a *adj* unruhig.
inquietud *f* Unruhe *f*.
inquilino, -a *m, f* Mieter(in) *m(f)*.
inquirir *tr* untersuchen.
inquisición *f* Untersuchung *f*.
insaciable *adj* unersättlich.
insalubre *adj* ungesund.
insatisfacción *f* Unzufriedenheit *f*.
inscribir *tr* ein|schreiben.
inscripción *f* Einschreibung *f*.
insecticida *m* Insektizid *n*.
insecto *m* Insekt *n*.
inseguridad *f* Unsicherheit *f*.
inseguro, -a *adj* unsicher.
inseminación *f* Befruchtung *f*.
insensato, -a *adj* unvernünftig.
insensibilidad *f* Unempfindlichkeit *f*.
insensible *adj* **1** ~ **a** gefühllos gegenüber *(+dat)*. ~ **a 2** unempfindlich gegen *(+ac)* (resistente).
insertar *tr* **1** ein|fügen. **2** hinein|stecken (llave).
inservible *adj* unbrauchbar.
insidia *f* Intrige *f*.
insigne *adj* berühmt.
insignia *f* Abzeichen *n*.
insignificante *adj* bedeutungslos.
insinuar *tr* an|deuten.
insípido, -a *adj* fade.
insistencia *f* Beharrlichkeit *f*.
insistir *intr* **1** drängen. ~ **en 2** bestehen auf *(+dat)*.
insolación *f* MED Sonnenstich *m*.

insolente *adj* frech.

insólito, -a *adj* ungewöhnlich.

insoluble *adj* **1** unlöslich (indisoluble). **2** unauflösbar (irresoluble).

insolvencia *f* ECON Insolvenz *f.*

insolvente *adj* zahlungsunfähig.

insomnio *m* Schlaflosigkeit *f.*

insondable *adj* unergründlich.

insonorizar *tr* schalldicht machen.

insoportable *adj* unerträglich.

insospechado, -a *adj* unvermutet.

inspección *f* Inspektion *f.*

inspeccionar *tr* überprüfen.

inspector(a) *m(f)* Inspektor(in) *m(f).*

inspiración *f* Inspiration *f.*

inspirar *tr* inspirieren.

instalación *f* Installation *f.*

instalar *tr* installieren.

instancia *f* **1** Gesuch *n.* **2** DER Instanz *f.*

instantáneo, -a *adj* augenblicklich.

instante *m* Augenblick *m.*

instar *tr* e *intr* inständig bitten.

instaurar *tr* errichten.

instigar *tr* an|stiften (a algo malo); auf|hetzen (a las masas).

instinto *m* Instinkt *m.*

institución *f* Institution *f.*

institucionalizar *tr* institutionalisieren.

instituir *tr* **1** ein|richten. **2** gründen (fundar).

instituto *m* **1** Institut *n.* **2** EDUC Gymnasium *n.*

institutriz *f* Hauslehrerin *f.*

instrucción *f* Unterricht *m* (enseñanza).

instruir *tr* unterrichten.

instrumento *m* Instrument *n.*

insubordinar *tr* auf|hetzen.

insuficiencia *f* Unzulänglichkeit *f.*

insuficiente *adj* ungenügend.

insular *adj* Insel-.

insulso, -a *adj* fade.

insultar *tr* beleidigen.

insulto *m* Beleidigung *f.*

insumiso, -a *adj* rebellisch.

insuperable *adj* unüberwindbar (obstáculo); unübertrefflich (inmejorable).

insurrección *f* Aufstand *m.*

intachable *adj* einwandfrei.

intacto, -a *adj* intakt.

integración *f* Integration *f.*

integral *adj* vollständig (completo). ◆ **pan ~** Vollkornbrot *n.*

integrar *tr* **1** integrieren. **2** bilden (formar). ● **~se** *pron* **3** sich integrieren.

integridad *f* Vollständigkeit *f* (completo).

íntegro, -a *adj* vollständig (completo).

intelecto *m* Intellekt *m.*

intelectual *adj* intellektuell.

inteligencia *f* Intelligenz *f.*

inteligente *adj* intelligent.

inteligible *adj* verständlich.

intemperie *f* Unbilden *pl* der Witterung. ■ **a la ~** im Freien.

intención *f* Absicht *f*.
intencionado, -a *adj* absichtlich.
intensidad *f* Intensität *f*.
intensificar *tr* verstärken.
intenso, -a *adj* intensiv.
intentar *tr* versuchen.
intento *m* Versuch *m*.
interactivo, -a *adj* interaktiv.
intercalar *tr* ein|fügen.
intercambiar *tr* aus|tauschen.
interceder *intr* ~ **por** o **en favor de** sich ein|setzen für *(+ac)*.
interceptar *tr* ab|fangen.
interés *m* **1** Interesse *n*. **2** ECON Zinsen *m pl*.
interesado, -a *adj* interessiert.
interesante *adj* interessant.
interesar *tr* **1** interessieren. • **~se por** *pron* **2** sich interessieren für *(+ac)*.
interferir *intr* **1** stören (molestar). ~ **en 2** sich ein|mischen in *(+ac)* (entremeterse).
interfono *m* Gegensprechanlage *f*.
interino, -a *adj* **1** stellvertretend (persona). **2** befristet (plaza).
interior *adj* innere(r, s); Innen-. ♦ **ropa** ~ Unterwäsche *f*.
interiorizar *tr* verinnerlichen.
interlocutor(a) *m(f)* Gesprächspartner(in) *m(f)*.
intermediario, -a *adj* vermittelnd.
intermedio, -a *adj* Zwischen-.
interminable *adj* endlos.
intermitente *m* AUT Blinker *m*.
internacional *adj* international.
internar *tr* internieren.
internet *m* Internet *n*.
interno, -a *adj* innere(r, s).
interponer *tr* ein|fügen.
interpretación *f* **1** Interpretation *f*. **2** Dolmetschen *n* (traducción).
interpretar *tr* **1** interpretieren. **2** dolmetschen (traducir).
intérprete *m, f* **1** Interpret(in) *m(f)*. **2** Dolmetscher(in) *m(f)* (traductor).
interrogación *f* Frage *f*.
interrogante *m* Fragezeichen *n* (signo).
interrogar *tr* (be)fragen (preguntar).
interrogatorio *m* Verhör *n*.
interrumpir *tr* unterbrechen.
interrupción *f* Unterbrechung *f*.
interruptor(a) *adj* **1** unterbrechend. • *m* **2** ELEC Schalter *m*.
intersección *f* MAT Schnittstelle *f*.
interurbano, -a *adj* zwischen Städten.
intervalo *m* Intervall *n*.
intervenir *intr* **1** eine Rolle spielen (factores). ~ **en 2** intervenieren in *(+dat)*.
interviú *m* Interview *n*.
intestino, -a *adj* **1** innere(r, s). • *m* **2** Darm *m*. • **intestinos** *m pl* **3** Eingeweide *n pl*.
intimidad *f* Vertrautheit *f* (confianza).

intimidar *tr* ein|schüchtern.
íntimo, -a *adj* **1** intim. **2** vertraut (de confianza).
intolerancia *f* Intoleranz *f.*
intoxicación *f* Vergiftung *f.*
intoxicar *tr* vergiften.
intranet *f* INF Intranet *n.*
intranquilo, -a *adj* unruhig.
intransigente *adj* unnachgiebig.
intransitable *adj* nicht begehbar (a pie); nicht befahrbar (en coche).
intrascendente *adj* unwichtig.
intratable *adj* **1** unfreundlich (persona). **2** MED unbehandelbar.
intrépido, -a *adj* unerschrocken.
intriga *f* Intrige *f.*
intrincado, -a *adj* verwickelt.
introducción *f* Einführung *f.*
introducir *tr* **1** hinein|stecken (llave, objeto). **2** ein|führen (persona, costumbre). • **~se** *pron* **3** ein|dringen (meterse).
intromisión *f* Einmischung *f.*
introvertido, -a *adj* introvertiert.
intruso, -a *m, f* Eindringling *m.*
intuición *f* Intuition *f.*
inundación *f* Überschwemmung *f.*
inundar *tr* überschwemmen.
inusitado, -a *adj* ungewöhnlich (desacostumbrado).
inútil *adj* unnütz.
inutilizar *tr* unbrauchbar machen.
invadir *tr* MIL ein|marschieren in *(+ac).*
invalidar *tr* ungültig machen.
inválido, -a *adj* **1** ungültig (nulo). **2** invalid (impedido). • *m, f* **3** Invalide(r) *mf(m).*
invariable *adj* unveränderlich.
invasión *f* Invasion *f.*
invasor(a) *m(f)* Eindringling *m.*
invención *f* Erfindung *f.*
inventar *tr* erfinden.
inventario *m* **1** Inventar *n* (lista). **2** Inventur *f* (recuento).
inventivo, -a *adj* erfinderisch.
invento *m* Erfindung *f.*
inventor(a) *m(f)* Erfinder(in) *m(f).*
invernadero *m* Treibhaus *n.*
invernar *intr* überwintern.
inverosímil *adj* unglaubwürdig (increíble); unwahrscheinlich (poco probable).
inversión *f* FIN Investition *f.*
inverso, -a *adj* umgekehrt.
inversor(a) *m(f)* Investor(in) *m(f).*
invertir *tr* **1** auf|wenden (emplear). **2** um|drehen (volver). **~ en 3** FIN investieren in *(+ac).*
investigación *f* **1** Untersuchung *f* (exploración). **2** Forschung *f* (ciencia).
investigar *tr* **1** untersuchen (indagar). **2** erforschen (ciencia).
invicto, -a *adj* unbesiegt.
invidente *adj* blind.
invierno *m* Winter *m.*
invisible *adj* unsichtbar.
invitación *f* Einladung *f.*
invitado, -a *m, f* Gast *m.*
invitar *tr* **~ a** ein|laden **zu** *(+dat)*

invocar *tr* an|flehen (suplicar).
involucrar *tr* verwickeln.
involuntario, -a *adj* unbeabsichtigt (sin querer); unfreiwillig (por obligación).
invulnerable *adj* unverletzbar.
inyección *f* MED Spritze *f.*
inyectar *tr* ein|spritzen.
iodo *m* Jod *n.*
ión *m* Ion *n.*
ir *intr* **1** gehen (a pie); fahren (en transporte); reisen (viajar). **2** (fig) sich fühlen (encontrarse). **3** (fig) laufen (progresar). **~ a + inf 4** werden. **~ de 5** handeln von *(+dat)* (tratar de). **~ por 6** holen (buscar). • **~se** *pron* **7** weg|gehen, fort|gehen (marcharse). ■ **~ a buscar** holen; **~ a pie** zu Fuß gehen; **~ de compras** einkaufen gehen; **~ de paseo** spazieren gehen; **¡qué va!** ach was!; **¡vamos!** los!, vorwärts!; **¡vamos a ver!** mal sehen!
ira *f* Wut *f.*
iris *f* MED Iris *f.*
Irlanda *f* Irland *n.*
irlandés, -esa *adj* **1** irisch. • *m, f* **2** Ire, -in *m, f.*
ironía *f* Ironie *f.*
irónico, -a *adj* ironisch.
irradiar *tr* aus|strahlen.
irreal *adj* irreal.
irrecuperable *adj* unwiederbringlich.
irreflexión *f* Gedankenlosigkeit *f.*
irreflexivo, -a *adj* unüberlegt.
irregular *adj* unregelmäßig.
irremediable *adj* unvermeidbar.
irreparable *adj* irreparabel.
irresistible *adj* unwiderstehlich.
irresoluto, -a *adj* unentschlossen.
irrespetuoso, -a *adj* respektlos.
irresponsable *adj* unverantwortlich.
irreversible *adj* irreversibel.
irrigar *tr* bewässern (agua).
irrisorio, -a *adj* lächerlich.
irritación *f* **1** Aufregung *f.* **2** MED Reizung *f.*
irritar *tr* **1** reizen (enojar). • **~se** *pron* **2** sich auf|regen (enojarse).
irrumpir *intr* ein|dringen.
irrupción *f* Eindringen *n.*
isla *f* Insel *f.*
islandés, -esa *adj* **1** isländisch. • *m, f* **2** Isländer(in) *m(f).*
Islandia *f* Island *n.*
isleño, -a *m, f* Inselbewohner(in) *m(f).*
islote *m* unbewohnte Felseninsel *f.*
Israel *m* Israel *n.*
israelí *adj* israelisch.
istmo *m* GEOG Landenge *f.*
Italia *m* Italien *n.*
italiano, -a *adj* **1** italienisch. • *m, f* **2** Italiener(in) *m(f).*
ítem *adv* item.
itinerario, -a *adj* **1** Weg-. • *m* **2** Route *f* (ruta).
izar *tr* hissen.
izquierdo, -a *adj* linke(r, s). ■ **a la izquierda** links.

i

Jj

j, J *f* j, J *n* (letra).
jabalí *m* Wildschwein *n*.
jabalina *f* DEP Speer *m*.
jabón *m* Seife *f*.
jabonar *tr* ein|seifen.
jabonero, -a *m, f* Seifenhändler(in) *m(f)*.
jaca *f* kleines Pferd *n* (caballo).
jacinto *m* Hyazinthe *f*.
jactancia *f* Angeberei *f*.
jactarse *pron* ~ **de** an|geben mit *(+dat)*.
jacuzzi *m* Whirlpool *m*.
jade *m* Jade *m* o *f*.
jadear *intr* keuchen.
jaguar *m* Jaguar *m*.
jalar *tr* ziehen an *(+dat)* (tirar).
jalea *f* Gelee *n*.
jalear *tr* an|feuern (animar).
jaleo *m* Radau *m* (barullo).
jalón *m* (fig) Meilenstein *m* (hito).
jalonar *tr* (fig) kennzeichnen (marcar).
jamás *adv* nie.
jamba *f* Türpfosten *m*.
jamón *m* Schinken *m*.
Japón *m* Japan *n*.
japonés, -esa *adj* **1** japanisch. • *m, f* **2** Japaner(in) *m(f)*.
jaque *m* Schach *n*.
jaqueca *f* starke Kopfschmerzen *m pl*.
jarabe *m* Sirup *m*.
jarana *f* (fam) Gaudi *f* (diversión).
jaranero, -a *adj* Spaß liebend.
jarcia *f* Fischfangausrüstung *f* (de pesca).
jardín *m* Garten *m*.
jardinero, -a *m, f* Gärtner(in) *m(f)*.
jarra *f* Krug *m*.
jarro *m* Krug *m*.
jaspe *m* Jaspis *m*.
jauja *f* Schlaraffenland *n*.
jaula *f* Käfig *m*.
jauría *f* Meute *f*.
jazmín *m* Jasmin *m*.
jazz *m* Jazz *m*.
jefa *f* Chefin *f*.
jefe *m* Chef *m*.
jeque *m* Scheich *m*.
jerarquía *f* Hierarchie *f*.
jeremiada *f* Klagelied *n*.
jerez *m* Sherry *m*.
jerga *f* Jargon *m*.
jeringa *f* Spritze *f*.
jeringar *tr* spritzen.
jeroglífico, -a *adj* **1** hieroglyphisch. • *m* **2** Hieroglyphe *f*.
jersey *m* Pullover *m*.
Jesucristo *m* Jesus Christus *m*.
Jesús *m* Jesus *m*. ■ ¡~! Gesundheit!
jet *m* AER Jet *m*.
jibia *f* Sepia *f*.
jilguero *m* Stieglitz *m*.

jineta *f* ZOOL Ginsterkatze *f*.
jinete *m* Reiter *m*.
jipijapa *m* Strohhut *m* (sombrero).
jirafa *f* Giraffe *f*.
jirón *m* Fetzen *m*.
jockey *m* Jockei *m*.
jocoso, -a *adj* witzig.
joder *tr* **1** (vulg) belästigen (fastidiar). • *tr* e *intr* **2** (vulg) vögeln (fornicar). • **¡~!** *interj* **3** verdammte Scheiße!
jodido, -a *adj* **1** (vulg) beschissen (fatal). **2** (vulg) im Arsch (estropeado).
jofaina *f* Waschschüssel *f*.
jogging *m* Jogging *n*.
jolgorio *m* (fam) Gaudi *f* o *n*.
¡jolín o **jolines!** *interj* verdammt noch mal!
jornada *f* Arbeitstag *m*.
jornal *m* Tagelohn *m* (paga).
jornalero, -a *m, f* Tagelöhner(in) *m(f)*.
joroba *f* Buckel *m*.
jorobado, -a *adj* buck(e)lig.
jorobar *tr* (fig) belästigen.
jota *f* **1** J *n* (nombre de la letra). **2** Jota *f* (baile).
joven *adj* jung.
jovial *adj* fröhlich.
joya *f* Schmuckstück *n*.
joyería *f* Juwelierladen *m*.
joyero, -a *m, f* Juwelier(in) *m(f)*.
juanete *m* Ballen *m* (del pie).
jubilación *f* Pension *f*.
jubilado, -a *m, f* Pensionist(in) *m(f)*.
jubilar *tr* **1** pensionieren. • **~se** *pron* **2** in Pension gehen.
jubileo *m* Jubiläum *n*.
júbilo *m* Jubel *m*.
jubón *m* Wams *n*.
judería *f* Judenviertel *n*.
judía *f* Bohne *f*.
judicial *adj* richterlich.
judío, -a *adj* **1** jüdisch (hebreo). • *m, f* **2** Jude *m*, Jüdin *f*.
judo *m* Judo *n*.
juego *m* **1** Spiel *n*. **2** Satz *m* (conjunto).
juerga *f* (fam) Gaudi *f* o *n*.
jueves *m* Donnerstag *m*.
juez(a) *m(f)* Richter(in) *m(f)*.
jugada *f* **1** Spielzug *m*. **2** (fig) Streich *m* (jugarreta).
jugador(a) *m(f)* Spieler(in) *m(f)*.
jugar *tr* e *intr* **1** spielen. • **~se** *pron* **2** riskieren (arriesgar).
juglar *m* fahrender Spielmann *m*.
jugo *m* Saft *m*.
jugoso, -a *adj* saftig.
juguete *m* **1** Spielzeug *n*. • **juguetes** *m pl* **2** Spielsachen *f pl*.
juguetear *intr* herum|spielen.
juguetería *f* Spielwarengeschäft *n*.
juguetón, -ona *adj* verspielt.
juicio *m* **1** Urteil *n* (opinión). **2** DER Gerichtsverfahren *n*.
julepear *tr Amér.* Angst ein|jagen *(+dat)* (meter miedo).
julio *m* Juli *m*.
jumbo *m* Jumbo(jet) *m*.
junco *m* BOT Binse *f*.

j

jungla *f* Dschungel *m*.
junio *m* Juni *m*.
júnior *m* Junior *m*.
junta *f* **1** Ausschuss *m* (comité). **2** Sitzung *f* (reunión). ◆ ~ **directiva** Vorstand *m*.
juntar *tr* **1** versammeln (personas). **2** verbinden (unir); zusammen|bringen (agrupar). ● **~se** *pron* **3** sich versammeln.
junto, -a *adj* zusammen. ■ ~ **a** neben.
jurado, -a *adj* **1** vereidigt. ● *m* **2** Prüfungskommission *f* (examen).
juramentar *tr* vereidigen.
juramento *m* DER Eid *m*.
jurar *tr* **1** schwören. ● *intr* **2** fluchen (blasfemar).
jurel *m* Makrele *f*.
jurídico, -a *adj* rechtlich.
jurisdicción *f* Jurisdiktion *f*.
jurisprudencia *f* **1** Rechtswissenschaft *f* (ciencia). **2** Rechtsprechung *f* (legislación).
jurista *m, f* Jurist(in) *m(f)*.
justicia *f* **1** Gerechtigkeit *f*. **2** Justiz *f* (poder).
justiciero, -a *adj* gerechtigkeitsliebend.
justificación *f* Rechtfertigung *f*.
justificante *m* Nachweis *m*.
justificar *tr* rechtfertigen.
justo, -a *adj* **1** gerecht (de justicia). **2** genau (preciso). **3** knapp (escaso). ● *adv* **4** genau (exactamente). **5** gerade noch (escasamente).
juvenil *adj* jugendlich.
juventud *f* Jugend *f*.
juzgado *m* Gericht *n*.
juzgar *tr* **1** verurteilen (sentenciar). **2** beurteilen (evaluar).

Kk

k, K *f* k, K *n* (letra).
kamikace *m* Kamikaze *m*.
karate o **kárate** *m* Karate *n*.
karateca *m, f* Karatekämpfer(in) *m(f)*.
kg (*abrev de* **kilogramo**) *m* kg *n*.
kilo *m* Kilo *n*.
kilogramo *m* Kilogramm *n*.
kilómetro *m* Kilometer *m*.
kilovatio *m* Kilowatt *n*.
kimono *m* Kimono *m*.
kiosco *m* → quiosco.
kivi *m* ZOOL Kiwi *m*.
kiwi *m* Kiwi *f*.
kleenex® *m* Papiertaschentuch *n*.
km (*abrev de* **kilómetro**) *m* km *m*.
k.o. (*abrev de* **knocked out**) *adj* **1** k.o. ● *m* **2** K.o. *m*.
koala *m* Koala *m*.

Ll

l, L *f* l, L *n* (letra).
la *m* MÚS A *n.*
la (*pl* **las**) *art* **1** die. • *pron* **2** sie.
laberinto *m* Labyrinth *n.*
labia *f* (fam) Zungenfertigkeit *f.*
labio *m* Lippe *f.*
labor *f* Arbeit *f.*
laborable *adj* AGR bestellbar. ◆ **día ~** Werktag *m.*
laboratorio *m* Labor(atorium) *n.*
laborioso, -a *adj* mühsam (trabajoso).
labrado, -a *adj* **1** gemustert (tela). **2** bearbeitet (trabajado).
labrador(a) *m(f)* Landwirt(in) *m(f).*
labranza *f* Ackerbau *m.*
labrar *tr* **1** bearbeiten (trabajar). **2** bestellen (cultivar).
labriego, -a *m, f* Landwirt(in) *m(f).*
laca *f* Lack *m.*
lacayo, -a *adj* unterwürfig.
lacear *tr* mit Bändern schmücken (adornar).
lacerar *tr* verletzen.
lachear *tr Chile* umwerben.
lacio, -a *adj* **1** welk (marchito). **2** glatt (cabello).
lacón *m* Vorderschinken *m.*
lacónico, -a *adj* lakonisch.
lacra *f* Gebrechen *n.*
lacre *m* Siegellack *m.*
lactancia *f* Stillen *n.*
lactante *m* Säugling *m.*
lácteo, -a *adj* Milch-.
ladear *tr* zur Seite neigen.
ladera *f* Abhang *m.*
lado *m* Seite *f.* ■ **al ~ de** neben.
ladrar *intr* bellen.
ladrido *m* Gebell *n.*
ladrillo *m* Ziegel(stein) *m.*
ladrón, -ona *m, f* Dieb(in) *m(f).*
lagarta *f* Eidechsenweibchen *n* (hembra del lagarto).
lagartija *f* Mauereidechse *f.*
lagarto *m* Eidechse *f.*
lago *m* See *m.*
lágrima *f* Träne *f.*
lagrimear *intr* tränen.
laguna *f* Lagune *f* (de agua).
laico, -a *adj* Laien-; weltlich.
lama *f* Schlick *m* (cieno).
lambrusquear *intr Méx.* naschen.
lamentable *adj* bedauerlich.
lamentar *tr* bedauern (arrepentirse).
lamento *m* (Weh)klagen *n.*
lamer *tr* (ab)|lecken.
lámina *f* **1** Folie *f.* **2** Bildtafel *f* (estampa).
laminar *adj* Folien-.
lámpara *f* Lampe *f.*
lamparilla *f* Öllämpchen *n.*
lamparón *m* Fettfleck *m.*

lampiño, -a *adj* bartlos (sin barba).
lana *f* Wolle *f.*
lance *m* Wurf *m.*
lancha *f* NÁUT Boot *n.* ◆ ~ **motora** Motorboot *n.*
landa *f* Heide *f.*
langosta *f* Languste *f.*
langostino *m* Garnele *f.*
languidecer *intr* dahin|siechen.
lánguido, -a *adj* schlaff.
lanolina *f* Lanolin *n.*
lantano *m* Lanthan *n.*
lanza *f* Lanze *f.*
lanzabombas *m* Bombenwerfer *m.*
lanzacohetes *m* Raketenwerfer *m.*
lanzadera *f* Weberschiffchen *n.*
lanzamiento *m* Wurf *m.*
lanzar *tr* **1** werfen (arrojar). • **~se** *pron* **2** springen (saltar).
lapa *f* BOT Klette *f.*
lapicero *m* Bleistifthalter *m.*
lápida *f* Steintafel *f.*
lapidar *tr* steinigen.
lapislázuli *m* Lapislazuli *m.*
lápiz *m* Bleistift *m.*
lapso *m* Lapsus *m* (error).
lapsus *m* Lapsus *m.*
largar *tr* **1** los|lassen (soltar). • **~se** *pron* **2** (fam) ab|hauen (irse).
largo, -a *adj* lang. ■ **a la larga** auf die Dauer; **a lo ~ de** entlang *(+ac)* (lugar); im Laufe von *(+dat)* (tiempo).
largometraje *m* Spielfilm *m.*
larguero, -a *adj Chile* üppig (copioso).
largura *f* Länge *f.*
laringe *f* Kehlkopf *m.*
laringitis *f* Kehlkopfentzündung *f.*
larva *f* Larve *f.*
las *art* **1** die. • *pron* **2** sie.
lasca *f* Steinsplitter *m.*
láser *m* Laser *m.*
laso, -a *adj* schlaff.
lástima *f* **1** Mitleid *n* (compasión). **2** Jammer *m* (disgusto). ■ **¡qué ~!** wie schade!
lastimar *tr* verletzen (herir).
lastre *m* Schotterstein *m.*
lata *f* **1** (Blech)dose *f* (envase). **2** Blech *n* (hojalata). ■ **dar la ~** (fam) auf den Wecker fallen *(+dat).*
latear *tr Chile* langweilen (aburrir).
latente *adj* latent.
lateral *adj* **1** seitlich. • *m* **2** Seite *f.*
látex *m* Latex *m.*
latido *m* Schlagen *n.*
latifundio *m* Großgrundbesitz *m.*
latigazo *m* Peitschenhieb *m* (golpe).
látigo *m* Peitsche *f.*
latín *m* Latein *n.*
latino, -a *adj* **1** lateinisch (del latín). **2** Latino- (de pueblos latinizados). • *m, f* **3** Latino, -a *m, f* (de pueblos latinizados).
Latinoamérica *f* Lateinamerika *n.*

latinoamericano, -a *adj* **1** lateinamerikanisch. • *m, f* **2** Lateinamerikaner(in) *m(f)*.
latir *intr* schlagen.
latitud *f* Breite *f*.
latón *m* Messing *n*.
latoso, -a *adj* lästig.
laúd *m* MÚS Laute *f*.
laurel *m* Lorbeer *m*.
lava *f* Lava *f*.
lavabo *m* **1** Waschbecken *n* (pila). **2** Toilette *f* (cuarto).
lavadero *m* Waschküche *f*.
lavado, -a *m, f* Waschen *n*.
lavadora *f* Waschmaschine *f*.
lavafrutas *m* Obstwaschschale *f*.
lavanda *f* Lavendel *m*.
lavandería *f* Waschsalon *m*.
lavaplatos *m* Geschirrspülmaschine *f*.
lavar *tr* **1** waschen. • **~se** *pron* **2** sich waschen.
lavavajillas *m* Spülmaschine *f* (lavaplatos).
laxante *m* Abführmittel *n*.
laxar *tr* lockern.
lazarillo *m* Blindenführer *m*.
lazo *m* **1** Schleife *f* (cinta). **2** Lasso *n* (cuerda). **3** (fig) Band *n* (vínculo).
le *pron* **1** *(objeto directo)* ihn (a él); sie (a ella); Sie (a usted). **2** *(objeto indirecto)* ihm (a él); ihr (a ella); Ihnen (a usted).
leal *adj* loyal.
lealtad *f* Treue *f*.
lebrillo *m* Waschtrog *m*.
lección *f* Lektion *f*.
lechal *adj* milchhaltig. ♦ **cordero ~** Milchlamm *n*.
leche *f* Milch *f*.
lechería *f* Milchladen *m*.
lechero, -a *adj* **1** Milch-. • **lechera** *f* **2** Milchkanne *f*.
lecho *m* **1** Bett *n* (cama). **2** Flussbett *n* (de río).
lechón *m* Spanferkel *n*.
lechuga *f* Kopfsalat *m*.
lechuguino *m* Salatsetzling *m*.
lechuza *f* Eule *f*.
lector(a) *m(f)* Leser(in) *m(f)*.
lectura *f* **1** Lesen *n* (acción). **2** Lektüre *f* (obra).
leer *tr* lesen.
legado *m* Gesandte(r) *m* (diplomático).
legal *adj* legal.
legalidad *f* Legalität *f*.
legalizar *tr* legalisieren.
legaña *f* Tränenflüssigkeit *f*.
legar *tr* vermachen.
legendario, -a *adj* legendär.
legión *f* Legion *f*.
legislación *f* Gesetzgebung *f*.
legislatura *f* Legislaturperiode *f*.
legitimar *tr* **1** für rechtmäßig erklären. • **~se** *pron* **2** sich aus|weisen.
legítimo, -a *adj* rechtmäßig.
lego, -a *adj* **1** weltlich. • *m, f* **2** Laie *m, f*.
legua *f* spanische Meile *f*.
legumbre *f* Hülsenfrucht *f*.
leído, -a *adj* belesen.
lejanía *f* Ferne *f*.
lejano, -a *adj* fern.

lejía *f* Lauge *f.*
lejos *adv* **1** (lugar) weit entfernt. **2** langher (en el tiempo) ■ **a lo ~** in der Ferne; **de (o desde) ~** von weitem; **~ de** weit entfernt von *(+dat).*
lelo, -a *adj* doof.
lema *m* **1** Grundgedanke *m* (tema). **2** Devise *f* (mote). **3** Lemma *f* (léxico).
lencería *f* Damenunterwäsche *f* (ropa interior).
lengua *f* **1** Zunge *f* (órgano). **2** Sprache *f* (idioma).
lenguado *m* Seezunge *f.*
lenguaje *m* **1** Sprache *f* (idioma). **2** Ausdrucksweise *f* (manera de expresarse).
lengüeta *f* **1** Zünglein *n* (de balanza). **2** Lasche *f* (de zapatos).
lente *m, f* **1** Linse *f.* • **lentes** *m pl* **2** Brille *f* (gafas).
lenteja *f* Linse *f.*
lentejuela *f* Pailette *f.*
lentilla *f* Kontaktlinse *f.*
lentitud *f* Langsamkeit *f.*
lento, -a *adj* langsam.
leña *f* (Brenn)holz *n.*
leñador(a) *m(f)* Holzfäller(in) *m(f).*
leño *m* Holzklotz *m.*
Leo *m* ASTR Löwe *m.*
león *m* Löwe *m.*
leona *f* Löwin *f.*
leopardo *m* Leopard *m.*
leotardos *m pl* Strumpfhose *f.*
lepra *f* Lepra *f.*
leproso, -a *adj* leprös.
lerdear *intr Amér. Centr., Arg.* sich schwerfällig bewegen (moverse con pesadez).
lerdo, -a *adj* schwerfällig.
les *pron* **1** sie; ihnen (a ellos/ellas). **2** Sie; Ihnen (a ustedes).
lesbiana *adj* **1** lesbisch. • *f* **2** Lesbe *f.*
lesión *f* Verletzung *f.*
letal *adj* tödlich.
letanía *f* Litanei *f.*
letargo *m* MED Lethargie *f.*
letra *f* **1** Buchstabe *m* (signo). **2** (Hand)schrift *f* (escritura). • **letras** *f pl* **3** Geisteswissenschaften *f pl.*
letrado, -a *adj* **1** gelehrt. • *m, f* **2** Rechtsanwalt, -wältin *m, f.*
letrero *m* Schild *n.*
letrina *f* Latrine *f.*
leucemia *f* Leukämie *f.*
leva *f* **1** MIL Einberufung *f.* **2** NÁUT Ankerlichten *n.*
levadizo, -a *adj* abhebbar. ◆ **puente ~** Zugbrücke *f.*
levadura *f* Hefe *f.*
levantamiento *m* **1** Heben *n* (acción de levantar); Aufstehen *n* (acción de levantarse). **2** Aufstand *m* (alboroto).
levantar *tr* **1** (er)heben (alzar). **2** auf|richten (poner derecho). **3** errichten (edificar). • **~se** *pron* **4** auf|stehen (de la cama, silla).
levante *m* **1** Osten *m* (oriente). **2** Ostwind *m* (viento).
levar *tr* lichten (anclas).
leve *adj* leicht.

levedad *f* Leichtigkeit *f*.
levita *f* Gehrock *m*.
léxico, -a *adj* **1** lexisch. • *m* **2** Wortschatz *m* (vocabulario).
ley *f* Gesetz *n*.
leyenda *f* Legende *f*.
liana *f* Liane *f*.
liar *tr* **1** binden (atar). • **~se** *pron* **2** verwirrt sein (estar confundido). **~se con 3** sich ein|lassen mit *(+dat)*.
libar *tr* saugen (insectos).
libélula *f* Libelle *f*.
liberación *f* Befreiung *f* (rescate); Freilassung *f* (puesta en libertad).
liberal *adj* **1** liberal (tolerante). **2** großzügig (generoso).
liberar *tr* **~ de** befreien von *(+dat)*.
libertad *f* Freiheit *f*.
libertar *tr* **~ de** befreien von *(+dat)*.
libertino, -a *adj* zügellos.
libido *f* Libido *f*.
libra *f* **1** Pfund *n*. **2 Libra** ASTR Waage *f*.
librar *tr* **1** befreien. • *intr* **2** (fam) frei haben (tener fiesta).
libre *adj* frei. ◆ **tiempo ~** Freizeit *f*.
librea *f* Livree *f* (uniforme).
librería *f* **1** Buchhandlung *f* (tienda). **2** Bücherregal *n* (mueble).
librero, -a *m, f* Buchhändler(in) *m(f)*.
libreta *f* Notizbuch *n* (de anotar).
libro *m* Buch *n*.
licencia *f* Genehmigung *f*; Erlaubnis *f*.
licenciado, -a *m, f* Hochschulabsolvent(in) *m(f)*.
licenciar *tr* **1** entlassen (despedir). • **~se** *pron* **2** sein Studium ab|schließen.
licencioso, -a *adj* ausschweifend.
liceo *m* **1** Klub *m* (círculo literario). **2** Gymnasium *n* (instituto).
licitar *tr* bieten.
lícito, -a *adj* zulässig.
licor *m* Likör *m*.
licuadora *f* Entsafter *m*.
licuar *tr* verflüssigen.
líder *m, f* **1** (An)führer(in) *m(f)*. **2** DEP Führende(r) *mf(m)*.
liebre *f* Hase *m*.
liendre *f* Nisse *f*.
lienzo *m* Leinwand *f*.
liga *f* **1** Bündnis *n* (unión). **2** DEP Liga *f*.
ligadura *f* Ligatur *f*.
ligar *tr* **1** verbinden (unir). • *intr* **2** (coloq) an|bändeln (flirtear).
ligereza *f* Leichtigkeit *f*.
ligero, -a *adj* leicht.
ligón, -ona *m, f* (desp) Anmacher(in) *m(f)*.
liguero, -a *adj* **1** Liga-. • *m* **2** Strumpfhalter *m*.
lija *f* Sandpapier *n*.
lila *adj* **1** lila. • *f* **2** BOT Flieder *m*.
lima *f* **1** Feile *f* (herramienta). **2** Limette *f* (fruta).
limar *tr* feilen.

limbo *m* REL Limbus *m*.
limitar *tr* **1** begrenzen. • **~se a** *pron* **2** sich beschränken auf *(+ac)*.
límite *m* Grenze *f*.
limítrofe *adj* angrenzend.
limón *m* Zitrone *f*.
limonada *f* (Zitronen)limonade *f*.
limosna *f* Almosen *n*.
limpiabotas *m, f* Schuhputzer(in) *m(f)*.
limpiacristales *m* Fensterputzmittel *n*.
limpiaparabrisas *m* Scheibenwischer *m*.
limpiar *tr* **1** sauber machen; putzen. **~ de 2** säubern von *(+dat)* (librar).
limpieza *f* **1** Sauberkeit *f* (cualidad). **2** Reinigung *f* (acción).
limpio, -a *adj* sauber.
linaje *m* Abstammung *f*.
linaza *f* Leinsamen *m*.
lince *m* Luchs *m*.
linchar *tr* lynchen.
lindar *intr* **~ con** (an)|grenzen an *(+ac)*.
linde *m, f* Grundstücksgrenze *f*.
lindo, -a *adj* schön.
línea *f* **1** Linie *f*. **2** Zeile *f* (renglón).
lineal *adj* Linien-.
lingote *m* Barren *m*.
lingüista *m, f* Linguist(in) *m(f)*.
lingüística *f* Linguistik *f*.
linimento *m* Einreibemittel *n*.
lino *m* Leinen *n*.
linterna *f* Taschenlampe *f*.
lío *m* **1** Bündel *n*. **2** (fig, fam) Durcheinander *n* (embrollo).
lioso, -a *adj* verworren (asunto).
lipotimia *f* Ohnmachtsanfall *m*.
liquen *m* Moosflechte *f*.
liquidación *f* **1** Auflösung *f* (empresa, sociedad). **2** Ausverkauf *m* (venta).
liquidar *tr* **1** begleichen (una cuenta). **2** COM aus|verkaufen (vender con rebaja).
líquido, -a *adj* **1** flüssig. • *m* **2** Flüssigkeit *f*.
lira *f* **1** Lira *f* (moneda). **2** MÚS Leier *f*.
lírico, -a *adj* lyrisch.
lirio *m* Lilie *f*.
lirón *m* Siebenschläfer *m*.
lis *f* Lilie *f*.
lisiado, -a *adj* verkrüppelt.
lisiar *tr* verletzen.
liso, -a *adj* **1** glatt. **2** einfarbig (de un color).
lisonja *f* Schmeichelei *f*.
lisonjear *tr* schmeicheln *(+dat)*.
lista *f* Liste *f*.
listado *m* Auflistung *f*.
listín *m* kleine Liste *f*.
listo, -a *adj* **1** klug (inteligente). **2** fertig (preparado).
listón *m* Leiste *f* (madera).
litera *f* Etagenbett *n*.
literal *adj* wörtlich.
literario, -a *adj* literarisch.
literato, -a *m, f* Schriftsteller(in) *m(f)*.
literatura *f* Literatur *f*.

litigio *m* Rechtsstreit *m*.
litoral *m* Küstenstreifen *m*.
litro *m* Liter *m* o *n*.
liturgia *f* Liturgie *f*.
liviano, -a *adj* leicht.
lívido, -a *adj* dunkelviolett.
llaga *f* offene Wunde *f*.
llama *f* **1** Flamme *f*. **2** ZOOL Lama *n*.
llamada *f* **1** Ruf *m*. **2** Anruf *m* (por teléfono). ◆ **~ telefónica** Telefonanruf *m*.
llamamiento *m* Aufruf *m*.
llamar *tr* **1** rufen. **2** an|rufen (telefonear). ● **~se** *pron* **3** heißen (tener nombre).
llamarada *f* Flackerfeuer *n*.
llamativo, -a *adj* (fig) auffällig.
llamear *intr* lodern.
llanero, -a *m, f* Bewohner(in) *m(f)* des Flachlandes.
llaneza *f* (fig) Aufrichtigkeit *f*.
llano, -a *adj* **1** flach (terreno). **2** einfach (simple). ● *m* **3** Ebene *f*.
llanta *f* Felge *f*.
llanto *m* Weinen *n*.
llanura *f* Ebene *f*.
llave *f* **1** Schlüssel *m*. **2** Hahn *m* (grifo).
llavero *m* Schlüsselring *m*.
llegada *f* Ankunft *f*.
llegar *intr* **1** erreichen (alcanzar). **2** an|kommen (arribar).
llenar *tr* **1 ~ (de)** füllen (mit *(+dat)*) (atestar). **2** aus|füllen (formulario, tiempo). **3** erfüllen (satisfacer); aus|füllen.
lleno, -a *adj* voll.
llevadero, -a *adj* erträglich.
llevar *tr* **1** tragen. **2** befördern (transportar). **3** begleiten (acompañar). ● **~se** *pron* **4** mit|nehmen (coger). ■ **~se bien/mal con alguien** sich gut/schlecht mit jm verstehen.
llorar *tr* **1** beweinen. ● *intr* **2** weinen.
lloriquear *intr* wimmern.
llorón, -ona *adj* weinerlich.
lloroso, -a *adj* weinerlich.
llover *impers* regnen.
llovizna *f* Nieselregen *m*.
lloviznar *impers* nieseln.
lluvia *f* **1** Regen *m*. **2** (fig) Unmenge *f*.
lluvioso, -a *adj* regnerisch.
lo *art* **1** das. ● *pron* **2** es (neutro); ihn (a él).
loa *f* Lob *n*.
lobo *m* Wolf *m*.
lóbulo *m* Ohrläppchen *n* (de la oreja).
local *adj* **1** örtlich. ● *m* **2** Raum *m*.
localidad *f* **1** Ort *m*. **2** Eintrittskarte *f* (entrada).
localizar *tr* lokalisieren.
loción *f* Lotion *f*.
loco, -a *adj* **1** verrückt. ● *m, f* **2** Verrückte(r) *mf(m)*.
locomotora *f* Lokomotive *f*.
locuaz *adj* gesprächig.
locución *f* Redewendung *f*.
locura *f* **1** Wahnsinn *m*. **2** Verrücktheit *f* (disparate).
locutor(a) *m(f)* Sprecher(in) *m(f)*.
locutorio *m* Sprechzimmer *n*.

lodo *m* Schlamm *m*.
lógica *f* Logik *f*.
lógico, -a *adj* logisch.
logotipo *m* Emblem *n* (distintivo); Markenzeichen *n* (de marca).
lograr *tr* erreichen.
logro *m* Erfolg *m*.
lombriz *f* Wurm *m*.
lomo *m* Rücken *m*.
lona *f* Plane *f*.
loncha *f* Scheibe *f*.
longaniza *f gewürzte Schweinswurst*.
longitud *f* Länge *f*.
lonja *f* Scheibe *f*.
loor *m* Lob *n*.
loro *m* Papagei *m*.
losa *f* Steinplatte *f*.
loseta *f* Fliese *f*.
lote *m* **1** Anteil *m* (parte). **2** Paket *n* (conjunto).
lotería *f* Lotterie *f*.
loto *m* Lotusblume *f*.
loza *f* Steingut *n*.
lp (*abrev de* **long-playing record**) *m* LP *f* (Langspielplatte) (disco).
lubina *f* ZOOL Seebarsch *m*.
lubricante *m* Schmiermittel *n*.
lubricar *tr* schmieren.
lucero *m* Stern *m*.
lucha *f* Kampf *m*.
luchar *intr* kämpfen.
lucidez *f* **1** Klarheit *f*. **2** Scharfsinn *m* (sagacidad).
lúcido, -a *adj* (fig) scharfsinnig.
luciérnaga *f* Glühwürmchen *n*.
lucifer *m* Luzifer *m*.
lucir *intr* **1** leuchten. • **~se** *pron* **2** sich aus|zeichnen.
lucro *m* Gewinn *m*.
lúdico, -a *adj* spielerisch.
luego *adv* **1** später. • *conj* **2** folglich. ■ **desde ~** selbstverständlich.
lugar *m* Ort *m*; Stelle *f*. ■ **dar ~ a** Anlass geben zu (*+dat*); **en ~ de** anstatt (*+gen*).
lugarteniente *m* Stellvertreter *m*.
lúgubre *adj* düster.
lujo *m* Luxus *m*.
lujoso, -a *adj* luxuriös.
lujuria *f* Lüsternheit *f*.
lumbre *f* Feuer *n*.
lumbrera *f* leuchtender Körper *m*.
luminoso, -a *adj* leuchtend.
luna *f* **1** Mond *m* (astro). **2** (Glas)scheibe *f* (cristal). ◆ **~ de miel** Flitterwochen *f pl*.
lunar *adj* Mond-.
lunar *m* Muttermal *n*.
lunes *m* Montag *m*.
luneta *f* Glas *n* (vidrio).
lupa *f* Lupe *f*.
lúpulo *m* Hopfen *m*.
lusitano, -a *adj* portugiesisch.
lustrabotas *m Amér.* Schuhputzer *m*.
lustrar *tr* polieren.
lustre *m* Glanz *m*.
luto *m* Trauer *f*.
Luxemburgo *m* Luxemburg *n*.
luz *f* Licht *n*.
lycra *f* Lycra *n*.

Mm

m, M *f* m, M *n* (letra).
macabro, -a *adj* makaber.
macanudo, -a *adj Amér.* (fam) toll.
macarrones *m pl* GAST Makkaroni *pl.*
macedonia *f* Obstsalat *m.*
macerar *tr* GAST ein|legen.
maceta *f* Blumentopf *m.*
macetero *m* Blumenständer *m.*
machacar *tr* zerstoßen.
machacón, -ona *adj* insistent (insistente); lästig (pesado).
machete *m* Buschmesser *n.*
machismo *m* Machismo *m.*
machista *adj* Macho-.
macho *adj* **1** männlich. • *m* **2** Männchen *n* (animal).
macizo, -a *adj* **1** massiv. **2** kräftig (persona).
macramé *m* Makramee *n.*
macuto *m* Rucksack *m.*
madeja *f* Knäuel *n.*
madera *f* Holz *n.*
madrastra *f* Stiefmutter *f.*
madre *f* Mutter *f.*
madreperla *f* Perlmuschel *f.*
madreselva *f* Geißblatt *n.*
madriguera *f* Bau *m.*
madrina *f* **1** Patin *f.* **2** Trauzeugin *f* (de boda).
madroño *m* Meerkirsche *f* (fruto).
madrugada *f* Tagesanbruch *m.*
madrugador(a) *m(f)* Frühaufsteher(in) *m(f).*
madrugar *intr* früh auf|stehen.
madurar *tr* e *intr* reifen.
madurez *f* Reife *f.*
maduro, -a *adj* reif.
maestría *f* Geschick *n.*
maestro, -a *m, f* **1** Meister(in) *m(f).* **2** EDUC Lehrer(in) *m(f).*
mafia *f* Mafia *f.*
magdalena *f* Biskuitgebäck *n.*
magia *f* Magie *f.*
mágico, -a *adj* magisch.
magistrado, -a *m, f* **1** hohe(r) Beamte, -in *m, f* (funcionario). **2** Richter(in) *m(f)* (juez).
magistral *adj* meisterhaft.
magma *m* Magma *n.*
magnate *m* Magnat *m.*
magnesio *m* Magnesium *n.*
magnético, -a *adj* magnetisch.
magnetismo *m* Magnetismus *f.*
magnetizar *tr* magnetisieren.
magnetófono *m* Tonbandgerät *n.*
magnetoscopio *m* Magnetoskop *n.*
magnífico, -a *adj* ausgezeichnet (excelente).
magnitud *f* Größe *f.*
magnolia *f* Magnolie *f.*
mago, -a *m, f* Zauberer(in) *m(f).*
magro, -a *adj* mager.
magullar *tr* quetschen.
mahonesa *f* Majonäse *f.*

maicena *f* Maismehl *n*.
maître *m* Oberkellner *m*.
maíz *m* Mais *m*.
majadero, -a *adj* (fig) dämlich (imbécil).
majestad *f* Majestät *f*.
majestuoso, -a *adj* majestätisch.
majo, -a *adj* **1** hübsch (bonito). **2** nett (simpático).
mal *adj* **1** → malo. • *adv* **2** schlecht.
mal *m* **1** Übel *n* (lo malo). **2** Leiden *n* (enfermedad).
malabarista *m, f* Jongleur(in) *m(f)*.
malacostumbrado, -a *adj* von schlechten Gewohnheiten; verwöhnt.
malaria *f* Malaria *f*.
malasombra *m, f* **1** Tollpatsch *m*. **2** gemeine Person *f*.
malcriado, -a *adj* ungezogen.
maldad *f* Bosheit *f*.
maldecir *tr* verfluchen.
maldición *f* Fluch *m*.
maldito, -a *adj* verdammt. ■ **¡maldita sea!** verdammt noch mal!
maleante *adj* boshaft.
malecón *m* Damm *m*.
maleducado, -a *adj* schlecht erzogen.
maleficio *m* Hexerei *n*.
malentendido *m* Missverständnis *n*.
malestar *m* Unwohlsein *n*.
maleta *f* Koffer *m*.
maletero *m* AUT Kofferraum *m*.
maletín *m* Handkoffer *m*.
malévolo, -a *adj* **1** gemein. **2** böswillig (persona).
maleza *f* Unkraut *n* (malas hierbas).
malformación *f* Missbildung *f*.
malgastar *tr* verschwenden.
malhablado, -a *adj* frech.
malhechor(a) *m(f)* Verbrecher(in) *m(f)*.
malhumorado, -a *adj* schlecht gelaunt.
malicia *f* Boshaftigkeit *f*.
malicioso, -a *adj* boshaft.
maligno, -a *adj* **1** boshaft. **2** MED bösartig.
malintencionado, -a *adj* arglistig.
malla *f* **1** Masche *f* (de un tejido). • **mallas** *f pl* **2** Leggins *pl* (pantalón).
malo, -a *adj* **1** schlecht. **2** böse (malintencionado). **3** schlimm (travieso).
malograr *tr* vergeuden (no aprovechar).
maloliente *adj* übel riechend.
malsano, -a *adj* ungesund.
malsonante *adj* übel klingend.
malta *f* Malz *n*.
maltratar *tr* schlecht behandeln.
malva *f* BOT Malve *f*.
malvado, -a *m, f* Unmensch *m*.
malversar *tr* veruntreuen.
malvivir *intr* miserabel leben.
mama *f* (fam) Mama *f*.
mamar *tr* an der Brust saugen.
mamífero *m* Säugetier *n*.

mampara *f* Wandschirm *m.*
mamut *m* Mammut *n.*
maná *m* Manna *n.*
manada *f* Herde *f.*
mánager *m, f* Manager(in) *m(f).*
manantial *m* Quelle *f.*
manar *intr* quellen (brotar); fließen (fluir).
mancha *f* Fleck *m.*
manchar *tr* beschmutzen.
manco, -a *adj* einarmig.
mandado, -a *adj* gesteuert.
mandar *tr* **1** befehlen (ordenar). **2** schicken (enviar). **3** *Amér.* geben (dar).
mandarina *f* Mandarine *f.*
mandato *m* **1** Befehl *m.* **2** POL Mandat *n.*
mandíbula *f* Kiefer *m.*
mandil *m* Schurz *m.*
mandioca *f* Maniok *m.*
mando *m* **1** Herrschaft *f* (autoridad). **2** Kommando *n.* **3** TEC Steuerung *f.*
manejar *tr* **1** bedienen (aparato). **2** *Amér.* fahren (conducir).
manejo *m* **1** Bedienung *f* (de aparato). **2** (fig) Intrige *f.*
manera *f* **1** Art *f.* • **maneras** *f pl* **2** Manieren *f pl.* ■ **de cualquier ~** irgendwie (como sea); **de ~ que** so dass.
manga *f* **1** Ärmel *m* (del vestido). **2** Schlauch *m* (tubo).
manganeso *m* Mangan *n.*
mangar *tr* (fam) klauen.
mango *m* **1** Griff *m.* **2** BOT Mango *f* (fruto).
manguera *f* Schlauch *m.*
maní *m Amér.* Erdnuss *f.*
manía *f* **1** Wahn *m* (locura). **2** (fam) Abneigung *f* (antipatía).
maniatar *tr* an den Händen fesseln.
maniático, -a *adj* **1** wahnsinnig (loco). **2** sonderbar (raro).
manicomio *m* Irrenanstalt *f.*
manifestación *f* **1** Äußerung *f* (expressión). **2** Demonstration *f* (reunión pública).
manifestante *m, f* Demonstrant(in) *m(f).*
manifestar *tr* **1** äußern (declarar). **2** zeigen (mostrar). • **~se** *pron* **3** demonstrieren (protestar).
manifiesto, -a *adj* **1** eindeutig. • *m* **2** Manifest *n.*
manilla *f* **1** Armreif *m* (pulsera). **2** Kurbel *f* (manija).
manillar *m* Lenkstange *f.*
maniobra *f* **1** Handgriff *m* (operación manual). **2** Manöver *n* (de coche).
maniobrar *tr* manövrieren.
manipular *tr* manipulieren.
maniquí *m* **1** Schaufensterpuppe *f.* • *m, f* **2** Mannequin *n.*
manivela *f* Kurbel *f.*
manjar *m* Speise *f.*
mano *f* **1** Hand *f.* **2** Vorderfuß *m* (de animal). **3** Schicht *f* (de pintura). **4** Seite *f* (lado). ♦ **~ de obra** Arbeitskraft *f.* ■ **echar una ~** helfen *(+dat).*
manojo *m* Bündel *n.*
manopla *f* Fäustling *m.*
manosear *tr* betasten.
manotear *intr* gestikulieren.

mansión *f* Villa *f.*
manso, -a *adj* **1** sanft. **2** zahm (animal).
manta *f* Decke *f.*
manteca *f* Schmalz *n.*
mantecado *m* Schmalzgebäck *n* (dulce).
mantel *m* Tischdecke *f.*
mantelería *f* Tischwäsche *f.*
mantener *tr* **1** (er)halten (conservar). **2** unterhalten (alimentar). • **~se** *pron* **3** sich halten (sostenerse).
mantenimiento *m* **1** Erhaltung *f.* **2** TEC Wartung *f.*
mantequilla *f* Butter *f.*
mantilla *f* Mantille *f.*
manto *m* **1** Umhang *m* (prenda). **2** Schicht *f* (capa).
mantón *m* Umhängetuch *n.*
manual *m* Handbuch *n.*
manufactura *f* Manufaktur *f.*
manufacturar *tr* (an)|fertigen.
manuscrito, -a *adj* **1** handgeschrieben. • *m* **2** Manuskript *n.*
manutención *f* Unterhalt *m.*
manzana *f* Apfel *m.*
manzanilla *f* Kamille *f.*
manzano *m* Apfelbaum *m.*
maña *f* Geschicklichkeit.
mañana *f* **1** Morgen *m.* • *adv* **2** morgen. ■ **pasado ~** übermorgen.
mañoso, -a *adj* geschickt.
mapa *m* Karte *f.*
mapache *m* Waschbär *m.*
maqueta *f* Modell *n.*
maquillaje *m* **1** Schminken *n* (acción). **2** Schminke *f* (afeite).
maquillar *tr* schminken.
máquina *f* **1** Maschine *f.* **2** Lokomotive *f* (locomotora). ◆ **~ de afeitar** Rasierapparat *m*; **~ de escribir** Schreibmaschine *f.* ■ **a ~** maschinell.
maquinar *tr* aus|hecken.
maquinaria *f* Maschinen *f pl.*
maquinilla *f* Rasierapparat *m.*
maquinista *m, f* Lokführer(in) *m(f)* (de tren).
mar *m, f* **1** Meer *n.* **2** (fig) Unmenge *f.*
maracas *f pl* Rumbakugel *f.*
maraña *f* Dickicht *n.*
maratón *m* Marathon *m.*
maravilla *f* Wunder *n.*
maravilloso, -a *adj* wunderbar.
marca *f* **1** (Kenn)zeichen *n* (señal). **2** Marke *f* (de producto).
marcado, -a *adj* deutlich.
marcador *m* DEP Anzeigetafel *f.*
marcaje *m* DEP Deckung *f.*
marcar *tr* **1** markieren (señalar). **2** an|zeigen (indicar). **3** wählen (número de teléfono).
marcha *f* **1** Abreise *f* (partida). **2** Gang *m* (movimiento). **3** (fig) Verlauf *m* (desarrollo). **4** MÚS Marsch *m.*
marchante, -a *m, f Amér.* Stammkunde, -in *m, f.*
marchar *intr* **1** gehen (ir). **2** funktionieren (funcionar). **3** MIL marschieren. • **~se** *pron* **4** weg|gehen (partir).
marchitarse *pron* verwelken.
marchito, -a *adj* welk.

marciano, -a *m, f* Marsmensch *m.*
marco *m* **1** Rahmen *m.* **2** Mark *f* (moneda).
marea *f* Gezeiten *f pl.*
marearse *pron* seekrank werden (en barco); reisekrank werden (en coche).
marejada *f* hoher Seegang *m.*
maremoto *m* Seebeben *n.*
mareo *m* Übelkeit *f.*
marfil *m* Elfenbein *n.*
margarina *f* Margarine *f.*
margarita *f* BOT Margerite *f.*
margen *m, f* **1** Rand *m* (borde). **2** (fig) Spielraum *m.*
marginado, -a *m, f* Außenseiter(in) *m(f).*
marginar *tr* beiseite lassen (asunto).
mariachi *m* Mariachi *m.*
marica *m* (desp) Schwule *m.*
marido *m* Ehemann *m.*
marihuana *f* Marihuana *n.*
marinero, -a *adj* **1** See-. • *m* **2** Seemann *m.*
marino, -a *adj* **1** Meer(es)-, See-. • *m* **2** Seemann *m.* • **marina** *f* **3** Marine *f* (flota).
marioneta *f* Marionette *f.*
mariposa *f* Schmetterling *m.*
mariquita *f* Marienkäfer *m.*
marisco *m* Meeresfrucht *f.*
marisma *f* sumpfiges Küstenland *n.*
marisquería *f* Fachgeschäft *n* für Meeresfrüchte.
marketing *m* Marketing *n.*
mármol *m* Marmor *m.*
marmota *f* ZOOL Murmeltier *n.*
marra *f* Lücke *f.*
marrón *adj* (kastanien)braun.
marroquí *adj* marokkanisch.
martes *m* Dienstag *m.*
martillo *m* Hammer *m.*
mártir *m, f* Märtyrer(in) *m(f).*
marzo *m* März *m.*
mas *conj* aber.
más *adv* **1** (comparativo) mehr. **2** (superlativo) am meisten. **~ de 3** mehr als, über *(+ac).* **4** MAT plus. ■ **algo/alguien ~** noch etwas/jemand; **estar de ~** überflüssig sein; **~ o menos** mehr oder weniger.
masa *f* **1** Masse *f.* **2** GAST Teig *m.*
masacre *f* Massaker *n.*
masaje *m* Massage *f.*
masajista *m, f* Masseur(in) *m(f).*
mascar *tr* kauen.
máscara *f* Maske *f.*
mascarilla *f* Gesichtsmaske *f.*
mascota *f* Maskottchen *n.*
masculino, -a *adj* männlich; Männer-.
masía *f* Gehöft *n.*
masilla *f* Spachtelmasse *f.*
masoquista *m, f* Masochist(in) *m(f).*
máster *m* Master *m.*
masticar *tr* kauen.
mástil *m* Mast *m.*
mastín *m* Bulldogge *f.*
masturbarse *pron* masturbieren.
mata *f* Strauch *m.*
matadero *m* Schlachthof *m.*

matador(a) *m(f)* TAUROM Stierkämpfer(in) *m(f)*.
matamoscas *m* Fliegenklatsche *f*.
matanza *f* **1** Töten *n* (el matar). **2** Blutbad *n* (en batallas).
matar *tr* **1** töten. • **~se** *pron* **2** Selbstmord begehen. ■ **~ el hambre** den Hunger stillen.
matarratas *m* Rattengift *n*.
matasellos *m* Poststempel *m*.
match *m* Spiel *n*.
mate *adj* **1** matt. • *m* **2** Mate(tee) *m* (bebida).
matemática *f* (gralte. pl) Mathematik *f*.
matemático, -a *adj* **1** mathematisch. • *m, f* **2** Mathematiker(in) *m(f)*.
materia *f* Materie *f*.
material *adj* **1** materiell. • *m* **2** Material *n*.
maternal *adj* mütterlich.
maternidad *f* Mutterschaft *f*.
matinal *adj* morgendlich.
matiz *m* Nuance *f* (gradación).
matizar *tr* **1** ab|tönen (colores). **2** (fig) nuancieren.
matorral *m* Gestrüpp *n*.
matrícula *f* **1** Einschreibung *f*, Immatrikulation *f* (inscripción). **2** AUT Kennzeichen *n*.
matricular *tr* ein|schreiben.
matrimonio *m* **1** Ehe *f* (institución). **2** Ehepaar *n* (marido y mujer).
matriz *f* **1** ANAT Gebärmutter *f*. **2** MAT Matrix *f*.
matrona *f* Matrone *f*.
matutino, -a *adj* Morgen-.
maullar *intr* miauen.
maullido *m* Miauen *n*.
mausoleo *m* Mausoleum *n*.
maxilar *m* Kiefer(knochen) *m*.
máxima *f* Grundsatz *m*; Maxime *f*.
máximo, -a *adj* **1** größte(r, s) (más grande). **2** maximal; Höchst- (extremo). • *m* **3** Maximum *n*.
maya *adj* **1** Maya-. • *m, f* **2** Maya *m* o *f*.
mayo *m* Mai *m*.
mayonesa *f* Majonäse *f*.
mayor *adj* **1** (comparativo) größer (tamaño); älter (edad). **2** (superlativo) größte(r, s) (tamaño); älteste(r, s) (edad). • *m* **3** MÚS Dur *n*. ■ **ser ~ de edad** volljährig sein.
mayoral *m* Vorarbeiter *m*.
mayordomo, -a *m, f* **1** (Guts)verwalter(in) *m(f)* (oficial). • *m* **2** Butler *m* (criado).
mayoría *f* Mehrheit *f*.
mayorista *m, f* Großhändler(in) *m(f)*.
mayúscula *f* **2** Großbuchstabe *m*.
maza *f* Keule *f*.
mazapán *m* Marzipan *n*.
mazmorra *f* Kerker *m*.
mazo *m* Holzhammer *m* (martillo).
mazorca *f* Maiskolben *m* (panoja).
me *pron* mich (objeto directo); mir (objeto indirecto).

mear *intr* (fam) pinkeln.
mecánica *f* Mechanik *f.*
mecánico, -a *adj* **1** mechanisch. • *m, f* **2** Mechaniker(in) *m(f).*
mecanismo *m* Mechanismus *m.*
mecanizar *tr* mechanisieren.
mecanografía *f* Maschineschreiben *n.*
mecedora *f* Schaukelstuhl *m.*
mecer *tr* schaukeln.
mecha *f* **1** Docht *m* (pabilo). **2** Haarsträhne *f* (mechón).
mechero *m* Feuerzeug *n.*
mechón *m* Haarbüschel *n.*
medalla *f* Medaille *f.*
media *f* **1** Durchschnitt *m* (promedio). **2** Strumpf *m* (prenda).
mediado, -a *adj* halb voll.
mediano, -a *adj* **1** mittelgroß (tamaño). **2** mittelmäßig (calidad).
medianoche *f* Mitternacht *f.*
mediante *adv* mittels *(+gen)*; durch.
mediar *intr* ~ **en/entre** vermitteln in *(+dat)*/zwischen *(+dat).*
mediatizar *tr* mediatisieren.
medicación *f* Medikation *f.*
medicamento *m* Medikament *n.*
medicar *tr* Medikamente verabreichen *(+dat).*
medicina *f* Medizin *f.*
médico, -a *adj* **1** ärztlich. • *m, f* **2** Arzt *m*, Ärztin *f.* ◆ ~ **de cabecera** Hausarzt *m.*
medida *f* **1** Maß *n* (dimensión). **2** Maßnahme *f* (prevención).
medieval *adj* mittelalterlich.
medio, -a *adj y adv* **1** halb. • *m* **2** Mitte *f* (mitad). **3** Mittel *n* (instrumento).
mediocre *adj* mittelmäßig.
mediodía *m* Mittag *m.*
medir *tr* e *intr* messen.
meditación *f* Meditation *f.*
meditar *tr* **1** nach|denken über *(+ac).* • *intr* **2** meditieren.
mediterráneo, -a *adj* Mittelmeer-.
medrar *intr* gedeihen.
medroso, -a *adj* ängstlich.
medula o **médula** *f* Mark *n.*
medusa *f* Qualle *f.*
megáfono *m* Megaphon *n.*
megalito *m* Megalith *m.*
mejicano, -a *adj* **1** mexikanisch. • *m, f* **2** Mexikaner(in) *m(f).*
mejilla *f* Wange *f.*
mejillón *m* Miesmuschel *f.*
mejor *adj y adv* **1** (comparativo) besser. **2** (superlativo) beste(r, s).
mejora *f* Verbesserung *f.*
mejorar *tr* **1** verbessern. • *intr y pron* **2** sich bessern. **3** sich erholen (enfermo).
melancolía *f* Melancholie *f.*
melanina *f* Melanin *n.*
melaza *f* Melasse *f.*
melena *f* Mähne *f.*
mella o **melladura** *f* Scharte *f.*
mellado, -a *adj* zahnlückig (falto de dientes).
mellar *tr* (fig) schmälern.
mellizo, -a *adj* **1** Zwillings-. • *m* **2** Zwilling *m.*

melocotón *m* Pfirsich *m*.
melocotonero *m* Pfirsichbaum *m*.
melodía *f* Melodie *f*.
melodioso, -a *adj* melodiös.
melodrama *m* Melodram(a) *n*.
melón *m* Melone *f*.
meloso, -a *adj* honigsüß.
membrana *f* Membran(e) *f*.
membrete *m* Briefkopf *m*.
membrillo *m* Quitte *f*.
memo, -a *adj* dumm.
memorable *adj* denkwürdig.
memoria *f* **1** Gedächtnis *n*. **2** Bericht *m* (informe).
memorizar *tr* auswendig lernen.
menaje *m* Hausrat *m*.
mención *f* Erwähnung *f*.
mencionar *tr* erwähnen.
mendigar *tr* **1** erbetteln. • *intr* **2** betteln.
mendigo, -a *m, f* Bettler(in) *m(f)*.
mendrugo *m* Stück *n* trockenes Brot (pan).
menear *tr* schwenken.
menester *m* Notwendigkeit *f*.
menestra *f* (Gemüse)eintopf *m*.
mengua *f* Mangel *m* (escasez).
menguar *intr* ab|nehmen.
menhir *m* Menhir *m*.
menopausia *f* Menopause *f*.
menor *adj* **1** (comparativo) kleiner (tamaño); jünger (edad). **2** (superlativo) kleinste(r, s) (tamaño); jüngste(r, s) (edad).
menos *adv* **1** (comparativo) weniger. **2** (superlativo) am wenigsten. **3** außer *(+dat)* (excepto). ■ **a ~ que** falls ... nicht; **echar de ~** vermissen.
menospreciar *tr* verachten.
mensaje *m* Botschaft *f*.
mensajero, -a *m, f* Bote, -in *m, f*.
menstruación *f* Menstruation *f*.
menstruar *intr* die Menstruation haben.
mensual *adj* monatlich.
mensualidad *f* Monatseinkommen *n* (sueldo).
menta *f* Minze *f*.
mental *adj* geistig.
mentalidad *f* Mentalität *f*.
mentalizar *tr* **1** vergegenwärtigen. **~se de algo 2** sich auf etw*(ac)* ein|stellen.
mentar *tr* erwähnen.
mente *f* Geist *m*.
mentir *intr* lügen.
mentira *f* Lüge *f*.
mentiroso, -a *adj* verlogen.
mentís *m* Dementi *n*.
mentón *m* Kinn *n*.
mentor *m* Mentor *m*.
menú *m* Menü *n*.
menudear *intr* häufig vor|kommen.
menudo, -a *adj* klein. ■ **a ~** oft, häufig.
meñique *m* kleiner Finger *m*.
meollo *m* Mark *n*.
mercader *m* Händler *m*.
mercadería *f* Ware *f*.
mercadillo *m* Flohmarkt *m*.
mercado *m* Markt *m*.
mercancía *f* Ware *f*.

mercantil *adj* Handels-.
mercenario, -a *m, f* Söldner(in) *m(f)*.
mercería *f* Kurzwarengeschäft *n* (tienda).
mercurio *m* **1** ASTR Merkur *m*. **2** QUÍM Quecksilber *n*.
merecer *tr y pron* verdienen.
merendar *intr y tr* vespern.
merendero *m* Ausflugslokal *n*.
merengue *m* GAST Baiser *n*.
meridiano, -a *adj* **1** Mittags-. • *m* **2** Meridian *m*.
meridional *adj* südlich.
merienda *f* Vesper *f*.
mérito *m* Verdienst *m*.
merluza *f* Seehecht *m*.
mermar *tr* **1** verringern. • *intr* **2** ab|nehmen.
mermelada *f* Marmelade *f*.
mero *m* Zackenbarsch *m*.
merodear *intr* sich herum|treiben.
mes *m* Monat *m*.
mesa *f* Tisch *m*.
meseta *f* Hochebene *f*.
mesilla *f* Tischchen *n*.
mesón *m* Gaststätte *f*.
mestizo, -a *m, f* Mestize, -in *m, f*.
mesurado, -a *adj* maßvoll.
mesurar *tr* **1** mäßigen. • **~se** *pron* **2** sich mäßigen.
meta *f* Ziel *n*.
metabolismo *m* Stoffwechsel *m*.
metáfora *f* Metapher *f*.
metal *m* Metall *n*.
metálico, -a *adj* metallisch.
metalurgia *f* Metallurgie *f*.
metamorfosis *f* GEOL, ZOOL Metamorphose *f*.
metano *m* Methan *n*.
meteorito *m* Meteorit *m*.
meteorología *f* Meteorologie *f*.
meter *tr* **1** ~ **en** (hinein)|legen, -stecken, -tun in *(+ac)*. • **~se en** *pron* **2** sich ein|mischen in *(+ac)* (inmiscuirse).
meticuloso, -a *adj* gewissenhaft.
método *m* Methode *f*.
metralla *f* Splitter *m pl* (fragmento).
métrico, -a *adj* metrisch.
metro *m* **1** Meter *m* o *n* (longitud). **2** U-Bahn *f* (transporte).
metrópoli *f* Metropole *f*.
mexicano, -a **1** *adj* mexikanisch. • *m, f* **2** Mexicaner(in) *m(f)*.
México *m* Mexiko *n*.
mezcla *f* Mischung *f*.
mezclar *tr* ~ **con** (ver)mischen mit *(+dat)*.
mezquino, -a *adj* knaus(e)rig.
mezquita *f* Moschee *f*.
mi *m* MÚS E *n*.
mi *adj poses* mein(e).
mí *pron* mich (objeto directo); mir (objeto indirecto).
microbio *m* Mikrobe *f*.
micrófono *m* Mikrofon *n*.
microprocesador *m* Mikroprozessor *m*.
microscopio *m* Mikroskop *n*.
miedo *m* Angst *f*.
miel *f* Honig *m*.
miembro *m* **1** Mitglied *n*. **2** ANAT Glied *n*.

mientras *adv* **1** währenddessen. • *conj* **2** während.
miércoles *m* Mittwoch *m.*
mierda *f* (vulg) Scheiße *f.*
mies *f* Korn *n.*
miga *f* Brotkrume *f.*
migración *f* Wanderung *f.*
mil *num* tausend.
milagro *f* Wunder *n.*
milenio *m* Jahrtausend *n.*
milímetro *m* Millimeter *m* o *n.*
militar *adj* **1** militärisch. • *m* **2** Soldat *m.*
milla *f* Meile *f.*
millar *m* Tausend *n.*
millón *m* Million *f.*
mimar *tr* verwöhnen.
mimbre *m, f* Korbweide *f.*
mímica *f* Mimik *f.*
mimo *m* **1** Liebkosung *f* (cariño). **2** TEAT Mime, -in *m, f.*
mineral *m* Mineral *n.*
minero, -a *adj* **1** bergmännisch. • *m* **2** Bergmann *m.*
minifalda *f* Minirock *m.*
mínimo, -a *adj* **1** kleinste(r, s). • *m* **2** Minimum *n.*
ministro, -a *m, f* Minister(in) *m(f).*
minoría *f* Minderheit *f.*
minucioso, -a *adj* minuziös.
minúsculo, -a *adj* winzig.
minusválido, -a *adj* behindert.
minuta *f* Honorarrechnung *f.*
minuto *m* Minute *f.*
mío, -a *adj poses* **1** mein(e). • *pron poses* **2** meine(r, s). ■ **los míos** meine Angehörigen.
miope *adj* kurzsichtig.
mirada *f* Blick *m.*
mirador *m* Aussichtspunkt *m.*
mirar *tr* **1** (an)|schauen (aplicar la vista). **2** betrachten (mirar atentamente); beobachten. • *intr* **3** schauen.
mirilla *f* Guakloch *n.*
mirlo *m* Amsel *f.*
mirón, -ona *m, f* (desp) Voyeur(in) *m(f).*
misa *f* Messe *f.*
miseria *f* Elend *n.*
misericordia *f* Barmherzigkeit *f.*
misión *f* Mission *f.*
mismo, -a *adj* **1** selbst, selber. **el ~/lo ~/la misma 2** derselbe/dasselbe/dieselbe (idéntico); der/das/die gleiche (semejante).
misterio *m* Geheimnis *n.*
místico, -a *adj* mystisch.
mitad *f* Hälfte *f.*
mitigar *tr* lindern (dolor).
mitin *m* Meeting *f.*
mixto, -a *adj* gemischt.
mobiliario *m* Mobiliar *n.*
mochila *f* Rucksack *m.*
mochuelo *m* Kauz *m.*
moción *f* Antrag *m.*
moco *m* Nasenschleim *m.*
moda *f* Mode *f.*
modelo *m* **1** Modell *n* (muestra). **2** Vorbild *n* (ideal). • *m, f* **3** Model *n*, Mannequin *n.*
módem *m* Modem *no m.*
moderación *f* Mäßigung *f.*
moderar *tr* mäßigen.
moderno, -a *adj* modern.
modestia *f* Bescheidenheit *f.*
modificar *tr* verändern.

modo *m* **1** Art *f*, Weise *f* (manera). **2** GRAM Modus *m*. ■ **de ~ que** so dass, also.
módulo *m* Modul *m* o *n*.
mofa *f* Spott *m*.
moflete *m* Pausbacke *m*.
mogollón *m* (fam) Haufen *m*.
moho *m* Schimmel *m*.
mojar *tr* **1** an|feuchten (humedecer ligeramente). **2** nass machen (empapar).
molde *m* (Guss)form *f*.
moldura *f* Leiste *f*.
molécula *f* Molekül *n*.
moler *tr* mahlen.
molestar *tr* **1** stören (fastidiar). **2** wehtun (doler). ● **~se** *pron* **3** sich ärgern (enfadarse).
molestia *f* Belästigung *f*.
molino *m* Mühle *f*.
molusco *m* Weichtier *n*.
momento *m* Augenblick *m*, Moment *m*.
momia *f* Mumie *f*.
mona *f* Äffin *f* (animal).
monada *f* (fig) Drolligkeit *f*.
monarquía *f* Monarchie *f*.
monasterio *m* Kloster *n*.
mondar *tr* schälen.
moneda *f* **1** Münze *f* (pieza). **2** Währung *f* (de un país).
monigote *m* (fig, fam) Flickenpuppe *f*.
monitor(a) *m(f)* (Übungs)leiter(in) *m(f)*.
monja *f* Nonne *f*.
monje *m* Mönch *m*.
mono *m* **1** Affe *m* (animal). **2** (argot) Turkey *m*.
monobloc *m* Einblockhaus *n*.
monografía *f* Monographie *f*.
monolito *m* Monolith *m*.
monólogo *m* Monolog *m*.
monopatín *m* Skateboard *n*.
monopolio *m* Monopol *n*.
monosílabo, -a *adj* einsilbig.
monotonía *f* Monotonie *f*.
monótono, -a *adj* monoton, eintönig.
monstruo *m* Ungeheuer *n*; Scheusal *n*.
montacargas *m* Lastenaufzug *m*; Banaufzng *n*.
montaje *m* **1** Aufbau *m* (de montar). **2** Montage *f* (ajuste de piezas).
montaña *f* Berg *m*; Gebirge *n*.
montar *intr* **1** (auf|)steigen (auf *(+ac)*) (subir a una bici, caballo, etc.); ein|steigen (in *(+ac)*) (en un coche, tren, etc.). ● *intr y tr* **2** reiten (cabalgar). ● *tr* **3** auf|stellen (tribuna). **4** montieren (armar piezas).
monte *m* Berg *m*.
montón *m* Haufen *m*.
montura *f* **1** Gestell *n* (de gafas). **2** Reittier *n* (animal).
monumento *m* Denkmal *n*.
moño *m* Haarknoten *m*.
morado, -a *adj* dunkelviolett.
moral *adj* **1** moralisch. ● *f* **2** Moral *f*.
morcilla *f* Blutwurst *f*.
mordaz *adj* bissig; ätzend.
mordaza *f* Knebel *m*.
morder *tr* beißen (con los dientes).

mordisco *m* **1** Biss *m* (mordedura). **2** Bissen *m* (pedazo).
morena *f* Muräne *f*.
moreno, -a *adj* **1** dunkelbraun (color). **2** braun, brünett (pelo). **3** dunkelhäutig (piel). **4** gebräunt (bronceado).
morfina *f* Morphium *n*.
morir *intr* **1** um|kommen (en un accidente). **~ de 2** sterben an *(+dat)* (perecer). • **~se** *pron* **3** sterben.
moro, -a *adj* **1** maurisch. • *m, f* **2** Maure, -in *m, f*.
moroso, -a *adj* säumig.
morriña *f* (fig) Heimweh *n*.
morro *m* Schnauze *f*, Maul *n*.
morsa *f* Walross *n*.
mortadela *f* Mortadella *f*.
mortal *adj* tödlich.
mortero *m* Mörser *m*.
mortificar *tr* **1** (fig) demütigen (humillar). • **~se** *tr y pron* **2** REL (sich) kasteien.
mosca *f* Fliege *f*.
moscardón *m* Schmeißfliege *f*.
mosquito *m* Stechmücke *f*.
mostaza *f* Senf *m*.
mosto *m* (Wein)most *m*.
mostrador *m* **1** Ladentisch *m* (de tienda). **2** Theke *f* (de bar).
mostrar *tr* zeigen.
mota *f* Knötchen *n*.
mote *m* Spitzname *m*.
motín *m* Meuterei *f*.
motivo *m* **1** Grund *m*, Anlass *m* (causa). **2** MÚS Motiv *n*.
motocicleta *f* Motorrad *n*.
moto *m* TEC Motor *m*.
mover *tr* an|treiben.
móvil *adj* **1** beweglich. • *m* **2** Beweggrund *m* (motivo). **3** Handy *n* (teléfono móvil).
movimiento *m* Bewegung *f*.
mozo, -a *adj* **1** jung. • *m* **2** Junge *m* (chico). **3** Diener *m* (criado).
muchacho, -a *m, f* Junge *m*, Mädchen *n*.
muchedumbre *f* Menschenmenge *f*.
mucho, -a *adj* **1** viel. • *adv* **2** sehr, viel (cantidad). **3** oft (frecuencia). **4** lange (duración). ■ **por ~ que** so sehr auch.
mudanza *f* Umzug *m* (cambio de domicilio).
mudar *tr* **1** wechseln, ändern. • **~se** *pron* **2** sich um|ziehen.
mudo, -a *adj* stumm.
mueble *m* Möbel(stück) *n*.
mueca *f* Grimasse *f*.
muela *f* ANAT Backenzahn *m*.
muelle *m* **1** Sprungfeder *f* (resorte). **2** Kai *m* (puerto).
muerte *f* Tod *m*.
muerto, -a *adj* **1** tot. • *m, f* **2** Tote(r) *mf(m)*.
muesca *f* Kerbe *f*.
muestra *f* **1** (Waren)muster *n* (mercancía). **2** Probe *f* (prueba).
mugir *intr* brüllen.
mujer *f* Frau *f*.
mula *f* ZOOL Maultier *n*.
muleta *f* Krücke *f*.
mulo *m* Maulesel *m*.
multa *f* Geldstrafe *f*.

multicine *m* Multiplex *n.*
multimedia *adj* Multimedia-.
multiplicar *intr y tr* ~ **por** MAT multiplizieren mit.
multitud *f* Menge *f.*
mundial *adj* Welt-.
mundo *m* Welt *f.*
munición *f* Munition *f.*
municipio *m* Gemeinde *f.*
muñeca *f* **1** Puppe *f* (juguete). **2** ANAT Handgelenk *n.*
muñeco *m* Puppe *f* (juguete).
muralla *f* (Stadt)mauer *f.*
murciélago *m* Fledermaus *f.*
murmullo *m* Gemurmel *n.*
murmurar *intr* **1** murmeln (susurrar). **2** lästern (cotillear).
muro *m* Mauer *f* (muralla); Wand *f* (pared).
músculo *m* Muskel *m.*
museo *m* Museum *n.*
musgo *m* Moos *n.*
música *f* **1** Musik *f.* **2** Noten *f pl* (partitura).
muslo *m* **1** ANAT Oberschenkel *m.* **2** Keule *f* (de un animal).
mustio, -a *adj* welk.
mutación *f* BIOL Mutation *f.*
mutilar *tr* verstümmeln.
muy *adv* sehr.

Nn

n, N *f* n, N *n* (letra).
nabo *m* BOT weiße Rübe *f.*
nácar *m* Perlmutt *n.*
nacer *intr* **1** geboren werden. **2** an|brechen (día). **3** entspringen (río).
nacimiento *m* **1** Geburt *f.* **2** Herkunft *f* (procedencia).
nación *f* Nation *f.*
nada *adv* **1** nichts. • *f* **2** Nichts *n.* ■ **de** ~ bitte sehr, keine Ursache; ~ **más** nichts mehr.
nadar *intr* schwimmen.
nadie *pron indef* niemand.
naipe *m* Spielkarte *f.*
nalga *f* **1** ANAT Pobacke *f.* • **nalgas** *f pl* **2** ANAT Gesäß *n.*
nana *f* Wiegenlied *n.*
naranja *f* Orange *f*, Apfelsine *f.*
naranjada *f* Orangeade *f.*
naranjo *m* Orangenbaum *m.*
narciso *m* Narzisse *f.*
narcótico, -a *adj* **1** betäubend. • *m* **2** Betäubungsmittel *n.*
nardo *m* BOT Narde *f.*
nariz *f* ANAT Nase *f.*
narración *f* Erzählung *f.*
narrar *tr* erzählen.
nata *f* **1** Sahne *f.*
natación *f* Schwimmen *n.*
natal *adj* Geburts-.
natillas *f pl* Cremespeise *f.*
nativo, -a *adj* **1** gebürtig. • *m, f* **2** Einheimische *m, f.*
natural *adj* **1** Natur- (de naturaleza). **2** natürlich (sin artificio).

naturaleza *f* **1** Natur *f.* **2** Beschaffenheit *f* (índole).
naufragar *intr* Schiffbruch erleiden.
naufragio *m* **1** Schiffbruch *m.* **2** (fig) Misserfolg *m.*
náusea *f* **1** Übelkeit *f.* **2** (fig) Ekel *m*, Widerwille *m.*
náutico, -a *adj* Schifffahrts-.
navaja *f* **1** Taschenmesser *n.* **2** Schwertmuschel *f* (molusco).
nave *f* **1** Schiff *n.* **2** Kirchenschiff *n* (de la iglesia).
navegación *f* Schifffahrt *f.*
navegar *tr* e *intr* **1** NÁUT mit einem Schiff fahren. **2** fliegen.
Navidad *f* Weihnachten *n.*
navío *m* großes Schiff *n.*
necedad *f* Torheit *f.*
necesario, -a *adj* notwendig.
neceser *m* Toilettentasche *f*; Reisenecessaire *n.*
necesidad *f* Notwendigkeit *f.*
necesitar *tr* e *intr* **1** brauchen; benötigen. **~ de 2** angewiesen sein auf *(+ac).*
necio, -a *adj* **1** töricht. • *m, f* **2** Tor *m*, Törin *f.*
necrología *f* Nachruf *m.*
necrópolis *f* Nekropole *f.*
néctar *m* **1** BOT Nektar *m.* **2** Göttertrank *m* (mitología).
negación *f* Ablehnung *f.*
negar *tr* **1** verneinen (decir que no). **2** ab|lehnen (denegar).
negativo, -a *adj* **1** ablehnend; negativ. • *m* **2** FOT Negativ *n.*
negligencia *f* **1** Nachlässigkeit *f.* **2** DER Fahrlässigkeit *f.*
negociación *f* Verhandlung *f.*
negociante *adj* **1** Verhandlungs-. • *m, f* **2** Händler(in) *m(f)*; Kaufmann, -frau *m, f.*
negociar *tr* **1** aus|handeln (concertar). • *intr* **2** handeln.
negocio *m* **1** Geschäft *n* (dependencia). **2** Beschäftigung *f* (ocupación).
negro, -a *adj* **1** schwarz. • *m, f* **2** Schwarze(r) *mf(m).*
nene, -a *m, f* (fam) kleines Kind.
nenúfar *m* Seerose *f.*
neolítico, -a *adj* **1** neolithisch. • *m* **2** Neolithikum *n.*
nervio *m* Nerv *m.*
nervioso, -a *adj* **1** nervös. **2** ANAT Nerven-.
neto, -a *adj* **1** ECON netto. **2** klar (puro).
neumático *m* TEC Reifen *m.*
neumonía *f* MED Lungenentzündung *f.*
neura *adj* **1** neurasthenisch. • *m, f* **2** Neurastheniker(in) *m(f).*
neurona *f* Neuron *n.*
neutralizar *tr* **1** neutralisieren. • **~se** *pron* **2** sich neutralisieren.
neutro, -a *adj* neutral.
neutrón *m* FÍS Neutron *n.*
nevado, -a *adj* verschneit.
nevar *intr* **1** schneien. • *tr* **2** (fig) weiß färben.
nevera *f* Kühlschrank *m.*
nexo *m* Nexus *m*
ni ~...~... *conj* weder…noch… ■ **~ siquiera** nicht einmal.

Nicaragua *f* Nicaragua *n.*
nicaragüense *adj* **1** nicaraguanisch. • *m, f* **2** Nicaraguaner(in) *m(f).*
nicho *m* Nische *f.*
nicotina *f* QUÍM Nikotin *n.*
nidificar *intr* nisten.
nido *m* Nest *n.*
niebla *f* Nebel *m.*
nieto, -a *m, f* Enkel(in) *m(f).*
nieve *f* Schnee *m.*
ninguno, -a *adj indef* **1** keiner(r, s). • *pron indef* **2** keiner(r, s). **3** niemand (nadie).
niñez *f* Kindheit *f.*
niño, -a *adj* **1** kindlich. **2** (fig, desp) kindisch. • *m, f* **3** Junge *m*, Mädchen *n.*
níquel *m* QUÍM Nickel *n.*
níspero *m* **1** Mispel *f* (arbusto, fruto). **2** *Amér.* Kumquat *f.*
nítido, -a *adj* **1** klar. **2** FOT scharf.
nitrato *m* QUÍM Nitrat *n.*
nitrógeno *m* QUÍM Stickstoff *m.*
nivel *m* **1** (fig) Standard *m.* **2** Ebene *f.* ♦ ~ **del mar** Meeresspiegel *m.*
nivelar *tr* **1** nivellieren. **2** FIN (fig) aus|gleichen. • **~se** *pron* **3** sich aus|gleichen.
no *adv* **1** nein. **2** nicht (con verbo, adjetivo).
noble *adj* **1** adelig. **2** QUÍM edel. • *m, f* **3** Adelige(r) *mf(m).*
noche *f* Abend *m*; Nacht *f.* ♦ **media** ~ Mitternacht *f.* ■ **de** ~ nachts, in der Nacht; **por la** ~ abends, nachts.
noción *f* **1** Vorstellung *f* (idea). • **nociones** *f pl* **2** Grundkenntnisse *f pl.*
nocivo, -a *adj* schädlich.
nocturno, -a *adj* nächtlich.
nodriza *f* Amme *f.*
nogal *m* BOT Wallnussbaum *m.*
nómada *adj* **1** nomadisch. • *m, f* **2** Nomade, -in *m, f.*
nombrar *tr* **1** benennen (llamar). **2** ernennen (citar).
nombre *m* **1** Name *m.* **2** Ruf *m* (reputación).
nómina *f* **1** Gehaltsliste *f* (sueldo). **2** Namenverzeichnis *n* (lista).
nominar *tr* **1** ernennen (nombrar). **2** POL nominieren.
nordeste *m* **1** Nordosten *m.* **2** Nordostwind *m* (viento).
nórdico, -a *adj* nördlich.
noria *f* **1** Riesenrad *n* (de feria). **2** Schöpfrad *n* (para el agua).
norma *f* Norm *f.*
normal *adj* normal.
noroeste *m* **1** Nordwesten *m.* **2** Nordwestwind *m* (viento).
norte *m* Norden *m.*
Norteamérica *f* Nordeamerika *n.*
norteamericano, -a *adj* **1** nordamerikanisch. • *m, f* **2** Nordamerikaner(in) *m(f).*
nos *pron* uns.
nosotros, -as *pron* **1** wir (sujeto). **2** uns (tras preposición).
nostalgia *f* **1** Heimweh *n* (del lugar). **2** Sehnsucht *f* (de persona). **3** Nostalgie *f* (del pasado).

nota *f* **1** Vermerk *m* (anotación). **2** Hinweis *m* (advertencia). **3** Note *f* (examen). **4** *Amér.* Bescheinigung *f* (comprobante).
notar *tr* **1** bemerken (advertir). **2** merken (percibir).
notario, -a *m, f* Notar(in) *m(f)*.
noticia *f* **1** Nachricht *f* (contenido). **2** Kenntnisnahme *f*.
notificar *tr* bekannt geben.
novato, -a *adj* **1** Anfänger-. • *m, f* **2** Anfänger(in) *m(f)* (principiante).
novedad *f* **1** Neuigkeit *f* (noticia). **2** Neuheit *f* (cosa).
novela *f* Roman *m*.
noveno, -a *num* neunte(r, s).
noviembre *m* November *m*.
novillo, -a *m, f* **1** Jungstier, -kuh *m, f*. • *m* **2** *Chile, Méx.* kastriertes Kalb *n*.
novio, -a *m, f* **1** Bräutigam *m*, Braut *f* (nupcial). **2** Freund(in) *m(f)* (relación amorosa).
nube *f* Wolke *f*.
nublarse *pron* **1** sich bewölken. **2** (fig) sich trüben.
nuca *f* Nacken *m*.
núcleo *m* **1** BIOL Kern *m*. **2** (fig) Zentrum *n* (centro).
nudillo *m* Knöchel *m*.
nudo *m* Knoten *m*.
nuera *f* Schwiegertochter *f*.
nuestro, -a *adj poses* **1** unser(e, es). • *pron poses* **2** unser(e, es).
nueve *num* neun (l).
nuevo, -a *adj* neu.
nuez *f* BOT Walnuss *f*.
nulo, -a *adj* **1** ungültig (no válido). **2** untauglich (persona).
numerar *tr* **1** nummerieren. **2** zählen (contar).
número *m* **1** Nummer *f* (guarismo). **2** Zahl *f* (cifra).
nunca *adv* nie.
nutria *f* **1** ZOOL Fischotter *m*.
nutrición *f* Ernährung *f*.
nutrir *tr* **1** ernähren. • **~se** *pron* **2** sich ernähren.

Ññ

ñ, Ñ *f fünfzehnter Buchstabe des spanischen Alphabets.*
ñandú *m* Nandu *m*.
ñato, -a *adj Amér.* platt (nariz).
ñoñez *f* Getue *n*.
ñoño, -a *adj* (fam) blöd (corto de ingenio); fade (soso).
ñu *m* ZOOL Gnu *n*.

Oo

o, O *f* o, O *n* (letra).
o *conj* **1** oder. **~...~** **2** entweder...oder. ■ **~ sea (que)** das heißt.
oasis *m* Oase *f.*
obcecarse *pron* verblendet sein.
obedecer *tr* gehorchen.
obediente *adj* gehorsam.
obertura *f* MÚS Ouvertüre *f.*
obeso, -a *adj* fettleibig.
obispo *m* Bischof *m.*
objetar *tr* **1** ein|wenden. • *intr* **2** den Kriegsdienst verweigern.
objetividad *f* Objektivität *f.*
objeto *m* **1** Gegenstand *m* (cosa). **2** (fig) Absicht *f.*
obligación *f* Verpflichtung *f* (deber).
obligar *tr* **1** zwingen (forzar); verpflichten (comprometer). • **~se** *pron* **2** sich verpflichten.
obra *f* **1** Werk *n* (creación). **2** Baustelle *f* (construcción).
obrar *tr* **1** handeln (actuar). **2** bauen (construir).
obrero, -a *adj* **1** Arbeiter- (relativo al trabajador). • *m, f* **2** Arbeiter(in) *m(f).*
obsceno, -a *adj* obszön.
obsequiar *tr* **1** schenken (regalar). **2** etw verschenken. **3** umwerben (enamorar).
obsequio *m* **1** Geschenk *n.* **2** Gefälligkeit *f* (atención).
observación *f* **1** Beobachtung *f.* **2** Bemerkung *f* (comentario).
observar *tr* beobachten (contemplar).
observatorio *m* Beobachtungsstation *f.*
obsesión *f* Besessenheit *f.*
obstáculo *m* Hindernis *n.*
obstinación *f* Hartnäckigkeit *f.*
obstinarse *pron* hartnäckig bestehen.
obstrucción *f* Versperrung *f.*
obstruir *tr* **1** versperren (paso). **2** verstopfen (tubería). **3** behindern (acción).
obtener *tr* **1** erlangen. **2** gewinnen (productos). **3** erzielen (resultados, ganancias).
obturar *tr* verstopfen (bloquear); verschließen (cerrar).
obtuso, -a *adj* **1** stumpf. **2** (fig) begriffsstutzig.
obvio, -a *adj* **1** offensichtlich. **2** (fig) einleuchtend.
obviar *tr* ab|wenden (evitar); aus dem Weg räumen (quitar).
oca *f* **1** Gans *f.* **2** *spanisches Brettspiel* (juego).
ocasionar *tr* verursachen.
ocaso *m* **1** Sonnenuntergang *m* (puesta de sol). **2** (fig) Untergang *m.*
occidente *m* Westen *m.*
Oceanía *f* Ozeanien *n.*

océano *m* Ozean *m.*
ochenta *num* achtzig.
ocho *num* acht.
ochocientos, -as *num* achthundert.
ocio *f* Muße *f.*
octavilla *f* Flugblatt *n.*
octavo, -a *num* achte(r, s).
octubre *m* Oktober *m.*
ocultar *tr* **1** verbergen (tapar). **2** verschweigen (callar).
oculto, -a *adj* **1** verborgen. **2** verschwiegen (callado).
ocupación *f* Beschäftigung *f* (trabajo).
ocupar *tr* ein|nehmen (lugar).
ocurrencia *f* **1** Einfall *m* (idea). **2** Vorfall *m* (acontecimiento).
ocurrir *intr* **1** geschehen (acontecer). ● **~se** *pron* **2** ein|fallen.
odiar *tr* hassen.
odio *m* Hass *m.*
oeste *m* **1** Westen *m.* **2** Westwind *m.*
ofender *tr* **1** beleidigen. ● **~se** *pron* **2** beleidigt sein.
ofensa *f* Beleidigung *f.*
oferta *f* Angebot *n.*
oficial *adj* amtlich.
oficina *f* Büro *n.*
oficio *m* **1** Beruf *m* (profesión); Handwerk *n* (profesión artesanal). **2** Amt *n* (función).
ofrecer *tr* **1** an|bieten; bieten (dar, presentar). ● **~se** *pron* **2** sich an|bieten.
ofrenda *f* Gabe *f.*
oftalmología *f* Augenheilkunde *f.*
ofuscar *tr* **1** blenden. **2** (fig) verblenden (confundir).
oído *m* Gehör *n.* ■ **de ~** nach Gehör.
oír *tr* **1** hören. **2** zu|hören.
ojal *m* Knopfloch *n.*
¡ojalá! *interj* hoffentlich!
ojear *tr* genau hin|sehen.
ojeras *f pl* Augenringe *m pl.*
ojo *m* **1** Auge *n* (órgano). **2** Loch *n* (agujero).
ola *f* Welle *f.*
oleada *f* Flut *f*; Sturzsee *f.*
óleo *m* Olivenöl *n.*
oler *tr* riechen.
olfatear *tr* beschnuppern.
olfato *m* Geruchssinn *m.*
olimpiadas *f* Olympiade *f.*
oliva *f* Olive *f.*
olivo *m* Olivenbaum *m.*
olla *f* Kochtopf *m.* ◆ **~ a presión** Schnellkochtopf *m.*
olmo *m* Ulme *f.*
olor *m* Geruch *m.*
olvidar *tr y pron* vergessen.
olvido *m* **1** Vergessenheit *f* (de la memoria). **2** Nachlässigkeit *f* (descuido).
ombligo *m* Bauchnabel *m.*
omisión *f* Unterlassung *f.*
omitir *tr* unterlassen.
once *num* elf.
onda *f* Welle *f.*
ondular *intr* flattern (bandera).
onza *f* Unze *f* (unidad de peso).
opaco, -a *adj* undurchsichtig.
opción *f* **1** Wahl *f* (elección). **2** Anrecht *n* (derecho).
ópera *f* Oper *f.*

operación *f* **1** Tätigkeit *f.* **2** MED Operation *f.*
operar *tr* **1** vor|gehen (realizar). **2** MED operieren.
opinar *intr* meinen.
opinión *f* Meinung *f.* ◆ **~ pública** öffentliche Meinung *f.*
opio *m* Opium *n.*
oponer *tr* **1** behindern (estorbar). **2** entgegen|setzen (argumento, objeción). ● **~se** *pron* **3** sich widersetzen (resistirse).
oportunidad *f* Gelegenheit *f.*
oportuno, -a *adj* **1** günstig (propicio). **2** angebracht (conveniente).
oposición *f* Widerstand *m.*
opresión *f* Unterdrückung *f.*
oprimir *tr* **1** drücken (presionar). **2** (fig) unterdrücken (reprimir).
optar *tr* e *intr* **1** (aus)wählen. ● **~ a** *tr* **2** an|streben *(+ac)* (aspirar).
óptica *f* **1** Optik *f* (ciencia). **2** Optikergeschäft *n* (tienda).
óptico, -a *adj* **1** optisch. ● *m, f* **2** Optiker(in) *m(f).*
optimismo *m* Optimismus *m.*
óptimo, -a *adj* optimal.
opuesto, -a *adj* entgegengesetzt.
oración *f* REL Gebet *n.*
orador(a) *m(f)* Redner(in) *m(f).*
orar *intr* beten.
órbita *f* ASTR Umlaufbahn *f.*
orden *m* **1** Ordnung *f.* **2** Reihenfolge *f* (sucesión). ● *f* **3** Befehl *m* (mandato).
ordenación *f* (An)ordnung *f.*
ordenador *m* INF Computer *m.* ◆ **~ personal** Personalcomputer *m.*
ordenanza *f* **1** Anordnung *f.* ● *m* **2** Bote *m* (en oficinas).
ordenar *tr* **1** auf|räumen (poner en orden). **2** an|ordnen (mandar).
ordeñar *tr* melken.
ordinario, -a *adj* gewöhnlich (común).
orear *tr* lüften.
orégano *m* BOT Oregano *m.*
oreja *f* Ohr *n.*
orfanato *m* Waisenhaus *n.*
orfebrería *f* Schmiedekunst *f.*
orfeón *m* Gesangverein *m.*
organismo *f* Organismus *m.*
organizar *tr* organisieren.
órgano *m* **1** ANAT Organ *n.* **2** MÚS Orgel *f.*
orgasmo *m* Orgasmus *m.*
orgía *f* Orgie *f.*
orgullo *m* **1** Hochmut *m* (soberbia). **2** Stolz *m* (satisfacción).
orientación *f* Orientierung *f.*
orientar *tr* **1** orientieren. **2** (fig) beraten.
oriente *m* **1** Osten *m* (Este). **2** Orient *m* (países).
orificio *m* Öffnung *f.*
origen *m* **1** Ursprung *m* (principio). **2** Herkunft *f* (procedencia).
originar *tr* **1** verursachen (causar). **2** hervor|rufen (provocar).
orilla *f* **1** Rand *m* (borde). **2** Ufer *n* (de río, lago).

orín *m* Rost *m* (óxido).
orina *f* Urin *m.*
orinal *m* Nachttopf *m.*
oro *m* Gold *n.*
orquesta *f* Orchester *n.*
orquídea *f* BOT Orchidee *f.*
ortiga *f* BOT Brennnessel *f.*
ortodoxo, -a *adj* orthodox.
ortografía *f* GRAM Rechtschreibung *f.*
oruga *f* ZOOL Raupe *f.*
os *pron* euch (personal).
osadía *f* Wagemut *m.*
oscilar *intr* schwanken.
oscurecer *tr* **1** verdunkeln. • **~se** *pron* **2** sich bewölken.
oscuro, -a *adj* **1** dunkel. **2** (fig) zweifelhaft.
óseo, -a *adj* knöchern.
oso, -a *m, f* Bär(in) *m(f).*
ostentar *tr* zur Schau stellen (mostrar); prahlen (jactar).
ostra *f* Auster *f.*
otear *tr* von oben beobachten.
otitis *f* MED Ohrenentzündung *f.*
otoño *m* Herbst *m.*
otorgar *tr* gewähren.
otro, -a *adj* **1** andere(r, s). • *pron indef* **2** andere(r, s) (distinto). **3** noch eine(r, s) (otro más). ▪ **el ~ día** neulich; **otra vez** ein anderes Mal.
ovación *f* (fig) Ovation *f.*
ovalado, a *adj* oval.
ovario *m* ANAT Eierstock *m.*
oveja *f* Schaf *n.*
ovillo *m* Knäuel *m* o *n.*
ovino, -a *adj* Schaf-.
óvulo *m* Eizelle *f.*
óxido *m* QUÍM Oxid *n.*
oxígeno *m* QUÍM Sauerstoff *m.*
oyente *m, f* (Zu)hörer(in) *m(f).*
ozono *m* QUÍM Ozon *n.* ♦ **capa de ~** Ozonoschicht *f.*

Pp

p, P *f* p, P *n* (letra).
pabellón *m* ARQ Pavillon *m.*
pacer *tr* e *intr* (ab)weiden.
paciencia *f* Geduld *f.*
paciente *adj* **1** geduldig. • *m, f* **2** Patient(in) *m(f).*
pacificación *f* Befriedung *f,* Pazifizierung *f.*
pacífico, -a *adj* friedlich.
pacotilla *f* Schund *m.*
pactar *tr* einen Pakt schließen.
pacto *m* Pakt *m.*
padecer *tr* **1** leiden an *(+dat)* (una enfermedad). **2** leiden unter *(+dat)* (una situación).
padrastro *m* Stiefvater *m.*
padre *m* **1** Vater *m.* **2** REL Pater *m.* • **padres** *m pl* **3** Eltern *pl.*
padrino *m* **1** Trauzeuge *m* (de boda). **2** Taufpate *m* (de bautizo).
paella *f* GAST Paella *f.*

paga *f* Gehalt *n.*
pagadero, -a *adj* zahlbar.
pagano, -a *m, f* Heide, -in *m, f.*
pagar *tr* **1** (be)zahlen. **2** (fig) ab|büßen.
pagaré *m* Schuldschein *m.*
página *f* Seite *f.*
pago *m* Zahlung *f.*
país *m* Land *n.*
paisaje *m* Landschaft *f.*
paisano, -a *m, f* **1** Landsmann, -männin *m, f* (del mismo país). **2** Zivilist(in) *m(f)* (no militar).
paja *f* Stroh *n.*
pajar *m* Heuschober *m.*
pajarita *f* **1** Papiervogel *m* (de papel). **2** Fliege *f* (corbata).
pájaro *m* ZOOL Vogel *m.*
pala *f* Schaufel *f* (para cavar).
palabra *f* **1** Wort *n.* **2** Redegewandtheit *f* (facultad).
palacio *m* Palast *m.*
paladar *m* Gaumen *m.*
palanca *f* MEC Hebel *m.*
palangana *f* Waschbecken *n,* -schüssel *f.*
palco *m* TEAT Loge *f.*
paleta *f* Maurerkelle *f* (de albañil).
paletilla *f* Schulterblatt *n* (omóplato).
paleto, -a *adj* provinziell.
pálido, -a *adj* blass.
palillo *m* **1** Zahnstocher *m* (mondadientes). **2** Trommelschlägel *m* (del tambor).
paliza *f* **1** Tracht *f* Prügel (zurra). **2** (fam, fig) harte Arbeit *f* (esfuerzo).
palma *f* **1** Palme *f* (palmera). **2** Palmenblatt *n* (hoja de la palmera). **3** Handfläche *f* (de la mano). • **palmas** *f pl* **4** Händeklatschen *n* (aplauso).
palmada *f* **1** Klaps *m* (golpe). **2** (gralte. pl) Händeklatschen *n* (ruido).
palmera *f* BOT Palme *f.*
palmo *m* Spanne *f* (antigua medida).
palo *m* **1** Stock *m* (trozo de madera). **2** Stange *f,* Knüppel *m.* **3** Prügel *m pl* (golpe).
paloma *f* Taube *f.*
palomitas *f pl* Popcorn *n.*
palpar *tr* ab|tasten.
palpitar *intr* **1** pochen (corazón, pulso). **2** zucken (agitarse).
paludismo *m* MED Malaria *f.*
pampa *f* Pampa *f.*
pan *m* Brot *n.* ◆ **~ de molde** Kastenbrot *n.*
pana *f* Kordsamt *m.*
panadería *f* Bäckerei *f.*
panal *m* Wabe *f.*
Panamá *m* Panama *n.*
panameño, -a *adj* **1** panamaisch. • *m, f* **2** Panamaer(in) *m(f).*
pancarta *f* Spruchband *n*; Plakat *n.*
pandereta *f* Tamburin *n.*
pandilla *f* Clique *f.*
panera *f* Brotkorb *m.*
panfleto *m* Pamphlet *n.*
pánico *m* Panik *f.*
panificadora *f* Brotfabrik *f.*
panorama *m* Panorama *n.*

pantalla *f* **1** Lampenschirm *m* (de lámpara). **2** Bildschirm *m* (de televisión). **3** Leinwand *f* (de cine).
pantalón *m* (gralte. pl) Hose *f*. ◆ **~ tejano/vaquero** Jeans *f*.
pantano *m* **1** Sumpf *m*. **2** Stausee *m*.
panteón *m* **1** Pantheon *m*. **2** *Amér.* Friedhof *m*.
pantera *f* ZOOL Panter *m*.
pantis *m pl* Damenstrumpfhose *f*.
pantorrilla *f* Wade *f*.
panty *m* Damenstrumpfhose *f*.
panza *f* Bauch *m*.
pañal *m* Windel *f*.
paño *m* Tuch *n*.
pañuelo *m* Taschentuch *n*.
papa *m* **1** Papst *m*. • *f* **2** *Amér.* Kartoffel *f* (patata).
papá *m* (fam) Papa *m*.
papada *f* Doppelkinn *n*.
papagayo *m* ZOOL Papagei *m*.
papel *m* **1** Papier *n*. **2** Zettel *m* (hoja). **3** Rolle *f* (rol). ◆ **~ higiénico** Toilettenpapier *n*.
papelera *f* Papierkorb *m*.
papelería *f* Schreibwarenhandlung *f*.
papeleta *f* Zettel *m*.
paperas *f pl* MED Mumps *m*.
papilla *f* (Baby)brei *m*.
paquete *m* Paket *n*; Packung *f*.
par *adj* **1** gerade. • *m* **2** Paar *n*. **3** Paar *n* (pareja). ■ **de ~ en ~** sperrangelweit (offen).
para *prep* **1** (destino) für *(+ac)*. **2** (finalidad) für *(+ac)*, zu *(+dat)*. **3** (dirección) nach *(+ac)*. **4** (duración) für *(+ac)*. **5** (plazo) an *(+dat)*, zu *(+dat)*. • *conj* **6** (+ inf) um … zu. **7** (+ subj) damit.
parábola *f* Parabel *f*.
parabrisas *m* Windschutzscheibe *f*.
paracaídas *m* Fallschirm *m*.
paracaidista *m, f* Fallschirmspringer(in) *m(f)*.
parachoques *m* Stoßstange *f*.
parada *f* **1** Haltestelle *f* (lugar). **2** DEP, MIL Parade *f* (desfile). ◆ **~ de taxis** Taxistand *m*.
parado, -a *adj* **1** arbeitslos. • *m, f* **2** Arbeitslose(r) *mf(m)*.
paradoja *f* Paradoxie *f*.
parador *m* Gasthaus *n*.
parafina *f* QUÍM Paraffin *n*.
paraguas *m* Regenschirm *m*.
Paraguay *m* Paraguay *n*.
paraguayo, -a *adj* **1** paraguayisch. • *m, f* **2** Paraguayer(in) *m(f)*.
paraíso *m* Paradies *n*.
paraje *m* Ort *m* (lugar); Gegend *f* (paisaje).
paralelo, -a *adj* **1** parallel. • *m* **2** Parallele *f*. **3** GEOG Breitengrad *m*. • **paralelas** *f pl* **4** Barren *n* (gimnasia).
parálisis *f* Lähmung *f*.
paralizar *tr* lähmen.
páramo *m* Ödland *n*.
paraninfo *m* Auditorium *n*.
paranoico, -a *adj* paranoisch.
parar *intr* **1** (an|)halten (detenerse). • **~ de** **2** auf|hören zu (cesar). • *tr* **3** an|halten (dete-

ner). **3** ab|schalten (motor). • **~se** *pron* **4** stehen bleiben.
pararrayos *m* Blitzableiter *m.*
parásito *m* Parasit *m.*
parcela *f* Parzelle *f.*
parche *m* Flicken *m.*
parcial *adj* **1** teilweise (de una parte). **2** parteiisch (partidario).
parco, -a *adj* spärlich, karg.
parecer *m* Meinung *f.*
parecer *intr* **1** aus|sehen wie (tener aspecto). **2** scheinen (aparentar). • **~se a alguien** *pron* **3** jm ähnlich sein.
parecido, -a *adj* ähnlich.
pared *f* Wand *f.*
paredón *m* Mauerrest *m.*
pareja *f* **1** Paar *n* (par). **2** Partner *m* (compañero).
parentesco *m* Verwandtschaft(sverhältnis *n*) *f.*
paréntesis *m* Klammer *f.*
pareo *m großes Tuch, das Frauen um ihren Körper schlingen.*
pariente, -a *adj* **1** verwandt. • *m, f* **2** Verwandte(r) *mf(m).*
parir *tr* **1** gebären (persona). **2** werfen (animal).
parka *f* Parka *f.*
parking *m* Parkplatz *m.*
parlamentario, -a *adj* **1** parlamentarisch. • *m, f* **2** Parlamentarier(in) *m(f).*
parlamento *m* Parlament *n.*
parlanchín, -ina *m, f* Plappermaul *n*; Quasselstrippe *f.*
paro *m* **1** Arbeitslosigkeit *f* (desempleo). **2** Stillstand *m* (suspensión de actividad).
parodia *f* Parodie *f.*
párpado *m* ANAT (Augen)lid *n.*
parque *m* Park *m.* ♦ **~ infantil** Kinderspielplatz *m.*
parqué *m* Parkett *n*; Parkettfußboden *m.*
parquímetro *m* Parkuhr *f.*
parra *f* Weinranke *f.*
párrafo *m* Paragraph *m.*
parricida *m, f* Vatermörder(in) *m(f)*; Muttermörder(in) *m(f).*
parrilla *f* Grill *m.*
párroco *m* Pfarrer *m.*
parroquia *f* **1** Gemeinde *f* (fieles). **2** Pfarrei *f* (territorio).
parte *f* **1** Teil *m* (porción). **2** Seite *f* (lado). • *m* **3** Bericht *m* (comunicación).
partición *f* Teilung *f.*
participación *f* **1** Beteiligung *f.* **~ en 2** Teilnahme *f* an *(+dat).*
participar *intr* **~ en** teil|nehmen an *(+dat).*
partícula *f* **1** FÍS Teilchen *n*; Partikel *n.* **2** GRAM Partikel *f.*
particular *adj* **1** besonders (especial). **2** privat (privado).
partida *f* **1** Abfahrt *f* (salida). **2** Partie *f* (juego).
partidario, -a *m, f* Anhänger(in) *m(f).*
partido *m* **1** POL Partei *f.* **2** DEP Spiel *n.*
partir *tr* **1** **~ en** teilen in *(+ac)* (dividir). • *intr* **2** ab|reisen.
partitura *f* Partitur *f.*
parto *m* Geburt *f.*
parvulario *m* Kindergarten *m.*
pasadizo *m* Passage *f.*

pasado, -a *adj* **1** vergangen. • *m* **2** Vergangenheit *f.*
pasador *m* (Haar)spange *f* (para el pelo).
pasaje *m* Durchgang *m.*
pasajero, -a *adj* **1** vorübergehend (transitorio). • *m, f* **2** Reisende(r) *mf(m)* (viajero); Fahrgast *m* (en un tren, coche); Passagier *m* (en un avión).
pasante *m, f* Praktikant(in) *m(f).*
pasaporte *m* (Reise)pass *m.*
pasar *intr* **1** vorbei|gehen (a pie), vorbei|fahren (en vehículo). **2** vergehen (tiempo). **3** passieren (ocurrir). • *tr* **4** überqueren (cruzar), durchqueren (atravesar). **5** durch|führen (por un hueco). **6** (über)geben (dar). **7** verbringen (tiempo). **8** zu|spielen (pelota). **9** leiden (sufrir). **10** ab|legen (examen). • **~se** *pron* **11** übertreiben (exagerar); zu weit gehen. **12** verderben (alimentos). ■ **¿qué (te) pasa?** was ist (mir dir) los.
pasarela *f* Laufsteg *m.*
pasatiempo *m* Zeitvertreib *m.*
Pascua *f* Ostern *n.*
pasear *tr* **1** spazieren führen. • **~(se)** *intr y pron* **2** spazieren gehen.
paseo *m* Spaziergang *m.*
pasillo *m* Flur *m*, Gang *m.*
pasión *f* Leidenschaft *f.*
pasivo, -a *adj* **1** passiv; untätig. • *m* **2** GRAM Passiv *n.*
pasmar *tr* **1** (fam) verblüffen. • **~se** *pron* **2** erstaunen.
paso *m* Schritt *m* (movimiento). ■ **de ~** nebenbei, beiläufig.
pasta *f* **1** Teig *m* (del pastel). **2** Nudeln *f pl* (fideos).
pastar *intr* weiden.
pastel *m* Kuchen *m.*
pastelería *f* Kondotorei *f.*
pastilla *f* Tablette *f.*
pasto *m* **1** Weide *f* (pastizal). **2** Futter *n* (alimento).
pastor(a) *m(f)* Schäfer(in) *m(f).*
pata *f* **1** Pfote *f*; Tatze *f* (de animal). **2** Bein *n* (de mueble).
patata *f* Kartoffel *f.*
paté *m* GAST Pastete *f.*
patear *tr* (fam) mit Füßen treten.
patente *adj* **1** offen(sichtlich). • *f* **2** Patent *n.*
patera *f* (kleines) Boot *n.*
paternidad *f* Vaterschaft *f.*
paterno, -a *adj* väterlich.
patético, -a *adj* pathetisch.
patíbulo *m* Galgen *m.*
patilla *f* **1** Backenbart *m.* • **patillas** *f pl* **2** Koteletten *pl.*
patinaje *m* Schlittschuhlaufen *n.*
patinar *intr* Schlittschuh laufen.
patio *m* (Innen)hof *m.*
pato, -a *m, f* Ente *f.*
patria *f* Heimat *f.*
patriarca *m* Patriarch *m.*
patrimonio *m* Vermögen *n* (bienes propios).
patrocinar *tr* fördern.
patrón, -ona *m, f* **1** Arbeitgeber(in) *m(f)* (jefe). **2** Schutzheilige(r) *mf(m)* (santo).
patrulla *f* Streife *f.*

pausa *f* Pause *f*.
pauta *f* (fig) Norm *f*.
pavimentar *tr* pflastern; asphaltieren (con asfalto).
pavimento *m* Straßenpflaster *m*.
pavonearse *pron* **~ de** sich brüsten mit *(+dat)*.
pavor *m* Entsetzen *n*.
payaso, -a *m, f* Clown *m*.
paz *f* Friede(n) *m*. ◆ **tratado de ~** Friedensvertrag *m*.
pc (*acrónimo de* **personal computer**) *m* INF PC *m*.
peaje *m* Autobahngebühr *f*.
peatón, -ona *m, f* Fußgänger(in) *m(f)*.
peca *f* Sommersprosse *f*.
pecado *m* Sünde *f*.
pecador(a) *m(f)* Sünder(in) *m(f)*.
pecar *intr* sündigen; auf Abwege geraten.
pecho *m* **1** ANAT Brust *f*. **2** ANAT Busen *m* (seno). ■ **a lo hecho ~** geschehen ist geschehen.
pechuga *f* Geflügelbrust *f*.
peculiar *adj* **1** eigen (especial). **2** eigentümlich (raro).
pedagogía *f* Pädagogik *f*.
pedal *m* Pedal *n*.
pedante *adj* pedantisch; besserwisserisch.
pedazo *m* Stück *n*.
pedestal *m* Sockel *m*.
pediatría *f* Kinderheilkunde *f*.
pedido *m* Auftrag *m*.
pedir *tr* **1** bitten (rogar). **2** verlangen (poner precio). **3** bestellen (restaurante). **3** betteln (mendigar).
pedo *m* Furz *m*.
pedrada *f* Steinwurf *m*.
pedrisco *m* Hagel *m*.
pega *f* (fig) Schwierigkeit *f*.
pegamento *m* Klebstoff *m*.
pegar *tr* **1** (an|)kleben (adherir). **2** (fig) schlagen (golpear). ● *intr* **3** kleben (adherirse).
pegatina *f* Aufkleber *m*.
pegote *m* Heftpflaster *n*.
peinado *m* Frisur *f*.
peinarse *pron* sich kämmen.
peine *m* Kamm *m*.
pelar *tr* schälen.
peldaño *m* (Treppen)stufe *f*.
pelear *intr* **1** kämpfen. ● **~se por** *pron* **2** sich streiten um *(+ac)*.
pelele *m* Strampelanzug *m*.
pelícano *m* Pelikan *m*.
película *f* CINE Film *m*.
peligro *m* Gefahr *m*.
pelirrojo, -a *adj* rothaarig.
pellejo *m* Fell *n*.
pellizcar *tr* kneifen.
pellizco *m* Kneifen *n*.
pelo *m* Haar *n*.
pelota *f* Ball *m* (balón).
peluca *f* Perücke *f*.
peluche *m* Plüsch *m*.
peludo, -a *adj* stark behaart.
peluquería *f* Friseursalon *m*.
pelusa *f* Flaum *m*.
pelvis *f* ANAT Becken *n*.
pena *f* **1** Strafe *f* (castigo). **2** Kummer *m* (tristeza).
penal *m* Zuchthaus *n*.
penalti *m* Elfmeter *m*.
pendenciero, -a *adj* streitsüchtig.

pender *intr* ~ **de/en** (herab|) hängen an *(+dat)* (colgar).
pendiente *adj* **1** (fig) unerledigt. • *m* **2** Ohrring *m*. • *f* **3** Abhang *m*.
péndulo *m* Pendel *n*.
pene *m* ANAT Penis *m*.
penetrar *tr* **1** durchdringen. • ~ **en** *intr* **2** ein|dringen in *(+ac)*.
penicilina *f* MED Penizillin *n*.
península *f* Halbinsel *f*.
penitencia *f* Buße *f*.
pensamiento *m* Gedanke *m*.
pensar *intr* **1** denken. ~ **en 2** denken an *(+ac)*. • ~ **sobre** *tr* **3** nach|denken über *(+ac)* (reflexionar).
pensativo, -a *adj* nachdenklich.
pensión *f* **1** Rente *f* (paga). **2** Pension *f* (alojamiento).
pentagrama *m* MÚS Notenlinien *f pl*.
penumbra *f* Halbdunkel *n*.
penuria *f* Mangel *m*.
peña *f* **1** Fels *m* (roca). **2** Stammtisch *m* (tertulia).
peñasco *m* Felsblock *m*.
peñón *m* Felskuppe *f* (pico).
peón *m* **1** Hilfsarbeiter *m* (obrero). **2** Bauer *m* (de ajedrez).
peonza *f* Kreisel *m*.
peor *adj y adv* **1** (comparativo) schlechter. **2** (superlativo) schlechteste(r, s); am schlechtesten, am schlimmsten.
pepinillo *m* saure Gurke *f*.
pepino *f* Gurke *f*.
pequeño, -a *adj* klein.
pera *f* Birne *f*.
percance *m* Zwischenfall *m*.
percatarse *pron* ~ **de** sich*(dat)* bewusst werden *(+gen)* (tomar conciencia).
percebe *m* Entenmuschel *f*.
percha *f* Kleiderbügel *m*.
perchero *m* Garderobe *f*.
percibir *tr* wahr|nehmen (notar).
percusión *f* MÚS Percussion *f*.
perder *tr* **1** verlieren (dejar de tener). **2** verpassen (tren). • **~se** *pron* **3** sich verlaufen (por el camino).
pérdida *f* Verlust *m*.
perdigón *m* ZOOL Rebhuhnküken *n*.
perdiz *f* Rebhuhn *n*.
perdón *m* Verzeihung *f*. ■ **¡~!** Entschuldigung!
perdonar *tr* verzeihen.
perdurar *intr* (an)|dauern.
perecedero, -a *adj* vergänglich.
peregrinar *intr* pilgern.
peregrino, -a *m, f* Pilger(in) *m(f)*.
perejil *m* Petersilie *f*.
perenne *adj* ewig.
pereza *f* Faulheit *f*.
perfección *f* Vollkommenheit *f*.
perfeccionar *tr* vervollkommnen.
perfecto, -a *adj* **1** vollkommen. • *m* **2** GRAM Perfekt *n*.
perfil *m* Profil *n*.
perfilar *tr* umreißen.
perforar *tr* (durch)bohren.

perfumar *tr* parfümieren.
perfume *m* Parfüm *n.*
pergamino *m* Pergament *n.*
pericia *f* Erfahrung *f.*
periferia *f* Peripherie *f.*
perilla *f* Spitzbart *m* (barba).
perímetro *m* Umfang *m.*
periódico, -a *adj* **1** periodisch. • *m* **2** Zeitung *f.*
periodista *m, f* Journalist(in) *m(f).*
periodo o **período** *m* Periode *f.* ◆ ~ **glacial** Eiszeit *f.*
peripecia *f* Zwischenfall *m.*
periquito *m* Wellensittich *m.*
perito, -a *adj* **1** sachkundig. • *m* **2** Gutachter(in) *m(f).*
perjudicar *tr* schädigen.
perjuicio *m* Schaden *m.*
perjurio *m* Meineid *m.*
perla *f* Perle *f.*
permanecer *intr* bleiben.
permiso *m* Erlaubnis *f.*
permitir *tr* erlauben.
permutar *tr* (aus)|tauschen.
pernoctar *intr* übernachten.
pero *conj* aber.
perol *m* Kessel *m.*
perpendicular *adj* senkrecht.
perpetuo, -a *adj* lebenslänglich.
perplejidad *f* Ratlosigkeit *f.*
perplejo, -a *adj* ratlos.
perrera *f* Hundezwinger *m.*
perro, -a *m, f* ZOOL Hund *m,* Hündin *f.*
persa *adj* **1** persisch. • *m, f* **2** Perser(in) *m(f).*
persecución *f* Verfolgung *f.*
perseguir *tr* verfolgen.
perseverar *intr* ~ **en** beharren auf *(+dat)* (insistir).
persiana *f* Jalousie *f.*
persistencia *f* Anhalten *n* (perduración).
persistente *adj* anhaltend (que dura).
persistir *intr* an|halten (perdurar).
persona *f* Person *f.*
personaje *m* Persönlichkeit *f.*
personal *adj* **1** persönlich. • *m* **2** Personal *n.*
personalidad *f* Persönlichkeit *f.*
perspectiva *f* Perspektive *f.*
perspicaz *adj* (fig) scharfsinnig.
persuadir *tr* überreden.
pertenecer *intr* **1** ~ **a alguien** jm gehören. ~ **a 2** gehören zu (formar parte de).
pértiga *f* Stange *f.*
pertinente *adj* passend (idóneo); sachbezogen (concerniente).
pertrechos *m pl* Ausrüstung *f.*
perturbar *tr* stören.
Perú *m* Peru *n.*
peruano, -a *adj* **1** peruanisch. • *m, f* **2** Peruaner(in) *m(f).*
perversión *f* PSIC Perversion *f.*
perverso, -a *adj* pervers.
pervertir *tr* pervertieren.
pesa *f* Gewicht *n.*
pesadilla *f* Alptraum *m.*
pesado, -a *adj* **1** schwer. **2** (fig) lästig (molesto).
pesadumbre *f* Kummer *m.*
pésame *m* Beileid *n.*

pesar *m* Kummer *m*. ■ **a ~ de** trotz *(+gen)*.
pesar *tr* **1** (ab)|wiegen. • *intr* **2** wiegen.
pesca *f* Fischfang *m*.
pescadería *f* Fischlandlung *f*.
pescado *m* GAST Fisch *m*.
pescador(a) *m(f)* Fischer(in) *m(f)*.
pescar *tr* fischen.
pesebre *m* Krippe *f*.
peseta *f* Pesete *f*.
pesimismo *m* Pessimismus *m*.
pesimista *adj* **1** pessimistisch. • *m, f* **2** Pessimist(in) *m(f)*.
pésimo, -a *adj* äußerst schlecht.
peso *m* **1** Gewicht *n*. **2** Peso *m* (moneda). ♦ **~ neto** Nettogewicht *n*. ■ **caer por su propio ~** einleuchtend sein.
pesquero, -a *adj* **1** Fischer-. • *m* **2** Fischboot *n*.
pesquisa *f* Nachforschung *f*.
pestaña *f* Wimper *f*.
pestañear *intr* blinzeln.
peste *f* MED Pest *f*.
pestillo *m* Riegel *m*.
petaca *f* Tabak(s)beutel *m*.
pétalo *m* Blütenblatt *n*.
petardo *m* Knallkörper *m*.
petición *f* **1** Bitte *f* (ruego). **2** Gesuch *n* (solicitud).
petrificación *f* Versteinerung *f*.
petrificar *tr* versteinern.
petrodólar *m* Petrodollar *m*.
petróleo *m* Erdöl *n*.
petrolero, -a *adj* Erdöl-.
petroquímica *f* Petrochemie *f*.
petulancia *f* Anmaßung *f*.
petunia *f* Petunie *f*.
pez *m* ZOOL Fisch *m*.
pezón *m* Brustwarze *f*.
pezuña *f* Klaue *f*.
pi *f* MAT Pi *n*.
pianista *m, f* Pianist(in) *m(f)*.
piano *m* Klavier *n*.
piar *intr* piep(s)en.
piara *f* Schweineherde *f* (de cerdos).
pica *f* Spieß *m*.
picada *f* Stich *m*.
picadillo *m* Hackfleisch *n*.
picadora *f* Fleischwolf *f*.
picadura *f* Stich *m*.
picante *adj* **1** scharf (que pica). **2** pikant (insinuante).
picapleitos *m* (fam) Winkeladvokat *m*.
picaporte *m* Türklinke *f*.
picar *tr* **1** stechen (insecto). **2** zerhacken (carne). • *intr* **3** jucken (escocer). • **~se** *pron* **4** (fig) ein|schnappen.
picardía *f* Gerissenheit *f*.
pícaro, -a *adj* **1** spitzbübisch. • *m, f* **2** LIT Schelm(in) *m(f)*.
picnic *m* Picknick *n*.
pico *m* **1** Schnabel *m* (de un pájaro). **2** Spitze *f* (de la montaña).
picor *m* Juckreiz *m*.
picotear *tr* picken (aves).
pie *m* Fuß *m*. ■ **a ~** zu Fuß; **estar de ~** stehen; **ponerse de ~** auf|stehen (levantarse).
piedad *f* REL Frömmigkeit *f*.
piedra *f* **1** Stein *m*. **2** Hagel *m* (granizo). ■ **quedarse de** erstarren.

piel *f* **1** Haut *f*. **2** Leder *n* (cuero). ◆ **abrigo de ~** Pelzmantel *m*.
pienso *m* (Vieh)futter *n*.
pierna *f* ANAT Bein *n*.
pieza *f* **1** Stück *n* (pedazo). **2** Stein *m* (de juego). **3** Zimmer *n* (habitación).
pifia *f* (fig, fam) Schnitzer *m*.
pigmentación *f* Pigmentierung *f*.
pigmento *m* Pigment *n*.
pijama *m* Schlafanzug *m*.
pijo, -a *m, f* (argot) Yuppie *m, f*.
pila *f* **1** Stapel *m* (montón). **2** (Spül)becken *n* (lavadero). **3** FÍS Batterie *f*.
pilar *m* Säule *f*; Pfeiler *m*.
píldora *f* Pille *f*.
pillaje *m* Plünderung *f*.
pillar *tr* **1** erwischen (atrapar). **2** (fam) ertappen (sorprender).
pillo, -a *adj* (fam) schlau.
pilotar *tr* fliegen (avión); lenken (coche).
piloto *m* AER Pilot *m*.
pimentón *m* Paprika *m*.
pimienta *f* Pfeffer *m*.
pimiento *m* Paprika *m*.
pinar *m* Kiefernwald *m*.
pincel *m* Pinsel *m*.
pincelada *f* Pinselstrich *m*.
pinchadiscos *m, f* Discjockey *m*.
pinchar *tr* **1** stechen. ● *intr* **2** AUT einen Platten haben.
pinchazo *m* AUT Reifenpanne *f*.
pinche *m, f* Küchenhilfe *f* (ayudante de cocina).
pingüino *m* ZOOL Pinguin *m*.
pino *m* BOT Kiefer *f*.
pinta *f* (fig) Aussehen *n*.
pintalabios *m* Lippenstift *m*.
pintar *tr* **1** malen (cuadro). **2** (an)|streichen (dar una mano de pintura).
pintor(a) *m(f)* Maler(in) *m(f)*.
pintoresco, -a *adj* malerisch.
pintura *f* **1** Farbe *f* (color). **2** Malerei *f* (arte).
pinza *f* (Wäsche)klammer *f* (de la ropa).
piña *f* Ananas *f* (fruta).
piñón *m* BOT Pinienkern *m*.
piojo *m* Laus *f*.
pipa *f* **1** Pfeife *f* (para fumar). **2** Kern *m* (de la fruta).
pipí *m* Pipi *n* (orina).
pique *m* Groll *m* (resentimiento). ■ **echar a ~** zugrunde richten (arruinar).
piquete *m* (fig, fam) Streikposten *m* (huelga).
piragua *f* Kanu *n*.
pirámide *f* Pyramide *f*.
piraña *f* ZOOL Piranha *m*.
pirarse *pron* (argot) ab|hauen.
pirata *m, f* MAR Pirat(in) *m(f)*.
piratería *f* **1** Piraterie *f*. **2** Schwarzhandel *m* (mercado negro).
pirita *f* Schwefelkies *m*.
pirómano, -a *m, f* Pyromane, -in *m, f*.
piropo *m* (fam) Kompliment *n*.
pirotecnia *f* Pyrotechnik *f*.
pirrarse *pron* **~ por** (fam) verrückt sein nach.
pirueta *f* Pirouette *f*.

piruleta *f* Lutscher *m*.
pis *m* (fam) Pipi *n*.
pisada *f* Fußspur *f* (huella).
pisar *tr* **1** treten (con el pie). **2** betreten (entrar).
piscicultura *f* Fischzucht *f*.
piscifactoría *f* Fischzuchtbetrieb *m*.
piscina *f* Schwimmbad *n*.
Piscis *m* ASTR Fische *m pl*.
piscolabis *m* (fam) Imbiss *m*.
piso *m* **1** Stockwerk *n* (planta). **2** Wohnung *f* (apartamento).
pisotear *tr* (fig) mit Füßen treten.
pisotón *m* Tritt *m* auf den Fuß.
pista *f* **1** Piste *f*. **2** Spur *f* (huella).
pistola *f* Pistole *f*.
pistolero *m* Bandit *m*.
pistón *m* TEC Kolben *m*.
pitar *intr* pfeifen (tocar el pito).
pitido *m* Pfiff *m*.
pitillera *f* Zigarettenetui *n*.
pitillo *m* Zigarette *f*.
pito *m* (Triller)pfeife *f*.
pitón *m* ZOOL Pythonschlange *f*.
pivote *m* TEC Zapfen *m*.
piyama *m, f Amér.* Schlafanzug *m*.
pizarra *f* Tafel *f*.
pizca *f* (fam) Bisschen *n* (poco).
pizza *f* Pizza *f*.
placa *f* **1** Schild *n* (letrero). **2** Platte *f* (lámina).
placenta *f* ANAT Plazenta *f*.
placer *m* **1** Freude *f* (disfrute). **2** Vergnügen *n* (diversión).
plácido, -a *adj* ruhig (cosas); gelassen (personas).
plafón *m* Deckenleuchte *f*.
plaga *f* Plage *f*.
plagiar *tr* (fig) ab|schreiben (copiar).
plan *m* Plan *m*.
plana *f* **1** Seite *f* (de un folio). **2** Ebene *f* (planicie).
plancha *f* **1** Platte *f* (lámina). **2** Bügeleisen *n* (para ropa).
planchar *tr* bügeln.
planeador *m* Segelflugzeug *n*.
planear *tr* planen.
planeo *m* Gleitflug *m*.
planeta *m* Planet *m*.
planicie *f* Ebene *f*.
planificación *f* Planung *f*.
planificar *tr* planen.
planisferio *m* Sternkarte *f*.
plano, -a *adj* **1** eben. • *m* **2** Plan *m* (mapa). **3** CINE Aufnahme *f*. **4** MAT Ebene *f*. ■ **en primer ~** im Vodergrund.
planta *f* **1** Stockwerk *n* (piso). **2** Anlage *f* (fábrica). **3** BOT Pflanze *f*.
plantación *f* Pflanzung *f*.
plantar *tr* **1** pflanzen. • **~se** ante *pron* **2** sich widersetzen *(+dat)* (resistirse).
planteamiento *m* Gesichtspunkt *m*.
plantear *tr* **1** auf|werfen (problema, cuestión). • **~se** *pron* **2** (fig) nach|denken über *(+ac)* (reflexionar).
plantificar *tr* (fam) versetzen (golpe).

plantilla *f* **1** Belegschaft *f* (personal). **2** Einlegsohle *f* (zapato).
plasma *m* Plasma *n.*
plasmar *tr* dar|stellen.
plasta *m, f* (fig, fam) Nervensäge *f* (pelma).
plástica *f* ART Bildhauerkunst *f.*
plasticidad *f* Plastizität *f.*
plástico, -a *adj* **1** Plastik-. **2** plastisch (expresivo). • *m* **3** Plastik *n.*
plastificar *tr* in Plastik ein|schweißen.
plastilina *f* Knetmasse *f.*
plata *f* **1** Silber *n* (metal). **2** *Amér.* Geld *n* (dinero).
plataforma *f* **1** Podium *n.* **2** POL Plattform *f.*
plátano *m* Banane *f* (fruto).
platea *f* TEAT Parkett *n.*
plática *f* Unterhaltung *f* (conversación).
platillo *m* Untertasse *f* (de una taza).
platino *m* Platin *n.*
plato *m* **1** Teller *m* (vajilla). **2** Gericht *n* (comida).
playa *f* **1** Strand *m.* **2** *Arg., Par., Ur.* Gelände *n* (espacio).
plaza *f* **1** Platz *m.* **2** Markt *m* (mercado). **3** Stelle *f* (empleo).
plazo *m* **1** Frist *f* (término). **2** Rate *f* (cantidad).
plebe *f* (desp) Gesindel *n.*
plebiscito *m* Volksbefragung *f.*
plegar *tr* **1** zusammen|falten (papel). **2** zusammen|klappen (mueble).
plegaria *f* Gebet *n.*
pleitear *intr* einen Prozess führen.
pleito *m* DER Prozess *m.*
plenitud *f* Fülle *f* (abundancia).
pleno, -a *adj* voll.
pletórico, -a *adj* strotzend vor.
pliego *m* **1** Bogen *m.* **2** DER Schrift *f.*
pliegue *m* Falte *f.*
plomo *m* Blei *n.*
pluma *f* Feder *f.*
plumaje *m* Gefieder *n.*
plumero *m* Federbusch *m* (adorno).
plural *m* Plural *m.*
pluralidad *f* Vielfältigkeit *f.*
pluriempleo *m* Mehrfachbeschäftigung *f.*
pluripartidismo *m* Mehrparteiensystem *n.*
plus *m* Zulage *f* (gratificación).
plusmarca *f* Rekord *m.*
plusvalía *f* Mehrwert *m.*
plutonio *m* Plutonium *n.*
pluviómetro *m* Regenmesser *m.*
población *f* **1** Ort *m* (localidad). **2** Bevölkerung *f* (habitantes).
poblado *m* Dorf *n.*
poblador(a) *m(f)* Siedlungsgründer(in) *m(f).*
poblar *tr* **1** bevölkern (colonizar). • **~se** *pron* **2** sich füllen.
pobre *adj* **1** arm. • *m, f* **2** Arme(r) *mf(m).*
pobreza *f* Armut *f.*
pocho, -a *adj* **1** verdorben (fruta). **2** kränklich (persona).
pocilga *f* Schweinestall *m.*

pócima *f* Arznei *f.*
poco, -a *adj y adv* wenig. ■ **dentro de ~** bald; **hace ~** vor kurzem; **~ a ~** allmählich; **un ~ de** ein bisschen.
podar *tr* beschneiden.
poder *m* **1** Macht *f.* **2** Vollmacht *f* (autorización).
poder *tr* **1** können (ser posible). **2** dürfen (tener permiso). ■ **no ~ con** nicht aus|stehen können (no soportar); **¡puede (ser)!** kann sein!
podio o **pódium** *m* Podium *n.*
podredumbre *f* Fäulnis *f.*
podrido, -a *adj* verdorben.
poema *m* Gedicht *n.*
poesía *f* **1** Poesie *f.* **2** Gedicht *n* (poema).
poeta *m* Dichter *m.*
poetisa *f* Dichterin *f.*
póker *m* Poker *m* o *n.*
polarizar *tr* **1** polarisieren. • **~se** *pron* **2** sich polarisieren.
polea *f* Seilrolle *f* (roldana).
polémico, -a *adj* strittig.
polen *m* Pollen *m.*
polichinela *m* TEAT Pulcinella *m.*
policía *f* **1** Polizei *f* (organismo). • *m, f* **2** Polizist(in) *m(f)* (persona).
policlínica *f* Poliklinik *f.*
poliedro *m* Polyeder *n.*
polifacético, -a *adj* vielseitig.
políglota *m, f* Polyglotte(r) *mf(m).*
polígono *m* Polygon *n.* ◆ **~ industrial** Industriegebiet *n.*
polilla *f* Motte *f.*
polio o **poliomielitis** *f* Kinderlähmung *f.*
pólipo *m* Polyp *m.*
política *f* Politik *f.*
político, -a *adj* **1** politisch. • *m, f* **2** Politiker(in) *m(f).*
polivalente *adj* polyvalent.
póliza *f* Police *f.*
polizón *m* blinder Passagier *m.*
pollo *m* **1** GAST Hähnchen *n.* **2** ZOOL junges Huhn *n.*
polo *m* **1** Pol *m.* **2** DEP Polo *n.*
Polonia *f* Polen *n.*
polución *f* Verschmutzung *f.*
polvareda *f* Staubwolke *f.*
polvo *m* **1** Staub *m* (partículas). **2** Pulver *n* (sustancia).
pólvora *f* Schießpulver *n.*
polvorín *m* Pulverkammer *f* (lugar).
pomada *f* Salbe *f.*
pomelo *m* Grapefruit *f.*
pompa *f* **1** Prunk *m* (esplendor). **2** Seifenblase *f* (de jabón).
pómulo *m* Backenknochen *m.*
ponche *m* Punsch *m.*
poncho *m* Poncho *m.*
ponderar *tr* **1** preisen (alabar). **2** (fig) ab|wägen (examinar).
ponente *m, f* **1** Referent(in) *m(f)* (conferenciante). **2** Berichterstatter(in) *m(f)* (informador).
poner *tr* **1** stellen (colocar en vertical); legen (en horizontal). **2** an|ziehen (ropa). **3** decken (mesa). • **~se** *pron* **4** sich*(dat)*

an|ziehen (una prenda). **5** unter|gehen (el sol). **6** werden (llegar a ser). **~se a 7** beginnen, an|fangen (empezar).
poniente *m* Westen *m*.
pontífice *m* (Erz)bischof *m*.
pop *m* Popmusik *f*.
popa *f* Heck *n*.
populacho *m* (desp) Pöbel *m*.
popular *adj* volkstümlich.
popularidad *f* Popularität *f*.
póquer *m* Poker *m*.
por *prep* **1** (medio, modo) durch *(+ac)*. **2** (pasivo) von *(+dat)*. **3** (tiempo) für *(+ac)* (tiempo concreto); in *(+dat)* (tiempo aproximado). **4** (lugar) in *(+dat)* (en); durch *(+ac)* (a través de). **5** (causa) wegen *(+dat)* o *(+gen)*. **6** (finalidad) um zu. **7** anstatt *(+gen)* (en lugar de). **8** gegen *(+ac)* (a cambio de). ■ **~ consiguiente** folglich; **~ ejemplo** zum Beispiel; **~ favor** bitte; **~ fin** endlich; **¿~ qué?** warum.
porcelana *f* Porzellan *n*.
porcentaje *m* Prozentsatz *m*.
porche *m* Vorhalle *f* (pórtico).
porción *f* Teil *m* (parte).
porfiar *intr* **1** streiten (disputar). **2** beharren (insistir).
pormenorizar *tr* genau beschreiben.
pornografía *f* Pornografie *f*.
poroso, -a *adj* porös.
porque *conj* **1** (causal) weil. **2** (final) damit (para que).
porqué *m* (fam) Grund *m*.
porra *f* Knüppel *m*.
porrazo *m* Knüppelschlag *m*.
porro *m* (fam) Joint *m*.
porrón *m Trinkgefäß mit langer Tülle für Wein*.
portaaviones *m* Flugzeugträger *m*.
portada *f* Titelblatt *n*.
portaequipajes *m* Gepäckträger *m*.
portafolios *m* Aktentasche *f*.
portal *m* Vorhalle *f*.
portarse *pron* sich benehmen.
portátil *adj* tragbar.
portavoz *m, f* (fig) Sprecher(in) *m(f)*.
porte *m* **1** (gralte. pl) Fracht *f* (gastos de transporte). **2** Auftreten *n* (aspecto).
portear *tr* befördern.
portería *f* **1** Pförtnerloge *f*. **2** DEP Tor *n*.
portero, -a *m, f* **1** Pförtner(in) *m(f)* (conserje). **2** DEP Torwart(in) *m(f)*.
pórtico *m* Säulengang *m*.
Portugal *m* Portugal *n*.
portugués, -esa *adj* **1** portugiesisch. • *m, f* **2** Portugiese, -in *m, f*.
porvenir *m* Zukunft *f*.
posada *f* Gasthaus *n*.
posar *intr* **1** Modell stehen (modelo). • **~se** *pron* **2** sich setzen.
posavasos *m* Undersetze *m*.
posdata *f* Postskriptum *n*.
pose *f* Pose *f*.
poseer *tr* besitzen.
posesión *f* Besitz *m*.

posibilidad *f* Möglichkeit *f*.
posible *adj* möglich. ■ **hacer todo lo ~** sein Möglichstes tun.
posición *f* **1** Position *f*. **2** (fig) Einstellung *f* (actitud).
positivo, -a *adj* **1** positiv. • *m* **2** FOT Positiv *n*.
poso *m* Bodensatz *m*.
posología *f* Dosierung *f*.
posponer *tr* verschieben.
postal *f* Postkarte *f*.
poste *m* Pfosten *m*.
póster *m* Poster *m o n*.
postergar *tr* verschieben.
posterior *adj* **1** später (de tiempo). **2** Hinter- (de lugar).
postín *m* Wichtigtuerei *f*.
postrar *tr* **1** schwächen. • **~se** *pron* **2** nieder|knien.
postre *m* Nachtisch *m*.
póstumo, -a *adj* post(h)um.
postura *f* **1** Haltung *f* (posición). **2** Haltung *f* (opinión).
posventa *f* Garantiezeit *f*.
potable *adj* trinkbar (agua).
potaje *m* GAST Eintopf *m*.
potasio *m* Kalium *n*.
potencia *f* **1** Kraft *f* (fuerza). **2** Macht *f* (estado).
potenciar *tr* potenzieren.
potestad *f* Gewalt *f*.
potingue *m* (fam) Gebräu *n*.
potito *m* Baby(fertig)nahrung *f*.
potro *m* Fohlen *n*.
pozo *m* Brunnen *m*.
práctica *f* **1** Ausübung *f* (ejercicio). **2** Praxis *f* (aplicación).
practicar *tr* **1** üben (ejercitar). **2** aus|üben (profesión).
práctico, -a *adj* praktisch.
pradera *f* große Wiese *f*.
prado *m* Wiese *f*.
preámbulo *m* Einleitung *f*.
precario, -a *adj* prekär.
precaución *f* Vorsicht *f*.
precaver *tr* vorbeugen.
preceder *tr* vorher|gehen.
precepto *m* Vorschrift *f*.
precintar *tr* plombieren.
precinto *m* Verschluss *m*.
precio *m* Preis *m*.
preciosidad *f* Kostbarkeit *f*.
precioso, -a *adj* **1** wunderschön (bello). **2** kostbar (valioso).
precipicio *m* Abgrund *m*.
precipitación *f* **1** Überstürzung *f* (prisa). **2** Niederschlag *m* (lluvia).
precipitar *tr* **1** hinab|stürzen (arrojar). • **~se** *pron* **2** überstürzt handeln (actuar irreflexivamente).
precisar *tr* **1** benötigen (necesitar). **2** präzisieren (determinar).
precisión *f* Präzision *f*.
preciso, -a *adj* **1** notwendig (indispensable). **2** präzis (exacto).
precocinado, -a *adj* vorgekocht.
precoz *adj* (fig) frühreif.
precursor(a) *m(f)* Vorläufer(in) *m(f)*.
predecesor(a) *m(f)* Vorgänger(in) *m(f)*.
predecir *tr* vorher|sagen.
predestinar *tr* vorher|bestimmen.

predeterminar *tr* voraus|bestimmen.
predicado *m* Prädikat *n.*
predicar *tr* predigen.
predicción *f* Vorhersage *f.*
predilección *f* Vorliebe *f.*
predisponer *tr* prädisponieren.
predominio *m* Vorherrschaft *f.*
preescolar *adj* Vorschul-.
prefabricar *tr* vor|fertigen.
preferencia *f* **1** Vorzug *m* (primacía). **2** Vorliebe *f* (predilección).
preferir *tr* lieber mögen; vor|ziehen.
prefijo *m* TELECOM Vorwahl *f.*
pregón *m* Eröffnungsrede *f* (inauguración).
pregonar *tr* öffentlich aus|rufen (noticia).
pregunta *f* Frage *f.* ■ **hacer una ~** eine Frage stellen.
preguntar *tr* fragen.
prehistoria *f* Vorgeschichte *f.*
prejuicio *m* Vorurteil *n.*
prejuzgar *tr* vorschnell beurteilen.
prelavado *m* Vorwäsche *f.*
preliminar *adj* einleitend.
preludio *m* MÚS Präludium *n.*
prematuro, -a *adj* verfrüht.
premiar *tr* belohnen.
premio *m* Preis *m.*
premisa *f* Prämisse *f.*
premonición *f* Vorahnung *f.*
prenda *f* **1** Pfand *n* (garantía). **2** Kleidungsstück *n* (ropa).
prendarse *pron* **~ de** sich verlieben in *(+ac)* (enamorarse).
prender *tr* **1** befestigen (sujetar). **2** fest|nehmen (detener). • *intr* **3** Feuer fangen (fuego).
prensa *f* Presse *f.*
preocupación *f* Sorge *f.*
preocupar *tr* **1** Sorgen machen *(+dat).* • **~se por** *pron* **2** sich*(dat)* Sorgen machen um (o wegen).
preparar *tr* **1** vor|bereiten (disponer). **2** zu|bereiten (comida).
preparativos *m pl* Vorbereitung *f.*
preponderar *intr* vor|herrschen.
preposición *f* GRAM Präposition *f.*
presa *f* **1** Beute *f* (animal, objeto). **2** Stausee *m* (embalse).
presagio *m* Vorzeichen *n.*
prescindir *intr* **~ de** verzichten auf *(+ac).*
prescribir *tr* verschreiben.
presencia *f* Gegenwart *f.*
presenciar *tr* anwesend sein bei *(+dat).*
presentación *f* Vorstellung *f.*
presentador(a) *m(f)* Moderator(in) *m(f).*
presentar *tr* **1** vor|stellen (dar a conocer). **2** auf|weisen (tener característica, aparencia). • **~se** *pron* **3** erscheinen (comparecer). **4** sich vor|stellen (darse a conocer).
presente *adj* **1** anwesend (que está). **2** gegenwärtig (actual). • *m* **3** Gegenwart *f.* ■ **tener ~** berücksichtigen.

p

presentimiento *m* Vorahnung *f*.
presentir *tr* voraus|ahnen.
preservar *tr* schützen.
preservativo *m* Präservativ *n*.
presidencia *f* Präsidentschaft *f*.
presidente, -a *m, f* Präsident(in) *m(f)*.
presidiario, -a *m, f* Strafgefangene(r) *mf(m)*.
presidio *m* Gefängnis *n*.
presidir *tr* **1** den Vorsitz haben. **2** leiten (empresa).
presión *f* Druck *m*.
presionar *tr* **1** drücken (botón, tecla). **2** Druck aus|üben auf *(+ac)* (persona, enemigo).
preso, -a *m, f* (Straf)gefangene(r) *mf(m)*.
préstamo *m* Darlehen *n*.
prestar *tr* **1** leihen (dejar). **2** leisten (ayudar, contribuir). • **~se** *pron* **3** sich an|bieten (ofrecerse).
prestidigitación *f* Taschenspielerei *f*.
prestigio *m* Prestige *n*.
presumido, -a *adj* **1** eitel (vanidoso). **2** arrogant (arrogante).
presumir *intr* **~ de** an|geben mit.
presunción *f* **1** Vermutung *f* (sospecha). **2** Einbildung *f* (arrogancia).
presunto, -a *adj* vermutlich.
presuntuoso, -a *adj* eitel.
presuponer *tr* voraus|setzen.
presupuesto *m* **1** Kostenvoranschlag *m* (cálculo). **2** POL, ECON Haushalt *m*.
pretencioso, -a *adj* eitel.
pretender *tr* streben nach *(+dat)* (aspirar a).
pretensión *f* Streben *n* (aspiración); Ehrgeiz *m* (ambición).
pretérito, -a *adj* **1** vergangen. • *m* **2** GRAM Präteritum *n*.
pretextar *tr* vor|geben.
pretexto *m* Ausrede *f*.
prevalecer *intr* **~ sobre** sich behaupten gegenüber *(+dat)* (imponerse).
prevaricación *f* Pflichtverletzung *f*.
prevenir *tr* **1** verhüten. **2** warnen (advertir).
prever *tr* vorher|sehen.
previo, -a *adj* vorhergehend.
previsión *f* Vorhersage *f*.
prima *f* FIN Prämie *f*.
primar *tr* eine Zulage geben *(+dat)*.
primario, -a *adj* **1** wesentlich (principal). **2** simpel (sencillo).
primavera *f* Frühling *m*.
primer *adj* → primero.
primero, -a *num* **1** erste(r, s). • *adv* **2** zuerst.
primicia *f* Erstlingsfrucht *f* (fruto).
primo, -a *adj* **1** → primero. • *m, f* **2** Cousin *m*, Kusine *f*.
primogénito, -a *m, f* Erstgeborene(r) *mf(m)*.
primordial *adj* wesentlich.
princesa *f* Prinzessin *f*.
principado *m* Fürstentum *n*.
principal *adj* **1** Haupt-. • *m* **2** erste Etage *f* (planta).

príncipe *m* Prinz *m.*
principiante *m, f* Anfänger(in) *m(f).*
principio *m* **1** Anfang *m* (inicio). **2** (gralte. pl) Prinzip *n* (idea fundamental).
pringar *tr* beschmieren.
prioridad *f* Priorität *f.*
prisa *f* Eile *f.* ■ **darse ~** sich beeilen.
prisión *f* Gefängnis *n.*
prisionero, -a *m, f* Gefangene(r) *mf(m).*
prisma *m* Prisma *n.*
privado, -a *adj* privat.
privar *tr* **~ a alguien de algo 1** jm etw entziehen. • **~se** *pron* **2** verzichten auf *(+ac).*
privilegio *m* Privileg *n.*
proa *f* Bug *m.*
probabilidad *f* Wahrscheinlichkeit *f.*
probable *adj* **1** wahrscheinlich (verosímil). **2** nachweisbar.
probador *m* Umkleidekabine *f.*
probar *tr* **1** prüfen (examinar). **2** beweisen (demostrar). **3** probieren (degustar).
probeta *f* Reagenzglas *n.*
problema *m* Problem *n.*
procedencia *f* Herkunft *f.*
proceder *m* Vorgehen *n.*
proceder *intr* vor|gehen.
procedimiento *m* Vorgehen *n.*
procesador *m* INF Prozessor *m.*
procesar *tr* **1** DER prozessieren. **2** INF, TEC verarbeiten.
procesión *f* REL Prozession *f.*
proceso *m* Prozess *m.*
proclamación *f* Proklamation *f.*
proclamar *tr* aus|rufen.
procrear *tr* zeugen.
procurar *tr* **1** versuchen (intentar). • **~se** *pron* **2** sich*(dat)* besorgen.
prodigar *tr* verschwenden.
prodigio *m* Wunder *n.*
pródigo, -a *adj* verschwenderisch.
producción *f* Produktion *f.*
producir *tr* **1** produzieren. • **~se** *pron* **2** sich ereignen (ocurrir).
productividad *f* Produktivität *f.*
producto *m* Produkt *n.*
productor(a) *m(f)* Hersteller(in) *m(f).*
proeza *f* Heldentat *f.*
profanar *tr* schänden.
profecía *f* Prophezeiung *f.*
proferir *tr* von sich geben.
profesar *tr* aus|üben (ejercer).
profesión *f* Beruf *m.*
profesional *adj* **1** beruflich (de profesión). **2** professionell (experto).
profesor(a) *m(f)* **1** Lehrer(in) *m(f).* **2** Professor(in) *m(f)* (de universidad).
profesorado *m* Lehrkörper *m* (cuerpo de profesores).
profeta *m* Prophet *m.*
profetizar *tr* prophezeien.
profundidad *f* Tiefe *f.*
profundizar *tr* vertiefen.
profundo, -a *adj* tief.
progenitor(a) *m(f)* Vorfahr(in) *m(f).*

programa *m* **1** Programm *n.* **2** RAD, TV Sendung *f.*
programación *f* **1** Programmgestaltung *f.* **2** INF Programmierung *f.*
programador(a) *m(f)* Programmierer(in) *m(f).*
programar *tr* **1** planen (organizar). **2** TEC programmieren.
progresar *intr* Fortschritte machen.
progreso *m* Fortschritt *m.*
prohibición *f* Verbot *n.*
prohibir *tr* verbieten.
prójimo *m* Mitmensch *m.*
prole *f* Nachkommenschaft *f.*
proliferación *f* Verbreitung *f.*
proliferar *intr* sich aus|breiten.
prolijo, -a *adj* weitschweifig.
prólogo *m* Vorwort *n.*
prolongación *f* Verlängerung *f.*
prolongar *tr* **1** verlängern. • **~se** *pron* **2** länger dauern.
promedio *m* Durchschnitt *m.*
promesa *f* Versprechen *n.*
prometer *tr* **1** versprechen. • **~se** *pron* **2** sich verloben (novios).
promiscuidad *f* **1** Mischung *f* (mezcla). **2** Promiskuität *f* (sexual).
promoción *f* **1** Förderung *f* (fomento). **2** COM Promotion *f.*
promocionar *tr* **1** fördern (fomentar). **2** COM promoten.
promover *tr* **1** fördern. **2** befördern (en el trabajo).
promulgar *tr* erlassen (ley).
pronóstico *m* Prognose *f.*
prontitud *f* Schnelligkeit *f* (celeridad).
pronto, -a *adj y adv* **1** prompt; schnell (rápido). • *adv* **2** früh (temprano). **3** bald (enseguida).
pronunciación *f* Aussprache *f.*
pronunciar *tr* aus|sprechen.
propaganda *f* **1** Propaganda *f.* **2** Werbung *f* (publicidad).
propagar *tr* **1** vermehren. **2** verbreiten (extender). • **~se** *pron* **3** sich verbreiten.
propano *m* Propangas *n.*
propasarse *pron* zu weit gehen.
propenso, -a *adj* **1** geneigt. **2** MED anfällig.
propiciar *tr* begünstigen (favorecer).
propiedad *f* **1** Besitz *m.* **2** Eigenschaft *f* (cualidad).
propietario, -a *m, f* Besitzer(in) *m(f).*
propina *f* Trinkgeld *n.*
propio, -a *adj* **1** eigene(r, s). **2** angemessen (apropiado).
proponer *tr* **1** vor|schlagen. • **~se** *pron* **2** sich vornehmen.
proporción *f* Proportion *f.*
proporcionar *tr* beschaffen (facilitar).
proposición *f* Vorschlag *m.*
propósito *m* Absicht *f.*
propugnar *tr* verfechten.
propulsión *f* TEC Antrieb *m.*
prorrateo *m* anteilige Verrechnung *f.*
prórroga *f* Verlängerung *f.*
prorrogar *tr* verlängern.

prorrumpir *intr* hervor|brechen (salir).
prosa *f* Prosa *f.*
proscribir *tr* ächten.
prospección *f* Prospektion *f.*
prospecto *m* Prospekt *m.*
prosperidad *f* **1** Gedeihen *n.* **2** Wohlstand *m* (bienestar).
próstata *m* Prostata *f.*
prostíbulo *m* Bordell *n.*
prostitución *f* Prostitution *f.*
prostituta *f* Prostituierte *f.*
protagonismo *m* Geltung *f.*
protagonista *m, f* Protagonist(in) *m(f).*
protagonizar *tr* die Hauptrolle spielen in *(+dat).*
protección *f* Schutz *m.*
proteger *tr* (be)schützen.
proteína *f* Protein *n.*
prótesis *f* Prothese *f.*
protesta *f* Protest *m.*
protestante *adj* **1** REL protestantisch. • *m, f* **2** REL Protestant(in) *m(f).*
protestar *intr* protestieren.
protocolo *m* Protokoll *n.*
prototipo *m* TEC Prototyp *m.*
provecho *m* Nutzen *m.* ■ **¡buen ~!** guten Appetit!
proveer *tr* **~ de** beliefern mit.
provenir *intr* **~ de** kommen von.
proverbio *m* Sprichwort *n.*
provincia *f* Provinz *f.*
provisión *f* Vorrat *m.*
provisional *adj* provisorisch.
provocación *f* Provokation *f.*
provocar *tr* provozieren.
próximo, -a *adj* **1** nahe (cercano). **2** nächste(r, s) (siguiente).
proyección *f* Projektion *f.*
proyectar *tr* **1** projizieren. **2** entwerfen (diseñar).
proyectil *m* Geschoss *n.*
proyecto *m* Projekt *n.*
proyector *m* Projektor *m.*
prudencia *f* Vorsicht *f.*
prudente *adj* vorsichtig.
prueba *f* **1** Prüfung *f* (examen). **2** Versuch *m* (experimento). **3** DER Beweis *m.*
psicoanálisis *m* Psychoanalyse *f.*
psicología *f* Psychologie *f.*
psicópata *m, f* Psychopath(in) *m(f).*
psicosis *f* Psychose *f.*
psiquiatra *m, f* Psychiater(in) *m(f).*
psiquiatría *f* Psychiatrie *f.*
psíquico, -a *adj* psychisch.
púa *f* Stachel *m.*
pubertad *f* Pubertät *f.*
pubis *m* ANAT Scham *f.*
publicación *f* Veröffentlichung *f.*
publicar *tr* veröffentlichen.
publicidad *f* Werbung *f.*
público, -a *adj* **1** öffentlich. • *m* **2** Publikum *n.*
pudor *m* **1** Sittsamkeit *f* (recato). **2** Schamhaftigkeit *f.*
pudrir *tr* **1** zum Faulen bringen. • **~se** *pron* **2** verfaulen. **3** (fig) verderben (corromperse).
pueblo *m* **1** Dorf *n* (población). **2** Volk *n* (nación).

puente *m* Brücke *f*. ■ **hacer ~** ein verlangertes, freies Wochenende haben.
puerco, -a *adj* **1** (fam) saudreckig. ● *m, f* **2** Schwein *n*.
puericultura *f* Kinderkrankenpflege *f*.
puerro *m* Porree *m*.
puerta *f* Tür *f*.
puerto *m* **1** Bergpass *m* (montaña). **2** NÁUT Hafen *m*.
Puerto Rico *m* Puerto Rico *n*.
puertorriqueño, -a *adj* **1** puertoricanisch. ● *m, f* **2** Puertoricaner(in) *m(f)*.
pues *adv* **1** dann; also (consecutivo). ● *conj* **2** da; denn (causal).
puesta *f* Setzen *n*. ◆ **~ de sol** Sonnenuntergang *m*.
puesto *m* **1** Stelle *f*. **2** Stand *m* (mercado). ■ **~ que** da.
púgil *m* DEP Boxer *m*.
pugna *f* Streit *m*.
pujanza *f* (Stoß)kraft *f*.
pulcro, -a *adj* sorgfältig.
pulga *f* Floh *m*.
pulgada *f* Zoll *m* (medida).
pulgar *m* Daumen *m*.
pulir *tr* polieren.
pullover *m* Pullover *m*.
pulla *f* Stichelei *f*.
pulmón *m* Lunge *f*.
pulmonía *f* Lungenentzündung *f*.
pulpa *f* Mark *n*.
pulpería *f* *Amér* Gemischtwarenladen mit Ausschank.
pulpo *m* Krake *f*.
pulsar *intr* **1** pulsieren (latir). ● *tr* **2** drücken.
pulsera *f* Armband *n*.
pulso *m* Puls(schlag) *m*. ■ **a ~** freihandig.
pulverizar *tr* zerstäuben.
¡pum! *interj* bums.
puma *m* Puma *m*.
punta *f* Spitze *f*.
puntapié *m* Fußtritt *m*.
puntear *tr* punktieren.
puntera *f* Schuhkappe *f*.
puntería *f* Treffsicherheit *f*.
punto *m* Punkt *m*. ◆ **dos puntos** Doppelpunkt *m*; **~ de vista** Standpunkt *m*; **~ y coma** Semikolon *n*. ■ **a ~** bereit.
puntuación *f* Zeichensetzung *f*.
puntualidad *f* Pünktlichkeit *f*.
puntualizar *tr* klar|stellen.
puntuar *tr* benoten (calificar).
punzada *f* Stich *m*.
punzar *tr* e *intr* stechen.
puñado *m* Handvoll *f*.
puñal *m* Dolch *m*.
puñalada *f* Dolchstoß *m*.
puñeta *f* (fam) dummes Zeug *n*. ■ **hacer la ~ a alguien** jn schikanieren.
puñetazo *m* Faustschlag *m*.
puño *m* Faust *f*.
pupa *f* Lippenbläschen *n*.
pupila *f* Pupille *f*.
pupitre *m* Pult *n*.
puré *m* Püree *n*.
pureza *f* Reinheit *f*.
purificación *f* Reinigung *f*.
purificar *tr* reinigen.

puro, -a *adj* **1** rein. **2** echt (auténtico). **3** bloß (mero). • *m* **4** Zigarre *f*.
púrpura *f* Purpur *m*.
pus *m* Eiter *m*.
puta *f* (vulg) Nutte *f*.
putear *intr* (fam) (herum)|huren.
puzzle *m* Puzzle *n*.
PVP (*siglas de* **Precio de Venta al Público**) *m* Verbraucherendpreis *m*.
pyme (*acrónimo de* **pequeñas y medianas empresas**) *f pl* Klein- und Mittelbetriebe *m pl*.

Qq

q, Q *f* q, Q *n* (letra).
que *pron rel* **1** (con antecedente) der/die/das. **el/la/lo ~ ... 2** (sin antecedente) der-/die-/das-jenige, der/die/das ... • *conj* **3** dass. **4** (comparativo) als.
qué *pron interr* **1** was. **2** welche(r, s) (cuál). **3** was für ein(e) (qué clase de). ■ **¿por ~?** warum?
quebrantar *tr* (zer)brechen (romper).
quebrar *intr* **1** Bankrott machen. **~ en 2** vereinbaren. • *tr* **3** zerbrechen.
quedar *intr* **1** bleiben. • **~se** *pron* **2** bleiben.
quehacer *m* (gralte. pl) Aufgabe *f*.
queja *f* **1** Klage *f* (lamento). **2** Beschwerde *f* (protesta).
quejarse *pron* **~ de** sich beklagen über *(+ac)*.
quejido *m* Jammer*m*.
quemadura *f* Verbrennung *f*.
quemar *tr* **1** (ver)brennen. • *intr* **2** brennen. • **~se** *pron* **3** sich verbrennen.
querella *f* DER Strafantrag *m*.
querer *m* Liebe *f*.
querer *tr* **1** wollen (desear). **2** lieben (amar). ■ **~ decir** bedeuten.
querido, -a *m, f* Geliebte(r) *mf(m)*.
queso *m* Käse *m*.
quicio *m* Türangel *f*.
quiebra *f* COM Bankrott *m*.
quien *pron rel* der, die, das; welche(r, s).
quién *pron interr* wer.
quienquiera *pron indef* (irgend)wer (alguno).
quieto, -a *adj* ruhig.
quietud *f* Ruhe *f*.
quilate *m* Karat *n*.
quimera *f* Hirngespinst *n*.
química *f* Chemie *f*.
químico, -a *adj* **1** chemisch. • *m, f* **2** Chemiker(in) *m(f)*.

quimioterapia *f* Chemotherapie *f.*
quince *num* fünfzehn.
quincena *f* vierzehn Tage *m pl.*
quiniela *f* (Fußball)toto *n.*
quinientos, -as *num* fünfhundert.
quinta *f* **1** Landhaus *n* (casa). **2** MÚS Quint(e) *f.*
quinto, -a *num* **1** fünftel (parte). • *adj* **2** fünfte(r, s) (orden).
quintuplicar *tr* verfünffachen.
quiosco *m* Kiosk *m.*
quirófano *m* Operationssaal *m.*
quisquilloso, -a *adj* kleinlich.
quiste *m* Zyste *f.*
quitamanchas *m* Fleck(en) entferner *m.*
quitanieves *m, f* Schneepflug *m.*
quitar *tr* **1** (weg)|nehmen. • **~se** *pron* **2** aus|ziehen.
quizá o **quizás** *adv* vielleicht.

Rr

r, R *f* r, R *n* (letra).
rábano *m* Rettich *m.*
rabia *f* Wut *f.*
rabiar *intr* wüten.
rabieta *f* (fam) Wutanfall *m.*
rabino *m* Rabbiner *m.*
rabo *m* Schwanz *m.*
racha *f* Windstoß *m.*
racimo *m* Traube *f.*
ración *f* Portion *f.*
racional *adj* rational.
racionalizar *tr* rationalisieren.
racismo *m* Rassismus *m.*
racista *adj* **1** rassistisch. • *m, f* **2** Rassist(in) *m(f).*
radar *m* Radar *m* o *n.*
radiación *f* FÍS Strahlung *f.*
radiactividad *f* Radioaktivität *f.*
radiador *m* Heizkörper *m.*
radiar *tr* **1** aus|strahlen (emitir). **2** MED bestrahlen. • *intr* **3** strahlen.
radical *adj* **1** (fig) radikal. • *m, f* **2** POL Radikale(r) *mf(m).*
radio *m* **1** GEOM Radius *m.* • *f* **2** RAD Radio *n.*
radiocasete *m* Radiorekorder *m.*
radiodespertador *m* Radiowecker *m.*
radiodifusión *f* Rundfunk *m.*
radiografía *f* Röntgenaufnahme *f.*
radionovela *f* Hörspielserie *f.*
radiotaxi *m* Funktaxi *n.*
radioterapia *f* MED Strahlenbehandlung *f.*
raer *tr* (ab)|schaben.
ráfaga *f* Windstoß *m.*
raíl o **rail** *m* Schiene *f.*
raíz *f* Wurzel *f.* ■ **a ~ de** aufgrund *(+gen).*
raja *f* Riss *m.*

rajar *tr* **1** zerlegen (partir). ● **~se** *pron* **2** (fig, fam) kneifen (volverse atrás).
rajatabla *loc adv* **a ~** haargenau.
rallar *tr* reiben.
rally *m* Rallye *f*.
rama *f* Zweig *m*.
rambla *f* Promenade *f*.
ramificación *f* Verzweigung *f*.
ramo *m* **1** Branche *f* (sector). **2** Strauß *m* (de flores).
rampa *f* **1** Krampf *m* (convulsión). **2** Rampe *f* (muelle).
rana *f* Frosch *m*.
rancho *m* Ranch *f*.
rancio, -a *adj* ranzig.
rango *m* Rang *m*.
ranking *m* Ranking *n*.
ranura *f* Rille *f*.
rapar *tr* rasieren.
rape *m* Seeteufel *m*.
rapidez *f* Schnelligkeit *f*.
rápido, -a *adj* **1** schnell. ● *m* **2** Stromschnelle *f*.
raptar *tr* entführen.
rapto *m* Entführung *f*.
raqueta *f* DEP Schläger *m*.
raquítico, -a *adj* rachitisch.
raro, -a *adj* **1** selten (poco común). **2** seltsam; komisch (extraño).
rascacielos *m* Wolkenkratzer *m*.
rascar *tr* kratzen.
rasgar *tr* zerreißen.
rasgo *m* **1** Charakterzug *m*. ● **rasgos** *m pl* **2** Gesichtszüge *m pl*.
rasguño *m* Kratzer *m*.
raso, -a *adj* glatt.
raspa *f* Gräte *f* (de pescado).
raspar *tr* **1** ab|schaben. ● *intr* **2** kratzen (en la piel).
rastrear *tr* nach|spüren *(+dat)* (a alguien).
rastrillo *m* Harke *f*; Rechen *m*.
rastro *m* Spur *f*.
rastrojo *m* Stoppelfeld *n*.
rasurar *tr* rasieren.
rata *f* Ratte *f*.
ratero, -a *m, f* Taschendieb(in) *m(f)* (ladrón).
ratificar *tr* ratifizieren.
rato *m* Weile *f* (intervalo). ■ **a ratos** von Zeit zu Zeit.
ratón *m* Maus *f*.
raudal *m* Flut *f*.
raviolis *m pl* Ravioli *pl*.
raya *f* Strich *m* (línea).
rayar *tr* **1** linieren (trazar rayas). **2** verkratzen (arañar).
rayo *m* **1** Strahl *m* (luz, energía). **2** Blitz *m* (relámpago). ◆ **rayos X** Röntgenstrahlen *m pl*.
raza *f* Rasse *f*.
razón *f* **1** Vernunft *f* (facultad). **2** Grund *m* (motivo). ■ **tener ~** Recht haben.
razonamiento *m* **1** Urteilsvermögen *n* (facultad). **2** Argumentation *f* (argumento).
razonar *tr* **1** begründen. ● *intr* **2** argumentieren.
reacción *f* Reaktion *f*.
reaccionar *intr* reagieren.
reactivar *tr* reaktivieren.
reactor *m* Reaktor *m*.

real *adj* **1** wirklich (verdadero). **2** königlich (del rey).
realeza *f* königliche Familie *f* (familia real).
realidad *f* Realität *f*.
realismo *m* Realismus *m*.
realización *f* Verwirklichung *f*.
realizar *tr* **1** verwirklichen (proyecto). **2** durch|führen (trabajo).
realzar *tr* hervor|heben.
reanimar *tr* wieder beleben.
reanudar *tr* (fig) wieder auf|nehmen.
rebaja *f* **1** Senkung *f* (de nivel). • **rebajas** *f pl* **2** COM Schlussverkauf *m*.
rebajar *tr* **1** senken (nivel, precio). **2** (fig) erniedrigen (humillar).
rebanada *f* Scheibe *f*.
rebanar *tr* in Scheiben schneiden.
rebañar *tr* aus|schlecken.
rebasar *tr* überschreiten.
rebatir *tr* widerlegen.
rebelarse *pron* rebellieren.
rebelde *adj* **1** rebellisch. • *m, f* **2** Rebell(in) *m(f)*.
rebeldía *f* Rebellion *f*.
rebelión *f* Rebellion *f*; Aufstand *m*.
reblandecer *tr* erweichen.
rebosar *intr* **1** über|laufen. ~ **de 2** strotzen vor *(+dat)*.
rebotar *intr* ab|prallen.
rebote *m* Abprall *m*.
rebozar *tr* **1** verhüllen (la cara). **2** GAST panieren.
rebuscado, -a *adj* gekünstelt.
rebuscar *tr* durchsuchen.
rebuzno *m* Eselsschrei *m*.
recabar *tr* erreichen.
recado *m* **1** Nachricht *f* (mensaje). **2** Besorgung *f* (encargo).
recaer *intr* einen Rückfall erleiden.
recalcar *tr* (fig) betonen.
recalentar *tr* auf|wärmen.
recambio *m* Ersatz *m*.
recapacitar *tr* überdenken.
recapitular *tr* zusammen|fassen.
recargar *tr* **1** überladen (volver a carga). **2** auf|laden (batería).
recato *m* Zurückgezogenheit *f*.
recaudación *f* **1** Erhebung *f* (acción). **2** Einnahme *f* (cantidad).
recaudar *tr* **1** ein|ziehen (dinero). **2** erheben (impuestos).
recaudo *m* Einnehmen *n* (acción).
recelar *tr* argwöhnen.
recelo *m* Argwohn *m*.
recensión *f* Rezension *f*.
recepción *f* **1** Empfang *m* (ceremonia). **2** Rezeption *f* (de hotel).
receptor *m* Empjänder *f*.
recesión *f* Rezession *f*.
receso *m* Zurückweichen *n* (desvío).
receta *f* Rezept *n*.
recetar *tr* MED verschreiben.
recetario *m* MED Arzneibuch *n*.
rechazar *tr* **1** ab|lehnen (denegar). **2** MED ab|stoßen.

rechazo *m* Ablehnung *f*.
rechinar *intr* knirschen.
rechistar *intr* mucksen.
rechoncho, -a *adj* (fam) pummelig.
recibidor *m* Vorzimmer *n*.
recibimiento *m* Empfang *m*.
recibir *tr* **1** bekommen. **2** empfangen (invitados).
recibo *m* Quittung *f*.
reciclar *tr* recyceln.
recién *adv* soeben; neu-. ■ **~ pintado** frisch gestrichen.
reciente *adj* **1** neu (nuevo); frisch (fresco). **2** jüngst (que acaba de ocurrir).
recinto *m* Gelände *n*.
recio, -a *adj* stark.
recipiente *m* Behälter *m*.
recital *m* MÚS Konzertabend *m*.
recitar *tr* vor|tragen.
reclamación *f* Beschwerde *f*.
reclamar *tr* **1** verlangen. • *intr* **2** sich beschweren.
reclinar *tr* an|lehnen.
recluir *tr* ein|schließen.
reclutar *tr* rekrutieren.
recobrar *tr* wieder|bekommen.
recodo *m* Biegung *f*.
recoger *tr* **1** auf|heben (levantar). **2** weg|räumen (guardar). **3** ab|holen (ir a buscar).
recolección *f* Ernte *f*.
recolectar *tr* AGR ernten.
recomendar *tr* empfehlen.
recompensa *f* Belohnung *f*.
recompensar *tr* **~ por** belohnen für *(+ac)*.
reconciliación *f* Versöhnung *f*.
reconfortar *tr* trösten.
reconocer *tr* **1** (wieder)|erkennen (identificar). **2** zu|geben (admitir).
reconocimiento *m* **1** Erkennung *f* (identificación). **2** Dankbarkeit *f* (gratitud).
reconquista *f* Reconquista *f*.
reconsiderar *tr* nochmals überlegen.
reconstituir *tr* wieder her|stellen.
reconstruir *tr* wieder auf|bauen.
reconvención *f* Rüge *f*.
reconversión *f* Umstellung *f*.
recopilar *tr* sammeln.
récord *m* Rekord *m*.
recordar *tr* e *intr* sich erinnern an *(+ac)* (acordarse); denken an *(+ac)*.
recordatorio *m* Mahnung *f*.
recorrer *tr* **1** zurück|legen (trayecto). **2** bereisen (país)
recortar *tr* **1** ab|schneiden (lo sobrante). **2** (fig) kürzen (gastos).
recorte *m* **1** Auschnitt *m*. **2** (fig) Kürzung *f*.
recrear *tr* amüsieren (divertir).
recreo *m* Erholung *f*.
recriminar *tr* beschuldigen.
recrudecer *intr* **1** verschlimmern. • **~se** *pron* **2** sich verschlimmern.
recta *f* Gerade *f*.
rectangular *adj* rechteckig.
rectángulo *m* Rechteck *n*.
rectificar *tr* berichtigen.
rectilíneo, -a *adj* geradlinig.

rectitud *f* Geradlinigkeit *f.*
recto, -a *adj* gerade. ■ **todo ~** immer geradeaus.
rector(a) *m(f)* Rektor(in) *m(f).*
recuadro *m* Kästchen *n.*
recubrir *tr* überziehen.
recuento *m* Nachzählung *f.*
recuerdo *m* **1** Erinnerung *f.* **2** (fig) Andenken *n* (souvenir).
recuperar *tr* **1** zurück|gewinnen. ● **~se (de)** *pron* **2** sich erholen (von *(+dat)*).
recurrir *intr* **~ a 1** sich wenden an *(+ac).* **2** DER Berufung ein|legen.
recurso *m* **1** Hilfe *f* (remedio). ● **recursos** *m pl* **2** Mittel *n pl.*
red *f* **1** Netz *n.* **2** (fig) Falle *f.*
redacción *f* **1** Redaktion *f.* **2** EDUC Aufsatz *m.*
redactar *tr* verfassen.
redada *f* Razzia *f.*
redicho, -a *adj* (fam) affektiert.
redimir *tr* **1** los|kaufen. **2** REL erlösen.
rédito *m* Rendite *f.*
redomado, -a *adj* gerissen.
redondear *tr* ab|runden.
redondel *m* Kreis *m.*
redondez *f* Rundung *f.*
redondo, -a *adj* rund.
reducción *f* Reduzierung *f.*
reducir *tr* **1** reduzieren. **~ a 2** beschränken auf *(+ac)* (limitar). ● **~se a** *pron* **3** sich beschränken auf *(+ac).*
redundancia *f* Redundanz *f*
reembolsar *tr* zurück|erstatten.
reembolso *m* Rückerstattung *f.*
reemplazar *tr* ersetzen.
reemplazo *m* Austausch *m.*
reencarnación *f* Reinkarnation *f.*
reestreno *m* Wiederaufführung *f.*
reestructurar *tr* um|strukturieren.
referencia *f* Bezug *m* (relación).
referéndum *m* Volksabstimmung *f.*
referir *tr* **1** berichten. ● **~se a** *pron* **2** sich beziehen auf *(+ac).*
refinado, -a *adj* (fig) hervorragend (exquisito).
refinar *tr* raffinieren.
refinería *f* Raffinerie *f.*
reflejar *tr* reflektieren.
reflexión *f* (fig) Überlegung *f.*
reflexionar *tr* e *intr* **~ sobre** überlegen.
reflotar *tr* wieder flott|machen.
reflujo *m* Ebbe *f.*
reforma *f* Reform *f.*
reformar *tr* reformieren.
reforzar *tr* verstärken.
refrán *m* Sprichwort *n.*
refregar *tr* ab|reiben.
refrenar *tr* zügeln.
refrendar *tr* gegen|zeichnen.
refrescar *tr* **1** erfrischen. ● *intr* **2** ab|kühlen. ● **~se** *pron* **3** sich erfrischen.
refresco *m* Erfrischungsgetränk *n.*
refrigeración *f* Kühlung *f.*

refrigerar *tr* kühlen.
refuerzo *m* Verstärkung *f.*
refugiado, -a *m, f* Flüchtling *m.*
refugiar *tr* **1** Zuflucht gewähren. • **~se** *pron* **2** flüchten.
refugio *m* Zuflucht *f.* ◆ **~ de montaña** Berghütte *f.*
refundición *f* **1** Einschmelzen *n* (metales). **2** Neubearbeitung *f* (libro).
refundir *tr* **1** ein|schmelzen (metales). **2** neu bearbeiten (libro).
refunfuñar *intr* murren.
refutar *tr* widerlegen.
regadío *m* Bewässerungsgelände *n.*
regalar *tr* schenken.
regaliz *m* Lakritze *f.*
regalo *m* Geschenk *n.*
regañar *tr* (fam) schimpfen mit *(+dat)* (reprender).
regar *tr* gießen.
regatear *tr* feilschen (precio).
regazo *m* Schoß *m.*
regenerar *tr* regenerieren.
régimen *m* **1** Diät *f* (alimentación). **2** POL Regime *n.*
regimiento *m* Regiment *n.*
región *f* Region *f.*
regional *adj* regional.
regir *tr* **1** leiten. **2** POL regieren.
registrar *tr* **1** durchsuchen (inspeccionar). **2** ein|tragen (inscribir). • **~se** *pron* **3** zu verzeichnen sein (producirse).
registro *m* **1** Durchsuchung *f* (inspección). **2** Register *n* (libro).
regla *f* **1** Regel *f.* **2** Lineal *n* (instrumento).
reglamento *m* Vorschrift *f.*
regocijo *m* Spaß *m.*
regresar *intr* zurück|kehren.
reguero *m* Rinnsal *f* (chorro).
regular *adj* **1** gleichmäßig (uniforme). **2** mittelmäßig (mediocre). **3** GRAM regelmäßig.
regular *tr* regeln.
regularidad *f* **1** Gleichmäßigkeit *f* (uniformidad). **2** Regelmäßigkeit *f* (periodicidad).
regusto *m* Nachgeschmack *m.*
rehabilitar *tr* wieder her|stellen.
rehacer *tr* noch einmal machen.
rehén *m* Geisel *f.*
rehogar *tr* an|braten.
rehuir *tr* **1** vermeiden (evitar). **2** verweigern (rehusar).
rehusar *tr* verweigern.
reina *f* Königin *f.*
reinado *m* Herrschaft *f.*
reinar *intr* herrschen.
reincidir *intr* rückfällig werden.
reingresar *intr* wieder ein|treten.
reiniciar *intr* wieder von vorn beginnen.
reino *m* Reich *n.*
reinsertar *tr* wieder ein|gliedern.
reintegro *m* Auszahlung *f* (pago).
reír *intr y pron* lachen.
reiterar *tr* wieder|holen.
reivindicar *tr* fordern.
reja *f* Gitter *n.*
rejilla *f* **1** Gitter *n.* **2** Geflecht *n* (tejido).

rejuvenecer *tr* **1** verjüngen. • *intr* **2** wieder jung werden.
relación *f* **1** Beziehung *f* (trato); Zusammenhang *m* (conexión). **2** Verzeichnis *n* (lista).
relacionar *tr* ~ **con 1** in Zusammenhang bringen mit *(+dat)*. • **~se con** *pron* **2** Umgang haben mit *(+dat)*.
relajación *f* Entspannung *f*.
relajar *tr* **1** entspannen. • **~se** *pron* **2** sich entspannen.
relajo *m* Radau *m*.
relamer *tr* **1** ab|lecken. • **~se** *pron* **2** sich*(dat)* die Lippen lecken.
relámpago *m* Blitz *m*.
relampaguear *impers* blitzen.
relatar *tr* berichten.
relatividad *f* Relativität *f*.
relativo, -a *adj* relativ. ■ ~ **a** bezüglich *(+gen)*.
relato *m* Erzählung *f*.
relax *m* Entspannung *f*.
relegar *tr* verbannen.
relevancia *f* Bedeutung *f*.
relevar *tr* **1** befreien (liberar). **2** ersetzen (sustituir).
relevo *m* Ablösung *f*.
relieve *m* **1** Relief *n*. **2** (fig) Bedeutung *f*.
religión *f* Religion *f*.
relinchar *intr* wiehern.
reliquia *f* Reliquie *f*.
rellano *m* Treppenabsatz *m*.
rellenar *tr* **1** füllen. **2** aus|füllen (formulario).
reloj *m* Uhr *f*.
relojería *f* Uhrengeschäft *n*.
relojero, -a *m,f* Uhrmacher(in) *mf(m)*.
relucir *intr* leuchten.
relumbrar *intr* hell leuchten.
remache *m* Niete *f* (clavija).
remake *m* Remake *n*.
remangar *tr* **1** hoch|krempeln (manga). • **~se** *pron* **2** (fig, fam) sich auf|raffen.
remanso *m* Stauwasser *n* (agua).
remar *intr* rudern.
remarcar *tr* bemerken.
rematar *tr* ab|schließen.
remate *m* Abschluss *m*.
remediar *tr* beheben.
remedio *m* Abhilfe *f* (solución). ■ **no haber** (o **quedar**) **más** ~ keine andere Wahl bleiben.
rememorar *tr* ins Gedächtnis zurück|rufen.
remendar *tr* flicken.
remesa *f* Sendung *f*.
remiendo *m* Flicken *m* (parche).
remisión *f* Erlass *m*.
remiso, -a *adj* nachlässig.
remitir *tr* **1** ab|senden (enviar). • *intr* **2** nach|lassen (ceder).
remo *m* Ruder *n*.
remojar *tr* ein|weichen.
remojo *m* Einweichen *n*.
remolacha *f* Rübe *f*.
remolcador *m* Schlepper *m*.
remolcar *tr* ab|schleppen.
remolino *m* Wirbel *m*.
remolonear *intr* y *pron* sich drücken.

remolque *m* Anhänger *m.*
remontar *tr* **1** hinauf|gehen (subir). **2** flussaufwärts fahren (navegar).
remordimiento *m* Gewissensbiss *m.*
remoto, -a *adj* entfernt.
remover *tr* **1** weg|räumen (mudar). **2** um|rühren (para mezclar).
remuneración *f* Bezahlung *f.*
remunerar *tr* **1** belohnen (recompensar). **2** bezahlen (pagar).
renacer *intr* wieder geboren werden.
renacimiento *m* **1** Wiedergeburt *f.* **2** ART, LIT Renaissance *f.*
renacuajo *m* Kaulquappe *f.*
rencor *m* Groll *m.*
rencuentro *m* Wiedersehen *n.*
rendición *f* Kapitulation *f.*
rendija *f* Spalt *m.*
rendir *tr* **1** bezwingen (vencer). **2** ermüden (cansar). • **~se** *pron* **3** sich ergeben (someterse).
renegar *tr* **1** verabscheuen (detestar). • *intr* **2** abtrünnig werden (renunciar).
renglón *m* Zeile *f.*
reno *m* Rentier *n.*
renombre *m* Ruhm *m*; Ruf *m* (fama).
renovación *f* Erneuerung *f.*
renovar *tr* erneuern.
renta *f* **1** Ertrag *m* (beneficio). **2** Miete *f* (alquiler).
rentabilidad *f* Rentabilität *f.*
renuncia *f* Verzicht *m.*
renunciar *tr* **~ a** verzichten auf *(+ac).*
reñir *tr* **1** schelten (reprender). • *intr* **2** zanken (disputar).
reo, -a *m, f* Angeklagte(r) *mf(m).*
reordenar *tr* neu ordnen.
reorganizar *tr* um|organisieren.
reparación *f* Reparatur *f.*
reparar *tr* **1** reparieren. • **~ en** *intr* **2** achten auf *(+ac).*
reparo *m* **1** Einwand *m* (advertencia). **2** Hemmung *f* (duda).
repartidor(a) *m(f)* Zusteller (in) *m(f).*
repartir *tr* **1** auf|teilen (dividir). **2** aus|tragen (distribuir).
reparto *m* **1** Aufteilung *f* (de bienes). **2** Zustellung *f* (de mercancía).
repasar *tr* nochmal durch|gehen.
repaso *m* **1** Überarbeitung *f* (revisión). **2** Überprüfung *f* (control).
repatriar *tr* e *intr* repatriieren.
repeler *tr* ab|stoßen.
repente *m* plötzliche Bewegung *f.* ■ **de ~** plötzlich.
repercusión *f* (fig) Auswirkung *f.*
repercutir *intr* **~ en** (fig) sich aus|wirken auf *(+ac).*
repertorio *m* Repertoire *n.*
repetición *f* Wiederholung *f.*
repetir *tr* wiederholen.
repiquetear *tr* e *intr* läuten.
repisa *f* Sims *m* o *n.*

replantear *tr* wieder auf|werfen.
replegar *tr* mehrmals falten.
réplica *f* **1** Erwiderung *f.* **2** ART Nachbildung *f.*
replicar *tr* **1** erwidern. • *intr y tr* **2** widersprechen *(+dat).*
repliegue *m* Falte *f.*
repoblación *f* Wiederbevölkerung *f.* ◆ ~ **forestal** Wiederaufforstung *f.*
repoblar *tr* **1** wieder bevölkern (con personas). **2** wieder auf|forsten (con árboles).
repollo *m* Weißkohl *m.*
reponer *tr* **1** ersetzen. • **~se** *pron* **2** sich wieder erholen.
reportaje *m* Reportage *f.*
reportar *tr* **1** zurück|halten (refrenar). **2** mit sich bringen (producir).
reposar *tr* **1** ruhen lassen. • *intr* **2** sich aus|ruhen (descansar).
reposo *m* Erholung *f.*
repostar *tr* AUT tanken.
repostería *f* **1** Feingebäck *n* (productos). **2** Konditorei *f* (establecimiento).
reprender *tr* tadeln.
represalia *f* Repressalie *f.*
representación *f* **1** Vertretung *f.* **2** Aufführung *f* (espectáculo). **3** Darstellung *f* (imagen).
representar *tr* **1** dar|stellen (palabras, figura). **2** auf|führen (obra dramática). **3** vertreten (sustituir).
represión *f* Unterdrückung *f.*
reprimir *tr* unterdrücken.
reprobar *tr* missbilligen.
reprochar *tr* vor|werfen.
reproche *m* Vorwurf *m.*
reproducción *f* **1** Reproduktion *f* (copia). **2** Fortpflanzung *f* (de animales, personas).
reproducir *tr* **1** reproduzieren (sacar copia). • **~se** *pron* **2** sich fort|pflanzen.
reptil *m* Reptil *n.*
república *f* Republik *f.*
repudiar *tr* ab|lehnen.
repuesto, -a *m* MEC Ersatzteil *n.*
repugnancia *f* Ekel *m.*
repugnar *intr* an|ekeln (asquear).
repujar *tr* treiben.
repulsa *f* Ablehnung *f.*
repulsar *tr* zurück|weisen.
repulsión *f* Abneigung *f.*
reputación *f* Ruf *m.*
requemar *tr* anbrennen lassen (comida); ausdörren (plantas).
requerimiento *m* DER Aufforderung *f.*
requerir *tr* **1** erfordern (necesitar). **2** auf|fordern (intimar).
requesón *m* Quark *m.*
requiebro *m* Kompliment *n.*
requisito *m* Voraussetzung *f.*
res *f* Vieh *n.*
resaca *f* Kater *m* (malestar).
resaltar *intr* heraus|ragen.
resarcir *tr* entschädigen.
resbalar *intr* rutschen.
resbalón *m* Ausrutscher *m.*
rescatar *tr* **1** befreien (liberar) **2** retten (salvar).

rescate *m* **1** Befreiung *f* (liberación). **2** Rettung *f* (salvamento).
rescindir *tr* auf|heben; kündigen.
resentimiento *m* Groll *m*.
resentirse *pron* **~ de/en algo** etw spüren (sentir).
reseña *f* LIT Rezension *f*.
reseñar *tr* LIT rezensieren.
reserva *f* **1** Reserve *f*. **2** Reservierung *f* (de plazas). ♦ **~ biológica** Naturschutzgebiet *n*.
reservado, -a *adj* reserviert.
reservar *tr* reservieren.
resfriado *m* Erkältung *f*.
resguardar *tr* **~ (de) 1** (be)schützen (vor *(+dat)*) (defender). **~se (de) 2** sich schützen vor *(+dat)*.
resguardo *m* Beleg *m* (documento).
residencia *f* **1** Wohnsitz *m* (domicilio). **2** Residenz *f*.
residir *intr* **1** wohnen. **2** (fig) liegen.
residuo *m* Rest *m*.
resignación *f* Resignation *f*.
resignarse *pron* resignieren.
resina *f* Harz *n*.
resistencia *f* Widerstand *m*.
resistir *intr* **1** stand|halten *(+dat)* (aguantar). **2** widerstehen *(+dat)* (hacer frente).
resolución *f* **1** Beschluss *m*. **2** (Auf)lösung *f* (rescisión). **3** Entschlossenheit *f* (firmeza).
resolver *tr* **1** lösen. • **~se** *pron* **2** sich entschließen (decidirse).
resonancia *f* Resonanz *f*.
resonar *intr* ertönen.
resoplar *intr* schnauben.
resorte *m* Feder *f*.
respaldar *tr* (fig) unterstützen.
respaldo *m* (Rücken)lehne *f*.
respecto *m* Hinsicht *f*. ■ **con ~ a** bezüglich *(+gen)*.
respetar *tr* respektieren.
respeto *m* Achtung *f*.
respingar *intr* sich sträuben.
respiración *f* Atmung *f*.
respirar *intr* atmen.
respiro *m* (fig) Atempause *f*.
resplandecer *intr* glänzen.
resplandor *m* Glanz *m*.
responder *intr* **1** antworten. **~ a 2** antworten auf *(+ac)*.
responsabilidad *f* Verantwortung *f*.
responsabilizar *tr* **~ de** verantwortlich machen für *(+ac)*.
responsable *adj* **1** verantwortungsvoll (cuidadoso); verantwortungsbewusst (consciente).
respuesta *f* Antwort *f*.
resquebrajarse *pron* Risse bekommen.
resquemor *m* Kummer *m* (pena).
resquicio *m* Spalt *m*.
resta *f* Subtraktion *f*.
restablecer *tr* wieder her|stellen.
restallar *intr* knallen.
restar *tr* ab|ziehen.
restauración *f* Wiederherstellung *f*.
restaurante *m* Restaurant *n*.

restaurar *tr* wieder her|stellen.
restituir *tr* zurück|erstatten.
resto *m* Rest *m.*
restregar *tr* scheuern.
restricción *f* Einschränkung *f.*
restringir *tr* ein|schränken.
resucitar *tr* **1** auferwecken. • *intr* **2** auferstehen.
resuello *m* Keuchen *n.*
resulta *f* Ergebnis *n.*
resultado *m* Ergebnis *n.*
resultar *intr* **~ (de) 1** sich ergeben (aus *(+dat)*). **2** sich heraus|stellen.
resumen *m* Zusammenfassung *f.*
resumir *tr* zusammen|fassen.
resurgir *intr* wieder erscheinen.
resurrección *f* REL Auferstehung *f.*
retaguardia *f* Nachhut *f.*
retal *m* (Stoff)rest *m* (de tela).
retar *tr* heraus|fordern.
retardar *tr* verzögern.
retención *f* Zurückhaltung *f.*
retener *tr* zurück|halten.
retina *f* Retina *f.*
retirar *tr* **1** zurück|ziehen. **2** weg|nehmen (quitar). **3** ab|heben (dinero). • **~se** *pron* **4** sich zurück|ziehen. **5** in den Ruhestand treten (jubilarse).
retiro *m* abgelegener Ort *m* (lugar).
reto *m* Herausforderung *f.*
retocar *tr* überarbeiten.
retomar *tr* wieder auf|nehmen.
retoño *m* BOT Spross *m.*
retoque *m* Ausbesserung *f.*
retorcer *tr* verdrehen.
retórica *f* Rhetorik *f.*
retornar *tr* **1** zurück|geben. • *intr* **2** zurück|kehren.
retorno *m* Rückkehr *f.*
retozar *intr* tollen.
retractar *tr* widerrufen.
retraer *tr* zurück|ziehen.
retraído, -a *adj* zurückhaltend.
retransmisión *f* Übertragung *f.*
retransmisor *m* Sender *m.*
retransmitir *tr* übertragen.
retrasar *tr* **1** verzögern. • **~se** *pron* **2** sich verspäten.
retratar *tr* porträtieren.
retrato *m* Porträt *n.*
retrete *m* Toilette *f.*
retribución *f* Vergütung *f.*
retribuir *tr* vergüten.
retroacción *f* Rückkopplung *f.*
retroceder *intr* zurück|gehen.
retroceso *m* Rückgang *m.*
retrógrado, -a *adj* rückläufig.
retrovisor *m* Rückspiegel *m.*
retumbar *intr* dröhnen.
reúma o **reuma** *m* Rheuma *n.*
reunión *f* Versammlung *f.*
reunir *tr* **1** versammeln. • **~se** *pron* **2** zusammen|kommen; tagen.
reválida *f* Abschlussprüfung *f.*
revalidar *tr* bestätigen.
revalorizar *tr* auf|werten.
revancha *f* Revanche *f.*
revelación *f* Enthüllung *f.*
revelar *tr* **1** enthüllen. **2** FOT entwickeln.
revender *tr* weiter|verkaufen.

reventa *f* Weiterverkauf *m.*
reventar *intr y pron* platzen.
reventón *m* AUT Reifenpanne *f.*
reverberación *f* Nachhall *m.*
reverberar *intr* reflektiert werden.
reverencia *f* Ehrfurcht *f* (respeto).
reverenciar *tr* ehren.
reverso *m* Rückseite *f.*
reverter *intr* über|laufen.
revertir *intr* zurück|fallen.
revés *m* Rückseite *f.* ■ **al ~** umgekehrt.
revestimiento *m* Verkleidung *f.*
revestir *tr* verkleiden.
revisar *tr* überprüfen.
revisión *f* Überprüfung *f.*
revisor(a) *m(f)* Schaffner(in) *m(f)* (en trenes).
revista *f* **1** Zeitschrift *f.* **2** TEAT Revue *f.*
revitalizar *tr* beleben.
revivir *intr* wieder auf|leben.
revocar *tr* widerrufen.
revolcar *tr* zu Fall bringen.
revolcón *m* Herumwälzen *n.*
revolotear *intr* flattern.
revoltillo *m* Durcheinander *n.*
revoltoso, -a *adj* aufwieglerisch.
revolución *f* Revolution *f.*
revolucionar *tr* revolutionieren.
revolver *tr* um|rühren.
revólver *m* Revolver *m.*
revuelo *m* Rückflug *m.*
revuelta *f* Aufruhr *m.*
rey *m* König *m.*
reyerta *f* heftiger Streit *m.*
rezagarse *pron* zurück|bleiben.
rezar *tr* beten.
rezo *m* Gebet *n.*
ría *f* Ria *f.*
riada *f* Hochwasser *n.*
ribera *f* Ufer *n.*
ribete *m* Besatz *m.*
rico, -a *adj* **1** reich. **2** köstlich (comida). **~ en 3** reich an *(+dat)* (abundante).
rictus *m* Lächeln *n.*
ricura *f* (fam) Köstlichkeit *f.*
ridiculez *f* Lächerlichkeit *f.*
ridiculizar *tr* lächerlich machen.
ridículo, -a *adj* lächerlich.
riego *m* Bewässerung *f.*
riel *m* Schiene *f.*
rienda *f* (gralte. pl) Zügel *m.*
riesgo *m* Risiko *n.*
riesgoso, -a *adj Amér.* gewagt.
rifa *f* Verlosung *f.*
rifar *tr* verlosen.
rifle *m* Gewehr *n.*
rigidez *f* Starrheit *f.*
rígido, -a *adj* starr (inflexible).
rigor *m* Strenge *f.*
riguroso, -a *adj* streng.
rima *f* Reim *m.*
rímel *m* Wimperntusche *f.*
rincón *m* Ecke *f.*
ring *m* DEP (Box)ring *m.*
rinoceronte *m* Nashorn *n.*
riña *f* Streit *m.*
riñón *m* Niere *f.*
riñonera *f* Nierengurt *m.*
río *m* Fluss *m.*

riqueza *f* Reichtum *m.*
risa *f* Lachen *n.*
risotada *f* Gelächter *n.*
ristra *f* Zopf *m.*
risueño, -a *adj* fröhlich; heiter.
ritmo *m* Rhythmus *m.*
rito *m* Ritual *n.*
ritual *m* Ritual *n.*
rival *m, f* Rivale, -in *m, f.*
rivalizar *intr* rivalisieren.
rizar *tr* kräuseln.
rizo *m* Locke *f.*
robar *tr* **1** stehlen (algo). **2** bestehlen (a alguien).
roble *m* Eiche *f.*
robo *m* Diebstahl *m.*
robot *m* Roboter *m.*
robustecer *tr* stärken.
roca *f* Felsen *m.*
rocambolesco, -a *adj* unglaublich.
roce *m* **1** Reibung *f* (fricción). **2** (fig) Umgaugm (trato).
rociar *tr* besprühen.
rocío *m* Tau *m.*
rockero, -a *adj* rockig.
rodaja *f* Scheibe *f.*
rodaje *m* **1** AUT Einfahren *n.* **2** CINE Dreharbeiten *f pl.*
rodar *tr* **1** CINE drehen. • *intr* **2** rollen.
rodear *tr* **1** umgeben (cercar). • *intr* **2** Umwege machen.
rodeo *m* **1** Umweg *m.* **2** DEP Rodeo *m* o *n.*
rodilla *f* Knie *n.*
rodillazo *m* Stoß *m* mit dem Knie.
rodillo *m* Walze *f.*
roer *tr* an|nagen (raspar algo).
rogar *tr* bitten.
rojez *f* Röte *f.*
rojo, -a *adj* **1** rot. • *m* **2** Rot *n.*
rol *m* **1** Verzeichnis *n* (lista). **2** Rolle *f* (de un actor).
rollizo, -a *adj* stämmig.
rollo *m* Rolle *f.*
romance *m* Romanze *f.*
romántico, -a *adj* romantisch.
rombo *m* Rhombus *m.*
romería *f* Wallfahrt *f.*
romero *m* BOT Rosmarin *m.*
rompecabezas *m* schwieriges Rätsel *n.*
rompeolas *m* Wellenbrecher *m.*
romper *tr* **1** zerbrechen (quebrar); zerreißen (papel, tela). **2** kaputt|machen (estropear). • **~ con alguien** *intr* **3** sich von jm trennen. • **~se** *pron* **4** zerbrechen.
ron *m* Rum *m.*
roncar *intr* schnarchen.
roncha *f* Schwellung *f.*
ronco, -a *adj* heiser (afónico).
ronda *f* Runde *f.*
rondar *intr* **1** die Runde machen (vigilar). • *tr* **2** umkreisen (rodear).
ronquera *f* Heiserkeit *f.*
ronquido *m* Schnarchen *n.*
ronronear *intr* schnurren.
ropa *f* Kleidung *f.* ♦ **~ de cama** Bettwäsche *f*; **~ interior** Unterwäsche *f.*
ropaje *m* Kleidung *f.*
ropero *m* Kleiderschrank *m.*
roquefort *m* Roquefort *m.*

roquero, -a *adj* **1** Rock-. • *m, f* **2** Rocker(in) *m(f)*.
rosa *adj* **1** rosa(farben). • *m* **2** Rosa *n*. • *f* **3** BOT Rose *f*.
rosal *m* Rosenstrauch *m*.
rosbif *m* Roastbeef *n*.
rosca *f* **1** Gewinde *n*. **2** GAST Kringel *m*.
rosco *m* Kringel *m*.
rosquilla *f* Kringel *m*.
rostro *m* Gesicht *n*.
rotación *f* (Um)drehung *f*.
rotar *tr* sich drehen; rotieren.
roto, -a *adj* kaputt.
rotonda *f* ARQ Rotunde *f*.
rótula *f* ANAT Kniescheibe *f*.
rotulador *m* Filzstift *m*.
rótulo *m* **1** Aufschrift *f*. **2** Schild *n* (letrero).
rotundidad *f* Bestimmtheit *f* (determinación).
rotura *f* Bruch *m*.
roturar *tr* roden.
roulotte *f* Wohnwagen *m*.
round *m* DEP Runde *f*.
rozamiento *m* Reibung *f*.
rozar *tr* **1** reiben (frotar). **2** streifen (tocar).
rubeola o **rubéola** *f* Röteln *pl*.
rubí *m* Rubin *m*.
rubio, -a *adj* blond.
rubor *m* Röte *f*.
ruborizarse *pron* erröten.
rúbrica *f* Rubrik *f*.
rudeza *f* Rauheit *f*.
rudimento *m* Rudiment *n*.
rudo, -a *adj* **1** roh (tosco). **2** derb (brusco).
rueda *f* Rad *n*. ◆ **~ de prensa** Pressekonferenz *f*.
ruego *m* Bitte *f*.
rufián *m* (fig) Gauner *m*.
rugby *m* Rugby *n*.
rugir *intr* brüllen (león).
rugoso, -a *adj* runz(e)lig.
ruido *m* **1** Geräusch *n*. **2** Lärm *m* (estrépito).
ruin *adj* niederträchtig.
ruina *f* **1** Ruine *f*. **2** Ruin *m* (perdición).
ruiseñor *m* Nachtigall *f*.
ruleta *f* Roulette(spiel) *n*.
rulo *m* Lockenwickler *m*.
rumba *f* Rumba *f*.
rumbo *m* **1** Richtung *f*. **2** AER, NÁUT Kurs *m*.
rumboso, -a *adj* (fam) prunkvoll.
rumiar *tr* wieder|kauen.
rumor *m* Gerücht *n*.
rupestre *adj* Felsen-.
ruptura *f* Bruch *m*.
rural *adj* ländlich.
Rusia *f* Russland *n*.
ruso, -a *adj* **1** russisch. • *m, f* **2** Russe, -in *m, f*.
rústico, -a *adj* rustikal.
ruta *f* Weg *m*; Route *f*.
rutina *f* Routine *f*.
rutinario, -a *adj* Routine-.

Ss

s, S *f* s, S *n* (letra).
sábado *m* Samstag *m.*
sabana *f* Savanne *f.*
sábana *f* Betttuch *n.*
sabandija *f* Ungeziefer *n.*
sabañón *m* Frostbeule *f.*
sabático, -a *adj* Sabbat-.
sabelotodo *m, f* Besserwisser(in) *m(f).*
saber *m* Wissen *n.*
saber *tr* **1** wissen. **2** können (habilidad). • **~ a** *intr* **3** schmecken nach (tener sabor). • **~se** *pron* **4** kennen.
sabiduría *f* Weisheit *f.*
sabio, -a *adj* **1** weise. • *m, f* **2** Weise(r) *m(f).*
sablazo *m* Säbelhieb *m.*
sable *m* Säbel *m.*
sabor *m* Geschmack *m.*
saborear *tr* genießen.
sabotaje *m* Sabotage *f.*
sabroso, -a *adj* schmackhaft.
sabueso *m* Schweißhund *m.*
sacacorchos *m* Korkenzieher *m.*
sacapuntas *m* (Bleistift)spitzer *m.*
sacar *tr* **1** heraus|nehmen; heraus|ziehen (extraer). **2** heraus|helfen (ayudar a salir). **3** entfernen (quitar). **4** lösen (billete). • **~se** *prnl* **5** erhalten (carnet).
sacarina *f* Süßstoff *m.*
sacerdote *m* Priester *m.*
sacerdotisa *f* Priesterin *f.*
saciar *tr* **1** sättigen. **2** (fig) befriedigen (satisfacer).
saciedad *f* Sättigung *f.*
saco *m* Sack *m.* ◆ **~ de dormir** Schlafsack *m.*
sacramento *m* Sakrament *n.*
sacrificar *tr* opfern.
sacrificio *m* Opfer *n.*
sacrilegio *m* Sakrileg *n.*
sacristán *m* Küster *m.*
sacristía *f* Sakristei *f.*
sacrosanto, -a *adj* sakrosankt.
sacudida *f* Erschütterung *f.*
sacudir *tr* **1** schütteln. **2** aus|schütteln (trapo); (aus)|klopfen (alfombra).
sádico, -a *adj* sadistisch.
sadismo *m* Sadismus *m.*
sadomasoquismo *m* Sadomasochismus *m.*
saeta *f* Pfeil *m.*
safari *m* Safari *f.*
sagacidad *f* Scharfsinn *m.*
sagaz *adj* scharfsinnig.
Sagitario *m* ASTR Schütze *m.*
sagrado, -a *adj* heilig.
sagrario *m* Tabernakel *m.*
sahumar *tr* räuchern.
saíno *m Amér.* ZOOL Pekari *n.*
sajar *tr* ein|schneiden.
sake *m* Sake *m.*
sal *f* Salz *n.*

sala *f* Saal *m.* ◆ ~ **de espera** Wartezimmer *n.*
salado, -a *adj* salzig.
salamandra *f* Salamander *m.*
salamanquesa *f* Gecko *m.*
salar *tr* salzen.
salario *m* Lohn *m.*
salazón *f* **1** Einsalzen *n.* ● **salazones** *f pl* **2** Pökelfleisch *n* (carne).
salchicha *f* Würstchen *n.*
salchichón *m* Hartwurst *f.*
saldar *tr* saldieren.
saldo *m* Saldo *m.*
salero *m* Salzstreuer *m.*
salida *f* **1** Ausgang *m* (puerta); Ausfahrt *f* (de vehículos). **2** Abfahrt *f* (partida); Abflug *m* (de un avión).
salina *f* Saline *f.*
salinidad *f* GEOL Salinität *f.*
salir *intr* **1** hinaus|gehen (a pie); hinaus|fahren (en un vehículo). **2** aus|gehen (para divertirse). **3** weg|gehen (marcharse, desaparecer); ab|fahren (partir); ab|reisen (empezar el viaje). **4** erscheinen (aparecer, publicarse); auf|gehen (sol).
salitre *m* Salpeter *m.*
saliva *f* Speichel *m.*
salivar *intr* Speichel bilden.
salivazo *m* Spucke *f.*
salmón *m* ZOOL Lachs *m.*
salmonete *m* ZOOL Meerbarbe *f.*
salobre *adj* salzig.
salón *m* **1** Salon *m.* **2** Wohnzimmer *n* (sala de estar). ◆ ~ **de baile** Ballsaal *m.*
salpicadero *m* AUT Armaturenbrett *n.*
salpicadura *f* Klecks *m.*
salpicar *tr* bespritzen.
salpicón *m* GAST *Fleisch-, Fisch- oder Meeresfrüchtesalat m.*
salpimentar *tr* mit Salz und Pfeffer würzen.
salpullido *m* Hautausschlag *m.*
salsa *f* **1** GAST Soße *f.* **2** MÚS Salsa *f.*
salsera *f* Soßenschüssel *f.*
saltamontes *m* ZOOL Heuschrecke *f.*
saltar *tr* **1** springen über *(+ac).* ● *intr* **2** springen. **3** zerspringen (romperse). ● **~se** *pron* **4** missachten (no respetar). **5** überspringen (omitir).
saltear *tr* GAST kurz an|braten (freír).
salto *m* Sprung *m.*
saltón, -ona *adj* springend.
salud *f* Gesundheit *f.* ■ **¡a su ~!** auf Ihr Wohl!
saludar *tr* (be)grüßen.
saludo *m* Gruß *m.*
salva *f* Salve *f.*
salvación *f* Rettung *f.*
salvadoreño, -a *adj* **1** salvadorianisch. ● *m, f* **2** Salvadorianer(in) *m(f).*
salvaguardar *tr* (be)wahren.
salvajada *f* Gräueltat *f.*
salvaje *adj* **1** wild. **2** roh, brutal (bruto).
salvar *tr* **1** retten. ● **~se** *pron* **2** sich retten; gerettet werden (ser rescatado por otro).

salvavidas *m* Rettungsring *m.*
salvedad *f* Vorbehalt *m.*
salvo, -a *adj* **1** heil. • *prep* **2** außer *(+dat).* ■ **~ que ...** es sei denn(, dass) ...
salvoconducto *m* Geleitbrief *m.*
samba *f* Samba *f* o *m.*
san (*apócope de* **santo**) *adj* → santo.
sanar *tr* **1** heilen. • *intr* **2** gesund werden.
sanatorio *m* Sanatorium *n.*
sanción *f* Sanktion *f*, Strafe *f* (pena).
sancionar *tr* sanktionieren.
sandalia *f* Sandale *f.*
sandez *f* Dummheit *f.*
sandía *f* Wassermelone *f.*
sándwich *m* Sandwich *m* o *n.*
sanear *tr* sanieren.
sangrar *intr* **1** bluten. • *tr* **2** ein|rücken (párrafo). **3** (fig, fam) schröpfen (dinero).
sangre *f* Blut *n.* ♦ **pura ~** Vollblut *n.* ■ **a ~ fría** kaltblütig; **echar ~** bluten.
sangría *f* **1** Einrücken *n* (de párrafos). **2** GAST Sangria *f.*
sanguijuela *f* Blutegel *m.*
sanguinario, -a *adj* blutrünstig.
sanguíneo, -a *adj* Blut-. ♦ **grupo ~** Blutgruppe *f.*
sanidad *f* **1** Gesundheit *f.* **2** Gesundheitswesen *n* (servicio).
sanitario, -a *adj* **1** Gesundheits-. • *m, f* **2** Sanitäter(in) *m(f).* ♦ **sanitarios** sanitäre Anlagen *f pl.*
sano, -a *adj* gesund.
santiamén *loc adv* **en un ~** (fig, fam) im Nu.
santidad *f* Heiligkeit *f.*
santificar *tr* heiligen.
santiguarse *pron* sich bekreuzigen.
santo, -a *adj* **1** heilig. • *m, f* **2** Heilige(r) *mf(m).* • *m* **3** Namenstag *m* (fiesta).
santoral *m* Sammlung *f* von Heiligenlegenden (colección).
santuario *m* Heiligtum *n.*
saña *f* Wut *f.*
sapo *m* Kröte *f.*
saque *m* Anstoß *m* (fútbol); Aufschlag *m* (tenis).
saquear *tr* (aus)|plündern.
saqueo *m* Plünderung *f.*
sarampión *m* MED Masern *pl.*
sarao *m* Tanzabend *m.*
sarcasmo *m* Sarkasmus *m.*
sarcófago *m* Sarkophag *m.*
sardina *f* Sardine *f.*
sargento *m* Unteroffizier *m.*
sarna *f* MED Krätze *f.*
sarpullido *m* Hautausschlag *m.*
sarro *m* Zahnstein *m.*
sartén *f* Pfanne *f.*
sastre, -a *m, f* Schneider(in) *m(f).*
Satán o **Satanás** *m* Teufel *m.*
satánico, -a *adj* teuflisch.
satélite *m* Satellit *m.*
satén *m* Satin *m.*
sátira *f* LIT Satire *f.*
satirizar *tr* verspotten.
satisfacción *f* Befriedigung *f.*
satisfacer *tr* befriedigen.

saturarse *pron* sättigen.
sauce *m* BOT Weide *f.*
sauna *f* Sauna *f.*
savia *f* BOT Pflanzensaft *m.*
saxofón *m* Saxophon *n.*
sazón *f* Reife *f.*
sazonar *tr* würzen.
se *pron* **1** sich. **2** man (impersonal). **3** ihm, ihr (objeto indirecto).
secador *m* Trockner *m.* ◆ **~ de mano** Föhn *m.*
secadora *f* (Wäsche)trockner *m.*
secano *m* unbewässertes Land *n.*
secar *tr* trocknen.
sección *f* **1** Abschnitt *m* (parte). **2** Abteilung *f* (departamento).
secesión *f* POL (Ab)spaltung *f.*
seco, -a *adj* trocken (planta); dürr (delgado). ◆ **a ~** nur.
secreción *f* MED Sekretion *f.*
secretaría *f* Sekretariat *n.*
secretario, -a *m, f* Sekretär(in) *m(f).*
secreto, -a *adj* **1** geheim. • *m* **2** Geheimnis *n.*
secta *f* REL Sekte *f.*
sector *m* (fig) Sektor *m.*
secuaz *m, f* Anhänger(in) *m(f).*
secuela *f* Folge *f.*
secuencia *f* Sequenz *f.*
secuestrar *tr* entführen.
secuestro *m* Entführung *f.*
secundario, -a *adj* zweitrangig.
secundar *tr* unterstützen.
sed *f* Durst *m.*
seda *f* Seide *f.*
sedante *m* Beruhigungsmittel *n.*
sedar *tr* lindern; beruhigen.
sede *f* Sitz *m.*
sedición *f* Aufstand *m.*
sedimentar *tr y pron* (sich) ab|lagern.
sedimento *m* Bodensatz *m.*
seducción *f* Verführung *f.*
seducir *tr* verführen.
segador(a) *m(f)* Mäher(in) *m(f).*
segadora *f* Mähmaschine *f.*
segar *tr* mähen.
segmentar *tr* segmentieren.
segmento *m* Segment *n.*
segregar *tr* trennen (separar).
seguido, -a *adj* fortlaufend. ■ **en seguida** sofort.
seguir *tr* **1** folgen *(+dat)* (obedecer a alguien); befolgen (orden, ley). **2** weiter|machen. ■ **~ haciendo algo** (gerundio) etw weiter tun.
según *prep* **1** gemäß *(+dat)*; laut *(+dat)* o *(+gen)*. • *adv* **2** je nachdem.
segundo, -a *num* **1** zweite(r, s). • *m* **2** Sekunde *f.*
seguridad *f* Sicherheit *f.*
seguro, -a *adj* **1** sicher. • *adv* **2** bestimmt. • *m* **3** Versicherung *f.*
seis *num* sechs.
seiscientos, -as *num* sechshundert.
seísmo *m* Erdbeben *n.*
selección *f* Auswahl *f.*
seleccionar *tr* aus|wählen.
selecto, -a *adj* ausgewählt.
sellar *tr* stempeln.
sello *m* **1** Stempel *m* (tampón). **2** Briefmarke *f* (postal).

selva *f* Wald *m.*
semáforo *f* (Verkehrs)ampel *f.*
semana *f* Woche *f.*
semanario *m* Wochenzeitung *f.*
semblante *m* Gesicht *n.*
semblanza *f* Lebenslauf *m.*
sembrado *m* Saatfeld *n.*
sembrar *tr* säen.
semejanza *f* Ähnlichkeit *f.*
semen *m* BIOL Sperma *n.*
semental *m* Zuchttier *m.*
semestre *m* Semester *n.*
semiautomático, -a *adj* halbautomatisch.
semicírculo *m* GEOM Halbkreis *m.*
semifinal *f* DEP Halbfinale *n.*
semilla *f* Samen *m.*
seminarista *m, f* Seminarist(in) *m(f).*
sémola *f* Grieß *m.*
senado *m* Senat *m.*
senador(a) *m(f)* Senator(in) *m(f).*
sencillez *f* Einfachheit *f.*
sencillo, -a *adj* einfach.
senda *f* Pfad *m.*
senderismo *m* Wandern *n.*
seno *m* **1** Busen *m* (pecho). **2** ANAT, MAT Sinus *m.*
sensación *f* **1** Gefühl *n* (sentimiento). **2** Sensation *f* (acontecimiento espectacular).
sensacional *adj* sensationell.
sensatez *f* Besonnenheit *f.*
sensibilidad *f* Sensibilität *f.*
sensibilizar *tr* **1** sensibilisieren. • **~se** *pron* **2** (sich) sensibilisieren.
sensible *adj* empfindlich, feinfühlig.
sensor *m* TEC Sensor *m.*
sensorial *adj* Sinnes-.
sensualidad *f* Sinnlichkeit *f.*
sentado, -a *adj* sitzend. ■ **estar ~** sitzen.
sentar *tr* **1** setzen. • **~se** *pron* **2** sich setzen.
sentencia *f* DER Urteil *n.*
sentenciar *tr* urteilen.
sentido, -a *adj* **1** tief empfunden. • *m* **2** Sinn *m.*
sentimental *adj* sentimental.
sentimiento *m* Gefühl *n.*
sentir *m* Gefühl *n.*
sentir *tr* **1** fühlen. **2** bedauern (lamentar). • **~se** *pron* **3** sich fühlen. ■ **lo siento** es tut mir Leid.
seña *f* **1** Zeichen *n.* • **señas** *f pl* **2** Adresse *f* (dirección).
señal *f* Zeichen *n.*
señalado, -a *adj* berühmt.
señalar *tr* **1** kennzeichnen (marcar). **2** zeigen auf *(+ac)* (indicar).
señalización *f* Beschilderung *f.* **2** Verkehrszeichen *npl* (de tráfico).
señalizar *tr* beschildern.
señor(a) *m(f)* Mann *m*, Frau *f.*
señoría *f* Herrschaft *f.*
señorío *m* Herrschaft *f.*
señorita *f* Fräulein *n.*
separación *f* Trennung *f.*
separar *tr* **1** ~ **de** trennen von. • **~se de** *pron* **2** sich trennen von.
separatismo *m* Separatismus *m.*

sepelio *m* Begräbnis *n*.
sepia *f* Sepia *f*.
septentrional *adj* nördlich.
septiembre *m* September *m*.
séptimo, -a *num* **1** siebte(r, s). • *adj* **2** siebtel (parte).
sepulcro *m* Grab *n*.
sepultar *tr* begraben.
sepultura *f* **1** Bestattung *f* (funeral). **2** Grab *n* (sepulcro).
sequía *f* Dürre *f*.
séquito *m* Gefolge *n*.
ser *m* FIL Sein *n*.
ser *intr* **1** sein. **~ de 2** gehören *(+dat)* (posesión). • *aux* **3** (pasiva) werden. ■ **a no ~ que ...** es sei denn, dass ...
serenar *tr* **1** beruhigen (ánimo). • *pron* **2** sich beruhigen. **3** auf|klaren (tiempo).
serenidad *f* Gelassenheit *f*.
sereno, -a *adj* gelassen (sosegado); heiter (tiempo).
serial *m* RAD, TV Serie *f*.
serie *f* **1** Reihe *f*. **2** TV Serie *f*.
serigrafía *f* Siebdruck *m*.
serio, -a *adj* **1** ernst(haft). **2** seriös (formal).
sermón *m* Predigt *f*.
seropositivo, -a *adj* HIV-positiv.
serpentina *f* Luftschlange *f*.
serpiente *f* Schlange *f*.
serranía *f* Bergland *n*.
serrar *tr* sägen.
serrín *m* Sägemehl *n*.
servicial *adj* zuvorkommend.
servicio *m* **1** Dienst *m* (acción de servir). **2** GAST Bedienung *f*. **3** Toilette *f* (lavabo). ◆ **~ militar** Wehrdienst *m*.
servidor *m* INF Server *m*.
servidumbre *f* **1** Dienerschaft *f* (criados). **2** Leibeigenschaft *f*.
servilleta *f* Serviette *f*.
servir *tr* **1** bedienen (comida). • *intr* **2** dienen (ser útil).
sesear *intr das 'c' oder 'z' als 's' aus|sprechen.*
sesenta *num* sechzig.
sesgar *tr* schräg schneiden.
sesión *f* Sitzung *f*.
sesos *m pl* GAST Hirn *n*.
sestear *intr* Siesta halten.
seta *f* Pilz *m*.
setecientos, -as *num* siebenhundert.
setenta *num* siebzig.
setiembre *m* September *m*.
seto *m* Zaun *m*.
seudónimo, -a *adj* **1** pseudonym. • *m* **2** Pseudonym *n*.
severo, -a *adj* streng.
sexo *m* **1** Geschlecht *n*. **2** Sex *m* (actividad).
sexto, -a *adj* sechste(r, s).
sexual *adj* sexuell, Geschlechts-.
sexualidad *f* Sexualität *f*.
shock *m* Schock *m*.
shorts *m pl* Shorts *pl*.
show *m* Show *f*.
si *conj* **1** (condicional) wenn. **2** (pregunta indirecta) ob. ■ **como ~** als ob; **por ~ acaso** für alle Fälle; **~ no** falls nicht.
sí *pron* **1** sich. • *adv* **2** ja. • *m* **3** Ja(wort) *n*.

sibarita *m, f* Genießer(in) *m(f)*.
sida (*acrónimo de* **síndrome de immunodeficiencia adquirida**) *m* Aids *n*.
siderurgia *f* Eisenindustrie *f*.
sidra *f* Apfelwein *m*.
siega *f* Mähen *n*.
siembra *f* Saat *f*.
siempre *adv* immer. ■ **~ que** sofern; **~ y cuando ...** vorausgesetzt, dass ...
sien *f* Schläfe *f*.
sierra *f* **1** GEOL Bergkette *f*. **2** TEC Säge *f*.
siesta *f* Mittagsruhe *f*.
siete *num* sieben.
sífilis *f* Syphilis *f*.
sifón *m* Siphon *m*.
sigilo *m* **1** Siegel *n* (sello). **2** Geheimnis *n* (secreto).
sigla *f* Abkürzung *f*.
siglo *m* Jahrhundert *n*.
significación *f* Bedeutung *f*.
significado *m* Bedeutung *f*.
significar *tr* bedeuten.
signo *m* Zeichen *n*.
siguiente *adj* folgend; nächste(r, s).
sílaba *f* Silbe *f*.
silbar *tr* e *intr* pfeifen.
silbato *m* (Triller)pfeife *f*.
silbido *m* Pfiff *m*.
silenciar *tr* verschweigen.
silencio *m* **1** Schweigen *n* (abstención de hablar). **2** Stille *f* (tranquilidad).
silla *f* Stuhl *m*.
sillón *m* (Arm)sessel *m*.
silo *m* Silo *m* o *n*.
silueta *f* Silhouette *f*.
silvestre *adj* wild.
silvicultura *f* Forstwirtschaft *f*.
simbolismo *m* Symbolik *f*.
símbolo *m* Symbol *n*.
simetría *f* Symmetrie *f*.
simiente *f* Samen *m*.
símil *adj* ähnlich.
similar *adj* ähnlich.
similitud *f* Ähnlichkeit *f*.
simpatía *f* Sympathie *f*.
simpático, -a *adj* sympathisch.
simpatizar *intr* **~ con** sympathisieren mit.
simple *adj* **1** einfach (sencillo). **2** leicht (fácil).
simpleza *f* Einfältigkeit *f*.
simplicidad *f* Einfachheit *f*.
simplificar *tr* vereinfachen.
simposio *m* Symposium *n*.
simulacro *m* **1** Übung *f* (acción simulada). **2** Trugbild *n* (apariencia).
simular *tr* simulieren.
simultaneidad *f* Gleichzeitigkeit *f*.
sin *prep* ohne. ■ **~ embargo** trotzdem; **~ que** ohne dass.
sinagoga *f* Synagoge *f*.
sinceridad *f* Aufrichtigkeit *f*.
sincero, -a *adj* aufrichtig.
sincronizar *tr* synchronisieren.
sindicar *tr* **1** gewerkschaftlich organisieren. ● **~se** *pron* **2** einer Gewerkschaft bei|treten.
sindicato *m* Gewerkschaft *f*.
síndrome *m* Syndrom *n*.
sinfín *m* Unmenge *f*.
sinfonía *f* Sinfonie *f*.

singular *adj* **1** einzeln (único). **2** einzigartig (extraordinario). • *m* **3** GRAM Singular *m*.
singularidad *f* **1** Einmaligkeit *f* (unicidad). **2** Einzigartigkeit *f* (excepcionalidad).
siniestro, -a *adj* **1** linke(r, s) (izquierdo). **2** verhängnisvoll (funesto). • *m* **3** Unglück *n*.
sinnúmero *m* Unzahl *f*.
sino *m* Schicksal *n*.
sino *conj* **1** sondern. **2** außer (excepto). ■ **no sólo ..., ~ también** nicht nur ..., sondern auch.
sinónimo *m* Synonym *n*.
sinopsis *f* Zusammenfassung *f* (resumen).
sinrazón *f* Unvernunft *f*.
síntesis *f* Synthese *f*.
sintético, -a *adj* synthetisch.
sintetizador *m* Synthesizer *m*.
síntoma *m* Symptom *n*.
sintonía *f* **1** RAD, TV Kennmelodie *f* (melodía). **2** RAD, TV (Frequenz)abstimmung *f* (adecuación).
sintonización *f* RAD, TV (Frequenz)abstimmung *f*.
sintonizar *tr* RAD, TV ab|stimmen.
sinvergüenza *adj* unverschämt.
siquiera *conj* **1** auch wenn. • *adv* **2** wenigstens. ■ **ni ~** nicht einmal.
sirena *f* Sirene *f*.
sirviente, -a *m, f* Bedienstete(r) *mf(m)*.
sisa *f* **1** Armausschnitt *m* (sesgadura). **2** unters chlagenes geld (robo).
sisear *tr* e *intr* aus|zischen.
sismo *m* Erdbeben *n*.
sistema *m* System *n*.
sitio *m* Ort *m*, Stelle *f* (lugar); Platz *m* (espacio).
situación *f* Situation *f*.
situar *tr* **1** platzieren. • **~se** *pron* **2** sich platzieren.
sketch *m* Sketch *m*.
slalom *m* Slalom *m*.
slip *m* Slip *m*.
slogan *m* Slogan *m*.
snob *adj* **1** snobistisch. • *m, f* **2** Snob *m*.
snowboard *m* Snowboard *n*.
sobaco *m* Achselhöhle *f*.
sobar *tr* befummeln (manosear).
soberbia *f* Überheblichkeit *f* (arrogancia).
soberbio, -a *adj* **1** überheblich (arrogante). **2** prächtig (suntuoso).
sobón, -ona *adj* (fam) schleimig (pesado).
sobornar *tr* bestechen.
soborno *m* Bestechung *f*.
sobras *f pl* Abfall *m* (desperdicios).
sobrar *intr* übrig bleiben.
sobrasada *f Paprikastreichwurst aus Mallorca.*
sobre *m* Briefumschlag *m*.
sobre *prep* **1** über (por encima de); auf *(+dat)* (encima de). **2** über *(+ac)* (tema). ■ **~ todo** vor allem.

sobrecarga *f* Übergewicht *n.*
sobrecargar *tr* überladen (peso, batería).
sobrecoger *tr* **1** überraschen (sorprender). • *tr y pron* **2** erschrecken (asustar).
sobredosis *f* Überdosis *f.*
sobrehumano, -a *adj* übermenschlich.
sobrellevar *tr* ertragen.
sobremanera *adv* außerordentlich.
sobremesa *f* Zeit *f* nach dem Essen am Tisch (tiempo). ■ **de ~** Tisch-.
sobrenatural *adj* übernatürlich.
sobrenombre *m* Beiname *m.*
sobrepaga *f* Gehaltszulage *f.*
sobrepasar *tr* überschreiten.
sobrepeso *m* Übergewicht *n.*
sobreponer *tr* **1** obenauf stellen. • **~se a** *pron* **2** sich hinweg|setzen über *(+ac).*
sobrepuesto, -a *adj* aufgesetzt.
sobresaliente *adj* hervorragend.
sobresalir *intr* hervor|stehen.
sobresalto *m* Schrecken *m.*
sobreseer *tr* DER ein|stellen (cesar).
sobresueldo *m* Gehaltszulage *f.*
sobretodo *m* (Über)mantel *m.*
sobrevenir *intr* plötzlich auf|treten.
sobrevivir *intr* überleben.
sobrevolar *tr* überfliegen.
sobriedad *f* Nüchternheit *f.*
sobrino, -a *m, f* Neffe *m,* Nichte *f.*
sobrio, -a *adj* nüchtern.
socarronería *f* List *f.*
socavar *tr* untergraben.
sociable *adj* gesellig.
social *adj* sozial.
socialista *m, f* Sozialist(in) *m(f).*
sociedad *f* Gesellschaft *f.*
socio, -a *m, f* Mitglied *n.*
sociología *f* Soziologie *f.*
sociólogo, -a *m, f* Soziologe, -in *m, f.*
socorrer *tr* Hilfe leisten.
socorrismo *m* Rettungsdienst *m.*
socorrista *m, f* Rettungsschwimmer (in) *m(f)*; Bademeister(in) *m(f).*
socorro *m* **1** Rettung *f.* • **¡~!** *interj* **2** Hilfe!
soda *f* Soda *n* o *f.*
sodio *m* Natrium *n.*
sofá *m* Sofa *n.*
sofisticado, -a *adj* gekünstelt; hochkompliziert (complicado).
sofoco *m* **1** Ersticken *n* (asfixia). **2** (fig) Beklemmung *f* (ahogo, opresión).
sofrito *m in Öl angebratene Zwiebeln, Knoblauch oder Tomaten.*
software *m* Software *f.*
soga *f* Seil *n.*
soja *f* Soja *f.*
sol *m* **1** Sonne *f.* **2** MÚS G *n.* ■ **hace ~** die Sonne scheint.
solapa *f* Aufschlag *m* (de una prenda).

solar *m* Grundstück *n* (terreno).
solárium *m* Solarium *n*.
soldado *m* Soldat *m*.
soldadura *f* Schweißarbeit *f*.
soldar *tr* schweißen.
soledad *f* Einsamkeit *f*.
solemne *adj* feierlich.
solemnidad *f* Feierlichkeit *f*.
soler *intr* pflegen (acostumbrar).
solicitar *tr* **1** beantragen. **2** bitten um (pedir).
solicitud *f* **1** Antrag *m* (instancia); Bitte *f* (petición). **2** Sorgfalt *f* (diligencia).
solidaridad *f* Solidarität *f*.
solidarizarse *pron* sich solidarisieren.
solidificación *f* Verfestigung *f*.
solidificar *tr* **1** fest werden lassen. • **~se** *pron* **2** sich verfestigen.
sólido, -a *adj* **1** solid(e). **2** beständig (duradero).
solista *m, f* Solist(in) *m(f)*.
solitario, -a *adj* einsam.
soliviantar *tr* auf|hetzen (incitar).
sollozar *intr* schluchzen.
sollozo *m* Schluchzen *n*.
solo, -a *adj* **1** allein (sin compañía). **2** einsam (solitario).
sólo o **solo** *adv* nur. ■ **~ ahora** erst jetzt.
solomillo *m* GAST Lendenstück *n*.
soltar *tr* **1** los|lassen (dejar libre). • **~se** *pron* **2** sich befreien (liberarse).
soltero, -a *adj* ledig.
soltura *f* Gewandtheit *f*.
soluble *adj* löslich.
solución *f* Lösung *f*.
solucionar *tr* lösen; erledigen.
solvencia *f* **1** FIN Zahlungsfähigkeit *f*. **2** Vertrauenswürdigkeit *f* (responsabilidad).
solventar *tr* **1** lösen (problema). **2** erledigen (asunto).
sombra *f* Schatten *m*.
sombrear *tr* Schatten werfen (producir); Schatten spenden (dar).
sombrero *m* Hut *m* (prenda).
sombrilla *f* Sonnenschirm *m*.
someter *tr* **1** unterwerfen (dominar). **2** unterziehen (a un tratamiento). • **~se (a)** *pron* **3** sich unterziehen *(+dat)* (a un tratamiento).
somier *m* Sprungfederrahmen *m* (cama).
somnífero, -a *adj* **1** einschläfernd. • *m* **2** Schlafmittel *n*.
somnolencia *f* Schläfrigkeit *f*.
sonámbulo, -a *m, f* Schlafwandler(in) *m(f)*.
sonar *intr* **1** klingeln (timbre). **2** FON klingen.
sonda *f* MED Sonde *f*.
sondar *tr* MED sondieren.
sondear *tr* sich erkundigen (averiguar).
sonido *m* **1** Ton *m* (son). **2** MÚS Klang *m*.
sonoridad *f* Wohlklang *m*.
sonoro, -a *adj* klingeng; wohlkingeng.

sonreír *intr* **1** lächeln. • **~se** *pron* **2** lächeln.
sonrisa *f* Lächeln *n.*
sonrojar *tr* **1** erröten lassen. • **~se** *pron* **2** erröten.
sonrojo *m* Erröten *n* (acción).
sonrosarse *pron* rot werden.
sonsacar *tr* **1** heraus|bekommen (averiguar). **~ algo a alguien 2** jm etw entlocken.
soñar *tr* **1** träumen. • **~ con** *intr* **2** träumen von *(+dat).*
sopa *f* Suppe *f.*
sopesar *tr* in der Hand wiegen.
soplar *tr* **1** weg|blasen (apartar); aus|blasen (apagar). **2** blasen (vidrio).
soplo *m* **1** Blasen *n.* **2** Winden *n* (viento).
soplón, -ona *adj* verräterisch.
soponcio *m* (fam) Ohnmachtsanfall *m.*
sopor *m* MED krankhafte Schlafsucht *f.*
soporífero, -a *adj* einschläfernd.
soportal *m* überdachter Hauseingang *m.*
soportar *tr* **1** halten (sostener). **2** (fig) ertragen (tolerar).
soporte *m* Stütze *f* (sostén).
soprano *f* Sopran *f.*
sorber *tr* **1** schlürfen (beber aspirando). **2** trinken (con pajita).
sorbete *m* GAST Sorbet *n.*
sorbo *m* Schluck *m* (trago).
sordera *f* **1** Taubheit *f* (privación). **2** Schwerhörigkeit *f* (disminución).
sórdido, -a *adj* schäbig.
sordo, -a *adj* taub (privación); schwerhörig (disminución).
sordomudo, -a *adj* taubstumm.
sorna *f* Trägheit *f* (lentitud).
soroche *m Amér.* Höhenkrankheit *f.*
sorprender *tr* **1** überraschen. • **~se** *pron* **2** überrascht sein.
sorpresa *f* Überraschung *f.*
sortear *tr* verlosen.
sorteo *m* Verlosung *f*; Ziehung *f* (lotería).
sortija *f* Ring *m* (joya).
sortilegio *m* Wahrsagerei *f* (adivinación); Zauberei *f* (encantamiento).
SOS *m* SOS *n.*
sosa *f* QUÍM Natron *n*, Soda *n.*
sosiego *m* Ruhe *f.*
soso, -a *adj* fade (comida).
sospecha *f* Verdacht *m.*
sospechar *tr* verdächtigen.
sostén *m* **1** Büstenhalter *m* (prenda). **2** ARQ Träger *m.*
sostener *tr* **1** fest|halten (sujetar). • **~se** *pron* **2** sich fest|halten (sujetarse).
sotana *f* Soutane *f.*
sótano *m* Untergeschoss *n.*
soterrar *tr* **1** vergraben (bajo tierra). **2** (fig) verbergen.
spot *m* Werbespot *m.*
sprint *m* DEP Sprint *m.*
squash *m* DEP Squash *n.*
stand *m* Messestand *m.*
standard *m* Standard *m.*
status *m* Status *m.*

stock *m* Lagerbestand *m.*
stop *m* **1** Stopp *m* (parada). **2** Stoppschild *n* (señal).
su, sus *pron* sein(e) (de él); ihr(e) (de ella(s), de ellos); Ihr(e) (de usted/ustedes).
suave *adj* **1** weich (prenda). **2** sanft (carácter). **3** mild (clima).
suavidad *f* **1** Weichheit *f* (prenda). **2** Sanftheit *f* (carácter).
suavizante *m* Weichspüler *m.*
suavizar *tr* weicher machen.
subalterno, -a *adj* untergeben.
subasta *f* Versteigerung *f.*
subcampeón, -ona *m, f* Vizemeister(in) *m(f).*
subcontratación *f* Untervergabe *f.*
subdesarrollo *m* Unterentwicklung *f.*
subdirector(a) *m(f)* stellvertretende(r) Direktor(in) *m(f).*
subdirectorio *m* INF Unterverzeichnis *n.*
súbdito, -a *m, f* **1** Untertan(in) *m(f)* (sometido). **2** POL Staatsbürger(in) *m(f).*
subdividir *tr* unterteilen.
subestimar *tr* **1** unterschätzen. • **~se** *pron* **2** sich unterschätzen.
subgénero *m* Untergattung *f.*
subida *f* **1** Ansteigen *m.* **2** Steigung *f* (calle).
subido, -a *adj* überhöht (precios).
subir *tr* **1** erhöhen (precios). **2** hinauf|laufen (calle, pendiente). • *intr* **3** an|steigen (río). **4** ein|steigen (a un coche, tren); auf|steigen (a caballo, bicicleta); klettern (a un árbol).
súbito, -a *adj* plötzlich (repentino).
subjefe, -a *m, f* stellvertretende(r) Chef(in) *m(f).*
subjetivo, -a *adj* subjektiv.
sublevar *tr* auf|wiegeln (amotinar).
sublime *adj* erhaben.
submarinismo *m* DEP Tauchsport *m.*
submarino *m* Unterseeboot *n.*
subnormal *adj* **1** geistig behindert. • *m, f* **2** geistig Behinderte(r) *mf(m).*
subordinar *tr* unterordnen.
subrayar *tr* unterstreichen.
subrogar *tr* **1** vertreten (temporal). **2** ersetzen (definitivo).
subsanar *tr* wieder gut|machen (error).
subsidio *m* Beihilfe *f.*
subsistencia *f* Existenz *f* (vida).
subsistir *intr* leben (vivir).
subsuelo *m* Untergrund *m.*
subterfugio *m* Ausflucht *f* (evasiva).
subterráneo, -a *adj* unterirdisch.
subtitular *tr* CINE mit Untertiteln versehen.
subtítulo *m* Untertitel *m.*
suburbano, -a *adj* **1** vorstädtisch; Vorstadt-. • *m* **2** Vorstädter *m.*
suburbio *m* Vorstadt *f*; Vorort *m.*
subvención *f* Zuschuss *m.*

subvencionar *tr* subventionieren.

subversión *f* Umsturz *m.*

subvertir *tr* umstürzen (sistema).

subyacer *intr* zugrunde liegen.

subyugar *tr* unterwerfen; unterjochen (someter).

succionar *tr* an|saugen (extraer).

sucedáneo, -a *adj* **1** Ersatz-. ● *m* **2** Ersatz *m.*

suceder *tr* **1** geschehen (ocurrir). ~ **a 2** nach|folgen *(+dat)* (en un cargo). ~ **a 3** beerben *(+ac)* (heredar). ● ~ **a** *intr* **4** folgen auf *(+ac)* (seguir).

sucesión *f* Folge *f* (acción).

suceso *m* Ereignis *n*; Vorfall *m* (repentino).

suciedad *f* Schmutz *m.*

sucio, -a *adj* schmutzig.

suculento, -a *adj* schmackhaft (sabroso); lecker (rico).

sucumbir *intr* erliegen *(+dat)* (tentación).

sucursal *f* Zweigstelle *f.*

Sudamérica *f* Südamerika *n.*

sudadera *f* Sweatshirt *n.*

sudar *tr* **1** verschwitzen. ● *intr* **2** schwitzen.

sudor *m* Schweiß *m* (piel).

sueco, -a *adj* **1** schwedish. ● *m, f* **2** Schewe(in) *m(f).*

suegro, -a *m, f* Schwiegervater *m*, Schwiegermutter *f.*

suela *f* Sohle *f* (zapato).

sueldo *m* **1** Lohn *m* (obrero). **2** Gehalt *n* (empleado).

suelo *m* **1** Erdboden *m* (tierra). **2** Fußboden *m* (casa). ■ **estar algo por los suelos** (fig, fam) spottbillig sein.

suelto, -a *adj* **1** lose (no sujeto). **2** locker (flojo).

sueño *m* **1** Schlaf *m* (acto). **2** Müdigkeit *f* (cansancio).

suero *m* **1** Molke *f* (leche). **2** MED Serum *n.*

suerte *f* Glück *n* (fortuna).

suéter *m* Sweatshirt *n.*

suficiente *adj* **1** genügeng. ● *m* **2** Ausreichen *n* (calificación).

sufragar *tr* **1** unterstützen (ayudar). ● *intr* **2** *Amér.* stimmen (votar).

sufragio *m* **1** Stimme *f* (voto). **2** Stimmrecht *n* (derecho).

sufrimiento *m* **1** Leiden *n* (acción). **2** Schmerz *m* (dolor).

sufrir *tr* **1** leiden (padecer). **2** ertragen (aguantar) ■ ~ **de** leiden an *(+dat).*

sugerencia *f* Anregung *f.*

sugerir *tr* an|regen.

sugestión *f* Anregung *f.*

suicidio *m* Selbstmord *m.*

Suiza *f* Schweiz *f.*

sujeción *f* Festhalten *n* (agarre).

sugestionar *tr* suggerieren.

sujetador *m* Büstenhalter *m.*

sujeto, -a *adj* **1** befestigt (fijado). ● *m* **2** Thema *n.*

suma *f* Summe *f* (adición).

sumar *tr* zusammen|zählen (adicionar)

sumario *m* DER Ermittlungsverfahren *n.*

sumergir *tr* **1** unter|tauchen (hundir). • **~se en algo** *pron* **2** (fig) sich vertiefen in *(+ac)* (profundizar).
suministrar *tr* COM liefern.
suministro *m* COM Lieferung *f.*
sumir *tr* **1** ein|tauchen (sumergir). **2** unter|tauchen (hundir).
sumiso, -a *adj* unterwürfig (sometido).
sumo, -a *adj* **1** höchste(r, s) (más alto). **2** größte(r, s) (más grande).
suntuosidad *f* Luxus *m* (lujo).
supeditar *tr* unterwerfen (someter).
súper *m* **1** Superbenzin *n.* **2** (fam) Supermarkt *m* (tienda).
superar *tr* **1** überwinden (problema). • **~se** *pron* **2** sich überwinden (esforzarse).
superávit *m* COM Überschuss *m.*
superficial *adj* oberflächlich.
superficie *f* Oberfläche *f.*
superfluo, -a *adj* überflüssig.
superior *adj* **1** obere(r, s) (más alto). **2** besser (calidad). **3** höher (rango). **4** (fig) ausgezeichnet (excelente).
superioridad *f* Überlegenheit *f* (cualidad).
supermercado *m* Supermarkt *m.*
superponer *tr* aufeinander legen; übereinander legen.
superposición *f* Übereinanderlagerung *f.*
superpotencia *f* Großmacht *f.*
superstición *f* Aberglaube *m.*
superventas *m* **1** Verkaufsschlager *m.* **2** Bestseller *m.*
supervisar *tr* beaufsichtigen.
supervivencia *f* Überleben *n.*
suplantar *tr* **1** verdrängen (del cargo). **2** fälschen (escrito).
suplemento *m* Zusatz *m.*
suplencia *f* Vertretung *f.*
supletorio, -a *adj* **1** ergänzend. • *m* **2** TELECOM Nebenanschluss *m.*
súplica *f* inständige Bitte *f* (ruego).
suplicar *tr* inständig bitten.
suplicio *m* Folter *f* (tortura).
suplir *tr* **1** ergänzen (completar). **2** ersetzen (reemplazar).
suponer *tr* **1** vermuten (creer). • *intr* **2** bedeuten (significar).
suposición *f* Vermutung *f.*
supositorio *m* MED Zäpfchen *n.*
supremo, -a *adj* **1** höchste(r, s) (altísimo). **2** größte(r, s) (de valor). • *m* **3** DER oberster Gerichtshof *m.*
supresión *f* Abschaffung *f.*
suprimir *tr* **1** ab|schaffen (abolir). **2** streichen (cancelar).
supuesto, -a *adj* **1** mutmaßlich (ladrón); angeblich (testigo). • *m* **2** Annahme *f.*
sur *m* **1** Süden *m* (punto). **2** Süd *m* (viento).
surco *m* Furche *f* (tierra); Falte *f* (arruga).
surf *m* DEP Surfing *n.*
surgir *intr* **1** auf|kommen (dificultad). **2** sich ergeben (posibilidad).

surtido, -a *adj* **1** gemischt (mezclado); sortiert (variado). • *m* **2** Auswahl *f* (selección).
surtidor *m* Zapfsäle *f* (gasolina).
surtir *tr* **1** **~ (de)** versorgen (mit *(+dat)*) (proveer). • *intr* **2** heraus|sprudeln. • **~se (de)** *pron* **3** sich versorgen (mit *(+dat)*).
suscitar *tr* **1** aus|lösen (discusión). **2** erwecken (sospecha).
suscribir *tr* **1** unterzeichnen (escrito). • **~se** *pron* **2** abonnieren (publicación).
suscripción *f* **1** Unterzeichnung *f* (firma). **2** Abonnement *n* (publicación).
suspender *tr* **1** auf|hängen (colgar). **2** (fig) durch|fallen (examen); sitzen|bleiben (curso).
suspense *m* Spannung *f*.
suspensión *f* **1** Unterbrechung *f* (interrupción).
suspenso *m* Durchafallen *m*.
suspicaz *adj* misstrauisch.
suspirar *intr* **1** seufzen (dar suspiros). **2** ersehnen (anhelar).
suspiro *m* **1** Seufzer *m*.
sustancia *f* Substanz *f* (materia).
sustentar *tr* **1** halten (sostener). **2** aufrecht|erhalten (esperanza). • **~se** *pron* **3** sich ernähren (alimentar).
sustento *m* **1** Lebensunterhalt *m* (mantenimiento). **2** Stütze *f* (apoyo).
sustituir *tr* **1** ersetzen (algo). **2** vertreten (alguien).
sustituto, -a *m, f* Vertreter(in) *m(f)*.
susto *m* Schrecken *m*.
sustracción *f* MAT Abziehen *n*.
sustraer *tr* MAT ab|ziehen.
susurrar *tr* e *intr* flüstern (persona).
susurro *m* Flüstern *n*.
suyo, -a *pron poses* **1** sein(e, es) (de él). **2** ihre(e, es) (de ella, ellos, ellas). **3** Ihre(e, es) (de usted/ustedes). ■ **ir a lo ~** auf seinen eigenen Vorteil bedacht sein; **lo ~** seine/ihre Sache.

Tt

t, T *f* t, T *n* (letra).
tabaco *m* **1** Tabak *m*. **2** Zigarre *f* (cigarro).
tabarra *f* Zudringlichkeit *f*.
taberna *f* Kneipe *f*.
tabique *m* Zwischenwand *f*.
tabla *f* Brett *n* (plancha).
tablero *m* Holzplatte *f*.
tableta *f* **1** Tablette *f* (medicamento). **2** Tafel *f* (chocolate).
tablón *m* dickes Brett *n*. ◆ **~ de anuncios** schwarzes Brett *n*.
tabú *m* Tabu *n*.
taburete *m* Hocker *m* (asiento).

tacaño, -a *adj* geizig.
tacha *f* Fehler *m* (error).
tachadura *f* Durchstreichen *n.*
tachar *tr* **1** durch|streichen. **~ de 2** ab|stempeln zu/als.
tácito, -a *adj* stillschweigend.
taciturno, -a *adj* schweigsam (callado).
taco *m* **1** Holzblock *m* (madera). **2** Kalenderblock *m* (calendario). **3** Schimpfwort *n* (palabrota). **4** *Amér.* Happen *m* (bocado).
tacón *m* Absatz *m.*
taconear *intr* auf|stampfen.
táctico, -a *adj* **1** taktisch. • *m, f* **2** Taktiker(in) *m(f).* • *f* **3** Taktik *f.*
tacto *m* **1** Tastsinn *m* (sentido). **2** Berührung *f* (contacto).
tajada *f* Scheibe *f.*
tajante *adj* scharf (cortante).
tajo *m* Schnitt *m.*
tal *adj* **1** so; solch(e). **2** sogenannt; gewiss. • *pron indef* **3** jemand. • *adv* **4** so. **5** genauso. ■ **con ~ de** *(+ inf) conj* **6** nur. **con ~ de que** *(+ subj)* **7** wenn nur; vorausgesetzt, dass; **¿qué ~?** wie?
tala *f* **1** Fällen *n* (árbol). **2** Zerstörung *f* (devastación).
taladrar *tr* (durch)bohren.
taladro *m* Bohrer *m* (herramienta).
talante *m* **1** Art *f*; Weise *f* (manera). **2** Laune *f* (humor).
talar *tr* **1** fällen (árbol). **2** zerstören (destruir).
talco *m* Talk *m* (mineral).
talento *m* Talent *n.*
Talgo (*siglas de* **tren articulado ligero Goicoechea Oriol**) *m* *spanischer Intercityzug.*
talismán *m* Talisman *m.*
talla *f* **1** Größe *f* (ropa y persona). **2** Skulptur (escultura).
tallar *tr* **1** schnitzen (madera). **2** messen (estatura).
tallarín *m* Bandnudel *f.*
talle *m* **1** Taille *f* (cintura). **2** Figur *f* (figura).
taller *m* Werkstatt *f* (lugar).
tallo *m* **1** Stiel *m*; Stängel *m*; Stengel *m* (vástago). **2** Schössling *m* (renuevo). **3** Spross *m* (retoño).
talón *m* **1** Ferse *f* (del pie y del calcetín o zapato). **2** Scheck *m* (medio de pago).
talonario *m* Scheckheft *n.*
tamaño *m* Größe *f.*
tambalearse *pron* taumeln; schwanken.
también *adv* auch.
tambor *m* Trommel *f.*
tamiz *m* Sieb *n.*
tampoco *adv* auch nicht.
tampón *m* **1** Stempel *n* (sello). **2** Tampon *n* (menstruación).
tanatorio *m* Leichehalle *f.*
tanda *f* **1** Reihe *f* (turno). **2** Serie *f* (serie); Gruppe *f.*
tándem *m* Tandem *n.*
tanga *m* Tanga *m.*
tango *m* Tango *m.*
tanteador *m* Anzeigetafel *f* (tabla de resultados).

tantear *tr* **1** berechnen (calcular). **2** aus|messen (medir).

tanteo *m* **1** Berechnung *f* (cálculo). **2** grobe Ausmessung *f* (medición).

tanto, -a *adj* **1** so viel (comparativo y cantidad). **2** so (cantidad). **3** so (ponderativo). ● *adv* **4** so (lange) (duración). **5** so (sehr) (intensidad). **6** so (viel) (cantidad y comparativo). ● *m* **7** Teilbetrag *m*; bestimmte Menge *f*. ■ **entre ~** inzwischen; währenddessen; **por (lo) ~** also.

tañer *tr* **1** spielen (guitarra). **2** läuten (campanas).

tapa *f* **1** Deckel *m* (libro, olla). **2** Absatz *m* (zapato). **3** (Appetit)häppchen *n* (piscolabis).

tapadera *f* **1** Deckel *m* (tapa). **2** (fig) Tarnung *f* (cosa).

tapar *tr* **1** bedecken; zu|decken. **2** verstopfen (desagüe).

taparrabos *m* Lendenschurz *m*.

tapete *m* Tischdecke *f*.

tapia *f* **1** Lehmwand *f*. **2** Gartenmauer *f* (cerca de jardín).

tapicería *f* **1** Polsterei *f* (taller). **2** Polsterwaren *f pl*.

tapicero, -a *m, f* Polsterer(in) *m(f)*.

tapioca *f* Tapioka *f*.

tapiz *m* Wandteppich *m*; Gobelin *m*.

tapizar *tr* **1** polstern (acolchar muebles). **2** beziehen (mueble).

tapón *m* **1** Pfropfen *m* (botella). **2** Verschluss *m* (de rosca para botella). **3** Korken *m* (corcho). **4** Stöpsel *m* (de fregadero).

taponar *tr y pron* verschließen (cerrar).

taquigrafía *f* Steno(grafie) *f*.

taquigrafiar *tr* stenografieren.

taquilla *f* **1** Fach *n* (archivador). **2** Schließfach *n* (armario con cerradura).

taquillero, -a *adj* **1** erfolgreich (película). ● *m, f* **2** Kartenverkäufer(in) *m(f)* (vendedor).

tara *f* **1** Tara *f* (peso del embalaje). **2** Defekt *m*; Mangel *m* (defecto).

tarado, -a *adj* schadhaft; fehlerhaft (objeto).

tarántula *f* Tarantel *f*.

tararear *tr* trällern.

tardar *intr* (Zeit) brauchen (llevar tiempo). ■ **~ en hacer algo** zögern, etw zu tun.

tarde *adv* **1** spät. ● *f* **2** Abend *m*. ■ **por la ~** am Nachmittag; am Abend.

tardío, -a *adj* **1** Spät- (fruto); spät (tarde). **2** zu spät (demasiado tarde).

tarea *f* **1** Aufgabe *f* (deber). **2** Arbeit *f*. ◆ **tareas domésticas** Hausarbeit *f*.

tarifa *f* Tarif *m*.

tarima *f* Podium *n*.

tarjeta *f* Karte *f* (en general). ◆ **~ de crédito** Kreditkarte *f*.

tarot *m* Tarot *n*.

tarrina *f* kleiner Behälter *m*.

tarro *m* Pott *m*; Topf *m*

tarta *f* Torte *f*.

tartamudear *intr* stottern.

tartamudo, -a *m, f* Stotterer(in) *m(f)*.
tasa *f* **1** Rate *f* (porcentaje). **2** Gebühr *f* (coste).
tasar *tr* fest|setzen; bestimmen (valorar); berechnen (calcular, estimar).
tasca *f* Kneipe *f* (bar).
tatarabuelo, -a *m, f* Ururgroßvater, Ururgroßmutter *m, f*.
tataranieto, -a *m, f* Ururenkel(in) *m(f)*.
tatuaje *m* Tätowierung *f*.
taurino, -a *adj* **1** Stier- (toro). **2** Stierkampf- (corrida).
Tauro *m* ASTR Stier *m*.
tauromaquia *f* Stierkampfkunst *f*.
taxi *m* Taxi *n*.
taxista *m, f* Taxifahrer(in) *m(f)*.
taxímetro *m* Taxameter *n*.
taza *f* **1** Tasse *f* (vasija). **2** Klo(sett)becken *n* (retrete).
tazón *f* Schale *f*.
té *m* Tee *m*.
teatral *adj* Theater-; theatralisch.
teatro *m* Theater *n*.
tebeo *m* Comic *m*; Comicheft *n*.
techar *tr* bedachen; überdachen.
techo *m* **1** Dach *n* (casa). **2** Decke *f* (habitación).
tecla *f* Taste *f*.
teclado *m* **1** Klaviatur *f* (teclado). **2** Tastatur *f* (mecanismo).
teclear *intr* **1** die Tasten an|schlagen (piano). **2** ein|geben (datos); tippen (textos).
técnica *f* Technik *f*.
técnico, -a *adj* **1** technisch. ● *m, f* **2** Techniker(in) *m(f)*; Fachmann, -frau *m, f* (experto).
tecnología *f* Technologie *f*.
tecnológico, -a *adj* technologisch.
tedio *m* Langeweile *f*.
teja *f* (Dach)ziegel *m*.
tejado *m* Dach *n*.
tejanos *m pl* Jeans(hose) *f*.
tejemaneje *m* (fam) Geschicklichkeit *f* (habilidad).
tejer *tr* **1** weben (tejido). **2** flechten (trenzar).
tejido *m* Gewebe *n*; Stoff *m*.
tela *f* **1** Stoff *m* (tejido). **2** Spinnennetz *n* (de araña). **3** Leinwand *f* (lienzo).
telar *m* Webstuhl *m*.
telaraña *f* Spinnennetz *n*.
telecompra *f* Teleshopping *n*.
telecomunicación *f* Telekommunikation *f*.
telediario *m* Nachrichten *f pl* (televisión).
teledirigir *tr* fern|steuern.
teleférico *m* (Draht)seilbahn *f*.
telefilme *m* Fernsehfilm *m*.
telefonear *tr* e *intr* telefonieren.
telefonista *m, f* Telefonist(in) *m(f)*.
teléfono *m* Telefon *n*.
telégrafo *m* Telegraf *m*.
telegrama *m* Telegramm *n*.
telemarketing *m* Telemarketing *n*.
telenovela *f* Seifenoper *f*.
telepatía *f* Telepathie *f*.

telescopio *f* Teleskop *n*.
telespectador(a) *m(f)* Fernsehzuschauer(in) *m(f)*.
teletexto *m* Videotext *m*.
teletipo *m* Fernschreiber *m*.
teletrabajo *m* Telearbeit *f*.
televenta *f* Teleshopping *n*.
televidente *m, f* Fernsehzuschauer(in) *m(f)*.
televisar *tr* senden; aus|strahlen.
televisión *f* **1** Fernsehen *n* (sistema). **2** Fernseher *m* (aparato).
televisor *m* Fernsehapparat *m*; Fernseher *m*.
telón *m* Vorhang *m*.
tema *m* Thema *n*.
temario *m* Themenliste *f*.
temática *f* Thematik *f*.
temático, -a *adj* thematisch.
temblar *intr* **1** zittern (agitarse). **2** (fig) Angst haben (tener miedo). ~ **por 3** für jn/um etw*(ac)* zittern (preocuparse).
temblor *m* Zittern *n*.
temer *tr* **1** fürchten (tener miedo). • *tr y pron* **2** (be)fürchten (sospechar).
temerario, -a *adj* waghalsig; tollkühn.
temeridad *f* Tollkühnheit *f*; Waghalsigkeit *f*.
temeroso, -a *adj* ängstlich.
temor *m* Furcht *f*; Angst *f*.
temperamento *m* Temperament *n*.
temperatura *f* Temperatur *f*.
tempestad *f* Unwetter *n*; Gewitter *n* (tormenta); Sturm *m* (viento).
tempestuoso, -a *adj* stürmisch.
templado, -a *adj* **1** (lau)warm (temperatura). **2** mild (suave).
templar *tr* **1** (auf)wärmen (calentar). **2** stimmen (música). **3** mäßigen (moderar). **4** mildern (suavizar). • *intr* **5** wärmer werden. • **~se** *pron* **6** sich mäßigen; sich zurück|halten.
temple *m* **1** Fassung *f* (autocontrol). **2** Härtung *f* (proceso de endurecer).
templo *m* Tempel *m*.
temporada *f* Zeitraum *m* (duración); Saison *f*.
temporal *adj* **1** zeitweise; befristet (provisional). **2** vorübergehend (pasajero). • *m* **3** ANAT Schläfenbein *n*.
temporizar *intr* sich an|passen.
temprano, -a *adj* **1** früh; Früh-. • *adv* **2** früh; zeitig.
tenaz *adj* beharrlich; ausdauernd.
tenazas *f pl* Zange *f*.
tendedero *m* Wäscheständer *m* (soporte); Wäscheleine *f* (cuerda).
tendencia *f* **1** Tendenz *f*; Trend *m* (moda). **2** Hang *m*; Neigung *f* (inclinación).
tender *tr* **1** ~ **(sobre)** hin|legen (auf *(+ac)*). **2** aus|breiten (extender). **3** auf|hängen (ropa). • ~ **a** *intr* **4** neigen zu *(+dat)*. ~ **a 5** streben nach *(+dat)* (aspirar). • **~se** *pron* **6** sich hin|legen.
tenderete *m* (Markt)stand *m*.

tendero, -a *m, f* **1** Landenbesitzer(in) *m(f)*.
tendón *m* Sehne *f*.
tenebroso, -a *adj* **1** finster; düster (oscuro). **2** geheimnisvoll (misterioso).
tenedor *m* Gabel *f* (cubierto).
tener *tr* **1** haben, inne|haben (poseer); besitzen; sein. **2** nehmen; greifen (coger); fest|halten (no soltar). **3** bekommen (recibir). **4** ein|halten. **5** beinhalten (contener). **6** zurück|halten; inne|halten (dominarse). **7** ab|halten (organizar). • *aux* **8** haben (en vez de haber). **~algo/ a alguien por 9** etw/jn halten für *(+ac)* (considerar). • **~se** *pron* **10** sich halten. **11** sich beherrschen; sich zurück|halten. **~se por/ en 12** sich halten für *(+ac)* (contenerse). ■ **~ que** müssen.
teniente *m* Leutnant *m*.
tenis *m* Tennis *n*.
tenista *m, f* Tennisspieler(in) *m(f)*.
tensar *tr* spannen; straffen.
tensión *f* Spannung *f*.
tenso, -a *adj* (an)gespannt.
tentación *f* Versuchung *f*.
tentar *tr* **1** betasten; abtasten (palpar). **2** ertasten (reconocer). **3** auf die Probe stellen (provocar). **~ (con) 4** (ver)locken (mit *(+dat)*).
tentempié *m* Imbiss *m*.
tenue *adj* **1** dünn (delgado); zart (frágil); schwach (débil).
teñir *tr y pron* färben.
teología *f* Theologie *f*.
teoría *f* Theorie *f*.
teórico, -a *adj* theoretisch.
tequila *f Méx.* Tequila *m*.
terapeuta *m, f* Therapeut(in) *m(f)*.
terapéutico, -a *adj* therapeutisch.
terapia *f* Therapie *f*.
tercer *adj* → tercero.
tercero, -a *num* **1** dritte(r, s). • *m, f* **2** Vermittler(in) *m(f)* (intermediario).
terciar *tr* **1** dritteln; dreiteilen (dividir en tres). • *intr* **2** vermitteln; ein|greifen (mediar).
terciopelo *m* Samt *m*.
terco, -a *adj* **1** stur; dickköpfig (persona). **2** störrisch (animal).
tergiversar *tr* verfälschen (hechos); verdrehen (palabras).
térmico, -a *adj* thermisch; Wärme-.
terminado, a *adj* beendent.
terminal *adj* **1** End-; Abschluss-. • *m* **2** TEC Terminal *n* (ordenador). • *f* **3** Endstation *f* (de tren, autobús, etc.).
terminar *tr* **1** beenden; ab|schließen; fertig stellen. • *intr y pron* **2** zu Ende gehen; ab|laufen (plazo). • **~ con** *intr* **3** etwas vernichten. **~ en 4** enden.
término *m* **1** Ende *n* (final). **2** Grenze *f* (linde); Grenzstein *m* (hito). **3** Frist *f* (plazo). **4** Begriff *m*, Terminus *m* (palabra).
terminología *f* Terminologie *f*.

termita *f* Termite *f.*
termo *m* Thermosflasche *f.*
termómetro *m* FÍS Thermometer *n.*
termostato *m* Thermostat *m*; Temperaturregler *m.*
ternero, -a *m, f* Kalb *n.*
ternura *f* **1** Zärtlichkeit *f* (cariño). **2** Lieblichkeit *f* (dulzura).
terquedad *f* Sturheit *f*; Halsstarrigkeit *f* (testarudez).
terrado *m* Dach *n.*
terraplén *m* **1** (Erd)aufschüttung *f* (montón de tierra). **2** Damm *m* (desnivel).
terrario *m* Terrarium *n.*
terraza *f* Terrasse *f.*
terremoto *m* Erdbeben *n.*
terrenal *adj* irdisch.
terreno, -a *adj* **1** irdisch; weltlich. • *m* **2** Grundstück *n* (parcela); Gelände *n* (espacio). **3** Gebiet *n* (esfera).
terrestre *adj* Erd-; irdisch.
terrible *adj* schrecklich; furchtbar.
territorio *m* **1** Gebiet *n*; Territorium *n* (región). **2** Bezirk *m* (municipio).
terrón *m* Klumpen *m.*
terror *m* Angst *f*; Schrecken *m.*
terrorífico, -a *adj* schrecklich; Schrecken erregend.
terrorista *m, f* Terrorist(in) *m(f).*
terrorismo *m* Terrorismus *m.*
terso, -a *adj* glatt; straff (liso).
tertulia *f* **1** Treffen *n* (encuentro). **2** Gesprächskreis *m* (ronda de conversación).
tesis *f* **1** These *f.* **2** Dissertation *f*; Doktorarbeit *f* (doctorado).
tesón *m* Beharrlichkeit *f.*
tesorero, -a *m, f* Schatzmeister(in) *m(f).*
tesoro *m* **1** Schatz *m* (botín). **2** Staatsschatz *m* (de la nación).
test *m* Test *m.*
testaferro *m* Strohmann *m.*
testamento *m* Testament *n.*
testar *intr* **1** sein Testament ab|legen (hacer testamento). • *tr* **2** testen (probar).
testarudez *f* Sturheit *f.*
testarudo, -a *adj* stur; dickköpfig.
testículo *m* Hoden *m.*
testificar *tr* **1** erklären (declarar). **2** bezeugen (afirmar). **3** nach|weisen (certificar).
testigo *m, f* Zeuge(in) *m(f).*
testimoniar *tr* **1** aus|sagen (declarar). **2** bezeugen (afirmar). • *intr* **3** als Zeuge aus|sagen.
testimonio *m* **1** Erklärung *f* (declaración). **2** Beweis *m* (prueba).
teta *f* **1** Brust *f* (mujer). **2** Euter *m* (animal).
tétanos *m* MED Tetanus *m*; Wundstarrkrampf *m.*
tetera *f* Teekanne *f* (para té).
tetina *f* Sauger *m.*
tetrabrik *m* Tetrabrik *m* o *n.*
textil *adj* **1** Textil-. • *m pl* **2** Textilien *f pl.*
texto *m* Text *m.*
textual *adj* **1** textgemäß; textgetreu (literal). **2** schriftlich.

textura *f* **1** Gewebe *n* (tejido). **3** Textur *f* (estructura).
tez *f* (Gesichts)haut *f*; Teint *m*.
ti *pron* dich; dir.
tía *f* Tante *f* (pariente).
tibia *f* ANAT Schienbein *n*.
tibio, -a *adj* lau(warm).
tiburón *m* Hai(fisch) *m*.
tic *m* Tick *m*.
tiempo *m* **1** Zeit *f*. **2** Wetter *n* (meteorología). **3** MÚS Tempo *n* (velocidad). ♦ **~ libre** Freizeit *f*; **medio ~** DEP Halbzeit *f*. ■ **a ~** rechtzeitig; **al poco ~** kurz darauf; **hacer buen/mal ~** das Wetter ist schön/schlecht.
tienda *f* **1** Zelt *n* (para acampar). **2** COM Geschäft *n* (establecimiento).
tierno, -a *adj* zart.
tierra *f* **1** Erde *f*. **2** Heimat *f* (patria). **3** Land *n*; Boden *m* (suelo, terreno cultivado). ♦ **~ adentro** Landeinwärts.
tieso, -a *adj* steif; starr.
tiesto *m* Blumentopf *m*.
tifón *m* Taifun *m*.
tifus *m* Typhus *m*.
tigre(sa) *m(f)* Tiger(in) *m(f)*.
tijeras *f pl* Schere *f*.
tila *f* Linde *f*.
tilde *f* Akzent *m*; Tilde *f*.
timar *tr* betrügen.
timbal *m* Pauke *f*.
timbrar *tr* (ab)|stempeln.
timbre *m* **1** Klingel *f* (aparato). **2** Steuermarke *f* (sello pegado). **3** MÚS Klangfarbe *f*.
timidez *f* Schüchternheit *f*.
tímido, -a *adj* schüchtern.
timo *m* Betrug *m*.
timón *m* Steuer *n*.
tímpano *m* **1** ANAT Trommelfell *n*. **2** MÚS Zimbel *f*.
tinaja *f* Tonkrug *m*.
tinieblas *f pl* Finsternis *f*.
tino *m* **1** Geschicklichkeit *f*. **2** (fig) Takt *m* (tacto).
tinta *f* Tinte *f*.
tinte *m* **1** Färben *n* (acción). **2** Färbemittel *n* (colorante).
tintero *m* Tindenfass *n*.
tinto *m* Rotwein *m* (tinto).
tintorería *f* (chemische) Reinigung *f*.
tío *m* Onkel *m* (pariente).
tiovívo *m* Karrusell *m*.
típico, -a *adj* typisch.
tipificar *tr* typisieren.
tipo *m* **1** Typ(us) *m*. **2** Art *f* (clase). ♦ **~ de cambio** Wechselkurs *m*.
tipografía *f* Typographie *f* (arte).
tique *m* **1** Ticket *n*. **2** Fahrkarte *f* (de transporte).
tira *f* Streifen *m*.
tirado, -a *adj* (fam) spottbillig (barato).
tirabuzón *n* Locke *f*.
tiranía *f* Tyrannei *f*.
tirano, -a *adj* **1** tyrannisch. ● *m, f* **2** Tyrann(in) *m(f)*.
tirante *adj* **1** gespannt (relación, situación. ● **tirantes 2** *m pl* Hosenträgen *m pl* (del pantalón).
tirar *tr* **1** werfen (arrojar); weg|werfen (desechar). **2** zie-

hen (línea, raya). **3** spannen (tender). • *intr* **4** ab|biegen (girar). **5** schießen (disparar). • **~se** *pron* **6** sich stürzen (abalanzarse). • **~ de algo** *intr* **7** an etw(*dat*) ziehen (jalar).
tirita *f* (Heft)pflaster *n*.
tiritar *intr* frösteln.
tiro *m* **1** Wurf *m* (lanzamiento). **2** Schuss *m* (disparo).
tirón *m* Zerren *n*.
tirotear *tr* beschießen.
tirria *f* (fam) Voreingenommenheit *f*.
tisana *f* Kräutertee *m*.
títere *m* Marionette *f*.
titubear *intr* schwanken.
titulación *f* akademischer Titel *m*.
titular *adj* **1** Titular-. • *m, f* **2** Inhaber(in) *m(f)* (dueño). • *m* **3** Schlagzeile *f* (en la prensa).
titular *tr* **1** betiteln. • **~se** *pron* **2** einen akademischen Grad erwerben.
título *m* **1** Titel *m*. **2** FIN Wertpapier *n*.
tiza *f* Kreide *f*.
tiznar *tr* schwärzen.
toalla *f* Handtuch *n*.
tobillo *m* (Fuß)knöchel *m*.
tobogán *m* Rutschbahn *f*.
tocador *m* Toilettendisch *m*.
tocar *tr* **1** berühren; an|fassen. **2** MÚS spielen. ▪ **~ el turno** dran|kommen.
tocino *m* Speck *m*.
tocólogo, -a *m, f* Geburtshelfer(in) *m(f)*.
todavía *adv* noch.
todo, -a *adj* **1** ganz (entero). **2** jede(r, s) (cada). **3** alle(s) (todo). • *pron indef* **4** alle(s). ▪ **todos los días** jeden Tag.
toga *f* Robe *f*.
todoterreno *m* Geländefahrzeug *n*.
toldo *m* Sonnendach *n*.
tolerancia *f* **1** Toleranz *f* (respeto) **2** Verträglickeit *f*.
tolerar *tr* tolerieren.
toma *f* **1** Nehmen *n*. **2** Dosis *f* (dosis).
tomar *tr* **1** nehmen (aceptar). **2** machen (foto). **3** messen (medir). **4** zu sich nehmen (ingerir); trinken (beber). ▪ **~ el sol** sich sonnen; **~ una decisión** einen Entschluss fassen.
tomate *m* Tomate *f*.
tomatera *f* Tomate(npflanze) *f*.
tómbola *f* Tombola *f*.
tomillo *m* Thymian *m*.
tomo *m* Band *m*.
tonel *m* Tonne *f*.
tonelada *f* Tonne *f*.
tongo *m* DEP Schiebung *f*.
tónico, -a *adj* **1** betont. • *m* **2** MED Tonikum *n*. • **tónica** *f* **3** GAST Tonikwasser *n*.
tonificar *tr* kräftigen.
tono *m* **1** Ton *m*. **2** ART Farbton *m*. **3** MÚS Tonart *f* (modo).
tontear *tr* (herum)|albern.
tontería *f* Dummheit *f*.
tonto, -a *adj* **1** dumm. • *m, f* **2** Dummkopf *m*.
top *m* Top *n*.
topacio *m* MIN Topas *m*.

topar *tr* **1** stoßen auf *(+ac)*. ● **~ con algo** *intr* **2** mit *(+dat)* etw zusammen|stoßen.
tope *m* **1** Spitze *f*. **2** Obergrenze *f* (límite). ■ **a ~** bis obenhin voll.
tópico, -a *adj* **1** äußerlich (externo). ● *m* **2** Gemeinplatz *m*.
topo *m* Maulwurf *m*.
topografía *f* Topographie *f*.
topónimo *m* Ortsname *m*.
toque *m* **1** Berührung *f* (roce). **2** Signal *n* (sonido). **3** (fig) Touch *m* (matiz).
tórax *m* ANAT Thorax *m*.
torbellino *m* Wirbel *m*.
torcer *tr* **1** (ver)biegen. **2** verdrehen (interpretar mal).
torcido, -a *adj* krumm.
torear *intr* als Stierkämpfer auf|treten.
torero, -a *m, f* Stierkämpfer(in) *m(f)*.
tormenta *f* Sturm *m*; Gewitter *n*.
tormento *m* Qual *f*.
tornado *m* Tornado *m*.
torneo *m* Tournier *n*.
tornillo *m* Schraube *f*.
torniquete *m* Drehkreuz *n*.
torno *m* Drehbank *f*. ■ **en ~ a** *adv* um … herum.
toro *m* Stier *m*.
torpe *adj* ungeschickt.
torpedear *tr* torpedieren.
torpeza *f* Ungeschicklichkeit *f*.
torre *f* Turm *m*.
torrente *m* Sturzbach *m*.
torso *m* Oberkörper *m*.
torta *f* Fladen *m*.
tortazo *m* (fig, fam) Ohrfeige *f*.
tortilla *f* **1** Omelett *n*. **2** *Amér. Centr., Méx.* Maisfladen *m*.
tortuga *f* Schildkröte *f*.
tortura *f* Folter *f*.
torturar *tr* foltern.
tos *f* Husten *m*.
tosco, -a *adj* unbearbeitet.
toser *intr* husten.
tostada *f* getoastetes Brot *n*.
tostador *m* Toaster *m*.
tostar *tr* rösten (torrar); toasten (pan).
total *adj* **1** Gesamt-. ● *m* **2** (Gesamt)summe *f*.
totalidad *f* Gesamtheit *f*.
totalitario, -a *adj* POL totalitär.
totalizar *tr* zusammen|zählen.
tóxico, -a *adj* **1** giftig. ● *m* **2** Giftstoff *m*.
toxina *f* Toxin *n*.
tozudo, -a *adj* dickköpfig.
traba *f* Fessel *f*.
trabajador(a) *adj* **1** fleißig (aplicado). ● *m(f)* **2** Arbeiter(in) *m(f)*.
trabajar *intr* arbeiten.
trabajo *m* Arbeit *f*. ◆ **puesto de ~** Arbeitsplatz *m*.
trabar *tr* **1** verbinden (unir). **2** behindern (poner trabas).
tracción *f* Ziehen *n*.
tractor *m* Traktor *m*.
tradición *f* Tradition *f*.
tradicional *adj* traditionell.
traducción *f* Übersetzung *f*.
traducir *tr* übersetzen.
traductor(a) *m(f)* Übersetzer(in) *m(f)*.

traer *tr* **1** (her)|bringen; mit|-bringen. **2** verursachen (causar); mit sich bringen (conllevar). ■ **traérselas** (fig) unangenehme Folgen haben.

traficante *m, f* Händler(in) *m(f)*.

traficar *intr* ~ **con/en algo** mit *(+dat)* etw handeln.

tráfico *m* **1** Verkehr *m*. **2** COM Handel *m*.

tragaldabas *m, f* (fam) Vielfraß *m*.

tragaluz *m* Dachfenster *n*.

tragaperras *f* Spielautomat *m* (de juego).

tragar *tr* **1** (hinunter)|schlucken. **2** (fig) verschlingen (devorar).

tragedia *f* Tragödie *f*.

trágico, -a *adj* tragisch.

trago *m* Schluck *m*.

traición *f* Verrat *m*.

traicionar *tr* verraten.

traidor(a) *adj* **1** verräterisch. ● *m(f)* **2** Verräter(in) *m(f)*.

tráiler *m* CINE Trailer *m*.

traje *m* Anzug *m*. ◆ ~ **de baño** Badeanzug *m*.

trajín *m* Betrieb *m*.

trama *f* **1** (fig) Intrige *f*. **2** Schuss *m* (hilos).

tramar *tr* (fig) im Schilde führen.

trámite *m* Formalität *f*.

tramo *m* Abschnitt *m*.

tramoya *f* TEAT Bühnenmaschinerie *f*.

trampa *f* **1** Falle *f*. **2** Schwindel *m* (ardid). ■ **hacer** ~ mogeln.

trampear *intr* sich durch|schlagen (ir viviendo).

trampolín *m* Sprungbrett *n*.

tramposo, -a *adj* **1** betrügerisch. ● *m, f* **2** Betrüger(in) *m(f)*.

trance *m* Trance *f* (estado).

tranquilidad *f* Ruhe *f*.

tranquilizante *m* Beruhigungsmittel *n*.

tranquilizar *tr* beruhigen.

tranquillo *m* (fig) Dreh *m*, Kniff *m*. ■ **coger el** ~ den Dreh heraus|haben.

tranquilo, -a *adj* ruhig.

transacción *f* COM Geschäft *n*.

transatlántico *m* Passagierdampfer *m*.

transbordador *m* Fähre *f*.

transbordar *tr* um|laden.

transbordo *m* **1** Umladen *n* (de mercancías). **2** Umsteigen *n* (pasajeros). ■ **hacer** ~ um|steigen.

transcribir *tr* transkribieren.

transcripción *f* Transkription *f*.

transcurrir *intr* vergehen.

transcurso *m* Verlauf *m*.

transexual *adj* transsexuell.

transferencia *f* FIN Überweisung *f*.

transferir *tr* **1** übertragen. **2** FIN überweisen.

transformación *f* **1** Verwandlung *f*. **2** Veränderung *f* (modificación).

transformador *m* ELEC Transformator *m*.

transformar *tr* **1** verwandeln. **2** verändern (modificar).

transfusión *f* MED (Blut)transfusion *f*.
transgredir *tr* verstoßen gegen *(+ac)*.
transgresión *f* Verstoß *m*.
transición *f* Übergang *m*.
transigencia *f* Nachgiebigkeit *f*.
transigente *adj* nachgiebig.
transigir *intr* nach|geben (ceder).
transistor *m* Transistor *m*.
transitar *intr* ~ **por** fahren auf *(+dat)* (en coche); gehen auf *(+dat)* (a pie).
tránsito *m* **1** Verkehr *m*. **2** COM Transit *m*.
transitoriedad *f* Vergänglichkeit *f*.
transitorio, -a *adj* vorübergehend.
transmisión *f* Übertragung *f*.
transmisor(a) *adj* **1** Übertragungs-. • *m* **2** MED Überträger *m*. **3** TELECOM Sender *m*.
transmitir *tr* übertragen.
transmutar *tr* ~ **en** um|wandeln in *(+ac)*.
transparencia *f* **1** Durchsichtigkeit *f*. **2** Folie *f* (para proyector).
transparente *adj* durchsichtig.
transpiración *f* Schwitzen *n*.
transpirar *intr* schwitzen.
transportar *tr* transportieren.
transporte *m* Transport *m*.
transversal *adj* **1** schräg. **2** quer (perpendicular).
tranvía *m* Straßenbahn *f*.
trapacería *f* Betrug *m*.
trapatiesta *f* (fam) Krach *m*.
trapecio *m* Trapez *n*.
trapichear *intr* (fam) krumme Sachen machen.
trapo *m* **1** Lumpen *m*. **2** Lappen *m* (para limpiar).
tráquea *f* ANAT Luftröhre *f*.
traquetear *intr* Lärm machen (ruido).
traqueteo *m* Geknatter *n*.
tras *prep* **1** (tiempo) nach. **2** (situación) hinter *(+dat)*. **3** (dirección) hinter *(+ac)*.
trascendencia *f* Bedeutung *f*.
trascendental *adj* von großer Bedeutung.
trascendente *adj* transzendent.
trascender *intr* die Grenzen überschreiten.
trasero, -a *adj* hintere(r, s); Rück-.
trasfondo *m* Hintergrund *m*.
traslación *f* Überführung *f* (de un cadáver).
trasladar *tr* **1** um|stellen. **2** versetzen (funcionario). **3** verschieben (aplazar).
traslado *m* **1** Umstellen *n* (mueble). **2** Versetzung *f* (funcionario). **3** Umzug *m* (mudanza).
traslucir *tr* durchscheinen lassen.
trasluz *f* durchscheinendes Licht *n*.
trasnochado, -a *adj* übernächtigt (persona).
trasnochar *intr* sich*(dat)* die Nacht um die Ohren schlagen.

t

traspapelarse *pron* abhanden kommen.
traspasar *tr* **1** durchdringen. **2** DER übertragen.
traspaso *m* **1** Durchdringung *f*. **2** DER Übertragung *f*.
traspié *m* Stolpern *n*.
trasplantar *tr* MED transplantieren.
trasplante *m* MED Transplantation *f*.
trastada *f* Streich *m*.
trastazo *m* (fam) heftiger Schlag *m*.
trastero, -a *adj* Gerümpel-. ◆ **cuarto ~** Abstellraum *m*.
trasto *m* **1** Möbel(stück) *n*. ● **trastos** *m pl* **2** Gerümpel *n*.
trastocar *tr* durcheinander bringen.
trastornado, -a *adj* verstört.
trastornar *tr* **1** durcheinander bringen. ● **~se** *pron* **2** (fig) verrückt werden.
trasunto *m* **1** Abschrift *f* (escrito). **2** Abbild *n* (imitación).
trasvasar *tr* um|füllen (líquido).
trasvase *m* Umfüllung *f* (de un líquido).
tratado *m* **1** Abhandlung *f* (escrito). **2** POL Abkommen *n*.
tratamiento *m* Behandlung *f*.
tratar *tr* **1** behandeln. ● **~ de** *intr* **2** handeln von (libro, película). ● **~se de** *pron* **3** sich handeln um.
trato *m* **1** Behandlung *f* (tratamiento). **2** Umgang *m* (relación). **3** Abmachung *f* (pacto).
trauma *m* Trauma *n*.
traumático, -a *adj* traumatisch.
traumatizar *tr* traumatisieren.
traumatólogo, -a *m, f* Traumatologe(in) *m(f)*.
través *m* Missgeschick *n* (contratiempo). ■ **a ~ de** durch; **de ~** schräg.
travesaño *m* DEP Querlatte *f*.
travesía *f* **1** Querstraße *f* (calle). **2** NÁUT Überfahrt *f*.
travesti *m* Transvestit *m*.
travestido, -a *adj* transvestitisch.
travesura *f* Streich *m*.
traviesa *f* ARQ Traverse *f*.
travieso, -a *adj* **1** (fig) ungezogen (revoltoso, maleducado). **2** quer (transversal).
trayecto *m* Strecke *f*.
trayectoria *f* (fig) Werdegang *m*.
trazado *m* Entwurf *m* (proyecto).
trazar *tr* zeichnen (dibujar).
trazo *m* Strich *m* (línea).
trébol *m* Klee *m*.
trece *num* **1** dreizehn.
trecho *m* Strecke *f* (recorrido).
tregua *f* MIL Waffenstillstand *m*.
treinta *num* dreißig.
treintena *f* Dreißigstel *n* (parte). ■ **una ~ de** dreißig Stück (unidades).
tremendo, -a *adj* fürchterlich (terrible).
tren *m* Zug *m*.
trenza *f* Zopf *m*.
trenzar *tr* flechten.

trepar *tr* e *intr* klettern auf (*+ac*).
trepidante *adj* bebend.
tres *num* drei.
trescientos, -as *num* dreihundert.
tresillo *m* Sitzgruppe *f*.
trial *m* Trial *n*.
triangular *adj* dreieckig.
triángulo *m* Dreieck *n*.
tribu *f* Stamm *m*.
tribulación *f* Kummer *m* (pena).
tribuna *f* Tribüne *f*.
tribunal *m* Gericht *n*.
tributación *f* Steuer *f* (tributo).
tributar *tr* zahlen (impuestos).
tributario, -a *adj* Steuer-.
tributo *m* Steuer *f* (impuesto).
triciclo *m* Dreirad *n*.
tricotar *tr* e *intr* stricken.
trienio *m* Dauer *f* von drei Jahren.
trifulca *f* (fig, fam) Streit *m* (disputa).
trigal *m* Weizenfeld *n*.
trigo *m* Weizen *m*.
trillar *tr* dreschen.
trillizo, -a *adj* **1** Drillings-. • *m*, *f* **2** Drilling *m*.
trillón *m* Trillion *f*.
trimestral *adj* vierteljährlich (cada trimestre).
trimestre *m* **1** Quartal *n*. **2** EDUC Trimester *n*.
trinar *intr* zwitschern (pájaro).
trinchar *tr* tranchieren.
trinchera *f* Schützengraben *m*.
trineo *m* Schlitten *m*.
trinidad *f* REL Dreifaltigkeit *f*.
trino *m* **1** Zwitschern *n* (gorjeo). **2** MÚS Triller *m*.
tripa *f* **1** Darm *m* (intestino). **2** Bauch *m* (vientre).
tripartito, -a *adj* dreiteilig.
triple *adj* dreifach.
triplicar *tr* verdreifachen.
trípode *m* FOT Stativ *n*.
tríptico *m* Triptychon *n*.
tripulación *f* Besatzung *f*.
tripular *tr* steuern (conducir).
triste *adj* traurig.
tristeza *f* Traurigkeit *f*.
trituradora *f* Zerkleinerer *m*.
triturar *tr* **1** zerkleinern (desmenuzar). **2** zermahlen (moler).
triunfal *adj* triumphal.
triunfar *intr* triumphieren.
triunfo *m* Triumph *m*.
trivial *adj* trivial.
trivialidad *f* Trivialität *f*.
trocear *tr* zerstückeln.
trofeo *m* Trophäe *f*.
trola *f* (fam) Schwindel *m*.
trolebús *m* Trolleybus *m*.
trolero, -a *m, f* Schwindler(in) *m(f)*.
tromba *f* Trombe *f*.
trombón *m* Posaune *f*.
trompa *f* **1** MÚS Horn *n*. **2** ZOOL Rüssel *m*.
trompeta *f* Trompete *f*.
trompicar *intr* stolpern.
tronar *impers* donnern.
tronchar *tr* entwurzeln (tronco).
tronco *m* **1** (Baum)stamm *m* (árbol). **2** ANAT Rumpf *m*.
trono *m* Thron *m*.
tropa *f* Truppe *f*.

t

tropel *m* Getümmel *n.*
tropezar *intr* ~ **en (o contra) 1** stolpern über *(+ac)* (con los pies). ~ **con 2** stoßen auf *(+ac)* (encontrar).
tropezón *m* Stolpern *n.*
tropical *adj* tropisch.
trópico *m* **1** Wendekreis *m.* • **trópicos** *m pl* **2** Tropen *pl.*
tropiezo *m* Hindernis *n.*
troquelar *tr* prägen.
trotacalles *m, f* (fam) Pflastertreter(in) *m(f).*
trotamundos *m, f* Weltenbummler(in) *m(f).*
trotar *intr* traben (caballo).
trote *m* **1** Trab *m* (caballo). **2** Gehetze *n* (ajetreo).
trozo *m* Stück *n.*
trucar *tr* manipulieren.
trucha *f* Forelle *f.*
truco *m* Trick *m.*
truculento, -a *adj* grausam.
trueno *m* Donner *m.*
trueque *m* **1** (Aus)tausch *m.* **2** COM Tauschhandel *m.*
trufa *f* Trüffel *f.*
truhán, -ana *adj* **1** spitzbübisch (pillo). • *m, f* **2** Gauner(in) *m(f)* (estafador).
truncar *tr* **1** ab|schneiden. **2** (fig) zunichte machen (frustrar).
trust *m* ECON Trust *m.*
tu *adj poses* dein(e).
tú *pron poses* du.
tubérculo *m* BOT Knolle *f.*
tuberculosis *f* Tuberkulose *f.*
tubería *f* Rohrleitung *f.*
tubo *m* Rohr *n.*
tucán *m* Tukan *m.*
tuerca *f* (Schrauben)mutter *f.*
tuerto, -a *adj* einäugig (vista).
tuétano *m* Knochenmark *n.*
tufo *m* **1** Dampf *m.* **2** (fam) Gestank *m* (hedor).
tugurio *m* Barracke *f.*
tul *m* Tüll *m.*
tulipán *m* Tulpe *f.*
tullido, -a *adj* gelähmt.
tullir *tr* **1** verletzen (herir). **2** lähmen (paralizar).
tumba *f* Grab *n.*
tumbar *tr* **1** um|werfen. • **~se** *pron* **2** sich hin|legen. ■ **estar tumbado** liegen.
tumbo *m* Fall *m.*
tumbona *f* Liegestuhl *m.*
tumor *m* Tumor *m.*
tumulto *m* Tumult *m.*
tundra *f* Tundra *f.*
túnel *m* Tunnel *m.*
túnica *f* Tunika *f.*
tuno, -a *adj* spitzbübisch (pícaro).
tuntún *loc adv* **al (buen)** ~ aufs Geratewohl.
tupido, -a *adj* dicht.
tupir *tr* zusammen|pressen.
turbación *f* Störung *f.*
turbante *m* Turban *m.*
turbar *tr* **1** stören (alterar). **2** bestürzen (consternar). • **~se** *pron* **3** sich beunruhigen (inquietarse).
turbina *f* Turbine *f.*
turbio, -a *adj* trübe.
turbulencia *f* Turbulenz *f.*
turbulento, -a *adj* turbulent.

turgencia *f* Anschwellung *f.*
turismo *m* **1** Tourismus *m.* **2** AUT Pkw *m.*
turista *m, f* Tourist(in) *m(f).*
turístico, -a *adj* touristisch.
turnarse *pron* sich ab|wechseln.
turno *m* **1** Reihe(nfolge) *f* (orden). **2** Schicht *f* (de trabajo).
turrón *m für die Weihnachtszeit typische Süßigkeit aus Mandeln, Nüssen, Honig, Zucker oder anderen Zutaten.*
tutear *tr* duzen.
tutelar *tr* die Vormundschaft haben über *(+ac).*
tutor(a) *m(f)* **1** Vormund *m* (tutela). **2** Tutor(in) *m(f)* (de curso).
tuyo, -a *adj poses* **1** dein(e). • *pron poses* **2** deine(r, s).

Uu

u, U *f* u, U *n* (letra).
ubicación *f* Stelle *f* (lugar).
ubicar *intr y pron* sich befinden.
UCI (*siglas de* **unidad de cuidados intensivos**) *f* Intensivstation *f.*
¡uf! *interj* uff!
ufano, -a *adj* **1** zufrieden (satisfecho). **2** stolz auf (orgulloso).
¡uh! *interj* uh!
úlcera *f* Geschwür *n.*
ultimar *tr* ab|schließen.
ultimátum *m* Ultimatum *n.*
último, -a *adj* letzte(r, s). ■ **por ~** zuletzt.
ultrajar *tr* beleidigen (ofender).
ultraje *m* Beleidigung *f.*
ultramar *m* Übersee *f.*
ultramarinos *m pl* Lebensmittelgeschäft *n* (tienda).
ultranza *loc adv* **a ~** aufs Äußerste.
ultratumba *f* Jenseits *n.*
ultravioleta *adj* ultraviolet.
umbilical *adj* Nabel-. ♦ **cordón ~** Nabelschnur *f.*
umbral *m* Schwelle *f.*
un, una *art* ein(e). ■ **~ día** eines Tages.
unánime *adj* einhellig (opinión); einstimmig (decisión).
undécimo, -a *num* **1** elfte(r, s) (numeración). **2** elftel (parte).
ungüento *m* Salbe *f.*
unicelular *adj* einzellig.
único, -a *adj* **1** einzig. **2** (fig) einzigartig.
unidad *f* **1** Einheit *f.* **2** INF Laufwerk *n.*
unifamiliar *adj* Einfamilien-.
unificar *tr* vereinigen.
uniformar *tr* **1** vereinheitlichen (igualar). **2** uniformieren (poner uniformes).
uniforme *adj* **1** einheitlich. • *m* **2** Uniform *f.*

unilateral *adj* einseitig.
unión *f* **1** Verbindung *f* (de elementos). **2** Zusammenschluss *m* (asociación). **3** POL Union *f*.
unir *tr* **1** verbinden (dos elementos). **2** vereinen (empresas, territorios, esfuerzos). • **~se 3** sich versammeln.
unisex *adj* **1** Herren- (moda de caballeros). **2** Damen- (de señoras).
universal *adj* **1** allgemein; universal (del universo). **2** Welt- (del mundo).
universidad *f* Universität *f*.
universo *m* Universum *n*.
unívoco, -a *adj* eindeutig.
uno, -a *num* **1** eins. • *pron indef* **2** eine(r, s) (alguno); jemand (alguien). **3** man (impersonal). • *m* **4** Eins *f*. ■ **cada ~** jeder.
untar *tr* **1** bestreichen (pan). **2** ein|cremen (con crema).
uña *f* Nagel *m*.
uralita® *f* Asbestzement *m*.
uranio *m* QUÍM Uran *n*.
urbanismo *m* Urbanistik *f*.
urbanización *f* Wohnsiedlung *f*.
urbanizar *tr* **1** erschließen (terreno). • *tr y pron* **2** verstädtern (convertir en ciudad).
urbano, -a *adj* städtisch.
urbe *f* Großstadt *f*.
urdir *tr* an|zetteln.
urgencia *f* **1** Dringlichkeit *f* (cualidad). **2** Notfall *m* (caso). • **urgencias** *f pl* **3** Notaufnahme *f*.
urgente *adj* dringend.
urgir *intr* eilen.
urinario *m* Pissoir *n*.
urna *f* Urne *f*.
urraca *f* Elster *f*.
urticaria *f* Nesselausschlag *m*.
Uruguay *m* Uruguay *n*.
uruguayo, -a *adj* **1** uruguayisch. • *m, f* **2** Uruguayer(in) *m(f)*.
usado, -a *adj* abgnutzt.
usar *tr* **1** benutzen (utilizar). **2** tragen (llevar).
uso *m* **1** Gebrauch *m* (utilización). **2** Brauch *m* (costumbre).
usted (*pl* **ustedes**) *pron* **1** Sie; Ihnen (trato de cortesía). **2** *Amér.* ihr; euch (vosotros).
usual *adj* gebräuchlich.
usuario, -a *m, f* Benutzer(in) *m(f)*.
usufructo *m* Nutznießung *f*.
usura *f* Wucher *m*.
utensilio *m* **1** Gerät *n*. • **utensilios** *m pl* **2** Werkzeug *n* (herramienta).
útero *m* Gebärmutter *f*.
útil *adj* nützlich.
utilidad *f* Nützlichkeit *f*.
utilitario, -a *adj* Nutz-.
utilizar *tr* benutzen.
utopía o **utopia** *f* Utopie *f*.
uva *f* (Wein)traube *f*.
¡uy! *interj* oh!

Vv

v, V *f* v, V *n* (letra).
vaca *f* Kuh *f.*
vacaciones *f pl* Urlaub *m* (del trabajo); Ferien *pl* (escolares).
vacante *adj* **1** frei. • *f* **2** freie Stelle *f.*
vaciar *tr* **1** leeren. **2** aus|schütten (verter).
vacilar *intr* schwanken.
vacilón, -ona *adj* witzig.
vacío, -a *adj* **1** leer. • *m* **2** Leere *f.* **3** FÍS Vakuum *n.*
vacuna *f* Impfung *f.*
vacunar *tr* **1** impfen. • **~se** *pron* **2** sich impfen lassen.
vado *m* Furt *f* (de río).
vagabundear *intr* vagabundieren.
vagabundo, -a *m, f* Vagabund(in) *m(f).*
vagar *intr* **1** herum|streunen (vagabundear). **2** faulenzen (estar ocioso).
vagina *f* Vagina *f.*
vago, -a *adj* **1** faul (holgazán). **2** vage (impreciso). • *m, f* **3** Faulpelz *m.*
vagón *m* Waggon *m.*
vagoneta *f* Kipplore *f.*
vaguedad *f* Unklarheit *f.*
vahído *m* Ohnmacht *f.*
vaho *m* Dampf *m.*
vaina *f* **1** Scheide *f* (funda). **2** BOT Hülse *f.*
vainilla *f* Vanille *f.*
vaivén *m* Hin und Her *n.*
vajilla *f* Geschirr *n.*
vale *m* Gutschein *m.*
valentía *f* Mut *m.*
valer *tr* **1** kosten (costar). **2** wert sein (tener valor). • *intr* **3** gültig sein (ser válido). ■ **¡vale!** einverstanden!
valeroso, -a *adj* mutig.
valía *f* Wert *m.*
válido, -a *adj* gültig.
valiente *adj* mutig.
valija *f* Handkoffer *m.*
valla *f* Zaun *m.* ◆ **~ publicitaria** Plakatwand *f.*
vallado *m* Einzäunung *f.*
vallar *tr* ein|zäunen.
valle *m* Tal *n.*
valor *m* **1** Wert *m.* **2** Mut *m* (valentía).
valorar *tr* schätzen.
válvula *f* **1** ANAT Klappe *f.* **2** TEC Ventil *n.*
vampiro, -esa *m, f* Vampir *m,* Vamp *m.*
vanagloriarse *pron* **~ de** sich rühmen *(+gen).*
vandalismo *m* Vandalismus *m.*
vanguardia *f* Avantgarde *f.*
vanidad *f* Eitelkeit *f.*
vano, -a *adj* **1** vergeblich (inútil). **2** grundlos (infundado). ■ **en ~** vergebens.

vapor *m* Dampf *m*.
vaporizar
vara *f* Rute *f*.
varapalo *m* Schlag *m* (golpe).
varar *intr* **1** stranden (encallar). **2** (fig) stecken bleiben.
variable *adj* **1** veränderlich. • *f* **2** MAT Variable *f*.
variación *f* Schwankung *f*.
variado, -a *adj* verschieden.
variante *adj* **1** wechselnd. • *f* **2** Variante *f*.
variar *tr* **1** (ver)ändern (modificar). **2** variieren (dar variedad). • *intr* **3** wechseln.
variedad *f* **1** Vielfalt *f*. **2** BOT, ZOOL Sorte *f*.
varilla *f* Stab *m*.
vario, -a *adj* **1** verschieden. • **varios** *adj pl* **2** einige.
variz *f* Krampfader *f*.
varón *m* Mann *m*.
vaselina *f* Vaseline *f*.
vasija *f* Gefäß *n*.
vaso *m* Glas *n*.
váter *m* WC *n*.
¡vaya! *interj* na so was! (sorpresa).
vecindad *f* Nachbarschaft *f*.
vecino, -a *adj* **1** Nachbar-. • *m, f* **2** Nachbar(in) *m(f)*.
vedar *tr* verbieten.
vedette *f* Star *m*.
vega *f* Flussaue *f*.
vegetación *f* Vegetation *f*.
vegetal *adj* Pflanzen-.
vegetariano, -a *adj* **1** vegetarisch. • *m, f* **2** Vegetarier(in) *m(f)*.
vehemente *adj* heftig.
vehículo *m* Fahrzeug *n*.
veinte *num* zwanzig.
vejez *f* (Greisen)alter *n*.
vejiga *f* Blase *f*.
vela *f* **1** Kerze *f*. **2** NÁUT Segel *n*.
velada *f* Abendgesellschaft *f*.
velador *m* rundes Tischchen *n* (mesita).
velar *intr* **1** wachen (no dormir). **2** nachts arbeiten (trabajar).
velatorio *m* Totenwache *f*.
velero, -a *adj* **1** Segel-. • *m* **2** Segelschiff *n*.
veleta *f* Wetterfahne *f*.
vello *m* Körperhaar *n*.
velo *m* Schleier *m*.
velocidad *f* Geschwindigkeit *f*.
velocista *m, f* Sprinter(in) *m(f)*.
veloz *adj* schnell.
vena *f* Ader *f*; Vene *f*.
venado *m* Hirsch *m*.
vencer *tr* **1** besiegen. • *intr* **2** ab|laufen (plazo).
vencimiento *m* Ablauf *m*.
venda *f* Binde *f*. ■ **tener una ~ en los ojos** (fig) (wie) mit Blindheit geschlagen sein.
vendaje *m* Verband *m*.
vendar *tr* verbinden.
vendaval *m* Sturm *m*.
vendedor(a) *m(f)* Verkäufer(in) *m(f)*.
vender *tr* verkaufen.
vendimia *f* Weinlese *f*.
vendimiar *tr* (ver)lesen.
veneno *m* Gift *n*.
venenoso, -a *adj* giftig.
venerar *tr* verehren.

venezolano, -a *adj* **1** venezolanisch. • *m, f* **2** Venezolaner(in) *m(f)*.
Venezuela *f* Venezuela *n*.
venganza *f* Rache *f*.
vengar *tr* rächen.
venia *f* Erlaubnis *f*.
venida *f* Ankunft *f*.
venir *intr* **1** kommen. • **~se** *pron* **2** (an)|kommen. **3** passieren (suceder). ■ **¡venga!** los!
venta *f* **1** Verkauf *m*. **2** Gasthaus *n* (posada).
ventaja *f* **1** Vorteil *m*. **2** DEP Vorsprung *m*.
ventana *f* Fenster *n*.
ventanilla *f* **1** Fenster *n*. **2** Schalter *m* (taquilla).
ventear *impers* wehen (viento).
ventilación *f* (Be)lüftung *f*.
ventilador *m* Ventilator *m*.
ventilar *tr* (be)lüften.
ventosa *f* Saugnapf *m*.
ventosidad *f* Blähung *f*.
ventura *f* Glück *n*.
venus *f* Venus *f*.
ver *tr* **1** sehen (percibir). **2** an|schauen (observar). **3** besuchen (visitar). • **~se** *pron* **4** sich sehen. ■ **a ~** mal sehen!; **~ la televisión** fern|sehen.
veraneante *m, f* Sommerfrischler(in) *m(f)*.
veranear *intr* den Sommerurlaub verbringen.
veraniego, -a *adj* sommerlich.
verano *m* Sommer *m*.
veras *f* Wahrheit *f*. ■ **de ~** wirklich.
verbena *f* **1** Tanz *m* (baile). **2** BOT Eisenkraut *n*.
verbo *m* GRAM Verb *n*.
verdad *f* Wahrheit *f*. ■ **de ~** wirklich.
verdadero, -a *adj* **1** wahr (no falso). **2** wirklich (real).
verde *adj* **1** grün. • *m* **2** Grün *n*.
verdor *m* frisches Grün *n*.
verdoso, -a *adj* grünlich.
verdugo *m* Henker *m*.
verdulería *f* Gemüseladen *m*.
verdura *f* Gemüse *n*.
vereda *f* Pfad *m*.
veredicto *m* Urteil *n*.
verga *f* männliches Glied *n*.
vergonzoso, -a *adj* **1** schändlich (acción). **2** schamhaft (persona).
vergüenza *f* **1** Scham *f* (rubor). **2** Schande *f* (infamia).
verídico, -a *adj* wahr.
verificación *f* (Über)prüfung *f*.
verificar *tr* überprüfen.
verja *f* Gitter *n*.
vermú o **vermut** *m* Wermut *m*.
verosímil *adj* glaubwürdig (creíble).
verruga *f* Warze *f*.
versar *intr* sich drehen.
versátil *adj* **1** umdrehbar. **2** (fig) wankelmütig (inconstante).
versión *f* **1** Übersetzung *f* (traducción). **2** Version *f* (variante).
verso *m* Vers *m*.
vértebra *f* Wirbel *m*.
vertedero *m* Mülldeponie *f*.
verter *tr* schütten.
vertical *adj* vertikal.

vértice *m* Scheitelpunkt *m.*
vertido *m* Ausleeren *n.*
vertiente *f* Abhang *m.*
vertiginoso, -a *adj* Schwindel erregend.
vértigo *m* Schwindel *m.*
vesícula *f* Blase *f* (órgano).
vespa® *f* Vespa *f.*
vespino® *m* Mofa *n.*
vestíbulo *m* Flur *m.*
vestidura *f* Kleidung *f.*
vestigio *m* Spur *f.*
vestir *tr* **1** an|ziehen (poner ropa). **2** tragen (llevar puesto). ● **~se** *pron* **3** sich an|ziehen.
vestuario *m* **1** Garderobe *f.* **2** DEP Umkleidekabine *f.*
veta *f* Maser *f* (de madera).
vetar *tr* ein Veto ein|legen gegen *(+ac).*
veterano, -a *m, f* Veteran(in) *m(f).*
veterinario, -a *m, f* Tierarzt, -ärztin *m, f.*
veto *m* Veto *n.*
vez *f* **1** Mal *n.* **2** Reihe(nfolge) *f* (turno). ■ **de ~ en cuando** ab und zu; **en ~ de** anstatt; **tal ~** vielleicht; **una ~** einmal.
vía *f* **1** Weg *m.* **2** Gleis *n* (raíl).
viabilidad *f* Durchführbarkeit *f.*
viajante *m, f* Geschäftsreisende(r) *mf(m).*
viajar *intr* reisen.
viaje *m* Reise *f.* ■ **¡buen ~!** gute Reise!
viajero, -a *m, f* Reisende(r) *mf(m).*
vial *adj* Straßen-.
viandante *m, f* Fußgänger(in) *m(f).*
víbora *f* Viper *f.*
vibración *f* Vibration *f.*
vibrar *intr* vibrieren.
vicario, -a *m, f* Vikar(in) *m(f).*
viceversa *adv* umgekehrt.
viciar *tr* verderben.
vicio *m* Laster *n.*
víctima *f* Opfer *n.*
victoria *f* Sieg *m.*
vid *f* Weinstock *m.*
vida *f* Leben *n.*
vidente *m, f* Hellseher(in) *m(f).*
vídeo *m* **1** Video *n* (película). **2** Videorekorder *m* (aparato).
videocámara *f* Videokamera *f.*
videocasete *m* Videorekorder *m.*
videoclip *m* Videoclip *m.*
videoclub *m* Videoklub *m.*
videoconsola *f* Videokonsole *f.*
videojuego *m* Videospiel *n.*
videotexto *m* Bildschirmtext *m.*
vidriera *f* Glasfenster *n.*
vidrio *m* Glas *n.*
vidrioso, -a *adj* glasig.
viejo, -a *adj* **1** alt. ● *m, f* **2** Alte *m, f.*
viento *m* Wind *m.*
vientre *m* Bauch *m.*
viernes *m* Freitag *m.*
viga *f* Träger *m.*
vigencia *f* (Rechts)gültigkeit *f.*
vigía *m, f* Wachtposten *m.*
vigilancia *f* Überwachung *f.*
vigilar *tr* überwachen.
vigilia *f* **1** Nachtwache *f.* **2** Vorabend *n* (víspera).

vigor *m* **1** Kraft *f*. **2** DER Gültigkeit *f*.
vigoroso, -a *adj* stark.
vil *adj* gemein.
vileza *f* Gemeinheit *f*.
vilipendiar *tr* verachten.
villa *f* Villa *f*.
villancico *m* Wehnachtslied *n*.
vilo *loc adv* **en ~** in der Schwebe.
vinagre *m* Essig *m*.
vinagreta *f* Vinaigrette *f*.
vinculación *f* (Ver)bindung *f*.
vincular *tr* verbinden (ligar).
vínculo *m* Verknüpfung *f*.
vinícola *adj* Weinbau-.
vinicultura *f* Wein(an)bau *m*.
vino *m* Wein *m*. ♦ **~ blanco** Weißwein *m*; **~ tinto** Rotwein *m*.
viña *f* Weinberg *m*.
viñedo *m* Weinberg *m*.
viñeta *f* Vignette *f*.
violación *f* Vergewaltigung *f*.
violar *tr* vergewaltigen (mujer).
violencia *f* Gewalt *f*.
violentar *tr* zwingen.
violento, -a *adj* gewalttätig.
violeta *adj* **1** violett. ● *f* **2** Veilchen *n*.
violín *m* Geige *f*.
violonchelo *m* (Violon)cello *n*.
virar *intr* wenden; drehen.
virgen *adj* **1** jungfräulich (persona). ● *f* **2** Jungfrau *f*.
virginidad *f* Jungfräulichkeit *f*.
Virgo *f* ASTR Jungfrau *f*.
virguería *f* (fam) Feinarbeit *f*.
virilidad *f* Männlichkeit *f*.
virtual *adj* virtuell.
virtud *f* Tugend *f*.
virtuoso, -a *adj* virtuos.
viruela *f* Pocken *f pl*.
virulencia *f* Virulenz *f*.
virus *m* Virus *n* o *m*.
visado *m* Visum *n*.
víscera *f* Eingeweide *n*.
viscosidad *f* Zähflüssigkeit *f*.
viscoso, -a *adj* zähflüssig.
visera *f* (Mützen)schirm *m*.
visibilidad *f* Sichtbarkeit *f*.
visillo *m* Scheibengardine *f*.
visión *f* Sicht *f* (vista).
visita *f* Besuch *m*.
visitar *tr* besuchen.
vislumbrar *tr* (fig) (er)ahnen.
viso *m* Schillern *n*.
visón *m* Nerz *m*.
visor *m* FOT Sucher *m*.
víspera *f* Vorabend *m*.
vista *f* **1** Sicht *f* (visión). **2** Sehvermögen *n* (capacidad). **3** (Aus)sicht *f* (panorama).
vistoso, -a *adj* ansehnlich.
visual *adj* visuell.
vital *adj* vital.
vitalidad *f* (fig) Vitalität *f*.
vitamina *f* Vitamin *n*.
vitorear *tr* hochleben lassen.
vitrina *f* Vitrine *f*.
vituperar *tr* tadeln.
viudo, -a *m, f* Witwe(r) *mf(m)*.
vivacidad *f* Lebhaftigkeit *f*.
vivaz *adj* lebhaft.
víveres *m pl* Lebensmittel *n pl*.
vivero *m* Baumschule *f*.
vivienda *f* Wohnung *f*.
vivificar *tr* beleben.
vivir *tr* **1** erleben. ● *intr* **2** leben.
vivo, -a *adj* lebendig.

vocablo *m* Wort *n.*
vocabulario *m* Wortschatz *m.*
vocación *f* Berufung *f.*
vocal *f* Vokal *m.*
vocalizar *intr* vokalisieren.
vociferar *intr* schreien.
vodka *m, f* Wodka *m.*
volador(a) *adj* fliegend.
volante *m* **1** AUT Lenkrad *n.* **2** Volant *m* (adorno).
volar *intr* fliegen.
volátil *adj* QUÍM flüchtig.
volcán *m* Vulkan *m.*
volcar *tr* **1** um|werfen. • *intr y pron* **2** um|kippen (tumbarse).
voleibol *m* Volleyball *m.*
voltaje *m* Spannung *f.*
voltear *tr* um|drehen.
voltio *m* Volt *n.*
voluble *adj* unbeständig.
volumen *m* **1** Volumen *n* (tamaño, cantidad). **2** Umfang *m* (tamaño). **3** Lautstärke *f* (sonido). **4** Band *m* (tomo).
voluntad *f* Wille(n) *m.*
voluntario, -a *adj* freiwillig.
voluntarioso, -a *adj* eigenwillig.
voluptuoso, -a *adj* wolllüstig.
volver *intr* **1** zurückkehren, -kommen, -fahren, -gehen (regresar). **~ a hacer algo 2** etw wieder machen. • **~se** *pron* **3** werden (ponerse, llegar a ser).
vomitar *tr* erbrechen.
vómito *m* (Er)brechen *n.*
voraz *adj* gefräßig.
vos *pron Amér.* du; dir, dich.
vosear *tr* mit "vos" an|sprechen.
vosotros, -tras *pron* ihr (sujeto); euch (con preposición).
votación *f* Abstimmung *f.*
votar *tr* **1** ab|stimmen über *(+ac)* (moción). • *intr* **2** stimmen für *(+ac)* (aprobar).
voto *m* POL Stimme *f.* ♦ **derecho a ~** Stimmrecht *n.*
voz *f* Stimme *f.*
vuelco *m* (fig) Umschwung *m.*
vuelo *m* Flug *m.* ♦ **~ nacional/internacional** Inland-/Auslandflug *m*; **~ regular** Linienflug *m.*
vuelta *f* **1** (Um)drehung *f* (giro). **2** Rückkehr *f*; Rückfahrt *f* (regreso). **3** Rückgabe *f* (devolución). ■ **dar la ~** um|kehren; **dar la ~ a algo** etw um|drehen; **dar una ~** eine kleine Runde drehen.
vuestro, -a *adj poses* **1** euer, eu(e)re. • *pron poses* **2** eure, eure, eures; euch.
vulgar *adj* vulgär.
vulgaridad *f* Vulgarität *f.*
vulnerar *tr* verletzen.
vulva *f* Vulva *f.*

Ww

w, W *f* w, W *n* (letra).
walkie-talkie *m* Walkie-Talkie *n.*
Walkman® *m* Walkman® *m.*
wáter *m* WC *n.*
waterpolo *m* Wasserball *m.*
whisky *m* Whisky *m.*
windsurf *m* (Wind)surfen *n.*

Xx

x, X *f* x, X *n* (letra).
xenofobia *f* Xenophobie *f.*
xenófobo, -a *adj* xenophob.
xerocopia *f* Xerokopie *f.*
xilófono *m* Xylophon *n.*
xilografía *f* Xylographie *f.*

y, Y *f* y, Y *n* (letra).
y *conj* und. ■ **¿~ qué?** na und?
ya *adv* **1** schon; bereits. **2** gleich; sofort (pronto, ahora mismo). **3** jetzt (ahora). **4** ja (afirmación). ■ **~ no** nicht mehr; **~ que** da, weil; wenn.
yacaré *m Amér. Merid.* Kaiman *m.*
yacer *intr* **1** liegen (estar tendido). **2** sich befinden (estar).
yacimiento *m* Fundstätte *f.*
yarda *f* Yard *n.*
yate *m* Jacht *f.*
yegua *f* Stute *f.*
yema *f* Eigelb *n.* ◆ **~ del dedo** Fingerkuppe *f.*
yermo, -a *adj* AGR brach.
yerno *m* Schwiegersohn *m.*
yeso *m* Gips *m.*
yo *pron* **1** ich. ● *m* **2** Ich *n.*
yodo *m* Jod *n.*
yoga *m* Joga *m* o *n.*
yogur *m* Joghurt *m* o *n.*
yoyó *m* Jo-Jo *n.*
yunque *m* Amboss *m.*
yuppie *m, f* Yuppie *m.*
yute *m* Jute *f.*
yuxtaposición *f* Nebeneinanderstellung *f.*

Zz

z, Z *f* z, Z *n* (letra).
zafarse *pron* ~ **de algo** sich vor etw*(dat)* drücken.
zafiro *m* Saphir *m.*
zaga *f* hinterer Teil *m.*
zaguán *m* Hausflur *m.*
zaherir *tr* kränken.
zalamería *f* Schmeichelei *f.*
zambullirse *pron* (ein)|tauchen.
zanahoria *f* Karotte *f.*
zancadilla *f* Beinstellen *n.*
zanja *f* Graben *m.*
zanjar *tr* (fig) lösen (resolver); bei|legen (conflicto).
zapatear *intr* mit dem Fuß (auf)|stampfen.
zapatería *f* Schuhgeschäft *n* (tienda).
zapatero, -a *m, f* Schuhmacher(in) *m(f).*
zapatilla *f* **1** Hausschuh *m* (para estar en casa). **2** Turnschuh *m* (de deporte).
zapato *m* Schuh *m.*
zapping *m* TV Zappen *n.*
zarandear *tr* sieben (cribar).
zarcillo *m* Ohrring *m* (pendiente).
zarpar *intr* NÁUT aus|laufen.
zarza *f* Brombeerstrauch *m.*
zarzuela *f* MÚS Zarzuela *f.*
¡zas! *interj* peng!
zenit *m* Zenit *m.*
zigzag *m* Zickzack *m.*
zinc *m* QUÍM Zink *n.*
zipizape *m* (fam) Radau *m.*
zócalo *m* Sockel *m.*
zodíaco *m* Tierkreis *m.*
zona *f* **1** Zone *f.* **2** Gebiet *n* (terreno); Bereich *m* (área).
zoo *m* Zoo *m.*
zoología *f* Zoologie *f.*
zoológico *m* Zoo *m.*
zoom *m* FOT Zoom *n.*
zoquete *m* Holzklotz *m.*
zorra *f* Füchsin *f.*
zorro *m* Fuchs *m.*
zote *adj* begriffsstutzig.
zulo *m* unterirdisches Versteck *n.*
zumbar *intr* summen.
zumbido *m* Summen *n.*
zumo *m* (Frucht)saft *m.*
zurcido *m* Flickstelle *f.*
zurcir *tr* zu|nähen.
zurdo, -a *adj* linkshändig.
zurrar *tr* (fig) verprügeln.

Deutsch-Spanisch

Aa

a, A [aː] (-) *n* **1** a, A *f* (letra). **2** MÚS la *m*.

a [aː] (*abrev de* **Ar**) *n* a (área).

à [a] *prep* a: *drei Fahrkarten à 2 Euro = tres billetes a dos euros.*

Aas [aːs] (**-e**) *n* carroña *f*.

ab [ap] *prep* **+dat 1** (tiempo) a partir de. **2** (situación) desde. **3** (medida/precio) a partir de.

ab|ändern [ˈapˌɛndɐn] *tr* **1** modificar. **2** cambiar.

Abb. (*abrev de* **Abbildung**) *f* fig. (figura).

Abbau [ˈapbaʊ] *m* desmontaje *f*.

ab|bestellen [ˈapbəˌʃtɛlən] *tr* anular, cancelar (un pedido).

ab|biegen [ˈapˌbiːgən] *intr* **1** girar. ● *tr* **2** doblar.

Abbild [ˈapbɪld] (**-er**) *n* imagen *f*.

ab|bilden [ˈapˌbɪldən] *tr* retratar.

Abbildung [ˈapˌbɪldʊŋ] (**-en**) *f* **1** ilustración *f*. **2** copia *f*, representación *f*.

ab|brechen [ˈapˌbrɛçən] *intr* **1** romperse (algo en pedazos). ● *tr* **2** romper.

ab|brennen [ˈapˌbrɛnən] *tr* quemar.

ab|bringen [ˈapˌbrɪŋən] *tr* desviar.

ab|buchen [ˈapˌbuːxən] *tr* adeudar, cargar en cuenta.

ab|drucken [ˈapˌdrʊkən] *tr* imprimir.

Abend [ˈabənt] (**-e**) *m* tarde *f*; anochecer *m*; noche *f*. ■ **am ~** de o durante la noche.

Abendbrot [ˈaːbəntˌbroːt] (**-e**) *n* cena *f*.

Abendessen [ˈaːbəntˌɛsən] (**-**) *n* cena *f*.

Abendland [ˈaːbəntˌlant] *n* occidente *m*.

abends [ˈaːbənts] *adv* por la tarde; por la noche.

Abenteuer [ˈaːbəntɔɪɐ] (**-**) *n* aventura *f*.

abenteuerlich [ˈaːbəntɔɪɐlɪç] *adj* **1** aventurero. **2** arriesgado (un plan).

Abenteurer(in) [ˈaːbəntɔɪrɐ] (**-, -nen**) *m(f)* aventurero, -a *m, f*.

aber [ˈaːbɐ] *conj* **1** pero, sin embargo. ● **¡~!** *interj* **2** ¡bueno!

Aber [ˈaːbɐ] (**-**) *n* pero *m*. ■ **kein ~!** ¡no hay peros que valgan!

Aberglaube(n) [ˈaːbɐˌglaʊbə] *m* superstición *f*.

abergläubisch [ˈaːbɐˌglɔɪbɪʃ] *adj* supersticioso.

Abf. (*abrev de* **Abfahrt**) *f* salida *f*.

ab|fahren [ˈapˌfaːrən] *intr* partir, marchar.

Abfahrt [ˈapfaːɐt] (**-en**) *f* partida *f* (viaje); salida *f* (tren).

Abfahrt(s)zeit [ˈapfa:ɐtsˌtsaɪt] **(-en)** *f* hora *f* de partida.

Abfall [ˈapfal] **(-fälle)** *m* basura *f*.

Abfalleimer [ˈapfalˌaɪmɐ] (-) *m* cubo *m* de la basura.

ab|fallen [ˈapˌfalən] *intr* caer.

abfällig [ˈapˌfɛlɪç] *adj* **1** despectivo. **2** desfavorable.

ab|fertigen [ˈapˌfɛrtɪgən] *tr* despachar, atender.

ab|finden [ˈapˌfɪndən] *tr* **1** compensar, indemnizar. ● **sich ~** *pron* **2** llegar a un acuerdo.

ab|fliegen [ˈapˌfli:gən] *intr* despegar (avión).

ab|fließen [ˈapˌfli:sən] *intr* escurrirse.

Abflug [ˈapflu:k] **(-flüge)** *m* despegue *m*.

Abflugzeit [ˈapflu:kˌtsaɪt] **(-en)** *f* hora *f* de salida del vuelo.

ab|fragen [ˈapˌfra:gən] *tr* preguntar (lección).

ab|führen [ˈapˌfy:rən] *tr* **1** llevar detenido (criminal). **2** pagar.

ab|füllen [ˈapˌfʏlən] *tr* envasar.

Abgabe [ˈapˌga:bə] **(-n)** *f* entrega *f*.

Abgas [ˈapga:s] **(-e)** *n* TEC gas *m* de escape.

ab|geben [ˈapˌge:bən] *tr* entregar, depositar.

ab|gehen [ˈapˌge:ən] *intr* partir, marcharse.

abgelegen [ˈapgəˌle:gən] *adj* apartado, solitario.

Abgeordnete(r) [ˈapgəˌɔrdnətə] **(-n, -n)** *mf(m)* POL diputado, -a *m, f*.

abgeschlossen [ˈapgəˌʃlɔsən] *adj* **1** cerrado. **2** terminado, acabado.

abgesehen [ˈapgəˌze:ən] *adv* **~ von *(+dat)*** aparte de.

ab|gewöhnen [ˈapgəˌvø:nən] *pron* **sich etw*(dat)* ~** deshabituarse de (vicio, costumbre).

Abgrenzung [ˈapˌgrɛntsʊŋ] **(-en)** *f* delimitación *f*.

Abgrund [ˈapgrʊnt] **(-gründe)** *m* abismo *m*.

ab|haken [ˈapˌha:kən] *tr* **1** desenganchar (descolgar). **2** tachar de una lista.

ab|halten [ˈapˌhaltən] *tr* celebrar, organizar (una reunión, conferencia). ■ **jn von etw*(dat)* ~** impedir algo a alguien.

Abhang [ˈaphaŋ] **(-hänge)** *m* pendiente *f*.

abhängig [ˈapˌhɛŋɪç] *adj* dependiente.

Abhängigkeit [ˈapˌhɛŋɪçkaɪt] **(-en)** *f* dependencia *f*.

ab|hauen [ˈapˌhaʊen] *intr* largarse; jalarse (Amér.).

ab|heben [ˈapˌhe:bən] *tr* **1** despegar (avión). **2** descolgar (teléfono).

Abhilfe [ˈapˌhɪlfə] **(-n)** *f* remedio *m*; auxilio *m*.

ab|holen [ˈapˌho:lən] *tr* recoger.

ab|hören [ˈapˌhø:rən] *tr* **1** escuchar. **2** repasar la lección.

Abitur [abiˈtu:ɐ] **(-e)** *n* bachillerato *m*, selectividad *f* (España).

ab|kauen [ˈapˌkaʊən] *tr* masticar.

ab|kaufen [ˈapˌkaufən] *tr* comprar algo a alguien.

ab|kehren [ˈapˌkeːrən] *tr* **1** barrer. • **sich ~ von (+dat)** *pron* **2** apartarse de.

Abkommen [ˈapˌkɔmən] (-) *n* convenio *m*.

Abkühlung [ˈapˌkyːlʊŋ] (-en) *f* enfriamiento *m*.

ab|kürzen [ˈapˌkʏrtsən] *tr* **1** acortar (camino). **2** abreviar (texto).

Abkürzung [ˈapˌkʏrtsʊŋ] (-en) *f* **1** abreviatura *f* (de escritura). **2** atajo *m*.

ab|laden [ˈapˌlaːdən] *tr* descargar.

ab|lassen [ˈapˌlasən] *tr* **1** dar salida a (vapor, agua). • *intr* **2** desistir.

Ablauf [ˈaplauf] (-läufe) *m* **1** salida *f*, desagüe *m* (bañera). **2** desarrollo *m* (de evento).

ab|laufen [ˈapˌlaufən] *tr* **1** gastar (zapatos). **2** recorrer (distancia). • *intr* **3** expirar (plazo); caducar (visa). **4** salir (agua).

ab|legen [ˈapˌleːgən] *tr* **1** quitarse (ropa). **2** archivar (actas).

ab|lehnen [ˈapˌleːnən] *tr* rechazar.

ab|leiten [ˈapˌlaɪtən] *tr* **1** desviar. **2** desarrollar (fórmula).

Ableitung [ˈapˌlaɪtʊŋ] (-en) *f* derivación *f*.

ab|lenken [ˈapˌlɛŋkən] *tr* **1** desviar. **2** (fig) distraer.

ab|leugnen [ˈapˌlɔɪgnən] *tr* negar.

ab|liefern [ˈapˌliːfɐn] *tr* entregar.

ab|lösen [ˈapˌløːzən] *tr* **1** desprender, despegar. **2** relevar.

ab|machen [ˈapˌmaxən] *tr* **1** quitar (un rótulo). **2** convenir (un precio).

ab|melden [ˈapˌmɛldən] *tr y pron* dar de baja.

Abmeldung [ˈapˌmɛldʊŋ] (-en) *f* baja *f*.

ab|messen [ˈapˌmɛsən] *tr* medir.

Abnahme [ˈapˌnaːmə] (-n) *f* **1** compra *f*. **2** (fig) disminución *f*.

ab|nehmen [ˈapˌneːmən] *tr* **1** quitar. **2** comprar. • *intr* **3** disminuir. **4** adelgazar.

Abneigung [ˈapˌnaɪgʊŋ] (-en) *f* antipatía *f*.

ab|nutzen [ˈapˌnʊtsən] *tr y pron* desgastar.

Abonnement [abɔnəˈmã] (-s) *n* **1** suscripción *f* (a un periódico). **2** abono *m* (al teatro).

Abonnent(in) [abɔˈnɛnt] (-en, -nen) *m(f)* **1** abonado, -a *m, f*. **2** suscriptor(a) *m(f)*.

abonnieren [abɔˈniːrən] *tr* **1** abonarse. **2** suscribirse.

ab|raten [ˈapˌraːtən] *intr* **jm von etw(dat) ~** desaconsejar algo a alguien.

ab|räumen [ˈapˌrɔɪmən] *tr* recoger.

ab|rechnen [ˈapˌrɛçnən] *tr* descontar, deducir.

Abrechnung [ˈapˌrɛçnʊŋ] (-en) *f* **1** liquidación *f* (de ventas). **2** descuento *m*.

Abreise [ˈapˌraɪzə] (-n) *f* partida *f*.
ab|reisen [ˈapˌraɪzən] *intr* partir; salir.
ab|reißen [ˈapˌraɪsən] *tr* **1** demoler (un edificio). **2** arrancar (una hoja).
ab|rufen [ˈapˌruːfən] *tr* llamar.
abrupt [apˈrʊpt] *adj* **1** abrupto. **2** inesperado (acontecimiento).
Abrüstung [ˈabˌrʏstʊŋ] *f* desarme *m*.
Absage [ˈapˌzaːgə] (-n) *f* **1** negativa *f*. **2** anulación *f*.
ab|sagen [ˈapˌzaːgən] *tr* suspender (un acto).
Absatz [ˈapzats] (-sätze) *m* **1** tacón *m* (de un zapato). **2** párrafo *m*.
ab|schaffen [ˈapˌʃafən] *tr* abolir; suprimir.
ab|schalten [ˈapˌʃaltən] *tr* apagar.
ab|schätzen [ˈapˌʃɛtsən] *tr* valorar.
abscheulich [ˈapˌʃɔɪlɪç] *adj* repugnante.
ab|schicken [ˈapˌʃɪkən] *tr* enviar.
ab|schieben [ˈapˌʃiːbən] *tr* apartar.
Abschied [ˈapʃiːt] (-e) *m* despedida *f*.
ab|schießen [ˈapˌʃiːsən] *tr* disparar.
Abschirmung [ˈapˌʃɪrmʊŋ] (-en) *f* protección *f*.
ab|schlagen [ˈapˌʃlaːgən] *tr* **1** cortar. **2** rehusar (una súplica).
ab|schleppen [ˈapˌʃlɛpən] *tr* **1** remolcar (un vehículo). **2** arrastrar, empujar (a una persona).
ab|schließen [ˈapˌʃliːsən] *tr* e *intr* **1** cerrar con llave. **2** terminar (un asunto, los estudios).
abschließend [ˈapˌʃliːsənt] *adj* definitivo.
ab|schminken [ˈapˌʃmɪŋkən] *tr y pron* desmaquillar.
ab|schneiden [ˈapˌʃnaɪdən] *tr* cortar.
Abschnitt [ˈapʃnɪt] (-e) *m* **1** sección *f*. **2** capítulo *m* (de un libro).
ab|schnüren [ˈapˌʃnyːrən] *tr* estrangular.
ab|schreiben [ˈapˌʃraɪbən] *tr* copiar.
Abschrift [ˈapʃrɪft] (-en) *f* copia *f*.
absehbar [ˈapˌzeːbaːɐ] *adj* previsible.
ab|sehen [ˈapˌzeːən] *tr* **1** prever. • *intr* **2** prescindir de. **~ von 3** no tener en cuenta.
abseits [ˈapzaɪts] *prep* **+gen 1** apartado de. • *adv* **2** alejado.
ab|senden [ˈapˌzɛndən] *tr* mandar, enviar (paquete, telegrama, etc.).
Absender(in) [ˈapˌzɛndɐ] (-, -nen) *m(f)* remitente *m, f*.
ab|setzen [ˈapˌzɛtsən] *tr* **1** poner en el suelo, depositar. **2** quitarse (el sombrero).
Absicht [ˈapzɪçt] (-en) *f* intención *f*.

absichtlich [ˈapˌzɪçtlɪç] *adj* intencionado.
ab|sinken [ˈapˌzɪŋkən] *intr* descender.
absolut [apzoˈluːt] *adj* absoluto.
Absolutismus [apsoluˈtɪsmʊs] *m* absolutismo *m.*
ab|spannen [ˈapˌʃpanən] *tr* **1** desenganchar. **2** relajar.
ab|sperren [ˈapˌʃpɛrən] *tr* cerrar con llave.
Absperrung [ˈapˌʃpɛrʊŋ] **(-en)** *f* **1** cierre *m.* **2** barrera *f.*
ab|spielen [ˈapˌʃpiːlən] *tr* poner (un disco).
Absprache [ˈapˌʃpraːxə] **(-n)** *f* convenio *m.* ■ **gemäß ~** conforme a lo convenido.
ab|sprechen [ˈapˌʃprɛçən] *tr* **1** negar. **2** concertar (una cita).
ab|springen [ˈapˌʃprɪŋən] *intr* desprenderse (botón); saltar (de).
Absprung [ˈapʃprʊŋ] **(-sprünge)** *m* salto *m.*
ab|spülen [ˈapˌʃpyːlən] *tr* lavar (la vajilla).
ab|stammen [ˈapˌʃtamən] *intr* descender, proceder (de).
Abstand [ˈapʃtant] **(-stände)** *m* distancia *f.*
Abstecher [ˈapˌʃtɛçɐ] (-) *m* pequeña excursión *f.*
abstehend [ˈapˌʃteːənt] *adj* separado.
ab|steigen [ˈapˌʃtaɪgən] *intr* **1** descender. **2** hospedarse (en un hotel).
Abstieg [ˈapʃtiːk] **(-e)** *m* descenso *m.*
ab|stimmen [ˈapˌʃtɪmən] *tr* **1** armonizar; coordinar. **2** MÚS afinar, acordar. • *intr* **3** votar.
abstoßend [ˈapˌʃtoːsənt] *adj* repugnante.
abstrakt [apˈstrakt] *adj* abstracto.
ab|stumpfen [ˈapˌʃtʊmpfən] *tr* **1** despuntar. • *intr* **2** volverse indiferente.
Absturz [ˈapʃtʊrts] **(-stürze)** *m* caída *f.*
ab|stürzen [ˈapˌʃtʏrtsən] *intr* **1** estrellarse (avión). **2** despeñarse.
ab|stützen [ˈapˌʃtʏtsən] *tr* sostener; apoyar.
absurd [apˈzʊrt] *adj* absurdo.
Abtei [apˈtaɪ] **(-en)** *f* abadía *f.*
Abteil [ˈaptaɪl] **(-e)** *n* compartimiento *m.*
Abteilung [ˈapˌtaɪlʊŋ] **(-en)** *f* sección *f*; departamento *m.*
ab|tragen [ˈapˌtraːgən] *tr* **1** desgastar (ropa). **2** derribar.
Abtransport [ˈaptranspɔrt] **(-e)** *m* transporte *m.*
ab|treiben [ˈapˌtraɪbən] *tr* e *intr* abortar.
Abtreibung [ˈapˌtraɪbʊŋ] **(-en)** *f* aborto *m.*
ab|trennen [ˈapˌtrɛnən] *tr* separar.
ab|trocknen [ˈapˌtrɔknən] *tr* secar.
ab|warten [ˈapˌvartən] *tr* e *intr* esperar.
abwartend [ˈapˌvartənt] *adj* expectante.

abwärts ['apvɛrts] *adv* hacia abajo.
ab|waschen ['ap͵vaʃən] *tr* fregar (la vajilla).
Abwasser ['ap͵vasɐ] (**-wässer**) *n* aguas *f pl* residuales.
ab|wechseln ['ap͵vɛksəln] *tr* variar.
abwechselnd ['ap͵vɛksəlnt] *adv* por turno.
Abwechslung ['ap͵vɛkslʊŋ] (**-en**) *f* **1** cambio *m.* **2** variedad *f.*
abwegig ['ap͵ve:gɪç] *adj* absurdo, descabellado.
Abwehr ['apve:ɐ] *f* rechazo *m.*
ab|wehren ['ap͵ve:rən] *tr* **1** rechazar. **2** DEP despejar.
ab|weichen ['ap͵vaɪçən] *intr* apartarse.
ab|weisen ['ap͵vaɪzən] *tr* rechazar.
abweisend ['ap͵vaɪzənt] *adj* reservado.
ab|wenden ['ap͵vɛndən] *tr* apartar.
ab|werten ['ap͵ve:ɐtən] *tr* despreciar.
Abwertung ['ap͵ve:ɐtʊŋ] (**-en**) *f* devalorización *f.*
abwesend ['ap͵ve:zənt] *adj* ausente.
Abwesenheit ['ap͵ve:zənhaɪt] (**-en**) *f* ausencia *f.*
ab|wickeln ['ap͵vɪkəln] *tr* devanar (hilo).
Abwicklung ['ap͵vɪklʊŋ] (**-en**) *f* realización *f* (de negocios).
ab|wischen ['ap͵vɪʃən] *tr* limpiar.
ab|würgen ['ap͵vʏrgən] *tr* reprimir (una discusión, crítica).
ab|zählen ['ap͵tsɛ:lən] *tr* contar.
Abzahlung ['ap͵tsa:lʊŋ] (**-en**) *f* liquidación *f* (de deudas).
Abzeichen ['ap͵tsaɪçən] (**-**) *n* distintivo *m.*
ab|zeichnen ['ap͵tsaɪçnən] *tr* dibujar copiando.
ab|ziehen ['ap͵tsi:ən] *tr* quitar.
Abzug ['aptsu:k] (**-züge**) *m* retención *f* (sueldo).
abzüglich ['ap͵tsy:klɪç] *prep* **+gen** menos, descontando.
ab|zweigen ['ap͵tsvaɪgən] *intr* bifurcar (camino).
ach! [ax] *interj* ¡ah!; ¡ay!
Achse ['aksə] (**-n**) *f* eje *m.*
Achsel ['aksəl] (**-n**) *f* **1** hombro *m.* **2** axila *f.*
acht [axt] *adj* ocho.
Acht [axt] (**-en**) *f* cuidado *m*; atención *f.*
achtbar ['axtba:ɐ] *adj* respetable.
achte(r) ['axtə] *adj* octavo.
achtel ['axtəl] *adj* octavo.
Achtel ['axtəl] (**-**) *n* octavo, -a *m, f.*
Acht geben [axt ͵ge:bən] *intr* tener cuidado.
achtlos ['axtlo:s] *adj* descuidado.
achtsam ['axtza:m] *adj* atento.
Achtung ['axtʊŋ] *f* respeto *m.*
Ächtung ['ɛçtʊŋ] (**-en**) *f* proscripción *f.*
ächzen ['ɛçtsən] *intr* gemir.

Acker ['akɐ] (**Äcker**) *m* campo *m*.
Ackerbau ['akɐˌbaʊ] *m* agricultura *f*.
ackern ['akɐn] *intr y tr* labrar.
Action ['ækʃən] *f* acción *f*.
adäquat [adɛ'kva:t] *adj* adecuado.
addieren [a'di:rən] *tr* sumar.
Addition [adi'tsĭo:n] (**-en**) *f* suma *f*.
ade [a'de:] *interj* adiós.
ad(e)lig ['a:d(ə)lıç] *adj* noble.
Ader ['a:dɐ] (**-n**) *f* ANAT vena *f*.
adieu [a'dĭø:] *interj* adiós.
Adjektiv ['atjɛkti:f] (**-e**) *n* adjetivo *m*.
Administration [atminıstra'tsĭo:n] (**-en**) *f* administración *f*.
administrativ [atminıstra'ti:f] *adj* administrativo.
Admiral [atmi'ra:l] (**-räle**) *m* almirante *m*.
adoptieren [adɔp'ti:rən] *tr* adoptar.
Adoption [adɔp'tsĭo:n] (**-en**) *f* adopción *f*.
Adr. (*abrev de* **Adresse**) *f* dir. (dirección) *f*.
Adressat(in) [adrɛ'sa:t] (**-en, -nen**) *m(f)* destinatario, -a *m, f*.
adressieren [adrɛ'si:rən] *tr* poner la dirección.
Advent [at'vɛnt] (**-e**) *m* Adviento *m*.
Adverb [at'vɛrp] (**-bien**) *n* adverbio *m*.
adverbial [atvɛr'bĭa:l] *adj* adverbial.
Affäre [a'fɛ:rə] (**-n**) *f* asunto *m*.
Affe ['afə] (**-en**) *m* mono *m*.
Affekt [a'fɛkt] (**-e**) *m* afecto *m*.
Äffin ['ɛfın] (**-en**) *f* mona *f*.
Afghanistan [af'ga:nısta:n] *n* Afganistán *m*.
Afrika ['a:frika] *n* África *f*.
Afrikaner(in) [afri'ka:nɐ] (**-, -nen**) *m(f)* africano, -a *m, f*.
afrikanisch [afri'ka:nıʃ] *adj* africano.
afroamerikanisch ['a:froameriˌka:nıʃ] *adj* afroamericano.
After ['aftɐ] (**-**) *m* ano *m*.
Aftershave ['aftɐˌʃeıv] (**-s**) *n* aftershave *m*.
AG [a:'ge:] (*abrev de* **Aktiengesellschaft**) *f* S.A. (sociedad anónima).
Agent(in) [a'gɛnt] (**-en, -nen**) *m(f)* agente *m, f*.
Agentur [agɛn'tu:ɐ] (**-en**) *f* agencia *f*.
Aggression [agrɛ'sĭo:n] (**-en**) *f* agresión *f*.
aggressiv [agrɛ'si:f] *adj* agresivo.
agieren [a'gi:rən] *intr* actuar.
agil [a'gi:l] *adj* ágil, diestro.
Agitation [agita'tsĭo:n] (**-en**) *f* agitación *f*.
Agrarpolitik [a'gra:ɐpoliˌti:k] *f* política *f* agraria.
Agrarwirtschaft [a'gra:ɐˌvırtʃaft] *f* economía *f* agrícola.
Ägypten [ɛ'gʏptən] *n* Egipto *m*.
Ägypter(in) [ɛ'gʏptɐ] (**-, -nen**) *m(f)* egipcio, -a *m, f*.
ähneln ['ɛ:nəln] *intr* parecerse a.

ahnen [ˈa:nən] *tr* **1** presentir. **2** sospechar, vislumbrar.

Ahnen [ˈa:nən] *m pl* antepasados *m pl*.

ähnlich [ˈɛ:nlɪç] *adj* semejante.

Ähnlichkeit [ˈɛ:nlɪçkaɪt] **(-en)** *f* semejanza *f*.

Ahnung [ˈa:nʊŋ] **(-en)** *f* presentimiento *m*.

Ähre [ˈɛ:rə] **(-n)** *f* espiga *f*.

Aids [eɪdz] *n* sida *m*.

Airbag [ˈɛ:ɐbɛk] **(-s)** *m* airbag *m* (de un coche).

Akademie [akadeˈmi:] **(-n)** *f* academia *f*.

Akademiker(in) [akaˈde:mikɐ] **(-, -nen)** *m(f)* universitario, -a *m, f*.

akademisch [akaˈde:mɪʃ] *adj* académico; universitario.

akklimatisieren [aklimatiˈzi:rən] *tr* aclimatar.

Akkord [aˈkɔrt] **(-e)** *m* **1** destajo. **2** MÚS acorde *m*.

Akkordeon [aˈkɔrdeɔn] **(-s)** *n* acordeón *m*.

Akku [ˈaku] **(-s)** *m* acumulador *m*.

Akkumulator [akumuˈla:tɔɐ] **(-en)** *m* acumulador *m*.

akkumulieren [akumuˈli:rən] *tr* acumular.

akkurat [akuˈra:t] *adj* exacto.

Akkusativ [ˈakuzati:f] **(-e)** *m* GRAM acusativo *m*.

Akrobat(in) [akroˈba:t] **(-en, -nen)** *m(f)* acróbata *m, f*.

Akt [akt] **(-e)** *m* acto *m* (acción).

Akte [ˈaktə] **(-n)** *f* expediente *m*.

Aktenkoffer [ˈaktənˌkɔfɐ] **(-)** *m* maletín *m*.

Aktenordner [ˈaktənˌɔrdnɐ] **(-)** *m* archivador *m*.

Aktie [ˈaktsĭə] **(-n)** *f* FIN acción *f*.

Aktienkurs [ˈaktsĭənˌkʊrs] **(-e)** *m* FIN cotización *f* de las acciones.

Aktion [akˈtsĭo:n] **(-en)** *f* acción *f*.

Aktionär(in) [aktsĭoˈnɛ:ɐ] **(-e, -nen)** *m(f)* accionista *m, f*.

aktiv [akˈti:f] *adj* activo.

aktivieren [aktiˈvi:rən] *tr* activar.

Aktivierung [aktiˈvi:rʊŋ] **(-en)** *f* activación *f*.

Aktivität [aktiviˈtɛ:t] **(-en)** *f* actividad *f*.

aktualisieren [aktualiˈzi:rən] *tr* actualizar.

Aktualisierung [aktualiˈzi:rʊŋ] **(-en)** *f* actualización *f*.

Aktualität [aktualiˈtɛ:t] *f* actualidad *f*.

aktuell [akˈtŭɛl] *adj* actual.

Akupunktur [akupʊŋkˈtu:ɐ] **(-en)** *f* acupuntura *f*.

akustisch [aˈkʊstɪʃ] *adj* acústico.

akut [aˈku:t] *adj* candente, actual (noticia, tema).

Akzent [akˈtsɛnt] **(-e)** *m* acento *m*.

akzeptabel [aktsɛpˈta:bəl] *adj* aceptable.

akzeptieren [aktsɛpˈti:rən] *tr* aceptar.

Alarm [a'larm] **(-e)** *m* alarma *f.*
alarmieren [alar'mi:rən] *tr* alarmar (inquietar); avisar (bomberos, policía).
Albanien [al'ba:niən] *n* Albania *f*.
albanisch [al'banıʃ] *adj* albanés.
albern ['albɐn] *adj* tonto; boludo (Amér.).
Albtraum ['alptraʊm] **(-träume)** *m* pesadilla *f.*
Album ['albʊm] **(Alben)** *n* álbum *m.*
Alge ['algə] **(-en)** *f* alga *f.*
Algebra ['algebra] *f* álgebra *f.*
algebraisch [alge'bra:ıʃ] *adj* algebraico.
Algerien [al'ge:rĭən] *f* Argelia *f.*
algerisch [al'ge:rıʃ] *adj* argelino.
Alibi ['a:libi] **(-s)** *n* DER coartada *f.*
Alkohol ['alkoho:l] **(-e)** *m* alcohol *m.*
Alkoholiker(in) [alko'ho:likɐ] **(-, -nen)** *m(f)* alcohólico, -a *m, f.*
alkoholisch [alko'ho:lıʃ] *adj* alcohólico.
all [al] *pron* todo.
All [al] *n* universo *m*, espacio *m.*
allabendlich ['al,a:bəntlıç] *adj* de cada tarde; de cada noche.
alle ['alə] *pron* **1** todos, todo el mundo. **alles 2** todo. • *adv* **3** (fam) acabado. ■ **vor allem** sobre todo; **trotz allem** a pesar de todo; **~ sein** (fam) estar acabado.
Allee [a'le:] **(-n)** *f* avenida *f*, paseo *m.*
allein [a'laın] *adj* **1** solo, solitario. • *adv* **2** sólo, solamente. ■ **von ~** automáticamente.
Alleinerziehende(r) [a'laınɛɐ-,tsi:əndə] **(-n, -n)** *mf(m)* padre *m* soltero, madre *f* soltera.
alleinstehend [a'laın,ʃte:ənt] *adj* soltero.
allerdings ['alɐ,dıŋs] *adv* en efecto, naturalmente (refuerzo).
Allergie [alɛr'gi:] **(-n)** *f* alergia *f.*
Allergiker(in) [a'lɛrgikɐ] **(-, -nen)** *m(f)* alérgico, -a *m, f* (enfermo).
allergisch [a'lɛrgıʃ] *adj* alérgico.
allerhöchstens ['alɐ,hø:çstəns] *adv* a lo sumo.
allerlei ['alɐ,laı] *adj* de todo tipo.
allerseits ['alɐ,zaıts] *adv* por todos lados.
allerspätestens ['alɐ,ʃpɛ:təstəns] *adv* a más tardar.
allesamt ['alə,zamt] *adv* todos juntos.
allgegenwärtig [al,ge:gənvɛrtıç] *adj* omnipresente.
allgemein ['algə,maın] *adj* **1** general. **2** universal. • *adv* **3** en general.
Allgemeinbildung [algə'maın-,bıldʊŋ] *f* cultura *f* general.
allgemeingültig [algə'maın,gʏltıç] *adj* universal.
Allgemeinheit [algə'maınhaıt] **(-en)** *f* público *m.*

Allianz [ali'ants] (-en) *f* alianza *f*.

allmählich [al'mɛ:lɪç] *adj* **1** gradual, progresivo. • *adv* **2** poco a poco.

Alltag ['alta:k] *m* día *m* laborable; rutina *f* diaria.

alltäglich ['al,tɛ:klɪç] *adj* diario (de cada día); ordinario (común).

allwöchentlich ['al,vœçəntlɪç] *adj* semanal, de cada semana.

allzu ['altsu:] *adv* demasiado.

allzusehr ['altsu:,ze:ɐ] *adv* demasiado.

Almosen ['almo:zən] (-) *n* limosna *f*.

Alpen ['alpən] *pl* Alpes *m pl*.

Alphabet [alfa'be:t] (-e) *n* alfabeto *m*.

alphabetisch [alfa'be:tɪʃ] *adj* alfabético.

alphanumerisch [alfanu'me:rɪʃ] *adj* alfanumérico.

alpin [al'pi:n] *adj* alpino.

Alptraum ['alptraʊm] (-träume) *m* pesadilla *f*.

als [als] *conj* **1** (tiempo) cuando. **2** (comparación) que. **3** (calidad) como, de. ■ **~ob** como si.

also ['alzo:] *adv* **1** así, de este modo. • *conj* **2** por tanto, luego.

alt [alt] *adj* **1** viejo, anciano (ser vivo). **2** antiguo (objeto). **3** usado, gastado (ropa etc.).

Altar [al'ta:ɐ] (Altäre) *m* altar *m*.

Alte(r) ['altə] (-n, -n) *mf(m)* anciano, -a *m, f*; viejo, -a *m, f*.

Altenpfleger(in) ['altən,pfle:gɐ] (-, -nen) *m(f)* cuidador(a) *m(f)* de ancianos.

Alter ['altɐ] *n* **1** edad *f*. **2** vejez *f*.

altern ['altɐn] *intr* envejecer.

alternativ [altɛrna'ti:f] *adj* alternativo.

Alternative [altɛrna'ti:və] (-n) *f* alternativa *f*.

Altersgenosse, -in ['altɐsgə,nɔsə] (-n, -nen) *m, f* coetáneo, -a *m, f*.

Altersheim ['altɐs,haɪm] (-e) *n* residencia *f* de la tercera edad.

Altersversorgung ['altɐsfɛɐ,zɔrgʊŋ] (-en) *f* jubilación *f*.

Altertum ['altɐtu:m] *n* antigüedad *f* (época).

Altertümer ['altɐty:mɐ] *n pl* antigüedades *f pl*.

Altglas ['altgla:s] *n* vidrio *m* reciclable.

althergebracht ['alt,he:ɐgəbraxt] *adj* tradicional, antiguo.

ältlich ['ɛltlɪç] *adj* de cierta edad.

altmodisch ['alt,mo:dɪʃ] *adj* pasado de moda, anticuado.

Altstadt ['altʃtat] (-städte) *f* casco *m* antiguo, centro *m* histórico.

Alu ['a:lu] (*abrev de* **Aluminium**) *n* aluminio *m*.

Aluminium [alu'mi:nĭʊm] *n* aluminio *m*.

am [am] *prep* (an +dem) → an.

Amateur(in) [ama'tø:ɐ] (-e, -nen) *m(f)* aficionado, -a *m, f*, amateur *m, f*.

ambitioniert [ambitsĭo'ni:ɐt] *adj* ambicioso.

ambivalent [ambiva'lɛnt] *adj* ambivalente.

Ambulanz [ambu'lants] (**-en**) *f* ambulatorio *m*.

Ameise ['a:maɪzə] (**-n**) *f* hormiga *f*.

amen ['a:mən] *adv* amén.

Amerika [a'me:rika] *n* América *f*.

Amerikaner(in) [ameri'ka:nɐ] (**-, -nen**) *m(f)* americano, -a *m, f*; estadounidense *m, f* (de Estados Unidos).

amerikanisch [ameri'ka:nɪʃ] *adj* americano; estadounidense.

Amme ['amə] (**-n**) *f* nodriza *f*, niñera *f*.

amoralisch ['amora:lɪʃ] *adj* amoral.

amortisieren [amɔrti'zi:rən] *tr* ECON amortizar.

Ampel ['ampəl] (**-n**) *f* **1** semáforo *m*. **2** lámpara *f* de colgar.

Amputation [amputa'tsĭo:n] (**-en**) *f* amputación *f*.

amputieren [ampu'ti:rən] *tr* amputar.

Amsel ['amzəl] (**-n**) *f* mirlo *m*.

Amt [amt] (**Ämter**) *n* **1** cargo *m*, puesto *m*. **2** obligación *f* (misión). **3** departamento *m* (institución pública). **4** oficio *m* (misa).

amtlich ['amtlɪç] *adj* oficial.

Amulett [amu'lɛt] (**-e**) *n* amuleto *m*.

amüsant [amy'zant] *adj* divertido, entretenido.

amüsieren [amy'zi:rən] *tr* divertir; entretener.

an [an] *prep* **+dat 1** (situación) en, junto a, a. **2** (día, fecha) a, en: *am Dienstag = el martes*; *an Ostern = en Semana Santa*. **+ac 3** (dirección) a: *wir fahren an den Strand = vamos a la playa*. **4** (destinatario) para, a: *ich schreibe einen Brief an Sie = escribo una carta para usted*. **5** (aproximación) unos: *an die 100 Euro = unos 100 euros*. • *adv* **6** encendido, conectado (aparato, luz). ■ **~ - aus** on - off; **~ (und für) sich** de por sí; **bis ~** hasta; **reich ~** rico en.

anachronistisch [anakro'nɪstɪʃ] *adj* anacrónico.

analog [ana'lo:k] *adj* análogo, semejante.

Analogie [analo'gi:] (**-n**) *f* analogía *f*.

Analphabet(in) [analfa'be:t] (**-en, -nen**) *m(f)* analfabeto, -a *m, f*.

Analyse [ana'ly:zə] (**-n**) *f* análisis *m*.

analysieren [analy'zi:rən] *tr* analizar.

analytisch [ana'ly:tɪʃ] *adj* analítico.

Ananas ['ananas] (**-, -se**) *f* piña *f* americana.

Anarchie [anar'çi:] (**-n**) *f* anarquía *f*.

anarchistisch [anar'çɪstɪʃ] *adj* anarquista.

anatomisch [ana'to:mɪʃ] *adj* anatómico.

an|bahnen ['an,ba:nən] *tr* preparar, iniciar.

Anbau ['anbaʊ] **(-ten)** *m* cultivo *m*.

an|bauen ['an,baʊən] *tr* cultivar.

an|beißen ['an,baɪsən] *tr* morder.

an|beten ['an,be:tən] *tr* adorar.

an|bieten ['an,bi:tən] *tr* ofrecer.

Anbieter ['an,bi:tɐ] (-) *m* vendedor *m*.

Anblick ['anblɪk] **(-e)** *m* vista *f*, panorama *m*.

an|brechen ['an,brɛçən] *tr* **1** comenzar, abrir. • *intr* **2** comenzar.

an|brennen ['an,brɛnən] *tr* encender (un cigarrillo).

an|bringen ['an,brɪŋən] *tr* traer (hacia aquí).

Anbruch ['anbrʊx] *m* comienzo *m*; principio *m*.

an|brüllen ['an,brʏlən] *tr* gritar.

An(s)chovis ['an'ʃo:vɪs] (-) *f* anchoa *f*.

an|dauern ['an,daʊɐn] *intr* durar, continuar.

andauernd ['an,daʊɐnt] *adj* continuo, permanente.

andere(r, s) ['andərə] *pron* otro, -a; distinto, -a. ▪ **unter anderem** entre otras cosas.

and(e)rerseits ['andərɐ,zaɪts] *adv* por otro lado.

ändern ['ɛndɐn] *tr* cambiar, modificar.

ander(e)nfalls ['andɐn,fals] *adv* en caso contrario.

anders ['andɐs] *adv* distinto, de otro modo.

andersartig ['andɐs,a:ɐtɪç] *adj* distinto.

anderswo ['andɐs,vo:] *adv* en otro lugar.

Änderung ['ɛndərʊŋ] **(-en)** *f* cambio *m;* modificación *f*.

anderweitig ['andɐ,vaɪtɪç] *adj* otro, distinto.

an|deuten ['an,dɔɪtən] *tr* indicar, señalar.

Andeutung ['an,dɔɪtʊŋ] **(-en)** *f* indicación *f*.

Andorra [an'dɔra] *n* Andorra *f*.

Andorraner(in) [andɔ'ra:nɐ] **(-, -nen)** *m(f)* andorrano, -a *m, f*.

andorranisch [andɔ'ra:nɪʃ] *adj* andorrano.

an|drohen ['an,dro:ən] *tr* amenazar.

Androhung ['an,dro:ʊŋ] **(-en)** *f* amenaza *f*.

an|eignen ['an,aɪgnən] *pron* **sich ~** apropiarse de.

aneinander [anaɪ'nandɐ] *adv* uno con otro.

Anekdote [anɛk'do:tə] **(-n)** *f* anécdota *f*.

an|ekeln ['an,e:kəln] *tr* repugnar.

an|erkennen ['anɛɐ,kɛnən] *tr* aceptar, admitir.

Anerkennung ['anɛɐ,kɛnʊŋ] **(-en)** *f* reconocimiento *m*.

Anfahrt ['anfa:ɐt] **(-en)** *f* trayecto *m*.

an|fallen ['an,falən] *tr* atacar.
Anfang ['anfaŋ] **(-fänge)** *m* **1** principio *m*, comienzo *m*. **von ~ an 2** desde el principio.
an|fangen ['an,faŋən] *intr* **1** empezar. • *tr* **2** comenzar (algo).
Anfänger(in) ['an,fɛŋɐ] **(-, -nen)** *m(f)* principiante *m, f.*
anfänglich ['an,fɛŋlɪç] *adj* inicial.
anfangs ['anfaŋs] *adv* al principio.
an|fassen ['an,fasən] *tr* tocar (con la mano).
an|fertigen ['an,fɛrtɪgən] *tr* hacer; producir.
Anfertigung ['an,fɛrtɪgʊŋ] **(-en)** *f* producción *f.*
an|feuern ['anfɔɪɐn] *tr* **1** encender. **2** animar.
an|fordern ['an,fɔrdɐn] *tr* reclamar.
an|fragen ['an,fra:gən] *intr* pedir información.
an|fügen ['an,fy:gən] *tr* añadir.
an|führen ['an,fy:rən] *tr* **1** encabezar, guiar. **2** dirigir. **3** aducir, alegar.
Anführungszeichen ['anfy:rʊŋs,tsaɪçən] *n pl* comillas *f pl.*
Angabe ['an,ga:bə] **(-n)** *f* **1** dato *m*, indicación *f.* **2** fanfarronada *f.*
an|geben ['an,ge:bən] *tr* indicar, señalar.
angeblich ['an,ge:plɪç] *adj* presunto, supuesto.
Angebot ['angə,bo:t] **(-e)** *n* **1** oferta *f.* **2** ofrecimiento *m.*
an|gehen ['an,ge:ən] *intr* **1** empezar. **2** encenderse (fuego, luz). • *tr* **3** emprender (un trabajo).
an|gehören ['angə,hø:rən] *intr* pertenecer a.
Angelegenheit ['angə,le:gənhaɪt] **(-en)** *f* asunto *m.*
angeln ['aŋəln] *intr y tr* pescar (con una caña).
angenehm ['angə,ne:m] *adj* **1** agradable, grato (persona). **2** suave (clima).
angesichts ['angəzɪçts] *prep* **+gen** a la vista de.
angespannt ['angə,ʃpant] *adj* tenso, nervioso (persona).
Angestellte(r) ['angə,ʃtɛltə] **(-n, -n)** *mf(m)* empleado, -a *m, f.*
angewiesen ['angə,vi:zən] *adj* **auf jn/etw ~ sein** depender de alguien/algo.
Angewohnheit ['angə,vo:nhaɪt] **(-en)** *f* costumbre *f.*
an|greifen ['an,graɪfən] *tr* atacar.
Angriff ['angrɪf] **(-e)** *m* ataque *m.*
Angst [aŋst] **(Ängste)** *f* miedo *m*, terror *m.* ■ **vor jm/etw ~ haben** tener miedo a alguien/algo.
ängstlich ['ɛŋstlɪç] *adj* miedoso.
an|gucken ['an,gʊkən] *tr* mirar.
an|haben ['an,ha:bən] *tr* llevar puesto.
an|halten ['an,haltən] *intr* **1** pararse, detenerse. **2** durar, perdurar. • *tr* **3** parar, detener.

Anhalter(in) [ˈanˌhaltɐ] (-, -nen) *m(f)* autoestopista *m, f.*
Anhang [ˈanhaŋ] (-hänge) *m* apéndice *m.*
an|hängen [ˈanˌhɛŋən] *tr* colgar; enganchar.
Anhänger(in) [ˈanˌhɛŋɐ] (-, -nen) *m(f)* seguidor(a) *m(f).*
Anhängsel [ˈanˌhɛŋzəl] (-) *n* **1** colgante *m* (joya). **2** (desp) apéndice *m.*
an|heben [ˈanˌheːbən] *tr* levantar.
an|hören [ˈanˌhøːrən] *tr* escuchar.
Animateur(in) [animaˈtøːɐ] (-e, -nen) *m(f)* animador(a) *m(f).*
animieren [aniˈmiːrən] *tr* animar.
Anker [ˈaŋkɐ] (-) *m* ancla *f.*
Anklage [ˈanˌklaːgə] (-n) *f* acusación *f.*
an|klagen [ˈanˌklaːgən] *tr* acusar.
an|kleiden [ˈanˌklaɪdən] *tr* vestir.
an|klicken [ˈanˌklɪkən] *tr* INF clicar.
an|kommen [ˈanˌkɔmən] *intr* llegar.
Ankömmling [ˈanˌkœmlɪŋ] (-e) *m* recién llegado.
an|kreuzen [ˈanˌkrɔɪtsən] *tr* marcar con una cruz.
an|kündigen [ˈanˌkʏndɪgən] *tr* anunciar.
Ankündigung [ˈanˌkʏndɪguŋ] (-en) *f* anuncio *m.*
Ankunft [ˈankʊnft] *f* llegada *f.*
Anlage [ˈanˌlaːgə] (-n) *f* **1** construcción *f.* • *m* **2** equipo *m* (estéreo).
an|langen [ˈanˌlaŋən] *intr* **1** llegar. • *tr* **2** concernir.
Anlass [ˈanlas] (-lässe) *m* motivo *m.*
anlässlich [ˈanˌlɛslɪç] *prep* **+gen** con motivo de.
Anlauf [ˈanlaʊf] (-läufe) *m* intento *m*, tentativa *f.*
an|laufen [ˈanˌlaʊfən] *intr* **1** venir corriendo. **2** empezar, comenzar. **3** ponerse en marcha (motor).
an|legen [ˈanˌleːgən] *tr* poner, colocar.
an|lehnen [ˈanˌleːnən] *tr* apoyar.
an|leiten [ˈanˌlaɪtən] *tr* instruir.
Anleitung [ˈanˌlaɪtuŋ] (-en) *f* instrucción *f*, dirección *f.*
an|lernen [ˈanˌlɛrnən] *tr* enseñar.
Anliegen [ˈanˌliːgən] (-) *n* deseo *m.*
an|locken [ˈanˌlɔkən] *tr* atraer.
an|machen [ˈanˌmaxən] *tr* **1** fijar. **2** conectar (un aparato).
an|malen [ˈanˌmaːlən] *tr* pintar.
anmaßend [ˈanˌmaːsənt] *adj* arrogante; presuntuoso.
Anmeldefrist [ˈanmɛldəˌfrɪst] (-en) *f* plazo *m* de inscripción.
an|melden [ˈanˌmɛldən] *tr y pron* anunciar(se).
Anmeldung [ˈanˌmɛlduŋ] (-en) *f* aviso *m*, notificación *f.*
Anmerkung [ˈanˌmɛrkuŋ] (-en) *f* nota *f*, observación *f.*

anmutig ['an,mu:tɪç] *adj* gracioso, encantador.
an|nähern['an,nɛ:ɐn] *tr* aproximar.
Annahme['an,na:mə] **(-n)** *f* recepción *f*, admisión *f* (de una carta).
annehmbar ['an,ne:mba:ɐ] *adj* aceptable.
an|nehmen['an,ne:mən] *tr* **1** recibir (regalo, propina). **2** aceptar (invitación, ayuda). **3** aprobar (resolución, ley). **4** adoptar (costumbre, pseudónimo, niño).
Annonce[a'nõ:sə] **(-en)** *f* anuncio *m*.
annoncieren [anõ'si:rən] *tr* anunciar.
anomal [ano'ma:l] *adj* anómalo.
Anomalie [anoma'li:] **(-n)** *f* anomalía *f*.
anonym [ano'ny:m] *adj* anónimo.
Anonymität [anonymi'tɛ:t] *f* anonimato *m*.
Anorak['anorak] **(-s)** *m* anorak *m*.
an|ordnen['an,ɔrdnən] *tr* **1** ordenar. **2** disponer, decretar.
Anordnung['an,ɔrdnuŋ] **(-en)** *f* orden *f*.
anormal ['anɔrma:l] *adj* anormal.
an|passen['an,pasən] *tr* adaptar.
an|pflanzen ['an,pflantsən] *tr* plantar.
an|prangern['an,praŋɐn] *tr* denunciar.
an|probieren ['anpro,bi:rən] *tr* probarse (ropa).
an|rechnen['an,rɛçnən] *tr* cargar en cuenta.
Anrede ['an,re:də] **(-n)** *f* tratamiento *m*.
an|reden ['an,re:dən] *tr* dirigir la palabra a.
an|regen ['an,re:gən] *tr* **1** animar, incitar. **2** estimular (fisiología).
anregend ['an,re:gənt] *adj* **1** excitante. **2** incitante, estimulante.
Anregung['an,re:guŋ] **(-en)** *f* **1** estímulo *m*. **2** excitación *f* (fisiología).
Anreise['an,raɪzə] **(-n)** *f* llegada *f* (de un viaje).
an|reisen ['an,raɪzən] *intr* llegar (de un viaje).
Anreiz['anraɪts] **(-e)** *m* estímulo *m*.
an|rennen['an,rɛnən] *intr* arremeter.
an|richten['an,rɪçtən] *tr* preparar.
Anruf['anru:f] **(-e)** *m* llamada *f*.
Anrufbeantworter ['anru:fbə,antvɔrtɐ] **(-)** *m* contestador *m* automático.
an|rufen['an,ru:fən] *tr* llamar.
Anrufer(in)['an,ru:fɐ] **(-, -nen)** *m(f) persona que hace una llamada telefónica.*
Ansage['an,za:gə] **(-n)** *f* anuncio *m*.

Ansatz [ˈanzats] **(-sätze)** *f* **1** comienzo *m*. **2** TEC prolongación *f*.

an|schaffen [ˈanˌʃafən] *tr* comprar, adquirir.

an|schalten [ˈanˌʃaltən] *tr* conectar, encender.

an|schauen [ˈanˌʃaʊən] *tr* mirar.

Anschein [ˈanʃaɪn] *m* apariencia *f*; impresión *f*.

anscheinend [ˈanˌʃaɪnənt] *adv* aparentemente.

Anschlag [ˈanʃlaːk] **(-schläge)** *m* **1** atentado *m*. **2** cartel *m*.

an|schließen [ˈanˌʃliːsən] *tr* asegurar (con un candado).

anschließend [ˈanˌʃliːsənt] *adj* siguiente.

Anschluss [ˈanʃlʊs] **(-schlüsse)** *m* conexión *f* (a una red). ■ **im ~ an *(+ac)*** a continuación de.

an|schnallen [ˈanˌʃnalən] *pron* **sich ~** abrocharse el cinturón de seguridad.

Anschrift [ˈanʃrɪft] **(-en)** *f* dirección *f*.

an|sehen [ˈanˌzeːən] *tr* mirar.

Ansehen [ˈanˌzeːən] **(-)** *n* aspecto *m*.

ansehnlich [ˈanˌzeːnlɪç] *adj* considerable.

an|sein [ˈanzaɪn] *intr* estar en-[illegible]dido (motor, radio).

[illegible]tzen [ˈanˌzɛtsən] *tr* poner, [illegible]; unir, juntar.

[illegible] [ˈanzɪçt] **(-en)** *f* opi-[illegible]

[illegible]**e** [ˈanzɪçtsˌkartə] [illegible] *f*.

ansonsten [anˈzɔnstən] *adv* por lo demás.

Anspannung [ˈanˌʃpanʊŋ] **(-en)** *f* tensión *f*.

an|spielen [ˈanˌʃpiːlən] *intr* aludir.

Ansprache [ˈanˌʃpraːxə] **(-en)** *f* discurso *m*.

an|sprechen [ˈanˌʃprɛçən] *tr* dirigir la palabra.

Anspruch [ˈanʃprʊx] **(-sprüche)** *m* exigencia *f*; pretensión *f*. ■ **hohe Ansprüche stellen** tener grandes pretensiones.

anspruchslos [ˈanʃprʊxsloːs] *adj* modesto.

anspruchsvoll [ˈanʃprʊxsˌfɔl] *adj* exigente.

Anstalt [ˈanʃtalt] **(-en)** *f* establecimiento *m*.

Anstand [ˈanʃtant] *m* decencia *f*.

anständig [ˈanˌʃtɛndɪç] *adj* decente, honesto.

anstatt [anˈʃtat] *prep* **+gen** en vez de.

an|stecken [ˈanˌʃtɛkən] *tr* **1** fijar (con agujas). **2** contagiar (enfermedad).

ansteckend [ˈanˌʃtɛkənt] *adj* contagioso.

an|stehen [ˈanˌʃteːən] *intr* hacer cola.

an|steigen [ˈanˌʃtaɪgən] *intr* subir.

anstelle [anˈʃtɛlə] *prep* **+gen** en lugar de.

an|stellen [ˈanˌʃtɛlən] *tr* colocar, poner.

Anstellung [ˈanˌʃtɛlʊŋ] (-en) *f* **1** empleo *m.* **2** contratación *f.*
an|strengen [ˈanˌʃtrɛŋən] *tr* **1** cansar. • **sich ~** *pron* **2** esforzarse.
anstrengend [ˈanˌʃtrɛŋənt] *adj* fatigoso, agotador.
Anstrengung [ˈanˌʃtrɛŋʊŋ] (-en) *f* esfuerzo *m.*
Anteil [ˈantaɪl] (-e) *m* parte *f.*
Antenne [anˈtɛnə] (-n) *f* antena *f* (de televisión, de insecto).
Antibiotikum [antiˈbĭo:tikʊm] (-tika) *n* antibiótico *m.*
antik [anˈti:k] *adj* antiguo.
Antilope [antiˈlo:pə] (-n) *f* antílope *m.*
Antiquariat [antikvaˈrĭa:t] (-e) *n* librería *f* de ocasión.
Antiquität [antikviˈtɛ:t] (-en) *f* antigüedad *f.*
antisemitisch [antizeˈmi:tɪʃ] *adj* antisemita.
an|treffen [ˈanˌtrɛfən] *tr* encontrar.
an|treten [ˈanˌtre:tən] *tr* **1** emprender (viaje). **2** tomar posesión (cargo).
Antrieb [ˈantri:p] (-e) *m* **1** estímulo *m.* **2** tracción *f*; propulsión *f.*
Antwort [ˈantvɔrt] (-en) *f* respuesta *f.*
antworten [ˈantvɔrtən] *tr* responder.
an|vertrauen [ˈanfɛɐˌtraʊən] *tr* **1** confiar, encomendar. **2** revelar (un secreto). • **sich jm ~** *pron* **3** confiarse a alguien.
Anwalt, -wältin [ˈanvalt] (**-wälte, -wältinnen**) *m, f* abogado, -a *m, f.*
an|weisen [ˈanˌvaɪzən] *tr* **1** indicar (puesto). **2** ordenar (dar órdenes).
Anweisung [ˈanˌvaɪzʊŋ] (-en) *f* orden *f.*
an|wenden [ˈanˌvɛndən] *tr* aplicar.
Anwendung [ˈanˌvɛndʊŋ] (-en) *f* empleo *m*, aplicación *f.*
anwesend [ˈanˌve:zənt] *adj* presente.
Anwesende(r) [ˈanˌve:zəndə] (-n, -n) *mf(m)* presente *m, f.* ■ **die Anwesenden** los aquí presentes.
Anwohner(in) [ˈanˌvo:nɐ] (-, -nen) *m(f)* vecino, -a *m, f.*
Anzahl [ˈantsa:l] *f* número *m*, cantidad *f.*
an|zahlen [ˈanˌtsa:lən] *tr* pagar a cuenta.
Anzeichen [ˈanˌtsaɪçən] (-) *n* indicio *m*, señal *f.*
Anzeige [ˈanˌtsaɪgə] (-n) *f* **1** anuncio *m*; aviso *m* (Amér.). **2** DER denuncia *f.*
an|zeigen [ˈanˌtsaɪgən] *tr* **1** anunciar, notificar (en un periódico); indicar (señalar). **2** DER denunciar.
Anzeigetafel [ˈantsaɪgəˌta:fəl] (-n) *f* tablón *m* de anuncios.
an|ziehen [ˈanˌtsi:ən] *tr* **1** atrae (imán). **2** vestir, poners apretar (tornillo, freno). ~ *pron* **4** vestirse.

Anzug [ˈantsu:k] (**züge**) *m* traje *m*; percha *f* (Amér.).

an|zünden [ˈanˌtsʏndən] *tr* encender, incendiar; prender (Amér.).

Apartment [aˈpartmənt] (**-s**) *n* apartamento *m*; departamento *m* (Amér.).

Aperitif [aperiˈti:f] (**-s, -e**) *m* aperitivo *m*; copetín *m* (Amér.).

Apfel [ˈapfəl] (**Äpfel**) *m* manzana *f*.

Apfelsaft [ˈapfəlˌzaft] (**-säfte**) *m* zumo *m* de manzana.

Apfelsine [apfəlˈzi:nə] (**-n**) *f* naranja *f*.

Apfelstrudel [ˈapfəlˌʃtru:dəl] *m* *pastel de manzana frío o caliente*.

Apotheke [apoˈte:kə] (**-n**) *f* farmacia *f*.

Apotheker(in) [apoˈte:kɐ] (**-, -nen**) *m(f)* farmacéutico, -a *m, f*.

Apparat [apaˈra:t] (**-e**) *m* aparato *m*, artefacto *m*.

Appartement [apartəˈmã:] (**-s**) *n* → Apartment.

Appetit [apeˈti:t] *m* apetito *m*; antojo *m* (Amér.). ■ **guten ~!** ¡buen provecho!

Applaus [aˈplaus] (**-e**) *m* aplauso *m*.

...se [apriˈko:zə] (**-n**) *f* al...ue *m*.

...ɪl] *m* abril *m*.

...kvaˈrɛl] (**-e**) *n* acua...

...ɪarɪum] (**Aqua**... *m*.

Araber(in) [aˈra:bɐ] (**-, -nen**) *m(f)* árabe *m, f*.

arabisch [aˈra:bɪʃ] *adj* árabe.

Arbeit [ˈarbaɪt] (**-en**) *f* **1** trabajo *m*, labor *f*; empleo *m*. **2** esfuerzo *m*.

arbeiten [ˈarbaɪtən] *intr* **1** trabajar; laburar (Amér.). **2** funcionar (máquina, órgano).

Arbeiter(in) [ˈarbaɪtɐ] (**-, -nen**) *m(f)* obrero, -a *m, f*, trabajador, -a *m, f*.

Arbeitgeber(in) [ˈarbaɪtˌge:bɐ] (**-, -nen**) *m(f)* empresario, -a *m, f*, patrón, ona *m, f*.

Arbeitnehmer(in) [ˈarbaɪtˌne:mɐ] (**-, -nen**) *m(f)* empleado, -a *m, f*.

arbeitsam [ˈarbaɪtsa:m] *adj* trabajador.

Arbeitsamt [ˈarbaɪtsˌamt] (**-ämter**) *n* oficina *f* de empleo.

Arbeitserlaubnis [ˈarbaɪtsɛɐˌlaupnɪs] (**-se**) *f* permiso *m* de trabajo.

Arbeitskampf [ˈarbaɪtsˌkampf] (**-kämpfe**) *m* conflicto *m* laboral.

arbeitslos [ˈarbaɪtslo:s] *adj* desempleado; cesante (Amér.).

Arbeitslose(r) [ˈarbaɪtslo:zə] (**-n, -n**) *mf(m)* parado, -a *m, f*.

Arbeitsplatz [ˈarbaɪtsˌplats] (**-plätze**) *m* puesto *m* de trabajo.

Arbeitsspeicher [ˈarbaɪtsˌʃpaɪçɐ] (**-**) *m* INF memoria *f* de trabajo.

Arbeitsstelle [ˈarbaɪtsˌʃtɛlə] (**-n**) *f* puesto *m* de trabajo.

Arbeitswoche [ˈarbaɪtsˌvɔxə] (-n) *f* semana *f* laboral.
Arbeitszeit [ˈarbaɪtsˌtsaɪt] (-en) *f* jornada laboral; horario de trabajo.
archaisch [arˈça:ɪʃ] *adj* arcaico.
Archäologie [arçɛoloˈgi:] *f* arqueología *f.*
Architekt(in) [arçiˈtɛkt] (-en, -nen) *m(f)* arquitecto, -a *m, f.*
Architektur [arçitɛkˈtu:ɐ] *f* arquitectura *f.*
Archiv [arˈçi:f] (-e) *n* archivo *m.*
archivieren [arçiˈvi:rən] *tr* archivar.
Areal [areˈa:l] (-e) *n* área *f*, superficie *f.*
arg [ark] *adj* **1** • *adv* **2** muy, mucho.
Argentinien [argɛnˈti:nĭən] *n* Argentina *f.*
Argentinier(in) [argɛnˈti:nĭɐ] (-, -nen)
argentinisch [argɛnˈti:nɪʃ] *adj* argentino.
Ärger [ˈɛrgɐ] *m* disgusto *m*, fastidio *m*; enojo *m.*
ärgerlich [ˈɛrgɐlɪc] *adj* **1** enfadado, enojado. **2** enojoso (cosa).
ärgern [ˈɛrgɐn] *tr* **1** fastidiar, molestar; embromar (Amér.). • **sich ~** *pron* **2** enfadarse; chivarse (Amér.).
Ärgernis [ˈɛrgɐnɪs] (-se) *n* escándalo *m.*
Argument [arguˈmɛnt] (-e) *n* argumento *m.*
argwöhnen [ˈarkvø:nən] *tr* sospechar.
Arie [ˈa:rĭə] (-n) *f* MÚS aria *f.*
Aristokratie [arɪstokraˈti:] (-n) *f* aristocracia *f.*
Arkade [arˈka:də] (-n) *f* arcada *f.*
arm [arm] *adj* **1** pobre, necesitado. **2** infeliz.
Arm [arm] (-e) *m* brazo *m.* ■ **jn auf den ~ nehmen** (fam) tomar el pelo a alguien.
Armband [ˈarmbant] (-bänder) *n* pulsera *f*, brazalete *m.*
Armbanduhr [ˈarmbantˌu:ɐ] (-en) *f* reloj *m* de pulsera.
Armee [arˈme:] (-n) *f* ejército *m.*
Ärmel [ˈɛrməl] (-) *m* manga *f.*
armselig [ˈarmˌze:lɪç] *adj* → ärmlich.
Armut [ˈarmu:t] *f* pobreza *f.*
Aroma [aˈro:ma] (-s, -en, -ta) *n* aroma *m.*
arrangieren [arãˈʒi:rən] *tr* organizar (encuentro); combinar (flores).
Arrest [aˈrɛst] (-e) *m* arresto *m.*
arrogant [aroˈgant] *adj* arrogante.
Arsch [arʃ] (Ärsche) *m* **1** (vulg) culo *m.* **2** (vulg) cabrón *m* (insulto). ■ **leck mich am ~!** ¡que te den por el culo!
Art [a:ɐt] (-en) *f* **1** tipo *m*, clase *f.* **2** manera *f*, forma *f.*
Artenschutz [ˈa:ɐtənˌʃʊts] *m* protección *f* de las especies.
artig [ˈa:ɐtɪç] *adj* bueno, obediente.

Artikel [ar'ti:kəl] (-) *m* artículo *m*.
Artikulation [artikula'tsǐo:n] (-en) *f* articulación *f*.
Artischocke [arti'ʃɔkə] (-n) *f* alcachofa *f*.
Artist(in) [ar'tɪst] (-en, -nen) *m(f)* artista *m, f* (circo, variedades).
Arznei [a:ɐts'naɪ̯fɔrməl] (-n) *f* receta *f*, fórmula *f*.
Arzneimittel [a:ɐts'naɪ̯mɪtəl] (-) *n* medicamento *m*.
Arzt [a:ɐtst] (**Ärzte**) *m* médico *m*.
Arzthelfer(in) [a:ɐts̩hɛlfɐ] (-, -nen) *m(f)* auxiliar *m, f* médico.
Ärztin ['ɛ:ɐtstɪn] (-nen) *f* médica *f*.
ärztlich ['ɛ:ɐtstlɪç] *adj* médico.
Arztpraxis ['a:ɐtst̩praksɪs] (-praxen) *f* consulta *f* médica.
Asche ['aʃə] (-n) *f* ceniza *f*.
Aschenbecher ['aʃən̩bɛçɐ] (-) *m* cenicero *m*.
Asiat(in) [a'zǐa:t] (-en, -nen) *m(f)* asiático, -a *m, f*.
asiatisch [a'zǐa:tɪʃ] *adj* asiático.
Asien ['a:zǐen] *n* Asia *f*.
Asket(in) [as'ke:t] (-en, -nen) *m(f)* asceta *m, f*.
asketisch [as'ke:tɪʃ] *adj* ascético.
asozial ['azotsǐa:l] *adj* asocial.
Aspekt [as'pɛkt] (-e) *m* aspecto *m*. ■ **unter diesem ~** desde ese punto de vista.
Asphalt [as'falt] (-e) *m* asfalto *m*.
assimilieren [asimi'li:rən] *tr* asimilar.
Assistent(in) [asɪs'tɛnt] (-en, -nen) *m(f)* asistente *m, f*.
assistieren [asɪs'ti:rən] *intr* asistir.
assoziieren [asotsi'i:rən] *tr* asociar.
Ast [ast] (**Äste**) *m* rama *f*.
Ästhetik [ɛs'te:tɪk] *f* estética *f*.
ästhetisch [ɛs'te:tɪʃ] *adj* estético.
Asthma ['astma] *n* asma *m, f*.
Astrologie [astrolo'gi:] *f* astrología *f*.
astrologisch [astro'lo:gɪʃ] *adj* astrológico.
Astronaut(in) [astro'naʊt] (-en, -nen) *m(f)* astronauta *m, f*.
Asyl [a'zy:l] (-e) *n* asilo *m*.
Asylrecht [a'zy:l̩rɛçt] *n* derecho *m* de asilo.
Atelier [ate'lǐe:] (-s) *n* estudio *m*, taller *m*.
Atem ['a:təm] *m* respiración *f*.
atemlos ['a:təmlo:s] *adj* sin aliento.
Atemzug ['a:təm̩tsu:k] (-züge) *m* respiración *f*.
Atheismus [ate'ɪsmʊs] *m* ateísmo *m*.
atheistisch [ate'ɪstɪʃ] *adj* ateo.
Athen [a'te:n] *n* Atenas *f*.
Athlet(in) [at'le:t] (-en, -nen) *m(f)* atleta *m, f*.
athletisch [at'le:tɪʃ] *adj* atlético.
Atlas ['atlas] (**Atlanten**) *m* atlas *m*.

Atlantik [at'lantɪk] *m* Atlántico *m*.
atmen ['a:tmən] *intr* respirar.
Atmosphäre [atmo'sfɛ:rə] (**-n**) *f* atmósfera *f*.
Atmung ['a:tmʊŋ] *f* respiración *f*.
Atom [a'to:m] (**-e**) *n* átomo *m*.
Atombombe [a'to:mˌbɔmbə] (**-n**) *f* bomba *f* atómica.
Atomenergie [a'to:menɛrˌgi:] *f* energía *f* nuclear.
Atomkraft [a'to:mˌkraft] *f* energía *f* nuclear.
Atomkraftwerk [a'to:mˌkraftvɛrk] (**-e**) *n* central *f* nuclear.
Atomwaffe [a'to:mˌvafə] (**-n**) *f* arma *f* nuclear.
Attacke [a'takə] (**-n**) *f* ataque *m*.
Attentat ['atənta:t] (**-e**) *n* atentado *m*.
Attest [a'tɛst] (**-e**) *n* certificado *m* médico.
Attraktion [atrak'tsĭo:n] (**-en**) *f* atracción *f*.
attraktiv [atrak'ti:f] *adj* atractivo.
Attraktivität [atraktivi'tɛ:t] *f* atractivo *m*.
au [aʊ] *interj* ¡ay!; ¡uau!
Aubergine [obɛr'ʒi:nə] (**-n**) *f* berenjena *f*.
auch [aʊx] *adv* **1** también. **2** en efecto. **3** incluso. ■ **~ nicht** tampoco.
Audienz [aʊ'dĭɛnts] (**-en**) *f* audiencia *f*.
audiovisuell [aʊdĭovɪ'zŭɛl] *adj* audiovisual.
auf [aʊf] *prep* **+dat 1** (situación) sobre, encima de: *das Buch liegt auf dem Tisch = el libro está sobre la mesa*; en: *auf der Straße = en la calle*. **2** (tiempo) durante: *auf der Fahrt = durante el trayecto*. **+ac 3** (dirección) encima de (desde arriba): *ich lege das Buch auf den Tisch = pongo el libro sobre la mesa*; a (hacia arriba): *wir steigen auf den Berg = subimos a la montaña*; a, hacia (hacia un lugar): *ich gehe auf die Post = voy a Correos; auf mich zu = hacia mí*. **4** (tiempo) a, en, hasta: *auf den nächsten Tag = al día siguiente*. **5** (modo) de: *auf diese Weise = de esta forma*. **6** (causa) por: *auf deinen Rat hin = siguiendo tu consejo*. **7** (deseo) a: *auf Ihr Wohl = a su salud*. ● *adv* **8** arriba. **9** abierto (comercio, puerta). ■ **~ Deutsch** en alemán; **~ einmal** de una vez; de repente; **~ gehts!** !vamos!; **~ sein** estar levantado.
auf|atmen ['aʊfˌa:tmən] *intr* tomar aire.
Aufbau ['aʊfbaʊ] (**-ten**) *m* **1** construcción *f*, creación *f*. **2** estructura *f*.
auf|bauen ['aʊfˌbaʊən] *tr* **1** construir, edificar. **2** montar (tienda de campaña). **3** crear, fundar (una empresa).
auf|bereiten ['aʊfbəˌraɪtən] *tr* **1** purificar (agua). **2** preparar, procesar. **3** elaborar (datos).

auf|bewahren ['aʊfbə,va:rən] *tr* guardar, conservar.
Aufbewahrung ['aʊfbə,va:rʊŋ] (-en) *f* conservación *f*.
auf|brechen ['aʊf,brɛçən] *intr* 1 abrirse (romper). • *tr* 2 abrir.
Aufbruch ['aʊfbrʊx] (-brüche) *m* 1 partida *f*, salida *f*. 2
auf|decken ['aʊf,dɛkən] *tr* 1 destapar. 2 descubrir.
auf|drängen ['aʊf,drɛŋən] *tr* imponer.
auf|drehen ['aʊf,dre:ən] *intr* 1 acelerar. • *tr* 2 abrir (grifo).
aufdringlich ['aʊf,drɪŋlɪç] *adj* pesado.
aufeinander [aʊfaɪ'nandɐ] *adv* 1 uno encima de otro. 2 uno tras otro. 3 uno contra otro.
Aufenthalt ['aʊfɛnthalt] (-e) *m* estancia *f*, permanencia *f*.
auf|essen ['aʊf,ɛsən] *tr* acabárselo todo (comida).
Auffahrt ['aʊffa:ɐt] (-en) *f* subida *f*.
auf|fallen ['aʊf,falən] *intr* llamar la atención.
auffallend ['aʊf,falənt] *adj* llamativo (vistoso).
auffällig ['aʊf,fɛlɪç] *adj* llamativo (extraño).
auf|fangen ['aʊf,faŋən] *tr* recoger (una pelota).
Auffassung ['aʊf,fasʊŋ] (-en) *f* 1 opinión *f*. 2 interpretación *f*.
auf|finden ['aʊf,fɪndən] *tr* encontrar.
auf|fordern ['aʊf,fɔrdɐn] *tr* pedir, requerir.
Aufforderung ['aʊf,fɔrdərʊŋ] (-en) *f* invitación *f*.
auf|frischen ['aʊf,frɪʃən] *tr* 1 renovar, restaurar. 2 refrescar (la memoria).
auf|führen ['aʊf,fy:rən] *tr* 1 representar (en el teatro). • **sich** ~ *pron* 2 comportarse.
Aufführung ['aʊf,fy:rʊŋ] (-en) *f* función *f*, representación *f* (en el teatro); sesión *f* (cine).
Aufgabe ['aʊf,ga:bə] (-n) *f* tarea *f*.
Aufgang ['aʊfgaŋ] (-gänge) *m* salida *f* (del sol, de la luna).
auf|geben ['aʊf,ge:bən] *intr* 1 rendirse. • *tr* 2 expedir, enviar (un paquete).
auf|gehen ['aʊf,ge:ən] *intr* salir (el sol, la luna).
aufgeklärt ['aʊfgə,klɛ:ɐt] *adj* ilustrado, informado.
aufgeregt ['aʊfgə,re:kt] *adj* excitado.
aufgeschlossen ['aʊfgə,ʃlɔsən] *adj* abierto, receptivo.
aufgrund [aʊf'grʊnt] *prep* **+gen** a causa de, por.
auf|haben ['aʊf,ha:bən] *intr* estar abierto (un comercio).
auf|halten ['aʊf,haltən] *tr* 1 parar. 2 impedir, evitar. 3 molestar, entretener.
auf|hängen ['aʊf,hɛŋən] *tr* 1 colgar (un cuadro). • *intr* 2 colgar (el teléfono).
auf|heben ['aʊf,he:bən] *tr* 1 levantar (una sesión, una prohibición). 2 guardar, conservar.

Aufhebung [ˈaʊfˌhəbʊŋ] **(-en)** *f* **1** levantamiento *m*. **2** abolición *f*; rescisión *f* (de un contrato).
auf|hetzen [ˈaʊfˌhɛtsən] *tr* incitar.
auf|holen [ˈaʊfˌhoːlən] *tr* recuperar (tiempo).
auf|hören [ˈaʊfˌhøːrən] *intr* terminar.
auf|klappen [ˈaʊfˌklapən] *tr* abrir (libro).
auf|klären [ˈaʊfˌklɛːrən] *tr* **1** aclarar (duda). **2** instruir (disciplina).
Aufklärung [ˈaʊfˌklɛːrʊŋ] **(-en)** *f* **1** esclarecimiento *m*. **2** reconocimiento *f* (militar).
Aufkleber [ˈaʊfˌkleːbɐ] (-) *m* adhesivo *m*.
auf|krempeln [ˈaʊfˌkrɛmpəln] *tr* arremangarse.
auf|kriegen [ˈaʊfˌkriːgən] *tr* (fam) lograr abrir.
auf|laden [ˈaʊfˌlaːdən] *tr* cargar (peso).
Auflage [ˈaʊfˌlaːgə] **(-n)** *f* edición *f* (libro).
auf|lassen [ˈaʊfˌlasən] *tr* **1** dejar abierto (puerta). **2** lanzar (globos).
auf|lösen [ˈaʊfˌløːzən] *tr* **1** disolver, diluir (sustancia). **2** disolver (parlamento); deshacer (lazo, matrimonio). **3** cancelar (cuenta).
Auflösung [ˈaʊfˌløːzʊŋ] **(-en)** *f* disolución *f*; solución *f*.
auf|machen [ˈaʊfˌmaxən] *intr* **1** abrir (comercios). • *tr* **2** abrir.
aufmerksam [ˈaʊfˌmɛrkzaːm] *adj* atento; galante.
Aufmerksamkeit [ˈaʊfˌmɛrkzaːmkaɪt] **(-en)** *f* atención *f*.
auf|muntern [ˈaʊfˌmʊntɐn] *tr* reconfortar.
Aufnahme [ˈaʊfˌnaːmə] **(-en)** *f* **1** ingreso *m* (hospital, institución); recepción *f* (sección). **2** fotografía *f*. **3** grabación *f*.
auf|nehmen [ˈaʊfˌneːmən] *tr* **1** levantar; recoger (del suelo). **2** admitir (socio). **3** comenzar. **4** tomar prestado (dinero). **5** fotografiar.
auf|passen [ˈaʊfˌpasən] *intr* tener cuidado. ■ **auf jn ~** cuidar de alguien.
auf|pumpen [ˈaʊfˌpʊmpən] *tr* inflar, hinchar.
auf|räumen [ˈaʊfˌrɔɪmən] *tr* ordenar, arreglar.
aufrecht [ˈaufrɛçt] *adj* erguido, derecho (postura); íntegro.
auf|regen [ˈaʊfˌreːgən] *tr* **1** irritar, excitar. • **sich ~** *pron* **2** enfadarse, irritarse.
aufregend [ˈaʊfˌreːgənt] *adj* excitante.
Aufregung [ˈaʊfˌreːgʊŋ] **(-en)** *f* agitación *f*, excitación *f*.
auf|reißen [ˈaʊfˌraɪsən] *intr* **1** romperse, desgarrarse. • *tr* **2** abrir bruscamente (puerta, ventana).
auf|richten [ˈaʊfˌrɪçtən] *tr* levantar; erigir (edificio).
aufrichtig [ˈaʊfˌrɪctɪç] *adj* sincero.

Aufruf [ˈaʊfruːf] (-e) *m* llamamiento *m*.
auf|rufen [ˈaʊfˌruːfən] *tr* llamar.
Aufruhr [ˈaʊfruːɐ] *m* tumulto *m*, disturbio *m*.
Aufrührer(in) [ˈaʊfˌryːrɐ] (-, -nen) *m(f)* rebelde *m, f*.
auf|rüsten [ˈaʊfˌrʏstən] *tr* rearmar.
Aufrüstung [ˈaʊfˌrʏstʊŋ] (-en) *f* rearme *m*.
auf|rütteln [ˈaʊfˌrʏtəln] *tr* sacudir.
aufsässig [ˈaʊfˌzɛsɪç] *adj* rebelde.
Aufsatz [ˈaʊfzats] (-sätze) *m* redacción *f*; artículo *m*.
auf|schieben [ˈaʊfˌʃiːbən] *tr* abrir empujando.
Aufschlag [ˈaʊfʃlaːk] (-schläge) *m* golpe *m*, impacto *m*.
auf|schlagen [ˈaʊfˌʃlaːgən] *intr* **1** chocar. • *tr* **2** abrir.
auf|schließen [ˈaʊfˌʃliːsən] *tr* abrir (con llave).
Aufschluss [ˈaʊfʃlʊs] (-schlüsse) *m* información *f*.
auf|schlussreich [ˈaʊfʃlʊsˌraɪç] *adj* instructivo.
auf|schneiden [ˈaʊfˌʃnaɪdən] *tr* abrir cortando.
Aufschnitt [ˈaʊfʃnɪt] *m* fiambre *m*, embutido *m*.
auf|schreiben [ˈaʊfˌʃraɪbən] *tr* anotar.
Aufschrift [ˈaʊfʃrɪft] (-en) *f* etiqueta *f*, inscripción *f*.
Aufsehen [ˈaʊfˌzeːən] (-) *n* sensación *f*.
auf|sein [ˈaʊfzaɪn] *intr* **1** estar levantado. **2** estar abierto.
auf|setzen [ˈaʊfˌzɛtsən] *intr* **1** aterrizar. • *tr* **2** ponerse (gafas, sombrero).
Aufsicht [ˈaʊfzɪçt] (-en) *f* supervisión *f*.
Aufstand [ˈaʊfʃtant] (-stände) *m* sublevación *f*.
aufständisch [ˈaʊfˌʃtɛndɪʃ] *adj* rebelde.
auf|stehen [ˈaʊfˌʃteːən] *intr* levantarse; ponerse de pie.
auf|stellen [ˈaʊfˌʃtɛlən] *tr* colocar; montar (máquina).
Aufstellung [ˈaʊfˌʃtɛlʊŋ] (-en) *f* colocación *f*.
auf|suchen [ˈaʊfˌzuːxən] *tr* visitar (familiar, médico).
Auftakt [ˈaʊftakt] (-e) *m* comienzo *m*.
auf|tauchen [ˈaʊfˌtaʊxən] *intr* emerger; presentarse.
auf|teilen [ˈaʊfˌtaɪlən] *tr* distribuir, repartir.
Aufteilung [ˈaʊfˌtaɪlʊŋ] (-en) *f* distribución *f*; división *f*.
Auftrag [ˈaʊftraːk] (-träge) *m* encargo *m*; pedido *m*.
auf|treten [ˈaʊfˌtreːtən] *intr* **1** presentarse. **2** pisar.
Auftritt [ˈaʊftrɪt] (-e) *m* actuación *f*.
auf|wachen [ˈaʊfˌvaxən] *intr* despertarse.
auf|wachsen [ˈaʊfˌvaksən] *intr* criarse.
aufwändig [ˈaʊfˌvɛndɪç] *adj* → aufwendig.

auf|wärmen [ˈaufˌvɛrmən] *tr* recalentar.
aufwärts [ˈaufvɛrts] *adv* hacia arriba.
auf|wecken [ˈaufˌvɛkən] *tr* despertar.
aufwendig [ˈaufˌvɛndɪç] *adj* costoso; lujoso.
auf|werten [ˈaufˌveːɐtən] *tr* revaluar.
auf|zeichnen [ˈaufˌtsaɪçnən] *tr* **1** dibujar. **2** grabar.
Aufzeichnung [ˈaufˌtsaɪçnʊŋ] **(-en)** *f* nota *f*, apunte *m*.
auf|zeigen [ˈaufˌtsaɪgən] *tr* mostrar, demostrar.
auf|ziehen [ˈaufˌtsiːən] *tr* **1** levantar. **2** abrir tirando.
Aufzug [ˈauftsuːk] **(-züge)** *m* ascensor *m*.
Auge [ˈaʊgə] **(-n)** *n* ojo *m*; vista *f*. ■ **ein ~ zudrücken** hacer la vista gorda; **ins ~ fallen** saltar a la vista; **unter vier Augen** a solas.
Augenblick [ˈaʊgənblɪk] **(-e)** *m* momento *m*, instante *m*.
augenblicklich [ˈaʊgənblɪklɪç] *adj* momentáneo.
Augenlicht [ˈaʊgənˌlɪçt] *n* vista *f*.
August [aʊˈgʊst] *m* agosto *m*.
Auktion [aʊkˈtsǐoːn] **(-en)** *f* subasta *f*; remate *m* (Amér.).
Aula [ˈaʊla] **(Aulen)** *f* sala *m* de actos (escuela).
Au-pair-Mädchen [oˈpɛːɐˌmɛːtçən] **(-)** *n* au pair *f*.
Aura [ˈaʊra] *f* aura *f*.
aus [aʊs] *prep* **+dat 1** (de dentro a fuera) de, por: *aus der Flasche = de la botella*. **2** (procedencia) de: *er ist aus Barcelona = es de Barcelona*. **3** (constitución) de: *aus Holz = de madera*. **4** (media, causa) por: *aus Erfahrung = por experiencia*. ● *adv* **5** finalizado (película, partido): *das Spiel ist aus = el partido ha terminado*. **6** apagado (aparato, luz). ■ **von mir ~** por mí; **von hier ~** desde aquí.
Aus [aʊs] *n* final *m*.
aus|arbeiten [ˈaʊsˌarbaɪtən] *tr* elaborar.
aus|bauen [ˈaʊsˌbaʊən] *tr* **1** ampliar (edificio). **2** desarrollar (actividad).
aus|bessern [ˈaʊsˌbɛsɐn] *tr* arreglar, reparar.
Ausbesserung [ˈaʊsˌbɛsərʊŋ] **(-en)** *f* reparación *f*.
aus|beuten [ˈaʊsˌbɔɪtən] *tr* explotar.
aus|bilden [ˈaʊsˌbɪldən] *tr* instruir.
Ausbildung [ˈaʊsˌbɪldʊŋ] **(-en)** *f* formación *f*.
aus|bleiben [ˈaʊsˌblaɪbən] *intr* no suceder.
Ausblick [ˈaʊsblɪk] **(-e)** *m* vista *f*, panorama *m*.
aus|borgen [ˈaʊsˌbɔrgən] *tr* prestar. ■ **sich etw*(dat)* ~** tomar prestado algo.
aus|brechen [ˈaʊsˌbrɛçən] *tr* **1** arrancar (muela, piedra). ● *intr* **2** estallar (guerra).

aus|breiten [ˈaʊsˌbraɪtən] *tr* **1** desplegar; extender. • **sich** ~ *pron* **2** propagarse, extenderse.
Ausbruch [ˈaʊsbrʊx] **(-brüche)** *m* **1** evasión *f.* **2** erupción *f.*
Ausdauer [ˈaʊsdaʊɐ] *f* constancia *f.*
ausdauernd [ˈaʊsˌdaʊɐnt] *adj* perseverante; constante.
aus|dehnen [ˈaʊsˌdeːnən] *tr* extender.
aus|denken [ˈaʊsˌdɛŋkən] *tr* imaginar.
Ausdruck [ˈaʊsdrʊk] **(-dücke)** *m* expresión *f.*
aus|drucken [ˈaʊsˌdrʊkən] *tr* imprimir.
aus|drücken [ˈaʊsˌdrʏkən] *tr* **1** exprimir (fruta). **2** expresar (sentimientos).
ausdrücklich [ˈaʊsˌdrʏklɪc] *adj* preciso, explícito.
aus|dünsten [ˈaʊsˌdʏnstən] *intr* evaporarse.
auseinander [aʊsaɪˈnandɐ] *adv* separadamente.
auseinander|brechen [aʊsaɪˈnandɐˌbrɛçən] *tr* e *intr* romper(se).
auseinander|gehen [aʊsaɪˈnandɐˌgeːən] *intr* separarse.
auseinander|halten [aʊsaɪˈnandɐˌhaltən] *intr* distinguir.
auseinander|setzen [aʊsaɪˈnandɐˌzɛtsən] *tr*
auserkoren [ˈaʊsɛɐˌkoːrən] *adj* elegido.
ausersehen [ˈaʊsɛɐˌzeːən] *tr* escoger.
Ausfahrt [ˈaʊsfaːɐt] **(-en)** *f* salida *f.*
aus|fallen [ˈaʊsˌfalən] *intr* **1** caerse (el cabello, los dientes). **2** no realizarse (un acto).
ausfindig [ˈaʊsˌfɪndɪç] *adj* **etw/jn ~ machen** encontrar algo/a alguien.
aus|flippen [ˈaʊsˌflɪpən] *intr* (fam) alucinar.
Ausflug [ˈaʊsfluːk] **(-flüge)** *m* excursión *f.*
aus|fragen [ˈaʊsˌfraːgən] *tr* preguntar, interrogar.
Ausfuhr [ˈaʊsfuːɐ] **(-en)** *f* exportación *f.*
aus|führen [ˈaʊsˌfyːrən] *tr* exportar.
ausführlich [ˈaʊsˌfyːɐlɪç] *adj* amplio.
aus|füllen [ˈaʊsˌfʏlən] *tr* **1** llenar. **2** rellenar (un formulario).
Ausgabe [ˈaʊsˌgaːbə] **(-en)** *f* distribución *f* (de gastos).
Ausgang [ˈaʊsgaŋ] **(-gänge)** *m* salida *f.*
aus|geben [ˈaʊsˌgeːbən] *tr* **1** distribuir. **2** gastar (dinero).
ausgebucht [ˈaʊsgəˌbuːxt] *adj* completo.
aus|gehen [ˈaʊsˌgeːən] *intr* salir.
ausgemacht [ˈaʊsgəˌmaxt] *adj* seguro.
ausgenommen [ˈaʊsgəˌnɔmən] *prep* **+ac** a excepción de. ■ **~, dass ...** salvo.
ausgerechnet [ˈaʊsgəˌrɛçnət] *adv* (fam) precisamente.

ausgeschlossen [ˈausgəˌʃlɔsən] *adj* descartado, imposible.

ausgesprochen [ˈausgəˌʃprɔxən] *adj* pronunciado, marcado.

ausgezeichnet [ˈausgəˌtsaɪçnət] *adj* excelente.

ausgiebig [ˈausˌgi:bɪç] *adj* abundante.

aus|gießen [ˈausˌgi:sən] *tr* verter.

Ausgleich [ˈausglaɪç] **(-e)** *m* compensación *f*.

aus|gleichen [ˈausˌglaɪçən] *tr* compensar.

aus|gleiten [ˈausˌglaɪtən] *intr* resbalar.

Ausguss [ˈausgʊs] **(-güsse)** *m* boquilla *f*.

aus|halten [ˈausˌhaltən] *tr* **1** soportar. • *intr* **2** perseverar.

Aushang [ˈaushaŋ] **(-hänge)** *m* aviso *m*.

Aushilfe [ˈausˌhɪlfə] **(-n)** *f* auxiliar *m, f*.

aus|holen [ˈausˌho:lən] *intr* tomar impulso.

aus|kennen [ˈausˌkɛnən] *pron* **sich ~** entender de algo; conocer algo.

aus|kippen [ˈausˌkɪpən] *tr* verter, vaciar.

aus|kleiden [ˈausˌklaɪdən] *pron* desvestir(se).

aus|klopfen [ˈausˌklɔpfən] *tr* sacudir (una alfombra, la ropa).

aus|knipsen [ˈausˌknɪpsən] *tr* apagar (la luz).

aus|kommen [ˈausˌkɔmən] *intr* **mit/ohne etw ~** arreglárselas con/sin algo; **mit jm ~** entenderse con alguien.

Auskommen [ˈausˌkɔmən] *n* medios *m pl* de subsistencia.

aus|kundschaften [ˈausˌkʊntʃaftən] *tr* explorar.

Auskunft [ˈauskʊnft] **(-künfte)** *f* información *f*.

aus|lachen [ˈausˌlaxən] *tr* **jn ~** burlarse de alguien.

aus|laden [ˈausˌla:dən] *tr* descargar.

Auslage [ˈausˌla:gə] **(-n)** *f* vitrina *f*.

Ausland [ˈauslant] *n* extranjero *m*.

Ausländer(in) [ˈauslɛndɐ] **(-, -nen)** *m(f)* extranjero, -a *m, f*.

ausländerfeindlich [ˈauslɛndɐˌfaɪntlɪç] *adj* xenófobo.

ausländisch [ˈauslɛndɪʃ] *adj* extranjero.

Auslandsporto [ˈauslantsˌpɔrto] *n* tarifa *f* internacional.

aus|lassen [ˈausˌlasən] *tr* **1** omitir, suprimir. **2** dejar escapar. • **sich ~** *pron* **3** extenderse.

Auslauf [ˈauslauf] **(-läufe)** *m* orificio *m* de salida.

aus|laufen [ˈausˌlaufən] *intr* derramarse (líquido).

aus|leben [ˈausˌle:bən] *pron* **sich ~** gozar la vida.

aus|legen [ˈausˌle:gən] *tr* exponer.

aus|leihen [ˈausˌlaɪən] *tr* prestar.

Auslese [ˈausˌle:zə] **(-n)** *f* selección *f*.

aus|liefern [ˈausˌli:fɐn] *tr* entregar.

Auslöser ['aʊs,lø:zɐ] (-) *m* desencadenante *m.*

Auslosung ['aʊs,lo:zʊŋ] (-en) *f* rifa *f*, sorteo *m.*

aus|machen ['aʊs,maxən] *tr* apagar (la luz, un aparato).

aus|malen ['aʊs,ma:lən] *tr* pintar.

Ausmaß ['aʊsma:s] (-e) *n* dimensión *f*, extensión *f.*

aus|messen ['aʊs,mɛsən] *tr* medir.

Ausnahme ['aʊs,na:mə] (-n) *f* excepción *f.*

ausnahmsweise ['aʊsna:ms,vaɪzə] *adv* excepcionalmente.

aus|nehmen ['aʊs,ne:mən] *tr* excluir.

aus|nutzen ['aʊs,nʊtsən] *tr* aprovechar; utilizar.

aus|packen ['aʊs,pakən] *tr* **1** desenvolver. • *intr* **2** (fam, fig) cantar.

aus|probieren ['aʊspro,bi:rən] *tr* ensayar.

Auspuff ['aʊspʊf] (-e) *m* AUTO escape *m.*

aus|rauben ['aʊs,raʊbən] *tr* desvalijar.

aus|räumen ['aʊs,rɔɪmən] *tr* vaciar (habitación, armario).

aus|rechnen ['aʊs,rɛçnən] *tr* calcular.

Ausrede ['aʊs,re:də] (-n) *f* excusa *f.*

aus|reden ['aʊs,re:dən] *intr* acabar de hablar.

aus|reichen ['aʊs,raɪçən] *tr* ser suficiente.

ausreichend ['aʊs,raɪçənt] *adj* bastante.

aus|reisen ['aʊs,raɪzən] *intr* salir de viaje.

aus|reißen ['aʊs,raɪsən] *intr* **1** escapar. • *tr* **2** extraer, arrancar.

aus|richten ['aʊs,rɪçtən] *tr* organizar (una competición, una boda, etc.).

aus|rufen ['aʊs,ru:fən] *tr* proclamar (la república).

Ausrufezeichen ['aʊsru:fə,tsaɪçən] (-) *n* GRAM signo *m* de admiración.

aus|ruhen ['aʊs,ru:ən] *pron* **sich ~** descansar.

aus|rüsten ['aʊs,rʏstən] *tr* equipar; proveer.

Ausrüstung ['aʊs,rʏstʊŋ] (-en) *f* armamento *m.*

Aussage ['aʊs,za:gə] (-n) *f* afirmación *f.*

aus|sagen ['aʊs,za:gən] *tr* declarar.

aus|schalten ['aʊs,ʃaltən] *tr* desconectar (un aparato).

aus|schauen ['aʊs,ʃaʊən] *intr* buscar con la vista.

aus|scheiden ['aʊs,ʃaɪdən] *intr* separar, excluir.

aus|schenken ['aʊs,ʃɛŋkən] *tr* echar (bebida).

aus|schlafen ['aʊs,ʃla:fən] *intr y pron* dormir suficiente.

aus|schließen ['aʊs,ʃli:sən] *tr* dejar fuera.

ausschließlich ['aʊs,ʃli:slɪç] *adj* **1** exclusivo. • *adv* **2** exclusivamente.

Ausschluss [ˈaʊsʃlʊs] (**-schlüsse**) *m* exclusión *f*.
Ausschnitt [ˈaʊsʃnɪt] (**-e**) *m* corte *m*.
Ausschreibung [ˈaʊsˌʃraɪbʊŋ] (**-en**) *f* concurso *m* (plaza); convocatoria *f*.
aus|schütten [ˈaʊsˌʃʏtən] *tr* verter (líquido).
aus|sehen [ˈaʊsˌzeːən] *intr* parecer; tener aspecto de.
aus|sein [ˈaʊszaɪn] *intr* terminar, acabarse (partido).
Aussehen [ˈaʊsˌzeːən] *n* aspecto *m*.
außen [ˈaʊsən] *adv* fuera.
Außenseite [ˈaʊsənˌzaɪtə] (**-n**) *f* parte *f* exterior.
Außenseiter(in) [ˈaʊsənˌzaɪtɐ] (**-, -nen**) *m(f)* marginado, -a *m, f*.
Außenwelt [ˈaʊsənˌvɛlt] *f* mundo *m* exterior.
außer [ˈaʊsɐ] *prep* **+dat 1** fuera de (situación). **2** además de, aparte de (ampliación). **3** excepto, salvo (excepción). • *conj* **4**, salvo. ■ **~ dass** excepto que; **~ wenn** a menos que.
außerdem [ˈaʊsɐdeːm] *adv* además.
äußere(r, s) [ˈɔɪsərə] *adj* exterior.
außerehelich [ˈaʊsɐˌeːəlɪç] *adj* extramatrimonial.
außergewöhnlich [ˈaʊsɐgəˌvøːnlɪç] *adj* excepcional.
außerhalb [ˈaʊsɐhalp] *prep* **+gen 1** fuera de. • *adv* **2** fuera.
äußerlich [ˈɔɪsɐlɪç] *adj* externo.
äußern [ˈɔɪsɐn] *tr* **1** mostrar, manifestar. • **sich ~** *pron* **2** expresarse, manifestarse.
außerordentlich [ˈaʊsɐˌɔrdəntlɪç] *adj* extraordinario, insólito.
äußerst [ˈɔɪsɐst] *adv* muy, extremadamente.
aus|setzen [ˈaʊsˌzɛtsən] *intr* **1** cesar, hacer una pausa. • *tr* **2** abandonar (niño, animal).
Aussicht [ˈaʊszɪçt] (**-en**) *f* vista *f*, panorama *m*.
aussichtslos [ˈaʊszɪçtsloːs] *adj* inútil.
aus|siedeln [ˈaʊsˌziːdəln] *tr* evacuar.
Aussiedler(in) [ˈaʊsziːdlɐ] (**-, -nen**) *m(f)* repatriado, -a *m, f*.
aus|söhnen [ˈaʊsˌzøːnən] *tr* reconciliar.
aus|sortieren [ˈaʊszɔrˌtiːrən] *tr* seleccionar.
aus|spannen [ˈaʊsˌʃpanən] *intr* descansar.
Aussprache [ˈaʊsˌʃpraːxə] (**-n**) *f* pronunciación *f*.
aus|sprechen [ˈaʊsˌʃprɛçən] *tr* pronunciar.
Ausspruch [ˈaʊsʃprʊx] (**-sprüche**) *m* dicho *m*, máxima *f*.
aus|statten [ˈaʊsˌʃtatən] *tr* equipar, proveer.
Ausstattung [ˈaʊsˌʃtatʊŋ] (**-en**) *f* equipamiento *m*.
aus|steigen [ˈaʊsˌʃtaɪgən] *intr* bajar, salir (de un vehículo).
aus|stellen [ˈaʊsˌʃtɛlən] *tr* exponer.

Ausstellung ['aʊs͵ʃtɛlʊŋ] (**-en**) *f* exposición *f*.
aus|sterben ['aʊs͵ʃtɛrbən] *intr* extinguirse; desaparecer.
Ausstoß ['aʊs͵ʃto:s] *m* **1** producción *f*. **2** emisión *f* (gases).
Ausstrahlung ['aʊs͵ʃtra:lʊŋ] (**-en**) *f* emisión *f*.
aus|strecken ['aʊs͵ʃtrɛkən] *tr* estirar (brazos, piernas).
aus|streichen ['aʊs͵ʃtraɪçən] *tr* tachar, borrar.
aus|suchen ['aʊs͵zu:xən] *tr* escoger, elegir.
Austausch ['aʊstaʊʃ] *m* intercambio *m*.
aus|tauschen ['aʊs͵taʊʃən] *tr* intercambiar.
aus|teilen ['aʊs͵taɪlən] *tr* repartir (cartas, bofetadas).
aus|tragen ['aʊs͵tra:gən] *tr* repartir (cartas).
Austragung ['aʊs͵tra:gʊŋ] (**-en**) *f* distribución *f*.
Australien [aʊs'tra:lĭən] *n* Australia *f*.
aus|treten ['aʊs͵tre:tən] *intr* salir, darse de baja.
aus|trinken ['aʊs͵trɪŋkən] *intr y tr* terminar de beber.
Austritt ['aʊstrɪt] (**-e**) *m* dimisión *f*; abandono *m*.
aus|üben ['aʊs͵y:bən] *tr* ejercer.
ausverkauft ['aʊsfɛɐ͵kaʊft] *adj* agotado, vendido.
Auswahl ['aʊsva:l] *f* selección *f*.
aus|wählen ['aʊs͵vɛ:lən] *tr* seleccionar, escoger.
aus|wandern ['aʊs͵vandɐn] *intr* emigrar.
Auswanderung ['aʊs͵vandərʊŋ] (**-en**) *f* emigración *f*.
auswärts ['aʊsvɛrts] *adv* hacia fuera; fuera.
aus|wechseln ['aʊs͵vɛksəln] *tr* cambiar; recambiar.
Auswechs(e)lung ['aʊs͵vɛkslʊŋ] (**-en**) *f* cambio *m*.
Ausweg ['aʊsve:k] (**-e**) *m* salida *f*, solución *f*.
ausweglos ['aʊsve:klo:s] *adj* sin salida, sin solución.
aus|weichen ['aʊs͵vaɪçən] *intr* esquivar.
ausweichend ['aʊs͵vaɪçənt] *adj* evasivo.
Ausweis ['aʊsvaɪs] (**-e**) *m* carnet *m*; cédula *f* (Amér.).
aus|weisen ['aʊs͵vaɪzən] *tr* expulsar.
Ausweispapiere ['aʊsvaɪspa͵pi:rə] *n pl* documentación *f*.
aus|weiten ['aʊs͵vaɪtən] *tr* ampliar.
auswendig ['aʊs͵vɛndɪç] *adv* de memoria.
aus|werten ['aʊs͵ve:ɐtən] *tr* evaluar.
aus|wirken ['aʊs͵vɪrkən] *pron* **sich ~** producir efecto.
Auswirkung ['aʊs͵vɪrkʊŋ] (**-en**) *f* repercusión *f*, consecuencia *f*.
aus|zeichnen ['aʊs͵tsaɪçnən] *tr* premiar, condecorar.
Auszeichnung ['aʊs͵tsaɪçnʊŋ] (**-en**) *f* distinción *f*, condecoración *f*.

aus|ziehen ['aʊsˌtsiːən] *intr* **1** mudarse. • **sich ~** *pron* **2** desnudarse.

Ausziehtisch ['aʊstsiːˌtɪʃ] **(-e)** *m* mesa *f* plegable.

Auszubildende(r) ['aʊstsuːˌbɪldəndə] **(-n, -n)** *mf(m)* aprendiz(a) *m(f)*.

Auszug ['aʊstsuːk] **(-züge)** *m* mudanza *f*.

autark [aʊ'tark] *adj* autárquico.

authentisch [aʊ'tɛntɪʃ] *adj* auténtico.

Auto ['aʊto] **(-s)** *n* coche *m*; carro *m* (Amér.).

Autobahn ['aʊtoˌbaːn] **(-en)** *f* autopista *f*.

Autobiografie [aʊtobiogra'fiː] **(-n)** *f* autobiografía *f*.

autobiografisch [aʊtobio'graːfɪʃ] *adj* autobiográfico.

Autodidakt(in) [aʊtodi'dakt] **(-en, -nen)** *m(f)* autodidacta *m, f*.

autodidaktisch [aʊtodi'daktɪʃ] *adj* autodidáctico.

Autofähre ['aʊtoˌfɛːrə] *f* ferry *m*.

Autofahrer(in) ['aʊtoˌfaːrɐ] **(-, -nen)** *m(f)* conductor(a) *m(f)*.

Autogramm [aʊto'gram] **(-e)** *n* autógrafo *m*.

Automat [aʊto'maːt] **(-en)** *m* máquina *f* automática.

automatisch [aʊto'maːtɪʃ] *adj* automático.

automatisieren [aʊtomati'ziːrən] *tr* automatizar.

Automechaniker(in) ['aʊtomeˌçaːnɪkɐ] **(-, -nen)** *m(f)* mecánico, -a *m, f* de coches.

Automobil [aʊtomo'biːl] **(-e)** *n* automóvil *m*; carro *m* (Amér.).

autonom [aʊto'noːm] *adj* autónomo.

Autonomie [aʊtono'miː] **(-n)** *f* autonomía *f*.

Autonummer ['aʊtoˌnʊmɐ] **(-n)** *f* número *m* de matrícula.

Autor(in) ['aʊtɔɐ] **(-en, -nen)** *m(f)* autor(a) *m(f)*.

Autoradio ['aʊtoˌraːdĭo] **(-s)** *n* radio *f* del coche.

autorisieren [aʊtoriˌziːrən] *tr* autorizar.

autoritär [aʊtori'tɛːɐ] *adj* autoritario.

Autorität [aʊtori'tɛːt] **(-en)** *f* autoridad *f*.

Autoschlosser(in) ['aʊtoˌʃlɔsɐ] **(-, -nen)** *m(f)* mecánico, -a *m, f* de coches.

Autostopp ['aʊtoˌʃtɔp] *m* autostop *m*.

Autoverkehr ['aʊtofɛɐˌkeːɐ] *m* tráfico *m*.

Autowerkstatt ['aʊtoˌvɛrkʃtat] **(-stätten)** *f* taller *m* de coches.

Avantgarde [avã'gardə] **(-n)** *f* vanguardia *f*.

Aversion [avɛr'zĭoːn] **(-en)** *f* aversión *f*.

Avocado [avo'kaːdo] **(-s)** *f* aguacate *m*.

Axt [akst] **(Äxte)** *f* hacha *f*.

Azeton [atse'toːn] *n* acetona *f*.

Azteke, -in [ats'teːkə] **(-n, -nen)** *m, f* azteca *m, f*.

azurblau [a'tsuːɐˌblaʊ] *adj* azul *m* celeste.

Bb

b, B [beː] (-) *n* **1** b, B *f* (letra). **2** MÚS si *m*.

B [beː] (*abrev de* **Bundesstraße**) *f* carretera *f* nacional.

Baby [ˈbeɪbɪ] (**-s**) *n* bebé *m*.

Babysitter(in) [ˈbeɪbɪˌsɪtɐ] (**-, -nen**) *m(f)* canguro *m, f*.

Bach [bax] (**Bäche**) *m* arroyo *m*.

backbord(s) [ˈbakbɔrts] *adv* MAR a babor.

Backe [ˈbakə] (**-n**) *f* mejilla *f*.

backen [ˈbakən] *tr* hacer en el horno.

Bäcker(in) [ˈbɛkɐ] (**-, -nen**) *m(f)* panadero, -a *m, f*.

Bäckerei [bɛkəˈraɪ] (**-en**) *f* panadería *f*.

Backofen [ˈbakˌoːfən] (**-öfen**) *m* horno *m*.

Bad [baːt] (**Bäder**) *n* baño *m*.

Badeanzug [ˈbaːdəˌantsuːk] (**-züge**) *m* traje *m* de baño, bañador *m*; mallas *f pl* (Amér.).

Badehose [ˈbaːdəˌhoːzə] (**-n**) *f* bañador *m*.

Bademantel [ˈbaːdəˌmantəl] (**-mäntel**) *m* albornoz *m*.

baden [ˈbaːdən] *tr* **1** bañar. • *intr* **2** tomar un baño. • **sich ~** *pron* **3** bañarse.

Badestrand [ˈbaːdəˌʃtrant] (**-strände**) *m* playa *f*.

Badetuch [ˈbaːdəˌtuːx] (**-tücher**) *n* toalla *f* de baño.

Badewanne [ˈbaːdəˌvanə] (**-n**) *f* bañera *f*; bañadera *f* (Amér.).

Badezimmer [ˈbaːdəˌtsɪmɐ] (**-**) *n* cuarto *m* de baño.

BAföG [ˈbaːføːk] (*abrev de* **Bundesausbildungsförderungsgesetz**) *n* ley *f* federal de promoción de la enseñanza (crédito a los estudiantes).

baggern [ˈbagɐn] *intr* dragar, excavar.

Baguette [baˈgɛt] (**-s**) *n* barra *f* de pan.

Bahn [baːn] (**-en**) *f* ferrocarril *m*, tren *m*; tranvía *m*.

Bahngleis [ˈbaːnglaɪs] (**-e**) *n* vía *f*.

Bahnhof [ˈbaːnhoːf] (**-höfe**) *m* estación *f* de ferrocarril.

Bahnlinie [ˈbaːnˌliːnĭə] (**-n**) *f* línea *f* ferroviaria.

Bahnsteig [ˈbaːnʃtaɪk] (**-e**) *m* andén *m*.

Bahnübergang [ˈbaːnˌyːbɐgaŋ] (**-gänge**) *m* paso *m* a nivel.

Bakterie [bakˈteːrĭə] (**-n**) *f* bacteria *f*.

balancieren [balãˈsiːrən] *tr* balancear.

bald [balt] *adv* **1** pronto, en breve. **2** ■ **auf ~** hasta pronto; **~ darauf** poco después, al poco tiempo.

Balken [ˈbalkən] (-) *m* madero *m*, viga *f*.
Balkon [balˈkɔŋ o balˈkoːn] (-e, -s) *m* balcón *m*.
Ball [bal] (**Bälle**) *m* **1** pelota *f*. **2** baile *m*.
Ballade [baˈlaːdə] (-n) *f* balada *f*.
Ballast [ˈbalast] (-e) *m* lastre *m*.
ballen [ˈbalən] *tr* **1** apelotonar. • **sich ~** *pron* **2** aglomerarse, apelotonarse.
Ballett [baˈlɛt] (-e) *n* ballet *m*.
Ballon [baˈlɔŋ o baˈloːn] (-s, -e) *m* globo *m*.
Ballspiel [ˈbalʃpiːl] (-e) *n* juego *m* de pelota.
balsamieren [balzaˌmiːrən] *tr* embalsamar.
Baltikum [ˈbaltikʊm] *n* países *m pl* bálticos.
banal [baˈnaːl] *adj* trivial, banal.
Banalität [banaliˈtɛːt] (-en) *f* trivialidad *f*, banalidad *f*.
Banane [baˈnaːnə] (-n) *f* banana *f*, plátano *m*.
Band [bant] (**Bände**) *m* tomo *m*, volumen *m*.
Band [bant] (**Bänder**) *n* cinta *f*.
Band [bɛnt] (**Bands**) *f* grupo *m* de música.
Bande [ˈbandə] (-n) *f* banda *f*, pandilla *f*.
Bänderriss [ˈbɛndɐˌrɪs] (-e) *m* MED rotura *f* de ligamentos.
Bandit(in) [banˈdiːt] (-en, -nen) *m(f)* bandido, -a *m, f*.
Bank [baŋk] (**Bänke**) *f* banco *m*; banca *f* (Amér.).
Bank [baŋk] (-en) *f* ECON banco *m*, banca *f*.
Bankautomat [ˈbaŋkaʊtoˌmaːt] (-en) *f* cajero *m* automático.
Bankier [baŋˈki̯eː] (-s) *m* banquero *m*.
Bankkonto [ˈbaŋkˌkɔnto] (-konten) *n* cuenta *f* bancaria.
Bankleitzahl [ˈbaŋklaɪtˌtsaːl] (-en) *f* código *m* bancario de identificación.
Banknote [ˈbaŋkˌnoːtə] (-n) *f* billete *m* de banco.
bankrott [baŋkˈrɔt] *adj* en la ruina.
Banküberweisung [ˈbankyːbɐˌvaɪzʊŋ] (-en) *f* transferencia *f* bancaria.
Bankverbindung [ˈbaŋkfɛɐˌbɪndʊŋ] (-en) *f* cuenta *f* bancaria.
bar [baːɐ] *adj* en efectivo.
Bär(in) [bɛːɐ] (-en, -nen) *m(f)* oso, -a *m, f*.
Baracke [baˈrakə] (-n) *f* barraca *f*.
barbarisch [barˈbaːrɪʃ] *adj* bárbaro.
barfuß [ˈbaːɐfuːs] *adj* descalzo.
Bargeld [ˈbaːɐgɛlt] *n* dinero *m* en efectivo.
bargeldlos [ˈbaːɐgɛltloːs] *adj* por transferencia, a través de cuenta.
Barkeeper [ˈbaːɐˌkiːpɐ] (-) *m* barman *m*, coctelero *m*.
Barmann [ˈbaːɐman] (-männer) *m* barman *m*, coctelero *m*.
barmherzig [barmˈhɛrtsɪç] *adj* misericordioso.

Barock [ba'rɔk] *m* o *n* barroco *m*.
Barometer [baro'meːtɐ] (-) *n* barómetro *m*.
Baron(in) [ba'roːn] (**-e, -nen**) *m(f)* barón, -onesa *m, f*.
Barriere [ba'rĭeːrə] (**-n**) *f* barrera *f*, valla *f*.
barsch [barʃ] *adj* rudo, áspero.
Barscheck ['baːɐʃɛk] (**-s**) *m* cheque *m* abierto.
Bart [baːɐt] (**Bärte**) *m* barba *f*; chiva *f* (Amér.).
bärtig ['bɛːɐtɪç] *adj* barbudo.
Barzahlung ['baːɐˌtsaːlʊŋ] (**-en**) *f* pago *m* al contado.
Base ['baːzə] (**-n**) *f* QUÍM base *f*.
Basilikum [ba'ziːlikʊm] *n* albahaca *f*.
Basis ['baːzɪs] (**Basen**) *f* base *f*.
Basketball ['baːskətˌbal] (**-bälle**) *m* baloncesto *m*.
Bass [bas] (**Bässe**) *m* **1** bajo *m*, contrabajo *m*. **2** bajo *m* (voz).
basta ['basta] *interj* ¡basta!
basteln ['bastəln] *intr* **1** hacer bricolaje. ● *tr* **2** hacer (a mano).
Batterie [batə'riː] (**-n**) *f* batería *f*, pila *f*.
Bau [baʊ] (**-ten**) *m* **1** construcción *f*, edificación *f*. **2** edificio *m*, obra *f*.
Bau [baʊ] (**-e**) *m* guarida *f*, madriguera *f* (animales).
Bauart ['baʊaːɐt] (**-en**) *f* tipo *m* de construcción, estilo *m*.
Bauch [baʊx] (**Bäuche**) *m* vientre *m*, barriga *f*.
bauchig ['baʊxɪç] *adj* panzudo, barrigudo.
bauen ['baʊən] *tr* **1** construir, edificar. ● *intr* **2** hacer obras.
Bauer ['baʊɐ] (-) *m* campesino *m*, agricultor *m*.
Bäuerin ['bɔɪərɪn] (**-nen**) *f* campesina *f*, aldeana *f*.
bäuerlich ['bɔɪɐlɪç] *adj* campesino, rural.
Bauernhof ['baʊɐnˌhoːf] (**-höfe**) *m* granja *f*, finca *f*.
baufällig ['baʊˌfɛlɪç] *adj* ruinoso, decadente.
Baujahr ['baʊjaːɐ] (**-e**) *n* año *m* de construcción.
Baum ['baʊm] (**Bäume**) *m* árbol *m*.
Baumwolle ['baʊmˌvɔlə] *f* algodón *m*.
Bausatz ['baʊzats] (**-sätze**) *m* TEC kit *m* de construcción.
Bausch [baʊʃ] (**-e, Bäusche**) *m* bola *f* de algodón.
Baustein ['baʊʃtaɪn] (**-e**) *m* piedra *f* de construcción; ladrillo *m*.
Baustelle ['baʊʃtɛlə] (**-n**) *f* obras *f pl*.
Baustil ['baʊʃtiːl] (**-e**) *m* estilo *m* arquitectónico.
Bauten ['baʊtən] *pl* edificios *m pl*.
Bauwerk ['baʊvɛrk] (**-e**) *n* edificio *m*.
Bayern ['baɪɐn] *n* Baviera *f*.
bayrisch ['baɪrɪʃ] *adj* bávaro.
beabsichtigen [bə'apzɪçtɪgən] *tr* tener la intención de.
beachten [bə'axtən] *tr* seguir (un consejo); cumplir (una norma).

beachtlich [bə'axtlıç] *adj* considerable.
Beachtung [bə'axtuŋ] *f* atención *f*.
Beamte(r) [bə'amtə] (**-n**) *m* funcionario *m*.
Beamtin [bə'amtın] (**-nen**) *f* funcionaria *f*.
beängstigend [bə'ɛŋstıgənt] *adj* alarmante.
beanspruchen [bə'anʃprʊxən] *tr* reclamar, exigir.
beanstanden [bə'anʃtandən] *tr* objetar.
Beanstandung [bə'anʃtanduŋ] (**-en**) *f* objeción *f*.
beantragen [bə'antra:gən] *tr* solicitar.
beantworten [bə'antvɔrtən] *tr* responder.
bearbeiten [bə'arbaıtən] *tr* trabajar, tratar (metal, el campo).
Bearbeitung [bə'arbaıtuŋ] (**-en**) *m* trabajo *f*, elaboración *f*.
Beatmung [bə'a:tmuŋ] (**-en**) *f* respiración *f* artificial.
beaufsichtigen [bə'aufzıçtıgən] *tr* vigilar.
beauftragen [bə'auftra:gən] *tr* encargar.
beben ['be:bən] *intr* temblar.
Becher ['bɛçɐ] (**-**) *m* vaso *m*.
Becken ['bɛkən] (**-**) *n* lavabo *m*; pila *f*.
bedächtig [bə'dɛçtıç] *adj* prudente.
bedanken [bə'daŋkən] *pron* **sich ~** dar las gracias.
Bedarf [bə'darf] *m* necesidad *f*.
bedauerlich [bə'dauɐlıç] *adj* lamentable.
bedauern [bə'dauɐn] *tr* lamentar.
bedauernswert [bə'dauɐnsve:ɐrt] *adj* digno de lástima.
bedecken [bə'dɛkən] *tr* cubrir.
bedeckt [bə'dɛkt] *adj* nublado.
bedenken [bə'dɛŋkən] *tr* considerar.
Bedenken [bə'dɛŋkən] *n* **1** consideración *f*. **2** reflexión *f*.
bedenklich [bə'dɛŋklıç] *adj* dudoso.
bedeuten [bə'dɔıtən] *tr* **1** significar. **2** importar.
bedeutend [bə'dɔıtənt] *adj* **1** importante. ● *adv* **2** considerablemente.
Bedeutung [bə'dɔıtuŋ] (**-en**) *f* **1** significado *m*. **2** importancia *f*.
bedienen [bə'di:nən] *tr* servir.
Bedienstete(r) [bə'di:nstə:tə] (**-n**) *mf(m)* empleado, -a *m, f*.
Bedienung [bə'di:nuŋ] (**-en**) *f* servicio *m*.
Bedienungsanleitung [bə'di:nuŋs,anlaıtuŋ] (**-en**) *f* instrucciones *f pl* de uso.
Bedingung [bə'dıŋuŋ] (**-en**) *f* condición *f*.
bedrängen [bə'drɛŋən] *tr* acosar.
Bedrängnis [bə'drɛŋnıs] (**-se**) *f* aprieto *m*, apuro *m*.
bedrohen [bə'dro:ən] *tr* amenazar.
bedrohlich [bə'dro:lıç] *adj* amenazador.

bedrückend [bə'drʏkənt] *adj* opresivo.
bedrückt [bə'drʏkt] *adj* afligido.
bedürfen [bə'dʏrfən] *intr* necesitar.
Bedürfnis [bə'dʏrfnɪs] **(-se)** *n* necesidad *f.*
bedürftig [bə'dʏrftɪç] *adj* necesitado.
beeilen [bə'aɪlən] *pron* **sich ~** darse prisa.
beeindrucken [bə'aɪndrʊkən] *tr* impresionar.
beeinflussen [bə'aɪnflʊsən] *tr* influir.
beeinträchtigen [bə'aɪntrɛçtɪgən] *tr* dañar, perjudicar.
beenden [bə'ɛndən] *tr* terminar.
beerben [bə'ɛrbən] *tr* heredar.
beerdigen [bə'eːɐdɪgən] *tr* enterrar.
Beerdigung [bə'eːɐdɪgʊŋ] **(-en)** *f* entierro *m.*
Beere ['beːrə] **(-n)** *f* baya *f.*
Beet [beːt] **(-e)** *n* bancal *m.*
befähigt [bə'fɛːɪçt] *adj* capacitado.
befallen [bə'falən] *tr* infestar.
befassen [bə'fasən] *pron* **sich ~ mit** ***(+dat)*** dedicarse a, ocuparse de.
Befehl [bə'feːl] **(-e)** *m* orden *f.*
befehlen [bə'feːlən] *tr* ordenar, mandar.
befestigen [bə'fɛstɪgən] *tr* sujetar.
Befestigung [bə'fɛstɪgʊŋ] **(-en)** *f* sujeción *f.*
befinden [bə'fɪndən] *pron* **sich ~** encontrarse, hallarse (de vacaciones, en una situación difícil, etc.).
Befinden [bə'fɪndən] *n* estado *m* de salud.
befolgen [bə'fɔlgən] *tr* cumplir (una ley).
befördern [bə'fœrdɐn] *tr* expedir; transportar (mercancías).
Beförderung [bə'fœrdərʊŋ] **(-en)** *f* transporte *m.*
befragen [bə'fraːgən] *tr* interrogar.
Befragung [bə'fraːgʊŋ] **(-en)** *f* encuesta *f.*
befreien [bə'fraɪən] *tr* **1** poner en libertad. ● **sich ~** *pron* **2** liberarse.
Befreiung [bə'fraɪʊŋ] **(-en)** *f* liberación *f.*
befremdend [bə'frɛmdənt] *adj* extraño, raro.
befreunden [bə'frɔɪndən] *pron* **sich ~** entablar amistad.
befreundet [bə'frɔɪndət] *adj* amigo.
befriedigend [bə'friːdɪgənt] *adj* satisfactorio.
befruchten [bə'frʊxtən] *tr* fecundar.
Befruchtung [bə'frʊxtʊŋ] **(-en)** *f* fecundación *f.*
befugt [bə'fuːkt] *adj* autorizado.
befürchten [bə'fʏrçtən] *tr* temer.
Befürchtung [bə'fʏrçtʊŋ] **(-en)** *f* temor *m.*

befürworten [bəˈfyːɐvɔrtən] *tr* recomendar.
begabt [bəˈgaːpt] *adj* dotado.
Begabung [bəˈgaːbʊŋ] **(-en)** *f* talento *m*.
begegnen [bəˈgeːgnən] *intr* encontrarse (con una persona).
Begegnung [bəˈgeːgnʊŋ] **(-en)** *f* encuentro *m*.
begehen [bəˈgeːən] *tr* cometer (un crimen, un error, etc.).
begehren [bəˈgeːrən] *tr* ansiar.
begehrt [bəˈgeːɐt] *adj* solicitado.
begeistern [bəˈgaɪstɐn] *tr* entusiasmar.
begeistert [bəˈgaɪstɐt] *adj* entusiasmado.
Begeisterung [bəˈgaɪstərʊŋ] **(-en)** *f* entusiasmo *m*.
Beginn [bəˈgɪn] *m* inicio *f*.
beginnen [bəˈgɪnən] *intr y tr* comenzar.
beglaubigen [bəˈglaʊbɪgən] *tr* certificar.
begleiten [bəˈglaɪtən] *tr* acompañar.
Begleiter(in) [bəˈglaɪtɐ] **(-, -nen)** *m(f)* acompañante *m, f*.
Begleitung [bəˈglaɪtʊŋ] **(-en)** *f* compañía *f*.
beglückwünschen [bəˈglʏkvʏnʃən] *tr* felicitar.
begnadigen [bəˈgnaːdɪgən] *tr* indultar.
begraben [bəˈgraːbən] *tr* enterrar.
Begräbnis [bəˈgrɛːpnɪs] **(-se)** *n* entierro *m*.
begreifen [bəˈgraɪfən] *tr* comprender.
begreiflich [bəˈgraɪflɪç] *adj* comprensible.
begrenzt [bəˈgrɛntst] *adj* limitado.
Begriff [bəˈgrɪf] **(-e)** *m* concepto *m*.
begründen [bəˈgrʏndən] *tr* **1** justificar. **2** fundar.
Begründung [bəˈgrʏndʊŋ] **(-en)** *f* **1** fundamentación *f*. **2** argumentación *f*.
begrüßen [bəˈgryːsən] *tr* saludar.
Begrüßung [bəˈgryːsʊŋ] **(-en)** *f* saludo *m*.
begutachten [bəˈguːtaxtən] *tr* emitir un dictamen sobre algo.
behaart [bəˈhaːɐt] *adj* peludo.
behagen [bəˈhaːgən] *intr* gustar, agradar.
behalten [bəˈhaltən] *tr* mantener, conservar.
Behälter [bəˈhɛltɐ] **(-)** *m* contenedor *m*.
behandeln [bəˈhandəln] *tr* tratar (un tema, a una persona, a un paciente, etc.).
Behandlung [bəˈhandlʊŋ] **(-en)** *f* tratamiento *m* (a una persona, de un tema, de una enfermedad, etc.).
beharren [bəˈharən] *intr* **auf etw*(dat)* ~** perseverar en.
beharrlich [bəˈharlɪç] *adj* perseverante.
behaupten [bəˈhaʊptən] *tr* afirmar.

Behauptung [bəˈhauptʊŋ] (**-en**) *f* afirmación *f*.
behelfen [bəˈhɛlfən] *pron* **sich ~** arreglárselas.
beherrschen [bəˈhɛrʃən] *tr* **1** dominar, gobernar. **2** dominar, conocer a fondo (una lengua, un tema, etc.).
beherrscht [bəˈhɛrʃt] *adj* controlado.
Beherrschung [bəˈhɛrʃʊŋ] *f* **1** dominio *m*. **2** control *m*.
behilflich [bəˈhɪlflɪç] *adj* útil.
behindern [bəˈhɪndɐn] *tr* impedir.
behindert [bəˈhɪndɐt] *adj* minusválido.
Behinderte(r) [bəˈhɪndɐtə] (**-n, -n**) *mf(m)* minusválido, -a *m, f*.
Behörde [bəˈhøːɐdə] (**-n**) *f* autoridad *f*, autoridades *f pl*.
behutsam [bəˈhuːtzaːm] *adj* cuidadoso.
bei [baɪ] *prep* **+dat 1** cerca de (situación): *bei Berlin = cerca de Berlín*; en casa de (para personas): *bei meinen Eltern = en casa de mis padres*; en (para empresas e instituciones): *beim Bäcker = en la panadería*. **2** durante, en (tiempo): *beim Abendessen = durante la cena*; al (en un momento concreto): *beim Einsteigen = al bajar*. **3** en caso de (condición). ■ **etw ~ sich(dat) haben** llevar algo encima.
bei|bringen [ˈbaɪˌbrɪŋən] *tr* **1** enseñar. **2** comunicar.
beichten [ˈbaɪçtən] *intr y tr* confesar.
beide [ˈbaɪdə] *adj* ambos.
Beifahrer(in) [ˈbaɪˌfaːrɐ] (**-, -nen**) *m(f)* copiloto *m, f*.
Beifall [ˈbaɪfal] *m* aplauso *m*.
beige [beːʃ] *adj* beige.
Beilage [ˈbaɪˌlaːgə] (**-n**) *f* suplemento *m* (de un periódico).
Beileid [ˈbaɪlaɪt] *n* pésame *m*.
Bein [baɪn] (**-e**) *n* pierna *f* (persona); pata *f* (silla, animal).
beinah(e) [ˈbaɪnaː o ˈbaɪˌnaːə] *adv* casi, por poco.
beisammen [baɪˈzamən] *adv* juntos, reunidos.
Beischlaf [ˈbaɪʃlaːf] *m* coito *m*.
beiseite [baɪˈzaɪtə] *adv* aparte.
Beispiel [ˈbaɪʃpiːl] (**-e**) *n* ejemplo *m*. ■ **zum ~** por ejemplo.
beispielhaft [ˈbaɪʃpiːlhaft] *adj* ejemplar.
beispielsweise [ˈbaɪʃpiːlsˌvaɪzə] *adv* por ejemplo.
beißen [ˈbaɪsən] *intr y tr* **1** morder. **2** picar (insectos).
Beitrag [ˈbaɪtraːk] (**-träge**) *m* **1** aportación *f*, contribución *f*. **2** artículo *m*, escrito *m*.
bei|tragen [ˈbaɪˌtraːgən] *tr* contribuir.
bei|treten [ˈbaɪˌtreːtən] *intr* **1** hacerse socio (de un club); afiliarse (a un partido político). **2**
bejahen [bəˈjaːən] *tr* responder afirmativamente.
bekämpfen [bəˈkɛmpfən] *tr* combatir.
bekannt [bəˈkant] *adj* conocido.

Bekannte(r) [bə'kantə] (-n, -n) *mf(m)* conocido, -a *m, f.*

bekannt|geben [bə'kant,ge:-bən] *tr* dar a conocer.

bekanntlich [bə'kantlɪç] *adv* como es sabido.

Bekanntschaft [bə'kantʃaft] (-en) *f* **1** conocimiento *m.* **2** relaciones *f pl.*

bekehren [bə'ke:rən] *tr* convertir.

bekennen [bə'kenən] *tr* confesar, reconocer.

Bekenntnis [bə'kɛntnɪs] (-se) *f* confesión *f.*

beklagen [bə'kla:gən] *tr* **1** lamentar. • **sich ~** *pron* **2** quejarse.

Bekleidung [bə'klaɪdʊŋ] (-en) *f* ropa *f.*

bekommen [bə'kɔmən] *tr* **1** recibir; obtener. **2** contraer (enfermedad); echar, salir (dientes, pelo). **3** cobrar (fuerza, valor).

bekömmlich [bə'kœmlɪç] *adj* de fácil digestión.

bekräftigen [bə'krɛftɪgən] *tr* corroborar, confirmar.

bekümmert [bə'kʏmɐt] *adj* preocupado.

beladen [bə'la:dən] *tr* cargar.

belagern [bə'la:gɐn] *tr* sitiar.

Belagerung [bə'la:gərʊŋ] (-en) *f* sitio *m,* cerco *m.*

belanglos [bə'laŋlo:s] *adj* sin importancia.

belastbar [bə'lastba:ɐ] *adj* fuerte, resistente.

belasten [bə'lastən] *tr* contaminar (el medio ambiente).

belästigen [bə'lɛstɪgən] *tr* molestar.

Belästigung [bə'lɛstɪgʊŋ] (-en) *f* molestia *f.*

beleben [bə'le:bən] *tr* animar, estimular.

belebt [bə'le:pt] *adj* animado, vivo.

belegen [bə'le:gən] *tr* guarnecer (comida).

belegt [bə'le:kt] *adj* ocupado (asiento, habitación); relleno, recubierto.

belehren [bə'le:rən] *tr* instruir, ilustrar.

beleidigen [bə'laɪdɪgən] *tr* ofender.

Beleidigung [bə'laɪdɪgʊŋ] (-en) *f* ofensa *f,* insulto *m.*

belesen [bə'le:zən] *adj* culto, erudito.

beleuchten [bə'lɔɪçtən] *tr* iluminar.

Beleuchtung [bə'lɔɪçtʊŋ] (-en) *f* iluminación *f.*

Belgien ['bɛlgĭən] *n* Bélgica *f.*

beliebig [bə'li:bɪç] *adj* cualquiera.

beliebt [bə'li:pt] *adj* popular.

Beliebtheit [bə'li:pthaɪt] (-en) *f* popularidad *f.*

bellen ['bɛlən] *intr* ladrar.

belohnen [bə'lo:nən] *tr* recompensar.

Belohnung [bə'lo:nʊŋ] (-en) *f* recompensa *f.*

belügen [bə'ly:gən] *tr* mentir.

bemerken [bə'mɛrkən] *tr* darse cuenta, notar.

bemerkenswert [bə'mɛrkənsve:ɐt] *adj* notable.
Bemerkung [bə'mɛrkʊŋ] **(-en)** *f* observación *f*.
bemitleiden [bə'mɪtlaɪdən] *tr* compadecerse.
bemühen [bə'my:ən] *pron* **sich** ~ esforzarse.
bemüht [bə'my:t] *adj* esforzado.
benachbart [bə'naxba:ɐt] *adj* vecino.
benachrichtigen [bə'na:xrɪçtɪgən] *tr* avisar, comunicar.
Benachrichtigung [bə'na:xrɪçtɪgʊŋ] **(-en)** *m* aviso *m*.
benachteiligen [bə'na:xtaɪlɪgən] *tr* discriminar.
Benachteiligung [bə'na:xtaɪlɪgʊŋ] **(-en)** *f* perjuicio *m*.
Benediktiner(in) [benedɪk'ti:nɐ] **(-, -nen)** *m(f)* benedictino, -a *m, f*.
Benehmen [bə'ne:mən] *n* comportamiento *m*.
benehmen [bə'ne:mən] *pron* **sich** ~ comportarse.
beneiden [bə'naɪdən] *tr* envidiar.
beneidenswert [bə'naɪdənsve:ɐt] *adj* envidiable.
benennen [bə'nɛnən] *tr* nombrar, denominar.
benommen [bə'nɔmən] *adj* aturdido, atontado.
benötigen [bə'nø:tɪgən] *tr* necesitar.
benutzbar [bə'nʊtsba:ɐ] *adj* utilizable.
benutzen [bə'nʊtsən] *tr* usar.
Benzin [bɛn'tsi:n] **(-e)** *n* gasolina *f*.
beobachten [bə'o:baxtən] *tr* contemplar.
Beobachter(in) [bə'o:baxtɐ] **(-, -nen)** *m(f)* observador(a) *m(f)*.
Beobachtung [bə'o:baxtʊŋ] **(-en)** *f* observación *f*.
bequem [bə'kve:m] *adj* cómodo, confortable.
Bequemlichkeit [bə'kve:mlɪçkaɪt] **(-en)** *f* comodidad *f*.
beraten [bə'ra:tən] *tr* **1** aconsejar. • **sich** ~ *pron* **2** asesorarse.
Berater(in) [bə'ra:tɐ] **(-, -nen)** *m(f)* asesor(a) *m(f)*.
Beratung [bə'ra:tʊŋ] **(-en)** *f* asesoramiento *m*.
berechenbar [bə'rɛçənba:ɐ] *adj* calculable.
berechnen [bə'rɛçnən] *tr* calcular (un precio, una distancia).
berechtigen [bə'rɛçtɪgən] *tr* autorizar, dar derecho.
Berechtigung [bə'rɛçtɪgʊŋ] **(-en)** *f* autorización *f*, derecho *m*.
bereden [bə're:dən] *tr* discutir, tratar.
Bereich [bə'raɪç] **(-e)** *m* o *f* **1** ámbito *m*. **2** zona *f*, sector *m*.
bereichern [bə'raɪçɐn] *tr* y *pron* enriquecer(se).
bereit [bə'raɪt] *adj* preparado, listo.
bereiten [bə'raɪtən] *tr* preparar (la comida).
bereits [bə'raɪts] *adv* ya.

Bereitschaft [bəˈraɪtʃaft] **(-en)** *f* disposición *f*. ■ ~ **haben** estar de servicio.
bereit|stehen [bəˈraɪtˌʃteːən] *intr* estar preparado.
bereitwillig [bəˈraɪtˌvɪlɪç] *adj* **1** servicial. ● *adv* **2** con mucho gusto.
bereuen [bəˈrɔɪən] *tr* arrepentirse.
Berg [bɛrk] **(-e)** *m* montaña *f*.
Bergbahn [ˈbɛrkbaːn] **(-en)** *f* ferrocarril *m* de montaña.
Bergbau [ˈbɛrkbaʊ] **(-e)** *m* explotación *f* minera.
bergen [ˈbɛrgən] *tr* rescatar.
Bergführer(in) [ˈbɛrkˌfyːrɐ] **(-, -nen)** *m(f)* guía *m, f* de montaña.
Berghütte [ˈbɛrkˌhʏːtə] **(-n)** *f* choza *f*.
bergig [ˈbɛrgɪç] *adj* montañoso.
Bergsteigen [ˈbɛrkˌʃtaɪgən] *n* montañismo *m*.
Bergtour [ˈbɛrktuːɐ] **(-en)** *f* excursión *f* por las montañas.
Bergung [ˈbɛrgʊŋ] **(-en)** *f* rescate *m*.
Bergwacht [ˈbɛrkvaxt] *f* servicio *m* de salvamento (montaña).
Bergwerk [ˈbɛrkvɛrk] **(-e)** *n* mina *f*.
Bericht [bəˈrɪçt] **(-e)** *m* informe *m*; reportaje *m* (en televisión, en la radio); parte *m* (médico, militar).
berichten [bəˈrɪçtən] *tr* e *intr* informar, comunicar.
berichtigen [bəˈrɪçtɪgən] tr corregir.
berüchtigt [bəˈrʏçtɪçt] *adj* desacreditado.
berücksichtigen [bəˈrʏkzɪçtɪgən] *tr* considerar.
Beruf [bəˈruːf] **(-e)** *m* profesión *f*.
berufen [bəˈruːfən] *tr* nombrar, llamar.
berufen [bəˈruːfən] *adj* competente.
beruflich [bəˈruːflɪç] *adj* profesional.
Berufsausbildung [bəˈruːfsˌausbɪldʊŋ] **(-en)** *f* formación *f* profesional.
Berufserfahrung [bəˈruːfsɛɐˌfaːrʊŋ] **(-en)** *f* experiencia *f* profesional.
Berufsleben [bəˈruːfsˌleːbən] *n* vida *f* profesional.
berufstätig [bəˈruːfsˌtɛːtɪç] *adj* **~ sein** ejercer un oficio.
Berufstätige(r) [bəˈruːfsˌtɛːtɪgə] **(-n, -n)** *mf(m)* empleado, -a *m, f* activo, -a.
Berufung [bəˈruːfʊŋ] **(-en)** *f* vocación *f*.
beruhen [bəˈruːən] *intr* **~ auf** *(+dat)* basarse en.
beruhigen [bəˈruːɪgən] *tr y pron* tranquilizar(se), calmar(se).
Beruhigung [bəˈruːɪgʊŋ] **(-en)** *f* apaciguamiento *f*.
berühmt [bəˈryːmt] *adj* famoso.
berühren [bəˈryːrən] *tr* tocar.
Berührung [bəˈryːrʊŋ] **(-en)** *f* contacto *m*.
besänftigen [bəˈzɛnftɪgən] *tr* aplacar.

Besatzung [bəˈzatsʊŋ] (-en) *f* tripulación *f.*
besaufen [bəˈzaʊfən] *pron* **sich ~** emborracharse.
beschädigen [bəˈʃɛ:dɪgen] *tr* averiar.
Beschädigung [bəˈʃɛ:dɪgʊŋ] (-en) *f* desperfecto *m.*
beschaffen [bəˈʃafən] *tr* proporcionar.
beschäftigen [bəˈʃɛftɪgən] *tr* **1** emplear. • **sich ~** *pron* **2** entretenerse, ocuparse.
beschäftigt [bəˈʃɛftɪçt] *adj* ocupado.
Beschäftigung [bəˈʃɛftɪgʊŋ] (-en) *f* empleo *m.*
beschämend [bəˈʃɛ:mənt] *adj* vergonzoso.
Bescheid [bəˈʃaɪt] (-e) *m* información *f.*
bescheiden [bəˈʃaɪdən] *adj* modesto.
Bescheidenheit [bəˈʃaɪdənhaɪt] *f* modestia *f.*
bescheinigen [bəˈʃaɪnɪgən] *tr* certificar.
Bescheinigung [bəˈʃaɪnɪgʊŋ] (-en) *f* certificación *f.*
beschenken [bəˈʃɛŋkən] *tr* obsequiar, regalar.
beschimpfen [bəˈʃɪmpfən] *tr* insultar.
beschlagnahmen [bəˈʃla:kˌna:mən] *tr* confiscar.
beschleunigen [bəˈʃlɔɪnɪgən] *intr* y *tr* acelerar.
beschließen [bəˈʃli:sən] *tr* **1** decidir. **2** concluir, finalizar.
Beschluss [bəˈʃlʊs] (-schlüsse) *m* decisión *f.*
beschönigen [bəˈʃø:nɪgən] *tr* encubrir, disimular.
beschränkt [bəˈʃrɛŋkt] *adj* corto, tonto.
Beschränkung [bəˈʃrɛŋkʊŋ] (-en) *f* limitación *f.*
beschreiben [bəˈʃraɪbən] *tr* describir.
Beschreibung [bəˈʃraɪbʊŋ] (-en) *f* descripción *f.*
beschuldigen [bəˈʃʊldɪgən] *tr* inculpar.
beschützen [bəˈʃʏtsən] *tr* proteger.
Beschwerde [bəˈʃve:ɐdə] (-n) *f* queja *f.*
beschweren [bəˈʃve:rən] *tr* **1** cargar. • **sich ~** *pron* **2** quejarse.
beschwerlich [bəˈʃve:ɐlɪç] *adj* oneroso.
beschwören [bəˈʃvø:rən] *tr* jurar.
beseitigen [bəˈzaɪtɪgen] *tr* quitar, eliminar (suciedad, huellas).
Besen [ˈbe:zən] (-) *m* escoba *f.*
besessen [bəˈzɛsən] *adj* obsesionado.
besetzen [bəˈzɛtsən] *tr* ocupar (un asiento, un sitio).
besetzt [bəˈzɛtst] *adj* ocupado.
besichtigen [bəˈzɪçtɪgən] *tr* visitar (una ciudad, un museo, etc.).
Besichtigung [bəˈzɪçtɪgʊŋ] (-en) *f* visita *f.*
besiegen [bəˈzi:gən] *tr* vencer, derrotar.

Besinnung [bəˈzɪnʊŋ] *f* juicio *m* (razón).
Besitz [bəˈzɪts] *m* posesión *f*, propiedad *f*.
besitzen [bəˈzɪtsən] *tr* poseer, tener.
Besitzer(in) [bəˈzɪtsɐ] (-, -nen) *m(f)* propietario, -a *m, f*.
besoffen [bəˈzɔfən] *adj* (fam) borracho.
besohlen [bəˈzo:lən] *tr* poner suelas.
besondere(r, s) [bəˈzɔndərə] *adj* especial.
besonders [bəˈzɔndɐs] *adv* especialmente, particularmente.
besonnen [bəˈzɔnən] *adj* sensato.
besorgen [bəˈzɔrgən] *tr* proporcionar.
besorgt [bəˈzɔrkt] *adj* preocupado, inquieto.
besprechen [bəˈʃprɛçən] *tr* hablar de, discutir.
Besprechung [bəˈʃprɛçʊŋ] (-en) *f* conferencia *f*.
besser [ˈbɛsɐ] *comp* → gut. ■ ~ **werden** mejorar.
bessern [ˈbɛsɐn] *tr* mejorar.
bestanden [bəˈʃtandən] *adj* aprobado, apto.
beständig [bəˈʃtɛndɪç] *adj* permanente.
bestätigen [bəˈʃtɛ:tɪgən] *tr* confirmar, corroborar.
Bestätigung [bəˈʃtɛ:tɪgʊŋ] (-en) *f* confirmación *f*.
bestatten [bəˈʃtatən] *tr* enterrar.
Bestattung [bəˈʃtatʊŋ] (-en) *f* entierro *m*.
bestechen [bəˈʃtɛçən] *tr* sobornar.
Bestechung [bəˈʃtɛçʊŋ] (-en) *f* soborno *m*.
Besteck [bəˈʃtɛk] (-e) *n* cubiertos *m pl*.
bestehen [bəˈʃte:ən] *tr* **1** aprobar (un examen). **2** sostener (lucha). ● *intr* **3** existir.
bestellen [bəˈʃtɛlən] *tr* encargar, pedir.
Bestellung [bəˈʃtɛlʊŋ] (-en) *f* pedido *m*, encargo *m*.
bestenfalls [ˈbɛstənˌfals] *adv* en el mejor de los casos.
bestens [ˈbɛstəns] *adv* de maravilla, magníficamente.
bestialisch [bɛsˈtĭa:lɪʃ] *adj* brutal, bestial.
Bestie [ˈbɛstĭə] (-n) *f* bestia *f*, fiera *f*.
bestimmbar [bəˈʃtɪmba:ɐ] *adj* determinable.
bestimmen [bəˈʃtɪmən] *tr* **1** determinar, precisar. ● *intr* **2** decidir.
bestimmt [bəˈʃtɪmt] *adj* **1** determinado, específico. ● *adv* **2** seguro.
bestrafen [bəˈʃtra:fən] *tr* castigar; multar.
Bestrafung [bəˈʃtra:fʊŋ] (-en) *f* castigo *m*, sanción *f*.
bestreiten [bəˈʃtraɪtən] *tr* negar, refutar.
Bestseller [ˈbɛstˌsɛlɐ] *m* best-seller *m*.

bestürzt [bəˈʃtʏrtst] *adj* consternado.

Besuch [bəˈzu:x] **(-e)** *m* visita *f*; asistencia *f* (en la escuela).

besuchen [bəˈzu:xən] *tr* **1** visitar (a personas). **2** asistir (a actos, conciertos, etc.).

Besucher(in) [bəˈzu:xɐ] **(-, -nen)** *m(f)* visitante *m, f*.

betätigen [bəˈtɛ:tɪgən] *tr* accionar.

betäuben [bəˈtɔɪbən] *tr* **1** ensordecer. **2** embriagar.

beteiligen [bəˈtaɪlɪgən] *tr* hacer partícipe.

Beteiligung [bəˈtaɪlɪgʊŋ] **(-en)** *f* participación *f*.

beten [ˈbe:tən] *intr y tr* rezar, orar.

beteuern [bəˈtɔɪɐn] *tr* proclamar.

Beton [beˈtɔŋ] **(-s)** *m* hormigón *m*, cemento *m* armado; concreto *m* (Amér.).

betonen [bəˈto:nən] *tr* **1** acentuar (palabra, sílaba). **2** enfatizar.

betrachten [bəˈtraxtən] *tr* contemplar.

Betrachter(in) [bəˈtraxtɐ] **(-, -nen)** *m(f)* observador(a) *m(f)*.

Betrachtung [bəˈtraxtʊŋ] **(-en)** *f* contemplación *f*.

Betrag [bəˈtra:k] **(-träge)** *m* importe *m*.

Betragen [bəˈtra:gən] *n* comportamiento *m*.

betragen [bəˈtra:gən] *intr* **1** ascender a. • **sich ~** *pron* **2** comportarse.

betreffen [bəˈtrɛfən] *tr* concernir.

betreiben [bəˈtraɪbən] *tr* dedicarse a.

betreten [bəˈtre:tən] *adj* turbado, embarazoso.

betreten [bəˈtre:tən] *tr* pisar, hacer entrada en.

betreuen [bəˈtrɔɪən] *tr* asesorar, dirigir.

Betreuer(in) [bəˈtrɔɪɐ] **(-, -nen)** *m(f)* tutor(a) *m(f)*.

Betreuung [bəˈtrɔɪʊŋ] *f* asistencia *f*, cuidado *m*.

Betrieb [bəˈtri:p] **(-e)** *m* empresa *f*.

Betrieb [bəˈtri:p] *m* marcha *f*, funcionamiento *m*.

betrieblich [bəˈtri:plɪç] *adj* empresarial.

Betriebsanleitung [bəˈtri:psˌanlaɪtʊŋ] **(-en)** *f* instrucciones *f pl* de servicio.

betrinken [bəˈtrɪŋkən] *pron* **sich ~** emborracharse.

betroffen [bəˈtrɔfən] *adj* **1** afectado. **2** atónito.

Betroffenheit [bəˈtrɔfənhaɪt] *f* consternación *f*.

betrübt [bəˈtry:pt] *adj* afligido.

Betrug [bəˈtru:g] *m* engaño *m*.

betrügen [bəˈtry:gən] *tr* engañar.

Betrüger(in) [bəˈtry:gɐ] **(-, -nen)** *m(f)* estafador(a) *m(f)*.

betrügerisch [bəˈtry:gərɪʃ] *adj* engañoso.

betrunken [bəˈtrʊŋkən] *adj* borracho; tiznado (Amér.).

Bett [bɛt] **(-en)** *n* cama *f*.
Bettdecke [ˈbɛtˌdɛkə] **(-n)** *f* colcha *f*.
betteln [ˈbɛtəln] *intr* mendigar.
Bettlaken [ˈbɛtˌla:kən] (-) *n* sábana *f*.
Bettler(in) [ˈbɛtlɐ] **(-, -nen)** *m(f)* mendigo, -a *m, f*.
Bettwäsche [ˈbɛtˌvɛʃə] *f* ropa *f* de cama.
beugen [ˈbɔɪgən] *tr* **1** doblar. • **sich ~** *pron* **2** inclinarse.
Beule [ˈbɔɪlə] **(-n)** *f* chichón *m*; cototo *m* (Amér.).
beunruhigen [bəˈʊnru:ɪgən] *tr* **1** inquietar. • **sich ~** *pron* **2** preocuparse.
beunruhigend [bəˈʊnru:ɪgənt] *adj* inquietante.
beurlauben [bəˈu:ɐlaʊbən] *tr* conceder permiso.
beurteilen [bəˈʊrtaɪlən] *tr* juzgar.
Beurteilung [bəˈʊrtaɪlʊŋ] **(-en)** *f* juicio *m*, valoración *f*.
Beutel [ˈbɔɪtəl] (-) *m* bolsa *f*.
Bevölkerung [bəˈfœlkərʊŋ] **(-en)** *f* población *f*.
bevollmächtigen [bəˈfɔlˌmɛçtɪgən] *tr* autorizar.
Bevollmächtigung [bəˈfɔlˌmɛçtɪgʊŋ] **(-en)** *f* autorización *f*.
bevor [bəˈfo:ɐ] *conj* antes de.
bevormunden [bəˈfo:ɐˌmʊndən] *tr* tutelar.
bevor|stehen [bəˈfo:ɐˌʃte:ən] *intr* ser inminente.
bevorzugen [bəˈfo:ɐˌtsu:gən] *tr* preferir.
bewachen [bəˈvaxən] *tr* vigilar.
Bewachung [bəˈvaxʊŋ] **(-en)** *f* vigilancia *f*.
bewaffnen [bəˈvafnən] *tr* armar.
bewahren [bəˈva:rən] *tr* guardar.
bewährt [bəˈvɛ:ɐt] *adj* probado.
Bewährung [bəˈvɛ:rʊŋ] **(-en)** *f* prueba *f*.
bewältigen [bəˈvɛltɪgən] *tr* superar, vencer.
bewegen [bəˈve:gən] *tr* **1** mover. • **sich ~** *pron* **2** moverse.
beweglich [bəˈve:klɪç] *adj* móvil.
Beweglichkeit [bəˈve:klɪçkaɪt] *f* movilidad *f*.
bewegt [bəˈve:kt] *adj* agitado.
Bewegung [bəˈve:gʊŋ] **(-en)** *f* movimiento *m*.
bewegungslos [bəˈve:gʊŋslo:s] *adj* inmóvil.
Beweis [bəˈvaɪs] **(-e)** *m* prueba *f*.
beweisen [bəˈvaɪzən] *tr* probar, demostrar.
Beweisstück [bəˈvaɪsˌʃtʏk] **(-e)** *n* elemento *m* de prueba.
bewerben [bəˈvɛrbən] *tr* **1** dar publicidad, promocionar (producto). • **sich ~** *pron* **2** solicitar.
Bewerber(in) [bəˈvɛrbɐ] **(-, -nen)** *m(f)* solicitante *m, f*.
Bewerbung [bəˈvɛrbʊŋ] **(-en)** *f* solicitud *f*.
bewerten [bəˈve:ɐtən] *tr* evaluar.

bewilligen [bəˈvɪlɪgən] *tr* autorizar.

Bewilligung [bəˈvɪlɪgʊŋ] **(-en)** *f* autorización *f*; concesión *f*.

bewirken [bəˈvɪrkən] *tr* **1** provocar, causar. **2** conseguir.

bewohnbar [bəˈvo:nba:ɐ] *adj* habitable.

bewohnen [bəˈvo:nən] *tr* habitar, vivir en.

Bewohner(in) [bəˈvo:nɐ] **(-, -nen)** *m(f)* habitante *m, f*.

bewölkt [bəˈvœlkt] *adj* nublado.

bewundern [bəˈvʊndɐn] *tr* admirar.

bewundernswert [bəˈvʊndɐnsve:ɐt] *adj* admirable.

Bewunderung [bəˈvʊndərʊŋ] **(-en)** *f* admiración *f*.

bewusst [bəˈvʊst] *adj* **1** consciente. ● *adv* **2** conscientemente.

bewusstlos [bəˈvʊstlo:s] *adj* **1** sin conocimiento. **2** desmayado.

Bewusstsein [bəˈvʊstzaɪn] *n* conciencia *f*, conocimiento *m*.

bezahlen [bəˈtsa:lən] *tr* pagar.

Bezahlung [bəˈtsa:lʊŋ] **(-en)** *f* pago *m*.

bezeichnen [bəˈtsaɪçnən] *tr* señalar, indicar. ■ **~ als** calificar de, denominar.

bezeichnend [bəˈtsaɪçnənt] *adj* característico.

Bezeichnung [bəˈtsaɪçnʊŋ] **(-en)** *f* denominación *f*.

beziehen [bəˈtsi:ən] *tr* revestir, recubrir.

Beziehung [bəˈtsi:ʊŋ] **(-en)** *f* relación *f*.

beziehungsweise [bəˈtsi:ʊŋsˌvaɪzə] *adv* respectivamente.

Bezirk [bəˈtsɪrk] **(-e)** *m* barrio *m*; distrito *m*.

bezüglich [bəˈtsy:klɪç] *adj* al respecto.

bezwecken [bəˈtsvɛkən] *tr* proponerse.

bezweifeln [bəˈtsvaɪfəln] *tr* poner en duda, dudar.

BH [be:ˈha:] (*abrev de* **Büstenhalter**) **(-s)** *m* (fam) sujetador *m*, sostén *m*.

Bhf. (*abrev de* **Bahnhof**) *m* estación *f* de ferrocarril.

Bibel [ˈbi:bəl] **(-n)** *f* Biblia *f*.

Bibliografie o **Bibliographie** [bibliograˈfi:] **(-n)** *f* bibliografía *f*.

Bibliothek [biblioˈte:k] **(-en)** *f* biblioteca *f*.

biblisch [ˈbi:blɪʃ] *adj* bíblico.

bieder [ˈbi:dɐ] *adj* (desp) conservador.

biegen [ˈbi:gən] *intr* **1** girar. ● *tr y pron* **2** doblar(se).

Biegung [ˈbi:gʊŋ] **(-en)** *f* curva *f*.

Biene [ˈbi:nə] **(-n)** *f* abeja *f*.

Bier [bi:ɐ] **(-e)** *n* cerveza *f*.

Bierbrauerei [ˈbi:ɐbraʊəˌraɪ] **(-en)** *f* fábrica *f* de cerveza.

Bierflasche [ˈbi:ɐˌflaʃə] **(-n)** *f* botella *f* de cerveza.

Biergarten [ˈbi:ɐˌgartən] **(-gärten)** *m* cervecería *f* al aire libre.

Bierkrug [ˈbi:ɐkru:k] **(-krüge)** *m* jarra *f* de cerveza.

Bierzelt ['bi:ɐtsɛlt] (-e) *n tienda provisional en la que se vende y bebe cerveza.*
Biest [bi:st] (-er) *n* bestia *f.*
bieten [bi:tən] *tr* ofrecer.
Bikini [bi'ki:ni] (-s) *m* bikini *m.*
Bilanz [bi'lants] (-en) *f* balance *m.*
bilateral ['bi:latera:l] *adj* bilateral.
Bild [bɪlt] (-er) *n* cuadro *m* (pintura).
bilden ['bɪldən] *tr* educar, formar.
Bilderbuch ['bɪldɐˌbu:x] (-bücher) *n* libro *m* de ilustraciones.
Bilderrahmen ['bɪldɐˌra:mən] (-) *m* marco *m* (para cuadros).
Bildfläche ['bɪltˌflɛçə] (-n) *f* superficie *f*, plano *m* de la imagen.
bildhaft ['bɪlthaft] *adj* gráfico, plástico.
Bildhauer(in) ['bɪlthauɐ] (-, -nen) *m(f)* escultor(a) *m(f).*
bildlich ['bɪltlɪç] *adj* gráfico, plástico.
Bildnis ['bɪltnɪs] (-se) *n* retrato *m.*
Bildschirm ['bɪltʃɪrm] (-e) *m* pantalla *f*; monitor *m.*
Bildung ['bɪldʊŋ] *f* **1** creación *f*, fundación *f.* **2** educación *f*, formación *f.*
Bildungssystem ['bɪldʊŋszʏsˌte:m] (-e) *n* sistema *m* educativo.
Billard ['bɪljart] (-e) *n* billar *m.*
Billett [bɪl'jɛt] (-e) *n* ticket *m*, billete *m*; boleto *m* (Amér.).
billig ['bɪlɪç] *adj* barato.
billigen ['bɪlɪgən] *tr* aceptar, aprobar.
Billigung ['bɪlɪgʊŋ] *f* aprobación *f.*
bimmeln ['bɪməln] *intr* repicar (campana); sonar (teléfono, timbre).
binär [bi'nɛ:ɐ] *adj* binario.
Binde ['bɪndə] (-n) *f* **1** venda *f.* **2** compresa *f.*
binden ['bɪndən] *tr* **1** atar, ligar. • **sich** ~ *pron* **2** comprometerse.
bindend ['bɪndənt] *adj* vinculante.
Bindestrich ['bɪndəˌʃtrɪç] (-e) *m* guión *m.*
Bindung ['bɪndʊŋ] (-en) *f* **1** relación *f.* **2** obligación *f*, compromiso *m.*
binnen ['bɪnən] *prep* **+gen** dentro de, en el transcurso de.
Biokost ['bi:oˌkɔst] *f* comida *f* biológica.
Biologie [biolo'gi:] *f* biología *f.*
biologisch [bio'lo:gɪʃ] *adj* biológico.
Birne ['bɪrnə] (-n) *f* **1** pera *f.* **2** (fam) coco *m* (cabeza).
bis [bɪs] *prep* **+ac** **1** (tiempo) hasta. **2** (lugar) hasta; a. **3** (relación numérica) de…a, entre…y. • *conj* **4** hasta que (temporal).
Bischof ['bɪʃɔf] (**Bischöfe**) *m* obispo *m.*
bisher [bɪs'he:ɐ] *adv* hasta ahora.
bisherige(r, s) [bɪs'he:rɪgə] *adj* anterior.

bislang [bɪsˈlaŋ] *adv* hasta ahora.
Biss [bɪs] (**-e**) *m* **1** mordisco *m*. **2** mordedura *f*.
bisschen [ˈbɪsçən] *adj* **ein ~** un poco.
bissig [ˈbɪsɪç] *adj* mordedor (un perro); mordaz (una observación).
bisweilen [bɪsˈvaɪlən] *adv* a veces.
Bit [bɪt] (**-s**) *n* INF bit *m*.
bitte [ˈbɪtə] *adv* por favor. ■ **wie ~?** ¿cómo?
Bitte [ˈbɪtə] (**-n**) *f* petición *f*, ruego *m*.
bitten [ˈbɪtən] *tr* pedir.
bitter [ˈbɪtɐ] *adj* amargo (gusto).
bitterlich [ˈbɪtɐlɪç] *adj* amargo.
Bittsteller(in) [ˈbɪtˌʃtɛlɐ] (**-, -nen**) *m(f)* solicitante *m, f*.
bizarr [biˈtsar] *adj* raro, extravagante.
Blackout o **Black-out** [ˈblɛkaʊt] (**-s**) *n* o *m* lapsus *m*.
blähen [ˈblɛːən] *tr* inflar, hinchar.
blamabel [blaˈmaːbəl] *adj* vergonzoso.
Blamage [blaˈmaːʒə] (**-n**) *f* (fam) planchazo *m*, vergüenza *f*.
blamieren [blaˈmiːrən] *tr* poner en ridículo.
blank [blaŋk] *adj* reluciente, brillante.
Blase [ˈblaːzə] (**-n**) *f* burbuja *f*.
blasen [ˈblaːzən] *intr* soplar.
Blasinstrument [ˈblaːsɪnstruˌmɛnt] (**-e**) *n* instrumento *m* de viento.
Blasphemie [blasfeˈmiː] (**-n**) *f* blasfemia *f*.
blass [blas] *adj* pálido.
Blatt [blat] (**Blätter**) *n* **1** hoja *f*, página *f* (de papel). **2** hoja *f* (de un árbol).
blättern [ˈblɛtɐn] *intr* hojear (un libro, periódico).
blau [blaʊ] *adj* azul.
Blazer [ˈbleːzɐ] (**-**) *m* blázer *m*.
Blech [blɛç] (**-e**) *n* chapa *f* de metal.
Blei [blaɪ] (**-e**) *n* plomo *m*.
bleiben [ˈblaɪbən] *intr* quedarse, permanecer.
bleibend [ˈblaɪbənt] *adj* duradero, perdurable.
bleiben|lassen [ˈblaɪbənˌlasən] *tr* dejar de hacer.
bleich [blaɪç] *adj* pálido.
bleifrei [ˈblaɪfraɪ] *adj* sin plomo.
bleihaltig [ˈblaɪˌhaltɪç] *adj* plomífero.
Bleistift [ˈblaɪʃtɪft] (**-e**) *m* lápiz *m*.
blenden [ˈblɛndən] *intr* deslumbrar, cegar.
blendend [ˈblɛndənt] *adj* **1** deslumbrador. **2** estupendo, magnífico.
Blick [blɪk] (**-e**) *m* **1** mirada *f*. **2** vistazo *m*, ojeada *f*.
blicken [ˈblɪkən] *intr* mirar.
Blickwinkel [ˈblɪkˌvɪŋkəl] (**-**) *m* ángulo *m* visual.
blind [blɪnt] *adj* ciego.
Blinddarm [ˈblɪntdarm] (**-därme**) *m* ANAT apéndice *m*.

Blinde(r) [ˈblɪndə] (**-n**) *mf(m)* ciego, -a *m, f.*
Blindheit [ˈblɪnthaɪt] *f* ceguera *f.*
blindlings [ˈblɪntlɪŋs] *adj* a ciegas, sin pensar.
blinken [ˈblɪŋkən] *intr* centellear.
Blinker [ˈblɪŋkɐ] (-) *m* AUT intermitente *m.*
blinzeln [ˈblɪntsəln] *intr* parpadear.
Blitz [blɪts] (**-e**) *m* **1** rayo *m*; relámpago *m.* **2** FOT flash *m.*
blitzen [ˈblɪtsən] *impers* relampaguear.
blitzschnell [ˈblɪtsʃnɛl] *adj* rápido como un rayo.
Block [blɔk] (**Blöcke**) *m* **1** bloque *m* (de piedra). **2** bloque *m*, manzana *f* (de casas). **3** bloc *m* (de notas).
Blockade [blɔˈka:də] (**-n**) *f* bloqueo *m.*
Blockflöte [ˈblɔkˌflø:tə] (**-n**) *f* flauta *f* dulce.
blockieren [blɔˈki:rən] *intr* bloquear.
blöd(e) [blø:t] *adj* tonto, bobo.
Blödheit [ˈblø:thaɪt] (**-en**) *f* estupidez *f*, tontería *f.*
Blödsinn [ˈblø:tzɪn] *m* tontería *f*, gilipollez *f.*
blödsinnig [ˈblø:tˌzɪnɪç] *adj* imbécil, idiota.
blond [blɔnt] *adj* rubio.
bloß [blo:s] *adj* **1** descubierto; desnudo (cuerpo); puro, mero. • *adv* **2** únicamente, sólo.
Blouson [bluˈzõ:] (**-s**) *m* o *n* cazadora *f.*
Blues [blu:s] (-) *m* MÚS blues *m.*
bluffen [ˈblʊfən, ˈblœfən] *tr* fanfarronear.
blühen [ˈbly:ən] *intr* florecer.
blühend [ˈbly:ənt] *adj* floreciente, florido.
Blume [ˈblu:mə] (**-n**) *f* flor *f.*
Blumenkohl [ˈblu:mənˌko:l] (**-e**) *m* coliflor *f.*
Blumenstrauß [ˈblu:mənˌʃtraʊs] (**-sträuße**) *m* ramo *m* de flores.
Blumentopf [ˈblu:mənˌtɔpf] (**-töpfe**) *m* maceta *f*, tiesto *m.*
Blumenvase [ˈblu:mənˌva:zə] (**-n**) *f* florero *m.*
Bluse [ˈblu:zə] (**-n**) *f* blusa *f.*
Blut [blu:t] *n* sangre *f.*
blutarm [ˈblu:tarm] *adj* anémico.
Blutdruck [ˈblu:tdrʊk] *m* presión *f* sanguínea.
Blüte [ˈbly:tə] (**-n**) *f* flor *f.*
bluten [ˈblu:tən] *intr* sangrar.
Bluterguss [ˈblu:tɛɐˌgʊs] (**-güsse**) *m* hematoma *m.*
Blutgruppe [ˈblu:tˌgrʊpə] (**-n**) *f* grupo *m* sanguíneo.
blutig [ˈblu:tɪç] *adj* ensangrentado, sangriento.
Blutkörperchen [ˈblu:tˌkœrpɐçən] (-) *n* glóbulo *m* sanguíneo.
Blutkreislauf [ˈblu:tˌkraɪslaʊf] (**-läufe**) *m* circulación *f* sanguínea.
Blutprobe [ˈblu:tˌpro:bə] (**-n**) *f* análisis *m* de sangre.

Blutspende [ˈbluːtˌʃpɛndə] **(-n)** *f* donación *f* de sangre.
Bluttransfusion [ˈbluːttransfuˌsĭoːn] **(-en)** *f* transfusión *f* de sangre.
Blutung [ˈbluːtʊŋ] **(-en)** *f* hemorragia *f*.
Blutvergießen [ˈbluːtfɐɐˌgiːsən] *n* derramamiento *m* de sangre.
Bock [bɔk] **(Böcke)** *m* **1** macho *m* cabrío. **2** tío *m*, tipo *m*.
Bockwurst [ˈbɔkvʊrst] **(-würste)** *f* salchicha *f* cocida.
Boden [ˈboːdən] **(Böden)** *m* tierra *f*, terreno *m*; suelo *m*.
bodenlos [ˈboːdənloːs] *adj* sin fondo.
Bodenschätze [ˈboːdənˌʃɛtsə] *pl* riqueza *f* mineral.
bodenständig [ˈboːdənˌʃtɛndɪç] *adj* arraigado.
Bogen [ˈboːgən] **(Bögen)** *m* **1** arco *m*. **2** curva *f* (camino).
bogenförmig [ˈboːgənˌfœrmɪç] *adj* arqueado.
Bohne [ˈboːnə] **(-n)** *f* judía *f*, alubia *f*; fríjol *m*, poroto *m* (Amér.).
Bohnenkaffee [ˈboːnənkaˌfeː] *m* café *m* puro.
bohren [ˈboːrən] *tr* **1** taladrar, horadar. • *intr* **2** (fig) insistir.
Bohrer [ˈboːrɐ] (-) *m* taladro *m*.
Bohrmaschine [ˈboːɐmaˌʃiːnə] **(-n)** *f* taladradora *f*.
Boiler [ˈbɔɪlɐ] (-) *m* termosifón *m*.
Bolivianer(in) [boliˈvĭaːnɐ] **(-, -nen)** *m(f)* boliviano, -a *m, f*.
bolivianisch [boliˈvĭaːnɪʃ] *adj* boliviano.
Bolivien [boˈliːvĭən] *n* Bolivia *f*.
Bolschewismus [bɔlʃeˈvɪsmʊs] *m* bolchevismo *m*.
bombardieren [bɔmbarˈdiːrən] *tr* bombardear.
Bombe [ˈbɔmbə] **(-n)** *f* bomba *f*.
Bomber [ˈbɔmbɐ] (-) *m* (fam) bombardero *m*.
bombig [ˈbɔmbɪç] *adj* (fam) fantástico.
Bon [bõː] **(-s)** *m* bono *m*, vale *m*.
Bonbon [bõˈbõː] **(-s)** *m* o *n* caramelo *m*.
Bonus [ˈboːnʊs] **(-, Bonusse, Boni)** *m* gratificación *f*.
boomen [ˈbuːmən] *intr* prosperar (un negocio).
Boot [boːt] **(-e)** *n* bote *m*, barca *f*.
Bootsfahrt [ˈboːtsfaːɐt] **(-en)** *f* paseo *m* en barca.
Bord [bɔrt] *m* borda *f*.
Bordell [bɔrˈdɛl] **(-e)** *n* burdel *m*.
Bordstein [ˈbɔrtʃtaɪn] **(-e)** *m* bordillo *m*.
borgen [ˈbɔrgən] *tr* **1** tomar prestado. **2** prestar.
Börse [ˈbœrzə] **(-n)** *f* FIN bolsa *f*.
Börsenkurs [ˈbœrzənˌkʊrs] **(-e)** *m* FIN cotización *f* en bolsa.
Borste [ˈbɔrstə] **(-n)** *f* cerda *f*.
bösartig [ˈbøːsˌaːɐtɪç] *adj* malvado (persona, animal); canijo (Amér.).
Böschung [ˈbœʃʊŋ] **(-en)** *f* terraplén *m*.

böse [ˈbøːzə] *adj* **1** malo; maleducado (niño). **2** disgustado, enfadado. • *adv* **3** mal.
Bösewicht [ˈbøːzəvɪçt] (**-e**) *m* malvado *m*.
boshaft [ˈboːshaft] *adj* malvado.
Bosheit [ˈboːshaɪt] (**-en**) *f* maldad *f*, malicia *f*.
Boss [bɔs] (**-e**) *m* jefe *m*.
böswillig [ˈbøːsˌvɪlɪç] *adj* malévolo, malintencionado.
botanisch [boˈtaːnɪʃ] *adj* botánico.
Bote, -in [ˈboːtə] (**-n, -nen**) *m, f* mensajero, -a *m, f*.
Botschaft [ˈboːtʃaft] (**-en**) *f* mensaje *m*, noticia *f*.
Botschafter(in) [ˈboːtʃaftɐ] (**-, -nen**) *m(f)* embajador(a) *m(f)*.
Bouillon [bʊlˈjõː] (**-s**) *f* GASTR caldo *m*.
Boulevard [buləˈvaːɐ] (**-s**) *m* bulevar *m*.
Boutique [buˈtiːk] (**-n**) *f* boutique *f*.
Bowle [ˈboːlə] (**-n**) *f* GASTR ponche *m* (bebida).
Box [bɔks] (**-en**) *f* **1** caja *f*. **2** bafle *m*.
boxen [ˈbɔksən] *intr* boxear.
Boxen [ˈbɔksən] *n* boxeo *m*.
Boykott [bɔɪˈkɔt] (**-e, -s**) *m* boicot *m*.
Branche [ˈbrãːʃə] (**-n**) *f* ramo *m*, sector *m*.
Brand [brant] (**Brände**) *m* incendio *m*.
brandneu [ˈbrantnɔɪ] *adj* (fam) nuevo flamante.
Brandstiftung [ˈbrantˌʃtɪftʊŋ] *f* incendio *m* provocado.
Branntwein [ˈbrantvaɪn] (**-e**) *m* aguardiente *m*.
Brasilianer(in) [braziˈli̯aːnɐ] (**-, -nen**) *m(f)* brasileño, -a *m, f*.
brasilianisch [braziˈli̯aːnɪʃ] *adj* brasileño.
Brasilien [braˈziːli̯ən] *n* Brasil *m*.
braten [ˈbraːtən] *tr* asar (en el horno, la plancha, la parrilla).
Braten [ˈbraːtən] (**-**) *m* asado *m*.
Brathähnchen [ˈbraːtˌhɛːnçən] (**-**) *n* pollo *m* asado.
Brathering [ˈbraːtˌheːrɪŋ] (**-e**) *m* arenque *m* a la plancha.
Bratkartoffeln [ˈbraːtkarˌtɔfəln] *pl* patatas *f pl* salteadas.
Bratpfanne [ˈbraːtˌpfanə] (**-n**) *f* sartén *f*.
Bratwurst [ˈbraːtvʊrst] (**-würste**) *f* salchicha *f*.
Brauch [braʊx] (**Bräuche**) *m* costumbre *f*.
brauchbar [ˈbraʊxbaːɐ] *adj* útil.
brauchen [ˈbraʊxən] *tr* necesitar.
Braue [ˈbraʊə] (**-n**) *f* ceja *f*.
Brauerei [braʊəˈraɪ] (**-en**) *f* fábrica *f* de cerveza.
braun [ˈbraʊn] *adj* **1** marrón (color); pancho (Amér.). **2** castaño (pelo); bayo (caballo); moreno (tez).
bräunen [ˈbrɔɪnən] *tr* **1** broncear. • **sich ~** *pron* **2** broncearse.
Braunkohle [ˈbraʊnˌkoːlə] (**-n**) *f* lignito *m*.

brausen [ˈbrauzən] *intr* **1** rugir, bramar (viento, olas). **2** (fam) ir o venir a toda velocidad (coche, tren, etc.).
Braut [braut] (**Bräute**) *f* novia *f*.
Bräutigam [ˈbrɔɪtɪgam] (**-e**) *m* novio *m*.
brav [bra:f] *adj* bueno, obediente.
bravo [ˈbra:vo] *interj* ¡bravo!
BRD [be:ɛrˈde:] (*abrev de* **Bundesrepublik Deutschland**) *f* RFA *f*.
brechen [ˈbrɛçən] *tr* **1** romper, partir. **2** quebrantar, infringir. • **sich ~** *pron* **3** romperse (olas).
Brechung [ˈbrɛçʊŋ] (**-en**) *f* fractura *f*.
Brei [braɪ] (**-e**) *m* papilla *f* (para niños); puré *m* (de patatas, guisantes, etc).
breit [braɪt] *adj* ancho, amplio.
Breite [ˈbraɪtə] (**-n**) *f* anchura *f*.
Bremse [ˈbrɛmzə] (**-n**) *f* freno *m*.
bremsen [ˈbrɛmzən] *intr y tr* frenar.
brennbar [ˈbrɛnba:ɐ] *adj* combustible.
brennen [ˈbrɛnən] *intr* quemarse, arder.
brennend [ˈbrɛnənt] *adj* candente (pregunta, problema).
Brennpunkt [ˈbrɛnpʊŋkt] (**-e**) *m* foco *m*.
brenzlig [ˈbrɛntslɪç] *adj* (fig) crítico, delicado.
Brett [brɛt] (**-er**) *n* tabla *f*.
Brettspiel [ˈbrɛtʃpi:l] (**-e**) *n* juego *m* de tablero.
Brezel [ˈbre:tsəl] (**-n**) *f* GASTR *especie de rosquilla salada típica del sur de Alemania.*
Brief [bri:f] (**-e**) *m* carta *f*.
Briefbogen [ˈbri:fˌbo:gən] (**-bögen**) *m* pliego *m* de papel de cartas.
Brieffreund(in) [ˈbri:ffrɔɪnt] (**-e, -nen**) *m(f)* amigo, -a *m, f* por correspondencia.
Briefkasten [ˈbri:fˌkastən] (**-kästen**) *m* buzón *m*.
Briefkopf [ˈbri:fkɔpf] (**-köpfe**) *m* membrete *m*.
Briefmarke [ˈbri:fˌmarkə] (**-n**) *f* sello *m*; estampilla *f* (Amér.).
Briefpapier [ˈbri:fpaˌpi:ɐ] (**-e**) *n* papel *m* de cartas.
Brieftasche [ˈbri:fˌtaʃə] (**-n**) *f* cartera *f*, billetera *f*.
Briefträger [ˈbri:fˌtrɛ:gɐ] (**-**) *m* cartero *m*; correísta *m* (Amér.).
Briefumschlag [ˈbri:fˌʊmʃla:k] (**-schläge**) *m* sobre *m*.
Briefwechsel [ˈbri:fˌvɛksəl] (**-**) *m* correspondencia *f*.
Brigade [briˈga:də] (**-n**) *f* brigada *f*.
brillant [brɪlˈjant] *adj* brillante.
Brillant [brɪlˈjant] (**-en**) *m* brillante *m* (diamante).
Brille [ˈbrɪlə] (**-n**) *f* gafas *f pl*; anteojos *m pl* (Amér.).
bringen [ˈbrɪŋən] *tr* traer; llevar.
Brise [ˈbri:zə] (**-n**) *f* brisa *f*.
bröckeln [ˈbrœkəln] *intr* desmigajarse (pan).

Brocken [ˈbrɔkən] (-) *m* trozo *m*, pedazo *m*.
brodeln [ˈbro:dəln] *intr* hervir a borbotones.
Brokkoli [ˈbrɔkoli] *pl* brécol *m*.
Brombeere [ˈbrɔmˌbe:rə] (**-n**) *f* (zarza)mora *f*.
Bronchitis [brɔnˌçi:tɪs] (**Bronchitiden**) *f* MED bronquitis *f*.
Bronze [ˈbrõ:sə] (**-n**) *f* bronce *m*.
Brosche [ˈbrɔʃə] (**-n**) *f* broche *m*.
Broschüre [brɔˈʃy:rə] (**-n**) *f* folleto *m*.
Brot [bro:t] (**-e**) *m* pan.
Brotaufstrich [ˈbro:tˌaʊfʃtrɪç] (**-e**) *m cualquier alimento para untar en el pan*.
Brotbelag [ˈbro:tbəˌla:k] (**-beläge**) *m fiambre, queso, etc., para poner en el pan*.
Brötchen [ˈbrø:tçən] (-) *n* panecillo *m*.
brotlos [ˈbro:tlo:s] *adj* en paro, sin trabajo.
Bruch [brʊx] (**Brüche**) *m* **1** rotura *f*. **2** ruptura *f* (de una relación). **3** infracción *f*, violación *f* (de una ley). **4** perjurio *m*.
Bruchteil [ˈbrʊxtaɪl] (**-e**) *m* fracción *f*.
Brücke [ˈbrʏkə] (**-n**) *f* puente *m*.
Bruder [ˈbru:dɐ] (**Brüder**) *m* **1** hermano *m*. **2** fraile *m*.
brüderlich [ˈbry:dɐlɪç] *adj* fraterno.
Brühe [ˈbry:ə] (**-n**) *f* caldo *m*.
brüllen [ˈbrʏlən] *intr* gritar, vociferar.
brummen [ˈbrʊmən] *intr* gruñir (oso, persona).
Brunch [brantʃ] (**-(e)s, -e**) *m* brunch *m* (combinación de desayuno y almuerzo).
brünett [bryˈnɛt] *adj* castaño (cabello); moreno (piel); morocho (Amér.).
Brunnen [ˈbrʊnən] (-) *m* **1** pozo *m*. **2** fuente *f*.
brüskieren [brʏsˈki:rən] *tr* tratar bruscamente.
Brüssel [ˈbrʏsəl] *n* Bruselas *f*.
Brust [brʊst] (**Brüste**) *f* pecho *m*.
Brustbeutel [ˈbrʊstˌbɔɪtəl] (-) *m* monedero *m* colgado del cuello.
brüsten [ˈbrʏstən] *pron* **sich ~** (desp) alardear, presumir.
Brüstung [ˈbrʏstʊŋ] (**-en**) *f* pretil *m*.
Brut [ˈbru:t] (**-en**) *f* incubación *f*.
brutal [bruˈta:l] *adj* brutal.
Brutalität [brutaliˈtɛ:t] (**-en**) *f* brutalidad *f*.
brüten [ˈbry:tən] *intr* incubar.
brutto [ˈbrʊto] *adv* bruto.
Bruttoeinkommen [ˈbrʊtoˌaɪnkɔmən] (-) *n* ingresos *m pl* brutos.
Buch [bu:x] (**Bücher**) *n* libro *m*.
Buche [ˈbu:xə] (**-n**) *f* haya *f*.
buchen [ˈbu:xən] *tr* reservar (un viaje, hotel).

Bücherei [by:çəˈraɪ] (-**en**) *f* biblioteca *f.*
Buchhaltung [ˈbu:xhaltʊŋ] *f* contabilidad *f.*
Buchhandlung [ˈbu:xˌhandlʊŋ] (-**en**) *f* librería *f.*
Büchse [ˈbʏksə] (-**n**) *f* bote *m*, caja *f.*
Büchsenöffner [ˈbʏksənˌœfnɐ] (-) *m* abrelatas *m.*
Buchstabe [ˈbu:xʃta:bə] (-**n**) *m* letra.
buchstabieren [bu:xʃtaˈbi:rən] *intr y tr* deletrear.
Bucht [bʊxt] (-**en**) *f* bahía *f.*
Buchung [ˈbu:xʊŋ] (-**en**) *f* reserva *f* (de un viaje, hotel).
buckeln [ˈbʊkəln] *tr* cargar algo a la espalda.
bücken [ˈbʏkən] *pron* **sich ~** agacharse.
Buddhismus [bʊˈdɪsmʊs] *m* budismo *m.*
Bude [ˈbu:də] (-**n**) *f* **1** tenderete *m*. **2** (fam) cuarto *m.*
Budget [bʏˈdʒe:] (-**s**) *n* presupuesto *m.*
Bügel [ˈby:gəl] (-) *m* **1** percha *f*. **2** asa *f*; manija *f* (Amér.).
Bügelbrett [ˈby:gəlˌbrɛt] (-**er**) *n* tabla *f* de planchar.
Bügeleisen [ˈby:gəlˌaɪzən] (-) *n* plancha *f.*
bügeln [ˈby:gəln] *intr y tr* planchar.
Bühne [ˈby:nə] (-**n**) *f* escenario *m.*
Bühnenbild [ˈby:nənˌbɪlt] (-**er**) *n* decorado *m.*
Bulette [buˈlɛtə] (-**n**) *f* albóndiga *f* de carne (hamburguesa).
Bulgarien [bʊlˈga:riən] *n* Bulgaria *f.*
Bulldozer [ˈbʊldo:zɐ] (-) *m* MEC bulldozer *m.*
Bulle [ˈbʊlə] (-**n**) *m* **1** toro *m*. **2** (fam) tiarrón
Bumerang [ˈbu:məraŋ] (-**s**, -**e**) *m* bumerán *m.*
Bummel [ˈbʊməl] (-) *m* vuelta *f*, paseo *m* ocioso.
bummeln [ˈbʊməln] *intr* dar una vuelta.
Bund [bʊnt] (**Bünde**) *m* unión *f.*
Bund [ˈbʊnt] (-**e**) *m* manojo *m* (de hierbas).
bündeln [ˈbʏndəln] *tr* hacer paquetes o montones.
Bundesbank [ˈbʊndəsˌbaŋk] *f* Banco *m* Federal.
Bundesbürger(in) [ˈbʊndəsˌbʏrgɐ] (-, -**nen**) *m(f)* ciudadano, -a *m, f* de la República Federal de Alemania.
Bundeskanzler(in) [ˈbʊndəsˌkantslɐ] (-, -**nen**) *m(f)* Canciller *m, f* Federal.
Bundesland [ˈbʊndəsˌlant] (-**länder**) *n* estado *m* federal.
Bundesliga [ˈbʊndəsˌli:ga] *f* DEP primera división *f* (fútbol).
Bundespräsident(in) [ˈbʊndəsprɛziˌdɛnt] (-**en**, -**nen**) *m(f)* Presidente, -a *m, f* de la República Federal.
Bundesrat [ˈbʊndəsˌra:t] *m* Cámara *f* Alta de la República Federal (en Alemania).

Bundesregierung [ˈbʊndəsreˌgi:rʊŋ] (**-en**) *f* Gobierno *m* Federal.

Bundesrepublik Deutschland [ˈbʊndəsrepuˌbli:k ˈdɔɪtʃlant] *f* República *f* Federal de Alemania.

Bundestag [ˈbʊndəsˌta:k] *m* Cámara *f* Baja del Parlamento alemán.

Bundeswehr [ˈbʊndəsˌve:ɐ] *f* fuerzas *f pl* armadas de la República Federal de Alemania.

Bündnis [ˈbʏntnɪs] (**-se**) *n* alianza *f*.

Bungalow [ˈbʊŋgalo] (**-s**) *m* bungalow *m*.

bunt [bʊnt] *adj* de varios colores.

Buntstift [ˈbʊntʃtɪft] (**-e**) *m* lápiz *m* de color.

Burg [bʊrk] (**-en**) *f* castillo *m*, fortaleza *f*.

bürgen [ˈbʏrgən] *intr* garantizar.

Bürger(in) [ˈbʏrgɐ] (**-, -nen**) **1** *m(f)* ciudadano, -a *m, f*. **2** habitante *m, f*.

Bürgerinitiative [ˈbʏrgɐinitsĭaˌti:və] (**-n**) *f* iniciativa *f* ciudadana.

Bürgerkrieg [ˈbʏrgɐˌkri:k] (**-e**) *m* guerra *f* civil.

bürgerlich [ˈbʏrgɐlɪç] *adj* civil.

Bürgermeister(in) [ˈbʏrgɐmaɪstɐ] (**-, -nen**) *m(f)* alcalde(sa) *m(f)*.

Bürgerrecht [ˈbʏrgɐˌrɛçt] (**-e**) *n* derecho *m* del ciudadano.

Bürgersteig [ˈbʏrgɐˌʃtaɪk] (**-e**) *m* acera *f*; vereda *f* (Amér.).

Büro [byˈro:] (**-s**) *n* **1** despacho *m*. **2** oficina *f*.

bürokratisch [byroˈkra:tɪʃ] *adj* burocrático.

Bursche [ˈbʊrʃə] (**-n**) *m* joven *m*, chico *m*, mozo *m*.

Bürste [ˈbʏrstə] (**-n**) *f* cepillo *m*.

bürsten [ˈbʏrstən] *tr* cepillar.

Bus [bʊs] (**-se**) *m* autobús *m*, bus *m*; colectivo *m* (Amér.).

Busbahnhof [ˈbʊsˌba:nho:f] (**-höfe**) *m* estación *m* de autobuses.

Busch [bʊʃ] (**Büsche**) *m* arbusto *m*.

Busen [ˈbu:zən] (**-**) *m* pecho *m*, seno *m*.

Bushaltestelle [ˈbʊsˌhaltəʃtɛlə] (**-n**) *f* parada *f* del autobús.

Buslinie [ˈbʊsˌli:nĭə] (**-n**) *f* línea *f* de autobuses.

Buße [ˈbu:sə] (**-n**) *f* **1** REL penitencia *f*. **2** DER multa *f*.

büßen [ˈby:sən] *tr* REL hacer penitencia.

Bußgeld [ˈbu:sgɛlt] (**-er**) *n* DER multa *f*.

Büstenhalter [ˈbʏstənˌhaltɐ] (**-**) *m* sostén *m*, sujetador *m*; brasier *m* (Amér.).

Butter [ˈbʊtɐ] *f* mantequilla *f*.

Butterbrot [ˈbʊtɐˌbro:t] (**-e**) *n* pan *m* con mantequilla.

Buttermilch [ˈbʊtɐˌmɪlç] *f* suero *m* de mantequilla.

Byte [baɪt] (**-s**) *n* INF byte *m*.

Cc

c, C [tse:] (-) *n* **1** c, C *f* (letra). **2** MÚS do *m*.

Café [ka'fe:] (-s) *n* café *m* (bar).

Cafeteria [kafetə'ri:a] (**Cafeterien**) *f* cafetería *f*.

Camembert ['kaməmbe:ɐ] (-s) *m* queso *m* camembert.

campen ['kɛmpən] *intr* acampar.

Camping ['kɛmpɪŋ] (-s) *n* camping *m*.

Campingplatz ['kɛmpɪŋ,plats] (-plätze) *m* camping *m*.

Cappuccino [kapu'tʃi:no] (-s) *m* capuchino *m* (café).

CD [tse:'de:] (*abrev de* **compact disc**) (-s) *f* CD *m*.

CD-Player [tse:'de:,pleɪɐ] (-) *m* lector *m* de CD.

CD-ROM [tse:'de:rɔm] (-s) *f* INF CD-ROM *m*.

Cello ['tʃɛlo] (-s, **Celli**) *n* violonchelo *m*.

Celsius ['tsɛlzi̯ʊs] *m* **Grad ~** grado centígrado.

Cembalo ['tʃɛmbalo] (-s, **Cembali**) *n* clavecín *m*.

Champagner [ʃam'panjə] (-) *m* champán *m*.

Champignon ['ʃampɪ'njɔn] (-s) *m* champiñón *m*.

Chance ['ʃã:s(ə)] (-n) *f* **1** oportunidad *f*, ocasión *f*. **2**

Chanson [ʃã'sõ:] (-s) *n* canción *f* (de contenido crítico).

chaotisch [ka'o:tɪʃ] *adj* caótico.

Charakter [ka'raktɐ] (-e) *m* carácter *m*.

charakterisieren [karakteri'zi:rən] *tr* caracterizar.

charakteristisch [karakte'rɪstɪʃ] *adj* característico.

charmant [ʃar'mant] *adj* encantador.

Charme [ʃarm] *m* encanto *m*.

Charterflug ['tʃartɐ,flu:k] (-flüge) *m* vuelo *m* chárter.

chartern ['tʃartɐn] *tr* fletar.

Chauffeur(in) [ʃɔ'fø:ɐ] (-e, -nen) *m(f)* chófer *m, f*.

checken ['tʃɛkən] *tr* controlar, revisar.

Chef(in) [ʃɛf] (-s, -nen) *m(f)* jefe, -a *m, f*.

Chemie [çe'mi:] *f* química *f*.

chemisch ['çe:mɪʃ] *adj* químico.

chic [ʃɪk] *adj* elegante, chic.

Chile ['çi:le] *n* Chile *m*.

Chilene, -in ['çi:lenə] (-n, -nen) *m, f* chileno, -a *m, f*.

China ['çi:na] *n* China *f*.

chinesisch [çi'ne:zɪʃ] *adj* chino.

Chip [tʃɪp] (-s) *m* **1** patatas *f pl* fritas, chips *f pl*. **2** ficha. **3** ELECTR chip *m*.

Chirurgie [çirʊrˈgiː] (**-n**) *f* cirugía.

Chor [koːɐ] (**Chöre**) *m* coro *m*.

Choreografie [koreograˈfiː] (**-n**) *f* coreografía *f*.

Christ(in) [krɪst] (**-en, -nen**) *m(f)* cristiano, -a *m, f*.

Chronik [ˈkroːnɪk] (**-en**) *f* crónica *f*.

chronisch [ˈkroːnɪʃ] *adj* crónico.

circa [ˈtsɪrka] *adv* aproximadamente.

Clique [ˈklɪkə] (**-n**) *f* pandilla *f*.

Clown [klaʊn] (**-s**) *m* payaso *m*.

Club [klʊp] (**-s**) *m* club *m*.

cm (*abrev de* **Zentimeter**) *m* cm *m* (centímetro).

Cocktail [ˈkɔkteɪl] (**-s**) *m* cóctel *m*.

Code [koːt] (**-s**) *m* código *m*.

Cognac® [ˈkɔnjak] (**-s**) *m* coñac *m*.

Comic [ˈkɔmɪk] (**-s**) *m* cómic *m*; cartón *m* (Amér.).

Compact Disc [ˈkɔmpakt dɪsk] (**-s**) *f* compact disc *m*.

Computer [kɔmˈpjuːtɐ] (**-**) *m* ordenador *m*; computadora *f* (Amér.).

Container [kɔnˈteɪnɐ] (**-**) *m* contenedor *m*.

cool [kuːl] *adj* **1** (fam) tranquilo. **2** (fam) fantástico, estupendo.

Cornflakes [ˈkɔːnfleɪks] *f pl* cereales *m pl*.

Costa Rica [ˈkɔsta ˈriːka] Costa Rica *f*.

Couch [kaʊtʃ] (**-s, -en**) *f* sofá *m*.

Cousin(e) [kuˈzɛ̃ː (kuˈziːnə)] (**-s, -n**) *m(f)* primo, -a *m, f*.

Creme [kreːm o krɛːm] (**-s**) *f* crema *f*.

Croissant [kroaˈsãː] (**-s**) *n* cruasán *m*; medialuna *f* (Amér.).

Currywurst [ˈkœriˌvʊrst] (**-würste**) *f* salchicha *f* con curry.

Dd

d, D [deː] (-) *n* **1** d, D *f* (letra). **2** MÚS re *m*.

da [daː] *adv* **1** ahí, allí (lugar); aquí. **2** entonces, en ese momento (tiempo). **3** en ese caso (modo). ● *conj* **4** puesto que (causa).

dabei [daˈbaɪ o ˈdaːbaɪ] *adv* **1** cerca, junto (situación). **2** a la vez (tiempo). **3** además.

dabei|sein [daˈbaɪˌzaɪn] *intr* **1** estar presente. **2** estar haciendo algo.

da|bleiben [ˈdaːˌblaɪbən] *intr* quedarse.

Dach [dax] (**Dächer**) *n* **1** tejado *m*. **2** techo *m*.

Dachboden [ˈdaxˌboːdən] (**-böden**) *m* desván *m*.

Dachrinne [ˈdaxˌrɪnə] (**-n**) *f* canalón *m*.

Dachs [ˈdaks] (**-e**) *m* tejón *m*.

Dachwohnung [ˈdaxˌvo:nʊŋ] (**-en**) *f* ático *m*.

Dackel [ˈdakəl] (-) *m* perro *m* salchicha.

dadurch [daˈdʊrç o ˈda:dʊrç] *adv* **1** por allí, por ahí. **2** de ese modo.

dafür [daˈfy:ɐ o ˈda:fy:ɐ] *adv* **1** por esto, para eso. **2** a cambio. ■ **~ sein** estar a favor.

dagegen [daˈge:gən o ˈda:ge:gən] *adv* **1** contra esto (situación). **2** en contra.

daheim [daˈhaɪm] *adv* en casa.

daher [daˈhe:ɐ o ˈda:he:ɐ] *adv* **1** de allí, desde allí (situación). **2** de ahí que (causa).

dahin [daˈhɪn o ˈda:hɪn] *adv* hacia allí. ■ **bis ~** hasta entonces.

dahinten [daˈhɪntən] *adv* allí detrás.

dahinter [daˈhɪntɐ] *adv* detrás.

damalig [ˈda:ma:lɪç] *adj* de entonces.

damals [ˈda:ma:ls] *adv* entonces.

Dame [ˈda:mə] (**-n**) *f* señora *f*, dama *f*.

damit [daˈmɪt] *adv* **1** con esto. ● *conj* **2** para que, a fin de que.

dämlich [ˈdɛ:mlɪç] *adj* bobo.

Damm [dam] (**Dämme**) *m* dique *m*.

dämm(e)rig [ˈdɛm(ə)rɪç] *adj* crepuscular.

dämmern [ˈdɛmɐn] *intr* amanecer; atardecer.

Dämon [ˈdɛ:mɔn] (**-en**) *m* demonio *m*.

dämonisch [dɛˈmo:nɪʃ] *adj* demoníaco.

Dampf [dampf] (**Dämpfe**) *m* vapor *m*.

dampfen [ˈdampfən] *intr* producir vapor.

dämpfen [ˈdɛmpfən] *tr* cocinar al vapor.

Dampfer [ˈdampfɐ] (-) *m* barco *m* de vapor.

Dampfmaschine [ˈdampfmaˌʃi:nə] (**-n**) *f* máquina *f* de vapor.

danach [daˈna:x o ˈda:na:x] *adv* después, luego.

Däne, -in [ˈdɛ:nə] (**-n, -nen**) *m, f* danés, -esa *m, f*.

daneben [daˈne:bən o ˈda:ne:bən] *adv* **1** cerca, al lado. **2** además.

Dänemark [ˈdɛ:nəmark] *n* Dinamarca *f*.

dänisch [ˈdɛ:nɪʃ] *adj* danés.

Dank [daŋk] *m* gracias *f pl*.

dankbar [ˈdaŋkba:ɐ] *adj* agradecido.

Dankbarkeit [ˈdaŋkba:ɐkaɪt] *f* gratitud *f*.

danke [ˈdaŋkə] *interj* gracias *f pl*. ■ **~ schön!** (o **~ sehr!**) ¡muchas gracias!

danken [ˈdaŋkən] *intr* agradecer, dar las gracias.

dann [dan] *adv* entonces, luego. ■ **bis ~!** ¡hasta luego!

daran [da'ran o 'da:ran] *adv* **1** junto a ello. **2** en ello: *ich arbeite daran = trabajo en ello.*

darauf [da'rauf o 'da:rauf] *adv* **1** (local) encima de eso, sobre eso. **2** (temporal) a continuación. **3** (causal) por este motivo.

daraufhin [darauf'hɪn] *adv* **1** (temporal) acto seguido. **2** (causal) en vista de ello.

daraus [da'raus da'raus] *adv* de ahí, de eso.

darein [da'raɪn o 'da:raɪn] *adv* (arc) dentro, en esto.

darin [da'rɪn o 'da:rɪn] *adv* **1** ahí dentro (situación). **2** en eso (asunto).

Darlehen ['da:ɐ̯ˌle:ən] (-) *n* préstamo *m.*

Darsteller(in) ['da:ɐ̯ˌʃtɛlɐ] (-, -nen) *m(f)* intérprete *m, f* (en teatro, en cine).

Darstellung ['da:ɐ̯ˌʃtɛlʊŋ] (-en) *f* **1** exposición *f.* **2** representación *f.*

darüber [da'ry:bɐ o 'da:rybɐ] *adv* **1** encima (situación). **2** sobre esto (asunto).

darum [da'rʊm o 'da:rʊm] *adv* **1** alrededor (situación). **2** por eso (causa).

darunter [da'rʊntɐ o 'da:rʊntɐ] *adv* debajo, por debajo.

das [das] *art* → der.

da|sein ['da:zaɪn] *intr* estar presente.

dass [das] *conj* que. ■ **so ~** de modo que.

dasselbe [das'zɛlbə] *pron* lo mismo.

Datei [da'taɪ] (-en) *f* INF archivo *m.*

Daten ['da:tən] *pl* datos *m pl.*

Datenschutz ['da:tənˌʃʊts] *m* protección *f* de datos.

Dativ ['da:ti:f] (-e) *m* GRAM dativo *m.*

Datum ['da:tʊm] (**Daten**) *n* fecha *f.*

Dauer ['daʊɐ] *f* duración *f.*

dauerhaft ['daʊɐhaft] *adj* duradero.

Dauerlauf ['daʊɐˌlaʊf] (-läufe) *m* DEP carrera *f* de resistencia.

dauern ['daʊɐn] *intr* durar.

dauernd ['daʊɐnt] *adj* duradero, constante.

Dauerwelle ['daʊɐˌvɛlə] (-n) *f* permanente *f.*

Daumen ['daʊmən] (-) *m* pulgar *m.*

davon [da'fɔn o 'da:fɔn] *adv* **1** de ahí (situación). **2** de esto (asunto).

davon|kommen [da'fɔnˌkɔmən] *intr* librarse, salvarse.

davon|laufen [da'fɔnˌlaʊfən] *intr* irse aprisa.

davor [da'fo:ɐ] *adv* **1** delante (situación). **2** antes (tiempo).

dazu [da'tsu: o 'da:tsu] *adv* **1** para esto. **2** además.

dazu|gehören [da'tsu:gəˌhø:rən] *intr* formar parte.

dazu|kommen [da'tsu:ˌkɔmən] *intr* aparecer, llegar (en el momento que).

dazwischen|kommen [da'tsvɪʃən,kɔmən] *intr* sobrevenir.

DB [de:'be:] (*abrev de* **Deutsche Bahn**) *f* Ferrocarriles *m pl* Alemanes.

DDR [de:de:'ɛr] (*abrev de* **Deutsche Demokratische Republik**) *f* RDA *f*.

dealen ['di:lən] *intr* traficar (drogas).

Dealer(in) ['di:lɐ] (**-, -nen**) *m(f)* traficante *m, f* de drogas.

Debatte [de'batə] (**-n**) *f* debate *m*.

debattieren [deba'ti:rən] *tr* debatir.

Debüt [de'by:] (**-s**) *n* estreno *m*.

debütieren [deby'ti:rən] *intr* debutar.

Deck [dɛk] (**-s**) *n* MAR cubierta *f*.

Decke ['dɛkə] (**-n**) *f* **1** manta *f*. **2** techo *m*.

Deckel ['dɛkəl] (**-**) *m* tapadera *f*.

decken ['dɛkən] *tr* cubrir, tapar.

decodieren [deko'di:rən] *tr* descodificar.

defekt [de'fɛkt] *adj* defectuoso.

definieren [defi'ni:rən] *tr* y *pron* definir.

definitiv [defini'ti:f] *adj* definitivo.

Defizit ['de:fitsɪt] (**-e**) *n* déficit *m*.

dehnen ['de:nən] *tr* dilatar.

dein(e) [daɪn] *poses* tu.

deine(r, s) ['daɪnə] *poses* (el) tuyo, (la) tuya.

deinetwegen [['daɪnatve:gən] *adv* por ti; por tu culpa.

deklarieren [dekla'ri:rən] *tr* declarar.

deklinieren [dekli'ni:rən] *tr* declinar.

Dekolletee o **Dekolleté** [dekɔl'te:] (**-s**) *n* escote *m*.

Dekoration [dekora'tsĭo:n] (**-en**) *f* decoración *f*.

dekorieren [deko'ri:rən] *tr* decorar.

Delegation [delega'tsĭo:n] (**-en**) *f* delegación *f*.

Delfin o **Delphin** [dɛl'fi:n] *m* delfín *m*.

delikat [deli'ka:t] *adj* **1** delicado (asunto). **2** delicioso (comida).

Delikatesse [delika'tɛsə] (**-n**) *f* plato *m* exquisito.

Delikt [de'lɪkt] (**-e**) *m* delito *m*.

dem [de:m] *art* → der.

demnach ['de:mna:x] *adv* así pues, por consiguiente.

demnächst ['de:mnɛ:çst] *adv* en breve.

Demokratie [demokra'ti:] (**-n**) *f* democracia *f*.

demokratisch [demo'kra:tɪʃ] *adj* democrático, demócrata.

Demonstration [demɔnstra'tsĭo:n] (**-en**) *f* manifestación *f*.

demonstrativ [demɔnstra'ti:f] *adj* demostrativo.

demonstrieren [demɔn'stri:rən] *intr* **1** manifestarse. • *tr* **2** demostrar.

denken ['dɛŋkən] *intr* y *tr* pensar.

Denkmal [ˈdɛŋkmaːl] (**-mäler**) *n* monumento *m*.
denkwürdig [ˈdɛŋkˌvʏrdɪç] *adj* memorable.
denn [dɛn] *conj* **1** puesto que, porque. **2** (partíc) *pues*.
dennoch [ˈdɛnɔx] *adv* sin embargo, con todo.
depressiv [deprɛˈsiːf] *adj* depresivo.
der, die, das [deːɐ, diː, das] *art* **1** el, la. ● *dem* **2** este, esta. ● *rel* **3** que, el cual, la cual.
derartig [ˈdeːɐˌaːɐtɪç] *adj* **1** semejante, de ese tipo. ● *adv* **2** de tal manera.
derb [dɛrp] *adj* **1** grosero (expresión). **2** firme, sólido.
derjenige [ˈdeːɐˌjeːnɪgə] *pron* aquel.
dermaßen [ˈdeːɐˌmaːsən] *adv* tan, hasta tal punto.
derselbe [deːɐˈzɛlbə] *pron* el mismo.
derzeitig [ˈdeːɐˌtsaɪtɪç] *adj* actual, presente.
des [dɛs] *art* → der.
desertieren [dezɛrˈtiːrən] *intr* desertar.
deshalb [ˈdɛshalp] *adv* por eso, por lo tanto.
Design [diˈzaɪn] (**-s**) *n* diseño *m*.
desinfizieren [dɛsɪnfiˈtsiːrən] *tr* desinfectar.
Dessert [dɛˈseːɐ] (**-s**) *n* postre *m*.
desto [ˈdɛsto] *conj* tanto.
destruktiv [destrukˈtiːf] *adj* destructivo.
deswegen [ˈdɛsˌveːgən] *adv* por eso, por lo tanto.
Detail [deˈtaɪ] (**-s**) *n* detalle *m*. ■ **im ~** en detalle.
detailliert [detaˈjiːɐt] *adj* detallado.
Detektiv(in) [detɛkˈtiːf] (**-e, -nen**) *m(f)* detective *m, f*.
deutlich [ˈdɔɪtlɪç] *adj* evidente.
deutsch [dɔɪtʃ] *adj* alemán. ■ **mit jm ~ sprechen** (o **reden**) (fig) hablar claro con alguien.
Deutsch [dɔɪtʃ] *n* alemán.
Deutsche(r) [ˈdɔɪtʃə] (**-n**) *mf(m)* alemán, -ana *m, f*.
Deutschland [ˈdɔɪtʃlant] *n* Alemania *f*.
Deutung [ˈdɔɪtʊŋ] (**-en**) *f* interpretación *f*.
Devise [deˈviːzə] (**-n**) *f* lema *m*.
Dezember [deˈtsɛmbɐ] (**-**) *m* diciembre *m*.
dezent [deˈtsɛnt] *adj* discreto.
dezimieren [detsiˈmiːrən] *tr* diezmar.
d.h. (*abrev de* **das heißt**) *adv* es decir, esto es.
Diabetiker(in) [diaˈbeːtikɐ] (**-, -nen**) *m(f)* diabético, -a *m, f*.
diabolisch [diaˈboːlɪʃ] *adj* diabólico.
Diagnose [diaˈgnoːzə] (**-n**) *f* diagnóstico *m*.
diagonal [diagoˈnaːl] *adj* diagonal.
Dialekt [diaˈlɛkt] (**-e**) *m* dialecto *m*.
Dialog [diaˈloːk] (**-e**) *m* diálogo *m*.

Diaprojektor [ˈdi:apro͵jɛktɔʁ] **(-en)** *m* proyector *m* de diapositivas.
Diät [diˈɛ:t] **(-en)** *f* dieta *f*.
dich [dɪç] *pron* **+ac** te.
dicht [dɪçt] *adj* denso, espeso (bosque, pelo).
dichten [ˈdɪçtən] *tr* e *intr* escribir poesía, componer.
Dichter(in) [ˈdɪçtɐ] **(-, -nen)** *m(f)* poeta, -tisa *m, f*.
Dichtung [ˈdɪçtʊŋ] **(-en)** *f* poesía *f*.
dick [dɪk] *adj* grueso, gordo.
die [di:] *art* → der.
Dieb(in) [di:p] **(-e, nen)** *m(f)* ladrón, -drona *m, f*.
Diebstahl [ˈdi:pʃta:l] **(-stähle)** *m* hurto *m*, robo *m*.
diejenige [ˈdi:͵je:nɪgə] *pron* aquella.
dienen [ˈdi:nən] *intr* servir.
Diener(in) [ˈdi:nɐ] **(-, -nen)** *m(f)* sirviente, -a *m, f*, criado, -a *m, f*.
Dienst [ˈdi:nst] **(-e)** *m* **1** servicio *m*, turno *m*. **2** puesto *m* (de trabajo). **3** favor *m*, ayuda *f*.
Dienstag [ˈdi:nsta:k] **(-e)** *m* martes *m*.
dienstags [ˈdi:nsta:ks] *adv* todos los martes.
Dienstleistung [ˈdi:nst͵laɪstʊŋ] **(-en)** *f* prestación *f* de servicios.
dienstlich [ˈdi:nstlɪç] *adj* oficial.
dies [di:s] *pron dem* → diese.
diese(r, s) [ˈdi:zə] *dem* **1** este, esta; ese, esa. **2** éste, ésta.
dieselbe [di:ˈzɛlbə] *pron* la misma.
Dieselöl [ˈdi:zəl͵ø:l] **(-e)** *n* gasóleo *m*.
diesig [ˈdi:zɪç] *adj* brumoso, calinoso.
diesjährige(r, s) [ˈdi:s͵jɛ:rɪgə] *adj* de este año.
diesmal [ˈdi:sma:l] *adv* esta vez.
diesseits [ˈdi:szaɪts] *prep* **+gen** **1** de este lado de. • *adv* **2** en esta lado.
Differenz [dɪfəˈrɛnts] **(-en)** *f* diferencia *f*.
digital [digiˈta:l] *adj* digital.
Diktat [dɪkˈta:t] **(-e)** *n* dictado *m*.
Diktator(in) [dɪkˈta:tɔʁ] **(-en, -nen)** *m(f)* dictador(a) *m(f)*.
Diktatur [dɪktaˈtu:ɐ] **(-en)** *f* dictadura *f*.
diktieren [dɪkˈti:rən] *tr* dictar.
Dimension [dimɛnˈzĭo:n] **(-en)** *f* dimensión *f*.
Ding [dɪŋ] **(-e, -er)** *n* **1** cosa *f*, objeto *m*. **2** asunto *m*.
Dinosaurier [dinoˈzaurĭɐ] **(-)** *m* dinosaurio *m*.
Diplom [diˈplo:m] **(-e)** *n* diploma *m*, certificado *m*.
Diplomat(in) [diploˈma:t] **(-en, -nen)** *m(f)* diplomático, -a *m, f*.
diplomatisch [diploˈma:tɪʃ] *adj* diplomático.
direkt [diˈrɛkt] *adj* **1** directo. • *adv* **2** directamente, inmediatamente.
Direktor(in) [diˈrɛktɔʁ] **(-en, -nen)** *m(f)* director(a) *m(f)*.

d

Dirigent(in) [diri'gɛnt] (**-en, -nen**) *m(f)* director(a) *m(f)* de orquesta.
dirigieren [diri'gi:rən] *tr* e *intr* dirigir (una orquesta).
Diskette [dɪs'kɛtə] (**-n**) *f* INF disquete *m.*
Diskjockey ['dɪskdʒɔki] (**-s**) *m* disc-jockey *m, f.*
Disko ['dɪsko] (**-s**) *f* → Diskothek.
Diskothek [dɪsko'te:k] (**-en**) *f* discoteca *f.*
diskret [dɪs'kre:t] *adj* discreto.
Diskretion [dɪskre'tsĭo:n] *f* discreción *f.*
diskriminieren [dɪskrimi'ni:rən] *tr* discriminar.
Diskriminierung [dɪskrimi'ni:rʊŋ] (**-en**) *f* discriminación *f.*
Diskussion [dɪskʊ'sĭo:n] (**-en**) *f* discusión *f.*
diskutieren [dɪsku'ti:rən] *intr y tr* discutir.
disqualifizieren [dɪskvalifi'-tsi:rən] *tr* descalificar.
Distanz [dɪs'tants] (**-en**) *f* distancia *f.*
distanzieren [dɪstan'tsi:rən] *pron* **sich ~** distanciarse.
Disziplin [dɪstsi'pli:n] (**-en**) *f* disciplina *f.*
diszipliniert [dɪstsipli'ni:ɐt] *adj* disciplinado.
Diva ['dɪva] (**-s, Diven**) *f* diva *f.*
divers(e) [di'vɛrs] *adj* varios, algunos.
dividieren [divi'di:rən] *tr* dividir.
dm (*abrev de* **dezimeter**) *m* dm *m* (decímetro).
DM (*abrev de* **Deutsche Mark**) *f* marco *m* alemán.
doch [dɔx] *adv* **1** sin embargo, pero. **2** sí. **3** (partíc) pues, pero: *probier's doch mal = pues inténtalo.* • *conj* **4** sin embargo, no obstante.
dogmatisch [dɔ'gma:tɪʃ] *adj* dogmático.
Doktor(in) ['dɔktɔ:ɐ] (**-en, -nen**) *m(f)* **1** doctor(a) *m(f).* **2** médico, -a *m, f.*
Dokument [doku'mɛnt] (**-e**) *n* documento *m.*
dokumentieren [dokumen'ti:-rən] *tr* documentar.
dolmetschen ['dɔlmɛtʃən] *tr* interpretar, hacer de intérprete.
Dolmetscher(in) ['dɔlmɛtʃɐ] (**-, -nen**) *m(f)* intérprete *m, f.*
Dom [do:m] (**-e**) *m* catedral *f.*
dominieren [domi'ni:rən] *tr* dominar.
Dominikanische Republik [domini'ka:nɪʃə repu'bli:k] *f* República *f* Dominicana.
Donau ['do:naʊ] *f* Danubio *m.*
Donner ['dɔnɐ] (**-**) *m* trueno *m.*
donnern ['dɔnɐn] *impers* tronar.
Donnerstag ['dɔnɐsta:k] (**-e**) *m* jueves *m.*
doof [do:f] *adj* idiota, estúpido.
Doping ['do:pɪŋ] (**-s**) *n* dopaje *m.*
Doppel ['dɔpəl] (**-**) *n* DEP dobles *m pl.*

Doppelbett [ˈdɔpəlˌbɛt] (**-en**) *n* cama *f* de matrimonio.

Doppelpunkt [ˈdɔpəlˌpʊŋkt] (**-e**) *m* dos puntos *m pl.*

doppelt [ˈdɔpəlt] *adj* doble, dos veces.

Doppelzimmer [ˈdɔpəlˌtsɪmɐ] (**-**) *n* habitación *f* doble.

Dorf [dɔrf] (**Dörfer**) *n* pueblo *m*, aldea *f*.

dort [dɔrt] *adv* allí, ahí.

dorther [ˈdɔrtheːɐ] *adv* de allí, de ahí.

dorthin [ˈdɔrthɪn] *adv* hacia allí.

Dose [ˈdoːzə] (**-n**) *f* lata *f*, caja *f*.

Dosenöffner [ˈdoːzənˌœfnɐ] (**-**) *m* abrelatas *m*.

dosieren [doˈziːrən] *tr* dosificar.

Dosierung [doˈziːrʊŋ] (**-en**) *f* dosificación *f*.

Dosis [ˈdoːzɪs] (**Dosen**) *f* dosis *f*.

Dr. (*abrev de* **Doktor**) *m* doctor(a) *m(f)*.

Dragee [draˈʒeː] (**-s**) *n* gragea *f*.

Draht [draːt] (**Drähte**) *m* alambre *m*.

drahtig [ˈdraːtɪç] *adj* fibrado, musculado.

Drama [ˈdraːma] (**Dramen**) *n* drama *m*.

dramatisch [draˈmaːtɪʃ] *adj* dramático.

dran|bleiben [ˈdranˌblaɪbən] *intr* no colgar (el teléfono).

Drang [draŋ] (**Dränge**) *m* impulso *m*; afán *m*.

drängeln [ˈdrɛŋəln] *intr y tr* apretujar, empujar.

drängen [ˈdrɛŋən] *intr* empujar.

dran|kommen [ˈdranˌkɔmən] *intr* llegar el turno.

drastisch [ˈdrastɪʃ] *adj* drástico.

drauf [draʊf] *adv* (fam) → darauf.

drauf|haben [ˈdraʊfˌhaːbən] *tr* tener idea.

drauf|kommen [ˈdraʊfˌkɔmən] *intr* descubrir.

draußen [ˈdraʊsən] *adv* fuera.

Dreck [drɛk] *m* suciedad *f*, porquería *f*.

dreckig [ˈdrɛkɪç] *adj* sucio.

Drehbuch [ˈdreːbuːx] (**-bücher**) *n* guión *m* (de una película).

drehen [ˈdreːən] *tr* girar.

Drehung [ˈdreːʊŋ] (**-en**) *f* vuelta *f*, giro *m*.

drei [draɪ] *adj* tres.

Drei [draɪ] (**-en**) *f* **1** tres *m*. **2** bien *m* (nota de exámenes).

Dreieck [ˈdraɪɛk] (**-e**) *n* triángulo *m*.

dreieckig [ˈdraɪˌɛkɪç] *adj* triangular.

dreieinhalb [ˈdraɪaɪnˌhalp] *adj* tres y medio.

Dreikönigstag [draɪˈkøːnɪçsˌtaːk] (**-e**) *m* día *m* de los Reyes Magos.

Dreirad [ˈdraɪraːt] (**-räder**) *n* triciclo *m*.

dreißig [ˈdraɪsɪç] *adj* treinta.

dreist [ˈdraɪst] *adj* atrevido.

dreitausend [ˈdraɪˌtaʊzənt] *adj* tres mil.
dreizehn [ˈdraɪtseːn] *adj* trece.
dreschen [ˈdrɛʃən] *tr* trillar.
dressieren [drɛˈsiːrən] *tr* amaestrar, adiestrar (animales).
Dressur [drɛˈsuːɐ] **(-en)** *f* adiestramiento *m*, amaestramiento *m*.
dringen [ˈdrɪŋən] *intr* **~ aus** ***(+dat)*** **1** salir de. **~ bis zu 2** llegar hasta.
dringend [ˈdrɪŋənt] *adj* urgente.
drinnen [ˈdrɪnən] *adv* dentro.
dritt [drɪt] *adv* **zu ~** los tres.
Drittel [ˈdrɪtəl] **(-n)** *n* tercio *m*.
Droge [ˈdroːgə] **(-n)** *f* droga *f*.
drogenabhängig [ˈdroːgənˌaphɛŋɪç] *adj* drogadicto.
Drogerie [drogəˈriː] **(-n)** *f* droguería *f*.
drohen [ˈdroːən] *intr* amenazar.
drohend [ˈdroːənt] *adj* **1** amenazador. **2** inminente (peligro).
dröhnen [ˈdrøːnən] *intr* retumbar, resonar.
Drohung [ˈdroːʊŋ] **(-en)** *f* amenaza *f*.
drüben [ˈdryːbən] *adv* al otro lado *m*.
Druck [drʊk] **(-e)** *m* grabado *m*; impresión *f*.
Druck [drʊk] **(Drücke)** *m* presión *f*.
Druckbuchstabe [ˈdrʊkˌbuːxʃtaːbə] **(-n)** *m*
drucken [ˈdrʊkən] *tr* imprimir.
drücken [ˈdrʏkən] *tr* **1** apretar, pulsar (un botón). **2** empujar (una puerta). • *intr* **3** apretar (calor, zapatos). • **sich ~** *pron* **4** evadirse, escaquearse.
drückend [ˈdrʏkənt] *adj* abrumador; sofocante (calor).
Druckerei [drʊkəˈraɪ] **(-en)** *f* imprenta *f*.
Drucksache [ˈdrʊkˌzaxə] **(-n)** *f* impreso *m*.
drum [drʊm] *adv* (fam) → darum.
drunter [ˈdrʊntɐ] *adv* → darunter.
Drüse [ˈdryːzə] **(-n)** *f* glándula *f*.
Dschungel [ˈdʒʊŋəl] **(-)** *m* o *n* selva *f*, jungla *f*.
dt. (*abrev de* **deutsch**) *adj* → deutsch.
du [duː] *pron* tú.
Duell [duˈɛl] **(-e)** *n* duelo *m*.
Duft [dʊft] **(Düfte)** *m* olor *m*, aroma *f*.
duften [ˈdʊftən] *intr* oler bien.
dulden [ˈdʊldən] *tr* tolerar, admitir.
dumm [dʊm] *adj* tonto; boludo (Amér.).
Dummheit [ˈdʊmhaɪt] **(-en)** *f* estupidez *f*, tontería *f*; boludez *f* (Amér.).
Dummkopf [ˈdʊmkɔpf] **(-köpfe)** *m* imbécil *m*; boludo *m* (Amér.).
dumpf [dʊmpf] *adj* sordo (dolor, ruido).
dunkel [ˈdʊŋkəl] *adj* oscuro. ▪ **es wird ~** oscurece.
Dunkel [ˈdʊŋkəl] *n* **im ~** a oscuras.

Dunkelheit [ˈdʊŋkəlhaɪt] *f* oscuridad *f*.
dünn [dʏn] *adj* **1** delgado; flaco. **2** fino.
Dunst [dʊnst] *m* neblina *f*, bruma *f*.
Dunst [dʊnst] (**Dünste**) *m* vapor *m*, vaho *m*.
dünsten [ˈdʏnstən] *tr* estofar.
dunstig [ˈdʊnstɪç] *adj* nebuloso; cargado de humo.
Duo [ˈdu:o] (**-s**) *m* dúo *m*, dueto *m*.
Dur [du:ɐ] *n* MÚS modo *m* mayor.
durch [dʊrç] *prep* **+ac 1** a través de, por (situación). **2** por medio de, mediante (fuente, instrumento). **3** durante (tiempo). **4** dividido por (división). • *adv* **5** bien hecho (carne).
durchaus [dʊrçˈaʊs o ˈdʊrçaʊs] *adv* absolutamente, del todo.
durch|blicken [ˈdʊrçˌblɪkən] *intr* mirar por.
durch|brechen [dʊrçˈbrɛçən] *tr* romper, quebrantar (principio).
durch|dringen [ˈdʊrçˌdrɪŋən] *tr* penetrar, atravesar (líquido).
durcheinander [dʊrçaɪˈnandɐ] *adv* revuelto, mezclado.
Durcheinander [dʊrçaɪˈnandɐ] *n* desorden *m*.
durch|fahren [ˈdʊrçˌfa:rən] *intr* no parar.
Durchfahrt [ˈdʊrçfa:ɐt] (**-en**) *f* pasaje *m*, paso *m*.
Durchfall [ˈdʊrçfal] *m* diarrea *f*.
durch|fallen [ˈdʊrçˌfalən] *intr* **1** caer por. **2** suspender (un examen).
durchführbar [ˈdʊrçˌfy:ɐba:ɐ] *adj* realizable.
durch|führen [ˈdʊrçˌfy:rən] *tr* **1** llevar por. **2** (fig) llevar a cabo, poner en práctica (un plan, un experimento, etc.).
Durchführung [ˈdʊrçˌfy:rʊŋ] (**-en**) *f* realización *f*; ejecución *f*.
Durchgang [ˈdʊrçgaŋ] (**-gänge**) *m* **1** paso *m*. **2**
durchgängig [ˈdʊrçˌgɛŋɪç] *adj* general.
durchgehend [ˈdʊrçˌge:ənt] *adj* continuo, permanente.
durch|halten [ˈdʊrçˌhaltən] *intr* resistir.
durch|kommen [ˈdʊrçˌkɔmən] *intr* pasar por.
durch|lassen [ˈdʊrçˌlasən] *tr* dejar pasar.
durchleben [dʊrçˈle:bən] *tr* vivir, pasar.
durch|lesen [ˈdʊrçˌle:zən] *tr* leer hasta el final.
Durchmesser [ˈdʊrçˌmɛsɐ] (-) *m* diámetro *m*.
durch|nehmen [ˈdʊrçˌne:mən] *tr* tratar, explicar (un tema).
durchqueren [dʊrçˈkve:rən] *tr* atravesar, cruzar.
Durchreise [ˈdʊrçˌraɪzə] (**-n**) *f* paso *m*, tránsito *m*.
durch|reißen [ˈdʊrçˌraɪsən] *intr* **1** romperse. • *tr* **2** romper; desgarrar.

durch|ringen [ˈdʊrç̩rɪŋən] *pron* **sich zu etw(dat) ~** decidirse por algo de una vez por todas.

Durchsage [ˈdʊrç̩za:gə] (**-n**) *f* aviso *m*, comunicado *m*.

durch|sagen [ˈdʊrç̩za:gən] *tr* anunciar, transmitir.

durch|schlafen [ˈdʊrç̩ʃlafən] *intr* dormir de un tirón.

durch|schlagen [ˈdʊrç̩ʃla:gən] *intr* **1** traspasar. • *tr* **2** cortar, partir.

Durchschnitt [ˈdʊrçʃnɪt] (**-e**) *m* promedio *m*.

durchschnittlich [ˈdʊrç̩ʃnɪtlɪç] *adj* mediano.

durch|sehen [ˈdʊrç̩ze:ən] *intr* **1** mirar por. • *tr* **2** revisar, repasar.

durch|setzen [ˈdʊrç̩zɛtsən] *tr* **1** lograr, conseguir. • **sich ~** *pron* **2** imponerse.

durchsichtig [ˈdʊrç̩zɪçtɪç] *adj* transparente.

durch|streichen [ˈdʊrç̩ʃtraɪçən] *tr* tachar, borrar.

durchsuchen [dʊrçˈzu:xən] *tr* registrar (equipaje, lugar).

Durchsuchung [dʊrçˈzu:xʊŋ] (**-en**) *f* registro *m*.

durchtrennen [ˈdʊrç̩trenən] *tr* cortar, separar.

durch|ziehen [ˈdʊrç̩tsi:ən] *tr* **1** hacer pasar. • *intr* **2** atravesar, pasar por.

dürfen [ˈdʏrfən] *aux* **1** (modal) poder, tener permiso. **2** (modal) poder, deber. • *intr y tr* **3** poder: *ich darf nicht = no puedo.* ■ **was darf es sein?** ¿qué desea?

dürftig [ˈdʏrftɪç] *adj* pobre, necesitado.

dürr [dʏr] *adj* seco.

Dürre [ˈdʏrə] (**-n**) *f* sequía *f*.

Durst [dʊrst] *m* sed *f*.

dursten [ˈdʊrstən] *intr* tener sed, estar sediento.

durstig [ˈdʊrstɪç] *adj* sediento.

Dusche [ˈdu:ʃə o ˈdʊʃə] (**-n**) *f* ducha *f*.

duschen [ˈdu:ʃən o ˈdʊʃən] *intr y tr* **1** duchar. • **sich ~** *pron* **2** ducharse; bañarse (Amér.).

Duschgel [ˈdu:ʃge:l] (**-e**) *n* gel *m* de ducha.

Düse [ˈdy:zə] (**-n**) *f* boquilla *f*.

düster [ˈdy:stɐ] *adj* sombrío, oscuro.

Duty-free-Shop [ˈdĭu:tɪ̩fri:ʃɔp] (**-s**) *m* tienda *f* libre de impuestos.

Dutzend [ˈdʊtsənt] (**-e**) *n* docena *f*.

duzen [ˈdu:tsən] *tr* tutear.

dynamisch [dyˈna:mɪʃ] *adj* dinámico.

Dynamit [dynaˈmi:t] *m* dinamita *f*.

D-Zug [ˈde:tsu:k] (**-Züge**) *m* tren *m* directo (o expreso).

Ee

e, E [e:] (-) *n* **1** e, E *f* (letra). **2** MÚS mi *m*.

eben [ˈe:bən] *adj* **1** llano, raso. • *adv* **2** precisamente, justamente.

Ebene [ˈe:bənə] (**-n**) *f* llanura *f*.

ebenfalls [ˈe:bənˌfals] *adv* igualmente, asimismo.

ebenso [ˈe:bənzo:] *adv* lo mismo.

Echo [ˈɛço] (**-s**) *n* eco *m*.

echt [ɛçt] *adj* verdadero, auténtico.

Ecke [ˈɛkə] (**-n**) *f* **1** rincón *m* (interior). **2** esquina *f* (exterior). ■ **um die ~** a la vuelta de la esquina.

eckig [ˈɛkıç] *adj* angular.

Ecuador [ekŭaˈdo:ɐ] *n* Ecuador *m*.

Ecuadorianer(in) [ekŭadoˈrĭa:nɐ] (**-, -nen**) *m(f)* ecuatoriano, -a *m, f*.

ecuadorianisch [ekŭadoˈrĭa:nıʃ] *adj* ecuatoriano.

edel [ˈe:dəl] *adj* noble (persona, gesto).

Edelstein [ˈe:dəlˌʃtaın] (**-e**) *m* piedra *f* preciosa.

Edikt [eˈdıkt] (**-e**) *n* edicto *m*.

Edition [ediˈtsĭo:n] (**-en**) *f* edición *f*.

EDV [e:de:ˈfaʊ] (*abrev de* **elektronische Datenverarbeitung**) *f* procesamiento *m* electrónico de datos.

Effekt [ɛˈfɛkt] (**-e**) *m* efecto *m*.

effektvoll [ɛˈfɛktˌfɔl] *adj* de gran efecto.

EG [e:ˈge:] (*abrev de* **Europäische Gemeinschaft**) *f* CE *f* (Comunidad Europea).

egal [eˈga:l] *adj* igual.

Egoismus [egoˈısmus] *m* egoísmo *m*.

egoistisch [egoˈıstıʃ] *adj* egoísta.

ehe [ˈe:ə] *conj* antes de (que).

Ehe [ˈe:ə] (**-n**) *f* matrimonio *m*.

Ehebett [ˈe:əˌbɛt] (**-en**) *n* cama *f* de matrimonio; lecho *m* conyugal.

Ehebruch [ˈe:əˌbrux] (**-brüche**) *m* adulterio *m*.

Ehefrau [ˈe:əˌfraʊ] (**-en**) *f* esposa *f*.

Ehegatte, -in [ˈe:əˌgatə] (**-n, -nen**) *m, f* esposo, -a *m, f*.

Eheleute [ˈe:əˌlɔıtə] *pl* esposos *m pl*, cónyuges *m pl*.

ehemalige(r, s) [ˈe:əma:lıgə] *adj* antiguo, ex.

ehemals [ˈe:əma:ls] *adv* antiguamente.

Ehemann [ˈe:əˌman] (**-männer**) *m* esposo *m*.

Ehepartner(in) [ˈe:əˌpartnɐ] (**-, -nen**) *m(f)* cónyuge *m, f*.

eher [ˈeːɐ] *adv* más temprano.
Ehering [ˈeːəˌrɪŋ] **(-e)** *m* anillo *m* de boda, alianza *f*.
Ehre [ˈeːrə] **(-n)** *f* honor *m*, honra *f*.
ehren [ˈeːrən] *tr* honrar, venerar.
ehrenamtlich [ˈeːrənˌamtlɪç] *adj* honorífico.
ehrenhaft [ˈeːrənhaft] *adj* honorable, respetable (persona).
Ehrenwort [ˈeːrənˌvɔrt] **(-e)** *m* palabra *f* de honor.
Ehrgeiz [ˈeːɐgaɪts] *m* ambición *f*.
ehrlich [ˈeːɐlɪç] *adj* honesto, honrado.
Ehrung [ˈeːrʊŋ] **(-en)** *f* homenaje *m*.
Ei [aɪ] **(-er)** *n* huevo *m*.
Eiche [ˈaɪçə] **(-n)** *f* roble *m*.
Eichhörnchen [ˈaɪçˌhœrnçən] **(-)** *n* ardilla *f*.
Eid [aɪt] **(-e)** *m* juramento *m*.
Eidechse [ˈaɪdɛksə] **(-n)** *f* lagarto *m*.
Eidgenosse, -in [ˈaɪtgəˌnɔsə] **(-n, -nen)** *m, f* confederado, -a *m, f*.
eidgenössisch [ˈaɪtgəˌnœsɪʃ] *adj* confederado.
Eidotter [ˈaɪˌdɔtɐ] **(-)** *n* yema *f* de huevo.
Eierbecher [ˈaɪɐˌbɛçɐ] **(-)** *m* huevera *f*.
Eierschale [ˈaɪɐˌʃaːlə] **(-n)** *f* cáscara *f* de huevo.
Eifer [ˈaɪfɐ] *m* celo *m*, afán *m*.
Eifersucht [ˈaɪfɐˌzʊxt] *f* celos *m pl*.
eifersüchtig [ˈaɪfɐˌzʏçtɪç] *adj* celoso.
eifrig [ˈaɪfrɪç] *adj* **1** aplicado, estudioso. **2** apasionado.
Eigelb [ˈaɪgɛlp] **(-e)** *n* yema *f* de huevo.
eigen [ˈaɪgən] *adj* propio.
Eigenart [ˈaɪgənˌaːɐt] **(-en)** *f* particularidad *f*.
eigenartig [ˈaɪgənˌaːɐtɪç] *adj* peculiar, característico.
Eigenheim [ˈaɪgənˌhaɪm] **(-e)** *n* casa *f* propia.
Eigenheit [ˈaɪgənhaɪt] *f* peculiaridad *f*.
eigenmächtig [ˈaɪgənˌmɛçtɪç] *adj* arbitrario.
Eigenname [ˈaɪgənˌnaːmə] **(-n)** *m* nombre *m* propio.
eigennützig [ˈaɪgənˌnʏtsɪç] *adj* interesado.
Eigenschaft [ˈaɪgənʃaft] **(-en)** *f* cualidad *m*, característica *f*.
eigensinnig [ˈaɪgənˌzɪnɪç] *adj* obstinado, testarudo.
eigenständig [ˈaɪgənˌʃtɛndɪç] *adj* independiente.
eigentlich [ˈaɪgəntlɪç] *adj* **1** real, verdadero. ● *adv* **2** en realidad, en el fondo.
Eigentum [ˈaɪgəntuːm] *n* propiedad *f*.
Eigentümer(in) [ˈaɪgəntyːmɐ] **(-, -nen)** *m(f)* propietario, -a *m, f*.
eigenwillig [ˈaɪgənˌvɪlɪç] *adj* egoísta.
eignen [ˈaɪgnən] *pron* **sich für etw(ac) ~** ser apropiado para algo.

Eile [ˈaɪlə] *f* prisa *f*, urgencia *f*.
eilen [ˈaɪlən] *intr* urgir, correr prisa.
eilig [ˈaɪlɪç] *adj* **1** urgente. **2** rápido.
Eilzug [ˈaɪltsuːk] **(-züge)** *m* tren *m* rápido.
Eimer [ˈaɪmɐ] **(-)** *m* cubo *m*.
ein [aɪn] *art* **1** un, uno, una. • *adj* **2** un, una.
einander [aɪˈnandɐ] *pron* el uno al otro, mutuamente.
ein|atmen [ˈaɪnˌaːtmən] *intr* respirar.
Einbahnstraße [ˈaɪnbaːnˌʃtraːsə] **(-n)** *f* calle *f* de dirección única.
ein|bauen [ˈaɪnˌbaʊən] *tr* montar, instalar.
ein|biegen [ˈaɪnˌbiːgən] *tr* doblar, girar.
ein|bilden [ˈaɪnˌbɪldən] *pron* **sich ~** imaginarse, figurarse.
Einbildung [ˈaɪnˌbɪldʊŋ] **(-en)** *f* imaginación *f*.
ein|brechen [ˈaɪnˌbrɛçən] *intr* **1** entrar a robar. **2** hundirse, caer.
Einbruch [ˈaɪnbrʊx] **(-brüche)** *m* **1** robo *m*. **2** comienzo *m*.
ein|bürgern [ˈaɪnˌbʏrgɐn] *tr* **1** nacionalizar. • **sich ~** *pron* **2** generalizarse (uso, costumbre).
Einbürgerung [ˈaɪnˌbʏrgərʊŋ] **(-en)** *f* nacionalización *f*.
eindeutig [ˈaɪnˌdɔɪtɪç] *adj* unívoco.
ein|dringen [ˈaɪnˌdrɪŋən] *intr* entrar, penetrar.
eindringlich [ˈaɪnˌdrɪŋlɪç] *adj* insistente.
Eindruck [ˈaɪndrʊk] **(-drücke)** *m* impresión *f*.
eindrucksvoll [ˈaɪndrʊksˌfɔl] *adj* impresionante, imponente.
eine(r, s) [ˈaɪnə] *art* → ein.
einerlei [ˈaɪnɐˌlaɪ] *adj* indiferente, igual.
einerseits [ˈaɪnɐˌzaɪts] *adv* por una parte.
einfach [ˈaɪnfax] *adj* **1** fácil. **2** modesto, sencillo. • *adv* **3**
ein|fahren [ˈaɪnˌfaːrən] *intr* **1** efectuar su entrada (ferrocarril). • **sich ~** *pron* **2** normalizarse.
Einfahrt [ˈaɪnfaːɐt] **(-en)** *f* **1** entrada *f*. **2** llegada *f* (de un ferrocarril).
Einfall [ˈaɪnfal] **(-fälle)** *m* ocurrencia *f*.
ein|fallen [ˈaɪnˌfalən] *intr* **1** ocurrir. **2** acordarse.
Einfluss [ˈaɪnflʊs] **(-flüsse)** *m* influencia *f*.
ein|fügen [ˈaɪnˌfyːgən] *tr* **1** incluir. • **sich ~** *pron* **2** acostumbrarse.
Einfuhr [ˈaɪnfuːɐ] **(-en)** *f* importación *f*.
Einführung [ˈaɪnˌfyːrʊŋ] **(-en)** *f* **1** introducción *f*; implantación *f* (de una costumbre, de un sistema). **2** importación *f* (de mercancías).
ein|füllen [ˈaɪnˌfʏlən] *tr* verter; llenar.
Eingang [ˈaɪngaŋ] **(-gänge)** *m* entrada *f*.

ein|geben [ˈaɪnˌgeːbən] *tr* **1** administrar (medicamentos). **2** INF introducir (datos).
eingebildet [ˈaɪngəˌbɪldət] *adj* **1** presuntuoso, presumido; encolado (Amér.). **2** ficticio, imaginario.
ein|gehen [ˈaɪnˌgeːən] *intr* **1** llegar (correo, mercancías). • *tr* **2** contraer (matrimonio).
eingeschrieben [ˈaɪngəˌʃriːbən] *adj* certificado (carta).
eingestehen [ˈaɪngəˌʃteːən] *tr* reconocer, admitir (una culpa, un error).
Eingeweide [ˈaɪngəˌvaɪdə] *pl* entrañas *f pl*.
ein|gießen [ˈaɪnˌgiːsən] *tr* e *intr* verter, echar.
ein|greifen [ˈaɪnˌgraɪfən] *intr* intervenir.
ein|grenzen [ˈaɪnˌgrɛntsən] *tr* delimitar.
Eingriff [ˈaɪngrɪf] **(-e)** *m* acción *f*, intervención *f*.
ein|halten [ˈaɪnˌhaltən] *tr* atenerse (a una condición); respetar (una promesa); mantener (la distancia).
ein|hängen [ˈaɪnˌhɛŋən] *intr* **1** colgar (el teléfono). • *tr* **2** enquiciar (una puerta, una ventana).
einheimisch [ˈaɪnˌhaɪmɪʃ] *adj* autóctono, nativo.
Einheit [ˈaɪnhaɪt] **(-en)** *f* unidad *f*.
einheitlich [ˈaɪnhaɪtlɪç] *adj* uniforme, homogéneo.
ein|holen [ˈaɪnˌhoːlən] *tr* **1** alcanzar. **2** recuperar (el tiempo perdido).
einig [ˈaɪnɪç] *adj* **1** unido. **2** acorde, conforme.
einige(r, s) [ˈaɪnɪgə] *pron* algunos, algunas, unos, unas.
einigen [ˈaɪnɪgən] *tr* **1** unificar, conciliar. • **sich ~** *pron* **2** ponerse de acuerdo.
einigermaßen [ˈaɪnɪgɐˌmaːsən] *adv* hasta cierto punto, bastante.
Einigkeit [ˈaɪnɪçkaɪt] *f* concordia *f*.
Einkauf [ˈaɪnkaʊf] **(-käufe)** *m* compra *f*.
ein|kaufen [ˈaɪnˌkaʊfən] *intr* y *tr* comprar. ■ **~ gehen** ir de compras.
Einkaufszentrum [ˈaɪnkaʊfsˌtsɛntrʊm] **(-zentren)** *n* centro *m* comercial.
ein|kehren [ˈaɪnˌkeːrən] *intr* ir a tomar algo (en un restaurante, un café, etc.).
ein|klammern [ˈaɪnˌklamɐn] *tr* poner entre paréntesis.
Einkommen [ˈaɪnˌkɔmən] **(-)** *n* salario *m*, sueldo *m*.
ein|laden [ˈaɪnˌlaːdən] *tr* **1** invitar, convidar. **2** cargar (mercancías).
einladend [ˈaɪnˌlaːdənt] *adj* tentador.
Einladung [ˈaɪnˌlaːdʊn] **(-en)** *f* invitación *f*.
Einlage [ˈaɪnˌlaːgə] **(-n)** *f* anexo *m*; suplemento *m* (de prensa).

Einlass [ˈaɪnlas] **(-lässe)** *m* entrada *f*.

ein|laufen [ˈaɪnˌlaʊfən] *intr* **1** entrar, llegar. **2** encogerse (ropa). • **sich ~** *pron* **3** DEP calentar (ejercicios).

ein|leiten [ˈaɪnˌlaɪtən] *tr* comenzar, empezar.

Einleitung [ˈaɪnˌlaɪtʊŋ] **(-en)** *f* introducción *f*.

einmal [ˈaɪnmaːl] *adv* **1** una vez. **2** antes. **3** alguna vez, algún día. ▪ **auf ~** de repente; **noch ~** otra vez.

einmalig [ˈaɪnˌmaːlɪç] *adj* **1** único. **2** excepcional, extraordinario.

ein|mischen [ˈaɪnˌmɪʃən] *pron* **sich ~** inmiscuirse.

einmütig [ˈaɪnˌmyːtɪç] *adj* unánime.

Einnahme [ˈaɪnˌnaːmə] *f* **1** conquista *f*, toma *f*. **2** toma *f* (de medicamentos).

Einnahme [ˈaɪnˌnaːmə] **(-n)** *f* ingresos *m pl* (dinero).

ein|nehmen [ˈaɪnˌneːmən] *tr* **1** cobrar (dinero); recaudar (impuestos). **2** tomar (medicamentos).

ein|ordnen [ˈaɪnˌɔrdnən] *tr* **1** ordenar; clasificar. • **sich ~** *pron* **2** integrarse.

ein|packen [ˈaɪnˌpakən] *tr* meter (en una maleta, en un recipiente); envolver (con un papel).

ein|planen [ˈaɪnˌplaːnən] *tr* tener en cuenta.

einprägsam [ˈaɪnˌprɛːkzaːm] *adj* fácil de retener.

ein|räumen [ˈaɪnˌrɔɪmən] *tr* guardar (libros, ropa).

ein|reden [ˈaɪnˌreːdən] *intr* **auf jn ~** tratar de persuadir a alguien.

ein|reisen [ˈaɪnˌraɪzən] *intr* entrar (en un país).

ein|richten [ˈaɪnˌrɪçtən] *tr* **1** fundar, crear (una institución). **2** equipar, amueblar (vivienda).

Einrichtung [ˈaɪnˌrɪçtʊŋ] **(-en)** *f* **1** mobiliario *m*. **2** institución *f*.

eins [aɪns] *adj* uno.

Eins [aɪns] **(-en)** *f* **1** uno *m*. **2** sobresaliente *m* (nota de exámenes).

einsam [ˈaɪnzaːm] *adj* solitario, solo.

Einsamkeit [ˈaɪnzaːmkaɪt] **(-en)** *f* soledad *f*.

ein|sammeln [ˈaɪnˌzaməln] *tr* recoger; recaudar (impuestos).

Einsatz [ˈaɪnzats] **(-sätze)** *m* **1** pieza *f* insertada. **2** apuesta *f*.

ein|schalten [ˈaɪnˌʃaltən] *tr* poner en funcionamiento.

ein|schenken [ˈaɪnˌʃɛŋkən] *tr* llenar (un vaso, una taza).

ein|schlafen [ˈaɪnˌʃlaːfən] *intr* dormirse, quedarse dormido.

ein|schlagen [ˈaɪnˌʃlaːgən] *intr* **1** caer (bomba, rayo). **2** tener eco.

einschließlich [ˈaɪnˌʃliːslɪç] *adv* inclusive, incluido.

Einschnitt [ˈaɪnʃnɪt] **(-e)** *m* corte *m*.

ein|schränken [ˈaɪnˌʃrɛŋkən] *tr* reducir, restringir.
ein|schreiben [ˈaɪnˌʃraɪbən] *tr* **1** inscribir. • **sich** ~ *pron* **2** inscribirse, matricularse.
ein|sehen [ˈaɪnˌzeːən] *tr* entender.
einseitig [ˈaɪnˌzaɪtɪç] *adj* parcial, unilateral.
ein|senden [ˈaɪnˌzɛndən] *tr* enviar, remitir.
ein|setzen [ˈaɪnˌzɛtsən] *intr* **1** poner, insertar. • *tr* **2** usar, emplear (una máquina, recursos).
einsichtig [ˈaɪnˌzɪçtɪç] *adj* razonable, juicioso.
ein|sparen [ˈaɪnˌʃpaːrən] *tr* ahorrar, economizar.
ein|sperren [ˈaɪnˌʃpɛrən] *tr* encerrar, encarcelar.
einsprachig [ˈaɪnˌʃpraːxɪç] *adj* monolingüe.
einst [aɪnst] *adv* **1** antaño. **2** algún día.
ein|steigen [ˈaɪnˌʃtaɪgən] *intr* subir, entrar (en un vehículo).
ein|stellen [ˈaɪnˌʃtɛlən] *tr* **1** poner, colocar. **2** emplear. **3** terminar.
Einstellung [ˈaɪnˌʃtɛlʊŋ] **(-en)** *f* **1** contratación *f*. **2** suspensión *f*.
ein|strömen [ˈaɪnˌʃtrøːmən] *intr* fluir, afluir (personas).
Einstufung [ˈaɪnˌʃtuːfʊŋ] **(-en)** *f* clasificación *f*.
ein|stürzen [ˈaɪnˌʃʏrtsən] *intr* desmoronarse, derrumbarse.
einstweilen [ˈaɪnstˌvaɪlən] *adv* por de pronto, por ahora.
ein|tauschen [ˈaɪnˌtaʊʃən] *tr* cambiar.
ein|teilen [ˈaɪnˌtaɪlən] *tr* dividir, distribuir.
Einteilung [ˈaɪnˌtaɪlʊŋ] **(-en)** *f* división *f*, distribución *f*.
Eintopf [ˈaɪntɔpf] **(-töpfe)** *m* potaje *m*, cocido *m*.
einträchtig [ˈaɪnˌtrɛçtɪç] *adj* en armonía, de acuerdo total.
ein|tragen [ˈaɪnˌtraːgən] *tr* **1** inscribir. • **sich** ~ *pron* **2** inscribirse, apuntarse.
ein|treffen [ˈaɪnˌtrɛfən] *intr* llegar (carta, tren, viajero, etc.).
ein|treten [ˈaɪnˌtreːtən] *intr* **1** entrar. **2** ingresar, hacerse socio.
Eintritt [ˈaɪntrɪt] **(-e)** *m* entrada *f*.
Eintrittsgeld [ˈaɪntrɪtsˌgɛlt] **(-er)** *n* entrada *f*.
Eintrittskarte [ˈaɪntrɪtsˌkartə] **(-n)** *f* entrada *f*; boleto *m* (Amér.).
einverstanden [ˈaɪnfɛɐˌʃtandən] *adj* de acuerdo.
ein|wandern [ˈaɪnˌvandɐn] *intr* inmigrar.
einwandfrei [ˈaɪnvantˌfraɪ] *adj* correcto.
Einweihung [ˈaɪnˌvaɪʊŋ] **(-en)** *f* inauguración *f*.
ein|weisen [ˈaɪnˌvaɪzən] *tr* instruir.
Einwohner(in) [ˈaɪnˌvoːnɐ] **(-, -nen)** *m(f)* habitante *m, f*.
Einzel [ˈaɪntsəl] **(-)** *n* DEP partido *m* individual.

Einzelheit [ˈaɪntsəlhaɪt] (-en) *f* detalle *m*.
einzeln [ˈaɪntsəln] *adv* uno por uno, individualmente.
einzelne(r, s) [ˈaɪntsəlnə] *adj* solo, único.
Einzelzimmer [ˈaɪntsəlˌtsɪmɐ] (-) *n* habitación *f* individual.
ein|ziehen [ˈaɪnˌtsiːən] *intr* mudarse.
einzig [ˈaɪntsɪç] *adj* **1** único. ● *adv* **2** únicamente.
einzigartig [ˈaɪntsɪçˌaːɐtɪç] *adj* único.
Einzigartigkeit [ˈaɪntsɪçˌaːɐtɪçkaɪt] *f* unicidad *f*, particularidad *f*.
Eis [aɪs] *n* **1** hielo *m*. **2** helado *m*.
Eisbein [ˈaɪsbaɪn] (-e) *n* pie *m* de cerdo cocido.
Eiscreme [ˈaɪskreːm] (-s) *f* helado *m*.
Eisen [ˈaɪzən] (-) *n* hierro *m*.
Eisenbahn [ˈaɪzənˌbaːn] (-en) *f* ferrocarril *m*.
Eishockey [ˈaɪsˌhɔki] *n* hockey *m* sobre hielo.
eisig [ˈaɪzɪç] *adj* helado, glacial (frío).
Eiskaffee [ˈaɪskaˌfeː] (-s) *m* café *m* helado.
eiskalt [ˈaɪskalt] *adj* helado.
eis|laufen [ˈaɪsˌlaufən] *intr* patinar sobre hielo.
Eisschrank [ˈaɪsʃraŋk] (-schränke) *m* nevera *f*.
Eiswürfel [ˈaɪsˌvʏrfəl] (-) *m* cubito *m* de hielo.
eitel [ˈaɪtəl] *adj* vanidoso.
Eitelkeit [ˈaɪtəlkaɪt] (-en) *f* vanidad *f*.
Eiweiß [ˈaɪvaɪs] (-e) *n* clara *f* de huevo.
ekelhaft [ˈeːkəlhaft] *adj* asqueroso.
ekeln [ˈeːkəln] *pron* **sich ~** sentir asco.
elastisch [eˈlastɪʃ] *adj* elástico.
Elefant [eleˈfant] (-en) *m* elefante *m*.
elegant [eleˈgant] *adj* elegante.
Elektriker(in) [eˈlɛktrikɐ] (-, -nen) *m(f)* electricista *m, f*.
elektrisch [eˈlɛktrɪʃ] *adj* eléctrico.
Elektrizität [elɛktritsiˈtɛːt] *f* electricidad *f*.
Elektrogeschäft [eˈlɛktrogəˌʃɛft] (-e) *n* tienda *f* de electrodomésticos.
Elektronik [elɛkˈtroːnɪk] (-en) *f* electrónica *f*.
elektronisch [elɛkˈtroːnɪʃ] *adj* electrónico.
elektrotechnisch [eˈlɛktroˌtɛçnɪʃ] *adj* electrotécnico.
Element [eleˈmɛnt] (-e) *n* elemento *m*.
elementar [elemɛnˈtaːɐ] *adj* elemental, fundamental.
elend [ˈeːlɛnt] *adj* pobre, miserable.
Elend [ˈeːlɛnt] *n* miseria *f*.
elf [ɛlf] *adj* once.
eliminieren [elimiˈniːrən] *tr* eliminar.
elitär [eliˈtɛːɐ] *adj* elitista.

Elite [e'li:tə] **(-n)** *f* élite *f.*
El Salvador [ɛl zalva'do:ɐ] *n* El Salvador *m.*
Eltern ['ɛltɐn] *pl* padres *m pl.*
Elternhaus ['ɛltɐn,haʊs] **(-häuser)** *n* casa *f* paterna.
E-Mail ['i:meɪl] **(-s)** *f* e-mail *m.*
Emanzipation [emantsipa'tsĭo:n] **(-en)** *f* emancipación *f.*
emanzipieren [emantsi'pi:rən] *pron* **sich ~** emanciparse.
Embryo ['ɛmbryo] **(-nen, -s)** *n* embrión *m.*
Emigrant(in) [emi'grant] **(-en, -nen)** *m(f)* emigrante *m, f.*
Emigration [emigra'tsĭo:n] **(-en)** *f* emigración *f.*
emigrieren [emi'gri:rən] *intr* emigrar.
Emotion [emo'tsĭo:n] **(-en)** *f* emoción *f.*
emotional [emotsĭo'na:l] *adj* emocional.
Empfang [ɛm'pfaŋ] **(-pfänge)** *m* recepción *f.*
empfangen [ɛm'pfaŋən] *tr* recibir (un regalo, una carta, un encargo, etc.).
Empfänger(in) [ɛm'pfɛŋɐ] **(-, -nen)** *m(f)* destinatario, -a *m, f,* consignatario, -a *m, f.*
Empfängnisverhütung [ɛm'pfɛŋnɪsfɐɐ,hy:tʊŋ] *f* anticoncepción *f.*
empfehlen [ɛm'pfe:lən] *tr* aconsejar, recomendar.
empfehlenswert [ɛm'pfe:ləns-ve:ɐt] *adj* recomendable, aconsejable.
Empfehlung [ɛm'pfe:lʊŋ] **(-en)** *f* recomendación *f.*
Empfehlungsschreiben [ɛm'-pfe:lʊŋs,ʃraɪbən] **(-)** *n* carta *f* de recomendación.
empfinden [ɛm'pfɪndən] *tr* sentir, percibir (odio, hambre, miedo, dolor, etc.).
empfindlich [ɛm'pfɪntlɪç] *adj* sensible, susceptible.
empfindsam [ɛm'pfɪntza:m] *adj* sensible, emotivo.
Empfindung [ɛm'pfɪndʊŋ] **(-en)** *f* sensación *f.*
empören [ɛm'pø:rən] *tr* **1** irritar. ● **sich ~** *pron* **2** indignarse.
empört [ɛm'pø:ɐt] *adj* indignado.
Empörung [ɛm'pø:rʊŋ] **(-en)** *f* indignación *f.*
Ende ['ɛndə] **(-n)** *n* fin *m,* final *m.* ■ **am ~** por último, finalmente.
enden ['ɛndən] *intr* acabar, terminar.
Endergebnis ['ɛntɐɐ,ge:pnɪs] **(-se)** *n* resultado *m* final.
endgültig ['ɛnt,gʏltɪç] *adj* definitivo.
endlich ['ɛntlɪç] *adv* finalmente, por fin.
endlos ['ɛntlo:s] *adj* infinito, inacabable.
Endstation ['ɛntʃta,tsĭo:n] **(-en)** *f* estación *f* final.
Energie [enɛr'gi:] **(-n)** *f* energía *f.*
energisch [e'nɛrgɪʃ] *adj* activo, dinámico.

eng [ɛŋ] *adj* **1** estrecho. **2** íntimo (relación).
engagieren [ãga'ʒi:rən] *tr* **1** contratar (actores, artistas). • **sich ~** *pron* **2** comprometerse.
Enge ['ɛŋə] *f* estrechez *f.*
Engel ['ɛŋəl] (-) *m* ángel *m.*
England ['ɛŋlant] *n* Inglaterra *f.*
Engländer(in) ['ɛŋlɛndɐ] (-, -nen) *m(f)* inglés, -esa *m, f.*
englisch ['ɛŋlɪʃ] *adj* inglés.
Enkel(in) ['ɛŋkəl] (-, -nen) *m(f)* nieto, -a *m, f.*
enorm [e'nɔrm] *adj* enorme, inmenso.
entbehren [ɛnt'be:rən] *tr* carecer de.
entbehrlich [ɛnt'be:ɐlɪç] *adj* innecesario, prescindible.
entdecken [ɛnt'dɛkən] *tr* descubrir.
Entdeckung [ɛnt'dɛkʊŋ] (-en) *f* descubrimiento *m.*
Ente ['ɛntə] (-n) *f* pato *m.*
entfalten [ɛnt'faltən] *tr* desplegar, desdoblar.
Entfaltung [ɛnt'faltʊŋ] (-en) *f* despliegue *m.*
entfernen [ɛnt'fɛrnən] *tr* alejar, apartar.
entfernt [ɛnt'fɛrnt] *adj* apartado.
Entfernung [ɛnt'fɛrnʊŋ] (-en) *f* distancia *f.*
entfremden [ɛnt'frɛmdən] *tr* enajenar.
entführen [ɛnt'fy:rən] *tr* secuestrar.
Entführung [ɛnt'fy:rʊŋ] (-en) *f* secuestro *m.*
entgegen [ɛnt'ge:gən] *adv* **1** en contra de. • *prep* **+dat 2** contra; al encuentro de.
entgegengesetzt [ɛnt'ge:gə,ngəzɛtst] *adj* contrario.
entgegnen [ɛnt'ge:gnən] *tr* replicar.
enthalten [ɛnt'haltən] *tr* contener.
enthaltsam [ɛnt'haltza:m] *adj* abstinente, moderado.
enthüllen [ɛnt'hʏlən] *tr* descubrir, destapar.
enthusiastisch [ɛntu'zĭastɪʃ] *adj* entusiasta.
entkleiden [ɛnt'klaɪdən] *tr* desnudar, desvestir.
entkommen [ɛnt'kɔmən] *intr* escapar, huir.
entlang [ɛnt'laŋ] *prep* **+gen, +ac 1** a lo largo de. • *adv* **2** a lo largo de.
entlang|gehen [ɛnt'laŋ,ge:ən] *intr* pasear, caminar a lo largo de.
entlassen [ɛnt'lasən] *tr* despedir, echar (de un empleo).
Entlassung [ɛnt'lasʊŋ] (-en) *f* despido *m* (de un empleo).
entlaufen [ɛnt'laufən] *intr* huir.
enträtseln [ɛnt'rɛ:tsəln] *tr* descifrar (un escrito); desvelar (un secreto).
entrüsten [ɛnt'rʏstən] *tr y pron* indignar(se).
entschädigen [ɛnt'ʃɛ:dɪgən] *tr* indemnizar.

entscheiden [ɛntˈʃaɪdən] *tr* decidir.
entscheidend [ɛntˈʃaɪdənt] *adj* decisivo.
Entscheidung [ɛntˈʃaɪdʊŋ] **(-en)** *f* decisión *f*.
entschließen [ɛntˈʃliːsən] *pron* **sich ~** decidirse.
entschlossen [ɛntˈʃlɔsən] *adj* decidido.
Entschluss [ɛntˈʃlʊs] **(-schlüsse)** *m* decisión *f*.
entschlüsseln [ɛntˈʃlʏsəln] *tr* descifrar.
entschuldigen [ɛntˈʃʊldɪgən] *tr* disculpar.
Entschuldigung [ɛntˈʃʊldɪgʊŋ] **(-en)** *f* disculpa *f*.
entsetzlich [ɛntˈzɛtslɪç] *adj* horrible.
entspannen [ɛntˈʃpanən] *tr* **1** relajar (los músculos, el cuerpo). • **sich ~** *pron* **2** relajarse.
Entspannung [ɛntˈʃpanʊŋ] **(-en)** *f* relajación *f*.
entsprechend [ɛntˈʃprɛçənt] *adj* correspondiente.
entstehen [ɛntˈʃteːən] *intr* originarse.
Entstehung [ɛntˈʃteːʊŋ] **(-en)** *f* origen *m*.
enttäuschen [ɛntˈtɔɪʃən] *tr* decepcionar, desilusionar.
enttäuscht [ɛntˈtɔɪʃt] *adj* decepcionado, desilusionado.
Enttäuschung [ɛntˈtɔɪʃʊŋ] **(-en)** *f* decepción *f*, desilusión *f*.
entweder [ɛntˈveːdɐ] *conj* **~... oder** o…o.
entwerfen [ɛntˈvɛrfən] *tr* diseñar (una casa, un vestido).
entwerten [ɛntˈveːɐtən] *tr* picar, inutilizar (billete, entrada).
entwickeln [ɛntˈvɪkəln] *tr* **1** desarrollar. • **sich ~** *pron* **2** desarrollarse, evolucionar.
Entwicklung [ɛntˈvɪklʊŋ] **(-en)** *f* desarrollo *m*, evolución *f*.
Entwicklungshilfe [ɛntˈvɪklʊŋsˌhɪlfə] **(-n)** *f* ayuda *f* al desarrollo.
Entwurf [ɛntˈvʊrf] **(-würfe)** *m* **1** diseño *m*. **2** plan *m*.
entzaubern [ɛntˈtsaʊbɐn] *tr* desencantar.
entzücken [ɛntˈtsʏkən] *tr* encantar, entusiasmar.
Entzug [ɛntˈtsuːk] **(-züge)** *m*
entzünden [ɛntˈtsʏndən] *tr* encender.
Entzündung [ɛntˈtsʏndʊŋ] **(-en)** *f* MED inflamación *f*.
entzweien [ɛntˈtsvaɪən] *tr* separar, desunir.
Enzyklopädie [ɛntsyklopɛˈdiː] **(-n)** *f* enciclopedia *f*.
Epidemie [epideˈmiː] **(-n)** *f* epidemia *f*.
Epik [ˈeːpɪk] *f* épica *f*.
Episode [epiˈzoːdə] **(-n)** *f* episodio *m*.
Epoche [eˈpɔxə] **(-n)** *f* época *f*.
Epos [ˈeːpɔs] **(Epen)** *n* epopeya *f*.
er [eːɐ] *pron* él.
erarbeiten [ɛɐˈarbaɪtən] *tr* elaborar (un proyecto, un programa).

erbärmlich [ɛɐˈbɛrmlɪç] *adj* miserable, deplorable.

erbarmungslos [ɛɐˈbarmʊŋsloːs] *adj* despiadado.

Erbe, -in [ˈɛrbə] (**-n, -nen**) *m, f* heredero, -a *m, f*.

erben [ˈɛrbən] *tr* heredar.

erbitten [ɛɐˈbɪtən] *tr* solicitar, rogar.

erbittert [ɛɐˈbɪtɐt] *adj* enconado, exasperado.

erbleichen [ɛɐˈblaɪçən] *intr* palidecer.

erblich [ˈɛrplɪç] *adj* hereditario.

erblicken [ɛɐˈblɪkən] *tr* divisar.

erbrechen [ɛɐˈbrɛçən] *tr* **1** forzar (una cerradura). ● *intr y pron* **2** vomitar.

Erbschaft [ˈɛrpʃaft] (**-en**) *f* herencia *f*.

Erbse [ˈɛrpsə] (**-n**) *f* guisante *m*; arvejo *m*, arvejón *m* (Amér.).

Erdball [ˈeːɐtbal] *m* globo *m* terráqueo.

Erdbeben [ˈeːɐtˌbeːbən] (**-**) *n* terremoto *m*.

Erdbeere [ˈeːɐtˌbeːrə] (**-n**) *f* fresa *f*; frutilla *f* (Amér.).

Erdboden [ˈeːɐtˌboːdən] *m* tierra *f*, suelo *m*.

Erde [ˈeːɐdə] *f* **1** tierra *f*, mundo *m*. **2** Tierra *f* (planeta). **3** suelo *m*.

erdenklich [ɛɐˈdɛŋklɪç] *adj* concebible, imaginable.

Erdgas [ˈeːɐtgaːs] (**-e**) *n* gas *m* natural.

Erdgeschoss [ˈeːɐtgəˌʃɔs] (**-e**) *n* planta *f* baja.

erdichten [ɛɐˈdɪçtən] *tr* inventar, imaginar.

Erdkarte [ˈeːɐtˌkartə] (**-n**) *f* mapamundi *m*.

Erdkugel [ˈeːɐtˌkuːgəl] *f* globo *m* terráqueo.

Erdkunde [ˈeːɐtˌkʊndə] *f* geografía *f*.

Erdnuss [ˈeːɐtnʊs] (**-nüsse**) *f* cacahuete *m*.

Erdöl [ˈeːɐtøːl] (**-e**) *n* petróleo *m*.

erdrücken [ɛɐˈdrʏkən] *tr* chafar, aplastar.

erdrückend [ɛɐˈdrʏkənt] *adj* oprimente.

Erdteil [ˈeːɐttaɪl] (**-e**) *m* continente *m*.

erdulden [ɛɐˈdʊldən] *tr* aguantar, soportar.

ereignen [ɛɐˈaɪgnən] *pron* **sich ~** ocurrir, suceder.

Ereignis [ɛɐˈaɪgnɪs] (**-se**) *n* acontecimiento *m*, suceso *m*.

Erektion [erɛkˈtsi̯oːn] (**-en**) *f* erección *f*.

erfahren [ɛɐˈfaːrən] *tr* llegar a saber, enterarse.

Erfahrung [ɛɐˈfaːrʊŋ] (**-en**) *f* experiencia *f*.

erfassen [ɛɐˈfasən] *tr* **1** agarrar. **2** arrastrar, arrollar.

erfinden [ɛɐˈfɪndən] *tr* inventar, crear.

Erfindung [ɛɐˈfɪndʊŋ] (**-en**) *f* invento *m*.

Erfolg [ɛɐˈfɔlk] (**-e**) *m* éxito *m*.

erfolglos [ɛɐˈfɔlkloːs] *adj* **1** infructuoso, inútil. ● *adv* **2** sin éxito, en vano.

erfolgreich [ɛɐˈfɔlkraɪç] *adj* **1** de éxito, exitoso. • *adv* **2** con éxito.
erforderlich [ɛɐˈfɔrdɐlɪç] *adj* necesario, indispensable.
erfordern [ɛɐˈfɔrdɐn] *tr* exigir, requerir.
erforschen [ɛɐˈfɔrʃən] *tr* investigar, estudiar.
erfreulich [ɛɐˈfrɔɪlɪç] *adj* grato, agradable.
erfreut [ɛɐˈfrɔɪt] *adj* contento, satisfecho.
erfrischen [ɛɐˈfrɪʃən] *tr* **1** refrescar, animar. • **sich ~** *pron* **2** refrescarse, animarse.
erfrischend [ɛɐˈfrɪʃənt] *adj* refrescante (bebida, brisa).
Erfrischung [ɛɐˈfrɪʃʊŋ] **(-en)** *f* refresco *m*.
erfüllen [ɛɐˌfʏlən] *tr* **1** llenar. **2** cumplir (una promesa, con un deber). • **sich ~** *pron* **3** cumplirse, realizarse.
ergänzen [ɛɐˈgɛntsən] *tr* **1** completar. • **sich ~** *pron* **2** complementarse.
Ergänzung [ɛɐˈgɛntsʊŋ] **(-en)** *f* complemento *m*; añadidura *f*.
ergeben [ɛɐˈge:bən] *tr* resultar.
Ergebnis [ɛɐˈge:pnɪs] **(-se)** *n* resultado *m*; consecuencia *f*.
ergreifen [ɛɐˈgraɪfən] *tr* agarrar, coger; alcanzar.
erhalten [ɛɐˈhaltən] *tr* **1** recibir (orden, carta); obtener, lograr (permiso, premio). **2** conservar, mantener (la paz, el humor).
erheblich [ɛɐˈhe:plɪç] *adj* considerable, notable.
erhitzen [ɛɐˈhɪtsən] *tr* **1** calentar. • **sich ~** *pron* **2** calentarse.
erhöhen [ɛɐˈhø:ən] *tr* **1** alzar, elevar. **2** aumentar, incrementar (el precio, impuestos, la velocidad).
erholen [ɛɐˈho:lən] *pron* **sich ~** recuperarse, restablecerse.
erholsam [ɛɐˈho:lza:m] *adj* relajante, reparador.
Erholung [ɛɐˈho:lʊŋ] *f* descanso *m*, reposo *m*.
erinnern [ɛɐˈɪnɐn] *tr* **1** recordar. • **sich ~** *pron* **2** acordarse.
Erinnerung [ɛɐˈɪnərʊŋ] **(-en)** *f* **1** memoria *f*. **2** recuerdo *m*.
erkälten [ɛɐˈkɛltən] *pron* **sich ~** resfriarse.
erkältet [ɛɐˈkɛltət] *adj* resfriado.
Erkältung [ɛɐˈkɛltʊŋ] **(-en)** *f* resfriado *m*.
erkennbar [ɛɐˈkɛnba:ɐ] *adj* reconocible.
erkennen [ɛɐˈkɛnən] *tr* **1** reconocer, conocer por. **2** distinguir (de lejos). **3** admitir, reconocer (un error, una culpa).
Erkenntnis [ɛɐˈkɛntnɪs] **(-se)** *f* conocimiento *m*.
erklären [ɛɐˈklɛ:rən] *tr* explicar; aclarar, dilucidar.
Erklärung [ɛɐˈklɛ:rʊŋ] **(-en)** *f* explicación *f*.
erkranken [ɛɐˈkraŋkən] *intr* enfermar.
erkundigen [ɛɐˈkʊndɪgən] *pron* **sich ~** informarse, preguntar.

erlauben [ɛɐˈlaubən] *tr* permitir, consentir.
Erlaubnis [ɛɐˈlaupnɪs] (**-se**) *f* permiso *m*, consentimiento *m*.
erläutern [ɛɐˈlɔɪtɐn] *tr* explicar, comentar.
Erläuterung [ɛɐˈlɔɪtərʊŋ] (**-en**) *f* explicación *f*.
erleben [ɛɐˈle:bən] *tr* **1** experimentar, vivir. **2** presenciar, ver.
Erlebnis [ɛɐˈle:pnɪs] (**-se**) *n* experiencia *f*, vivencia *f*.
erledigen [ɛɐˈle:dɪgən] *tr* llevar a cabo, hacer.
erleichtern [ɛɐˈlaɪçtɐn] *tr* **1** aliviar, quitar un peso de encima. **2** aligerar, disminuir (una carga, un peso). **3** facilitar (una tarea).
erlösen [ɛɐˈlø:zən] *tr* liberar, salvar.
Ermäßigung [ɛɐˈmɛ:sɪgʊŋ] (**-en**) *f* rebaja *f*, reducción *f* (de los precios).
ermöglichen [ɛɐˈmø:klɪçən] *tr* facilitar.
ernähren [ɛɐˈnɛ:rən] *tr* nutrir, alimentar.
Ernährung [ɛɐˈnɛ:rʊŋ] *f* alimentación *f*, nutrición *f*.
erneuern [ɛɐˈnɔɪɐn] *tr* **1** cambiar, reemplazar (pilas, neumáticos. etc.). • **sich ~** *pron* **2** renovarse, regenerarse.
erneut [ɛɐˈnɔɪt] *adv* de nuevo.
ernst [ɛrnst] *adj* serio (persona).
Ernst [ɛrnst] *m* seriedad *f*, formalidad *f*.
ernsthaft [ˈɛrnsthaft] *adj* **1** serio. • *adv* **2** seriamente, en serio.
Ernte [ˈɛrntə] (**-n**) *f* cosecha *f*, recolección *f*.
ernten [ˈɛrntən] *tr* cosechar, recolectar.
erobern [ɛɐˈo:bɐn] *tr* conquistar (un país, a una persona).
eröffnen [ɛɐˈœfnən] *tr* inaugurar (una tienda, un museo); abrir (una cuenta); iniciar (una sesión, una discusión).
Eröffnung [ɛɐˈœfnʊŋ] (**-en**) *f* inauguración *f* (de una tienda, un museo, etc.); apertura *f* (de una cuenta); comienzo *m*, inicio *m* (de una sesión, una discusión, etc.).
Erotik [eˈro:tɪk] *f* erotismo *m*.
erotisch [eˈro:tɪʃ] *adj* erótico.
erpressen [ɛɐˈprɛsən] *tr* chantajear.
erreichen [ɛɐˈraɪçən] *tr* **1** alcanzar (un objeto, una edad, el tren). **2** llegar a, acceder (lugar).
Ersatz [ɛɐˈzats] *m* sustitución *f*.
erscheinen [ɛɐˈʃaɪnən] *intr* aparecer.
erschöpfen [ɛɐˈʃœpfən] *tr* **1** gastar, agotar (fuerzas, posibilidades). **2** cansar, dejar exhausto.
erschrecken [ɛɐˈʃrɛkən] *tr* **1** asustar, dar un susto. • *intr* **2** asustarse, espantarse.
erschreckend [ɛɐˈʃrɛkənt] *adj* espantoso, terrible.
erschweren [ɛɐˈʃve:rən] *tr* dificultar, complicar.
ersetzen [ɛɐˈzɛtsən] *tr* reemplazar, sustituir.

ersichtlich [ɛɐ'zɪçtlɪç] *adj* evidente, manifiesto.
Ersparnis [ɛɐ'ʃpa:ɐnɪs] (-se) *f* ahorro *m.*
erst [e:ɐst] *adv* **1** primeramente, en primer lugar. **2** al principio. **3** no antes de, hasta. **4** tan sólo, solamente.
erstatten [ɛɐ'ʃtatən] *tr* devolver.
erstaunlich [ɛɐ'ʃtaunlɪç] *adj* sorprendente, maravilloso.
erste(r, s) ['e:ɐstə] *adj* primer(o), -a.
erstens ['e:ɐstəns] *adv* primeramente, en primer lugar.
erstmals ['e:ɐstma:ls] *adv* por primera vez.
Ertrag [ɛɐ'tra:k] (**-träge**) *m* **1** cosecha *f*, fruto *m.* **2** beneficio *m*, ganancia *f.*
ertragen [ɛɐ'tra:gən] *intr* soportar, aguantar.
erträglich [ɛɐ'trɛ:klɪç] *adj* soportable.
erwachen [ɛɐ'vaxən] *intr* (form) despertarse.
erwachsen [ɛɐ'vaksən] *adj* adulto, mayor.
Erwachsene(r) [ɛɐ'vaksənə] (**-n, -n**) *mf(m)* adulto, -a *m, f.*
erwähnen [ɛɐ've:nən] *tr* mencionar, citar.
erwarten [ɛɐ'vartən] *tr* esperar, aguardar.
erweitern [ɛɐ'vaɪtɐn] *tr* ensanchar, ampliar.
erwerben [ɛɐ'vɛrbən] *tr* adquirir, comprar.
erwidern [ɛɐ'vɪdɐn] *tr* **1** responder. **2** devolver (una visita, un saludo).
erwischen [ɛɐ'vɪʃən] *tr* (fam) atrapar, pescar.
Erz [e:ɐts] (**-e**) *n* mineral *m.*
erzählen [ɛɐ'tsɛ:lən] *tr* contar, narrar.
Erzählung [ɛɐ'tsɛ:lʊŋ] (**-en**) *f* narración *f.*
erzeugen [ɛɐ'tsɔɪgən] *tr* **1** producir, fabricar. **2** causar, provocar.
Erzeugnis [ɛɐ'tsɔɪknɪs] (**-se**) *n* producto *m*, obra *f.*
erziehen [ɛɐ'tsi:ən] *tr* educar, criar.
Erzieher(in) [ɛɐ'tsi:ɐ] (**-, -nen**) *m(f)* educador(a) *m(f)*, pedagogo, -a *m, f.*
Erziehung [ɛɐ'tsi:ʊŋ] *f* educación *f.*
es [ɛs] *pron* **1** ello, él, ella (nom). **2** lo (ac). • *impers* **3** : *es regnet = llueve.* **4** se: *es wurde viel getanzt = se bailó mucho.* ■ **~ gibt** hay; **ich weiß ~ nicht** no lo sé.
Esel ['e:zəl] (-) *m* **1** burro *m*, asno *m.* **2** estúpido *m*, bobo *m.*
Esoterik [ezo'te:rɪk] *f* esoterismo *m.*
Espresso [ɛs'prɛso] (**-s**) *m* café *m* solo, exprés *m.*
essbar ['ɛsba:ɐ] *adj* comestible.
essen ['ɛsən] *intr y tr* comer. ■ **zu Abend ~** cenar; **zu Mittag ~** comer, almorzar.

e

Essen ['ɛsən] (-) *n* comida *f.*

Essig ['ɛsɪç] (-e) *m* vinagre *m.*

Essiggurke ['ɛsɪç,gʊrkə] (-n) *f* pepinillo *m* en vinagre.

Esslöffel ['ɛs,lœfəl] (-) *m* cuchara *f* sopera.

Esszimmer ['ɛs,tsɪmɐ] (-) *n* comedor *m.*

etabliert [eta'bli:ɐt] *adj* establecido.

Etage [e'ta:ʒə] (-n) *f* piso *m*, planta *f.*

Etappe [e'tapə] (-n) *f* etapa *f.*

Etat [e'ta:] (-s) *m* presupuesto *m.*

etc. (*abrev de* **et cetera**) etc.

Ethik ['e:tɪk] (-en) *f* ética *f.*

ethisch ['e:tɪʃ] *adj* ético.

ethnisch ['ɛtnɪʃ] *adj* étnico.

Etikett [eti'kɛt] (-e(n), -s) *f* etiqueta *f*, marbete *m.*

etliche(r, s) ['ɛtlɪçə] *pron* algunos, -as.

Etui [ɛt'vi:] (-s) *n* estuche *m.*

etwa ['ɛtva] *adv* aproximadamente.

etwaig ['ɛtvaɪç o ɛt'va:ɪç] *adj* eventual, posible.

etwas ['ɛtvas] *pron* **1** algo. **2** un poco de. ■ **so ~ !** ¡hay que ver!

Etymologie [etymolo'gi:] (-n) *f* etimología *f.*

EU [e:'u:] (*abrev de* **Europäische Union**) *f* UE *f* (Unión Europea).

euch [ɔɪç] *pron* a vosotros, a vosotras, os.

eu(e)re ['ɔɪərə] *poses* vuestro, vuestra, vuestros, vuestras.

eure(r, s) *pron* el vuestro, la vuestra.

Eule ['ɔɪlə] (-n) *f* lechuza *f.*

euphorisch [ɔɪ'fo:rɪʃ] *adj* eufórico.

Euro ['ɔɪro] (-s) *m* euro *m.*

Eurocheque ['ɔɪro,tʃɛk] (-s) *m* eurocheque *m.*

Eurocity [ɔɪro'sɪti,tsu:k] (-**züge**) *m* Eurocity *m* (tren).

Europa [ɔɪ'ro:pa] *n* Europa *f.*

Europäer(in) [ɔɪro'pɛ:ɐ] (-, -**nen**) *m(f)* europeo, -a *m, f.*

europäisch [ɔɪro'pɛ:ɪʃ] *adj* europeo.

ev. (*abrev de* **evangelisch**) *adj* evangelista.

evangelisch [evaŋ'ge:lɪʃ] *adj* evangelista.

Evangelium [evaŋ'ge:lĭʊm] (**Evangelien**) *n* evangelio *m.*

eventuell [evɛn'tŭɛl] *adj* eventual.

Evolution [evolu'tsĭo:n] (-**en**) *f* evolución *f.*

ewig ['e:vɪç] *adj* eterno.

exakt [ɛ'ksakt] *adj* exacto.

Examen [ɛ'ksa:mən] (-, **Examina**) *n* examen *m.*

Exil [ɛ'ksi:l] (-e) *n* exilio *m.*

existentiell [ɛksɪstɛn'tsĭɛl] *adj* existencial.

existieren [ɛksɪs'ti:rən] *intr* existir.

exklusiv [ɛksklu'zi:f] *adj* exclusivo.

exotisch [ɛ'kso:tɪʃ] *adj* exótico.

Expedition [ɛkspedi'tsĭo:n] (-**en**) *f* expedición *f.*

Experiment [ɛksperi'mɛnt] (-e) *n* experimento *m.*
experimentieren [ɛksperimɛn'ti:rən] *intr* experimentar.
Experte, -in [ɛks'pɛrtə] (-n, -nen) *m, f* experto, -a *m, f.*
explodieren [ɛksplo'di:rən] *intr* explotar, estallar.
Explosion [ɛksplo'zĭo:n] (-en) *f* explosión *f.*
explosiv [ɛksplo'zi:f] *adj* explosivo.
Export [ɛks'pɔrt] (-e) *m* exportación *f.*
exportieren [ɛkspɔr'ti:rən] *tr* exportar.
Expressionismus [ɛksprɛsĭo'nɪsmʊs] *m* expresionismo *m.*
extra ['ɛkstra] *adj* extra, adicional.
extravagant ['ɛkstravagant] *adj* extravagante.
extrem [ɛks'tre:m] *adj* extremo.
Extrem [ɛks'tre:m] (-e) *n* extremo *m.*
Extremismus [ɛkstre'mɪsmʊs] *m* extremismo *m.*
exzellent [ɛkstsɛ'lɛnt] *adj* excelente.
exzentrisch [ɛks'tsɛntrɪʃ] *adj* excéntrico.
exzessiv [ɛkstsɛ'si:f] *adj* excesivo.
EZU [e:tsɛt'u:] (*abrev de* **Europäische Zahlungsunion**) *f* UEP *f* (Unión Europea de Pagos).
E-Zug ['e:tsu:k] (**-züge**) *m* expreso *m* (tren).

Ff

f, F [ɛf] (-) *n* **1** f, F *f* (letra). **2** MÚS fa *m.*
Fabel ['fa:bəl] (-n) *f* fábula *f.*
fabelhaft ['fa:bəlhaft] *adj* fabuloso.
Fabrik [fa'bri:k] (-en) *f* fábrica *f.*
Fabrikation [fabrika'tsĭo:n] (-en) *f* fabricación *f.*
fabrizieren [fabri'tsi:rən] *tr* fabricar.
fabulieren [fabu'li:rən] *intr* contar fábulas.
Facette [fa'sɛtə] (-n) *f* faceta *f.*
Fach [fax] (**Fächer**) *n* cajón *m,* casilla *f.*
Fachausdruck ['fax͵ausdrʊk] (**-drücke**) *m* tecnicismo *m.*
Fachbuch ['faxbu:x] (**-bücher**) *n* libro *m* especializado.
Fachhandel ['fax͵handəl] *m* comercio *m* especializado.
Fachhochschule ['faxho:x͵ʃu:lə] (-n) *f* escuela *f* técnica especializada.
fachlich ['faxlɪç] *adj* profesional.

Fachmann [ˈfaxman] (**-männer**) *m* experto *m*.
fachmännisch [ˈfaxˌmɛnɪʃ] *adj* profesional.
Fachschule [ˈfaxˌʃuːlə] (**-n**) *f* escuela *f* de enseñanza técnica de grado medio.
Fachwort [ˈfaxvɔrt] (**-wörter**) *n* término *m* técnico.
fad(e) [faːt] *adj* **1** insípido (comida). **2** aburrido.
Faden [ˈfaːdən] (**Fäden**) *m* hilo *m*.
Fagott [faˈgɔt] (**-e**) *n* fagot *m*.
fähig [ˈfɛːɪç] *adj* **1** capaz. **2** cualificado, competente.
Fähigkeit [ˈfɛːɪçkaɪt] (**-en**) *f* capacidad *f*.
fahnden [ˈfaːndən] *intr* **nach jm/etw ~** perseguir a alguien/algo.
Fahne [ˈfaːnə] (**-n**) *f* bandera *f*.
Fahrausweis [ˈfaːɐˌaʊsvaɪs] (**-e**) *m* billete *m*.
Fahrbahn [ˈfaːɐbaːn] (**-en**) *f* calzada *f*.
fahren [ˈfaːrən] *intr* **1** viajar, ir (en coche, tren, etc.). • *tr* **2** conducir, dirigir.
Fahrer(in) [ˈfaːrɐ] (**-, -nen**) *m(f)* conductor(a) *m(f)*.
Fahrgelegenheit [ˈfaːɐgəˌleːgənhaɪt] (**-en**) *f oportunidad de viajar en el coche de alguien.*
Fahrkarte [ˈfaːɐˌkartə] (**-n**) *f* billete *m*.
Fahrkartenautomat [ˈfaːɐkartənaʊtoˌmaːt] (**-en**) *m* distribuidor *m* automático de billetes.
Fahrkartenschalter [ˈfaːɐkartənˌʃaltɐ] (**-**) *m* taquilla *f*.
fahrlässig [ˈfaːɐˌlɛsɪç] *adj* negligente.
Fahrplan [ˈfaːɐplaːn] (**-pläne**) *m* horario *m* (de trenes, autobuses).
Fahrpreis [ˈfaːɐpraɪs] (**-e**) *m* precio *m* del billete.
Fahrrad [ˈfaːɐraːt] (**-räder**) *n* bicicleta *f*.
Fahrschein [ˈfaːɐʃaɪn] (**-e**) *m* billete *m*.
Fahrschule [ˈfaːɐˌʃuːlə] (**-n**) *f* autoescuela *f*.
Fahrstuhl [ˈfaːɐʃtuːl] (**-stühle**) *m* ascensor *m*.
Fahrt [faːɐt] (**-en**) *f* viaje *m*, trayecto *m*.
Fahrzeug [ˈfaːɐtsɔɪk] (**-e**) *n* vehículo *m*.
fair [fɛːɐ] *adj* correcto.
faktisch [ˈfaktɪʃ] *adj* real, efectivo.
Faktor [ˈfaktɔɐ] (**-en**) *m* factor *m*.
Faktum [ˈfaktʊm] (**Fakten**) *n* (form) hecho *m*.
Fakultät [fakʊlˈtɛːt] (**-en**) *f* facultad *f* (en una universidad).
Fall [fal] (**Fälle**) *m* **1** caída *f*. **2** caso *m*. **3** circunstancia *f*.
Falle [ˈfalə] (**-n**) *f* trampa *f*.
fallen [ˈfalən] *intr* **1** caer. **2** bajar, descender (precios).
fällig [ˈfɛlɪç] *adj* pagadero a pagar.
falls [fals] *conj* en el caso de que; si.

Fallschirm [ˈfalʃɪrm] **(-e)** *m* paracaídas *m.*
falsch [falʃ] *adj* **1** falso, erróneo. **2** falsificado (pasaporte, billetes, etc.).
fälschen [ˈfɛlʃən] *tr* falsificar, falsear.
fälschlicherweise [ˈfɛlʃlɪçɐˌvaɪzə] *adv* por error.
Falte [ˈfaltə] **(-n)** *f* **1** pliegue *m* (en una prenda). **2** arruga *f.*
falten [ˈfaltən] *tr* plegar, doblar.
Falter [ˈfaltɐ] **(-)** *m* mariposa *f.*
familiär [famiˈli̯ɛːɐ] *adj* familiar.
Familie [faˈmiːli̯ə] **(-n)** *f* familia *f.*
Familienangehörige(r) [faˈmiːli̯ənˌangəhøːrigə] **(-n, -n)** *mf(m)* familiar *m, f,* pariente *m, f.*
Familienname [faˈmiːli̯ənˌnaːmə] **(-n)** *m* apellido *m.*
Fan [fɛn o fɛːn] **(-s)** *m* fan *m, f.*
fanatisch [faˈnaːtɪʃ] *adj* fanático.
fangen [ˈfaŋən] *tr* **1** coger, capturar (un criminal). **2** coger, agarrar (una pelota). **3** cazar. **4** pescar.
Fantasie [fantaˈziː] **(-n)** *f* fantasía *f.*
fantasieren [fantaˈziːrən] *intr* fantasear.
fantastisch [fanˈtastɪʃ] *adj* fantástico.
Farbe [ˈfarbə] **(-n)** *f* **1** color *m.* **2** pintura *f.*
färben [ˈfɛrbən] *tr* teñir, colorear.
Farbfernsehen [ˈfarpˌfɛrnzeːən] *n* televisión *f* en color.
Farbfernseher [ˈfarpˌfɛrnzeːɐ] **(-)** *m* televisor *m* en color.
farbig [ˈfarbɪç] *adj* **1** coloreado, de color. **2** vivo, variado.
Farbige(r) [ˈfarbɪgə] **(-n, -n)** *mf(m)* hombre *m* o mujer *f* de color.
farblos [ˈfarploːs] *adj* incoloro.
Färbung [ˈfɛrbʊŋ] **(-en)** *f* **1** coloración *f,* colorido *m.* **2** tonalidad *f.*
Farm [farm] **(-en)** *f* granja *f;* hacienda *f.*
Farn [farn] **(-e)** *m* BOT helecho *m.*
Faschismus [faˈʃɪsmʊs] *m* fascismo *m.*
Faschist(in) [faˈʃɪst] **(-en, -nen)** *m(f)* fascista *m, f.*
faschistisch [faˈʃɪstɪʃ] *adj* fascista.
faseln [ˈfaːzəln] *intr y tr* decir tonterías.
Faser [ˈfaːzɐ] **(-n)** *f* fibra *f,* hilamento *m.*
Fass [fas] **(Fässer)** *n* barril *m,* tonel *m.*
Fassade [faˈsaːdə] **(-n)** *f* fachada *f.*
fassen [ˈfasən] *tr* **1** coger, tomar. **2** comprender, entender.
Fassette [faˈsɛtə] **(-n)** *f* → Facette.
Fassung [ˈfasʊŋ] **(-en)** *f* **1** versión *f* (de un libro, de una película, etc.). **2** montura *f* (de unas gafas).

f

fassungslos [ˈfasʊŋsloːs] *adj* desconcertado, perplejo.
fast [fast] *adv* casi.
fasten [ˈfastən] *intr* ayunar.
Faszination [fastsinaˈtsĭoːn] **(-en)** *f* fascinación *f*.
faszinierend [fastsiˈniːrənt] *adj* fascinante.
fatal [faˈtaːl] *adj* desagradable, fatal.
fauchen [ˈfaʊxən] *intr* resoplar, jadear.
faul [faʊl] *adj* perezoso, vago.
faulen [ˈfaʊlən] *intr* pudrirse.
faulenzen [ˈfaʊlɛntsən] *intr* holgazanear.
Faulheit [ˈfaʊlhaɪt] *f* pereza *f*.
faulig [ˈfaʊlɪç] *adj* podrido.
Faust [faʊst] **(Fäuste)** *f* puño *m*.
Favorit(in) [favoˈriːt] **(-en, -nen)** *m(f)* favorito, -a *m, f*.
Fax [faks] **(-e)** *n* fax *m*.
faxen [ˈfaksən] *tr* enviar por fax.
Fazit [ˈfaːtsɪt] **(-e, -s)** *n* resultado *m*, conclusión *f*.
Februar [ˈfeːbruaːɐ] **(-e)** *m* febrero *m*.
fechten [ˈfɛçtən] *intr* **1** combatir, pelear. **2** practicar esgrima.
Feder [ˈfeːdɐ] **(-n)** *f* **1** pluma *f* (ave). **2** pluma *f* (para escribir).
Federball [ˈfeːdɐˌbal] *m* bádminton *m*.
Federball [ˈfeːdɐˌbal] **(-bälle)** *m* pelota *f* de bádminton.
Fee [feː] **(-n)** *f* hada *f*.
Feedback [ˈfiːdbɛk] **(-s)** *n* realimentación *f*.
fegen [ˈfeːgən] *tr* e *intr* barrer.
fehlen [ˈfeːlən] *intr* **1** faltar. **2** echar de menos.
Fehler [ˈfeːlɐ] **(-)** *m* error *m*, equivocación *f*.
fehlerfrei [ˈfeːlɐˌfraɪ] *adj* sin faltas.
fehlerhaft [ˈfeːlɐhaft] *adj* **1** defectuoso. **2** incorrecto.
fehlerlos [ˈfeːlɐloːs] *adj* sin errores.
Fehlschlag [ˈfeːlʃlaːk] **(-schläge)** *m* fracaso *m*, fallo *m*.
Feier [ˈfaɪɐ] **(-n)** *f* celebración *f*, festividad *f*.
Feierabend [ˈfaɪɐˌaːbənt] **(-e)** *m* final *m* de la jornada laboral.
feierlich [ˈfaɪɐlɪç] *adj* solemne, ceremonioso.
feiern [ˈfaɪɐn] *tr* celebrar, festejar.
Feiertag [ˈfaɪɐˌtaːk] **(-e)** *m* día *m* festivo.
feiertags [ˈfaɪɐˌtaːks] *adv* en días festivos.
feig(e) [faɪk o ˈfaɪgə] *adj* cobarde.
Feige [ˈfaɪgə] **(-n)** *f* higo *m*.
Feigling [ˈfaɪklɪŋ] **(-e)** *m* cobarde *m*.
Feile [ˈfaɪlə] **(-n)** *f* lima *f*.
fein [faɪn] *adj* **1** fino, delicado. **2** menudo (arena, azúcar, café).
Feind(in) [faɪnt] **(-e, -nen)** *m(f)* enemigo, -a *m, f*.
feindlich [ˈfaɪntlɪç] *adj* hostil, enemigo.
Feindschaft [ˈfaɪntʃaft] **(-en)** *f* hostilidad *f*, enemistad *f*.

feindselig [ˈfaɪntˌzeːlɪç] *adj* hostil.

feinfühlig [ˈfaɪnˌfyːlɪç] *adj* sensible, delicado.

Feinheit [ˈfaɪnhaɪt] **(-en)** *f* fineza *f*, delicadeza *f*.

Feinschmecker(in) [ˈfaɪnˌʃmɛkɐ] **(-, -nen)** *m(f)* gourmet *m, f*.

Feld [fɛlt] **(-er)** *n* **1** campo *m*. **2** dominio *m*, ámbito *m*.

Feldweg [ˈfɛltveːk] **(-e)** *m* camino *m* vecinal.

Fell [fɛl] **(-e)** *n* piel *f* (de animales).

Fels [fɛls] **(-en)** *m* roca *f*.

Felsen [ˈfɛlzən] **(-)** *m* peñón *m*, roca *f*.

felsig [ˈfɛlzɪç] *adj* rocoso.

Felswand [ˈfɛlsvant] **(-wände)** *f* pared *f* (en la roca).

Feminist(in) [femiˈnɪst] **(-en, -nen)** *m(f)* feminista *m, f*.

feministisch [femiˈnɪstɪʃ] *adj* feminista.

Fenchel [ˈfɛnçəl] **(-)** *m* hinojo *m*.

Fenster [ˈfɛnstɐ] **(-)** *n* ventana *f*.

Fensterladen [ˈfɛnstɐˌlaːdən] **(-läden)** *m* contraventana *f*.

Fensterrahmen [ˈfɛnstɐˌraːmən] **(-)** *m* bastidor *m*, marco *m*.

Fensterscheibe [ˈfɛnstɐˌʃaɪbə] **(-n)** *f* vidrio *m*, cristal *m*.

Ferien [ˈfeːrɪən] *pl* vacaciones *f pl*.

fern [fɛrn] *adj* **1** lejano, distante. • *adv* **2** lejos, a gran distancia. • *prep* **+dat 3** (form) lejos de.

Fernbedienung [ˈfɛrnbəˌdiːnʊŋ] **(-en)** *f* mando *m* a distancia.

fern|bleiben [ˈfɛrnˌblaɪbən] *intr* no asistir, no participar.

Ferne [ˈfɛrnə] *f* lejanía *f*, distancia *f*.

ferner [ˈfɛrnɐ] *adv* **1** en lo sucesivo, en el futuro. • *conj* **2** además.

Ferngespräch [ˈfɛrngəˌʃprɛːç] **(-e)** *n* llamada *f* internacional.

Fernglas [ˈfɛrnglaːs] **(-gläser)** *n* prismáticos *m pl*.

Fernsehen [ˈfɛrnˌzeːən] *n* televisión *f*.

fern|sehen [ˈfɛrnˌzeːən] *intr* ver la televisión.

Fernseher [ˈfɛrnˌzeːɐ] **(-)** *m* televisor *m*.

Fernsehfilm [ˈfɛrnzeːˌfɪlm] **(-e)** *m* telefilme *m*.

Fernsehzuschauer(in) [ˈfɛrnzeːˌtsuːʃaʊɐ] **(-, -nen)** *m(f)* telespectador(a) *m(f)*.

fern|stehen [ˈfɛrnˌʃteːən] *intr* ser ajeno.

Fernsteuerung [ˈfɛrnˌʃtɔɪərʊŋ] **(-en)** *f* telemando *m*.

Ferse [ˈfɛrzə] **(-n)** *f* talón *m*. ■ **jm auf den Fersen bleiben** seguir la pista a alguien.

fertig [ˈfɛrtɪç] *adj* listo, preparado.

fertigen [ˈfɛrtɪgən] *tr* producir, fabricar.

Fertigkeit [ˈfɛrtɪçkaɪt] **(-en)** *f* habilidad *f*, destreza *f*.

fertig|machen [ˈfɛrtɪçˌmaxən] *tr* terminar, acabar.

Fesselballon ['fɛsəlba,lo:n] (-e, -s) *m* globo *m* cautivo.
fesseln ['fɛsəln] *tr* **1** atar, ligar. **2** fascinar, interesar.
fesselnd ['fɛsəlnt] *adj* atrayente, cautivador.
Fest [fɛst] (-e) *n* fiesta *f*, celebración *f*.
fest [fɛst] *adj* **1** sólido. **2** compacto, denso. **3** fijo, constante (empleo, residencia, sueldo). **4** fuerte. **5** firme (decisión, plan).
fest|halten ['fɛst,haltən] *intr* **1** resistir, conservar. • *tr* **2** aguantar, retener. • **sich** ~ *pron* **3** agarrarse, cogerse.
festigen ['fɛstɪgən] *tr* estabilizar, consolidar.
Festigkeit ['fɛstɪçkaɪt] *f* solidez *f*, resistencia *f*.
Festland ['fɛstlant] (-länder) *n* continente *m*.
fest|legen ['fɛst,le:gən] *tr* establecer, fijar (un precio, una cita, etc.).
festlich ['fɛstlɪç] *adj* festivo, solemne.
Festlichkeit ['fɛstlɪçkaɪt] (-en) *f* fiesta *f*, solemnidad *f*.
fest|machen ['fɛst,maxən] *tr* sujetar, amarrar.
Festmahl ['fɛstma:l] (-e, -mähler) *n* banquete *m*, convite *m*.
fest|nehmen ['fɛst,ne:mən] *tr* detener, capturar.
Festplatte ['fɛst,platə] (-n) *f* INF disco *m* duro.
Festsaal ['fɛstza:l] (-säle) *m* salón *m* de actos.
fest|schnallen ['fɛst,ʃnalən] *tr* atar, sujetar (cob hebillas).
fest|sitzen ['fɛst,zɪtsən] *intr* estar sujeto.
fest|stehen ['fɛst,ʃte:ən] *intr* estar decidido.
fest|stellen ['fɛst,ʃtɛlən] *tr* **1** constatar. **2** comprobar, averiguar.
Feststellung ['fɛst,ʃtɛlʊŋ] (-en) *f* **1** constatación *f*. **2** comprobación *f*, averiguación *f*.
Festtag ['fɛstta:k] (-e) *m* día *m* de fiesta.
Fetischismus [feti'ʃɪsmʊs] *m* fetichismo *m*.
fett [fɛt] *adj* **1** graso (comida). **2** gordo, obeso.
Fett [fɛt] (-e) *n* grasa *f*.
fettarm ['fɛtarm] *adj* pobre en grasas.
fettig ['fɛtɪç] *adj* graso; grasiento.
feucht [fɔɪçt] *adj* húmedo.
Feuchtigkeit ['fɔɪçtɪçkaɪt] *f* humedad *f*.
feudal [fɔɪ'da:l] *adj* feudal.
Feuer [fɔɪɐ] (-) *n* **1** fuego *m*. **2** incendio *m*. ■ **jm ~ geben** dar fuego a alguien.
Feueralarm ['fɔɪɐa,larm] (-e) *m* alarma *f* de incendio.
Feuerlöscher ['fɔɪɐ,lœʃɐ] (-) *m* extintor *m* de incendios.
Feuermelder ['fɔɪɐ,mɛldɐ] (-) *m* avisador *m* de incendios.
Feuerwehr ['fɔɪɐve:ɐ] (-en) *f* cuerpo *m* de bomberos.
Feuerwerk ['fɔɪɐvɛrk] (-e) *n* fuegos *m pl* artificiales.

Feuerzeug [ˈfɔɪɐtsɔɪk] (-e) *n* encendedor *m*, mechero *m*.
feurig [ˈfɔɪrɪç] *adj* apasionado; impetuoso.
Fibel [ˈfiːbəl] (-n) *f* abecedario *m*.
Fichte [ˈfɪçtə] (-n) *f* abeto *m* rojo.
Fieber [ˈfiːbɐ] (-) *n* fiebre *f*.
fieberhaft [ˈfiːbɐhaft] *adj* febril.
Fieberthermometer [ˈfiːbɐtɛrmoˌmeːtɐ] (-) *n* termómetro *m*.
fies [fiːs] *adj* **1** asqueroso, repugnante. **2** antipático.
Figur [fiˈguːɐ] (-en) *f* figura *f*; forma *f*.
fiktiv [fɪkˈtiːf] *adj* ficticio.
Filet [fiˈleː] (-s) *n* filete *m*.
Filiale [fiˈlĭaːlə] (-n) *f* filial *f*, sucursal *f*.
Film [fɪlm] (-e) *m* **1** película *f*, film *m*. **2** FOT carrete *m*.
Filmfestspiele [ˈfɪlmˌfestʃpiːlə] *pl* festival *m* de cine.
Filter [ˈfɪltɐ] (-) *m* o *n* filtro *m*.
filtern [ˈfɪltɐn] *tr* filtrar.
filzen [ˈfɪltsən] *tr* (fam) registrar, cachear.
Finale [fiˈnaːlə] (-) *n* DEP final *f*.
Finanzamt [fiˈnantsˌamt] (**-ämter**) *n* Delegación *f* de Hacienda; Impositiva *f* (Amér.).
finanzieren [finanˈtsiːrən] *tr* financiar.
finden [ˈfɪndən] *tr* **1** encontrar; hallar. • **sich** ~ *pron* **2** encontrarse, aparecer.
Finger [ˈfɪŋɐ] (-) *m* dedo *m*. ■ **der kleine** ~ meñique *m*.
Fingernagel [ˈfɪŋɐˌnaːgəl] (**-nägel**) *m* uña *f*.
Fink [fɪŋk] (-en) *m* pinzón *m*.
Finne, -in [ˈfɪnə] (-n, -nen) *m, f* finlandés, -esa *m, f*.
Finne [ˈfɪnə] (-n) aleta *f*.
finnisch [ˈfɪnɪʃ] *adj* finlandés.
Finnland [ˈfɪnlant] *n* Finlandia *f*.
finster [ˈfɪnstɐ] *adj* oscuro.
Finsternis [ˈfɪnstɐnɪs] (-se) *f* oscuridad *f*.
Firma [ˈfɪrma] (**Firmen**) *f* empresa *f*.
Firmament [fɪrmaˈmɛnt] *n* firmamento *m*.
Fisch [fɪʃ] (-e) *m* **1** pez *m*; pescado *m*. **2** ASTR Piscis *m*.
fischen [ˈfɪʃən] *tr* pescar.
Fischer(in) [ˈfɪʃɐ] (-, -nen) *m(f)* pescador(a) *m(f)*.
Fischgericht [ˈfɪʃgəˌrɪçt] (-e) *n* plato *m* de pescado.
Fiskus [ˈfɪskʊs] *m* fisco *m*.
fit [fɪt] *adj* en forma.
Fitness [ˈfɪtnɛs] *f* fitness *m*.
FKK [ɛfkaːˈkaː] (*abrev de* **Freikörperkultur**) *f* nudismo *m*.
flach [flax] *adj* llano, plano.
Fläche [ˈflɛçə] (-n) *f* superficie *f*.
Flame, -in [ˈflaːmə] (-n, -nen) *m, f* flamenco, -a *m, f*.
Flamme [ˈflamə] (-n) *f* llama *f*.
Flasche [ˈflaʃə] (-n) *f* **1** botella *f*. **2** biberón *m*.
Flaschenöffner [ˈflaʃənˌœfnɐ] (-) *m* abrebotellas *m*.

flattern [ˈflatɐn] *intr* aletear.
flechten [ˈflɛçtən] *tr* tejer; trenzar.
Fleck [flɛk] **(-en)** *m* mancha *f.*
fleckig [ˈflɛkɪç] *adj* manchado.
Flegel [ˈfle:gəl] (-) *m* (fam) bruto *m*, grosero *m.*
flehentlich [ˈfle:əntlɪç] *adj* fervoroso, ferviente (ruego).
Fleisch [flaɪʃ] *n* **1** carne *f.* **2** pulpa *f* (fruta).
Fleischbrühe [ˈflaɪʃˌbry:ə] **(-n)** *f* consomé *m*, caldo *m.*
Fleischer(in) [ˈflaɪʃɐ] **(-, -nen)** *m(f)* carnicero, -a *m, f.*
Fleischerei [flaɪʃəˈraɪ] **(-en)** *f* carnicería *f.*
fleischlos [ˈflaɪʃˌlo:s] *adj* sin carne.
Fleiß [flaɪs] *m* aplicación *f.*
fleißig [flaɪsɪç] *adj* aplicado.
flexibel [flɛˈksi:bəl] *adj* flexible.
flicken [ˈflɪkən] *tr* remendar.
Fliege [ˈfli:gə] **(-n)** *f* mosca *f.*
fliegen [ˈfli:gən] *intr* **1** volar. **2** viajar en avión. • *tr* **3** pilotar (un avión).
fliegend [ˈfli:gənt] *adj* ambulante.
fliehen [ˈfli:ən] *intr* huir.
Fließband [ˈfli:sbant] **(-bänder)** *n* cinta *f* continua.
fließen [ˈfli:sən] *intr* fluir, manar (río, agua, sangre, etc.).
flink [flɪŋk] *adj* ágil.
Flirt [flɪrt] **(-s)** *m* flirteo *m.*
flirten [ˈflɪrtən] *intr* flirtear.
Flitterwochen [ˈflɪtɐˌvɔxən] *pl* luna *f* de miel.
flitzen [ˈflɪtsən] *intr* ir volando, ir pitando.
Flocke [ˈflɔkə] **(-n)** *f* copo *m.*
Floh [flo:] **(Flöhe)** *m* pulga *f.*
Flohmarkt [ˈflo:markt] **(-märkte)** *m* mercadillo *m.*
Flop [flɔp] **(-s)** *m* fracaso *m.*
Flöte [ˈflø:tə] **(-n)** *f* flauta *f.*
flott [flɔt] *adj* ligero, ágil.
Fluch [flu:x] **(Flüche)** *m* **1** maldición *f.* **2** palabrota *f.*
fluchen [ˈflu:xən] *intr* maldecir, blasfemar.
Flucht [flʊxt] **(-en)** *f* huida *f*, fuga *f.*
flüchten [ˈflʏçtən] *intr* huir, escaparse.
flüchtig [ˈflʏçtɪç] *adj* fugitivo, fugaz.
Flüchtling [ˈflʏçtlɪŋ] **(-e)** *m* fugitivo *m.*
Fluchtversuch [ˈflʊxtfɛɐˌzu:x] **(-e)** *m* intento *m* de fuga.
Flug [flu:k] **(Flüge)** *m* vuelo *m.*
Flugblatt [ˈflu:kblat] **(-blätter)** *n* octavilla *f.*
Flügel [ˈfly:gəl] (-) *m* ala *f.*
Fluggast [ˈflu:kgast] **(-gäste)** *m* pasajero *m* (en un vuelo).
Fluggesellschaft [ˈflu:kgəˌzɛlʃaft] **(-en)** *f* compañía *f* aérea.
Flughafen [ˈflu:kˌha:fen] **(-häfen)** *m* aeropuerto *m.*
Flugplatz [ˈflu:kplats] **(-plätze)** *m* aeródromo *m.*
Flugverkehr [ˈflu:kfɛɐˌkeɪɐ] *m* tráfico *m* aéreo.
Flugzeit [ˈflu:ktsaɪt] **(-en)** *f* duración *f* del vuelo.

Flugzeug [ˈfluːktsɔɪk] **(-e)** *n* avión *m*.
Flur [fluːɐ] **(-e)** *m* pasillo *m*, corredor *m*.
Fluss [flʊs] **(Flüsse)** *m* río *m*.
flussabwärts [flʊsˈapvɛrts] *adv* río abajo.
flüssig [ˈflʏsɪç] *adj* líquido, fluido.
Flüssigkeit [ˈflʏsɪçkaɪt] **(-en)** *f* líquido *m*, fluido *m*.
flüstern [ˈflʏstɐn] *intr y tr* cuchichear, susurrar.
Flut [fluːt] *f* marea *f* alta.
fluten [ˈfluːtən] *intr* fluir.
Föhn [føːn] **(-e)** *m* secador *m* de pelo.
föhnen [ˈføːnən] *tr* secar (con el secador).
Folge [ˈfɔlgə] **(-n)** *f* **1** consecuencia *f*. **2** serie *f*.
folgen [ˈfɔlgən] *intr* seguir.
folgend [ˈfɔlgənt] *adj* siguiente.
folgendermaßen [ˈfɔlgəndɐˌmaːsən] *adv* de la manera siguiente.
folgenlos [ˈfɔlgənloːs] *adj* sin consecuencias.
folgern [ˈfɔlgɐn] *tr* deducir.
folglich [ˈfɔlklɪç] *adv* por consiguiente.
Folie [ˈfoːlĭə] **(-n)** *f* hoja *f*.
Folklore [fɔlkˈloːrə] *f* folklore *m*.
Folter [ˈfɔltɐ] **(-n)** *f* tortura *f*.
foltern [ˈfɔltɐn] *tr* torturar.
Fön [føːn] **(-e)** *m* secador *m* de pelo.
fönen [ˈføːnən] *tr* secar (con el secador).
forcieren [fɔrˈsiːrən] *tr* forzar.
fordern [ˈfɔrdɐn] *tr* exigir.
fördern [ˈfœrdɐn] *tr* fomentar, promover.
Forderung [ˈfɔrdərʊŋ] **(-en)** *f* exigencia *f*, reclamación *f*.
Forelle [foˈrɛlə] **(-n)** *f* trucha *f*.
Form [fɔrm] **(-en)** *f* **1** forma *f*. **2** manera *f*.
formal [fɔrˈmaːl] *adj* formal.
Formalität [fɔrmaliˈtɛːt] **(-en)** *f* formalidad *f*.
Format [fɔrˈmaːt] **(-e)** *n* tamaño *m*, formato *m*.
formatieren [fɔrmaˈtiːrən] *tr* INF formatear.
Formatierung [fɔrmaˈtiːrʊŋ] **(-en)** *f* INF formateo *m*.
Formel [ˈfɔrməl] **(-n)** *f* fórmula *f*.
formell [fɔrˈmɛl] *adj* formal.
formen [ˈfɔrmən] *tr* formar, dar forma.
formieren [fɔrˈmiːrən] *tr* formar.
förmlich [ˈfœrmlɪç] *adj* formal.
Formular [fɔrmuˈlaːɐ] **(-e)** *n* formulario *m*, impreso *m*.
formulieren [fɔrmuˈliːrən] *tr* formular, expresar.
forsch [fɔrʃ] *adj* enérgico, intrépido.
forschen [ˈfɔrʃən] *intr* investigar.
Forschung [ˈfɔrʃʊŋ] **(-en)** *f* investigación *f*.
Forst [fɔrst] **(-e, -en))** *m* monte *m* forestal.

Förster(in) [ˈfœrstɐ] (-, **-nen**) *m(f)* guarda *m, f* forestal.

fort [fɔrt] *adv* **1** fuera. **2** perdido, desaparecido.

fort|begeben [ˈfɔrtbəˌge:bən] *pron* **sich ~** irse, marcharse.

fort|bewegen [ˈfɔrtbəˌve:gən] *tr* **1** mover, desplazar. • **sich ~** *pron* **2** moverse, desplazarse.

fort|bilden [ˈfɔrtˌbɪldən] *pron* **sich ~** perfeccionarse.

Fortbildung [ˈfɔrtˌbɪldʊŋ] (**-en**) *f* perfeccionamiento *m.*

fort|fahren [ˈfɔrtˌfa:rən] *intr* **1** partir, salir. **2** continuar, seguir.

fort|gehen [ˈfɔrtˌge:ən] *intr* irse, partir.

fortgeschritten [ˈfɔrtgəˌʃrɪtən] *adj* avanzado.

fort|laufen [ˈfɔrtˌlaʊfən] *intr* escaparse, huir.

Fortpflanzung [ˈfɔrtˌpflantsʊŋ] (**-en**) *f* reproducción *f*, propagación *f.*

fort|schreiten [ˈfɔrtˌʃraɪtən] *intr* avanzar, progresar.

Fortschritt [ˈfɔrtʃrɪt] (**-e**) *m* progreso *m.*

fortschrittlich [ˈfɔrtˌʃrɪtlɪç] *adj* avanzado.

fort|setzen [ˈfɔrtˌzɛtsən] *tr* continuar.

Fortsetzung [ˈfɔrtˌzɛtsʊŋ] (**-en**) *f* continuación *f.*

Foto [ˈfo:to] (**-s**) *n* foto *f.*

Fotoapparat [ˈfo:toapaˌra:t] (**-e**) *m* cámara *f* fotográfica.

Fotograf(in) [fotoˈgraɪf] (**-en, -nen**) *m(f)* fotógrafo, -a *m, f.*

Fotografie [fotograˈfi:] (**-n**) *f* fotografía *f.*

fotografieren [fotograˈfi:rən] *intr y tr* fotografiar.

Fotokopie [fotokoˈpi:] (**-n**) *f* fotocopia *f.*

fotokopieren [fotokoˈpi:rən] *tr* e *intr* fotocopiar.

Fracht [fraxt] (**-en**) *f* carga *f.*

Frage [ˈfra:gə] (**-n**) *f* pregunta *f.*

Fragebogen [ˈfra:gəˌbo:gən] (**-bögen**) *m* cuestionario *m.*

fragen [ˈfra:gən] *intr y tr* preguntar.

Fragezeichen [ˈfra:gəˌtsaɪçən] (-) *n* signo *m* de interrogación.

Fragment [fraˈgmɛnt] (**-e**) *n* fragmento *m.*

Fraktion [frakˈtsĭo:n] (**-en**) *f* grupo *m* parlamentario.

Franken [ˈfraŋkən] (-) *m* franco *f* suizo.

Fränkin [ˈfrɛŋkɪn] (**-nen**) *f* franca *f*, natural *f* de Franconia.

Frankreich [ˈfraŋkraɪç] *n* Francia *f.*

Franzose, -zösin [franˈtso:zə] (**-n, -nen**) *m, f* francés, -esa *m, f.*

französisch [franˈtsø:zɪʃ] *adj* francés.

Frau [fraʊ] (**-en**) *f* mujer *f.*

Frauenarzt, ärztin [ˈfraʊənˌa:ɐtst] (**-ärzte, -nen**) *m, f* ginecólogo, -a *m, f.*

Fräulein [ˈfrɔɪlaɪn] (**-s**) *n* señorita *f.*

Frechheit [ˈfrɛçhaɪt] (**-en**) *f* desfachatez *f*, insolencia *f.*

frei [fraɪ] *adj* **1** libre. **2** libre. **3** exento, libre. **4** gratis, gratuito.
Freibad [ˈfraɪbaːt] (**-bäder**) *n* piscina *f* al aire libre.
freiberuflich [ˈfraɪbəˌruːflɪç] *adj* profesional liberal.
frei|halten [ˈfraɪˌhaltən] *tr* reservar, guardar.
Freiheit [ˈfraɪhaɪt] (**-en**) *f* libertad *f*.
freiheitlich [ˈfraɪhaɪtlɪç] *adj* liberal.
Freikarte [ˈfraɪˌkartə] (**-n**) *f* entrada *f* gratuita.
frei|lassen [ˈfraɪˌlasən] *tr* poner en libertad.
freilich [ˈfraɪlɪç] *adv* **1** sin embargo, de hecho. **2** naturalmente.
Freilichtbühne [ˈfraɪlɪçtˌbyːnə] (**-n**) *f* teatro *m* al aire libre.
frei|machen [ˈfraɪˌmaxən] *tr* franquear.
freimütig [ˈfraɪˌmyːtɪç] *adj* franco.
freischaffend [ˈfraɪˌʃafənt] *adj* independiente.
frei|sprechen [ˈfraɪˌʃpreçən] *tr* absolver.
Freistaat [ˈfraɪʃtaːt] (**-en**) *m* estado *m* libre.
Freistoß [ˈfraɪʃtoːs] (**-stöße**) *m* DEP lanzamiento *m* de falta.
Freistunde [ˈfraɪˌʃtʊndə] (**-n**) *f* hora *f* libre.
Freitag [ˈfraɪtaːk] (**-e**) *m* viernes *m*.
freitags [ˈfraɪtaːks] *adv* los viernes.
Freitod [ˈfraɪtoːt] (**-e**) *m* suicidio *m*.
freiwillig [ˈfraɪvɪlɪç] *adj* voluntario.
Freiwillige(r) [ˈfraɪvɪlɪgə] (**-n, -n**) *mf(m)* voluntario, -a *m, f*.
Freizeit [ˈfraɪtsaɪt] *m* tiempo *m* libre.
freizügig [ˈfraɪˌtsyːgɪç] *adj* generoso.
Freizügigkeit [ˈfraɪˌtsyːgɪçkaɪt] *f* generosidad *f*.
fremd [frɛmt] *adj* **1** extranjero. **2** desconocido. **3** extraño.
fremdartig [ˈfrɛmtˌaːɐtɪç] *adj* extraño, insólito.
Fremde [ˈfrɛmdə] *f* extranjero *m*.
Fremde(r) [ˈfrɛmdə] (**-n, -n**) *mf(m)* extranjero, -a *m, f*.
fremdenfeindlich [ˈfrɛmdənˌfaɪntlɪç] *adj* xenófobo.
Fremdenfeindlichkeit [ˈfrɛmdənˌfaɪntlɪçkaɪt] *f* xenofobia *f*.
Fremdenverkehr [ˈfrɛmdənfɛɐˌkeːɐ] *m* turismo *m*.
fremd|gehen [ˈfrɛmtˌgeːən] *intr* (fam) ser infiel.
Fremdkörper [ˈfrɛmtˌkœrpɐ] (**-**) *m* cuerpo *m* extraño.
Fremdsprache [ˈfrɛmtˌʃpraːxə] (**-n**) *f* idioma *m* extranjero.
fremdsprachlich [ˈfrɛmtˌʃpraːxlɪç] *adj* relativo a un idioma extranjero.
Fremdwort [ˈfrɛmtvɔrt] (**-wörter**) *n* extranjerismo *m*.
frequentieren [frekvenˈtiːrən] *tr* frecuentar.

Frequenz [fre'kvɛnts] **(-en)** *f* frecuencia *f.*
fressen ['frɛsən] *tr* e *intr* **1** devorar. • *tr* **2** (vulg) comer.
Fressen ['frɛsən] *n* **1** comida *m* (para animales). **2** (fam) bazofia *f.*
Freude ['frɔɪdə] **(-n)** *f* alegría *f*, ilusión *f.*
freuen ['frɔɪən] *tr* alegrar. ■ **sich über etw(*ac*)** ~ alegrarse de algo; **sich auf jm/etw** ~ esperar con ilusión a alguien/algo.
Freund(in) [frɔɪnt] **(-e, -nen)** *m(f)* **1** amigo, -a *m, f.* **2** novio, -a *m, f.*
freundlich ['frɔɪntlɪç] *adj* amable.
freundlicherweise ['frɔɪntlɪçɐˌvaɪzə] *adv* amablemente.
Freundlichkeit ['frɔɪntlɪçkaɪt] **(-en)** *f* amabilidad *f.*
Freundschaft ['frɔɪntʃaft] **(-en)** *f* amistad *f.*
freundschaftlich ['frɔɪntʃaftlɪç] *adj* amistoso.
Frieden ['fri:dən] *m* paz *f.*
Friedensbewegung ['fri:dənsbəˌve:gʊŋ] **(-en)** *f* movimiento *m* pacifista.
Friedhof ['fri:tho:f] **(-höfe)** *m* cementerio *m.*
friedlich ['fri:tlɪç] *adj* pacífico.
frieren [fri:rən] *intr* tener frío.
frisch [frɪʃ] *adj* **1** fresco (alimento). • *adv* **2** recién.
Frische ['frɪʃə] *f* frescura *f.*
Frischluft ['frɪʃlʊft] *f* aire *m* fresco.
Friseur(in) [fri'zø:ɐ] **(-e, -nen)** *m(f)* peluquero, -a *m, f.*
Friseuse [fri:zø:zə] **(-n)** *f* peluquera *f.*
frisieren [fri'zi:rən] *tr* peinar.
Frisiersalon [fri'zi:ɐsaˌlõ:] **(-s)** *m* peluquería *f.*
Frist [frɪst] **(-en)** *f* plazo *m.*
fristlos ['frɪstlo:s] *adj* sin previso.
Frisur [fri'zu:ɐ] **(-en)** *f* peinado *m.*
Fritteuse [fri'tø:zə] **(-n)** *f* freidora *f.*
frittieren [fri'ti:rən] *tr* freír.
frivol [fri'vo:l] *adj* frívolo.
froh [fro:] *adj* **1** contento, alegre. **2** satisfecho.
fröhlich ['frø:lɪç] *adj* alegre.
Fröhlichkeit ['frø:lɪçkaɪt] *f* alegría *f.*
fromm [frɔm] *adj* devoto, piadoso.
Front [frɔnt] **(-en)** *f* **1** fachada *f.* **2** frente *m.*
frontal [frɔn'ta:l] *adj* frontal.
Frosch [frɔʃ] **(Frösche)** *m* rana *f.*
Frost [frɔst] *m* helada *f.*
frostig ['frɔstɪç] *adj* frío.
Frucht [frʊxt] **(Früchte)** *f* fruto *m*, fruta *f.*
fruchtbar ['frʊxtba:ɐ] *adj* fértil, fecundo.
Fruchtbarkeit ['frʊxtba:ɐkaɪt] *f* fertilidad *f*, fecundidad *f.*
fruchtig ['frʊxtɪç] *adj* afrutado (vino).
fruchtlos ['frʊxtlo:s] *adj* inútil.

Fruchtsaft [ˈfrʊxtzaft] **(-säfte)** *m* zumo *m* de frutas; jugo *m* de frutas (Amér.).

früh [fry:] *adj* **1** temprano. **2** prematuro. • *adv* **3** temprano, de mañana.

Frühdiagnose [ˈfry:diaˌgno:zə] **(-n)** *f* diagnóstico *m* precoz.

Frühe [ˈfry:ə] *f* madrugada *f*, mañana *f*.

früher [ˈfry:ɐ] *adv* antes, antiguamente.

frühestens [ˈfry:əstəns] *adv* como muy pronto.

Frühjahr [ˈfry:ja:ɐ] **(-e)** *n* → Frühling.

Frühling [ˈfry:lɪŋ] **(-e)** *m* primavera *f*.

frühreif [ˈfry:raɪf] *adj* precoz.

Frühstück [ˈfry:ʃtʏk] **(-e)** *n* desayuno *m*.

frühstücken [ˈfry:ʃtʏkən] *tr* e *intr* desayunar.

frühzeitig [ˈfry:ˌtsaɪtɪç] *adj* **1** temprano. • *adv* **2** a tiempo.

Frustration [frʊstraˈtsǐo:n] **(-en)** *f* frustación *f*.

Fuchs [fʊks] **(Füchse)** *m* zorro *m*.

fügen [ˈfy:gən] *tr* juntar, encajar.

fühlen [ˈfy:lən] *tr* e *intr* **1** palpar. **2** sentir. • **sich** ~ *pron* **3** sentirse.

führen [ˈfy:rən] *tr* **1** conducir (un vehículo). **2** dirigir, guiar. • *intr* **3** ir, llevar.

führend [ˈfy:rənt] *adj* primero, en cabeza.

Führer(in) [ˈfy:rɐ] (-, **-nen**) *m(f)* **1** conductor(a) *m(f)*. **2** guía *m, f*. **3** director(a) *m(f)*.

Führerschein [ˈfy:rɐˌʃaɪn] **(-e)** *m* permiso *m* de conducir.

Führung [ˈfy:rʊŋ] **(-en)** *f* dirección *f*.

Führungszeugnis [ˈfy:rʊŋsˌtsɔɪknɪs] **(-se)** *n* certificado *m* de buena conducta.

Fülle [ˈfʏlə] *f* abundancia *f*.

füllen [ˈfʏlən] *tr* llenar.

Füller [ˈfʏlɐ] (-) *m* pluma *f* estilográfica.

Fundament [fʊndaˈmɛnt] **(-e)** *n* **1** fundamento *m*, base *f*. **2** cimientos *m*.

fundamental [fʊndamɛnˈta:l] *adj* fundamental.

fundamentalistisch [fʊndamɛnˈta:lɪstɪʃ] *adj* fundamentalista.

fünf [fʏnf] *adj* cinco. ■ **~ gerade sein lassen** hacer la vista gorda.

Fünf [fʏnf] **(-en)** *f* cinco *m*.

fünfhundert [ˈfʏnfˌhʊndɐt] *adj* quinientos.

Fünftagewoche [fʏnfˈta:gəˌvɔxə] **(-n)** *f* semana *f* laboral de cinco días.

fünftausend [ˈfʏnfˌtaʊzənt] *adj* cinco mil.

fünftens [ˈfʏnftəns] *adj* en quinto lugar.

fungieren [fʊŋˈgi:rən] *intr* **~ als** trabajar, hacer de.

Funk [fʊŋk] *m* radio *f*.

funkeln [ˈfʊŋkəln] *intr* brillar.

funken [ˈfʊŋkən] *tr* radiar.

Funktion [fʊŋkˈtsĭoːn] (**-en**) *f* función *f*.
funktional [fʊŋktsĭoˈnaːl] *adj* funcional.
funktionell [fʊŋktsĭoˈnɛl] *adj* funcional.
funktionieren [fʊŋktsĭoˈniːrən] *tr* funcionar.
für [fyːɐ] *prep* **+ac 1** para, por (finalidad): *das Geschenk ist für dich* = *el regalo es para tí.* **2** por, para (tiempo): *für drei Tage* = *por tres días.* **3** para (relación): *er ist sehr groß für sein Alter* = *es muy alto para su edad.* **4** por, a cambio de (cambio): *was verlangst du für dein Fahrrad?* = *¿cuánto quieres por tu bicicleta?* **5** por, a causa de (causa): *er entschuldigt sich für sein Benehmen* = *se disculpa por su comportamiento.* ■ **was ~ ein...?** ¿qué tipo de ...?
Furcht [fʊrçt] *f* temor, miedo *m*.
furchtbar [ˈfʊrçtbaːɐ] *adj* **1** terrible, horrible. ● *adv* **2** muy.
fürchten [ˈfʏrçtən] *tr* **1** temer, tener miedo. ● **sich** ~ *pron* **2** tener miedo.
fürchterlich [ˈfʏrçtɐlɪç] *adj* terrible.
furchtsam [ˈfʊrçtzaːm] *adj* miedoso.
füreinander [fyːɐaɪˈnandɐ] *adv* el uno para el otro, unos para otros.
Fürsorge [ˈfyːɐzɔrgə] *f* asistencia *f*.
fürsorglich [ˈfyːɐzɔrklɪç] *adj* cuidadoso.
fusionieren [fuzĭoˈniːrən] *intr* fusionarse.
Fuß [fuːs] (**Füße**) *m* **1** pie *m*. **2** pata *f* (de un animal, mueble). ■ **zu ~** a pie.
Fußbad [ˈfuːsbaːt] (**-bäder**) *n* baño *m* de pies.
Fußball [ˈfuːsbal] *m* fútbol *m*.
Fußball [ˈfuːsbal] (**-bälle**) *m* balón *m*.
Fußballspieler(in) [ˈfuːsbalˌʃpiːlɐ] (**-, -nen**) *m(f)* futbolista *m, f*.
Fußboden [ˈfuːsˌboːdən] (**-böden**) *m* piso *m*.
Fußbremse [ˈfuːsˌbrɛmzə] (**-n**) *f* freno *m* de pie.
Fußgänger(in) [ˈfuːsˌgɛŋɐ] (**-, -nen**) *m(f)* peatón, -ona *m, f*.
Fußgängerzone [ˈfuːsgɛŋɐˌtsoːnə] (**-n**) *f* zona *f* peatonal.
Fußmarsch [ˈfuːsmarʃ] (**-märsche**) *m* marcha *f* a pie; caminata *f*.
Fußmatte [ˈfuːsˌmatə] (**-n**) *f* felpudo *m*.
Fußnote [ˈfuːsˌnoːtə] (**-n**) *f* nota *f* a pie de página.
Fußsohle [ˈfuːsˌzoːlə] (**-n**) *f* planta *f* del pie.
Fußweg [ˈfuːsveːk] (**-e**) *m* camino *m* de peatones.
Futter [ˈfutɐ] *n* **1** comida *f* para animales. **2** forro *m* (de una prenda).
Futur [fuˈtuːɐ] (**-e**) *n* GRAM futuro *m*.

Gg

g, G [ge:] (-) *f* **1** g, G *f* (letra). **2** MÚS sol *m*.
g [ge:] (*abrev de* **Gramm**) *n* gr (gramo).
Gabe [ˈga:bə] (**-n**) *f* don *m*, talento *m*.
Gabel [ˈga:bəl] (**-n**) *f* tenedor *m*.
gaffen [ˈgafən] *intr* (desp) mirar boquiabierto.
Gage [ˈga:ʒə] (**-n**) *f* honorario *m*, sueldo *m* (de artistas).
gähnen [ˈgɛ:nən] *intr* bostezar.
Gala [ˈga:la] (**-s**) *f* gala *f*.
galant [gaˈlant] *adj* galante.
Galerie [galəˈri:] (**-n**) *f* galería *f*.
Galle [ˈgalə] (**-n**) *f* bilis *f*.
Gang [gaŋ] (**Gänge**) *m* **1** modo *m* de andar. **2** pasillo *m*. **3** curso *m*. **4** AUT marcha *f*.
Gangschaltung [ˈgaŋʃaltʊŋ] (**-en**) *f* AUT cambio *m* de marchas.
Gangster [ˈgɛŋstɐ] (-) *m* gángster *m*.
Ganove, -in [gaˈno:və] (**-n, -nen**) *m, f* tunante *m, f*.
Gans [gans] (**Gänse**) *f* ganso *m*; oca *f*.
Gänsehaut [ˈgɛnzəˌhaut] *f* piel *f* de gallina.
ganz [gants] *adj* **1** entero, todo. • *adv* **2** totalmente, completamente.
Ganze(s) [ˈgantsə] *n* conjunto *m*.
ganzheitlich [ˈgantshaɪtlɪç] *adj* íntegro.
gänzlich [ˈgɛntslɪç] *adj* **1** total. • *adv* **2** totalmente.
ganztägig [ˈgantsˌtɛ:gɪç] *adj* todo el día.
Ganztagsarbeit [ˈgantsta:ksˌarbaɪt] *f* trabajo *m* de jornada entera.
gar [ga:ɐ] *adj* **1** en su punto (comida). • *adv* **2** incluso.
Garage [gaˈra:ʒə] (**-n**) *f* garaje *m*.
Garant(in) [gaˈrant] (**-en, -nen**) *m(f)* garante *m, f*.
Garantie [garanˈti:] (**-n**) *f* garantía *f*.
garantieren [garanˈti:rən] *tr* garantizar.
Garderobe [gardəˈro:bə] (**-n**) *f* **1** ropa *f*. **2** guardarropa *f*.
Gardine [garˈdi:nə] (**-n**) *f* cortina *f*.
garen [ˈga:rən] *tr* cocer a fuego lento.
gären [ˈgɛ:rən] *tr* e *intr* fermentar.
garnieren [garˈni:rən] *tr* GASTR guarnecer.
Garnitur [garniˈtu:ɐ] (**-en**) *f* juego *m*, conjunto *m*.
garstig [ˈgarstɪç] *adj* repugnante.
Garten [ˈgartən] (**Gärten**) *m* jardín *m*.

Gärtner(in) [ˈgɛrtnɐ] (**-, -nen**) *m(f)* jardinero, -a *m, f.*
Gärtnerei [gɛrtnəˈraɪ] (**-en**) *f* **1** jardinería *f.* **2** horticultura *f.*
gärtnern [ˈgɛrtnɐn] *intr* trabajar en el jardín.
Gas [gaːs] (**-e**) *n* gas *m.*
Gaskocher [ˈgaːsˌkɔxɐ] (**-**) *m* hornillo *m* de gas.
Gasse [ˈgasə] (**-n**) *f* callejón *m.*
Gast [gast] (**Gäste**) *m* **1** huésped *m.* **2** cliente *m.*
Gastarbeiter(in) [ˈgastarbaɪtɐ] (**-, -nen**) *m(f)* trabajador(a) *m(f)* extranjero.
gastfreundlich [ˈgastˌfrɔɪntlɪç] *adj* hospitalario.
Gastfreundschaft [ˈgastfrɔɪntʃaft] *f* hospitalidad *f.*
Gastgeber(in) [ˈgastˌgeːbɐ] (**-, -nen**) *m(f)* anfitrión, -ona *m, f.*
Gasthaus [ˈgasthaʊs] (**-häuser**) *n* fonda *f.*
gastieren [gasˈtiːrən] *intr* actuar como artista invitado.
Gastland [ˈgastlant] (**-länder**) *n* país *m* de acogida.
gastlich [ˈgastlɪç] *adj* hospitalario.
Gastronomie [gastronoˈmiː] *f* gastronomía *f.*
Gaststätte [ˈgastʃtɛtə] (**-n**) *f* restaurante *m.*
Gastwirt(in) [ˈgastvɪrt] (**-e, -nen**) *m(f)* hostelero, -a *m, f.*
Gatte, -in [ˈgatə] (**-n, -nen**) *m, f* esposo, -a *m, f.*
Gattung [ˈgatʊŋ] (**-en**) *f* género *m.*
Gaul [gaʊl] (**Gäule**) *m* (desp) rocín *m.*
Gaumen [ˈgaʊmən] (**-**) *m* paladar *m.*
Gauner(in) [ˈgaʊnɐ] (**-, -nen**) *m(f)* estafador(a) *m(f).*
Gazelle [gaˈtsɛlə] (**-n**) *f* gacela *f.*
geb. (*abrev de* **geboren**) *adj* nacido.
Gebäck [gəˈbɛk] (**-e**) *n* pastelería *f,* pasteles *m pl.*
Gebärde [gəˈbɛːrdə] (**-n**) *f* gesto *m.*
gebären [gəˈbɛːrən] *tr* dar a luz, parir.
Gebäude [gəˈbɔɪdə] (**-**) *n* edificio *m.*
geben [ˈgeːbən] *tr* **1** dar, entregar. ● *impers* **2** haber.
Gebet [gəˈbeːt] (**-e**) *n* oración *f.*
Gebiet [gəˈbiːt] (**-e**) *n* **1** territorio *m.* **2** materia *f.*
gebieten [gəˈbiːtən] *tr* mandar.
gebildet [gəˈbɪldət] *adj* culto, instruido.
Gebirge [gəˈbɪrgə] (**-**) *n* sierra *f.*
Gebiss [gəˈbɪs] (**-e**) *n* dentadura *f.*
geblümt [gəˈblyːmt] *adj* floreado (tela).
geboren [gəˈboːrən] *adj* nacido.
geborgen [gəˈbɔrgən] *adj* seguro, cobijado.
Geborgenheit [gəˈbɔrgənhaɪt] *f* seguridad *f,* protección *f.*
Gebot [gəˈboːt] (**-e**) *n* orden *f,* mandato *m.*
Gebräu [gəˈbrɔɪ] *n* brebaje *m.*

Gebrauch [gəˈbraʊx] *m* uso *m*.
gebrauchen [gəˈbraʊxən] *tr* usar.
Gebrauchsanweisung [gəˈbraʊxsˌanvaɪzʊŋ] (**-en**) *f* instrucciones *f pl* de uso.
gebrauchsfertig [gəˈbraʊxsˌfɛrtɪç] *adj* listo para utilizar.
gebraucht [gəˈbraʊxt] *adj* usado.
Gebrauchtwagen [gəˈbraʊxtˌva:gən] (-) *m* coche *m* de segunda mano; carro *m* usado (Amér.).
gebrechlich [gəˈbrɛçlɪç] *adj* enfermizo.
gebrochen [gəˈbrɔxən] *adj* entrecortado (voz).
Gebühr [gəˈby:ɐ] (**-en**) *f* tarifa *f*, tasa *f*.
Geburt [gəˈbu:ɐt] (**-en**) *f* nacimiento *m*, parto *m*.
Geburtsdatum [gəˈbu:ɐtsˌda:tʊm] (**-daten**) *n* fecha *f* de nacimiento.
Geburtstag [gəˈbu:ɐtsˌta:k] (**-e**) *m* cumpleaños *m*.
Gebüsch [gəˈbʏʃ] (**-e**) *n* matorral *m*.
Gedächtnis [gəˈdɛçtnɪs] (**-se**) *n* memoria *f*.
Gedanke [gəˈdaŋkə] (**-n**) *m* **1** pensamiento *m*. **2** idea *f*.
gedankenlos [gəˈdaŋkənlo:s] *adj* irreflexivo, distraído.
Gedankenstrich [gəˈdaŋkənˌʃtrɪç] (**-e**) *m* guión *m*.
gedanklich [gəˈdaŋklɪç] *adj* mental.
gedeckt [gəˈdɛkt] *adj* apagado (color).
gedeihen [gəˈdaɪən] *intr* prosperar.
gedenken [gəˈdɛŋkən] *intr* **1** recordar. **2** (form) tener la intención, pensar.
Gedenktag [gəˈdɛŋkˌta:k] (**-e**) *m* aniversario *m*.
Gedicht [gəˈdɪçt] (**-e**) *n* poema *m*.
Gedränge [gəˈdrɛŋə] *n* gentío *m*, aglomeración *f*.
gedrungen [gəˈdrʊŋən] *adj* rechoncho.
Geduld [gəˈdʊlt] *f* paciencia *f*.
gedulden [gəˈdʊldən] *pron* **sich ~** tener paciencia.
geduldig [gəˈdʊldɪç] *adj* **1** paciente. • *adv* **2** pacientemente.
geehrt [gəˈe:ɐt] *adj* estimado, apreciado.
geeignet [gəˈaɪgnət] *adj* **1** apto, apropiado. **2** adecuado.
Gefahr [gəˈfa:ɐ] (**-en**) *f* peligro *m*.
Gefährdung [gəˈfɛ:ɐdʊŋ] (**-en**) *f* amenaza *f*.
gefährlich [gəˈfɛ:ɐlɪç] *adj* peligroso.
Gefährt [gəˈfɛ:ɐt] (**-e**) *n* (fam) vehículo *m*, coche *m*.
Gefährte, -in [gəˈfɛ:ɐtə] *m, f* compañero, -a *m, f*.
gefallen [gəˈfalən] *intr* agradar, gustar.
Gefallen [gəˈfalən] (-) *m* **1** favor *m*. • *n* **2** placer *m*.
gefällig [gəˈfɛlɪç] *adj* atento.

g

Gefälligkeit [gəˈfɛlıçkaıt] (-en) *f* amabilidad *f*.
Gefangene(r) [gəˈfaŋənə] (-n, -n) *mf(m)* prisionero, -a *m, f*.
gefangen|nehmen [gəˈfaŋənˌne:mən] *tr* detener, tomar prisionero.
Gefangenschaft [gəˈfaŋənʃaft] (-en) *f* cautiverio *m*.
Gefängnis [gəˈfɛŋnıs] (-se) *n* cárcel *f*, prisión *f*.
Gefäß [gəˈfɛ:s] (-e) *n* recipiente *m*.
gefasst [gəˈfast] *adj* sereno, tranquilo. ■ **auf etw ~ sein** estar preparado para algo negativo.
Geflügel [gəˈfly:gəl] (-) *n* aves *f pl* de corral.
Geflüster [gəˈflʏstɐ] *n* cuchicheo *m*.
gefragt [gəˈfra:kt] *adj* buscado, solicitado.
gefrieren [gəˈfri:rən] *intr* helarse, congelarse.
Gefühl [gəˈfy:l] (-e) *n* **1** sentimiento *m*. **2** sensación *f*, impresión *f*.
gefühllos [gəˈfy:llo:s] *adj* insensible.
gefühlvoll [gəˈfy:lˌfɔl] *adj* sentimental, sensible.
gegen [ˈge:gən] *prep* **+ac** **1** contra (dirección): *gegen die Mauer = contra el muro*. **2** hacia (tiempo): *ich komme gegen sieben Uhr = llegaré hacia las siete*. **3** contra, en contra de (contrariedad). ● *adv* **4** alrededor de: *gegen 10 Leute = alrededor de diez personas*.
Gegend [ˈge:gənt] (-en) *f* **1** zona *f*, región *f*. **2** alrededores *m pl*.
gegeneinander [ge:gənaıˈnandɐ] *adv* uno contra otro.
Gegensatz [ˈge:gənˌzats] (-sätze) *m* oposición *f*.
gegensätzlich [ˈge:gənˌzɛtslıç] *adj* contrario.
gegenseitig [ˈge:gənˌzaıtıç] *adj* recíproco.
Gegenstand [ˈge:gənˌʃtant] (-stände) *m* objeto *m*.
gegenüber [ge:gənˈy:bɐ] *prep* **+dat** enfrente de, frente a (situación).
Gegenwart [ˈge:gənˌvart] *f* **1** presente *m*, época *f* actual. **2** presencia *f*. **3** GRAM presente *m*.
gegenwärtig [ˈge:gənˌvɛrtıç] *adj* actual.
Gegner(in) [ˈge:gnɐ] (-, -nen) *m(f)* rival *m, f*.
gegnerisch [ˈge:gnərıʃ] *adj* contrario.
Gehalt [gəˈhalt] (-hälter) *n* sueldo *m*.
gehbehindert [ˈge:bəˌhındɐt] *adj* impedido, discapacitado.
geheim [gəˈhaım] *adj* secreto.
Geheimnis [gəˈhaımnıs] (-se) *n* secreto *m*.
geheimnisvoll [gəˈhaımnısˌfɔl] *adj* misterioso.
gehen [ˈge:ən] *intr* **1** ir, caminar. **2** irse, marcharse. **3** funcionar. ● *impers* **4** ir, estar.

Gehirn [gəˈhɪrn] (-e) *n* cerebro *m*.

Gehör [gəˈhøːɐ] *n* oído *m*.

gehorchen [gəˈhɔrçən] *intr* obedecer.

gehören [gəˈhøːrən] *intr* pertenecer.

gehorsam [gəˈhoːɐzaːm] *adj* obediente.

Gehorsam [gəˈhoːɐzaːm] *m* obediencia *f*.

Gehsteig [ˈgeːʃtaɪk] (-e) *m* acera *f*; vereda *f* (Amér.).

Geier [ˈgaɪɐ] (-) *m* buitre *m*.

Geige [ˈgaɪgə] (-n) *f* violín *m*.

geil [gaɪl] *adj* (fam) genial, guay.

Geist [gaɪst] *m* espíritu *m*.

geistesgestört [ˈgaɪstəsgəˌʃtøːɐt] *adj* desequilibrado.

geisteskrank [ˈgaɪstəsˌkraŋk] *adj* demente.

Geisteswissenschaften [ˈgaɪstəsˌvɪsənʃaft] *pl* humanidades *f pl*.

geistig [ˈgaɪstɪç] *adj* mental.

geistlich [ˈgaɪstlɪç] *adj* clerical.

Geistliche(r) [ˈgaɪstlɪçə] (-n, -n) *mf(m)* eclesiástico, -a *m, f*.

gekonnt [gəˈkɔnt] *adj* bien hecho, magistral.

Gel [geːl] (-e) *n* gel *m*.

Gelächter [gəˈlɛçtɐ] (-) *n* risa *f*, carcajada *f*.

gelähmt [gəˈlɛːmt] *adj* paralizado, paralítico.

Gelände [gəˈlɛndə] (-) *n* terreno *m*, área *f*.

Geländer [gəˈlɛndɐ] (-) *n* baranda *f*, barandilla *f*.

Geländewagen [gəˈlɛndəˌvaːgən] (-) *m* vehículo *m* todo terreno.

gelangen [gəˈlaŋən] *intr* llegar.

gelassen [gəˈlasən] *adj* sereno, tranquilo.

Gelassenheit [gəˈlasənhaɪt] *f* serenidad *f*.

gelaunt [gəˈlaʊnt] *adj* **gut/schlecht ~ sein** estar de buen/mal humor.

gelb [gɛlp] *adj* amarillo.

Geld [gɛlt] (-er) *n* dinero *m*; plata *f* (Amér.).

Geldanlage [ˈgɛltˌanlaːgə] (-n) *f* inversión *f* de capital.

Geldautomat [ˈgɛltaʊtoˌmaːt] (-en) *m* cajero *m* automático.

Geldstrafe [ˈgɛltˌʃtraːfə] (-n) *f* multa *f*.

Geldstück [ˈgɛltʃtʏk] (-e) *n* moneda *f*.

Gelegenheit [gəˈleːgənhaɪt] (-en) *f* ocasión *f*.

Gelenk [gəˈlɛŋk] (-e) *n* ANAT articulación *f*.

Geliebte(r) [gəˈliːptə] (-n, -n) *mf(m)* **1** amante *m, f*. **2** querido, -a *m, f*.

gelingen [gəˈlɪŋən] *intr* salir bien.

Geltung [ˈgɛltʊŋ] (-en) *f* **1** vigencia *f*. **2** prestigio *m*.

Gemahl(in) [gəˈmaːl] (-e, -nen) *m(f)* esposo, -a *m, f*.

Gemälde [gəˈmɛːldə] (-) *n* pintura *f*.

gemäß [gəˈmɛːs] *prep* **+dat** conforme a, según.

gemäßigt [gəˈmɛːsɪçt] *adj* moderado.
gemein [gəˈmaɪn] *adj* **1** común. **2** malintencionado, pérfido.
Gemeinde [gəˈmaɪndə] **(-n)** *f* **1** comunidad *f*. **2** POL municipio *m*.
Gemeinderat [gəˈmaɪndəˌraːt] **(-räte)** *m* concejo *m* municipal.
Gemeinheit [gəˈmaɪnhaɪt] **(-en)** *f* vileza *f*.
gemeinnützig [gəˈmaɪnˌnʏtsɪç] *adj* de interés común.
gemeinsam [gəˈmaɪnzaːm] *adj* común.
Gemeinsamkeit [gəˈmaɪnzaːmkaɪt] **(-en)** *f* punto *m* en común.
Gemeinschaft [gəˈmaɪnʃaft] **(-en)** *f* comunidad *f*.
gemeinschaftlich [gəˈmaɪnʃaftlɪç] *adj* colectivo.
gemischt [gəˈmɪʃt] *adj* mixto.
Gemüse [gəˈmyːzə] **(-)** *n* verdura *f*.
Gemüsegarten [gəˈmyːzəˌgartən] **(-gäten)** *m* huerto *m*.
Gemüt [gəˈmyːt] **(-er)** *n* ánimo *m*.
gemütlich [gəˈmyːtlɪç] *adj* agradable.
Gemütlichkeit [gəˈmyːtlɪçkaɪt] *f* comodidad *f*.
Gen [geːn] **(-e)** *n* BIOL gen *m*.
genau [gəˈnaʊ] *adj* exacto.
genauso [gəˈnaʊzoː] *adv* del mismo modo.
genehmigen [gəˈneːmɪgən] *tr* permitir, autorizar.
Genehmigung [gəˈneːmɪgʊŋ] **(-en)** *f* autorización *f*.
Generation [genəraˈtsĭoːn] **(-en)** *f* generación *f*.
generell [genəˈrɛl] *adj* **1** general. • *adv* **2** generalmente.
genesen [gəˈneːzən] *intr* (form) curarse.
genial [geˈnĭaːl] *adj* genial.
Genie [ʒeˈniː] **(-s)** *n* genio *m*.
genieren [ʒeˈniːrən] *pron* **sich ~** avergonzarse.
genießbar [gəˈniːsbaːɐ] *adj* comestible.
genießen [gəˈniːsən] *tr* disfrutar.
Genießer(in) [gəˈniːsɐ] **(-, -nen)** *m(f)* vividor(a) *m(f)*.
Genitalien [geniˈtaːlĭən] *pl* genitales *m pl*.
Genitiv [ˈgeːnitiːf] **(-e)** *m* GRAM genitivo *m*.
Genosse, -in [gəˈnɔsə] **(-n, -nen)** *m, f* compañero, -a *m, f*.
genug [gəˈnuːk] *adj* suficiente.
genügen [gəˈnyːgən] *intr* bastar.
genügend [gəˈnyːgənt] *adj* suficiente.
Genus [ˈgeːnʊs] **(Genera)** *n* GRAM género *m*.
Genuss [gəˈnʊs] **(-nüsse)** *m* placer *m*.
Geografie o **Geographie** [geograˈfiː] *f* geografía *f*.
Geologie [geoloˈgiː] *f* geología *f*.
Gepäck [gəˈpɛk] *n* equipaje *m*.
Gepäckaufbewahrung [gəˈpɛkˌaʊfbəvaːrʊŋ] **(-en)** *f* consigna *f* de equipajes.
Gepäckausgabe [gəˈpɛkˌausgaːbə] **(-n)** *f* entrega *f* de equipajes.

Gepäckstück [gəˈpɛkˌʃtʏk] (**-e**) *n* maleta *f*.

Gepäckträger(in) [gəˈpɛkˌtrɛgɐ] (**-, -nen**) *m(f)* mozo, -a *m, f* de equipajes.

Gepäckwagen [gəˈpɛkˌva:gən] (**-**) *m* furgón *m* de equipajes.

gepflegt [gəˈpfle:kt] *adj* elegante (ropa, restaurante).

gerade [gəˈra:də] *adj* **1** derecho. • *adv* **2** en este momento; ahorita (Amér.). **3** ahora mismo; recién (Amér.).

Gerade [gəˈra:də] (**-n**) *f* MAT, DEP recta *f*.

geradeaus [gəra:dəˈaʊs] *adv* todo recto.

Gerät [gəˈrɛ:t] (**-e**) *n* aparato *m*.

geraten [gəˈra:tən] *intr* **1** llegar a. **2** dar con.

Geräusch [gəˈrɔɪʃ] (**-e**) *n* ruido *m*.

gerecht [gəˈrɛçt] *adj* justo.

Gerechtigkeit [gəˈrɛçtɪçkaɪt] *f* justicia *f*.

Gericht [gəˈrɪçt] (**-e**) *n* **1** tribunal *m*. **2** plato *m*, comida *f*.

gering [gəˈrɪŋ] *adj* pequeño.

gern(e) [gɛrn] *adv* con mucho gusto.

Geruch [gəˈrʊx] (**Gerüche**) *m* olor *m*.

Geruch [gəˈrʊx] *m* olfato *m*.

Gerücht [gəˈrʏçt] (**-e**) *n* rumor *m* (habladurías).

Gerüst [gəˈrʏst] (**-e**) *n* andamio *m*.

gesamt [gəˈzamt] *adj* total, entero; global.

Gesamtbetrag [gəˈzamtbəˌtra:k] (**-träge**) *m* importe *m* total.

Gesang [gəˈzaŋ] (**-sänge**) *m* canto *m*.

Geschäft [gəˈʃɛft] (**-e**) *n* **1** negocio *m*. **2** tienda *f*.

geschäftlich [gəˈʃɛftlɪç] *adj* comercial.

Geschäftsführer(in) [gəˈʃɛftsˌfy:rɐ] (**-, nen**) *m(f)* gerente *m, f*.

Geschäftsstelle [gəˈʃɛftsˌʃtɛlə] (**-n**) *f* oficina *f*.

Geschäftszeit [gəˈʃɛftsˌtsaɪt] (**-en**) *f* horario *m* comercial.

Geschenk [gəˈʃɛŋk] (**-e**) *n* regalo *m*.

Geschichte [gəˈʃɪçtə] (**-n**) *f* cuento *m*.

Geschichte [gəˈʃɪçtə] *f* historia *f*.

geschichtlich [gəˈʃɪçtlɪç] *adj* histórico.

geschickt [gəˈʃɪkt] *adj* hábil, mañoso.

geschieden [gəˈʃi:dən] *adj* divorciado.

Geschirr [gəˈʃɪr] (**-e**) *n* vajilla *f*.

Geschirrspülmaschine [gəˈʃɪrˌʃpylmaʃi:nə] (**-n**) *f* lavaplatos *m*.

Geschlecht [gəˈʃlɛçt] (**-er**) *n* sexo *m*.

Geschlechtsverkehr [gəˈʃlɛçtsfɛɐˌke:ɐ] *m* relaciones *f pl* sexuales.

Geschmack [gəˈʃmak] (**-schmäcker**) *m* gusto *m*, sabor *m*.

geschmacklos [gəˈʃmakloːs] *adj* soso, insípido.
geschmackvoll [gəˈʃmakˌfɔl] *adj* de buen gusto.
Geschöpf [gəˈʃœpf] **(-e)** *n* criatura *f*.
Geschwindigkeit [gəˈʃvɪndɪçkaɪt] **(-en)** *f* velocidad *f*.
Geschwister [gəˈʃvɪstɐ] *pl* hermanos *m pl*.
Geschwür [gəˈʃvyːɐ] **(-e)** *n* úlcera *f*.
Geselle, -in [gəˈzɛlə] **(-n, -nen)** *m, f* compañero, -a *m, f*.
gesellig [gəˈzɛlɪç] *adj* sociable, comunicativo.
Gesellschaft [gəˈzɛlʃaft] **(-en)** *f* sociedad *f*.
gesellschaftlich [gəˈzɛlʃaftlɪç] *adj* social.
Gesetz [gəˈzɛts] **(-e)** *n* ley *f*.
gesetzgebend [gəˈzɛtsˌgeːbənt] *adj* legislativo.
Gesetzgeber [gəˈzɛtsˌgeːbɐ] **(-)** *m* legislador *m*.
gesetzlich [gəˈzɛtslɪç] *adj* legal, legítimo.
gesetzlos [gəˈzɛtsloːs] *adj* ilegal.
gesetzmäßig [gəˈzɛtsˌmɛːsɪç] *adj* legal, legítimo.
gesetzt [gəˈzɛtst] *adj* sosegado, tranquilo.
Gesicht [gəˈzɪçt] **(-er)** *n* cara *f*.
Gesichtsausdruck [gəˈzɪçtsˌausdrʊk] **(-drücke)** *m* expresión *f* de la cara
Gesichtspunkt [gəˈzɪçtsˌpʊŋkt] **(-e)** *m* punto *m* de vista.
gespannt [gəˈʃpant] *adj* **1** tenso (ambiente). **2** curioso (persona).
Gespenst [gəˈʃpɛnst] **(-er)** *n* fantasma *m*.
Gespräch [gəˈʃprɛːç] **(-e)** *n* conversación *f*.
gesprächig [gəˈʃprɛːçɪç] *adj* comunicativo, locuaz.
Gestalt [gəˈʃtalt] **(-en)** *f* forma *f*, figura *f*.
Geständnis [gəˈʃtɛntnɪs] **(-se)** *n* DER confesión *f*.
Geste [ˈgeːstə] **(-n)** *f* gesto *m*.
gestehen [gəˈʃteːən] *tr* confesar.
Gestell [gəˈʃtɛl] **(-e)** *n* armazón *m*.
gestern [ˈgɛstɐn] *adv* ayer.
gestresst [gəˈʃtrɛst] *adj* estresado.
gesucht [gəˈzuːxt] *adj* buscado.
gesund [gəˈzʊnt] *adj* sano.
Gesundheit [gəˈzʊnthaɪt] *f* salud *f*.
gesundheitsschädlich [gəˈzʊnthaɪtsˌʃɛːtlɪç] *adj* nocivo para la salud.
Getränk [gəˈtrɛŋk] **(-e)** *n* bebida *f*.
Getreide [gəˈtraɪdə] **(-)** *n* cereales *m pl*.
getrennt [gəˈtrɛnt] *adj* separado.
getrübt [gəˈtryːpt] *adj* turbio.
Gewächs [gəˈvɛks] **(-e)** *n* planta *f*.
gewagt [gəˈvaːkt] *adj* arriesgado.
gewähren [gəˈvɛːrən] *tr* (form) conceder, otorgar.

Gewalt [gəˈvalt] **(-en)** *f* **1** poder *m*. **2** violencia *f*.

Gewaltakt [gəˈvalt͵akt] **(-e)** *m* acto *m* de violencia.

gewaltig [gəˈvaltɪç] *adj* poderoso, violento.

gewaltlos [gəˈvaltloːs] *adj* sin violencia.

Gewaltlosigkeit [gəˈvaltloːzɪçkaɪt] *f* no violencia *f*.

gewaltsam [gəˈvaltzaːm] *adj* violento, brutal.

Gewand [gəˈvant] **(-wänder)** *n* vestimenta *f*.

gewandt [gəˈvant] *adj* ágil, diestro.

Gewebe [gəˈveːbə] (-) *n* tejido *m*.

Gewehr [gəˈveːɐ] **(-e)** *n* escopeta *f*.

Gewerbe [gəˈvɛrbə] (-) *n* industria *f*.

Gewerkschaft [gəˈvɛrkʃaft] **(-en)** *f* sindicato *m*.

Gewicht [gəˈvɪçt] **(-e)** *n* peso *m*.

Gewinn [gəˈvɪn] **(-e)** *m* ganancia *f*.

gewinnen [gəˈvɪnən] *tr* **1** ganar (una guerra, un premio, un juego, etc.). • *intr* **2** vencer, ganar.

gewiss [gəˈvɪs] *adj* cierto.

Gewissen [gəˈvɪsən] (-) *n* conciencia *f*.

Gewissheit [gəˈvɪshaɪt] **(-en)** *f* certeza *f*.

Gewitter [gəˈvɪtɐ] (-) *n* tormenta *f*.

gewöhnen [gəˈvøːnən] *tr* **1** acostumbrar. • **sich ~** *pron* **2** acostumbrarse a.

Gewohnheit [gəˈvoːnhaɪt] **(-en)** *f* costumbre *f*.

gewöhnlich [gəˈvøːnlɪç] *adj* **1** habitual. • *adv* **2** de costumbre.

gewohnt [gəˈvoːnt] *adj* acostumbrado.

Gewöhnung [gəˈvøːnʊŋ] *f* habituación *f*.

Gewürz [gəˈvʏrts] **(-e)** *n* condimento *m*.

Gier [ˈgiːɐ] *f* avidez *f*.

gierig [ˈgiːrɪç] *adj* ávido.

gießen [ˈgiːsən] *tr* verter; fundir (metal).

Gießkanne [ˈgiːs͵kanə] **(-n)** *f* regadera *f*.

Gift [gɪft] **(-e)** *n* veneno *m*.

Gipfel [ˈgɪpfəl] (-) *m* cumbre *f*, cima *f*.

Gips [gɪps] **(-e)** *m* yeso *m*.

Giraffe [giˈrafə] **(-n)** *f* jirafa *f*.

Giro [ˈʒiːro] **(-s)** *n* FIN giro *m*.

Girokonto [ˈʒiːro͵kɔnto] **(-s)** *n* cuenta *f* corriente.

Gitarre [giˈtarə] **(-n)** *f* guitarra *f*.

Gitter [ˈgɪtɐ] (-) *n* reja *f*.

glänzen [ˈglɛntsən] *intr* brillar.

Glas [glaːs] **(Gläser)** *n* **1** cristal *m*. **2** vaso *m*.

Glasscheibe [ˈglaːs͵ʃaɪbə] **(-n)** hoja *f* de cristal *m*.

glatt [glat] *adj* liso, plano.

Glatze [ˈglatsə] **(-n)** *f* calva *f*.

Glaube [ˈglaʊbə] *m* creencia *f*; fe *f*.

glauben [ˈglaʊbən] *tr* pensar, creer.

glaubwürdig [ˈglaup͵vʏrdɪç] *adj* fidedigno.

g

gleich [glaɪç] *adj* **1** igual. • *adv* **2** en seguida, inmediatamente.
Gleichberechtigung [ˈglaɪçbəˌrɛçtɪgʊŋ] *f* igualdad *f* de derechos.
gleich|bleiben [ˈglaɪçˌblaɪbən] *intr* no cambiar.
gleichen [ˈglaɪçən] *intr* parecerse.
gleichfalls [ˈglaɪçfals] *adv* igualmente.
Gleichgewicht [ˈglaɪçgəˌvɪçt] *n* equilibrio *m*.
gleichgültig [ˈglaɪçˌgʏltɪç] *adj* indiferente.
Gleichheit [ˈglaɪçhaɪt] *f* igualdad *f*.
gleichmäßig [ˈglaɪçˌmɛːsɪç] *adj* simétrico.
gleichzeitig [ˈglaɪçˌtsaɪtɪç] *adj* **1** simultáneo. • *adv* **2** al mismo tiempo.
Gleis [glaɪs] **(-e)** *n* vía *f*.
gleiten [ˈglaɪtən] *intr* deslizarse.
Glied [gliːt] **(-er)** *n* miembro *m*.
Gliederung [ˈgliːdərʊŋ] **(-en)** *f* clasificación *f*.
global [gloˈbaːl] *adj* global.
Globalisierung [globaliˈziːrʊŋ] **(-en)** *f* globalización *f*.
Globetrotter [ˈgloːbətrɔtɐ] **(-)** *m* trotamundos *m*.
Glocke [ˈglɔkə] **(-n)** *f* campana *f*.
Glück [glʏk] *n* **1** suerte *f*; bolada *f* (Amér.). **2** felicidad *f*. ■ **viel ~!** ¡mucha suerte!
glücklich [ˈglʏklɪç] *adj* **1** feliz. **2** afortunado; suertero (Amér.).
glücklicherweise [ˈglʏklɪçɐˌvaɪzə] *adv* afortunadamente.
glückselig [glʏkˈzeːlɪç] *adj* muy feliz.
Glückwunsch [ˈglʏkvʊnʃ] **(-wünsche)** *m* felicitación *f*.
Glühbirne [ˈglyːˌbɪrnə] **(-n)** *f* bombilla *f*.
glühen [ˈglyːən] *intr* arder (sin llama).
Gnade [ˈgnaːdə] **(-n)** *f* gracia *f*.
gnadenlos [ˈgnaːdənloːs] *adj* sin piedad.
Gold [gɔlt] *n* oro *m*.
golden [ˈgɔldən] *adj* de oro.
Golf [gɔlf] **(-e)** *m* golfo *m*.
Golf [gɔlf] *n* golf *m*.
gönnen [ˈgœnən] *tr* **jm etw ~** no envidiar algo a alguien.
Gotik [ˈgoːtɪk] *f* gótico *m*.
Gott [gɔt] **(Götter)** *m* Dios *m*.
Gottesdienst [ˈgɔtəsˌdiːnst] **(-e)** *m* misa *f*.
göttlich [ˈgœtlɪç] *adj* divino.
Grab [graːp] **(Gräber)** *n* tumba *f*, sepulcro *m*.
graben [ˈgraːbən] *tr* e *intr* cavar.
Graben [ˈgraːbən] **(Gräben)** *m* foso *m*.
Grabstein [ˈgraːpʃtaɪn] **(-e)** *m* lápida *f*.
Grafik [ˈgraːfɪk] **(-en)** *f* gráfico *m*.
Gramm [gram] *n* gramo *m*.
Grammatik [graˈmatɪk] **(-en)** *f* gramática *f*.
Grapefruit [ˈgreɪpfruːt] **(-s)** *f* pomelo *m*.

Gras [gra:s] (**Gräser**) *n* hierba *f.*
grässlich [ˈgrɛslɪç] *adj* horrible.
gratis [ˈgra:tis] *adj* gratis.
gratulieren [gratuˈli:rən] *intr* felicitar.
grau [graʊ] *adj* gris.
Grauen [ˈgraʊən] (-) *n* horror *m.*
grauenhaft [ˈgraʊənhaft] *adj* horroroso.
grausam [ˈgraʊza:m] *adj* cruel.
Grausamkeit [ˈgraʊza:mkaɪt] (**-en**) *f* crueldad *f.*
graziös [graˈtsĭø:s] *adj* gracioso.
greifen [ˈgraɪfən] *tr* coger.
Greis(in) [graɪs] (**-e, -nen**) *m(f)* (form) anciano, -a *m, f.*
grell [grɛl] *adj* **1** chillón (color). **2** deslumbrante (luz).
Grenze [ˈgrɛntsə] (**-n**) *f* frontera *f*; límite *m.*
grenzen [ˈgrɛntsən] *intr* limitar.
Grenzübergang [ˈgrɛntsˌy:bɐgaŋ] (**-gänge**) *m* paso *m* de frontera.
Grieche, -in [ˈgri:çə] (**-n, -nen**) *m, f* griego, -a *m, f.*
Griechenland [ˈgri:çənlant] *n* Grecia *f.*
Griff [grɪf] (**-e**) *m* asa *f*, mango *m.*
Grill [grɪl] (**-s**) *m* grill *m*, parrilla *f.*
grimmig [ˈgrɪmɪç] *adj* furioso.
grinsen [ˈgrɪnzən] *intr* reír maliciosamente.
Grippe [ˈgrɪpə] (**-n**) *f* gripe *f*; gripa *f* (Amér.).
grob [gro:p] *adj* **1** grueso. **2** grosero.
groß [gro:s] *adj* **1** grande. **2** alto.
großartig [ˈgro:sˌa:ɐtɪç] *adj* grandioso.
Großbritannien [gro:sbriˈtanĭən] *n* Gran Bretaña *f.*
Größe [ˈgrø:sə] (**-n**) *f* **1** tamaño *m.* **2** talla *f.* **3** altura *f.*
Großeltern [ˈgro:sˌɛltɐn] *pl* abuelos *m pl.*
Großhandel [ˈgro:sˌhandəl] *m* comercio *m* al por mayor.
Großmutter [ˈgro:sˌmʊtɐ] (**-mütter**) *f* abuela *f.*
Großstadt [ˈgro:sʃtat] (**-städte**) *f* gran ciudad *f.*
größtenteils [ˈgrø:stəntaɪls] *adv* en la mayor parte.
Großvater [ˈgro:sˌfa:tɐ] (**-väter**) *m* abuelo *m.*
großzügig [ˈgro:sˌtsy:gɪç] *adj* **1** generoso. **2** (fig) tolerante.
grotesk [groˈtɛsk] *adj* grotesco.
grün [gry:n] *adj* verde.
Grün [gry:n] (-) *n* **1** verde *m* (color). **2** zona *f* verde.
Grund [grʊnt] (**Gründe**) *m* **1** fondo *m.* **2** causa *f*, motivo *m.*
gründen [ˈgrʏndən] *tr* fundar.
Gründer(in) [ˈgrʏndɐ] (**-, -nen**) *m* fundador(a) *m(f).*
Grundgebühr [ˈgrʊntgəˌby:ɐ] (**-en**) *f* tarifa *f* base.
Grundgesetz [ˈgrʊntgəˌzɛts] (**-e**) *f* ley *f* fundamental.
Grundkenntnisse [ˈgrʊntˌkɛntnɪsə] *f pl* nociones *f pl* básicas.

Grundlage ['grʊnt,la:gə] **(-n)** *f* base *f.*
gründlich ['grʏntlıç] *adj* **1** profundo. • *adv* **2** a fondo.
Grundsatz ['grʊntzats] **(-sätze)** *m* principio *m.*
grundsätzlich ['grʊnt,zɛtslıç] *adj* fundamental.
Grundschule ['grʊnt,ʃu:lə] **(-n)** *f* escuela *f* primaria.
Grundstück ['grʊntʃtʏk] **(-e)** *n* finca *f.*
Gründung ['grʏndʊŋ] **(-en)** *f* fundación *f.*
Grünfläche ['gry:n,flɛçə] **(-n)** *f* zona *f* verde.
Grünkohl ['gry:nko:l] **(-e)** *m* col *f* rizada.
Gruppe ['grʊpə] **(-n)** *f* grupo *m.*
grus(e)lig ['gru:z(ə)lıç] *adj* terrorífico.
Gruß [gru:s] **(Grüße)** *m* saludo *m.*
grüßen ['gry:sən] *tr* saludar.
gucken ['gʊkən] *intr* (fam) mirar.
Gulasch ['gʊlaʃ] **(-e, -s)** *m* o *n* estofado *m* de carne con picante.
gültig ['gʏltıç] *adj* válido.
Gültigkeit ['gʏltıçkaıt] *f* validez *f.*
Gummi ['gʊmi] **(-s)** *m* o *n* goma *f.*
Gummistiefel ['gʊmi,ʃti:fəl] **(-)** *m* bota *f* de goma.
günstig ['gʏnstıç] *adj* favorable.
Gurgel ['gʊrgəl] **(-n)** *f* garganta *f.*
gurgeln ['gʊrgəln] *intr* hacer gárgaras.
Gurke ['gʊrkə] **(-n)** *f* pepino *m.*
Gurt [gʊrt] **(-e)** *m* **1** correa *f.* **2** cinturón *m.*
Gürtel ['gʏrtəl] **(-)** *m* cinturón *m.*
Guss [gʊs] **(Güsse)** *m* chaparrón *m.*
gut [gu:t] *adj* **1** bueno. • *adv* **2** bien.
Gut [gu:t] **(Güter)** *n* **1** bienes *m pl;* patrimonio *m.* **2** hacienda *f.*
Gutachten ['gu:t,axtən] **(-)** *n* dictamen *m.*
gutartig ['gu:t,a:ɐtıç] *adj* bueno (animal).
Güte ['gy:tə] *f* bondad *f.*
Güter ['gy:tɐ] *pl* mercancías *f pl.*
Güterverkehr ['gy:tɐfɛɐ,ke:ɐ] *m* transporte *m* de mercancías.
Güterwagen ['gy:tɐ,va:gən] **(-)** *m* vagón *m* de mercancías.
gut|gehen ['gu:t,ge:ən] *intr* ir o salir bien.
Guthaben ['gu:t,ha:bən] **(-)** *n* saldo *m* activo.
gutmütig ['gu:t,my:tıç] *adj* bondadoso.
Gutschein ['gu:tʃaın] **(-e)** *n* vale *m.*
Gutschrift ['gu:tʃrıft] **(-en)** *f* abono *m* en cuenta.
Gutshof ['gu:tsho:f] **(-höfe)** *m* finca *f.*
gut|tun ['gu:ttu:n] *intr* hacer bien.
Gymnasium [gʏm'na:zĭʊm] **(-sien)** *n* centro *m* de enseñanza media.
Gymnastik [gʏm'nastık] *f* gimnasia *f.*

Hh

h, H [haː] (-) *n* h, H *f* (letra).

ha [haː] *interj* **1** ¡ah!, ¡jo! • *n* **2** (abrev de *Hektar*) hectárea *f*.

Haar [haːɐ] **(-e)** *n* pelo *m*, cabello *m*. ■ **aufs ~** exacto.

haarig [ˈhaːrɪç] *adj* peludo.

Haarschnitt [ˈhaːɐʃnɪt] **(-e)** *m* peinado *m*.

Hab [haːp] *n* **~ und Gut** (form) todos los bienes.

Habe [ˈhaːbə] *f* bienes *m pl*.

haben [ˈhaːbən] *tr* **1** tener; poseer. • *aux* **2** haber. ■ **bei sich*(dat)* ~** llevar consigo; **viel/nichts/etw zu tun ~** tener mucho/nada/algo que hacer.

hacken [ˈhakən] *tr* picar (carne).

Hackfleisch [ˈhakflaɪʃ] *n* carne *f* picada.

Hafen [ˈhaːfən] **(Häfen)** *m* puerto *m*.

Hafer [ˈhaːfɐ] (-) *m* avena *f*.

Haferflocken [ˈhaːfɐˌflɔkən] *f pl* copos *m pl* de avena.

Haft [haft] *f* arresto *m*.

haften [ˈhaftən] *intr* pegar.

Hagel [ˈhaːgəl] (-) *m* granizo *m*.

hageln [ˈhaːgəln] *intr* **1** granizar. • *impers* **2** llover granizo.

Hahn [haːn] **(Hähne)** *m* **1** gallo *m*. **2** grifo *m*.

Hähnchen [ˈhɛːnçən] (-) *n* pollo *m*.

Hai [ˈhaɪ] **(-e)** *m* tiburón *m*.

häkeln [ˈhɛːkəln] *tr* hacer ganchillo.

Haken [ˈhaːkən] (-) *m* gancho *m*.

halb [halp] *adj* **1** medio. • *adv* **2** a medias.

Halbfinale [ˈhalpfiˌnaːlə] (-) *n* DEP semifinal *f*.

halbieren [halˈbiːrən] *tr* partir por la mitad.

Halbinsel [ˈhalpˌɪnzəl] **(-n)** *f* península *f*.

Halbjahr [ˈhalpjaːɐ] **(-e)** *n* semestre *m*.

halbtags [ˈhalptaːks] *adv* media jornada.

halbwegs [ˈhalpveːks] *adv* más o menos.

Hälfte [ˈhɛlftə] **(-n)** *f* mitad *f*.

Halle [ˈhalə] **(-n)** *f* vestíbulo *m*.

Hallenbad [ˈhalənˌbaːt] **(-bäder)** *n* piscina *f* cubierta.

hallo! [ˈhalo o haˈloː] *interj* **1** ¡eh!, ¡oiga! **2** ¡hola!

Hallo [haˈloː] **(-s)** *n* barullo *m*.

Hals [hals] **(Hälse)** *m* cuello *m*; garganta *f*.

Halskette [ˈhalsˌkɛtə] **(-n)** *f* collar *m*.

Halstuch [ˈhalstuːx] **(-tücher)** *n* pañuelo *m*, fular *m*.

Halt [halt] **(-e, -s)** *m* **1** parada *f*. **2** apoyo *m*.

haltbar [ˈhaltbaːɐ] *adj* conservable (alimentos).

Haltbarkeit [ˈhaltbaːɐkaɪt] *f* conservabilidad *f* (alimentos).

halten [ˈhaltən] *intr* **1** parar. • *tr* **2** sujetar. • **sich ~** *pron* **3** mantenerse, conservarse.

Haltestelle [ˈhaltəˌʃtɛlə] **(-n)** *f* parada *f*.

Halteverbot [ˈhaltəfɛɐˌboːt] **(-e)** *n* estacionamiento *m* prohibido.

halt|machen [ˈhaltˌmaxən] *intr* detenerse.

Hamburger [ˈhambʊrgɐ] **(-)** *m* hamburguesa *f*.

Hammer [ˈhamɐ] **(Hämmer)** *m* martillo *m*.

Hamster [ˈhamstɐ] **(-)** *m* hámster *m*.

Hand [hant] **(Hände)** *f* mano *f*.

Handarbeit [ˈhantˌarbaɪt] **(-en)** *f* trabajo *m* manual.

Handball [ˈhantbal] *m* balonmano *m*.

Handbremse [ˈhantˌbrɛmzə] **(-n)** *f* freno *m* de mano.

Handel [ˈhandəl] *m* comercio *m*.

handeln [ˈhandəln] *intr* **1** actuar. **2** comerciar. **3** tratar de.

Handelskammer [ˈhandəlsˌkamɐ] **(-n)** *f* Cámara *f* de Comercio.

Handelsschiff [ˈhandəlsˌʃɪf] **(-e)** *n* buque *m* mercante.

Handelsvertrag [ˈhandəlsfɛɐˌtraːk] **(-verträge)** *m* tratado *m* comercial.

handfest [ˈhantfɛst] *adj* sólido.

Handfläche [ˈhantˌflɛçə] **(-n)** *f* palma *f* de la mano.

Handgelenk [ˈhantgəˌlɛŋk] **(-e)** *n* ANAT muñeca *f*.

handgemacht [ˈhantgəˌmaxt] *adj* hecho a mano.

Handgepäck [ˈhantgəˌpɛk] *n* equipaje *m* de mano.

handgreiflich [ˈhantˌgraɪflɪç] *adj* palpable.

handhaben [ˈhantˌhaːbən] *tr* manejar; manipular.

Handicap [ˈhɛndikɛp] **(-s)** *n* handicap *m*.

Händler(in) [ˈhɛndlɐ] **(-, -nen)** *m(f)* comerciante *m, f*; negociante *m, f*.

handlich [ˈhantlɪç] *adj* manejable.

Handlung [ˈhandlʊŋ] **(-en)** *f* acción *f*, acto *m*.

Handschlag [ˈhantʃlaːk] **(-schläge)** *m* apretón *m* de manos.

Handschrift [ˈhantʃrɪft] **(-en)** *f* escritura *f*.

handschriftlich [ˈhantˌʃrɪftlɪç] *adj* manuscrito.

Handschuh [ˈhantʃuː] **(-e)** *m* guante *m*.

Handtasche [ˈhantˌtaʃə] **(-n)** *f* bolso *m* de mano.

Handtuch [ˈhanttuːx] **(-tücher)** *n* toalla *f*.

Handwerk [ˈhantvɛrk] **(-e)** *n* **1** oficio *m*. **2** artesanía *f*.

Handwerker(in) [ˈhantˌvɛrkɐ] **(-, -nen)** *m(f)* artesano, -a *m, f*.

Handwerkszeug [ˈhantvɛrksˌtsɔɪk] *n* herramientas *f pl*.

Handy [ˈhɛndɪ] **(-s)** *n* teléfono *m* móvil.

Hang [haŋ] (**Hänge**) *m* cuesta *f.*
Hängematte [ˈhɛŋəˌmatə] (**-n**) *f* hamaca *f.*
hängen [ˈhɛŋən] *intr* **1** estar colgado. • *tr* **2** colgar.
hängen|bleiben [ˈhɛŋənˌblaɪbən] *intr* **1** quedarse (en un lugar). **2** quedar en la memoria. **3** suspender.
hantieren [hanˈtiːrən] *intr* **mit** *(+dat)* manejar.
Happen [ˈhapən] (**-**) *m* bocado *m.*
Harfe [ˈharfə] (**-n**) *f* arpa *f.*
harmlos [ˈharmloːs] *adj* inofensivo.
Harmonika [harˈmoːnika] (**-s, Harmoniken**) *f* armónica *f.*
harmonisch [harˈmoːnɪʃ] *adj* **1** armónico. **2** armonioso.
Harn [harn] (**-e**) *m* orina *f.*
hart [hart] *adj* **1** duro. **2** difícil. • *adv* **3** muy cerca.
Härte [ˈhɛrtə] (**-n**) *f* **1** dureza *f.* **2** dificultad *f*, dureza *f.*
hartnäckig [ˈhartˌnɛkɪç] *adj* **1** terco. **2** tenaz.
Haschee [haˈʃeː] (**-s**) *n* carne *f* picada.
Haschisch [ˈhaʃɪʃ] *m* o *n* hachís *m.*
Hase [ˈhaːzə] (**-n**) *m* liebre *f.*
Häsin [ˈhɛːzɪn] (**-nen**) *f* liebre *f* hembra.
Hass [has] *m* odio *m.*
hassen [ˈhasən] *tr* odiar.
hässlich [ˈhɛslɪç] *adj* feo.
hasten [ˈhastən] *intr* darse prisa; apurarse (Amér.).
hastig [ˈhastɪç] *adj* **1** presuroso. • *adv* **2** a toda prisa.
hatschi [haˈtʃiː] *interj* ¡achís!
Hauch [haʊx] (**-e**) *m* **1** soplo *m.* **2** aliento *m.*
hauchen [ˈhaʊxən] *intr* soplar.
hauen [ˈhaʊən] *intr* **1** (fam) pegar, golpear. • *tr* **2** esculpir.
Haufen [ˈhaʊfən] (**-**) *m* montón *m.*
häufig [ˈhɔɪfɪç] *adj* **1** frecuente. • *adv* **2** a menudo.
Haupt [haʊpt] (**Häupter**) *n* **1** jefe, -a *m, f.* **2** (form) cabeza *f.*
Hauptbahnhof [ˈhaʊptˌbaːnhoːf] (**-höfe**) *m* estación *f* central.
Haupteingang [ˈhaʊptˌaɪngaŋ] (**-gänge**) *m* entrada *f* principal.
Hauptgericht [ˈhaʊptgəˌrɪçt] (**-e**) *n* plato *m* principal.
Hauptsache [ˈhaʊptˌzaxə] (**-n**) *f* asunto *m* principal.
hauptsächlich [ˈhaʊptˌzɛçlɪç] *adj* principal.
Hauptsaison [ˈhaʊptzɛzõː] (**-s**) *f* temporada *f* alta.
Hauptschule [ˈhaʊptˌʃuːlə] (**-n**) *f* escuela *f* de enseñanza básica obligatoria.
Hauptstadt [ˈhaʊptʃtat] (**-städte**) *f* capital *f.*
Haus [haʊs] (**Häuser**) *n* casa *f.*
Hausangestellte(r) [ˈhaʊsˌangəʃtɛltə] (**-n, -n**) *mf(m)* empleado, -a *m, f* doméstico.
Hausarbeit [ˈhaʊsˌarbaɪt] (**-en**) *f* labores *f pl* domésticas.
Hausaufgaben [ˈhaʊsaʊfgaːbən] *f pl* deberes *m pl* escolares.

Hausbesitzer(in) [ˈhaʊsbəˌzɪtsɐ] (-, -nen) *m(f)* propietario, -a *m, f* de una casa.
Hauseingang [ˈhaʊsˌaɪngaŋ] (-gänge) *m* entrada *f* de la casa.
hausen [ˈhaʊzən] *intr* **1** (desp) habitar, malvivir. **2** causar estragos.
Hausfrau [ˈhaʊsfraʊ] (-en) *f* ama *f* de casa.
hausgemacht [ˈhaʊsgəˌmaxt] *adj* casero.
Haushalt [ˈhaʊshalt] (-e) *m* **1** casa *f*; hogar *m*. **2** tareas *f pl* del hogar.
haus|halten [ˈhaʊsˌhaltən] *intr* economizar.
Haushälterin [ˈhaʊsˌhɛltərɪn] (-nen) *f* ama *f* de llaves.
Hausherr(in) [ˈhaʊshɛr] (-en, -nen) *m(f)* dueño, -a *m, f* de la casa.
häuslich [ˈhɔɪslɪç] *adj* **1** casero. **2** doméstico (obligaciones, tareas).
Hausmädchen [ˈhaʊsˌmɛːtçən] (-) *n* sirvienta *f*.
Hausmann [ˈhaʊsman] (-männer) *m* amo *m* de casa.
Hausmeister [ˈhaʊsˌmaɪstɐ] (-) *m* portero *m*.
Hausnummer [ˈhaʊsˌnʊmɐ] (-n) *f* número *m* de la casa.
Hausordnung [ˈhaʊsˌɔrdnʊŋ] (-en) *f* reglamento *m* interno.
Hausschuh [ˈhaʊsʃuː] (-e) *m* zapatilla *f*.
Haussuchung [ˈhaʊsˌzuːxʊŋ] (-en) *f* registro *m* domiciliario.
Haustier [ˈhaʊstiːɐ] (-e) *n* animal *m* doméstico.
Haustür [ˈhaʊstyːɐ] (-en) *f* puerta *f* de la casa.
Haut [haʊt] (**Häute**) *f* piel *f*.
Hbf. (*abrev de* **Hauptbahnhof**) *m* estación *f* central.
Hebamme [ˈheːbamə] (-n) *f* partera *f*.
Hebel [ˈheːbəl] (-) *m* palanca *f*.
heben [ˈheːbən] *tr* levantar.
Hecke [ˈhɛkə] (-n) *f* seto *m*.
Heft [hɛft] (-e) *n* cuaderno *m*.
Hefter [ˈhɛftɐ] (-) *m* clasificador *m*.
heftig [ˈhɛftɪç] *adj* fuerte, violento (tormenta, golpe, discusión, etc.); intenso (frío); apasionado (amor).
Heide [ˈhaɪdə] (-n) *f* brezal *m*.
Heide, -in [ˈhaɪdə] (-n, -nen) *m, f* pagano, -a *m, f*.
Heidelbeere [ˈhaɪdəlˌbeːrə] (-n) *f* arándano *m*.
heikel [ˈhaɪkəl] *adj* difícil, exigente (persona).
heilbar [ˈhaɪlbaːɐ] *adj* curable.
heilen [ˈhaɪlən] *intr* **1** curarse. • *tr* **2** sanar, curar.
heilig [ˈhaɪlɪç] *adj* sagrado, santo.
Heiligabend [ˈhaɪlɪçˌaːbənt] (-e) *m* Nochebuena *f*.
Heilige(r) [ˈhaɪlɪgə] (-n, -n) *mf(m)* santo, -a *m, f*.
Heiligtum [ˈhaɪlɪçtuːm] (-tümer) *n* santuario *m*.
Heilkunde [ˈhaɪlˌkʊndə] *f* ciencia *f* médica.

heillos [ˈhaillo:s] *adj* incurable; fatídico.
Heilmittel [ˈhaɪlˌmɪtəl] (-) *n* remedio *m*.
Heilpraktiker(in) [ˈhaɪlˌpraktikɐ] (-, -nen) *m(f)* curandero, -a *m, f*.
heilsam [ˈhaɪlza:m] *adj* saludable, sano.
Heilung [ˈhaɪlʊŋ] (-en) *f* curación *f*, cura *f*.
heim [haɪm] *adv* a casa.
Heim [haɪm] (-e) *n* hogar *m*, casa *f*.
Heimat [ˈhaɪma:t] *f* patria *f*.
Heimatland [ˈhaɪma:tˌlant] (-länder) *n* país *m* natal.
heimatlich [ˈhaɪmat:lɪç] *adj* patrio.
heimatlos [ˈhaɪma:t:lo:s] *adj* sin patria.
Heimfahrt [ˈhaɪmfa:ɐt] (-en) *f* viaje *m* de regreso.
heim|gehen [ˈhaɪmˌge:ən] *intr* volver a casa.
heimisch [ˈhaɪmɪʃ] *adj* nacional.
Heimkehr [ˈhaɪmke:ɐ] *f* retorno *m* al hogar.
heimlich [ˈhaɪmlɪç] *adj* **1** disimulado. • *adv* **2** en secreto.
Heimreise [ˈhaɪmˌraɪzə] (-n) *f* viaje *m* de regreso.
Heimtücke [ˈhaɪmˌtʏkə] *f* perfidia *f*.
heimtückisch [ˈhaɪmˌtʏkɪʃ] *adj* malicioso.
Heimweg [ˈhaɪmve:k] (-e) *m* camino *m* de vuelta a casa.
Heimweh [ˈhaɪmve:] *n* añoranza *f*.
Heirat [ˈhaɪra:t] (-en) *f* matrimonio *m*.
heiraten [ˈhaɪra:tən] *tr* e *intr* casarse.
heiser [haɪzɐ] *adj* ronco.
heiß [haɪs] *adj* **1** caliente. **2** caluroso. ■ **jm ist ~** alguien tiene calor.
heißen [ˈhaɪsən] *intr* **1** llamarse. **2** significar.
heiter [ˈhaɪtɐ] *adj* **1** despejado, claro (cielo. **2** alegre, contento.
heizen [ˈhaɪtsən] *tr* e *intr* calentar.
Heizgerät [ˈhaɪtsgəˌrɛ:t] (-e) *n* radiador *m*.
Heizkörper [ˈhaɪtsˌkœrpɐ] (-) *m* radiador *m*.
Heizöl [ˈhaɪtsø:l] *n* fuel *m* combustible.
Heizung [ˈhaɪtsʊŋ] (-en) *f* calefacción *f*.
Hektar [hɛkˈta:ɐ] (-e) *n* hectárea *f*.
hektisch [ˈhɛktɪʃ] *adj* nervioso.
Held(in) [hɛlt] (-en, -nen) *m(f)* héroe, heroína *m, f*.
helfen [ˈhɛlfən] *intr* ayudar.
Helfer(in) [ˈhɛlfɐ] (-, -nen) *m(f)* ayudante *m, f*.
hell [hɛl] *adj* claro, luminoso.
hellblond [ˈhɛlblɔnt] *adj* rubio claro.
Helm [hɛlm] (-e) *m* casco *m*.
Hemd [hɛmt] (-en) *n* camisa *f*.
Hemmung [ˈhɛmʊŋ] (-en) *f* cohibición *f*.
hemmungslos [ˈhɛmʊŋslo:s] *adj* sin escrúpulos.

h

Henkel [ˈhɛŋkəl] (-) *m* asa *f.*
Henne [ˈhɛnə] (-n) *f* gallina *f.*
her [heːɐ] *adv* **1** hacia aquí, hacia acá (local). **2** hace (temporal).
herab [hɛˈrap] *adv* hacia abajo.
herab|setzen [hɛˈrapˌzɛtsən] *tr* **1** reducir. **2** desacreditar.
heran [hɛˈran] *adv* por aquí, por este lado.
heran|wagen [hɛˈranˌvaːgən] *pron* **sich** ~ atreverse.
herauf [hɛˈraʊf] *adv* hacia arriba.
heraus [hɛˈraʊs] *adv* hacia afuera, afuera.
heraus|bekommen [hɛˈraʊsbəˌkɔmən] *tr* lograr sacar.
heraus|finden [hɛˈraʊsˌfɪndən] *tr* descubrir.
heraus|geben [hɛˈraʊsˌgeːbən] *tr* **1** entregar, dar. **2** publicar.
heraus|gehen [hɛˈraʊsˌgeːən] *intr* salir, irse.
heraus|kommen [hɛˈraʊsˌkɔmən] *intr* **1** salir. **2** llegarse a saber (la verdad, un secreto). **3** (fam) dar resultado.
heraus|suchen [hɛˈraʊsˌzuːxən] *tr* escoger.
herb [hɛrp] *adj* acre, agrio (sabor).
Herberge [ˈhɛrbɛrgə] (-n) *f* albergue *m.*
her|bringen [ˈheːɐˌbrɪŋən] *tr* traer hacia acá.
Herbst [hɛrpst] (-e) *m* otoño *m.*
Herd [heːɐt] (-e) *m* cocina *f*, horno *m.*
Herde [ˈheːɐdə] (-n) *f* rebaño *m.*
Herdplatte [ˈheːɐtˌplatə] (-n) *f* placa *f* (de la cocina).
herein [hɛˈraɪn] *adv* adentro.
herein|fallen [hɛˈraɪnˌfalən] *intr* caer adentro. ■ **auf etw** ~ caer en la trampa.
herein|legen [hɛˈraɪnˌleːgən] *tr* **1** introducir. **2** tomar el pelo.
her|geben [ˈheːɐˌgeːbən] *tr* dar, soltar.
hergebracht [ˈheːɐgəˌbraxt] *adj* habitual.
Hering [ˈheːrɪŋ] (-e) *m* arenque *m.*
her|kommen [ˈheːɐˌkɔmən] *intr* acercarse.
Herkunft [ˈheːɐkʊnft] *f* procedencia *f.*
Heroin [heroˈiːn] *n* heroína *f.*
Herr(in) [hɛr] (-en, -nen) *m(f)* señor(a) *m(f).*
her|richten [ˈheːɐˌrɪçtən] *tr* preparar.
herrlich [ˈhɛrlɪç] *adj* magnífico.
herrschen [ˈhɛrʃən] *intr* gobernar.
her|stellen [ˈheːɐˌʃtɛlən] *tr* producir.
Hersteller(in) [ˈheːɐʃtɛlɐ] (-, -nen) *m(f)* fabricante *m, f.*
Herstellung [ˈheːɐʃtɛlʊŋ] *f* fabricación *f.*
herüber [hɛˈryːbɐ] *adv* a este lado, hacia aquí o acá.
herum [hɛˈrʊm] *adv* alrededor.
herum|drehen [hɛˈrʊmˌdreːən] *tr* dar vuelta, girar.
herum|fahren [hɛˈrʊmˌfaːrən] *intr* dar una vuelta (en coche).

herum|kommen [hɛˈrʊmˌkɔmən] *intr* evitar algo.
herunter [hɛˈrʊntɐ] *adv* abajo, hacia abajo.
herunter|bringen [hɛˈrʊntɐˌbrɪŋən] *tr* bajar.
herunter|holen [hɛˈrʊntɐˌho:lən] *tr* traer abajo, bajar.
herunter|kommen [hɛˈrʊntɐˌkɔmən] *intr* bajar.
herunter|lassen [hɛˈrʊntɐˌlasən] *tr* bajar (las persianas).
hervor [hɛɐˈfo:ɐ] *adv* adelante, hacia adelante.
hervor|bringen [hɛɐˈfo:ɐˌbrɪŋən] *tr* producir.
hervorragend [hɛɐˈfo:ɐˌra:gənt] *adj* sobresaliente.
hervor|rufen [hɛɐˈfo:ɐˌru:fən] *tr* causar, provocar.
Herz [hɛrts] (**-en**) *n* corazón *m*.
herzhaft [ˈhɛrtshaft] *adj* enérgico, vigoroso.
herzkrank [ˈhɛrtskraŋk] *adj* enfermo del corazón.
herzlich [ˈhɛrtslɪç] *adj* cordial, cariñoso.
Herzlichkeit [ˈhɛrtslɪçkaɪt] *f* cordialidad *f*.
herzlos [ˈhɛrtslo:s] *adj* sin corazón, insensible.
Herzschlag [ˈhɛrtsʃla:k] (**-schläge**) *m* **1** latido *m* del corazón. **2** paro *m* cardíaco.
Hessen [ˈhɛsən] *n* Hesse *m*.
heterogen [heteroˈge:n] *adj* heterogéneo.
heterosexuell [heterozɛˈksŭɛl] *adj* heterosexual.
hetzen [ˈhɛtsən] *tr* **1** meter prisas. • *intr y pron* **2** apresurarse.
Heu [hɔɪ] *n* heno *m*.
heuchlerisch [ˈhɔɪçlərɪʃ] *adj* hipócrita.
heulen [ˈhɔɪlən] *intr* llorar.
Heuschrecke [ˈhɔɪˌʃrɛkə] (**-n**) *f* saltamontes *m*.
heute [ˈhɔɪtə] *adv* **1** hoy. **2** hoy en día, actualmente.
heutig [ˈhɔɪtɪç] *adj* de hoy, actual.
Hexe [ˈhɛksə] (**-n**) *f* bruja *f*.
hier [hi:ɐ] *adv* **1** aquí. **2** ahora, en este momento.
Hierarchie [hĭerarˈçi:] (**-n**) *f* jerarquía *f*.
hieraus [ˈhi:raʊs] *adv* de aquí, de esto, de ello.
hierbei [ˈhi:ɐbaɪ] *adv* en esto, con esto.
hier|bleiben [ˈhi:ɐˌblaɪbən] *intr* quedarse aquí.
hierher [ˈhi:ɐhe:ɐ] *adv* para acá, hacia aquí.
hierhin [ˈhi:ɐhɪn] *adv* aquí, hacia aquí o acá.
hiermit [ˈhi:ɐmɪt] *adv* con esto, con ello.
hiernach [ˈhi:ɐna:x] *adv* después de esto.
Hilfe [ˈhɪlfə] (**-n**) *f* ayuda *f*, auxilio *m*.
Hilferuf [ˈhɪlfəˌru:f] (**-e**) *m* grito *m* de auxilio.
hilflos [ˈhɪlflo:s] *adj* desamparado.
hilfreich [ˈhɪlfraɪç] *adj* **1** solícito, servicial. **2** útil.

h

hilfsbereit [ˈhɪlfsbəˌraɪt] *adj* servicial.
Himmel [ˈhɪməl] (-) *m* cielo *m*.
Himmelsrichtung [ˈhɪməlsˌrɪçtʊŋ] (-en) *f* punto *m* cardinal.
himmlisch [ˈhɪmlɪʃ] *adj* divino.
hin [hɪn] *adv* hacia allí.
hinauf|gehen [hɪˈnaʊfˌgeːən] *intr* subir.
hinauf|steigen [hɪˈnaʊfˌʃtaɪgən] *intr* ascender, subir.
hinaus [hɪˈnaʊs] *adv* hacia afuera, afuera.
hinaus|werfen [hɪˈnaʊsˌvɛrfən] *tr* tirar, echar.
Hinblick [ˈhɪnblɪk] *m* **im ~ auf** ***(+ac)*** en relación a.
hindern [ˈhɪndɐn] *tr* estorbar, impedir.
Hindernis [ˈhɪndɐnɪs] **(-se)** *n* obstáculo *m*.
hinein [hɪˈnaɪn] *adv* hacia adentro.
hinein|geraten [hɪˈnaɪngəˌraːtən] *intr* dar, ir a parar.
hinein|legen [hɪˈnaɪnˌleːgən] *tr* meter dentro.
hinein|passen [hɪˈnaɪnˌpasən] *intr* caber, encajar.
hinein|ziehen [hɪˈnaɪnˌtsiːən] *tr* tirar hacia adentro.
hin|fahren [ˈhɪnˌfaːrən] *intr* ir en coche, viajar.
Hinfahrt [ˈhɪnfaːɐt] **(-en)** *f* viaje *m* de ida.
hin|fallen [ˈhɪnˌfalən] *intr* caer (se) al suelo.
Hinflug [ˈhɪnfluːk] **(-flüge)** *m* vuelo *m* de ida.
hin|führen [ˈhɪnˌfyːrən] *tr* e *intr* conducir.
hin|gehen [ˈhɪnˌgeːən] *intr* ir.
hin|legen [ˈhɪnˌleːgən] *tr* poner, colocar (horizontalmente).
Hinreise [ˈhɪnˌraɪzə] **(-n)** *f* viaje *m* de ida.
hin|setzen [ˈhɪnˌzɛtsən] *tr* **1** sentar, colocar. ● **sich ~** *pron* **2** sentarse, tomar asiento.
Hinsicht [ˈhɪnzɪçt] *f* **in ~ auf** ***(+ac)*** en cuanto a.
hin|stellen [ˈhɪnˌʃtɛlən] *tr* colocar (verticalmente).
hinten [ˈhɪntən] *adv* detrás, atrás; en la parte posterior. ■ **da ~** allí detrás; **nach ~** hacia atrás.
hinter [ˈhɪntɐ] *prep* **+dat 1** detrás de, tras. **+ac 2** hacia atrás, detrás de.
hintere(r, s) [ˈhɪntərə] *adj* trasero, posterior.
hintereinander [hɪntɐaɪˈnandɐ] *adv* uno detrás de otro.
hinterfragen [hɪntɐˈfraːgən] *tr* cuestionar.
hintergehen [hɪntɐˈgeːən] *tr* engañar.
Hintergrund [ˈhɪntɐˌgrʊnt] **(-gründe)** *m* fondo *m*.
hinterhältig [ˈhɪntɐˌhɛltɪç] *adj* insidioso.
hinterher [hɪntɐˈheːɐ] *adv* **1** luego. **2** detrás (posición).
hinterlassen [hɪntɐˈlasən] *tr* **1** dejar. **2** legar, dejar en herencia.
hinterlegen [hɪntɐˈleːgən] *tr* depositar.

Hintern [ˈhɪntɐn] (-) *m* (fam) trasero *m*; popo *m* (Amér.).
Hinterseite [ˈhɪntɐˌzaɪtə] (-n) *f* parte *f* trasera.
Hintertür [ˈhɪntɐˌtyːɐ] (-en) *f* puerta *f* trasera.
hinüber [hɪˈnyːbɐ] *adv* hacia el otro lado, hacia allá.
hinunter [hɪˈnʊntɐ] *adv* abajo, hacia abajo.
hinunter|fahren [hɪˈnʊntɐˌfaːrən] *intr* bajar, descender (en un vehículo).
hinunter|gehen [hɪˈnʊntɐˌgeːən] *intr* bajar.
Hinweg [ˈhɪnveːk] (-e) *m* ida *f*.
Hinweis [ˈhɪnvaɪs] (-e) *m* indicación *f*, advertencia *f*.
hin|weisen [ˈhɪnˌvaɪzən] *tr* indicar, advertir. ▪ **jn auf etw*(ac)*** ~ indicar algo a alguien.
Hinweisschild [ˈhɪnvaɪsˌʃɪlt] (-er) *n* rótulo *m* indicador.
hin|werfen [ˈhɪnˌvɛrfən] *tr* tirar, echar.
hinzu [hɪnˈtsuː] *adv* además.
hinzu|fügen [hɪnˈtsuːˌfyːgən] *tr* añadir.
hinzu|kommen [hɪnˈtsuːˌkɔmən] *intr* venir, llegar.
Hirn [hɪrn] (-e) *n* cerebro *m*.
Hirsch [hɪrʃ] (-e) *m* ciervo *m*.
Hirte [hɪrtə] (-n) *m* pastor *m*.
historisch [hɪsˈtoːrɪʃ] *adj* histórico.
Hit [hɪt] (-s) *m* éxito *m*, hit *m*.
Hitze [ˈhɪtsə] *f* calor *m*.
hitzig [ˈhɪtsɪç] *adj* **1** colérico. **2** acalorado (discusión).
Hobby [ˈhɔbi] (-s) *n* hobby *m*.
hoch [hoːx] *adj* alto (montaña, edificio, etc.).
Hoch [hoːx] (-s) *n* anticiclón *m*.
Hochachtung [ˈhoːxˌaxtʊŋ] *f* alta consideración *f*.
hochdeutsch [ˈhoːxdɔɪtʃ] *adj* alemán estándar.
Hochform [ˈhoːxfɔrm] *f* plena forma *f*.
hoch|halten [ˈhoːxˌhaltən] *tr* mantener en alto.
Hochhaus [ˈhoːxhaʊs] (-häuser) *n* edificio *m* de varios pisos; rascacielos *m*.
hoch|heben [ˈhoːxˌheːbən] *tr* levantar.
Hochmut [ˈhoːxmuːt] *m* soberbia *f*.
hochmütig [ˈhoːxˌmyːtɪç] *adj* soberbio.
Hochsaison [ˈhoːxzɛˌzõː] (-s) *f* temporada *f* alta.
Hochschulabschluss [ˈhoːxʃuːlˌapʃlʊs] (-schlüsse) *m* diploma *m* universitario.
Hochschulstudium [ˈhoːxʃuːlˌʃtuːdĭʊm] (-studien) *n* estudios *m pl* universitarios.
Hochschule [ˈhoːxˌʃuːlə] (-n) *f* universidad *f*.
Hochsprache [ˈhoːxˌʃpraːxə] (-n) *f* lenguaje *m* culto.
höchst [høːçst] *adv* como máximo.
hoch|steigen [ˈhoːxˌʃtaɪgən] *intr y tr* subir.
höchstens [ˈhøːçstəns] *adv* como máximo.

höchstwahrscheinlich [ˈhøːçst-vaːʁˌʃaɪnlɪç] *adv* muy probablemente.
Hochtechnologie [ˈhoːxtɛçno-loˌgiː] (-n) *f* alta tecnología *f*.
Hochwasser [ˈhoːxˌvasɐ] (-) *n* **1** marea *f* alta. **2** inundación *f*.
hochwertig [ˈhoːxˌveːɐtɪç] *adj* de primera calidad.
Hochzeit [ˈhɔxtsaɪt] (-en) *f* boda *f*.
Hocker [ˈhɔkɐ] (-) *m* taburete *m*.
Hoden [ˈhoːdən] (-) *m* testículo *m*.
Hof [hoːf] (**Höfe**) *m* **1** patio *m*. **2** corte *f*.
hoffen [ˈhɔfən] *intr y tr* esperar.
hoffentlich [ˈhɔfɛntlɪç] *adj* ojalá.
Hoffnung [ˈhɔfnʊŋ] (-en) *f* esperanza *f*.
hoffnungslos [ˈhɔfnʊŋsloːs] *adj* desesperado.
höflich [ˈhøːflɪç] *adj* cortés, amable.
Höflichkeit [ˈhøːflɪçkaɪt] (-en) *f* cortesía *f*, amabilidad *f*.
Höhe [ˈhøːə] (-n) *f* altura *f*.
Höhepunkt [ˈhøːəˌpʊŋkt] (-e) *m* punto *m* culminante.
hohl [hoːl] *adj* hueco.
Höhle [ˈhøːlə] (-n) *f* cueva *f*.
Hohn [hoːn] *m* mofa *f*.
holen [ˈhoːlən] *tr* ir a buscar.
Holland [ˈhɔlant] *n* Holanda *f*.
Hölle [ˈhœlə] (-n) *f* infierno *m*.
Holocaust [ˈhoːlokaʊst] (-s) *m* holocausto *m*.
holperig [ˈhɔlpərɪç] *adj* → holprig.
holprig [ˈhɔlprɪç] *adj* lleno de baches.
Holz [hɔlts] *n* madera *f*.
Holzkohle [ˈhɔltsˌkoːlə] *f* carbón *m* vegetal.
Homosexuelle(r) [homozɛˈk-sŭɛl] (-n, -n) *mf(m)* homosexual *m, f*.
Honig [ˈhoːnɪç] *m* miel *f*.
Honorar [honoˈraːɐ] (-e) *n* honorarios *m pl*.
hören [ˈhøːrən] *tr* oír.
Hörer(in) [ˈhøːrɐ] (-, -nen) *m(f)* oyente *m, f*.
Horizont [horiˈtsɔnt] (-e) *m* horizonte *m*.
horizontal [horitsɔnˈtaːl] *adj* horizontal.
Hormon [hɔrˈmoːn] (-e) *n* hormona *f*.
Hörnchen [ˈhœrnçən] (-) *n* croisán *m*.
Horoskop [horoˈskoːp] (-e) *n* horóscopo *m*.
Horror [ˈhɔrɔɐ] *m* horror *m*.
Hörspiel [ˈhøːɐʃpiːl] (-e) *n* pieza *f* radiofónica.
Hose [ˈhoːzə] (-n) *f* pantalón *m*.
Hosenträger [ˈhoːzənˌtrɛːgɐ] (-) *m* tirantes *m pl*.
Hotel [hoˈtɛl] (-s) *n* hotel *m*.
Hotelier [hotəˈli̯eː] (-s) *m* hotelero *m*.
Hotelzimmer [hoˈtɛlˌtsɪmɐ] (-) *n* habitación *f* de hotel.
Hr. (*abrev de* **Herr**) *m* Sr. *m* (señor).
hübsch [hʏpʃ] *adj* bonito, guapo.

Hubschrauber [ˈhuːpʃraubɐ] (-) *m* helicóptero *m*.
Hüfte [ˈhʏftə] (-n) *f* cadera *f*.
Hügel [ˈhyːgəl] (-) *m* colina *f*.
hüg(e)lig [ˈhyːglɪç] *adj* con colinas.
Huhn [huːn] (**Hühner**) *n* **1** gallina *f*. **2** pollo *m* (comida).
Hühnchen [ˈhyːnçən] (-) *n* pollo *m*.
Hülle [ˈhʏlə] (-n) *f* funda *f*.
human [huˈmaːn] *adj* humano.
humanitär [humaniˈtɛːɐ] *adj* humanitario.
Humor [huˈmoːɐ] *m* humor *m*.
humpeln [ˈhʊmpəln] *intr* cojear.
Hund [hʊnt] (**-e**) *m* perro *m*.
hundert [ˈhʊndɐt] *adj* ciento, cien.
Hundert [ˈhʊndɐt] (**-e**) *n* centenar *m*, centena *f*.
hundertmal [ˈhʊndɐtmaːl] *adv* cien veces.
Hunger [ˈhʊŋɐ] *m* hambre *f*.
hungern [ˈhʊŋɐn] *intr* pasar hambre.
hungrig [ˈhʊŋrɪç] *adj* hambriento.
Hupe [ˈhuːpə] (**-n**) *f* bocina *f*, claxon *m*.
hupen [ˈhuːpən] *intr* tocar la bocina.
hüpfen [ˈhʏpfən] *intr* brincar.
Hure [ˈhuːrə] (**-n**) *f* (vulg) puta *f*.
husten [ˈhuːstən] *intr* toser.
Husten [ˈhuːstən] *m* tos *f*.
Hut [huːt] (**Hüte**) *m* sombrero *m*.
hüten [ˈhyːtən] *tr* **1** proteger. • **sich ~ vor** ***(+dat)*** *pron* **2** preservarse.
Hütte [ˈhʏtə] (**-n**) *f* cabaña *f*, refugio *m*.
hygienisch [hyˈgĭeːnɪʃ] *adj* higiénico.
Hypothek [hypoˈteːk] (**-en**) *f* hipoteca *f*.

Ii

i, I [iː] (-) *n* i, I *f* (letra).
IC [iːˈtseː] (*abrev de* **Intercity(zug)**) *m* Intercity *m*.
ich [ɪç] *pron* yo.
Ich [ɪç] (**-s**) *n* yo *m*.
ideal [ideˈaːl] *adj* ideal.
Ideal [ideˈaːl] (**-e**) *n* ideal *m*.
Idee [iˈdeː] (**-n**) *f* **1** idea *f*. **2** pensamiento *m*.
identifizieren [idɛntifiˈtsiːrən] *tr* identificar.
Identifizierung [idɛntifiˈtsiːrʊŋ] (**-en**) *f* identifiación *f*.
identisch [iˈdɛntɪʃ] *adj* idéntico.
Identität [idɛntiˈtɛːt] (**-en**) *f* identidad *f*.
Ideologie [ideoloˈgiː] (**-n**) *f* ideología *f*.

Idiot(in) [i'dĭo:t] **(-en, -nen)** *m(f)* idiota *m, f.*
idiotisch [i'dĭo:tɪʃ] *adj* idiota.
idyllisch [i'dʏlɪʃ] *adj* idílico.
Ignoranz [ɪgno'rants] *f* ignorancia *f.*
ignorieren [ɪgno'ri:rən] *tr* ignorar, no hacer caso.
ihr [i:ɐ] *pron* **1** vosotros, -as. **2** (dat sing de *sie*) le, a ella.
ihr(e) [i:ɐ, 'i:rə] *poses* su, sus.
Ihr(e) [i:ɐ, 'i:rə] *poses* su, sus, de usted, de ustedes.
ihre(r, s) ['i:rə] *poses* (el, los) suyo(s), (la, las) suya(s).
Ihre(r, s) ['i:rə] *poses* (el) suyo, (la) suya; (los) suyos, (las) suyas, de usted, de ustedes.
ihrer ['i:rɐ] *pron* (gen de *sie*) de ella; de ellos, de ellas.
Ihrer ['i:rɐ] *pron* (gen de *Sie*) de usted, de ustedes.
illegal [ɪle'ga:l] *adj* ilegal.
Illusion [ɪlu'zĭo:n] **(-en)** *f* ilusión *f.*
illustrieren [ɪlʊ'stri:rən] *tr* ilustrar.
Illustrierte [ɪlʊs'tri:ɐtə] **(-n)** *f* revista *f.*
im [ɪm] *prep* (in +dem) → in.
Imbiss ['ɪmbɪs] **(-e)** *m* piscolabis *m.*
imitieren [imi'ti:rən] *tr* imitar.
immatrikulieren [ɪmatriku'li:rən] *tr* **1** matricular. • **sich ~** *pron* **2** matricularse, inscribirse.
immer ['ɪmɐ] *adv* siempre.
immerhin ['ɪmɐ,hɪn] *adv* de todas maneras.
Immigrant(in) [ɪmi'grant] **(-en, -nen)** *m(f)* inmigrante *m, f.*
Immobilien [ɪmo'bi:lĭən] *f pl* bienes *m pl* inmuebles.
immun [ɪ'mu:n] *adj* MED inmune.
impfen ['ɪmpfən] *tr* vacunar.
imponieren [ɪmpo'ni:rən] *intr* imponer, infundir respeto.
Import [ɪm'pɔrt] *m* importación *f.*
importieren [ɪmpɔr'ti:rən] *tr* importar.
impotent ['ɪmpotɛnt] *adj* impotente.
improvisieren [ɪmprovi'zi:rən] *tr* improvisar.
Impuls [ɪm'pʊls] **(-e)** *m* impulso *m.*
in [ɪn] *prep* **+dat 1** (situación) en: *er wohnt in der Stadt = vive en la ciudad.* **2** (tiempo) en, dentro de: *in zwei Wochen = dentro de dos semanas.* **3** (circunstancia, constitución) de: *in dieser Form = de esta forma*; en: *in blau = en azul.* **4** (medida) en: *in Metern = en metros.* **+ac 5** (dirección) a (a un sitio): *er geht in die Schule = va a la escuela*; en (a dentro de algo): *in die Tasche = en la bolsa.*
inbegriffen ['ɪnbəgrɪfən] *adj* incluido, inclusive.
indem [ɪn'de:m] *conj* mientras.
Indianer(in) [ɪn'dĭa·nɐ] **(-, -nen)** *m(f)* indio, -a *m, f.*
Indien ['ɪndĭən] *n* la India *f.*
indirekt ['ɪndirɛkt] *adj* indirecto.

indiskret [ɪndɪsˈkreːt] *adj* indiscreto.
individuell [ɪndiviˈdŭɛl] *adj* individual.
Individuum [ɪndiˈviːduʊm] (-duen) *n* individuo *m*.
Indiz [ɪnˈdiːts] (-ien) *n* indicio *m*.
Indonesien [ɪndoˈneːzĭən] *n* Indonesia *f*.
industrialisieren [ɪndʊstrialiˈziːrən] *tr* industrializar.
Industrie [ɪndʊsˈtriː] (-n) *f* industria *f*.
industriell [ɪndʊstriˈɛl] *adj* industrial.
ineinander [ɪn|aɪˈnandɐ] *adv* uno en otro.
infantil [ɪnfanˈtiːl] *adj* infantil.
Infarkt [ɪnˈfarkt] (-e) *m* infarto *m*.
Infektion [ɪnfɛkˈtsĭoːn] (-en) *f* infección *f*.
infizieren [ɪnfiˈtsiːrən] *tr* **1** infectar.
Inflation [ɪnflaˈtsĭoːn] (-en) *f* inflación *f*.
Informatik [ɪnfɔrˈmaːtɪk] *f* informática *f*; computación *f* (Amér.).
Information [ɪnfɔrmaˈtsĭoːn] (-en) *f* información *f*.
informativ [ɪnfɔrmaˈtiːf] *adj* informativo.
informieren [ɪnfɔrˈmiːrən] *tr* informar.
Infrastruktur [ˈɪnfraʃtrʊktuːɐ] *f* infraestructura *f*.
Ingenieur(in) [ɪnʒeˈnĭøːɐ] (-e, -nen) *m(f)* ingeniero, -a *m, f*.
Inhaber(in) [ˈɪnhaːbɐ] (-, -nen) *m(f)* titular *m, f*.
Inhalt [ˈɪnhalt] (-e) *m* contenido *m*.
Inhaltsverzeichnis [ˈɪnhaltsfɛɐˌtsaɪçnɪs] (-se) *n* índice *m*.
Initiative [initsĭaˈtiːvə] (-n) *f* iniciativa *f*.
Injektion [ɪnjɛkˈtsĭoːn] (-en) *f* inyección *f*.
inklusive [ɪnkluˈziːvə] *prep* **+gen** **1** incluido, inclusive. • *adv* **2** incluido, inclusive.
inkompetent [ɪnkɔmpeˈtɛnt] *adj* incompetente.
inkonsequent [ɪnkɔnzeˈkvɛnt] *adj* inconsecuente.
Inland [ˈɪnlant] *n* **1** interior *m*. **2** país *m*.
innen [ˈɪnən] *adv* dentro.
Innenpolitik [ˈɪnənpoliˈtiːk] *f* política *f* interior.
Innenstadt [ˈɪnənˌʃtat] *f* centro *m* urbano.
innere(r, s) [ˈɪnərə] *adj* interior, interno.
innerhalb [ˈɪnɐhalp] *adv* **1** en el interior. • *prep* **+gen** **2** dentro de (situación, tiempo).
innerlich [ˈɪnɐlɪç] *adj* **1** interior. • *adv* **2** por dentro.
ins [ɪns] *prep* (in + das) → in.
Insekt [ɪnˈzɛkt] (-en) *n* insecto *m*.
Insel [ˈɪnzəl] (-n) *f* isla *f*.
inserieren [ɪnzeˈriːrən] *intr* poner un anuncio.
insgesamt [ɪnsgəˈzamt] *adv* en total.

insistieren [ɪnzɪsˈtiːrən] *intr* insistir.
insofern [ɪnzoˈfɛrn] *adv* **1** en este sentido. • *conj* **2** con tal que.
insoweit [ɪnzoˈvaɪt] *adv* **1** en este sentido. • *conj* **2** siempre que.
installieren [ɪnstaˈliːrən] *tr* instalar.
Instanz [ɪnˈstants] **(-en)** *f* autoridad *f* competente.
Instinkt [ɪnˈstɪŋkt] **(-e)** *m* instinto *m*.
instinktiv [ɪnstɪŋkˈtiːf] *adj* instintivo.
Institut [ɪnstiˈtuːt] **(-e)** *n* instituto *m*.
Institution [ɪnstituˈtsĭoːn] **(-en)** *f* institución *f*.
instruieren [ɪnstruˈiːrən] *tr* instruir.
Instruktion [ɪnstrʊkˈtsĭoːn] **(-en)** *f* instrucción *f*.
Instrument [ɪnstruˈmɛnt] **(-e)** *n* instrumento *m*.
inszenieren [ɪnstseˈniːrən] *tr* escenificar.
intakt [ɪnˈtakt] *adj* intacto.
Integration [ɪntegraˈtsĭoːn] **(-en)** *f* integración *f*.
integrieren [ɪnteˈgriːrən] *tr* integrar.
Intellekt [ɪntɛˈlɛkt] *m* intelecto *m*.
intellektuell [ɪntɛlɛkˈtŭɛl] *adj* intelectual.
intelligent [ɪntɛliˈgɛnt] *adj* inteligente.
Intelligenz [ɪntɛliˈgɛnts] *f* inteligencia *f*.
Intensität [ɪntɛnziˈtɛːt] **(-en)** *f* intensidad *f*.
intensiv [ɪntɛnˈziːf] *adj* intenso; intensivo.
Intensivkurs [ɪntɛnˈziːfˌkʊrs] **(-e)** *m* curso *m* intensivo.
interaktiv [ɪntɐakˈtiːf] *adj* interactivo.
Intercity [ɪntɐˈsɪti] **(-s)** *m* intercity *m*.
interessant [ɪntərɛˈsant] *adj* interesante.
Interesse [ɪntəˈrɛsə] **(-n)** *n* interés *m*. ■ **~ haben/zeigen** tener/mostrar interés.
interessieren [ɪntərɛˈsiːrən] *tr* interesar. ■ **sich ~ für (+ac)** interesarse por.
Interface [ˈɪntɐfeɪs] **(-s)** *n* INF interface *m*.
interkulturell [ɪntɐkʊltuˈrɛl] *adj* intercultural.
intern [ɪnˈtɛrn] *adj* interno.
international [ɪntɐnatsĭoˈnaːl] *adj* internacional.
Internet [ˈɪntɐnɛt] *n* INF internet *m*.
Interpretation [ɪntɐpretaˈtsĭoːn] **(-en)** *f* interpretación *f*.
interpretieren [ɪntɐpreˈtiːrən] *tr* interpretar.
Interregio [ɪntɐˈreːgĭo] **(-s)** *m* tren *m* interregional.
Intervention [ɪntɐvɛnˈtsĭoːn] **(-en)** *f* intervención *f*.
Interview [ˈɪntɐvjuː] **(-s)** *n* entrevista *f*.
interviewen [ɪntɐˈvjuːən] *tr* entrevistar.

intim [ɪn'ti:m] *adj* íntimo.
intolerant [ɪntole'rant] *adj* intolerante.
Intoleranz [ɪntole'rants] *f* intolerancia *f.*
Intuition [ɪntui'tsĭo:n] **(-en)** *f* intuición *f.*
invalid(e) [ɪnva'li:t] *adj* inválido.
Invalide [ɪnva'li:də] **(-n)** *m, f* inválido, -a *m, f.*
Invasion [ɪnva'zĭo:n] **(-en)** *f* invasión *f.*
investieren [ɪnves'ti:rən] *tr* invertir.
Investition [ɪnvɛsti'tsĭo:n] **(-en)** *f* inversión *f.*
inwiefern [ɪnvi'fɛrn] *adv* hasta qué punto; en qué medida.
inzwischen [ɪn'tsvɪʃən] *adv* mientras tanto, entretanto.
Irak [i'ra:k] *m* Irak *m.*
Iran [i'ra:n] *m* Irán *m.*
irdisch ['ɪrdɪʃ] *adj* terrestre.
Ire, -in ['i:rə] **(-n, -nen)** *m, f* irlandés, -esa *m, f.*
irgendein(e) ['ɪrgənt,aɪn] *art* algún, -una.
irgendeine(r, s) ['ɪrgənt,aɪnɐ] *pron* alguno, -a.
irgendeinmal ['ɪrgənt,aɪnma:l] *adv* alguna vez.
irgendetwas ['ɪrgənt,ɛtvas] *pron* algo, cualquier cosa.
irgendjemand ['ɪrgənt,je:mant] *pron* alguien.
irgendwann ['ɪrgənt,van] *adv* algún día.
irgendwelche ['ɪrgənt,vɛlçə] *pron* algunos, -as.
irgendwie ['ɪrgənt,vi:] *adv* de cualquier modo.
irgendwo ['ɪrgənt,vo:] *adv* en alguna parte.
irisch ['i:rɪʃ] *adj* irlandés.
Irland ['ɪrlant] *n* Irlanda *f.*
Ironie [iro'ni:] *f* ironía *f.*
irrational [ɪratsĭo'na:l] *adj* irracional.
Irre ['ɪrə] *f* **jn in die ~ führen** engañar a alguien.
irregulär [ɪregu'lɛ:ɐ] *adj* irregular.
irrelevant [ɪrele'vant] *adj* irrelevante.
irren ['ɪrən] *pron* **sich ~** equivocarse.
irritieren [ɪri'ti:rən] *tr* irritar; desesperar.
Irrsinn ['ɪrzɪn] *m* locura *f.*
irrsinnig ['ɪrzɪnɪç] *adj* loco.
Irrtum ['ɪrtu:m] **(Irrtümer)** *m* equivocación *f*; error *m.*
irrtümlich ['ɪrty:mlɪç] *adj* **1** erróneo. • *adv* **2** por equivocación.
Islam [ɪs'la:m] *m* islam *m.*
Island ['i:slant] *n* Islandia *f.*
isolieren [izo'li:rən] *tr* aislar.
Isolierung [izo'li:rʊŋ] *f* aislamiento *m.*
Israel ['ɪsrae:l] *n* Israel *m.*
Israeli [ɪsra'e:li] **(-s)** *m, f* israelí *m, f.*
Italien [i'ta:lĭən] *n* Italia *f.*
Italiener(in) [ita'lĭe:nɐ] **(-, -nen)** *m(f)* italiano, -a *m, f.*
italienisch [ita'lĭe:nɪʃ] *adj* italiano.

Jj

j, J [jɔt] (-) *n* j, J *f* (letra).
ja [ja:] *adv* sí.
Jacke [ˈjakə] (-n) *f* chaqueta *f*.
Jackett [ʒaˈkɛt] (-s) *n* americana *f*.
Jagd [ja:kt] (-en) *f* caza *f*.
jagen [ˈja:gən] *tr* e *intr* cazar.
Jäger [ˈjɛ:gɐ] (-) *m* cazador *m*.
Jahr [ja:ɐ] (-e) *n* año *m*.
jahrelang [ˈja:rəˌlaŋ] *adj* **1** de muchos años. • *adv* **2** durante muchos años.
Jahreseinkommen [ˈja:rəsˌaɪnkɔmən] *n* renta *f* anual.
Jahrestag [ˈja:rəsˌta:k] (-e) *m* aniversario *m*.
Jahreszeit [ˈja:rəsˌtsaɪt] (-en) *f* estación *f* del año.
Jahrgang [ˈja:ɐgaŋ] (-gänge) *m* **1** año *m* natal. **2** promoción *f*, quinta *f*. **3** cosecha *f* (de vino).
Jahrhundert [ja:ɐˈhʊndɐt] (-e) *n* siglo *m*.
jährlich [ˈjɛ:ɐlɪç] *adj* **1** anual. • *adv* **2** anualmente.
Jahrzehnt [ja:ɐˈtse:nt] (-e) *n* década *f*.
jähzornig [ˈjɛ:tsɔrnɪç] *adj* colérico; irascible.
Jalousie [ʒaluˈzi:] (-n) *f* persiana *f*.
jämmerlich [ˈjɛmɐlɪç] *adj* lastimoso; deplorable.
jammern [ˈjamɐn] *intr* lamentarse; quejarse.
Januar [ˈjanŭa:ɐ] (-e) *m* enero *m*.
Japan [ˈja:pan] *n* Japón *m*.
Japaner(in) [jaˈpa:nɐ] (-, -nen) *m(f)* japonés, -esa *m, f*.
japanisch [jaˈpa:nɪʃ] *adj* japonés.
jawohl [jaˈvo:l] *adv* (fam) sí, ciertamente.
Jazz [dʒɛs] *m* jazz *m*.
Jazzband [ˈdʒɛsbant] *f* banda *f* de jazz.
je [je:] *adv* **1** jamás, nunca. **2** por; cada uno.
Jeans [dʒi:nz] *pl* vaqueros *m pl*, tejanos *m pl*.
jede(r, s) [ˈje:də] *adj* **1** cada. • *pron* **2** cada uno, cada una.
jedenfalls [ˈje:dənˌfals] *adv* en todo caso.
jederzeit [ˈje:dɐˌtsaɪt] *adv* siempre, en cualquier momento.
jedesmal [ˈje:dəsˌma:l] *adv* siempre.
jedoch [jeˈdɔx] *adv* sin embago.
jemals [ˈje:ma:ls] *adv* nunca, jamás; alguna vez.
jemand [ˈje:mant] *pron* alguien.
jene(r, s) [ˈje:nə] *adj* **1** ese, esa; aquel, aquella. • *pron* **2** ése, ésa, eso; aquél, aquélla, aquello.

jenseitig [ˈjeːnzaɪtɪç] *adj* del otro lado.
Jesuit [jezuˈiːt] (-en) *m* jesuita *m.*
Jet [dʒɛt] (-s) *m* AER jet *m.*
jetzt [jɛtst] *adv* **1** ahora; en este momento. **2** actualmente.
jeweilige(r, s) [ˈjeːvaɪlɪgə] *adj* correspondiente, respectivo.
jeweils [ˈjeːvaɪls] *adv* respectivamente; cada vez.
Jh. (*abrev de* **Jahrhundert**) *n* siglo *m.*
JH (*abrev de* **Jugendherberge**) *f* albergue *m* juvenil.
Job [dʒɔp] (-s) *m* trabajo *m,* empleo *m.*
joggen [ˈdʒɔgən] *intr* hacer footing.
Joghurt o **Jogurt** [ˈjoːgʊrt] (-s) *m* yogur *m.*
Journalist(in) [ʒʊrnaˈlɪst] (-en, -nen) *m(f)* periodista *m, f.*
Jubel [ˈjuːbəl] *m* júbilo *m.*
jubeln [ˈjuːbəln] *intr* dar gritos de júbilo.
Jubiläum [jubiˈlɛːʊm] (**Jubiläen**) *n* aniversario *m.*
Jude [ˈjuːdə] (-n) *m* judío *m.*
Judentum [ˈjuːdəntuːm] *n* judaísmo *m.*
Jüdin [ˈjyːdɪn] (-nen) *f* judía *f.*
jüdisch [ˈjyːdɪʃ] *adj* judío.
Jugend [ˈjuːgənt] *f* juventud *f.*
jugendfrei [ˈjuːgəntˌfraɪ] *adj* apto para menores.
Jugendherberge [ˈjuːgəntˌhɛrbɛrgə] *f* albergue *m* juvenil.
jugendlich [ˈjuːgəntlɪç] *adj* joven.
Jugendliche(r) [ˈjuːgəntlɪçə] (-n, -n) *mf(m)* joven *m, f,* adolescente *m, f.*
Jugoslawien [jugosˈlaːvĭən] *n* Yugoslavia *f.*
Juli [ˈjuːli] (-s) *m* julio *m.*
jung [jʊŋ] *adj* joven.
Junge [ˈjʊŋə] (-n) *m* muchacho *m;* gurrumino *m* (Amér.).
Jungfrau [ˈjʊŋfraʊ] (-en) *f* **1** virgen *f.* **2** ASTR Virgo *m.*
Junggeselle, -in [ˈjʊŋgəˌzɛlə] (-n, -nen) *m, f* soltero, -a *m, f.*
Juni [ˈjuːni] (-s) *m* junio *m.*
Jura [ˈjuːra] derecho *m.*
Jurist(in) [juˈrɪst] (-en, -nen) *m(f)* jurista *m, f.*
Justiz [jʊsˈtiːts] *f* justicia *f.*

Kk

k, K [ka:] (-) *n* k, K *f* (letra)
Kabarett [kaba'rɛt] (**-s**) *n* cabaret *m*.
Kabarettist(in) [kabarɛ'tɪst] (**-en, -nen**) *m(f)* cabaretero, -a *m, f*.
Kabel ['ka:bəl] (-) *n* cable *m*.
Kabelfernsehen ['ka:bəl,fɛrnze:ən] *n* televisión *f* por cable.
Kabine [ka'bi:nə] (**-n**) *f* **1** cabina *f*. **2** vestuario *m*. **3** MAR camarote *m*.
Kachel ['kaxəl] (**-n**) *f* azulejo *m*, baldosa *f*.
Kacke ['kakə] *f* (vulg) mierda *f*.
Kadaver [ka'da:vɐ] (-) *m* cadáver *m*.
Käfer ['kɛ:fɐ] (-) *m* escarabajo *m*.
Kaffee ['kafə o ka'fe:] (**-s**) *m* café *m*.
Kaffeehaus ['kafə,haʊs] (**-häuser**) *n* café *m*, cafetería *f*.
Kaffeekanne ['kafə,kanə] (**-n**) *f* cafetera *f*.
Kafeemaschine ['kafəma,ʃi:nə] (**-n**) *f* cafetera *f* automática.
Käfig ['kɛ:fɪç] (**-e**) *m* jaula *f*.
kahl [ka:l] *adj* calvo.
Kahn [ka:n] (**Kähne**) *m* bote *m*.
Kaiser(in) ['kaɪzɐ] (**-, -nen**) *m(f)* emperador *m*, emperatriz *f*.
kaiserlich ['kaɪzɐlɪç] *adj* imperial.
Kajak ['ka:jak] (**-s**) *m* o *n* kayac *m*.
Kakao [ka'ka:o] (**-s**) *m* cacao *m*.
Kakaopulver [ka'ka:o,pʊlvɐ] *n* cacao *m* en polvo.
Kakerlak ['ka:kɐlak] (**-en**) *m* cucaracha *f*.
Kalb [kalp] (**Kälber**) *n* ternero *m*, ternera *f*.
Kalbsbraten ['kalps,bratən] (-) *m* asado *m* de ternera.
Kalender [ka'lɛndɐ] (-) *m* calendario *m*.
Kalk [kalk] *m* cal *f*.
Kalkulation [kalkula'tsĭo:n] (**-en**) *f* cálculo *m*.
kalkulieren [kalku'li:rən] *tr* calcular.
Kalorie [kalo'ri:] (**-n**) *f* caloría *f*.
kalorienarm [kalo'ri:ən,arm] *adj* bajo en calorías.
kalt [kalt] *adj* frío.
kaltblütig ['kalt,bly:tɪç] *adj* sin escrúpulos.
Kälte ['kɛltə] *f* frío *m*.
Kamera ['kaməra] (**-s**) *f* máquina *f* fotográfica.
Kamerad(in) [kamə'ra:t] (**-en, -nen**) *m(f)* camarada *m, f*.
kameradschaftlich [kamə'ra:tʃaftlɪç] *adj* de camarada, de compañero.
Kameramann ['kamera,man] (**-männer, -leute**) *m* operador *m*.

Kamerun [ˈkaməru:n] *n* Camerún *m*.
Kamille [kaˈmɪlə] *f* manzanilla *f*.
Kamillentee [kaˈmɪlənˌte:] *m* infusión *f* de manzanilla.
Kamin [kaˈmi:n] **(-e)** *m* chimenea *f*.
Kamm [kam] **(Kämme)** *m* peine *m*.
kämmen [ˈkɛmən] *tr* peinar.
Kammer [ˈkamɐ] **(-n)** *f* **1** despensa *f*. **2** (arc) alcoba *f*.
Kammermusik [ˈkamɐmuˌzi:k] *f* música *f* de cámara.
Kampf [kampf] **(Kämpfe)** *m* lucha *f*.
kämpfen [ˈkɛmpfən] *intr* luchar.
Kanada [ˈkanada] *n* Canadá *m*.
Kanal [kaˈna:l] **(Kanäle)** *m* **1** acequia *f*, canal *m*. **2** TV, RAD canal *m*.
Kanalisation [kanalizaˈtsĭo:n] **(-en)** *f* canalización *f*.
kanalisieren [kanaliˈzi:rən] *tr* canalizar.
Kanaren [kaˈna:rən] *pl* Las Canarias *f pl*.
Kandidat(in) [kandiˈda:t] **(-en, -nen)** *m(f)* candidato, -a *m, f*.
kandieren [kanˈdi:rən] *tr* escarchar.
Kandis [ˈkandɪs] *m* azúcar *m* cande.
Känguru [ˈkɛŋguru] **(-s)** *n* canguro *m*.
Kaninchen [kaˈni:nçən] **(-)** *n* conejo *m*.
Kanister [kaˈnɪstɐ] **(-)** *m* lata *f*, bidón *m*.
Kännchen [ˈkɛnçən] **(-)** *n* jarrita *f*.
Kanne [ˈkanə] **(-n)** *f* jarra *f*.
Kantate [kanˈta:tə] **(-n)** *f* cantata *f*.
Kante [ˈkantə] **(-n)** *f* **1** canto *m*, esquina *f*. **2** borde *m*.
Kantine [kanˈti:nə] **(-n)** *f* cantina *f*, comedor *m* colectivo.
Kanu [ˈka:nu] **(-s)** *n* canoa *f*, piragua *f*.
Kanzler(in) [ˈkantslɐ] **(-, -nen)** *m(f)* canciller *m, f*.
Kapazität [kapatsiˈtɛ:t] **(-en)** *f* **1** capacidad *f*. **2** (fig) eminencia *f*.
Kapelle [kaˈpɛlə] **(-n)** *f* capilla *f*.
kapieren [kaˈpi:rən] *tr* (fam) comprender.
Kapital [kapiˈta:l] **(-e, -ien)** *n* capital *m*.
Kapitalanlage [kapiˈta:lˌanla:gə] *f* inversión *f* de capital.
Kapitalismus [kapitaˈlɪsmʊs] *m* capitalismo *m*.
kapitalistisch [kapitaˈlɪstɪʃ] *adj* capitalista.
Kapitel [kaˈpɪtəl] **(-)** *n* capítulo *m*.
kapitulieren [kapituˈli:rən] *intr* capitular.
Kappe [ˈkapə] **(-n)** *f* gorra *f*.
Kapsel [ˈkapsəl] **(-n)** *f* cápsula *f*.
kaputt [kaˈpʊt] *adj* roto.
kapput|gehen [kaˈpʊtˌge:ən] *intr* romperse.

K

kaputt|machen [ka'pʊtˌmaxən] *tr* romper.
Kapuze [ka'pu:tsə] (**-n**) *f* capucha *f*.
Karaffe [ka'rafə] (**-n**) *f* garrafa *f*.
Karamel(l) [kara'mɛl] *n* caramelo *m*, azúcar *m* tostado.
Karate [ka'ra:tə] *n* karate *m*.
karg [kark] *adj* **1** escaso. **2** árido (suelo).
kariert [ka'ri:ɐt] *adj* a cuadros.
Karies ['ka:rĭɛs] *f* caries *f*.
Karikatur [karika'tu:ɐ] (**-en**) *f* caricatura *f*.
karitativ [karita'ti:f] *adj* caritativo.
Karneval ['karnəval] (**-e, -s**) *m* carnaval *m*.
Karnickel [kar'nɪkəl] (**-**) *n* (fam) conejo *m*.
Karosserie [karɔsə'ri:] (**-n**) *f* carrocería *f*.
Karotte [ka'rɔtə] (**-n**) *f* zanahoria *f*.
Karpfen ['karpfən] (**-**) *m* carpa *f*.
Karriere [ka'rĭe:rə] (**-n**) *f* carrera *f* profesional.
Karte ['kartə] (**-n**) *f* **1** tarjeta *f*. **2** billete *m* (de tren). **3** carta *f* (en restaurantes). **4** carta *f*, naipe *m*. **5** entrada *f* (de teatro, cine, etc.).
Kartei [kar'taɪ] (**-en**) *f* fichero *m*.
Kartenspiel ['kartənˌʃpi:l] (**-e**) *n* juego *m* de cartas.
Kartoffel [kar'tɔfəl] (**-n**) *f* patata *f*; papa *f* (Amér.).
Kartoffelbrei [kar'tɔfəlˌbraɪ] *m* puré *m* de patatas.
Kartoffelpüree [kar'tɔfəlpyˌre:] *n* puré *m* de patatas.
Kartoffelsalat [kar'tɔfəlzaˌla:t] *m* ensalada *f* de patatas.
Karton [kar'tɔŋ] (**-s**) *m* cartón *m*.
Karussell [karʊ'sɛl] (**-s**) *n* carrusel *m*.
Karwoche ['ka:ɐˌvɔxə] (**-n**) *f* Semana *f* Santa.
Käse ['kɛ:zə] (**-**) *m* queso *m*.
Käsekuchen ['kɛ:zəˌku:xən] *m* tarta *f* de queso.
Kaserne [ka'zɛrnə] (**-n**) *f* cuartel *m*.
Kasino [ka'zi:no] (**-s**) *n* casino *m*.
Kasse ['kasə] (**-n**) *f* **1** caja *f*. **2** taquilla *f*.
Kassenstunden ['kasənˌʃtʊndən] *f pl* horas *f pl* de caja.
Kassenzettel ['kasənˌtsɛtəl] (**-**) *m* comprobante *m* de caja.
Kassette [ka'sɛtə] (**-n**) *f* cinta *f*, casete *f* (música, TV).
Kassettenrecorder [ka'sɛtənreˌkɔrdɐ] (**-**) *m* radiocassette *m*.
kassieren [ka'si:rən] *tr* cobrar, recaudar.
Kassierer(in) [ka'si:rɐ] (**-, -nen**) *m(f)* cajero, -a *m, f*.
Kastanie [kas'ta:nĭə] (**-n**) *f* castaña *f*.
Kästchen ['kɛstçən] (**-**) *n* cajita *f*.
Kasten ['kastən] (**Kästen**) *m* caja *f*.
kastilisch [kas'ti:lɪʃ] *adj* castellano.

Kastration [kastra'tsĭo:n] **(-en)** *f* castración *f*.
Katalane, -in [kata'la:nə] **(-n, -nen)** *m, f* catalán, -ana *m, f*.
Katalog [kata'lo:k] **(-e)** *m* catálogo *m*.
Katalonien [kata'lo:nĭən] *n* Cataluña *f*.
Katalysator [kataly'za:toɐ] **(-en)** *m* catalizador *m*.
Katapult [kata'pʊlt] **(-e)** *m* o *n* catapulta *f*.
katastrophal [katastro'fa:l] *adj* catastrófico.
Katastrophe [katas'tro:fə] **(-n)** *f* catástrofe *f*.
Kategorie [katego'ri:] **(-n)** *f* categoría *f*.
kategorisch [kate'go:rɪʃ] *adj* categórico.
Kater ['ka:tɐ] **(-)** *m* gato *m*.
Kathedrale [kate'dra:lə] **(-n)** *f* catedral *f*.
katholisch [ka'to:lɪʃ] *adj* católico.
Katze ['katsə] **(-n)** *f* gato *m*, gata *f*.
kauen ['kaʊən] *tr* masticar.
Kauf [kaʊf] **(Käufe)** *m* compra *f*.
kaufen ['kaʊfən] *tr* comprar.
Käufer(in) ['kɔɪfɐ] **(-, -nen)** *m(f)* comprador(a) *m(f)*.
Kauffrau ['kaʊffraʊ] **(-en)** *f* comerciante *f*, negociante *f*.
Kaufhaus ['kaʊfhaʊs] **(-häuser)** *n* grandes almacenes *m pl*.
käuflich [kɔɪflɪç] *adj* comprable.
Kaufmann ['kaʊfman] **(-männer)** *m* comerciante *m*; negociante *m*.
Kaufvertrag ['kaʊffɛɐˌtra:k] **(-träge)** *m* contrato *m* de compraventa.
Kaugummi ['kaʊˌgʊmi] **(-s)** *m* o *n* chicle *m*.
kaum [kaʊm] *adv* apenas.
Kaution [kaʊ'tsĭo:n] **(-en)** *f* fianza *f*.
keck [kɛk] *adj* audaz, fresco.
Kegel ['ke:gəl] **(-)** *m* **1** bolo *m*. **2** GEOM cono *m*.
Kehle ['ke:lə] **(-n)** *f* garganta *f*.
kehren ['ke:rən] *tr* **1** volver, dar la vuelta. ● *tr* e *intr* **2** barrer.
Keil [kaɪl] **(-e)** *m* cuña *f*.
Keim [kaɪm] **(-e)** *m* germen *m*.
keimen ['kaɪmən] *intr* germinar.
keimfrei ['kaɪmfraɪ] *adj* esterilizado.
kein(e) [kaɪn] *art* ningún: *er hat kein Geld = no tiene ningún dinero*. ■ ~ **Mensch** nadie.
keine(r, s) ['kaɪnə] *pron* nadie; ninguno, -a.
keinerlei ['kaɪnɐˌlaɪ] *adj* ningún, de ningún tipo.
keinesfalls ['kaɪnəsˌfals] *adv* en ningún caso.
keineswegs ['kaɪnəsˌve:ks] *adv* de ninguna manera.
Keks [ke:ks] **(-e)** *m* o *n* galleta *f*.
Keller ['kɛlɐ] **(-)** *m* sótano *m*.
Kellergeschoss ['kɛlɐgəˌʃɔs] **(-e)** *n* sótano *m*.

Kellner(in) [ˈkɛlnɐ] (-, -nen) *m(f)* camarero, -a *m, f.*
kellnern [ˈkɛlnɐn] *intr* trabajar como camarero.
Kenia [ˈkeːnĭa] *n* Kenia *f.*
kennen [ˈkɛnən] *tr* **1** conocer. **2** saber. ■ ~ **lernen** conocer.
Kennkarte [ˈkɛnˌkartə] (-n) *f* tarjeta *f* de identidad; cédula *f* personal (Amér.).
kenntlich [ˈkɛntlɪç] *adj* reconocible.
Kenntnis [ˈkɛntnɪs] (-se) *f* conocimiento *m.*
Kennwort [ˈkɛnvɔrt] (-wörter) *n* contraseña *f.*
Kennzeichen [ˈkɛnˌtsaɪçən] (-) *n* **1** característica *f.* **2** marca *f.*
kennzeichnen [ˈkɛnˌtsaɪçnən] *tr* **1** marcar, señalar. **2** caracterizar.
kennzeichnend [ˈkɛnˌtsaɪçnənt] *adj* característico.
Keramik [keˈraːmɪk] (-en) *f* cerámica *f.*
Kerl [kɛrl] (-e) *m* (fam) tío *m,* tipo *m.*
Kern [kɛrn] (-e) *m* **1** pepita *f.* **2** (fig) centro *m.*
Kernenergie [ˈkɛrnenɛrˌgiː] *f* energía *f* nuclear.
Kernkraftwerk [ˈkɛrnˌkraftvɛrk] (-e) *n* central *f* nuclear.
Kerze [ˈkɛrtsə] (-n) *f* vela *f.*
Kessel [ˈkɛsəl] (-) *m* caldera *f.*
Ket(s)chup [ˈkɛtʃap] (-s) *m* o *n* ketchup *m.*
Kette [ˈkɛtə] (-n) *f* **1** cadena *f.* **2** serie *f.*
Kettenreaktion [ˈkɛtənreakˌtsĭoːn] (-en) *f* reacción *f* en cadena.
keuchen [ˈkɔɪçən] *intr* jadear.
Keule [ˈkɔɪlə] (-n) *f* **1** maza *f.* **2** pata *f,* muslo *m.*
keusch [kɔɪʃ] *adj* (arc) casto, pudoroso.
Kfz (*abrev de* **Kraftfahrzeug**) *n* automóvil *m.*
kg (*abrev de* **Kilogramm**) *n* Kg. *m* (kilogramo).
kicken [ˈkɪkən] *tr* (fam) chutar.
kidnappen [ˈkɪtnɛpən] *tr* (fam) secuestrar.
Kiefer [ˈkiːfɐ] (-) *m* mandíbula *f.*
Kiefer [ˈkiːfɐ] (-n) *f* pino *m.*
Kies [kiːs] (-e) *m* grava *f.*
Kiesel [ˈkiːzəl] (-) *m* guijarro *m.*
Kilo [ˈkiːlo] (-s) *n* kilo *m.*
Kilogramm [kiloˈgram] (-) *n* kilogramo *m.*
Kilometer [kiloˈmeːtɐ] (-) *m* kilómetro *m.*
Kilometerzähler [kiloˈmeːtɐˌtsɛːlɐ] (-) *m* cuentakilómetros *m.*
Kilowatt [kiloˈwat] (-) *n* kilovatio *m.*
Kind [kɪnt] (-er) *n* **1** niño, -a *m, f.* **2** hijo, -a *m, f.*
Kindergarten [ˈkɪndɐˌgartən] (-gärten) *m* jardín *m* de infancia.
Kindergärtner(in) [ˈkɪndɐˌgɛrtnɐ] (-, -nen) *m(f)* maestro, -a *m, f* de párvulos.
Kindergeld [ˈkɪndɐˌgɛlt] *n* subsidio *m* familiar por hijos.

Kinderheim [ˈkɪndɐˌhaɪm] (**-e**) *n* hogar *m* para niños.
Kinderkrankheit [ˈkɪndɐˌkraŋkhaɪt] (**-en**) *f* enfermedad *f* infantil.
Kinderlähmung [ˈkɪndɐˌlɛːmʊŋ] *f* poliomielitis *f*.
kinderlieb [ˈkɪndɐˌliːp] *adj* niñero.
Kinderwagen [ˈkɪndɐˌvaːgən] (**-**) *m* cochecito *m* de niños.
Kindheit [ˈkɪnthaɪt] *f* infancia *f*.
kindisch [ˈkɪndɪʃ] *adj* (desp) infantil.
kindlich [ˈkɪntlɪç] *adj* **1** aniñado. **2** inocente, cándido.
Kinn [kɪn] (**-e**) *n* barbilla *f*.
Kino [ˈkiːno] (**-s**) *n* cine *m*.
Kinovorstellung [ˈkiːnoˌfoːɐ̯ʃtelʊŋ] (**-en**) *f* sesión *f* de cine.
Kiosk [ˈkiːɔsk] (**-e**) *m* kiosco *m*.
kippen [ˈkɪpən] *tr* volcar, tumbar.
Kirche [ˈkɪrçə] (**-n**) *f* iglesia *f*.
Kirchenschiff [ˈkɪrçənˌʃɪf] (**-e**) *n* ARQ nave *f*.
kirchlich [ˈkɪrçlɪç] *adj* eclesiástico.
Kirchturm [ˈkɪrçtʊrm] (**-türme**) *m* torre *f* de la iglesia.
Kirsche [ˈkɪrʃə] (**-n**) *f* cereza *f*.
Kiste [ˈkɪstə] (**-n**) *f* caja *f*.
Kitsch [kɪtʃ] *m* cursilería *f*.
kitschig [ˈkɪtʃɪç] *adj* cursi.
kitz(e)lig [ˈkɪts(ə)lɪç] *adj* cosquilloso.
kitzeln [ˈkɪtsəln] *tr* hacer cosquillas.
Kiwi [ˈkiːvi] (**-s**) *f* kiwi *m*.
Klage [ˈklaːgə] (**-n**) *f* queja *f*; demanda *f*.
klagen [ˈklaːgən] *intr* lamentarse, quejarse; demandar.
kläglich [ˈklɛːklɪç] *adj* lamentable.
Klammer [ˈklamɐ] (**-n**) *f* **1** clip *m*. **2** grapa *f*. **3** pinza *f* (ropa).
klammern [ˈklamɐn] *tr* sujetar.
Klang [klaŋ] (**Klänge**) *m* sonido *m*.
Klappe [ˈklapə] (**-n**) *f* tapa *f*.
klappen [ˈklapən] *intr* (fam) salir bien.
klappern [ˈklapɐn] *intr* matraquear.
klar [klaːɐ] *adj* claro.
Kläranlage [ˈklɛːɐˌanlaːgə] (**-n**) *f* planta *f* depuradora.
klären [ˈklɛːrən] *tr* **1** clarificar. **• sich ~** *pron* **2** aclararse.
Klarheit [ˈklaːɐhaɪt] (**-en**) *f* claridad *f*.
Klarinette [klariˈnɛtə] (**-n**) *f* clarinete *m*.
klar|kommen [ˈklaːɐˌkɔmən] *intr* arreglárselas.
klar|machen [ˈklaːɐˌmaxən] *tr* explicar.
Klärung [ˈklɛːrʊŋ] (**-en**) *f* **1** aclaración *f*. **2** purificación *f*.
klasse [ˈklasə] *adj* (fam) estupendo.
Klasse [ˈklasə] (**-n**) *f* **1** categoría *f*. **2** clase *f*, curso *m*.
Klassenzimmer [ˈklasənˌtsɪmɐ] (**-**) *n* aula *f*, clase *f*.
Klassik [ˈklasɪk] *f* **1** música *f* clásica. **2** época *f* clásica.

K

Klassiker(in) [ˈklasikɐ] (**-, -nen**) *m(f)* autor(a) *m(f)* clásico, -a.
klassisch [ˈklasɪʃ] *adj* clásico.
klatschen [ˈklatʃən] *intr* **1** aplaudir. **2** chismorrear.
klauen [ˈklaʊən] *tr* e *intr* (fam) mangar.
Klausel [ˈklaʊzəl] (**-n**) *f* DER cláusula *f*.
Klavier [klaˈviːɐ] (**-e**) *n* piano *m*.
kleben [ˈkleːbən] *tr* e *intr* pegar.
Kleber [ˈkleːbɐ] (-) *m* pegamento *m*.
klebrig [ˈkleːbrɪç] *adj* pegajoso.
Klebstoff [ˈkleːpʃtɔf] (**-e**) *m* pegamento *m*.
kleckern [ˈklɛkɐn] *intr* (fam) manchar.
klecksen [ˈklɛksən] *intr* manchar con tinta.
Kleeblatt [ˈkleːblat] (**-blätter**) *n* hoja *f* de trébol.
Kleid [klaɪt] (**-er**) *n* vestido *m*, traje *m*.
kleiden [ˈklaɪdən] *tr* **1** vestir. • **sich ~** *pron* **2** vestirse.
Kleiderbügel [ˈklaɪdɐˌbyːgəl] (-) *m* percha *f*.
Kleiderhaken [ˈklaɪdɐˌhaːkən] (-) *m* colgador *m*.
Kleiderschrank [ˈklaɪdɐˌʃraŋk] (**-schränke**) *m* ropero *m*.
Kleiderständer [ˈklaɪdɐˌʃtɛndɐ] (-) *m* perchero *m*.
Kleidung [ˈklaɪdʊŋ] (**-en**) *f* ropa *f*.
Kleidungsstück [ˈklaɪdʊŋsˌʃtʏk] (**-e**) *n* prenda *f* de vestir.
klein [klaɪn] *adj* **1** pequeño. **2** bajo (persona, importe, suma, etc.).
Kleinanzeige [ˈklaɪnˌantsaɪgə] (**-n**) *f* anuncio *m* breve.
Kleinbus [ˈklaɪnbʊs] (**-se**) *m* microbús *m*.
Kleingeld [ˈklaɪngɛlt] *n* dinero *m* suelto.
Kleinigkeit [ˈklaɪnɪçkaɪt] (**-en**) *f* pequeñez *f*.
Kleinkind [ˈklaɪnkɪnt] (**-er**) *n* niño *m* pequeño.
kleinlich [ˈklaɪnlɪç] *adj* **1** de miras estrechas. **2** mezquino.
Kleinstadt [ˈklaɪnʃtat] (**-städte**) *f* ciudad *f* pequeña.
Kleister [ˈklaɪstɐ] (-) *m* engrudo *m*.
klemmen [ˈklɛmən] *intr* **1** estar atascado. • *tr* **2** sujetar.
klettern [ˈklɛtɐn] *intr* trepar.
klicken [ˈklɪkən] *intr* hacer clic.
Klient(in) [kliˈɛnt] (**-en, -nen**) *m(f)* cliente, -a *m, f* (de un abogado).
Klima [ˈkliːma] (**-te, -ta**) *n* clima *m*.
Klimaanlage [ˈkliːmaˌanlaːgə] (**-n**) *f* aire *m* acondicionado.
klimatisiert [klimatiˈziːɐt] *adj* climatizado.
Klinge [ˈklɪŋə] (**-n**) *f* cuchilla *f*.
Klingel [ˈklɪŋəl] (**-n**) *f* timbre *m*.
Klingelknopf [ˈklɪŋəlˌknɔpf] *m* botón *m* del timbre.
klingeln [ˈklɪŋəln] *intr* tocar el timbre.
klingen [ˈklɪŋən] *intr* sonar.

Klinik [ˈkliːnɪk] (**-en**) *f* clínica *f*.
klinisch [ˈkliːnɪʃ] *adj* clínico.
Klinke [ˈklɪŋkə] (**-n**) *f* picaporte *m*; manija *f* (Amér.).
Klippe [ˈklɪpə] (**-n**) *f* peña *f*.
klirren [ˈklɪrən] *intr* vibrar (cristales); tintinear (vasos).
Klischee [kliˈʃeː] (**-s**) *n* cliché *m*.
Klo [kloː] (**-s**) *n* (fam) retrete *m*.
Klopapier [ˈkloːpaˌpiːɐ] *n* papel *m* higiénico.
klopfen [ˈklɔpfən] *tr* e *intr* golpear.
Klosett [kloˈzɛt] (**-s**) *n* retrete *m*.
Klößchen [ˈkløːsçən] (**-**) *n* albondiguilla *f*.
Kloster [ˈkloːstɐ] (**Klöster**) *n* convento *m*.
Klotz [klɔts] (**Klötze**) *m* bloque *m*.
Klub [klʊp] (**-s**) *m* club *m*.
Kluft [klʊft] (**Klüfte**) *f* abismo *m*.
klug [kluːk] *adj* inteligente.
km (*abrev de* **Kilometer**) *m* km *m* (kilómetro).
km/h (*abrev de* **Kilometer pro Stunde**) *m* km/h *m* (kilómetros por hora).
knabbern [ˈknabɐn] *tr* **1** picar. **2** mordisquear.
Knabe [ˈknaːbə] (**-n**) *m* muchacho *m*.
knacken [ˈknakən] *tr* partir, cascar (nueces, almendras).
knackig [ˈknakɪç] *adj* crujiente.
Knall [knal] (**-e**) *m* estallido *m*.
knallen [ˈknalən] *intr* estallar.
knapp [knap] *adj* escaso.
knattern [ˈknatɐn] *intr* crepitar (motor, coche).
Knecht [knɛçt] (**-e**) *m* (arc) gañán *m*, mozo *m*.
kneifen [ˈknaɪfən] *tr* **1** pellizcar. • *intr* **2** (fam) rajarse.
Kneipe [ˈknaɪpə] (**-n**) *f* taberna *f*.
Knick [knɪk] (**-e**) *m* doblez, pliegue *m*.
knicken [ˈknɪkən] *tr* doblar, plegar.
Knie [kniː] (**-**) *n* rodilla *f*.
Kniekehle [ˈkniːˌkeːlə] (**-n**) *f* corva *f*.
knien [kniːn o kniːən] *intr* **1** estar de rodillas. • **sich ~** *pron* **2** arrodillarse.
Kniestrumpf [ˈkniːˌʃtrʊmpf] (**-strümpfe**) *m* media *f* corta.
knipsen [ˈknɪpsən] *tr* e *intr* (fam) hacer una foto.
knirschen [ˈknɪrʃən] *intr* crujir.
Knoblauch [ˈknoːblaʊx] *m* ajo *m*.
Knöchel [ˈknœçəl] (**-**) *m* tobillo *m* (pie).
Knochen [ˈknɔxən] (**-**) *m* hueso *m*.
Knochenbruch [ˈknɔxənˌbrʊx] (**-brüche**) *m* fractura *f* ósea.
Knödel [ˈknøːdəl] (**-**) *m* albóndiga *f*.
Knolle [ˈknɔlə] (**-n**) *f* tubérculo *m*.
Knopf [knɔpf] (**Knöpfe**) *m* botón *m*.
Knospe [ˈknɔspə] (**-n**) *f* capullo *m* (de una flor).
Knoten [ˈknoːtən] (**-**) *m* nudo *m*.

K

Knotenpunkt ['kno:tənˌpuŋkt] **(-e)** *m* nudo *m* de comunicaciones.

knurren ['knurən] *intr* **1** gruñir (perro). **2** refunfuñar.

knutschen ['knu:tʃən] *tr* e *intr* besuquear.

K.o. [ka:'o:] (*abrev de* **Knockout**) *m* k.o. *m* (knock-out).

Koalition [koali'tsĭo:n] **(-en)** *f* coalición *f*.

Koch [kɔx] **(Köche)** *m* cocinero *m*.

Kochbuch ['kɔxbu:x] **(-bücher)** *n* libro *m* de cocina.

kochen ['kɔxən] *tr* e *intr* **1** cocinar. • *intr* **2** hervir.

Kocher ['kɔxɐ] **(-)** *m* hervidor *m*, cocinilla *f*.

kochfertig ['kɔxˌfertıç] *adj* listo para cocinar.

Köchin ['kœçın] **(-nen)** *f* cocinera *f*.

Kochlöffel ['kɔxˌlœfəl] **(-)** *m* cucharón *m*.

Kochnische ['kɔxnıʃə] **(-n)** *f* cocinita *f*.

Kochrezept ['kɔxreˌtsɛpt] **(-e)** *n* receta *f* de cocina.

Kochsalz ['kɔxzalts] *n* sal *f* común.

Kochtopf ['kɔxtɔpf] **(-töpfe)** *m* olla *f*.

Koffein [kɔfe'i:n] *n* cafeína *f*.

Koffer ['kɔfɐ] **(-)** *m* maleta *f*.

Kofferraum ['kɔfɐˌraum] **(-räume)** *m* maletero *m*.

Kognak ['kɔnjak] **(-s)** *m* coñac *m*.

Kohl [ko:l] *m* col *f*.

Kohle ['ko:lə] **(-n)** *f* **1** carbón *m*. **2** (fam) pasta *f* (dinero).

Kohlendioxid ['ko:ləndiɔˌksi:t] *n* dióxido *m* de carbono.

Kohle(n)hydrat ['ko:lə(n)hyˌdra:t] **(-e)** *n* hidrato *m* de carbono.

Kohlensäure ['ko:lənˌzɔırə] *f* ácido *m* carbónico.

Kohlrübe ['ko:lˌry:bə] **(-n)** *f* nabo *m*.

Koitus ['ko:itus] **(Koiten)** *m* coito *m*.

kokett [ko'kɛt] *adj* coqueto.

Kokosnuss ['ko:kɔsˌnus] **(-nüsse)** *f* coco *m*.

Kolben ['kɔlbən] **(-)** *m* mazorca *f*.

Kollaps [kɔ'laps] **(-e)** *m* MED colapso *m*.

Kollege, -in [kɔ'le:gə] **(-n, -nen)** *m, f* colega *m, f*.

kollegial [kɔle'gĭa:l] *adj* colegial.

Kollekte [kɔ'lɛktə] **(-n)** *f* colecta *f* (en la iglesia).

kollidieren [kɔli'di:rən] *intr* colisionar.

Kolonialismus [kolonĭa'lısmus] *m* colonialismo *m*.

Kolonie [kolo'ni:] **(-n)** *f* colonia *f*.

Kolonne [ko'lɔnə] **(-n)** *f* **1** columna *f*. **2** brigada *f*.

Kolumbianer(in) [kolum'bĭa:nə] **(-, nen)** *m(f)* colombiano, -a *m, f*.

kolumbianisch [kolum'bĭa:nəıʃ] *adj* colombiano.

Kolumbien [kolʊmˈbĭən] *n* Colombia *f.*
Kombination [kɔmbinaˈtsĭo:n] (-en) *f* combinación *f.*
kombinieren [kɔmbiˈni:rən] *tr* **1** combinar. ● *intr* **2** deducir.
Komfort [kɔmˈfo:ɐ] *m* confort *m.*
komfortabel [kɔmfɔrˈta:bəl] *adj* confortable.
Komik [ˈko:mɪk] *f* comicidad *f.*
komisch [ˈko:mɪʃ] *adj* **1** raro, extraño. **2** cómico.
Komma [ˈkɔma] (-s, -ta) *n* coma *f.*
Kommando [kɔˈmando] (-s) *n* **1** comando *m.* **2** orden *f.*
kommen [ˈkɔmən] *intr* venir.
kommend [ˈkɔmənt] *adj* venidero.
Kommentar [kɔmɛnˈta:ɐ] (-e) *m* comentario *m.*
kommentieren [kɔmɛnˈti:rən] *tr* comentar.
kommerziell [kɔmɛrˈtsĭɛl] *adj* comercial.
Kommission [kɔmɪˈsĭo:n] (-en) *f* comisión *f.*
Kommode [kɔˈmo:də] (-n) *f* cómoda *f.*
Kommune [kɔˈmu:nə] (-n) *f* municipio *m*; comuna *f* (comunidad).
Kommunikation [kɔmunikaˈtsĭo:n] (-en) *f* comunicación *f.*
Kommunismus [kɔmuˈnɪsmʊs] *m* comunismo *m.*
kommunistisch [kɔmuˈnɪstɪʃ] *adj* comunista.
kommunizieren [kɔmuniˈtsi:rən] *intr* comunicarse.
Komödie [koˈmø:dĭə] (-n) *f* comedia *f.*
kompakt [kɔmˈpakt] *adj* compacto.
kompatibel [kɔmpaˈti:bəl] *adj* INF compatible.
kompensieren [kɔmpɛnˈzi:rən] *tr* compensar.
kompetent [kɔmpeˈtɛnt] *adj* competente.
Kompetenz [kɔmpeˈtɛnts] (-en) *f* competencia *f.*
komplett [kɔmˈplɛt] *adj* completo.
komplex [kɔmˈplɛks] *adj* complejo.
Komplex [kɔmˈplɛks] (-e) *m* complejo *m.*
Komplikation [kɔmplikaˈtsĭo:n] (-en) *f* complicación *f.*
Kompliment [kɔmpliˈmɛnt] (-e) *n* cumplido *m.*
Komplize, -in [kɔmˈpli:tsə] (-n, -nen) *m, f* cómplice *m, f.*
kompliziert [kɔmpliˈtsi:ɐt] *adj* complicado.
Komponente [kɔmpoˈnɛntə] (-n) *f* componente *m.*
komponieren [kɔmpoˈni:rən] *tr* componer.
Komponist(in) [kɔmpoˈnɪst] (-en, -nen) *m(f)* compositor(a) *m(f).*
Komposition [kɔmpoziˈtsio:n] (-en) *f* composición *f.*
Kompost [kɔmˈpɔst] (-e) *m* compost *m*, estiércol *m.*

k

Kompromiss [kɔmpro'mɪs] (-e) *m* acuerdo *m*.
kompromisslos [kɔmpro'mɪs-lo:s] *adj* intransigente.
Kondition [kɔndi'tsĭo:n] (-en) *f* **1** condición *f*. **2** forma *f* física.
Konditorei [kɔndito'raɪ] (-en) *f* pastelería *f*.
kondolieren [kɔndo'li:rən] *intr* dar el pésame.
Kondom [kɔn'do:m] (-e) *m* o *n* condón *m*.
Konferenz [kɔnfe'rɛnts] (-en) *f* conferencia *f*, reunión *f*.
Konfession [kɔnfɛ'sĭo:n] (-en) *f* confesión *f*, religión *f*.
Konfitüre [kɔnfi'ty:rə] (-n) *f* confitura *f*.
Konflikt [kɔn'flɪkt] (-e) *m* conflicto *m*.
Konfrontation [kɔnfrɔnta-'tsĭo:n] (-en) *f* confrontación *f*.
konfus [kɔn'fu:s] *adj* confuso.
Kongress [kɔn'grɛs] (-e) *m* congreso *m*.
König(in) ['kø:nɪç, gɪn] (-e, -nen) *m(f)* rey *m*, reina *f*.
Konjunktiv ['kɔnjʊŋkti:f] (-e) *m* GRAM subjuntivo *m*.
Konjunktur [kɔnjʊŋk'tu:ɐ] (-en) *f* ECON coyuntura *f*.
konkret [kɔn'kre:t] *adj* concreto.
konkretisieren [kɔnkreti'zi:rən] *tr* concretar.
Konkurrenz [kɔnkʊ'rɛnts] *f* competencia *f*.
konkurrenzfähig [kɔnkʊ'rɛnts-ˌfɛ:ɪç] *adj* competitivo.
konkurrieren [kɔnkʊ'ri:rən] *intr* competir.
Konkurs [kɔn'kʊrs] (-e) *m* quiebra *f*.
können ['kœnən] *aux* **1** (modal) poder (posibilidad): *ich kann nicht kommen = no puedo venir*. **2** (modal) saber (capacidad): *ich kann Klavier spielen = sé tocar el piano*. **3** (modal) poder (permiso): *kann ich reinkommen? = ¿puedo entrar?* • *tr* **4** saber (conocer). • *intr* **5** poder. ■ **nicht mehr ~** no poder más; **nichts ~ für** no tener la culpa de.
konsequent [kɔnze'kvɛnt] *adj* consecuente.
Konsequenz [kɔnze'kvɛnts] (-en) *f* consecuencia *f*.
konservativ [kɔnzɛrva'ti:f] *adj* conservador.
Konserve [kɔn'zɛrvə] (-n) *f* conserva *f*.
Konservendose [kɔn'zɛrvən-ˌdo:zə] (-n) *f* lata *f* de conservas.
konservieren [kɔnzɛr'vi:rən] *tr* conservar.
Konsonant [kɔnzo'nant] (-en) *m* consonante *m*.
konstant [kɔn'stant] *adj* **1** constante.
Konstellation [kɔnstela'tsĭo:n] (-en) *f* constelación *f*.
konstruieren [kɔnstru'i:rən] *tr* construir (palabras, figuras).
Konstruktion [kɔnstrʊk'tsĭo:n] (-en) *f* construcción *f*.

konstruktiv [kɔnstrʊk'ti:f] *adj* constructivo.
Konsulat [kɔnzu'la:t] (-e) *n* consulado *m*.
konsultieren [kɔnzʊl'ti:rən] *tr* consultar.
Konsum [kɔn'zu:m] *m* consumo *m*.
Kontakt [kɔn'takt] (-e) *m* contacto *m*.
Kontaktlinse [kɔn'takt,lɪnzə] (-n) *f* lente *f* de contacto.
kontern ['kɔntɐn] *intr* replicar, contradecir.
Kontext ['kɔntɛkst] (-e) *m* contexto *m*.
Kontinent [kɔnti'nɛnt] (-e) *m* continente *m*.
kontinental [kɔntinɛn'ta:l] *adj* continental.
kontinuierlich [kɔntinu'i:ɐlɪç] *adj* continuo, continuado.
Konto ['kɔnto] (**Konten**) *n* cuenta *f*.
Kontoauszug ['kɔnto,aʊstsu:k] (**-züge**) *m* extracto *m* de cuenta.
Kontoinhaber(in) ['kɔnto,ɪnha:bɐ] (**-, -nen**) *m(f)* titular *m, f* de una cuenta.
Kontostand ['kɔnto,ʃtant] *m* estado *m* de cuenta.
Kontrast [kɔn'trast] (-e) *m* contraste *m*.
Kontrolle [kɔn'trɔlə] (-n) *f* control *m*.
Kontrolleur(in) [kɔntrɔ'lø:ɐ] (**-e, -nen**) *m(f)* controlador(a) *m(f)*.
kontrollieren [kɔntrɔ'li:rən] *tr* controlar.
kontrovers [kɔntro'vɛrs] *adj* (form) controvertido.
Konvention [kɔnvɛn'tsĭo:n] (-en) *f* (form) convención *f*; convenio *m*.
konventionell [kɔnvɛntsĭo'nɛl] *adj* convencional.
konvertierbar [kɔnvɛr'ti:ɐba:ɐ] *adj* convertible.
Konvertierbarkeit [kɔnvɛr'ti:ɐba:ɐkaɪt] *f* convertibilidad *f*.
Konzentration [kɔntsɛntra'tsĭo:n] (-en) *f* concentración *f*.
Konzentrationslager [kɔntsɛntra'tsĭo:ns,la:gɐ] (-) *n* campo *m* de concentración.
konzentrieren [kɔntsɛn'tri:rən] **1** *tr* concentrar. • **sich ~** *pron* **2** concentrarse.
konzentriert [kɔntsɛn'tri:ɐt] *adj* concentrado.
Konzept [kɔn'tsɛpt] (-e) *n* **1** concepto *m*. **2** borrador *m*.
Konzeption [kɔntsɛp'tsĭo:n] (-en) *f* concepción *f*.
Konzern [kɔn'tsɛrn] (-e) *m* consorcio *m*.
Konzert [kɔn'tsɛrt] (-e) *n* concierto *m*.
Konzertsaal [kɔn'tsɛrt,za:l] (**-säle**) *m* sala *f* de conciertos.
kooperativ [koopera'ti:f] *adj* cooperativo.
Koordination [koɔrdina'tsĭo:n] (-en) *f* coordinación *f*.
koordinieren [koɔrdi'ni:rən] *tr* coordinar.

Koordinierung [koɔrdiˈniːrʊŋ] *f* coordinación *f*.
Kopf [kɔpf] **(Köpfe)** *m* **1** cabeza *f*. **2** cara (de una moneda).
Kopfhörer [ˈkɔpfˌhøːrɐ] (-) *m* auricular *m*.
Kopfkissen [ˈkɔpfˌkɪsən] (-) *n* almohada *f*.
Kopfrechnen [ˈkɔpfˌrɛçnən] *n* cálculo *m* mental.
Kopfsalat [ˈkɔpfzaˌlaːt] **(-e)** *m* lechuga *f*.
Kopfschmerz [ˈkɔpfʃmɛrts] **(-en)** *m* dolor *m* de cabeza.
Kopfschütteln [ˈkɔpfˌʃʏtəln] *n* señal *f* negativa con la cabeza.
Kopie [koˈpiː] **(-n)** *f* copia *f*.
kopieren [koˈpiːrən] *tr* copiar, reproducir.
Kopierer [koˈpiːrɐ] (-) *m* fotocopiadora *f*.
Koran [koˈraːn] *m* Corán *m*.
Korb [kɔrp] **(Körbe)** *m* **1** cesta *f*. **2** DEP canasta *f*.
Korbwaren [ˈkɔrpˌvaːrən] *f pl* artículos *m pl* de cestería.
Korken [ˈkɔrkən] (-) *m* tapón *m* de corcho.
Korkenzieher [ˈkɔrkənˌtsiːɐ] (-) *m* sacacorchos *m*; descorchador *m* (Amér.).
Korn [kɔrn] **(Körner)** *n* grano *m*.
Korn [kɔrn] *n* cereales *m pl*. ■ **jn/etw aufs ~ nehmen** tomarla con alguien/algo.
Körper [ˈkœrpɐ] (-) *m* cuerpo *m*.
körperbehindert [ˈkœrpɐbəˌhɪndɐt] *adj* minusválido.
Körperbehinderte(r) [ˈkœrpɐbəˌhɪndɐtə] **(-n, -n)** *mf(m)* minusválido, -a *m, f*.
Körpergewicht [ˈkœrpɐgəˌvɪçt] *n* peso *m* corporal.
Körpergröße [ˈkœrpɐˌgrøːsə] *f* estatura *f*.
körperlich [ˈkœrpɐlɪç] *adj* corporal; físico.
Körperpflege [ˈkœrpɐˌpfleːgə] *f* aseo *m* corporal.
Körperteil [ˈkœrpɐˌtaɪl] **(-e)** *m* parte *f* del cuerpo.
korpulent [kɔrpuˈlɛnt] *adj* corpulento.
korrekt [kɔˈrɛkt] *adj* correcto.
Korrespondenz [kɔrɛspɔnˈdɛnts] **(-en)** *f* (form) correspondencia *f*.
korrespondieren [kɔrɛspɔnˈdiːrən] *intr* (form) mantener correspondencia.
Korridor [ˈkɔridoːɐ] **(-e)** *m* corredor *m*.
korrigieren [kɔriˈgiːrən] *tr* corregir.
korrupt [kɔˈrʊpt] *adj* corrupto.
Kosmetik [kɔsˈmeːtɪk] *f* cosmética *f*.
Kosmetiker(in) [kɔsˈmeːtikɐ] **(-, -nen)** *m(f)* esteticista *m, f*.
Kosmos [ˈkɔsmɔs] *m* cosmos *m*.
Kost [kɔst] *f* alimentación *f*, alimentos *m pl*.
kostbar [ˈkɔstbaːɐ] *adj* valioso, caro.
kosten [ˈkɔstən] *tr* **1** probar, degustar. ● *intr* **2** costar, valer.
Kosten [ˈkɔstən] *pl* gastos *m pl*.

kostenlos [ˈkɔstənloːs] *adj* gratuito.
köstlich [ˈkœstlɪç] *adj* delicioso, exquisito (comida).
Kostprobe [ˈkɔstˌproːbə] **(-n)** *f* degustación *f*.
kostümieren [kɔstyˈmiːrən] *tr* disfrazar.
Kot [koːt] *m* excrementos *m pl*.
kotzen [ˈkɔtsən] *intr* (vulg) vomitar.
Krabbe [ˈkrabə] **(-n)** *f* cangrejo *m* de mar.
krabbeln [ˈkrabəln] *intr* gatear (niño).
Krach [krax] **(Kräche)** *m* **1** ruido *m*, estruendo *m*. **2** jaleo *m*.
krachen [ˈkraxən] *intr* **1** estallar. **2** romperse, partirse.
Kraft [kraft] **(Kräfte)** *f* **1** fuerza *f*. **2** potencia *f* (mecánica). **3** energía *f* (electricidad). ■ **bei Kräften sein** tener fuerzas.
Kraftfahrzeug [ˈkraftˌfaːɐtsɔɪk] **(-e)** *n* automóvil *m*.
kräftig [ˈkrɛftɪç] *adj* fuerte.
kraftlos [ˈkraftloːs] *adj* sin fuerzas; débil.
Kraftstoff [ˈkraftʃtɔf] **(-e)** *m* combustible *m*.
kraftvoll [ˈkraftfɔl] *adj* lleno de fuerza.
Kraftwerk [ˈkraftvɛrk] **(-e)** *n* central *f* eléctrica.
Kragen [ˈkraːgən] **(-)** *m* cuello *m* (de una prenda).
Krähe [ˈkrɛːə] **(-n)** *f* corneja *f*.
Kralle [ˈkralə] **(-n)** *f* garra (de aves de rapiña).
Kram [kraːm] *m* (fam) trastos *m pl*; chécheres *m pl* (Amér.).
krampfhaft [ˈkrampfhaft] *adj* convulsivo; espasmódico.
Kran [kraːn] **(Kräne)** *m* grúa *f*.
krank [kraŋk] *adj* enfermo. ■ ~ **werden** ponerse enfermo.
Kranke(r) [ˈkraŋkə] **(-n, -n)** *mf(m)* enfermo, -a *m, f*.
kranken [ˈkraŋkən] *intr* adolecer, padecer.
kränken [ˈkrɛŋkən] *tr* herir, ofender.
Krankenhaus [ˈkraŋkənhaʊs] **(-häuser)** *n* hospital *m*.
Krankenkasse [ˈkraŋkənˌkasə] **(-n)** *f* caja *f* de seguros médicos.
Krankenpflege [ˈkraŋkənˌpfleːgə] *f* cuidado *m* de enfermos.
Krankenschein [ˈkraŋkənˌʃaɪn] **(-e)** *m* volante *m* del seguro médico.
Krankenschwester [ˈkraŋkənˌʃvɛstɐ] **(-n)** *f* enfermera *f*.
Krankenwagen [ˈkraŋkənˌvaːgən] **(-)** *m* ambulancia *f*.
Krankheit [ˈkraŋkhaɪt] **(-en)** *f* enfermedad *f*.
krank|melden [ˈkraŋkˌmɛldən] *pron* **sich** ~ darse de baja por enfermedad.
krank|schreiben [ˈkraŋkˌʃraɪbən] *tr* dar de baja por enfermedad.
Kranz [krants] **(Kränze)** *m* corona *f*.
krass [kras] *adj* (fam) extremo.
kratzen [ˈkratsən] *tr* e *intr* **1** rascar. **2** arañar.

Kratzer [ˈkratsɐ] (-) *m* arañazo *m.*
Kraut [kraʊt] (**Kräuter**) *n* hierba *f.*
Kraut [kraʊt] *n* hojas *f pl.*
Kräutertee [ˈkrɔɪtɐˌteː] (**-s**) *m* infusión *f* de hierbas.
Krawatte [kraˈvatə] (**-n**) *f* corbata *f.*
kreativ [kreaˈtiːf] *adj* creativo.
Kreativität [kreativiˈtɛːt] *f* creatividad *f.*
Krebs [kreːps] (**-e**) *m* **1** cangrejo *m.* **2** ASTR Cáncer. **3** MED cáncer *m.*
krebskrank [ˈkreːpskraŋk] *adj* canceroso.
Kredit [kreˈdiːt] (**-e**) *m* crédito *m.*
Kreditkarte [kreˈdiːtˌkartə] (**-n**) *f* tarjeta *f* de crédito.
kreditwürdig [ˈkrediːtˌvʏrdɪç] *adj* solvente.
Kreide [ˈkraɪdə] (**-n**) *f* tiza *f.*
kreieren [kreˈiːrən] *tr* crear (moda).
Kreis [kraɪs] (**-e**) *m* **1** sector *m.* **2** GEOM círculo *m.*
kreischen [ˈkraɪʃən] *intr* chillar.
kreisen [ˈkraɪzən] *intr* **1** girar. **2** circular (dinero, sangre).
Kreislauf [ˈkraɪslaʊf] (**-läufe**) *m* circulación *f.*
Kreislaufstörung [ˈkraɪslaʊfˌʃtøːrʊŋ] (**-en**) *f* trastorno *m* circulatorio.
Kreuz [krɔɪts] (**-e**) *n* **1** cruz *f.* **2** bastos *m pl* (en juegos de cartas).
kreuzen [ˈkrɔɪtsən] *tr* **1** cruzar, atravesar. ● *intr* **2** NÁUT cruzar.
Kreuzgang [ˈkrɔɪtsgaŋ] (**-gänge**) *m* claustro *m.*
Kreuzung [ˈkrɔɪtsʊŋ] (**-en**) *f* cruce *m.*
Kreuzweg [ˈkrɔɪtsveːk] (**-e**) *m* encrucijada *f.*
Kreuzweg [ˈkrɔɪtsveːk] *m* REL vía crucis *m*, calvario *m.*
Kreuzworträtsel [ˈkrɔɪtsvɔrtˌrɛːtsəl] (-) *n* crucigrama *m.*
kribbeln [ˈkrɪbəln] *intr* picar, hacer cosquillas.
kriechen [ˈkriːçən] *intr* **1** arrastrarse. **2** reptar.
Krieg [kriːk] (**-e**) *m* guerra *f.*
kriegen [ˈkriːgən] *tr* (fam) obtener, recibir.
Krimi [ˈkriːmi] (**-s**) *m* género *m* policíaco.
Kriminalfilm [krimiˈnaːlˌfilm] (**-e**) *m* película *f* policíaca.
Kriminalität [kriminaliˈtɛːt] *f* criminalidad *f.*
Kriminalroman [krimiˈnaːlroˌmaːn] (**-e**) *m* novela *f* policíaca.
kriminell [krimiˈnɛl] *adj* criminal.
Krippe [ˈkrɪpə] (**-n**) *f* **1** pesebre *m.* **2** guardería *f* infantil.
Krise [ˈkriːzə] (**-n**) *f* crisis *f.*
Kritik [kriˈtiːk] (**-en**) *f* crítica *f.*
kritisch [ˈkriːtɪʃ] *adj* crítico.
kritisieren [kritiˈziːrən] *tr* criticar.
Krokette [kroˈkɛtə] (**-n**) *f* croqueta *f.*

Krone [ˈkroːnə] (**-n**) *f* corona *f.*
Krug [kruːk] (**Krüge**) *m* cántaro *m*; jarra *f.*
krumm [krʊm] *adj* corvo, encorvado.
krümmen [ˈkrʏmən] *tr* encorvar.
Kuba [ˈkuːba] *n* Cuba *f.*
Kubaner(in) [kuˈbaːnɐ] (**-, -nen**) *m(f)* cubano, -a *m, f.*
Kübel [ˈkyːbəl] (**-**) *m* cubo *m.*
Küche [ˈkʏçə] (**-n**) *f* cocina *f.*
Kuchen [ˈkuːxən] (**-**) *m* pastel *m.*
Küchenherd [ˈkʏçənˌheːɐt] (**-e**) *m* cocina *f.*
Kuckuck [ˈkʊkʊk] (**-e**) *m* cuco *m.*
Kugel [ˈkuːgəl] (**-n**) *f* **1** bola *f.* **2** bala *f.*
kühl [kyːl] *adj* **1** fresco. **2** frío (carácter).
Kühle [ˈkyːlə] *f* frescura *f.*
kühlen [ˈkyːlən] *tr* **1** refrigerar. • *intr* **2** refrescar.
Kühlerhaube [ˈkyːlɐˌhaʊbə] (**-n**) *f* AUT capó *m.*
Kühlschrank [ˈkyːlʃraŋk] (**-schränke**) *m* frigorífico *m.*
Kühltruhe [ˈkyːlˌtruːə] (**-n**) *f* congelador *m.*
Kühlung [ˈkyːlʊŋ] (**-en**) *f* refrigeración *f.*
kühn [kyːn] *adj* atrevido, osado.
Kuli [ˈkuːli] (**-s**) *m* (fam) bolígrafo *m.*
kulinarisch [kuliˈnaːrɪʃ] *adj* culinario.
Kulisse [kuˈlɪsə] (**-n**) *f* bastidores *m pl.*
Kultur [kʊlˈtuːɐ] (**-en**) *f* cultura *f.*
kulturell [kʊltuˈrɛl] *adj* cultural.
Kümmel [ˈkʏməl] (**-**) *m* comino *m.*
Kummer [ˈkʊmɐ] *m* pesar *m.*
kümmern [ˈkʏmɐn] *tr* interesar, preocupar ■ **sich ~ um** *(+ac)* cuidar de; ocuparse de
Kunde, -in [ˈkʊndə] (**-n, -nen**) *m, f* cliente, -a *m, f.*
Kundendienst [ˈkʊndənˌdiːnst] (**-e**) *m* atención *f* al cliente.
Kundgebung [ˈkʊntˌgeːbʊŋ] (**-en**) *f* manifestación *f.*
kündigen [ˈkʏndɪgən] *tr* **1** rescindir, anular (un contrato). • *intr* **2** despedir, rescindir el contrato.
Kündigung [ˈkʏndɪgʊŋ] (**-en**) *f* **1** rescisión *f* (de un contrato). **2** aviso *m* de despido.
Kündigungsfrist [ˈkʏndɪgʊŋsˌfrɪst] (**-en**) *f* plazo *m* de despido.
künftig [ˈkʏnftɪç] *adj* futuro, venidero.
Kunst [kʊnst] (**Künste**) *f* arte *m.*
Kunstgegenstand [ˈkʊnstˌgeːgənʃtant] (**-stände**) *m* objeto *m* de arte.
Kunstgewerbe [ˈkʊnstgəˌvɛrbə] *n* artesanía *f.*
Künstler(in) [ˈkʏnstlɐ] (**-, -nen**) *m(f)* artista *m, f.*

k

künstlerisch [ˈkʏnstlərɪʃ] *adj* artístico.
künstlich [ˈkʏnstlɪç] *adj* artificial.
Kunstsammlung [ˈkʊnstˌzamlʊŋ] (-en) *f* colección *f* de objetos de arte.
Kunststoff [ˈkʊnstʃtɔf] (-e) *m* plástico *m*, materia *f* sintética.
Kunststück [ˈkʊnstʃtʏk] (-e) *n* truco *m*; muestra *f* de habilidad.
Kunstwerk [ˈkʊnstvɛrk] (-e) *n* obra *f* de arte.
Kupfer [ˈkʊpfɐ] *n* cobre *m*.
kuppeln [ˈkʊpəln] *intr* **1** embragar. **2** alcahuetear. • *tr* **3** conectar.
Kupplung [ˈkʊplʊŋ] (-en) *f* embrague *m*.
Kur [kuːɐ] (-en) *f* cura *f*.
Kurbel [ˈkʊrbəl] (-n) *f* manivela *f*.
kurbeln [ˈkʊrbəln] *intr* girar la manivela.
Kürbis [ˈkʏrbɪs] (-se) *m* calabaza *f*; zapallo *m* (Amér.).
Kurhaus [ˈkuːɐhaʊs] (-häuser) *n* casino *m* (de un balneario).
kurieren [kuˈriːrən] *tr* curar, sanar.
kurios [kuˈri̯oːs] *adj* curioso.
Kurs [kʊrs] (-e) *m* **1** curso *m*. **2** cotización *f*.
Kursbuch [ˈkʊrsbuːx] (-bücher) *n* guía *f* de ferrocarriles.
kursieren [kʊrziːrən] *intr* circular, estar en circulación (dinero).
Kursus [ˈkʊrzʊs] (**Kurse**) *m* curso *m*, cursillo *m*.
Kurve [ˈkʊrvə] (-n) *f* curva *f*.
kurvig [ˈkʊrvɪç] *adj* curvado.
kurz [kʊrts] *adj* **1** breve. **2** corto. ■ **seit kurzem** desde hace poco.
kürzen [ˈkʏrtsən] *tr* **1** acortar. **2** abreviar (un texto, un discurso).
kurzerhand [ˈkʊrtsɐˌhant] *adv* sin hablar más.
Kurzfilm [ˈkʊrtsfɪlm] (-e) *m* cortometraje *m*.
kurzfristig [ˈkʊrtsˌfrɪstɪç] *adj* **1** de corta duración. • *adv* **2** en poco tiempo.
Kurzgeschichte [ˈkʊrtsgəˌʃɪçtə] (-n) *f* relato *m* corto.
kürzlich [ˈkʏrtslɪç] *adv* recientemente.
kurzsichtig [ˈkʊrtsˌzɪçtɪç] *adj* miope.
kurzum [ˈkʊrtsʊm] *adv* en suma.
Kürzung [ˈkʏrtsʊŋ] (-en) *f* **1** abreviación *f*, abreviatura *f*. **2** reducción *f*, disminución *f*.
kurzzeitig [ˈkʊrtsˌtsaɪtɪç] *adj* breve.
Kusine [kuˈziːnə] (-n) *f* prima *f*.
Kuss [kʊs] (**Küsse**) *m* beso *m*.
küssen [ˈkʏsən] *tr* **1** besar. • **sich** ~ *pron* **2** besarse.
Küste [ˈkʏstə] (-n) *f* costa *f*.
Kutsche [ˈkʊtʃə] (-n) *f* carruaje *m*.
Kuvert [kuˈveːɐ] (-s) *n* sobre *m* (para una carta).

Ll

I, L [ɛl] (-) *n* l, L *f* (letra).
l (*abrev de* **Liter**) *m* o *n* l *m* (litro).
Labilität [labiliˈtɛ:t] *f* labilidad *f*, inestabilidad *f*.
Labor [laˈbo:ʁ] (**-s, -e**) *n* laboratorio *m*.
Lache [ˈla:xə] (**-n**) *f* charco *m*.
lächeln [ˈlɛçəln] *intr* sonreír.
Lächeln [ˈlɛçəln] *n* sonrisa *f*.
lachen [ˈlaxən] *intr* **1** reír(se). **2** burlarse.
Lachen [ˈlaxən] *n* risa *f*.
lächerlich [ˈlɛçʁlıç] *adj* ridículo.
lachhaft [ˈlaxhaft] *adj* ridículo.
Lack [lak] (**-e**) *m* barniz *m*.
Ladegerät [ˈla:dəgəˌrɛ:t] (**-e**) *n* cargador *m* de baterías.
laden [ˈla:dən] *tr* **1** cargar (una batería, pistola). **2** invitar.
Laden [ˈla:dən] (**Läden**) *m* tienda *f*.
lädieren [lɛˈdi:rən] *tr* deteriorar.
Ladung [ˈla:dʊŋ] (**-en**) *f* carga *f*.
Lage [ˈla:gə] (**-n**) *f* **1** sitio *m*, zona *f*. **2** posición *f*. **3** situación *f*.
Lager [ˈla:gʁ] (-) *n* **1** almacén *m*. **2** campamento *m*.
Lagerfeuer [ˈla:gʁˌfɔıʁ] (-) *n* hoguera *f*.
Lagerhaus [ˈla:gʁˌhaʊs] (**-häuser**) *n* almacén *m*.
lagern [ˈla:gʁn] *tr* **1** almacenar. • *intr* **2** acampar.
Lagerraum [ˈla:gʁˌraʊm] (**-räume**) *m* almacén *m*.
Lagerung [ˈla:gərʊŋ] (**-en**) *f* almacenaje *m*.
lahm [la:m] *adj* cojo.
lähmen [ˈlɛ:mən] *tr* paralizar.
Lähmung [ˈlɛ:mʊŋ] (**-en**) *f* parálisis *f*.
Laie [ˈlaıə] (**-n**) *m* aficionado, -a *m, f*; laico, -a *m, f*.
laienhaft [ˈlaıənhaft] *adj* profano, laico.
Laken [ˈla:kən] (-) *n* sábana *f*.
lamentieren [lamɛnˈti:rən] *intr* (fam) lamentarse.
Lamm [lam] (**Lämmer**) *n* cordero *m*.
Lampe [ˈlampə] (**-n**) *f* lámpara *f*.
Lampenschirm [ˈlampənˌʃırm] (**-e**) *m* pantalla *f*.
Land [lant] (**Länder**) *n* **1** país *m*. **2** land *m*; estado *m* federado. **3** tierra *f*. **4** campo *m*.
Landebahn [ˈlandəˌba:n] (**-en**) *f* pista *f* de aterrizaje.
landen [ˈlandən] *intr* aterrizar.
Landessprache [ˈlandəsˌʃpra:xə] (**-n**) *f* idioma *m* nacional.
landesüblich [ˈlandəsˌy:plıç] *adj* habitual en un país.
Landkarte [ˈlantˌkartə] (**-n**) *f* mapa *m*.
landläufig [ˈlantˌlɔıfıç] *adj* común.

l

ländlich [ˈlɛntlɪç] *adj* rural.
Landschaft [ˈlantʃaft] (-en) *f* paisaje *m*.
landschaftlich [ˈlantʃaftlɪç] *adj* paisajístico.
Landsmann, -männin [ˈlantsman] (-männer, -nen) *m, f* compatriota *m, f*, paisano, -a *m, f*.
Landstraße [ˈlantˌʃtra:sə] (-n) *f* carretera *f* nacional.
Landstreicher(in) [ˈlantˌʃtraɪçɐ] (-, -nen) *m(f)* vagabundo, -a *m, f*.
Landstrich [ˈlantʃtrɪç] (-e) *m* región *f*.
Landtag [ˈlantta:k] (-e) *m* Parlamento *m* de un land (en Alemania).
Landung [ˈlandʊŋ] (-en) *f* aterrizaje *m*.
Landwirt(in) [ˈlantvɪrt] (-e, -nen) *m(f)* agricultor(a) *m(f)*.
Landwirtschaft [ˈlantvɪrtʃaft] *f* agricultura *f*.
landwirtschaftlich [ˈlantvɪrtʃaftlɪç] *adj* agrícola.
lang [laŋ] *adj* **1** largo. **2** (fam) alto. • *adv* **3** durante.
lange [ˈlaŋə] *adv* mucho tiempo.
Länge [ˈlɛŋə] (-n) *f* **1** longitud *f*. **2** duración *f*.
langen [ˈlaŋən] *intr* (fam) ser suficiente.
Längengrad [ˈlɛŋənˌgra:t] (-e) *m* grado *m* de longitud.
Längenmaß [ˈlɛŋənˌma:s] (-e) *n* medida *f* de longitud.
Langeweile [ˈlaŋəˌvaɪlə] *f* aburrimiento *m*.
langfristig [ˈlaŋˌfrɪstɪç] *adj* a largo plazo.
langjährig [ˈlaŋˌjɛ:rɪç] *adj* de muchos años.
Langlauf [ˈlaŋlaʊf] *m* esquí *m* de fondo.
langlebig [ˈlaŋˌle:bɪç] *adj* de larga vida.
länglich [ˈlɛŋlɪç] *adj* alargado.
längs [ˈlɛŋs] *prep* **+gen** a lo largo de.
langsam [ˈlaŋza:m] *adj* lento.
Langsamkeit [ˈlaŋza:mkaɪt] *f* lentitud *f*.
längst [ˈlɛŋst] *adv* hace tiempo.
langweilen [ˈlaŋvaɪlən] *tr* y *pron* aburrir(se).
langweilig [ˈlaŋˌvaɪlɪç] *adj* aburrido.
langwierig [ˈlaŋˌvi:rɪç] *adj* largo.
lapidar [lapiˈda:ɐ] *adj* lapidario.
Lappen [ˈlapən] (-) *m* estropajo *m*.
läppisch [ˈlɛpɪʃ] *adj* insignificante.
Lappland [ˈlaplant] *n* Laponia *f*.
Laptop [ˈlaptɔp] (-s) *m* ordenador *m* portátil.
Lärm [lɛrm] *m* ruido *m*.
lärmen [ˈlɛrmən] *intr* hacer ruido.
Larve [ˈlarfə] (-n) *f* larva *f*.
Laserstrahl [ˈla:zɐˌʃtra:l] (-en) *m* rayo *m* láser.
lassen [ˈlasən] *tr* **1** dejar. **2** permitir, dejar. **3** hacer. **4** dejar,

prestar. ■ **lass das!** ¡déjalo!; **lass uns gehen!** ¡vámonos!
lässig [ˈlɛsɪç] *adj* desenfadado.
Lässigkeit [ˈlɛsɪçkaɪt] *f* desenvoltura *f.*
Last [last] **(-en)** *f* carga *f.*
lasten [ˈlastən] *intr* pesar.
Laster [ˈlastɐ] **(-)** *n* vicio *m.*
Laster [ˈlastɐ] **(-)** *m* camión *m.*
lästern [ˈlɛstɐn] *intr* (fam) hablar mal; poner verde.
lästig [ˈlɛstɪç] *adj* pesado, cargante.
Last(kraft)wagen [ˈlastˌkraftva:gən] **(-)** *m* camión *m.*
Latein [laˈtaɪn] *n* latín *m.*
Lateinamerika [laˈtaɪnaˌme:rika] *n* Latinoamérica *f.*
lateinamerikanisch [laˈtaɪnameriˌka:nɪʃ] *adj* latinoamericano.
lateinisch [laˈtaɪnɪʃ] *adj* latino.
latent [ˈlatənt] *adj* latente.
Latte [ˈlatə] **(-n)** *f* tabla *f.*
Latz [lats] **(Lätze)** *m* babero *m.*
lau [laʊ] *adj* tibio.
Laub [laʊp] *n* follaje *m*, hojas *f pl.*
Lauch [laʊx] **(-e)** *m* puerro *m.*
Lauf [laʊf] **(Läufe)** *m* **1** carrera *f* (de competición).
Lauf [laʊf] *m* **1** curso *m*, transcurso *m* (del día, de la vida). **2** corriente *f*, curso *m* (de un río). **3** recorrido *m*, trayectoria *f.* **4** funcionamiento *m*, marcha *f.*
Laufbahn [ˈlaʊfba:n] **(-en)** *f* **1** carrera *f* (profesional). **2** DEP pista *f.*
laufen [ˈlaʊfən] *intr* **1** correr, ir deprisa. **2** andar, caminar. **3** funcionar, estar en marcha (máquina, motor, radio, etc.).
laufend [ˈlaʊfənt] *adj* **1** corriente, en curso. ● *adv* **2** continuamente, constantemente.
Läufer(in) [ˈlɔɪfɐ] **(-, -nen)** *m(f)* DEP corredor(a) *m(f).*
Laufwerk [ˈlaufvɛrk] **(-e)** *n* INF unidad *f.*
Laune [ˈlaʊnə] **(-n)** *f* **1** humor *m.* **2** capricho *m*, antojo *m.*
launisch [ˈlaʊnɪʃ] *adj* (desp) caprichoso.
Laus [laʊs] **(Läuse)** *f* piojo *m.*
laut [laʊt] *adj* **1** alto, fuerte (sonido, voz, música, etc.). **2** ruidoso (calle, barrio, vecinos).
Laut [laʊt] **(-e)** *m* sonido *m.*
lauten [laʊtən] *intr* decir (texto).
läuten [ˈlɔɪtən] *intr* sonar (teléfono, despertador, campanas).
Lautlehre [ˈlaʊtˌle:rə] *f* (arc) fonética *f.*
lautlos [ˈlaʊtlo:s] *adj* silencioso.
Lautschrift [ˈlaʊtʃrɪft] *f* transcripción *f* fonética.
Lautsprecher [ˈlaʊtˌʃprɛçɐ] **(-)** *m* altavoz *m*; altoparlante *m* (Amér.).
Lautsprecherbox [ˈlaʊtʃprɛçɐˌbɔks] **(-en)** *f* bafle *m.*
lautstark [ˈlaʊtʃtark] *adj* **1** fuerte, enérgico. ● *adv* **2** enérgicamente.
Lautstärke [ˈlaʊtˌʃtɛrkə] **(-n)** *f* volumen *m.*

Lautzeichen [ˈlaut̩tsaɪçən] (-) *n* signo *m* fonético.
lauwarm [ˈlauvarm] *adj* tibio.
Lawine [laˈviːnə] (-n) *f* alud *m*, avalancha *f*.
Lazarett [latsaˈrɛt] (-e) *n* hospital *f* militar.
leasen [ˈliːzən] *tr* alquilar con opción de compra.
leben [ˈleːbən] *intr* **1** vivir, estar vivo. **2** vivir, habitar. ● *tr* **3** vivir.
Leben [ˈleːbən] (-) *n* **1** vida *f*, existencia *f*. **2** modo *m* de vida.
lebend [ˈleːbənt] *adj* viviente, vivo.
lebendig [leˈbɛndɪç] *adj* **1** viviente, vivo. **2** vivaz, lleno de vida.
Lebendigkeit [leˈbɛndɪçkaɪt] *f* vivacidad *f*, viveza *f*.
lebensfähig [ˈleːbənsˌfɛːɪç] *adj* viable.
Lebensfreude [ˈleːbənsˌfrɔɪdə] (-n) *f* alegría *f* de vivir.
Lebensgefahr [ˈleːbənsgəˌfaːɐ] (-en) *f* peligro *m* de muerte.
lebensgefährlich [ˈleːbənsgəˌfɛːɐlɪç] *adj* **1** muy peligroso. ● *adv* **2** mortalmente.
Lebenskünstler(in) [ˈleːbənsˌkʏnstlɐ] (-, -nen) *m(f)* maestro, -a *m, f* en el arte de vivir.
Lebenslauf [ˈleːbənsˌlauf] (-läufe) *m* currículum *m* vitae.
lebenslustig [ˈleːbənsˌlʊstɪç] *adj* vivo, lleno de vida.
Lebensmittel [ˈleːbənsˌmɪtəl] *pl* comestibles *m pl*, alimentos *m pl*.
lebensmüde [ˈleːbənsˌmyːdə] *adj* cansado, harto de la vida.
lebensnotwendig [ˈleːbənsˌnoːtvɛndɪç] *adj* vital, de primera necesidad.
Lebensqualität [ˈleːbənskvaliˌtɛːt] (-en) *f* calidad *f* de vida.
Lebensretter(in) [ˈleːbənsˌrɛtɐ] (-, -nen) *m(f)* salvador(a) *m(f)* de una vida.
Lebensunterhalt [ˈleːbənsˌʊntɐhalt] *m* subsistencia *f*, sustento *m*.
Lebenswandel [ˈleːbənsˌvandəl] *m* estilo *m* de vida.
lebenswichtig [ˈleːbənsˌvɪçtɪç] *adj* de vital importancia, de primera necesidad.
Leber [ˈleːbɐ] (-n) *f* hígado *m*.
Lebewesen [ˈleːbəˌveːzən] (-) *n* ser *m* vivo.
lebhaft [ˈleːphaft] *adj* **1** vivaz (persona). **2** animado (conversación).
Lebhaftigkeit [ˈleːphaftɪçkaɪt] *f* **1** vivacidad *f*. **2** animación *f*.
Lebkuchen [ˈleːpˌkuːxən] (-) *m* pan *m* dulce de especias.
leblos [ˈleːploːs] *adj* sin vida.
lecken [ˈlɛkən] *tr* **1** lamer, chupar. ● *intr* **2** perder agua.
lecker [ˈlɛkɐ] *adj* rico, sabroso.
Leckerbissen [ˈlɛkɐbɪsən] (-) *m* bocado *m* exquisito.
Leder [ˈleːdɐ] (-) *n* piel *f*, cuero *m*.
ledig [ˈleːdɪç] *adj* soltero.
lediglich [ˈleːdɪklɪç] *adv* sólo, solamente.

leer [leːɐ] *adj* **1** vacío. **2** deshabitado, desocupado (lugar, piso, habitación, etc.).
Leere [ˈleːrə] *f* vacío *m*.
leeren [ˈleːrən] *tr y pron* vaciar(se).
Leertaste [ˈleːɐˌtastə] **(-n)** *f* espaciador *m* (en un ordenador o una máquina de escribir).
legal [leˈgaːl] *adj* **1** legal. • *adv* **2** legalmente.
legalisieren [legaliˈziːrən] *tr* legalizar.
Legalität [legaliˈtɛːt] *f* legalidad *f*.
legen [ˈleːgən] *tr* **1** poner, colocar (horizontalmente). **2** poner, instalar. • **sich ~** *pron* **3** tenderse, tumbarse.
Legende [leˈgɛndə] **(-n)** *f* leyenda *f*.
leger [leˈʒeːɐ] *adj* (fam) informal, desenfadado.
Legislative [legɪslaˈtiːvə] **(-n)** *f* poder *m* legislativo.
legitim [legiˈtiːm] *adj* legítimo.
Legitimation [legitimaˈtsĭoːn] **(-en)** *f* **1** legitimación *f*. **2** autorización *f*.
legitimieren [legitiˈmiːrən] *tr* **1** legitimar. **2** autorizar.
Legitimität [legitimiˈtɛːt] *f* legitimidad *f*.
Lehm [leːm] **(-e)** *m* barro *m*, lodo *m*.
Lehne [ˈleːnə] **(-n)** *f* respaldo *m*, apoyo *m* (de un sofá, sillón, etc.).
lehnen [ˈleːnən] *tr* **1** apoyar. • *intr* **2** estar apoyado. • **sich ~** *pron* **3** apoyarse.
Lehnsessel [ˈleːnˌzɛsəl] **(-)** *m* butaca *f*, sillón *m*.
Lehranstalt [ˈleːɐˌanʃtalt] **(-en)** *f* instituto *m* de enseñanza.
Lehrbuch [ˈleːɐbuːx] **(-bücher)** *n* libro *m* de texto.
Lehre [ˈleːrə] **(-n)** *f* **1** aprendizaje *m*. **2** instrucción *f*, enseñanza *f*. **3** doctrina *f* (ideología). **4** teoría *f* (científica).
lehren [ˈleːrən] *tr* enseñar, instruir.
Lehrer(in) [ˈleːrɐ] **(-, -nen)** *m(f)* profesor(a) *m(f)*.
Lehrgang [ˈleːɐgaŋ] **(-gänge)** *m* curso *m*, cursillo *m*.
lehrhaft [ˈleːɐhaft] *adj* educativo, didáctico.
Lehrkraft [ˈleːɐkraft] **(-kräfte)** *f* profesor(a) *m(f)*.
Lehrling [ˈleːɐlɪŋ] **(-e)** *m* aprendiz(a) *m(f)*.
Lehrmittel [ˈleːɐˌmɪtəl] **(-)** *n* material *m* didáctico.
lehrreich [ˈleːɐraɪç] *adj* instructivo.
Lehrstelle [ˈleːɐˌʃtɛlə] **(-n)** *f* puesto *m* de aprendiz.
Lehrstuhl [ˈleːɐʃtuːl] **(-stühle)** *m* cátedra *f*.
Leib [laɪp] **(-er)** *m* **1** (arc) cuerpo *m*. **2** abdomen *m*.
leiblich [ˈlaɪplɪç] *adj* **1** corporal, físico. **2** carnal, natural (parentesco).
Leiche [ˈlaɪçə] **(-n)** *f* cadáver *m*.

leicht [laɪçt] *adj* **1** ligero (comida, equipaje, sueño, etc). **2** fácil, sencillo (tarea). **3** leve, insignificante (enfermedad, falta). • *adv* **4** ligeramente; un poco. **5** fácilmente.
Leichtathletik [ˈlaɪçtatˌleːtɪk] *f* atletismo *m*.
leichtgläubig [ˈlaɪçtˌglɔɪbɪç] *adj* crédulo.
Leichtigkeit [ˈlaɪçtɪçkaɪt] *f* **1** ligereza *f*, levedad *f*. **2** facilidad *f*.
Leichtmetall [ˈlaɪçtmeˌtal] **(-e)** *n* metal *m* ligero.
leichtsinnig [ˈlaɪçtˌzɪnɪç] *adj* **1** imprudente, irresponsable. • *adv* **2** sin cuidado.
leid [laɪt] *adj* **jn/etw ~ sein** estar harto de alguien/algo.
Leid [laɪt] *n* **1** pena *f*, sufrimiento *m*. **2** desgracia *f*, mal *m*.
leiden [ˈlaɪdən] *tr* **1** sufrir, aguantar (dolor, hambre, etc.). • *intr* **2** sufrir.
Leiden [ˈlaɪdən] **(-)** *n* **1** enfermedad *f*. **2** sufrimiento *m*, padecimiento *m*.
Leidenschaft [ˈlaɪdənʃaft] **(-en)** *f* pasión *f*.
leidenschaftlich [ˈlaɪdənʃaftlɪç] *adj* **1** apasionado. • *adv* **2** apasionadamente.
leider [ˈlaɪdɐ] *adv* lamentablemente, por desgracia.
leidvoll [ˈlaɪtfɔl] *adj* doloroso.
Leier [ˈlaɪɐ] **(-n)** *f* cantinela *f*.
leihen [ˈlaɪən] *tr* **1** prestar. **2** tomar o pedir prestado.
Leihgabe [ˈlaɪˌgaːbə] **(-en)** *f* préstamo *m*.
Leihwagen [ˈlaɪˌvaːgən] **(-)** *m* coche *m* de alquiler.
Leim [ˈlaɪm] **(-e)** *m* cola *f* de pegar.
Leine [ˈlaɪnə] **(-n)** *f* **1** cuerda *f*. **2** correa *f* (para perros).
Leinen [ˈlaɪnən] **(-)** *n* lino *m*.
Leinwand [ˈlaɪnvant] **(-wände)** *f* **1** lienzo *m* (para pintar). **2** pantalla *f* (de cine, para diapositivas).
leise [ˈlaɪzə] *adj* **1** silencioso. **2** bajo, suave (voz). • *adv* **3** silenciosamente, sin hacer ruido.
Leiste [ˈlaɪstə] **(-n)** *f* **1** listón *m*, varilla *f*. **2** ingle *f*.
leisten [ˈlaɪstən] *tr* **1** hacer, realizar. **2** rendir, tener una potencia (motor).
Leistung [ˈlaɪstʊŋ] **(-en)** *f* rendimiento *m* (escolar, deportivo, laboral).
leistungsfähig [ˈlaɪstʊŋsˌfɛːɪç] *adj* **1** productivo. **2** potente (motor).
Leistungsgesellschaft [ˈlaɪstʊŋsgəˌzɛlʃaft] *f* sociedad *f* competitiva.
Leistungssport [ˈlaɪstʊŋsˌʃpɔrt] *m* deporte *m* de alta competición.
leistungsstark [ˈlaɪstʊŋsˌʃtark] *adj* potente; de alto rendimiento.
leiten [ˈlaɪtən] *tr* **1** dirigir (una empresa, escuela, etc.). **2** conducir, llevar.

leitend [ˈlaɪtənt] *adj* director, dirigente.
Leiter [ˈlaɪtɐ] (-n) *f* escalera *f.*
Leiter(in) [ˈlaɪtɐ] (-, -nen) *m(f)* **1** director(a) *m(f).* **2** jefe, -a *m, f* (de un departamento).
Leitmotiv [ˈlaɪtmoˌtiːf] (-e) *n* leitmotiv *m.*
Leitplanke [ˈlaɪtˌplaŋkə] (-n) *f* valla *f* protectora (carretera).
Leitung [ˈlaɪtʊŋ] (-en) *f* **1** tuberías *f pl*, cañerías *f pl.* **2** línea *f* telefónica. ■ **unter der ~ von…** bajo la dirección de…
Leitungswasser [ˈlaɪtʊŋsˌvasɐ] *n* agua *f* del grifo.
Lektion [lɛkˈtsĭoːn] (-en) *f* lección *f.*
Lektüre [lɛkˈtyːrə] (-n) *f* lectura *f.*
Lende [ˈlɛndə] (-n) *f* región *f* lumbar.
lenken [ˈlɛŋkən] *tr* **1** conducir; manejar (Amér.); pilotar (un avión). **2** dirigir, gobernar. **3** encauzar, dirigir.
Lenkrad [ˈlɛŋkraːt] (**-räder**) *n* volante *m* (de un automóvil); guía *f* (Amér.).
Lenkstange [ˈlɛŋkˌʃtaŋə] (-n) *f* manillar *m*; manubrio *m* (Amér.).
Lenkung [ˈlɛŋkʊŋ] (-en) *f* dirección *f*, gobierno *m.*
Lepra [ˈleːpra] *f* lepra *f.*
lernen [ˈlɛrnən] *tr* e *intr* **1** aprender, estudiar.
lernfähig *adj* capaz de aprender.
lesbar [ˈleːsbaːɐ] *adj* legible.
Lesbe [ˈlɛsbə] (-n) *f* lesbiana *f.*
lesbisch [ˈlɛsbɪʃ] *adj* lésbico.
Lesebuch [ˈleːzəˌbuːx] (**-bücher**) *n* libro *m* de lectura.
lesen [ˈleːzən] *tr* e *intr* leer.
Leser(in) [ˈleːzɐ] (-, -nen) *m(f)* lector(a) *m(f).*
leserlich [ˈleːzɐlɪç] *adj* legible.
letzte(r, s) [ˈlɛtstə] *adj* **1** último, final. **2** pasado.
letztens [ˈlɛtstəns] *adv* **1** últimamente. **2** por último.
letztlich [ˈlɛtslɪç] *adv* por último, finalmente.
leuchten [ˈlɔɪçtən] *intr* **1** iluminar, dar luz. **2** replanceder.
leuchtend [ˈlɔɪçtənt] *adj* luminoso, brillante.
Leuchter [ˈlɔɪçtɐ] (-) *m* candelabro *m.*
Leuchtturm [ˈlɔɪçttʊrm] (**-türme**) *m* faro *m.*
leugnen [ˈlɔɪgnən] *tr* **1** negar. **2** desmentir.
Leute [ˈlɔɪtə] *pl* gente *f*, personas *f pl.*
lexikalisch [lɛksikaːlɪʃ] *adj* léxico.
Lexikon [ˈlɛksikɔn] (**Lexika**) *n* enciclopedia *f.*
Libanese, -in [libaˈneːzə] (-n, -nen) *m, f* libanés, -esa *m, f.*
Libanon [ˈliːbanɔn] *m* Líbano *m.*
liberal [libeˈraːl] *adj* liberal.
liberalisieren [liberaliˈziːrən] *tr* liberalizar.
Liberalisierung [liberaliˈziːrʊŋ] (-en) *f* liberalización *f.*

Liberalismus [libera'lɪsmʊs] *m* liberalismo *m*.
Liberia [li'be:rĭa] *n* Liberia *f*.
Libyen ['li:bўən] *n* Libia *m*.
Licht [lɪçt] (-er) *n* **1** luz *f*. **2** lámpara *f*, farol *m*.
Lichtblick ['lɪçtblɪk] (-e) *m* esperanza *f*.
lichten ['lɪçtən] *pron* **sich ~** disminuir, disiparse.
Lichtschalter ['lɪçt,ʃaltɐ] (-) *m* interruptor *m* eléctrico.
Lichtung ['lɪçtʊŋ] (-en) *f* claro *m*, calvero *m* (en el bosque).
Lid [li:t] (-er) *n* párpado *m*.
Lidschatten ['li:t,ʃatən] (-) *m* sombra *f* de ojos.
lieb [li:p] *adj* **1** querido. **2** simpático, amable.
Liebe ['li:bə] *f* amor *m*.
Liebelei [li:bə'laɪ] (-en) *f* amorío *m*, flirteo *m*.
lieben ['li:bən] *tr* amar, querer.
Liebende(r) ['li:bəndə] (-n, -n) *mf(m)* amante *m, f*.
liebenswert ['li:bənsve:ɐt] *adj* agradable, encantador.
liebenswürdig ['li:bəns,vʏrdɪç] *adj* amable, afable.
Liebenswürdigkeit ['li:bəns,vʏrdɪçkaɪt] (-en) *f* amabilidad *f*, encanto *m*.
lieber ['li:bɐ] *adv* preferiblemente.
liebevoll ['li:bə,fɔl] *adj* afectuoso, cariñoso.
Liebhaber(in) ['li:p,ha:bɐ] (-, -nen) *m(f)* **1** amante *m, f*. **2** aficionado, -a *m, f*.
Liebhaberei [li:pha:bə'raɪ] (-en) *f* afición *f*, pasión *f*.
liebkosen ['li:pko:zən] *tr* (arc) acariciar.
lieblich [li:plɪç] *adj* encantador, agradable.
Liebling ['li:plɪŋ] (-e) *m* cariño *m*, amor *m*.
lieblos ['li:plo:s] *adj* insensible.
Liebste(r) ['li:pstə] (-n, -n) *mf(m)* amado, -a *m, f*.
Lied [li:t] (-er) *n* canción *f*.
Lieferant(in) [lifə'rant] (-en, -nen) *m(f)* proveedor(a) *m(f)*.
lieferbar ['li:fɐba:ɐ] *adj* disponible, listo para la entrega.
liefern ['li:fɐn] *tr* entregar, suministrar.
Lieferung ['li:fərʊŋ] (-en) *f* suministro *m*, entrega *f*.
Liege ['li:gə] (-n) *f* tumbona *f*.
liegen ['li:gən] *intr* **1** estar acostado, tumbado. **2** estar en posición horizontal; yacer. **3** estar situado.
liegen|bleiben ['li:gən,blaɪbən] *intr* **1** quedarse, ser olvidado. **2** quedar tumbado.
liegen|lassen ['li:gən,lasən] *tr* **1** dejar. **2** olvidar.
Liegestuhl ['li:gə,ʃtu:l] (-stühle) *m* tumbona *f*, hamaca *f*.
Liegewagen ['li:gə,va:gən] (-) *m* vagón *m* litera.
Lift [lɪft] (-e) *m* ascensor *m*.
Likör [li'kø:ɐ] (-e) *m* licor *m*.
Limit ['lɪmɪt] (-s) *n* límite *m*.
Limonade [limo'na:də] (-n) *f* limonada *f*, gaseosa *f*.

Linde [ˈlɪndə] (-n) *f* tilo *m*.
lindern [ˈlɪndɐn] *tr* aliviar, calmar.
Linderung [ˈlɪndərʊŋ] (-en) *f* alivio *m*, calma *f*.
Lineal [lineˈa:l] (-e) *n* regla *f*.
Linguist(in) [lɪŋˈgŭɪst] (-en, -nen) *m(f)* lingüista *m, f*.
Linguistik [lɪŋˈgŭɪstɪk] *f* lingüística *f*.
Linie [ˈli:nĭə] (-n) *f* línea *f*, raya *f*.
lini(i)ert [liˈni:ɐt] *adj* rayado, a rayas.
link [lɪŋk] *adj* (fam) equivocado, dudoso.
linke(r, s) [ˈlɪŋkə] *adj* izquierdo, izquierda.
Linke [ˈlɪŋkə] (-n) *f* **1** izquierda *f*. **2** golpe *m* de izquierda.
links [ˈlɪŋks] *prep* **+gen 1** a la izquierda de. • *adv* **2** a la izquierda.
Linkshänder(in) [ˈlɪŋksˌhɛndɐ] (-, -nen) *m(f)* zurdo, -a *m, f*.
Linse [ˈlɪnzə] (-n) *f* **1** lenteja *f*. **2** lente *f*.
Lippe [ˈlɪpə] (-n) *f* labio *m*.
Lippenstift [ˈlɪpənˌʃtɪft] (-e) *m* pintalabios *m*.
Liquidation [likvidaˈtsĭo:n] (-en) *f* liquidación *f*.
List [lɪst] (-en) *f* artimaña *f*, ardid *m*.
Liste [ˈlɪstə] (-n) *f* lista *f*.
listig [ˈlɪstɪç] *adj* astuto, sagaz.
Liter [ˈli:tɐ o ˈlɪtɐ] (-) *m* o *n* litro *m*.
literarisch [lɪtəˈra:rɪʃ] *adj* literario.
Literat(in) [lɪtəˈra:t] (-en, -nen) *m(f)* literato, -a *m, f*.
Literatur [lɪtəraˈtu:ɐ] (-en) *f* literatura *f*.
live [laɪf] *adv* en directo.
Live-Sendung [ˈlaɪfˌzɛndʊŋ] (-en) *f* programa *m* en directo.
Lizenz [liˈtsɛnts] (-en) *f* licencia *f*.
Lkw [ˈɛlka:ve:] (*abrev de* **Lastkraftwagen**) (-s) *m* camión *m*.
Lob [lo:p] (-e) *n* alabanza *f*, elogio *m*.
loben [ˈlo:bən] *tr* alabar, elogiar.
lobenswert [ˈlo:bənsve:ɐt] *adj* loable, digno de elogio.
löblich [ˈlø:plɪç] *adj* elogiable.
Loch [lɔx] (**Löcher**) *n* agujero *m*, orificio *m*. ■ **schwarzes ~** agujero negro.
Locher [ˈlɔxɐ] (-) *m* perforador *m*.
Locke [ˈlɔkə] (-n) *f* rizo *m*, tirabuzón *m*.
locken [ˈlɔkən] *tr* **1** atraer, seducir. • **sich ~** *pron* **2** rizarse (pelo).
locker [ˈlɔkɐ] *adj* **1** flojo, suelto (botón, clavo, tornillo, etc.). **2** relajado, laxo. **3** poroso, mullido.
Lockerung [ˈlɔkərʊŋ] (-en) *f* **1** aflojamiento *m*, ablandamiento *m*. **2** relajación *f*.
Löffel [ˈlœfəl] (-) *m* cuchara *f*.
Loge [ˈlo:ʒə] (-n) *f* palco *m* (en el teatro).
Logik [ˈlo:gɪk] *f* lógica *f*.

Logis [lo'ʒi:] (-) *n* alojamiento *m*, habitación *f*.

logisch ['lo:gɪʃ] *adj* lógico.

Lohn [lo:n] **(Löhne)** *m* **1** salario *m*, pago *m*. **2** recompensa *f*.

Lohnausfall ['lo:nˌausfal] **(-ausfälle)** *m* pérdida *f* de salario.

lohnen ['lo:nən] *pron* **sich ~** valer la pena, ser provechoso.

lohnend ['lo:nənt] *adj* provechoso, que vale la pena.

lokal [lo'ka:l] *adj* local.

Lokal [lo'ka:l] **(-e)** *n* local *m*.

los [lo:s] *adj* **1** suelto. ● *interj* **2** ¡ya!, ¡vamos!, ¡venga! ■ **~ sein** pasar, ocurrir.

Los [lo:s] **(-e)** *n* **1** sorteo *m*. **2** billete *m* de lotería.

lösbar ['lø:sba:ɐ] *adj* resoluble.

los|brechen ['lo:sˌbrɛçən] *intr* romper, estallar.

löschen ['lœʃən] *tr* **1** apagar (la luz, un fuego, una vela, etc.). **2** borrar (una cinta); cancelar (una cuenta bancaria).

lose ['lo:zə] *adj* flojo, suelto.

lösen ['lø:zən] *tr* **1** despegar, desprender (cola, pegatina). **2** soltar, aflojar (el pelo, el freno, un tornillo, etc.). **3** resolver (un ejercicio). **4** ● **sich~** *pron* **5** desprenderse. **6** aflojarse.

los|fahren ['lo:sˌfa:rən] *intr* partir, ponerse en marcha.

los|kommen ['lo:sˌkɔmən] *intr* **1** poder irse. **2** librarse.

los|lassen ['lo:sˌlasən] *tr* soltar.

löslich ['lø:slɪç] *adj* soluble.

Lösung ['lø:zʊŋ] **(-en)** *f* **1** solución *f*. **2** desprendimiento *m*.

los|werden ['lo:sˌve:ɐdən] *tr* **1** deshacerse (de alguien). **2** perder (en el juego).

los|ziehen ['lo:sˌtsi:ən] *intr* (fam) salir, partir.

lotsen ['lo:tsən] *tr* llevar, conducir.

Lotterie [lɔtə'ri:] **(-n)** *f* lotería *f*.

Löwe ['lø:və] **(-n)** *m* **1** león *m*. **2** ASTR Leo *m*.

loyal [loa'ja:l] *adj* leal.

LP [ɛl'pe:] (*abrev de* **Langspielplatte**) **(-s)** *f* elepé *m*.

Lücke ['lʏkə] **(-n)** *f* agujero *m*, vacío *m*.

Luft [lʊft] **(Lüfte)** *f* **1** aire *m*. **2** aliento *m*, respiración *f*.

Luftballon ['lʊftbaˌlɔŋ] **(-s, -e)** *m* globo *m*.

luftdicht ['lʊftdɪçt] *adj* hermético.

luftdurchlässig ['lʊftˌdʊrçlɛsɪç] *adj* transpirable, permeable al aire.

lüften ['lʏftən] *tr* **1** airear (una habitación). **2** revelar (un secreto).

Luftfeuchtigkeit ['lʊftˌfɔɪçtɪçkaɪt] *f* humedad *f* atmosférica.

Luftfracht ['lʊftfraxt] *f* flete *m* aéreo.

Luftmatratze ['lʊftmaˌtratsə] **(-n)** *f* colchoneta *f* hinchable.

Luftpost ['lʊftpɔst] *f* correo *m* aéreo.

Luftpumpe ['lʊftˌpʊmpə] **(-n)** *f* bomba *f* de aire, inflador *m*.

Luftröhre [ˈlʊftˌrøːrə] **(-n)** *f* tráquea *f*.
Luftwaffe [ˈlʊftˌvafə] **(-n)** *f* fuerzas *f pl* aéreas.
Luftweg [ˈlʊftveːk] **(-e)** *m* ruta *f* aérea.
Lüge [ˈlyːgə] **(-n)** *f* mentira *f*; pegada *f* (Amér.).
lügen [ˈlyːgən] *intr* mentir; macanear (Amér.).
Lügner(in) [ˈlyːgnɐ] **(-, -nen)** *m(f)* mentiroso, -a *m, f*.
lukrativ [lukraˈtiːf] *adj* lucrativo.
lumpen [ˈlʊmpən] *pron* **sich nicht ~ lassen** mostrarse generoso.
Lunge [ˈlʊŋə] **(-n)** *f* pulmón *m*.
Lungenentzündung [ˈlʊŋənɛntˈtsʏndʊŋ] **(-en)** *f* neumonía *f*, pulmonía *f*.
Lupe [ˈluːpə] **(-n)** *f* lupa *f*.
Lust [lʊst] *f* ganas *f pl*.
lustig [ˈlʊstɪç] *adj* **1** alegre. **2** divertido, gracioso.
lustlos [ˈlʊstloːs] *adj* desanimado, sin ganas.
Lustlosigkeit [ˈlʊstloːzɪçkaɪt] *f* falta *f* de ánimo.
Lustspiel [ˈlʊstʃpiːl] **(-e)** *n* comedia *f* (de teatro).
lutschen [ˈlʊtʃən] *tr* chupar.
luxuriös [lʊksuˈrïøːs] *adj* lujuso.
Luxus [ˈlʊksʊs] *m* lujo *m*.
Lyrik [ˈlyːrɪk] *f* lírica *f*.

m

Mm

m, M [ɛm] **(-)** *n* m, M *f* (letra).
m [ɛm] *(abrev de* **Meter***)* *m* m *m* (metro).
Machart [ˈmaxaːɐt] **(-en)** *f* hechura *f*.
machbar [ˈmaxbaːɐ] *adj* factible.
Mache [ˈmaxə] *f* (fam) comedia *f*, teatro *m*.
machen [ˈmaxən] *tr* **1** hacer. **2** producir, fabricar. **3** poner, hacer. **4** costar. • **sich~** *pron* **5** progresar, hacer progresos.
Macho [ˈmatʃo] **(-s)** *m* (fam, desp) machista *m*.
Macht [maxt] **(Mächte)** *f* poder *m*.
mächtig [ˈmɛçtɪç] *adj* **1** poderoso. **2** enorme, muy grande.
machtlos [ˈmaxtloːs] *adj* sin poder, impotente.
Machtlosigkeit [ˈmaxtloːzɪçkaɪt] **(-en)** *f* impotencia *f*.
Mädchen [ˈmɛːtçən] **(-)** *n* niña *f*.
Magazin [magaˈtsiːn] **(-e)** *n* **1** revista *f* ilustrada. **2** depósito *m*, almacén *m* (de libros, cuadros).
Magd [maːkt] **(Mägde)** *f* (arc) criada *f*, muchacha *f*.

mager [ˈma:gɐ] *adj* **1** flaco (persona, animal). **2** magro (carne).
Magerkeit [ˈma:gɐkaɪt] *f* **1** flaqueza *f*. **2** magrez *f* (de la carne).
Magie [maˈgi:] (**-n**) *f* magia *f*.
magisch [ˈma:gɪʃ] *adj* mágico.
Magister [maˈgɪstɐ] (**-**) *m* licenciado, -a *m, f* (título).
Magma [ˈmagma] (**-men**) *n* magma *m*.
Magnet [maˈgne:t] (**-e**) *m* imán *m*.
Magnetismus [magneˈtɪsmʊs] *m* magnetismo *m*.
mähen [ˈmɛ:ən] *tr* segar.
Mahl [ma:l] (**-e**) *n* (form) comida *f*.
mahlen [ˈma:lən] *tr* moler.
Mahlzeit [ˈma:ltsaɪt] (**-en**) *f* comida *f*.
mahnen [ˈma:nən] *tr* **1** advertir, recordar el pago. **2** requerir.
Mahnung [ˈma:nʊŋ] (**-en**) *f* amonestación *f*, requerimiento *m*.
Mahnmal [ˈma:nma:l] (**-e, -mäler**) *n* monumento *m*.
Mai [maɪ] (**-e**) *m* mayo *m*.
Mais [maɪs] *m* maíz *m*; abatí *m*, capi *m* (Amér.).
Majestät [majɛsˈtɛ:t] (**-en**) *f* majestad *f*.
majestätisch [majɛsˈtɛ:tɪʃ] *adj* majestuoso.
Majoran [ˈma:joran] *m* mejorana *f*.
Majorität [majoriˈtɛ:t] *f* mayoría *f*.
makaber [maˈka:bɐ] *adj* macabro.
Makel [ˈma:kəl] (**-**) *m* (form) defecto *m*, tacha *f*.
Make-up [ˈmeɪkap] (**-s**) *n* maquillaje *m*.
mal [ma:l] *adv* **1** (fam) una vez. • *conj* **2** por, multiplicado por.
Mal [ma:l] (**-e**) *n* vez *f*.
malen [ˈma:lən] *tr* pintar (cuadros).
Maler(in) [ˈma:lɐ] (**-, -nen**) *m(f)* pintor(a) *m(f)*.
Malerei [ma:ləˈraɪ] (**-en**) *f* pintura *f*.
malerisch [ˈma:lərɪʃ] *adj* pintoresco (lugar).
Malz [malts] *n* malta *f*.
Mama [ˈmama] (**-s**) *f* (fam) mamá *f*.
man [man] *pron* se, uno, una: *hier darf man nicht rauchen = aquí no se puede fumar.*
Management [ˈmɛnɪdʒmənt] (**-s**) *n* gestión *f* empresarial.
managen [mɛnɪdʒən] *tr* ser el manager (de un deportista, artista, etc.).
Manager(in) [ˈmɛnɪdʒɐ] (**-, -nen**) *m(f)* **1** manager *m, f* (de un deportista, artista, etc.). **2** gerente *m, f* (de una empresa).
manch [manç]*pron* ~ **einer** alguno que otro.
manche(r, s) [ˈmançə] *pron* **1** más de uno, alguno que otro. • *adj* **2** algunos.
mancherlei [ˈmançɐˌlaɪ] *adj* diversos.

manchmal ['mançma:l] *adv* de vez en cuando.
Mandarine [manda'ri:nə] **(-n)** *f* mandarina *f*.
Mandat [man'da:t] **(-e)** *n* **1** DER mandato *m*. **2** POL escaño *m*.
Mandel ['mandəl] **(-n)** *f* **1** almendra *f*. **2** amígdala *f*.
Mandoline [mando'li:nə] **(-n)** *f* mandolina *f*.
Mangel ['maŋəl] **(Mängel)** *m* **1** defecto *m*. **2** vicio *m*. **3** falta *f*.
mangelhaft ['maŋəlhaft] *adj* defectuoso.
mangeln ['maŋəln] *impers* faltar, carecer.
mangelnd ['maŋəlnt] *adj* escaso.
mangels ['maŋəls] *prep* **+gen** por falta de.
Manie [ma'ni:] **(-n)** *f* manía *f*.
Manier [ma'ni:ɐ] **(-en)** *f* manera *f*.
manifestieren [manifɛs'ti:rən] *pron* **sich ~** manifestarse.
Maniküre [mani'ky:rə] **(-n)** *f* manicura *f*.
Manipulation [manipula'tsĭo:n] **(-en)** *f* manipulación *f*.
manipulieren [manipu'li:rən] *tr* manipular.
manisch ['ma:nɪʃ] *adj* maníaco.
Manko ['maŋko] **(-s)** *n* desventaja *f*.
Mann [man] **(Männer)** *m* **1** hombre *m*. **2** marido *m*.
Mannequin [manə'kɛ̃:] **(-s)** *n* maniquí *f*.
mannigfaltig ['manıçfaltıç] *adj* vario, diverso.
männlich ['mɛnlıç] *adj* **1** varonil. **2** GRAM masculino.
Männlichkeit ['mɛnlıçkaıt] *f* masculinidad *f*.
Mannschaft ['manʃaft] **(-en)** *f* **1** DEP equipo *m*. **2** MAR, AER tripulación *f*.
Manöver [ma'nø:vɐ] **(-)** *n* MIL maniobras *f pl*.
Mantel ['mantəl] **(Mäntel)** *m* abrigo *m*; tapado *m* (Amér.).
Manuskript [manus'krıpt] **(-e)** *n* manuscrito *m*.
Mappe ['mapə] **(-n)** *f* portafolios *m*, carpeta *f*.
Märchen ['mɛ:ɐçən] **(-)** *n* cuento *m*.
Märchenbuch ['mɛ:ɐçən,bu:x] **(-bücher)** *n* libro *m* de cuentos.
Margarine [marga'ri:nə] **(-n)** *f* margarina *f*.
Marinade [mari'na:də] **(-n)** *f* escabeche *m*.
Marine [ma'ri:nə] *f* marina *f*.
Marionette [marĭo'nɛtə] **(-n)** *f* títere *m*.
Mark [mark] *n* **1** tuétano *m*; médula *f*. **2** pulpa *f* (de la fruta). • *f* **3** marco *m* (moneda).
markant [mar'kant] *adj* marcado, destacado.
Marke ['markə] **(-n)** *f* **1** marca *f*. **2** sello *m*; placa *f* de identificación.
Marketing ['markətıŋ] *n* marketing *m*.

m

markieren [mar'ki:rən] *tr* marcar.

Markierung [mar'ki:rʊŋ] (**-en**) *f* marca *f*.

markig ['markɪç] *adj* vigoroso.

Markt [markt] (**Märkte**) *m* mercado *m*.

Markthalle ['markt,halə] (**-n**) *f* mercado *m* cubierto.

Marmelade [marmə'la:də] (**-n**) *f* mermelada *f*.

marode [ma'ro:də] *adj* (fam) pervertido.

Marokko [ma'rɔko] *n* Marruecos *m*.

Marsch [marʃ] (**Märsche**) *m* marcha *f*.

marschieren [mar'ʃi:rən] *intr* marchar, caminar.

Marschroute ['marʃ,ru:tə] *f* itinerario *m*.

martern ['martɐn] *tr* (form) torturar, martirizar.

Marxismus [mar'ksɪsmʊs] *m* marxismo *m*.

März [mɛrts] (**-e**) *m* marzo *m*.

Marzipan [martsi'pa:n] (**-e**) *n* mazapán *m*.

Maschine [ma'ʃi:nə] (**-n**) *f* máquina *f*.

maschinell [maʃi'nɛl] *adj* mecánico.

Maschinenbau [ma'ʃi:nən,baʊ] *m* construcción *f* de maquinaria.

Maschinerie [maʃinə'ri:] (**-n**) *f* maquinaria *f*.

Maser ['ma:zɐ] (**-n**) *f* veta *f* (en la madera).

Masern ['ma:zɐn] *pl* sarampión *m*.

Maske ['maskə] (**-n**) *f* máscara *f*.

Maskenball ['maskən,bal] (**-bälle**) *m* baile *m* de máscaras.

maskieren [mas'ki:rən] *tr y pron* enmascarar(se).

maskulin [masku'li:n] *adj* masculino.

Maskulinum [masku'li:nʊm] (**-Maskulina**) *n* GRAM masculino *m*.

Maß [ma:s] (**-e**) *n* medida *f*.

Massage [ma'sa:ʒə] (**-n**) *f* masaje *m*.

Maßarbeit ['ma:s,arbaɪt] (**-en**) *f* trabajo *m* a medida.

Masse ['masə] (**-n**) *f* multitud *f*, masa *f*.

Maßeinheit ['ma:s,aɪnhaɪt] (**-en**) *f* unidad *f* de medida.

massenhaft ['masənhaft] *adj* enorme, inmenso.

Masseur(in) [ma'sø:ɐ] (**-e, -nen**) *m(f)* masajista *m, f*.

maßgebend ['ma:s,ge:bənt] *adj* decisivo.

maßgeblich ['ma:s,ge:plɪç] *adj* decisivo, determinante.

massieren [ma'si:rən] *tr* dar un masaje.

massig ['masɪç] *adj* voluminoso.

mäßig ['mɛ:sɪç] *adj* moderado; regular.

mäßigen ['mɛ:sɪgən] *tr* moderar, suavizar (las palabras, la ira, el temperamento, etc.).

Mäßigkeit ['mɛ:sɪçkaɪt] *f* moderación *f*, templanza *f*.

Mäßigung [ˈmɛːsɪɡʊŋ] *f* moderación *f.*
massiv [maˈsiːf] *adj* **1** macizo. **2** masivo (críticas, amenazas, exigencias, etc.).
maßlos [ˈmaːsloːs] *adj* excesivo.
Maßnahme [ˈmaːsˌnaːmə] **(-n)** *f* medida *f.*
Maßstab [ˈmaːsʃtaːp] **(-stäbe)** *m* **1** norma *f.* **2** escala *f* (mapas).
maßvoll [ˈmaːsfɔl] *adj* moderado.
mästen [ˈmɛstən] *tr* cebar.
masturbieren [masturˈbiːrən] *tr y pron* masturbar(se).
Match [mɛtʃ] **(-s)** *n* DEP match *m*, partido *m.*
Material [mateˈrĭaːl] **(Materialien)** *n* material *m.*
Materialismus [materĭaˈlɪsmʊs] *m* materialismo *m.*
Materie [maˈteːrĭə] **(-n)** *f* materia *f.*
materiell [mateˈrĭɛl] *adj* material.
Mathematik [matemaˈtiːk] *f* matemáticas *f pl.*
mathematisch [mateˈmaːtɪʃ] *adj* matemático.
Matinee [matiˈneː] **(-n)** *f* función *f* matinal (de cine, teatro).
Matratze [maˈtratsə] **(-n)** *f* colchón *m.*
Matrose [maˈtroːzə] **(-n)** *m* marinero *m.*
matt [mat] *adj* débil.
Matte [ˈmatə] **(-n)** *f* esterilla *f.*
Mauer [ˈmaʊɐ] **(-n)** *f* muro *m.*
Maul [maʊl] **(Mäuler)** *n* **1** hocico *m.* **2** (desp, fam) boca *f.*
Maultier [ˈmaʊltiːɐ] **(-e)** *n* mulo *m.*
Maulwurf [ˈmaʊlvʊrf] **(-würfe)** *m* topo *m.*
Maure, -in [ˈmaʊrə] **(-n, -nen)** *m, f* moro, -a *m, f.*
Maurer(in) [ˈmaʊrɐ] **(-, -nen)** *m(f)* albañil *m, f.*
maurisch [ˈmaʊrɪʃ] *adj* moro.
Maus [maʊs] **(Mäuse)** *f* ratón *m.*
maximal [maksiˈmaːl] *adj* **1** máximo. • *adv* **2** como máximo.
Maximum [ˈmaksimʊm] **(Maxima)** *n* máximo *m.*
Mayonnaise [majɔˈnɛːzə] **(-n)** *f* mayonesa *f*, mahonesa *f.*
Mazedonien [matseˈdoːnĭən] *n* Macedonia *f.*
Mäzen(in) [mɛˈtseːn] **(-e, -nen)** *m(f)* mecenas *m, f.*
Mechanik [meˈçaːnɪk] **(-en)** *f* **1** mecanismo *m.* **2** mecánica *f.*
Mechaniker(in) [meˈçaːnikɐ] **(-, -nen)** *m(f)* mecánico, -a *m, f.*
mechanisch [meˈçaːnɪʃ] *adj* mecánico.
Mechanismus [meçaˈnɪsmʊs] **(Mechanismen)** *m* mecanismo *m.*
meckern [ˈmɛkɐn] *intr* **1** balar (oveja). **2** (fam) criticar.
Medien [ˈmeːdĭən] *pl* medios *m pl* de comunicación.
Medikament [medikaˈmɛnt] **(-e)** *n* medicamento *m.*

Meditation [medita'tsĭo:n] **(-en)** *f* meditación *f.*
mediterran [meditɛ'ra:n] *adj* mediterráneo.
meditieren [medi'ti:rən] *intr* meditar.
Medium ['me:dĭʊm] **(Medien)** *n* **1** medio *m.* **2** médium *m, f.*
Medizin [medi'tsi:n] **(-en)** *f* medicamento *m.*
Medizin [medi'tsi:n] *f* medicina *f.*
medizinisch [medi'tsi:nɪʃ] *adj* médico.
Meer [me:ɐ] **(-e)** *n* mar *m.*
Meeresspiegel ['me:rəs͵ʃpi:gəl] *m* nivel *m* del mar.
Meerschweinchen ['me:ɐ͵ʃvaɪnçən] **(-)** *n* conejillo *m* de Indias; cobayo *m* (Amér.).
Mehl [me:l] **(-e)** *n* harina *f.*
mehr [me:ɐ] *adv* más.
mehrdeutig ['me:ɐ͵dɔɪtɪç] *adj* ambiguo.
mehren ['me:rən] *tr* (arc) aumentar.
mehrere ['me:rərə] *pron* varios.
mehrfach ['me:ɐfax] *adj* múltiple.
Mehrheit ['me:ɐhaɪt] **(-en)** *f* mayoría *f.*
mehrmalig ['me:ɐ͵ma:lɪç] *adj* reiterado, repetido.
mehrmals ['me:ɐma:ls] *adv* repetidas veces.
mehrsprachig ['me:ɐ͵ʃpra:xɪç] *adj* plurilingüe.
mehrtägig ['me:ɐ͵tɛ:gɪç] *adj* de varios días.
Mehrwegflasche ['me:ɐve:k͵flaʃə] **(-n)** *f* envase *m* retornable.
Mehrzahl ['me:ɐtsa:l] *f* **1** mayoría *f.* **2** GRAM plural *m.*
meiden ['maɪdən] *tr* evitar.
Meile ['maɪlə] **(-n)** *f* legua *f*; milla *f.*
meine [maɪn] *poses* mi, mis.
meine(r, s) ['maɪnə] *pron* mío, mía, míos, mías.
meinen ['maɪnən] *tr* **1** pensar, opinar. **2** referirse, querer decir.
meinerseits ['maɪnɐ͵zaɪts] *adv* por mi parte.
meinetwegen ['maɪnət͵ve:gən] *adv* por mí.
Meinung ['maɪnʊŋ] **(-en)** *f* opinión *f*, parecer *m.*
Meinungsaustausch ['maɪnʊŋs͵austauʃ] *m* intercambio *m* de opiniones.
Meinungsverschiedenheit ['maɪnʊŋsfɛɐ͵ʃi:dənhaɪt] **(-en)** *f* desacuerdo *m.*
meist [maɪst] *adv* en la mayoría de casos, por regla general.
meistens ['maɪstəns] *adv* la mayoría de las veces.
Meister(in) ['maɪstɐ] **(-, -nen)** *m(f)* **1** maestro, -a *m, f.* **2** campeón, -ona *m, f.*
meisterhaft ['maɪstɐhaft] *adj* magistral.
meistern ['maɪstɐn] *tr* **1** dominar. **2** superar (una situación).
Meisterschaft ['maɪstɐʃaft] **(-en)** *f* **1** maestría *f.* **2** campeonato *m.*

Meisterwerk ['maɪstɐˌvɛrk] (-e) *n* obra *f* maestra.
Melancholie [melaŋko'li:] *f* melancolía *f*.
melancholisch [melaŋ'ko:lɪʃ] *adj* melancólico.
melden ['mɛldən] *tr* **1** informar. **2** denunciar. • **sich ~** *pron* **3** presentarse, comparecer.
Meldung ['mɛldʊŋ] (-en) *f* **1** información *f*. **2** denuncia *f*.
Melodie [melo'di:] (-n) *f* melodía *f*.
melodisch [me'lo:dɪʃ] *adj* melódico.
Melone [me'lo:nə] (-n) *f* melón *m*.
Menge ['mɛŋə] (-n) *f* **1** cantidad *f*, montón *m*. **2** multitud *f*.
Mengenrabatt ['mɛŋənraˌbat] *m* rebaja *f* por cantidad.
Mensa ['mɛnza] (**Mensen**) *f* comedor *m* universitario.
Mensch [mɛnʃ] (-en) *m* persona *f*, ser *m* humano.
menschenleer ['mɛnʃənˌle:ɐ] *adj* despoblado.
Menschenseele ['mɛnʃənˌze:lə] *f* alma *f*.
menschenverachtend ['mɛnʃənfɛɐˌaxtənt] *adj* inhumano.
Menschheit ['mɛnʃhaɪt] *f* humanidad *f* (personas).
menschlich ['mɛnʃlɪç] *adj* humano.
Menschlichkeit ['mɛnʃlɪçkaɪt] *f* humanidad *f* (cualidad).
Menstruation [mɛnstrua'tsĭo:n] (-en) *f* menstruación *f*.
mental [mɛn'ta:l] *adj* mental.
Mentalität [mɛntali'tɛ:t] (-en) *f* mentalidad *f*.
Menü [me'ny:] (-s) *n* GASTR, INF menú *m*.
merken ['mɛrkən] *tr* **1** darse cuenta, enterarse. **2** notar, sentir. • **sich ~** *pron* **3** recordar.
Merkmal ['mɛrkma:l] (-e) *n* característica *f*.
merkwürdig ['mɛrkvʏrdɪç] *adj* curioso, raro.
messbar ['mɛsba:ɐ] *adj* conmensurable.
Messe ['mɛsə] (-n) *f* **1** feria *f*. **2** misa *f*.
Messegelände ['mɛsəgəˌlɛndə] (-) *n* recinto *m* ferial.
messen ['mɛsən] *tr* e *intr* medir.
Messer ['mɛsɐ] (-) *n* cuchillo *m*.
Messgerät ['mɛsgəˌrɛ:t] (-e) *n* aparato *m* de medición.
Messing ['mɛsɪŋ] *n* latón *m*.
Messung ['mɛsʊŋ] (-en) *f* medición *f*.
Metall [me'tal] (-e) *n* metal *m*.
metallen [me'talən] *adj* metálico.
metallisch [me'talɪʃ] *adj* metálico.
Metamorphose [metamɔr'fo:zə] (-n) *f* metamorfosis *f*.
Metapher [me'tafɐ] (-n) *f* metáfora *f*.
metaphorisch [meta'fo:rɪʃ] *adj* metafórico.
Metaphysik [metafy'si:k] *f* metafísica *f*.

m

Meteorologie [metereolo'gi:] *f* meteorología *f*.
meteorologisch [meteoro'lo:gɪʃ] *adj* meteorológico.
Meter ['me:tɐ] (-) *m* o *n* metro *m*.
Methode [me'to:də] (-n) *f* método *m*.
methodisch [me'to:dɪʃ] *adv* metódico.
Metropole [metro'po:lə] (-n) *f* metrópoli *f*.
Metzger(in) ['mɛtsgɐ] (-, -nen) *m(f)* carnicero, -a *m, f*.
Metzgerei [mɛtsgə'raɪ] (-en) *f* carnicería *f*.
meutern ['mɔɪtɐn] *intr* amotinarse.
Mexikaner(in) [mɛksi'ka:nɐ] (-, -nen) *m(f)* mexicano, -a *m, f*.
mexikanisch [mɛksi'ka:nɪʃ] *adj* mexicano.
Mexiko ['mɛksiko] *n* México *m*.
mich [mɪç] *pron* (ac) me, mí, a mí.
mick(e)rig ['mɪkərɪç] *adj* (fam) pobre.
Miene ['mi:nə] (-n) *f* cara *f*; gesto *m*.
mies [mi:s] *adj* (fam) muy malo, pésimo.
Miesen ['mi:zən] *pl* (fam) pérdidas *f pl*.
Miete ['mi:tə] (-n) *f* alquiler *m*.
mieten ['mi:tən] *tr* alquilar.
Mieter(in) ['mi:tɐ] (-, -nen) *m(f)* inquilino, -a *m, f*.
Migräne [mi'grɛ:nə] *f* migraña *f*.
Mikrofon o **Mikrophon** [mikro'fo:n] (-e) *n* micrófono *m*.
Mikroskop [mikro'sko:p] (-e) *n* microscopio *m*.
Mikrowelle ['mikroˌvɛlə] (-n) *f* microondas *m*.
Milan [mi'la:n] (-e) *m* milano *m*.
Milch ['mɪlç] *f* leche *f*.
Milchkaffee ['mɪlçˌkafe:] *m* café *m* con leche.
Milchreis ['mɪlçraɪs] *m* arroz *m* con leche.
mild [mɪlt] *adj* **1** suave (clima, tiempo). **2** benigno (sentencia, castigo).
Milde ['mɪldə] *f* **1** suavidad *f*. **2** templanza *f*.
mildern ['mɪldɐn] *tr* calmar.
Milderung ['mɪldərʊŋ] *f* mitigación *f*.
Milieu [mi'lĭø:] (-s) *n* medio *m*, entorno *m*.
militant [mili'tant] *adj* militante.
Militär [mili'tɛ:ɐ] *n* ejército *m*.
Militärdienst [mili'tɛ:ɐˌdi:nst] *m* servicio *m* militar.
militärisch [mili'tɛ:rɪʃ] *adj* militar.
Militärpflicht [mili'tɛ:ɐˌpflɪçt] *f* servicio *m* militar obligatorio.
Milliarde [mɪ'lĭardə] (-n) *f* mil millones *m pl*.
Millimeter [mɪli'me:tɐ] (-) *m* o *n* milímetro *m*.
Million [mɪ'lĭo:n] (-en) *f* millón *m*.
Mimik ['mi:mɪk] *f* mímica *f*.
minderbemittelt ['mɪndɐbəˌmɪtəlt] *adj* necesitado.

Minderheit [ˈmɪndɐhaɪt] (**-en**) *f* minoría *f*.
minderjährig [ˈmɪndɐjɛːrɪç] *adj* menor de edad.
mindern [ˈmɪndɐn] *tr* reducir.
Minderung [ˈmɪndərʊŋ] (**-en**) *f* disminución *f*; rebaja *f* (de un precio)
minderwertig [ˈmɪndɐˌveːɐtɪç] *adj* inferior.
mindeste(r, s) [ˈmɪndəstə] *adj* menor, mínimo.
mindesten [ˈmɪndəstən] *adv* **im ~** de ningún modo.
mindestens [ˈmɪndəstəns] *adv* por lo menos.
Mindestmaß [ˈmɪndəstˌmaːs] (**-e**) *n* mínimo *m*.
Mine [ˈmiːnə] (**-n**) *f* **1** mina *f* (de un lápiz, de un bolígrafo). **2** mina *f* (bomba).
Mineral [mineˈraːl] (**-ien**) *n* mineral *m*.
Mineralwasser [mineˈraːlˌvasɐ] *n* agua *f* mineral.
Minibar [ˈmɪniˌbaːɐ] (**-s**) *f* minibar *m*.
Minigolf [ˈmɪnɪˌgɔlf] *n* minigolf *m*.
minimal [miniˈmaːl] *adj* mínimo.
minimieren [miniˈmiːrən] *tr* minimizar.
Minimum [ˈmiːnimʊm] (**Minima**) *n* mínimo *m*, mínimum *m*.
Minirock [ˈmɪniˌrɔk] (**-röcke**) *m* minifalda *f*.
Minister(in) [miˈnɪstɐ] (**-, -nen**) *m(f)* ministro, -a *m, f*.
Ministerium [minɪsˈteːrɪʊm] (**Ministerien**) *n* ministerio *m*.
minus [ˈmiːnʊs] *conj* **1** menos. • *adv* **2** bajo cero.
Minus [ˈmiːnʊs] *n* déficit *m*.
Minuspunkt [ˈmiːnʊsˌpʊŋkt] (**-e**) *m* aspecto *m* negativo.
Minuszeichen [ˈmiːnʊsˌtsaɪçən] (**-**) *n* menos *m* (signo).
Minute [miˈnuːtə] (**-n**) *f* minuto *m*.
Minze [ˈmɪntsə] *f* menta *f*.
mir [miːɐ] *pron* (dat) me, mí, a mí.
mischen [ˈmɪʃən] *tr* **1** mezclar. • **sich ~** *pron* **2** entrometerse. **3** mezclarse.
Mischung [ˈmɪʃʊŋ] (**-en**) *f* mezcla *f*.
miserabel [mizəˈraːbəl] *adj* miserable.
Misere [miˈzeːrə] (**-n**) *f* miseria *f*.
missachten [mɪsˈaxtən] *tr* despreciar, menospreciar.
Missbildung [ˈmɪsbɪldʊŋ] (**-en**) *f* deformación *f*.
missbilligen [mɪsˈbɪlɪgən] *tr* desaprobar.
Missbrauch [ˈmɪsbraʊx] (**-bräuche**) *m* abuso *m*.
missbrauchen [mɪsˈbraʊxən] *tr* abusar de.
missdeuten [mɪsˈdɔɪtən] *tr* malintrepretar.
missen [ˈmɪsən] *tr* **jn/etw nicht ~ wollen/können** no querer/poder prescindir de alguien/algo.
Misserfolg [ˈmɪsɛɐˌfɔlk] (**-e**) *m* fracaso *m*.

m

missfallen [mɪsˈfalən] *intr* (form) disgustar, desagradar.
Missgeschick [ˈmɪsɡəˌʃɪk] **(-e)** *n* adversidad *f*.
Missgunst [ˈmɪsɡʊnst] *f* envidia *f*.
Mission [mɪˈsĭoːn] **(-en)** *f* misión *f*.
Missionar(in) [mɪsĭoˈnaːɐ] **(-e, -nen)** *m(f)* misionero, -a *m, f*.
misslich [ˈmɪslɪç] *adj* desagradable; difícil.
misslingen [mɪsˈlɪŋən] *intr* fracasar.
missmutig [ˈmɪsmuːtɪç] *adj* malhumorado.
missraten [mɪsˈratən] *intr* malograrse, fallar.
misstrauen [mɪsˈtraʊən] *intr* desconfiar.
Misstrauen [ˈmɪstraʊən] *n* desconfianza *f*.
misstrauisch [ˈmɪstraʊɪʃ] *adj* desconfiado.
missverständlich [ˈmɪsfɛɐˌʃtɛndlɪç] *adj* equívoco.
Missverständnis [ˈmɪsfɛɐˌʃtɛndnɪs] **(-se)** *n* malentendido *m*.
missverstehen [ˈmɪsfɛɐˌʃteːən] *tr* malentender.
Mist [ˈmɪst] *m* **1** (fam) basura *f*, porquería *f*. **2** estiércol *m*.
mit [mɪt] *prep* **+dat** **1** con. **2** en: *mit dem Auto = en coche*. **3** con, a (tiempo): *mit zehn Jahren = a los diez años*. ■ **willst du ~?** ¿quieres venir?
mit|arbeiten [ˈmɪtˌarbaɪtən] *intr* colaborar.
mit|bekommen [ˈmɪtbəˌkɔmən] *tr* enterarse.
Mitbestimmung [ˈmɪtbəˌʃtɪmʊŋ] **(-en)** *f* cogestión *f*.
mit|bringen [ˈmɪtˌbrɪŋən] *tr* traer.
Mitbürger(in) [ˈmɪtˌbʏrɡɐ] **(-, -nen)** *m(f)* conciudadano, -a *m, f*.
miteinander [mɪtaɪˈnandɐ] *adv* uno con otro, unos con otros.
mit|fühlen [ˈmɪtˌfyːlən] *intr* compartir los sentimientos.
mit|gehen [ˈmɪtˌɡeːən] *intr* acompañar.
Mitglied [ˈmɪtɡliːt] **(-er)** *n* socio, -a *m, f* miembro *m, f*.
Mithilfe [ˈmɪtˌhɪlfə] **(-n)** *f* ayuda *f*.
mit|kommen [ˈmɪtˌkɔmən] *intr* acompañar.
Mitlaut [ˈmɪtlaʊt] **(-e)** *m* GRAM consonante *f*.
Mitleid [ˈmɪtlaɪt] *n* compasión *f*.
mit|machen [ˈmɪtˌmaxən] *intr* participar.
Mitmensch [ˈmɪtmɛnʃ] **(-en)** *m* prójimo *m*.
mit|nehmen [ˈmɪtˌneːmən] *tr* llevar consigo.
mit|reißen [ˈmɪtˌraɪsən] *tr* **1** arrastrar. **2** entusiasmar.
mit|schreiben [ˈmɪtˌʃraɪbən] *tr* **1** apuntar. ● *intr* **2** tomar apuntes.
Mitschuld [ˈmɪtʃʊlt] *f* complicidad *f*.
Mitschüler(in) [ˈmɪtˌʃyːlɐ] **(-, -nen)** *m(f)* compañero, -a *m, f* de clase.

mit|spielen [ˈmɪtˌʃpiːlən] *intr* tomar parte en el juego.
Mitspieler(in) [ˈmɪtˌʃpiːlɐ] (-) *m(f)* compañero, -a *m, f* de juego.
Mitsprache [ˈmɪtˌʃpraːxə] *f* participación *f.*
mit|sprechen [ˈmɪtˌʃprɛçən] *intr* **1** entremeterse en la conversación. **2** intervenir en un asunto.
Mittag [ˈmɪtaːk] (-e) *m* mediodía *m.* ■ **zu ~ essen** almorzar.
Mittagessen [ˈmɪtaːkˌɛsən] (-) *n* almuerzo *m.*
mittags [ˈmɪtaːks] *adv* al mediodía.
Mitte [ˈmɪtə] (-n) *f* **1** medio *m*; centro *m.* **2** mitad *f.* **3** a mediados de.
mit|teilen [ˈmɪtˌtaɪlən] *tr* comunicar, hacer saber.
Mitteilung [ˈmɪtˌtaɪlʊŋ] (-en) *f* comunicación *f.*
Mittel [ˈmɪtəl] (-) *n* **1** medio *m.* **2** remedio *m*, recurso *m.*
Mittelalter [ˈmɪtəlˌaltɐ] *n* Edad *f* Media.
Mittelamerika [ˈmɪtəlaˌmeːrika] *n* América *f* Central.
mittelamerikanisch [ˈmɪtəlameriˌkaːnɪʃ] *adj* centroamericano.
Mittelfinger [ˈmɪtəlˌfɪŋɐ] (-) *m* dedo *m* medio o del corazón.
mittelfristig [ˈmɪtəlˌfrɪstɪç] *adj* a medio plazo.
mittellos [ˈmɪtəlloːs] *adj* sin medios.
Mittelmaß [ˈmɪtəlˌmaːs] *n* media *f.*
mittelmäßig [ˈmɪtəlˌmɛːsɪç] *adj* mediano, mediocre.
Mittelmeer [ˈmɪtəlˌmeːɐ] *n* Mediterráneo *m.*
Mittelpunkt [ˈmɪtəlˌpʊŋkt] (-e) *m* centro *m.*
mittels [ˈmɪtəls] *prep* **+gen** por medio de, mediante.
Mittelstand [ˈmɪtəlˌʃtant] *m* clase *f* media.
Mittelstufe [ˈmɪtəlˌʃtuːfə] *f* grado *m* intermedio.
mitten [ˈmɪtən] *adv* en medio de.
Mitternacht [ˈmɪtɐˌnaxt] *f* medianoche *f.*
Mittler(in) [ˈmɪtlɐ] (-, **-nen**) *m(f)* intermediario, -a *m, f*, mediador(a) *m(f).*
mittlere(r, s) [ˈmɪtlərə] *adj* mediano; del medio.
mittlerweile [ˈmɪtlɐˌvaɪlə] *adv* entretanto.
Mittwoch [ˈmɪtvɔx] (-e) *m* miércoles *m.*
mitverantwortlich [ˈmɪtfɛɐˌantvɔrtlɪç] *adj* corresponsable.
mit|wirken [ˈmɪtˌvɪrkən] *intr* cooperar.
mixen [ˈmɪksən] *tr* mezclar.
Mixer [ˈmɪksɐ] (-) *m* **1** batidora *f* (instrumento). **2** barman *m, f.*
Mobbing [ˈmɔbɪŋ] *n* acoso *m* moral en el trabajo.
Möbel [ˈmøːbəl] (-) *n* mueble *m.*
mobil [moˈbiːl] *adj* móvil.

m

mobilisieren [mobili'zi:rən] *tr* movilizar.
Mobiltelefon [mo'bi:ltele,fo:n] (**-e**) *n* teléfono *m* móvil.
möblieren [mø'bli:rən] *tr* amueblar.
Modalität [modali'tɛ:t] (**-en**) *f* modalidad *f*.
Mode ['mo:də] (**-n**) *f* moda *f*.
Modell [mo'dɛl] (**-e**) *n* modelo *m, f*.
Modem ['mo:dɛm] (**-s**) *n* INF modem *m*.
Moderator(in) [mode'ra:toɐ] (**-en, -nen**) *m(f)* RAD, TV presentador(a) *m(f)*.
moderieren [mode'ri:rən] *tr* RAD, TV moderar, presentar.
mod(e)rig ['mo:dərıç] *adj* mohoso.
modern [mo'dɛrn] *adj* moderno.
Moderne [mo'dɛrnə] *f* **1** Edad *f* Moderna. **2** modernidad *f*.
modernisieren [moderni'zi:rən] *tr* e *intr* modernizar(se).
Modeschöpfer(in) ['mo:də,ʃœpfɐ] (**-, -nen**) *m(f)* diseñador(a) *m(f)* (de moda).
modisch ['mo:dıʃ] *adj* de moda.
Modus ['mo:dus] (**Modi**) *m* modo *m*.
Mofa ['mo:fa] (**-s**) *n* moto *f*.
mogeln ['mo:gəln] *intr* hacer trampa.
mögen ['mø:gən] *tr* **1** gustar: *ich mag dieses Gericht = me gusta este plato*. **2** querer, desear: *ich möchte ein Bier = quiero una cerveza; was möchten Sie? = ¿qué desea Usted?* • *aux* **3** (modal) querer: *ich möchte gehen = quiero irme*. **4** poder, ser posible: *es mag sein = puede ser*.
möglich ['mø:klıç] *adj* posible.
möglicherweise ['mø:klıçɐ,vaizə] *adv* posiblemente.
Möglichkeit ['mø:klıçkaıt] (**-en**) *f* posibilidad *f*.
möglichst ['mø:klıçst] *adv* en lo posible. ■ **~ viel** el máximo de.
Mohammedaner(in) [mohame'da:nɐ] (**-, -nen**) *m(f)* mahometano, -a *m, f*.
Moldawien [mɔl'da:vĭən] *n* Moldavia *f*.
Moll [mɔl] *n* MÚS modo *m* menor.
mollig ['mɔlıç] *adj* **1** regordete. **2** (fam) agradable (temperatura de una habitación).
Moment [mo'mɛnt] (**-e**) *m* momento *m*. ■ **im ~** ahora.
momentan [momɛn'ta:n] *adj* **1** momentáneo. • *adv* **2** de momento, por el momento.
Monaco ['mo:nako] *n* Mónaco *m*.
Monarchie [monar'çi:] (**-n**) *f* monarquía *f*.
Monat ['mo:nat] (**-e**) *m* mes *m*.
monatelang ['mo:nate,laŋ] *adv* durante meses.
monatlich ['mo:natlıç] *adj* mensual.

Monatskarte [ˈmo:natsˌkartə] (-n) *f* billete *m* mensual.

Mönch [mœnç] (-e) *m* monje *m*.

Mond [mo:nt] (-e) *m* luna *f*. ■ **auf** o **hinter dem ~ leben** vivir en la luna; **jn auf den ~ schießen** mandar a alguien a la luna.

Mongolei [mɔŋgoˈlaɪ] *f* Mongolia *f*.

monieren [moˈni:rən] *tr* reclamar.

Monitor [ˈmo:nitɔʁ] (-e) *m* monitor *m*.

Monogamie [monogaˈmi:] *f* monogamia *f*.

Monographie [monograˈfi:] (-n) *f* monografía *f*.

Monolog [monoˈlo:k] (-e) *m* monólogo *m*.

Monopol [monoˈpo:l] (-e) *n* monopolio *m*.

monopolisieren [monopoliˈzi:rən] *tr* monopolizar.

monoton [monoˈto:n] *adj* monótono.

Monotonie [monotoˈni:] *f* monotonía *f*.

Monster [ˈmɔnstɐ] (-) *n* monstruo *m*.

Monsun [mɔnˈzu:n] (-e) *m* monzón *m*.

Montag [ˈmo:nta:k] (-e) *m* lunes *m*.

Montage [mɔnˈta:ʒə] (-n) *f* montaje *m*.

Monteur(in) [mɔnˈtø:ɐ] (-e, -nen) *m(f)* montador(a) *m(f)*.

montieren [mɔnˈti:rən] *tr* montar; instalar.

Monument [monuˈmɛnt] (-e) *n* monumento *m*.

Moped [ˈmo:pɛt] (-s) *n* ciclomotor *m*.

Moral [moˈra:l] *f* moral *f*.

moralisch [moˈra:lɪʃ] *adj* moral.

morastig [moˈrastɪç] *adj* pantanoso.

Mord [mɔrt] (-e) *m* asesinato *m*.

morden [ˈmɔrdən] *tr* **1** asesinar, matar. ● *intr* **2** cometer un asesinato.

Mörder(in) [ˈmœrdɐ] (-, -nen) *m(f)* asesino, -a *m, f*.

morgen [ˈmɔrgən] *adv* mañana.

Morgen [ˈmɔrgən] (-de) *m* mañana *f*. ■ **guten ~!** ¡buenos días!

morgendlich [ˈmɔrgəntlɪç] *adj* matinal, matutino.

Morgengrauen [ˈmɔrgənˌgraʊən] *n* amanecer *m*.

Morgenrot [ˈmɔrgənˌro:t] *n* aurora *f*.

morgens [ˈmɔrgəns] *adv* por la mañana; de mañana.

morgig [ˈmɔrgɪç] *adj* de mañana.

Mosambik [mozamˈbi:k] *n* Mozambique *m*.

Moschee [mɔˈʃe:] (-n) *f* mezquita *f*.

Moslem [ˈmɔslɛm] (-s) *m* musulmán *m*.

moslemisch [mɔsˈle:mɪʃ] *adj* musulmán.

m

Motiv [mo'ti:f] (-e) *n* motivo *m*.
Motivation [motiva'tsĭo:n] (-en) *f* motivación *f*.
motivieren [moti'vi:rən] *tr* e *intr* motivar.
Motor ['mo:tɔʁ] (-en) *m* motor *m*.
Motorrad ['mo:tɔʁˌra:t] (-räder) *n* motocicleta *f*.
Motorroller ['mo:tɔʁˌrɔlʁ] (-) *m* escúter *m*; motoneta *f* (Amer.).
Motto ['mɔto] (-s) *n* lema *m*.
Mücke ['mʏkə] (-n) *f* mosquito *m*.
müde ['my:də] *adj* cansado, fatigado.
Müdigkeit ['my:dıçkaıt] *f* cansancio *m*.
muffig ['mʊfıç] *adj* **1** que huele a enmohecido. **2** gruñón.
Mühe ['my:ə] (-n) *f* esfuerzo *m*.
mühelos ['my:əlo:s] *adj* sin esfuerzo; fácilmente.
mühen ['my:ən] *pron* **sich ~** esforzarse.
mühevoll ['my:əˌfɔl] *adj* arduo; difícil.
Mühle ['my:lə] (-n) *f* molino *m*.
mühsam ['my:za:m] *adj* arduo, laborioso; difícil.
mühselig ['my:ze:lıç] *adj* fatigoso, penoso.
Mulatte, -in [mu'latə] (-n, -nen) *m, f* mulato, -a *m, f*.
Müll [mʏl] *m* basura *f*.
Müllabfuhr ['mʏlˌapfu:ʁ] (-en) *f* recogida *f* de basuras.
Müllkippe ['mʏlˌkıpə] (-n) *f* vertedero *m* de basuras.
Müllverwertung ['mʏlfɛʁˌve:ʁtʊŋ] *f* aprovechamiento *m* de basuras.
mulmig ['mʊlmıç] *adj* (fam) desagradable.
multikulturell [mʊltikʊltu'rɛl] *adj* multicultural.
multimedial [mʊltime'dĭa:l] *adj* multimedia.
Multiplikation [mʊltiplika'tsĭo:n] (-en) *f* multiplicación *f*.
multiplizieren [mʊltipli'tsi:rən] *tr* e *intr* multiplicar.
Mumm [mʊm] *m* (fam) valor, coraje.
Mumps [mʊmps] *m* MED paperas *f pl*.
München ['mʏnçən] *n* Múnich *m*.
Mund [mʊnt] (**Münder**) *m* boca *f*.
münden ['mʏndən] *intr* desembocar.
Mundharmonika ['mʊntharˌmo:nika] (-s) *f* armónica *f*.
mündig ['mʏndıç] *adj* mayor de edad.
Mündigkeit ['mʏndıçkaıt] *f* mayoría *f* de edad.
mündlich ['mʏntlıç] *adj* verbal, oral.
Mündung ['mʏndʊŋ] (-en) *f* desembocadura *f*.
munter ['mʊntʁ] *adj* despierto, alegre.
Münze ['mʏntsə] (-n) *f* moneda *f*.
mürbe ['mʏrbə] *adj* **1** blando, tierno. **2** frágil (persona).

murmeln [ˈmʊrməln] *intr* murmurar, susurrar.
murren [ˈmʊrən] *intr* (fam) refunfuñar.
mürrisch [ˈmʏrɪʃ] *adj* de mal humor.
Mus [mu:s] *n* puré *m*.
Muschel [ˈmʊʃəl] **(-n)** *f* concha *f*.
Muse [ˈmu:zə] **(-n)** *f* musa *f*.
Museum [muˈze:ʊm] **(Museen)** *n* museo *m*.
Musik [muˈzi:k] *f* música *f*.
musikalisch [muziˈka:lɪʃ] *adj* musical.
Musiker(in) [ˈmu:zikɐ] **(-, -nen)** *m(f)* músico, -a *m, f*.
musisch [ˈmu:zɪʃ] *adj* artístico.
musizieren [muziˈtsi:rən] *intr* tocar una pieza musical.
Muskat [mʊsˈka:t] **(-e)** *m* nuez *f* moscada.
Muskel [ˈmʊskəl] **(-n)** *m* músculo *m*.
muskulös [mʊskuˈlø:s] *adj* musculoso.
Müsli [ˈmy:sli] **(-s)** *n* musli *m*.
Muss [mʊs] *n* obligación *f*.
Muße [ˈmu:sə] *f* tranquilidad *f*, calma *f*.
müssen [ˈmʏsən] *aux* **1** (modal) tener que, deber (obligación): *du musst aufstehen = tienes que levantarte*. **2** (modal) tener que, ser necesario (necesidad): *muss das so sein? = ¿es necesario que sea así?* **3** (modal) deber, tener que (suposición): *sie muss wohl sehr krank sein = debe estar muy enferma*. • *intr* **4** tener que: *ich muss zur Bank = tengo que ir al banco*.
müßig [ˈmy:sɪç] *adj* ocioso, desocupado.
Muster [ˈmʊstɐ] **(-)** *n* modelo *m*; muestra *f*.
Musterbeispiel [ˈmʊstɐˌbaɪʃpi:l] **(-e)** *n* modelo *m* ejemplar.
mustern [ˈmʊstɐn] *tr* examinar; inspeccionar.
Mut [mu:t] *m* valor *m*.
mutieren [muˈti:rən] *intr* mutar.
mutig [ˈmu:tɪç] *adj* valiente.
mutlos [ˈmu:tlo:s] *adj* desalentado, desanimado.
mutmaßen [ˈmu:tma:sən] *tr* (arc) suponer.
mutmaßlich [ˈmu:tma:slɪç] *adj* presunto.
Mutter [ˈmʊtɐ] **(Mütter)** *f* madre *f*.
Mutterkorn [ˈmʊtɐˌkɔrn] **(-e)** *n* cornezuelo *m* de centeno.
mütterlich [ˈmʏtɐlɪç] *adj* materno, maternal.
Mutterschaftsurlaub [ˈmʊtɐʃaftsˌu:ɐlaʊp] **(-e)** *m* permiso *m* por maternidad.
Mutterschutz [ˈmʊtɐˌʃʊts] *m* DER *protección f* legal a la futura madre.
Muttersprache [ˈmʊtɐˌʃpra:xə] **(-n)** *f* lengua *f* materna.
Muttersprachler(in) [ˈmʊtɐˌʃpra:xlɐ] **(-, -nen)** *m(f)* hablante *m, f* nativo.

m

Mutwille [ˈmuːtˌvɪlə] *m* malicia *f*, maldad *f*.
mutwillig [ˈmuːtˌvɪlɪç] *adj* malicioso.
Mütze [ˈmʏtsə] (**-n**) *f* gorro *m*.
MwSt, MWSt (*abrev de* **Mehrwertsteuer**) *f* IVA *m* (impuesto sobre el valor añadido).
mysteriös [mʏsteˈrĭøːs] *adj* misterioso.
mystisch [ˈmʏstɪʃ] *adj* místico.
mythisch [ˈmyːtɪʃ] *adj* mítico.
mythologisch [mytoˈloːgɪʃ] *adj* mitológico.
Mythos [ˈmyːtɔs] (**Mythen**) *m* mito *m*.

Nn

n, N [ɛn] (-) *n* n, N *f* (letra).
N (*abrev de* **Norden**) *m* N *m* (norte).
Nabel [ˈnaːbəl] (-) *m* ombligo *m*.
nach [naːx] *prep* **+dat 1** a, hacia (dirección): *nach Barcelona = a Barcelona; nach oben = hacia arriba*. **2** después de (tiempo): *nach dem Kino = después del cine*. **3** y (hora): *es ist zehn nach drei = son las tres y diez*.
nach|ahmen [ˈnaːxˌaːmən] *tr* imitar, copiar.
Nachbar(in) [ˈnaxbaːɐ] (**-n, -nen**) *m(f)* vecino, -a *m, f*.
Nachbarschaft [ˈnaxbaːɐʃaft] *f* vecindad *f*.
nachdem [naːxˈdeːm] *conj* después de que, después de.
nach|denken [ˈnaːxˌdeŋkən] *intr* pensar, meditar.
nachdenklich [ˈnaːxˌdeŋklɪç] *adj* pensativo; meditabundo.
nacheinander [naːxaɪˈnandɐ] *adv* uno tras otro; sucesivamente.
Nachfolge [ˈnaːxˌfɔlgə] *f* sucesión *m*.
nachfolgend [ˈnaːxˌfɔlgənt] *adj* subsiguiente; consecutivo.
Nachfolger(in) [ˈnaːxˌfɔlgɐ] (**-, -nen**) *m(f)* sucesor(a) *m(f)*.
Nachfrage [ˈnaːxˌfraːgə] *f* demanda *f*.
nach|füllen [ˈnaːxˌfʏlən] *tr* rellenar, recargar.
nach|geben [ˈnaːxˌgeːbən] *intr* ceder.
nach|gehen [ˈnaːxˌgeːən] *intr* seguir.
nachher [naːxˈheːɐ] *adv* después.
Nachhilfe [ˈnaːxˌhɪlfə] (**-n**) *f* clase *f* de repaso.
nach|holen [ˈnaːxˌhoːlən] *tr* recuperar (un examen, trabajo).
nach|kommen [ˈnaːxˌkɔmən] *intr* llegar más tarde.

Nachlass [ˈna:xlas] **(-lässe)** *m* **1** descuento *m*. **2** legado *m*.

nach|lassen [ˈna:xˌlasən] *intr* disminuir, bajar (dolor, fiebre, presión, etc.); decaer (interés, empeño, etc.); cesar (lluvia, viento).

nachlässig [ˈna:xˌlɛsɪç] *adj* negligente.

nach|machen [ˈna:xˌmaxən] *tr* imitar.

Nachmittag [ˈna:xmɪta:k] **(-e)** *m* tarde *f*.

nachmittags [ˈna:xmɪta:ks] *adv* por las tardes.

Nachname [ˈna:xˌna:mə] **(-n)** *m* apellido *m*.

nach|prüfen [ˈna:xˌpry:fən] *tr* e *intr* verificar, comprobar.

Nachricht [ˈna:xrɪçt] **(-en)** *f* noticia *f*.

Nachrüstung [ˈna:xˌrʏstʊŋ] *f* MIL rearme *m*.

nach|schauen [ˈna:xˌʃaʊən] *intr* **1** seguir con la vista. • *tr* e *intr* **2** consultar.

nach|schlagen [ˈna:xˌʃla:gən] *tr* consultar (en un libro).

nach|sehen [ˈna:xˌze:ən] *intr* **1** seguir con la vista. • *tr* e *intr* **2** revisar, inspeccionar.

nachsichtig [ˈna:xzɪçtɪç] *adj* indulgente.

Nachspeise [ˈna:xˌʃpaɪzə] **(-n)** *f* postre *m*.

nächste(r, s) [ˈnɛ:çstə] *adj* próximo, siguiente.

Nächste(r) [ˈnɛ:çstə] **(-n)** *mf(m)* siguiente *m, f*.

nächstens [ˈnɛ:çstəns] *adv* próximamente.

Nacht [naxt] **(Nächte)** *f* noche *f*. ■ **gute ~!** ¡Buenas noches!

Nachtdienst [ˈnaxtdi:nst] **(-e)** *m* servicio *m* nocturno; turno *m* de noche.

Nachteil [ˈna:xtaɪl] **(-e)** *m* desventaja *f*.

nachteilig [ˈna:xˌtaɪlɪç] *adj* desventajoso.

Nachthemd [ˈnaxthɛmt] **(-en)** *n* camisón *m*.

Nachtisch [ˈna:xtɪʃ] **(-e)** *m* postre *m*.

nächtlich [ˈnɛçtlɪç] *adj* nocturno.

nachträglich [ˈna:xˌtrɛ:klɪç] *adv* posteriormente.

nachts [naxts] *adv* de noche.

Nachtschicht [ˈnaxtʃɪçt] **(-en)** *f* turno *m* de noche.

Nachttisch [ˈnaxttɪʃ] **(-e)** *m* mesita *f* de noche.

nachvollziehen [ˈna:xfɔlˌtsi:ən] *tr* comprender, concebir.

Nachweis [ˈna:xvaɪs] **(-e)** *m* prueba *f*, comprobante *m*.

nach|weisen [ˈna:xˌvaɪzən] *tr* comprobar.

Nachwirkung [ˈna:xˌvɪrkʊŋ] **(-en)** *f* efecto *m* secundario.

Nachwuchs [ˈna:xvu:ks] *m* descendencia *f*.

Nacken [ˈnakən] **(-)** *m* nuca *f*.

nackt [nakt] *adj* desnudo.

Nadel [ˈna:dəl] **(-n)** *f* aguja *f*.

Nagel [ˈna:gəl] **(Nägel)** *m* **1** uña *f*. **2** clavo *m*.

Nagelfeile [ˈnaːgəlˌfaɪlə] **(-n)** *f* lima *f* para las uñas.
nageln [ˈnaːgəln] *tr* clavar.
nah(e) [naː(ə)] *adj* **1** cercano. **2** próximo, inmediato.
Nähe [ˈnɛːə] *f* **1** cercanía *f*. **2** proximidad *f*, inmediatez *f*.
nähen [ˈnɛːən] *tr* coser.
näher|kommen [ˈnɛːɐˌkɔmən] *intr* conocer mejor, intimar.
nähern [ˈnɛːɐn] *pron* **sich ~** acercarse.
Nähmaschine [ˈnɛːmaˌʃiːnə] **(-n)** *f* máquina *f* de coser.
nähren [ˈnɛːrən] *tr* alimentar.
nahrhaft [ˈnaːɐhaft] *adj* nutritivo.
Nährstoff [ˈnɛːɐʃtɔf] **(-e)** *m* substancia *f* nutritiva.
Nahrung [ˈnaːrʊŋ] **(-en)** *f* alimento *m*.
Nahrungsmittel [ˈnaːrʊŋsˌmɪtəl] *pl* alimentos *m pl*.
Nahverkehr [ˈnaːfɛɐˌkeːɐ] *m* tráfico *m* de cercanías.
Nahverkehrszug [ˈnaːfɛɐkeːɐsˌtsuːk] **(-züge)** *m* tren *m* de cercanías.
naiv [naˈiːf] *adj* ingenuo.
Name [ˈnaːmə] **(-n)** *m* nombre *m*.
namens [ˈnaːməns] *adv* **1** llamado. • *prep* **+gen 2** (form) en el nombre de.
Namenstag [ˈnaːmənsˌtaːk] **(-e)** *m* día *m* del santo.
nämlich [ˈnɛːmlɪç] *adv* es decir que, o sea.
nanu! [naˈnuː] *interj* ¡caramba!
Narbe [ˈnarbə] **(-n)** *f* cicatriz *f*.
Narkose [narˈkoːzə] **(-n)** *f* narcosis *f*, anestesia *f*.
Narkotikum [narˈkoːtikʊm] **(-ka)** *n* narcótico *m*.
Narr [nar] **(-en)** *m* **1** bufón *m*. **2** loco *m*.
Närrin [ˈnɛrɪn] **(-nen)** *f* loca *f*.
naschen [ˈnaʃən] *tr* e *intr* (fam) comer golosinas.
Nase [ˈnaːzə] **(-n)** *f* nariz *f*.
Nashorn [ˈnaːshɔrn] **(-hörner)** *n* rinoceronte *m*.
Nässe [ˈnɛsə] *f* humedad *f*.
Nation [naˈtsĭoːn] **(-en)** *f* nación *f*.
national [natsĭoˈnaːl] *adj* nacional.
Nationalflagge [natsĭoˈnaːlˌflagə] **(-n)** *f* bandera *f* nacional.
Nationalhymne [natsĭoˈnaːlˌhʏmnə] **(-n)** *f* himno *m* nacional.
Nationalismus [natsĭonaˈlɪsmʊs] *m* POL nacionalismo *m*.
nationalistisch [natsĭonaˈlɪstɪʃ] *adj* nacionalista.
Nationalität [natsĭonaliˈtɛːt] **(-en)** *f* nacionalidad *f*.
Nationalpark [natsĭoˈnaːlˌpark] *m* parque *m* nacional.
Nationalsozialist [natsĭoˈnaːlzotsĭaˌlɪst] **(-en)** *m* nacionalsocialista *m*.
nationalsozialistisch [natsioˈnaːlzotsĭaˌlɪstɪʃ] *adj* nacionalsocialista.
Natter [ˈnatɐ] **(-n)** *f* culebra *f*.
Natur [naˈtuːɐ] **(-en)** *f* **1** naturaleza *f*. **2** constitución *f* (del

cuerpo). **3** carácter *m*, temperamento *m*.

naturgemäß [na'tu:ʁgəˌmɛ:s] *adj* natural.

Naturgesetz [na'tu:ʁgəˌzɛts] **(-e)** *n* ley *f* de la naturaleza.

natürlich [na'ty:ʁlɪç] *adj* **1** natural. • *adv* **2** naturalmente.

Natürlichkeit [na'ty:ʁlɪçkaɪt] *f* naturalidad *f*.

Naturpark [na'tu:ʁˌpark] **(-s)** *m* parque *m* natural.

Naturprodukt [na'tu:ʁproˌdʊkt] **(-e)** *n* producto *m* natural.

Naturrecht [na'tu:ʁˌrɛçt] *n* derecho *m* natural.

Naturschutz [na'tu:ʁˌʃʊts] *m* protección *f* de la naturaleza.

Naturschutzgebiet [na'tu:ʁˌʃʊtsgəbi:t] **(-e)** *n* reserva *f* natural.

Naturwissenschaften [na'tu:ʁˌvɪsənʃaftən] *pl* ciencias *f pl* naturales.

Nazi ['na:tsi] **(-s)** *m* nazi *m*.

NC [ɛn'tse:] (*abrev de* **Numerus clausus**) *m* numerus *m* clausus.

n.Chr. (*abrev de* **nach Christus**) *adv* d.C. (después de Cristo).

Nebel ['ne:bəl] *m* niebla *f*.

neb(e)lig ['ne:bəlɪç] *adj* nebuloso.

neben ['ne:bən] *prep* **+dat 1** al lado de, junto a (situación). **2** además de (aditivo). **+ac 3** al lado de, junto a (dirección).

nebenan [ne:bən'an] *adv* al lado.

nebenbei [ne:bən'baɪ] *adv* **1** al mismo tiempo. **2** de pasada.

nebeneinander [ne:bənaɪ'nandɐ] *adv* uno(s) al lado de otro(s).

Nebenfach ['ne:bənˌfax] **(-fächer)** *n* asignatura *f* secundaria.

Nebenkosten ['ne:bənˌkɔstən] *pl* gastos *m pl* adicionales.

Nebenraum ['ne:bənˌraʊm] **(-räume)** *m* habitación *f* de al lado.

Nebensache ['ne:bənˌzaxə] *f* cuestión *f* secundaria.

nebensächlich ['ne:bənˌzɛçlɪç] *adj* secundario.

Necessaire [nesɛ'sɛ:ʁ] **(-s)** *n* neceser *m*.

Neffe ['nɛfə] **(-n)** *m* sobrino *m*.

negativ [nega'ti:f] *adj* negativo.

nehmen ['ne:mən] *tr* **1** tomar, coger. **2** aceptar, tomar.

Neid [naɪt] *m* envidia *f*.

neidisch ['naɪdɪʃ] *adj* envidioso.

neigen ['naɪgən] *tr* **1** inclinar (la cabeza, el cuerpo). • *intr* **2** tender.

Neigung ['naɪgʊŋ] **(-en)** *f* inclinación *f*.

nein [naɪn] *adv* no.

Nein [naɪn] **(-s)** *n* no *m*.

Nektar ['nɛktar] **(-e)** *m* néctar *m*.

Nelke ['nɛlkə] **(-n)** *f* clavel *m*.

nennen ['nɛnən] *tr* nombrar.

Neonazi [neo'na:tsi] **(-s)** *m* neonazi *m*.

Nerv [nɛrf] **(-en)** *m* nervio *m*.
nervös [nɛr'vø:s] *adj* nervioso.
Nest [nɛst] **(-er)** *n* nido *m*.
nett [nɛt] *adj* simpático, amable.
netto ['nɛto] *adv* neto.
Nettoeinkommen ['nɛto,aınkɔmən] *n* ingresos *m pl* netos.
Netz [nɛts] **(-e)** *n* red *f*.
Netzanschluss ['nɛts,anʃlʊs] **(-schlüsse)** *m* conexión *f* a la red.
neu [nɔı] *adj* nuevo.
neuartig ['nɔı,a:ɐtıç] *adj* nuevo, reciente.
neuerdings ['nɔıɐdıŋs] *adv* nuevamente.
neuerlich ['nɔıɐlıç] *adj* reiterado.
Neuerung ['nɔıərʊŋ] **(-en)** *f* innovación *f*.
neugeboren ['nɔıgə,bo:rən] *adj* recién nacido.
Neugier(de) ['nɔıgi:ɐ] *f* curiosidad *f*.
neugierig ['nɔıgi:rıç] *adj* curioso.
Neuheit ['nɔıhaıt] **(-en)** *f* novedad *f*.
Neuigkeit ['nɔııçkaıt] **(-en)** *f* novedad *f*.
Neujahr ['nɔıja:ɐ] *n* Año *m* Nuevo.
neulich ['nɔılıç] *adv* últimamente, recientemente.
neumodisch ['nɔı,mo:dıʃ] *adj* a la última moda.
neun [nɔın] *adj* nueve.
neunhundert ['nɔın,hʊndɐt] *adj* novecientos.
neuntausend ['nɔın,taʊzənt] *adj* nueve mil.
neunzehn ['nɔıntse:n] *adj* diecinueve.
neunzig ['nɔıntsıç] *adj* noventa.
neureich ['nɔıraıç] *adj* nuevo rico.
neurotisch [nɔı'ro:tıʃ] *adj* PSIC neurótico.
neutral [nɔı'tra:l] *adj* neutral.
Neutralität [nɔıtrali'tɛ:t] *f* neutralidad *f*.
neuwertig ['nɔı,ve:ɐtıç] *adj* como nuevo.
neuzeitlich ['nɔı,tsaıtlıç] *adj* moderno.
Nicaragua [nika'ra:gŭa] *n* Nicaragua *f*.
Nicaraguaner(in) [nika'ra:gŭa:nə] **(-, -nen)** *m(f)* nicaragüense *m, f*.
nicaraguanisch [nika'ra:gŭa:nıʃ] *adj* nicaragüense.
nicht [nıçt] *adv* no. ■ **auch ~** tampoco.
Nichte ['nıçtə] **(-n)** *f* sobrina *f*.
Nichtraucher(in) ['nıçt,raʊxɐ] **(-, -nen)** *m(f)* no fumador(a) *m(f)*.
nichts [nıçts] *pron* nada.
Nichts [nıçts] *n* nada *f*.
nichtsdestoweniger [nıçtsdɛsto've:nıgɐ] *adv* no obstante, sin embargo.
Nickel ['nıkəl] *n* QUÍM níquel *m*.
nicken ['nıkən] *intr* asentir con la cabeza.
nie [ni:] *adv* nunca, jamás.

nieder [ˈniːdɐ] *adj* **1** bajo. **2** inferior (rango). • *adv* **3** abajo.
nieder|gehen [ˈniːdɐˌgeːən] *intr* caer (lluvia, tormenta, etc.).
niedergeschlagen [ˈniːdɐgəˌʃlaːgən] *adj* abatido, deprimido.
Niederlage [ˈniːdɐˌlaːgə] **(-n)** *f* derrota *f*, fracaso *m*.
Niederlande [ˈniːdɐlandə] *n pl* Países *m pl* Bajos.
Niederländer(in) [ˈniːdɐlɛndɐ] **(-, -nen)** *m(f)* neerlandés, -esa *m, f*.
Niederlassung [ˈniːdɐˌlasʊŋ] **(-en)** *f* **1** establecimiento *m*. **2** sucursal *f*.
Niederschlag [ˈniːdɐˌʃlaːk] **(-schläge)** *m* precipitaciones *f pl*, lluvia *f*.
niedlich [ˈniːtlɪç] *adj* bonito.
niedrig [ˈniːdrɪç] *adj* bajo (montaña, edificio).
niemals [ˈniːmaːls] *adv* nunca, jamás.
niemand [ˈniːmant] *pron* nadie.
Niere [ˈniːrə] **(-n)** *f* riñón *m*.
niesen [ˈniːzən] *intr* estornudar.
Niete [niːtə] **(-n)** *f* **1** billete *m* de lotería no premiado. **2** (fam) inútil *m*.
nimmer [ˈnɪmɐ] *adv* ya no.
nirgends [ˈnɪrgənts] *adv* en ningún lugar.
nirgend(s)wo [ˈnɪrgəntsˌvoː] *adv* en ninguna parte.
Nische [ˈniːʃə] **(-n)** *f* nicho *m*.
Niveau [niˈvoː] **(-s)** *n* nivel *m*.
nobel [ˈnoːbəl] *adj* **1** noble. **2** elegante, lujoso.
noch [nɔx] *adv* todavía, aún.
nochmals [ˈnɔxmaːls] *adv* otra vez, de nuevo.
Nonne [ˈnɔnə] **(-n)** *f* monja *f*, religiosa *f*.
Nord [nɔrt] *m* norte *m*.
Nordamerika [ˈnɔrtameriˌkaːnɪʃ] *n* Norteamérica *f*.
nordamerikanisch [ˈnɔrtameriˌkaːnɪʃ] *adj* norteamericano.
Norden [ˈnɔrdən] *m* norte *m*.
nordisch [ˈnɔrdɪʃ] *adj* nórdico, del norte.
nördlich [ˈnœrtlɪç] *adj* **1** norte, del norte. • *prep* **+gen 2** al norte de.
Nordpol [ˈnɔrtpoːl] *m* polo *m* norte.
Nordsee [ˈnɔrtzeː] *f* mar *m* del Norte.
Norm [nɔrm] **(-en)** *f* norma *f*; pauta *f*.
normal [nɔrˈmaːl] *adj* normal.
normalerweise [nɔrˈmaːlɐˌvaɪzə] *adv* normalmente.
Normalität [nɔrmaliˈtɛːt] *f* normalidad *f*.
Norwegen [ˈnɔrveːgən] *n* Noruega *f*.
nostalgisch [nɔsˈtalgɪʃ] *adj* nostálgico.
Not [noːt] **(Nöte)** *f* **1** necesidad *f*, dificultad *f*. **2** peligro *m*. **3** necesidad *f*, miseria *f*.
Notar(in) [noˈtaːɐ] **(-e, -nen)** *m(f)* notario, -a *m, f*.
Notarzt, -ärztin [ˈnoːtaːɐtst] **(-ärzte, -nen)** *m, f* médico, -a *m, f* de urgencias.

Notausgang [ˈnoːtˌausgaŋ] (-gänge) *m* salida *f* de emergencia.
notdürftig [ˈnoːtˌdʏrftɪç] *adj* provisional.
Note [ˈnoːtə] (-n) *f* **1** nota *f*. **2** calificación *f*.
Notfall [ˈnoːtfal] (-fälle) *m* caso *m* de emergencia.
notfalls [ˈnoːtfals] *adv* en caso de necesidad.
notieren [noˈtiːrən] *tr* anotar, apuntar.
nötig [ˈnøːtɪç] *adj* necesario, preciso.
Notiz [noˈtiːts] (-en) *f* apunte *m*, nota *f*.
Notizbuch [noˈtiːtsˌbuːx] (-bücher) *n* libreta *f* de apuntes.
Notlage [ˈnoːtˌlaːgə] (-n) *f* apuro *m*, situación *f* crítica.
Notruf [ˈnoːtruːf] (-e) *m* llamada *f* de socorro.
Notwehr [ˈnoːtveːɐ] *f* legítima defensa *f*.
notwendig [ˈnoːtvɛndɪç] *adj* **1** necesario, preciso. **2** inevitable.
Notwendigkeit [ˈnoːtvɛndɪçkaɪt] (-en) *f* necesidad *f*.
November [noˈvɛmbɐ] (-) *m* noviembre *m*.
Nr. (*abrev de* **Nummer**) *f* nº *m* (número).
nüchtern [ˈnʏçtɐn] *adj* **1** sobrio. **2** en ayunas.
Nudel [ˈnuːdəl] (-n) *f* pasta *f* (comida).
null [nʊl] *adj* cero.
Null [nʊl] (-en) *f* cero *m*.
Nullpunkt [ˈnʊlpʊŋkt] *m* punto *m* cero.
numerieren [numeˈriːrən] *tr* numerar.
Nummer [ˈnʊmɐ] (-n) *f* número *m*.
nummerieren [nʊmeˈriːrən] *tr* numerar.
Nummerierung [nʊmeˈriːrʊŋ] (-en) *f* numeración *f*.
Nummernschild [ˈnʊmɐnˌʃɪlt] (-er) *n* matrícula *f* (de vehículos).
nun [nuːn] *adv* ahora, en este momento.
nur [nuːɐ] *adv* sólo, solamente.
Nuss [nʊs] (Nüsse) *f* nuez *f*.
Nutzen [ˈnʊtsən] (-) *m* utilidad *f*, provecho *m*.
nutzen, nützen [ˈnʊtsən, ˈnʏtsən] *tr* **1** utilizar, aprovechar. • *intr* **2** ser útil, servir.
nützlich [ˈnʏtslɪç] *adj* útil, provechoso.
Nützlichkeit [ˈnʏtslɪçkaɪt] *f* utilidad *f*.
nutzlos [ˈnʊtsloːs] *adj* inútil, inservible.

Oo

o, O [oː] (-) *n* o, O *f* (letra).
O [oː] (*abrev de* **Osten**) *m* E *m* (este).
Oase [oˈaːzə] (-n) *f* oasis *m*.
ob [ɔp] *conj* si.
obdachlos [ˈɔpdaxloːs] *adj* sin techo.
Obdachlose(r) [ˈɔpdaxloːzə] (-n, -n) *mf(m)* sin techo *m, f*.
oben [ˈoːbən] *adv* arriba.
obendrein [ˈoːbənˌdraɪn] *adv* además, aparte de ello.
Ober [ˈoːbɐ] (-) *m* camarero *m*.
obere (r, s) [ˈoːbərə] *adj* alto, superior.
Oberfläche [ˈoːbɐˌflɛçə] (-n) *f* superficie *f*.
oberflächlich [ˈoːbɐˌflɛçlɪç] *adj* superficial.
oberhalb [ˈoːbɐˌhalp] *prep* **+gen** **1** por encima de, más arriba de. • *adv* **2** por encima, más arriba.
Oberhaupt [ˈoːbɐˌhaʊpt] (**-häupter**) *n* (form) jefe *m*, líder *m*.
Oberkörper [ˈoːbɐkœrpɐ] (-) *m* torso *m*, tronco *m*.
Oberseite [ˈoːbɐˌzaɪtə] (-n) *f* cara *f* superior.
obgleich [ɔpˈglaɪç] *conj* aunque.
Objekt [ɔpˈjɛkt] (-e) *n* **1** objeto *m*. **2** GRAM complemento *m*.
objektiv [ɔpjɛkˈtiːf] *adj* objetivo.
obligatorisch [obligaˈtoːrɪʃ] *adj* obligatorio.
Oboe [oˈboːə] (-n) *f* oboe *m*.
Obst [oːpst] *n* fruta *f*.
Obstgarten [ˈoːpstˌgartən] (**-gärten**) *m* huerto *m*, huerta *f*.
obszön [ɔpsˈtsøːn] *adj* obsceno.
obwohl [ɔpˈvoːl] *conj* aunque, aun cuando.
Ochse [ˈɔksə] (-n) *m* buey *m*.
öde [ˈøːdə] *adj* desierto, despoblado (paisaje, región).
oder [ˈoːdɐ] *conj* **1** o, u. **2** sino, de lo contrario.
Ofen [ˈoːfən] (**Öfen**) *m* **1** estufa *f*. **2** horno *m*. ■ **ein heißer ~** (fam) un bólido.
offen [ˈɔfən] *adj* **1** abierto. **2** franco, abierto.
offenbar [ˈɔfənbaːɐ] *adj* **1** manifiesto, evidente. • *adv* **2** por lo visto, aparentemente.
offenbaren [ɔfənˈbaːrən] *tr* **1** (form) revelar, manifestar (un secreto, la verdad). • **sich ~** *pron* **2** manifestarse.
offen|lassen [ˈɔfənˌlasən] *tr* dejar abierto.
offensichtlich [ˈɔfənzɪçtlɪç] *adj* **1** evidente, patente. • *adv* **2** aparentemente, por lo visto.

öffentlich [ˈœfəntlɪç] *adj* público, oficial.
Öffentlichkeit [ˈœfəntlɪçkaɪt] *f* opinión *f* pública, público *m.*
offiziell [ɔfiˈtsĭɛl] *adj* oficial.
öffnen [ˈœfnən] *tr* **1** abrir. • **sich ~** *pron* **2** abrirse.
Öffner [ˈœfnɐ] (-) *m* abridor *m.*
Öffnungszeit [ˈœfnʊŋsˌtsaɪt] (**-en**) *f* horario *m* de apertura.
oft [ɔft] *adv* a menudo, con frecuencia.
öfters [ˈœftɐs] *adv* a menudo.
ohne [ˈoːnə] *prep* **+ac** sin.
Ohnmacht [ˈoːnmaxt] (**-en**) *f* desvanecimiento *m.*
Ohnmacht [ˈoːnmaxt] *f* impotencia *f.*
ohnmächtig [ˈoːnmɛçtɪç] *adj* **1** impotente. **2** desvanecido. ■ **~ werden** desmayarse.
Ohr [oːɐ] (**-en**) *n* oreja *f*; oído *m.*
ohrfeigen [ˈoːɐfaɪgən] *tr* abofetear.
Ohrring [ˈoːɐrɪŋ] *m* pendiente *m*; aro *m* (Amér.).
o.k. [oˈkeː] *interj* o.k.
ökologisch [økoˈloːgɪʃ] *adj* ecológico.
Ökonomie [økonoˈmiː] *f* economía *f.*
Oktober [ɔkˈtoːbɐ] (-) *m* octubre *m.*
Öl [øːl] (**-e**) *n* **1** aceite *m.* **2** petróleo *m*; canfín *m* (Amér.). **3** óleo (pintura).
ölen [ˈøːlən] *tr* aceitar.
ölig [ˈøːlɪç] *adj* aceitoso.
Olive [oˈliːvə] (**-n**) *f* aceituna *f.*
Olympiade [olʏmˈpĭaːdə] (**-n**) *f* olimpíada *f.*
Oma [ˈoːma] (**-s**) *f* (fam) abuelita *f.*
Omelett [ɔməˈlɛt] (**-e, -s**) *n* tortilla *f.*
onanieren [onaˈniːrən] *intr* masturbarse.
Onkel [ˈɔŋkəl] (-) *m* tío *m.*
Opa [ˈoːpa] (**-s**) *m* (fam) abuelito *m.*
Oper [ˈoːpɐ] (**-n**) *f* ópera *f.*
Operation [opəraˈtsĭoːn] (**-en**) *f* operación *f.*
operieren [opəˈriːrən] *tr* **1** operar, intervenir quirúrgicamente. • *intr* **2** MIL operar.
Opfer [ˈɔpfɐ] (-) *n* **1** sacrificio *m.* **2** víctima *f.*
opfern [ˈɔpfɐn] *tr* e *intr* sacrificar.
opportunistisch [ɔpɔrtuˈnɪstɪʃ] *adj* oportunista.
Opposition [ɔpoziˈtsĭoːn] (**-en**) *f* oposición *f.*
Optiker(in) [ˈɔptɪkɐ] (**-, -nen**) *m(f)* óptico, -a *m, f.*
optimal [ɔptiˈmaːl] *adj* óptimo.
Optimismus [ɔptiˈmɪsmʊs] *m* optimismo *m.*
optimistisch [ɔptiˈmɪstɪʃ] *adj* optimista.
Option [ɔpˈtsĭoːn] (**-en**) *f* opción *f.*
oral [oˈraːl] *adj* oral.
orange [oˈrãːʒə] *adj* naranja (color).
Orange [oˈrãːʒə] (**-n**) *f* naranja *f* (fruta).

Orangensaft [o'rã:ʒən͵zaft] (**-säfte**) *m* zumo *m* de naranja.
Orchester [ɔr'kɛstɐ] (-) *n* orquesta *f*.
ordentlich ['ɔrdəntlɪç] *adj* **1** ordenado. **2** decente, formal. • *adv* **3** ordenadamente; como es debido.
ordinär [ɔrdi'nɛ:ɐ] *adj* **1** corriente, común. **2** (desp) ordinario, vulgar.
ordnen ['ɔrdnən] *tr* ordenar.
Ordner ['ɔrdnɐ] (-) *m* clasificador *m*, archivador *m*.
Ordnung ['ɔrdnʊŋ] *f* **1** orden *m*. **2** reglamento *m*. ■ **in ~ sein** estar en orden.
ordnungsgemäß ['ɔrdnʊŋsgə͵mɛ:s] *adj* **1** debido. • *adv* **2** debidamente.
ordnungswidrig ['ɔrdnʊŋs͵vi:drɪç] *adj* contrario al orden; ilegal.
Organ [ɔr'ga:n] (**-e**) *n* **1** órgano *m*, institución *f*. **2** ANAT órgano *m*.
Organisation [ɔrganiza'tsĭo:n] (**-en**) *f* organización *f*.
organisieren [ɔrgani'zi:rən] *tr* **1** organizar. **2** proporcionar, facilitar. • **sich ~** *pron* **3** organizarse.
Organismus [ɔrga'nɪsmʊs] (**-men**) *m* organismo *m*.
Orgasmus [ɔr'gasmʊs] (**-men**) *m* orgasmo *m*.
Orgel ['ɔrgəl] (**-n**) *f* MÚS órgano *m*.
Orient ['o:rĭɛnt] *m* Oriente *m*.
orientalisch [orĭɛn'ta:lɪʃ] *adj* oriental.
orientieren [orĭɛn'ti:rən] *tr y pron* orientar(se).
Orientierung [orĭɛn'ti:rʊŋ] *f* orientación *f*.
original [origi'na:l] *adj* original; auténtico.
Original [origi'na:l] (**-e**) *n* original *m*.
originell [origi'nɛl] *adj* original.
Ornament [ɔrna'mɛnt] (**-e**) *n* ornamento *m*, adorno *m*.
Ort [ɔrt] (**-e**) *m* **1** lugar *m*, sitio *m*. **2** localidad *f*.
örtlich ['œrtlɪç] *adj* local.
Ortsangabe ['ɔrts͵anga:bə] (**-n**) *f* indicación *f* de lugar.
Ortschaft ['ɔrtsʃaft] (**-en**) *f* población *f*.
Ost [ɔst] *m* este *m*.
Osten ['ɔstən] (-) *m* este *m*, oriente *m*.
Ostern ['o:stɐn] *n* Pascua *f*.
Österreich ['ø:stəraɪç] *n* Austria *f*.
Österreicher(in) ['ø:stəraɪçɐ] (**-, -nen**) *m(f)* austríaco, -a *m, f*.
österreichisch ['ø:stəraɪçɪʃ] *adj* austríaco.
östlich ['œstlɪç] *adj* del este.
Ostsee ['ɔstze:] *f* Mar *m* Báltico.
Otter ['ɔtɐ] (-) *m* nutria *f*.
Otter ['ɔtɐ] (**-n**) *f* víbora *f*.
oval [o'va:l] *adj* oval, ovalado.
Ozean [otse'a:n] (**-e**) *m* océano *m*.
Ozon [o'tso:n] *m* o *n* ozono *m*.

Pp

p, P [pe:] (-) *n* p, P *f* (letra).
paar [pa:ɐ] *pron* **ein ~** algunos.
Paar [pa:ɐ] (**-e**) *n* **1** par *m*. **2** pareja *f* (de personas).
paaren [ˈpa:rən] *pron* **sich ~** ZOOL aparearse.
paarmal [ˈpa:ɐma:l] *adv* **ein ~** algunas veces.
Paarung [ˈpa:rʊŋ] (**-en**) *f* ZOOL apareamiento *m*.
Pacht [paxt] (**-en**) *f* arrendamiento *m*.
pachten [ˈpaxtən] *tr* arrendar.
Pächter(in) [ˈpɛçtɐ] (**-, -nen**) *m(f)* arrendatario, -a *m, f*.
Päckchen [ˈpɛkçən] (**-**) *n* paquete *m* pequeño.
packen [ˈpakən] *tr* e *intr* **1** empaquetar. ● *tr* **2** agarrar, asir.
packend [ˈpakənt] *adj* cautivador.
Packer [ˈpakɐ] *m* INF packer *m*.
Packpapier [ˈpakpaˌpi:ɐ] *n* papel *m* de embalar.
Packung [ˈpakʊŋ] (**-en**) *f* paquete *m*; caja *f*.
Pädagoge, -in [pɛdaˈgo:gə] (**-n, -nen**) *m, f* pedagogo, -a *m, f*.
Pädagogik [pɛdaˈgo:gɪk] *f* pedagogía *f*.
pädagogisch [pɛdaˈgo:gɪʃ] *adj* pedagógico.
Paillette [paɪˈjɛtə] (**-n**) *f* lentejuela *f*.

Paket [paˈke:t] (**-e**) *n* paquete *m*.
Pakistan [ˈpa:kɪsta:n] *n* Paquistán *m*.
Pakt [pakt] (**-e**) *m* pacto *m*.
Palast [paˈlast] (**-läste**) *m* palacio *m*.
Palästina [palɛˈsti:na] *n* Palestina *f*.
Palette [paˈlɛtə] (**-n**) *f* paleta *f* (de pintor).
Palme [ˈpalmə] (**-n**) *f* palma *f*; palmera *f*.
Pampelmuse [pampəlˈmu:zə] (**-n**) *f* pomelo *m*.
Panama [ˈpanama] *n* Panamá *m*.
panieren [paˈni:rən] *tr* empanar.
Panik [ˈpa:nɪk] *f* pánico *m*.
panisch [ˈpa:nɪʃ] *adj* de pánico.
Panne [ˈpanə] (**-n**) *f* avería *f*.
Panorama [panoˈra:ma] (**-s, -men**) *n* panorama *m*.
Pantoffel [panˈtɔfəl] (**-n**) *m* zapatilla *f*, pantufla *f*.
Pantomime [pantoˈmi:mə] (**-n**) *f* pantomima *f*.
Panzer [ˈpantsɐ] (**-**) *m* MIL tanque *m*.
Panzerwagen [ˈpantsɐˌva:gən] (**-**) *m* MIL tanque *m*.
Papa [paˈpa:] (**-s**) *m* (fam) papá *m*.

Papagei [papa'gaɪ] (**-en**) *m* loro *m.*
Papier [pa'piːɐ] (**-e**) *n* **1** papel *m.* **2** documento *m.*
Papiergeld [pa'piːɐˌgɛlt] *n* papel *m* moneda.
Papierkorb [pa'piːɐˌkɔrp] (**-körbe**) *m* papelera *f.*
Pappe ['papə] *f* cartón *m.*
Paprika ['paprika] (**-s**) *m* **1** pimiento *m.* **2** pimentón *m.*
Papst [paːpst] (**Päpste**) *m* Papa *m.*
Parade [pa'raːdə] (**-n**) *f* MIL parada *f,* desfile *m.*
Paradeiser [para'daɪzɐ] (**-**) (Austria) *m* tomate *m.*
Paradies [para'diːs] *n* paraíso *m.*
paradiesisch [para'diːzɪʃ] *adj* paradisíaco.
paradox [para'dɔks] *adj* paradójico.
Paragraf [para'graːf] (**-en**) *m* párrafo *m.*
Paraguay [para'gŭaɪ] *n* Paraguay *m.*
Paraguayer(in) [para'gŭaːjɐ] (**-, -nen**) *m(f)* paraguayo, -a *m, f.*
Paraguayisch [para'gŭaːjɪʃ] *adj* paraguayo.
parallel [para'leːl] *adj* paralelo.
Parallele [para'leːlə] (**-n**) *f* MAT paralela *f.*
Parasit [para'ziːt] (**-en**) *m* parásito *m.*
parasitär [parazi'tɛːɐ] *adj* parasitario.
parat [pa'raːt] *adj* a punto.
Pärchen ['pɛːɐçən] (**-**) *n* pareja *f.*
Pardon [par'dõː] *m* perdón *m.*
par excellence [par ɛksɛ'lãːs] *adv* (form) por excelencia.
Parfüm [par'fyːm] (**-s**) *n* perfume *m.*
parfümieren [parfy'miːrən] *tr* perfumar.
Parität [pari'tɛːt] (**-en**) *f* paridad *f.*
Park [park] (**-s**) *m* parque *m.*
parken ['parkən] *tr* e *intr* aparcar; parquear (Amér.).
Parkett [par'kɛt] (**-e, -s**) *n* **1** parquet *m.* **2** patio *m* de butacas (en un teatro).
Parkhaus ['parkhaʊs] *n* aparcamiento *m.*
Parkplatz ['parkplats] (**-plätze**) *m* aparcamiento *m*; parqueadero *m* (Amér.).
Parkverbot ['parkfɛɐˌboːt] *n* prohibición *f* de aparcar.
Parlament [parla'mɛnt] (**-e**) *n* POL parlamento *m.*
parlamentarisch [parlamɛn'taːrɪʃ] *adj* parlamentario.
Parodie [paro'diː] (**-n**) *f* parodia *f.*
parodieren [paro'diːrən] *tr* parodiar.
Parole [pa'roːlə] (**-n**) *f* eslogan *m,* lema *m.*
Part [part] (**-s**) *m* parte *f* (en una obra teatral o musical).
Partei [par'taɪ] (**-en**) *f* partido *m.*
parteiisch [par'taɪɪʃ] *adj* parcial.

parterre [par'tɛr] *adv* en la planta baja.
Parterre [par'tɛr] *n* planta *f* baja.
Partie [par'ti:] (**-n**) *f* parte *f*.
partiell [par'tsĭɛl] *adj* parcial.
Partizip [parti'tsi:p] (**-ien**) *n* GRAM participio *m*.
Partner(in) ['partnɐ] (**-, -nen**) *m(f)* compañero, -a *m, f*, pareja *f*.
Partnerschaft ['partnɐʃaft] (**-en**) *f* cooperación *f*.
Partnerstadt ['partnɐˌʃtat] (**-städte**) *f* ciudad *f* hermanada.
Party ['pa:ɐti] (**-s**) *f* fiesta *f*.
Pass [pas] (**Pässe**) *m* pasaporte *m*; pase *m* (Amér.).
passabel [pa'sa:bəl] *adj* pasable, aceptable.
Passage [pa'sa:ʒə] (**-n**) *f* **1** pasaje *m*, paso *m*. **2** pasaje *m*, fragmento *m*.
Passagier(in) [pasa'ʒi:ɐ] (**-e**) *m(f)* pasajero, -a *m, f*.
Passant(in) [pa'sant] (**-en, -nen**) *m(f)* transeúnte *m, f*.
Passbild ['pasbɪlt] (**-er**) *n* foto *m* de carnet.
passen ['pasən] *intr* ir/sentar bien, hacer juego (vestido, un color, etc.); ser adecuado (una palabra, una circunstancia, un vestido, etc.); congeniar, encajar (con alguien).
passend ['pasənt] *adj* oportuno, apropiado.
Passfoto ['pasˌfo:to] (**-s**) *n* foto *m* de carnet.
passieren [pa'si:rən] *intr* **1** ocurrir (un suceso). • *tr* e *intr* **2** pasar (por algún lugar).
Passion [pa'sĭo:n] (**-en**) *f* pasión *f*.
passiv ['pasi:f] *adj* pasivo.
Passiv ['pasi:f] *n* GRAM pasiva *f*.
Passkontrolle ['paskɔnˌtrɔlə] (**-n**) *f* control *m* de pasaportes.
Pastete [pas'te:tə] (**-n**) *f* paté *m*; empanada *f*.
Pastille [pa'stɪlə] (**-n**) *f* pastilla *f*.
Pastor(in) ['pastoɐ] (**-en, -nen**) *m(f)* pastor(a) *m(f)* evangelista.
Pate, -in ['pa:tə] (**-n, -nen**) *m, f* padrino *m*, madrina *f*.
Patent [pa'tɛnt] (**-e**) *n* patente *f*.
Pater ['pa:tɐ] (**-**) *m* REL padre *m*.
pathetisch [pa'te:tɪʃ] *adj* patético.
Patient(in) [pa'tsĭɛnt] (**-en, -nen**) *m(f)* paciente *m, f*.
Patriot(in) [patri'o:t] (**-en, -nen**) *m(f)* patriota *m, f*.
patriotisch [patri'o:tɪʃ] *adj* patriótico.
Patronat [patro'na:t] (**-e**) *n* patrocinio *m*.
pauken ['paʊkən] *intr* **1** tocar el timbal. • *tr* e *intr* **2** (fam) empollar (para un examen).
pauschal [paʊ'ʃa:l] *adj* global, general.
Pauschale [paʊ'ʃa:lə] (**-n**) *f* importe *m* global.
pauschalisieren [paʊʃali'zi:rən] *tr* **1** fijar un importe global. **2** generalizar.

Pause [ˈpauzə] (**-n**) *f* pausa *f*, descanso *m*; intermedio *m* (en el teatro, cine).
pausenlos [ˈpauzənloːs] *adj* incesante.
pausieren [pauˈziːrən] *intr* descansar.
Pazifismus [patsiˈfɪsmʊs] *m* pacifismo.
Pazifist(in) [patsiˈfɪst] (**-en, -nen**) *m(f)* pacifista *m, f*.
pazifistisch [patsiˈfɪstɪʃ] *adj* pacifista.
PC [peːˈtseː] (*abrev de* **Personal Computer**) (**-s**) *m* PC *m* (ordenador personal).
PDS [peːdeːˈɛs] (*abrev de* **Partei des Demokratischen Sozialismus**) *f* Partido *m* Socialista.
Pech [pɛç] *n* desgracia *f*, mala suerte *f*.
Pechvogel [ˈpɛçˌfoːgəl] *m* desgraciado, -a *m, f*, gafe *m, f*.
Pedal [peˈdaːl] (**-e**) *n* pedal *m*.
Pedant(in) [peˈdant] (**-en, -nen**) *m(f)* tiquismiquis *m, f*.
pedantisch [peˈdantɪʃ] *adj* meticuloso.
Pegel [ˈpeːgəl] (**-**) *m* mareógrafo *m*.
Pein [paɪn] *f* (form) suplicio *m*, tormento *m*.
peinigen [ˈpaɪnɪgən] *tr* (form) atormentar, torturar.
peinlich [ˈpaɪnlɪç] *adj* **1** desagradable, embarazoso (una situación, una actitud). **2** meticuloso, escrupuloso.
Peitsche [ˈpaɪtʃə] (**-n**) *f* látigo *m*.
peitschen [ˈpaɪtʃən] *tr* e *intr* azotar, golpear.
pejorativ [pejoraˈtiːf] *adj* peyorativo.
Pelz [pɛlts] (**-e**) *m* piel *f* (de un animal).
pendeln [ˈpɛndəln] *intr* **1** oscilar. **2** viajar diariamente, ir y volver.
Pendler(in) [ˈpɛndlɐ] (**-, -nen**) *m(f)* viajero, -a *m, f* regular.
penetrant [peneˈtrant] *adj* penetrante (olor, gusto, etc.).
penibel [peˈniːbəl] *adj* meticuloso.
Penicillin [penitsɪˈliːn] *n* penicilina *f*.
Penis [ˈpeːnɪs] (**-se**) *m* pene *m*.
Pennäler [peˈnɛːlɐ] (**-**) *m(f)* alumno, -a *m, f* de secundaria.
pennen [ˈpɛnən] *intr* (fam) dormir, sobar.
Pension [pɛnˈzĭoːn] (**-en**) *f* **1** pensión *f*. **2** jubilación *f*, pensión *f*.
Pensionär(in) [pɛnzĭoˈnɛːɐ] (**-e, -nen**) *m(f)* jubilado, -a *m, f*.
Pensionat [pɛnzĭoˈnaːt] (**-e**) *n* internado *m*.
pensionieren [pɛnsĭoˈniːrən] *tr* jubilar.
pensioniert [pɛnzĭoˈniːɐt] *adj* jubilado.
Pensum [ˈpɛnzʊm] (**Pensen**) *n* tarea *f*, trabajo *m*.
Peperoni [pepeˈroːni] (**-**) *f* pimiento *m* picante.

per [pɛr] *prep* **+ac** por.
perfekt [pɛrˈfɛkt] *adj* perfecto.
Perfekt [ˈpɛrfɛkt] *n* GRAM pretérito *m* perfecto.
Perfektion [pɛrfɛkˈtsĭo:n] *f* perfección *f*.
perfektionieren [pɛrfɛktsĭoˈni:rən] *tr* perfeccionar.
Perfektionismus [pɛrfɛktsĭoˈnɪsmʊs] *m* perfeccionismo *m*.
Perfektionist(in) [pɛrfɛktsĭoˈnɪst] **(-en, -nen)** *m(f)* perfeccionista *m, f*.
Periode [peˈrĭo:də] **(-n)** *f* **1** período *m*. **2** menstruación *f*.
periodisch [peˈrĭo:dɪʃ] *adj* periódico.
peripher [periˈfe:ɐ] *adj* periférico.
Perle [ˈpɛrlə] **(-n)** *f* perla *f*.
permanent [pɛrmaˈnɛnt] *adj* permanente.
perplex [pɛrˈplɛks] *adj* perplejo.
Persien [ˈpɛrzĭən] *n* Persia *f*.
Persiflage [pɛrziˈfla:ʒə] **(-n)** *f* parodia *f*.
Person [pɛrˈzo:n] **(-en)** *f* **1** persona *f*. **2** personaje *m* (en una obra de teatro, en una película, etc.).
Personal [pɛrzoˈna:l] *n* personal *m*.
Personalausweis [pɛrzoˈna:lˌaʊsvaɪs] **(-e)** *m* documento *m* nacional de identidad; cédula *f* de identidad (Amér.).
Personalcomputer [pɛrzoˈna:lkɔmˌpju:tɐ] **(-)** *m* ordenador *m* personal; computadora *f* personal (Amér.).
Personalien [pɛrzoˈna:lĭən] *f pl* datos *m pl* personales.
Personalpronomen [pɛrzoˈna:lproˌno:mən] **(-)** *n* GRAM pronombre *m* personal.
personell [pɛrzoˈnɛl] *adj* personal.
Personen(kraft)wagen [pɛrˈzo:nənˌ(kraft)va:gən] **(-)** *m* automóvil *m*; carro *m* (Amér.).
personifizieren [pɛrzonifiˈtsi:rən] *tr* personificar.
persönlich [pɛrˈzø:nlɪç] *adj* personal.
Persönlichkeit [pɛrˈzø:nlɪçkaɪt] **(-en)** *f* personalidad *f*.
Perspektive [pɛrspɛkˈti:və] **(-n)** *f* perspectiva *f*.
Peru [peˈru:] *n* Perú *m*.
Peruaner(in) [peˈrŭa:nɐ] *m(f)* **(-, -nen)** *m(f)* peruano, -a *m, f*.
peruanisch [peˈrŭa:nɪʃ] *adj* peruano.
Perversion [pɛrvɛrˈzĭo:n] **(-en)** *f* perversión *f*.
Pessimist(in) [pɛsiˈmɪst] **(-en, -nen)** *m(f)* pesimista *m, f*.
pessimistisch [pɛsiˈmɪstɪʃ] *adj* pesimista.
Pest [pɛst] *f* peste *f*.
Petersilie [peteˈzi:lĭə] **(-n)** *f* perejil *m*.
Pfad [pfa:t] **(-e)** *m* sendero *m*.
Pfadfinder(in) [ˈpfa:tˌfɪndɐ] **(-, -nen)** *m(f)* explorador(a) *m(f)*.
Pfahl [pfa:l] **(Pfähle)** *m* palo *m*, estaca *f*.

Pfand [pfant] (**Pfänder**) *n* prenda *f*.
pfänden [ˈpfɛndən] *tr* embargar.
Pfandhaus [ˈpfanthaʊs] (**-häuser**) *n* casa *f* de empeño.
Pfanne [ˈpfanə] (**-n**) *f* sartén *f*.
Pfannkuchen [ˈpfanˌku:xən] (-) *m* crepe *f*.
Pfarrer [ˈpfarɐ] (-) *m* párroco *m*.
Pfau [pfaʊ] (**-en**) *m* pavo *m* real.
Pfeffer [ˈpfɛfɐ] *m* pimienta *f*.
Pfefferkuchen [ˈpfɛfɐˌku:xən] (-) *m* pan *m* de especias.
Pfefferminze [ˈpfɛfɐmɪntsə] *f* menta *f*.
Pfefferminztee [ˈpfɛfɐmɪntsˌte:] *m* té *m* de menta.
Pfeife [ˈpfaɪfə] (**-n**) *f* **1** pipa *f*. **2** pito *m*, silbato *m*.
pfeifen [ˈpfaɪfən] *tr* e *intr* silbar.
Pfeil [pfaɪl] (**-e**) *m* flecha *f*.
Pfennig [ˈpfɛnɪç] (**-e**) *m* **1** pfennig *m*. **2** céntimo *m*.
Pferd [pfe:ɐt] (**-e**) *n* caballo *m*.
Pferderennen [ˈpfe:ɐdəˌrɛnən] *n* carrera *f* de caballos.
Pferdestärke [ˈpfe:ɐdəˌʃtɛrkə] (**-n**) *f* TEC caballo *m* de fuerza.
Pfiff [pfɪf] (**-e**) *m* silbido *m*.
pfiffig [ˈpfɪfɪç] *adj* avispado.
Pfingsten [ˈpfɪŋstən] (-) *n* Pentecostés *m*.
Pfirsich [ˈpfɪrzɪç] (**-e**) *m* melocotón *m*; durazno *m* (Amér.).
Pflanze [ˈpflantsə] (**-n**) *f* planta *f*.
pflanzen [ˈpflantsən] *tr* plantar.
pflanzlich [ˈpflantslɪç] *adj* vegetal.
Pflaster [ˈpflastɐ] (-) *n* **1** tirita *f*. **2** pavimento *m*.
Pflaume [ˈpflaʊmə] (**-n**) *f* ciruela *f*.
Pflege [ˈpfle:gə] *f* **1** cuidado *m*. **2** conservación *f*.
pflegeleicht [ˈpfle:gəˌlaɪçt] *adj* de fácil cuidado.
pflegen [ˈpfle:gən] *tr* **1** atender (a un enfermo). **2** cuidar (a un niño)
Pfleger(in) [ˈpfle:gɐ] (**-, -nen**) *m(f)* enfermero, -a *m, f*.
Pflicht [pflɪçt] (**-en**) *f* deber *m*.
Pflichtfach [ˈpflɪçtfax] *n* asignatura *f* obligatoria.
pflichtgemäß [ˈpflɪçtgəˌmɛ:s] *adj* debido, obligatorio.
pflücken [ˈpflʏkən] *tr* recoger.
pflügen [ˈpfly:gən] *tr* e *intr* arar, labrar.
Pforte [ˈpfɔrtə] (**-n**) *f* puerta *f*, portón *m*.
Pförtner(in) [ˈpfœrtnɐ] (**-, -nen**) *m(f)* portero, -a *m, f*.
Pfosten [ˈpfɔstən] (-) *m* poste *m*.
Pfote [ˈpfo:tə] (**-n**) *f* pata *f* (de un animal).
Pfund [pfʊnt] (**-e**) *n* **1** libra *f*, medio kilo *m*. **2** libra *f* esterlina (moneda).
Pfusch [pfʊʃ] *m* (fam) chapuza *f*.
Pfütze [ˈpfʏtsə] (**-n**) *f* charco *m*.
Phänomen [fɛnoˈme:n] (**-e**) *n* fenómeno *m*.

P

phänomenal [fɛnome'na:l] *adj* fenomenal.
Phantasie [fanta'zi:] (-n) *f* fantasía *f*.
phantasielos [fanta'zi:lo:s] *adj* sin imaginación.
phantasieren [fanta'zi:rən] *intr* fantasear.
phantasievoll [fanta'zi:ˌfɔl] *adj* imaginativo.
Pharmazie [farma'tsi:] *f* farmacia *f*.
Phase ['fa:zə] (-n) *f* fase *f*.
Philharmonie [fɪlharmo'ni:] (-n) *f* orquesta *f* filarmónica.
Philippinen [fili'pi:nən] *pl* Filipinas *f pl*.
Philologe, -in [filo'lo:gə] (-n, -nen) *m, f* filólogo, -a *m, f*.
Philologie [filolo'gi:] (-n) *f* filología *f*.
philologisch [filo'lo:gɪʃ] *adj* filológico.
Philosoph(in) [filozo'f:] (-en, -nen) *m(f)* filósofo, -a *m, f*.
Philosophie [filozo'fi:] (-n) *f* filosofía *f*.
philosophieren [filozo'fi:rən] *intr* filosofar.
philosophisch [filo'zo:fɪʃ] *adj* filosófico.
Phonetik [fo'ne:tɪk] *f* fonética *f*.
phonetisch [fo'ne:tɪʃ] *adj* fonético.
Photo ['fo:to] (-s) *n* foto *f*.
photogen [foto'ge:n] *adj* fotogénico.
Photographie [fotogra'fi:] (-n) *f* fotografía *f*.
Physik [fy'zi:k] *f* física *f*.
Physiker(in) ['fy:zikɐ] (-, -nen) *m(f)* físico, -a *m, f*.
physisch ['fy:zɪʃ] *adj* físico.
Pianist(in) [pĭa'nɪst] (-en, -nen) *m(f)* pianista *m, f*.
Piano ['pĭa:no] (-s) *n* piano *m*.
Pickel ['pɪkəl] (-) *m* grano *m*, espinilla *f*.
Picknick ['pɪknɪk] (-s, -e) *n* picnic *m*.
picknicken ['pɪknɪkən] *intr* hacer un picnic.
piepsen ['pi:psən] *intr* **1** piar. **2** pitar (aparato electrónico).
Pietät [pĭe'tɛ:t] *f* (form) piedad *f*.
pikant [pi'kant] *adj* picante.
piksen ['pɪ:ksən] *tr* e *intr* (fam) pinchar.
Pilger(in) ['pɪlgɐ] (-, -nen) *m(f)* peregrino, -a *m, f*.
Pille ['pɪlə] (-n) *f* **1** pastilla *f*. **2** píldora *f*.
Pilot(in) [pi'lo:t] (-en, -nen) *m(f)* piloto *m, f*.
Pils [pɪls] (*abrev de* **Pilsener Bier**) (-) *n cerveza f* de Pilsen.
Pilz [pɪlts] (-e) *m* seta *f*.
pink [pɪŋk] *adj* rosa fucsia.
pinkeln ['pɪŋkəln] *intr* (fam) mear.
Pinnwand ['pɪnvant] (-wände) *f* tablón *m* (para poner notas, fotos, etc.).
Pinsel ['pɪnzəl] (-) *m* pincel *m*.
Pinzette [pɪn'tsɛtə] (-n) *f* pinzas *f pl*.
Pionier(in) [pĭo'ni:ɐ] (-e, -nen) *m(f)* pionero, -a *m, f*.

Pirat(in) [pi'ra:t] (**-en, -nen**) *m(f)* pirata *m, f.*
pissen ['pɪsən] *intr* (vulg) mear.
Pistazie [pɪs'ta:tsĭə] (**-n**) *f* pistacho *m.*
Piste ['pɪstə] (**-n**) *f* pista *f.*
Pistole [pɪs'to:lə] (**-n**) *f* pistola *f.*
pittoresk [pɪto'rɛsk] *adj* (form) pintoresco.
Pizza ['pɪtsa] (**-s, Pizzen**) *f* pizza *f.*
Pkw ['pe:ka:ve:] (*abrev de* **Personenkraftwagen**) *m* vehículo *m*, automóvil *m.*
Plage ['pla:gə] (**-n**) *f* tormento *m*, fastidio *m.*
plagen ['pla:gən] *tr* fastidiar, molestar.
Plakat [pla'ka:t] (**-e**) *n* cartel *m*; afiche *m* (Amér.).
plakativ [plaka'ti:f] *adj* llamativo.
Plan [pla:n] (**Pläne**) *m* **1** plan *m*, programa *m*. **2** intención *f*, propósito *m.*
planen ['pla:nən] *tr* **1** proyectar, planear. **2** proponerse, tener intención de.
Planet [pla'ne:t] (**-en**) *m* planeta *m.*
Planke ['plaŋkə] (**-n**) *f* plancha *f*, tabla *f.*
planlos ['pla:nlo:s] *adj* sin método.
planmäßig ['pla:nˌmɛ:sɪç] *adj* **1** metódico, sistemático. **2** previsto.
Plantage [plan'ta:ʒə] (**-n**) *f* plantación *f.*
Planung ['pla:nʊŋ] (**-en**) *f* planificación *f.*
plappern ['plapɐn] *intr* (fam) parlotear, cotorrear.
Plastik ['plastɪk] *n* plástico *m.*
Plastik ['plastɪk] (**-en**) *f* escultura *f*, plástica *f.*
plastisch ['plastɪʃ] *adj* plástico.
Plastiktüte ['plastɪkˌty:tə] (**-n**) *f* bolsa *f* de plástico.
Platane [pla'ta:nə] (**-n**) *f* plátano *m* (árbol).
Plateau [pla'to:] (**-s**) *n* meseta *f*; altiplano *m* (Amér.).
platt [plat] *adj* **1** llano, plano. **2** trivial, banal (conversación).
Platte ['platə] (**-n**) *f* plancha *f* (de madera o metal).
Plattenspieler ['platənˌʃpi:lɐ] (**-**) *m* tocadiscos *m.*
Plattform ['platfɔrm] (**-en**) *f* plataforma *f.*
Platz [plats] (**Plätze**) *m* **1** asiento *m*. **2** espacio *m*. **3** plaza *f.*
platzen ['platsən] *intr* explotar (bomba, globo); reventar (tubo); romperse (costura).
Platzregen ['platsˌre:gən] *m* aguacero *m*, chaparrón *m.*
Platzhalter ['platsˌhaltɐ] (**-**) *m* INF fijador *m* de posiciones.
Plauderei [plaʊdə'raɪ] (**-en**) *f* charla *f.*
plaudern ['plaʊdɐn] *intr* conversar, charlar.
plausibel [plaʊ'zi:bəl] *adj* plausible; inteligible.

p

pleite ['plaɪtə] *adj* arruinado. ■ **~ sein** (fam) estar en bancarrota.
Pleite ['plaɪtə] (**-n**) *f* quiebra *f.*
Plissee [plɪ'se:] (**-s**) *n* plisado *m.*
plötzlich ['plœtslɪç] *adj* **1** repentino, súbito. ● *adv* **2** de repente.
plump [plʊmp] *adj* **1** tosco. **2** torpe.
plumps [plʊmps] *interj* ¡cataplún!
Plumps [plʊmps] (**-e**) *m* (fam) batacazo *m.*
plumpsen ['plʊmpsən] *intr* caer pesadamente.
Plumpsklo(sett) ['plʊmpsklo: o 'plʊmpsklo,zɛt] (**-s**) *n* (fam) fosa *f* séptica.
plündern ['plʏndɐn] *tr* saquear.
Plünderung ['plʏndərʊŋ] (**-en**) *f* saqueo *m.*
Plural ['plu:ra:l] (**-e**) *m* GRAM plural *m.*
plus [plʊs] *conj* **1** más. ● *adv* **2** sobre, positivo.
Plus [plʊs] (**-**) *n* excedente *m.*
Pluspol ['plʊspo:l] (**-e**) *m* polo *m* positivo.
Plusquamperfekt ['plʊskvampɛrfɛkt] (**-e**) *n* GRAM pluscuamperfecto *m.*
PLZ [pe:ɛl'tsɛt] (*abrev de* **Postleitzahl**) *f* código *m* postal.
pneumatisch [pnɔɪ'ma:tɪʃ] *adj* neumático.
Po [po:] (*abrev de* **Popo**) (**-s**) *m* (fam) trasero *m.*
pochen ['pɔxən] *intr* **1** golpear. **2** reclamar, insistir.
Podest [po'dɛst] (**-e**) *m* estrado *m.*
Podium ['po:dĭʊm] (**-dien**) *n* podio *m.*
Poesie [poe'zi:] *f* (form) poesía *f.*
Poet(in) [po'e:t] (**-en, -nen**) *m(f)* (form) poeta *m*, poetisa *f.*
poetisch [po'e:tɪʃ] *adj* poético.
Pointe ['poɛ̃:tə] (**-n**) *f* punto *m* culminante.
Pokal [po'ka:l] (**-e**) *m* copa *f.*
Pol [po:l] (**-e**) *m* polo *m.*
Pole, -in ['po:lə] (**-n, -nen**) *m, f* polaco, -a *m, f.*
polemisch [po'le:mɪʃ] *adj* polémico.
polemisieren [polemi'zi:rən] *intr* polemizar.
Polen ['po:lən] *n* Polonia *f.*
Politik [poli'ti:k] *f* política *f.*
Politiker(in) [po'li:tikɐ] (**-, -nen**) *m(f)* político, -a *m, f.*
politisch [po'li:tɪʃ] *adj* político.
politisieren [politi'zi:rən] *tr* e *intr* politizar.
Politologie [politolo'gi:] *f* politología *f.*
Polizei [poli'tsaɪ] *f* policía *f.*
Polizeibeamte(r), -beamtin [poli'tsaɪbə,amtə] (**-n, -nen**) *m f* agente *m, f* de policía.
polizeilich [poli'tsaɪlɪç] *adj* **1** policial. ● *adv* **2** por la policía.
Polizeirevier [poli'tsaɪre,vi:ɐ] *n* comisaría *f* de policía; delegación *f* de policía (Amér.).

Polizeiwache [poli'tsaɪ̯ˌvaxə] *f* comisaría *f* ; puesto *m* de policía (Amér.).
Polizist(in) [poli'tsɪst] **(-en, -nen)** *m(f)* agente *m, f* de policía.
Polohemd ['po:loˌhɛmt] **(-en)** *n* camisa *f* de polo.
Polster ['pɔlstɐ] **(-)** *n* acolchado *m.*
Polstermöbel ['pɔlstɐˌmø:bəl] **(-)** *n* mueble *m* tapizado.
Polsterung ['pɔlstərʊŋ] **(-en)** *f* acolchado *m.*
poltern ['pɔltɐn] *intr* alborotar, vociferar.
Pommes ['pɔməs] *f pl* (fam) patatas *f pl* fritas; papas *f pl* fritas (Amér.).
Pommes frites [pɔm'frɪt] *f pl* patatas *f pl* fritas; papas *f pl* fritas (Amér.).
Pomp [pɔmp] *m* pompa *f.*
Pony ['pɔni] **(-s)** *n* **1** poney *m* (caballo). • *m* **2** flequillo *m.*
Pool [pu:l] **(-s)** *m* piscina *f.*
Popgruppe ['pɔpˌgrʊpə] **(-n)** *f* grupo *m* de pop.
Popmusik ['pɔpmuˌzi:k] *f* música *f* pop.
Popo [po'po:] **(-s)** *m* (fam) trasero *m.*
populär [popu'lɛ:ɐ] *adj* popular.
Pornografie o **pornographie** [pɔrnogra'fi:] *f* pornografía *f.*
pornografisch o **pornographisch** [pɔrno'gra:fɪʃ] *adj* pornográfico.
Porree ['pɔre] **(-s)** *m* puerro *m.*
Portal [pɔr'ta:l] **(-e)** *n* portal *m.*
Portemonnaie o **Portmonee** [pɔrtmɔ'ne:] **(-s)** *n* monedero *m.*
Portier [pɔr'tĭe:] **(-s)** *m* portero *m.*
Portion [pɔr'tsĭo:n] **(-en)** *f* porción *f.*
Porto ['pɔrto] **(-s)** *n* franqueo *m.*
portofrei ['pɔrtoˌfraɪ] *adj* exento de porte.
Porträt [pɔr'trɛ:] **(-s, -e)** *n* retrato *m.*
Portugal ['pɔrtugal] *n* Portugal *m.*
Portugiese, -in [pɔrtu'gi:zə] **(-n, -nen)** *m, f* portugués, -esa *m, f.*
portugiesisch [pɔrtu'gi:zɪʃ] *adj* portugués.
Portwein ['pɔrtvaɪn] *m* vino *m* de Oporto.
Porzellan [pɔrtsɛ'la:n] **(-e)** *n* porcelana *f.*
Posaune [po'zaʊnə] **(-n)** *f* trombón *m.*
Position [pozi'tsĭo:n] **(-en)** *f* **1** posición *f*, situación *f.* **2** puesto *m*, cargo *m.* **3** posición *f*, opinión *f.*
positiv ['po:ziti:f] *adj* positivo.
Positiv ['po:ziti:f] **(-e)** *m* positivo *m.*
Post [pɔst] *f* **1** correos *m pl.* **2** correo *m.*
Postamt ['pɔstamt] **(-ämter)** *n* oficina *f* de correos.
Postbote, -in ['pɔstˌbo:tə] **(-n, -nen)** *m, f* cartero, -a *m, f.*

Posten [ˈpɔstən] (-) *m* puesto *m*.

Postkarte [ˈpɔstˌkartə] **(-en)** *f* postal *f*.

postlagernd [ˈpɔstˌlaːgɐnt] *adj* en lista de correos.

Postleitzahl [ˈpɔstlaɪtˌtsaːl] **(-en)** *f* código *m* postal.

Postschließfach [ˈpɔstˌʃliːsfax] **(-fächer)** *n* apartado *m* de correos; casilla *f* postal (Amér.).

Postskript [pɔstˈskrɪpt] **(-e)** *n* posdata *f*.

Poststempel [ˈpɔstˌʃtɛmpəl] (-) *m* matasellos *m pl*.

postum [pɔsˈtuːm] *adj* (form) póstumo.

potent [poˈtɛnt] *adj* potente.

potentiell [potɛnˈtsĭɛl] *adj* potencial.

Potenz [poˈtɛnts] **(-en)** *f* potencia *f*.

potenziell [potɛnˈtsĭɛl] *adj* potencial.

Pracht [praxt] *f* esplendor *m*.

prächtig [ˈprɛçtɪç] *adj* ostentoso, lujoso.

Prädikat [prɛdiˈkaːt] **(-e)** *n* **1** calificación *f*. **2** GRAM predicado *m*.

Präferenz [prɛfeˈrɛnts] **(-en)** *f* preferencia *f*.

Präfix [ˈprɛːfɪks] **(-e)** *n* GRAM prefijo *m*.

prägen [ˈprɛːgən] *tr* acuñar (monedas).

pragmatisch [praˈgmaːtɪʃ] *adj* pragmático.

prägnant [prɛˈgnant] *adj* preciso.

Prägnanz [prɛˈgnants] **(-en)** *f* concisión *f*.

prahlen [ˈpraːlən] *intr* vanagloriarse.

Praktikum [ˈpraktikʊm] **(Praktika)** *n* período *m* de prácticas.

praktisch [ˈpraktɪʃ] *adj* práctico.

praktizieren [praktiˈtsiːrən] *tr* practicar.

Praline [praˈliːnə] **(-n)** *f* bombón *m* de chocolate.

prall [pral] *adj* repleto, atiborrado.

Prämie [ˈprɛːmĭə] **(-n)** *f* **1** premio *m*, recompensa *f*. **2** prima *f*.

präm(i)ieren [prɛˈmiːrən] *tr* premiar.

Präparat [prɛpaˈraːt] **(-e)** *n* preparado *m*.

Präposition [prɛpoziˈtsĭoːn] **(-en)** *f* GRAM preposición *f*.

präsent [prɛˈzɛnt] *adj* presente.

präsentieren [prɛzɛnˈtiːrən] *tr* presentar.

Präsenz [prɛˈzɛnts] *f* (form) presencia *f*.

Präservativ [prɛzɛrvaˈtiːf] **(-e)** *n* preservativo *m*.

Präsident(in) [prɛziˈdɛnt] **(-en, -nen)** *m(f)* presidente, -a *m, f*.

Präteritum [prɛˈteːritʊm] **(-ta)** *n* GRAM pretérito *m*.

Prävention [prɛvɛnˈtsĭoːn] **(-en)** *f* prevención *f*.

präventiv [prɛvɛnˈtiːf] *adj* preventivo.

Praxis [ˈpraksɪs] **(Praxen)** *f* **1** práctica *f*. **2** consultorio *m*; bufete *m*.

präzis(e) [prɛˈtsiːs(zə)] *adj* preciso, exacto.
präzisieren [prɛtsiˈziːrən] *tr* precisar.
Präzision [prɛtsiˈzĭoːn] *f* precisión *f*.
predigen [ˈpreːdɪgən] *tr* e *intr* predicar.
Predigt [ˈpreːdɪçt] **(-en)** *f* sermón *m*.
Preis [praɪs] **(-e)** *m* **1** precio *m*. **2** premio *m*.
preisen [ˈpraɪzən] *tr* (form) alabar.
Preisermäßigung [ˈpraɪsɐˌmɛːsɪgʊŋ] **(-en)** *f* reducción *f* de precio.
preis|geben [ˈpraɪsˌgeːbən] *tr* **1** abandonar. **2** revelar.
preisgünstig [ˈpraɪsˌgʏnstɪç] *adj* económico.
Preisträger(in) [ˈpraɪsˌtrɛːgɐ] **(-, -nen)** *m(f)* premiado, -a *m, f*.
preiswert [ˈpraɪsveːɐt] *adj* económico.
prekär [preˈkɛːɐ] *adj* precario.
prellen [ˈprɛlən] *tr* estafar.
Prellung [ˈprɛlʊŋ] **(-en)** *f* contusión *f*.
Premiere [prəˈmĭeːrə] **(-n)** *f* estreno *m*.
Presse [ˈprɛsə] **(-n)** *f* **1** prensa *f*. **2** TEC
Pressefreiheit [ˈprɛsəˌfraɪhaɪt] *f* libertad *f* de prensa.
Pressekonferenz [ˈprɛsəkɔnfeˌrɛnts] **(-en)** *f* conferencia *f* de prensa.
pressen [ˈprɛsən] *tr* prensar.
Preußen [ˈprɔɪsən] *n* Prusia *f*.
preußisch [ˈprɔɪsɪʃ] *adj* prusiano.
prickelnd [ˈprɪkəlnt] *adj* excitante.
Priester(in) [ˈpriːstɐ] **(-, nen)** *m(f)* sacerdote, -isa *m, f*.
prima [ˈpriːma] *adj* excelente.
primär [prriˈmɛːɐ] *adj* (form) primario, elemental.
primitiv [primiˈtiːf] *adj* primitivo.
Primzahl [ˈpriːmtsaːl] **(-en)** *f* número *m* primo.
Prinz, -zessin [prɪnts (prɪnˈtsɛsɪn)] **(-en, -nen)** *m, f* príncipe *m*, princesa *f*.
Prinzip [prɪnˈtsiːp] **(-ien)** *n* principio *m*.
prinzipiell [prɪntsiˈpĭɛl] *adv* por principio; en principio.
Priorität [prioriˈtɛːt] **(-en)** *f* prioridad *f*.
privat [priˈvaːt] *adj* privado.
Privatbesitz [priˈvaːtbəˌzɪts] *m* propiedad *f* privada.
Privateigentum [priˈvaːtˌaɪgəntuːm] *n* propiedad *f* privada.
Privatfernsehen [priˈvaːtˌfɛrnzeːən] *n* televisión *f* privada.
Privatisierung [privatiˈziːrʊŋ] **(-en)** *f* ECON privatización *f*.
Privatleben [priˈvaːtˌleːbən] *n* vida *f* privada.
Privileg [priviˈleːk] **(-ien)** *n* privilegio *m*.
privilegieren [privileˈgiːrən] *tr* privilegiar.

P

pro [pro:] *prep* **+ac** por.
Probe ['pro:bə] **(-n)** *f* prueba *f*.
Probefahrt ['pro:bə,fa:ɐt] **(-en)** *f* viaje *m* de prueba.
proben ['pro:bən] *tr* e *intr* ensayar, probar.
Probezeit ['pro:bə,tsaɪt] **(-en)** *f* período *m* de prueba.
probieren [pro'bi:rən] *tr* probar.
Problem [pro'ble:m] **(-e)** *n* problema *m*.
Problematik [proble'ma:tɪk] *f* problemática *f*.
problematisch [proble'ma:tɪʃ] *adj* problemático.
problemlos [pro'ble:mlo:s] *adj* sin problemas.
Produkt [pro'dʊkt] **(-e)** *n* producto *m*.
Produktion [prodʊk'tsĭo:n] **(-en)** *f* producción *f*.
produktiv [prodʊk'ti:f] *adj* productivo.
produzieren [produ'tsi:rən] *tr* producir.
profan [pro'fa:n] *adj* (form) profano.
Professionalität [profɛsĭonali'tɛ:t] *f* profesionalidad *f*.
professionell [profɛsĭo'nɛl] *adj* profesional.
Professor(in) [pro'fɛsɔɐ] **(-en, nen)** *m(f)* profesor(a) *m(f)* universitario, -a.
Profi ['pro:fi] **(-s)** *m* profesional *m, f*.
Profil [pro'fi:l] **(-e)** *n* perfil *m*.
profilieren [profi'li:rən] *pron* **ich ~** (desp) destacarse.
Profit [pro'fi:t] **(-e)** *m* provecho *m*.
profitieren [profi'ti:rən] *intr* ganar, sacar provecho.
Prognose [pro'gno:zə] **(-n)** *f* pronóstico *m*.
Programm [pro'gram] **(-e)** *n* **1** programa *m*. **2** TV, RAD canal *m*, cadena *f*.
programmieren [progra'mi:rən] *tr* INF programar.
Programmierer(in) [progra'mi:rɐ] **(-, nen)** *m(f)* INF programador(a) *m(f)*.
Programmierung [progra'mi:rʊŋ] **(-en)** *f* INF programación *f*.
Projekt [pro'jɛkt] **(-e)** *n* proyecto *m*.
Projektion [projɛk'tsĭo:n] **(-en)** *f* proyección *f*.
Projektor [pro'jɛktɔɐ] **(-en)** *m* proyector *m*.
projizieren [proji'tsi:rən] *tr* proyectar.
Proletariat [proleta'rĭa:t] *n* proletariado *m*.
proletarisch [prole'ta:rɪʃ] *adj* proletario.
prominent [promi'nɛnt] *adj* famoso, prominente.
Prominenz [promi'nɛnts] **(-en)** *f* personalidades *f pl*.
Promotion [promo'tsĭo:n] **(-en)** *f* doctorado *m*.
prompt [prɔmpt] *adj* (tam) inmediato.
Pronomen [pro'no:mən] **(-)** *n* GRAM pronombre *m*.

Prophet(in) [pro'fe:t] (-en, -nen) *m(f)* profeta *m, f.*
prophezeien [profe'tsaɪən] *tr* profetizar.
Prophezeiung [profe'tsaɪʊŋ] (-en) *f* profecía *f.*
proportional [propɔrtsǐo'na:l] *adj* proporcional.
Prosa ['pro:za] *f* prosa *f.*
prosit ['pro:zɪt] *interj* ¡salud! (al brindar).
Prospekt [pro'spɛkt] (-e) *n* prospecto *m.*
prost [pro:st] *interj* ¡salud! (al brindar).
prostituieren [prostitu'i:rən] *pron* **sich ~** prostituirse.
Prostituierte(r) [prostitu'i:ɐtə] (-, -n) *mf(m)* prostituto, -a *m, f.*
Prostitution [prostitu'tsǐo:n] *f* prostitución *f.*
Protest [pro'tɛst] (-e) *m* protesta *f.*
Protestant(in) [protɛs'tant] (-en, -nen) *m(f)* protestante *m, f.*
protestantisch [protɛs'tantɪʃ] *adj* protestante.
protestieren [protɛs'ti:rən] *intr* protestar.
Prothese [pro'te:zə] (-n) *f* prótesis *f.*
Protokoll [proto'kɔl] (-e) *n* protocolo *m.*
protokollieren [protokɔ'li:rən] *tr* e *intr* protocolizar.
protzen ['prɔtsən] *intr* (fam) fanfarronear, presumir.
Proviant [pro'vǐant] (-e) *m* provisiones *f pl.*
Provinz [pro'vɪnts] (-en) *f* provincia *f.*
provinziell [provɪn'tsǐɛl] *adj* provincial; provinciano.
provisorisch [provi'zo:rɪʃ] *adj* provisorio; provisional.
provokant [provo'kant] *adj* provocador.
Provokation [provoka'tsǐo:n] (-en) *f* provocación *f.*
provokativ [provoka'ti:f] *adj* provocativo.
provozieren [provo'tsi:rən] *tr* provocar.
Prozedur [protse'du:ɐ] (-en) *f* **1** procedimiento *m*; proceso *m.* **2** pleito *m*
Prozent [pro'tsɛnt] (-e) *n* tanto *m* por ciento.
Prozess [pro'tsɛs] (-e) *m* proceso *m*, procedimiento *m.*
prozessieren [protsɛ'si:rən] *intr* litigar, pleitear.
Prozessor [pro'tsɛsɔɐ] (-en) *m* INF procesador *m.*
prüfen ['pry:fən] *tr* examinar; verificar.
Prüfer(in) ['pry:fɐ] (-, -nen) *m(f)* examinador(a) *m(f).*
Prüfling ['pry:flɪŋ] (-e) *m* candidato, -a *m, f.*
Prüfung ['pry:fʊŋ] (-en) *f* examen *m*, prueba *f.*
Prügel ['pry:gəl] (-) *m* palo *m*; bastón *m.*
Prügel ['pry:gəl] *pl* (fam) paliza *f.*
prügeln ['pry:gəln] *tr* dar una paliza.

PS [peːˈɛs] (*abrev de* **Pferdestärke**) *n* CV *m* (caballo de vapor).
Psyche [ˈpsyːçə] (**-n**) *f* psique *f*.
Psychiater(in) [psyˈçĭaːtɐ] (**-, -nen**) *m(f)* (p)siquiatra *m, f*.
Psychiatrie [psyçĭaˈtriː] *f* (p)siquiatría *f*.
psychisch [ˈpsyːçɪʃ] *adj* (p)síquico.
Psychologe, -in [psyçoˈloːgə] (**-n, -nen**) *m, f* (p)sicólogo, -a *m, f*.
Psychologie [psyçoloˈgiː] *f* (p)sicología *f*.
psychologisch [psyçoˈloːgɪʃ] *adj* (p)sicológico.
Psychotherapeut(in) [psyçoteraˈpɔɪt] (**-en, -nen**) *m(f)* (p)sicoterapeuta *m, f*.
pubertär [puberˈtɛːɐ] *adj* de la pubertad.
Pubertät [puberˈtɛːt] *f* pubertad *f*.
publik [puˈbliːk] *adj* público.
Publikation [publikaˈtsĭoːn] (**-en**) *f* publicación *f*.
Publikum [ˈpuːblikʊm] *n* público *m*.
publizieren [publiˈtsiːrən] *tr* publicar.
Pudding [ˈpʊdɪŋ] (**-e, -s**) *m* budín *m*, pudín *m*.
Puder [ˈpuːdɐ] (**-**) *m* polvos *m pl*.
Puerto Rico [ˈpŭɛrto ˈriːko] *n* Puerto Rico *m*.
Puls [pʊls] (**-e**) *m* pulso *m*.
pulsieren [pulˈziːrən] *intr* latir.
Pult [pʊlt] (**-e**) *n* pupitre *m*.
Pulver [ˈpʊlvɐ] (**-**) *n* pólvora *f*.
Pulverschnee [ˈpʊlvɐˌʃneː] *m* nieve *m* en polvo.
Puma [ˈpuːma] (**-s**) *m* puma *m*.
Pumpe [ˈpʊmpə] (**-n**) *f* TEC bomba *f*.
pumpen [ˈpʊmpən] *tr* bombear.
Punkt [pʊŋkt] (**-e**) *m* punto *m*.
pünktlich [ˈpʏŋktlɪç] *adj* puntual.
Pünktlichkeit [ˈpʏŋktlɪçkaɪt] *f* puntualidad *f*.
punktuell [pʊŋkˈtŭɛl] *adj* puntual.
Puppe [ˈpʊpə] (**-n**) *f* **1** muñeca *f* (para jugar). **2** marioneta *f*, títere *m*. ■ **bis in die ~n** (fam) hasta las tantas.
Puppenspiel [ˈpʊpənˌʃpiːl] *n* teatro *m* de guiñol.
Puppenwagen [ˈpʊpənˌvaːgən] *m* cochecito *m* de muñecas.
pur [puːɐ] *adj* puro.
Püree [pyˈreː] (**-s**) *n* puré *m*.
pusten [ˈpuːstən] *tr* e *intr* (fam) soplar.
Pute [ˈpuːtə] (**-n**) *f* pava *f*.
Putsch [pʊtʃ] (**-e**) *m* golpe *m* de estado.
putzen [ˈpʊtsən] *tr* limpiar.
Putzfrau [ˈpʊtsfraʊ] (**-en**) *f* mujer *f* de la limpieza.
putzig [ˈpʊtsɪç] *adj* mono, gracioso.
Putzmittel [ˈpʊtsˌmɪtəl] (**-**) *n* detergente *m*.
Pyjama [pyˈdʒaːma] (**-s**) *m* o *n* pijama *m*.

Qq

q, Q [ku:] (-) *n* q, Q *f* (letra).
Quadrat [kva'dra:t] (**-e**) *n* cuadrado *m*.
quadratisch [kva'dra:tɪʃ] *adj* cuadrado.
Quadratkilometer [kva'dra:tki:loˌme:tɐ] (-) *m* quilómetro *m* cuadrado.
quaken ['kva:kən] *intr* croar (ranas); graznar (patos).
Qual [kva:l] (**-en**) *f* tortura *f*.
Quälerei [kvɛ:lə'raɪ] (**-en**) *f* tortura *f*.
Qualifikation [kvalifika'tsĭo:n] (**-en**) *f* capacidad *f*, aptitud *f*.
qualifizieren [kvalifi'tsi:rən] *tr* **1** cualificar. • **sich ~** *pron* **2** clasificarse.
Qualifizierung [kvalifi'tsi:rʊŋ] (**-en**) *f* cualificación *f*.
Qualität [kvali'tɛ:t] (**-en**) *f* calidad *f*.
qualitativ [kvalita'ti:f] *adj* cualitativo.
Qualle [kvalə] (**-n**) *f* medusa *f*.
qualmen ['kvalmən] *intr* **1** echar humo. • *tr* e *intr* **2** (fam) fumar como una chimenea.
qualvoll ['kva:lfɔl] *adj* angustioso, doloroso.
Quantität [kvanti'tɛ:t] (**-en**) *f* cantidad *f*.
quantitativ [kvantita'ti:f] *adj* cuantitativo.
Quark [kvark] *m* requesón *m*.
Quartier [kvar'ti:ɐ] (**-e**) *n* alojamiento *m*.
Quarz [kva:ɐts] (**-e**) *m* cuarzo *m*.
quasi ['kva:zi] *adv* por así decirlo.
quatschen ['kvatʃən] *tr* e *intr* (fam) decir tonterías.
Quelle ['kvɛlə] (**-n**) *f* fuente *f*, manantial *m*.
quengeln ['kvɛŋəln] *intr* lloriquear.
quer [kve:ɐ] *adv* de través. ■ **~ durch** o **über etw** a través de algo.
Querflöte ['kve:ɐˌflø:tə] (**-n**) *f* flauta *f* travesera.
querschnitt(s)gelähmt ['kve:ɐʃnɪtsgəˌlɛ:mt] *adj* parapléjico.
quetschen ['kvɛtʃən] *tr* apretar, meter a la fuerza.
quietschen ['kvi:tʃən] *intr* chirriar (puerta, neumático, etc.).
quitt [kvɪt] *adj* (fam) **mit jm ~ sein** quedar en paz con alguien.
quittieren [kvɪ'ti:rən] *tr* extender un recibo.
Quittung ['kvɪtʊŋ] (**-en**) *f* recibo *m*.
Quiz [kvɪs] (-) *n* concurso *m*, juego *m*.
Quote ['kvo:tə] (**-n**) *f* cuota *f*.
Quotient [kvo'tsĭɛnt] (**-en**) *m* MAT cociente *m*.

Rr

r, R [ɛr] (-) *n* r, R *f* (letra).
Rabatt [raˈbat] (**-e**) *m* descuento *m*.
Rabbiner [raˈbiːnɐ] (-) *m* rabino *m*.
Rabe [ˈraːbə] (**-n**) *m* cuervo *m*.
rabiat [raˈbĭaːt] *adj* violento, brutal.
Rache [ˈraxə] *f* venganza *f*.
Rachen [ˈraxən] (-) *m* **1** faringe *f*. **2** fauces *f pl*.
rächen [ˈrɛçən] *tr* **1** vengar. • **sich ~** *pron* **2** vengarse.
Rachsucht [ˈraxzʊxt] *f* sed *f* de venganza.
Rad [raːt] (**Räder**) *n* rueda *f*.
Radarkontrolle [raˈdaːɐkɔnˌtrɔlə] (**-n**) *f* control *m* de velocidad por radar.
Radau [raˈdaʊ] *m* jaleo *m*.
Radaufhängung [ˈraːtˌaʊfhɛŋʊŋ] *f* AUT suspensión *f*.
radebrechen [ˈraːdəbrɛçən] *intr* chapurrear.
radeln [ˈraːdəln] *intr* ir en bicicleta.
rad|fahren [ˈraːtˌfaːrən] *intr* ir en bicicleta.
Radfahrer(in) [ˈraːtˌfaːrɐ] *m(f)* ciclista *m, f*.
radieren [raˈdiːrən] *tr* e *intr* borrar.
Radiergummi [raˈdiːɐˌgʊmi] (**-s**) *m* goma *f* de borrar.
Radieschen [raˈdiːsçən] (-) *n* rábano *m*.
radikal [radiˈkaːl] *adj* radical.
Radikale(r) [radiˈkaːlə] (**-n, -n**) *mf(m)* POL radical *m, f*.
Radio [ˈraːdĭo] (**-s**) *n* radio *f*.
radioaktiv [raːdĭoakˈtiːf] *adj* radioactivo.
Radioaktivität [radĭoaktiviˈtɛːt] *f* radioactividad *f*.
Radiorekorder [ˈraːdĭoreˌkɔrdɐ] (-) *m* radiocassette *m*.
Radler(in) [ˈraːdlɐ] (**-, -nen**) *m, f* ciclista *m, f*.
Radrennen [ˈraːtˌrɛnən] (-) *n* carrera *f* ciclista.
Radsport [ˈraːtʃpɔrt] (**-e**) *m* ciclismo *m*.
Radtour [ˈraːttuːɐ] (**-en**) *f* salida *f* en bicicleta.
Radwanderung [ˈraːtˌvandərʊŋ] (**-en**) *f* excursión *f* en bicicleta.
Radweg [ˈraːtveːk] (**-e**) *m* carril *m* bici.
Raffinerie [rafinəˈriː] (**-n**) *f* refinería *f*.
Raffinesse [rafiˈnɛsə] (**-n**) *f* refinamiento *m*.
raffiniert [rafiˈniːɐt] *adj* refinado.
Rage [ˈraːʒə] *f* rabia *f*.
ragen [ˈraːgən] *intr* elevarse, alzarse.

Rahm [ra:m] *m* nata *f.*
Rahmen ['ra:mən] (-) *m* marco *m.*
räkeln ['rɛ:kəln] *pron* **sich** ~ estirarse, desperezarse.
Rakete [ra'ke:tə] (**-en**) *f* cohete *m.*
RAM [ram] (*abrev de* **random access memory**) *n* INF RAM *f.*
rammen ['ramən] *tr* clavar con fuerza.
Rampe ['rampə] (**-n**) *f* rampa *f.*
ramponieren [rampo'ni:rən] *tr* estropear.
RAM-Speicher ['ram͵ʃpaıçɐ] *m* INF memoria *f* RAM.
Rand [rant] (**Ränder**) *m* borde *m.*
randalieren [randa'li:rən] *intr* alborotar.
Rang [raŋ] (**Ränge**) *m* rango *m*, categoría *f.*
Rangelei [raŋə'laı] (**-en**) *f* (fam) pelea *f.*
rangeln ['raŋəln] *intr* (fam) pelearse.
Rangfolge ['raŋ͵fɔlgə] *f* jerarquía *f.*
rangieren [rã'ʒi:rən] *intr* ocupar una posición.
Rangliste ['raŋ͵lıstə] (**-n**) *f* DEP clasificación *f.*
rank [raŋk] *adj* esbelto.
ranken ['raŋkən] *pron* **sich** ~ trepar (plantas).
Ranzen ['rantsən] (-) *m* cartera *f* (para ir al colegio).
Raps [raps] (**-e**) *m* BOT colza *f.*
rar [ra:ɐ] *adj* raro, escaso.
Rarität [rari'tɛ:t] (**-en**) *f* rareza *f.*
rasant [ra'zant] *adj* rapidísimo.
rasch [raʃ] *adj* **1** rápido, veloz. • *adv* **2** con rapidez.
rascheln ['raʃəln] *intr* crujir, hacer ruido (seda, paja, hojas, etc.).
rasen ['ra:zən] *intr* **1** (fam) ir a todo trapo. **2** estar fuera de sí (de rabia, celos, dolor, etc.).
Rasen ['ra:zən] (-) *m* césped *m.*
rasend ['ra:zənt] *adj* **1** muy rápido, frenético. **2** intenso.
Rasenmäher ['ra:zən͵mɛ:ɐ] (-) *m* cortacésped *m.*
Raser(in) ['ra:zɐ] (**-, -nen**) *m(f)* (fam, desp) loco, -a *m, f* del volante.
Raserei [razə'raı] *f* rabia *f.*
Rasierapparat [ra'zi:ɐapa͵ra:t] (**-e**) *m* máquina *f* de afeitar.
Rasiercreme [ra'zi:ɐ͵kre:m] (**-s**) *f* espuma *f* de afeitar.
rasieren [ra'zi:rən] *tr y pron* afeitar(se).
Rasierer [ra'zi:rɐ] (-) *m* (fam) máquina *f* de afeitar.
Rasierklinge [ra'zi:ɐ͵klıŋə] (**-n**) *f* cuchilla *f* de afeitar.
Rasiermesser [ra'zi:ɐ͵mɛsɐ] (-) *n* navaja *f* de afeitar.
Rasierpinsel [ra'zi:ɐ͵pınzəl] (-) *m* brocha *f* de afeitar.
Rasierseife [ra'zi:ɐ͵zaıfə] (**-n**) *f* jabón *m* de afeitar.
Rasierwasser [ra'zi:ɐ͵vasɐ] (-) *n* loción *f* para después del afeitado.

r

Rasierzeug [raˈziːɐtsɔɪk] *n* utensilios *m pl* para afeitarse.
Raspel [ˈraspəl] (-n) *f* **1** lima *f.* **2** rallador *m.*
raspeln [ˈraspəln] *tr* e *intr* **1** escofinar (la madera). **2** rallar (chocolate, queso).
Rasse [ˈrasə] (-n) *f* **1** raza *f.* **2** casta *f.*
Rassendiskriminierung [ˈrasəndɪskrimiˌniːrʊŋ] *f* discriminación *f* racial.
rassig [ˈrasɪç] *adj* fogoso, temperamental.
Rassismus [raˈsɪsmʊs] *m* racismo *m.*
Rassist(in) [raˈsɪst] (-en, -nen) *m(f)* racista *m, f.*
rassistisch [raˈsɪstɪʃ] *adj* racista.
Rast [rast] (-en) *f* descanso *m.*
rasten [ˈrastən] *intr* descansar, hacer un descanso.
rastlos [ˈrastloːs] *adj* **1** continuo, incesante. **2** inquieto.
Raststätte [ˈrastˌʃtɛtə] (-n) *f* restaurante *m* de autopista.
Rasur [raˈzuːɐ] (-en) *f* afeitado *m.*
Rat [raːt] (**Räte**) *m* **1** consejo *m*, concejo *m.* **2** consejero *m* (título oficial).
Rat [raːt] *m* consejo *m*, recomendación *f.*
Rate [ˈraːtə] (-n) *f* plazo *m.*
raten [ˈraːtən] *tr* e *intr* **1** aconsejar. **2** adivinar, ■ **dreimal darfst du ~!** (fam) ¡adivina, adivinanza!
Ratenkauf [ˈraːtənˌkaʊf] (**-käufe**) *m* compra *f* a plazos.
ratenweise [ˈraːtənˌvaɪzə] *adv* a plazos.
Ratgeber(in) [ˈraːtˌgeːbɐ] (-, -nen) *m(f)* consejero, -a *m, f.*
Ratgeber [ˈraːtˌgeːbɐ] (-) *m* guía *f* (libro).
Rathaus [ˈraːthaʊs] (**-häuser**) *n* ayuntamiento *m.*
Rätin [ˈrɛːtɪn] (-nen) *f* consejera *f.*
Ration [raˈtsĭoːn] (-en) *f* ración *f.*
rational [ratsĭoˈnaːl] *adj* racional.
rationalisieren [ratsĭonaliˈziːrən] *tr* e *intr* racionalizar.
Rationalisierung [ratsĭonaliˈziːrʊŋ] (-en) *f* racionalización *f.*
rationell [ratsĭoˈnɛl] *adj* racional, conveniente.
ratlos [ˈraːtloːs] *adj* desorientado.
ratsam [ˈraːtzaːm] *adj* aconsejable, conveniente.
Ratschlag [ˈraːtʃlaːk] (**-schläge**) *m* consejo *m.*
Rätsel [ˈrɛːtsəl] (-) *n* **1** adivinanza *f.* **2** enigma *m*, misterio *m.*
rätselhaft [ˈrɛːtsəlhaft] *adj* enigmático, misterioso.
rätseln [ˈrɛːtsəln] *intr* hacer conjeturas, especular.
Ratte [ˈratə] (-n) *f* rata *f.*
rau [raʊ] *adj* **1** áspero, rugoso (papel, piel). **2** duro, frío (clima, invierno, tiempo, etc.). **3** rudo (persona, maneras). **4** ronco (voz, sonido).

Raub [raʊp] (**-e**) *m* **1** robo *m*, secuestro *m*. **2** presa *f*, botín *m*.
rauben [ˈraʊbən] *tr* e *intr* robar, arrebatar; secuestrar.
Räuber(in) [ˈrɔɪbɐ] (**-, -nen**) *m(f)* ladrón, -ona *m, f*.
Raubtier [ˈraʊptiːɐ] (**-e**) *n* animal *m* de rapiña.
Raubüberfall [ˈraʊpˌyːbɐfal] (**-fälle**) *m* asalto *m*, atraco *m*.
Raubvogel [ˈraʊpˌfoːgəl] (**-vögel**) *m* ave *f* de rapiña.
Rauch [raʊx] *m* humo *m*.
rauchen [ˈraʊxən] *tr* e *intr* **1** fumar. • *intr* **2** echar humo.
Raucher(in) [ˈraʊxɐ] (**-, -nen**) *m(f)* fumador(a) *m(f)*.
räuchern [ˈrɔɪçɐn] *tr* ahumar (carne, pescado).
Raucherzone [ˈraʊxɐˌtsoːnə] (**-n**) *f* zona *f* de fumadores.
Rauchverbot [ˈraʊxfɛɐˌboːt] *n* prohibición *f* de fumar.
Rauchvergiftung [ˈraʊxfɛɐˌgɪftʊŋ] (**-en**) *f* intoxicación *f* por el humo.
Rauchwaren [ˈraʊxˌvaːrən] *pl* tabacos *m pl*.
raufen [ˈraʊfən] *pron* **sich ~** pelearse.
rauh [raʊ] *adj* → rau.
Rauheit [ˈraʊhaɪt] (**-en**) *f* **1** rugosidad *f*, aspereza *f* (de una superficie, material). **2** ronquedad *f* (de la voz).
Raum [raʊm] (**Räume**) *m* habitación *f*, pieza *f* (Amér.).
Raum [raʊm] *m* espacio *m*, sitio *m*.
räumen [ˈrɔɪmən] *tr* **1** quitar, retirar. **2** dejar libre, vaciar.
Raumfähre [ˈraʊmˌfɛːrə] (**-n**) *f* nave *f* espacial.
Raumfahrer(in) [ˈraʊmˌfaːrɐ] (**-, -nen**) *m(f)* astronauta *m, f*.
Raumfahrt [ˈraʊmfaːɐt] *f* astronáutica *f*.
räumlich [ˈrɔɪmlɪç] *adj* espacial, relativo al espacio.
Raumschiff [ˈraʊmʃɪf] (**-e**) *n* nave *f* espacial.
Raumstation [ˈraʊmʃtaˌtsi̯oːn] (**-en**) *f* estación *f* espacial.
Räumung [ˈrɔɪmʊŋ] *f* **1** desalojo *m*. **2** limpieza *f*.
Räumungsverkauf [ˈrɔɪmʊŋsfɛɐˌkaʊf] *m* liquidación *f* (de existencias).
Raupe [ˈraʊpə] (**-n**) *f* **1** oruga *f*. **2** aplanadora *f* (máquina).
Rausch [raʊʃ] (**Räusche**) *m* **1** borrachera *f*, bomba *f* (Amér.). **2** entusiasmo *m*, éxtasis *m*.
rauschen [ˈraʊʃən] *intr* murmurar (arroyo, viento, árboles); bramar (mar).
Rauschgift [ˈraʊʃgɪft] (**-e**) *n* droga *f*, estupefaciente *m*.
Rauschgifthandel [ˈraʊʃgɪftˌhandəl] *m* tráfico *m* de drogas.
Rauschgifthändler(in) [ˈraʊʃgɪftˌhɛndlɐ] (**-, -nen**) *m(f)* traficante *m, f* de droga.
rauschgiftsüchtig [ˈraʊʃgɪftˌzʏçtɪç] *adj* toxicómano.
räuspern [ˈrɔɪspɐn] *pron* **sich ~** carraspear.

r

raus|schmeißen [ˈraʊsˌʃmaɪsən] *tr* **1** tirar, arrojar. **2** (fam) echar, despedir.

Razzia [ˈratsĭa] **(Razzien)** *f* redada *f*, batida *f*.

reagieren [reaˈgiːrən] *intr* reaccionar.

Reaktion [reakˈtsĭoːn] **(-en)** *f* reacción *f*.

reaktionär [reaktsĭoˈnɛːɐ] *adj* reaccionario.

Reaktor [reˈaktɔɐ] **(-en)** *m* reactor *m*.

real [reˈaːl] *adj* **1** real. **2** realista.

Realisierung [realiˈziːrʊŋ] *f* realización *f*.

Realismus [reaˈlɪsmʊs] *m* realismo *m*.

Realist(in) [reaˈlɪst] **(-en, -nen)** *m(f)* realista *m, f*.

realistisch [reaˈlɪstɪʃ] *adj* realista.

Realität [realiˈtɛːt] **(-en)** *f* realidad *f*.

Realschule [reˈaːlˌʃuːlə] **(-n)** *f* escuela *f* de enseñanza secundaria.

Rebe [ˈreːbə] **(-n)** *f* vid *f*.

Rebell(in) [reˈbɛl] **(-en, -nen)** *m(f)* rebelde *m, f*.

rebellieren [rebɛˈliːrən] *intr* rebelarse.

Rebellion [rebɛˈlĭoːn] **(-en)** *f* rebelión *f*.

rebellisch [reˈbɛlɪʃ] *adj* rebelde.

Rechenfehler [ˈrɛçənˌfeːlɐ] **(-)** *m* error *m* de cálculo.

recherchieren [reʃɛrˈʃiːrən] *tr* e *intr* investigar, indagar.

rechnen [ˈrɛçnən] *tr* e *intr* **1** calcular. ● *intr* **2** economizar.

Rechner(in) [ˈrɛçnɐ] **(-, -nen)** *m(f)* contador(a) *m(f)*.

Rechner [ˈrɛçnɐ] **(-)** *m* **1** calculadora *f*. **2** INF ordenador *m*; computadora *f* (Amér.).

Rechnung [ˈrɛçnʊŋ] **(-en)** *f* **1** cálculo *m*. **2** cuenta *f*.

Rechnungsbetrag [ˈrɛçnʊŋsbəˌtraːk] **(-träge)** *m* importe *m* de la factura.

recht [rɛçt] *adj* **1** justo; adecuado. **2** verdadero. **3** correcto. ● *adv* **4** muy. **5** bastante. **6** bien.

Recht [rɛçt] **(-e)** *n* derecho *m*, justicia *f*.

Recht [rɛçt] *n* derecho *m*; legislación *f*, leyes *f pl*.

rechte(r, s) [ˈrɛçtə] *adj* **1** derecho (lado, mano). **2** MAT recto. **3** POL de derechas.

Rechte [ˈrɛçtə] **(-n)** *f* **1** derecha *f* (mano, lado). **2** DEP derechazo *m*. **3** POL derecha *f*.

rechteckig [ˈrɛçtˌɛkɪç] *adj* rectangular.

rechtens [ˈrɛçtəns] *adv* con razón.

rechtfertigen [ˈrɛçtfɛrtɪgən] *tr* **1** justificar. ● **sich ~** *pron* **2** justificarse.

Rechtfertigung [ˈrɛçtfɛrtɪgʊŋ] **(-en)** *f* justificación *f*.

rechthaberisch [ˈrɛçtˌhaːbərɪʃ] *adj* ergotista. ■ **~ sein** querer tener siempre la razón.

rechtlich [ˈrɛçtlɪç] *adj* **1** jurídico, legal. ● *adv* **2** legalmente.

rechtlos [ˈrɛçtloːs] *adj* sin derechos.

rechtmäßig [ˈrɛçtˌmɛːsɪç] *adj* legal, legítimo.

rechts [rɛçts] *prep* **+gen 1** a la derecha de. • *adv* **2** a la derecha. **3** POL de derechas.

Rechtsabbieger(in) [ˈrɛçtsˌapbiːgɐ] (-, **-nen**) *m(f)* conductor(a) *m(f)* que gira a la derecha.

Rechtsanwalt, -wältin [ˈrɛçtsˌanvalt] (**-wälte, -nen**) *m, f* abogado, -a *m, f.*

Rechtsberatung [ˈrɛçtsbəˌraːtʊŋ] (**-en**) *f* asesoramiento *m* jurídico.

rechtschaffen [ˈrɛçtʃafən] *adj* honrado, recto.

Rechtschreibung [ˈrɛçtˌʃraɪvbʊŋ] *f* ortografía *f.*

rechtsextrem [ˈrɛçtsɛksˌtreːm] *adj* de extrema derecha.

Rechtsextremist(in) [ˈrɛçtsɛkstreˌmɪst] (**-en, -nen**) *m(f)* ultraderechista *m, f.*

rechtsgültig [ˈrɛçtsˌgʏltɪç] *adj* legalmente válido.

Rechtshänder(in) [ˈrɛçtshɛndɐ] (-, **-nen**) *m(f)* diestro, -a *m, f.*

rechtshändig [ˈrɛçtsˌhɛndɪç] *adj* diestro.

rechtskräftig [ˈrɛçtsˌkrɛftɪç] *adj* en vigor.

Rechtsmittel [ˈrɛçtsˌmɪtəl] (-) *n* recurso *m* legal.

Rechtsprechung [ˈrɛçtˌʃprɛçʊŋ] *f* jurisprudencia *f.*

rechtsradikal [ˈrɛçtsradiˌkaːl] *adj* de extrema derecha.

Rechtsstaat [ˈrɛçtsʃtaːt] *m* Estado *m* de derecho.

Rechtsstreit [ˈrɛçtsʃtraɪt] (**-e**) *m* litigio *m*, pleito *m.*

rechtswidrig [ˈrɛçtsˌviːdrɪç] *adj* ilegal.

rechtzeitig [ˈrɛçtˌtsaɪtɪç] *adj* **1** puntual. • *adv* **2** a tiempo.

Recorder [reˈkɔrdɐ] (-) *m* magnetófono *m*, grabadora *f.*

recyceln [riˈsaɪkəln] *tr* e *intr* reciclar.

Recycling [riˈsaɪklɪŋ] *n* reciclaje *m*, reciclado *m.*

Redakteur(in) [redakˈtøːɐ] (**-e, -nen**) *m(f)* redactor(a) *m(f).*

Redaktion [redakˈtsi̯oːn] (**-en**) *f* **1** redacción *f.* **2** redacción *f* (lugar de trabajo).

Redaktor(in) [reˈdaktɔɐ] (**-en, -nen**) *m(f)* redactor(a) *m(f).*

Rede [ˈreːdə] (**-n**) *f* **1** discurso *m.* **2** conversación *f.*

reden [ˈreːdən] *tr* e *intr* **1** hablar. **2** conversar, hablar.

Redensart [ˈreːdənsˌaːɐt] (**-en**) *f* locución *f.*

redlich [ˈreːtlɪç] *adj* **1** honrado, honesto. • *adv* **2** muy, en gran manera.

Redlichkeit [ˈreːtlɪçkaɪt] *f* honradez *f.*

Redner(in) [ˈreːdnɐ] (-, **-nen**) *m(f)* orador(a) *m(f).*

redselig [ˈreːtˌzeːlɪç] *adj* locuaz.

reduzieren [reduˈtsiːrən] *tr* **1** reducir (precios, gastos, etc.). **2** reducir, simplificar.

reell [re'ɛl] *adj* honesto.
Referat [refe'ra:t] (-e) *n* exposición *f* de un tema, ponencia *f*.
referieren [refe'ri:rən] *tr* e *intr* exponer, presentar (un tema, una ponencia).
reflektieren [reflɛk'ti:rən] *tr* **1** reflejar. • *intr* **2** (form) reflexionar.
Reflektor [re'flɛktɔʁ] (-en) *m* reflector *m*.
Reflex [re'flɛks] (-e) *m* reflejo *m*.
reflexiv [reflɛ'ksi:f] *adj* GRAM reflexivo.
Reform [re'fɔrm] (-en) *f* reforma *f*.
Reformation [refɔrma'tsĭo:n] (-en) *f* REL Reforma *f*.
Reformhaus [re'fɔrm,haʊs] (-häuser) *n* tienda *f* de productos dietéticos y biológicos.
reformieren [refɔr'mi:rən] *tr* reformar.
Regal [re'ga:l] (-e) *n* estantería *f*.
rege ['re:gə] *adj* intenso, grande (tráfico, demanda).
Regel ['re:gəl] (-n) *f* **1** regla *f*, norma *f*. **2** hábito *m*, costumbre *f*.
regelmäßig ['re:gəl,mɛ:sɪç] *adj* **1** regular. • *adv* **2** con regularidad, regularmente.
Regelmäßigkeit ['re:gəl,mɛ:sɪç-kaɪt] (-en) *f* regularidad *f*.
regeln ['re:gəln] *tr* **1** regular; reglamentar. • **sich ~** *pron* **2** regularse.
Regelung ['re:gəlʊŋ] (-en) *f* reglamentación *f*.
regen ['re:gən] *tr* mover.
Regen ['re:gən] (-) *m* lluvia *f*.
Regenbogen ['re:gən,bo:gən] *m* arco *m* iris.
Regenschauer ['re:gən,ʃaʊʁ] (-) *m* chubasco *m*.
Regenschirm ['re:gən,ʃɪrm] (-e) *m* paraguas *m*.
Regentag ['re:gən,ta:k] (-e) *m* día *m* lluvioso.
Regenwald ['re:gən,valt] (-wälder) *m* selva *f* tropical.
Regenwolke ['re:gən,vɔlkə] (-n) *f* nube *f* cargada de lluvia.
Regenwurm ['re:gən,vʊrm] (-würmer) *m* lombriz *f* de tierra.
Regie [re'ʒi:] *f* dirección *f* artística y técnica.
regieren [re'gi:rən] *intr* **1** gobernar, reinar. • *tr* **2** gobernar.
Regierung [re'gi:rʊŋ] (-en) *f* gobierno *m*.
Regierungspartei [re'gi:rʊŋs-par,taɪ] (-en) *f* partido *m* gubernamental.
Regime [re'ʒi:m] (-) *n* régimen *m*.
Region [re'gĭo:n] (-en) *f* región *f*.
regional [regĭo'na:l] *adj* regional.
Regisseur(in) [reʒɪ'sø:ʁ] (-e, -nen) *m(f)* director(a) *m(f)* artístico, -a.
registrieren [regɪs'tri:rən] *tr* **1** registrar (nacimientos, contratos). **2** percibir.

reglos [ˈreːkloːs] *adj* inmóvil.
regnen [ˈreːgnən] *impers* llover.
regnerisch [ˈreːgnərɪʃ] *adj* lluvioso.
Regression [regrɛˈsĭoːn] (**-en**) *f* regresión *f.*
regulär [reguˈlɛːɐ] *adj* regular.
regulieren [reguˈliːrən] *tr* regular, ajustar (la temperatura, el volumen, etc.).
Regung [ˈreːgʊŋ] (**-en**) *f* **1** (form) movimiento *m.* **2** emoción *f*, sentimiento *m.*
Reh [reː] (**-e**) *n* corzo *m.*
rehabilitieren [rehabiliˈtiːrən] *tr* rehabilitar.
Reibekuchen [ˈraɪbəˌkuːxən] (-) *m fritura de patatas ralladas y huevos.*
reiben [ˈraɪbən] *tr* **1** frotar. **2** rallar.
Reibung [ˈraɪbʊŋ] (**-en**) *f* roce *m.*
reibungslos [ˈraɪbʊŋsloːs] *adj* sin dificultades.
reich [raɪç] *adj* rico, adinerado.
Reich [raɪç] (**-e**) *n* imperio *m.*
reichen [ˈraɪçən] *intr* **1** ser suficiente. • *tr* **2** dar, pasar (en la mesa).
reichhaltig [ˈraɪçˌhaltɪç] *adj* abundante.
reichlich [ˈraɪçlɪç] *adj* abundante; cuantioso.
Reichstag [ˈraɪçstaːk] *m* Reichstag *m* (parlamento).
Reichtum [ˈraɪçtuːm] (**-tümer**) *m* riqueza *f.*
reif [raɪf] *adj* maduro.
Reife [ˈraɪfə] *f* madurez *f.*
reifen [ˈraɪfən] *intr* madurar.
Reifen [ˈraɪfən] (-) *m* neumático *m.*
Reifendruck [ˈraɪfənˌdrʊk] *m* presión *f* del neumático.
Reifenpanne [ˈraɪfənˌpanə] (**-n**) *f* pinchazo *m.*
Reifenwechsel [ˈraɪfənˌvɛksəl] (-) *m* cambio *m* de neumáticos.
Reifeprüfung [ˈraɪfəˌpryːfʊŋ] (**-en**) *f* exámen *m* de bachillerato.
Reifezeugnis [ˈraɪfəˌtsɔɪknɪs] *n* título *m* de bachiller.
reiflich [ˈraɪflɪç] *adj* **1** detenido. • *adv* **2** detenidamente.
Reihe [ˈraɪə] (**-n**) *f* **1** fila *f.* **2** serie *f*, sarta *f.*
Reihenfolge [ˈraɪənˌfɔlgə] *f* orden *m.*
Reim [raɪm] (**-e**) *m* rima *f.*
reimen [ˈraɪmən] *tr* rimar.
rein [raɪn] *adj* **1** puro. **2** limpio (aire, agua, ropa, etc.). • *adv* **3** puramente, exclusivamente. **4** → herein, hinein.
Rein(e)machefrau [ˈraɪn(ə)maxəˌfraʊ] (**-en**) *f* mujer *f* de la limpieza.
rein|fallen [ˈraɪnˌfalən] *intr* caer.
Reinheit [ˈraɪnhaɪt] *f* limpieza *f.*
reinigen [ˈraɪnɪgən] *tr* limpiar.
Reinigung [ˈraɪnɪgʊŋ] (**-en**) *f* tintorería *f.*
Reinigungsmittel [ˈraɪnɪgʊŋsˌmɪtəl] (-) *n* detergente *m.*
rein|legen [ˈraɪnˌleːgən] *tr* **1** poner adentro. **2** engañar.

r

Reis [raɪs] (**-e**) *m* arroz *m.*
Reise [ˈraɪzə] (**-n**) *f* viaje *m.*
Reiseandenken [ˈraɪzəˌandeŋkən] (**-n**) *n* recuerdo *m* de viaje.
Reiseapotheke [ˈraɪzəapoˌteːkə] *f* botiquín *m* de viaje.
Reisebüro [ˈraɪzəbyˌroː] (**-s**) *n* agencia *f* de viajes.
Reiseführer(in) [ˈraɪzəˌfyːrɐ] (**-**) *m(f)* guía *f.*
Reiseleiter(in) [ˈraɪzəˌlaɪtɐ] (**-, -nen**) *m(f)* guía *m, f* turístico,-a.
reisen [ˈraɪzən] *intr* viajar.
Reisende(r) [ˈraɪzəndə] (**-n, -n**) *mf(m)* viajero, -a *m, f.*
Reisepass [ˈraɪzəˌpas] (**-pässe**) *m* pasaporte *m.*
Reiseroute [ˈraɪzəˌruːtə] (**-n**) *f* itinerario *m.*
Reisescheck [ˈraɪzəˌʃɛk] (**-s**) *m* cheque *m* viajero.
Reisespesen [ˈraɪzəˌʃpeːzən] *pl* gastos *m pl* de viaje.
Reisetasche [ˈraɪzəˌtaʃə] (**-n**) *f* bolsa *f* de viaje.
Reisewetterbericht [ˈraɪzəˌvɛtɐbərɪçt] *m* informe *m* meteorológico para viajeros.
Reiseziel [ˈraɪzəˌtsiːl] (**-e**) *n* punto *m* de destino.
reißen [ˈraɪsən] *tr* **1** romper, desgarrar. **2** tirar. **3** derribar. • *intr* **4** romperse, desgarrarse.
Reißverschluss [ˈraɪsfɛɐˌʃlʊs] (**-schlüsse**) *m* cremallera *f.*
Reißzwecke [ˈraɪsˌtsvɛkə] (**-n**) *f* chincheta *f.*
reiten [ˈraɪtən] *tr* e *intr* montar a caballo.
Reiter(in) [ˈraɪtɐ] (**-, -nen**) *m(f)* jinete *m, f.*
Reitpferd [ˈraɪtpfeːɐt] (**-e**) *n* caballo *m* de silla.
Reitsport [ˈraɪtʃpɔrt] *m* equitación *f,* hípica *f.*
Reitstiefel [ˈraɪtˌʃtiːfəl] (**-**) *m* bota *f* de montar a caballo.
Reiz [raɪts] (**-e**) *m* **1** estímulo *m.* **2** atractivo *m,* encanto *m.*
reizen [ˈraɪtsən] *tr* **1** atraer, apetecer. • *tr* e *intr* **2** provocar.
reizend [ˈraɪtsənt] *adj* precioso.
reizvoll [ˈraɪtsfɔl] *adj* **1** encantador. **2** tentador.
Reklamation [reklamaˈtsi̯oːn] (**-en**) *f* reclamación *f.*
Reklame [reˈklaːmə] (**-n**) *f* propaganda *f,* publicidad *f.*
reklamieren [reklaˈmiːrən] *tr* e *intr* reclamar.
rekonstruieren [rekɔnstruˈiːrən] *tr* reconstruir.
Rekonstruktion [rekɔnstrʊkˈtsi̯oːn] (**-en**) *f* reconstrucción *f.*
Rekord [reˈkɔrt] (**-e**) *m* récord *m.*
Rekorder [reˈkɔrdɐ] (**-**) *m* magnetofón *m;* grabadora *f* (Amér.).
Relation [relaˈtsi̯oːn] (**-en**) *f* relación *f.*
relativ [relaˈtiːf] *adj* **1** relativo. • *adv* **2** relativamente.
relativieren [relatiˈviːrən] *tr* relativizar.
relevant [releˈvant] *adj* relevante.
Religion [reliˈgi̯oːn] (**-en**) *f* religión *f.*

religiös [reli'gĭø:s] *adj* religioso.
Religiosität [religĭozi'tɛ:t] *f* religiosidad *f.*
Renaissance [rənɛ'sã:s] *f* Renacimiento *m.*
Rendezvous [rãde'vu:] (-) *n* cita *f.*
Rendite [rɛn'di:tə] (**-n**) *f* rédito *m.*
Rennboot ['rɛnbo:t] (**-e**) *n* bote *m* de carreras.
rennen ['rɛnən] *intr* correr.
Rennen ['rɛnən] (-) *n* carrera *f.*
Rennpferd ['rɛnpfe:ɐt] (**-e**) *n* caballo *m* de carreras.
Rennsport ['rɛnʃpɔrt] *m* carreras *f pl.*
Rennstrecke ['rɛnˌʃtrɛkə] (**-n**) *f* recorrido *f,* pista *f.*
Rennwagen ['rɛnˌva:gən] (-) *m* automóvil *m* de carreras.
renommiert [renɔ'mi:ɐt] *adj* famoso.
renovieren [reno'vi:rən] *tr* renovar, restaurar.
Renovierung [reno'vi:rʊŋ] *f* renovación *f.*
rentabel [rɛn'ta:bəl] *adj* rentable.
Rente ['rɛntə] (**-n**) *f* pensión *f.*
Rentenversicherung ['rɛntənfɛɐˌzıçərʊŋ] *f* seguro *m* de pensiones.
rentieren [rɛn'ti:rən] *pron* **sich** ~ valer la pena.
Rentner(in) ['rɛntnɐ] (**-, -nen**) *m(f)* jubilado, -a *m, f.*
reparabel [repa'ra:bəl] *adj* reparable.
Reparatur [repara'tu:ɐ] (**-en**) *f* reparación *f.*
Reparaturwerkstatt [repara'tu:ɐˌvɛrkʃtat] (**-stätten**) *f* taller *m* de reparaciones.
reparieren [repa'ri:rən] *tr* reparar.
Reportage [repɔr'ta:ʒə] (**-n**) *f* reportaje *m.*
Reporter(in) [re'pɔrtɐ] (**-, -nen**) *m(f)* reportero, -a *m, f.*
Repräsentant(in) [reprɛzen'tant] (**-en, -nen**) *m(f)* representante *m, f.*
Republik [repu'bli:k] (**-en**) *f* república *f.*
Requisit [rekvi'zi:t] (**-en**) *n* requisito *m.*
Reservat [rezɛr'va:t] (**-e**) *n* reserva *f.*
Reserve [re'zɛrvə] (**-n**) *f* reserva *f.*
Reserverad [re'zɛrvəˌra:t] (**-räder**) *n* rueda *f* de repuesto.
Reservetank [re'zɛrvəˌtaŋk] *m* depósito *m* de reserva.
reservieren [rezɛr'vi:rən] *tr* reservar.
reserviert [rezɛr'vi:ɐt] *adj* reservado (de carácter).
resignieren [rezı'gni:rən] *intr* resignarse.
resistent [rezıs'tɛnt] *adj* resistente.
resozialisieren [rezotsĭali'zi:rən] *tr* reinsertar.
Respekt [re'spɛkt] *m* respeto *m.*
respektabel [respɛk'ta:bəl] *adj* respetable.

respektieren [rɛspɛk'ti:rən] *tr* respetar.
respektlos [rɛs'pɛktlo:s] *adj* irrespetuoso.
respektvoll [rɛs'pɛkt,fɔl] *adj* respetuoso.
Rest [rɛst] (**-e**) *m* resto *m*.
Restaurant [rɛsto'rã:] (**-s**) *n* restaurante *m*.
restaurieren [rɛstaʊ'ri:rən] *tr* restaurar.
restlich ['rɛstlɪç] *adj* restante.
restlos ['rɛstlo:s] *adj* **1** completo, total. • *adv* **2** por completo.
Resultat [rezʊl'ta:t] (**-e**) *n* resultado *m*.
Resümee [rezy'me:] (**-s**) *n* (form) resumen *m*.
retten ['rɛtən] *tr* **1** salvar. **2** proteger.
Retter(in) ['rɛtɐ] (**-, -nen**) *m(f)* salvador(a) *m(f)*.
Rettung ['rɛtʊŋ] *f* salvación *f*.
Rettungsaktion ['rɛtʊŋsak,tsĭo:n] (**-en**) *f* operación *f* de rescate.
Rettungsboot ['rɛtʊŋs,bo:t] (**-e**) *n* barco *m* de salvamento.
Rettungsring ['rɛtʊŋs,rɪŋ] (**-e**) *m* salvavidas *m*.
Reue ['rɔɪə] *f* arrepentimiento *m*.
Revanche [re'vã:ʃ(ə)] (**-n**) *f* revancha *f*, desquite *m*.
revanchieren [revã'ʃi:rən] *pron* **sich ~** vengarse, desquitarse.
Revolte [re'vɔltə] (**-n**) *f* revuelta *f*.
Revolution [revolu'tsĭo:n] (**-en**) *f* revolución *f*.
revolutionär [revolutsĭo'nɛ:ɐ] *adj* revolucionario.
Revolutionär(in) [revolutsĭo'nɛ:ɐ] (**-e, -nen**) *m(f)* revolucionario, -a *m, f*.
Rezept [re'tsɛpt] (**-e**) *n* **1** receta *f* (de cocina). **2** receta *f* médica.
rezeptfrei [re'tsɛpt,fraɪ] *adj* sin receta médica.
Rezeption [retsɛp'tsĭo:n] (**-en**) *f* recepción *f* (de un hotel).
rezitieren [retsi'ti:rən] *tr* recitar.
Rheinland-Pfalz ['raɪnlant,pfalts] *n* Renania *f* Palatinado.
rhythmisch ['rʏtmɪʃ] *adj* rítmico.
Rhythmus ['rʏtmʊs] (**Rhythmen**) *m* ritmo *m*.
richten ['rɪçtən] *tr* **1** dirigir. **2** reparar, arreglar.
Richter(in) ['rɪçtɐ] (**-, -nen**) *m(f)* juez(a) *m(f)*.
richtig ['rɪçtɪç] *adj* **1** correcto, verdadero. **2** auténtico.
richtig|stellen ['rɪçtɪç,ʃtɛlən] *tr* corregir (un error, una afirmación, etc.).
Richtpreis ['rɪçtpraɪs] *m* precio *m* orientativo.
Richtung ['rɪçtʊŋ] (**-en**) *f* dirección *f*, sentido *m*.
riechen ['ri:çən] *tr* e *intr* oler.
Riese, -in ['ri:zə] (**-n, -nen**) *m, f* gigante *m, f*.
rieseln ['ri:zəln] *intr* caer.
Riesenschlange ['ri:zən,ʃlaŋə] (**-n**) *f* boa *f*.

riesig [ˈriːzɪç] *adj* enorme.
Rind [rɪnt] (**-er**) *n* vacuno *m.*
Rinde [ˈrɪndə] (**-n**) *f* corteza *f.*
Rindfleisch [ˈrɪntflaɪʃ] *n* carne *f* de vacuno.
Ring [rɪŋ] (**-e**) *m* **1** anillo *m.* **2** DEP ring *m* (en el boxeo).
ringen [ˈrɪŋən] *intr* luchar.
Ringfinger [ˈrɪŋˌfɪŋɐ] (-) *m* dedo *m* anular.
rings [rɪŋs] *adv* ~ **um** alrededor de.
ringsherum [ˈrɪŋshɛˌrʊm] *adv* alrededor.
rinnen [ˈrɪnən] *intr* manar, correr (líquidos).
Rippe [ˈrɪpə] (**-n**) *f* costilla *f.*
Risiko [ˈriːziko] (**-s, Risiken**) *n* riesgo *m.*
riskant [rɪsˈkant] *adj* arriesgado.
riskieren [rɪsˈkiːrən] *tr* arriesgar.
Riss [rɪs] (**-e**) *m* desgarro *m* (de la tela); grieta *f*, requebrajadura *f* (en la pared).
Ritter [ˈrɪtɐ] (-) *m* caballero *m.*
Ritual [riˈtŭaːl] (**-e**) *n* ritual *m.*
rituell [riˈtŭɛl] *adj* ritual.
ritzen [ˈrɪtsən] *tr* **1** tallar, grabar. • **sich** ~ *pron* **2** arañarse.
Rivale [riˈvaːlə] (**-n**) *m* rival *m, f*, contrincante *m, f.*
rivalisieren [rivaliˈziːrən] *intr* competir, rivalizar.
Roboter [ˈrɔbɔtɐ] (-) *m* robot *m.*
robust [roˈbʊst] *adj* robusto.
Rock [rɔk] MÚS rock *m.*
Rock [rɔk] (**Röcke**) *m* falda *f*; pollera *f* (Amér.).
Rockmusik [ˈrɔkmuˌziːk] *f* música *f* rock.
roden [ˈroːdən] *tr* e *intr* desmontar (un terreno); talar (un árbol).
Rogen [ˈroːgən] (-) *m* huevas *f pl* de pescado.
roh [roː] *adj* **1** crudo (verdura, carne). **2** bruto, grosero.
Rohbau [ˈroːbaʊ] (**-bauten**) *m* armadura *f* de un edificio.
Rohöl [ˈroːøːl] *n* petróleo *m* crudo.
Rohr [roːɐ] (**-e**) *n* caña *f.*
Röhre [ˈrøːrə] (**-n**) *f* tubo *m.*
Rohrzange [ˈroːɐˌtsaŋə] (**-n**) *f* alicates *m pl* para montar tubos.
Rohrzucker [ˈroːɐˌtsʊkɐ] *m* azúcar *m* de caña.
Rohstoff [ˈroːʃtɔf] (**-e**) *m* materia *f* prima.
Rohzucker [ˈroːˌtsʊkɐ] *m* azúcar *m* moreno.
Rolle [ˈrɔlə] (**-n**) *f* **1** rollo *m.* **2** rol *m*, papel *m.*
rollen [ˈrɔlən] *intr* **1** rodar. • **sich** ~ *pron* **2** enrollarse.
Rollenspiel [ˈrɔlənˌʃpiːl] (**-e**) *n* juego *m* de rol.
Roller [ˈrɔlɐ] (-) **1** *m* patinete *m.* **2** moto *f*, scooter **m.**
Rollkragen [ˈrɔlˌkraːgən] (-) *m* cuello *m* cisne.
Rollladen [ˈrɔlˌlaːdən] (**-läden**) *m* persiana *f.*
Rollo [ˈrɔlo] (**-s**) *n* persiana *f.*

Rollstuhl [ˈrɔlʃtuːl] **(-stühle)** *m* silla *f* de ruedas.
Rollstuhlfahrer(in) [ˈrɔlʃtuːlˌfaːrɐ] **(-, -nen)** *m(f)* persona *f* que va en silla de ruedas.
Rolltreppe [ˈrɔlˌtrɛpə] **(-n)** *f* escalera *f* mecánica.
Roman [roˈmaːn] **(-e)** *m* novela *f*.
Romanik [roˈmaːnɪk] *f* románico *m* (estilo).
romanisch [roˈmaːnɪʃ] *adj* románico.
Romanistik [romaˈnɪstɪk] *f* filología *f* románica.
Romantik [roˈmantɪk] *f* romanticismo *m*.
romantisch [roˈmantɪʃ] *adj* romántico.
römisch [ˈrøːmɪʃ] *adj* romano.
rosa [ˈroːza] *adj* rosa.
Rose [ˈroːzə] **(-n)** *f* rosa *f*.
Rosenmontag [ˈroːzənˌmoːntaːk] *m* lunes *m* de Carnaval.
rosig [ˈroːzɪç] *adj* **1** rosa, rosado. **2** (fig) de color de rosa
Rosine [roˈziːnə] **(-n)** *f* uva *f* pasa. ▪ **sich die Rosinen aus dem Kuchen picken** llevarse la mejor parte.
Rosmarin [ˈroːsmariːn] *m* romero *m*.
Rost [rɔst] *m* **1** parrilla *f*. **2** herrumbre *f*, orín *m*.
rosten [ˈrɔstən] *intr* oxidarse.
rösten [ˈrœstən] *tr* tostar, asar a la parrilla.
rostig [ˈrɔstɪç] *adj* oxidado, herrumbroso.
Rostschutzmittel [ˈrɔstʃʊtsˌmɪtəl] *n* antioxidante *m*, anticorrosivo *m*.
rot [roːt] *adj* rojo.
Rotkohl [ˈroːtkoːl] *m* col *f* lombarda.
rot|sehen [ˈroːtˌzeːən] *intr* (fam) perder los estribos.
Rotstift [ˈroːtʃtɪft] **(-e)** *m* lápiz *m* rojo.
Rotwein [ˈroːtvaɪn] **(-e)** *m* vino *m* tinto.
Roulade [ruˈlaːdə] **(-n)** *f* GASTR *filete de carne relleno*.
Route [ˈruːtə] **(-n)** *f* ruta *f*, recorrido *m*.
Routine [ruˈtiːnə] **(-n)** *f* rutina *f*.
routiniert [rutiˈniːɐt] *adj* rutinario.
Rübe [ˈryːbə] **(-n)** *f* nabo *m*.
rüber [ˈryːbɐ] *adv* → herüber, hinüber.
Rubrik [ruˈbriːk] **(-en)** *f* **1** rúbrica *f*. **2** categoría *f*, grupo *m*.
Ruck [rʊk] **(-e)** *m* tirón *m*.
Rückblick [ˈrʏkblɪk] *m* mirada *f* retrospectiva.
rückdatieren [rʏkdaˈtiːrən] *tr* antedatar.
rücken [ˈrʏkən] *tr* **1** mover; empujar. • *intr* **2** hacer sitio, correrse.
Rücken [ˈrʏkən] **(-)** *m* espalda *f*.
Rückenschwimmen [ˈrʏkənˌʃvɪmən] *n* natación *f* de espalda.
Rückenwind [ˈrʏkənˌvɪnt] *m* viento *m* a favor.

rückerstatten [ˈrʏkɐɐˌʃtatən] *tr* devolver, reembolsar.

Rückfahrkarte [ˈrʏkfa:ɐˌkartə] **(-n)** *f* billete *m* de ida y vuelta.

Rückfahrscheinwerfer [ˈrʏkfa:ɐˌʃaɪnvɛrfɐ] (-) *m* luz *f* de marcha atrás.

Rückfahrt [ˈrʏkfa:ɐt] **(-en)** *f* viaje *m* de regreso.

Rückfall [ˈrʏkfal] **(-e)** *m* **1** recaída *f* (de una enfermedad). **2** reincidencia *f*.

rückfällig [ˈrʏkˌfɛlɪç] *adj* reincidente.

Rückflug [ˈrʏkflu:k] **(-flüge)** *m* vuelo *m* de regreso.

Rückgabe [ˈrʏkˌga:bə] **(-n)** *f* devolución *f*.

Rückgang [ˈrʏkgaŋ] *m* disminución *f*.

Rückhalt [ˈrʏkhalt] **(-e)** *m* apoyo *m*, sostén *m*.

Rückkehr [ˈrʏkke:ɐ] *f* regreso *m*, vuelta *f*.

Rücklicht [ˈrʏklɪçt] **(-er)** *n* luz *f* trasera (en vehículos).

Rückporto [ˈrʏkˌpɔrto] **(-s)** *n* porte *m* de vuelta.

Rückreise [ˈrʏkˌraɪzə] **(-n)** *f* viaje *m* de regreso.

Rückreiseverkehr [ˈrʏkraɪzəfɛɐˌke:ɐ] *m* tráfico *m* de retorno.

Rucksack [ˈrʊkzak] **(-säcke)** *m* mochila *f*.

Rucksacktourist(in) [ˈrʊkzaktuˌrɪst] **(-en, -nen)** *m(f)* mochilero, -a *m, f*.

Rückschlag [ˈrʏkʃla:k] **(-schläge)** *m* contratiempo *m*.

Rückseite [ˈrʏkˌzaɪtə] **(-n)** *f* parte *f* trasera.

Rücksendung [ˈrʏkˌzɛndʊŋ] **(-en)** *f* devolución *f*.

Rücksicht [ˈrʏkzɪçt] *f* consideración *f*.

rücksichtslos [ˈrʏkzɪçtslo:s] *adj* **1** desconsiderado.

rücksichtsvoll [ˈrʏkzɪçtsˌfɔl] *adj* **1** considerado. • *adv* **2** sin miramientos.

Rücksitz [ˈrʏkzɪts] **(-e)** *m* asiento *m* trasero.

Rückspiegel [ˈrʏkˌʃpi:gəl] (-) *m* retrovisor *m*.

Rücktritt [ˈrʏktrɪt] **(-e)** *m* dimisión *f*.

rückwärtig [ˈrʏkˌvɛrtɪç] *adj* posterior, trasero.

Rückwärtsgang [ˈrʏkvɛrtsˌgaŋ] *m* marcha *f* atrás (en vehículos).

Rückweg [ˈrykve:k] *m* camino *m* de regreso.

rückzahlbar [ˈrʏkˌtsa:lba:ɐ] *adj* reembolsable.

Ruderboot [ˈru:dɐˌbo:t] (-) *n* barco *m* de remos.

rudern [ˈru:dɐn] *intr* remar.

Rudersport [ˈru:dɐˌʃpɔrt] *m* remo *m*.

Rudrer(in) [ˈru:drɐ] **(-, -nen)** *m(f)* remero, -a *m, f*.

Ruf [ru:f] **(-e)** *m* **1** grito *m*. **2** fama *f*, reputación *f*.

rufen [ˈru:fən] *tr* e *intr* **1** llamar. **2** gritar.

Rufname [ˈru:fˌna:mə] *m* nombre *m* de pila.

r

Rufnummer [ˈruːfˌnʊmɐ] (**-n**) *f* número *m* de teléfono.
Rufzeichen [ˈruːfˌtsaɪçən] (**-**) *n* señal *f* de llamada.
rügen [ˈryːgən] *tr* **jn ~** reprender a alguien.
Ruhe [ˈruːə] *f* **1** calma *f*, tranquilidad *f*. **2** silencio *m*.
ruhen [ˈruːən] *intr* **1** estar paralizado (tráfico, trabajo, negociaciones, etc.). **2** apoyarse, descansar.
Ruhepause [ˈruːəˌpaʊzə] (**-n**) *f* descanso *m*.
Ruhestand [ˈruːəˌʃtant] *m* jubilación *f*.
Ruhestörung [ˈruːəˌʃtøːrʊŋ] (**-en**) *f* disturbio *m*.
Ruhetag [ˈruːəˌtaːk] (**-e**) *m* día *m* de descanso.
ruhig [ˈruːɪç] *adj* **1** tranquilo. **2** silencioso. **3** quieto.
Ruhm [ruːm] *m* gloria *f*.
rühmen [ˈryːmən] *tr y pron* elogiar(se), alabar(se).
Rührei [ˈryːɐaɪ] (**-er**) *n* huevos *m pl* revueltos.
rühren [ˈryːrən] *tr* remover.
rührend [ˈryːrənt] *adj* conmovedor.
Ruin [ruˈiːn] *m* ruina *f* (financiera).
Ruine [ruˈiːnə] (**-n**) *f* ruina *f*.
ruinieren [ruiˈniːrən] *tr* **1** arruinar. **2** estropear.
rum [rʊm] *adv* (fam) → herum.
Rum [rʊm] (**-s**) *m* ron *m*.
Rumänien [ruˈmɛːnĭən] *n* Rumania *f*.
rum|treiben [ˈrʊmˌtraɪbən] *pron* **sich ~** (fam) vagabundear, callejear.
rund [rʊnt] *adj* **1** redondo. • *adv* **2** aproximadamente.
Rundblick [ˈrʊntblɪk] (**-e**) *m* vista *f* panorámica.
Runde [ˈrʊndə] (**-n**) *f* vuelta *f*, ronda *f*.
Rundfahrt [ˈrʊntfaːɐt] (**-en**) *f* vuelta *f* (en un vehículo).
Rundfunk [ˈrʊntfʊŋk] *m* radiodifusión *f*, radio *f*.
rundherum [ˈrʊnthɛˌrʊm] *adv* alrededor.
Rundwanderweg [ˈrʊntˌvandɐveːk] (**-e**) *m* camino *m* circular.
runter [ˈrʊntɐ] *adv* (fam) → herunter, hinunter.
runzeln [ˈrʊntsəln] *tr* **die Stirn ~** fruncir las cejas.
Russe, -in [ˈrʊsə] (**-n, -nen**) *m, f* ruso, -a *m, f*.
Russland [ˈrʊslant] *n* Rusia *f*.
rüsten [ˈrʏstən] *tr y pron* preparar(se).
rüstig [ˈrʏstɪç] *adj* robusto.
rustikal [rustiˈkaːl] *adj* rústico.
Rüstung [ˈrʏstʊŋ] (**-en**) *f* **1** armamento *m*. **2** armadura *f*.
Rutschbahn [ˈrʊtʃbaːn] (**-en**) *f* tobogán *m*.
rutschen [ˈrʊtʃən] *intr* **1** resbalar. **2** hacer sitio.
rutschig [ˈrʊtʃɪç] *adj* resbaladizo.
rütteln [ˈrʏtəln] *tr* e *intr* sacudir, agitar.

Ss

s, S [ɛs] (-) *n* s, S *f* (letra).
s. (*abrev de* **siehe**) v. (véase).
S *m* **1** (abrev de *Süden*) sur *m*. **2** (abrev de *Schilling*) chelín *m*. • *n* **3** QUÍM (abrev de *Sulfur*) sulfuro *m*.
S. (*abrev de* **Seite**) *f* pág. *f* (página).
Saal [za:l] (**Säle**) *m* sala *f*.
Saar [za:ɐ] *f* Sarre *m*.
Saat [za:t] (**-en**) *f* siembra *f*.
Sabbat [ˈzabat] (**-e**) *m* sábado *m* (de los hebreos).
sabbern [ˈzabɐn] *intr* (fam) babear.
Säbel [ˈzɛ:bəl] (-) *m* sable *m*.
Sabotage [zaboˈta:ʒə] (**-n**) *f* sabotaje *m*.
Saboteur(in) [zaboˈtøːɐ] (**-e, -nen**) *m(f)* saboteador(a) *m(f)*.
sabotieren [zaboˈti:rən] *intr* sabotear.
Sachbearbeiter(in) [ˈzaxbəˌarbaɪtɐ] (**-, -nen**) *m(f)* encargado, -a *m, f*.
Sachbuch [ˈzaxbu:x] (**-bücher**) *n* libro *m* de divulgación científica.
Sache [ˈzaxə] (**-n**) *f* **1** cosa *f*. **2** materia *f*. **3** asunto *m*.
Sachgebiet [ˈzaxgəˌbi:t] (**-e**) *n* materia *f*, campo *m*.
sachgemäß [ˈzaxgəˌmɛ:s] *adj* apropiado.
Sachkenntnis [ˈzaxˌkɛntnɪs] *f* conocimiento *m* de causa.
sachkundig [ˈzaxˌkʊndɪç] *adj* experto.
sachlich [ˈzaxlɪç] *adj* objetivo.
sächlich [ˈzɛçlɪç] *adj* GRAM neutro.
Sachlichkeit [ˈzaxlɪçkaɪt] *f* objetividad *f*.
Sachschaden [ˈzaxˌʃa:dən] (**-schäden**) *m* daños *m pl* materiales.
sachverständig [ˈzaxfɛɐˌʃtɛndɪç] *adj* experto.
Sachverständige(r) [ˈzaxfɛɐˌʃtɛndɪgə] (**-n, -n**) *mf(m)* experto, -a *m, f*.
Sack [zak] (**Säcke**) *m* saco *m*.
Sadismus [zaˈdɪsmʊs] *m* sadismo *m*.
säen [ˈzɛ:ən] *tr* e *intr* sembrar.
Saft [zaft] (**Säfte**) *m* jugo *m*, zumo *m*.
Sage [ˈza:gə] (**-n**) *f* leyenda *f*.
Säge [ˈzɛ:gə] (**-n**) *f* sierra *f*.
sagen [ˈza:gən] *intr y tr* decir.
sägen [ˈzɛ:gən] *tr* serrar.
Sahne [ˈza:nə] *f* nata *f*.
Saison [zɛˈzõ:] (**-s**) *f* temporada *f*.
Saiteninstrument [ˈzaɪtənɪnstruˌmɛnt] (**-e**) *n* instrumento *m* de cuerda.
Sakrament [zakraˈmɛnt] (**-e**) *n* sacramento *m*.

Salami [za'la:mi] (-s) *f* salami *m*.
Salat [za'la:t] (-e) *m* **1** ensalada *f*. **2** lechuga *f*.
Salbe ['zalbə] (-n) *f* pomada *f*.
Salon [za'lõ:] (-s) *m* salón *m*.
Salvadorianer(in) [zalvado'rĭa:nɐ] (-, -nen) *m(f)* salvadoreño, -a *m, f*.
salvadorianisch [zalvado'rĭa:nɪʃ] *adj* salvadoreño.
Salve ['zalvə] (-n) *f* salva *f*.
Salz [zalts] (-e) *n* sal *f*.
salzen ['zaltsən] *tr* salar.
salzig ['zaltsɪç] *adj* salado.
Salzkartoffeln ['zaltskar,tɔfəln] *f pl* patatas *f pl* cocidas sin piel.
Salzsäure ['zalts,zɔɪrə] *f* ácido *m* clorhídrico.
Salzwasser ['zalts,vasɐ] *n* agua *f* salada.
Samen ['za:mən] (-) *m* semilla *f*.
Sammelband ['zaməl,bant] (-bände) *m* antología *f*.
sammeln ['zaməln] *tr* **1** coleccionar. **2** recaudar (dinero); reunir, recoger (firmas).
Sammler(in) ['zamlɐ] (-, -nen) *m(f)* coleccionista *m, f*.
Sammlung ['zamlʊŋ] (-en) *f* **1** colección *f*. **2** colecta *f* (de dinero).
Samstag ['zamsta:k] (-e) *m* sábado *m*.
samt [zamt] *prep* **+dat** junto con.
sämtlich ['zɛmtlɪç] *adj* todo, entero.
Sand [zant] (**Sande**) *m* arena *f*.
Sandale [zan'da:lə] (-n) *f* sandalia *f*.
Sandkasten ['zant,kastən] (**-kästen**) *m* cajón *m* de arena (para jugar los niños).
Sandstein ['zantʃtaɪn] *m* piedra *f* arenisca.
Sandstrand ['zantʃtrant] (**strände**) *m* playa *f* de arena.
Sandwich ['sɛntvɪtʃ] (-e) *m* o *n* sandwich *m*.
sanft [zanft] *adj* suave (viento, música, luz, etc.).
Sänger(in) ['zɛŋɐ] (-, -nen) *m(f)* cantante *m, f*.
Sangria [saŋ'gri:a] (-s) *f* sangría *f*.
sanieren [za'ni:rən] *tr* rehabilitar (edificios, un barrio).
Sanierung [za'ni:rʊŋ] (-en) *f* rehabilitación *f* (de edificios, de un barrio).
sanitär [zani'tɛ:ɐ] *adj* sanitario.
Sanitäter(in) [zani'tɛ:tɐ] (-, -nen) *m(f)* socorrista *m, f*.
Sankt [zaŋkt] *adj* San.
Sardelle [zar'dɛlə] (-n) *f* anchoa *f*.
Sardine [zar'di:nə] (-n) *f* sardina *f*.
Sarg [zark] (**Särge**) *m* ataúd *m*.
Sarkasmus [zar'kasmʊs] (**men**) *m* sarcasmo *m*.
Satan ['za:tan] (-e) *m* Satán *m*.
Satellit [zatɛ'li:t] (-en) *m* satélite *m*
Satellitenfernsehen [zatɛ'li:tən,fɛrnze:ən] *n* televisión *f* vía satélite.

Satire [za'ti:rə] (-n) *f* sátira *f.*
satirisch [za'ti:rɪʃ] *adj* satírico.
satt [zat] *adj* lleno, satisfecho.
sättigen ['zɛtɪgən] *tr* saciar (el hambre).
Satz [zats] (**Sätze**) *m* frase *f*, oración *f.*
Satzzeichen ['zats,tsaɪçən] (-) *n* signo *m* de puntuación.
Sau [zaʊ] (**Säue**) *f* cerda *f.*
sauber ['zaʊbɐ] *adj* limpio.
Sauberkeit ['zaʊbɐkaɪt] *f* limpieza *f.*
säuberlich ['zɔɪbɐlɪç] *adj* esmerado.
säubern ['zɔɪbɐn] *tr* limpiar.
Sauce ['zo:sə] (-n) *f* salsa *f.*
sauer ['zaʊɐ] *adj* **1** ácido (fruta, caramelos). **2** agrio (vino, leche). **3** de vinagre (cara).
Sauerbraten ['zaʊɐ,bra:tən] (-) *m* carne *f* adobada.
Sauerkraut ['zaʊɐkraʊt] *n* chucrut *m.*
Sauerstoff ['zaʊɐʃtɔf] *m* oxígeno *m.*
saufen ['zaʊfən] *tr* e *intr* **1** beber (animales). **2** (fam) empinar el codo.
Säufer(in) ['zɔɪfɐ] (-, -nen) *m(f)* borracho, -a *m, f.*
saugen ['zaʊgən] *intr* **1** chupar. **2** mamar (bebé).
säugen ['zɔɪgən] *tr* amamantar.
Säugetier ['zɔɪgə,ti:ɐ] (-e) *n* mamífero *m.*
Säugling ['zɔɪklɪŋ] (-e) *m* lactante *m, f.*
Säule ['zɔɪlə] (-n) *f* columna *f.*
Sauna ['zaʊna] (**Saunen**) *f* sauna *f.*
Säure ['zɔɪrə] (-n) *f* acidez *f.*
Saurier ['zaʊrɪ̯ɐ] (-) *m* ZOOL saurio *m.*
Saustall ['zaʊʃtal] (**-ställe**) *m* pocilga *f.*
Saxofon o **Saxophon** [zakso'fo:n] (-e) *n* saxofón *m.*
Saxofonist(in) o **Saxophonist(in)** [zaksofo'nɪst] (-en, -nen) *m(f)* saxofonista *m, f.*
S-Bahn ['ɛsba:n] (-en) *f* tren *m* suburbano.
Scanner ['skɛnɐ] (-) *m* escáner *m.*
Schabe ['ʃa:bə] (-n) *f* cucaracha *f.*
Schablone [ʃa'blo:nə] (-n) *f* patrón *m*, plantilla *f.*
Schach [ʃax] (-s) *n* ajedrez *m.*
Schachbrett ['ʃaxbrɛt] (-er) *n* tablero *m* de ajedrez.
schachmatt ['ʃaxmat] *adj* jaque mate.
Schachspiel ['ʃaxʃpi:l] (-e) *n* juego *m* de ajedrez.
Schacht [ʃaxt] (**Schächte**) *m* pozo *m.*
Schachtel ['ʃaxtəl] (-n) *f* caja *f* (de cerillas).
schade ['ʃa:də] *adj* **es ist ~** es una lástima.
Schädelbruch ['ʃɛ:dəl,brʊx] (**-brüche**) *m* fractura *f* del cráneo.
schaden ['ʃa:dən] *intr* dañar.
Schaden ['ʃa:dən] (**Schäden**) *m* daño *m.*

S

schädigen [ˈʃɛːdɪgən] *tr* dañar, perjudicar.
Schädigung [ˈʃɛːdɪgʊŋ] **(-en)** *f* daño *m*.
schädlich [ˈʃɛːtlɪç] *adj* nocivo, dañino.
Schädling [ˈʃɛːtlɪŋ] **(-e)** *m* parásito *m*.
Schadstoff [ˈʃaːtʃtɔf] **(-e)** *m* sustancia *f* nociva.
Schaf [ʃaːf] **(-e)** *n* oveja *f*.
Schäfer(in) [ˈʃɛːfɐ] **(-, -nen)** *m(f)* pastor(a) *m(f)*.
Schäferhund [ˈʃɛːfɐˌhʊnt] **(-e)** *m* perro *m* pastor.
schaffen [ˈʃafən] *tr* **1** crear. **2** conseguir, lograr.
Schaffner(in) [ˈʃafnɐ] **(-, nen)** *m(f)* revisor(a) *m(f)* (en el tren, autobús, etc.).
Schaft [ʃaft] **(Schäfte)** *m* **1** caña *f* de una bota. **2** mango *m*.
schäkern [ˈʃɛːkɐn] *intr* (fam) coquetear.
Schal [ʃaːl] **(-s)** *m* bufanda *f*.
Schale [ˈʃaːlə] **(-n)** *f* cáscara *f* (huevo, etc.); piel *f* (fruta).
schälen [ˈʃɛːlən] *tr* pelar (patatas, fruta).
schalldämmend [ˈʃalˌdemənt] *adj* insonorizante.
Schalldämpfer [ˈʃalˌdempfɐ] **(-)** *m* silenciador *m*.
schalldicht [ˈʃaldɪçt] *adj* insonorizado.
schallen [ˈʃalən] *intr* resonar, retumbar.
Schallmauer [ˈʃalˌmauɐ] *f* barrera *f* del sonido.
Schallplatte [ˈʃalˌplatə] **(-n)** *f* disco *m*.
schalten [ˈʃaltən] *tr* **1** conectar, accionar. • *intr* **2** AUT cambiar de marcha.
Schalter [ˈʃaltɐ] **(-)** *m* **1** interruptor *m*. **2** ventanilla *f*; taquilla *f*.
Schaltung [ˈʃaltʊŋ] **(-en)** *f* circuito *m*.
Scham [ʃaːm] *f* vergüenza *f*.
schämen [ˈʃɛːmən] *pron* **sich ~** avergonzarse.
schamlos [ˈʃaːmloːs] *adj* desvergonzado.
Schande [ˈʃandə] **(-n)** *f* vergüenza *f*.
schänden [ˈʃɛndən] *tr* deshonrar.
schändlich [ˈʃɛntlɪç] *adj* vergonzoso.
Schändung [ˈʃɛndʊŋ] **(-en)** *f* **1** difamación *f*. **2** profanación *f*.
Schänke [ˈʃɛŋkə] **(-n)** *f* tasca *f*.
Schar [ʃaːɐ] **(-en)** *f* multitud *f*.
scharf [ʃarf] *adj* **1** afilado (cuchillo, dientes). **2** picante, fuerte (comida).
Schärfe [ˈʃɛrfə] **(-n)** *f* **1** agudeza *f* (de un cuchillo). **2** gusto *m* picante (de una comida).
Scharfsinn [ˈʃarfzɪn] *m* perspicacia *f*.
Scharnier [ʃarˈniːɐ] **(-e)** *n* bisagra *f*.
Schaschlik [ˈʃaʃlɪk] **(-s)** *m* o *n* pincho *m* de carne.
Schatten [ˈʃatən] **(-)** *m* sombra *f*.

Schattenseite [ˈʃatən,zaɪtə] (-n) *f* lado *m* en la sombra.
schattig [ˈʃatɪç] *adj* sombrío.
Schatz [ʃats] (**Schätze**) *m* tesoro *m*.
schätzen [ˈʃɛtsən] *tr* calcular; apreciar, estimar.
Schatzmeister(in) [ˈʃats,maɪstɐ] (-, -nen) *m(f)* tesorero, -a *m, f*.
Schätzung [ˈʃɛtsʊŋ] (-en) *f* estimación *f*, valoración *f*.
schätzungsweise [ˈʃɛtsʊŋs,vaɪzə] *adv* aproximadamente.
Schauder [ˈʃaʊdɐ] (-) *m* escalofrío *m*.
schauen [ˈʃaʊən] *intr* mirar.
Schauer [ˈʃaʊɐ] (-) *m* **1** chubasco *m*. **2** escalofrío *m*.
Schaufel [ˈʃaʊfəl] (-n) *f* pala *f*, recogedor *m*.
Schaufenster [ˈʃaʊ,fɛnstɐ] (-) *n* escaparate *m*.
Schaufensterbummel [ˈʃaʊfɛnstɐ,bʊməl] *m* paseo *m* para mirar los escaparates.
schaukeln [ˈʃaʊkəln] *intr* balancearse, columpiarse.
schaulustig [ˈʃaʊ,lʊstɪç] *adj* curioso.
Schaum [ʃaʊm] (**Schäume**) *m* espuma *f*.
schäumen [ˈʃɔɪmən] *intr* hacer espuma.
schaumig [ˈʃaʊmɪç] *adj* espumoso.
Schaumlöscher [ˈʃaʊm,lœʃɐ] (-) *m* extintor *m* de espuma.
Schaumstoff [ˈʃaʊmʃtɔf] (-) *m* gomaespuma *f*.
Schaumwein [ˈʃaʊmvaɪn] (-e) *m* vino *m* espumoso.
Schauplatz [ˈʃaʊplats] (-**plätze**) *m* escenario *m* (crimen).
Schauspiel [ˈʃaʊʃpiːl] (-e) *n* pieza *f* de teatro.
Schauspieler(in) [ˈʃaʊ,ʃpiːlɐ] (-, -nen) *m(f)* actor *m*, actriz *f*.
Scheck [ʃɛk] (-s) *m* cheque *m*.
Scheckheft [ˈʃɛkhɛft] (-e) *n* talonario *m* de cheques; chequera *f* (Amér.).
Scheibe [ˈʃaɪbə] (-n) *f* **1** disco *m*. **2** rodaja *f*, rebanada *f*. **3** cristal *m*.
Scheibenwischer [ˈʃaɪbən,vɪʃɐ] (-) *m* limpiaparabrisas *m*.
Scheide [ˈʃaɪdə] (-n) *f* vagina *f*.
scheiden [ˈʃaɪdən] *tr* separar. ■ **sich ~ lassen** divorciarse.
Scheidung [ˈʃaɪdʊŋ] (-en) *f* divorcio *m*.
Schein [ʃaɪn] *m* resplandor *m*.
Schein [ʃaɪn] (-e) *m* billete *m*.
scheinbar [ˈʃaɪnbaːɐ] *adj* aparente.
scheinen [ˈʃaɪnən] *intr* **1** brillar. **2** parecer.
Scheinwerfer [ˈʃaɪn,vɛrfɐ] (-) *m* faro *m* (de un coche).
Scheiße [ˈʃaɪsə] *f* (fam) mierda *f*.
Scheitel [ˈʃaɪtəl] (-) *m* raya *f* (del peinado).
scheitern [ˈʃaɪtɐn] *intr* fracasar.
Schema [ˈʃeːma] (**Schemen, Schemata**) *n* esquema *m*.
schematisch [ʃeˈmaːtɪʃ] *adj* esquemático.

schematisieren [ʃemati'zi:rən] *tr* esquematizar.
Schenkel ['ʃɛŋkəl] (-) *m* muslo *m*.
schenken ['ʃɛŋkən] *tr* regalar.
scheppern ['ʃɛpɐn] *intr* traquetear.
Scherbe ['ʃɛrbə] (-n) *f* fragmento *m*, pedazo *m* (vidrio).
Schere ['ʃe:rə] (-n) *f* tijeras *f pl*.
Scherz [ʃɛrts] (-e) *m* broma *f*, guasa *f*.
scherzen ['ʃɛrtsən] *intr* bromear.
scherzhaft ['ʃɛrtshaft] *adj* chistoso, gracioso.
scheu [ʃɔɪ] *adj* tímido.
scheuen ['ʃɔɪən] *tr* **1** rehuir, evitar (trabajo, responsabilidades, etc.). • **sich** ~ *pron* **2** desbocarse (un caballo)
scheuern ['ʃɔɪɐn] *tr* fregar.
Scheune ['ʃɔɪnə] (-n) *f* granero *m*, henil *m*.
scheußlich ['ʃɔɪslɪç] *adj* (fam) horrible, atroz.
Schi [ʃi:] (-er, -) *m* esquí *m*.
Schicht [ʃɪçt] (-en) *f* **1** capa *f*. **2** clase *f* (social). **3** turno *m* (de trabajo).
Schichtarbeit ['ʃɪçt,arbaɪt] *f* trabajo *m* por turnos.
Schichtdienst ['ʃɪçtdi:nst] (-e) *m* turno *m* de trabajo.
schick [ʃɪk] *adj* elegante, chic.
schicken ['ʃɪkən] *tr* enviar, mandar.
Schicksal ['ʃɪkza:l] (-e) *n* destino *m*.
schieben ['ʃi:bən] *tr* mover, empujar.
Schiedsrichter(in) ['ʃi:ts,rɪçtɐ] (-, -nen) *m(f)* árbitro *m, f*.
schief [ʃi:f] *adj* inclinado, oblicuo.
Schienbein ['ʃi:nbaɪn] (-e) *n* tibia *f*, espinilla *f*.
Schiene ['ʃi:nə] (-n) *f* carril *m*.
schier [ʃi:ɐ] *adj* **1** total, absoluto. • *adv* **2** casi.
schießen ['ʃi:sən] *tr* e *intr* disparar.
Schießpulver ['ʃi:s,pʊlvɐ] *n* pólvora *f*.
Schiff [ʃɪf] (-e) *n* barco *m*.
Schiffsreise ['ʃɪfs,raɪzə] (-n) *f* viaje *m* en barco.
Schikane [ʃi'ka:nə] (-n) *f* hostigamiento *m*.
schikanieren [ʃika'ni:rən] *tr* incordiar.
Schild [ʃɪlt] (-er) *n* letrero *m*, cartel *m*.
schildern ['ʃɪldɐn] *tr* describir.
Schilderung ['ʃɪldərʊŋ] (-en) *f* descripción *f*.
Schildkröte ['ʃɪltkrø:tə] (-n) *f* tortuga *f*.
Schilf [ʃɪlf] (-e) *n* caña *f*, cañizo *m*.
schillern ['ʃɪlɐn] *intr* tornasolar.
Schilling ['ʃɪlɪŋ] (-e) *m* chelín *m* (moneda).
Schimmel ['ʃɪməl] *m* moho *m*.
schimmeln ['ʃɪməln] *intr* enmohecer, cubrirse de moho.
Schimmer ['ʃɪmɐ] (-) *m* vislumbre *f*.

schimmern [ˈʃɪmɐn] *intr* relucir.
schimpfen [ˈʃɪmpfən] *intr* insultar, injuriar.
Schimpfwort [ˈʃɪmpfvɔrt] **(-wörter)** *n* palabrota *f.*
Schinken [ˈʃɪnkən] **(-)** *m* jamón *m.*
Schirm [ʃɪrm] **(-e)** *m* paraguas *m.*
schizophren [ʃitsoˈfreːn] *adj* esquizofrénico.
Schizophrenie [ʃitsofreˈniː] *f* esquizofrenia *f.*
Schlacht [ʃlaxt] **(-en)** *f* batalla *f.*
schlachten [ˈʃlaxtən] *tr* matar, sacrificar (animales).
Schlaf [ʃlaːf] *m* sueño *m.*
Schlafanzug [ˈʃlaːfˌantsuːk] **(-züge)** *m* pijama *m.*
Schläfe [ˈʃlɛːfə] **(-n)** *f* sien *f.*
schlafen [ˈʃlaːfən] *intr* dormir.
Schläfer(in) [ˈʃlɛːfɐ] **(-, -nen)** *m(f)* durmiente *m, f.*
schlaff [ʃlaf] *adj* **1** flácido (piel). **2** blando, flojo.
Schlafgelegenheit [ˈʃlaːfgəˌleːgənhaɪt] **(-en)** *f* lugar *m* para dormir.
schlaflos [ˈʃlaːfloːs] *adj* insomne.
Schlafmittel [ˈʃlaːfˌmɪtəl] **(-)** *n* somnífero *m.*
Schlafraum [ˈʃlaːfraum] **(-räume)** *m* dormitorio *m.*
schläfrig [ˈʃlɛːfrɪç] *adj* soñoliento.
Schlafsack [ˈʃlaːfzak] **(-säcke)** *m* saco *m* de dormir.
Schlaftablette [ˈʃlaːftaˌblɛtə] **(-n)** *f* pastilla *f* para dormir.
Schlafwagen [ˈʃlaːfˌvaːgən] **(-)** *m* coche-cama *m.*
Schlafzimmer [ˈʃlaːfˌtsɪmɐ] **(-)** *n* dormitorio *m.*
Schlag [ʃlaːk] **(Schläge)** *m* golpe *m.*
schlagen [ˈʃlaːgən] *tr* **1** golpear (dar golpes); pegar. **2** ganar, derrotar (adversario, enemigo). **3** clavar (fijar). • *intr* **4** golpear; pegar (agresión). **5** dar la hora (reloj). **6** latir (corazón).
Schlager [ˈʃlaːgɐ] **(-)** *m* canción *f* de moda.
Schlägerei [ʃlɛːgəˈraɪ] **(-en)** *f* pelea *f.*
schlagfertig [ˈʃlaːkˌfɛrtɪç] *adj* agudo, perspicaz.
schlagkräftig [ˈʃlaːkˌkrɛftɪç] *adj* contundente.
Schlagsahne [ˈʃlaːkˌzaːnə] *f* nata *f* batida.
Schlagzeile [ˈʃlaːkˌtsaɪlə] **(-n)** *f* titular *m.*
Schlagzeug [ˈʃlaːktsɔɪk] **(-e)** *n* MÚS batería *f.*
Schlagzeuger(in) [ˈʃlaːkˌtsɔɪgɐ] **(-, -nen)** *m(f)* baterista *m, f.*
schlaksig [ˈʃlaksɪç] *adj* (fam) larguirucho.
Schlamm [ʃlam] **(Schlämme)** *m* lodo *m.*
schlammig [ˈʃlamɪç] *adj* fangoso.
Schlampe [ˈʃlampə] **(-n)** *f* (desp, fam) tía *f* guarra, marrana *f.*

schlampig ['ʃlampɪç] *adj* desordenado, descuidado.

Schlange ['ʃlaŋə] (-n) *f* **1** cola *f*, fila *f*. **2**

Schlangenlinie ['ʃlaŋən,li:nĭə] (-n) *f* línea *f* sinuosa.

schlank [ʃlaŋk] *adj* delgado, esbelto.

schlapp [ʃlap] *adj* **1** flojo, débil. **2** flojo (cuerda).

schlapp|machen ['ʃlap,maxən] *intr* desalentarse.

schlau [ʃlaʊ] *adj* astuto.

Schlauch [ʃlaʊx] (**Schläuche**) *m* manguera *f*.

Schlauchboot ['ʃlaʊxbo:t] (**-e**) *n* bote *m* neumático.

schlecht [ʃlɛçt] *adj* **1** malo. • *adv* **2** mal.

schlecht|machen ['ʃlɛçt,maxən] *tr* hablar mal de alguien.

schlecken ['ʃlɛkən] *tr* e *intr* lamer.

schleichen ['ʃlaɪçən] *intr* ir despacio y silenciosamente.

schleichend ['ʃlaɪçənt] *adj* lento (enfermedad).

Schleier ['ʃlaɪɐ] (-) *m* velo *m*.

Schleife ['ʃlaɪfə] (-n) *f* lazo *m*.

Schleifstein ['ʃlaɪfʃtaɪn] (**-e**) *m* piedra *f* de afilar.

Schleim [ʃlaɪm] (**-e**) *m* mucosidad *f*.

schlemmen ['ʃlɛmən] *tr* e *intr* comer opíparamente.

Schlemmer(in) ['ʃlɛmɐ] (-, -nen) *m(f)* sibarita *m*, *f*.

schlendern ['ʃlɛndɐn] *intr* pasear lentamente.

schleppen ['ʃlɛpən] *tr* **1** llevar a rastras. • **sich ~** *pron* **2** arrastrarse.

Schlepper ['ʃlɛpɐ] (-) *m* remolcador *m*, grúa *f*.

Schlepplift ['ʃlɛplɪft] (**-e**) *m* telesquí *m*.

Schlepptau ['ʃlɛptaʊ] (**-e**) *n* cable *m* de remolque.

schleudern ['ʃlɔɪdɐn] *tr* **1** lanzar, arrojar. • *intr* **2** patinar (con el coche).

schleunigst ['ʃlɔɪnɪçst] *adv* lo antes posible, ahora mismo.

schleusen ['ʃlɔɪzən] *tr* hacer pasar por la esclusa.

schlicht [ʃlɪçt] *adj* simple, sencillo.

schlichten ['ʃlɪçtən] *tr* mediar, intervenir como mediador.

schließen ['ʃli:sən] *tr* e *intr* **1** cerrar (el libro, la puerta, los ojos, etc.). • *intr* **2** terminar. • *tr* **3** concluir, deducir.

Schließfach ['ʃli:sfax] (**-fächer**) *n* consigna *f* automática.

schließlich ['ʃli:slɪç] *adv* finalmente, después de todo.

Schließung ['ʃli:sʊŋ] (**-en**) *f* cierre *m*, conclusión *f*.

schlimm [ʃlɪm] *adj* malo.

schlimmstenfalls ['ʃlɪmstənfals] *adv* en el peor de los casos, a lo peor.

Schlinge ['ʃlɪŋə] (-n) *f* lazo *m*.

schlingen ['ʃlɪŋən] *tr* e *intr* tragar, zampar (la comida).

Schlitten ['ʃlɪtən] (-) *m* trineo *m*: tobogán *m*.

Schlittschuh [ˈʃlɪtʃuː] (-e) *m* patín *m* para hielo.

Schlittschuhlaufen [ˈʃlɪtʃuːˌlaufən] *n* patinaje *m* sobre hielo.

Schlittschuhläufer(in) [ˈʃlɪtʃuːˌlɔɪfɐ] (-, -nen) *m(f)* patinador(a) *m(f)* sobre hielo.

Schlitz [ʃlɪts] (-e) *m* ranura *f*, hendidura *f*.

Schloss [ʃlɔs] (**Schlösser**) *n* **1** cerradura *f*, cerrojo *m*. **2** castillo *m*.

Schlosser(in) [ˈʃlɔsɐ] (-, -nen) *m(f)* cerrajero, -a *m, f*.

schlottern [ˈʃlɔtɐn] *intr* temblar, titiritar.

Schlucht [ʃluxt] (-en) *f* desfiladero *m*.

schluchzen [ˈʃluxtsən] *intr* sollozar, chillar.

Schluck [ʃluk] (-e) *m* trago *m*, sorbo *m*.

schlucken [ˈʃlukən] *tr* e *intr* **1** • *tr* **2** aguantar.

schlummern [ˈʃlumɐn] *intr* dormir, dormitar.

Schlund [ʃlunt] (**Schlünde**) *m* gaznate *m*, garganta *f* (de un animal).

schlüpfen [ˈʃlʏpfən] *intr* deslizarse (por un agujero).

Schlüpfer [ˈʃlʏpfɐ] (-) *m* calzón *m*.

Schluss [ʃlus] *m* **1** fin *m*, final *m*. **2** conclusión *f*.

Schlüssel [ˈʃlʏsəl] (-) *m* **1** llave *f*. **2** solución *f* (de un ejercicio).

Schlüsselbein [ˈʃlʏsəlˌbaɪn] (-e) *n* clavícula *f*.

Schlüsselbund [ˈʃlʏsəlˌbunt] (-e) *m* o *n* manojo *m* de llaves.

Schlüsselloch [ˈʃlʏsəlˌlɔx] (**-löcher**) *n* ojo *m* de la cerradura.

Schlussfolgerung [ˈʃlusfɔlgəruŋ] (-en) *f* conclusión *f*.

schlüssig [ˈʃlʏsɪç] *adj* concluyente.

Schlussstrich [ˈʃlusʃtrɪç] (-e) *m* **einen ~ ziehen** hacer borrón y cuenta nueva.

Schmach [ʃmaːx] (-en) *f* vergüenza *f*, deshonra *f*.

schmächtig [ˈʃmɛçtɪç] *adj* flaco, delgado.

schmackhaft [ˈʃmakhaft] *adj* sabroso.

schmal [ʃmaːl] *adj* estrecho, delgado.

schmälern [ˈʃmɛːlɐn] *tr* disminuir, reducir.

schmarotzen [ʃmaˈrɔtsən] *intr* vivir como un parásito (animales).

schmatzen [ˈʃmatsən] *intr* hacer ruido al comer.

schmecken [ˈʃmɛkən] *intr* **1** saber, tener sabor. **2** gustar.

schmeicheln [ˈʃmaɪçəln] *intr* halagar, adular; barbear, lamber, (Amér.).

schmelzen [ˈʃmɛltsən] *intr* **1** derretirse, fundirse (mantequilla, queso). • *tr* **2** derretir, fundir (oro, nieve).

Schmerz [ʃmɛrts] (-en) *m* dolor *m*.

schmerzen [ˈʃmɛrtsən] *intr* **1** doler • *tr* **2** doler, afligir.

schmerzhaft [ˈʃmɛrtshaft] *adj* doloroso.
schmerzlich [ˈʃmɛrtslɪç] *adj* doloroso.
schmerzlindernd [ˈʃmɛrtsˌlɪndɐnt] *adj* analgésico, calmante.
schmerzlos [ˈʃmɛrtsloːs] *adj* analgésico, sin dolor.
Schmerzmittel [ˈʃmɛrtsˌmɪtəl] (-) *n* analgésico *m*.
schmerzstillend [ˈʃmɛrtsˌʃtɪlənt] *adj* analgésico, calmante.
Schmerztablette [ˈʃmɛrtstaˌblɛtə] (-n) *f* analgésico *m* en comprimidos.
Schmetterling [ˈʃmɛtɐlɪŋ] (-e) *m* mariposa *f*.
Schmied [ʃmiːt] (-e) *m* herrero *m*.
schmiegen [ˈʃmiːgən] *pron* **sich ~** ajustarse (ropa).
schmieren [ˈʃmiːrən] *tr* **1** engrasar, lubricar (maquina). **2** untar (el pan).
Schmiergeld [ˈʃmiːɐgɛlt] (-er) *n* soborno *m*.
Schmiermittel [ˈʃmiːɐˌmɪtəl] (-) *n* lubricante *m*.
Schminke [ˈʃmɪŋkə] (-n) *f* maquillaje *m*, pintura *f*.
schminken [ˈʃmɪŋkən] *tr* maquillar, pintar.
schmoren [ˈʃmoːrən] *intr* cocer a fuego lento.
Schmuck [ʃmʊk] *m* joyas *f pl*, alhajas *f pl*.
schmücken [ˈʃmʏkən] *tr* adornar. decorar.
schmucklos [ˈʃmʊkloːs] *adj* sin adornos, austero.
Schmuckstück [ˈʃmʊkʃtʏk] (-e) *n* joya *f*, alhaja *f*.
schmuddelig [ˈʃmʊdəlɪç] *adj* (fam) desaliñado, desaseado.
Schmuggel [ˈʃmʊgəl] *m* contrabando *m*.
schmuggeln [ˈʃmʊgəln] *tr* e *intr* hacer contrabando.
schmunzeln [ˈʃmʊntsəln] *intr* sonreírse (con satisfacción).
schmusen [ˈʃmuːzən] *intr* (fam) acariciar.
Schmutz [ʃmʊts] *m* suciedad *f*.
Schmutzfleck [ˈʃmʊtsflɛk] (-en) *m* mancha *f* de suciedad.
schmutzig [ˈʃmʊtsɪç] *adj* **1** sucio, pringado. **2** ilegal, sucio.
Schnabel [ˈʃnaːbəl] (**Schnäbel**) *m* **1** pico *m* (de un ave). **2** pitorro *m* (jarra, lechera).
Schnalle [ˈʃnalə] (-n) *f* hebilla *f*, broche *m*.
schnappen [ˈʃnapən] *tr* **1** pillar, alcanzar (a un ladrón). • *intr* **2** pillar (animal).
Schnaps [ʃnaps] (**Schnäpse**) *m* aguardiente *m*.
schnarchen [ˈʃnarçən] *intr* roncar.
schnaufen [ˈʃnaufən] *intr* resollar, jadear.
Schnauzbart [ˈʃnautsbaːɐt] (-bärte) *m* bigote *m*.
Schnauze [ˈʃnautsə] (-n) *f* hocico *m*, morro *m*.
schnäuzen [ˈʃnɔɪtsən] *pron* **sich ~** sonarse.

Schnecke [ˈʃnɛkə] **(-n)** *f* **1** caracol *m.* **2** caracola *f* (repostería). ■ **jn zur ~ machen** cantarle a alguien las cuarenta.
Schneckentempo [ˈʃnɛkənˌtɛmpo] **im ~** *n* a paso de tortuga.
Schnee [ʃne:] *m* nieve *f.*
Schneefall [ˈʃne:fal] **(-fälle)** *m* nevada *f.*
Schneeflocke [ˈʃne:ˌflɔkə] **(-n)** *f* copo *m* de nieve.
Schneegestöber [ˈʃne:gəˌʃtø:bɐ] (-) *n* ventisca *f.*
Schneeglöckchen [ˈʃne:ˌglœkçən] (-) *n* campanilla *f* blanca o de invierno.
Schneekette [ˈʃne:ˌkɛtə] **(-n)** *f* cadenas *f pl* para la nieve.
Schneemann [ˈʃne:man] **(-männer)** *m* muñeco *m* de nieve.
Schneepflug [ˈʃne:pflu:k] **(-pflüge)** *m* máquina *f* quitanieves.
schneesicher [ˈʃne:ˌzɪçɐ] *adj* con nevadas aseguradas, con nieve asegurada (región, lugar).
Schneesturm [ˈʃne:ʃtʊrm] **(-stürme)** *m* temporal *m* de nieve.
schneeweiß [ˈʃne:vaɪs] *adj* blanco como la nieve.
schneiden [ˈʃnaɪdən] *tr* e *intr* **1** cortar (pan, queso, etc.). ● *tr* **2** TV, RAD montar. **3** ART grabar, tallar (sobre madera). ● **sich ~** *pron* **4** cortarse. **5** equivocarse.
Schneider(in) [ˈʃnaɪdɐ] **(-, -nen)** *m(f)* sastre, -a *m, f,* modisto, -a *m, f.*
Schneiderei [ʃnaɪdəˈraɪ] **(-en)** *f* **1** sastrería *f.* **2** taller *m* del sastre.
schneidern [ˈʃnaɪdɐn] *tr* e *intr* confeccionar, coser (ropa).
schneien [ˈʃnaɪən] *impers* nevar.
schnell [ʃnɛl] *adj* **1** rápido, veloz. ● *adv* **2** rápidamente.
Schnellgaststätte [ˈʃnɛlˌgastʃtɛtə] **(-n)** *f* restaurante *m* o local *m* de comida rápida.
Schnelligkeit [ˈʃnɛlɪçkaɪt] *f* velocidad *f,* rapidez *f.*
Schnellimbiss [ˈʃnɛlˌɪmbɪs] **(-e)** *m* snack-bar *m.*
schnellstens [ˈʃnɛlstəns] *adv* lo más rápido posible.
Schnellzug [ˈʃnɛltsu:k] **(-züge)** *m* tren *m* expreso.
schnippisch [ˈʃnɪpɪʃ] *adj* (fam) respondón.
Schnitt [ʃnɪt] **(-e)** *m* **1** corte *m,* patrón *m.* **2** montaje *m* (película).
Schnitte [ˈʃnɪtə] **(-n)** *f* rebanada *f,* loncha *f.*
Schnittlauch [ˈʃnɪtlaʊx] *m* cebollino *m.*
Schnittwunde [ˈʃnɪtˌvʊndə] **(-n)** *f* corte *m,* cortadura *f.*
Schnitzel [ˈʃnɪtsəl] (-) *n* escalope *m.*
schnitzen [ˈʃnɪtsən] *tr* e *intr* ART tallar, esculpir (en madera).
Schnorchel [ˈʃnɔrçəl] (-) *m* tubo *m* de respiración (en buceo).
schnorcheln [ˈʃnɔrçəln] *intr bucear con tubo de respiración.*
schnüffeln [ˈʃnʏfəln] *intr* **1** olfatear, husmear. **2** (fam) husmear, fisgar (en un asunto, en documentos, etc.). ● *tr* **3** esnifar. inhalar.

Schnuller [ˈʃnʊlɐ] (-) *m* chupete *m*.

schnupfen [ˈʃnʊpfən] *intr y tr* esnifar.

Schnupfen [ˈʃnʊpfən] (-) *m* constipado *m*, catarro *m*.

Schnur [ʃnuːɐ] (**Schnüre**) *f* cuerda *f*, cordón *m*.

Schnurrbart [ˈʃnʊrbaːɐt] (**-bärte**) *m* bigote *m*.

Schnürsenkel [ˈʃnyːɐˌzɛŋkəl] (-) *m* cordón *m* de los zapatos.

Schock [ʃɔk] (**-s**) *m* shock *m*, conmoción *f*.

schockieren [ʃɔˈkiːrən] *tr* e *intr* chocar, causar un shock.

Schokolade [ˈʃokoˈlaːdə] (**-n**) *f* chocolate *f*.

Scholle [ˈʃɔlə] (**-n**) *f* **1** trozo *m* de tierra. **2** ZOOL platija *f*.

schon [ʃoːn] *adv* ya.

schön [ʃøːn] *adj* **1** bonito, hermoso. • *adv* **2** bien, bastante.

schonen [ˈʃoːnən] *tr* **1** cuidar, tratar con cuidado. • **sich ~** *pron* **2** cuidarse (la salud).

schonend [ˈʃoːnənt] *adj* prudente, cauteloso.

Schönheit [ˈʃøːnhaɪt] (**-en**) *f* belleza *f*, hermosura *f*.

Schonung [ˈʃoːnʊŋ] *f* cuidado *m*, reposo *m*.

Schonung [ˈʃoːnʊŋ] (**-en**) *f* coto *m* de bosque recién plantado.

schöpfen [ˈʃœpfən] *tr* sacar (líquido).

Schöpfer(in) [ˈʃœpfɐ] (-, **-nen**) *m(f)* creador(a) *m(f)*.

schöpferisch [ˈʃœpfərɪʃ] *adj* creativo.

Schöpflöffel [ˈʃœpfˌlœfəl] (-) *m* cucharón *m*.

Schöpfung [ˈʃœpfʊŋ] (**-en**) *f* creación *f* (de una obra de arte).

Schornstein [ˈʃɔrnʃtaɪn] (**-e**) *m* chimenea *f*.

Schornsteinfeger(in) [ˈʃɔrnʃtaɪnˌfeːɡɐ] (-, **-nen**) *m(f)* deshollinador(a) *m(f)*.

Schoß [ˈʃoːs] (**Schöße**) *m* regazo *m*.

Schotte, -in [ˈʃɔtə] (**-n, -nen**) *m, f* escocés, -esa *m, f*.

Schottland [ˈʃɔtlant] *n* Escocia *f*.

schraffieren [ʃraˈfiːrən] *tr* rayar, sombrear.

schräg [ʃrɛːk] *adj* inclinado.

Schrägstrich [ˈʃrɛːkʃtrɪç] (**-e**) *m* barra *f*.

Schramme [ˈʃramə] (**-n**) *f* rasguño *m*, arañazo *m*.

Schrank [ʃraŋk] (**Schränke**) *m* armario *m*; escaparate *m* (Amér.).

Schranke [ˈʃraŋkə] (**-n**) *f* **1** barrera *f*. **2** (fig), límite *m*.

Schraube [ˈʃraubə] (**-n**) *f* tornillo *m*.

schrauben [ˈʃraubən] *tr* **1** atornillar; desatornillar. **2** enroscar; desenroscar.

Schraubenschlüssel [ˈʃraubənʃlʏsəl] (-) *m* llave *f* inglesa.

Schraubenzieher [ˈʃraubənˌtsiːɐ] (-) *m* destornillador *m*; desatornillador *m* (Amér.).

Schraubverschluss [ˈʃraub-fɛɐ̯ˌʃlʊs] (**-schlüsse**) *m* cierre *m* de rosca.

Schreck [ʃrɛk] (**-e**) *m* susto *m*. ■ **einen ~ bekommen** llevarse un susto.

Schrecken [ˈʃrɛkən] (-) *m* susto *m*.

schrecklich [ˈʃrɛklɪç] *adj* terrible, espantoso (noticia, enfermedad).

Schrei [ʃraɪ] (**-e**) *m* grito *m*.

Schreibblock [ˈʃraɪpblɔk] (**-blöcke**) *m* bloc *m* de notas.

schreiben [ˈʃraɪbən] *tr* e *intr* **1** escribir. ● **sich ~** *pron* **2** escribirse, cartearse.

Schreiben [ˈʃraɪbən] (-) *n* escrito *m*, carta *f*.

Schreibheft [ˈʃraɪphɛft] (**-e**) *n* cuaderno *m* de rayas.

Schreibmaschine [ˈʃraɪpmaˌʃiː-nə] (**-n**) *f* máquina *f* de escribir.

Schreibpapier [ˈʃraɪppaˌpiːɐ̯] *n* papel *m* de escribir.

Schreibtisch [ˈʃraɪptɪʃ] (**-e**) *m* escritorio *m*.

Schreibung [ˈʃraɪbʊŋ] (**-en**) *f* modo *m* de escritura.

Schreibwaren [ˈʃraɪpˌvaːrən] *f pl* artículos *m pl* de escritorio.

Schreibwarengeschäft [ˈʃraɪp-vaːrəngəˌʃɛft] (**-e**) *n* papelería *f*.

Schreibweise [ˈʃraɪpˌvaɪzə] (**-n**) *f* **1** grafía *f*. **2** estilo *m* (de escribir).

schreien [ˈʃraɪən] *tr* e *intr* gritar.

Schreiner(in) [ˈʃraɪnɐ] (**-, -nen**) *m(f)* carpintero, -a *m, f*.

schreiten [ˈʃraɪtən] *intr* andar, caminar (solemnemente).

Schrift [ʃrɪft] (**-en**) *f* **1** escritura *f*, caracteres *m pl*. **2** escrito *m*. **3** letra *f*, caligrafía *f*.

schriftlich [ˈʃrɪftlɪç] *adj* por escrito.

Schriftsteller(in) [ˈʃrɪftˌʃtɛlɐ] (**-, -nen**) *m(f)* escritor(a) *m(f)*.

schrill [ʃrɪl] *adj* agudo, estridente (tono, voz).

Schritt [ʃrɪt] (**-e**) *m* **1** paso *m*. **2** manera *f* de andar. **3** entrepierna *f* (del pantalón). **4** paso *m*, trámite *m*.

Schrittmacher [ˈʃrɪtˌmaxɐ] (-) *m* **1** DEP liebre *f* (en atletismo). **2** marcapasos *m*.

schrittweise [ˈʃrɪtˌvaɪzə] *adv* paso a paso, gradualmente.

schroff [ʃrɔf] *adj* escarpado, abrupto (cuesta, peña).

Schrott [ʃrɔt] *m* **1** chatarra *f*. **2** trasto *m*.

schrubben [ˈʃrʊbən] *tr* e *intr* fregar.

schrumpfen [ˈʃrʊmpfən] *intr* encogerse (tejido).

Schubfach [ˈʃuːpfax] (**-fächer**) *n* cajón *m*.

Schubkarren [ˈʃuːpˌkarən] (-) *m* carretilla *f*.

Schubkasten [ˈʃuːpˌkastən] (**-kästen**) *m* cajón *m*.

Schublade [ˈʃuːpˌlaːdə] (**-n**) *f* cajón *m*.

schüchtern [ˈʃʏçtɐn] *adj* tímido.

Schüchternheit [ˈʃʏçtɐnhaɪt] *f* timidez *f*.
Schuft [ʃʊft] (-e) *m* (desp) canalla *m, f*.
Schuh [ʃuː] (-e) *m* zapato *m*.
Schuhanzieher [ˈʃuːˌantsiːɐ] (-) *m* calzador *m*.
Schuhbürste [ˈʃuːˌbʏrstə] (-n) *f* cepillo *m* para el calzado.
Schuhcreme [ˈʃuːkreːm] (-s, -n) *f* crema *f* para el calzado.
Schuhgeschäft [ˈʃuːgəˌʃɛft] (-e) *n* zapatería *f*.
Schuhgröße [ˈʃuːˌgrøːsə] (-n) *f* número *m* del calzado.
Schuhmacher [ˈʃuːˌmaxɐ] (-) *m* zapatero *m*.
Schuhsohle [ˈʃuːˌzoːlə] (-n) *f* suela *f*.
Schulabschluss [ˈʃuːlˌapʃlʊs] (-schlüsse) *m* certificado *m* de estudios.
Schulbildung [ˈʃuːlˌbɪldʊŋ] *f* formación *f* escolar.
Schulbuch [ˈʃuːlbuːx] (-bücher) *n* libro *m* de texto.
schuld [ʃʊlt] *adj* **an etw ~ sein** tener la culpa de algo.
Schuld [ʃʊlt] *f* culpa *f*.
Schuld [ʃʊlt] (-en) *f* deuda *f*; dita *f* (Amér.). ■ **Schulden machen** contraer deudas.
schuldbewusst [ˈʃʊltbəˌvʊst] *adj* consciente de su culpabilidad.
schulden [ˈʃʊldən] *tr* deber (dinero, respeto, etc.).
schuldig [ˈʃʊldɪç] *adj* **1** culpable. **2** debido. necesario.
Schuldige(r) [ˈʃʊldɪgə] (-n, -n) *mf(m)* culpable *m, f*.
schuldlos [ˈʃʊltloːs] *adj* inocente, sin culpa.
Schule [ˈʃuːlə] (-n) *f* **1** colegio *m*, escuela *f*. **2** clase *f*.
schulen [ˈʃuːlən] *tr* instruir, formar.
Schüler(in) [ˈʃyːlɐ] (-, -nen) *m(f)* **1** alumno, -a *m, f*. **2** discípulo, -a *m, f*.
Schulfach [ˈʃuːlfax] (-fächer) *n* asignatura *f* escolar.
Schulferien [ˈʃuːlˌfeːrĭən] *pl* vacaciones *f pl* escolares.
Schulgeld [ˈʃuːlgɛlt] *n* tasas *f pl* de matrícula.
Schulhof [ˈʃuːlhoːf] (-höfe) *m* patio *m* del colegio.
schulisch [ˈʃuːlɪʃ] *adj* escolar.
Schuljahr [ˈʃuːljaːɐ] (-e) *n* **1** año *m* escolar. **2** curso *m*.
Schulkamerad(in) [ˈʃuːlkaməˌraːt] (-en, -nen) *m(f)* compañero, -a *m, f* de clase.
Schulleiter(in) [ˈʃuːlˌlaɪtɐ] (-, -nen) *m(f)* director(a) *m(f)* de escuela.
Schulschluss [ˈʃuːlʃlʊs] *m* **1** salida *f* de clase. **2** fin *m* del año escolar.
Schulstunde [ˈʃuːlˌʃtʊndə] (-n) *f* hora *f* de clase.
Schultasche [ˈʃuːlˌtaʃə] (-n) *f* cartera *f*.
Schulter [ˈʃʊltɐ] (-n) *f* **1** hombro *m*. **2** espaldilla *f*, paletilla *f*.
Schulung [ˈʃuːlʊŋ] (-en) *f* formación *f*, instrucción *f*.

Schulunterricht [ˈʃuːlˌʊntɐrɪçt] *m* enseñanza *f* escolar, clases *f pl*.
Schulzeugnis [ˈʃuːlˌtsɔɪknɪs] (**-se**) *n* certificado *m* de notas.
schummeln [ˈʃʊməln] *intr* (fam) engañar, hacer trampas.
Schund [ʃʊnt] *m* (desp, fig) basura *f*, porquería *f*.
Schuppen [ˈʃʊpən] (-) *m* cobertizo *m*.
Schurke, -in [ˈʃʊrkə] (**-n, -nen**) *m, f* (desp) canalla *m, f*, bribón, -ona *m, f*.
Schürze [ˈʃʏrtsə] (**-n**) *f* delantal *m*.
Schuss [ʃʊs] (**Schüsse**) *m* **1** tiro *m*, disparo *m*. **2** tiro *m*, chut *m* (en fútbol).
Schüssel [ˈʃʏsəl] (**-n**) *f* fuente *f* (para servir); platón *m* (Amér.).
Schusswaffe [ˈʃʊsˌvafə] (**-n**) *f* arma *f* de fuego.
Schuster(in) [ˈʃuːstɐ] (**-, -nen**) *m(f)* zapatero, -a *m, f*.
Schutt [ʃʊt] *m* escombros *m pl*.
Schuttabladeplatz [ˈʃʊtˌaplaːdəplats] (**-plätze**) *m* vertedero *m* de escombros.
schütteln [ˈʃʏtəln] *tr* **1** sacudir (el polvo, un árbol, etc.); agitar (un líquido). • **sich ~** *pron* **2** estremecerse, agitarse.
schütten [ˈʃʏtən] *tr* echar, verter.
Schutthalde [ˈʃʊtˌhaldə] (**-n**) *f* escombrera *f*.
Schutz [ʃʊts] *m* protección *f*, defensa *f*.
Schutzblech [ˈʃʊtsblɛç] (**-e**) *n* **1** guardabarros *m*; salpicadera *f* (Amér.). **2** chapa *f* (protección).
Schutzbrief [ˈʃʊtsbriːf] (**-e**) *m* **1** seguro *m* de viaje. **2** POL salvoconducto *m*.
Schütze [ˈʃʏtsə] *m* ASTR Sagitario *m*.
Schütze, -in [ˈʃʏtsə] (**-n, -nen**) *m, f* **1** tirador(a) *m(f)* (con arma de fuego); baleador(a) *m(f)* (Amér.). **2** goleador(a) *m(f)*. **3** soldado *m, f* raso.
schützen [ˈʃʏtsən] *tr* **1** proteger, defender. • **sich ~** *pron* **2** protegerse.
Schutzengel [ˈʃʊtsˌɛŋəl] (-) *m* ángel *m* de la guarda.
Schutzgebiet [ˈʃʊtsgəˌbiːt] (**-e**) *n* zona *f* protegida.
Schutzhütte [ˈʃʊtsˌhʏtə] (**-n**) *f* refugio *m* de montaña.
Schutzimpfung [ˈʃʊtsˌɪmpfʊŋ] (**-en**) *f* vacunación *f* preventiva.
schutzlos [ˈʃʊtsloːs] *adj* indefenso, desamparado.
Schwaben [ˈʃvaːbən] *n* Suabia *f*.
Schwäbin [ˈʃvɛːbɪn] (**-nen**) *f* suaba *f*.
schwach [ʃvax] *adj* **1** débil. **2** frágil, delicado. **3** flojo (libro, obra de teatro). **4** ligero (café, te). **5** escaso (participación, demanda). **6** vago (recuerdo, esperanza). **7** tenue (luz).
Schwäche [ˈʃvɛçə] (**-n**) *f* **1** debilidad *f*. **2** punto *m* débil.
schwächen [ˈʃvɛçən] *tr* debilitar.

S

Schwachheit ['ʃvaxhaɪt] **(-en)** *f* debilidad *f*.

schwächlich ['ʃvɛçlɪç] *adj* débil; enfermizo.

Schwachsinn ['ʃvaxzɪn] *m* (fam) estupidez *f*, disparate *m*; macana *f* (Amér.).

schwachsinnig ['ʃvaxˌzɪnɪç] *adj* **1** demente, retrasado mental. **2** (fam, desp) imbécil; boludo (Amér.).

Schwaden ['ʃva:dən] (-) *m* nube *f* (de humo, de gas, etc.).

Schwager ['ʃvɛ:gə] **(Schwäger)** *m* cuñado *m*.

Schwägerin ['ʃvɛ:gərɪn] **(-nen)** *f* cuñada *f*.

Schwalbe ['ʃvalbə] **(-n)** *f* golondrina *f*.

Schwall [ʃval] **(Schwälle)** *m* aluvión *m*, torrente *m* (de agua, de personas, palabras, etc.).

Schwamm [ʃvam] **(Schwämme)** *m* **1** esponja *f*. **2** seta *f*. **3** moho *m*.

Schwan [ʃva:n] **(Schwäne)** *m* cisne *m*.

schwanger ['ʃvaŋɐ] *adj* embarazada. ■ **~ werden** quedarse embarazada.

Schwangere ['ʃvaŋərə] **(-n)** *f* embarazada *f*, gestante *f*.

Schwangerschaft ['ʃvaŋɐʃaft] **(-en)** *f* embarazo *m*.

Schwangerschaftsverhütung ['ʃvaŋɐʃaftsfɛɐˌhy:tʊŋ] *f* contracepción *f*.

schwanken ['ʃvaŋkən] *intr* balancearse, moverse.

Schwankung ['ʃvaŋkʊŋ] **(-en)** *f* oscilación *f*, vacilación *f*.

Schwanz [ʃvants] **(Schwänze)** *m* cola *f*, rabo *m* (de un animal).

Schwarm [ʃvarm] **(Schwärme)** *m* **1** enjambre *m* (de abejas, de personas); bandada *f* (de pájaros); banco *m* (de peces). **2** ídolo *m*.

schwärmen ['ʃvɛrmən] *intr* **1** volar zumbando (insectos); revolotear (pájaros). **2** ir en masa.

schwarz [ʃvarts] *adj* **1** negro. **2** oscuro. **3** desdichado, trágico. **4** sin leche (café, té). **5** malvado, malo (carácter, intención).

Schwarzafrika ['ʃvartsˌa:frika] *n* Africa *f* Negra.

Schwarzarbeit ['ʃvartsˌarbaɪt] **(-en)** *f* trabajo *m* clandestino.

schwarz|arbeiten ['ʃvartsˌarbaɪ-tən] *intr* trabajar clandestinamente.

Schwarzbrot ['ʃvartsbro:t] **(-e)** *n* pan *m* negro.

Schwarze(r) ['ʃvartsə] **(-n, -n)** *mf(m)* negro, -a *m, f*.

schwarz|fahren ['ʃvartsˌfa:rən] *intr* **1** viajar sin billete; viajar sin boleto (Amér.). **2** *conducir sin tener carnet de conducir*; *manejar sin tener cédula de manejar* (Amér.).

Schwarzfahrer ['ʃvartsˌfa:rɐ] (-) *m* persona *f* que viaja sin billete.

schwarzhaarig ['ʃvartsˌha:rɪç] *adj* de pelo negro.

Schwarzhandel [ˈʃvartsˌhandəl] *m* tráfico *m* clandestino.

Schwarzmarkt [ˈʃvartsmarkt] (**-märkte**) *m* mercado *m* negro.

schwarz-weiß [ʃvartsˈvaɪs] *adj* en blanco y negro.

Schwarzweißfernseher [ʃvartsˈvaɪsˌfɛrnzeːɐ] (-) *m* televisor *m* de blanco y negro.

Schwarzweißfilm [ʃvartsˈvaɪsˌfɪlm] (**-e**) *m* película *f* en blanco y negro.

Schwätzer(in) [ˈʃvɛtsɐ] (**-, -nen**) *m(f)* **1** charlatán, -ana *m, f*. **2** bocazas *m, f*.

schweben [ˈʃveːbən] *intr* flotar.

Schwede, -in [ˈʃveːdə] (**-n, -nen**) *m, f* sueco, -a *m, f*.

Schweden [ˈʃveːdən] *n* Suecia *f*.

schweigen [ˈʃvaɪgən] *intr* callar(se), guardar silencio.

Schweigen [ˈʃvaɪgən] *n* silencio *m*.

schweigsam [ˈʃvaɪkzaːm] *adj* callado, de pocas palabras.

Schwein [ʃvaɪn] (**-e**) *n* **1** cerdo *m*; chancho *m* (Amér.). **2** cochino, -a *m, f*, guarro, -a *m, f*. ■ **ein armes ~** (fam) un pobre diablo.

Schweinerei [ʃvaɪnəˈraɪ] (**-en**) *f* guarrería *f*, porquería *f*.

Schweinshaxe [ˈʃvaɪnsˌhaksə] (**-n**) *f* pierna *f* de cerdo.

Schweiß [ʃvaɪs] *m* sudor *m*.

schweißen [ˈʃvaɪsən] *tr* e *intr* soldar.

schweißnass [ˈʃvaɪsnas] *adj* empapado en sudor.

Schweiz [ʃvaɪts] *f* Suiza *f*.

Schweizer(in) [ˈʃvaɪtsɐ] (**-, -nen**) *m(f)* suizo, -a *m, f*.

schweizerisch [ˈʃvaɪtsərɪʃ] *adj* suizo.

Schwelle [ˈʃvɛlə] (**-n**) *f* **1** umbral *m* (de la puerta). **2** traviesa *f* (ferrocarril).

Schwellung [ˈʃvɛlʊŋ] (**-en**) *f* hinchazón *f*.

schwenken [ˈʃvɛŋkən] *tr* **1** mover, ondear. **2** agitar, sacudir.

schwer [ʃveːɐ] *adj* **1** pesado. **2** grave, fuerte (enfermedad, dolor, tormenta, etc.). **3** duro, pesado (trabajo). **4** fuerte, pesado (perfume, comida). **5** difícil.

Schwerbehinderte(r) [ˈʃveːɐbəˌhɪndɐtə] (**-n, -n**) *mf(m)* (form) minusválido, -a *m, f*, discapacitado, -a *m, f* grave.

Schwere [ˈʃveːrə] *f* peso *m*.

schwerelos [ˈʃveːrəloːs] *adj* ingrávido.

schwerfällig [ˈʃveːɐˌfɛlɪç] *adj* **1** pesado, torpe (de movimientos). **2** lento, tardo.

Schwergewicht [ˈʃveːɐgəˌvɪçt] (**-e**) *n* **1** énfasis *m*. **2** DEP peso *m* pesado.

schwerhörig [ˈʃveːɐˌhøːrɪç] *adj* duro de oído, sordo.

Schwerkraft [ˈʃveːɐkraft] *f* fuerza *f* de gravedad.

Schwermut [ˈʃveːɐmuːt] *f* melancolía *f*.

schwermütig [ˈʃveːɐˌmyːtɪç] *adj* melancólico.

Schwerpunkt [ˈʃveːɐpʊŋkt] (**-e**) *m* **1** centro *m*, punto *m* fundamental. **2** FÍS centro *m* de gravedad.
schwerwiegend [ˈʃveːɐˌviːgənt] *adj* grave.
Schwester [ˈʃvɛstɐ] (**-n**) *f* hermana *f*.
schwesterlich [ˈʃvɛstɐlɪç] *adj* fraternal, como hermanas.
Schwiegereltern [ˈʃviːgɐˌɛltɐn] *pl* suegros *m pl*.
Schwiegermutter [ˈʃviːgɐˌmʊtɐ] (**-mütter**) *f* suegra *f*.
Schwiegersohn [ˈʃviːgɐˌzoːn] (**-söhne**) *m* yerno *m*.
Schwiegertochter [ˈʃviːgɐˌtɔxtɐ] (**-töchter**) *f* nuera *f*.
Schwiegervater [ˈʃviːgɐˌfaːtɐ] (**-väter**) *m* suegro *m*.
schwierig [ˈʃviːrɪç] *adj* difícil.
Schwierigkeit [ˈʃviːrɪçkaɪt] (**-en**) *f* dificultad *f*.
Schwimmbad [ˈʃvɪmbaːt] (**-bäder**) *n* piscina *f*; pileta *f* (Amér.).
Schwimmbecken [ˈʃvɪmˌbɛkən] (**-**) *n* piscina *f*; pileta *f* (Amér.).
schwimmen [ˈʃvɪmən] *intr* nadar.
Schwimmer(in) [ˈʃvɪmɐ] (**-, -nen**) *m(f)* nadador(a) *m(f)*.
Schwindel [ˈʃvɪndəl] *m* mareo *m*.
schwindelig [ˈʃvɪndəlɪç] *adj* mareado.
schwindeln [ˈʃvɪndəln] *intr* mentir, contar historias.
schwinden [ˈʃvɪndən] *intr* disminuir, decrecer.
Schwindler(in) [ˈʃvɪndlɐ] (**-, -nen**) *m(f)* embustero, -a *m, f*.
schwindlig [ˈʃvɪndlɪç] *adj* mareado.
schwingen [ˈʃvɪŋən] *intr* oscilar (péndulo).
Schwingung [ˈʃvɪŋʊŋ] (**-en**) *f* oscilación *f*.
schwitzen [ˈʃvɪtsən] *tr* e *intr* sudar.
schwören [ˈʃvøːrən] *tr* e *intr* jurar.
schwul [ʃvuːl] *adj* (fam) homosexual.
schwül [ʃvyːl] *adj* sofocante, bochornoso (calor).
Schwule(r) [ˈʃvuːlə] (**-n, -n**) *mf(m)* homosexual *m, f*.
Schwund [ʃvʊnt] *m* merma *f*.
Schwung [ʃvʊŋ] (**Schwünge**) *m* impulso *m*.
schwungvoll [ˈʃvʊŋfɔl] *adj* lleno de vitalidad.
Schwur [ʃvuːɐ] (**Schwüre**) *m* juramento *m*.
sec. (*abrev de* **Sekunde**) *f* s. *m* (segundo).
sechs [zɛks] *adj* seis.
Sechs [zɛks] (**-en**) *f* **1** seis *m*. **2** insuficiente *m* (nota escolar).
sechzehn [ˈzɛçtseːn] *adj* dieciséis.
sechzig [ˈzɛçtsɪç] *adj* sesenta
Secondhandladen [sɛkəntˈhɛntˌlaːdən] (**-läden**) *m* tienda *f* de segunda mano.
See [zeː] (**-n**) *m* lago *m*.

See [zeː] *f* mar *f.*
Seefahrt [ˈzeːfaːɐt] **(-en)** *f* viaje *m* por mar, crucero *m.*
seekrank [ˈzeːkraŋk] *adj* mareado (en el mar).
Seele [ˈzeːlə] **(-n)** *f* alma *f.*
seelisch [ˈzeːlɪʃ] *adj* psíquico.
Seelsorge [ˈzeːlˌzɔrgə] *f* cuidado *m* de almas.
Seelsorger(in) [ˈzeːlˌzɔrgɐ] **(-, -nen)** *m(f)* guía *m, f* espiritual.
Seemann [ˈzeːman] **(-leute)** *m* marinero *m.*
Seeräuber [ˈzeːˌrɔɪbɐ] **(-)** *m* pirata *m.*
Segel [ˈzeːgəl] **(-)** *n* MAR vela *f.*
Segelboot [ˈzeːgəlˌboːt] **(-e)** *n* barco *m* de vela, velero *m.*
Segelflugzeug [ˈzeːgəlˌfluːktsɔɪk] **(-e)** *n* planeador *m.*
Segelschiff [ˈzeːgəlˌʃɪf] **(-e)** *n* barco *m* de vela.
Segen [ˈzeːgən] *m* (fam) aprobación *f*, bendición *f.*
segensreich [ˈzeːgənsˌraɪç] *adj* beneficioso.
Segler(in) [ˈzeːglɐ] **(-, -nen)** *m(f)* balandrista *m, f.*
segnen [ˈzeːgnən] *tr* bendecir.
Segnung [ˈzeːgnʊŋ] **(-en)** *f* **1** bendición *f.* **2** beneficio *m.*
sehbehindert [ˈzeːbəˌhɪndɐt] *adj* deficiente visual.
sehen [ˈzeːən] *tr* e *intr* **1** ver. **2** mirar (película, obra de teatro).
sehenswert [ˈzeːənsveːɐt] *adj* digno de ver.
sehenswürdig [ˈzeːənsˌvʏrdɪç] *adj* digno de ver.
Sehenswürdigkeit [ˈzeːənsˌvʏrdɪçkaɪt] **(-en)** *f* cosa *f* digna de verse.
Sehne [ˈzeːnə] **(-n)** *f* ANAT tendón *m.*
sehnen [ˈzeːnən] *pron* **sich ~ nach *(+dat)*** añorar.
Sehnsucht [ˈzeːnzʊxt] **(-süchte)** *f* **1** deseo *m* vehemente, anhelo *m.* **2** nostalgia *f.*
sehnsüchtig [ˈzeːnˌzʏçtɪç] *adj* ansioso.
sehr [zeːɐ] *adv* **1** muy. **2** mucho.
Sehvermögen [ˈzeːfɐɐˌmøːgən] *n* vista *f.*
seicht [zaɪçt] *adj* **1** poco profundo. **2** superficial, banal (conversación, novela, etc.).
Seide [ˈzaɪdə] **(-n)** *f* seda *f.*
Seife [ˈzaɪfə] **(-n)** *f* jabón *m.*
seihen [ˈzaɪən] *tr* colar.
Seil [ˈzaɪl] **(-e)** *n* cuerda *f.*
sein [zaɪn] *intr* **1** ser. **2** estar. **3** ser, tener lugar.
Sein [zaɪn] *n* (form) ser *m.*
sein(e) [zaɪn] *poses* su, sus (de él).
seine(r, s) [ˈzaɪnə] *pron* el suyo, la suya, los suyos, las suyas.
seinerseits [ˈzaɪnɐˌzaɪts] *adv* por su parte.
seit [zaɪt] *prep* **+dat 1** desde. • *conj* **2** desde que.
seitdem [zaɪtˈdeːm] *adv* **1** desde entonces. • *conj* **2** desde que.
Seite [ˈzaɪtə] **(-n)** *f* **1** página *f.* **2** lado *m.*
Seitenansicht [ˈzaɪtənˌanzɪçt] **(-en)** *f* vista *f* lateral.

seitens [ˈzaɪtəns] *prep* **+gen** (form) por parte de, de parte de.
seither [zaɪtˈheːɐ] *adv* desde entonces.
seitlich [ˈzaɪtlɪç] *adj* **1** lateral, al lado. • *adv* **2** de lado, lateralmente.
Sekretär(in) [zekreˈtɛːɐ] **(-e, -nen)** *m(f)* secretario, -a *m, f.*
Sekretariat [zekretaˈrĭˈaːt] **(-e)** *n* secretaría *f.*
Sekt [zɛkt] **(-e)** *m* vino *m* espumoso, cava *m.*
Sekte [ˈzɛktə] **(-n)** *f* secta *f.*
Sektor [ˈzɛktɔɐ] **(-en)** *m* sector *m.*
sekundär [zekʊnˈdɛːɐ] *adj* (form) secundario.
Sekunde [zeˈkʊndə] **(-n)** *f* **1** segundo *m.* **2** (fam) instante *m.*
Sekundenzeiger [zeˈkʊndən-ˌtsaɪgɐ] **(-)** *m* segundero *m.*
selber [ˈzɛlbɐ] *pron* mismo, misma.
selbst [zɛlpst] *pron* **1** mismo. • *adv* **2** hasta, incluso.
selbständig [ˈzɛlpʃtɛndɪç] *adj* → selbastständig.
Selbständigkeit [ˈzɛlpʃtɛndɪç-kaɪt] **(-en)** *f* autonomía *f*, independencia *f.*
Selbstbedienung [ˈzɛlpstbəˌdiː-nʊŋ] *f* autoservicio *m.*
Selbstbefriedigung [ˈzɛlpstbə-ˌfriːdɪgʊŋ] *f* masturbación *f.*
selbstbewusst [ˈzɛlpstbəˌvʊst] *adj* seguro de sí mismo.
Selbsterfahrung [ˈzɛlpstɐɐˌfaː-rʊŋ] *f* PSIC autognosis *f.*
Selbstgefühl [ˈzɛlpstgəˌfyːl] *n* amor *m* propio.
selbstgerecht [ˈzɛlpstgəˌrɛçt] *adj* engreído.
Selbsthilfe [ˈzɛlpstˌhɪlfə] *f* autoayuda *f.*
Selbstlaut [ˈzɛlpstlaʊt] **(-e)** *m* vocal *f.*
selbstlos [ˈzɛlpstloːs] *adj* desinteresado.
Selbstmord [ˈzɛlpstmɔrt] **(-e)** *m* suicidio *m.*
Selbstschutz [ˈzɛlpstʃʊts] *m* autodefensa *f.*
selbstsicher [ˈzɛlpstˌzɪçɐ] *adj* seguro de sí mismo.
selbstständig [ˈzɛlpstˌʃtɛndɪç] *adj* **1** independiente. **2** por su propia cuenta.
Selbstständigkeit [ˈzɛlpstˌʃtɛn-dɪçkaɪt] *f* independencia *f.*
selbstverständlich [ˈzɛlpstfɛɐ-ˌʃtɛntlɪç] *adj* evidente, lógico.
Selbstverständlichkeit [ˈzɛlpst-fɛɐˌʃtɛntlɪçkaɪt] **(-en)** *f* naturalidad *f*, evidencia *f.*
Selbstvertrauen [ˈzɛlpstfɛɐ-ˌtraʊən] *n* confianza *f* en sí mismo.
Selbstverwirklichung [ˈzɛlpst-fɛɐˌvɪrklɪçʊŋ] *f* autorrealización *f.*
Seligkeit [ˈzeːlɪçkaɪt] *f* dicha *f.*
selten [ˈzɛltən] *adj* raro, singular.
Seltenheit [ˈzɛltənhaɪt] **(-en)** *f* **1** rareza *f.* **2** escasez *f.*
seltsam [ˈzɛltzaːm] *adj* singular, raro.

Semester [ze'mɛstɐ] (-) *n* semestre *m*.

Seminar [zemi'na:ɐ] (-e) *n* seminario *m*, curso *m*.

Semit(in) [ze'mi:t] (-en, -nen) *m(f)* semita *m, f*.

semitisch [ze'mi:tɪʃ] *adj* semita.

Semmelbrösel ['zɛməl,brø:zəl] *m pl* pan *m* rallado.

senden ['zɛndən] *tr* enviar, mandar.

Sendung ['zɛndʊŋ] (-en) *f* **1** envío *m*. **2** RAD, TV emisión *f*.

Senegal ['ze:negal] *n* Senegal *m*.

Senf [zɛnf] (-e) *m* mostaza *f*.

Senior(in) ['ze:nĭoɐ] (-en, -nen) *m(f)* persona *f* mayor.

Seniorenheim [ze'nĭo:rən,haɪm] (-e) *n* residencia *f* para la tercera edad.

Senkel ['zɛŋkəl] (-) *m* cordón *m*.

senken ['zɛŋkən] *tr* **1** bajar (la voz, cabeza, vista). **2** reducir (precios).

senkrecht ['zɛŋkrɛçt] *adj* vertical.

Senkung ['zɛŋkʊŋ] (-en) *f* inclinación *f*.

Sensation [zɛnza'tsĭo:n] (-en) *f* sensación *f*.

sensationell [zɛnzatsĭo'nɛl] *adj* sensacional.

sensibel [zɛn'zi:bəl] *adj* sensible.

Sensibilität [zɛnzibili'tɛ:t] *f* sensibilidad *f*.

sentimental [zɛntimɛn'ta:l] *adj* sentimental.

separat [zepa'ra:t] *adj* separado.

September [zɛp'tɛmbɐ] (-) *m* septiembre *m*.

sequentiell o **sequenziell** [zekvɛn'tsĭɛl] *adj* secuencial.

Serie ['ze:rĭə] (-n) *f* serie *f*.

seriös [ze'rĭø:s] *adj* serio, formal.

Service ['sœ:vɪs] (-) *n* **1** juego *m* de café. ● *m* **2** servicio *m*.

servieren [zɛr'vi:rən] *tr* servir.

Serviette [zɛr'vĭɛtə] (-n) *f* servilleta *f*.

Servus ['sɛrvʊs] (Austria, Suiza) *interj* **1** ¡hola! **2** ¡adiós!

Sesam ['zɛ:zam] (-s) *m* sésamo *m*.

Sessel ['zɛsəl] (-) *m* sillón *m*.

setzen ['zɛtsən] *tr* **1** sentar. ● sich ~ *pron* **2** sentarse.

Seuche ['zɔɪçə] (-n) *f* epidemia *f*.

seufzen ['zɔɪftsən] *intr* suspirar.

Sex [zɛks] *m* sexo *m*.

Sexualität [zɛksŭali'tɛ:t] (-en) *f* sexualidad *f*.

sexuell [zɛ'ksŭɛl] *adj* sexual.

sexy ['zɛksi] *adj* sexy.

Shampoo [ʃɛm'pu:] (-s) *n* champú *m*.

Shorts [ʃɔrts] *pl* pantalones *m pl* cortos.

Show [ʃɔʊ] (-s) *f* show *m*, espectáculo *m*.

Sibirien [zi'bi:rĭən] *n* Siberia *f*.

sich [zɪç] *pron* se.

sicher ['zɪçɐ] *adj* seguro.

S

sicher|gehen [ˈzɪçɐˌgeːən] *intr* ir sobre seguro.
Sicherheit [ˈzɪçɐhaɪt] (-en) *f* seguridad *f.*
Sicherheitsgurt [ˈzɪçɐhaɪtsˌgʊrt] (-e) *m* cinturón *m* de seguridad.
sicherheitshalber [ˈzɪçɐhaɪtsˌhalbɐ] *adv* para mayor seguridad.
sicherlich [ˈzɪçɐlɪç] *adv* seguramente.
sichern [ˈzɪçɐn] *tr* **1** asegurar. • **sich** ~ *pron* **2** asegurarse (una victoria, un éxito, etc.).
sicher|stellen [ˈzɪçɐˌʃtɛlən] *tr* asegurar.
Sicherung [ˈzɪçərʊŋ] (-en) *f* protección *f.*
Sicht [zɪçt] *f* vista *f.*
sichtbar [ˈzɪçtbaːɐ] *adj* **1** visible. **2** evidente.
Sichtbarkeit [ˈzɪçtbaːɐkaɪt] *f* **1** visibilidad *f.* **2** evidencia *f.*
sie [ziː] *pron* **1** (sing) ella (nom); la, a ella (ac). **2** (pl) ellos, ellas (nom); los, las, a ellos, a ellas (ac).
Sie [ziː] *pron* **1** (nom) usted, ustedes. **2** (ac) lo, la, los, las.
Sieb [ziːp] (-e) *n* colador *m.*
sieben [ˈziːbən] *adj* siete.
siebte(r, s) [ˈziːptə] *adj* séptimo.
siebtel [ˈziːptəl] *adj* séptimo.
siebtens [ˈziːptəns] *adv* en séptimo lugar.
siebzehn [ˈziːptseːn] *adj* diecisiete.
siebzig [ˈziːptsɪç] *adj* setenta.
siedeln [ˈziːdəln] *intr* establecerse.
Siedlung [ˈziːdlʊŋ] (-en) *f* urbanización *f.*
Sieg [ziːk] (-e) *m* victoria *f.*
Siegel [ˈziːgəl] (-) *n* sello *m.*
siegen [ˈziːgən] *intr* vencer, ganar.
Sieger(in) [ˈziːgɐ] (-, -nen) *m(f)* vencedor(a) *m(f)*, ganador(a) *m(f)*.
siegreich [ˈziːkraɪç] *adj* triunfante, victorioso.
siezen [ˈziːtsən] *tr* tratar de usted.
Sigel [ˈziːgəl] (-) *n* (form) sigla *f.*
Signal [zɪˈgnaːl] (-e) *n* señal *f.*
signalisieren [zɪgnaliˈziːrən] *tr* señalizar.
Silbe [ˈzɪlbə] (-n) *f* sílaba *f.*
Silber [ˈzɪlbɐ] *n* plata *f.*
silbern [ˈzɪlbɐn] *adj* **1** de plata. **2** plateado.
Silhouette [ziˈlŭɛtə] (-n) *f* silueta *f.*
Silvester [zɪlˈvɛstɐ] (-) *m* o *n* Nochevieja *f.*
simpel [ˈzɪmpəl] *adj* simple.
Sims [zɪms] (-e) *m* repisa *f.*
Simulator [zimuˈlaːtoɐ] (-en) *m* simulador *m.*
simulieren [zimuˈliːrən] *tr* e *intr* simular.
Sinfonieorchester [zɪnfoˈniːɔrˌkɛstɐ] (-) *n* orquesta *f* sinfónica.
singen [ˈzɪŋən] *tr* e *intr* cantar.
Single [ˈsɪŋl] (-s) *m* **1** soltero, -a *m. f.* • *f* **2** disco *m* sencillo.

Singstimme [ˈzɪŋˌʃtɪmə] (-n) *f* voz *f* cantante.
Singular [ˈzɪŋgula:ɐ] (-e) *m* GRAM singular *m*.
sinken [ˈzɪŋkən] *intr* **1** hundirse (barco). **2** bajar, descender (precios, temperatura).
Sinn [zɪn] (-e) *m* sentido *m*.
sinngemäß [ˈzɪngəˌmɛ:s] *adj* conforme al sentido.
sinnig [ˈzɪnɪç] *adj* sensato.
sinnlich [ˈzɪnlɪç] *adj* **1** sensual. **2** sensorial.
sinnlos [ˈzɪnlo:s] *adj* sin sentido.
Sinnlosigkeit [ˈzɪnlo:zɪçkaɪt] (-en) *f* falta *f* de sentido.
Sinnspruch [ˈzɪnʃprʊx] (**-sprüche**) *m* sentencia *f*.
sinnvoll [ˈzɪnfɔl] *adj* lleno de sentido.
sinnwidrig [ˈzɪnˌvi:drɪç] *adj* improcedente.
Sinti [ˈzɪnti] *m pl* gitanos *m pl*.
Sinus [ˈzi:nʊs] (**-se**) *m* MAT seno *m*.
Siphon [ziˈfõ:] (-s) *m* sifón *m*.
Sippe [ˈzɪpə] (-n) *f* clan *m*.
Sirene [ziˈre:nə] (-n) *f* sirena *f*.
Sirup [ˈzi:rʊp] (-e) *m* jarabe *m*.
Sitte [ˈzɪtə] (-n) *f* costumbre *f*.
Sittich [ˈzɪtɪç] (-e) *m* papagayo *m*, loro *m*.
sittlich [ˈzɪtlɪç] *adj* moral, ético.
Situation [zitŭaˈtsĭo:n] (-en) *f* situación *f*.
situiert [zituˈi:ɐt] *adj* **gut/schlecht ~ sein** estar bien/mal situado, estar en una buena/mala situación económica.
Sitz [zɪts] (-e) *m* **1** asiento *m*, butaca *f*. **2** escaño *m* (en el parlamento).
Sitzblockade [ˈzɪtsblɔˌka:də] (-n) *f* sentada *f*.
sitzen [ˈzɪtsən] *intr* **1** estar sentado. **2** tener su sede, estar ubicado (una empresa).
Sitzkissen [ˈzɪtsˌkɪsən] (-) *n* cojín *m*.
Sitzplatz [ˈzɪtsplats] (**-plätze**) *m* asiento *m*.
Sitzung [ˈzɪtsʊŋ] (-en) *f* reunión *f*.
Skala [ˈska:la] (**-s, Skalen**) *f* escala *f* (termométrica, musical, etc.).
Skandal [skanˈda:l] (-e) *m* escándalo *m*.
Skandinavien [skandiˈna:vĭən] *n* Escandinavia *f*.
Skateboard [ˈskeɪtbɔ:d] (-s) *n* monopatín *m*.
Skelett [skeˈlɛt] (-e) *n* **1** esqueleto *m*. **2** armazón *m*.
Skepsis [ˈskɛpsɪs] *f* escepticismo *m*.
Skeptiker(in) [ˈskɛptikɐ] (-, -nen) *m(f)* escéptico, -a *m, f*.
skeptisch [ˈskɛptɪʃ] *adj* escéptico.
Ski [ʃi:] (-er) *m* esquí *m*.
Skiausrüstung [ˈʃi:ˌaʊsrʏstʊŋ] (-en) *f* equipo *m* de esquiar.
Skifahrer(in) [ˈʃi:ˌfa:rɐ] (-, -nen) *m(f)* esquiador(a) *m(f)*.
Skilanglauf [ˈʃi:ˌlaŋlaʊf] *m* esquí *m* de fondo.
Skilauf [ˈʃi:laʊf] *m* esquí *m*.

S

Skinhead ['skɪnhɛd] (-s) *m* cabeza *f* rapada.
Skispringen ['ʃiːˌʃprɪŋən] *n* saltos *m pl* de esquí.
Skizze ['skɪtsə] (-n) *f* croquis *m*, boceto *m*.
skizzieren [skɪ'tsiːrən] *tr* esbozar.
Sklave, -in ['sklaːvə] (-n, -nen) *m, f* esclavo, -a *m, f*.
Sklaverei [sklaːvə'raɪ] *f* esclavitud *f*.
Skorbut [skɔr'buːt] *m* escorbuto *m*.
Skorpion [skɔr'pĭoːn] (-e) *m* **1** escorpión *m*. **2** ASTR Escorpio *m*.
Skrupel ['skruːpəl] (-) *m* escrúpulo *m*.
skrupellos ['skruːpəlloːs] *adj* sin escrúpulos.
Skulptur [skʊlp'tuːɐ] (-en) *f* escultura *f*.
Slip [slɪp] (-s) *m* slip *m*.
Slogan ['sloːgən] (-s) *m* eslogan *m*.
Slum [slam] (-s) *m* barrio *m* de chabolas.
Smog [smɔk] *m* smog *m*.
Snob [snɔp] (-s) *m* (e)snob *m*.
Snobismus [sno'bɪsmʊs] *m* esnobismo *m*.
snobistisch [sno'bɪstɪʃ] *adj* (e)snob.
so [zoː] *adv* **1** así: *stimmt so!* = *¡está bien así!* **2** tan, tanto: *es ist so schön!* = *¡es tan bonito!* **3** tal, semejante: *in so einem Fall* = *en tal caso*. ■ ~ **dass** → sodass.
sobald [zo'balt] *conj* tan pronto como; en cuanto.
Socke ['zɔkə] (-n) *f* calcetín *m*.
sodass [zo'das] *conj* de manera que, de modo que.
soeben [zo'eːbən] *adv* en este preciso momento, precisamente ahora.
Sofa ['zoːfa] (-s) *n* sofá *m*.
sofern [zo'fɛrn] *conj* siempre y cuando.
sofort [zo'fɔrt] *adv* **1** enseguida, ahora mismo. **2** en el acto, al instante.
sofortig [zo'fɔrtɪç] *adj* inmediato.
Sofortprogramm [zo'fɔrtproˌgram] (-e) *n* programa *m* de urgencia.
Software ['sɔftwɛːɐ] (-s) *f* INF software *m*.
sogar [zo'gaːɐ] *adv* incluso. ■ ~ **wenn** incluso cuando.
sogenannt ['zoːgəˌnant] *adj* llamado, dicho.
sogleich [zo'glaɪç] *adv* en seguida.
Sohle ['zoːlə] (-n) *f* **1** suela *f*. **2** planta *f* (del pie). **3** plantilla *f*.
Sohn [zoːn] (**Söhne**) *m* hijo *m*.
solang(e) [zo'laŋ(ə)] *conj* mientras.
Solarium [zo'laːrĭʊm] (-rien) *n* solárium *m*, solario *m*.
Solarzelle [zo'laːɐˌtsɛlə] (-n) *f* célula *f* solar.
solch [zɔlç] *adj* tal, semejante.
solche(r, s) ['zɔlçə] *adj* tal, semejante.

Soldat(in) [zɔlˈdaːt] **(-en, -nen)** *m(f)* soldado *m, f.*
Solidarbeitrag [zoliˈdaːɐ̯ˌbaɪtraːk] **(-träge)** *m* cuota *f* solidaria.
solidarisch [zoliˈdaːrɪʃ] *adj* solidario.
solidarisieren [zolidariˈziːrən] *pron* **sich ~** solidarizarse.
Solidarität [zolidariˈtɛːt] *f* solidaridad *f.*
solid(e) [zoˈliːt(də)] *adj* **1** sólido, estable (construcción). **2** sólido (conocimientos).
Solidität [zolidiˈtɛːt] *f* solidez *f.*
sollen [ˈzɔlən] *aux* **1** (modal) deber, tener que (obligación): *wir sollen es nicht verraten = no debemos decirlo.* **2** (modal) (condición): *sollte er es nicht tun, sag ihm… = si no lo hiciera, dile…* **3** (modal) deber (consejo): *du solltest weniger rauchen = deberías fumar menos.* **4** (modal) parece que, dicen que (suposición). • *intr* **5** deber, tener que.
solvent [zɔlˈvɛnt] *adj* solvente.
Solvenz [zɔlˈvɛnts] **(-en)** *f* solvencia *f.*
somit [zoˈmɪt] *adv* por consiguiente, por lo tanto.
Sommer [ˈzɔmɐ] **(-)** *m* verano *m*, estío *m.*
sommerlich [ˈzɔmɐlɪç] *adj* estival.
Sommerschlussverkauf [ˈzɔmɐˌʃlʊsfɛɐ̯kaʊf] **(-käufe)** *m* rebajas *f pl* de verano.
Sonderangebot [ˈzɔndɐˌangəboːt] **(-e)** *n* oferta *f*, ocasión *f.*
sonderbar [ˈzɔndɐbaːɐ̯] *adj* extraño, raro.
sondern [ˈzɔndɐn] *conj* sino.
Sonderschule [ˈzɔndɐˌʃuːlə] **(-n)** *f* escuela *f* de educación especial.
Sonnabend [ˈzɔnaːbənt] **(-e)** *m* sábado *m.*
Sonne [ˈzɔnə] **(-n)** *f* sol *m.* ■ **die ~ scheint** hace sol.
sonnen [ˈzɔnən] *pron* **sich ~** tomar el sol.
Sonnenaufgang [ˈzɔnənˌaʊfgaŋ] **(-gänge)** *m* salida *f* del sol.
Sonnenblume [ˈzɔnənˌbluːmə] **(-n)** *f* girasol *m.*
Sonnenbrand [ˈzɔnənˌbrant] **(-brände)** *m* quemadura *f* por el sol.
Sonnenbrille [ˈzɔnənˌbrɪlə] **(-n)** *f* gafas *f pl* de sol.
Sonnenschein [ˈzɔnənˌʃaɪn] *m* luz *f* solar.
Sonnenschirm [ˈzɔnənˌʃɪrm] **(-e)** *m* sombrilla *f*, parasol *m.*
Sonnenuntergang [ˈzɔnənˌʊntɐgaŋ] **(-gänge)** *m* puesta *f* de sol.
sonnig [ˈzɔnɪç] *adj* soleado.
Sonntag [ˈzɔntaːk] **(-e)** *m* domingo *m.*
sonntäglich [ˈzɔntɛːklɪç] *adj* dominical, dominguero.
sonntags [ˈzɔntaːks] *adv* los domingos. ■ **sonn- und feiertags** domingos y festivos.

sonst [zɔnst] *adv* **1** más, por lo demás. **2** normalmente, por lo general. • *conj* **3** sino, de lo contrario. ■ **~ nichts** nada más; **was ~?** ¿qué si no?; **~ noch was?** ¿algo más?
sonstig [ˈzɔnstɪç] *adj* otro.
sooft [zoˈɔft] *conj* cada vez que, siempre que.
Sorbet [ˈzɔrbɛt] **(-s)** *n* sorbete *m*.
Sorge [ˈzɔrgə] **(-n)** *f* preocupación *f*, inquietud *f*. ■ **keine ~!** ¡no te preocupes!
sorgen [ˈzɔrgən] *intr* cuidar, ocuparse.
Sorgfalt [ˈzɔrkfalt] *f* cuidado *m*, esmero *m*.
sorgfältig [ˈzɔrkˌfɛltɪç] *adj* cuidadoso.
sorglos [ˈzɔrkloːs] *adj* **1** negligente, descuidado. **2** despreocupado.
sorgsam [ˈzɔrkzaːm] *adj* cuidadoso, diligente.
Sorte [ˈzɔrtə] **(-n)** *f* tipo *m*, clase *f*.
sortieren [zɔrˈtiːrən] *tr* clasificar, ordenar.
Sortiment [zɔrtiˈmɛnt] **(-e)** *n* surtido *m*.
sosehr [zoˈzeːɐ] *conj* por mucho que, por más que.
Soße [ˈzoːsə] **(-n)** *f* salsa *f*.
Souvenir [zuvəˈniːɐ] **(-s)** *n* recuerdo *m* (objeto).
souverän [zuvəˈrɛːn] *adj* soberano.
soweit [zoˈvaɪt] *conj* por lo que.
sowenig [zoˈveːnɪç] *conj* por poco que.
sowie [zoˈviː] *conj* **1** tan pronto como, en cuanto. **2** así como.
sowieso [zoviˈzoː] *adv* de todas formas.
sowohl [zoˈvoːl] *conj* **~ ... als auch ...** tanto ... como ...
sozial [zoˈtsi̯aːl] *adj* social.
sozialdemokratisch [zoˈtsi̯aːldemoˌkraːtɪʃ] *adj* socialdemócrata.
Sozialdemokratie [zoˈtsi̯aːldemokraˌtiː] *f* socialdemocracia *f*.
Sozialisierung [zotsi̯aliˈziːrʊŋ] **(-en)** *f* socialización *f*.
Sozialismus [zotsi̯aˈlɪsmus] *m* socialismo.
sozialistisch [zotsi̯aˈlɪstɪʃ] *adj* socialista.
Soziologie [zotsi̯oloˈgiː] *f* sociología *f*.
sozusagen [zoːtsuˈzaːgən] *adv* por así decirlo.
Spag(h)etti [ʃpaˈgɛti] *f pl* espaguetis *m pl*.
Spalt [ʃpalt] **(-e)** *m* rendija *f*, resquicio *m*.
spalten [ˈʃpaltən] *tr* **1** dividir, partir. • **sich ~** *pron* **2** resquebrajarse (cabellos, uñas).
Spaltung [ˈʃpaltʊŋ] **(-en)** *f* división *f*, escisión *f* (de un grupo o partido).
Spanien [ˈʃpaːni̯ən] *n* España *f*.
Spanier(in) [ˈʃpaːni̯ɐ] **(-, -nen)** *m(f)* español(a) *m(f)*.

spanisch [ˈʃpaːnɪʃ] *adj* español, castellano.

Spanisch(e) [ˈʃpaːnɪʃ(ə)] *n* español *m*, castellano *m*.

spannend [ˈʃpanənt] *adj* cautivador, de suspense (película, libro).

Spannung [ˈʃpanʊŋ] **(-en)** *f* **1** tensión *f*, tirantez *f*. **2** tensión *f*, voltaje *m* de corriente.

Sparbuch [ˈʃpaːɐbuːx] **(-bücher)** *n* cartilla *f*, libreta *f* de ahorro.

sparen [ˈʃpaːrən] *tr* e *intr* **1** ahorrar. • *intr* **2** escatimar.

Spargel [ˈʃpargəl] **(-)** *m* espárrago *m*.

Sparkasse [ˈʃpaːɐˌkasə] **(-n)** *f* caja *f* de ahorros.

Sparkonto [ˈʃpaːɐˌkɔnto] **(-s, -konten)** *n* cuenta *f* de ahorro.

spärlich [ˈʃpɛːɐlɪç] *adj* escaso.

sparsam [ˈʃpaːɐzaːm] *adj* económico, ahorrador.

spartanisch [ʃparˈtaːnɪʃ] *adj* espartano; sobrio, austero.

Spaß [ʃpaːs] **(Späße)** *m* broma *f*, burla *f*; changa *f* (Amér.). ■ **aus** o **im ~ gesagt** dicho de broma.

Spaß [ʃpaːs] *m* diversión *f*. ■ **viel ~!** ¡que te diviertas!

spaßen [ˈʃpaːsən] *intr* bromear, gastar bromas.

spaßhaft [ˈʃpaːshaft] *adj* gracioso, chistoso.

spät [ʃpɛːt] *adj* **1** tardío. • *adv* **2** tarde. ■ **wie ~ ist es?** ¿qué hora es?; **zu etw(*dat*) zu ~ kommen** llegar tarde a algo; **zu ~** demasiado tarde.

später [ˈʃpɛːtɐ] *adj* **1** posterior, futuro. • *adv* **2** después, más tarde. ■ **bis ~!** ¡hasta luego!

spätestens [ˈʃpɛːtəstəns] *adv* lo más tarde, a más tardar.

spazieren [ʃpaˈtsiːrən] *intr* pasear, dar un paseo. ■ **im** o **durch den Wald ~ gehen** salir a pasear por el bosque; **jn (im Auto) ~ fahren** llevar a alguien a dar una vuelta en coche; **jn ~ führen**

Spaziergang [ʃpaˈtsiːɐˌgaŋ] **(-gänge)** *m* paseo *m* a pie.

Spaziergänger(in) [ʃpaˈtsiːɐˌgɛŋɐ] **(-, -nen)** *m(f)* paseante *m*, *f*.

Speerwerfen [ˈʃpeːɐˌvɛrfən] *n* DEP lanzamiento *m* de jabalina.

Speichel [ˈʃpaɪçəl] *m* saliva *f*.

Speicher [ˈʃpaɪçɐ] **(-)** *m* almacén *m*.

speichern [ˈʃpaɪçɐn] *tr* almacenar.

Speicherung [ˈʃpaɪçərʊŋ] **(-en)** *f* almacenamiento *m*.

Speise [ˈʃpaɪzə] **(-n)** *f* comida *f*, plato *m*.

Speisekammer [ˈʃpaɪzəˌkamɐ] **(-n)** *f* despensa *f*.

Speisekarte [ˈʃpaɪzəˌkartə] **(-n)** *f* carta *f*.

speisen [ˈʃpaɪzən] *tr* e *intr* (form) comer.

Speiseröhre [ˈʃpaɪzəˌrøːrə] **(-n)** *f* esófago *m*.

Speisesaal [ˈʃpaɪzəˌzaːl] **(-säle)** *m* comedor *m*.

Speisewagen [ˈʃpaɪzəˌvaːgən] (-) *m* coche *m* restaurante.
spektakulär [ʃpɛktakuˈlɛːɐ] *adj* espectacular.
spekulativ [ʃpekulaˈtiːf] *adj* especulativo.
spekulieren [ʃpekuˈliːrən] *intr* especular.
Spende [ˈʃpɛndə] (-n) *f* donativo *m*.
spenden [ˈʃpɛndən] *tr* e *intr* **1** donar. **2** (form) dar, producir (calor, luz, etc.). ■ **Blut ~** donar sangre.
Sperma [ˈʃpɛrma] (**Spermen, Spermata**) *n* esperma *m*.
Sperre [ˈʃpɛrə] (-n) *f* barrera *f*, barricada *f*.
sperren [ˈʃpɛrən] *tr* **1** cerrar, cortar. **2** bloquear. ● **sich ~** *pron* **3** cerrarse en banda, oponerse.
spezial [ʃpeˈtsĭaːl] *adj* especial.
spezialisieren [ʃpetsĭaliˈziːrən] *pron* **sich auf etw ~** especializarse en algo.
Spezialist(in) [ʃpetsĭaˈlɪst] (**-en, -nen**) *m* especialista *m, f*.
Spezialität [ʃpetsĭaliˈtɛːt] (**-en**) *f* especialidad *f*.
speziell [ʃpeˈtsĭɛl] *adj* **1** especial, particular. ● *adv* **2** especialmente.
Spiegel [ˈʃpiːgəl] (-) *m* espejo *m*.
Spiegelbild [ˈʃpiːgəlˌbɪlt] (**-er**) *n* **1** imagen *f* reflejada. **2** (fig) reflejo *m*.
Spiegelei [ˈʃpiːgəlˌaɪ] (**-eier**) *n* huevo *m* frito.
Spiel [ʃpiːl] (**-e**) *n* **1** juego *m*. **2** partido *m*. **3** interpretación *f*, actuación *f*. **4** TEC juego *m*, holgura *f*. ■ **das ~ ist aus** se acabó.
Spielautomat [ˈʃpiːlaʊtoˌmaːt] (**-en**) *m* máquina *f* tragaperras.
Spielbank [ˈʃpiːlbaŋk] (**-en**) *f* casino *m*.
spielen [ˈʃpiːlən] *tr* e *intr* **1** jugar. **2** tocar (un instrumento). ● *tr* **3** representar, actuar.
Spieler(in) [ˈʃpiːlɐ] (**-, -nen**) *m(f)* jugador(a) *m(f)*.
Spielfilm [ˈʃpiːlfɪlm] (**-e**) *m* largometraje *m*.
Spielkasino [ˈʃpiːlkaˌziːno] (**-s**) *n* casino *m* de juego.
Spielplatz [ˈʃpiːlplats] (**-plätze**) *m* parque *m* infantil.
Spielraum [ˈʃpiːlraʊm] *m* espacio *m*, margen *m* que da libertad de movimiento.
Spielregel [ˈʃpiːlˌreːgəl] (**-n**) *f* regla *f* del juego.
Spielsachen [ˈʃpiːlˌzaxən] *f pl* juguetes *m pl*.
Spielverderber(in) [ˈʃpiːlfɛɐˌdɛrbɐ] (**-, -nen**) *m(f)* aguafiestas *m, f*.
Spielzeug [ˈʃpiːltsɔɪk] (**-e**) *n* juguete *m*.
spießig [ˈʃpiːsɪç] *adj* (desp) burgués.
Spinat [ʃpiˈnaːt] (**-e**) *m* espinaca *f*.
Spinne [ˈʃpɪnə] (**-n**) *f* araña *f*.
spinnen [ˈʃpɪnən] *tr* e *intr* **1** hilar. ● *intr* **2** (fam) estar loco.

Spirale [ʃpiˈraːlə] (-n) *f* espiral *f*.
spitz [ʃpɪts] *adj* **1** afilado, puntiagudo. **2** agudo. **3** mordaz (comentario).
Spitze [ˈʃpɪtsə] (-n) *f* **1** punta *f*. **2** cima *f*, cumbre *f*.
Spitzenleistung [ˈʃpɪtsənˌlaɪstʊŋ] (-en) *f* **1** rendimiento *m* máximo. **2** DEP récord *m*.
Sponsor(in) [ˈʃpɔnzɐ] (-en, -nen) *m(f)* DEP patrocinador(a) *m(f)*.
spontan [ʃpɔnˈtaːn] *adj* espontáneo.
Spontan(e)ität [ʃpɔntan(e)iˈtɛːt] *f* espontaneidad *f*.
Sport [ʃpɔrt] *m* deporte *m*.
Sportanlage [ˈʃpɔrtˌanlaːgə] (-n) *f* instalación *f* deportiva.
Sportler(in) [ˈʃpɔrtlɐ] (-, -nen) *m(f)* deportista *m, f*.
sportlich [ˈʃpɔrtlɪç] *adj* deportivo.
Sportplatz [ˈʃpɔrtplats] (-plätze) *m* recinto *m* deportivo.
Spott [ʃpɔt] *m* burla *f*, escarnio *m*; cacho *m* (Amér.). ■ **mit jm seinen ~ treiben** burlarse de alguien.
spotten [ˈʃpɔtən] *intr* burlarse, mofarse.
spöttisch [ˈʃpœtɪʃ] *adj* satírico, burlón.
Sprache [ˈʃpraːxə] (-n) *f* lengua *f*, idioma *m*.
Sprachlabor [ˈʃpraːxlaˌboːɐ] (-s) *n* laboratorio *m* de idiomas.
Sprachlehre [ˈʃpraːxˌleːrə] (-n) *f* gramática *f*.
Sprachlehrer(in) [ˈʃpraːxleːrɐ] (-, -nen) *m(f)* profesor(a) *m(f)* de idiomas.
sprachlich [ˈʃpraːxlɪç] *adj* lingüístico.
Sprachwissenschaft [ˈʃpraːxˌvɪsənʃaft] (-en) *f* lingüística *f*.
Spray [ʃpreː] (-s) *n* (e)spray *m*.
sprayen [ˈʃpreːən] *tr* **1** rociar con (e)spray (un mueble). ● *intr* **2** echar (e)spray.
sprechen [ˈʃprɛçən] *tr* **1** hablar. ● *intr* **2** hablar, conversar. ■ **das Urteil ~** dictar sentencia; **die gleiche Sprache ~** entenderse bien; **eine andere Sprache ~** no entenderse con alguien; **jn ~** hablar con alguien; **über jn/etw ~** hablar sobre alguien/algo; **von jm/etw ~** hablar de alguien/algo.
Sprecher(in) [ˈʃprɛçɐ] (-, -nen) *m(f)* **1** orador(a) *m(f)*, conferenciante *m, f*. **2** portavoz *m, f*. **3** RAD locutor(a) *m(f)*.
Sprechstunde [ˈʃprɛçˌʃtʊndə] (-n) *f* hora *f* de tutoría (de un profesor); horario *m* de visita (del médico).
Sprechzimmer [ˈʃprɛçˌtsɪmɐ] (-) *n* despacho *m*, consultorio *m*.
sprengen [ˈʃprɛŋən] *tr* **1** volar, hacer estallar. ● *intr* **2** galopar.
Sprichwort [ˈʃprɪçvɔrt] (-wörter) *n* refrán *m*, proverbio *m*.
springen [ˈʃprɪŋən] *intr* saltar.
sprinten [ˈʃprɪntən] *intr* hacer un sprint.

S

Spritze [ˈʃprɪtsə] (**-n**) *f* jeringa *f*, jeringuilla *f*.
spritzen [ˈʃprɪtsən] *tr* salpicar.
Spruch [ʃprʊx] (**Sprüche**) *m* **1** dicho *m*. **2** sentencia *f*, fallo *m*.
Sprudel [ˈʃpru:dəl] (-) *m* agua *f* mineral con gas.
sprühen [ˈʃpry:ən] *intr* **1** saltar, salpicar. **2** pulverizar.
Sprung [ʃprʊŋ] (**Sprünge**) *m* **1** salto *m*, brinco *m*. **2** raja *f*, grieta *f*; resquebrajadura *f*. ■ **keine großen Sprünge machen können** andar apretado de dinero; **zum ~ ansetzen** ponerse en posición para saltar.
spucken [ˈʃpʊkən] *tr* e *intr* **1** escupir. **2** (fam) vomitar.
Spülbecken [ˈʃpy:lˌbɛkən] (-) *n* fregadero *m*, pica *f*.
Spüle [ˈʃpy:lə] (**-n**) *f* fregadero *m*, pica *f*.
spülen [ˈʃpy:lən] *tr* e *intr* **1** fregar (los platos). **2** aclarar, enjuagar.
Spülmaschine [ˈʃpy:lˌmaʃi:nə] (**-n**) *f* lavavajillas *m*.
Spülmittel [ˈʃpy:lˌmɪtəl] (-) *n* detergente *m*.
Spur [ʃpu:ɐ] (**-en**) *f* **1** huella *f*. **2** pista *f*, indicio *m*.
spürbar [ˈʃpu:ɐba:ɐ] *adj* perceptible.
spüren [ˈʃpy:rən] *tr* sentir, notar.
Squash [skvɔʃ] *n* squash *m*.
Staat [ʃta:t] (**-en**) *m* Estado *m*.
staatlich [ˈʃta:tlɪç] *adj* estatal, nacional.
Staatsangehörige(r) [ˈʃta:tsˌangəhø:rɪgə] (**-n, -n**) *mf(m)* ciudadano, -a *m, f*.
Staatsangehörigkeit [ˈʃta:tsˌangəhø:rɪçkaɪt] (**-en**) *f* nacionalidad *f*.
Staatsanwalt, -anwältin [ˈʃta:tsˌanvalt] (**-wälte, -nen**) *m, f* fiscal *m, f*.
Staatsbürger(in) [ˈʃta:tsˌbʏrgɐ] (**-, -nen**) *m(f)* ciudadano, -a *m, f*.
Staatsminister(in) [ˈʃta:tsˌmɪnɪstɐ] (**-, -nen**) *m(f)* ministro, -a *m, f* de Estado.
Staatsstreich [ˈʃta:tsʃtraɪç] (**-e**) *m* golpe *m* de estado.
Stab [ʃta:p] (**Stäbe**) *m* palo *m*, bastón *m*.
stabil [ʃtaˈbi:l] *adj* estable.
stabilisieren [ʃtabiliˈzi:rən] *tr y pron* estabilizar(se).
Stabilität [ʃtabiliˈtɛ:t] *f* estabilidad *f*.
Stachel [ˈʃtaxəl] (**-n**) *m* **1** espina *f*, púa *f* (de una planta). **2** aguijón *m*; púa *f*.
Stadion [ˈʃta:dĭɔn] (**-dien**) *n* DEP estadio *m*.
Stadium [ˈʃta:dĭʊm] (**-dien**) *n* estadio *m*, fase *f*.
Stadt [ʃtat] (**Städte**) *f* ciudad *f*.
Stadtbahn [ˈʃtatba:n] (**-en**) *f* ferrocarril *m* urbano.
Stadtbezirk [ʃtatbəˌtsɪrk] (**-e**) *m* distrito *m* municipal.
Städtepartnerschaft [ˈʃtɛ(:)təˌpartnɐʃaft] *f* hermanamiento *m* de ciudades.

städtisch [ˈʃtɛ(:)tɪʃ] *adj* **1** urbano. **2** municipal.

Stadtkern [ˈʃtatkɛrn] **(-e)** *m* centro *m* de la ciudad.

Stadtplan [ˈʃtatplaːn] **(-pläne)** *m* plano *m* de la ciudad.

Stadtrand [ˈʃtatrant] *m* afueras *f pl.*

Stadtrat [ˈʃtatraːt] **(-räte)** *m* consejo *m* municipal.

Stadtteil [ˈʃtattaɪl] **(-e)** *m* barrio *m.*

Stadtviertel [ˈʃtatˌfɪrtəl] **(-)** *n* barrio *m.*

Stadtzentrum [ˈʃtatˌtsɛntrʊm] **(-zentren)** *n* centro *m* de la ciudad.

Staffel [ˈʃtafəl] **(-n)** *f* **1** MIL escuadrilla *f.* **2** DEP relevo *m.*

Staffelei [ʃtafəˈlaɪ] **(-en)** *f* caballete *m.*

Staffellauf [ˈʃtafəlˌlaʊf] **(-läufe)** *m* carrera *f* de relevos.

Stagnation [ʃtagnaˈtsǐoːn] **(-en)** *f* estancamiento *m* (de la economía, de un desarrollo).

stagnieren [ʃtaˈgniːrən] *intr* estancarse (economía).

Stahl [ʃtaːl] **(Stähle)** *m* acero *m.*

Stall [ʃtal] **(Ställe)** *m* establo *m*; cuadra *f*; corral *m.*

Stamm [ʃtam] **(Stämme)** *m* tronco *m.*

Stammbaum [ˈʃtambaʊm] **(-bäume)** *m* árbol *m* genealógico.

stammen [ˈʃtamən] *intr* proceder, ser.

stämmig [ˈʃtɛmɪç] *adj* robusto, fornido.

stampfen [ˈʃtampfən] *tr* pisar, pisotear.

Stand [ʃtant] **(Stände)** *m* **1** posición *f.* **2** situación *f*, estado *m.*

Standard [ˈʃtandart] **(-s)** *m* norma *f*, estándar *m.*

Ständer [ˈʃtɛndɐ] **(-)** *m* soporte *m.*

standesamtlich [ˈʃtandəsˌamtlɪç] *adj* **1** civil. • *adv* **2** por lo civil.

standfest [ˈʃtantfɛst] *adj* estable.

standhaft [ˈʃtanthaft] *adj* **1** firme, perseverante. • *adv* **2** con firmeza.

stand|halten [ˈʃtantˌhaltən] *intr* resistir.

ständig [ˈʃtɛndɪç] *adj* **1** permanente, continuo. • *adv* **2** permanenetemente.

Standort [ˈʃtantɔrt] **(-e)** *m* **1** sitio *m*, lugar *m.* **2** emplazamiento *m.*

Standpunkt [ˈʃtantpʊŋkt] **(-e)** *m* punto *m* de vista.

Stange [ˈʃtaŋə] **(-n)** *f* barra *f.*

Stängel [ˈʃtɛŋəl] **(-)** *m* tallo *m.*

Stapel [ˈʃtaːpəl] **(-)** *m* montón *m*, pila *f.*

stapeln [ˈʃtaːpəln] *tr* amontonar, apilar.

Star [staːɐ] **(-s)** *m* estrella *f*, figura *f* estelar.

stark [ʃtark] *adj* **1** fuerte. **2** fuerte, cargado (café, té, medicamento, etc.). **3** intenso (dolor, calor, tráfico, etc). • *adv* **4** muy, mucho.

Stärke [ˈʃtɛrkə] (**-n**) *f* **1** fuerza *f*, robustez *f*. **2** intensidad *f*.
stärken [ˈʃtɛrkən] *tr* fortalecer.
starr [ʃtar] *adj* rígido, entumecido (músculos, dedos).
starren [ˈʃtarən] *intr* mirar fijamente.
starrsinnig [ˈʃtarzɪnɪç] *adj* terco, testarudo.
Start [ʃtart] (**-s**) *m* comienzo *m*, principio *m*.
Startbahn [ˈʃtartba:n] (**-en**) *f* pista *f* de despegue.
starten [ˈʃtartən] *intr* salir, partir.
Statik [ˈʃta:tɪk] *f* ARQ estática *f*.
Station [ʃtaˈtsĭo:n] (**-en**) *f* estación *f*, parada *f*.
stationär [ʃtatsĭoˈnɛ:ɐ] *adj* estacionario.
Statistik [ʃtaˈtɪstɪk] (**-en**) *f* estadística *f*.
Statistiker(in) [ʃtaˈtɪstikɐ] (**-, -nen**) *m(f)* estadístico, -a *m, f*.
statistisch [ʃtaˈtɪstɪʃ] *adj* estadístico.
statt [ʃtat] *prep* **+gen** **1** en lugar de, en vez de. • *conj* **2** en lugar de.
stattdessen [ʃtatˈdɛsən] *adv* en su lugar, en lugar de eso.
Stätte [ˈʃtɛtə] (**-n**) *f* (form) lugar *m*, sitio *m*.
statt|finden [ˈʃtatˌfɪndən] *intr* tener lugar, celebrarse.
Statue [ˈʃta:tŭə] (**-n**) *f* estatua *f*.
Statuette [ʃtaˈtŭɛtə] (**-n**) *f* estatuilla *f*, figurilla *f*.
Status [ˈʃta:tus] ( ) *m* estado *m*, situación *f*.

Stau [ʃtaʊ] (**-s**) *m* atasco *m*, embotellamiento *m*.
Staub [ʃtaʊp] (**-e, Stäube**) *m* polvo *m*.
Staubsauger [ˈʃtaʊpˌzaʊgɐ] (**-**) *m* aspiradora *f*.
stauchen [ˈʃtaʊxən] *tr* **1** comprimir. **2** (fam) echar una bronca.
staunen [ˈʃtaʊnən] *intr* asombrarse, admirarse.
Steak [ste:k] (**-s**) *n* bistec *m*; bife *m* (Amér.).
stechen [ˈʃtɛçən] *tr* e *intr* **1** pinchar, punzar. **2** picar (insectos, sol). • **sich ~** *pron* **3** pincharse.
Steckdose [ˈʃtɛkˌdo:zə] (**-n**) *f* enchufe *m*.
stecken [ˈʃtɛkən] *tr* **1** meter, poner. • *intr* **2** encontrarse, hallarse.
Stecker [ˈʃtɛkɐ] (**-**) *m* clavija *f*.
Stecknadel [ˈʃtɛkˌna:dəl] (**-n**) *f* alfiler *m*.
Steg [ʃte:k] (**-e**) *m* sendero *m*.
stehen [ˈʃte:ən] *intr* **1** estar de pie. **2** encontrarse, hallarse. **3** no funcionar, estar parado (máquina, motor, reloj).
stehend [ˈʃte:ənt] *adj* de pie, en pie.
stehlen [ˈʃte:lən] *tr* robar, hurtar.
Stehplatz [ˈʃte:plats] (**-plätze**) *m* localidad *f* de pie.
steif [ʃtaɪf] *adj* rígido, tieso.
steigen [ˈʃtaɪgən] *intr* **1** subir. **2** subir; bajar. **3** aumentar.

steigend [ˈʃtaɪgənt] *adj* creciente, ascendente.
steigern [ˈʃtaɪgɐn] *tr* **1** elevar, aumentar (la producción, los precios, el alquiler, etc.). • **sich ~** *pron* **2** aumentar, crecer.
Steigerung [ˈʃtaɪgəruŋ] (**-en**) *f* aumento *m*.
steil [ʃtaɪl] *adj* empinado.
Stein [ʃtaɪn] (**-e**) *m* **1** piedra *f*. **2** piedra *f* preciosa.
Steinbock [ˈʃtaɪnbɔk] (**-böcke**) *m* **1** cabra *f* montés. **2** ASTR Capricornio.
Steinkohle [ˈʃtaɪnˌkoːlə] *f* hulla *f*.
Steinmetz [ˈʃtaɪnmɛts] (**-en**) *m* picapedrero *m*.
Steinpilz [ˈʃtaɪnpɪlts] (**-e**) *m* BOT boleto *m*.
Stelle [ˈʃtɛlə] (**-n**) *f* **1** lugar *m*, sitio *m*. **2** puesto *m* de trabajo. **3** parte *f*, punto *m* (en un texto). ■ **auf der ~** en el acto, inmediatamente.
stellen [ˈʃtɛlən] *tr* **1** poner, colocar. **2** ajustar, regular (un termostato, la radio). • **sich ~** *pron* **3** situarse, ponerse.
Stellengesuch [ˈʃtɛlɛngəˌzuːx] (**-e**) *n* solicitud *f* de empleo.
Stellenvermittlung [ˈʃtɛlənfɛɐˌmɪtluŋ] *f* agencia *f* de colocación.
Stellenwert [ˈʃtɛlənveːɐt] *m* importancia *f*.
Stellplatz [ˈʃtɛlplats] (**-plätze**) *m* aparcamiento *m*.
Stellung [ˈʃtɛluŋ] (**-en**) *f* **1** posición *f*, situación *f*. **2** posición *f*, postura *f* (del cuerpo). **3** empleo *m*, puesto *m*. **4** opinión *f*.
stellvertretend [ˈʃtɛlfɛɐˌtreːtənt] *adj* suplente.
Stellvertreter(in) [ˈʃtɛlfɛɐˌtreːtɐ] (**-, -nen**) *m(f)* suplente *m, f*, sustituto, -a *m, f*.
Stempel [ˈʃtɛmpəl] (**-**) *m* sello *m*, timbre *m*.
stempeln [ˈʃtɛmpəln] *tr* sellar, timbrar.
Stengel [ˈʃtɛŋəl] (**-**) *m* tallo *m*.
Steno [ˈʃteːno] (*abrev de* **Stenografie**) *f* taquigrafía *f*.
Stenografie [ʃtenograˈfiː] *f* taquigrafía *f*.
stenografieren [ʃtenograˈfiːrən] *tr e intr* taquigrafiar.
sterben [ˈʃtɛrbən] *intr* morir.
sterblich [ˈʃtɛrplɪç] *adj* mortal.
Stereo [ˈʃteːreo] (**-s**) *n* estéreo *m*.
Stereoanlage [ˈʃteːreoˌanlaːgə] (**-n**) *f* equipo *m* estereofónico.
steril [ʃteˈriːl] *adj* estéril.
sterilisieren [ʃteriliˈziːrən] *tr* esterilizar.
Stern [ʃtɛrn] (**-e**) *m* estrella *f*.
Sternbild [ˈʃtɛrnbɪlt] (**-er**) *n* constelación *f*.
stet [ʃteːt] *adj* continuo.
stetig [ˈʃteːtɪç] *adj* continuo.
stets [ʃteːts] *adv* siempre.
Steuer [ˈʃtɔɪɐ] (**-n**) *f* impuesto *m*.
Steuer [ˈʃtɔɪɐ] (**-**) *n* volante *m* (de un vehículo).
Steuerberater(in) [ˈʃtɔɪɐbəˌraːtɐ] (**-, -nen**) *m(f)* asesor(a) *m(f)* fiscal.

Steuererklärung [ˈʃtɔɪɐɐˌklɛːrʊŋ] **(-en)** *f* declaración *f* de impuestos.
steuerfrei [ˈʃtɔɪɐˌfraɪ] *adj* libre de impuestos.
steuerlich [ˈʃtɔɪɐlɪç] *adj* fiscal.
steuern [ˈʃtɔɪɐn] *tr* e *intr* conducir, guiar.
Steuerrad [ˈʃtɔɪɐˌraːt] **(-räder)** *n* volante *m* (de un vehículo).
Steuerzahler(in) [ˈʃtɔɪɐˌtsaːlɐ] **(-, -nen)** *m(f)* contribuyente *m, f.*
Steward [ˈstjuːɐt] **(-s)** *m* auxiliar *m* de vuelo; camarero *m* (de barco).
Stewardess [ˈstjuːɐdɛs] **(-en)** *f* azafata *f* (de vuelo); camarera *f* (de barco).
Stich [ʃtɪç] **(-e)** *m* **1** punzada *f,* pinchazo *m* (espina, aguja). **2** picadura *f* (de insectos).
Stichwort [ˈʃtɪçvɔrt] **(-wörter)** *n* entrada *f,* lema *m* (en un diccionario).
Stichwortverzeichnis [ˈʃtɪçvɔrtfɛɐˌtsaɪçnɪs] *n* índice *m* alfabético.
sticken [ˈʃtɪkən] *tr* e *intr* bordar.
Sticknadel [ˈʃtɪkˌnaːdəl] **(-n)** *f* aguja *f* de bordar.
Stickstoff [ˈʃtɪkʃtɔf] *m* nitrógeno *m.*
Stiefel [ˈʃtiːfəl] **(-)** *m* bota *f* (calzado).
Stiefeltern [ˈʃtiːfˌɛltɐn] *pl* padrastros *m pl.*
Stiefkind [ˈʃtiːfkɪnt] **(-er)** *n* hijastro, -a *m, f.*
Stiefmutter [ˈʃtiːfˌmʊtɐ] **(-mütter)** *f* madrastra *f.*
Stiefvater [ˈʃtiːfˌfaːtɐ] **(-väter)** *m* padrastro *m.*
Stieglitz [ˈʃtiːglɪts] **(-e)** *m* jilguero *m.*
Stiel [ʃtiːl] **(-e)** *m* **1** mango *m.* **2** tallo *m* (de una flor).
stier [ʃtiːɐ] *adj* **1** fijo (mirada). • *adv* **2** fijamente.
Stier [ʃtiːɐ] **(-e)** *m* **1** toro *m.* **2** ASTR Tauro *m.*
Stift [ʃtɪft] **(-e)** *m* lápiz *m.*
stiften [ˈʃtɪftən] *tr* **1** fundar (un hospital, centro de investigación, etc.). **2** donar.
Stiftung [ˈʃtɪftʊŋ] **(-en)** *f* **1** fundación *f.* **2** donación *f.*
Stil [ʃtiːl] **(-e)** *m* estilo *m.*
stilistisch [ʃtiˈlɪstɪʃ] *adj* estilístico.
still [ʃtɪl] *adj* tranquilo, quieto.
Stille [ˈʃtɪlə] *f* tranquilidad *f,* calma *f.*
stillen [ˈʃtɪlən] *tr* e *intr* **1** dar de mamar. • *tr* **2** saciar, calmar (el hambre, la sed, la curiosidad).
Stillleben [ˈʃtɪlˌleːbən] **(-)** *n* bodegón *m.*
still|legen [ˈʃtɪlˌleːgən] *tr* **1** cerrar (una empresa). **2** parar, detener (una máquina). **3** retirar del servicio (un vehículo).
still|liegen [ˈʃtɪlˌliːgən] *intr* estar parado (empresa, máquina).
stillos [ˈʃtiːlloːs] *adj* sin estilo.
Stillstand [ˈʃtɪlʃtant] **(-stände)** *m* estancamiento *m* (de las negociaciones, del desarrollo).

still|stehen [ˈʃtɪlˌʃteːən] *intr* estar parado.
stilvoll [ˈʃtiːlfɔl] *adj* con estilo.
stimmberechtigt [ˈʃtɪmbəˌrɛçtɪçt] *adj* con derecho a voto.
Stimme [ˈʃtɪmə] **(-n)** *f* **1** voz *f.* **2** voto *m.*
stimmen [ˈʃtɪmən] *intr* **1** ser cierto, ser correcto. • *tr* **2** afinar (un instrumento).
stimmhaft [ˈʃtɪmhaft] *adj* sonoro (sonido).
stimmig [ˈʃtɪmɪç] *adj* armónico.
stimmlos [ˈʃtɪmloːs] *adj* **1** sordo (sonido). **2** afónico.
Stimmrecht [ˈʃtɪmrɛçt] *n* derecho *m* de voto.
Stimmung [ˈʃtɪmʊŋ] **(-en)** *f* **1** estado *m* de ánimo. **2** ambiente *m.*
stimmungsvoll [ˈʃtɪmʊŋsˌfɔl] *adj* **1** muy animado (fiesta, ambiente). **2** muy expresivo (poema, cuadro).
stimulieren [ʃtimuˈliːrən] *tr* estimular.
stinken [ˈʃtɪŋkən] *intr* oler mal.
Stirn [ʃtɪrn] **(-en)** *f* frente *f.*
Stock [ʃtɔk] **(Stöcke)** *m* **1** palo *m*, bastón *m.* **2** piso *m*, planta *f.*
stocken [ˈʃtɔkən] *intr* pararse, detenerse.
Stockwerk [ˈʃtɔkvɛrk] **(-e)** *n* piso *m*, planta *f.*
Stoff [ʃtɔf] **(-e)** *m* **1** materia *f*, sustancia *f.* **2** tela *f*, tejido *m.*
Stoffwechsel [ˈʃtɔfˌvɛksəl] *m* metabolismo *m.*
stöhnen [ˈʃtøːnən] *intr* gemir.
Stollen [ˈʃtɔlən] (-) *m* MIN galería *f.*
stolpern [ˈʃtɔlpɐn] *intr* tropezar.
stolz [ʃtɔlts] *adj* **1** orgulloso. **2** presuntuoso.
Stolz [ʃtɔlts] *m* **1** orgullo *m.* **2** presunción *f.*
stop [ʃtɔp] *interj* ¡alto! (en señales de tráfico y en telegramas).
stopfen [ˈʃtɔpfən] *tr* **1** zurcir. **2** meter, llenar.
stopp [ʃtɔp] *interj* ¡alto!
Stopp [ʃtɔp] **(-s)** *m* parada *f.*
stoppen [ˈʃtɔpən] *tr* e *intr* parar(se).
Stöpsel [ˈʃtœpsəl] (-) *m* tapón *m.*
Storch [ʃtɔrç] **(Störche)** *m* cigüeña *f.*
stören [ˈʃtøːrən] *tr* e *intr* molestar, estorbar.
Störfall [ˈʃtøːɐfal] **(-fälle)** *m* incidente *m.*
stornieren [ʃtɔrˈniːrən] *tr* anular (un encargo).
störrisch [ˈʃtœrɪʃ] *adj* obstinado, terco.
Störung [ˈʃtøːrʊŋ] **(-en)** *f* molestia *f*, estorbo *m.*
Stoß [ʃtoːs] **(Stöße)** *m* empujón *m.*
stoßen [ˈʃtoːsən] *tr* empujar.
stoßfest [ˈʃtoːsfɛst] *adj* resistente a los choques o a los golpes.
Stoßstange [ˈʃtoːsˌʃtaŋə] *f* parachoques *m.*

stottern [ˈʃtɔtɐn] *intr* tartamudear.
Str. (*abrev de* **Straße**) *f* C/ *f* (calle).
Strafanstalt [ˈʃtraːfˌanʃtalt] (**-en**) *f* centro *m* penitenciario.
Strafanzeige [ˈʃtraːfˌantsaɪgə] (**-n**) *f* denuncia *f*.
strafbar [ˈʃtraːfbaːɐ] *adj* sancionable.
Strafe [ˈʃtraːfə] (**-n**) *f* **1** castigo *m*. **2** multa *f*.
strafen [ˈʃtraːfən] *tr* castigar, sancionar.
straff [ʃtraf] *adj* tenso, tirante (cuerda, correa).
straffällig [ˈʃtraːfˌfɛlɪç] *adj* criminal.
straffen [ˈʃtrafən] *tr* poner tieso, tensar (cuerda, correa).
Straffheit [ˈʃtrafhaɪt] *f* impunidad *f*.
straffrei [ˈʃtraːffraɪ] *adj* impune.
Sträfling [ˈʃtrɛːflɪŋ] (**-e**) *m* preso *m*.
straflos [ˈʃtraːfloːs] *adj* impune.
Strafzettel [ˈʃtraːfˌtsɛtəl] (**-**) *m* multa *f*.
Strahl [ʃtraːl] (**-en**) *m* **1** rayo *m*. **2** chorro *m*.
strahlen [ˈʃtraːlən] *intr* brillar, resplandecer.
Strahlung [ˈʃtraːlʊŋ] (**-en**) *f* radiación *f*.
stramm [ʃtram] *adj* tenso, tieso.
strampeln [ˈʃtrampəln] *intr* patalear (niños).
Strand [ʃtrant] (**Strände**) *m* playa *f*.
Strandbad [ˈʃtrantbaːt] *n* playa *f*.
stranden [ˈʃtrandən] *intr* encallar (barco).
Strang [ʃtraŋ] (**Stränge**) *m* cuerda *f*.
Strapaze [ʃtraˈpaːtsə] (**-n**) *f* fatiga *f*.
strapazieren [ʃtrapaˈtsiːrən] *tr* agotar (la paciencia, los nervios).
Straße [ˈʃtraːsə] (**-n**) *f* calle *f*.
Straßenarbeiter [ˈʃtraːsənˌarbaɪtɐ] (**-**) *m* peón *m*.
Straßenbahn [ˈʃtraːsənˌbaːn] (**-en**) *f* tranvía *m*.
Straßencafé [ˈʃtraːsənkaˌfeː] (**-s**) *n* *cafetería con mesas en el exterior*.
Straßenecke [ˈʃtraːsənˌɛkə] (**-n**) *f* esquina *f*.
Straßenfeger(in) [ˈʃtraːsənˌfɛːgɐ] (**-, -nen**) *m(f)* barrendero, -a *m, f*.
Straßenkarte [ˈʃtraːsənˌkartə] (**-n**) *f* mapa *m* de carreteras.
Straßenkreuzung [ˈʃtraːsənˌkrɔɪtsʊŋ] (**-en**) *f* intersección *f*.
Straßenlaterne [ˈʃtraːsənlaˌtɛrnə] (**-n**) *f* farola *f*.
Straßenschild [ˈʃtraːsənˌʃɪlt] (**-er**) *n* señal *f* indicadora; letrero *m*.
Strategie [ʃtrateˈgiː] (**-n**) *f* estrategia *f*.
strategisch [ʃtraˈteːgɪʃ] *adj* estratégico.

Strauch [ʃtraʊx] (**Sträucher**) *m* arbusto *m*.
Strauß [ʃtraʊs] (**Sträuße**) *m* ramo *m*.
Strauß [ʃtraʊs] (**Strauße**) *m* avestruz *m*.
streben [ˈʃtre:bən] *intr* ambicionar, aspirar.
Streber(in) [ˈʃtre:bɐ] (**-, -nen**) *m(f)* (desp) ambicioso, -a *m, f*.
strebsam [ˈʃtre:pza:m] *adj* empollón, aplicado (estudiante).
Strecke [ˈʃtrɛkə] (**-n**) *f* trayecto *m*.
strecken [ˈʃtrɛkən] *tr* estirar (las piernas, los brazos, etc.).
streckenweise [ˈʃtrɛkənˌvaɪzə] *adv* en algunas partes.
Streich [ʃtraɪç] (**-e**) *m* travesura *f*.
streicheln [ˈʃtraɪçəln] *tr* acariciar.
streichen [ˈʃtraɪçən] *tr* e *intr* **1** pintar (paredes). • *tr* **2** untar.
Streichholz [ˈʃtraɪçhɔlts] (**-hölzer**) *n* cerilla *f*.
Streichholzschachtel [ˈʃtraɪçhɔltsˌʃaxtəl] (**-n**) *f* caja *f* de cerillas.
Streichkäse [ˈʃtraɪçˌkɛ:zə] (**-**) *m* queso *m* para untar.
Streichung [ˈʃtraɪçʊŋ] (**-en**) *f* supresión *f* (en un texto).
streifen [ˈʃtraɪfən] *tr* rozar.
Streifen [ˈʃtraɪfən] (**-**) *m* raya *f*.
Streifenkarte [ˈʃtraɪfənˌkartə] (**-n**) *f* tarjeta *f* multiviaje.
Streik [ʃtraɪk] (**-s**) *m* huelga *f*.
streiken [ˈʃtraɪkən] *intr* hacer huelga.
Streikende(r) [ˈʃtraɪkəndə] (**-n, -n**) *mf(m)* huelguista *m, f*.
Streit [ʃtraɪt] (**-e**) *m* pelea *f*, riña *f*.
streiten [ˈʃtraɪtən] *intr* **1** pelear. • **sich ~** *pron* **2** pelearse.
streitsüchtig [ˈʃtraɪtˌzʏçtɪç] *adj* pendenciero.
streng [ʃtrɛŋ] *adj* **1** severo, riguroso. • *adv* **2** severamente, con dureza.
Strenge [ˈʃtrɛŋə] *f* severidad *f*.
Stress [ʃtrɛs] *m* estrés *m*.
stressen [ˈʃtrɛsən] *tr* e *intr* estresar.
stressig [ˈʃtrɛsɪç] *adj* estresante.
streuen [ˈʃtrɔɪən] *tr* esparcir.
streunen [ˈʃtrɔɪnən] *intr* vagar.
Strich [ʃtrɪç] (**-e**) *f* raya *f*, línea *f*.
Stricher(in) [ˈʃtrɪçɐ] (**-, -nen**) *m(f)* (fam) puto, -a *m, f* callejero, -a.
Strichmädchen [ˈʃtrɪçˌmɛ:tçən] (**-**) *n* prostituta *f* callejera.
Strichpunkt [ˈʃtrɪçpʊŋkt] *m* punto *m* y coma.
Strick [ʃtrɪk] (**-e**) *m* cuerda *f*.
stricken [ˈʃtrɪkən] *tr* e *intr* hacer punto.
Stricknadel [ˈʃtrɪkˌna:dəl] (**-n**) *f* aguja *f* para hacer punto.
strikt [ʃtrɪkt] *adj* estricto.
strittig [ˈʃtrɪtɪç] *adj* disputable.
Stroh [ʃtro:] *n* paja *f*.
Strohhalm [ˈʃtro:halm] (**-e**) *m* pajita *f* (para beber).
Strolch [ʃtrɔlç] (**-e**) *m* (fam) pillín *m*.

Strom [ʃtro:m] (**Ströme**) *m* corriente *f*, raudal *m*.

Strom [ʃtro:m] *m* corriente *f* eléctrica.

strömen [ˈʃtrø:mən] *intr* correr, fluir.

Stromnetz [ˈʃtro:mnɛts] (**-e**) *n* red *f* de corriente.

Stromstärke [ˈʃtro:mˌʃtɛrkə] (**-n**) *f* intensidad *f* de la corriente.

Strömung [ˈʃtrø:mʊŋ] (**-en**) *f* corriente *f*.

Strophe [ˈʃtro:fə] (**-n**) *f* estrofa *f*.

Strudel [ˈʃtru:dəl] (**-**) *m* torbellino *m*.

Struktur [ʃtrʊkˈtu:ɐ] (**-en**) *f* estructura *f*.

strukturell [ʃtrʊktuˈrɛl] *adj* estructural.

strukturieren [ʃtrʊktuˈri:rən] *tr* estructurar.

Strumpf [ʃtrʊmpf] (**Strümpfe**) *m* media *f*, calcetín *m*.

Strumpfhose [ˈʃtrʊmpfˌho:zə] (**-n**) *f* panty *m*.

Stube [ˈʃtu:bə] (**-n**) *f* habitación *f*.

Stück [ʃtʏk] (**-e**) *n* **1** trozo *m*, parte *f*. **2** pieza *f*.

Stuckateur(in) [ʃtʊkaˈtø:ɐ] (**-e**, **-nen**) *m(f)* estocador(a) *m(f)*.

stückweise [ˈʃtʏkˌvaɪzə] *adv* por piezas, a trozos.

Student(in) [ʃtuˈdɛnt] (**-en**, **-nen**) *m(f)* estudiante *m*, *f* universitario, -a.

Studentenausweis [ʃtuˈdɛntənˌaʊsvaɪs] (**-e**) *m* carnet *m* de estudiante.

Studentenheim [ʃtuˈdɛntənˌhaɪm] (**-e**) *n* residencia *f* de estudiantes.

studentisch [ʃtuˈdɛntɪʃ] *adj* estudiantil.

Studie [ˈʃtu:dĭə] (**-n**) *f* estudio *m*.

Studienfach [ˈʃtu:dĭənˌfax] (**-fächer**) *n* asignatura *f*.

Studiengang [ˈʃtu:dĭənˌgaŋ] (**-gänge**) *m* carrera *f* (universitaria).

studieren [ʃtuˈdi:rən] *tr* e *intr* estudiar (una carrera universitaria).

Studio [ˈʃtu:dĭo] (**-s**) *n* estudio *m* (espacio).

Studium [ˈʃtu:dĭʊm] (**Studien**) *n* carrera *f* universitaria.

Stufe [ˈʃtu:fə] (**-n**) *f* **1** escalón *m*, peldaño *m*. **2** nivel *m*, grado *m*.

stufenlos [ˈʃtu:fənlo:s] *adj* TEC sin etapas.

stufenweise [ˈʃtu:fənˌvaɪzə] *adv* progresivamente.

Stuhl [ʃtu:l] (**Stühle**) *m* silla *f*.

Stuhlgang [ˈʃtu:lgaŋ] *m* defecación *f*.

stülpen [ˈʃtʏlpən] *tr* **etw auf** o **über etw(ac)** ~ tapar algo con algo.

stumm [ʃtʊm] *adj* mudo.

Stummfilm [ˈʃtʊmfɪlm] (**-e**) *m* película *f* muda.

stumpf [ʃtʊmpf] *adj* desafilado (cuchillo, tijeras).

Stumpf [ʃtʊmpf] (**Stümpfe**) *m* cabo *m* (de una vela).

Stumpfsinn [ˈʃtʊmpfzɪn] *m* (fam) monotonía *f*, aburrimiento *m*.
Stunde [ˈʃtʊndə] (-n) *f* hora *f*.
Stundengeschwindigkeit [ˈʃtʊndəngəˌʃvɪndɪçkaɪt] *f* velocidad *f* por hora.
Stundenkilometer [ˈʃtʊndənkiloˌme:tɐ] (-) *m* kilómetro *m* por hora.
stundenlang [ˈʃtʊndənˌlaŋ] *adj* de varias horas.
Stundenlohn [ˈʃtʊndənˌlo:n] (-löhne) *m* salario *m* por hora.
Stundenplan [ˈʃtʊndənˌpla:n] (-pläne) *m* horario *m* (de clase).
Stundenzeiger [ˈʃtʊndənˌtsaɪgɐ] *m* horario *m* (de un reloj).
stündlich [ˈʃtʏntlɪç] *adv* cada hora.
stupid(e) [ʃtuˈpi:t(də)] *adj* (desp) estúpido.
stur [ʃtu:ɐ] *adj* testarudo.
Sturheit [ˈʃtu:ɐhaɪt] *f* testarudez *f*.
Sturm [ʃtʊrm] (**Stürme**) *m* tempestad *f*, tormenta *f*.
stürmen [ˈʃtʏrmən] *tr* **1** asaltar. • *impers* **2** haber tormenta.
Stürmer(in) [ˈʃtʏrmɐ] (-, -nen) *m(f)* delantero, -a *m, f* (en fútbol).
stürmisch [ˈʃtʏrmɪʃ] *adj* tempestuoso, tormentoso (tiempo, día).
Sturz [ʃtʊrts] (**Stürze**) *m* caída *f*.
stürzen [ˈʃtʏrtsən] *tr* **1** hacer caer, derribar. • *intr* **2** caer(se).
Stütze [ˈʃtʏtsə] (-n) *f* apoyo *m*.
stützen [ˈʃtʏtsən] *tr* **1** apoyar. • **sich ~** *pron* **2** apoyarse.
Stützpunkt [ˈʃtʏtspʊŋkt] (-e) *m* punto *m* de apoyo.
stylen [ˈstaɪlən] *tr* diseñar.
Styropor [ʃtyroˈpo:ɐ] *n* poliestireno *m*.
Subjekt [zʊpˈjɛkt] (-e) *n* GRAM sujeto *m*.
subjektiv [zʊpjɛkˈti:f] *adj* subjetivo.
Subjektivität [zʊpjɛktiviˈtɛ:t] *f* subjetividad *f*.
Substantiv [ˈzʊpstanti:f] (-e) *n* GRAM sustantivo *m*.
substantivisch [ˈzʊpstanti:vɪʃ] *adj* sustantivo.
Substanz [zʊpˈstants] (-en) *f* sustancia *f*.
subtil [zʊpˈti:l] *adj* sutil.
subtrahieren [zʊptraˈhi:rən] *tr* restar.
Subtraktion [zʊptrakˈtsĭo:n] (-en) *f* resta *f*.
Subvention [zʊpvɛnˈtsĭo:n] (-en) *f* subvención *f*.
subventionieren [zʊpvɛntsĭoˈni:rən] *tr* subvencionar.
subversiv [zʊpvɛrˈzi:f] *adj* subversivo.
Suche [ˈzu:xə] (-n) *f* búsqueda *f*. ■ **auf der ~ nach etw*(dat)*** en busca de algo.
suchen [ˈzu:xən] *tr* e *intr* buscar.
Sucht [zʊxt] (**Süchte**) *f* adicción *f*.

S

süchtig [ˈzʏçtɪç] *adj* adicto.
Süchtige(r) [ˈzʏçtɪgə] (**-n, -n**) *mf(m)* adicto, -a *m, f.*
Suchtkranke(r) [ˈzʊxtkraŋkə] (**-n, -n**) *mf(m)* adicto, -a *m, f.*
Süd [zyːt] *m* sur *m.*
Südafrika [ˈzyːtˌaːfrika] *n* Sudáfrica *f.*
Südafrikaner(in) [ˈzyːtafriˌkaːnɐ] (**-, -nen**) *m(f)* sudafricano, -a *m, f.*
südafrikanisch [ˈzyːtafriˌkaːnɪʃ] *adj* sudafricano.
Südamerika [ˈzyːtaˌmeːrika] *n* América *f* del Sur, Sudamérica *f.*
Südamerikaner(in) [ˈzyːtameriˌkaːnɐ] *m(f)* sudamericano, -a *m, f.*
südamerikanisch [ˈzyːtameriˌkaːnɪʃ] *adj* sudamericano.
Sudan [zuˈdaːn] *m* Sudán *m.*
Süden [ˈzyːdən] *m* sur *m.*
südländisch [ˈzyːtˌlɛndɪʃ] *adj* de un país mediterráneo.
südlich [ˈzyːtlɪʃ] *adj* del sur.
Südosten [zyːtˈɔstən] *m* sureste *m.*
Südpol [ˈzyːtpoːl] *m* polo *m* sur.
Südwesten [zyːtˈvɛstən] *m* suroeste *m.*
Suffix [zʊˈfɪks] (**-e**) *m* GRAM sufijo *m.*
suggerieren [zʊgeˈriːrən] *tr* sugerir.
suggestiv [zʊgɛsˈtiːf] *adj* sugestivo.
Sühne [ˈzyːnə] (**-n**) *f* expiación *f.*
sühnen [ˈzyːnən] *tr* expiar.
sukzessiv [zʊktsɛˈsiːf] *adj* sucesivo.
Sülze [ˈzʏltsə] (**-n**) *f* carne *f* en gelatina.
Summe [ˈzʊmə] (**-n**) *f* **1** suma *f.* **2** importe *m* final.
summieren [zʊˈmiːrən] *tr* sumar.
Sumpf [zʊmpf] (**Sümpfe**) *m* pantano *m.*
sumpfig [ˈzʊmpfɪç] *adj* pantanoso.
Sünde [ˈzʏndə] (**-n**) *f* pecado *m.*
Sündenbock [ˈzʏndənˌbɔk] (**-böcke**) *m* cabeza *f* de turco.
Sünder(in) [ˈzʏndɐ] (**-, -nen**) *m(f)* pecador(a) *m(f).*
sündig [ˈzʏndɪç] *adj* pecador.
sündigen [ˈzʏndɪgən] *intr* pecar.
super [ˈzuːpɐ] *adj* estupendo.
Superlativ [ˈzuːpɐlatiːf] (**-e**) *m* GRAM superlativo *m.*
Supermarkt [ˈzuːpɐmarkt] (**-märkte**) *m* supermercado *m.*
Suppe [ˈzʊpə] (**-n**) *f* sopa *f.*
Surfbrett [ˈzœrfbrɛt] (**-bretter**) *n* tabla *f* de surf.
surfen [ˈzœrfən] *intr* **1** practicar el surf. **2** navegar (por Internet).
Surfer(in) [ˈzœrfɐ] (**-, -nen**) *m(f)* surfista *m, f.*
suspekt [zʊsˈpɛkt] *adj* sospechoso.
suspendieren [zʊspɛnˈdiːrən] *tr* suspender.

Suspendierung [zuspɛnˈdiːrʊŋ] *f* suspensión *f.*
süß [zyːs] *adj* dulce.
Süße [ˈzyːsə] *f* dulzura *f.*
süßen [ˈzyːsən] *tr* endulzar, azucarar.
Süßigkeit [ˈzyːsɪçkaɪt] **(-en)** *f* golosina *f.*
süßlich [ˈzyːslɪç] *adj* dulce, dulzón.
Süßspeise [ˈzyːsˌʃpaɪzə] **(-n)** *f* postre *m.*
Süßstoff [ˈzyːsʃtɔf] **(-e)** *m* edulcorante *m.*
Süßwaren [ˈzyːsˌvaːrən] *f pl* golosinas *f pl.*
Süßwasser [ˈzyːsˌvasɐ] *n* agua *f* dulce.
Sweatshirt [ˈswetʃɐːt] **(-s)** *n* sudadera *f.*
Swimmingpool [ˈsvɪmɪŋpuːl] **(-s)** *m* piscina *f.*
Symbiose [zʏmˈbĭoːzə] **(-n)** *f* simbiosis *f.*
Symbol [zʏmˈboːl] **(-e)** *n* símbolo *m.*
symbolisch [zʏmˈboːlɪʃ] *adj* simbólico.
symbolisieren [zʏmboliˈziːrən] *tr* simbolizar.
Symbolleiste [zʏmˈboːlˌlaɪstə] **(-n)** *f* INF barra *f* de herramientas.
Symmetrie [zʏmeˈtriː] **(-n)** *f* simetría *f.*
symmetrisch [zʏˈmeːtrɪʃ] *adj* simétrico.
Sympathie [zʏmpaˈtiː] **(-n)** *f* simpatía *f.*
sympathisch [zʏmˈpaːtɪʃ] *adj* simpático.
sympathisieren [zʏmpatiˈziːrən] *intr* simpatizar.
Symphonie [zʏmfoˈniː] **(-n)** *f* sinfonía *f.*
Symptom [zʏmpˈtoːm] **(-e)** *n* síntoma *m.*
symptomatisch [zʏmptoˈmaːtɪʃ] *adj* sintomático.
Synagoge [zynaˈgoːgə] **(-n)** *f* sinagoga *f.*
synchron [zʏnˈkroːn] *adj* sincrónico.
synchronisieren [zʏnkroniˈziːrən] *tr* **1** sincronizar. **2** doblar (películas).
Syndrom [zʏnˈdroːm] **(-e)** *n* síndrome *m.*
synonym [zynoˈnyːm] *adj* sinónimo.
Synonym [zynoˈnyːm] **(-e)** *n* sinónimo *m.*
syntaktisch [zʏnˈtaktɪʃ] *adj* sintáctico.
Syntax [ˈzʏntaks] **(-en)** *f* GRAM sintaxis *f.*
Synthese [zʏnˈteːzə] **(-n)** *f* síntesis *f.*
System [zʏsˈteːm] **(-e)** *n* sistema *m.*
Systematik [zʏsteˈmaːtɪk] **(-en)** *f* sistemática *f.*
systematisch [zʏsteˈmaːtɪʃ] *adj* sistemático.
systematisieren [zʏstematiˈziːrən] *tr* sistematizar.
Szene [ˈstseːnə] **(-n)** *f* escena *f* (en teatro, en una película).

S

Tt

t, T [te:] (-) *n* t, T *f* (letra).
t (*abrev de* **Tonne**) *f* t *f* (tonelada).
Tabak [ˈta:bak] (**-s**) *m* tabaco *m*.
Tabelle [taˈbɛlə] (**-n**) *f* tabla *f*.
Tablett [taˈblɛt] (**-s**) *n* bandeja *f*.
Tablette [taˈblɛtə] (**-n**) *f* pastilla *f*.
tabu [taˈbu:] *adj* tabú.
Tabu [taˈbu:] (**-s**) *n* (form) tabú *m*.
Tacho [ˈtaxo] (*abrev de* **Tachometer**) (**-s**) *m* tacómetro *m*.
tadellos [ˈta:dəllo:s] *adj* perfecto, impecable.
tadeln [ˈta:dəln] *tr* censurar.
Tafel [ˈta:fəl] (**-n**) *f* pizarra *f*.
Tafelwasser [ˈta:fəlˌvasɐ] (**-wässer**) *n* agua *f* de mesa.
Tag [ta:k] (**-e**) *m* día *m*. ■ **am Tage** de día; **bei Tage** de día; **guten ~!** ¡buenos días!
Tagebuch [ˈta:gəˌbu:x] (**-bücher**) *n* diario *m*.
tagelang [ˈta:gəlaŋ] *adj* de varios días.
tagen [ˈta:gən] *intr* reunirse en sesión; celebrar una reunión.
Tagesablauf [ˈta:gəsˌaplaʊf] (**-läufe**) *m* transcurso *m* del día.
Tageslicht [ˈta:gəsˌlɪçt] *n* luz *f* del día.
Tagesschau [ˈta:gəsˌʃaʊ] (**-en**) *f* TV telediario *m*.
Tageszeit [ˈta:gəsˌtsaɪt] (**-en**) *f* hora *f* del día.
Tageszeitung [ˈta:gəsˌtsaɪtʊŋ] (**-en**) *f* diario *m*, periódico *m*.
tageweise [ˈta:gəˌvaɪzə] *adv* por día, al día.
taghell [ˈta:khɛl] *adj* claro como el día.
täglich [ˈtɛ:klɪç] *adj* **1** diario, cotidiano. • *adv* **2** diariamente.
tags [ta:ks] *adv* durante el día.
tagsüber [ˈta:ksˌy:bɐ] *adv* de día, durante el día.
Tagung [ˈta:gʊŋ] (**-en**) *f*
Taiwan [ˈtaɪvan] *n* Taiwán *m*.
Takt [takt] (**-e**) *m* MÚS compás *m*.
Takt [takt] *m* tacto *m*.
Taktgefühl [ˈtaktgəˌfy:l] *n* tacto *m*.
Taktik [ˈtaktɪk] (**-en**) *f* táctica *f*.
taktisch [ˈtaktɪʃ] *adj* táctico.
taktlos [ˈtaktlo:s] *adj* sin tacto, indiscreto.
taktvoll [ˈtaktfɔl] *adj* con tacto, discreto.
Tal [ta:l] (**Täler**) *n* valle *m*.
Talent [taˈlɛnt] (**-e**) *n* talento *m*.
talentiert [talɛnˈti:ɐt] *adj* talentoso.
Tampon [ˈtampɔn] (**-s**) *m* tampón *m*.
Tango [ˈtaŋgo] (**-s**) *m* tango *m*.

Tank [taŋk] (**-s**) *m*
tanken [ˈtaŋkən] *tr* e *intr* repostar gasolina o gasoil.
Tanker [ˈtaŋkɐ] (**-**) *m* petrolero *m*, buque *m* cisterna.
Tankstelle [ˈtaŋkˌʃtɛlə] (**-n**) *f* gasolinera *f*.
Tankwart [ˈtaŋkvart] (**-e**) *m* empleado *m* de una gasolinera.
Tanne [ˈtanə] (**-n**) *f* abeto *m*.
Tante [ˈtantə] (**-n**) *f* tía *f*.
Tanz [tants] (**Tänze**) *m* baile *m*, danza *f*.
tanzen [ˈtantsən] *tr* e *intr* bailar.
Tänzer(in) [ˈtɛntsɐ] (**-, -nen**) *m(f)* bailarín, -ina *m, f*.
Tanzfläche [ˈtantsˌflɛçə] (**-n**) *f* pista *f* de baile.
Tapete [taˈpeːtə] (**-n**) *f* papel *m* de empapelar o pintado.
tapezieren [tapeˈtsiːrən] *tr* e *intr* empapelar.
tapfer [ˈtapfɐ] *adj* valiente, osado.
Tapferkeit [ˈtapfɐkaɪt] *f* valentía *f*, gallardía *f*.
Tarif [taˈriːf] (**-e**) *m* tarifa *f*.
Tarifvertrag [taˈriːffɐˌtraːk] (**-träge**) *m* convenio *m* colectivo.
tarnen [ˈtarnən] *tr* camuflar, disimular.
Tarnung [ˈtarnʊŋ] (**-en**) *f* camuflaje *m*.
Tasche [ˈtaʃə] (**-n**) *f* **1** bolso *m*. **2** bolsillo *m*.
Taschenbuch [ˈtaʃənˌbuːx] (**-bücher**) *n* libro *m* de bolsillo.
Taschengeld [ˈtaʃənˌgɛlt] *n* dinero *m* para pequeños gastos.
Taschenlampe [ˈtaʃənˌlampə] (**-n**) *f* linterna *f*.
Taschenmesser [ˈtaʃənˌmɛsɐ] (**-**) *n* navaja *f*.
Taschenrechner [ˈtaʃənˌrɛçnɐ] (**-**) *m* calculadora *f*.
Taschentuch [ˈtaʃənˌtuːx] (**-tücher**) *n* pañuelo *m* de bolsillo.
Tasse [ˈtasə] (**-n**) *f* taza *f*.
Taste [ˈtastə] (**-n**) *f* tecla *f*.
tasten [ˈtastən] *intr* palpar, buscar a tientas.
Tat [taːt] (**-en**) *f* **1** hecho *m*, acción *f*. **2** crimen *m*, delito *m*.
Täter(in) [ˈtɛːtɐ] (**-, -nen**) *m(f)* autor(a) *m(f)* del delito.
tätig [ˈtɛːtɪç] *adj* activo (colaboración, ayuda, etc.).
Tätigkeit [ˈtɛːtɪçkaɪt] (**-en**) *f* **1** actividad *f*. **2** trabajo *m*, ocupación *f*.
tatkräftig [ˈtaːtˌkrɛftɪç] *adj* activo, enérgico.
Tatort [ˈtaːtɔrt] (**-e**) *m* lugar *m* de los hechos.
Tatsache [ˈtaːtzaxə] (**-n**) *f* hecho *m*.
tatsächlich [ˈtaːtzɛçlɪç] *adv* realmente, de hecho.
Tatzeit [ˈtaːttsaɪt] (**-en**) *f* hora *f* del crimen.
taub [taʊp] *adj* sordo; entumecido (pierna, brazo).
Taube [ˈtaʊbə] (**-n**) *f* paloma *f*.
tauchen [ˈtaʊxən] *tr* **1** sumergir, mojar. ● *intr* **2** bucear, sumergirse.

Taucher(in) [ˈtauxɐ] (-, -nen) *m(f)* buceador(a) *m(f)*.
tauen [ˈtauən] *intr* **1** deshelarse; derretirse. • *impers* **2** caer rocío.
Taufe [ˈtaufə] (-n) *f* bautizo *m* (acto).
taufen [ˈtaufən] *tr* bautizar.
taugen [ˈtaugən] *intr* valer, servir.
tauglich [ˈtauklıç] *adj* útil, apropiado.
Tausch [tauʃ] (-e) *m* cambio *m*, trueque *m*.
tauschen [ˈtauʃən] *tr* e *intr* cambiar, intercambiar.
täuschen [ˈtɔıʃən] *tr* e *intr* **1** engañar. • **sich** ~ *pron* **2** equivocarse.
tausend [ˈtauzənt] *adj* mil.
Taxi [ˈtaksi] (-s) *n* taxi *m*.
Taxifahrer(in) [ˈtaksiˌfa:rɐ] (-, -nen) *m(f)* taxista *m, f*.
Tb (*abrev de* **Tuberkulose**) *f* TBC *f* (tuberculosis).
Team [ti:m] (-s) *n* equipo *m*.
Teamarbeit [ˈti:mˌarbaıt] (-en) *f* trabajo *m* en equipo.
Technik [ˈtɛçnık] *f* tecnología *f*.
Techniker(in) [ˈtɛçnıkɐ] (-, -nen) *m(f)* técnico, -a *m, f*.
technisch [ˈtɛçnıʃ] *adj* técnico.
Technologie [tɛçnoloˈgi:] (-n) *f* tecnología *f*.
technologisch [tɛçnoˈlo:gıʃ] *adj* tecnológico.
Tee [te:] (-s) *m* té *m*.
Teenager [ˈti:ne:ıdʒɐ] (-) *m* adolescente *m, f*.
Teestube [ˈte:ˌʃtu:bə] (-n) *f* salón *m* de té.
Teich [taıç] (-e) *m* estanque *m*.
Teig [taık] (-e) *m* masa *f*, pasta *f*.
Teil [taıl] (-e) *n* **1** pieza *f*. • *m* o *n* **2** pedazo *m*, trozo *m*. • *m* **3** parte *f*.
teilbar [ˈtaılba:ɐ] *adj* divisible.
Teilchen [ˈtaılçən] (-) *n* FÍS partícula *f*.
teilen [ˈtaılən] *tr* **1** partir. **2** repartir.
Teilnahme [ˈtaılna:mə] (-n) *f* participación *f*.
teil|nehmen [ˈtaılˌne:mən] *intr* participar, tomar parte.
Teilnehmer(in) [ˈtaılˌne:mɐ] (-, -nen) *m(f)* participante *m, f*.
teils [taıls] *adv* en parte.
Teilung [ˈtaıluŋ] (-en) *f* **1** división *f*. **2** distribución *f*.
teilweise [ˈtaılˌvaızə] *adv* en parte.
Teilzeitarbeit [ˈtaıltsaıtˌarbaıt] (-en) *f* trabajo *m* a tiempo parcial.
Telefon [ˈte:lefo:n o teleˈfo:n] (-e) *n* teléfono *m*.
Telefonat [telefoˈna:t] (-e) *n* llamada *f* telefónica.
Telefonbuch [teleˈfo:nˌbu:x] (-bücher) *n* guía *f* telefónica.
telefonieren [telefoˈni:rən] *intr* hablar por teléfono.
telefonisch [teleˈfo:nıʃ] *adj* telefónico.
Telefonkarte [teleˈfo:nˌkartə] (-n) *f* tarjeta *f* telefónica.

Telefonzelle [tele'fo:nˌtsɛlə] (-n) *f* cabina *f* telefónica.
telegrafieren [telegra'fi:rən] *tr* e *intr* telegrafiar.
Telegramm [tele'gram] (-e) *n* telegrama *m*.
Telekommunikation ['te:lekɔmunikaˌtsi̯o:n] *f* telecomunicación *f*.
Teller ['tɛlɐ] (-) *m* plato *m*.
Tempel ['tɛmpəl] (-) *m* templo *m*.
Temperament [tɛmpəra'mɛnt] (-e) *n* temperamento *m*.
temperamentvoll [tɛmpəra'mɛntˌfɔl] *adj* temperamental.
Temperatur [tɛmpəra'tu:ɐ] (-en) *f* temperatura *f*.
Tempo ['tɛmpo] *n* velocidad *f*.
Tempo® ['tɛmpo] (-s) *n* Kleenex *m* (pañuelo de papel).
Tendenz [tɛn'dɛnts] (-en) *f* tendencia *f*.
tendenziell [tɛndɛn'tsi̯ɛl] *adj* según la tendencia.
Tennis ['tɛnɪs] *n* tenis *m*.
Tenor [te'no:ɐ] (Tenöre) *m* MÚS tenor *m*.
Tenor ['te:nɔɐ] *m* tenor *m*.
Teppich ['tɛpɪç] (-e) *m* alfombra *f*.
Teppichboden ['tɛpɪçˌbo:dən] (-böden) *m* moqueta *f*; alfombrado *m* (Amér.).
Termin [tɛr'mi:n] (-e) *m* **1** cita *f*. **2** plazo *m*. **3** fecha *f*.
Terminkalender [tɛr'mi:nkaˌlɛndɐ] (-) *m* agenda *f*, calendario *m*.
Terminus ['tɛrminus] (Termini) *m* término *m*.
Terrasse [tɛ'rasə] (-n) *f* terraza *f*.
Terror ['tɛrɔɐ] *m* terror *m*.
terrorisieren [tɛrori'zi:rən] *tr* aterrorizar.
Terrorismus [tɛro'rɪsmus] *m* terrorismo *m*.
Terrorist(in) [tɛro'rɪst] (-en, -nen) *m(f)* terrorista *m*, *f*.
terroristisch [tɛro'rɪstɪʃ] *adj* terrorista.
Tesafilm® ['te:zaˌfɪlm] *m* cinta *f* adhesiva.
Test [tɛst] (-s) *m* test *m*, prueba *f*.
Testament [tɛsta'mɛnt] (-e) *n* testamento *m*.
Testbild ['tɛstbɪlt] (-er) *n* TV carta *f* de ajuste.
testen ['tɛstən] *tr* probar.
testieren [tɛs'ti:rən] *tr* e *intr* certificar, atestiguar.
teuer ['tɔɪɐ] *adj* caro, costoso.
Teufel ['tɔɪfəl] (-) *m* diablo *m*, demonio *m*.
Teufelskreis ['tɔɪfəlsˌkraɪs] (-e) *m* círculo *m* vicioso.
teuflisch ['tɔɪflɪʃ] *adj* diabólico.
Text [tɛkst] (-e) *m* texto *m*.
Textbuch ['tɛkstbu:x] (-bücher) *n* libro *m* de texto.
texten ['tɛkstən] *tr* redactar.
Texter(in) ['tɛkstɐ] (-, -nen) *m(f)* **1** redactor(a) *m(f)*. **2** MÚS autor(a) *m(f)* de letras de canciones.

t

Textilien [tɛks'ti:lǐən] *f pl* tejidos *m pl*.
Textilindustrie [tɛks'ti:lɪndus,tri:] (**-n**) *f* industria *f* textil.
Textverarbeitung ['tɛkstfɛɐ,arbaɪtuŋ] *f* INF procesamiento *m* de textos.
Thailand ['taɪlant] *n* Tailandia *f*.
Theater [te'a:tɐ] (**-**) *n* teatro *m*.
Theaterstück [te'a:tɐ,ʃtʏk] (**-e**) *n* obra *f* de teatro.
Theke ['te:kə] (**-n**) *f* mostrador *m*, barra *f*.
Thema ['te:ma] (**Themen**) *n* tema *m*.
Thematik [te'ma:tɪk] (**-en**) *f* temática *f*.
thematisch [te'ma:tɪʃ] *adj* temático.
Theologe, -in [teo'lo:gə] (**-n, -nen**) *m, f* teólogo, -a *m, f*.
Theologie [teolo'gi:] *f* teología *f*.
theologisch [teo'lo:gɪʃ] *adj* teológico.
theoretisch [teo're:tɪʃ] *adj* teórico.
Theorie [teo'ri:] (**-n**) *f* teoría *f*.
Therapeut(in) [tera'pɔɪt] (**-en, -nen**) *m(f)* terapeuta *m, f*.
therapeutisch [tera'pɔɪtɪʃ] *adj* terapéutico.
Therapie [tera'pi:] (**-n**) *f* terapia *f*.
therapieren [tera'pi:rən] *tr* someter a terapia.
Thermometer [tɛrmo'me:tɐ] (**-**) *m* o *n* termómetro *m*.
Thermosflasche ['tɛrmɔs,flaʃə] (**-n**) *f* termo *m*.
These ['te:zə] (**-n**) *f* tesis *f*.
Thriller ['θrɪlɐ] (**-**) *m* **1** novela *f* de suspense. **2** película *f* de suspense.
Thron [tro:n] (**-e**) *m* trono *m*.
Thunfisch ['tu:nfɪʃ] (**-e**) *m* atún *m*.
Thüringen ['ty:rɪŋən] *n* Turingia *f*.
Tibet ['ti:bɛt] *n* Tíbet *m*.
ticken ['tɪkən] *intr* hacer tic tac (reloj).
tief [ti:f] *adj* **1** profundo. **2** bajo (temperatura, voz).
Tief [ti:f] (**-s**) *n* **1** depresión *f*. **2** depresión *f* atmosférica.
Tiefe ['ti:fə] (**-n**) *f* profundidad *f*.
tiefgründig ['ti:f,grʏndɪç] *adj* profundo (análisis, presentación, etc.).
Tiefkühltruhe ['ti:fky:l,tru:ə] (**-n**) *f* congelador *m*.
Tiefpunkt ['ti:fpuŋkt] (**-e**) *m* punto *m* más bajo.
Tiefschlag ['ti:fʃla:k] (**-schläge**) *m* DEP golpe *m* bajo.
Tiefsinn ['ti:fzɪn] *m* sagacidad *f*, profundidad *f* del pensamiento.
Tiefstand ['ti:fʃtant] (**-stände**) *m* nivel *m* bajo.
Tier [ti:ɐ] (**-e**) *n* animal *m*.
Tierarzt, -ärztin ['ti:ɐa:ɐtst] (**-ärzte, -nen**) *m, f* veterinario, -a *m, f*.
Tiergarten ['ti:ɐ,gartən] (**-gärten**) *m* parque *m* zoológico.
tierisch ['ti:rɪʃ] *adj* animal.

tierlieb [ˈtiːɐliːp] *adj* amante de los animales.
Tierreich [ˈtiːɐraɪç] *n* reino *m* animal.
Tierversuch [ˈtiːɐfɛɐˌzuːx] (-e) *m* experimento *m* con animales.
Tiger [ˈtiːgɐ] (-) *m* tigre *m*.
tilgen [ˈtɪlgən] *tr* amortizar.
Tinte [ˈtɪntə] (-n) *f* tinta *f*.
Tintenfisch [ˈtɪntənˌfɪʃ] (-e) *m* calamar *m*.
Tipp [tɪp] (-s) *m* **1** (fam) consejo *m*. **2** DEP pronóstico *m*.
tippen [ˈtɪpən] *tr* e *intr* (fam) escribir a máquina.
Tirol [tiˈroːl] *n* Tirol *m*.
Tisch [tɪʃ] (-e) *m* mesa *f*.
Tischler(in) [ˈtɪʃlɐ] (-, -nen) *m(f)* carpintero, -a *m, f*.
Tischtennis [ˈtɪʃˌtɛnɪs] *n* DEP tenis *m* de mesa.
Titel [ˈtiːtəl] (-) *m* título *m*.
Toast [toːst] (-s) *m* tostada *f*.
Toastbrot [ˈtoːstbroːt] (-e) *n* pan *m* para tostar.
toasten [ˈtoːstən] *tr* tostar (pan).
Toaster [ˈtoːstɐ] (-) *m* tostadora *f*.
toben [ˈtoːbən] *intr* retozar, alborotar.
Tochter [ˈtɔxtɐ] (**Töchter**) *f* hija *f*.
Tochtergesellschaft [ˈtɔxtɐgəˌzɛlʃaft] (-en) *f* sucursal *f*, filial *f*.
Tod [toːt] (-e) *m* muerte *f*.
Todesanzeige [ˈtoːdəsˌantsaɪgə] (-n) *f*
Todesstrafe [ˈtoːdəsˌʃtraːfə] (-n) *f* DER pena *f* de muerte.
tödlich [ˈtøːtlɪç] *adj* mortal.
Toilette [toaˈlɛtə] (-n) *f* lavabo *m*, servicios *m pl*; baño *m* (Amér.).
Toilettenpapier [toaˈlɛtənpaˌpiːɐ] *n* papel *m* higiénico.
tolerant [toleˈrant] *adj* tolerante.
Toleranz [toleˈrants] (-en) *f* tolerancia *f*.
tolerieren [toleˈriːrən] *tr* tolerar.
toll [tɔl] *adj* fantástico.
Tollheit [ˈtɔlhaɪt] (-en) *f* **1** locura *f*. **2** insensatez *f*.
Tollwut [ˈtɔlvuːt] *f* MED rabia *f*.
Tölpel [ˈtœlpəl] (-) *m* (fam) patán *m*.
tölpelhaft [ˈtœlpəlhaft] *adj* torpe.
Tomate [toˈmaːtə] (-n) *f* tomate *m*.
Ton [toːn] (**Töne**) *m* **1** sonido *m*. **2** tono *m*.
Ton [toːn] (-e) *m* arcilla *f*.
Tonart [ˈtonaːɐt] (-en) *f* MÚS tono *m*, tonalidad *f*.
Tonband [ˈtoːnbant] (**-bänder**) *n* cinta *f* magnetofónica.
tönen [ˈtøːnən] *tr* **1** matizar (colores). • *intr* **2** sonar.
Tonfilm [ˈtoːnfɪlm] (-e) *m* película *f* sonora.
Tonne [ˈtɔnə] (-n) *f* **1** barril *m*. **2** tonelada *f*.
Top [tɔp] (-s) *n* top *m*.
Topf [tɔpf] (**Töpfe**) *m* **1** olla *f*. **2** tarro *m*, pote *m*.

Töpfer(in) [ˈtœpfɐ] (-, -nen) *m(f)* alfarero, -a *m, f.*
töpfern [ˈtœpfɐn] *tr* e *intr* hacer cerámica.
Töpferwaren [ˈtœpfɐˌvaːrən] *f pl* loza *f*, cerámica *f.*
topfit [ˈtɔpfɪt] *adj* en plena forma.
topp [tɔp] *interj* ¡trato hecho!
Tor [toːɐ] (-e) *n* **1** portal *m*, puerta *f.* **2** DEP gol *m.*
Toreinfahrt [ˈtoːɐˌaɪnfaːɐt] (-en) *f* puerta *f* cochera.
Torf [tɔrf] (-e) *m* turba *f.*
Torheit [ˈtoːɐhaɪt] (-en) *f* (form) necedad *f.*
Torhüter(in) [ˈtoːɐˌhyːtɐ] (-, -nen) *m(f)* DEP portero, -a *m, f.*
töricht [ˈtøːrɪçt] *adj* (form) necio, tonto.
torkeln [ˈtɔrkəln] *intr* tambalearse.
Torschütze, -in [ˈtoːɐˌʃʏtsə] (-n, -nen) *m, f* DEP goleador(a) *m(f).*
Torte [ˈtɔrtə] (-n) *f* tarta *f.*
Tortur [tɔrˈtuːɐ] (-en) *f* (fig) tortura *f.*
Torwart [ˈtoːɐvart] (-e) *m* DEP portero *m.*
tot [toːt] *adj* **1** muerto. **2** desolado, desierto (ciudad, paisaje).
total [toˈtaːl] *adj* total.
totalitär [totaliˈtɛːɐ] *adj* totalitario.
Tote(r) [ˈtoːtə] (-n, -n) *mf(m)* muerto, -a *m, f.*
töten [ˈtøːtən] *tr* e *intr* matar.
Totenkopf [ˈtoːtənˌkɔpf] (**-köpfe**) *m* calavera *f.*
Totschlag [ˈtoːtʃlaːk] (**-schläge**) *m* homicidio *m.*
tot|schlagen [ˈtoːtˌʃlaːgən] *tr* matar a palos.
Tötung [ˈtøːtʊŋ] (-en) *f* homicidio *m.*
Tour [tuːɐ] (-en) *f* **1** vuelta *f.* **2** excursión *f.* ■ **in einer ~** sin parar.
Tourismus [tuˈrɪsmʊs] *m* turismo *m.*
Tourist(in) [tuˈrɪst] (-en, -nen) *m(f)* turista *m, f.*
Touristenklasse [tuˈrɪstənˌklasə] *f* clase *f* turista.
touristisch [tuˈrɪstɪʃ] *adj* turístico.
Tournee [tʊrˈneː] (-n, -s) *f* gira *f.*
trachten [ˈtraxtən] *intr* anhelar.
Tradition [tradiˈtsi̯oːn] (-en) *f* tradición *f.*
traditionell [traditsi̯oˈnɛl] *adj* tradicional.
tragbar [ˈtraːkbaːɐ] *adj* portátil.
träge [ˈtrɛːgə] *adj* perezoso.
Trage [ˈtraːgə] (-n) *f* camilla *f.*
tragen [ˈtraːgən] *tr* **1** llevar (ropa, gafas, barba, en la mano, a cuestas, etc.). ● *intr* **2** resistir, aguantar. ● **sich ~** *pron* **3** autofinanciarse (negocio, proyecto). ■ **etw kommt zum Tragen** algo tiene efecto.
Träger(in) [ˈtrɛːgɐ] (-, -nen) *m(f)* representante *m, f.*
Tragfähigkeit [ˈtraːkˌfɛːɪçkaɪt] *f* capacidad *f* de carga.

Trägheit [ˈtrɛːkhaɪt] *f* pereza *f*.
Tragik [ˈtraːgɪk] *f* tragedia *f*.
tragikomisch [tragiˈkoːmɪʃ] *adj* tragicómico.
Traglast [ˈtraːklast] (**-en**) *f* carga *f*.
Tragödie [traˈgøːdĭə] (**-n**) *f* tragedia *f*.
Trainer(in) [ˈtrɛːnɐ] (**-, -nen**) *m(f)* entrenador(a) *m(f)*.
trainieren [trɛˈniːrən] *intr* y *pron* entrenar(se).
Training [ˈtrɛːnɪŋ] (**-s**) *n* entrenamiento *m*.
Trainingsanzug [ˈtrɛːnɪŋsˌantsuːk] (**-züge**) *m* chandal *m*.
traktieren [trakˈtiːrən] *tr* molestar.
Traktor [ˈtraktɔɐ] (**-en**) *m* tractor *m*.
Tram [tram] (**-s**) (Austria) *f* tranvía *m*.
trampen [ˈtrɛmpən] *intr* hacer autostop.
Tramper(in) [ˈtrɛmpɐ] (**-, -nen**) *m(f)* autostopista *m, f*.
Träne [ˈtrɛːnə] (**-n**) *f* lágrima *f*.
Transaktion [transakˈtsĭoːn] (**-en**) *f* FIN transacción *f*.
transchieren [tranˈʃiːrən] *tr* GASTR trinchar.
Transfer [transˈfeːɐ] (**-s**) *m* ECON transferencia *f*.
transferieren [transfeˈriːrən] *tr* ECON transferir.
Transformator [transfɔrˈmaːtɔɐ] (**-en**) *m* transformador *m*.
Transfusion [transfuˈzĭoːn] (**-en**) *f* transfusión *f*.
transparent [transpaˈrɛnt] *adj* transparente.
Transparenz [transpaˈrɛnts] *f* transparencia *f*.
transplantieren [transplanˈtiːrən] *tr* trasplantar.
Transport [transˈpɔrt] (**-e**) *m* transporte *m*.
Transporter [transˈpɔrtɐ] (**-**) *m* vehículo *m* de transporte.
transportieren [transpɔrˈtiːrən] *tr* transportar.
Transportmittel [transˈpɔrtˌmɪtəl] (**-**) *n* medio *m* de transporte.
Transvestit [transvɛsˈtiːt] (**-en**) *m* travesti *m*.
Traube [ˈtraʊbə] (**-n**) *f* uva *f*.
Traubenzucker [ˈtraʊbənˌtsʊkɐ] *m* glucosa *f*.
trauen [ˈtraʊən] *intr* **1** confiar. • *tr* **2** casar. • **sich** ~ *pron* **3** atreverse.
Trauer [ˈtraʊɐ] *f* **1** tristeza *f*. **2** luto *m*.
Trauerfall [ˈtraʊɐˌfal] (**-fälle**) *m* defunción *f*.
trauern [ˈtraʊɐn] *intr* llevar luto.
Trauerspiel [ˈtraʊɐˌʃpiːl] (**-e**) *n* tragedia *f*.
Traum [traʊm] (**Träume**) *m* sueño *m*.
Trauma [ˈtraʊma] (**-men, -ta**) *n* trauma *m*.
träumen [ˈtrɔɪmən] *intr* soñar.
Träumer(in) [ˈtrɔɪmɐ] (**-, -nen**) *m(f)* soñador(a) *m(f)*.
traumhaft [ˈtraʊmhaft] *adj* de ensueño.

traurig [ˈtraʊrɪç] *adj* triste.
Traurigkeit [ˈtraʊrɪçkaɪt] *f* tristeza *f*.
Trauschein [ˈtraʊʃaɪn] (-e) *m* acta *f* de matrimonio.
Trauung [ˈtraʊʊŋ] (-en) *f* boda *f*.
treffen [ˈtrɛfən] *tr* **1** encontrar (a alguien). • **sich** ~ *pron* **2** encontrarse, reunirse.
Treffen [ˈtrɛfən] (-) *n* encuentro *m*.
treffend [ˈtrɛfənt] *adj* acertado.
Treffer [ˈtrɛfɐ] (-) *m* **1** golpe *m* certero. **2** billete *m* premiado.
Treffpunkt [ˈtrɛfpʊŋkt] (-e) *m* punto *m* de encuentro.
treiben [ˈtraɪbən] *tr* **1** propulsar. • *intr* **2** ser llevado.
Treiben [ˈtraɪbən] (-) *n* actividad *f*.
Treiber [ˈtraɪbɐ] (-) *m* INF controlador *m*.
Treibstoff [ˈtraɪpʃtɔf] (-e) *m* carburante *m*.
Trend [trɛnt] (-s) *m* tendencia *f*.
trennbar [ˈtrɛnbaːɐ] *adj* separable.
trennen [ˈtrɛnən] *tr* **1** separar. • **sich** ~ *pron* **2** separarse.
Trennung [ˈtrɛnʊŋ] (-en) *f* separación *f*.
Trennungsstrich [ˈtrɛnʊŋsˌʃtrɪç] (-e) *m* guión *m*.
Treppe [ˈtrɛpə] (-n) *f* escalera *f*.
Treppenhaus [ˈtrɛpənˌhaʊs] (-häuser) *n* caja *f* de la escalera.
Tresor [treˈzoːɐ] (-e) *m* caja *f* fuerte.
treten [ˈtreːtən] *intr* **1** ir, entrar. • *tr* e *intr* **2** pisar (a una persona, animal, pedal, etc.).
treu [trɔɪ] *adj* fiel, leal.
Treue [ˈtrɔɪə] *f* fidelidad *f*, lealtad *f*.
treulos [ˈtrɔɪloːs] *adj* infiel, desleal.
Tribunal [tribuˈnaːl] (-e) *n* tribunal *m*.
Tribüne [triˈbyːnə] (-n) *f* tribuna *f*.
Trichter [ˈtrɪçtɐ] (-) *m* embudo *m*.
Trick [trɪk] (-s) *m* truco *m*.
Trieb [triːp] (-e) *m* impulso *m*, instinto *m*.
Triebwerk [ˈtriːpvɛrk] (-e) *n* mecanismo *m* de accionamiento.
Trikot [triˈkoː] (-s) *n* malla *f*, maillot *m*.
Trimester [triˈmɛstɐ] (-) *n* trimestre *m*.
trinkbar [ˈtrɪŋkbaːɐ] *adj* potable (agua).
trinken [ˈtrɪŋkən] *tr* e *intr* beber.
Trinker(in) [ˈtrɪŋkɐ] (-, -nen) *m(f)* bebedor(a) *m(f)*.
Trinkgeld [ˈtrɪŋkgɛlt] (-er) *n* propina *f*.
Trinkwasser [ˈtrɪŋkˌvasɐ] *n* agua *f* potable.
Tritt [trɪt] (-e) *m* **1** paso *m*. **2** patada *f*.
Triumph [triˈʊmf] (-e) *m* triunfo *m*.
triumphal [triʊmˈfaːl] *adj* triunfal.

trivial [tri'vi̯a:l] *adj* trivial, banal.
trocken ['trɔkən] *adj* seco.
Trockenheit ['trɔkənhaɪt] *f* sequedad *f*, sequía *f*.
trocknen ['trɔknən] *tr* e *intr* secar(se).
Trommel ['trɔməl] **(-n)** *f* tambor *m*.
Trommelfell ['trɔməl,fɛl] **(-e)** *n* tímpano *m*.
trommeln ['trɔməln] *tr* e *intr* tocar el tambor.
Trompete [trɔm'pe:tə] **(-n)** *f* trompeta *f*.
trompeten [trɔm'pe:tən] *intr* tocar la trompeta.
Tropen ['tro:pən] *pl* trópicos *m pl*.
tropfen ['trɔpfən] *tr* e *intr* gotear.
Tropfen ['trɔpfən] **(-)** *m* gota *f*.
Trophäe [tro'fɛ:ə] **(-n)** *f* trofeo *m*.
tropisch ['tro:pɪʃ] *adj* tropical.
Tross [trɔs] **(-e)** *m* seguidores *m pl*, partidarios *m pl*.
Trost [tro:st] *m* consuelo *m*.
trösten ['trø:stən] *tr* **1** consolar. • **sich ~** *pron* **2** consolarse.
tröstlich ['trø:stlɪç] *adj* consolador.
trostlos ['trø:stlo:s] *adj* **1** desesperado, desconsolado (personas). **2** desesperante (situaciones, cosas).
Trottoir [trɔ'toa:ɐ] **(-s, -e)** *n* (arc) acera *f*.
trotz [trɔts] *prep* **+gen, +dat** a pesar de.
Trotz [trɔts] *m* obstinación *f*, terquedad *f*.
trotzdem ['trɔtsde:m] *adv* no obstante, con todo.
trotzen ['trɔtsən] *intr* desafiar.
trotzig ['trɔtsɪç] *adj* obstinado, terco.
trüb(e) [try:p] *adj* **1** turbio (líquido). **2** apagado, mortecino (luz). **3** nublado, nuboso (tiempo, cielo).
trüben ['try:bən] *tr* **1** enturbiar (líquidos). • **sich ~** *pron* **2** nublarse.
trübselig ['try:p,ze:lɪç] *adj* melancólico.
trübsinnig ['try:p,zɪnɪç] *adj* melancólico.
Trüffel ['trʏfəl] **(-n)** *f* trufa *f*.
trügen ['try:gən] *tr* e *intr* engañar.
trügerisch ['try:gərɪʃ] *adj* engañoso.
Truhe ['tru:ə] **(-n)** *f* arca *f*.
Trümmer ['trʏmɐ] *pl* ruinas *f pl; escombros pl.*
Trümmerhaufen ['trʏmɐ,haufən] **(-)** *m* montón *m* de escombros.
Trumpf [trʊmpf] **(Trümpfe)** *m* triunfo *m* (en naipes).
Trunkenheit ['trʊŋkənhaɪt] *f* embriaguez *f*.
trunksüchtig ['trʊŋk,zʏçtɪç] *adj* alcohólico.
Trupp [trʊp] **(-s)** *m* **1** brigada *f* (de trabajadores). **2** destacamento *m* (de soldados).
Truppe ['trʊpə] **(-n)** *f* tropa *f*.

t

Truthahn, -henne [ˈtru:tha:n] (-hähne, -n) *m, f* pavo, -a *m, f.*
Tscheche, -in [ˈtʃɛçə] (-n, -nen) *m, f* checo, -a *m, f.*
Tschechien [ˈtʃɛçĭən] *n* Chequia *f.*
tschechisch [ˈtʃɛçɪʃ] *adj* checo.
Tschechische Republik [ˈtʃɛçɪʃə repuˈbli:k] *f* República Checa.
Tschechoslowakei [tʃɛçɔslovaˈkaɪ] *f* HIST Checoslovaquia *f.*
tschüs(s) [tʃʏs] *interj* adiós.
T-Shirt [ˈti:ʃɔ:t] (-s) *n* camiseta *f.*
TU [te:ˈu:] (*abrev de* **Technische Universität**) *f* universidad *f* técnica.
Tuba [ˈtu:ba] (**Tuben**) *f* MÚS tuba *f.*
Tube [ˈtu:bə] (-n) *f* tubo *m.*
Tuberkulose [tubɛrkuˈlo:zə] (-n) *f* MED tuberculosis *f.*
Tuch [tu:x] (**Tücher**) *n* pañuelo *m.*
tüchtig [ˈtʏçtɪç] *adj* eficiente; bueno.
Tücke [ˈtʏkə] (-n) *f* (fam) malicia *f.*
tückisch [ˈtʏkɪʃ] *adj* (fam) malicioso.
Tüftelei [tʏftəˈlaɪ] (-en) *f* sutileza *f.*
Tugend [ˈtu:gənt] (-en) *f* virtud *f.*
Tulpe [ˈtʊlpə] (-n) *f* tulipán *m.*
Tummelplatz [ˈtʊməlˌplats] (**-plätze**) *m* lugar *m* de recreo.
Tumor [tuˈmo:ɐ] (-e) *m* tumor *m.*
Tumult [tuˈmʊlt] (-e) *m* tumulto *m*, jaleo *m.*
tun [tu:n] *tr* **1** hacer. **2** poner.
Tun [tu:n] *n* actividades *f pl.*
Tunesien [tuˈne:zĭən] *n* Túnez *m.*
tunken [ˈtʊŋkən] *tr* mojar (un pincel, algo en la salsa).
Tunnel [ˈtʊnəl] (-) *m* túnel *m.*
tupfen [ˈtʊpfən] *tr* aplicar un líquido (dando ligeros toques).
Tür [ty:ɐ] (-en) *f* puerta *f.*
Turban [ˈtʊrba:n] (-e) *m* turbante *m.*
Turbine [tʊrˈbi:nə] (-n) *f* turbina *f.*
turbulent [tʊrbuˈlɛnt] *adj* turbulento.
Türgriff [ˈty:ɐgrɪf] (-e) *m* tirador *m*, puño *m* (de la puerta).
Türke, -in [ˈtʏrkə] (-n, -nen) *m, f* turco, -a *m, f.*
Türkei [tʏrˈkaɪ] *f* Turquía *f.*
türkis [tʏrˈki:s] *adj* turquesa.
türkisch [ˈtʏrkɪʃ] *adj* turco.
Türklinke [ˈty:ɐˌklɪŋkə] (-n) *f* pestillo *m.*
Turm [tʊrm] (**Türme**) *m* torre *f.*
turnen [ˈtʊrnən] *intr* hacer gimnasia.
Turnen [ˈtʊrnən] *n* gimnasia *f.*
Turner(in) [ˈtʊrnɐ] (-, -nen) *m(f)* gimnasta *m, f.*
Turnhalle [ˈtʊrnˌhalə] (-n) *f* gimnasio *m.*
Turnhose [ˈtʊrnˌho:zə] (-n) *f* pantalón *m* de gimnasia.

Turnier [tʊrˈniːɐ] **(-e)** *n* torneo *m.*

Turnus [ˈtʊrnʊs] **(-se)** *m* turno *m.*

turnusmäßig [ˈtʊrnʊsˌmɛːsɪç] *adv* por turnos.

Türöffner [ˈtyːɐˌœfnɐ] (-) *m* portero *m* automático.

Türschloss [ˈtyːɐʃlɔs] **(-schlösser)** *n* cerradura *f.*

Türsteher(in) [ˈtyːɐˌʃteːɐ] **(-, -nen)** *m(f)* portero, -a *m, f.*

Tusche [ˈtʊʃə] **(-n)** *f* tinta *f* china.

tuscheln [ˈtʊʃəln] *intr* cuchichear.

Tüte [ˈtyːtə] **(-n)** *f* bolsa *f.*

Tutor(in) [ˈtuːtɔɐ] **(-en, -nen)** *m(f)* tutor(a) *m(f).*

TÜV [tʏf] (*abrev de* **Technischer Überwachungs-Verein**) *m* ITV *f* (Inspección Técnica de Vehículos).

TV [teːˈfaʊ] (*abrev de* **Television**) *n* TV *f* (televisión).

Typ [tyːp] **(-en)** *m* tipo *m.*

typisch [ˈtyːpɪʃ] *adj* típico.

typologisch [typoˈloːgɪʃ] *adj* tipológico.

Typus [ˈtyːpʊs] **(Typen)** *m* tipo *m.*

Tyrann(in) [tyˈran] **(-en, -nen)** *m(f)* tirano, -a *m, f.*

tyrannisch [tyˈranɪʃ] *adj* tiránico.

tyrannisieren [tyraniˈziːrən] *tr* tiranizar.

Uu

u, U [uː] (-) *n* u, U *f* (letra).

u. (*abrev de* **und**) *conj* y.

u.a. *adv* **1** (abrev *de unter anderem/anderen*) entre otros. **2** (abrev de *und andere(s)*) y más.

U-Bahn [ˈuːbaːn] **(-en)** *f* metro *m.*

übel [ˈyːbəl] *adj* **1** malo. • *adv* **2** mal.

Übel [ˈyːbəl] (-) *n* mal *m.*

Übelkeit [ˈyːbəlkaɪt] *f* náuseas *f pl.*

üben [ˈyːbən] *tr* e *intr* practicar.

über [ˈyːbɐ] *prep* **+dat 1** (situación) sobre, encima de: *die Lampe hängt über dem Tisch = la lámpara cuelga sobre la mesa.* **+ac 2** (colocación) sobre, encima de: *wir hängen das Bild über das Sofa = colgamos el cuadro encima del sofá.* **3** (trayecto) por, via: *wir gehen über die Wiese = caminamos por el prado.* **4** (tema) sobre, acerca de: *ein Buch über Goethe = un libro sobre Goethe.* **5** (tiempo) a lo largo de, durante: *über Nacht = durante la noche.* • *adv* **6** más de: *über 50 Jahre = más de 50*

años. ■ **eine Rechung ~...** una factura de...
überall [ˈy:bɐˌal] *adv* en todas partes.
Überblick [ˈy:bɐˌblɪk] (**-e**) *m* **1** vista *f* de conjunto. **2** idea *f* general.
überdurchschnittlich [ˈy:bɐˌdʊrçʃnɪtlɪç] *adj* por encima de la media.
übereilen [y:bɐˈaɪlən] *tr* precipitar.
übereinander [y:bɐaɪˈnandɐ] *adv* uno encima de otro.
überein|stimmen [y:bɐˈaɪnʃtɪmən] *intr* estar de acuerdo.
Übereinstimmung [y:bɐˈaɪnˌʃtɪmʊŋ] (**-en**) *f* coincidencia *f.*
überfahren [y:bɐˈfa:rən] *tr* atropellar.
Überfahrt [ˈy:bɐˌfa:ɐt] (**-en**) *f* pasaje *m*, travesía *f.*
Überfall [ˈy:bɐˌfal] (**-fälle**) *m* asalto *m*, atraco *m.*
überfallen [y:bɐˈfalən] *tr* asaltar, atacar.
überflüssig [ˈy:bɐˌflʏsɪç] *adj* superfluo; innecesario.
überfüllt [y:bɐˈfʏlt] *adj* abarrotado, repleto.
Übergang [ˈy:bɐˌgaŋ] (**-gänge**) *m* paso *m.*
übergeben [y:bɐˈge:bən] *tr* **1** entregar. **2** confiar, poner en manos. ● **sich ~** *pron* **3** vomitar.
übergehen [y:bɐˈge:ən] *intr* ignorar.
übergeordnet [ˈy:bɐgəˌɔrdnət] *adj* superior.
über|greifen [ˈy:bɐˌgraɪfən] *intr* extenderse.
Übergröße [ˈy:bɐˌgrø:sə] (**-n**) *f* talla *f* especial.
überhaupt [y:bɐˈhaʊpt] *adv* **1** en absoluto. **2** de hecho, en realidad.
überholen [y:bɐˈho:lən] *tr* adelantar (a un vehículo).
überholt [y:bɐˈho:lt] *adj* pasado de moda.
überkommen [y:bɐˈkɔmən] *tr* invadir (miedo, compasión).
überkreuzen [y:bɐˈkrɔɪtsən] *pron* **sich ~** cruzarse.
überlappen [y:bɐˈlapən] *pron* **sich ~** coincidir, solaparse.
überlassen [y:bɐˈlasən] *tr* ceder, dejar.
über|laufen [ˈy:bɐˌlaʊfən] *intr* **1** desbordarse, salirse. **2** pasarse (a otro bando).
überleben [y:bɐˈle:bən] *tr* e *intr* sobrevivir.
Überlebende(r) [y:bɐˈle:bəndə] (**-n, -n**) *mf(m)* superviviente *m, f.*
überlegen [y:bɐˈle:gən] *tr* e *intr* pensar, reflexionar.
überlegen [y:bɐˈle:gən] *adj* superior.
Überlegung [y:bɐˈle:gʊŋ] (**-en**) *f* reflexión *f.*
überliefern [y:bɐˈli:fɐn] *tr* transmitir.
überlisten [y:bɐˈlɪstən] *tr* engañar.
übermäßig [ˈy:bɐˌmɛ:sɪç] *adj* **1** excesivo, desmesurado. ● *adv* **2** demasiado.

übermitteln [y:bɐˈmɪtəln] *tr* transmitir, comunicar.

übermorgen [ˈy:bɐˌmɔrgən] *adv* pasado mañana.

übernächste(r, s) [ˈy:bɐˌnɛçstə] *adj* subsiguiente.

übernachten [y:bɐˈnaxtən] *intr* pasar la noche.

Übernachtung [y:bɐˈnaxtʊŋ] (-en) *f* pernoctación *f*.

Übernahme [ˈy:bɐˌna:mə] (-n) *f* aceptación *f*, admisión *f* (de una persona, de una propuesta).

übernehmen [y:bɐˈne:mən] *tr* **1** recibir (una mercancía). **2** tomar posesión (de un cargo). **3** hacerse cargo (de la dirección, de los costes, de la situación, etc.).

überprüfen [y:bɐˈpry:fən] *tr* **1** comprobar, revisar (un aparato, una factura). **2** controlar, inspeccionar (policía).

überqueren [y:bɐˈkve:rən] *tr* cruzar, atravesar.

überragend [y:bɐˈra:gənt] *adj* destacado, extraordinario.

überraschen [y:bɐˈraʃən] *tr* sorprender.

überraschend [y:bɐˈraʃənt] *adj* **1** sorprendente. • *adv* **2** por sorpresa, inesperadamente.

Überraschung [y:bɐˈraʃʊŋ] (-en) *f* sorpresa *f*.

überreden [y:bɐˈre:dən] *tr* convencer, persuadir.

überreichen [y:bɐˈraɪçən] *tr* hacer entrega.

Überrest [ˈy:bɐˌrɛst] (-e) *m* resto *m*.

überschätzen [y:bɐˈʃɛtsən] *tr* sobreestimar, sobrevalorar.

überschaubar [y:bɐˈʃaʊba:ɐ] *adj* fácil de apreciar.

überschauen [y:bɐˈʃaʊən] *tr* **1** abarcar con la vista. **2** comprender.

überschneiden [y:bɐˈʃnaɪdən] *pron* **sich ~** entrecruzarse (dos líneas); coincidir (en el tiempo).

überschreiten [y:bɐˈʃraɪtən] *tr* **1** sobrepasar, rebasar (un punto, límite, etc.). **2** atravesar, cruzar.

Überschrift [ˈy:bɐˌʃrɪft] (-en) *f* título *m*; encabezado *m* (Amér.).

Überschuss [ˈy:bɐˌʃʊs] *m* (**-schüsse**) excedente *m*.

überschütten [y:bɐˈʃʏtən] *tr* verter, derramar.

überschwänglich [ˈy:bɐˌʃvɛŋlɪç] *adj* desbordante, exuberante.

überschwemmen [y:bɐˈʃvɛmən] *tr* inundar.

Übersee [ˈy:bɐˌze:] *f* ultramar *m*.

übersehbar [y:bɐˈze:ba:ɐ] *adj* que se puede abarcar con la mirada.

übersetzen [y:bɐˈzɛtsən] *tr* traducir.

über|setzen [ˈy:bɐˌzɛtsən] *tr* e *intr*

Übersetzer(in) [y:bɐˈzɛtsɐ] (-, -nen) *m(f)* traductor(a) *m(f)*.

U

Übersetzung [y:bɐˈzɛtsʊŋ] (-en) *f* traducción *f*.
Übersicht [ˈy:bɐˌzɪçt] (-en) *f* visión *f* de conjunto.
übersichtlich [ˈy:bɐˌzɪçtlɪç] *adj* fácil de abarcar con la mirada.
überstehen [y:bɐˈʃte:ən] *tr* superar, pasar.
Überstunde [ˈy:bɐˌʃtʊndə] (-n) *f* hora *f* extra.
überstürzen [y:bɐˈʃtʏrtsən] *tr* precipitar.
übertragbar [ˈy:bɐˌtra:kba:ɐ] *adj* **1** transferible. **2** contagioso (enfermedad).
übertragen [y:bɐˈtra:gən] *tr* **1** transmitir (un programa, una sensación). **2** contagiar, transmitir (una enfermedad). **3** copiar. **4** transferir, ceder (derechos, bienes, etc.). **5** traducir, transcribir.
Übertragung [y:bɐˈtra:gʊŋ] (-en) *f* **1** transmisión *f*. **2** contagio *m* (de una enfermedad).
übertreffen [y:bɐˈtrɛfən] *tr* sobrepasar, superar.
übertreiben [y:bɐˈtraɪbən] *tr* e *intr* exagerar.
Übertreibung [y:bɐˈtraɪbʊŋ] (-en) *f* exageración *f*.
übertreten [y:bɐˈtre:tən] *tr* **1** infringir, transgredir (una ley). **2** pasar, cruzar.
übertrieben [y:bɐˈtri:bən] *adj* exagerado.
überwachen [y:bɐˈvaxən] *tr* vigilar, controlar.
Überwachung [y:bɐˈvaxʊŋ] *f* vigilancia *f*, supervisión *f*.
überwältigen [y:bɐˈvɛltɪgən] *tr* **1** vencer, apoderarse. **2** vencer, someter.
überweisen [y:bɐˈvaɪzən] *tr* **1** transferir (a una cuenta). **2** enviar.
Überweisung [y:bɐˈvaɪzʊŋ] (-en) *f* transferencia *f*, giro *m*.
überwiegend [y:bɐˈvi:gənt] *adj* principalmente, primordialmente.
überwinden [y:bɐˈvɪndən] *tr* superar (obstáculo, problema).
Überwindung [y:bɐˈvɪndʊŋ] *f* superación *f*.
überzeugen [y:bɐˈtsɔɪgən] *tr* e *intr* convencer.
überzeugend [y:bɐˈtsɔɪgənt] *adj* convincente.
Überzeugung [y:bɐˈtsɔɪgʊŋ] (-en) *f* convicción *f*, convencimiento *m*.
überziehen [y:bɐˈtsi:ən] *tr* **1** cubrir, recubrir. **2** dejar al descubierto (una cuenta). **3** pasarse (de la hora).
Überzug [ˈy:bɐˌtsu:k] (-züge) *m* capa *f*, baño *m*.
üblich [ˈy:plɪç] *adj* usual, habitual.
U-Boot [ˈu:bo:t] (-e) *n* submarino *m*.
übrig [ˈy:brɪç] *adj* restante.
übrigens [ˈy:brɪgəns] *adv* por cierto.
übrig|lassen [ˈy:brɪçˌlasən] *tr* dejar.
Übung [ˈy:bʊŋ] (-en) *f* **1** práctica *f*, experiencia *f*. **2** ejercicio *m*.

Übungsbuch [ˈy:buŋsˌbu:x] **(-bücher)** *n* libro *m* de ejercicios.
Ufer [ˈu:fɐ] **(-)** *n* orilla *f*.
Ufo [ˈu:fo] (*abrev de* **Unbekanntes Flugobjetkt**) **(-s)** *n* ovni *m*.
Uganda [uˈganda] *n* Uganda *f*.
Uhr [u:ɐ] **(-en)** *f* **1** reloj *m*. **2** hora *f*.
Uhrzeiger [ˈu:ɐˌtsaɪgɐ] **(-)** *m* manecilla *f*, aguja *f* del reloj.
Uhrzeit [ˈu:ɐtsaɪt] **(-en)** *f* hora *f*.
Ukraine [ukraˈi:nə] *f* Ucrania *f*.
ulkig [ˈʊlkɪç] *adj* **1** (fam) divertido, gracioso. **2** raro, extraño.
Ulme [ˈʊlmə] **(-n)** *f* olmo *m*.
ultimativ [ʊltimaˈti:f] *adj* amenazador.
Ultimatum [ʊltiˈma:tʊm] **(-ten)** *n* ultimátum *m*.
um [ˈʊm] *prep* **+ac** **1** alrededor (situación): *um den Tisch herum = alrededor de la mesa*. **2** a (hora): *um 8 Uhr = a las ocho*. **3** más o menos, aproximadamente (aproximación): *um die zehn Personen = más o menos diez personas*. **4** por (diferencia): *um 2 Euro billiger = por dos euros menos*. **+gen** **5** por: *um Gottes Willen! = ¡por amor de Dios!* • *conj* **6** para, con el fin de (finalidad): *ich komme, um das Buch abzuholen = vengo para buscar el libro*.
um|ändern [ˈʊmˌɛndɐn] *tr* cambiar, modificar.
umarmen [ʊmˈarmən] *tr* abrazar.
Umarmung [ʊmˈarmʊŋ] **(-en)** *f* abrazo *m*.
Umbau [ˈʊmbaʊ] **(-e, -ten)** *m* remodelación *f*, reformas *f pl*.
um|bauen [ˈʊmbaʊən] *tr* e *intr* reformar, remodelar.
um|biegen [ˈʊmˌbi:gən] *tr* doblar.
um|blättern [ˈʊmˌblɛtɐn] *tr* e *intr* volver la hoja.
um|bringen [ˈʊmˌbrɪŋən] *tr* y *pron* matar(se).
Umbruch [ˈʊmbrʊx] **(-brüche)** *m* cambio *m* radical.
um|drehen [ˈʊmˌdre:ən] *tr* **1** girar, dar la vuelta. • *intr* **2** girar. • **sich ~** *pron* **3** darse la vuelta.
umeinander [ʊmaɪˈnandɐ] *adv* uno alrededor del otro.
umfahren [ʊmˈfa:rən] *tr* evitar.
um|fallen [ˈʊmˌfalən] *intr* caerse.
Umfang [ˈʊmfaŋ] **(-fänge)** *m* **1** extensión *f*. **2** dimensión *f*, proporción *f*. **3** tamaño *m*, grosor *m*.
umfangreich [ˈʊmfaŋˌraɪç] *adj* amplio, extenso.
umfassen [ʊmˈfasən] *tr* abrazar.
um|formen [ˈʊmˌfɔrmən] *tr* transformar, modificar.
Umfrage [ˈʊmfra:gə] **(-n)** *f* encuesta *f*.
Umgang [ˈʊmgaŋ] *m* **1** relaciones *f pl*, compañía *f*. **2** trato *m*.
Umgangssprache [ˈʊmgaŋsʃpra:xə] **(-n)** *f* lenguaje *m* coloquial.
Umgebung [ʊmˈge:bʊŋ] **(-en)** *f* **1** alrededores *m pl*, cercanías *f pl*. **2** ambiente *m*, entorno *m*.

u

umgehen [ʊmˈgeːən] *tr* **1** dar la vuelta alrededor (de algo). **2** rodear, evitar (un objeto, obstáculo, etc.).

um|gehen [ˈʊmˌgeːən] *intr* **1** correr, circular (el dinero, un rumor). **2** tratar, ocuparse.

umgekehrt [ˈʊmgəˌkeːɐt] *adj* **1** invertido. **2** contrario, opuesto. • *adv* **3** al revés.

um|hängen [ˈʊmˌhɛŋən] *tr* colgar en otra parte.

umher [ʊmˈheːɐ] *adv* por todas partes.

um|kehren [ˈʊmˌkeːrən] *intr* volver.

um|kippen [ˈʊmˌkɪpən] *tr e intr* **1** volcar. • *intr* **2** (fam) desmayarse.

umklammern [ʊmˈklamɐn] *tr* abrazar.

um|klappen [ˈʊmˌklapən] *tr* doblar, plegar.

Umkleideraum [ˈʊmklaɪdəˌraʊm] (**-räume**) *m* vestuario *m*.

um|kommen [ˈʊmˌkɔmən] *intr* morir.

Umkreis [ˈʊmkraɪs] *m* **1** alrededores *m pl*. **2** círculo *m*.

Umland [ˈʊmlant] *n* alrededores *m pl*.

Umlauf [ˈʊmlaʊf] *m* circulación *f*.

Umlaut [ˈʊmlaʊt] (**-e**) *m* GRAM *modificación de la vocal radical*.

um|leiten [ˈʊmˌlaɪtən] *tr* desviar (un río, el tráfico).

Umleitung [ˈʊmˌlaɪtʊŋ] (**-en**) *f* desviación *f*, desvío *m*.

um|räumen [ˈʊmˌrɔɪmən] *tr* disponer de otro modo.

um|rechnen [ˈʊmˌrɛçnən] *tr* convertir (medidas).

Umrechnungskurs [ˈʊmrɛçnʊŋsˌkʊrs] (**-e**) *m* tipo *m* de cambio.

Umriss [ˈʊmrɪs] (**-e**) *m* contorno *m*.

um|rühren [ˈʊmˌryːrən] *tr* remover; revolver.

Umsatz [ˈʊmzats] (**-sätze**) *m* volumen *m* de ventas.

um|schalten [ˈʊmˌʃaltən] *intr* **1** cambiar. **2** cambiar de canal.

um|schauen [ˈʊmˌʃaʊən] *pron* **sich ~ 1** volver la cabeza. **2** mirar alrededor.

um|schlagen [ˈʊmˌʃlaːgən] *tr* **1** doblar (tela). **2** transbordar. **3** arremangar. • *intr* **4** volcar. **5** cambiar bruscamente (tiempo).

umschließen [ʊmˈʃliːsən] *tr* rodear.

um|schulen [ˈʊmˌʃuːlən] *intr* readaptar profesionalmente.

Umschulung [ˈʊmˌʃuːlʊŋ] (**-en**) *f* readaptación *f* profesional.

um|schütten [ˈʊmˌʃʏtən] *tr* **1** derramar. **2** trasvasar, verter.

Umschwung [ˈʊmʃvʊŋ] (**-schwünge**) *m* cambio *m* brusco.

um|sehen [ˈʊmˌzeːən] *pron* **sich ~ 1** mirar alrededor. **2** buscar.

Umsicht [ˈʊmzɪçt] *f* circunspección *f*.

umsichtig [ˈʊmˌzɪçtɪç] *adj* **1** circunspecto. • *adv* **2** con prudencia.

um|siedeln [ˈʊmˌziːdəln] *tr* e *intr* trasladar(se).

umso [ˈʊmzo] *conj* tanto más.

umsonst [ʊmˈzɔnst] *adv* **1** gratis. **2** en vano.

Umstand [ˈʊmʃtant] **(-stände)** *m* circunstancia *f*.

umständlich [ˈʊmˌʃtɛntlɪç] *adj* **1** complicado. **2** minucioso. **3** molesto, pesado.

um|steigen [ˈʊmˌʃtaɪgən] *intr* hacer transbordo.

um|stoßen [ˈʊmˌʃtoːsən] *tr* **1** volcar, tumbar. **2** anular, echar por tierra.

umstritten [ʊmˈʃtrɪtən] *adj* controvertido.

umstrukturieren [ˈʊmʃtrʊktuˌriːrən] *tr* reestructurar.

um|stürzen [ˈʊmˌʃtʏrtsən] *tr* **1** volcar, tumbar. **2** derrocar, derribar (un gobierno). • *intr* **3** volcar.

Umtausch [ˈʊmtaʊʃ] **(-e)** *m* cambio *m*.

um|tauschen [ˈʊmˌtaʊʃən] *tr* cambiar.

um|wandeln [ˈʊmˌvandəln] *tr* transformar.

Umwelt [ˈʊmvɛlt] *f* medio *m* ambiente.

umweltfreundlich [ˈʊmvɛltˌfrɔɪntlɪç] *adj* ecológico.

Umweltschutz [ˈʊmvɛltˌʃʊts] *m* protección *f* del medio ambiente.

Umweltschützer(in) [ˈʊmvɛltˌʃʏtsɐ] **(-, -nen)** *m(f)* ecologista *m, f*.

Umweltverschmutzung [ˈʊmvɛltfɛɐˌʃmʊtsʊŋ] *f* contaminación *f* ambiental.

umwickeln [ʊmˈvɪkəln] *tr* envolver.

um|ziehen [ˈʊmˌtsiːən] *intr* **1** mudarse de casa. • **sich ~** *pron* **2** mudarse de ropa.

Umzug [ˈʊmtsuːk] **(Umzüge)** *m* **1** mudanza *f*. **2** desfile *m*.

unabhängig [ˈʊnaphɛŋɪç] *adj* independiente.

Unabhängigkeit [ˈʊnaphɛŋɪçkaɪt] *f* independencia *f*.

unachtsam [ˈʊnaxtzaːm] *adj* desatento.

unangemessen [ˈʊnangəmesən] *adj* inadecuado.

unangenehm [ˈʊnangəneːm] *adj* desagradable.

Unart [ˈʊnaːɐt] **(-en)** *f* mala costumbre *f*.

unartig [ˈʊnaːɐtɪç] *adj* malo, travieso.

unauffällig [ˈʊnaʊffɛlɪç] *adj* discreto.

unaufhörlich [ʊnaʊfˈhøːɐlɪç] *adj* incesante.

unaufmerksam [ˈʊnaʊfmɛrkzaːm] *adj* desatento.

unaufrichtig [ˈʊnaʊfrɪçtɪç] *adj* insincero.

unbarmherzig [ˈʊnbarmhɛrtsɪç] *adj* despiadado.

unbeabsichtigt [ˈʊnbəapzɪçtɪçt] *adj* involuntario.

u

unbedeutend [ˈʊnbədɔɪtənt] *adj* insignificante.
unbedingt [ˈʊnbədɪŋt] *adj* incondicional.
unbefugt [ˈʊnbəfu:kt] *adj* desautorizado.
Unbefugte(r) [ˈʊnbəfu:ktə] (**-n, -n**) *mf(m)* persona *f* no autorizada.
unbegabt [ˈʊnbəga:pt] *adj* sin talento.
unbehaglich [ˈʊnbəha:klɪç] *adj* desagradable.
unbeholfen [ˈʊnbəhɔlfən] *adj* torpe.
unbekümmert [ʊnbəˈkʏmɐt] *adj* despreocupado.
unberechenbar [ʊnbəˈrɛçənba:ɐ] *adj* imprevisible.
unbeschränkt [ʊnbəˈʃrɛŋkt] *adj* ilimitado.
unbesorgt [ˈʊnbəzɔrkt] *adj* despreocupado.
unbetont [ˈʊnbəto:nt] *adj* no acentuado.
unbewusst [ˈʊnbəvʊst] *adj* inconsciente.
unbezahlbar [ʊnbəˈtsa:lba:ɐ] *adj* impagable.
unbrauchbar [ˈʊnbraʊxba:ɐ] *adj* inservible.
und [ʊnt] *conj* **1** y. **2** más (en adiciones). ■ **na ~** ¿y qué?
undankbar [ˈʊndaŋkba:ɐ] *adj* desagradecido.
undeutlich [ˈʊndɔɪtlɪç] *adj* **1** poco claro; borroso (imagen). **2** ilegible (escritura). **3** vago, impreciso.
undurchdringlich [ʊndʊrçˈdrɪŋlɪç] *adj* impenetrable.
undurchlässig [ˈʊndʊrçlɛsɪç] *adj* impermeable.
uneben [ˈʊne:bən] *adj* desigual.
unehelich [ˈʊne:əlɪç] *adj* ilegítimo.
unehrlich [ˈʊne:ɐlɪç] *adj* falso.
uneins [ˈʊnaɪns] *adj* desavenido.
unempfindlich [ˈʊnɛmpfɪntlɪç] *adj* insensible.
unendlich [ʊnˈɛntlɪç] *adj* infinito.
Unendlichkeit [ʊnˈɛntlɪçkaɪt] *f* infinito *m.*
unentbehrlich [ʊnɛntˈbe:ɐlɪç] *adj* indispensable.
unentgeltlich [ʊnɛntˈgeltlɪç] *adj* gratuito.
unentschieden [ˈʊnɛntʃi:dən] *adj* **1** indeciso. **2** DEP empatado.
Unentschieden [ˈʊnɛntʃi:dən] (**-**) *n* DEP empate *m.*
unentschlossen [ˈʊnɛntʃlɔsən] *adj* indeciso.
unerbittlich [ʊnɛɐˈbɪtlɪç] *adj* implacable.
unerfahren [ˈʊnɛɐfa:rən] *adj* inexperto.
unerhört [ˈʊnɛɐhø:ɐt] *adj* **1** inaudito. **2** tremendo, enorme. ■ **das ist ja ~!** ¡habráse visto!
unerlässlich [ʊnɛɐˈlɛslɪç] *adj* indispensable.
unerlaubt [ˈʊnɛɐlaʊpt] *adj* ilícito.

unermüdlich [ʊnɛɐ'my:tlɪç] *adj* infatigable.
unerreicht ['ʊnɛɐraɪçt] *adj* sin igual; sin par.
unersättlich [ʊnɛɐ'zɛtlɪç] *adj* insaciable.
unerschöpflich [ʊnɛɐ'ʃœpflɪç] *adj* inagotable.
unerschütterlich [ʊnɛɐ'ʃʏtɐlɪç] *adj* inquebrantable, firme.
unerträglich [ʊnɛɐ'trɛ:klɪç] *adj* insoportable.
unfähig ['ʊnfɛ:ɪç] *adj* incapaz.
unfair ['ʊnfɛ:ɐ] *adj* desleal; poco correcto.
Unfall ['ʊnfal] (**Unfälle**) *m* accidente *m*.
unfassbar [ʊn'fasba:ɐ] *adj* inconcebible.
unförmig ['ʊnfœrmɪç] *adj* deforme.
unfreundlich ['ʊnfrɔɪntlɪç] *adj* **1** descortés, grosero. **2** malo (tiempo).
unfruchtbar ['ʊnfrʊxtba:ɐ] *adj* **1** estéril, improductivo. **2** estéril, infecundo.
Unfug ['ʊnfu:k] *m* **1** travesura *f*. **2** tontería *f*, disparate *m*.
ungebräuchlich ['ʊngəbrɔɪçlɪç] *adj* poco usado.
ungebraucht ['ʊngəbraʊxt] *adj* nuevo.
Ungeduld ['ʊngədʊlt] *f* impaciencia *f*.
ungeduldig ['ʊngədʊldɪç] *adj* impaciente.
ungeeignet ['ʊngəaɪgnət] *adj* inadecuado.
ungefähr ['ʊngəfɛ:ɐ] *adj* **1** aproximativo. • *adv* **2** aproximadamente.
ungefährlich ['ʊngəfɛ:ɐlɪç] *adj* inofensivo.
ungeheuer [ʊngə'hɔɪɐ] *adj* **1** monstruoso, inmenso. • *adv* **2** increíblemente.
Ungeheuer ['ʊngəhɔɪɐ] (-) *n* monstruo *m*.
ungeheuerlich [ʊngə'hɔɪɐlɪç] *adj* monstruoso, inmenso.
ungehindert ['ʊngəhɪndɐt] *adj* sin impedimento.
Ungehorsam ['ʊngəho:ɐza:m] *m* desobediencia *f*.
ungeklärt ['ʊngəklɛ:ɐt] *adj* sin aclarar.
ungenau ['ʊngənaʊ] *adj* inexacto.
ungenießbar ['ʊngəni:sba:ɐ] *adj* incomible, imbebible.
ungerade ['ʊngəra:də] *adj* impar.
ungerecht ['ʊngərɛçt] *adj* injusto.
Ungerechtigkeit ['ʊngərɛçtɪçkaɪt] (-en) *f* injusticia *f*.
ungeschickt ['ʊngəʃɪkt] *adj* torpe.
ungesetzlich ['ʊngəzɛtslɪç] *adj* ilegal.
ungesund ['ʊngəzʊnt] *adj* **1** perjudicial (para la salud). **2** enfermizo.
ungewiss ['ʊngəvɪs] *adj* incierto, dudoso.
ungewöhnlich ['ʊngəvø:nlɪç] *adj* poco común.

ungewohnt [ˈʊngəvoːnt] *adj* insólito.

Ungeziefer [ˈʊngətsiːfɐ] (-) *n* bichos *m pl.*

ungezogen [ˈʊngətsoːgən] *adj* mal educado.

unglaublich [ˈʊnglaʊplɪç] *adj* increíble.

unglaubwürdig [ˈʊnglaʊpˌvʏrdɪç] *adj* inverosímil; de poco crédito (persona).

Ungleichgewicht [ˈʊnglaɪçgəˌvɪçt] (-e) *n* desequilibrio *m.*

ungleichmäßig [ˈʊnglaɪçˌmɛːsɪç] *adj* irregular; desigual.

Unglück [ˈʊnglʏk] (-e) *n* **1** desgracia *f.* **2** mala suerte *f.* **3** accidente *m.* **4** miseria *f.*

unglücklich [ˈʊnglʏklɪç] *adj* **1** desgraciado, desdichado. **2** infeliz, triste. **3** torpe.

ungültig [ˈʊngʏltɪç] *adj* no válido.

ungünstig [ˈʊngʏnstɪç] *adj* desfavorable.

Unheil [ˈʊnhaɪl] *n* mal *m*, desgracia *f.*

unheilbar [ʊnˈhaɪlbaːɐ] *adj* incurable.

unheimlich [ˈʊnhaɪmlɪç] *adj* inquietante, siniestro.

unhöflich [ˈʊnhøːflɪç] *adj* descortés, mal educado.

uni [ˈʏni] *adj* unicolor.

Uniform [uniˈfɔrm] (-en) *f* uniforme *m.*

uniformiert [unifɔrˈmiːɐt] *adj* **1** uniformado. **2** uniforme.

uninteressant [ˈʊnɪntərɛsant] *adj* poco interesante.

Union [uˈnĭoːn] (-en) *f* unión *f.*

universell [ʊnivɛrˈzɛl] *adj* universal.

Universität [ʊnivɛrziˈtɛːt] (-en) *f* universidad *f.*

Universum [uniˈvɛrzʊm] (Universen) *n* universo *m.*

unklar [ˈʊnklaːɐ] *adj* **1** incomprensible. **2** borroso (foto). **3** vago, confuso.

unkompliziert [ˈʊnkɔmplitsiːɐt] *adj* sin complicación.

Unkosten [ˈʊnkɔstən] *f pl* gastos *m pl.*

Unkraut [ˈʊnkraʊt] *n* mala hierba *f.*

unmäßig [ˈʊnmɛːsɪç] *adj* desmesurado, excesivo.

unmenschlich [ˈʊnmɛnʃlɪç] *adj* inhumano.

unmerklich [ʊnˈmɛrklɪç] *adj* imperceptible.

unmittelbar [ˈʊnmɪtəlbaːɐ] *adj* **1** inmediato. **2** directo.

unmöglich [ˈʊnmøːklɪç] *adj* imposible.

Unmut [ˈʊnmuːt] *m* disgusto *m.*

unnütz [ˈʊnnʏts] *adj* inútil.

Unordnung [ˈʊnɔrdnʊŋ] *f* desorden *m.*

unpünktlich [ˈʊnpʏŋktlɪç] *adj* impuntual.

unrealistisch [ˈʊnrealɪstɪʃ] *adj* poco realista.

unrecht [ˈʊnrɛçt] *adj* **1** injusto, equivocado. **2** inoportuno.

Unrecht [ˈʊnrɛçt] *n* injusticia *f.*
unregelmäßig [ˈʊnre:gəlmɛ:sɪç] *adj* irregular.
Unruhe [ˈʊnru:ə] **(-n)** *f* inquietud *f*, intranquilidad *f.*
unruhig [ˈʊnru:ɪç] *adj* intranquilo, preocupado.
uns [ʊns] *pron* (dat/ac) nos.
unschlagbar [ˈʊnʃla:kba:ɐ] *adj* imbatible.
unschlüssig [ˈʊnʃlʏsɪç] *adj* indeciso.
Unschuld [ˈʊnʃʊlt] *f* **1** inocencia *f.* **2** ingenuidad *f.*
unschuldig [ˈʊnʃʊldɪç] *adj* **1** inocente. **2** ingenuo.
unser [ˈʊnzɐ] *pron* (gen) de nosotros, de nosotras.
unser(e) [ˈʊnzɐ] *pos* nuestro, nuestra, nuestros, nuestras.
unsere(r, s) [ˈʊnzərə] *poses*(el) nuestro, (la) nuestra, (los) nuestros, (las) nuestras.
unsertwillen [ˈʊnzɐtˌvɪlən] *adv* **um ~** (arc) por nosotros.
unsicher [ˈʊnzɪçɐ] *adj* inseguro, peligroso.
Unsicherheit [ˈʊnzɪçɐhaɪt] **(-en)** *f* inseguridad *f.*
Unsinn [ˈʊnzɪn] *m* tonterías *f pl.*
unsinnig [ˈʊnzɪnɪç] *adj* absurdo.
unsittlich [ˈʊnzɪtlɪç] *adj* inmoral, deshonesto.
unsrige [ˈʊnzrɪgə] *poses* (arc) el nuestro, la nuestra.
unsterblich [ʊnˈʃtɛrplɪç] *adj* inmortal.
unsymmetrisch [ˈʊnzʏme:trɪʃ] *adj* asimétrico.
Untat [ˈʊnta:t] **(-en)** *f* crimen *m.*
untätig [ˈʊntɛ:tɪç] *adj* inactivo.
unten [ˈʊntən] *adv* abajo. ■ **links ~** abajo a la izquierda; **nach ~** hacia abajo.
unter [ˈʊntɐ] *prep* **+dat** **1** (situación) debajo de, bajo: *der Teppich liegt unter dem Tisch = la alfombra está debajo de la mesa.* **2** (en medio) entre: *unter Freunden = entre amigos.* **3** (circunstancias, modo) con, bajo: *unter der Bedingung = con la condición.* **+ac** **4** (dirección) debajo de, bajo: *er legte den Teppich unter den Tisch = puso la alfombra debajo de la mesa.*
unterbewusst [ˈʊntɐbəˌvʊst] *adj* subconsciente.
Unterbewusstsein [ˈʊntɐbəˌvʊstzaɪn] *n* subconsciencia *f.*
unterbleiben [ʊntɐˈblaɪbən] *intr* no tener lugar.
unterbrechen [ʊntɐˈbrɛçən] *tr* interrumpir.
Unterbrechung [ʊntɐˈbrɛçʊŋ] **(-en)** *f* interrupción *f.*
unter|bringen [ˈʊntɐˌbrɪŋən] *tr* **1** meter, colocar. **2** hospedar, alojar.
Unterbringung [ˈʊntɐˌbrɪŋʊŋ] **(-en)** *f* alojamiento *m.*
unterdrücken [ʊntɐˈdrʏkən] *tr* someter, oprimir.
Unterdrückung [ʊntɐˈdrʏkʊŋ] **(-en)** *f* opresión *f.*
untere(r, s) [ˈʊntərə] *adj* inferior, bajo.

U

untereinander [ʊntɐaɪˈnandɐ] *adv* uno debajo de otro.
Unterfangen [ʊntɐˈfaŋən] *n* empresa *f* audaz.
Unterführung [ʊntɐˈfyːrʊŋ] **(-en)** *f* paso *m* subterráneo.
Untergang [ˈʊntɐgaŋ] **(-gänge)** *m* hundimiento *m*.
unter|gehen [ˈʊntɐˌgeːən] *intr* **1** hundirse. **2** ponerse (sol, luna).
untergliedern [ʊntɐˈgliːdɐn] *tr* subdividir.
Untergrund [ˈʊntɐgrʊnt] **(-gründe)** *m* subsuelo *m*.
unterhalb [ˈʊntɐhalp] *prep* **+gen** debajo de.
Unterhalt [ˈʊntɐhalt] *m* sustento *m*, mantenimiento *m*.
unterhalten [ʊntɐˈhaltən] *tr* **1** mantener. **2** conservar, mantener (edificios, calles). **3** divertir, entretener. ● **sich ~** *pron* **4** conversar, hablar.
unterhaltsam [ʊntɐˈhaltzaːm] *adj* entretenido.
Unterhaltung [ʊntɐˈhaltʊŋ] **(-en)** *f* **1** mantenimiento *m*. **2** conversación *f*. **3** entretenimiento *m*.
Unterhemd [ˈʊntɐˌhɛmt] **(-en)** *n* camiseta *f*.
Unterhose [ˈʊntɐˌhoːzə] **(-n)** *f* calzoncillos *m pl* (para hombres); bragas *f pl* (para mujeres).
unterirdisch [ˈʊntɐˌɪrdɪç] *adj* subterráneo.
Unterkunft [ˈʊntɐkʊnft] **(-künfte)** *f* alojamiento *m*.
Unterlage [ˈʊntɐˌlaːgə] **(-n)** *f* **1** base *f*. **2** documentación *f*; documentos *m pl*.
unterlegen [ʊntɐˈleːgən] *tr* acompañar.
Unterleib [ˈʊntɐˌlaɪp] **(-e)** *m* abdomen *m*.
unterliegen [ʊntɐˈliːgən] *intr* ser vencido.
unternehmen [ʊntɐˈneːmən] *tr* hacer, realizar.
Unternehmen [ʊntɐˈneːmən] **(-)** *n* **1** empresa *f*. **2** proyecto *m*.
Unternehmer(in) [ʊntɐˈneːmɐ] **(-, -nen)** *m(f)* empresario, -a *m, f*.
unternehmungslustig [ʊntɐˈneːmʊŋsˌlʊstɪç] *adj* emprendedor.
unter|ordnen [ˈʊntɐˌɔrdnən] *tr y pron* subordinar(se), someter(se).
Unterredung [ʊntɐˈreːdʊŋ] **(-en)** *f* conversación *f*, entrevista *f*.
Unterricht [ˈʊntɐrɪçt] **(-e)** *m* clase *f*.
unterrichten [ʊntɐˈrɪçtən] *tr* e *intr* enseñar, dar clases.
untersagen [ʊntɐˈzaːgən] *tr* prohibir.
unterschätzen [ʊntɐˈʃɛtsən] *tr* subestimar.
unterscheiden [ʊntɐˈʃaɪdən] *tr* **1** distinguir, diferenciar. ● **sich ~ von *(+dat)*** *pron* **2** diferenciarse, distinguirse.
Unterscheidung [ʊntɐˈʃaɪdʊŋ] **(-en)** *f* distinción *f*, diferenciación *f*.

Unterschicht [ˈʊntɐˌʃɪçt] (-e) *f* capa *f* inferior.
Unterschied [ˈʊntɐʃiːt] (-e) *m* diferencia *f*.
unterschiedlich [ˈʊntɐʃiːtlɪç] *adj* diferente, distinto.
unterschreiten [ʊntɐˈʃraɪtən] *tr* quedar por debajo.
Unterschrift [ˈʊntɐʃrɪft] (-en) *f* firma *f*.
Unterseeboot [ˈʊntɐzeːˌboːt] (-e) *n* submarino *m*.
Unterseite [ˈʊntɐˌzaɪtə] (-n) *f* parte *f* inferior.
Unterstellung [ʊntɐˈʃtɛlʊŋ] (-en) *f* imputación *f*.
unterstreichen [ʊntɐˈʃtraɪçən] *tr* subrayar.
Unterstufe [ˈʊntɐˌʃtuːfə] (-n) *f* cursos *m pl* inferiores (escuela).
unterstützen [ʊntɐˈʃtʏtsən] *tr* **1** apoyar, respaldar. **2** ayudar.
Unterstützung [ʊntɐˈʃtʏtsʊŋ] (-en) *f* **1** apoyo *m*, respaldo *m*. **2** ayuda *f*.
untersuchen [ʊntɐˈzuːxən] *tr* **1** investigar. **2** MED reconocer, examinar; chequear (Amér.).
Untersuchung [ʊntɐˈzuːxʊŋ] (-en) *f* **1** investigación *f*. **2** reconocimiento *m* médico.
Untertasse [ˈʊntɐˌtasə] (-n) *f* platillo *m*.
unter|tauchen [ˈʊntɐˌtaʊxən] *intr* sumergirse.
Unterteil [ˈʊntɐˌtaɪl] (-e) *n* parte *f* inferior.
unterteilen [ʊntɐˈtaɪlən] *tr* subdividir.
Untertitel [ˈʊntɐˌtiːtəl] (-) *m* subtítulo *m*.
Unterwäsche [ˈʊntɐˌvɛʃə] *fpl* ropa *f* interior.
unterwegs [ʊntɐˈveːks] *adv* en camino.
Unterwelt [ˈʊntɐˌvɛlt] (-en) *f* mundo *m* del hampa.
unterzeichnen [ʊntɐˈtsaɪçnən] *tr* e *intr* firmar.
unter|ziehen [ˈʊntɐˌtsiːən] *tr* ponerse por debajo.
unterziehen [ʊntɐˈtsiːən] *tr* someter.
untreu [ˈʊntrɔɪ] *adj* infiel.
untröstlich [ʊnˈtrøːstlɪç] *adj* desconsolado.
untypisch [ˈʊntyːpɪʃ] *adj* atípico.
unüberwindlich [ʊnyːbɐˈvɪntlɪç] *adj* insuperable.
unüblich [ˈʊnyːplɪç] *adj* poco común.
unumgänglich [ʊnʊmˈgɛŋlɪç] *adj* indispensable.
unverbesserlich [ʊnfɛɐˈbɛsɐlɪç] *adj* incorregible.
unverbindlich [ˈʊnfɛɐbɪntlɪç] *adj* sin compromiso.
unvergleichlich [ʊnfɛɐˈglaɪçlɪç] *adj* incomparable.
unverhofft [ʊnfɛɐˈhɔft] *adj* inesperado.
unverkennbar [ʊnfɛɐˈkɛnbaːɐ] *adj* inconfundible.
unvermeidbar [ʊnfɛɐˈmaɪtbaːɐ] *adj* inevitable.
unvermeidlich [ʊnfɛɐˈmaɪtlɪç] *adj* inevitable.

unvermittelt [ˈʊnfɛɐmɪtəlt] *adj* súbito.

Unvermögen [ˈʊnfɛɐmøːgən] (-) *n* (form) incapacidad *f*.

unvermutet [ˈʊnfɛɐmuːtət] *adj* imprevisto, inesperado.

unverschämt [ˈʊnfɛɐʃɛːmt] *adj* desvergonzado.

unversehrt [ˈʊnfɛɐzeːɐt] *adj* **1** ileso (persona). **2** intacto (cosa).

unverständlich [ˈʊnfɛɐʃtɛntlɪç] *adj* incomprensible.

unverzüglich [ʊnfɛɐˈtsyːklɪç] *adj* inmediato.

unvollendet [ˈʊnfɔlɛndət] *adj* inacabado.

unvollständig [ˈʊnfɔlʃtɛndɪç] *adj* incompleto.

unvorsichtig [ˈʊnfoːɐzɪçtɪç] *adj* imprudente.

unvorstellbar [ʊnfoːɐˈʃtɛlbaːɐ] *adj* inimaginable.

unweigerlich [ʊnˈvaɪgɐlɪç] *adj* **1** inevitable. • *adv* **2** sin falta.

unweit [ˈʊnvaɪt] *prep* **+gen** cerca de, no lejos de.

unwesentlich [ˈʊnveːzəntlɪç] *adj* insignificante, irrelevante.

Unwetter [ˈʊnvɛtɐ] (-) *n* temporal *m*.

unwichtig [ˈʊnvɪçtɪç] *adj* sin importancia.

Unwille(n) [ˈʊnvɪlə(n)] *m* (form) indignación *f*.

unwillig [ˈʊnvɪlɪç] *adj* indignado.

unwillkürlich [ˈʊnvɪlkyːɐlɪç] *adj* involuntario.

unwirksam [ˈʊnvɪrkzaːm] *adj* ineficaz.

unwirtschaftlich [ˈʊnvɪrtʃaftlɪç] *adj* no rentable.

unwissend [ˈʊnvɪsənt] *adj* ignorante.

Unwissenheit [ˈʊnvɪsənhaɪt] *f* ignorancia *f*.

Unwohlsein [ˈʊnvoːlˌzaɪn] *n* indisposición *f*.

unwürdig [ˈʊnvʏrdɪç] *adj* indigno.

unzüchtig [ˈʊntsʏçtɪç] *adj* lascivo.

unzufrieden [ˈʊntsufriːdən] *adj* descontento.

unzulänglich [ˈʊntsuːlɛŋlɪç] *adj* insuficiente.

unzulässig [ˈʊntsuːlɛsɪç] *adj* inadmisible.

unzuverlässig [ˈʊntsuːfɛɐlɛsɪç] *adj* **1** inseguro, dudoso. **2** informal, de poca confianza (persona).

üppig [ˈʏpɪç] *adj* **1** exuberante (vegetación). **2** abundante (comida).

Uran [uˈraːn] *n* uranio *m*.

Ureinwohner(in) [ˈuːɐaɪnvoːnɐ] (-, -nen) *m(f)* autóctono, -a *m, f*.

Urheber(in) [ˈuːɐˌheːbɐ] (-, -nen) *m(f)* autor(a) *m(f)*, creador(a) *m(f)*.

Urin [uˈriːn] (-e) *m* orina *f*.

urinieren [uriˈniːrən] *intr* orinar.

Urkunde [ˈuːɐkʊndə] (-n) *f* documento *m*.

urkundlich [ˈuːɐkʊntlɪç] *adj* documentado.

Urlaub [ˈuːɐlaʊp] (-e) *m* vacaciones *f pl.*
Urlauber(in) [ˈuːɐlaʊbɐ] (-, -nen) *m(f)* veraneante *m, f.*
Urne [ˈʊrnə] (-n) *f* urna *f.*
Urologie [uroloˈgiː] *f* urología *f.*
Uroma [ˈuːɐˌoːma] (-s) *f* bisabuela *f.*
Ursache [ˈuːɐzaxə] (-n) *f* causa *f*, motivo *m.*
Ursprung [ˈuːɐʃprʊŋ] (-sprünge) *m* origen *m*, procedencia *f.*
ursprünglich [ˈuːɐˌʃprʏŋlɪç] *adj* **1** originario. **2** inicial.
Urteil [ˈʊrtaɪl] (-e) *n* **1** sentencia *f*, fallo *m.* **2** juicio *m*, opinión *f.*
urteilen [ˈʊrtaɪlən] *intr* **1** juzgar, fallar. **2** opinar.
Urteilskraft [ˈʊrtaɪlsˌkraft] *f* **1** juicio *m.* **2** discernimiento *m.*
Uruguay [uruˈgŭaɪ] *n* Uruguay *m.*
Uruguayer(in) [uruˈgŭaːjɐ] (-, -nen) *m(f)* uruguayo, -a *m, f.*
uruguayisch [uruˈgŭːjɪʃ] *adj* uruguayo.
Urwald [ˈuːɐvalt] (-wälder) *m* selva *f.*
USA [uːɛsˈaː] (*abrev de* United States of America) *f pl* EE.UU. *m pl* (Estados Unidos).
usw. (*abrev de* und so weiter) *loc* etc. (etcétera).
Utensilien [utɛnˈziːlĭən] (-ien) *npl* utensilio *mpl.*
Uterus [ˈuːterʊs] (-ri) *m* útero *m.*
Utopie [utoˈpiː] (-n) *f* utopía *f.*
utopisch [uˈtoːpɪʃ] *adj* utópico.
u.v.a.m (*abrev de* und viele(s) andere (mehr)) *adv* y mucho(s) más.
uzen [ˈuːtsən] *tr* (fam) tomar el pelo.

Vv

v, V [faʊ] (-) *n* v, V *f* (letra).
v. (*abrev de* von) *prep* de; → von.
V (*abrev de* Volt) *n* voltio *m.*
Vagabund(in) [vagaˈbʊnt (dɪn)] (-en, -nen) *m(f)* vagabundo, -a *m, f.*
vage [ˈvaːgə] *adj* vago, incierto.
Vagina [vaˈgiːna] (Vaginen) *f* vagina *f.*
vakant [vaˈkant] *adj* vacante.
Vakuum [ˈvaːkuʊm] (Vakuen, Vakua) *n* vacío *m.*
vakuumverpackt [ˈvaːkuʊmfɛɐˌpakt] *adj* envasado al vacío.
Vanille [vaˈnɪlə] *f* vainilla *f.*
Variante [vaˈrĭantə] (-n) *f* variante *f.*
Variation [varĭaˈtsĭoːn] (-en) *f* variación *f.*
Varieté o **Varietee** [varĭeˈteː] (-s) *n* teatro *m* de variedades.

variieren [vari'i:rən] *tr* e *intr* variar.

Vase ['va:zə] **(-n)** *f* jarrón *m*, florero *m*.

Vater ['fa:tɐ] **(Väter)** *m* padre *m*.

Vaterhaus ['fa:tɐˌhaʊs] *n* casa *f* paterna.

Vaterland ['fa:tɐˌlant] **(-länder)** *n* patria *f*.

väterlich ['fɛ:tɐlɪç] *adj* paterno, paternal.

Vaterschaft ['fa:tɐʃaft] **(-en)** *f* paternidad *f*.

Vaterunser ['fa:tɐˌʊnzɐ] **(-)** *n* Padrenuestro *m*.

Vatikan [vati'ka:n] *m* Vaticano *m*.

v.Ch. (*abrev de* **vor Christus**) *adv* a.C. (antes de Cristo).

Vegetarier(in) [vege'ta:rĭɐ] **(-, -nen)** *m(f)* vegetariano, -a *m, f*.

vegetarisch [vege'ta:rɪʃ] *adj* vegetariano.

Vegetation [vegeta'tsĭo:n] **(-en)** *f* vegetación *f*.

Vehikel [ve'hi:kəl] **(-)** *n* vehículo *m*.

Veilchen ['faɪlçən] **(-)** *n* BOT violeta *f*.

Vene ['ve:nə] **(-n)** *f* ANAT vena *f*.

Venezolaner(in) [venetso'la:nɐ] **(-, -nen)** *m(f)* venezolano, -a *m, f*.

venezolanisch [venetso'la:nɪʃ] *adj* venezolano.

Venezuela [vene'tsŭe:la] *n* Venezuela *f*.

Ventil [vɛn'ti:l] **(-e)** *n* válvula *f*.

Ventilation [vɛntila'tsĭo:n] **(-en)** *f* ventilación *f*.

Ventilator [vɛnti'la:toɐ] **(-en)** *m* ventilador *m*.

verabreden [fɛɐ'apˌre:dən] *tr* **1** convenir, concertar. • **sich ~** *pron* **2** citarse, quedar.

Verabredung [fɛɐ'apˌre:dʊŋ] **(-en)** *f* **1** convenio *m*, acuerdo *m*. **2** cita *f*.

verabschieden [fɛɐ'apˌʃi:dən] *tr* **1** despedir (invitado, amigo). • **sich ~** *pron* **2** despedirse.

Verabschiedung [fɛɐ'apˌʃi:dʊŋ] **(-en)** *f* despedida *f* (de un invitado, amigo, etc.).

verachten [fɛɐ'axtən] *tr* despreciar.

Verachtung [fɛɐ'axtʊŋ] **(-en)** *f* desprecio *m*.

verallgemeinern [fɛɐ'algəˌmaɪnɐn] *tr* e *intr* generalizar.

veralten [fɛɐ'altən] *intr* pasar de moda.

veraltet [fɛɐ'altət] *adj* pasado de moda.

Veranda [ve'randa] **(Veranden)** *f* veranda *f*.

veränderlich [fɛɐ'ɛndɐlɪç] *adj* variable.

verändern [fɛɐ'ɛndɐn] *tr* **1** cambiar, transformar. • **sich ~** *pron* **2** cambiar.

Veränderung [fɛɐ'ɛndərʊŋ] **(-en)** *f* cambio *m*, transfomación *f*.

verängstigt [fɛɐ'ɛŋstɪçt] *adj* asustado.

veranlagt [fɛɐ'anla:kt] *adj* **für etw ~ sein** tener talento para algo.

Veranlagung [fɛɐ'anla:gʊŋ] **(-en)** *f* don *m*, talento *m*.
veranlassen [fɛɐ'anlasən] *tr* motivar, inducir (a hacer algo).
Veranlassung [fɛɐ'anlasʊŋ] **(-en)** *f* motivo *m*, causa *f*.
veranschaulichen [fɛɐ'anʃaulɪçən] *tr* ilustrar.
veranstalten [fɛɐ'anʃtaltən] *tr* organizar (una fiesta, un acto, una manifestación, etc.).
Veranstaltung [fɛɐ'anʃtaltʊŋ] **(-en)** *f* organización *f*.
verantworten [fɛɐ'antvɔrtən] *tr* ser responsable, responder.
verantwortlich [fɛɐ'antvɔrtlɪç] *adj* **1** responsable. **2** de responsabilidad (un puesto de trabajo, cargo, etc.).
Verantwortung [fɛɐ'antvɔrtʊŋ] **(-en)** *f* responsabilidad *f*.
verantwortungsbewusst [fɛɐ'antvɔrtʊŋsbəˌvʊst] *adj* consciente de su responsabilidad.
verantwortungsvoll [fɛɐ'antvɔrtʊŋsˌfɔl] *adj* **1** de gran responsabilidad. **2** muy responsable.
verarbeiten [fɛɐ'arbaɪtən] *tr* trabajar, transformar.
Verarbeitung [fɛɐ'arbaɪtʊŋ] **(-en)** *f* transformación *f*.
verärgern [fɛɐ'ɛrgɐn] *tr* disgustar, enfadar.
verarmen [fɛɐ'armən] *intr* empobrecer.
Verarmung [fɛɐ'armʊŋ] *f* empobrecimiento *m*.
Verb [vɛrp] **(-en)** *n* verbo *m*.
verbal [vɛr'ba:l] *adj* verbal.
Verband [fɛɐ'bant] **(-bände)** *m* **1** asociación *f*, federación *f*. **2** vendaje *m*.
Verband(s)kasten [fɛɐ'bant(s)ˌkastən] **(-kästen)** *m* botiquín *m*.
Verband(s)zeug [fɛɐ'bant(s)ˌsɔɪk] *n* vendajes *m pl*.
verbergen [fɛɐ'bɛrgən] *tr* esconder, proteger.
verbessern [fɛɐ'bɛsɐn] *tr* **1** mejorar, perfeccionar. **2** corregir, rectificar.
Verbesserung [fɛɐ'bɛsərʊŋ] **(-en)** *f* **1** mejora *f*. **2** corrección *f*, rectificación *f*.
verbeugen [fɛɐ'bɔɪgən] *pron* **sich ~** inclinarse, hacer una reverencia.
Verbeugung [fɛɐ'bɔɪgʊŋ] **(-en)** *f* inclinación *f*, reverencia *f*.
verbiegen [fɛɐ'bi:gən] *tr* torcer, doblar.
verbieten [fɛɐ'bi:tən] *tr* prohibir.
verbinden [fɛɐ'bɪndən] *tr* unir, juntar.
verbindlich [fɛɐ'bɪntlɪç] *adj* amable (palabras, sonrisa).
Verbindung [fɛɐ'bɪndʊŋ] **(-en)** *f* unión *f*.
Verbitterung [fɛɐ'bɪtərʊŋ] **(-en)** *f* amargura *f*.
verblassen [fɛɐ'blasən] *intr* palidecer, perder el color.
verbleiben [fɛɐ'blaɪbən] *intr* **1** acordar. **2** quedar.
verbleit [fɛɐ'blaɪt] *adj* con plomo.

V

verblüffen [fɛɐˈblʏfən] *tr* dejar perplejo, desconcertar.
Verblüffung [fɛɐˈblʏfʊŋ] *f* perplejidad *f*.
verblühen [fɛɐˈbly:ən] *intr* marchitarse.
verborgen [fɛɐˈbɔrgən] *adj* escondido, oculto.
Verborgenheit [fɛɐˈbɔrgənhaɪt] *f* **1** retiro. **2** clandestinidad *f*.
Verbot [fɛɐˈbo:t] **(-e)** *n* prohibición *f*.
verboten [fɛɐˈbo:tən] *adj* prohibido.
Verbrauch [fɛɐˈbraʊx] *m* consumo *m*, gasto *m*.
verbrauchen [fɛɐˈbraʊxən] *tr* consumir, gastar.
Verbraucher(in) [fɛɐˈbraʊxɐ] **(-, -nen)** *m(f)* consumidor(a) *m(f)*.
verbrechen [fɛɐˈbrɛçən] *tr* hacer algo malo (un crimen, un delito, etc.).
Verbrechen [fɛɐˈbrɛçən] **(-)** *n* crimen *m*, delito *m*.
Verbrecher(in) [fɛɐˈbrɛçɐ] **(-, -nen)** *m(f)* criminal *m, f*, delincuente *m, f*.
verbreiten [fɛɐˈbraɪtən] *tr* **1** divulgar, difundir (información). • **sich ~** *pron* **2** extenderse.
verbreitet [fɛɐˈbraɪtət] *adj* extendido, común.
verbrennen [fɛɐˈbrɛnən] *tr* **1** quemar. • *intr* **2** quemarse. • **sich ~** *pron* **3** quemarse.
Verbrennung [fɛɐˈbrɛnʊŋ] **(-en)** *f* **1** combustión *f*. **2** quemadura *f*.
verbringen [fɛɐˈbrɪŋən] *tr* pasar (tiempo, el día, la tarde, etc.).
Verbrüderung [fɛɐˈbry:dərʊŋ] **(-en)** *f* confraternidad *f*.
verbünden [fɛɐˈbʏndən] *pron* **sich ~** unirse, aliarse.
Verbündete(r) [fɛɐˈbʏndətə] **(-n, -n)** *mf(m)* aliado, -a *m, f*.
verbüßen [fɛɐˈby:sən] *tr* expiar.
Verdacht [fɛɐˈdaxt] **(-e, -dächte)** *m* sospecha *f*.
verdächtig [fɛɐˈdɛçtɪç] *adj* sospechoso.
verdächtigen [fɛɐˈdɛçtɪgən] *tr* sospechar.
verdammen [fɛɐˈdamən] *tr* maldecir.
verdammt [fɛɐˈdamt] *adj* condenado, maldito.
verdanken [fɛɐˈdaŋkən] *tr*
verdauen [fɛɐˈdaʊən] *tr* digerir.
Verdauung [fɛɐˈdaʊʊŋ] **(-en)** *f* digestión *f*.
verdecken [fɛɐˈdɛkən] *tr* **1** cubrir. **2** encubrir.
verderben [fɛɐˈdɛrbən] *tr* **1** estropear, deteriorar. **2** (fig) depravar, pervertir. • *intr* **3** deteriorarse.
Verderben [fɛɐˈdɛrbən] **(-)** *n* perdición *f*, ruina *f*.
verdeutlichen [fɛɐˈdɔɪtlɪçən] *tr* aclarar, poner en claro.
verdienen [fɛɐˈdi:nən] *tr* ganar (dinero).
Verdienst [fɛɐˈdi:nst] **(-e)** *m* **1** ganancia *f*. • *n* **2** mérito *m*.

verdoppeln [fɛɐ'dɔpəln] *tr y pron* doblar(se), duplicar(se).
verdorben [fɛɐ'dɔrbən] *adj* **1** podrido, estropeado. **2** pervertido.
verdrängen [fɛɐ'drɛŋən] *tr* **1** expulsar. **2** (fig) reprimir.
verdrießlich [fɛɐ'dri:slɪç] *adj* malhumorado.
verdunkeln [fɛɐ'dʊŋkəln] *tr y pron* oscurecer(se).
verdunsten [fɛɐ'dʊnstən] *intr* evaporarse.
Verdunstung [fɛɐ'dʊnstʊŋ] *f* evaporación *f*, vaporización *f*.
verdursten [fɛɐ'dʊrstən] *intr* morirse de sed.
verehren [fɛɐ'e:rən] *tr* venerar, adorar.
Verehrer(in) [fɛɐ'e:rɐ] **(-, -nen)** *m(f)* admirador(a) *m(f)*.
Verehrung [fɛɐ'e:rʊŋ] *f* veneración *f*.
vereidigen [fɛɐ'aɪdɪgən]
Verein [fɛɐ'aɪn] **(-e)** *m* asociación *f*.
vereinbaren [fɛɐ'aɪnba:rən] *tr* **1** convenir. **2** conciliar.
Vereinbarung [fɛɐ'aɪnba:rʊŋ] **(-en)** *f* acuerdo *m*, convenio *m*.
vereinen [fɛɐ'aɪnən] *tr y pron* unir(se), juntar(se).
vereinfachen [fɛɐ'aɪnfaxən] *tr* simplificar.
vereinigen [fɛɐ'aɪnɪgən] *tr y pron* unir(se).
Vereinigung [fɛɐ'aɪnɪgʊŋ] **(-en)** *f* unión *f*.
vereinsamen [fɛɐ'aɪnza:mən] *intr* quedar aislado.
vereinzelt [fɛɐ'aɪntsəlt] *adj* aislado, suelto.
vererben [fɛɐ'ɛrbən] *tr* legar, dejar en herencia.
Vererbung [fɛɐ'ɛrbʊŋ] **(-en)** *f* herencia *f*.
verfahren [fɛɐ'fa:rən] *intr* proceder.
Verfahren [fɛɐ'fa:rən] **(-)** *n* procedimiento *m*.
Verfall [fɛɐ'fal] *m* **1** derrumbamiento *m*. **2**
verfallen [fɛɐ'falən] *intr* derrumbarse.
Verfälschung [fɛɐ'fɛlʃʊŋ] *f* falsificación *f*.
verfassen [fɛɐ'fasən] *tr* redactar.
Verfasser(in) [fɛɐ'fasɐ] **(-, -nen)** *m(f)* autor(a) *m(f)*.
Verfassung [fɛɐ'fasʊŋ] **(-en)** *f* **1** estado *m* de ánimo. **2** POL constitución *f*.
verfaulen [fɛɐ'faulən] *intr* descomponerse.
verfeinern [fɛɐ'faɪnɐn] *tr* mejorar, perfeccionar.
verfinstern [fɛɐ'fɪnstɐn] *tr y pron* oscurecer(se).
verfluchen [fɛɐ'flu:xən] *tr* maldecir, renegar.
verfolgen [fɛɐ'fɔlgən] *tr* perseguir.
Verfolgung [fɛɐ'fɔlgʊŋ] **(-en)** *f* persecución *f*.
verfügbar [fɛɐ'fy:kba:ɐ] *adj* disponible.

verfügen [fɛɐˈfy:gən] *tr* ordenar, disponer.
Verfügung [fɛɐˈfy:gʊŋ] **(-en)** *f* disposición *f*, orden *f*.
verführen [fɛɐˈfy:rən] *tr* seducir.
Verführung [fɛɐˈfy:rʊŋ] **(-en)** *f* seducción *f*.
Vergabe [fɛɐˈga:bə] **(-n)** *f* concesión *f*, adjudicación *f*.
vergangen [fɛɐˈgaŋən] *adj* pasado.
Vergangenheit [fɛɐˈgaŋənhaɪt] *f* pasado *m*.
vergänglich [fɛɐˈgɛŋlɪç] *adj* efímero.
Vergänglichkeit [fɛɐˈgɛŋlɪçkaɪt] *f* fugacidad *f*.
vergebens [fɛɐˈge:bəns] *adv* en vano.
vergeblich [fɛɐˈge:plɪç] *adj* vano, inútil.
Vergebung [fɛɐˈge:bʊŋ] **(-en)** *f* **1** perdón *m*, indulgencia *f*. **2** adjudicación *f*.
vergehen [fɛɐˈge:ən] *intr* transcurrir, pasar (tiempo).
vergelten [fɛɐˈgɛltən] *tr* **1** retribuir. **2** vengar.
vergessen [fɛɐˈgɛsən] *tr* olvidar.
vergeuden [fɛɐˈgɔɪdən] *tr* desperdiciar.
Vergeudung [fɛɐˈgɔɪdʊŋ] *f* desperdicio *m*.
vergewaltigen [fɛɐgəˈvaltɪgən] *tr* violar.
Vergewaltigung [fɛɐgəˈvaltɪgʊŋ] **(-en)** *f* violación *f*.
vergiften [fɛɐˈgɪftən] *tr* envenenar.
Vergiftung [fɛɐˈgɪftʊŋ] **(-en)** *f* envenenamiento *m*.
Vergleich [fɛɐˈglaɪç] **(-e)** *m* comparación *f*. ■ **im ~ zu** ***(+dat)*** en comparación con.
vergleichen [fɛɐˈglaɪçən] *tr* comparar.
Vergnügen [fɛɐˈgny:gən] **(-)** *n* diversión *f*, placer *m*.
vergnüglich [fɛɐˈgny:klɪç] *adj* divertido.
vergnügt [fɛɐˈgny:kt] *adj* contento.
vergraben [fɛɐˈgra:bən] *tr* enterrar.
vergrämen [fɛɐˈgrɛ:mən] *tr* espantar, apesadumbrar.
vergrößern [fɛɐˈgrø:sɐn] *tr* agrandar.
Vergrößerung [fɛɐˈgrø:sərʊŋ] **(-en)** *f* ampliación *f*.
vergünstigt [fɛɐˈgʏnstɪçt] *adj* rebajado (precio).
vergüten [fɛɐˈgy:tən] *tr* remunerar.
verhaften [fɛɐˈhaftən] *tr* arrestar.
Verhaftung [fɛɐˈhaftʊŋ] **(-en)** *f* arresto *m*.
verhalten [fɛɐˈhaltən] *pron* **sich ~** comportarse.
Verhalten [fɛɐˈhaltən] **(-)** *n* comportamiento *m*.
Verhältnis [fɛɐˈhɛltnɪs] **(-se)** *n* lío *m*, ligue *m*.
verhandeln [fɛɐˈhandəln] *intr* negociar.

Verhandlung [fɛɐˈhandlʊŋ] (-en) *f* negociación *f*.
Verhängnis [fɛɐˈhɛŋnɪs] (-se) *n* fatalidad *f*.
verhängnisvoll [fɛɐˈhɛŋnɪsˌfɔl] *adj* fatal, funesto.
verharmlosen [fɛɐˈharmloːzən] *tr* restar importancia.
verhärmt [fɛɐˈhɛrmt] *adj* afligido.
verharren [fɛɐˈharən] *intr* **1** persistir. **2** permanecer.
verheerend [fɛɐˈheːrənt] *adj* devastador.
verheimlichen [fɛɐˈhaɪmlɪçən] *tr* mantener en secreto.
verheiraten [fɛɐˈhaɪraːtən] *tr* casar.
verheiratet [fɛɐˈhaɪraːtət] *adj* casado.
verheißungsvoll [fɛɐˈhaɪsʊŋsˌfɔl] *adj* prometedor.
verherrlichen [fɛɐˈhɛrlɪçən] *tr* ensalzar.
verhindern [fɛɐˈhɪndɐn] *tr* impedir.
verhindert [fɛɐˈhɪndɐt] *adj* impedido, imposibilitado.
Verhinderung [fɛɐˈhɪndərʊŋ] (-en) *f* impedimento *m*.
verhöhnen [fɛɐˈhøːnən] *tr* burlarse, mofarse.
verhüllen [fɛɐˈhʏlən] *tr* cubrir.
verhungern [fɛɐˈhʊŋɐn] *intr* morirse de hambre.
verhüten [fɛɐˈhyːtən] *tr* prevenir, evitar.
Verhütung [fɛɐˈhyːtʊŋ] (-en) *f* prevención *f*.
Verhütungsmittel [fɛɐˈhyːtʊŋsˌmɪtəl] (-) *n* anticonceptivo *m*.
verirren [fɛɐˈɪrən] *pron* **sich** ~ extraviarse.
Verirrung [fɛɐˈɪrʊŋ] (-en) *f* extravío *m*.
verkannt [fɛɐˈkant] *adj* desconocido, ignorado.
Verkauf [fɛɐˈkaʊf] (-käufe) *m* venta *f*.
verkaufen [fɛɐˈkaʊfən] *tr* vender.
Verkäufer(in) [fɛɐˈkɔɪfɐ] (-, -nen) *m(f)* vendedor(a) *m(f)*.
verkäuflich [fɛɐˈkɔɪflɪç] *adj* vendible.
Verkehr [fɛɐˈkeːɐ] *m* tráfico *m*.
verkehren [fɛɐˈkeːrən] *intr* circular (coche); transitar (persona).
Verkehrsmittel [fɛɐˈkeːɐsˌmɪtəl] (-) *n* medio *m* de transporte.
Verkehrsregel [fɛɐˈkeːɐsˌreːgəl] (-n) *f* regla *f* de tráfico.
Verkehrsunfall [fɛɐˈkeːɐsˌʊnfal] (-fälle) *m* accidente *m* de tráfico.
Verkehrszeichen [fɛɐˈkeːɐsˌtsaɪçən] (-) *n* señal *f* de tráfico.
verkehrt [fɛɐˈkeːɐt] *adj* equivocado, erróneo.
verketten [fɛɐˈketən] *tr* encadenar.
verkleiden [fɛɐˈklaɪdən] *tr* **1** disfrazar. • **sich** ~ *pron* **2** disfrazarse.
Verkleidung [fɛɐˈklaɪdʊŋ] (-en) *f* disfraz *m*.
verkleinern [fɛɐˈklaɪnɐn] *tr* y *pron* disminui(se), reducir(se).

Verkleinerung [fɛɐ'klaɪnərʊŋ] (-en) *f* disminución *f*, reducción *f*.
verknappen [fɛɐ'knapən] *intr* escasear.
verknittern [fɛɐ'knɪtɐn] *intr* estrujar, arrugar.
verknüpfen [fɛɐ'knʏpfən] *tr* **1** ligar, atar. **2** relacionar, asociar (ideas).
verkommen [fɛɐ'kɔmən] *intr* echarse a perder (comida).
verkörpern [fɛɐ'kœrpɐn] *tr* personificar.
verkraften [fɛɐ'kraftən] *tr* resistir.
verkrampfen [fɛɐ'krampfən] *pron* **sich ~** contraerse (músculos).
verkrüppelt [fɛɐ'krʏpəlt] *adj* lisiado, deforme (pie, brazo).
verkümmern [fɛɐ'kʏmɐn] *intr* marchitarse (flores).
verkünden [fɛɐ'kʏndən] *tr* anunciar, hacer saber.
Verkündigung [fɛɐ'kʏndɪgʊŋ] (-en) *f* anunciación *f*, publicación *f*.
verkürzen [fɛɐ'kʏrtsən] *tr* **1** acortar. **2** abreviar.
verladen [fɛɐ'la:dən] *tr* cargar.
Verlag [fɛɐ'la:k] (-e) *m* editorial *f*.
verlangen [fɛɐ'laŋən] *tr* pedir, exigir.
Verlangen [fɛɐ'laŋən] (-) *n* deseo *m*, anhelo *m*.
verlängern [fɛɐ'lɛŋɐn] *tr* **1** alargar. **2** prolongar.
verlassen [fɛɐ'lasən] *tr* **1** dejar, salir. **2** abandonar.
Verlassenheit [fɛɐ'lasənhaɪt] *f* abandono *m*.
verlässlich [fɛɐ'lɛslɪç] *adj* de confianza (información, amigo).
Verlauf [fɛɐ'laʊf] (**-läufe**) *m* transcurso *m*.
verlaufen [fɛɐ'laʊfən] *intr* **1** transcurrir, pasar. • **sich ~** *pron* **2** perderse.
verlegen [fɛɐ'le:gən] *tr* trasladar, cambiar de sitio.
Verlegenheit [fɛɐ'le:gənhaɪt] (-en) *f* timidez *f*, vergüenza *f*.
Verleger(in) [fɛɐ'le:gɐ] (-, -nen) *m(f)* editor(a) *m(f)*.
Verleih [fɛɐ'laɪ] (-e) *m* préstamo *m*.
verleihen [fɛɐ'laɪən] *tr* prestar.
verletzen [fɛɐ'lɛtsən] *tr* **1** herir. **2** ofender, vulnerar.
Verletzte(r) [fɛɐ'lɛtstə] (-n, -n) *mf(m)* herido, -a *m, f*.
Verletzung [fɛɐ'lɛtsʊŋ] (-en) *f* herida *f*.
verleugnen [fɛɐ'lɔɪgnən] *tr* negar, desmentir.
verlieben [fɛɐ'li:bən] *pron* **sich ~** enamorarse.
verliebt [fɛɐ'li:pt] *adj* enamorado.
verlieren [fɛɐ'li:rən] *tr* e *intr* **1** perder. • **sich ~** *pron* **2** perderse.
Verlierer(in) [fɛɐ'li:rɐ] (-, -nen) *m(f)* perdedor(a) *m(f)*.
verloben [fɛɐ'lo:bən] *pron* **sich ~** prometerse.

Verlobte(r) [fɛɐ'lo:ptə] (-n, -n) *mf(m)* prometido, -a *m, f.*
Verlobung [fɛɐ'lo:bʊŋ] (-en) *f* compromiso *m* matrimonial.
verlockend [fɛɐ'lɔkənt] *adj* seductor, tentador.
verlöschen [fɛɐ'lœʃən] *intr* apagarse (vela, fuego).
verlosen [fɛɐ'lo:zən] *tr* sortear, rifar.
Verlust [fɛɐ'lʊst] (-e) *m* pérdida *f.*
Vermächtnis [fɛɐ'mɛçtnɪs] (-se) *n* legado *m.*
vermarkten [fɛɐ'marktən] *tr* comercializar.
Vermarktung [fɛɐ'marktʊŋ] (-en) *f* comercialización *f.*
vermehren [fɛɐ'me:rən] *tr* **1** aumentar. • **sich ~** *pron* **2** multiplicarse, reproducirse.
vermeidbar [fɛɐ'maɪtba:ɐ] *adj* evitable.
vermeiden [fɛɐ'maɪdən] *tr* evitar.
vermengen [fɛɐ'mɛŋən] *tr* mezclar.
vermessen [fɛɐ'mesən] *tr* **1** medir. • **sich ~** *pron* **2** equivocarse al medir.
vermieten [fɛɐ'mi:tən] *tr* e *intr* alquilar, arrendar.
Vermieter(in) [fɛɐ'mi:tɐ] (-, -nen) *m(f)* arrendatario, -a *m, f.*
vermindern [fɛɐ'mɪndɐn] *tr* **1** disminuir, rebajar. • **sich ~** *pron* **2** disminuir, decrecer.
Vermischung [fɛɐ'mɪʃʊŋ] (-en) *f* mezcla *f.*
vermissen [fɛɐ'mɪsən] *tr* echar de menos.
vermisst [fɛɐ'mɪst] *adj* desaparecido.
vermitteln [fɛɐ'mɪtəln] *tr* **1** procurar, facilitar. **2** transmitir (conocimientos).
Vermittlung [fɛɐ'mɪtlʊŋ] (-en) *f* mediación *f.*
vermodern [fɛɐ'mo:dɐn] *intr* pudrirse, descomponerse.
Vermögen [fɛɐ'mø:gən] (-) *n* **1** fortuna *f.* **2** poder *m*, capacidad *f.*
vermögend [fɛɐ'mø:gənt] *adj* adinerado, rico.
vermuten [fɛɐ'mu:tən] *tr* e *intr* suponer.
vermutlich [fɛɐ'mu:tlɪç] *adj* supuesto, presunto.
vernachlässigen [fɛɐ'na:xlɛsɪgən] *tr* descuidar.
verneigen [fɛɐ'naɪgən] *pron* **sich ~** inclinarse, hacer una reverencia.
verneinen [fɛɐ'naɪnən] *tr* negar.
Verneinung [fɛɐ'naɪnʊŋ] (-en) *f* respuesta *f* negativa.
vernetzen [fɛɐ'nɛtsən] *tr* unir, conectar.
vernichten [fɛɐ'nɪçtən] *tr* destruir, aniquilar.
Vernichtung [fɛɐ'nɪçtʊŋ] (-en) *f* destrucción *f*, aniquilación *f.*
Vernunft [fɛɐ'nʊnft] *f* razón *f.*
vernünftig [fɛɐ'nʏnftɪç] *adj* razonable, sensato.
veröden [fɛɐ'ø:dən] *intr* quedar despoblado.

veröffentlichen [fɛɐ'œfəntlɪçən] *tr* publicar.
Veröffentlichung [fɛɐ'œfəntlɪçʊŋ] (-en) *f* publicación *f.*
verordnen [fɛɐ'ɔrdnən] *tr* mandar, ordenar.
Verordnung [fɛɐ'ɔrdnʊŋ] (-en) *f* orden *f*, decreto *m.*
verpachten [fɛɐ'paxtən] *tr* e *intr* arrendar (un local, terreno, etc.).
verpacken [fɛɐ'pakən] *tr* empaquetar, embalar.
Verpackung [fɛɐ'pakʊŋ] (-en) *f* envoltorio *m*, embalaje *m.*
verpassen [fɛɐ'pasən] *tr* desaprovechar (una oportunidad).
verpflegen [fɛɐ'pfle:gən] *tr* alimentar.
Verpflegung [fɛɐ'pfle:gʊŋ] (-en) *f* alimentación *f.*
verpflichten [fɛɐ'pflɪçtən] *tr* **1** obligar, comprometer. • **sich ~** *pron* **2** comprometerse.
Verpflichtung [fɛɐ'pflɪçtʊŋ] (-en) *f* obligación *f*, compromiso *f.*
verprügeln [fɛɐ'pry:gəln] *tr* (fam) dar una paliza.
verpulvern [fɛɐ'pʊlvɐn] *tr* (fam) derrochar, despilfarrar.
Verrat [fɛɐ'ra:t] *m* traición *f.*
verraten [fɛɐ'ra:tən] *tr* **1** traicionar. **2** delatar, revelar.
Verräter(in) [fɛɐ'rɛ:tɐ] (-, **-nen**) *m(f)* traidor(a) *m(f).*
verrenken [fɛɐ'rɛŋkən] *tr* **1** torcer, dislocar (el brazo, pie, etc.). • **sich ~** *pron* **2** retorcerse.
verrichten [fɛɐ'rɪçtən] *tr* hacer, realizar.
verriegeln [fɛɐ'ri:gəln] *tr* cerrar con cerrojo.
verringern [fɛɐ'rɪŋɐn] *tr* disminuir, reducir.
Verringerung [fɛɐ'rɪŋərʊŋ] (-en) *f* disminución *f*, reducción *f.*
verrinnen [fɛɐ'rɪnən] *intr* (form) pasar, transcurrir (tiempo).
verrückt [fɛɐ'rʏkt] *adj* loco.
Verrückte(r) [fɛɐ'rʏktə] (**-n, -n**) *mf(m)* loco, -a *m, f.*
Verrücktheit [fɛɐ'rʏkthaɪt] (-en) *f* locura *f.*
Vers [fɛrs] (-e) *m* verso *m.*
versagen [fɛɐ'za:gən] *tr* **1** negar. • *intr* **2** fallar (máquina, corazón).
Versagen [fɛɐ'za:gən] *n* fallo *m.*
Versager(in) [fɛɐ'za:gɐ] (-, **-nen**) *m(f)* fracasado, -a *m, f.*
versammeln [fɛɐ'zaməln] *pron* **sich ~** reunirse.
Versammlung [fɛɐ'zamlʊŋ] (-en) *f* reunión *f.*
Versand [fɛɐ'zant] *m* envío *m.*
versäumen [fɛɐ'zɔʏmən] *tr* **1** faltar (a una obligación). **2** perder (el tren, autobús, etc.).
Versäumnis [fɛɐ'zɔʏmnɪs] (**-se**) *n* descuido *m*, negligencia *f.*
verschaffen [fɛɐ'ʃafən] *tr* procurar, proporcionar.
verschärfen [fɛɐ'ʃɛrfən] *tr* agravar, agudizar.
verschenken [fɛɐ'ʃɛŋkən] *tr* regalar.

verschieben [fɛɐˈʃiːbən] *tr* **1** cambiar de sitio. **2** aplazar.
verschieden [fɛɐˈʃiːdən] *adj* distinto, diferente.
verschiedene [fɛɐˈʃiːdənə] *adj* diversos, varios.
verschiedenartig [fɛɐˈʃiːdənˌaːɐtɪç] *adj* **1** distinto. **2** variado.
Verschiedenheit [fɛɐˈʃiːdənhaɪt] (**-en**) *f* **1** diferencia *f*. **2** variedad *f*.
verschimmeln [fɛɐˈʃɪməln] *intr* enmohecerse.
verschlafen [fɛɐˈʃlaːfən] *intr* quedarse dormido.
verschlechtern [fɛɐˈʃlɛçtɐn] *pron* **sich ~** empeorarse.
Verschlechterung [fɛɐˈʃlɛçtəruŋ] (**-en**) *f* deterioro *m*.
verschleiern [fɛɐˈʃlaɪɐn] *tr* cubrir con un velo.
verschleißen [fɛɐˈʃlaɪsən] *tr* e *intr* desgastar(se).
verschleppen [fɛɐˈʃlɛpən] *tr* **1** deportar. **2** curar mal.
verschließen [fɛɐˈʃliːsən] *tr* cerrar.
verschlimmern [fɛɐˈʃlɪmɐn] *tr* **1** agravar. • **sich ~** *pron* **2** empeorarse.
verschlossen [fɛɐˈʃlɔsən] *adj* reservado, cerrado (persona).
verschlucken [fɛɐˈʃlʊkən] *tr* **1** tragar. • **sich ~** *pron* **2** atragantarse.
Verschluss [fɛɐˈʃlʊs] (**-schlüsse**) *m* cierre *m*.
verschlüsseln [fɛɐˈʃlʏsəln] *tr* codificar.
verschmerzen [fɛɐˈʃmɛrtsən] *tr* (irón) sobreponerse.
verschmitzt [fɛɐˈʃmɪtst] *adj* pícaro.
verschmutzen [fɛɐˈʃmʊtsən] *tr* **1** ensuciar. **2** contaminar (el agua, el aire). • *intr* **3** ensuciarse.
Verschmutzung [fɛɐˈʃmʊtsʊŋ] (**-en**) *f* **1** suciedad *f*. **2** contaminación *f*.
verschnüren [fɛɐˈʃnyːrən] *tr* atar (con una cuerda).
verschollen [fɛɐˈʃɔlən] *adj* desaparecido.
verschonen [fɛɐˈʃoːnən] *tr* respetar.
verschönern [fɛɐˈʃøːnɐn] *tr* embellecer.
verschreiben [fɛɐˈʃraɪbən] *tr* **1** prescribir, recetar. • **sich ~** *pron* **2** equivocarse al escribir.
verschrotten [fɛɐˈʃrɔtən] *tr* aprovechar como chatarra.
verschüchtert [fɛɐˈʃʏçtɐt] *adj* tímido, apocado.
verschulden [fɛɐˈʃʊldən] *tr* ser culpable.
verschuldet [fɛɐˈʃʊldət] *adj* endeudado.
Verschuldung [fɛɐˈʃʊldʊŋ] (**-en**) *f* deudas *f pl*.
verschweigen [fɛɐˈʃvaɪgən] *tr* callar, silenciar.
verschwenden [fɛɐˈʃvɛndən] *tr* derrochar, despilfarrar.
Verschwender(in) [fɛɐˈʃvɛndɐ] (**-, -nen**) *m(f)* derrochador(a) *m(f)*.

V

Verschwendung [fɛɐ'ʃvendʊŋ] (-en) *f* derroche *m*, despilfarro *m*.
verschwiegen [fɛɐ'ʃviːgən] *adj* reservado, callado (persona).
verschwimmen [fɛɐ'ʃvɪmən] *intr* desdibujarse, confundirse.
verschwinden [fɛɐ'ʃvɪndən] *intr* desaparecer.
verschwommen [fɛɐ'ʃvɔmən] *adj* vago, confuso (recuerdo).
verschwören [fɛɐ'ʃvøːrən] *pron* **sich ~** confabularse.
Verschwörung [fɛɐ'ʃvøːrʊŋ] (-en) *f* conjuración *f*.
Versehen [fɛɐ'zeːən] (-) *n* equivocación *f*.
versehentlich [fɛɐ'zeːəntlɪç] *adj* sin querer.
verselbständigen $_{O}$**verselbstständigen** [fɛɐ'zelpʃtendɪgən] *pron* **sich ~** independizarse.
versenken [fɛɐ'zeŋkən] *tr* hundir.
versetzen [fɛɐ'zetsən] *tr* cambiar de sitio.
verseuchen [fɛɐ'zɔɪçən] *tr* infestar, contaminar.
versichern [fɛɐ'zɪçɐn] *tr* **1** asegurar. • **sich ~** *pron* **2** asegurarse.
Versicherung [fɛɐ'zɪçərʊŋ] (-en) *f* seguro *m*.
versickern [fɛɐ'zɪkɐn] *intr* filtrarse en el suelo (agua, lluvia).
versinken [fɛɐ'zɪŋkən] *intr* **1** hundirse. **2** sumergirse.
Version [vɛɐ'zioːn] (-en) *f* versión *f*.
versöhnen [fɛɐ'zøːnən] *pron* **sich ~** reconciliarse.
versöhnlich [fɛɐ'zøːnlɪç] *adj* conciliador.
Versöhnung [fɛɐ'zøːnʊŋ] (-en) *f* reconciliación *f*.
versorgen [fɛɐ'zɔrgən] *tr* abastecer, proveer.
Versorgung [fɛɐ'zɔrgʊŋ] (-en) *f* provisión *f*, abastecimiento *m*.
verspäten [fɛɐ'ʃpeːtən] *pron* **sich ~** retrasarse.
Verspätung [fɛɐ'ʃpeːtʊŋ] (-en) *f* retraso *m*.
versperren [fɛɐ'ʃperən] *tr* obstruir, bloquear.
verspotten [fɛɐ'ʃpɔtən] *tr* burlarse.
versprechen [fɛɐ'ʃpreçən] *tr* **1** prometer. • **sich ~** *pron* **2** equivocarse al hablar.
Versprechen [fɛɐ'ʃpreçən] (-) *n* promesa *f*.
verstaatlichen [fɛɐ'ʃtaːtlɪçən] *tr* nacionalizar.
Verstand [fɛɐ'ʃtant] *m* intelecto *m*.
verständigen [fɛɐ'ʃtendɪgən] *tr* **1** informar. • **sich ~** *pron* **2** entenderse, hacerse entender.
Verständigung [fɛɐ'ʃtendɪgʊŋ] (-en) *f* información *f*.
verständlich [fɛɐ'ʃtentlɪç] *adj* comprensible, claro.
Verständnis [fɛɐ'ʃtentnɪs] *n* comprensión *f*, entendimiento *m*.
verständnislos [fɛɐ'ʃtentnɪsloːs] *adj* incomprensivo.

verständnisvoll [fɛɐ'ʃtɛntnɪsfɔl] *adj* comprensivo.
verstärken [fɛɐ'ʃtɛrkən] *tr* reforzar.
Verstärker [fɛɐ'ʃtɛrkɐ] (-) *m* amplificador *m.*
Versteck [fɛɐ'ʃtɛk] (-e) *n* escondite *m.*
verstecken [fɛɐ'ʃtɛkən] *tr* **1** esconder, ocultar. • **sich ~** *pron* **2** esconderse.
verstehen [fɛɐ'ʃte:ən] *tr* **1** entender, comprender. • **sich ~** *pron* **2** entenderse.
verstellen [fɛɐ'ʃtɛlən] *tr* **1** cambiar de sitio. • **sich ~** *pron* **2** disimular, fingir.
versteuern [fɛɐ'ʃtɔɪɐn] *tr* pagar impuestos.
verstopfen [fɛɐ'ʃtɔpfən] *tr* obstruir, obturar.
Verstorbene(r) [fɛɐ'ʃtɔrbənə] (-n,-n) *mf(m)* difunto, -a *m, f.*
Verstoß [fɛɐ'ʃto:s] (-**stöße**) *m* falta *f,* infracción *f.*
verstoßen [fɛɐ'ʃto:sən] *intr* faltar, infringir.
verstreuen [fɛɐ'ʃtrɔɪən] *tr* dispersar.
Verstümmelung [fɛɐ'ʃtʏməlʊŋ] (-en) *f* mutilación *f.*
verstummen [fɛɐ'ʃtʊmən] *intr* enmudecer.
Versuch [fɛɐ'zu:x] (-e) *m* **1** intento *m.* **2** prueba *f.*
versuchen [fɛɐ'zu:xən] *tr* **1** intentar. **2** probar, ensayar.
Versuchung [fɛɐ'zu:xʊŋ] (-en) *f* tentación *f.*
vertauschen [fɛɐ'taʊʃən] *tr* cambiar, canjear.
verteidigen [fɛɐ'taɪdɪgən] *tr* y defender.
Verteidigung [fɛɐ'taɪdɪgʊŋ] (-en) *f* defensa *f.*
verteilen [fɛɐ'taɪlən] *tr* repartir, distribuir.
vertikal [vɛrti'ka:l] *adj* vertical.
Vertikale [vɛrti'ka:lə] (-n) *f* línea *f* vertical.
Vertrag [fɛɐ'tra:k] (-**träge**) *m* contrato *m.*
vertraglich [fɛɐ'tra:klɪç] *adj* contractual.
vertrauen [fɛɐ'traʊən] *intr* confiar, fiarse.
Vertrauen [fɛɐ'traʊən] *n* confianza *f.*
vertrauenswürdig [fɛɐ'traʊənsˌvʏrdɪç] *adv* digno de confianza.
vertraulich [fɛɐ'traʊlɪç] *adj* confidencial.
vertraut [fɛɐ'traʊt] *adj* **1** íntimo (amigo). **2** familiar, conocido.
Vertraute(r) [fɛɐ'traʊtə] (-n, -n) *mf(m)* confidente *m, f.*
vertreiben [fɛɐ'traɪbən] *tr* echar, expulsar.
vertreten [fɛɐ'tre:tən] *tr* **1** representar. **2** defender (a un acusado, un punto de vista, una opinión, etc.).
Vertreter(in) [fɛɐ'tre:tɐ] (-, -nen) *m(f)* **1** representante *m, f.* **2** defensor(a) *m(f).*
Vertretung [fɛɐ'tre:tʊŋ] (-en) *f* representación *f.*

V

verunglücken [fɛɐ'ʊnglʏkən] *intr* tener un accidente.
verunsichern [fɛɐ'ʊnzɪçɐn] *tr* confundir, desconcertar.
verursachen [fɛɐ'uːɐzaxən] *tr* causar, provocar.
verurteilen [fɛɐ'ʊrtaɪlən] *tr* condenar.
Verurteilte(r) [fɛɐ'ʊrtaɪltə] (**-n, -n**) *mf(m)* condenado, -a *m, f.*
Verurteilung [fɛɐ'ʊrtaɪlʊŋ] (**-en**) *f* condena *f.*
vervielfältigen [fɛɐ'fiːlfɛltɪgən] *tr* fotocopiar, reproducir.
vervollkommnen [fɛɐ'fɔlkɔmnən] *tr* perfeccionar.
vervollständigen [fɛɐ'fɔlʃtɛndɪgən] *tr y pron* completar(se).
verwahrlosen [fɛɐ'vaːɐloːzən] *intr* ir a menos.
verwalten [fɛɐ'valtən] *tr* administrar.
Verwalter(in) [fɛɐ'valtɐ] (**-, -nen**) *m(f)* administrador(a) *m(f).*
Verwaltung [fɛɐ'valtʊŋ] (**-en**) *f* administración *f.*
Verwaltungskosten [fɛɐ'valtʊŋsˌkɔstən] *pl* gastos *m pl* de administración.
verwandeln [fɛɐ'vandəln] *tr* cambiar, transformar.
Verwandlung [fɛɐ'vandlʊŋ] (**-en**) *f* transformación *f,* cambio *m.*
verwandt [fɛɐ'vant] *adj* pariente.
Verwandte(r) [fɛɐ'vantə] (**-n, -n**) *mf(m)* pariente *m, f.*
Verwandtschaft [fɛɐ'vantʃaft] (**-en**) *f* parentela *f,* parientes *m pl.*
verwandtschaftlich [fɛɐ'vantʃaftlɪç] *adj* de parentesco.
verwechseln [fɛɐ'vɛksəln] *tr* confundir.
Verwechs(e)lung [fɛɐ'vɛks(ə)lʊŋ] (**-en**) *f* confusión *f.*
verweigern [fɛɐ'vaɪgɐn] *tr* negar, rehusar.
verweisen [fɛɐ'vaɪzən] *tr e intr* indicar, remitir.
Verwendbarkeit [fɛɐ'vɛntbaːɐkaɪt] (**-en**) *f* utilidad *f;* aplicabilidad *f.*
verwenden [fɛɐ'vɛndən] *tr* utilizar, emplear.
Verwendung [fɛɐ'vɛndʊŋ] (**-en**) *f* uso *m,* empleo *m.*
verwerten [fɛɐ'veːɐtən] *tr* utilizar, emplear.
Verwertung [fɛɐ'veːɐtʊŋ] (**-en**) *f* utilización *f.*
verwickeln [fɛɐ'vɪkəln] *pron* **sich ~** enredarse, enmarañarse (hilos).
verwirklichen [fɛɐ'vɪrklɪçən] *tr* **1** realizar. • **sich ~** *pron* **2** realizarse; hacerse realidad.
Verwirklichung [fɛɐ'vɪrklɪçʊŋ] (**-en**) *f* realización *f.*
verwirren [fɛɐ'vɪrən] *tr* **1** enmarañar, enredar (pelo, hilo). **2** desconcertar, confundir.
verwirrend [fɛɐ'vɪrənt] *adj* confuso, desconcertante.
Verwirrung [fɛɐ'vɪrʊŋ] (**-en**) *f* confusión *f,* desconcierto *m.*

verwitwet [fɛɐˈvɪtvət] *adj* viudo.
verwöhnen [fɛɐˈvø:nən] *tr* mimar.
verwöhnt [fɛɐˈvø:nt] *adj* mimado; engreído (Amér.).
verworren [fɛɐˈvɔrən] *adj* enredado, embrollado.
verwunderlich [fɛɐˈvʊndɐlɪç] *adj* sorprendente; extraño.
verwundern [fɛɐˈvʊndɐn] *tr* sorprender.
verwundet [fɛɐˈvʊndət] *adj* herido.
Verwundung [fɛɐˈvʊndʊŋ] **(-en)** *f* herida *f.*
verwünschen [fɛɐˈvʏnʃən] *tr* maldecir.
verzagen [fɛɐˈtsa:gən] *intr* desanimarse; acholarse (Amér.).
verzaubern [fɛɐˈtsaubɐn] *tr* encantar, hechizar.
Verzehr [fɛɐˈtse:ɐ] *m* consumo *m.*
verzehren [fɛɐˈtse:rən] *tr* consumir.
Verzeichnis [fɛɐˈtsaɪçnɪs] **(-se)** *n* **1** lista *f.* **2** índice *m* (de un libro).
verzeihen [fɛɐˈtsaɪən] *tr* e *intr* perdonar, disculpar.
Verzeihung [fɛɐˈtsaɪʊŋ] *f* perdón *m.*
Verzicht [fɛɐˈtsɪçt] **(-e)** *m* renuncia *f.*
verzichten [fɛɐˈtsɪçtən] *intr* renunciar.
verziehen [fɛɐˈtsi:ən] **1** intr mudarse. • *tr* **2** mimar (niño). **3** torcer (cara).
verzinsen [fɛɐˈtsɪnzən] *tr* pagar intereses.
verzogen [fɛɐˈtso:gən] *adj* **~ sein** haber cambiado de domicilio.
verzögern [fɛɐˈtsø:gɐn] *tr* e *intr* **1** retardar, aplazar. • **sich ~** *pron* **2** retrasarse.
Verzögerung [fɛɐˈtsø:gərʊŋ] **(-en)** *f* retraso *m*, demora *f.*
verzweifeln [fɛɐˈtsvaɪfəln] *intr* desesperar.
verzweifelt [fɛɐˈtsvaɪfəlt] *adj* desesperado.
Verzweiflung [fɛɐˈtsvaɪflʊŋ] **(-en)** *f* desesperación *f.*
verzweigen [fɛɐˈtsvaɪgən] *pron* **sich ~** ramificarse; bifurcarse.
Vetter [ˈfɛtɐ] **(-n)** *m* primo *m.*
vgl. (*abrev de* **vergleiche**) *tr* cf. (compárese).
vibrieren [viˈbri:rən] *intr* vibrar.
Video [ˈvi:deo] **(-s)** *n* vídeo *m.*
Videokassette [ˈvi:deokaˌsɛtə] **(-n)** *f* cinta *f* de vídeo.
Videorecorder [ˈvi:deoreˌkɔrdɐ] **(-)** *m* vídeo *m.*
Videospiel [ˈvi:deoˌʃpi:l] **(-e)** *n* videojuego *m.*
Videothek [video'te:k] **(-en)** *f* videoteca *f.*
Vieh [fi:] *n* **1** ganado *m*; res *f.* **2** (fam) bicho *m.*
viel [fi:l] *adj* o *pron* **1** mucho. • *adv* **2** mucho; amenudo, con frecuencia. ■ **nicht ~** poco; **sehr ~** muchísimo; **so ~** tanto; **~ zu** demasiado; **ziemlich ~** bastante.

V

vieldeutig [ˈfiːlˌdɔɪtɪç] *adj* ambiguo.
vielfach [ˈfiːlfax] *adj* **1** múltiple. • *adv* **2** con frecuencia.
Vielfalt [ˈfiːlfalt] *f* variedad *f.*
vielfältig [ˈfiːlˌfɛltɪç] *adj* variado.
vielleicht [fiˈlaɪçt] *adv* **1** quizá(s), tal vez; capaz (Amér.). **2** por casualidad, acaso. **3** más o menos, aproximadamente.
vielmals [ˈfiːlmaːls] *adv* muchas veces.
vielmehr [ˈfiːlmeːɐ] *adv* más bien.
vielseitig [ˈfiːlˌzaɪtɪç] *adj* **1** polifacético (persona). **2** variado, amplio (experiencias, intereses, oferta, etc.).
Vielseitigkeit [ˈfiːlˌzaɪtɪçkaɪt] *f* **1** polifacetismo *m.* **2** variedad *f.*
vier [fiːɐ] *adj* cuatro.
Vier [fiːɐ] **(-en)** *f* cuatro *m.*
viertel [ˈfɪrtəl] *adj* cuarto.
Viertel [ˈfɪrtəl] (-) *n* **1** cuarto *m*, cuarta parte *f.* **2** barrio *m.*
Viertelstunde [fɪrtəlˈʃtʊndə] **(-n)** *f* cuarto *m* de hora.
viertens [ˈfiːɐtəns] *adv* en cuarto lugar; cuarto.
vierzehn [ˈfɪrtseːn] *num* catorce.
vierzig [ˈfɪrtsɪç] *num* cuarenta.
Villa [ˈvɪla] **(Villen)** *f* villa *f.*
Viola [ˈvĭoːla] **(Violen)** *f* viola *f.*
violett [vĭoˈlɛt] *adj* violeta.
Violine [vĭoˈliːnə] **(-n)** *f* violín *m.*
Violinschlüssel [vĭoˈliːnˌʃlʏsəl] (-) *m* MÚS clave *m* de sol.
Violoncello [vĭolɔnˈtsɛlo] **(-s, -celli)** *n* violonc(h)elo *m*, cello *m.*
virtuell [vɪrˈtŭɛl] *adj* virtual.
Virus [ˈviːrʊs] **(Viren)** *m* virus *m.*
Vision [viˈzĭoːn] **(-en)** *f* visión *f.*
Visite [viˈziːtə] **(-n)** *f* visita *f.*
Visitenkarte [viˈziːtənˌkartə] **(-n)** *f* tarjeta *f* de visita.
visuell [vɪˈzŭɛl] *adj* visual.
Visum [ˈviːzʊm] **(Visa, Visen)** *n* visado *m*; visa *f* (Amér.).
vital [viˈtaːl] *adj* vital.
Vitalität [vitaliˈtɛːt] *f* vitalidad *f.*
Vitamin [vitaˈmiːn] **(-e)** *n* vitamina *f.*
Vizepräsident(in) [ˈfiːtsəprɛziˌdɛnt] **(-en, -nen)** *m(f)* vicepresidente, -a *m, f.*
Vogel [ˈfoːgəl] **(Vögel)** *m* pájaro *m.*
Vokabel [voˈkaːbəl] **(-n)** *f* vocablo *m*; palabra *f.*
Vokabular [vokabuˈlaːɐ] **(-e)** *n* vocabulario *m.*
Vokal [voˈkaːl] **(-e)** *m* vocal *f.*
Volk [fɔlk] **(Völker)** *n* pueblo *m*; nación *f.*
Völkerkunde [ˈfœlkɐˌkʊndə] *f* etnología *f.*
Volksabstimmung [ˈfɔlksˌapʃtɪmʊŋ] **(-en)** *f* plebiscito *m.*
Volksentscheid [ˈfɔlksɛntˌʃaɪt] *m* plebiscito *m.*
Volksfest [ˈfɔlksfɛst] **(-e)** *n* fiesta *f* popular.

Volkshochschule [ˈfɔlkshoːxʃuːlə] (-n) *f* centro *m* de formación de adultos.
Volkslied [ˈfɔlksliːt] (-er) *n* canción *f* popular.
Volksschule [ˈfɔlksˌʃuːlə] (-n) *f* escuela *f* primaria.
volkstümlich [ˈfɔlkstyːmlɪç] *adj* popular.
Volkswirtschaft [ˈfɔlksˌvɪrtʃaft] *f* economía *f* política.
Volkswirtschaftslehre [ˈfɔlksvɪrtʃaftsˌleːrə] *f* ciencias *f pl* económicas.
Volkszählung [ˈfɔlksˌtseːlʊŋ] (-en) *f* censo *m* de población.
voll [fɔl] *adj* **1** lleno. **2** rebosante. • *adv* **3** completamente.
vollautomatisch [ˈfɔlaʊtoˌmaːtɪʃ] *adj* completamente automático.
vollbringen [fɔlˈbrɪŋən] *tr* realizar.
vollenden [fɔlˈɛndən] *tr* **1** terminar, acabar. **2** completar.
vollendet [fɔlˈɛndət] *adj* perfecto.
Vollendung [fɔlˈɛndʊŋ] *f* terminación *f*.
voller [ˈfɔlɐ] *adj* rebosante.
Volleyball [ˈvɔlibal] *m* DEP balonvolea *m*, voleibol *m*.
Volleyball [ˈvɔlibal] (-bälle) *m* pelota *f* de voleibol.
völlig [ˈfœlɪç] *adj* **1** completo, total. • *adv* **2** del todo, completamente.
volljährig [ˈfɔlˌjeːrɪç] *adj* mayor de edad.
Volljährigkeit [ˈfɔlˌjeːrɪçkaɪt] *f* mayoría *f* de edad.
vollkommen [fɔlˈkɔmən] *adj* **1** completo; perfecto. **2** total, absoluto.
Vollkommenheit [fɔlˈkɔmənhaɪt] *f* perfección *f*.
Vollkornbrot [ˈfɔlkɔrnˌbroːt] (-e) *n* pan *m* integral.
Vollmacht [ˈfɔlmaxt] (-en) *f* plenos poderes *m pl*; autorización *f*.
Vollpension [ˈfɔlpɛnˌzĭoːn] *f* pensión *f* completa.
vollständig [ˈfɔlʃtɛndɪç] *adj* **1** completo. • *adv* **2** enteramente, por completo.
Vollständigkeit [ˈfɔlʃtɛndɪçkaɪt] *f* integridad *f*.
vollstrecken [fɔlˈʃtrɛkən] *tr* ejecutar.
vollwertig [ˈfɔlˌveːɐtɪç] *adj* de igual valía.
Vollwertkost [ˈfɔlˌveːɐtkɔst] *f* alimentos *m pl* integrales.
Volontariat [volɔntaˈrĭaːt] (-e) *n* voluntariado *m*.
Volt [vɔlt] (-) *n* voltio *m*.
Volumen [voˈluːmən] (-, **Volumina**) *n* volumen *m*.
voluminös [volumiˈnøːs] *adj* voluminoso.
vom [fɔm] *prep* (von + dem) → von.
von [fɔn] *prep* **+dat 1** de (situación): *von Berlin nach Potsdam = de Berlín a Potsdam*. **2** desde, de, a partir de (tiempo): *von morgens bis abends*

V

= *del la mañana hasta la tarde*. **3** por (autoría): *der Kurs wird von ihm geleitet = el curso es dirigido por él*. ■ **~ allein** por sí solo; **~ mir aus** por mí de acuerdo.

voneinander [fɔnaɪˈnandɐ] *adv* uno de otro.

vor [foːɐ] *prep* **+dat 1** (situación) delante de: *die Koffer stehen vor der Tür = las maletas están delante de la puerta*. **2** (tiempo) antes de: *vor der Abreise = antes de partir*; hace: *vor fünf Minuten = hace cinco minutos*. **3** (causa) de: *er weinte vor Freude = lloraba de alegría*. **4** (presencia) ante, en presencia de: *vor seinen Kollegen = delante de sus colegas*. **+ac 5** (dirección) delante de (local): *stell die Koffer vor das Auto = pon las maletas delante del coche*. ■ **nach wie ~** ahora como antes.

vorab [foːɐˈap] *adv* primero; ante todo.

Vorabend [ˈfoːɐˌaːbənd] **(-e)** *m* víspera *f*.

voran [foˈran] *adv* delante, adelante.

voran|gehen [foˈranˌgeːən] *intr* **1** ir delante, ir en cabeza. **2** preceder. **3** avanzar.

voran|kommen [foˈranˌkɔmən] *intr* **1** avanzar, adelantar. **2** hacer progresos, progresar.

Vorarbeit [ˈfoːɐˌarbaɪt] **(-en)** *f* trabajo *m* preparatorio.

voraus [foˈraʊs] *adv* delante. ■ **im Voraus** por adelantado.

voraus|ahnen [foˈraʊsˌaːnən] *tr* presentir.

voraus|gehen [foˈraʊsˌgeːən] *intr* ir delante.

vorausgesetzt [foˈraʊsgəˌzɛtst] **~, dass...** *adj* siempre que…, siempre y cuando …

voraus|haben [foˈraʊsˌhaːbən] *tr* **jm etw ~** aventajar a alguien en algo.

voraussehbar [foˈraʊsˌzeːbaːɐ] *adj* previsible.

voraus|sehen [foˈraʊsˌzeːən] *tr* prever.

voraus|setzen [foˈraʊsˌzɛtsən] *tr* suponer, presuponer.

Voraussetzung [foˈraʊsˌzɛtsʊŋ] **(-en)** *f* **1** suposición *f*, presuposición *f*. **2** condición *f* previa.

voraussichtlich [foˈraʊsˌzɪçtlɪç] *adj* **1** probable, previsible. ● *adv* **2** probablemente.

Vorbedingung [ˈfoːɐbəˌdɪŋʊŋ] **(-en)** *f* condición *f* previa.

vor|behalten [ˈfoːɐbəˌhaltən] *tr* reservar.

vorbei [foːɐˈbaɪ] *adv* **1** pasado, por delante de (local). **2** pasado, terminado (temporal).

vorbei|fahren [fɔrˈbaɪˌfaːrən] *intr* pasar por delante; pasar de largo.

vorbei|gehen [fɔrˈbaɪˌgeːən] *intr* **1** pasar por delante. **2** pasar.

vorbei|kommen [fɔrˈbaɪˌkɔmən] *intr* pasar.

vorbei|lassen [fɔrˈbaɪˌlasən] *tr* dejar pasar.

vorbelastet [ˈfoːɐbəˌlastət] *adj* con antecedentes.

vor|bereiten [ˈfoːɐbəˌraɪtən] *tr* **1** preparar. • **sich** ~ *pron* **2** prepararse.

Vorbereitung [ˈfoːɐbəˌraɪtʊŋ] (**-en**) *f* preparación *f*, apronte *m* (Amér.).

vor|beugen [ˈfoːɐˌbɔɪgən] *intr* prevenir.

Vorbeugung [ˈfoːɐˌbɔɪgʊŋ] (**-en**) *f* prevención *f*.

Vorbild [ˈfoːɐbɪlt] (**-er**) *n* ejemplo *m*, modelo *m*.

vorbildlich [ˈfoːɐˌbɪltlɪç] *adj* ejemplar, modélico.

vor|bringen [ˈfoːɐˌbrɪŋən] *tr* manifestar, formular.

vordere(r, s) [ˈfɔrdərə] *adj* delantero, de delante.

Vordergrund [ˈfɔrdɐˌgrʊnt] (**-gründe**) *m* primer plano *m*.

vorderste(r, s) [ˈfɔrdɐstə] *adj* (el) primero, (la) primera.

Vorderteil [ˈfɔrdɐˌtaɪl] (**-e**) *n* parte *f* delantera.

vor|dringen [ˈfoːɐˌdrɪŋən] *intr* **1** avanzar, ganar terreno. **2** penetrar.

Vordruck [ˈfoːɐdrʊk] (**-e**) *m* impreso *m*, formulario *m*.

voreinander [foːɐaɪˈnandɐ] *adv* uno ante otro.

vor|enthalten [ˈfoːɐɛntˌhaltən] *tr* retener.

vorerst [ˈfoːɐeːɐst] *adv* de momento.

Vorfahr(in) [ˈfoːɐfaːɐ] (**-en, -nen**) *m(f)* antepasado, -a *m, f*.

Vorfahrt [ˈfoːɐfaːɐt] *f* prioridad *f* de paso.

Vorfahrt(srecht) [ˈfoːɐfaːɐt(sˌrɛçt)] *n* preferencia *f* de paso.

Vorfreude [ˈfoːɐˌfrɔɪdə] *f* alegría *f* anticipada.

vor|führen [ˈfoːɐˌfyːrən] *tr* **1** llevar, acompañar. **2** enseñar.

Vorführung [ˈfoːɐˌfyːrʊŋ] (**-en**) *f* exhibición *f*, demostración *f*.

Vorgabe [ˈfoːɐˌgaːbə] (**-n**) *f* **1** norma *f*, regla *f*. **2** DEP ventaja *f*.

Vorgang [ˈfoːɐgaŋ] (**-gänge**) *m* suceso *m*, acontecimiento *m*.

Vorgänger(in) [ˈfoːɐˌgɛŋɐ] (**-, -nen**) *m(f)* predecesor(a) *m(f)*.

vor|geben [ˈfoːɐˌgeːbən] *tr* **1** pretender. **2** pretextar, fingir.

vor|gehen [ˈfoːɐˌgeːən] *intr* **1** ir adelantado (reloj, despertador). **2** suceder.

Vorgesetzte(r) [ˈfoːɐgəˌzɛtstə] (**-n, -n**) *mf(m)* jefe, -a *m, f*.

vorgestern [ˈfoːɐˌgɛstɐn] *adv* anteayer.

vor|haben [ˈfoːɐˌhaːbən] *tr* **1** tener la intención. **2** pensar hacer; tener planeado.

Vorhaben [ˈfoːɐˌhaːbən] (**-**) *n* intención *f*.

vor|halten [ˈfoːɐˌhaltən] *tr* poner delante. ■ **jm etw** ~ reprochar algo a alguien.

Vorhaltung [ˈfoːɐˌhaltʊŋ] (**-en**) *f* recriminación *f*.

vorhanden [foːɐˈhandən] *adj* existente, presente.

V

Vorhandensein [foːɐˈhandən-ˌzaɪn] *n* existencia *f.*
Vorhang [ˈfoːɐhaŋ] **(-hänge)** *m* **1** cortina *f.* **2** telón *m.*
vorher [foːɐˈheːɐ o ˈfoːɐheːɐ] *adv* antes. ■ **kurz ~** poco antes.
vorher|bestimmen [foːɐˈheːɐ-bəˌʃtɪmən] *tr* predeterminar.
vorhergehend [foːɐˈheːɐˌgeːənt] *adj* anterior.
vorherig [foːɐˈheːrɪç o ˈfoːɐheː-rɪç] *adj* anterior, previo.
vorherrschend [ˈfoːɐˌhɛrʃənt] *adj* preponderante.
Vorhersage [foːɐˈheːɐˌzaːgə] **(-n)** *f* predicción *f*, pronóstico *m.*
vorher|sagen [foːɐˈheːɐˌzaːgən] *tr* predecir, pronosticar.
vorher|sehen [foːɐˈheːɐˌzeːən] *tr* prever.
vorhin [foːɐˈhɪn o ˈfoːɐhɪn] *adv* antes, hace un momento.
vorige(r, s) [ˈfoːrɪgə] *adj* anterior; pasado.
Vorjahr [ˈfoːɐjaːɐ] **(-e)** *n* año *m* anterior o pasado.
vor|kommen [ˈfoːɐˌkɔmən] *intr* **1** ocurrir, suceder. **2** aparecer, figurar. **3** parecer.
Vorkommnis [ˈfoːɐˌkɔmnɪs] **(-se)** *n* suceso *m.*
Vorkriegszeit [ˈfoːɐkriːksˌtsaɪt] **(-en)** *f* época *f* de preguerra.
vor|laden [ˈfoːɐˌlaːdən] *tr* DER citar.
Vorlage [ˈfoːɐˌlaːgə] **(-n)** *f* **1** modelo *m.* **2** proyecto *m* (de ley).
Vorlage [ˈfoːɐˌlaːgə] *f* presentación *f.*
Vorläufer(in) [ˈfoːɐˌlɔɪfɐ] **(-, -nen)** *m(f)* precursor(a) *m(f).*
vorläufig [ˈfoːɐˌlɔɪfɪç] *adj* **1** provisional. ● *adv* **2** provisionalmente.
vor|legen [ˈfoːɐˌleːgən] *tr* **1** mostrar, enseñar. **2** presentar (un libro).
vor|lehnen [ˈfoːɐˌleːnən] *pron* **sich ~** inclinarse hacia adelante.
vor|lesen [ˈfoːɐˌleːzən] *tr* leer en voz alta.
Vorlesung [ˈfoːɐˌleːzʊŋ] **(-en)** *f* clase *f* (en la universidad); conferencia *f.*
vorletzte(r, s) [ˈfoːɐˌlɛtstə] *adj* penúltimo, penúltima.
Vorliebe [ˈfoːɐˌliːbə] **(-n)** *f* predilección *f*, preferencia *f.*
vor|liegen [ˈfoːɐˌliːgən] *intr* existir, haber.
Vormittag [ˈfoːɐmɪtaːk] **(-e)** *m* mañana *f.* ■ **am ~** por la mañana.
vormittags [ˈfoːɐmɪtaːks] *adv* por la mañana.
Vormund [ˈfoːɐmʊnt] **(-münder)** *m* tutor(a) *m(f).*
vorn [fɔrn] *adv* **1** delante; por delante. **2** a la cabeza. ■ **nach/von ~** hacia/de delante. **von ~** de nuevo, otra vez.
Vorname [ˈfoːɐˌnaːmə] **(-n)** *m* nombre *m* de pila.
vorne [ˈfɔrnə] *adv* (fam) → vorn.
vornehm [ˈfoːɐneːm] *adj* **1** distinguido; aseñorado (Amér.). **2** noble (persona, conducta). **3** elegante (barrio, tienda, etc.).

vor|nehmen ['fo:ɐ̯ˌne:mən] *tr* **1** hacer, efectuar. • **sich etw ~** *pron* **2** proponerse algo. **sich** *(dat)* **etw ~ 3** ocuparse de algo.
vorneweg ['fɔrnəvɛk] *adv* **1** de antemano. **2** delante, a la cabeza.
vornherein ['fɔrnhɛˌraɪn] *adv* **von ~** desde un principio.
vornüber [fɔrn'y:bɐ] *adv* hacia adelante.
Vorort ['fo:ɐ̯ɔrt] **(-e)** *m* suburbio *m.*
Vorrang ['fo:ɐ̯raŋ] *m* primacía *f*, preferencia *f.*
vorrangig ['fo:ɐ̯ˌraŋɪç] *adj* prioritario.
Vorrat ['fo:ɐ̯ra:t] **(-räte)** *m* provisión *f*, acopio *m.*
vorrätig ['fo:ɐ̯ˌrɛ:tɪç] *adj* disponible.
Vorratskammer ['fo:ɐ̯ra:tsˌkamɐ] **(-n)** *f* despensa *f.*
Vorrecht ['fo:ɐ̯rɛçt] **(-e)** *n* privilegio *m.*
vor|rücken ['fo:ɐ̯ˌrʏkən] *tr* **1** mover hacia delante (muebles). • *intr* **2** avanzar (tropas, soldados).
Vorsatz ['fo:ɐ̯zats] **(-sätze)** *m* intención *f*, propósito *m.*
Vorschau ['fo:ɐ̯ʃau] **(-en)** *f* previsión *f.*
Vorschlag ['fo:ɐ̯ʃla:k] **(-schläge)** *m* **1** proposición *f*, propuesta *f.* **2** recomendación *f*, sugerencia *f.*
vor|schlagen ['fo:ɐ̯ˌʃla:gən] *tr* proponer.
Vorschrift ['fo:ɐ̯ʃrɪft] **(-en)** *f* prescripción *f*, reglamento *m.*
vorschriftsmäßig ['fo:ɐ̯ʃrɪftsˌmɛ:sɪç] *adj* **1** reglamentario. • *adv* **2** conforme a lo prescrito.
vorschriftswidrig ['fo:ɐ̯ʃrɪftsˌvi:drɪç] *adj* antirreglamentario.
Vorschuss ['fo:ɐ̯ʃʊs] **(-schüsse)** *m* anticipo *m*, adelanto *m.*
vor|sehen ['fo:ɐ̯ˌze:ən] *tr* **1** prever. • **sich ~** *pron* **2** tener cuidado, precaverse.
Vorsehung ['fo:ɐ̯ˌze:ʊŋ] *f* (form) Providencia *f.*
Vorsicht ['fo:ɐ̯zɪçt] *f* **1** precaución *f*, prudencia *f.* • **~!** *interj* **2** ¡cuidado!, ¡atención!
vorsichtig ['fo:ɐ̯zɪçtɪç] *adj* **1** prudente, precavido. • *adv* **2** con cuidado.
Vorsilbe ['fo:ɐ̯ˌzɪlbə] **(-n)** *f* GRAM prefijo *m.*
Vorsitz ['fo:ɐ̯zɪts] **(-e)** *m* presidencia *f.*
Vorsitzende(r) ['fo:ɐ̯zɪtsəndə] **(-n, -n)** *mf(m)* presidente, -a *m, f.*
Vorsorge ['fo:ɐ̯ˌzɔrgə] *f* previsión *f*, precaución *f.*
vor|sorgen ['fo:ɐ̯ˌzɔrgən] *intr* tomar precauciones.
vorsorglich ['fo:ɐ̯ˌzɔrklɪç] *adj* **1** previsor. • *adv* **2** por precaución.
Vorspeise ['fo:ɐ̯ˌʃpaɪzə] **(-n)** *f* entrada *f*, entremés *m.*
vor|spielen ['fo:ɐ̯ˌʃpi:lən] *tr* tocar (un instrumento).
Vorsprung ['fo:ɐ̯ʃprʊŋ] **(-sprünge)** *m* ventaja *f.*

Vorstand [ˈfoːɐʃtant] (**-stände**) *m* junta *f* directiva.
vor|stehen [ˈfoːɐ̯ʃteːən] *intr* **1** resaltar, sobresalir. **2**
Vorsteher(in) [ˈfoːɐ̯ʃteːɐ] (**-, -nen**) *m(f)* director(a) *m(f)*.
vor|stellen [ˈfoːɐ̯ʃtɛlən] *tr* **1** poner delante. **2** adelantar (el reloj). **3** presentar (a alguien).
Vorstellung [ˈfoːɐ̯ʃtɛlʊŋ] (**-en**) *f* **1** presentación *f*. **2** representación *f* (de teatro); sesión *f* (de cine). **3** idea *f*. imaginación *f*.
Vorstellung [ˈfoːɐ̯ʃtɛlʊŋ] *f* imaginación *f*.
Vorstellungsgespräch [ˈfoːɐʃtɛlʊŋsgəˌʃprɛːç] (**-e**) *n* entrevista *f* de trabajo.
Vorstellungskraft [ˈfoːɐʃtɛlʊŋsˌkraft] *f* imaginación *f*.
vor|strecken [ˈfoːɐ̯ʃtrɛkən] *tr* extender hacia delante (los brazos).
Vorstufe [ˈfoːɐ̯ʃtuːfə] (**-n**) *f* fase *f* previa.
Vortag [ˈfoːɐtaːk] (**-e**) *m* víspera *f*.
vor|täuschen [ˈfoːɐˌtɔɪʃən] *tr* fingir, aparentar.
Vorteil [ˈfoːɐtaɪl] (**-e**) *m* ventaja *f*.
vorteilhaft [ˈfoːɐtaɪlhaft] *adj* ventajoso.
Vortrag [ˈfoːɐtraːk] (**-träge**) *m* conferencia *f*, discurso *m*.
vor|tragen [ˈfoːɐˌtraːgən] *tr* **1** pronunciar (una conferencia). **2** recitar (un poema).
vorüber [foˈryːbɐ] *adv* (form) terminado, acabado.
vorüber|gehen [foˈryːbɐˌgeːən] *intr* **1** pasar por delante. **2** cesar.
vorübergehend [foˈryːbɐˌgeːənt] *adj* transitorio, pasajero.
Vorurteil [ˈfoːɐˌʊrtaɪl] (**-e**) *n* prejuicio *m*.
Vorwahl [ˈfoːɐvaːl] (**-en**) *f* **1** elecciones *f pl* primarias. **2** TELECOM prefijo *m*.
Vorwählnummer [ˈfoːɐvɛːlˌnʊmɐ] (**-n**) *f* TELECOM prefijo *m*.
Vorwand [ˈfoːɐvant] (**-wände**) *m* pretexto *m*.
vorwärts [ˈfoːɐvɛrts] *adv* hacia adelante.
vorweg [foːɐˈvɛk] *adv* **1** (fam) de antemano. **2** primero.
vorweg|nehmen [foːɐˈvɛkˌneːmən] *tr* anticipar.
vor|weisen [ˈfoːɐˌvaɪzən] *tr* mostrar, enseñar (documento).
vor|werfen [ˈfoːɐˌvɛrfən] *tr* reprochar; enrostrar (Amér.).
vorwiegend [ˈfoːɐˌviːgənt] *adj* principalmente, sobre todo.
Vorwort [ˈfoːɐvɔrt] (**-e**) *n* prefacio *m*, prólogo *m*.
Vorwurf [ˈfoːɐvʊrf] (**-würfe**) *m* reproche *m*, recriminación *f*. ■ **jm etw zum ~ machen** echar en cara algo a alguien; **jm wegen etw Vorwürfe machen** hacer reproches a alguien por algo.
vorwurfsvoll [ˈfoːɐvʊrfsˌfɔl] *adj* lleno de reproches.
Vorzeichen [ˈfoːɐˌtsaɪçən] (**-**) *n* **1** augurio *m*, presagio *m*. **2** MAT signo *m*. **3** MÚS alteración *f*.

vorzeigbar [ˈfoːɐ̯ˌtsaɪkbaːɐ̯] *adj* presentable.
vor|zeigen [ˈfoːɐ̯ˌtsaɪgən] *tr* enseñar, mostrar (el pasaporte, el permiso de conducir, etc.).
vorzeitig [ˈfoːɐ̯ˌtsaɪtɪç] *adj* anticipado, prematuro.
vor|ziehen [ˈfoːɐ̯ˌtsiːən] *tr* **1** tirar hacia adelante; correr, echar (las cortinas). **2** adelantar (las elecciones). **3** preferir.
Vorzug [ˈfoːɐ̯tsuːk] *m* prioridad *f*, preferencia *f*.
vorzüglich [foːɐ̯ˈtsyːklɪç] *adj* excelente, de primera calidad.
Votum [ˈvoːtʊm] (**Voten, Vota**) *n* voto *m*.
vulgär [vʊlˈgɛːɐ̯] *adj* vulgar.
Vulkan [vʊlˈkaːn] (**-e**) *m* volcán *m*.
vulkanisch [vʊlˈkaːnɪʃ] *adj* volcánico.

Ww

W, w [veː] (-) *n* W, w *f* (letra).
W (*abrev de* **Watt**) *n* w *m* (vatio).
Waage [ˈvaːgə] (**-n**) *f* **1** balanza *f*. **2** ASTR Libra *f*.
waagerecht [ˈvaːgəˌrɛçt] *adj* horizontal.
wach [vax] *adj* despierto.
Wache [ˈvaxə] (**-n**) *f* **1** guardia *f* (turno). **2** guardia *m*, cuerpo *m* de guardia (persona).
Wachs [vaks] (**-e**) *n* cera *f*.
wachsam [ˈvaxzaːm] *adj* vigilante, atento.
wachsen [ˈvaksən] *intr* crecer; aumentar.
wachsend [ˈvaksənt] *adj* creciente.
Wachstum [ˈvakstuːm] *n* crecimiento *m*; aumento *m*.
wackelig [ˈvakəlɪç] *adj* tambaleante, que cojea (persona); cojo (mueble); flojo (diente).
wackeln [ˈvakəln] *intr* tambalearse (casa, paredes); cojear (mueble); moverse (diente).
wacker [ˈvakɐ] *adj* eficiente, valiente.
Wade [ˈvaːdə] (**-n**) *f* pantorrilla *f*; canilla *f* (Amér.).
Waffe [ˈvafə] (**-n**) *f* arma *f*. ■ **eine ~ tragen** portar un arma, llevar un arma encima.
Waffel [ˈvafəl] (**-n**) *f* GASTR barquillo *m*, gofre *m*.
Wagemut [ˈvaːgəˌmuːt] *m* osadía *f*, atrevimiento *m*.
wagen [ˈvaːgən] *tr* **1** arriesgar. **2** atreverse. ● **sich ~** *pron* **3** atreverse, osar.
Wagen [ˈvaːgən] (-) *m* **1** coche *m*; carro *m* (Amér.). **2** carruaje *m*.
Wag(g)on [vaˈgõː] (**-s**) *m* vagón *m*.

Wagnis [ˈvaːknɪs] **(-se)** *n* **1** empresa *f* arriesgada. **2** riesgo *m.*
Wahl [vaːl] **(-en)** *f* **1** elección *f.* **2** elección *f*, votación *f.* ■ **Wahlen abhalten** celebrar elecciones.
wahlberechtigt [ˈvaːlbəˌrɛçtɪçt] *adj* con derecho a voto.
wählen [ˈvɛːlən] *tr* e *intr* **1** elegir, escoger. **2** votar. **3** marcar (un número teléfonico).
Wähler(in) [ˈvɛːlɐ] **(-, -nen)** *m(f)* votante *m, f,* elector(a) *m(f).*
Wahlfreiheit [ˈvaːlˌfraɪhaɪt] *f* libre elección *f* (de asignaturas).
Wahlrecht [ˈvaːlrɛçt] *n* derecho *m* de voto.
Wahnsinn [ˈvaːnzɪn] *m* demencia *f.*
wahnsinnig [ˈvaːnzɪnɪç] *adj* loco, maníaco.
wahr [vaːɐ] *adj* **1** cierto, verdadero. **2** auténtico. ■ **nicht ~?** ¿no es verdad?
wahren [ˈvaːrən] *tr* **1** guardar, mantener (un secreto, la buena fama, etc.). **2** defender (derechos, intereses).
während [ˈvɛːrənt] *prep* **+gen 1** durante. • *conj* **2** mientras. **3** mientras que.
währenddessen [vɛːrəntˈdɛsən] *adv* entretanto, mientras tanto.
Wahrheit [ˈvaːɐhaɪt] **(-en)** *f* verdad *f.* ■ **jd nimmt es mit der ~ nicht so genau** alguien miente a menudo.
wahrheitsgemäß [ˈvaːɐhaɪtsgəˌmɛːs] *adj* fidedigno, veraz.
wahr|nehmen [ˈvaːɐˌneːmən] *tr* notar, darse cuenta.
Wahrnehmung [ˈvaːɐˌneːmʊŋ] **(-en)** *f* percepción *f* (sensorial).
wahr|sagen [ˈvaːɐˌzaːgən] *intr* decir la buenaventura.
wahrscheinlich [vaːɐˈʃaɪnlɪç] *adj* **1** probable. • *adv* **2** probablemente.
Wahrscheinlichkeit [vaːɐˈʃaɪnlɪçkaɪt] **(-en)** *f* probabilidad *f.*
Währung [ˈvɛːrʊŋ] **(-en)** *f* moneda *f.*
Währungskurs [ˈvɛːrʊŋsˌkʊrs] **(-e)** *m* tipo *m* de cambio.
Währungssystem [ˈvɛːrʊŋszʏsˌteːm] **(-e)** *n* sistema *m* monetario.
Waise [ˈvaɪzə] **(-n)** *f* huérfano, -a *m, f.*
Waisenhaus [ˈvaɪzənˌhaʊs] **(-häuser)** *n* orfanato *m.*
Wal [vaːl] **(-e)** *m* ballena *f.*
Wald [valt] **(Wälder)** *m* bosque *m.*
Wales [weɪlz] *n* Gales *m.*
Wall [val] **(Wälle)** *m* terraplén *m.*
wallfahren [ˈvalfaːrən] *intr* peregrinar.
Wallfahrt [ˈvalfaːɐt] **(-en)** *f* peregrinaje *m*, peregrinación *f.*
Wallfahrtsort [ˈvalfaːɐtsˌɔrt] **(-e)** *m* lugar *m* de peregrinación.
Walnuss [ˈvalnʊs] **(-nüsse)** *f* nuez *f.*
Walze [ˈvaltsə] **(-n)** *f* rodillo *m* (en máquinas).

wälzen [ˈvɛltsən] *tr* **1** empanar. **2** hacer rodar (una roca, un barril, etc.). ● **sich** ~ *pron* **3** rodar; dar vueltas, revolcarse.
Walzer [ˈvaltsɐ] (-) *m* vals *m*.
Wand [vant] (**Wände**) *f* pared *f*. ■ **jn an die ~ drücken** arrinconar a alguien; **weiß wie die ~** blanco como una sábana.
Wandalismus [vandaˈlɪsmʊs] *m* vandalismo *m*.
Wandbrett [ˈvantbrɛt] (**-er**) *n* estante *m* de pared.
Wandel [ˈvandəl] (-) *m* cambio *m*, transformación *f*.
wandelbar [ˈvandəlbaːɐ] *adj* variable, versátil.
wandeln [ˈvandəln] *pron* **sich ~** cambiar, transformarse (moda, gustos).
Wanderer(in) [ˈvandərɐ] (**-, -nen**) *m, f* excursionista *m, f*.
wandern [ˈvandɐn] *intr* hacer una excursión.
Wanderung [ˈvandərʊŋ] (**-en**) *f* excursión *f*, caminata *f*.
Wandlung [ˈvandlʊŋ] (**-en**) *f* cambio *m*, transformación *f*.
wandlungsfähig [ˈvandlʊŋsˌfɛːɪç] *adj* transformable.
Wandtafel [ˈvantˌtafəl] (**-n**) *f* pizarra *f*.
Wange [ˈvaŋə] (**-n**) *f* (form) mejilla *f*.
wann [van] *adv* ¿cuándo?
Wanne [ˈvanə] (**-n**) *f* tina *f*, bañera *f*.
Ware [ˈvaːrə] (**-n**) *f* mercancía *f*, artículo *m*.
Warenhaus [ˈvaːrənˌhaʊs] (**-häuser**) *n* grandes almacenes *m pl*.
warm [varm] *adj* caliente. ■ **es ist ~** hace calor; **jm ist ~** alguien tiene calor.
Wärme [ˈvɛrmə] *f* calor *m*.
wärmen [ˈvɛrmən] *tr* e *intr* **1** calentar. **2** abrigar. ● **sich ~** *pron* **3** calentarse.
warm|halten [ˈvarmˌhaltən] *tr* **sich jn ~** conservar las simpatías de alguien.
warnen [ˈvarnən] *tr* e *intr* avisar, advertir.
Warnung [ˈvarnʊŋ] (**-en**) *f* advertencia *f*, aviso *m*.
Warteliste [ˈvartəˌlɪstə] (**-n**) *f* lista *f* de espera.
warten [ˈvartən] *intr* esperar.
Wärter(in) [ˈvɛrtɐ] (**-, -nen**) *m(f)* guarda *m, f*, guardián, -ana *m, f*.
Warteraum [ˈvartəˌraʊm] (**-räume**) *m* sala *f* de espera.
Wartezeit [ˈvartəˌtsaɪt] (**-en**) *f* tiempo *m* de espera.
Wartezimmer [ˈvartəˌtsɪmɐ] (-) *n* sala *f* de espera.
warum [vaˈrʊm] *adv* ¿por qué?
Warze [ˈvartsə] (**-n**) *f* verruga *f*.
was [vas] *interr* **1** ¿qué? ● *rel* **2** que. ● *pron* **3** algo.
Waschbecken [ˈvaʃˌbɛkən] (-) *n* lavabo *m*.
Wäsche [ˈvɛʃə] *f* **1** ropa *f* sucia, ropa *f* para lavar. **2** ropa *f*.
Wäscheklammer [ˈvɛʃəˌklamɐ] (**-n**) *f* pinza *f* para la ropa.

Wäschekorb [ˈvɛʃəˌkɔrp] (**-körbe**) *m* cesta *f* de la ropa.
Wäscheleine [ˈvɛʃəˌlaɪnə] (**-n**) *f* cuerda *f* para tender la ropa.
waschen [ˈvaʃən] *tr* e *intr* **1** lavar, limpiar (pelo, manos, coche). • **sich** ~ *pron* **2** lavarse.
Waschlappen [ˈvaʃˌlapən] (-) *m* manopla *f* para baño.
Waschmaschine [ˈvaʃmaˌʃiːnə] (**-n**) *f* lavadora *f*.
Waschmittel [ˈvaʃˌmɪtəl] (-) *n* detergente *m*.
Waschpulver [ˈvaʃˌpʊlvɐ] (-) *n* detergente *m* en polvo.
Waschzeug [ˈvaʃtsɔɪk] *n* utensilios *m pl* de aseo.
Wasser [ˈvasɐ] *n* agua *f*.
Wasserbecken [ˈvasɐˌbɛkən] (-) *n* pila *f*.
Wasserbehälter [ˈvasɐbəˌhɛltɐ] (-) *m* depósito *m* de agua.
wasserdicht [ˈvasɐˌdɪçt] *adj* impermeable.
Wasserhahn [ˈvasɐˌhaːn] (**-hähne**) *m* grifo *m*; canilla *f* (Amér.).
wässerig [ˈvɛsərɪç] *adj* acuoso.
Wasserleitung [ˈvasɐˌlaɪtʊŋ] (**-en**) *f* cañería *f*, tubería *f*.
Wassermann [ˈvasɐmɐn] (**-männer**) *m* ASTR Acuario *m*.
wässern [ˈvɛsɐn] *tr* regar.
Wassersport [ˈvasɐˌʃpɔrt] *m* deporte *m* náutico.
Wasserstoff [ˈvasɐˌʃtɔf] *m* hidrógeno *m*.
Wasserwerk [ˈvasɐˌvɛrk] (**-e**) *n* central *f* de abastecimiento de aguas.
Watt [vat] (-) *n* vatio *m*.
Watte [ˈvatə] (**-n**) *f* algodón *m*.
Wattebausch [ˈvatəˌbaʊʃ] (**-e**) *m* tapón *m* de algodón.
weben [ˈveːbən] *tr* e *intr* tejer.
Wechsel [ˈvɛksəl] (-) *m* cambio *m*.
Wechselgeld [ˈvɛksəlˌgɛlt] *n* vuelta *f*, cambio *m* (dinero).
wechselhaft [ˈvɛksəlhaft] *adj* cambiante, inestable (tiempo, humor, etc.).
Wechselkurs [ˈvɛksəlˌkʊrs] (**-e**) *m* tipo *m* de cambio; vuelto *m* (Amér)
wechseln [ˈvɛksəln] *tr* e *intr* cambiar (dinero, de trabajo, de casa, etc.).
Wechselstrom [ˈvɛksəlˌʃtroːm] *m* ELEC corriente *f* alterna.
wecken [ˈvɛkən] *tr* despertar.
Wecker [ˈvɛkɐ] (-) *m* despertador *m*.
weder [ˈveːdɐ] *conj* ~... **noch** ni … ni.
weg [vɛk] *adv* **1** ausente. **2** perdido.
Weg [veːk] (**-e**) *m* **1** camino *m*. **2** ruta *f*.
weg|bleiben [ˈvɛkˌblaɪbən] *intr* no acudir, faltar.
weg|drängen [ˈvɛkˌdrɛŋən] *tr* repeler.
wegen [ˈveːgən] *prep* **+gen, +dat** debido a, a causa de.
weg|fahren [ˈvɛkˌfaːrən] *intr* partir, marchar.
weg|fallen [ˈvɛkˌfalən] *intr* omitirse, ser suprimido.

weg|fliegen [ˈvɛkˌfliːgən] *intr* **1** levantar el vuelo, volar (avión, pájaro). **2** partir en avión.
weg|gehen [ˈvɛkˌgeːən] *intr* irse, marcharse.
weg|können [ˈvɛkˌkœnən] *intr* poder salir.
weg|lassen [ˈvɛkˌlasən] *tr* **1** dejar salir. **2** omitir, suprimir.
weg|laufen [ˈvɛkˌlaʊfən] *intr* **1** irse corriendo. **2** escaparse.
weg|machen [ˈvɛkˌmaxən] *tr* quitar, eliminar.
weg|müssen [ˈvɛkˌmʏsən] *intr* tener que irse.
weg|nehmen [ˈvɛkˌneːmən] *tr* **1** quitar. **2** hurtar.
weg|schicken [ˈvɛkˌʃɪkən] *tr* **1** enviar (una carta). **2** despedir (a una persona).
Wegstrecke [ˈveːkˌʃtrɛkə] **(-n)** *f* trayecto *m*.
Wegweiser [ˈveːkˌvaɪzɐ] **(-)** *m* indicador *m* de camino.
weg|werfen [ˈvɛkˌvɛrfən] *tr* tirar; botar (Amér.).
weh [veː] *adj* **1** doloroso. • *interj* **2** ¡ay!
wehen [ˈveːən] *intr* **1** soplar (viento). **2** ondear (bandera).
Wehmut [ˈveːmuːt] *f* melancolía *f*.
wehmütig [ˈveːˌmyːtɪç] *adj* melancólico.
Wehrdienst [ˈveːɐdiːnst] *m* servicio *m* militar.
Wehrdienstverweigerung [ˈveːɐdiːnstfɛɐˌvaɪgərʊŋ] **(-en)** *f* objeción *f* de conciencia.
wehren [ˈveːrən] *pron* **sich ~** defenderse.
Wehrersatzdienst [ˈveːɐɐɐˌzatsdiːnst] *m* prestación *f* social sustitutoria.
wehrlos [ˈveːɐloːs] *adj* indefenso.
Wehrpflicht [ˈveːɐpflɪçt] *f* servicio *m* militar obligatorio.
weh|tun [ˈveːtuːn] *intr* doler.
Weib [vaɪp] **(-er)** *n* mujer *f*.
weiblich [ˈvaɪplɪç] *adj* femenino (voz, nombre, etc.).
Weiblichkeit [ˈvaɪplɪçkaɪt] *f* feminidad *f*.
weich [ˈvaɪç] *adj* **1** blando. **2** suave.
Weide [ˈvaɪdə] **(-n)** *f* pasto *m*.
weiden [ˈvaɪdən] *intr* pacer, pastar.
weigern [ˈvaɪgɐn] *pron* **sich ~** negarse.
Weigerung [ˈvaɪgərʊŋ] **(-en)** *f* negativa *f*.
weihen [ˈvaɪən] *tr* consagrar.
Weiher [ˈvaɪɐ] **(-)** *m* estanque *m*.
Weihnachten [ˈvaɪnaxtən] **(-)** *n* Navidad *f*.
weihnachtlich [ˈvaɪnaxtlɪç] *adj* navideño.
Weihnachtsabend [ˈvaɪnaxtsˌaːbənd] **(-e)** *m* Nochebuena *f*.
Weihnachtsbaum [ˈvaɪnaxtsˌbaʊm] **(-bäume)** *m* árbol *m* de Navidad.
Weihnachtsmann [ˈvaɪnaxtsˌman] **(-männer)** *m* Papá *m* Noel; Viejo Pascuero *m* (Amér.).

W

Weihnachtszeit [ˈvaɪnaxtsˌtsaɪt] *f* tiempo *m* de Navidad.

Weihwasser [ˈvaɪˌvasɐ] *n* agua *f* bendita.

weil [vaɪl] *conj* porque.

Weile [ˈvaɪlə] *f* rato *m*.

weilen [ˈvaɪlən] *intr* (form) estar, hallarse.

Wein [vaɪn] **(-e)** *m* vino *m*.

Wein [vaɪn] *m* vid *f*.

Weinbauer [ˈvaɪnˌbauɐ] **(-n)** *m* viticultor *m*.

Weinberg [ˈvaɪnbɛrk] **(-e)** *m* viña *f*.

weinen [ˈvaɪnən] *intr y tr* llorar.

Weinkeller [ˈvaɪnˌkɛlɐ] **(-)** *m* bodega *f*.

Weinrebe [ˈvaɪnˌreːbə] **(-n)** *f* vid *f*.

Weinstock [ˈvaɪnʃtɔk] **(-stöcke)** *m* cepa *f*.

Weinstube [ˈvaɪnˌʃtuːbə] **(-n)** *f* taberna *f*.

Weintraube [ˈvaɪnˌtraubə] **(-n)** *f* uva *f*.

weise [ˈvaɪzə] *adj* sabio.

Weise [ˈvaɪzə] **(-n)** *f* manera.

Weise(r) [ˈvaɪzə] **(-n, -n)** *mf(m)* sabio,-a *m, f*.

weisen [ˈvaɪzən] *tr* enseñar.

Weisheit [ˈvaɪshaɪt] **(-en)** *f* **1** sentencia *f*.

Weisheit [ˈvaɪshaɪt] *f* sabiduría *f*.

weiß [vaɪs] *adj* blanco.

Weißbier [ˈvaɪsbiːɐ] **(-e)** *n* cerveza *f* de trigo.

Weißbrot [ˈvaɪsbroːt] **(-e)** *n* pan *m* blanco; birote *m* (Amér.).

weißen [ˈvaɪsən] *tr* blanquear.

Weißrussland [ˈvaɪsˌruslant] *n* Bielorrusia *f*.

Weißwein [ˈvaɪsvaɪn] **(-e)** *m* vino *m* blanco.

Weisung [ˈvaɪzʊŋ] **(-en)** *f* orden *f*.

weit [vaɪt] *adj* **1** lejano, alejado. **2** extenso, amplio. **3** ancho (vestido).

Weite [ˈvaɪtə] **(-n)** *f* **1** distancia *f*. **2** ancho *m*, anchura *f* (de un vestido). **3** extensión *f*.

weiter [ˈvaɪtɐ] *adv* **1** a continuación. **2** además. ■ **bis auf weiteres** por ahora.

weiter|befördern [ˈvaɪtɐbəˌfœrdɐn] *tr* reexpedir.

weiter|bilden [ˈvaɪtɐˌbɪldən] *tr* perfeccionar.

Weiterbildung [ˈvaɪtɐˌbɪldʊŋ] **(-en)** *f* perfeccionamiento *m*.

weiter|gehen [ˈvaɪtɐˌgeːən] *intr* **1** avanzar. **2** seguir su curso.

weiterhin [ˈvaɪtɐˌhɪn] *adv* **1** en adelante. **2** además. **3** todavía.

weiter|leiten [ˈvaɪtɐˌlaɪtən] *tr* transmitir.

weiter|machen [ˈvaɪtɐˌmaxən] *intr* seguir haciendo; continuar.

weitgehend [ˈvaɪtˌgeːənt] *adj* extenso, amplio.

weitsichtig [ˈvaɪtˌzɪçtɪç] *adj* perspicaz.

Weitsprung [ˈvaɪtʃprʊŋ] **(-sprünge)** *m* DEP salto *m* de longitud.

Weizen ['vaɪtsən] (-) *m* trigo *m*.
Weizenmehl ['vaɪtsən,me:l] *n* harina *f* de trigo.
welch [vɛlç] *pron* **1** ¡qué…!, ¡vaya…!
welche(r, s) ['vɛlçə] *interr* **1** ¿qué?; ¿cuál? ● *rel* **2** el/la/lo cual; el/la que, quien.
welken ['vɛlkən] *intr* marchitarse.
Welle ['vɛlə] (-n) *f* **1** ola *f* (del mar, de frío). **2** onda *f* (de radio).
wellig ['vɛlɪç] *adj* ondulado.
Welt [vɛlt] (-en) *f* mundo *m*. ■ **alle ~** todo el mundo.
Weltall ['vɛltal] *n* universo *m*.
weltanschaulich ['vɛlt,anʃaʊlɪç] *adj* ideológico.
Weltanschauung ['vɛlt,anʃaʊʊŋ] (-en) *f* **1** concepción *f* del mundo. **2** ideología *f*.
weltbekannt ['vɛltbə,kant] *adj* mundialmente conocido.
weltberühmt ['vɛltbə,ry:mt] *adj* mundialmente famoso.
Weltbild ['vɛltbɪlt] (-er) *n* concepto *m* del mundo.
weltfremd ['vɛltfrɛmt] *adj* ajeno al mundo.
Weltkrieg ['vɛltkri:k] (-e) *m* guerra *f* mundial.
Weltkugel ['vɛlt,ku:gəl] (-n) *f* globo *m* terráqueo.
Weltmarkt ['vɛltmarkt] *m* mercado *m* mundial.
Weltmeister(in) ['vɛlt,maɪstɐ] (-, -nen) *m(f)* campeón(a) *m(f)* del mundo.
Weltmeisterschaft ['vɛlt,maɪstɐʃaft] (-en) *f* campeonato *m* del mundo.
Weltraum ['vɛltraʊm] *m* espacio *m* sideral.
wem [ve:m] *interr* **1** (dat de *wer*) a quién. ● *rel* **2** a quien.
wen [ve:n] *interr* **1** (ac de *wer*) a quién. ● *rel* **2** a quien.
Wende ['vɛndə] (-n) *f* cambio *m*.
wenden ['vɛndən] *intr* **1** girar; dar la vuelta. ● *tr* **2** dar la vuelta. ● **sich ~** *pron* **3** dirigirse.
Wendepunkt ['vɛndə,pʊŋkt] (-e) *m* momento *m* decisivo.
Wendung ['vɛndʊŋ] (-en) *f* **1** giro *m*, vuelta *f*. **2** curva *f*. **3** cambio *m*.
wenig ['ve:nɪç] *adj* poco. ■ **ein ~** un poco.
weniger ['ve:nɪgɐ] *conj* menos.
wenigste ['ve:nɪçstə] *pron* **das ~** lo menos.
wenigstens ['ve:nɪçstəns] *adv* por lo menos.
wenn [vɛn] *conj* **1** cuando (tiempo). **2** si, en caso de que (condición); si bien (concesión).
wer [ve:ɐ] *interr* **1** quién, quiénes. ● *rel* **2** quien, quienes; el que, los que.
werben ['vɛrbən] *intr* **1** hacer publicidad. ● *tr* **2** reclutar, contratar.
Werbung ['vɛrbʊŋ] *f* publicidad *f*.
Werbungen ['vɛrbʊŋ] *f* reclutamiento *m* (de tropa, de trabajadores).

werden ['veːɐdən] *intr* **1** ponerse, volverse. **2** llegar a ser.
werfen ['vɛrfən] *tr* e *intr* **1** tirar, lanzar (una pelota, una piedra, etc.). • **sich ~** *pron* **2** lanzarse, arrojarse.
Werk [vɛrk] **(-e)** *n* **1** obra *f* (literaria, musical, artística, etc.). **2** fábrica *f*.
werken ['vɛrkən] *intr*
Werkstatt ['vɛrkʃtat] **(-stätten)** *f* taller *m*.
Werktag ['vɛrktaːk] **(-e)** *m* día *m* laborable.
werktags ['vɛrktaːks] *adv* en días laborables.
Werkunterricht ['vɛrkˌʊntɐrɪçt] *m* clase *f* de trabajos manuales.
Werkzeug ['vɛrktsɔɪk] **(-e)** *n* herramienta *f*.
wert [veːɐt] *adj* **etw ~ sein** valer algo.
Wert [veːɐt] **(-e)** *m* valor *m*.
Wertbrief ['veːɐtbriːf] **(-e)** *m* carta *f* con valor declarado.
werten ['veːɐtən] *tr* valorar; calificar.
wertlos ['veːɐtloːs] *adj* sin valor.
Wertpapier ['veːɐtpaˌpiːɐ] **(-e)** *n* ECON valor *m*, título *m*.
Wertsache ['veːɐtˌzaxə] **(-n)** *f* objeto *m* de valor.
wertschätzen ['veːɐtˌʃɛtsən] *tr* apreciar, estimar.
Wertstoff ['veːɐtʃtɔf] **(-e)** *m* desecho *m* reciclable.
wertvoll ['veːɐtfɔl] *adj* valioso.
Wesen ['veːzən] **(-)** *n* **1** ser *m*. **2** carácter *m*.
Wesenszug ['veːzənsˌtsuːk] **(-züge)** *m* rasgo *m*.
wesentlich ['veːzəntlɪç] *adj* **1** esencial. • *adv* **2** esencialmente.
weshalb [vɛs'halp o 'vɛshalp] *adv* por qué.
wessen ['vɛsən] *interr* (gen de *wer*) de quién.
West [vɛst] *m* oeste *m*.
Weste ['vɛstə] **(-n)** *f* chaleco *m*.
Westen ['vɛstən] *m* oeste *m*.
Western ['vɛstɐn] **(-)** *m* western *m*.
westlich ['vɛstlɪç] *adj* occidental.
westwärts ['vɛstvɛrts] *adv* hacia el oeste.
weswegen [vɛs'veːgən] *adv* → weshalb.
Wettbewerb ['vɛtbəˌvɛrp] **(-e)** *m* **1** concurso *m*. **2** competencia *f*.
Wettbewerber(in) ['vɛtbəˌvɛrbɐ] **(-, -nen)** *m(f)* concursante *m, f*.
Wette ['vɛtə] **(-n)** *f* apuesta *f*.
wetteifern ['vɛtaɪfɐn] *intr* rivalizar, emular.
wetten ['vɛtən] *tr* e *intr* apostar.
Wetter ['vɛtɐ] *n* tiempo *m*.
Wetteraussichten ['vɛtɐˌauszɪçtən] *f pl* previsiones *f pl* metereológicas.
Wetterbericht ['vɛtɐbəˌrɪçt] **(-e)** *m* parte *m* metereológico.
wetterfest ['vɛtɐˌfɛst] *adj* a prueba de intemperie.

Wettervorhersage [ˈvɛtɐfoːɐ̯ˌheːɐ̯zaːgə] (**-n**) *f* previsión *f* metereológica.

Wettkampf [ˈvɛtkampf] (**-kämpfe**) *m* lucha *f*.

Wettlauf [ˈvɛtlauf] (**-läufe**) *m* carrera *f*.

Wettrennen [ˈvɛtˌrɛnən] (**-**) *n* DEP carrera *f*.

Wettstreit [ˈvɛtʃtraɪt] (**-e**) *m* competición *f*.

WG [veːˈgeː] (*abrev de* **Wohngemeinschaft**) (**-s**) *f* gente que comparte un piso.

Whisky [ˈwɪski] (**-s**) *m* whisky *m*.

wichtig [ˈvɪçtɪç] *adj* importante.

Wichtigkeit [ˈvɪçtɪçkaɪt] *f* importancia *f*.

Wichtigtuerei [vɪçtɪçtuːəˈraɪ] *f* presunción *f*.

wickeln [ˈvɪkəln] *tr* envolver.

Widder [ˈviːdɐ] (**-**) *m* **1** carnero. *m* **2** ASTR Aries *m*.

wider [ˈviːdɐ] *prep* (form) contra.

widerlegbar [viːdɐˈleːkbaːɐ̯] *adj* refutable.

widerlich [ˈviːdɐlɪç] *adj* (desp) repugnante.

widerrechtlich [ˈviːdɐˌrɛçtlɪç] *adj* contrario a la ley.

widerrufen [viːdɐˈruːfən] *tr* revocar (una ley).

widersetzen [viːdɐˈzɛtsən] *pron* **sich ~** oponerse.

widersinnig [ˈviːdɐˌzɪnɪç] *adj* absurdo.

widersprechen [viːdɐˈʃprɛçən] *intr y pron* contradecir(se).

Widerspruch [ˈviːdɐˌʃprʊx] (**-sprüche**) *m* **1** contradicción *f*. **2** oposición *f*.

widersprüchlich [ˈviːdɐˌʃprʏçlɪç] *adj* contradictorio.

widerspruchsvoll [ˈviːdɐʃprʊxsˌfɔl] *adj* contradictorio.

Widerstand [ˈviːdɐʃtant] (**-stände**) *m* resistencia *f*.

widerstandsfähig [ˈviːdɐʃtantsˌfɛːɪç] *adj* resistente.

Widerstandskraft [ˈviːdɐʃtantsˌkraft] (**-kräfte**) *f* fuerza *f* de resistencia.

widerstehen [viːdɐˈʃteːən] *intr* resistir.

widerwillig [ˈviːdɐˌvɪlɪç] *adv* con repugnancia.

widmen [ˈvɪtmən] *tr* dedicar; consagrar (la vida, el tiempo).

Widmung [ˈvɪtmʊŋ] (**-en**) *f* dedicatoria *f*.

widrig [ˈviːdrɪç] *adj* adverso, desfavorable.

wie [viː] *adv* **1** cómo, de qué manera. • *conj* **2** como (comparación): *er denkt wie du* = *piensa como tú*.

wieder [ˈviːdɐ] *adv* otra vez.

wieder|finden [ˈviːdɐˌfɪndən] *tr* reencontrar.

wieder|geben [ˈviːdɐˌgeːbən] *tr* **1** devolver. **2** reproducir (un cuadro, un sonido, etc.).

wiederholen [viːdɐˈhoːlən] *tr* repetir, repasar.

wieder|holen [ˈviːdɐˌhoːlən] *tr* ir a buscar otra vez.
Wiederholung [viːdɐˈhoːlʊŋ] **(-en)** *f* repetición *f.*
Wiederkehr [ˈviːdɐˌkeːɐ] *f* vuelta *f.*
wieder|kommen [ˈviːdɐˌkɔmən] *intr* volver.
Wiedersehen [ˈviːdɐˌzeːən] (-) *n* reencuentro *m.* ■ **auf ~!** ¡hasta luego!, ¡adiós!
wiederum [ˈviːdərʊm] *adv* otra vez.
wieder|vereinigen [ˈviːdɐfɛɐˌaɪnɪgən] *tr y pron* reunificar(se).
Wiedervereinigung [ˈviːdɐfɛɐˌaɪnɪgʊŋ] **(-en)** *f* reunificación *f.*
Wiederverwertung [ˈviːdɐfɛɐˌveːɐtʊŋ] **(-en)** *f* recuperación *f.*
Wiege [ˈviːgə] **(-n)** *f* cuna *f.*
wiegen [ˈviːgən] *tr* e *intr* **1** pesar. ● *tr* **2** mover.
Wien [viːn] *n* Viena *f.*
Wiener(in) [ˈviːnɐ] **(-, -nen)** *m(f)* vienés, -esa *m, f.*
Wiese [ˈviːzə] **(-n)** *f* prado *m.*
wieso [viˈzoː] *adv* por qué, cómo.
wievielte(r, s) [viˈfiːltə] *adj* **der ~?** ¿cuál?
wild [vɪlt] *adj* salvaje.
Wild [vɪlt] *n* caza *f.*
Wildnis [ˈvɪltnɪs] *f* lugar *m* salvaje.
Wildwestfilm [vɪltˈvɛstˌfɪlm] **(-e)** *m* película *f* del Oeste.
Wille [ˈvɪlə] **(-n)** *m* voluntad *f.*
Willensfreiheit [ˈvɪlənsˌfraɪhaɪt] *f* libre voluntad *f.*
willensschwach [ˈvɪlənsˌʃvax] *adj* falto de voluntad.
willensstark [ˈvɪlənsˌʃtark] *adj* voluntarioso.
willig [ˈvɪlɪç] *adj* dispuesto.
willkommen [vɪlˈkɔmən] *adj* bienvenido (persona); oportuno (cosa).
Willkommen [vɪlˈkɔmən] *n* bienvenida *f.*
willkürlich [ˈvɪlkyːɐlɪç] *adj* arbitrario.
Wimmern [ˈvɪmɐn] *n* gemidos *m pl.*
Wimper [ˈvɪmpɐ] **(-n)** *f* pestaña *f.*
Wind [vɪnt] **(-e)** *m* viento *m.*
Windel [ˈvɪndəl] **(-n)** *f* pañal *m.*
Windenergie [ˈvɪntenerˌgiː] **(-n)** *f* energía *f* eólica.
Windfang [ˈvɪntfaŋ] **(-fänge)** *m* cancel *m.*
windgeschützt [ˈvɪntgəˌʃʏtst] *adj* protegido del viento.
windig [ˈvɪndɪç] *adj* ventoso.
Windmühle [ˈvɪntˌmyːlə] **(-n)** *f* molino *m* de viento.
Windpocken [ˈvɪntˌpɔkən] *pl* varicela *f.*
Windrichtung [ˈvɪntˌrɪçtʊŋ] **(-en)** *f* dirección *f* del viento.
windstill [ˈvɪntʃtɪl] *adj* en calma; sin viento.
Winkel [ˈvɪŋkəl] (-) *m* **1** ángulo *m.* **2** rincón *m.*
winken [ˈvɪŋkən] *intr* hacer señas o señales.
Winter [ˈvɪntɐ] (-) *m* invierno *m.*

Wintereinbruch [ˈvɪntɐˌaɪnbrʊx] (-brüche) *m* comienzo *m* brusco del invierno.
Winterfahrplan [ˈvɪntɐˌfa:ɐpla:n] (-pläne) *m* horario *m* de invierno.
Wintergarten [ˈvɪntɐˌgartən] (-gärten) *m* invernadero *m*.
winterlich [ˈvɪntɐlɪç] *adj* invernal.
Winterschlaf [ˈvɪntɐˌʃla:f] *m* hibernación *f*.
Wintersport [ˈvɪntɐˌʃpɔrt] (-e) *m* deporte *m* de invierno.
Winterurlaub [ˈvɪntɐˌu:ɐlaʊp] (-e) *m* vacaciones *f pl* de invierno.
Winter(s)zeit [ˈvɪntɐˌtsaɪt] *f* temporada *f* de invierno.
Winzer(in) [ˈvɪntsɐ] (-, -nen) *m(f)* viticultor(a) *m(f)*.
winzig [ˈvɪntsɪç] *adj* **1** diminuto, minúsculo. **2** insignificante.
wir [vi:ɐ] *pron* nosotros, nosotras.
Wirbel [ˈvɪrbəl] (-) *m* **1** remolino *m* (de agua, aire). **2** remolino *m* (en el pelo). **3** jaleo *m*.
wirbeln [ˈvɪrbəln] *tr* e *intr* remolinear, arremolinarse.
Wirbelsäule [ˈvɪrbəlˌzɔɪlə] (-n) *f* columna *f* vertebral.
Wirbeltier [ˈvɪrbəlˌti:ɐ] (-e) *n* vertebrado *m*.
wirken [ˈvɪrkən] *intr* **1** surtir efecto. **2** dar la impresión, parecer. • *tr* **3** (form) trabajar, ejercer.
wirklich [ˈvɪrklɪç] *adj* **1** real, verdadero. • *adv* **2** de verdad.
Wirklichkeit [ˈvɪrklɪçkaɪt] (-en) *f* realidad *f*. ■ **in ~** en realidad.
wirklichkeitsfremd [ˈvɪrklɪçkaɪtsˌfremt] *adj* ajeno a la realidad.
wirklichkeitsnah [ˈvɪrklɪçkaɪtsˌna:] *adj* realista.
Wirklichkeitssinn [ˈvɪrklɪçkaɪtsˌzɪn] *m* sentido *m* de la realidad.
wirksam [ˈvɪrkza:m] *adj* eficaz, efectivo.
Wirksamkeit [ˈvɪrkza:mkaɪt] *f* eficacia *f*, eficiencia.
Wirkung [ˈvɪrkʊŋ] (-en) *f* efecto *m*; resultado *m*.
Wirkungsbereich [ˈvɪrkʊŋsbəˌraɪç] (-e) *m* radio *m* de acción.
wirkungslos [ˈvɪrkʊŋslo:s] *adj* ineficaz.
wirkungsvoll [ˈvɪrkʊŋsˌfɔl] *adj* eficaz.
wirr [vɪr] *adj* **1** desordenado. **2** confuso (pensamientos, ideas).
Wirt(in) [vɪrt] (-e, -nen) *m(f)* **1** dueño, -a *m, f* de un restaurante. **2** dueño, -a *m, f* de una casa. **3** anfitrión, -ona *m, f*.
Wirtschaft [ˈvɪrtʃaft] (-en) *f* economía *f*.
wirtschaften [ˈvɪrtʃaftən] *tr* e *intr* administrar, llevar (la casa, un negocio, etc.).
wirtschaftlich [ˈvɪrtʃaftlɪç] *adj* económico.
Wirtschaftskrise [ˈvɪrtʃaftsˌkri:zə] (-n) *f* crisis *f* económica.

Wirtschaftslage [ˈvɪrtʃaftsˌla:gə] *f* situación *f* económica.
wirtschaftspolitisch [ˈvɪrtʃaftspoˌli:tɪʃ] *adj* político-económico.
Wirtschaftswissenschaften [ˈvɪrtʃaftsˌvɪsənʃaftən] *pl* ciencias *f pl* económicas.
Wirtschaftswunder [ˈvɪrtʃaftsˌvʊndɐ] (-) *n* milagro *m* económico.
Wirtshaus [ˈvɪrtshaʊs] **(-häuser)** *n* restaurante *m*.
wischen [ˈvɪʃən] *tr* fregar, limpiar.
wissbegierig [ˈvɪsbəˌgi:rɪç] *adj* ávido de saber.
wissen [ˈvɪsən] *tr* e *intr* saber; conocer.
Wissen [ˈvɪsən] *n* saber *m*.
Wissenschaft [ˈvɪsənʃaft] **(-en)** *f* ciencia *f*.
Wissenschaftler(in) [ˈvɪsənʃaftlɐ] **(-, -nen)** *m(f)* científico, -a *m, f*.
wissenschaftlich [ˈvɪsənʃaftlɪç] *adj* científico.
Wissensdurst [ˈvɪsənsˌdʊrst] *f* sed *f* de conocimiento.
wissenswert [ˈvɪsənsve:ɐt] *adj* digno de saberse.
wissentlich [ˈvɪsəntlɪç] *adj* **1** premeditado. • *adv* **2** a sabiendas.
wittern [ˈvɪtɐn] *tr* olfatear, husmear.
Witterung [ˈvɪtərʊŋ] **(-en)** *f* **1** tiempo *m* (metereológico). **2** olfato *m*.
Witwe [ˈvɪtvə] **(-n, -)** *f* viuda *f*.
Witwer [ˈvɪtvəɐ](-) *m* viudo *m*.
Witz [vɪts] **(-e)** *m* chiste *m*; broma *f*.
Witz [vɪts] *m* gracia *f*.
Witzbold [ˈvɪtsbɔlt] **(-e)** *m* gracioso *m*; guasón *m*.
witzig [ˈvɪtsɪç] *adj* chistoso, gracioso.
witzlos [ˈvɪtslo:s] *adj* sin gracia.
wo [vo:] *adv* **1** ¿dónde? • *rel* **2** donde.
wobei [voˈbaɪ] *adv* **1** (interrogativo) ¿cómo?; ¿qué? **2** (relativo)
Woche [ˈvɔxə] **(-n)** *f* semana *f*.
Wochenende [ˈvɔxənˌɛndə] **(-n)** *n* fin *m* de semana.
Wochenkarte [ˈvɔxənˌkartə] **(-n)** *f* billete *m* semanal.
wochenlang [ˈvɔxənˌlaŋ] *adj* **1** que dura semanas enteras. • *adv* **2** durante semanas.
Wochentag [ˈvɔxənˌta:k] **(-e)** *m* día *m* de la semana.
wochentags [ˈvɔxənˌta:ks] *adv* los días laborables.
wöchentlich [ˈvœçəntlɪç] *adj* **1** semanal. • *adv* **2** cada semana.
wodurch [voˈdʊrç] *adv* (interrogativo) ¿por qué medio?, ¿cómo?
wofür [voˈfy:ɐ] *adv* (interrogativo) ¿para qué?
wogegen [voˈge:gən] *adv* (interrogativo) ¿contra qué?
wogen [ˈvo:gən]
woher [voˈhe:ɐ] *adv* (interrogativo) ¿de dónde?

wohin [vo'hɪn] *adv* **1** (interrogativo) ¿adónde?, ¿hacia dónde? **2** (relativo) adonde.

wohl [vo:l] *adv* **1** bien. **2** perfectamente. **3** más o menos. **4** probablemente. ■ **jm ist nicht ~** alguien no se encuentra bien.

Wohl [vo:l] *n* bien *m*; bienestar *m*. ■ **zum ~** ¡salud!

Wohlbefinden ['vo:lbəˌfɪndən] *n* bienestar *m*.

Wohlbehagen ['vo:lbəˌha:gən] *n* bienestar *m*.

Wohlergehen ['vo:lɛɐˌge:ən] *n* bienestar *m*.

Wohlfahrt ['vo:lfa:ɐt] *f* (form) prosperidad *f*.

wohlgefällig ['vo:lgəˌfɛlɪç] *adj* placentero, grato.

Wohlgefühl ['vo:lgəˌfy:l] *n* sensación *f* de bienestar.

wohlhabend ['vo:lˌha:bənt] *adj* acomodado; fondeado (Amér.).

wohlmeinend ['vo:lˌmaɪnənt] *adj* bienintencionado.

Wohlsein ['vo:lzaɪn] *n* bienestar *m*. ■ **zum ~** ¡salud!

Wohlstand ['vo:lʃtant] *m* bienestar *m*.

Wohltat ['vo:lta:t] **(-en)** *f* buena obra *f*.

Wohltäter(in) ['vo:lˌtɛ:tɐ] **(-, -nen)** *m(f)* bienhechor(a) *m(f)*.

wohltätig ['vo:lˌtɛ:tɪç] *adj* caritativo, benéfico.

wohlverdient ['vo:lˌfɛɐdi:nt] *adj* bien merecido.

wohlwollend ['vo:lˌvɔlənt] *adj* benévolo.

Wohnbezirk ['vo:nbəˌtsɪrk] **(-e)** *m* área *f* residencial.

Wohnblock ['vo:nblɔk] **(-blöcke)** *m* bloque *m* de viviendas.

wohnen ['vo:nən] *intr* vivir.

Wohnfläche ['vo:nˌflɛçə] **(-n)** *f* superficie *f* habitable.

Wohngemeinschaft ['vo:ngəˌmaɪnʃaft] **(-en)** *f* grupo de personas que comparten un piso.

Wohnhaus ['vo:nhaʊs] **(-häuser)** *n* edificio *m* de viviendas.

Wohnheim ['vo:nhaɪm] **(-e)** *n* residencia *f*.

Wohnküche ['vo:nˌkʏçə] **(-n)** *f* cocina *f* comedor.

Wohnmobil ['vo:nmoˌbi:l] **(-e)** *n* autocaravana *f*.

Wohnort ['vo:nɔrt] **(-e)** *m* domicilio *m*.

Wohnraum ['vo:nraʊm] **(-räume)** *m* cuarto *m*, habitación *f*.

Wohnsiedlung ['vo:nˌzi:dlʊŋ] **(-en)** *f* urbanización *f*.

Wohnsitz ['vo:nzɪts] **(-e)** *m* (form) domicilio *m*.

Wohnung ['vo:nʊŋ] **(-en)** *f* vivienda *f*; piso *m*; departamento *m* (Amér.).

Wohnwagen ['vo:nˌva:gən] **(-)** *m* caravana *f*.

Wohnzimmer ['vo:nˌtsɪmɐ] **(-)** *n* cuarto *m* de estar; salón *m*; living *m* (Amér.).

wölben ['vœlbən] *tr y pron* arquear(se), curvar(se).

Wölbung ['vœlbʊŋ] **(-en)** *f* curvatura *f*; arco *m*.

Wolf [vɔlf] **(Wölfe)** *m* ZOOL lobo.

Wolke ['vɔlkə] (-n) *f* nube *f*.
Wolkenkratzer ['vɔlkən͵kratsɐ] (-) *m* rascacielos *m*.
wolkenlos ['vɔlkənlo:s] *adj* despejado, sin nubes (cielo).
wolkig ['vɔlkɪç] *adj* nublado (cielo).
Wolldecke ['vɔl͵dɛkə] (-n) *f* manta *f* de lana; frazada *f* de lana (Amér.).
Wolle ['vɔlə] (-n) *f* lana *f*.
wollen ['vɔlən] *aux* **1** (modal) querer: *ich will kommen = quiero venir*. **2** (modal) tener la intención: *ich wollte gerade gehen = estaba a punto de irme*. • *intr* **3** querer, desear. • *tr* **4** querer tener. ■ **lieber ~** preferir.
womit [vo'mɪt] *adv* (interrogativo) ¿con qué?, ¿en qué?
womöglich [vo'mø:klɪç] *adv* si es posible.
wonach [vo'na:x] *adv* (interrogativo) ¿qué?, ¿a qué?
woran [vo'ran] *adv* (interrogativo) ¿en qué?, ¿de qué?, ¿a qué?
worauf [vo'raʊf] *adv* (interrogativo) ¿a qué?, ¿sobre qué?
woraufhin [voraʊf'hɪn] *adv* (interrogativo) ¿por qué razón?
woraus [vo'raʊs] *adv* (interrogativo) ¿de qué?
worin [vo'rɪn] *adv* (interrogativo) ¿en qué?, ¿dónde?
Workshop ['vø:kʃɔp] (-s) *m* taller *m*.
World Wide Web ['wø:ɐld waɪd wɛb] *n* world wide web *f*.
Wort [vɔrt] (-e, Wörter) *n* palabra *f*, término *m*. ■ **mit einem ~** en resumen, en una palabra.
Wortbruch ['vɔrtbrʊx] (-brüche) *m* falta *f* de palabra.
Wörterbuch ['vœrtɐ͵bu:x] (-bücher) *n* diccionario *m*.
wortgewandt ['vɔrtgə͵vant] *adj* elocuente.
wortkarg ['vɔrtkark] *adj* de pocas palabras.
wörtlich ['vœrtlɪç] *adj* **1** literal, textual. • *adv* **2** literalmente.
wortlos ['vɔrtlo:s] *adj* **1** silencioso. • *adv* **2** en silencio.
wortreich ['vɔrtraɪç] *adj* elocuente.
Wortschatz ['vɔrtʃats] (-schätze) *m* vocabulario *m*.
Wortspiel ['vɔrtʃpi:l] (-e) *n* juego *m* de palabras.
Wortstellung ['vɔrt͵ʃtɛlʊŋ] *f* orden *m* de las palabras.
wortwörtlich ['vɔrt͵vœrtlɪç] *adj* o *adv* palabra por palabra.
worüber [vo'ry:bɐ] *adv* (interrogativo) ¿de qué?, ¿sobre qué?
worum [vo'rʊm] *adv* (interrogativo) ¿de qué?, ¿sobre qué?
worunter [vo'rʊntɐ] *adv* (interrogativo) ¿debajo de qué?
wovon [vo'fɔn] *adv* (interrogativo) ¿de qué?
wovor [vo'fo:ɐ] *adv* **1** (interrogativo) ¿de qué? **2** (interrogativo) ¿delante de qué?
wozu [vo'tsu:] *adv* (interrogativo) ¿para qué?
Wucher ['vu:xɐ] *m* usura *f*.

wuchern [ˈvuːxɐn] *intr* crecer rápidamente.
Wuchs [vuːks] *m* crecimiento *m.*
Wucht [vʊxt] *f* empuje *m.*
wuchten [ˈvʊxtən] *tr* levantar con esfuerzo.
wuchtig [ˈvʊxtɪç] *adj* **1** fuerte (golpe). **2** macizo (mueble).
wühlen [ˈvyːlən] *intr* **1** cavar (en la tierra). **2** hurgar, revolver.
Wunde [ˈvʊndə] **(-n)** *f* herida *f.*
wunderbar [ˈvʊndɐbaːɐ] *adj* **1** milagroso. **2** maravilloso.
wundern [ˈvʊndɐn] *tr* **1** sorprender. • **sich ~** *pron* **2** sorprenderse, maravillarse.
wunderschön [ˈvʊndɐˌʃøːn] *adj* hermosísimo.
wundervoll [ˈvʊndɐˌfɔl] *adj* maravilloso.
Wunsch [vʊnʃ] **(Wünsche)** *m* deseo *m.* ■ **auf ~** a petición.
wünschen [ˈvʏnʃən] *tr* **1** desear. **2** desear, querer.
wünschenswert [ˈvʏnʃənsveːɐt] *adj* deseable.
wunschgemäß [ˈvʊnʃgəˌmɛːs] *adj* según los deseos.
wunschlos [ˈvʊnʃloːs] *adj* **~ glücklich sein** ser completamente feliz.
Würde [ˈvʏrdə] **(-n)** *f* categoría *f.*
Würde [ˈvʏrdə] *f* dignidad *f.*
würdelos [ˈvʏrdəloːs] *adj* sin dignidad, indigno.
würdevoll [ˈvʏrdəfɔl] *adj* **1** digno. • *adv* **2** dignamente.
würdig [ˈvʏrdɪç] *adj* digno.
würdigen [ˈvʏrdɪgən] *tr* valorar.
Würdigkeit [ˈvʏrdɪçkaɪt] *f* dignidad *f.*
Würdigung [ˈvʏrdɪgʊŋ] **(-en)** *f* apreciación *f*, valoración *f.*
Wurf [vʊrf] **(Würfe)** *m* tiro *m.*
Würfel [ˈvʏrfəl] **(-)** *m* **1** dado *m.* **2** cubito *m.* **3** MAT cubo *m.*
würfeln [ˈvʏrfəln] *intr* **1** jugar a los dados. • *tr* **2** cortar en dados.
Würfelspiel [ˈvʏrfəlˌʃpiːl] **(-e)** *n* juego *m* de dados.
würgen [ˈvʏrgən] *tr* estrangular, ahogar.
Wurm [vʊrm] **(Würmer)** *m* ZOOL gusano *m.*
Wurst [vʊrst] **(Würste)** *f* **1** embutido *m.* **2** salchicha *f*, salchichón *m.*
Würstchen [ˈvʏrstçən] **(-)** *n* salchicha *f.*
Würze [ˈvʏrtsə] **(-n)** *f* condimento *m.*
Wurzel [ˈvʊrtsəl] **(-n)** *f* raíz *f.*
wurzeln [ˈvʊrtsəln] *intr* echar raíces, arraigar.
würzen [ˈvʏrtsən] *tr* condimentar, sazonar.
würzig [ˈvʏrtsɪç] *adj* sabroso, bien condimentado.
wüst [vyːst] *adj* **1** desierto, despoblado (zona, país). **2** desordenado, confuso.
Wüste [ˈvyːstə] **(-n)** *f* desierto *m.*
Wut [vuːt] *f* rabia *f.*
wüten [ˈvyːtən] *intr* enfurecerse.
wütend [ˈvyːtənt] *adj* furioso.

Xx

x, X [ɪks] (-) *n* x, X *f* (letra).
x-beliebig [ˈɪksbəˌli:bɪç] *adj* cualquiera.
xenophob [ksenoˈfo:p] *adj* xenófobo.
Xenophobie [ksenofoˈbi:] *f* xenofobia *f*.
x-mal [ˈɪksma:l] *adv* mil veces.
Xylofon [ksyloˈfo:n] **(-e)** *n* xilófono *m*, xilofón *m*.

Y, y [ˈʏpsilɔn] (-) *n* Y, y *f* (letra).
Yoga [ˈjo:ga] *m* o *n* yoga *f*.
Yoghurt [ˈjo:gʊrt] **(-s)** *m* yogur *m*.
Ypsilon [ˈʏpsilɔn] *n* i *f* griega.
Yuppie [ˈjʊpi] **(-s)** *m* yuppie *m*.

Zz

Z, z [tsɛt] (-) *n* Z, z *f* (letra).
zackig [ˈtsakɪç] *adj* dentado (peñasco).
zaghaft [ˈtsa:khaft] *adj* vacilante.
zäh [tsɛ:] *adj* **1** tenaz, pertinaz. **2** resistente.
Zähigkeit [ˈtsɛ:ɪçkaɪt] *f* tenacidad *f*.
Zahl [tsa:l] **(-en)** *f* número *m*; cifra *f*.
zahlen [ˈtsa:lən] *tr* e *intr* pagar.
zählen [ˈtsɛ:lən] *tr* e *intr* contar.
Zahler(in) [ˈtsa:lɐ] **(-, -nen)** *m(f)* pagador(a) *m(f)*.
Zähler(in) [ˈtsɛ:lɐ] **(-, -nen)** *m(f)* contador(a) *m(f)*.
zahllos [ˈtsa:llo:s] *adj* innumerable.
zahlreich [ˈtsa:lraɪç] *adj* **1** numeroso. • *adv* **2** en gran número.
Zahlung [ˈtsa:lʊŋ] **(-en)** *f* pago *m*, abono *m*.
Zählung [ˈtsɛ:lʊŋ] **(-en)** *f* acto *m* de contar.
zahlungsfähig [ˈtsa:lʊŋsˌfɛ:ɪç] *adj* solvente.

Zahlungsfrist [ˈtsa:lʊŋsˌfrɪst] **(-en)** *f* plazo *m* de pago.
Zahlungsmittel [ˈtsa:lʊŋsˌmɪtəl] **(-)** *n* medio *m* de pago.
Zahlungsweise [ˈtsa:lʊŋs ˌvaɪzə] **(-n)** *f* forma *f* de pago.
zahm [tsa:m] *adj* **1** manso. **2** dócil, bueno (persona).
zähmen [ˈtsɛ:mən] *tr* **1** amansar, domesticar (a un animal). • *tr y pron* **2** (form) contener(se), reprimir(se).
Zahn [tsa:n] **(Zähne)** *m* diente *m*; muela *f*.
Zahnarzt, -ärztin [ˈtsa:na:ɐtst] **(-ärzte, -nen)** *m, f* dentista *m, f*.
Zahnbürste [ˈtsa:nˌbʏrstə] **(-n)** *f* cepillo *m* de dientes.
Zahncreme [ˈtsa:nkre:m] **(-s)** *f* crema *f* dental.
Zahnpasta [ˈtsa:nˌpasta] **(-ten)** *f* pasta *f* de dientes.
Zahnspange [ˈtsa:nˌʃpaŋə] **(-n)** *f* aparato *m* de ortodoncia.
Zahnstocher [ˈtsa:nˌʃtɔxɐ] **(-)** *m* palillo *m*; pajuela *f* (Amér.).
Zange [ˈtsaŋə] **(-n)** *f* **1** tenazas *f pl*. **2** ZOOL pinzas *f pl* (de algunos animales).
zanken [ˈtsaŋkən] *intr* pelearse, reñir.
Zapfsäule [ˈtsapfˌzɔɪlə] **(-n)** *f* surtidor *m* (de gasolina).
zappeln [ˈtsapəln] *intr* agitarse, moverse.
zappen [ˈzɛpən] *intr* (fam) hacer zap(p)ing.
zart [tsa:ɐt] *adj* **1** tierno (verdura, carne). **2** delicado (piel, salud). **3** suave (color, tono). **4** sensible (persona). **5** fino.
zärtlich [ˈtsɛ:ɐtlɪç] *adj* **1** cariñoso, tierno. • *adv* **2** con cariño.
Zärtlichkeit [ˈtsɛ:ɐtlɪçkaɪt] **(-en)** *f* caricia *f*.
Zärtlichkeit [ˈtsɛ:ɐtlɪçkaɪt] *f* cariño *m*, ternura *f*.
Zauber [ˈtsaʊbɐ] **(-)** *m* **1** magia *f*. **2** encanto *m*, hechizo *m*.
Zauberer(in) [ˈtsaʊbərɐ] **(-, -nen)** *m(f)* hechicero, -a *m, f*; mago, -a *m, f*.
zauberhaft [ˈtsaʊbɐhaft] *adj* encantador.
zaubern [ˈtsaʊbɐn] *intr* **1** practicar la magia. • *tr* **2** hacer aparecer algo por arte de magia.
Zaun [tsaʊn] **(Zäune)** *m* cerca *f*, valla *f*.
Zebrastreifen [ˈtse:braˌʃtraɪfən] **(-)** *m* paso *m* cebra.
Zeche [ˈtsɛçə] **(-n)** *f* **1** cuenta *f*. **2** MIN mina *f*.
zechen [ˈtsɛçən] *tr* e *intr* (fam) empinar el codo.
Zehe [ˈtse:ə] **(-n)** *f* **1** dedo *m* del pie. **2** diente *m* (de ajo).
zehn [tse:n] *adj* diez.
Zehn [tse:n] **(-en)** *f* diez *m*.
Zehner [ˈtse:nɐ] **(-)** *m* **1** billete *m* o moneda *f* de diez. **2** decena *f*.
zehren [ˈtse:rən] *intr* **von etw** ***(dat)*** **~** alimentarse de algo; vivir de algo.
Zeichen [ˈtsaɪçən] **(-)** *n* **1** señal *f*, seña *f*. **2** símbolo *m*, signo *m*.
Zeichensprache [ˈtsaɪçənˌʃpra:xə] **(-n)** *f* lenguaje *m* por señas.

Zeichentrickfilm [ˈtsaɪçən̩trɪkfɪlm] (-e) *m* dibujos *m pl* animados.
zeichnen [ˈtsaɪçnən] *tr* e *intr* **1** dibujar; esbozar. **2** marcar.
Zeichner(in) [ˈtsaɪçnɐ] (-, -nen) *m(f)* dibujante *m, f.*
Zeichnung [ˈtsaɪçnʊŋ] (-en) *f* dibujo *m.*
Zeigefinger [ˈtsaɪgə̩fɪŋɐ] (-) *m* dedo *m* índice.
zeigen [ˈtsaɪgən] *tr* e *intr* **1** mostrar, enseñar. • *tr* **2** indicar. • **sich** ~ *pron* **3** mostrarse. **4** demostrarse.
Zeiger [ˈtsaɪgɐ] (-) *m* indicador *m.*
Zeile [ˈtsaɪlə] (-n) *f* **1** línea *f.* **2** fila *f.*
Zeit [tsaɪt] (-en) *f* **1** tiempo *m.* **2** era *f*, época *f.* **3** duración *f*, período *m.* ■ **auf** ~ a plazo; **mit der** ~ a la larga; **zur** ~ actualmente.
Zeitalter [ˈtsaɪt̩altɐ] *n* época *f*, era *f.*
Zeitdruck [ˈtsaɪtdrʊk] *m* premura *f* de tiempo.
Zeitgenosse, -in [ˈtsaɪtgə̩nɔsə] (-n, -nen) *m, f* contemporáneo, -a *m, f.*
zeitgenössisch [ˈtsaɪtgə̩nœsɪʃ] *adj* contemporáneo.
Zeitgeschichte [ˈtsaɪtgə̩ʃɪçtə] *f* historia *f* contemporánea.
zeitig [ˈtsaɪtɪç] *adj* **1** temprano. • *adv* **2** a tiempo.
zeitlich [ˈtsaɪtlɪç] *adj* **1** temporal. **2** pasajero.
zeitlos [ˈtsaɪtloːs] *adj* intemporal.
Zeitmaß [ˈtsaɪtmaːs] *n* tiempo *m.*
Zeitmessung [ˈtsaɪt̩mɛsʊŋ] (-en) *f* cronometría *f.*
Zeitpunkt [ˈtsaɪtpʊŋkt] (-e) *m* fecha *f*; momento *m.*
Zeitraum [ˈtsaɪtraʊm] (-räume) *m* espacio *m* de tiempo.
Zeitschrift [ˈtsaɪtʃrɪft] (-en) *f* revista *f.*
Zeitung [ˈtsaɪtʊŋ] (-en) *f* periódico *m*, diario *m.*
Zeitungsannonce [ˈtsaɪtʊŋs̩anõsə] (-n) *f* anuncio *m* (en el diario).
Zeitvertreib [ˈtsaɪtfɛɐ̯̩traɪp] (-e) *m* pasatiempo *m.*
zeitweise [ˈtsaɪt̩vaɪzə] *adv* **1** de vez en cuando, a veces. **2** durante cierto tiempo.
Zeitwort [ˈtsaɪtvɔrt] (-wörter) *n* GRAM verbo *m.*
zelebrieren [tseleˈbriːrən] *tr* celebrar.
Zelle [ˈtsɛlə] (-n) *f* **1** célula *f.* **2** celda *f* (en la prisión, un monasterio). **3** cabina *f* telefónica.
Zelt [tsɛlt] (-e) *n* tienda *f* de campaña.
zelten [ˈtsɛltən] *intr* acampar; campear (Amér.).
Zeltlager [ˈtsɛlt̩laːgɐ] (-) *n* campamento *m.*
Zement [tseˈmɛnt] (-e) *m* cemento *m.*
zensieren [tsɛnˈziːrən] *tr* censurar.

Zensur [tsɛn'zuːɐ] *f* censura *f.*
Zentimeter [tsɛnti'meːtɐ] (-) *m* o *n* centímetro *m.*
Zentner ['tsɛntnɐ] (-) *m* quintal *m.*
zentral [tsɛn'traːl] *adj* central.
Zentrale [tsɛn'traːlə] (-n) *f* central *f.*
zentralisieren [tsɛntrali'ziːrən] *tr* centralizar.
Zentrum ['tsɛntrʊm] (-tren) *n* centro *m.*
zerbrechen [tsɛɐ'brɛçən] *tr* **1** romper, quebrar. • *intr* **2** romperse, quebrarse.
zerbrechlich [tsɛɐ'brɛçlɪç] *adj* quebradizo.
Zeremonie [tseremo'niː] (-n) *f* ceremonia *f.*
zerfallen [tsɛɐ'falən] *intr* arruinarse.
zergehen [tsɛɐ'geːən] *intr* deshacerse; derretirse.
zerkleinern [tsɛɐ'klaɪnɐn] *tr* desmenuzar.
zerknüllen [tsɛɐ'knʏlən] *tr* estrujar, arrugar (un papel).
zerlegen [tsɛɐ'leːgən] *tr* desmontar; desarmar.
zermürben [tsɛɐ'mʏrbən] *tr* cansar, fatigar (corporalmente); desmoralizar (anímicamente).
zerquetschen [tsɛɐ'kvɛtʃən] *tr* aplastar; chafar.
zerreißen [tsɛɐ'raɪsən] *tr* **1** romper. • *intr* **2** romperse.
zerren ['tsɛrən] *intr* **1** tirar violentamente. • *tr* **2** arrastrar, llevar a rastras.
zerschlagen [tsɛɐ'ʃlaːgən] *tr* romper.
zerschmettern [tsɛɐ'ʃmɛtɐn] *tr* **1** destrozar. **2** aniquilar.
zerschneiden [tsɛɐ'ʃnaɪdən] *tr* cortar (en trozos).
zerstampfen [tsɛɐ'ʃtampfən] *tr* triturar, machacar.
zerstören [tsɛɐ'ʃtøːrən] *tr* destruir.
Zerstörung [tsɛɐ'ʃtøːrʊŋ] (-en) *f* destrucción *f.*
zerstreuen [tsɛɐ'ʃtrɔɪən] *tr* **1** dispersar; esparcir. • **sich ~** *pron* **2** distraerse.
zerstreut [tsɛɐ'ʃtrɔɪt] *adj* despistado, distraído.
zerteilen [tsɛɐ'taɪlən] *tr* partir, dividir.
Zertifikat [tsɛrtifi'kaːt] (-e) *n* certificado *m.*
zertrümmern [tsɛɐ'trʏmɐn] *tr* destruir.
Zerwürfnis [tsɛɐ'vʏrfnɪs] (-se) *n* desavenencia *f.*
Zettel ['tsɛtəl] (-) *m* **1** papel *m.* **2** nota *f.* **3** tique *m.*
Zettelkasten ['tsɛtəlˌkastən] (-kästen) *m* fichero *m.*
Zeug [tsɔɪk] *n* **1** cosas *f pl.* **2** utensilios *m pl.*
Zeuge, -in ['tsɔɪgə] (-n, -nen) *m, f* testigo *m, f.*
zeugen ['tsɔɪgən] *tr* **1** procrear, engendrar. • *intr* **2** testificar.
Zeugnis ['tsɔɪknɪs] (-se) *n* notas *f pl,* calificaciones *f pl.*
Zeugung ['tsɔɪgʊŋ] (-en) *f* procreación *f.*

zeugungsfähig [ˈtsɔɪgʊŋsˌfɛːɪç] *adj* capaz de engendrar.
Ziege [ˈtsiːgə] **(-n)** *f* ZOOL cabra *f.*
Ziegel [ˈtsiːgəl] (-) *m* ladrillo *m.*
ziehen [ˈtsiːən] *tr* **1** tirar, arrastrar. **2** sacar, arrancar. • *intr* **3** tirar (estufa, pipa, etc.).
Ziehharmonika [ˈtsiːharˌmoːnika] **(-s)** *f* acordeón *m.*
Ziel [tsiːl] **(-e)** *n* **1** destino *m.* **2** fin *m*, finalidad *f.* **3** DEP meta *f.*
zielbewusst [ˈtsiːlbəˌvʊst] *adj* resuelto.
zielen [ˈtsiːlən] *intr* ~ **(auf)** apuntar; asestar (a).
zielsicher [ˈtsiːlˌzɪçɐ] *adj* preciso, seguro.
zielstrebig [ˈtsiːlˌʃtreːbɪç] *adj* perseverante.
ziemlich [ˈtsiːmlɪç] *adj* **1** bastante. • *adv* **2** bastante.
Zierde [ˈtsiːɐdə] **(-n)** *f* adorno *m.*
zieren [ˈtsiːrən] *tr* adornar.
zierlich [ˈtsiːɐlɪç] *adj* grácil.
Ziffer [ˈtsɪfɐ] **(-n)** *f* **1** cifra *f.* **2** (fam) número *m.*
Zigarette [tsigaˈrɛtə] **(-n)** *f* cigarrillo *m.*
Zigarre [tsiˈgarə] **(-n)** *f* puro *m.*
Zigeuner(in) [tsiˈgɔɪnɐ] **(-, -nen)** *m(f)* gitano, -a *m, f.*
Zimmer [ˈtsɪmɐ] (-) *n* habitación *f.*
Zimmereinrichtung [ˈtsɪmɐˌaɪnrɪçtʊŋ] **(-en)** *f* mobiliario *m.*
Zimmermädchen [ˈtsɪmɐˌmɛːtçən] (-) *n* camarera *f* (de habitaciones).
Zimmermann [ˈtsɪmɐˌman] **(-leute)** *m* carpintero *m* de obra.
Zimmertemperatur [ˈtsɪmɐtɛmpəraˌtuːɐ] *f* temperatura *f* ambiente.
Zimt [tsɪmt] **(-e)** *m* canela *f.*
Zinke [ˈtsɪŋkə] **(-n)** *f* púa *f.*
Zinn [tsɪn] *n* estaño *m.*
Zins [tsɪns] **(-en)** *m* interés *m.*
Zipfel [ˈtsɪpfəl] (-) *m* punta *f.*
zirka [ˈtsɪrka] *adv* aproximadamente.
Zirkel [ˈtsɪrkəl] (-) *m* compás *m.*
zirkulieren [tsɪrkuˈliːrən] *intr* circular.
Zirkus [ˈtsɪrkʊs] **(-se)** *m* circo *m.*
Zirkuszelt [ˈtsɪrkʊsˌtsɛlt] **(-e)** *n* carpa *f* de circo.
zischen [ˈtsɪʃən] *intr* **1** silbar (serpientes). **2** silbar, sisear.
Zitat [tsiˈtaːt] **(-e)** *n* cita *f.*
Zither [ˈtsɪtɐ] **(-n)** *f* MÚS cítara *f.*
zitieren [tsiˈtiːrən] *tr* citar.
Zitrone [tsiˈtroːnə] **(-n)** *f* limón *m.*
Zitronenlimonade [tsiˈtroːnənlimoˌnaːdə] **(-n)** *f* limonada *f.*
zittern [ˈtsɪtɐn] *intr* temblar (de miedo); tiritar (de frío).
zivil [tsiˈviːl] *adj* civil.
Zivil [tsiˈviːl] *n* **in** ~ de paisano.
Zivilcourage [tsiˈviːlkuˌraːʒə] *f* valor *m* cívico.
Zivildienst [tsiˈviːlˌdiːnst] *m* prestación *f* social sustitutoria.

Zivildienstleistende [tsiˈviːl-diːnstlaɪstəndə] (**-n**) *m* objetor *m* de conciencia.
Zivilisation [tsivilizaˈtsĭoːn] (**-en**) *f* civilización *f*.
zivilisieren [tsiviliˈziːrən] *tr* civilizar.
Zivilist(in) [tsiviˈlɪst] (**-en, -nen**) *m(f)* paisano, -a *m, f*.
zögerlich [ˈtsøːgɐlɪç] *adj* titubeante.
zögern [ˈtsøːgɐn] *intr* dudar.
Zögling [ˈtsøːklɪŋ] (**-e**) *m* pupilo, -a *m, f*.
Zoll [tsɔl] (**Zölle**) *m* aduana *f*.
zollfrei [ˈtsɔlfraɪ] *adj* exento de derechos aduaneros.
Zöllner(in) [ˈtsœlnɐ] (**-, -nen**) *m(f)* aduanero, -a *m, f*.
zollpflichtig [ˈtsɔlˌpflɪçtɪç] *adj* sujeto a aduana.
Zone [ˈtsoːnə] (**-n**) *f* zona *f*.
Zoo [tsoː] (**-s**) *m* zoo *m*.
Zoologie [tsooloˈgiː] *f* zoología *f*.
Zopf [tsɔpf] (**Zöpfe**) *m* trenza *f*.
Zorn [tsɔrn] *m* ira *f*.
zornig [ˈtsɔrnɪç] *adj* iracundo.
zottig [ˈtsɔtɪç] *adj* hirsuto.
zu [tsuː] *prep* **+dat 1** a, hacia (dirección): *ich gehe zur Schule = voy al colegio*. **2** a, en, por (tiempo): *zum Anfang = al principio, zu Ostern = por Pascua*. **3** para (finalidad): *zum Lesen brauche ich eine Brille = para leer necesito gafas*. **4** con (relación personal): *er ist immer höflich zu mir = siempre es amable conmigo*. **5** a, de (distribución): *sie kamen zu viert herein = entraban de cuatro en cuatro*. **6** a, contra (relación numérica): *wir gewannen drei zu eins = ganamos por tres a uno*. • *adv* **7** cerrado: *die Tür ist zu = la puerta está cerrada*. **8** demasiado: *das ist zu groß = esto es demasiado grande*.
zu|bereiten [ˈtsuːbəˌraɪtən] *tr* preparar.
Zubereitung [ˈtsuːbəˌraɪtʊŋ] (**-en**) *f* preparación *f*.
Zucht [tsʊxt] (**-en**) *f* cría *f*, crianza *f* (de animales); cultivo *m* (de plantas).
züchten [ˈtsʏçtən] *tr* criar (animales); cultivar (plantas, perlas).
Züchter(in) [ˈtsʏçtɐ] (**-, -nen**) *m(f)* criador(a) *m(f)* (de animales); cultivador(a) *m(f)* (de plantas, perlas).
zücken [ˈtsʏkən] *tr* sacar.
Zucker [ˈtsʊkɐ] (**-**) *m* azúcar *m*.
Zuckerkrankheit [ˈtsʊkɐˌkraŋkhaɪt] *f* diabetes *f*.
zuckern [ˈtsʊkɐn] *tr* azucarar.
zuckrig [ˈtsʊkrɪç] *adj* azucarado.
Zuckung [ˈtsʊkʊŋ] (**-en**) *f* contracción *f* (involuntaria).
zu|decken [ˈtsuːˌdɛkən] *tr* cubrir, tapar.
zudem [tsuˈdeːm] *adv* (form) además.
zu|drehen [ˈtsuːˌdreːən] *tr* cerrar (el grifo, la llave del gas, etc.).

Z

zudringlich [ˈtsuːˌdrɪŋlɪç] *adj* impertinente.
zu|drücken [ˈtsuːˌdrʏkən] *tr* e *intr* cerrar (empujando).
zueinander [tsuaɪˈnandɐ] *adv* uno(s) con otro(s).
zuerst [tsuˈeːɐst] *adv* primero.
Zufahrt [ˈtsuːfaːɐt] **(-en)** *f* acceso *m*.
Zufahrtsstraße [ˈtsuːfaːɐtˌʃtraːsə] **(-n)** *f* vía *f* de acceso.
Zufall [ˈtsuːfal] **(Zufälle)** *m* casualidad *f*, azar *m*.
zufällig [ˈtsuːfɛlɪç] *adj* **1** casual. • *adv* **2** por casualidad.
Zuflucht [ˈtsuːflʊxt] **(-en)** *f* refugio *m*.
zufolge [tsuˈfɔlgə] *prep* **+gen, +dat** (pospuesto) según; de acuerdo con, según.
zufrieden [tsuˈfriːdən] *adj* contento.
Zufriedenheit [tsuˈfriːdənhaɪt] *f* satisfacción *f*.
zufügen [ˈtsuːˌfyːgən] *tr* **1** añadir. **2** ocasionar, causar (daños).
Zug [tsuːk] **(Züge)** *m* **1** tren *m*. **2** tendencia *f*, corriente *f* (de una época). **3** séquito *m*, comitiva *f*. **4** rasgo *m*.
Zugabe [ˈtsuːˌgaːbə] **(-n)** *f* suplemento *m*.
Zugabteil [ˈtsuːkˌaptaɪl] **(-e)** *n* compartimento *m* del tren.
Zugang [ˈtsuːgaŋ] **(-gänge)** *m* acceso *m*.
zu|geben [ˈtsuːˌgeːbən] *tr* **1** añadir. **2** admitir, reconocer.
zu|gehen [ˈtsuːˌgeːən] *intr* **1** cerrarse. **2** suceder, ocurrir.
Zugehfrau [ˈtsuːgeːˌfraʊ] **(-en)** *f* asistenta *f*.
zu|gehören [ˈtsuːgəˌhøːrən] *intr* pertenecer.
Zügel [ˈtsyːgəl] **(-)** *m* rienda *f*.
zu|gestehen [ˈtsuːgəˌʃteːən] *tr* e *intr* conceder.
zugleich [tsuˈglaɪç] *adv* al mismo tiempo.
Zugluft [ˈtsuːklʊft] *f* corriente *f* de aire.
Zugpersonal [ˈtsuːkpɛrzoˌnaːl] *n* personal *m* del tren.
zu|greifen [ˈtsuːˌgraɪfən] *intr* coger, agarrar; servirse (en la mesa).
zugrunde [tsuˈgrʊndə] *adv* **~ gehen** irse a pique. ■ **etw ~ legen** tomar algo por base.
zugunsten [tsuˈgʊnstən] *prep* **+gen** en favor de, en beneficio de.
Zugverbindung [ˈtsuːkfɛɐˌbɪndʊŋ] **(-en)** *f* enlace *m* (de trenes).
Zugverkehr [ˈtsuːkfɛɐˌkeːɐ] *m* tráfico *m* ferroviario.
zu|halten [ˈtsuːˌhaltən] *tr* tener cerrado.
Zuhälter [ˈtsuːhɛltɐ] **(-)** *m* chulo *m*.
zuhause [tsuˈhaʊzə] *adv* en casa.
Zuhause [tsuˈhaʊzə] **(-)** *n* hogar *m*.
zu|hören [ˈtsuːˌhøːrən] *intr* escuchar.

zusammen|fassen [tsuˈzamən-ˌfasən] *tr* **1** resumir (un informe, un texto, etc.). **2** juntar, reunir.

Zusammenfassung [tsuˈza-mənˌfasʊŋ] **(-en)** *f* resumen *m.*

zusammen|fügen [tsuˈzamən-ˌfy:gən] *tr* juntar, unir.

zusammen|gehören [tsuˈza-məngəˌhø:rən] *intr* hacer pareja (dos personas); hacer juego (dos cosas).

zusammengehörig [tsuˈzamən-gəˌhø:rɪç] *adj* correspondiente.

zusammengesetzt [tsuˈza-məngəˌzɛtst] *adj* compuesto.

Zusammenhalt [tsuˈzamən-ˌhalt] **(-e)** *m* **1** consistencia *f.* **2** solidaridad *f.*

zusammen|halten [tsuˈzamən-ˌhaltən] *intr* **1** ser solidario. ● *tr* **2** mantener juntos. **3** unir.

Zusammenhang [tsuˈzamən-ˌhaŋ] **(-hänge)** *m* **1** conexión *f.* **2** contexto *m.*

zusammen|hängen [tsuˈza-mənˌhɛŋən] *intr* **1** estar unido. **2** estar relacionado.

zusammen|klappen [tsuˈza-mənˌklapən] *tr* plegar (una mesa); cerrar (un libro, un cuchillo).

Zusammen|leben [tsuˈzamən-ˌle:bən] *n* convivencia *f.*

zusammen|leben [tsuˈza-mənˌle:bən] *intr* convivir.

zusammen|legen [tsuˈzamən-ˌle:gən] *tr* **1** plegar, doblar. **2** reunir (dinero).

zusammen|passen [tsuˈzamən-ˌpasən] *intr* armonizar, congeniar (personas).

zusammen|rechnen [tsuˈza-mənˌrɛçnən] *tr* sumar.

zusammen|reißen [tsuˈzamən-ˌraɪsən] *pron* **sich ~** controlarse.

zusammen|sein [tsuˈzamən-ˌzaɪn] *intr* estar juntos.

zusammen|setzen [tsuˈzamən-ˌzɛtsən] *tr* componer, montar.

Zusammensetzung [tsuˈza-mənˌzɛtsʊŋ] **(-en)** *f* composición *f.*

Zusammenstellung [tsuˈza-mənˌʃtɛlʊŋ] **(-en)** *f* disposición *f.*

Zusammenstoß [tsuˈzamən-ˌʃto:s] **(-stöße)** *m* **1** colisión *f*, choque *m.* **2** disputa *f*, enfrentamiento *m.*

zusammen|stoßen [tsuˈzamən-ˌʃto:sən] *intr* chocar, colisionar.

zusammen|treffen [tsuˈzamən-ˌtrɛfən] *intr* encontrarse.

zusammen|zählen [tsuˈzamən-ˌtsɛ:lən] *tr* sumar.

Zusatz [ˈtsu:zats] **(-sätze)** *m* **1** aditivo *m.* **2** apéndice *m.*

zusätzlich [ˈtsu:zɛtslɪç] *adj* **1** adicional. ● *adv* **2** además.

zu|schauen [ˈtsu:ˌʃauən] *intr* mirar.

Zuschauer(in) [ˈtsu:ˌʃauɐ] **(-, -nen)** *m(f)* espectador(a) *m(f).*

Zuschauerraum [ˈtsu:ʃauɐˌra-ʊm] **(-räume)** *m* sala *f* de espectadores.

zu|schicken [ˈtsuːˌʃɪkən] *tr* enviar, mandar.
Zuschlag [ˈtsuːʃlaːk] (**-schläge**) *m* recargo *m*, suplemento *m*; yapa *f* (Amér.).
zu|schlagen [ˈtsuːˌʃlaːgən] *intr* **1** golpear, pegar. • *tr* **2** cerrar (un libro).
zuschlagpflichtig [ˈtsuːʃlaːkˌpflɪçtɪç] *adj* con recargo.
zu|schließen [ˈtsuːˌʃliːsən] *tr* cerrar con llave.
zu|schreiben [ˈtsuːˌʃraɪbən] *tr* atribuir.
Zuschrift [ˈtsuːʃrɪft] (**-en**) *f* carta *f*; comunicacción *f*.
Zuschuss [ˈtsuːʃʊs] (**Zuschüsse**) *m* ayuda *f* financiera.
zu|sehen [ˈtsuːˌzeːən] *intr* estar mirando.
zu|sein [ˈtsuːzaɪn] *intr* estar cerrado.
zu|senden [ˈtsuːˌzɛndən] *tr* mandar, enviar.
zu|sichern [ˈtsuːˌzɪçɐn] *tr* asegurar, garantizar.
Zusicherung [ˈtsuːˌzɪçərʊŋ] (**-en**) *f* seguridad *f*, garantía *f*.
zu|sperren [ˈtsuːˌʃpɛrən] *tr* cerrar con llave.
zu|spitzen [ˈtsuːˌʃpɪtsən] *pron* **sich ~** agudizarse.
zu|sprechen [ˈtsuːˌʃprɛçən] *tr* **1** conceder, otorgar (un premio). **2** atribuir. • *intr* **3** tranquilizar, consolar.
Zustand [ˈtsuːʃtant] (**Zustände**) *m* estado *m*.
Zustandekommen [tsuˈʃtandəˌkɔmən] *n* realización *f*.
zuständig [ˈtsuːʃtɛndɪç] *adj* competente, responsable.
Zuständigkeit [ˈtsuːʃtɛndɪçkaɪt] (**-en**) *f* competencia *f*.
zu|stellen [ˈtsuːˌʃtɛlən] *tr* **1** entregar. **2** obstruir, bloquear.
zu|stimmen [ˈtsuːˌʃtɪmən] *intr* estar de acuerdo, aprobar.
Zustimmung [ˈtsuːˌʃtɪmʊŋ] (**en**) *f* asentimiento *m*, aprobación *f*.
Zutat [ˈtsuːtaːt] (**-en**) *f* ingrediente *m*.
zu|teilen [ˈtsuːˌtaɪlən] *tr* **1** distribuir, repartir. **2** asignar (un papel, una función, etc.).
zuträglich [ˈtsuːˌtrɛːklɪç] *adj* provechoso.
zu|trauen [ˈtsuːˌtraʊən] *tr* **jm etw ~** creer a alguien capaz de algo.
Zutrauen [ˈtsuːˌtraʊən] *n* confianza *f*.
zutraulich [ˈtsuːˌtraʊlɪç] *adj* confiado.
zu|treffen [ˈtsuːˌtrɛfən] *intr* ser correcto.
Zutritt [ˈtsuːtrɪt] (**-e**) *m* acceso *m*.
zuverlässig [ˈtsuːfɛɐlɛsɪç] *adj* cumplidor (persona).
Zuverlässigkeit [ˈtsuːfɛɐlɛsɪçkaɪt] (**-en**) *f* fiabilidad *f*.
Zuversicht [ˈtsuːfɛɐzɪçt] *f* confianza *f*, esperanza *f*.
zuversichtlich [ˈtsuːfɛɐzɪçtlɪç] *adj* lleno de confianza.
zuviel [tsuˈfiːl] *adv* demasiado.

Vocabulario de uso

Vorbereitung einer Reise / Preparación de un viaje

Häufige Ausdrücke / Expresiones usuales

Wie lange dauert die Fahrt?
¿Cuánto dura el viaje?
Wie kommt man zum Bahnhof?
¿Cómo se llega a la estación?
Einen Sitzplatz reservieren
Reservar un asiento
Ein Zimmer reservieren
Reservar una habitación
Haben Sie Pauschalreisen?
¿Tienen viajes organizados?
Dieser Preis umfasst alle Leistungen
Este precio incluye todos los servicios
Alles inclusive
Todo incluido

Was kostet es?
¿Cuánto cuesta?
Können Sie bitte eine Anzahlung leisten?
¿Puede dejar una paga y señal, por favor?
Wir fahren mit dem Zug / mit dem Bus / mit dem Auto ...
Viajamos en tren / en autobús / en coche ...
Wir fliegen
Viajamos en avión
Den Zug / den Bus verpassen
Perder el tren / el autobús
Ein Auto mieten
Alquilar un coche

Wortschatz / Vocabulario

Ankunft – llegada
Bahnhof – estación
Bahnsteig – andén
Broschüre – folleto
Bus – el autobús
Einfacher Fahrschein – billete de ida
Fähre – ferry
Flughafen – aeropuerto
Flugzeug – avión
Gepäck – equipaje
Hafen – puerto

Hin und zurück – ida y vuelta
Kreuzfahrt – crucero
Pass – pasaporte
Pauschalreise – viaje organizado
Reise – viaje
Reiseführer – guía (del turista)
Rückfahrkarte – billete de ida y vuelta
Terminal – terminal
Umsteigen – hacer transbordo
Verspätung – retraso

Auf dem Flughafen / En el aeropuerto

Häufige Ausdrücke / Expresiones usuales

Um wieviel Uhr landet unser Flugzeug in Berlin?
¿A qué hora llega nuestro avión a Berlín?
Um wieviel Uhr startet unser Flugzeug nach Frankfurt?
¿A qué hora sale nuestro avión hacia Frankfurt?
Wegen des Nebels müssen alle Flüge nach Stuttgart gestrichen werden
Por causa de la niebla se suspenden todos los vuelos hacia Stuttgart
Wir fliegen über München nach London
Volamos a Londres vía Munich
Legen Sie den Sicherheitsgurt an
Abróchense el cinturón de seguridad
Das Gepäck abfertigen
Facturar el equipaje
Das zulässige Gewicht des Gepäcks beträgt 20 Kilo
El peso permitido del equipaje es de 20 kilos

Wortschatz / Vocabulario

Anschlussflug – vuelo de conexión
Bordkarte – tarjeta de embarque
Charterflug – vuelo charter
Flug mit Zwischenlandung – vuelo con escala
Fluglinie – línea aérea
Flugnummer – número de vuelo
Flugzeug – avión
Gepäck – equipaje
Handgepäck – equipaje de mano
Linienflug – vuelo regular
Notausgang – salida de emergencia
Passagier(in) – pasajero, -a
Passagierflugzeug – avión de pasajeros
Schalter – ventanilla
Startbahn – pista de despegue
Stewardess – azafata
Streichen – anular
Transitreisende – pasajeros en tránsito
Transportband – cinta transportadora
Übergepäck – exceso de equipaje

Unterkunft suchen / Buscar alojamiento

Häufige Ausdrücke / Expresiones usuales

Haben Sie noch Zimmer frei?
¿Les quedan habitaciones libres?

Was kostet ein Einzelzimmer / Doppelzimmer?
¿Cuánto cuesta una habitación individual / doble?

Ich möchte ein Zimmer mit Bad / Dusche
Deseo una habitación con baño / ducha

Ich möchte ein Zimmer mit Vollpension / Halbpension buchen
Me gustaría reservar una habitación en régimen de pensión completa / media pensión

Mit oder ohne Frühstück?
¿Con o sin desayuno?

Wie lange bleiben Sie?
¿Cuánto tiempo se van a quedar?

In einem Hotel übernachten
Pasar la noche en un hotel

Ein Zimmer in einem Hotel reservieren
Reservar una habitación en un hotel

Komplett
completo

Die Zimmer sind klimatisiert
Las habitaciones están climatizadas

Zimmer zu vermieten
Se alquila habitación

Wortschatz / Vocabulario

Aufenthalt – estancia
Buchen – reservar
Campingplatz – camping
Doppelzimmer – habitación doble
Ehebett – cama de matrimonio
Einzelzimmer – habitación individual
Gasthof – casa de huéspedes
Halbpension – media pensión
Hotel garni – hotel con desayuno
Jugendherberge – albergue juvenil
Pension – pensión
Rezeption – recepción
Sich einschreiben – registrarse
Unterkunft – alojamiento
Vollpension – pensión completa
Zimmer frei – habitación libre

In der Stadt / En la ciudad

Häufige Ausdrücke / Expresiones usuales

In der Stadt bummeln
Dar una vuelta por la ciudad

Ich habe mich verlaufen
Me he perdido

Wie kommt man zum / zur ...?
¿Cómo puedo llegar a ...?

Ich suche die Goethestraße. Könnten Sie mir sagen, wie ich dorthin komme?
Busco la Goethestraße. ¿Podría indicarme por dónde queda?

Wissen Sie, wie ich von hier aus zum / zur ... komme?
¿Sabría indicarme el camino hasta ...?

Wie weit ist die nächste Bushaltestelle enfernt?
¿A qué distancia se encuentra la próxima parada de autobús?

Gehen Sie immer geradeaus
Siga siempre recto

Biegen Sie die nächste Straße nach links / rechts ab
Gire la siguiente calle a la izquierda / derecha

Überqueren Sie diese Straße
Cruce esta calle

Sie müssen über die Brücke gehen
Debe cruzar el puente

Sie müssen in die entgegengesetzte Richtung gehen
Debe ir en sentido contrario

Wortschatz / Vocabulario

Allee – avenida
Bahnhof – estación de ferrocarril
Bank – banco
Brücke – puente
Bushaltestelle – parada de autobús
Denkmal – monumento
Einbahnstraße – calle de dirección única
Einkaufsstraße – calle comercial
Flughafen – aeropuerto
Fußgängerzone – calle peatonal
Gasse – callejón
Hafen – puerto
Kirche – iglesia
Museum – museo
Park – parque
Platz – plaza
Post – correos
Rathaus – ayuntamiento
Restaurant – restaurante
Sparkasse – caja de ahorros
Stadtzentrum – centro de la ciudad
Strand – playa
Straße – calle
Taxi – taxi
U-Bahn – metro
Krankenhaus – hospital

Im Restaurant / En el restaurante

Häufige Ausdrücke / Expresiones usuales

Einen Tisch für zwei, bitte!
¡Por favor, una mesa para dos!
Ich habe einen Tisch auf den Namen Müller reserviert
He reservado una mesa a nombre de Müller
Herr Ober, bitte!
¡Camarero!
Fräulein, bitte!
¡Señorita!
Könnten Sie uns bitte die Speisekarte bringen?
¿Podría traernos la carta, por favor?
Welche Gerichte empfehlen Sie uns?
¿Qué platos nos recomienda?
Haben Sie schon gewählt?
¿Ya han elegido?
Wir möchten bestellen
Nos gustaría pedir
Was möchten Sie essen?
¿Qué van a tomar?
Als Vorspeise nehmen wir Spargel mit Schinken
De entremés tomaremos espárragos con jamón
Was nehmen Sie als Hauptgericht?
¿Qué van a tomar de segundo (plato)?
Als / Zum Nachtisch nehme / esse ich ein Eis
De postre voy a tomar un helado
Zahlen, bitte!
¡La cuenta, por favor!
Trinkgeld geben
dar propina

Wortschatz / Vocabulario

Beilage – guarnición
Bier – cerveza
Braten – asado
Brot – pan
durch – bien hecho
Ei – huevo
Gabel – tenedor
Gemüse – verdura
Gericht – plato
Getränk – bebida
Glas – vaso
Hähnchen – pollo
Kaffee – café
Kartoffeln – patatas
Käse – queso
Kuchen – pastel
lecker – rico, sabroso
Löffel – cuchara
medium – medio asado
Messer – tenedor
Mineralwasser – agua mineral
Omelett – tortilla
Pommes frites – patatas fritas
roh – crudo
Salat – ensalada
Sauerkraut – chucrut
Sprudel – agua mineral con gas
Steak – bistec
Stück – trozo
Suppe – sopa
Tee – té
Teller – plato
Torte – tarta
Wein – vino
zäh – duro
zart – tierno

Freizeit / Tiempo libre

Häufige Ausdrücke / Expresiones usuales

Was können wir heute machen?
¿Qué podemos hacer hoy?

Hast du Lust, ins Kino zu gehen?
¿Te apetece ir al cine?

Heute läuft im Kino ein guter Film
Hoy ponen una buena película en el cine

Wir machen einen Ausflug nach Stuttgart
Vamos a hacer una excursión a Stuttgart

Wie wär´s mit einem Spaziergang?
¿Qué tal si diéramos un paseo?

Heute Abend möchten wir ausgehen
Esta noche queremos salir

Hast du heute Abend schon etwas vor?
¿Tienes algún plan para esta noche?

Was kostet der Eintritt ins Museum?
¿Cuánto cuesta la entrada al museo?

Der Eintritt ist frei
La entrada es libre

Das Konzert ist ausverkauft
Las entradas para el concierto están agotadas

Wortschatz / Vocabulario

angeln – pescar
Ausstellung – exposición
basteln – hacer manualidades
Diskothek – discoteca
Eintrittskarte – entrada
Ermäßigung – descuento
Film – película
Kino – cine
klettern – escalar
malen – pintar
Oper – ópera
Picknick machen – hacer un picnic
Premiere – estreno
reisen – viajar
segeln – navegar a vela
spazieren gehen – pasear
spielen – jugar
stricken – hacer punto
tanzen – bailar
Theater – teatro
Theaterstück – obra de teatro
Vorstellung – representación
wandern – caminar
zeichnen – dibujar
Zirkus – circo
Zoo – parque zoológico

Einkäufe / Compras

Häufige Ausdrücke / Expresiones usuales

Kann ich Ihnen helfen?
¿Puedo ayudarle en algo?

Ich sehe mich nur mal um
Sólo estoy mirando

Kann ich diese Bluse anprobieren?
¿Me puedo probar esta blusa?

Wo sind die Kabinen?
¿Dónde están los probadores?

Das Kleid steht dir gut/schlecht
El vestido te queda bien/mal

Ich möchte gern diesen Rock umtauschen
Quisiera cambiar esta falda

Kann ich mit Kreditkarte zahlen?
¿Puedo pagar con tarjeta de crédito?

Heute ist das Kaufhaus zu
Los grandes almacenes tienen hoy cerrado

Was/Wieriel kostet dsas?
¿Qué/Cuánto vale?

Die Geschäfte öffnen um 9 Uhr und schließen um 18:30
Las tiendas abren a las 9 y cierran a las seis y media

Das Hemd ist mir zu eng
La camisa me está estrecha

Die Hose ist mir zu weit
Los pantalones me están anchos

Ich möchte eine Hose in Größe 40
Quiero un pantalón de la talla 40

Welche Schuhgröße haben Sie?
¿Qué número calza usted?

Haben Sie sie in Blau?
¿Los tiene en azul?

Das T-Shirt ist billig/teuer
La camiseta es barata/cara

Wortschatz / Vocabulario

altmodisch – pasado de moda
Anzug – traje
Armband – pulsera
bar bezahlen – pagar en efectivo
Boutique – boutique
chic/elegant – elegante
Geldbeutel – monedero
Geschenk – regalo
Gürtel – cinturón
Halskette – collar
Handschuh – guante
Jacke – chaqueta
Jeans – vaqueros
kaufen – comprar
Kleid – vestido
Krawatte – corbata
Mantel – abrigo
Ohrring – pendiente
Quittung – recibo
Ring – anillo
Rock – falda
Schal – bufanda
Schaufenster – escaparate
Schmuck – joyas
Schuhgeschäft – zapatería
Sonnenbrille – gafas de sol
Tasche – bolso
Verkäufer/Verkäuferin – dependiente/dependienta

Leute kennen lernen / Conocer gente

Häufige Ausdrücke / Expresiones usuales

Ich möchte gern, dass sie meine Frau kennenlernen
Quisiera que conociera a mi esposa
Darf ich Ihnen Herrn Müller vorstellen?
Permítame presentarle al Sr. Müller
Wir sind uns noch nicht vorgestellt worden
Todavía no nos han presentado
Das ist Herr Meier
(Éste) es el Sr. Meier
Angenehm!
¡Encantado!
Es freut mich, Sie kennenzulernen
Encantado de conocerle
Wie geht es Ihnen?
¿Cómo está usted?
Danke, gut. Und Ihnen?
Bien, gracias. I usted?
Wie geht´s? Wie geht es dir?
¿Qué tal?
Es geht
Voy tirando
Hallo! Ich bin Peter
¡Hola, soy Pedro!
Wie heißt du?
¿Cómo te llamas?
Mein Name ist Weber. Ich bin der Mitarbeiter von Frau Schultz
Mi nombre es Weber. Soy el colaborador de la señora Schultz
jm die Hand drücken
estrecharle la mano a alguien
gute Freunde werden
hacerse buenos amigos
jn dem Namen nach kennen
conocer a alguien de nombre
jn vom Sehen kennen
conocer a alguien de vista

Wortschatz / Vocabulario

befreundet sein – tener amistad, ser amigo
begrüßen – saludar
Bekannte(r) – conocido/conocida
empfangen – recibir
Freund/Freundin – amigo/amiga
kennen – conocer
kennenlernen – conocer
Mädchenname – apellido de soltera
Nachname – apellido
sich duzen – tutearse
sich küssen – besarse
sich siezen – hablarse de usted
Vorname – nombre

Auf der Straße / En la carretera

Häufige Ausdrücke / Expresiones usuales

Vorfahrt gewähren
Ceda el paso
Einbahnstraße
Calle de sentido único
Halteverbot
prohición de parada
Wo finde ich eine Tankstelle?
¿Dónde puedo encontrar una gasolinera?
Ich muss tanken
Tengo que poner gasolina/gasóleo
Ich tanke bleifreies Benzin
Pongo gasolina sin plomo
Wie weit ist die nächste Bushaltestelle entfernt?
A qué distancia se encuentra la parada de autobuses más próxima?
rückwarts fahren
ir marcha atrás
Ich suche die Goethestraße. Können Sie mir sagen, wie ich dorthin komme?
Busco la calle Goethe. ¿Podría indicarme por dónde queda?
Fahren Sie in dieser Richtung weiter bis Sie an einer Tankstelle vorbeikommen.
Siga en esta dirección hasta llegar a una gasolinera
Biegen Sie die erste Straße links/rechts ab
Tome la primera calle a la izquierda/derecha
Die Straße ist wegen eines Unfalls gesperrt
A causa de un accidente, la carretera está cerrada al tráfico

Wortschatz / Vocabulario

abschleppen – remolcar
Ampel – semáforo
Ausfahrt – salida (de la autopista)
Autobahn – autopista
Autobahnraststätte – área de servicio
Einfahrt – entrada (a la autopista)
Führerschein – permiso de conducir
Fußgänger/Fußgangerin – peatón
Geschwindigkeit – velocidad
halten – parar
hupen – tocar el cláxon
Kreuzung – cruce
Panne – avería
parken – aparcar
Parkplatz – aparcamiento
reparieren – reparar
Stau – atasco
überfahren – atropellar
überholen – adelantar
Umleitung – desvío
Unfall – accidente
Verkehr – tráfico
Verkehrszeichen – señal de tráfico
Vervavnung – multa
Wagen – coche
Werkstatt – taller mecánico

Wetter / Tiempo

Häufige Ausdrücke / Expresiones usuales

Das Wetter ist schön / schlecht
Hace buen / mal tiempo

Wir haben heute schönes / schlechtes Wetter
Hoy hace buen / mal tiempo

Es ist eiskalt / kalt / warm / heiß / schwül
Hace mucho frío / frío / calor / mucho calor / un calor sofocante

Die Sonne scheint
Hace sol

Es ist sonnig
Hace sol

Es ist heiter
Está despejado

Es ist windig
Hace viento

Es ist nebelig
Hay niebla

Es ist bewölkt
Está nublado

Es regnet in Strömen
Llueve a cántaros

Es nieselt
Está lloviznando

Es schneit
Nieva

Es hagelt
Graniza

Es donnert
Truena

Es blitzt
Relampaguea

Es hat heute gefroren
Hoy ha helado

Wie ist das Wetter heute?
¿Qué tiempo hace hoy?

Hast du die Wettervorhersage gehört?
¿Has oído la previsión metereológica?

Die Temperaturen sinken/steigen
Bajan/suben las tempeaturas

Es regnet
Llueve

Das Thermometer zeigt 12 Grad unter Null
El termómetro marca 12 grados bajo cero

Das Thermometer zeigt 20 Grad
El termómetro marca 20 grados

Es kommt ein schweres Gewitter
Se acerca una fuerte tormenta

Wortschatz / Vocabulario

Blitz – relámpago
Hitze – calor
Hoch – anticiclón
Kälte – frío
Klima – clima
Lawine – alud de nieve
Regen – lluvia
Schatten – sombra
Schauer – chubasco
Schirm – paraguas
Schnee – nieve
Sonne – sol
Tief – depresión atmosférica
Überschwemmung – inundación
Wind – viento
Wolke – nube

Guía de consulta

Español-Alemán

Voz de entrada Categoría gramatical Número de acepción Símbolo que sustituye a la entrada Locuciones o frases Traducciones o equivalencias	**correr** *intr* **1** laufen. ● *tr* **2** (ver)rücken. ■ **~se una juerga** einen drauf|machen; **a todo ~** in aller Eile; **~ de/por cuenta de alguien** auf js Rechnung gehen (gastos); für etw(*ac)* zuständig sein (asunto).
Acepción de América Latina	**ahorita** *adv Amér.* (fam) jetzt.
Aclaración de la entrada Marcas de materia	**CD-Rom** (*siglas de* **compact disc with read-only memory**) *m* INF, MÚS CD-ROM *f*.
Variantes gráficas	**cartel** o **cártel** *m* Kartell *n*.